lonely planet

Bali & Lombok

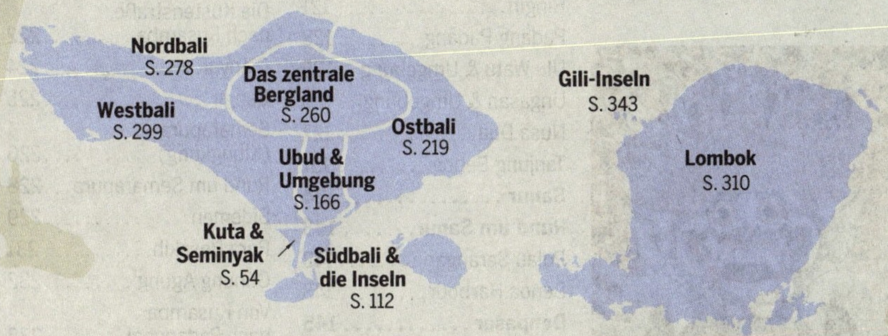

Kate Morgan, Ryan Ver Berkmoes

REISEPLANUNG

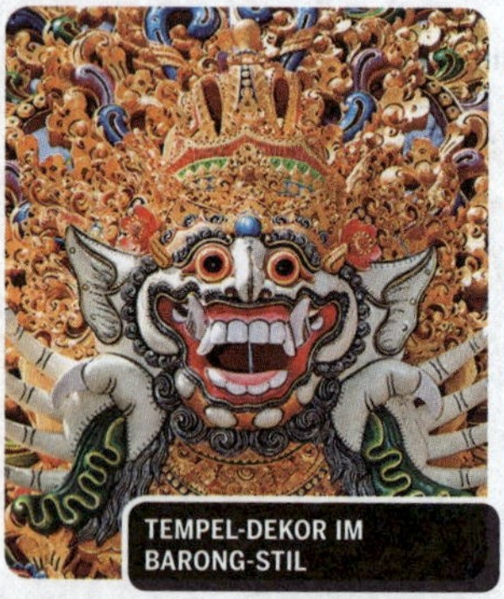

TROPICAL STUDIO / SHUTTERSTOCK ©

TEMPEL-DEKOR IM BAREONG-STIL

DUDAREV MIKHAIL / SHUTTERSTOCK ©

GILI TRAWANGAN S. 345

REISEZIELE

Inhalt

Willkommen auf Bali & Lombok

Schon der Name weckt Erinnerungen ans Paradies. Denn Bali ist mehr als ein Ort: Bali ist eine Stimmung, ein Ziel der Sehnsucht, ein tropischer Gemütszustand.

Insel der Götter

Balis reiche und vielschichtige Kultur ist in allen Bereichen des täglichen Lebens spürbar: von den Blütenblättern, die überall für die Götter bereitgelegt werden, über farbenfroh gekleidete Einheimische, die in einer Prozession zu einem Tempelfest schreiten, bis hin zu traditionellen Musik- und Tanzdarbietungen überall auf der Insel. Fast alles hat hier eine spirituelle Bedeutung. Balis Mitte wird von hohen Vulkanen des Zentralmassivs und von Bergtempeln wie dem Pura Luhur Batukau beherrscht; der höchste Gipfel, der Gunung Agung, gilt als spirituelles Zentrum der Insel.

Eine Insel, viele Orte

In Bali kann man sich im Chaos von Kuta verlieren, die Genüsse von Seminyak und Kerobokan genießen, an den Stränden im Süden surfen oder auf Nusa Lembongan relaxen. Der Besucher kann wählen zwischen familienfreundlichen Unterkünften in Sanur oder luxuriösen Anlagen auf der Halbinsel Bukit. Ubud ist das Herz von Bali. Hier sind die Seele und Kultur der Insel besonders spürbar; es gibt ähnlich schöne Reisfelder und alte Tempelanlagen wie in Ost- und Westbali. Nord- und Westbali sind dünn besiedelt, verfügen aber über gute Tauchgründe und Surfmöglichkeiten.

Balis Seele

Es gibt schöne Strände, gute Surf- und Tauchmöglichkeiten und preiswerte, aber auch teure Unterkünfte. Was aber aus Bali mehr macht als nur ein sonniges Urlaubsvergnügen, ist die Seele dieser Insel. Das Klischee des ewig lächelnden Balinesen stimmt, denn die Bewohner der Insel sind großzügig und warmherzig. Häufig sitzt ihnen der Schalk im Nacken, und wenn sie einen kahlköpfigen Touristen sehen, rufen sie: *bung ujan* (was so viel heißt wie: „Heute regnet es nicht"). Ein kahler Kopf ist für sie wie ein wolkenloser Himmel.

Lombok & die Gilis

Die Insel Lombok ist fast ebenso groß wie Bali und liegt nebenan; ihr Charakter ist jedoch anders. Lombok weist ein vulkanisches Zentrum und menschenleere Strände auf. Besucher, die ein Land erkunden wollen, kommen voll auf ihre Kosten. Viele werden vom Gunung Rinjani, Indonesiens zweitgrößtem Vulkan, angezogen. Flüsse und Wasserfälle schießen die Hänge hinab. Auf dem Gipfel gibt es heiße Quellen und einen Kratersee. Im Süden von Lombok reiht sich ein herrlicher Strand an den nächsten. Die Gili-Inseln sind drei schöne Eilande mit weißem Sandstrand und Kokospalmen, umringt von einem Korallenriff.

Warum ich Bali & Lombok liebe

Von Ryan Ver Berkmoes, Autor

1993 kam ich zum ersten Mal nach Bali. Bei der Kontrolle am Flughafen schaute der Beamte in meinen Pass und sagte mit sanfter Stimme: „Ich wünsche Ihnen einen wunderschönen Geburtstag auf Bali." Wer wäre da nicht begeistert? Bei dieser Reise habe ich vor allem gestaunt. Ich erinnere mich noch an Tänzer und Musiker, die in Ubud plötzlich aus den Reisfeldern auftauchten und ihre Künste vollführten; und als ich durch kleine Nebenstraßen von Ostbali fuhr, konnte ich kaum fassen, wie grün es hier war. Seither hat sich das Land ebenso verändert wie ich mich selbst, doch seine Seele verzaubert mich noch immer.

Mehr Informationen über die Autoren gibt es auf S. 480

Hindu-Prozession vor Nyepi, dem „Tag der Stille" (S. 387)

Bali & Lombok

Pulau Menjangan
Beste Gewässer zum Tauchen und Schnorcheln (S. 293)
BALI
LOMBOK
Bali & Lombok
BALI SEE
Bajulmati
Java
Pulau Tabuan
Betekan
Selogiri
Prapat Agung Peninsula
Pulau Menjangan
Meneng
Labuhan Lalang
Banyuwedang
Pemuteran
Ketapang
Gunung Prapat Agung (310 m)
Gilimanuk
Cekik
Pura Pulaki
Lovina
Seririt
Celukanbawang
Pengastulen
G Banyuwedang (430 m)
G Merbuk (1388 m)
G Musi (1224 m)
Banyuwangi
G Kelatakan (698 m)
G Sanglang (1004 m)
Taman Nasional Bali Barat
Rangdu
Mayong
Munduk
(1305 m)
G Mesehe (1344 m)
G Patas (1412 m)
Selat Bali
Melaya
Pupuan
Pujungan
Negara
Mendoyo
Perancak
Pura Gede Perancak
Pura Rambut Siwi
Medewi
Balian Beach
Antosari
Gili Trawangan
Prachtvolles Morgenrot nach durchfeierten Nächten (S. 345)
Gili-Inseln
Herrliches Tauchen in glasklarem Wasser (S. 343)
Lombok
0
20 km
BALI-SEE
Akar Akar
Anyar
Obel Obel
Gili Lawang
Bayan
Blantung
Senaru
Gili Sulat
Gili Meno
Sayang
Sugian
Gili Trawangan
Gili Air
Gondang
Tanjung
G Rinjani (3726 m)
Sembalun Lawang
Bangsal
Pemenang
Danau Segara Anak
Labuhan Pandang
G Sabiris (865 m)
G Nangi (2230 m)
Taman Nasional Gunung Rinjani
Selat Lombok
Senggigi
Labuhan Lombok
Swela
Ampenan
Cakranegara
Kotaraja
Pringgabaya
Mataram
Anjani
Kediri
Mantang
Kopang
Masabagik Timor
Selat Alas
Bangko Bangko
Gili Gede
Lembar
Gerung
Praya
Sakra
Labuhan Haji
Sekotong
Gunung Mareje
Mujur
Pelangan
Tanjung Luar
Montongsapah
Selong Blanak
Ekas
Blongas
Pengantap
Mawun
Kuta
Tanjung Ringgit
Kaliantan
INDISCHER OZEAN
SUBAWA
Gunung Rinjani
Spektakuläres Ziel für Bergsteiger (S. 328)
Selong Blanak
Der schönste Strand auf Lombok (S. 340)

0
20 km
HÖHEN
2000 m
1500 m
1000 m
700 m
500 m
300 m
200 m
100 m
0
Canggu
Herrliche Strände, verlockende Restaurants (S. 104)
Ubud
Balis kulturelles Herz (S. 167)
Mas
Traditionelle Schnitzereien von hoher Qualität (S. 210)
Seminyak
Stadt mit Glanz & Glamour (S. 82)
Kuta
Hier tanzt die Club- und Partyszene (S. 56)
Kuta Beach
12 km Sandstrand und Brandung (S. 56)
Jimbaran
Gegrillte Meeresfrüchte direkt am Strand (S. 114)
Strände der Halbinsel Bukit
Eine Perlenkette aus purem Sand (S. 114)
Pura Luhur Ulu Watu
Affen und Tempel (S. 125)
Sangsit
Kubutambahan
Yeh Sanih
Pura Bej (Sangsit)
Pura Maduw Karang
Pacung
Tejakula
Singaraja
Sukasade
Sawan
Sambirenteng
Tembok
G Penulisan (1745 m)
Gitgit
G Catur (2096 m)
Catur
Penulisan
G Batur (1717 m)
Songan
Tianyar
Pura Ulun Danu Bratan (Candikunung)
Kintamani
Toya Bungkah
G Lesong (1860 m)
Batur
Kubu
Candikuning
Penelokan
G Abang (2152 m)
Tulamben
G Pohon (2063 m)
Bedugul
Pelaga
G Agung (3142 m)
Amed
G Batukau (2276 m)
Pacung
Culik
Aas
Kayuanbua
Besakih
Pura Sambu (Gunung Agung)
Pura Luhur Batukau
Jatiluwih
Petang
Kayubihi
Pampatan
Pura Besakih
Tirta Gangga
G Seraya (1175 m)
Penebel
Pujung
Tampaksiring
Rendang
Muncan
Amlapura
Ujung
Payangan
Bangli
Pura Kehen (Bangli)
Iseh
Tenganan
Marga
Sideman
Selat Lombok
Sangeh
Bukit Jambul
Candidasa
Pejeng
Ubud
Sidan
Semarapura (Klungkung)
Padangbai
Tabanan
Mas
Pura Pusering Jagat (Pejeng)
Gianyar
Mengwi
Pura Goa Lawah
Batu Bolong Beach
Kediri
Batuan
Kusamba
Lebih
Sempidi
Celuk
Sukawati
Canggu
Batubulan
Ketewel
Denpasar
Kerobokan
Seminyak
Selat Badung
Nusa Lembongan
Pura Dalem Penetaran Ped
Jungutbatu
Lembongan
Toyapakeh
Sampalan
Sanur
Legian
Kuta
Nusa Ceningan
Karangsari
Semaya
(529 m)
Benoa Harbour
Benoa
Tanjung Benoa
Jimbaran
Nusa Penida
Bingin
Nusa Dua
Pecatu
Pura Luhur Ulu Watu
Bukit Peninsula
INDISCHER OZEAN

Balis & Lomboks Top 20

1

Tempelprozessionen auf Bali

1 Der Reisende gönnt sich gerade eine kurze Pause in einem der vielen Cafés, sagen wir, in Seminyak oder Ubud, wenn plötzlich das Gamelan ertönt. Der Verkehr kommt sogleich zum Stehen, ein Trupp festlich gekleideter Leute rauscht vorbei. Sie tragen üppige Obstpyramiden, Sonnenschirme mit Quasten und einen pelzigen, maskierten Barong, eine Mischung aus Löwe und Hund. Sodann verschwindet die Tempelprozession genauso unvermittelt, wie sie gekommen ist, und hinterlässt ein flüchtiges Funkeln von Gold, weißer Seide und Hibiskus. Das geschieht täglich Dutzende Male auf Bali.

Strände auf der Halbinsel Bukit

2 Eine kleines Fleckchen aus weißem Sand ragt aus dem blauen Wasser des Indischen Ozeans empor und füllt eine Bucht unter einem Kalksteinfelsen, der von tiefgrüner tropischer Schönheit umkleidet wird. Das ist einfach idyllisch. An der Westküste der Halbinsel Bukit im Süden Balis liegen viele Strände, wie etwa Balangan Beach (S. 119), Bingin und Padang Padang. Hier betreiben Familien Surfer-Bars, die auf Stelzen über dem Wasser schweben und einen Blick auf die Brandung bieten. Es ist einfach toll, sich eine Liege zu ergattern und sich von den Wellen einlullen zu lassen. Unten: Balangan Beach

TROPICAL STUDIO / SHUTTERSTOCK ©

2

PANAREOFOTOGRAFIA / GETTY IMAGES ©

Himmlisches Vergnügen

3 Ob es nun um eine Komplettsanierung für Leib und Seele geht oder einfach um den Wunsch nach ein bisschen Gelassenheit: Bali-Besucher verbringen viele glückliche Stunden damit, sich massieren, schrubben und baden zu lassen – am Strand, in einem Garten wie beim Taksu Spa (S. 177) in Ubud oder in stilvoller Umgebung. Die balinesischen Massagetechniken, das Strecken, Dehnen, Walzen und der Druck mit Handballen und Daumen, erzeugen ein Gefühl umfassender Ruhe – einfach perfekt für den Urlaub.

Tauchen

4 Die legendäre Pulau Menjangan (S. 293) begeistert: Hier braucht man eine Sauerstoffflasche nach der anderen. Es gibt etliche Möglichkeiten zur Erkundung einer Insel, die für ihre Korallenwände berühmt ist. Unter den Wellen von Nusa Penida dagegen fühlt man sich ganz klein, wenn die Mantarochen über einen dahingleiten. Und falls man glaubt, das sei jetzt alles gewesen, stößt man auf einen 2,5 m langen Gotteslachs, der über einem schwebt und einen mit prüfendem Blick anschaut. Ganz unten: Nusa Penida (S. 161)

THIERRY BERROVE / SHUTTERSTOCK ©

KRISTINA VACKOVA / SHUTTERSTOCK ©

MATTHEW MICAH WRIGHT / GETTY IMAGES ©

TUUL AND BRUNO MORANDI / GETTY IMAGES ©

Ubud

5 Balis künstlerisches Herz hat eine unwiderstehliche spirituelle Ausstrahlung. Die Straßen sind voller Galerien, in denen Künstler wirken. Wunderschöne Darbietungen, die die reiche Kultur der Insel präsentieren, schmücken abends die Bühnen. Museen würdigen die Arbeiten derjenigen, die sich hier inspirieren ließen. Unterdessen wandern Leute durch die Reisfelder und suchen nach dem perfekten Platz, um die Lotusposition einzunehmen und die Möglichkeiten des Lebens zu durchdenken. Ubud (S. 167) ist eine Geisteshaltung und ein wunderbarer Seinszustand. Oben links: Reisfelder in Ubud

Kutas Nächte sind lang

6 Modische Cafés und Bars in Seminyak, Sitzplätze unter freiem Himmel, wo beim Sonnenuntergang alles noch schöner aussieht, sind nur der Anfang. Daneben lockt das pralle Leben am Double Six Beach. Später am Abend laden Weltklasse-Clubs, in denen internationale DJs ihr Programm abziehen, die Gäste ein. Vor Sonnenaufgang saugen dann die härteren Clubs, etwa die Sky Garden Lounge (S. 78), die Menschen an wie ein schwarzes Loch, um sie dann einige Stunden später in den Morgen zu entlassen. Oben rechts: Strandbar in Kuta

Selong Blanak

7 Die Küste im Süden Lomboks strahlt eine wilde Schönheit aus, und die wenigen Besucher unterhalten sich gern über das touristische Potenzial. Wer zum ersten Mal den unberührten Strand Selong Blanak (S. 340) erblickt, wird den Hype verstehen. Hier kann man den perfekten Sand genießen und in türkisfarbenem Wasser baden. Am Ende der Bucht gibt es noch einen halbmondförmigen Strand mit puderigem weißem Sand; ein Traum, den aber immer mehr Gäste für sich entdecken. Andere, kaum besuchte Strände locken jedoch in der Nähe. Rechts oben, unten: Selong Blanak Beach

8

9

Surfen auf Bali

8 In Monaten mit einem „r" im Namen sollte man Richtung Osten zum Surfen gehen, ansonsten eher nach Westen, etwa zu den Breaks von Padang Padang (S. 34). Bali war das erste Land in Asien, in dem gesurft wurde, und es zeigt noch immer keine Ermüdungserscheinungen. Surfer brausen auf Motorrädern mit Surfbrettern im Gepäck rund um die Insel. Bleiben die Wellen irgendwo aus, fährt man einfach fünf Minuten weiter. Auf jeden Fall sollte man Balian Beach nicht auslassen. Ganz oben: Padang Padang

Unterwasserwelt der Gilis

9 Für Taucher gibt es kaum einen besseren Platz als die Gilis. Sie sind von prächtigen Korallenriffen umgeben, die vor Leben nur so strotzen – ein schönes Beispiel ist Trawangan Wall (S. 346). Gerätetauchen ist hier ziemlich angesagt. Weil das Riff vom Strand aus leicht zu erreichen ist, kann man hier aber auch herrlich schnorcheln. Sehr wahrscheinlich gibt es dabei Schildkröten zu sehen. Wie wäre es mit Schnorcheln auf einem höheren Level? Dann heißt es: Einfach einmal Apnoetauchen probieren.

Luxuriöse Unterkünfte

10 Auf einer Insel, die Gelassenheit hochhält, darf man zu Recht prächtige Hotels und schicke Resorts erwarten. Da gibt es Rückzugsorte wie das Katamana (S. 98) am Strand von Kerobokan oder in Seminyak im Süden Balis oder die fantastischen Hotels auf den Klippen über den weißen Sandstränden der Halbinsel Bukit. Weitere besuchenswerte Resorts von berühmten Architekten finden sich in den Flusstälern von Ubud und in entlegenen, idyllischen Küstenregionen rund um die ganze Insel.

Die Strände von Canggu

11 Canggu ist eigentlich eher ein Ort, der in der Vorstellung und nicht in der Realität existiert, vor allem wenn man bedenkt, dass diese Gegend noch vor einigen Jahren nur aus Reisfeldern bestand. Heute steht Canggu für Spaß an Stränden wie Batu Bolong (S. 104) mit einer rasch wachsenden Szene kreativer Cafés und hervorragender Restaurants. Jeder findet hier sein Lieblingsvergnügen und verwandelt Canggu in seinen ganz persönlichen Ort. Zudem werden ständig neue coole Locations eröffnet.

DAVIDNNP / SHUTTERSTOCK ©

ARTUSH / SHUTTERSTOCK ©

Meeresfrüchte in Jimbaran

12 Frische Garnelen, mariniert in Limette und Knoblauch und über Kokosnussschalen gegrillt. Ein zartes Pink nach dem Sonnenuntergang am Horizont. Funkelnde Sterne am nächtlichen Himmel. Ein eiskaltes Bier. Eine vorbeiziehende Musikgruppe, die den Macarena spielt. Alles schön ... aber auch den Grillimbiss mit Fisch, etwa den Warung Ramayana (S. 117) in Jimbaran, darf man auf gar keinen Fall auslassen. Hier gibt es Platten voller Meeresfrüchte, die erst am Morgen frisch vom Strand direkt zum Markt geliefert wurden.

Schnorcheln

13 In Bali gibt es jede Menge Orte, an denen man in Schwimmflossen und Taucherbrille schlüpft und in eine andere, wunderschöne Welt eintaucht. Wer in Tulamben (S. 256) nur ein wenig hinausschwimmt, sieht den gespenstischen Geist eines gesunkenen Frachters oder schwebt ein paar Meter über den Meerestieren, die sich rund um die Riffwand vor Pulau Menjangan tummeln. Die Mangroven von Nusa Lembongan locken unzählige bunte Fische an. Alternativ begibt man sich einfach in die ruhigen Gewässer vor einem Strand, beispielsweise von Sanur, und schaut sich in Ruhe um.

Das Essen auf Bali

14 Es ist praktisch unmöglich, beim Anblick Dutzender frisch zubereiteter Speisen, die einen täglich zur Mittagszeit in einem typischen *warung*, wie z. B. dem Warung Teges (S. 199) in Ubud, hinter der Theke förmlich anlachen, nicht in Verzückung zu geraten. Es ist auch nicht verwunderlich, dass diese fruchtbare Insel eine Fülle leckerer Produkte hervorbringt. Für regionale Spezialitäten wie beispielsweise *babi guling* (Spanferkel) reiht man sich gerne immer wieder in die Schlange der Wartenden ein. Zum Mittag sollte man sich in einem der hervorragenden Cafés in Denpasar einfinden.

Kuta Beach

15 Der Tourismus in Bali begann am Kuta Beach, und die Gründe dafür liegen auf der Hand. Ein Sandbogen zieht sich von Kuta bis zum Horizont nordwestlich vom Echo Beach. Die Brandung schlägt in langen gleichförmigen Wellen ans Ufer. Beim Bummel über den zwölf Kilometer langen Sandstrand (S. 56) kann man eine Fußmassage und ein kaltes Bier genießen. Oder man sucht sich einen coolen Ort zum Relaxen oder sogar ein Fleckchen Sand, das so einsam liegt, dass man es fast sein eigen nennen könnte.

Balinesischer Tanz

16 Balinesischer Tanz ist alles andere als sanft. Diese Kunstform erfordert hohe methodische Präzision. Ein Tänzer des Legong, des schönsten balinesischen Tanzes, braucht Jahre, um die Bewegungen zu erlernen. Jede Bewegung hat eine Bedeutung. Die Tänzer sind in Seide und Ikatstoffe gehüllt und erzählen Geschichten, die im hinduistischen Glauben und alten Überlieferungen wurzeln. In Ubud finden jeden Abend mehrere solcher Tanzaufführungen statt, etwa im Ubud Palace (S. 204).

17

18

IRYNA RASKO / SHUTTERSTOCK ©

Pura Luhur Ulu Watu

17 Achtung Affen! Einer der heiligsten Tempel ist der Pura Luhur Ulu Watu (S. 125), der im Südwesten auf hohen Klippen thront. Im 11. Jh. betete hier erstmals ein Priester aus Java. Schreine und religiöse Stätten reihen sich am Rand des Abgrunds aneinander. Von hier lohnt ein Blick über den Ozean mit seinen Wogen, die mit gleichförmiger Präzision ans Ufer schlagen. Bei Sonnenuntergang gibt es Tanzdarbietungen, während die Affen geduldig auf eine Banane warten – oder auf die Sonnenbrillen der Touristen.

Sonnenaufgang über Trawangan

18 Wer meint, Gili Trawangan sei schon bei Tageslicht eine Schau, sollte sie erst einmal bei Sonnenaufgang nach einer durchfeierten Nacht sehen. In Hotels wie dem Tir na Nog (S. 355) findet man keinen raffinierten Schmuck, keine Türsteher und gesalzenen Eintrittspreise: Die Partys beginnen als offene Strandpartys und haben noch immer ein raues, unorganisiertes Flair. DJs aus der Gegend legen hypnotisierende Stammesrhythmen auf, und die Superstars tauchen oft unangekündigt auf.

Gunung Rinjani

19 Ein Blick auf die Karte von Lombok macht deutlich, dass quasi die gesamte Nordhälfte der Insel vom Gunung Rinjani (S. 328; 3726 m), Indonesiens zweithöchstem Vulkan, beherrscht wird. Die Wanderung auf den Rinjani ist kein Sonntagsausflug, sondern erfordert gute Planung, einen Reiseführer, Gepäckträger und Kondition. Die Strecke windet sich um den Gipfel, bis man dann den Rand eines riesigen Kraters erreicht, von wo aus sich eine herrliche Aussicht auf den Kratersee (eine Pilgerstätte) und den rauchenden Mini-Kegel des Gunung Baru unterhalb auftut.

Seminyak

20 Die Leute schlendern durch Seminyak (S. 82) und fragen sich, ob sie überhaupt in Bali sind. Natürlich! Auf einer Insel, die Kreativität hochschätzt, findet man eben auch innovative, von einheimischen Designern geführte Boutiquen, eine bunte Mischung von Restaurants und kleine Boutiquehotels, die mit den Klischees der Insel brechen. Zugereiste, Einheimische und Besucher verbummeln gleichermaßen ihre Zeit in den vielen Cafés, fühlen sich mit der Welt im Einklang und genießen die herrlichen Freuden, die das Leben für sie bereithält.

JR-STOCK / SHUTTERSTOCK ©

Gut zu wissen

Weitere Hinweise im Kapitel „Praktische Informationen" (S. 434)

Währung
Rupiah (Rp)

Sprache
Bahasa Indonesia (Indonesisch) und Balinesisch

Geld
Geldautomaten sind leicht zu finden. Zudem gibt es viele Stellen, an denen man Geld wechseln kann. Kreditkarten werden in gehobenen Einrichtungen akzeptiert.

Visa
Visa sind einfach zu bekommen, es sei denn, man möchte länger als 30 Tage im Land bleiben.

Mobiltelefone
Jedes moderne Handy funktioniert hier, man kann aber auch preiswerte balinesische SIM-Karten kaufen (ab 5000 Rp ohne Guthaben). Datenübertragungsgeschwindigkeiten von 3G und schneller sind die Regel.

Zeit
Indonesia Central Time (Mitteleuropäische Winterzeit plus sieben Stunden)

Reisezeit

Hochsaison
(Juli, Aug. & Dez.)

- Die Übernachtungspreise steigen um 50 % oder mehr.
- Viele Hotels werden schon weit im Voraus gebucht; in den besten Restaurants muss man reservieren.
- Zu Weihnachten und Neujahr ist es genauso teuer und überfüllt.

Zwischensaison (Mai, Juni & Sept.)

- Jetzt ist das beste Wetter (trockener, weniger feucht).
- Es gibt oft gute Übernachtungsangebote, und auch Last-Minute-Buchungen sind möglich.
- Die beste Zeit für viele Aktivitäten, darunter auch Tauchen.

Nebensaison
(Jan.–April, Okt. & Nov.)

- Überall gibt es Angebote und gute Flugpreise.
- Regenzeit – allerdings halten sich die Niederschläge in Grenzen.
- Mit Ausnahme von Vulkanwanderungen sind alle denkbaren Freizeitaktivitäten möglich.

Websites

Bali Advertiser (www.baliadvertiser.biz) Journal für die in Bali lebenden Ausländer mit Insidertipps und guten Kolumnisten.

Bali Discovery (www.balidiscovery.com) Hervorragende wöchentliche Zusammenstellung von Nachrichten und Features; darüber hinaus Hotelangebote.

Bali Paradise (www.bali-paradise.com) Infos und Links.

The Beat Bali (http://thebeatbali.com) Umfassender Überblick über Nachtleben, Musik- und andere Veranstaltungen.

Coconuts Bali (http://bali.coconuts.co) Regionale Nachrichten und gelegentlich Features.

Lonely Planet (www.lonelyplanet.com/bali) Informationen zu Reisezielen, Hotelbuchungen, Reiseforum und mehr.

Lombok Guide (www.thelombokguide.com) Umfassende Seite mit den wichtigsten Touristenzielen.

Wichtige Telefonnummern

Die internationale Vorwahlnummer kann in jeder der drei angegebenen Versionen funktionieren, sodass man alle drei ausprobieren sollte.

Landesvorwahl Indonesien	✆+62
Polizei	✆110
Feuer	✆113
Medizinischer Notfall	✆119

Wechselkurse

Eurozone	1 €	14 362 Rp
Schweiz	1 sFr	13 414 Rp
USA	1 US$	13 315 Rp

Unter www.xe.com gibt es aktuelle Wechselkurse.

Tagesbudget

Preiswert: Unter 80 US$

- Zimmer im Gästehaus/in einer Familie: unter 50 US$
- Preiswertes Essen und Getränke, Mahlzeiten unter 5 US$
- Strände: kostenfrei

Mittelteuer: 80–250 US$

- Zimmer im Mittelkassehotel: 50–150 US$
- Ausgehen mit Essen und Getränken: ab 20 US$
- Wellness-Behandlungen: 10–40 US$

Teuer: Über 250 US$

- Zimmer im Luxushotel/-resort: über 150 US$
- Üppig Ausgehen: über 40 US$
- Auto mit einem Fahrer pro Tag: 60 US$

Öffnungszeiten

Typische Öffnungszeiten sind:

Banken Montag bis Donnerstag 8–14 , Freitag 8–12 , Samstag 8–11 Uhr

Behörden Montag bis Donnerstag 8–15 , Freitag 8–12 (nicht überall gleich geregelt)

Geschäfte und Touristenbedarf Tgl. 9–20 Uhr oder länger

Postämter Montag bis Freitag 8–14 Uhr, in Touristenzentren länger

Restaurants & Cafés Tgl. 8–22 Uhr

Ankunft in Bali & Lombok

Ngurah Rai International Airport Ein Taxi nach Kuta kostet 80 000 Rp, nach Seminyak 130 000 Rp und nach Ubud 300 000 Rp.

Lombok International Airport (LOP; www.lombok-airport.co.id) Dieser Flughafen liegt bei Praya und wird noch mehr frequentiert. Es gibt gute Verbindungen nach Bali und Java, aber weniger Flüge Richtung Osten nach Nusa Tenggara. Von hier fliegt man auch zu den internationalen Verkehrsknotenpunkten von Singapur und Kuala Lumpur. Reisebüros für Flugtickets finden sich in Kuta, Mataram und Senggigi.

Unterwegs vor Ort

Am einfachsten hat man sein eigenes Verkehrsmittel dabei, egal ob man nun selbst fährt, oder mit dem Fahrrad unterwegs ist. Dann hat man die nötige Flexibilität, um die Orte zu erkunden, die sonst unzugänglich wären.

Auto Man kann sich schon für weniger als 30 US$ pro Tag einen kleinen Geländewagen mieten, mit Fahrer kostet ein Auto 60 US$ am Tag.

Motorrad Ein Motorrad gibt es schon für nur 5 US$ am Tag.

Öffentliche Verkehrsmittel Bemos (kleine Lieferwagen) bieten preiswerte Beförderungsmöglichkeiten auf festen Routen; die Einheimischen sind mittlerweile eher auf Motorräder umgestiegen. In Lombok beschränkt sich der öffentliche Verkehr in der Regel auf die Hauptstrecken; außerhalb dieser benötigt man ein Auto oder Motorrad oder man mietet ein *ojek* (Motorradtaxi).

Touristenshuttlebus Sowohl preiswert als auch praktisch.

Taxi Recht preiswert, aber nur Bluebird Taxis nutzen, um Betrügereien zu vermeiden.

Weitere Infos zu **Unterwegs vor Ort** siehe S. 449

Was gibt's Neues?

Neue Restaurants in Canggu
An den Wegen, die sich durch die Reisfelder von Canggu schlängeln, entstehen immer neue Cafés; ein Beispiel ist das Shady Shack mit Kost für Vegetarier. (S. 110)

Seminyak Village
Balis Einkaufsparadies hat nun seine erste klimatisierte Shopping-Mall bekommen. Sie punktet durch eine bescheidene Front und Stände im Artium, die an junge Designer aus der Region vermietet sind. (S. 94)

Tourismus auf Nusa Penida
Der Tourismus in der geheimnisvollsten Ecke Balis hat begonnen. Gästehäuser und Cafés schießen in Ped aus dem Boden. (S. 161)

Katamana
Der Potato Head Beach Club mit seinem gewagten Design und seiner Spaßphilosophie hat die Art und Weise, wie Menschen zu den Stränden Balis stehen, verändert. Das Schwester-Resort Katamana führt das kühne Design noch weiter. (S. 98)

Resorts auf der Halbinsel Bukit
Die südlichen Kalksteinklippen der Halbinsel Bukit schweben über den Strandbuchten von Ungasan. Nun scheint es, als werde jede ihr eigenes Resort bekommen wie etwa das Kempinski, das 2017 eröffnen soll. (S. 122)

Das Bali Asli
Die bekannte Küchenchefin Penelope Williams aus Australien hat dieses feine Restaurant und die Kochschule vor den Toren des Ortes Amlapura eröffnet. (S. 247)

Immer mehr Flüge
Bali wird für immer mehr Airlines ein Flugziel. Der Langstrecken-Riese Emirates fliegt nun von Dubai aus. (S. 447)

Bars am Echo Beach
Über Nacht tauchten Bierbuden westlich des Echo Beach Richtung Pererenan Beach auf. Diese Strandbars aus Bambus sind ab Sonnenuntergang ideal; hier geht es manchmal bis zum Morgengrauen durch. (S. 110)

Kura-Kura-Bus
Dieser von Japanern betriebene Touristenshuttle fährt auf Strecken im Süden Balis und in Ubud; einige Busse fahren so häufig, dass man sie als Hop-on-Hop-off-Service nutzen kann. (S. 452)

Boote ab Serangan
Wegen des Verkehrs auf den Straßen Ostbalis nach Padangbai fahren jetzt mehr Schnellboote ab Serangan (auf halbem Weg zwischen Kuta und Sanur) nach Lombok und zu den Gilis. Das spart Zeit. (S. 143)

Mandapa, A Ritz-Carlton Reserve
Seit mehreren Jahren hat es im grünen Flusstal des Sungai Ayung von Ubud keine neuen Hotels mehr gegeben, aber nun gibt es ein atemberaubendes Luxusresort. Ebenso sollte man nach dem Four Seasons und Amandari Ausschau halten. (S. 194)

Die Strände von Südlombok
Weil die Straßen östlich und westlich von Kuta ausgebaut wurden, sind nun die Strände im Süden Lomboks besser erreichbar.

Die Inseln vor Westlombok
Die Inseln vor der Küste im Südwesten Lomboks, die man die „neuen Gilis" nennt, bieten Tage an weißen Stränden, für die einst die *anderen* Gilis berühmt waren.

Weitere Empfehlungen und Tipps unter lonelyplanet.com/bali

Wie wär's mit ...

Strände

Strände gibt es in Bali mehr als genug, aber feine weiße Sandstrände sind jedoch seltener als man gemeinhin denkt – die meisten sind farblich eher eine Mischung aus Hellbraun oder Grau.

Seminyak Beach Dieser lange Sandstrand bietet ideale Wellen sowohl zum Schwimmen als auch zum Surfen. Unbedingt den tollen Sonnenuntergang erleben! (S. 82)

Balangan Beach Diese Bucht mit ihrem weißen Sandstrand ist auf eine liebenswürdige Weise verwahrlost und der perfekte Ort zum Dösen oder Bechern. (S. 119)

Padang Padang Beach Toller weißer Sand und damit unter anderen der beste Ort, um Surfer zu beobachten. (S. 123)

Strände von Nusa Lembongan Kleine verträumte Buchten, zwischen denen man hin- und herwandern kann, plus fabelhafte Schwimmbedingungen. (S. 152)

Strände auf den Gilis Die Gilis bieten rundum herrliche Strände mit weißem Sand, tollen Schnorchelmöglichkeiten und einem immerwährenden touristischen Flair. (S. 343)

Selong Blanak Eine idyllische Bucht auf Lombok mit einem Strand, der viele Besucher, die zum ersten Mal hierher kommen, in grenzenloses Erstaunen versetzt. (S. 340)

Tempel

Mit den mehr als 10 000 Tempeln hat Bali eine solche Vielfalt an Tempeln aufzuweisen, dass sich die einzelnen Tempel nicht einmal bestimmten Kategorien zuordnen lassen.

Pura Luhur Batukau Einer der bedeutendsten Tempel Balis liegt an einem dunstigen, entlegenen Ort, der tief in alter Spiritualität verwurzelt ist. (S. 274)

Pura Taman Ayun Ein wunderschöner, mit einem Wassergraben umgebener Tempel mit einer königlichen Vergangenheit; Pura Taman Ayun ist ein Teil der Würdigung der balinesischen Reisanbautradition durch die Unesco. (S. 301)

Pura Pusering Jagat Einer der berühmten Tempel von Pejeng, der auf das Reich zurückgeht, das hier einst im 14. Jh. blühte. (S. 210)

Pura Luhur Ulu Watu Dieser Tempel ist gleichermaßen bedeutsam wie beliebt. Hier gibt es beeindruckende Ausblicke, schöne Tanzaufführungen bei Sonnenuntergang und Affen. (S. 125)

Nachtleben

Die Nachtclubs von Bali ziehen Nachtschwärmer aus ganz Südostasien an.

Seminyak Strandclubs, wo die Cocktails irgendwie besser schmecken, weil man dabei die Brandung hören kann. (S. 82)

Kuta Überall nur unerschöpflicher Elan und eine verrückte Mischung aus Partygängern, die jede Facette der balinesischen Vergnügungssucht auskosten. (S. 56)

Legian Strandbars und Sitzsäcke im Sand, wo das Glitzern des Sonnenuntergangs ins Funkeln der Sterne übergeht. (S. 56)

Echo Beach Richtung Westen reihen sich kurzlebige Strandbars wie Perlen auf einer Kette aneinander; in einigen wird regelmäßig Party gemacht. (S. 110)

Gili Trawangan Der Ort für dröhnende Rhythmen und pulsierende Partystimmung, und das an jedem Abend (und Tag!) der Woche. (S. 345)

Kultur

Das kreative Erbe des Landes findet man überall, und alles ist handgemacht. Tanz- und Musikaufführungen sind das Ergebnis einer sich immer weiter entwickelnden Kultur, deren Vermächtnis jahrhundertealt ist.

Tanz Eine strikte Choreografie und strenge Disziplin sind die typischen Merkmale des wunderschönen, melodischen balinesischen Tanzes, den kein Besucher während seines Aufenthaltes in Bali auslassen sollte. (S. 403)

Gamelan Das kleine Orchester mit Bambus- und Bronzeinstrumenten schafft einen unvergesslichen Hörgenuss, besonders bei Aufführungen und Festlichkeiten. (S. 405)

Malerei Im 20. Jh. schmolzen balinesische und westliche Stilrichtungen zusammen, und das Resultat ist oft außergewöhnlich. Einige der schönsten Kunstwerke können in den Museen von Ubud bestaunt werden. (S. 406)

Opfergaben Sie sind kunstvoll und allgegenwärtig, und man findet sie an Hotelzimmertüren und stapelweise in Tempeln. (S. 392)

Essen auf Balinesisch

Hier heißt es, hervorragendes Essen aus aller Welt zu genießen, oder man kostet regionale Speisen mit den raffinierten Geschmacksrichtungen der balinesischen Küche.

Seminyak Hier findet man die größte Auswahl an Spitzenrestaurants; schon auf einem nur zehnminütigen Spaziergang kann man die kulinarischen Spezialitäten der ganzen Welt probieren. (S. 82)

Kerobokan Hier muss man einfach hingehen, um die angesagtesten und besten Restaurants sowie einige wunderbare balinesische *warung*

Oben: Das Revolver-Café in Seminyak (S. 93)
Unten: Gili Meno (S. 357)

(Verkaufsstände auf Rädern) auszuprobieren. (S. 96)

Canggu In Balis lebendigstem Hotspot entstehen scheinbar wöchentlich neue interessante Cafés. (S. 103)

Denpasar Cafés servieren in ganz einfachen Lokalitäten außergewöhnliche balinesische und indonesische Speisen aus der Region. (S. 145)

Ubud Kreative Restaurants und Cafés in Hülle und Fülle, viele davon mit gesunden Biogerichten im Angebot, und alles schmeckt sehr lecker. (S. 167)

Shoppen

Für manche ist Bali ein tolles Shopping-Paradies. Für andere ist es eher ein Schicksal.

Seminyak Manchmal wirkt es so, als seien alle Leute in Seminyak Designer; die Wahrheit ist, dass viele es wirklich auch sind. (S. 82)

Kerobokan Eine Fortsetzung der Läden nördlich von Seminyak, die alles anbieten, von Haushaltswaren bis zu modischer Kleidung. (S. 96)

Canggu Balis künftiges Shopping-Paradies, weil die geringen Mieten (bis jetzt zumindest noch) und die kreative Energie Designer anlockt. (S. 103)

Ubud Ideal für Kunsthandwerk, Kunst, Bücher, Yogakleidung und vieles mehr. (S. 167)

Südlich von Ubud In Städten wie Mas gibt es Läden für Kunsthandwerk in Hülle und Fülle; besonders empfehlenswert ist der Markt in Sukawati. (S. 215)

Monat für Monat

TOP-EVENTS

Nyepi, März oder April

Galungan & Kuningan, wechselnde Daten

Indonesischer Unabhängigkeitstag, 17. August

Ubud Writers & Readers Festival (Literaturfestival), Oktober

Bali Arts Festival (Kunst- und Kulturfestival), Juni bis Juli

Februar

Die Regenzeit geht weiter, und die Insel erwacht nach dem Weihnachts- und Neujahrstrubel und der darauf folgenden Pause im Monat Januar zu neuem Leben. Im Bereich der Hotels und Unterkünfte gibt jetzt viele Sonderangebote.

Nyale-Fest

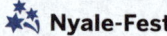

Am Seger-Strand in der Nähe von Kuta wird der aalähnliche Fisch *nyale* gefangen. Der Abend bietet dann verschiedene Dichterlesungen, Gamelan und dauert in der Regel bis zum Morgengrauen. Das Festival kann auch im März stattfinden.

März

Die Regenzeit geht zu Ende und die Massen flauen ab – nun ist Nebensaison, besonders rund um den Nyepi-Tag, wenn sogar viele Nicht-Balinesen sich in die Stille begeben.

Nyepi (Tag der Stille)

An Balis Hindu-Fest Nyepi begeht man das Ende des alten und den Anfang des neuen Jahres. Es ist von Passivität gekennzeichnet, um die bösen Geister davon zu überzeugen, dass Bali unbewohnt ist – und sie für ein weiteres Jahr fernbleiben dürfen. (S. 387)

April

Die Inseln trocknen nach der Regenzeit langsam aus; es kommen wieder mehr Besucher, aber nicht übermäßig viele. Ein weiterer Monat, den Insider als guten Reisemonat für Bali und Lombok empfehlen.

Bali Spirit Festival

Ein sehr beliebtes Yoga-, Tanz- und Musikfestival, das von den Betreibern des Yoga Barn in Ubud ausgerichtet wird. Es gibt über 100 Workshops, Konzerte und einen Markt. Termin ist Anfang April oder Ende März (S. 182).

Malean Sampi

Mit einem Joch paarweise zusammengebundene Büffel rennen in Narmada in der Nähe von Mataram auf Lombok durch wasserdurchtränkte Erde; die Jockeys klammern sich fest an sie. Das Ganze ist so gefährlich, matschig und lustig wie es sich anhört. Findet Anfang April statt.

Juni

Nun wird es am Flughafen voller, aber dennoch ist der Juni noch ein ebenso günstiger Reisemonat wie der Mai. Bei den Wellen von Bukit wird es schon etwas voller.

Bali Arts Festival

Ist das wichtigste Event im balinesischen Kulturkalender. Hauptveranstaltungsort ist das Kulturzentrum Taman Wedhi Budaya in Denpasar. Bei dem Festival sieht man traditionelle balinesische Tanz- und Musikweisen von Gruppen aus den Dörfern des Landes, die hier um die heimische Ehre gegeneinander antre-

Oben: Tänzer in traditioneller Kleidung beim Bali Arts Festival (S. 148)
Unten: Kite Festival (S. 138)

TROPICAL STUDIO / SHUTTERSTOCK ©

ten. Findet von Mitte Juni bis Mitte Juli statt. (S. 148)

Lebaran Topat

Wird sieben Tage nach dem Ende des Fastenmonats (Idul Fitri; Ramadan) im islamischen Kalender gefeiert. Lebaran Topat ist eine Zeremonie der Sasak, die für Westlombok einzigartig ist. Verwandte versammeln sich auf Friedhöfen und begießen ihre Familiengräber mit Wasser, bringen Blumengaben, Betelblätter und Kalkpulver.

Juli

Neben dem August ist der Juli der zweitvollste Monat auf Bali. Es ist nicht leicht, eine passende Unterkunft zu finden. Von den Massen an Urlaubern geht eine besondere Energie aus, die man aber auch genießen kann.

Kite Festival

In Südbali schweben das ganze Jahr über Drachen in der Luft. Sie sind oft riesengroß (über zehn Meter) und jagen den Piloten eine Heidenangst ein. Eine Erklärung dafür ist, dass die Drachen bei den Göttern als Bittsteller um reiche Ernten dienen. Während der Festtage ist der Himmel voll von riesigen Gebilden.

August

In diesem Monat sind die meisten Touristen auf Bali, und es werden jedes Jahr mehr. Für diese Zeit sollten Zimmer- und Tischreservierungen weit im Voraus getätigt werden, und man muss mit Touristenmassen rechnen.

Indonesischer Unabhängigkeitstag

Am 17. August feiert ganz Indonesien seine seit 1945 erklärte Unabhängigkeit von den Holländern. Legionen von Schulkindern marschieren mit großem Eifer die Hauptstraßen von Bali entlang. Der Verkehr wird gestaut (wie auch schon Tage vorher, wenn geprobt wird), und es gibt ein großes Feuerwerk.

Surf-Wettbewerbe

Die genauen Namen und Sponsoren wechseln jedes Jahr, aber es finden den ganzen August hindurch internationale Spitzenwettbewerbe im Surfen am Padang Padang Beach statt. Die touristische Hochsaison fällt mit der Hochsaison der Wellen zusammen.

Oktober

Der Himmel verdunkelt sich nun öfter durch die saisonbedingten Regenfälle, aber die meiste Zeit ist das Wetter angenehm. Außer in Ubud werden die Besuchermassen langsam weniger.

Ubud Writers & Readers Festival (Literaturfestival)

Scharen von Schriftstellern und Lesern aus aller Welt kommen hier zusammen, um die Schriftstellerei zu feiern – besonders all die Publikationen, die irgendwie mit Bali zu tun haben. Es gibt jedes Jahr ein The-

GALUNGAN & KUNINGAN

Galungan, das an den Tod des Tyrannen Mayadenawa erinnert, ist eines der größten Feste auf Bali und dauert zehn Tage. Während dieser Zeit nehmen alle Götter leibhaftig an den Feiern teil. Der Barong, ein mythologischer Löwenhund, zieht von Tempel zu Tempel und von Dorf zu Dorf. Die Einheimischen feiern mit einem Festessen und dem Besuch ihrer Familie. Die Feierlichkeiten finden ihren Höhepunkt im Kuningan-Fest, bei welchem die Menschen von Bali ihren Göttern Dank sagen und sich von ihnen verabschieden.

Jedes Dorf auf Bali feiert Galungan und Kuningan in großem Stil. Auch Besucher sind herzlich willkommen.

Im 210-tägigen Wuku- (oder Pawukon-)Kalender sind die Festtermine aufgeführt. Es gibt zehn verschiedene Wochentypen, die zwischen einem Tag und zehn Tagen lang sein können und parallel laufen. Nachstehend sind die Termine für die Galungan- und Kuningan-Feierlichkeiten aufgeführt:

JAHR	GALUNGAN	KUNINGAN
2017	5. April & 1. Nov.	15. April & 11. Nov.
2018	30. Mai & 26. Dez.	9. Juni
2019	22. Juli	5. Jan. & 3. Aug.

ma, und berühmte Autoren, deren Werk zum Thema passt, nehmen daran teil. (S. 182)

November

Es wird feuchter, aber noch nicht so nass, als dass man die Inseln nicht mehr in vollen Zügen genießen könnte. Normalerweise ist der November, was die Belegung durch Touristen angeht, ein ruhiger Monat. Daher gibt es oft auch Sonderangebote bei den Unterkünften.

Perang Topat

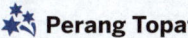

Dieser „Reiskrieg" auf Lombok findet in Pura Lingsar direkt bei Mataram statt. Dazu gehört ein Umzug mit kostümierten Leuten; Hindus und Wetu Telu bewerfen sich mit *ketupat* (klebrigem Reis). Perang Topat kann auch im Dezember stattfinden.

Dezember

Kurz von den Weihnachts- und Neujahrsfeiertagen erstürmen wahre Besuchermassen Bali. Hotels und Restaurants sind ausgebucht und alle haben unheimlich viel zu tun.

Peresean

Kriegsführungskunst auf Lombok. Die Wettstreiter kämpfen bei nacktem Oberkörper mit Stöcken und rindsledernen Schilden. Der Sieger ist derjenige, der dem Gegner zuerst eine Wunde zufügt. Das Ereignis findet jedes Jahr gegen Ende des Monats in Mataram statt.

Reiserouten

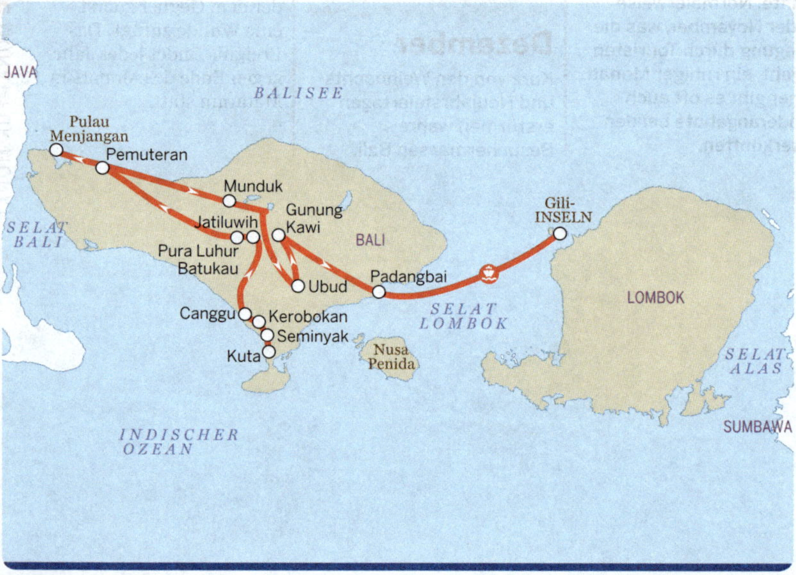

2 WOCHEN Bali & die Gilis

Eine Tour quer durch Bali und die beliebtesten Regionen des Landes, darunter auch die Gili Islands, ist immer lohnenswert.

Die Reise beginnt in **Seminyak**, wo man ausgezeichnet essen und ausgehen oder sich neu einkleiden kann. Für die Reize von **Kerobokan**, die Strandvergnügungen von **Canggu** und die wilden Nächte in **Kuta** sollte man drei Tage einplanen. Wer davon genug hat, fährt Richtung Norden durch die Reisterrassen von **Jatiluwih** und weiter zum **Pura Luhur Batukau**, einem Tempel hoch in den Wolken. Von dort führt die Reise in nordwestlicher Richtung zu den Strandhotels in **Pemuteran**. In der Nähe befinden sich die besten Tauch- und Schnorchelreviere Balis bei **Palau Menjangan**. Die Strecke führt weiter landeinwärts nach Osten, mit Halt in **Munduk**, von wo aus man zu Wasserfällen wandern kann. Über **Candikuning** geht es nach **Ubud**, dem kulturellen Zentrum Balis. Abends locken Tanz und Kultur, tagsüber Wanderungen. Unbedingt zu empfehlen ist eine Tagestour zu den antiken Stätten in **Gunung Kawi**. Weiter geht es zur netten kleinen Hafenstadt **Padangbai**. Von hier fahren Schnellboote zu den **Gili-Inseln** ab. Die Inseln lassen sich gut zu Fuß erkunden. Wer Glück hat, entdeckt beim Schnorcheln eine Schildkröte, und **Gili T** bietet zudem noch ein lebendiges Nachtleben.

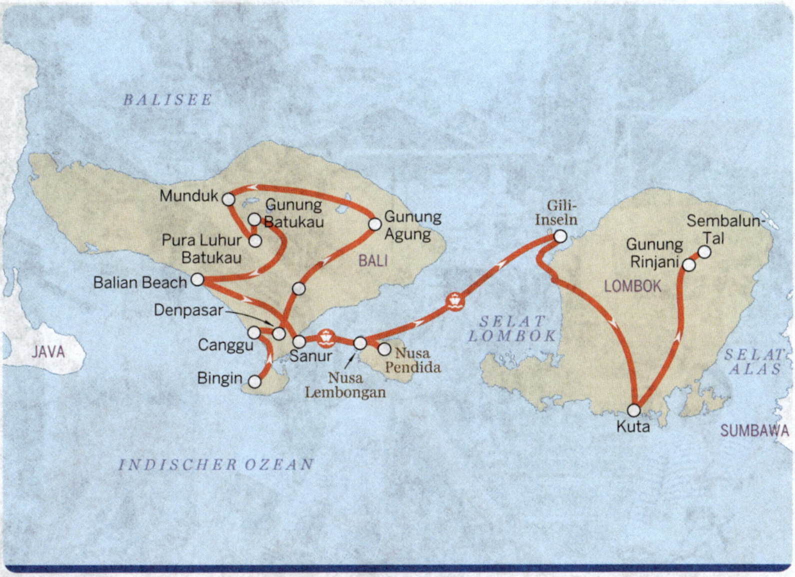

3 WOCHEN Ganz Bali & Lombok

Auf der Tour zu den interessantesten Sehenswürdigkeiten und Orten in ganz Bali, Lombok und den Gilis besucht man sechs Inseln und zahllose Strände.

Die Tour beginnt in **Bingin**. Wenn der Jetlag überstanden ist, geht es nach **Denpasar** zu einem balinesischen Mittagessen. Von dort führt die Route ins hippe **Canggu** und weiter durch **Denpasar** nach **Ubud**, das einen Einblick in die balinesische Kultur bietet. Vom kulturellen Zentrum geht der Weg weiter zum spirituellen Zentrum der Insel, dem **Gunung Agung**. Der Aufstieg sollte früh erfolgen, damit der Gipfel erreicht ist, bevor die täglich aufziehenden Wolken die Aussicht verdecken. Nach der Besteigung des legendären Berges führt die Strecke Richtung Westen nach **Munduk**, das einen Blick zur Nordküste und dem Meer bietet. Hier sollte unbedingt eine Wanderung eingeplant werden, denn die Umgebung bietet Wasserfälle, hübsche Dörfer, wilde Obstbäume und Reisfelder, die wie Bänder an den Bergen kleben. Weiter geht es nach Süden zum wunderbaren Tempel **Pura Luhur Batukau**. Von hier bietet sich die Besteigung von Balis zweithöchstem Berg, dem **Gunung Batukau** an. Anschließend sorgt der **Strand von Balian** für die nötige Ruhepause. Danach geht es von **Sanur** weiter über die Wellen nach **Nusa Lembongan**, der Insel im Schatten der großen Schwester **Nusa Penida**. Die fast unbewohnte Insel ist vom Süden und Osten Balis gut sichtbar und lässt sich als Tagesausflug besuchen. Von den Klippen bieten sich faszinierende Ausblicke und die Unterwasserwelt lädt zum Tauchen ein. Von Nusa Lembongan gibt es eine direkte Schiffsverbindung zu den **Gilis**. Auch hier locken Bootstouren durch das türkisblaue Wasser rund um die Inseln. Man kann auch mit dem Schiff nach **Senggigi** fahren, sollte aber dort die Hotels links liegen lassen und weiter nach Süden reisen. Die Südküste von Lombok bei **Kuta** bietet sensationelle Strände und Surfreviere für furchtlose Surfer. Die kaum befahrenen Nebenstraßen im Inneren der Insel locken neugierige Reisende mit Lust auf Abenteuer. Hier finden sich in kleinen Dörfern noch alte Handwerkskünste. Viele dieser Straßen führen die Flanken des Vulkans **Gunung Rinjani** hinauf, der das üppige und abgelegene **Sembalun Tal** beschützt. Eine einzigartige Wanderung führt entlang des Kraterrandes von einem Dorf zum nächsten; sie dauert allerdings mehrere Tage.

NAUGHTYNUT / SHUTTERSTOCK ©

Oben: Ubud (S. 167)

Unten: Pura Tanah Lot (S. 301)

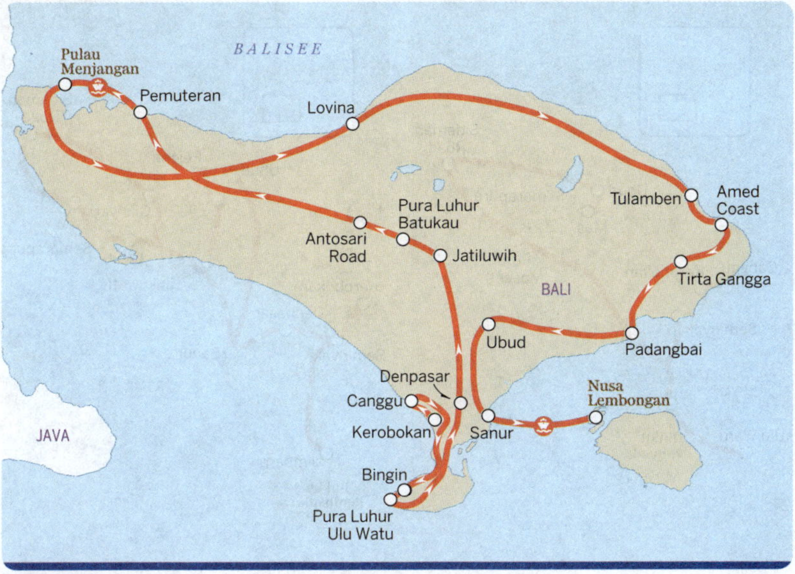

3 WOCHEN Bali zum Genießen

Empfehlenswert ist eine Unterkunft in **Kerobokan** in Strandnähe. Auf jeden Fall sollte man die trendigen Restaurants und Cafés von **Canggu** besuchen. Vielleicht gibt es ja auch die Möglichkeit, Surfen zu lernen, bevor man dann Richtung Süden nach **Bingin** mit seinen Gasthäusern an den Klippen mit Blick auf das fabelhaft schöne Meer weiterfährt. Dann geht es auf der kurzen Route runter ins spirituelle Zentrum (und Heimat der Affen) der Halbinsel Bukit: **Pura Luhur Ulu Watu**. Auf der Fahrt durch **Denpasar** locken die regionalen Restaurants und das Museum. Als Nächstes sind die uralten balinesischen Reisfelder an der Reihe. Ein Beispiel sind die Reisterrassen von **Jatiluwih**, danach geht es weiter zum idyllischen **Pura Luhur Batukau**. Auf der **Antosari Road** führt die Tour dann über die Berge mit einer Zwischenpause in einem entlegenen Hotel am Wegesrand. Westlich geht es dann nach **Pemuteran**, wo die Hotels und Resorts mit ihren Entspannungsmöglichkeiten warten. Es empfiehlt sich, bei **Pulau Menjangan** im Bali Barat National Park zu tauchen oder zu schnorcheln. Die Stelle ist bekannt wegen der Korallen und einer steilen 30-m-Wand. An der Küstenstraße nach **Tulamben** bietet sich ein Halt in **Lovina** an. Hier wollen viele Leute den zerschmetterten Rumpf eines Frachters aus dem Zweiten Weltkrieg unter Wasser erkunden. Vor der kurzen Spritztour nach **Tirta Gangga** sowie Wanderungen durch Reisfelder und die von Dschungel bedeckten Hügel hinauf zu entlegenen Tempeln sollte man an der **Amed Coast** ein wenig chillen. Weiter geht es nach **Padangbai**. Diese nette Hafenstadt eignet sich gut, um dort einige Tage zu entspannen, bevor es dann über Nebenstraßen nach **Ubud** geht. Dort kehrt man in sein Lieblingscafé ein und lässt die Welt an sich vorbeiziehen oder man legt die Strapazen der Reise in einem Spa ab. Vielleicht lockt auch die Übernachtung in einem der charakteristischen Privathäuser, nachdem man tagsüber leichte Wanderungen durch die Reisfelder gemacht und abends die vielen Tanzvorführungen bestaunt hat. Wenn man dann wieder frisch und munter ist, nimmt man ein Schnellboot von **Sanur** zur **Nusa Lembongan**. Diese kleine Insel hat mit ihren Hotels am Strand – von einfach bis halbwegs vornehm – ihren ganz eigenen Lebensstil. Hier steht die Zeit für die Reisenden still, und das alles in einer Atmosphäre mit hervorragenden Surf-, Schnorchel- und Tauchbedingungen.

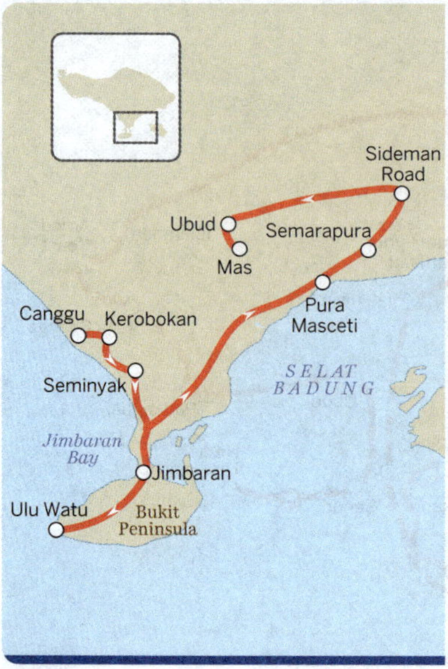

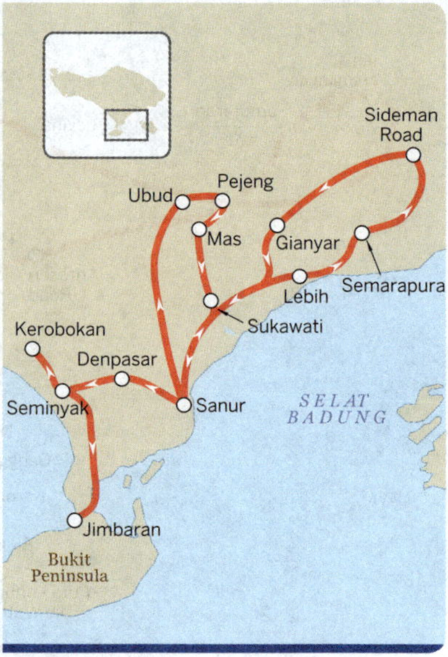

1 WOCHE Bali von seiner schönsten Seite

Los geht es an einem Strandhotel in **Seminyak**, **Kerobokan** oder **Canggu**; man geht Shoppen und an den Strand. Am Ende eines Tagesausflugs zu dem von Affen bewohnten Tempel **Ulu Watu** steht ein Abendessen mit Meeresfrüchten an der **Jimbaran Bay**. Im Osten führt der Weg über die Küstenstraße zu den wilden Stränden, wie denen bei **Pura Masceti**, danach in die kultivierte königliche Stadt **Semarapura** mit ihren Ruinen. Richtung Norden geht es dann ins atemberaubende **Sideman**, wo Reisterrassen, grüne Flusstäler und wolkenverhangene Berge eine Symbiose bilden. Weiter führt die Reise Richtung Westen nach **Ubud**, dem Höhepunkt jeder Rundfahrt. Wer sich ein bisschen verwöhnen möchte, sollte in einem der vielen Hotels mit Blick über Flüsse und Reisfelder absteigen. Nach den Anwendungen in einem der Spas locken die Restaurants der Stadt. Balis kultureller Reichtum zeigt sich in Ubud am besten. Jeden Abend finden Tanzvorführungen statt; zahllose Kunsthandwerker präsentieren ihre Waren, darunter auch Holzschnitzer aus **Mas**. Eine Wanderung durch die Reisfelder und zu den Flusstälern bietet sich ebenso an wie ein Besuch in einer Gemäldegalerie.

1 WOCHE Tagestouren auf Bali

Ausgangspunkt könnte ein Strandhotel in **Sanur** sein. Zwischen den Ausflugstagen empfiehlt es sich, die Strandatmosphäre einzusaugen und die Sorgen in einem Spa zu vertreiben. Der erste Tagesausflug beginnt mit der Fahrt zu den Märkten und Museen von **Denpasar**; anschließend geht es zu den Geschäften in **Seminyak** und **Kerobokan**. Der Tag endet mit Meeresfrüchten in **Jimbaran**. Am zweiten Tag führt der Weg nach **Ubud**, wo ein halber Tag Zeit zum Bummeln durch die Geschäfte, Galerien und Museen zur Verfügung steht. Hin- und Rückfahrt sollten über unterschiedliche Routen erfolgen, damit auch die Tempel von **Pejeng**, die Holzschnitzer in **Mas** und der Markt in **Sukawati** besucht werden können. der dritte Tagesausflug führt an den Stränden der Ostküste entlang. Zwischenstopp ist in **Lebih** – hier gibt es einen Tempel und der Sand glitzert. Landeinwärts geht es zu den Tempelruinen und dem Markt von **Semarapura**, dann Richtung Norden durch das schöne **Sideman**. Als Nächstes folgt eine Rundfahrt Richtung Westen mit Rückfahrt über das regionale Zentrum **Gianyar**, wo man sich traditionelle Stoffe ansehen und auf dem Nachtmarkt einkehren kann.

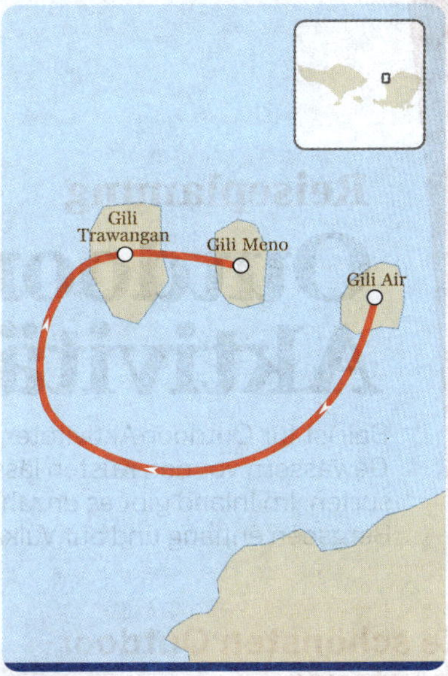

2 WOCHEN Lombok in zwei Wochen

Lombok ist der Inbegriff toller Outdoor-Aktivitäten. Zunächst verbringt man ein bis zwei Tage an einem der Strände von **Kuta**. Östlich und westlich der Stadt warten etwa ein Dutzend Buchten: Die schöne **Selong Blanak** ist nur eine davon. Wenn man schon mal hier ist, sollte man die märchenhafte Brandung im Süden Lomboks zum Surfen ausprobieren – das winzige **Gerupuk** ist ideal, um entweder Stunden zu nehmen oder eine Bootstour zu einer der Breaks zu machen. Nicht weit davon entfernt lockt der Südwesten Lomboks mit wassersportlichen Aktivitäten: Schwimmen in sicheren Gewässern oder Bootstouren zu den rund einem Dutzend Inseln. Das winzige **Gili Gede** ist dazu ein idealer Ausgangspunkt. Als Nächstes steht der heilige **Gunung Rinjani** auf dem Programm. Seine Ausläufer kann man vom urigen **Tetebatu** erkunden, oder man erklimmt den Vulkan und wandert von **Senaru** bis zum Kraterrand, dem Kratersee oder zum Gipfel selbst. Auf keinen Fall sollte man das wunderschöne Sembalun Valley auslassen. Am Ende der beiden Wochen steigt man in einem der ruhigen Luxushotels an den weißen Sandstränden von **Sire** ab.

1 WOCHE Die Gili Islands in einer Woche

Diese drei kleinen Pünktchen aus weißem Sand vor Lombok können leicht Ziel der gesamten Reise sein, denn hier locken Tauchen, Chillen, Partys und Faulenzen am Strand. Der ideale Ort, um sich mit dem Inselleben vertraut zu machen, ist **Gili Air**, wo der Hauptstrand ein Tropenparadies ist. Hier kann man ein oder zwei Tage nichts tun außer sich hin und wieder an einem Drink abkühlen, vor der Küste zwischen Korallen schnorcheln und sich an Meeresfrüchten ergötzen. Anschließend steht **Trawangan** auf dem Programm, wo ein aktiverer Aufenthalt wartet. Ein Tag beginnt hier mit einem morgendlichen Tauchgang zum Beispiel am Shark Point, es folgt ein Mittagessen mit anschließendem Nickerchen. Danach folgt ein Bummel über die sandigen Wege der Insel, dann ein Cocktail bei Sonnenuntergang an der Westküste. Nach dem Abendessen locken die Rhythmen der Partys. Endstation ist **Gili Meno**, wo es, nachdem man sich eine Übernachtungsmöglichkeit gesichert hat, eigentlich wenig zu tun gibt, außer über die reine Wüstenlandschaft der Insel nachzugrübeln. Wer es schafft, sich vom Strand zu lösen, kann die Fischreiher auf dem Binnensee beobachten.

Reiseplanung

Outdoor-Aktivitäten

Bali ist für Outdoor-Aktivitäten unglaublich gut geeignet. In den Gewässern vor den Küsten lässt sich erstklassig tauchen und surfen. Im Inland gibt es unzählige Wanderwege durch Reisfelder, an Bergseen entlang und auf Vulkane hinauf.

Die schönsten Outdoor-Abenteuer

Prima surfen

Das weltberühmte Ulu Watu, wo jeder ernsthaft interessierte Surfer ein Mal im Leben gesurft haben muss, und am fantastischen Batu Bolong Beach.

Großartig tauchen & schnorcheln

Die spektakuläre Pulau Menjangan, wo man sich nur treiben lassen oder an einer Wand entlang tauchen kann; der gesunkene Frachter aus dem Zweiten Weltkrieg vor Tulamben und die Schnorchel- und Tauchgründe vor der Küste.

Top-Wanderwege

Die üppige, mit würzigem Duft erfüllte und von Wasserfällen zerklüftete Landschaft von Munduk; wunderschöne, teilweise durch Reisfelder führende Wanderungen bei Ubud (Dauer: eine Stunde bis zu einem Tag); smaragdgrüne Reisterassen bei Tirta Gangg, herrliche Aussichten und Tempel.

Surfen

Das Surfen brachte den Bali-Tourismus in den 1960er-Jahren erst so richtig in Schwung. Auch viele Balinesen haben mittlerweile mit dem Surfen begonnen und man sagt ihnen nach, ihr Surfstil sei durch die Anmut des traditionellen Tanzes geprägt.

Surfen auf Bali

Da die Dünung vom Indischen Ozean kommt, liegen die Surfreviere an der Südseite der Insel und seltsamerweise an der Nordwestküste von Nusa Lembongan; hier strömt das Wasser in die Meerenge zwischen der Insel und der balinesischen Küste.

Während der Trockenzeit (April bis September) hat die Westküste die besten Breaks, da die Passatwinde aus Südosten kommen; dann funktioniert es auch auf Nusa Lembongan am besten. Während der Regenzeit bietet sich die Ostküste von Nusa Dua bis Padangbai an. Bei Nordwind oder Windstille gibt es an der Südküste der Halbinsel Bukit doch immer noch einige Breaks.

Beachtenswert ist, dass bei den besten Breaks fast immer auch gute Strände liegen, die den gleichen Namen tragen.

Um diese Surfspots zu erreichen, leihen sich viele ein Motorrad mit Surfboardhalterung oder ein Auto mit Fahrer und

Surfboardträger. Beide Möglichkeiten sind leicht zu organisieren.

Balangan

Auf der Jalan Pantai Balangan kommt man zu den Surfer-Bungalows (*surfer crash pads*) und den Parkplätzen bei den Strandcafés von Balagan. Balangan (S. 119) ist ein schneller Lefthander über einem flachen Riff, wo bei Niedrigwasser kein Surfen möglich ist, aber bei Mittelwasser mit Wellen über vier Fuß gute Surfbedingungen herrschen; bei Wellen von acht Fuß ist es einfach zauberhaft.

Balian

Bei der Mündung des Sungai Balian (Balian River; S. 304) im Westen Balis gibt es einige Peaks. Der beste Break ist ein angenehmer, gleichmäßiger Lefthander, der bei Mittel- bis Hochwasser gut funktioniert, es sei denn, es ist windig. Unterkunftsmöglichkeiten gibt es in der Form von einfachen bis luxuriösen Pensionen.

Batu Bolong

Nördlich von Kerobokan am nördlichen Zipfel der Bucht hat Batu Bolong (oft auch Canggu genannt; S. 104) einen hübschen Strand mit hellem Sand, wo man viele Surfer und eine coole Party-Szene antrifft. Die optimale Welle ist in Batu Bolong fünf bis sechs Fuß hoch. Hier gibt es einen richtig guten Righthander, in den man gut einsteigen kann und der bei Hochwasser am besten ist.

Bingin

Dieser Spot (S. 121) ist über einen Klippenweg erreichbar und kann schon mal überlaufen sein. Am besten ist es hier bei einer Sechs-Fuß-Dünung; dann entstehen kurze, aber perfekte Lefthand-Barrels. Die Klippen an der Rückseite des Strandes sind von verschiedensten Unterkünften gesäumt.

Impossibles

Dieser anspruchsvolle Riff Break (S. 123) direkt nördlich von Padang Padang hat drei sich verändernde Peaks mit schnellen Lefthander-Tubes, die sich bei perfekten Bedingungen zusammenschließen.

Keramas & Ketewel

Diese beiden Strände liegen nordöstlich von Sanur. An beiden finden sich Righthand-Breaks, die bei Ebbe knifflig sind und bei über sechs Fuß zumachen. Die Brandung ist das ganze Jahr über recht gleichmäßig; übernachten kann man in dem Surfer-Resort Komune Bali.

Rund um Kuta

Für das erste Bad im warmen Indischen Ozean eignen sich die Breaks am Strand von Kuta hervorragend. Bei Full Tide ist die beste Stelle in der Nähe des Life-Saving-Clubs am südlichen Ende der Strandstraße. Bei Low Tide locken die Tubes bei Halfway Kuta (S. 57); das ist wahrscheinlich die für Anfänger am besten geeignete Stelle. Wer noch nicht richtig in Form ist, sollte mit den Beach Breaks beginnen, aber selbst die müssen mit Respekt genommen werden.

Weiter nördlich am **Legian Beach** (S. 56) können die Breaks sehr mächtig sein, Left- und Righthander gibt es auf der Höhe der Sandbars in der Nähe der Jalan Melasti und Jalan Padma.

Schwieriger wird es an den Riffen südlich der Beach-Breaks, ungefähr einen Kilometer vom Strand entfernt. **Kuta Reef** (S. 56) ist ein ausgedehntes Korallenriff und bietet die unterschiedlichsten Möglichkeiten. Man kann in 20 Minuten dorthin paddeln, die einfachere Lösung ist aber, mit dem Boot zu fahren. Hier bricht eine klassische Lefthander, die bei Mid bis High Tide und einem Fünf- bis Sechs-Fuß-Swell am schönsten ist. Dann bekommt sie am Riff eine wunderbare Inside Tube.

Medewi

An der Südküste von Westbali liegt Medewi (S. 306) mit einer sanften Lefthander. Mit etwas Glück bietet dieser Point Break einen langen Ritt bis weit in die Flussmündung hinein. Die Welle hat einen großen Drop, der wieder ansteigt und zu einer guten Inside-Section wird. In der Nähe gibt es einige Unterkünfte.

Nusa Dua

In der Regenzeit gibt es einige gute Riff-Breaks im Osten der Insel. Beim Riff vor Nusa Dua (S. 127) herrscht eine sehr gleichmäßige Dünung. Der Haupt-Break liegt einen Kilometer vor dem Strand südlich von Nusa Dua – um dorthin zu gelangen, geht man am besten am Golfplatz entlang und hält nach den noch verbliebenen Fitzelchen des Gegar Beach vor dem riesigen Resort Mulia Ausschau, wo es einige Boote gibt, die die Surfer hinausbringen. Hier gibt es dann sowohl Left- als auch Righthander, die auf einer kleinen Dünung bei Ebbe oder Mittelwasser gut gehen. Etwas weiter nördlich, vor dem Club Med gelegen, wartet ein schnell rasender rechter Riff-Break namens **Sri Lanka**, der am besten bei Mittelwasser funktioniert.

Nusa Lembongan

Die Insel gehört zur Inselgruppe um Nusa Penida und wird durch die Selat Badung (Straße von Badung) von Balis Südostküste getrennt.

Das Meer ist hier sehr tief und so entsteht eine enorme Brandung, die sich an den Riffen vor der Nordwestküste von Lembongan bricht. Vom Strand aus ist **Shipwrecks** zu sehen, der beliebteste Break mit einer langen Righthander, die bei Mid Tide und einem Fünf-Fuß-Swell einen tollen Barrel bekommt.

Etwas weiter südlich befindet sich **Lacerations**, eine sehr schnelle Righthander mit hohlen Wänden, die über einem sehr flachen Riff bricht – daher der Name „Schnittwunden". Noch weiter im Süden gibt es eine kleinere, benutzerfreundliche Lefthander, genannt **Playgrounds**. Man sollte auf jeden Fall berücksichtigen, dass Surfen auf Lembongan bei Ostwind am besten ist, also in der Trockenzeit.

Padang Padang

Nur kurz etwas zu Padang (S. 123): Dieser superflache, linke Riff-Break liegt vor einem sehr beliebten Strand und unterhalb einiger etwas einfacherer Unterkünfte, wo man übernachten *und* dabei die Breaks beobachten kann. Diesen Spot sollte man sorgfältig prüfen, bevor man ihn ausprobiert, denn der Break ist recht anspruchsvoll und funktioniert nur über sechs Fuß bei Mittel- bis Hochwasser.

Wer keine Tubes, Backhand oder Forehand surfen kann, sollte nicht herauspaddeln, denn Padang ist eine Tube. Nach dem Start rast man durch das Wasser bis ins Barrel. Keine Welle für Ängstliche und ganz bestimmt kein Platz zum Surfen, wenn es zu voll ist (und das ist beispielsweise immer dann der Fall, wenn im Laufe des Jahres die recht anspruchsvollen Wettkämpfe stattfinden).

Sanur

Sanur Reef bietet hohle Wände und tolle Barrels. Es ist ein unbeständiger Surf und beginnt erst bei einemSechs-Fuß-Swell, aber wenn die Brandung über acht Fuß ist, ist es ein tolles Ding und bei über zehn

Surfreviere auf Bali & Lombok

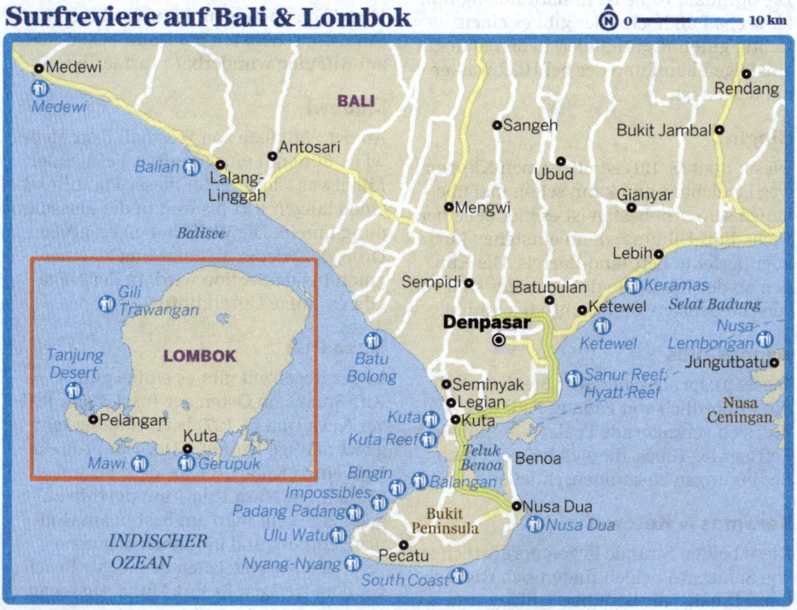

Fuß Weltklasse. Vor der Küste gibt es noch andere Riffe, die meisten davon sind gut zum Surfen geeignet.

Hyatt Reef, etwa zwei Kilometer vor der Küste, bietet eine unbeständige Righthander, die bei High Tide einen super Ritt bietet. Eine klassische Righthander bricht vor dem Grand Bali Beach Hotel.

Serangan

Die Erschließung von Pulau Serangan (Turtle Island) hat zu riesigen Abbrüchen auf der Süd- und Ostseite der Insel geführt. Paradoxerweise haben die Veränderungen des Küstenverlaufs zu einer stetigeren Wellenbildung geführt. Außerdem hat der Damm die Insel viel leichter erreichbar gemacht, und mehrere *warung* (Imbisstände) liegen nun am Wasser, wo die Wellen rechts und links als fast einen Meter hohe Dünungen brechen.

Südküste

Die äußerste Südküste am Ende der Halbinsel Bukit eignet sich zu jeder Jahreszeit zum Surfen – der Wind muss allerdings von Norden kommen, oder es muss windstill sein. Man sollte früh hier sein, um auflandigen Wind zu vermeiden. Die Halbinsel ist von Riffs umgeben, und es gibt jede Menge große Swells. Der Zugang ist allerdings ein Problem, denn die Küste besteht nur aus Klippen. Wer nach **Nyang-Nyang** möchte, muss über 500 Stufen bewältigen.

Ulu Watu

Wenn die Brandung am Kuta Riff fünf bis sechs Fuß erreicht, bietet Ulu Watu (S. 125), der berühmteste Break Balis, mindestens sechs bis acht Fuß Swell. Er liegt weit vor der südlichen Küste der Bucht, dadurch ist auch die Brandung größer als vor Kuta.

Teluk Ulu Watu (Ulu-Watu-Bucht) ist ein Paradies für Surfer – einheimische Kids wachsen die Boards, besorgen Getränke und tragen die Boards runter in die Höhle, in der der Zugang zu den Wellen liegt. Die beliebten Cafés sorgen für Verpflegung, und es gibt Unterkünfte für jeden Geldbeutel.

Ulu Watu bietet ungefähr sieben verschiedene Breaks. **Corner** liegt direkt rechts vor der Küste. Das ist eine schnell brechende, hohle Lefthander mit etwa sechs Fuß. Das Riff unter diesem Break liegt extrem dicht unter dem Wasser, also besser nicht mit dem Kopf zuerst aufkommen. Bei High Tide beginnt der **Peak**, eine gute Welle bei fünf bis acht Fuß. Gelegentlich bilden sich noch größere Wellen direkt rechts davon. Starten kann man direkt hier oder etwas weiter außerhalb. Eine erstklassige Welle.

Eine weitere Lefthander startet an den Klippen an der südlichen Seite der Bucht. Sie bricht dort in großen Swells und bei sieben Fuß verläuft die Lefthander bis zu einem Tempel am Südende der Bucht. Weit hinter dem Peak liegt ein verborgenes Riff („bombora"), das **Bommie** genannt wird. Hier ist eine weitere große Lefthander, die erst bei einem Swell von mindestens zehn Fuß richtig gut wird. An einem normalen Tag mit fünf bis acht Fuß geht es auch südlich vom Peak Breaks.

Am besten ist es, zu schauen, wohin andere Surfer paddeln, und ihnen zu folgen. Und bei Unsicherheit ruhig immer fragen. Es ist allemal besser, ein bisschen zu wissen als gar nichts. Man klettert zuerst runter in die Höhle und paddelt von dort hinaus. Wenn der Swell groß ist, zieht es den Surfer zuerst nach rechts. Aber keine Angst – man kann problemlos um das Whitewater am Kliff herumpaddeln. Wer wieder zurück an Land will, muss versuchen, die Höhle zu treffen. Wenn der Swell groß ist, orientiert man sich an der Südseite der Höhle, da die Strömung Richtung Norden verläuft.

Surfen auf Lombok & den Gili Islands

Auf Lombok kann man gut surfen, denn hierher kommen nur wenige Touristen; deshalb hat man die Breaks in der Regel fast für sich alleine.

Gerupuk

Diese riesige Bucht sechs Kilometer östlich von Kuta bietet gleich vier Breaks, man findet also immer eine Welle, egal wie das Wetter oder die Gezeiten sind.

Bumbang ist außerordentlich zuverlässig: Am besten ist diese Righthander über einem flachen Riff bei auflaufender Flut. Sie ist für jedes Können geeignet und kann das ganze Jahr gesurft werden. **Gili Golong** ist am besten bei Mid bis High Tide zwischen Oktober und April. **Don-Don** braucht zum Brechen einen größeren Swell, kann aber während des ganzen

DIE BESTEN TAUCH- & SCHNORCHELREVIERE

Die spektakulärsten Tauch- und Schnorchelreviere Balis ziehen Menschen von nah und fern in ihren Bann. Erfahrene Taucher lieben die Herausforderungen von Nusa Penida (S. 161) sowie die Schwärme von Mantarochen und zweieinhalb Meter großen Mondfischen, wohingegen Anfänger und Schnorchler dort überfordert wären. Spektakuläre 30 m Wände warten vor Pulau Menjangan (S. 293) und sind für Taucher und Schnorchler aller Leistungs- und Altersstufen geeignet. Tulamben (S. 256) mit dem gesunkenen Frachter aus dem Zweiten Weltkrieg ist ein weiterer Spot für Taucher und Schnorchler, die allerdings gut schwimmen können sollten.

Jahres toll sein. Außerdem gibt es noch **Kid's Point** (oder Pelawangan), die nur bei großen Swells bricht, aber dann mit einem super Barrel. Alle Wellen erreicht man nur mit dem Boot.

Gili Trawangan

Trawangan (S. 345) ist besser bekannt als das Mekka der Taucher, hat aber auch vor der Südwestspitze der Insel, abseits der Surf Bar, einen Surfspot. Es handelt sich um einen schnellen Righthander, der in zwei Teilen bricht, einer etwas steiler über abgerundeten Korallen. Hier kann man das ganze Jahr über surfen, am besten bei Flut.

Mawi

Die fantastische Bucht von Mawi, 18 km westlich von Kuta gelegen, bietet eine tolle Lefthander mit Barrels, die zum Schluss zu einer Tube wird. Die beste Zeit zum Surfen ist während der Trockenzeit im Zeitraum von Mai bis Oktober bei ablandigem Ostwind und einem Süd-west-Swell. Leider gibt es unter Wasser spitze Felsen und Korallen und die See ist kabbelig, man muss deswegen hier sehr vorsichtig sein.

Tanjung Desert

Tanjung Desert liegt an einem extrem entlegenen Ort auf Lombok und hat eine legendäre, wenn nicht gar unglaubliche Welle, die vom Magazin *Tracks* zur „besten Welle der Welt" gewählt wurde. Sie ist nur für sehr erfahrene Surfer geeignet und ist wie ein launisches Ungeheuer, und das in einer Gegend, die für lange, flache Spells bekannt ist.

An einem guten Tag kann diese Lefthander-Tube einen 300 m langen Ritt ermöglichen, der an Größe vom Take-off bis zum Close-out (Achtung: und über rasierklingenscharfen Korallen liegt) anschwellen kann. Tanjung Desert funktioniert nur wirklich gut, wenn es einen ernst zu nehmenden Groundswell gibt – Mai bis September ist ideal. Bei Ebbe sind Helm und Schuhe zu empfehlen.

Ausrüstung mitbringen oder ausleihen?

Normalerweise reicht ein kleines Board für die kleineren Breaks, aber ein paar Zentimer mehr beim Board schaden auch nicht. Für die größeren Wellen – acht Fuß und mehr – braucht man eine ordentliche Boardlänge. Für einen Surfer mit durchschnittlicher Größe und Figur ist ein Board um die sieben Fuß (2,1 m) perfekt geeignet.

Wer mehr als zwei oder drei Boards ins Land bringen will, wird sicherlich bei der Einreise ins Land Probleme mit dem Zoll bekommen, da die Beamten glauben, dass die Boards vor Ort verkauft werden sollen.

In Kuta und im übrigen Süden von Bali gibt es Surf Shops. An den meisten beliebten Surf Breaks werden die unterschiedlichsten Boards (50 000 bis 100 000 Rp pro Tag) und Ausrüstungen verliehen. Und wer eine Reparatur benötigt, muss sich nur umhören: Es gibt jede Menge hilfsbereite Leute.

Sonstige empfehlenswerte Ausrüstung, die man mitbringen sollte:

- Solides Gepäck für den Flug
- Trageband für das Board
- Feste Schuhe für die steinigen Klippen
- Das Lieblingswachs – für Pingelige
- Neoprenanzug oder Riff-Booties
- Neopren-Oberteil, Rash Vest oder einen anderen Schutz gegen Sonne, Riffe und Felsen

- Helm für schwierige Bedingungen (und zum Motorradfahren)

Surfschulen

Surfschulen gibt direkt beim Kuta Beach in Kuta und Legian sowie nördlich von Batu Bolong Beach. Kuta und die Halbinsel Bukit waren lange Zeit Surfparadiese Nummer eins; heute ist Canggu beliebt.

Im Süden Balis gibt es einige renommierte Surfbrettbauer, darunter Luke Studer (S. 80) in Kuta und Dylan Longbottom in Canggu, der den Dylan Board Store (S. 109) betreibt.

Rip Curl School of Surf (S. 136) liegt vor den Toren des Ortes Sanur, erteilt Unterricht im Windsurfen und hat auch Stehpaddel-Boards.

Surf Goddess (S. 83) bietet Surf-Urlaube für Frauen inklusive Unterricht und Unterkunft in einem vornehmen Gästehaus in Seminyak.

Tauchen & Schnorcheln

Bali sorgt mit seinem warmen Wasser, den ausgedehnten Korallenriffen und überreichlichem Meeresleben für hervorragende Tauch- und Schnorchelabenteuer. Verlässliche Tauchschulen und andere Anbieter an der gesamten Küste des Landes bilden absolute Anfänger aus oder bieten anspruchsvolle Ausflüge für erfahrene Taucher.

Eine Schnorchelausrüstung gibt es überall in der Nähe zugänglicher Schnorchelspots, aber es lohnt sich auf jeden Fall, die eigene Ausstattung mitzubringen, um auch die weniger frequentierten Küstenabschnitte auszuprobieren.

Ausrüstung

Wer nicht pingelig ist, findet alles, was er braucht auf Bali, den Gilis und Lombok (Qualität, Größe und Alter der Ausrüstung können unterschiedlich sein). Wer seine eigenen Sachen mitbringt, bekommt normalerweise eine Ermäßigung. Zu den kleinen, einfach mitzubringenden Gegenständen gehören Schutzhandschuhe, zusätzliche Gurte, Silikonschmiermittel und Ersatzbirnen für Tauch- oder Blitzlampen. Sonstige empfehlenswerte Ausrüstung:

Maske, Schnorchel & Flossen Diese Sachen nehmen nicht zu viel Platz weg und sie passen dann mit Sicherheit. Schnorchelausrüstungen kosten ab etwa 30 000 Rp pro Tag und sind oft ziemlich abgenutzt.

Tauchflaschen & Bleigürtel Sind normalerweise im Preis für den Tauchgang eingeschlossen.

Dünner, langer Neoprenanzug Zum Schutz vor stechenden Tieren und Verletzungen durch Korallen. Wer eine spezielle Größe benötigt, sollte allerdings seinen eigenen Anzug mitbringen. Für das Tauchen vor Nusa Penida sollte dieser Wetsuit mindestens drei Millimeter dick sein, da durch die Brandung kaltes Wasser (18° C) nach oben gebracht wird.

Atemregler & Druckmesser In den meisten Tauchshops bekommt man ganz ordentliche Geräte.

Tauchschulen

Die großen Tauchschulen in den Touristenzentren können Ausflüge zu den schönsten Tauchrevieren auf den Inseln arrangieren. Die Entfernungen sind zuweilen sehr groß, daher ist es besser, relativ nah am Urlaubsort zu bleiben.

Ein Ausflug kostet ungefähr 60 bis 100 US$ pro Person für zwei Tauchgänge, die Ausrüstung ist im Preis inbegriffen. Inzwischen werden die Preise auch häufig in Euro angegeben.

Überall dort, wo man auf Bali gut tauchen kann, gibt es auch Tauchshops. Meistens liegen dort einige Riffe in einer leicht mit dem Boot erreichbaren Entfernung. Zu den empfehlenswerten Orten mit Shops gehören u. a.:

- Amed (S. 250)
- Candidasa (S. 242)
- Lovina (S. 283)
- Nusa Lembongan (S. 152)
- Nusa Penida (S. 161)
- Padangbai (S. 235)
- Pemuteran (S. 291)
- Sanur (S. 134)
- Tulamben (S. 256)

Tauchen für Anfänger

Wer noch nicht oder nicht so gut tauchen kann, das Scuba-Tauchen aber erlernen möchte, hat auf Bali verschiedene Möglichkeiten, darunter auch Pakete, die Unterricht und preiswerte Unterkunft an einem hübschen Ort beinhalten.

KURS	DETAILS	PREIS
Anfänger-/ Schnupperkurs	Perfekt für alle, die erst einmal ausprobieren möchten, ob ihnen das Tauchen gefällt	60–100 US$
Basiszertifikat	Drei- oder viertägige Kurse zum Erlernen der Grundlagen; häufig in Resorts	300–400 US$
Open-Water-Zertifikat	Internationaler PADI-Standard, überall anerkannt	350–500 US$

Verantwortungsvolles Tauchen

Beim Tauchen sollte man unbedingt auf folgende Hinweise achten und einen eigenen Beitrag dazu leisten, die Schönheit und ökologische Stabilität der Riffe zu bewahren:

- Über Riffen nie den Anker auswerfen und mit dem Boot nicht auf ein Riff aufsetzen.
- Keine Meereslebewesen berühren und niemals die Ausrüstung über Riffe schleppen.
- Vorsicht beim Umgang mit den Flossen! Selbst wenn man nichts berührt, können die Bewegungen des Wassers empfindliche Lebewesen verletzen. Aus dem gleichen Grund sollte man auch keinen Sand aufwirbeln.
- Umsichtig tauchen, damit man nicht gegen das Riff stößt.
- Keine Muscheln oder Korallen aufsammeln oder kaufen und keine archäologischen Stätten unter Wasser plündern (damit sind vor allem Wracks gemeint).
- Immer den gesamten eigenen Abfall wieder mitnehmen – und möglichst auch fremden, falls man etwas findet. Plastikmüll ist für die Meeresbewohner sehr gefährlich.
- Keine Fische füttern.
- Den Einfluss auf Meerestiere so gering wie möglich halten. *Auf gar keinen Fall* versuchen, auf dem Panzer einer Schildkröte zu reiten.

Wandern & Trekken

Natürlich kann man ein ganzes Jahr lang auf Bali umherwandern und hat immer noch nicht alles gesehen, was die Inseln zu bieten haben. Da die Inseln aber nun einmal klein sind, kann man an vielen Stellen einfach das Gelände kennenlernen, beispielsweise im Rahmen leicht zu arrangierender Tageswanderungen. Guides führen Besucher auf Vulkane herauf, und größere Touranbieter befördern Gruppen in abgelegene Regionen oder zu smaragdgrünen Tälern voller Reisterrassen. Für das Wandern in den Bergen benötigt man feste, hohe Wanderschuhe, für Spaziergänge im Flachland genügen solide Wandersandalen.

Wandern auf Bali

Bali ist für Wanderer gut geeignet. Egal, wo man untergekommen ist, kann man dort Tipps einholen und zu Entdeckungen und Abenteuern aufbrechen. Ubud, die Gegend um Sideman und Munduk liegen erst einmal auf der Hand. Die angrenzenden Seen Danau Tamblingan und Danau Buyan sind auch ideal für Erkundungstouren, besonders seit zwei verschiedene Gruppen hervorragender einheimischer Wanderführer dort ihre Dienste anbieten. Selbst vom überfüllten Kuta oder Seminyak aus kann man einfach zum Strand gehen, sich dort rechts halten und dann in nördlicher Richtung so weit an der beeindruckenden Brandung entlanglaufen wie man möchte, und dabei die Zeichen von zivilisiertem Leben langsam schwinden sehen.

Anstrengendere Touren, die schon fast ans Bergsteigen erinnern, sind auf dem Gunung Agung oder Gunung Batur möglich. Hier gibt es ganz verschiedene Routen, die aber alle nicht länger als einen Tag dauern. In Bali gibt es keine Trekkingtouren durch entlegene Wildnis, außer jedoch die Vulkanaufstiege und Tagesausflüge im Bali Barat National Park. Meistens macht man jedoch nur Tagesausflüge vom nächstgelegenen Dorf aus. Man bricht dazu oft schon vor Sonnenaufgang auf, um den Wolken und Nebelschwaden zu entgehen, die die Gipfel in der Regel bis Mittags eingehüllt haben. Auf keiner der Touren ist eine Campingausstattung nötig.

Wandern auf Lombok

Der Gunung Rinjani lockt Wanderer aus der ganzen Welt an. Er ist nicht nur der zweitgrößte Vulkan Indonesiens, sondern hat auch eine kulturelle und spirituelle

Bedeutung für die verschiedenen Bewohner der Region. Und dann ist da noch seine umwerfende Schönheit: ein sechs Kilomtere breiter kobaltblauer See etwa 600 m unter dem Rand der gewaltigen Caldera gelegen.

Ein orts- und sachkundiger Führer ist auf den Bergwegen unabdingbar, denn jedes Jahr verunglücken hier Menschen. Geführte Touren auf den Gunung Rinjani können in Sembalun Valley, Senaru und Senggigi organisiert werden.

Ausrüstung

Alles, was man so an Ausrüstung zum Wandern braucht, muss man selbst mitbringen. Die Wanderführer haben vielleicht dies und das parat, aber auch nur vielleicht. Je nach Art der Wanderung, sollte man folgende Dinge im Gepäck haben:

- Taschenlampe.
- Warme Kleidung, wenn es in höhere Regionen geht (es kann dort oben ganz schön kühl werden).
- Wasserdichte Kleidung, weil es immer und überall anfangen kann zu regnen: In den Bergen ist es zumindest fast immer neblig.
- Gute Wandersandalen, -schuhe oder -stiefel, denn diese Sachen kann man auf keinen Fall vor Ort kaufen.

Anbieter von Wandertouren

Führer und entsprechende Agenturen findet man in diversen Regionen, wie z. B. in Ubud, Gunung Agung und Tirta Gangga

HIGHLIGHTS FÜR WANDERER

Bali

Wandern auf Bali macht wirklich Spaß. Überall auf der Insel gibt es viel zu erleben; der Startpunkt liegt oft direkt beim Hotel. Die Wanderungen können von einer Stunde bis zu einem Tag dauern.

ORT	DETAILS
Bali Barat National Park	Einsame, wilde Landschaft, wilde Tiere
Danau Buyan & Danau Tamblingan	Natürliche Bergseen, wenig Leute, gute Guides
Gunung Agung	Sonnenaufgänge und einsam gelegene Tempel
Gunung Batukau	Neblige Aufstiege in den Wolken, wenig Leute
Gunung Batur	Mühselig, aber wie aus einer anderen Welt
Munduk	Üppige, nach Gewürzen duftende, zerklüftete Landschaft mit vielen Wasserfällen
Das Gebiet Sideman	Reisterrassen, üppig bewachsene Hügel und einsame Tempel; komfortable Unterkünfte für Wanderer
Tirta Gangga	Reisterrrassen, herrliche Aussichten, entlegene Bergtempel
Ubud	Wunderschöne Wanderungen zwischen einer Stunde und einem Tag; Reisfelder und -terrassen, Flusstäler mit Urwald und historische Bauwerke

Lombok

Lombok bietet Spaziergänge und Wanderungen, die genauso abgelegen oder anspruchsvoll sind wie die Insel selbst – manchmal auch beides.

ORT	DETAILS
Air Terjun Sindang Gila	Einer von vielen Wasserfällen
Gilis	Inselumrundungen für Strandliebhaber
Gunung Rinjani	Tolles Trekking; zuerst geht es auf den 3726 m hohen Gipfel, dann runter in einen Krater mit einem heiligen See und heißen Quellen
Sembalun Valley	Wanderungen an den nach Knoblauch duftenden Hängen des Rinjani

auf Bali. Zu den Agenturen, die auf ganz Bali verbreitet sind, zählen außerdem:

Adventure & Spirit (☎0853 3388 5598; www.adventureandspirit.com; ab 145 US$) Dieser professionelle Veranstalter bietet beliebte Tagesausflüge mit Canyoning in Zentralbali, inklusive Abseilen, Schwimmen, Springen, Klettern und Seilrutschen durch malerische Schluchten und Wasserfälle.

Bali Nature Walk (S. 180) Wanderungen in abgelegene Gebiete in der Gegend von Ubud. Die Routen werden auch nach Wunsch der Kunden geplant.

Bali Sunrise Trekking & Tours (☎0877 5342 1201; www.balisunrisetours.com; Gunung Agung Trekkingtouren ab 1 000 000 Rp) Leitet Trekkingtouren durch das gesamte zentrale Bergland.

Sicherheit beim Trekking

Wer zu einer Trekkingtour aufbricht, sollte die folgenden Punkte beherzigen, damit er die Tour genießen kann und gesund zurückkehrt:

➡ Die von den Behörden erhobenen Gebühren zahlen und die erforderlichen Genehmigungen unbedingt mitführen. Meistens sind die Gebühren bereits im Honorar des Führers enthalten und das ist in manchen Fällen sogar verhandelbar.

➡ Nur wer gesund und fit ist, sollte zu einer längeren Wanderung aufbrechen.

➡ Verlässliche Informationen über die Bedingungen auf der Strecke sind unbedingt notwendig; so kann z. B. das Wetter umschlagen, es kann unten sonnig, aber oben auf den Bergen kalt und regnerisch sein.

➡ Der Guide muss wissen, dass man nur Strecken geht, die man auch vom Können her bewältigen kann.

➡ Wichtig ist eine ordentliche Ausrüstung. Je nach Strecke und Jahreszeit gehört dazu auch unbedingt eine Regenausrüstung und zusätzliches Trinkwasser. Auch eine Taschenlampe kann recht nützlich sein; denn der Guide hat häufig keine.

VORSCHLÄGE FÜR RADTOUREN

Auf einer so kleinen Insel wie Bali kann man sich eigentlich nicht wirklich verfahren. Die unten genannten Gebiete eignen sich gut für Radtouren:

ORT	DETAILS
Halbinsel Bukit	Klippen, Höhlen und Strände an der West- und Südküste; Strandpromenade in Nusa Dua; unbedingt das Gebiet um den Flughafen meiden (Staugefahr)
Zentrales Bergland	Anspruchsvoll; Erkundung des Danau Bratan, Danau Buyan und Danau Tamblingan; bergab zur Nordküste über Munduk und ab Candikuning über Nebenstraßen nach Süden
Ostbali	Küstenstraße mit Stränden; nördlich der Küste liegen einsame Reisterrassen; in der Region Sideman finden sich gute Unterkünfte für Radfahrer.
Nordbali	Lovina ist ein guter Ausgangspunkt für Tagestouren zu entlegenen Wasserfällen und Tempeln; Radfahrer, die Bali umrunden, lieben die Resorts an der Nordostküste
Nusa Lembongan	Überschaubar und mit Stränden, die für jede Tour ein gutes Ziel sind; über die coole schmale Hängebrücke geht es nach Nusa Ceningan
Nusa Penida	Für Profis, die ihre Rad mitbringen; fast ohne Verkehr, mit Aussicht aufs Meer, steile Klippen, weiße Strände und dichter Urwald
Ubud	Hier sind viele Veranstalter ansässig; schmale Bergstraßen führen zu historischen Bauwerken und vorbei an atemberaubenden Reisterrassen
Westbali	Reisfelder und dichten Urwald bieten Touren in und rund um Tabanan, Kerambitan und Bajera; weiter westlich führen Nebenstraßen zu Bergflüssen, einsamen Stränden und versteckten Tempeln

Manta Point, Nusa Penida (S. 156)

Radfahren

Radfahrer gehören auf Balis viel befahrenen Straßen immer häufiger zum normalen Anblick. Der Hauptvorteil beim Radeln durch Bali ist das besondere Erlebnis, denn man wird förmlich komplett in die Landschaft aufgesogen: Man lauscht dem Wind, der in den Reisfelder säuselt, oder den Klängen eines traditionellen Orchesters (*gamelan*) und nimmt den Duft der Blumen in sich auf. Die Ruhe auf den Nebenstraßen macht den Lärm der verstopften Straßen des Südens mehr als wett.

Einige Leute halten das Radfahren in tropischen Regionen für nicht machbar, aber wenn die Tour durch ebenes Gelände oder bergab geht, sorgt eine leichte Brise für eine gute Abkühlung.

Radfahren auf Bali

In Bali ist es viel einfacher zu sagen, wo man *nicht* fahrradfahren sollte: südlich von Denpasar bis Sanur im Osten, und im Westen von Kerobokan nach Kuta; hier sind die Straßen sehr voll und eng. Auf der restlichen Insel gibt es viele Touren, die durch die reichhaltige tropische Schönheit des Landes führen. Wer etwas ganz anderes sucht, für den sind die immer noch einsamen Wege auf Nusa Penida zu empfehlen.

Radfahren auf Lombok & den Gili Islands

Lombok ist ideal zum Radfahren. In den besiedelten Gegenden sind die Straßen eben und der Verkehr ist insgesamt weniger chaotisch als auf Bali.

Östlich von Mataram befinden sich einige Sehenswürdigkeiten, die gut auf einer Tagestour erkundet werden können: z. B. zuerst südlich über Gunung Pengsong nach Banyumulek und dann zurück nach Mataram. Einige Küstenstraßen ähneln einer Achterbahn. Eine schöne Strecke führt von Senggigi Richtung Norden nach Pemenang über eine spektakuläre, kürzlich ausgebesserte Asphaltstraße. Wer dann noch Kraft hat, kann zurück den steilen Anstieg über den Pusuk Pass wagen. Die Gilis eignen sich ebenfalls gut zum Radfahren, wer aber Kilometer schaffen will, muss dafür etliche Runden drehen.

Ausrüstung

Professionelle Radfahrer werden sicherlich die wichtigsten Teile ihre eigenen Ausrüstung mitbringen wollen. Erstklassige Sachen hat aber auch Bali Bike Hire (S. 103). Hier findet man Marken, die es sonst nirgendwo gibt. Freizeitradler können Fahrräder und Helme in vielen Orten leihen; genauere Infos bekommt man oft in der eigenen Unterkunft.

Veranstalter von Radtouren

Beliebte Touren starten hoch oben in den Bergen, z. B. in Kintamani oder Bedugul. Der Veranstalter bringt die Teilnehmer dorthin, die Abfahrt erfolgt dann über relativ einsame Bergstraßen. Dabei kann man dann die üppige Landschaft, das Leben in den Dörfern und die tropischen Düfte genießen.

In den Kosten von 40 bis 80 US$ sind die Miete für Fahrrad und Ausrüstung sowie ein Mittagessen inbegriffen. Auch der Transport zu/von den Hotels in Südbali und Ubud ist normalerweise darin enthalten; die Abholung von einem Hotel in Kuta kann schon 6.30 Uhr in der Früh sein. Die Touren dauern in der Regel von 8.30 bis 16 Uhr und gehen lange Strecken an der Küste entlang. Es gibt auch viele Zwischenstopps. Nicht alle Veranstalter geben Helme aus. Das ist unverantwortlich. Also immer auf einen Helm pochen.

Die folgenden Veranstalter können empfohlen werden:

Archipelago Adventure (☎0361-808 1769, 0851 0208 1769; www.archipelago-adventure.com; Erw./Kind ab 55/45 US$) Bietet eine große Auswahl an Touren an, sogar auf Java. In Bali werden Touren durch die Reisfelder von Jatiluwih und rund um den Danau Buyan durchgeführt, außerdem Mountainbiking ab Kintamani.

Bali Bike-Baik Tours (☎0361-978052; www.balibike.com; Touren ab 450 000 Rp) Touren ab Kintamani bergab. Der Schwerpunkt liegt auf lebensnahen Erlebnissen; deshalb wird häufig in kleinen Dörfern und bei Reisbauern angehalten.

Bali Eco Cycling (☎0361-975557; www.baliecocycling.com; Touren Erw./Kind ab 40/30 US$) Die Touren starten in Kintamani und führen auf kleinen Straßen durch üppige Vegetation Richtung Süden nach Ubud; andere Touren stellen das bäuerliche Leben in den Vordergrund.

Banyan Tree Cycling Tours (S. 179) Tagestouren zu einsamen Dörfern in den Bergen oberhalb von Ubud. Die Firma gehört dem einheimischen Bagi und ist sehr beliebt. Die Touren legen auf Begegnungen mit den Dorfbewohnern wert; außerdem gibt es eine Extremtour.

Bung Bung Adventure Biking (S. 249) In Tirta Gangga ansässig. Die Touren führen über Nebenstraßen in den fruchtbaren Osten Balis, der von den anderen Veranstaltern weitgehend ignoriert wird.

C.Bali (S. 266) Bietet hervorragende Radtouren rund um den Gunung Batur und den See an. Etwas ganz anderes als die nullachtfünfzehn Touren.

Rafting

Rafting ist sehr beliebt, besonders als Tagesausflug entweder von Südbali oder Ubud aus. Die Veranstalter holen ihre Teilnehmer ab, bringen sie zum Einstiegspunkt, stellen die Ausrüstung sowie einen Leiter der Tour zur Verfügung und bringen dann abends alle wieder zurück in ihre Hotels. Die ideale Zeit ist die Regenzeit (November bis März) oder direkt danach. Zu anderen Zeiten, kann es sein, dass der Wasserstand in den Gewässern zu niedrig ist.

Einige Veranstalter nutzen den Sungai Ayung (Ayung River) bei Ubud; hier gibt es zwischen 25 und 33 Stromschnellen der Klasse II bis III (d. h. durchaus spannend, aber nicht wirklich gefährlich). Der Sungai Telagawaja (Telagawaja River) bei Muncan im Osten Balis ist auch sehr beliebt. Er ist rauer als der der Ayung und die Landschaft ist hier wilder.

Auf die angegebenen Preise gibt es meist noch Rabatte; deshalb unbedingt danach fragen. Empfehlenswert sind die folgenden Veranstalter:

Bio (☎0361-270949; www.bioadventurer.com; Erw./Kind ab 80/65 US$) Auf einem einzelnen Riverboard oder einem Tube-Reifen kommt man dem Wasser viel näher. Touren in den Westen Balis.

Bali Adventure Tours (☎0361-721480; www.baliadventuretours.com; Rafting-Touren ab 85 US$) Auf dem Sungai Ayung; bietet auch Kajakfahrten an.

Mega Rafting (☎0361-246724; www.megaraftingbali.com; Erw./Kind ab 75/65 US$) Sungai Ayung.

Sobek (☎0361-729016; www.balisobek.com; Rafting ab 80 US$) Touren auf dem Sungai Ayung und Sungai Telagawaja.

Reiseplanung

Reisen mit Kindern

Mit *anak-anak* (Kindern) in Bali herumzureisen ist eine bereichernde Erfahrung. Die Einheimischen betrachten Kinder als Teil der Gemeinschaft, sodass jeder Verantwortung für sie trägt. Kinder aller Altersstufen genießen sowohl die Aufmerksamkeit als auch die vielen Abwechslungen, die ihren Urlaub wie auch für die Erwachsenen so unvergesslich machen.

Bali & Lombok für Kinder

Kinder sind bei Bali-Reisen ein echter Pluspunkt und die Balinesen zeigen großes Interesse für jedes westliche Kind, dem sie begegnen. Eltern sollten lernen, das Alter und Geschlecht ihres Kindes auf Bahasa Indonesia zu sagen – *bulau* (Monat), *tahun* (Jahr), *laki-laki* (Junge) und *perempuan* (Mädchen). Höfliche Fragen nach den Kindern des Gegenüber, egal, ob anwesend oder nicht, sind ebenfalls angebracht.

Was für die Kids besonders toll ist, sind die vielen möglichen Outdoor-Abenteuer. Aber auch kulturelle Vergnügungen sind für Kinder interessant.

Tanz

Bestimmt etwas zum Einschlafen, richtig? Falsch! Etwas ganz Besonderes ist ein abendlicher Barong-Tanz im Palast von Ubud (S. 204) oder im Pura Dalem Ubud (S. 204), die beiden Orte scheinen bis hin zu den Fackeln direkt aus dem Film *Tomb Raider* zu stammen. Ein balinesischer Legong ist für Zappelphilippe wahrscheinlich nicht das Richtige, aber im Barong gibt es Affen, Monster, eine Hexe und Ähnliches.

Highlights

Strände

Von den Surfschulen am Kuta Beach bis zu den fliegenden Drachen am Sanur Beach – die Kinder aller Altersstufen kommen hier voll auf ihre Kosten.

Wasserspaß

Vor Nusa Lembongan kann man im Ozean umhertollen; vor Pulau Menjangan kann man gut schnorcheln. Wer noch etwas anderes sucht, für den bietet sich ein Gang durch die Reisfelder an – wer kann schon dem matschigen Wasser mit all den lustigen Kriechtieren widerstehen?

Tiere

Überall nur Tiere: im Sacred Monkey Forest Sanctuary von Ubud, im Bali Bird Park südlich von Ubud, im Elephant Safari Park nördlich von Ubud und im Bali Safari & Marine Park im Osten des Landes.

Märkte

Wenn die jungen Entdecker einen Tempel besuchen, brauchen sie einen Sarong. Kluge Eltern geben ihnen auf dem Markt 100 000 Rp und lassen sie laufen. Die Händler werden entzückt sein, wenn die kleinen Kunden mit dem Feilschen beginnen und ein ganz buntes Outfit zusammenstellen (und für einen balinesischen Tempel ist nichts zu bunt).

Tempel

Da gibt es sehr spannende: Goa Gajah (S. 208) in Bedulu besitzt eine tiefe Höhle, in der Eremiten gelebt haben; man betritt sie durch das Maul eines Monsters.

Pura Luhur Batukau (S. 274) liegt in einem unzugänglichen Urwald in der Gegend von Gunung Batukau mit einem kühlen Teich und wird durchströmt von einem wilden Fluss.

SICHERHEIT

Die Hauptgefahrenquellen für Kinder – und damit auch für Erwachsene – sind der Verkehr und die schlechten Gehwege in den viel besuchten Gegenden.

Das, was westliche Eltern an Sicherheitsvorkehrungen für unverzichtbar halten, wie etwa Aufsichten am Strand und andere Einrichtungen, fehlt hier unter Umständen völlig. Nur wenige Restaurants stellen Hochstühle zur Verfügung, an Aussichtspunkten fehlen oft Sicherungen, die die Kinder vorm Hinabstürzen in die Tiefe schützen, und in Geschäften stehen zerbrechliche Gegenstände oft in für Kinder erreichbarer Höhe.

Mit Blick auf die anhaltende Tollwut in Bali sollte man Kinder von streunenden Hunden fernhalten.

Auch sollten Eltern, bevor sie ihre Kinder an irgendwelchen Aktivitäten teilnehmen lassen, die Sicherheitslage prüfen. Nur weil ein Veranstalter von Rafting-Touren Familienkarten verkauft, heißt das nicht, dass er besonders um die Sicherheit der Kinder bemüht ist.

Highlights für Kinder

Strände

Kuta Beach (S. 56) Surfschulen.

Sanur Beach (S. 135) Die Kinder lieben es, in den sanften Wellen zu planschen.

Batu Bolong Beach (S. 104) Hier hängen die coolen Kids aller Altersstufen ab.

Wasser

Pulau Menjangan (S. 293), **Nordbali** Bestes Schnorchelrevier der ganzen Insel.

Wanderungen durch Reisfelder, Ubud Wer mal was anderes erleben will, wandert mitten durch matschiges Wasser voller Enten, Frösche und anderer lustiger Kriechtiere.

Herumtollen

Bali Treetop Adventure Park (S. 270), **Candikuning** Hier können Kinder wie die Affen herumtollen.

Waterbom Park (S. 57), **Tuban** Ein riesiger Wasserspielplatz.

Tiere

Sacred Monkey Forest Sanctuary (S. 172), **Ubud** Affen und Tempel!

Bali Bird Park (S. 216), **südlich von Ubud** Außergewöhnliche Vögel und Reptilien zum Bestaunen.

Spannende alte Sachen

Tirta Empul (S. 212), **nördlich von Ubud** In dem alten Wasserpalast und Park mögen Kinder besonders die Pools, die übrigens an Indiana Jones erinnern.

Tirta Gangga (S. 248), **Ostbali** Wasserspaß mit Schwimmmöglichkeit.

Pura Luhur Ulu Watu (S. 125), **Südbali** Ein wunderschöner Tempel mit Affen.

Reiseplanung

Die wichtigste Entscheidung für die Reise mit Kindern ist die, welchen Ort man als Standort wählt.

Übernachten

Es gibt viele Übernachtungsmöglichkeiten, die besonders für Familien geeignet sind.

Oben: Balinesische Kinder
Unten: Langschwanzmakaken im Sacred Monkey Forest Sanctuary (S. 172), Ubud

FROLOVA_ELENA / SHUTTERSTOCK©

➡ Ein Hotel mit Pool, Klimaanlage und Strandnähe bringt Kindern viel Spaß, ist sehr bequem und ideal, um auch den Erwachsenen Ruhepausen zu ermöglichen. Glücklicherweise gibt es in diesem Bereich viele Möglichkeiten.

➡ Viele größere Resorts nördlich von Tuban bis Legian und auch in Nusa Dua bieten tagsüber und abends ein extra Kinderprogramm mit vielen Aktivitäten. Die besseren Anlagen haben spezielle, bewachte Poolbereiche und andere Spielmöglichkeiten für Kinder.

➡ Viele Hotels und Gästehäuser bieten, unabhängig von ihrer Preiskategorie, einen sogenannten „Familienplan", ein gemeinsames Zimmer für Eltern mit Kindern bis zu zwölf Jahren, in dem diese umsonst übernachten können. Das Besondere ist dabei, dass Hotels dagegen oft Geld für ein Zustellbett verlangen; allerdings bieten viele auch Familienzimmer für bis zu vier Personen.

➡ Familien können auch in villenähnlichen Einheiten in Seminyak, Kerobokan oder der Gegend von Canggu übernachten. Innerhalb der eigenen kleinen individuellen Wohneinheit hat man einen Pool und oft mehr als einen Fernseher. Kochnischen machen eigenes Kochen von vertrauten Speisen möglich; die relative Abgeschiedenheit verführt zum ungestörten Nickerchen.

➡ Viele Hotels arrangieren gerne einen Babysitter für tagsüber oder abends. In Kuta kann man seine Kinder tagsüber bei Cheeky Monkeys (S. 57) abgeben und abends wieder abholen.

➡ Das Hotelpersonal ist in der Regel sehr hilfsbereit und improvisierfreudig; man sollte also immer nachfragen, wenn man etwas für die Kinder braucht.

➡ Die kleinen Reisenden fühlen sich vielleicht in Privatunterkünften bei einheimischen Familien oder in Gästehäusern, besonders in Ubud, sehr wohl, weil sie dort fast zur Familie gehören und miterleben können, wie diese ihre Opfergaben darbringt oder was Kinder ihres Alters tagsüber so machen.

Was gehört ins Gepäck?

Große Supermärkte und Geschäfte wie z. B. Carrefour in Südbali führen fast alles, was man auch zu Hause finden kann, auch westliche Lebensmittel. Windeln, vertraute Babynahrung, verpackte H-Milch, Milchpulver und Ähnliches sind leicht zu bekommen.

Babys & Kleinkinder

➡ Tragetuch oder etwas Ähnliches: Balis Straßen eignen sich nicht für Kinder- und Sportwagen.

➡ Tragbare Wickelunterlage, Waschlotion u. a. (es gibt kaum Wickelmöglichkeiten).

DIE BESTEN REGIONEN FÜR KINDER

Ubud Hier gibt es viel zu sehen und zu tun (Wanderungen, Affen, Märkte und Geschäfte). Die Abende erfordern unter Umständen etwas mehr Kreativität, um die Kinder bei Laune zu halten, aber viele werden sicher auch in den Bann der Tanzvorführungen gezogen.

Kuta & Legian Obwohl es hier total voll und verrückt ist, manchmal auch etwas heruntergekommen, locken Strand-Resorts, Surf-Stunden und alle möglichen billigen Souvenirs Kinder und Teenager gleichermaßen.

Seminyak Viel Verkehr, starke Brandung, aber auch große Hotels am Strand und ein attraktiver Mix für alle Altersstufen.

Lovina Einfache, ruhige Hotels nahe am Strand, wenig Verkehr und ein riffgeschützter Strand machen diesen Ort zu einem idealen Aufenthalt. Besser als alles andere.

Nusa Dua Riesige Strand-Resorts mit Kinderprogramm, riffgeschützter Strand und mäßiger Verkehr.

Sanur Resorts am Strand, riffgeschützter Strand, mäßiger Verkehr und nah an vielen familienfreundlichen Attraktionen.

Gili Air Kleine Insel, Kinder können nicht verloren gehen, gut zum Surfen, viele Annehmlichkeiten und Aktivitäten für Touristen, z. B. Schnorcheln.

Senggigi Einfache, ruhige Hotels am Strand; wenig Verkehr, riffgeschützter Strand mit sanften Wellen.

➡ Kindersitze für das Auto: Weder Leihwagen noch Mietwagen mit Fahrer sind damit ausgestattet.

Sechs bis zwölf Jahre

➡ Ferngläser für junge Entdecker, um wilde Tiere, Reisterrassen, Tempel, Tänzer und andere interessante Dinge besser sehen zu können.

➡ Eine tolle Kamera beziehungsweise ein Handy mit der Möglichkeit zur Videoaufnahme, um neuen Spaß in Besichtigungen der Erwachsenen zu bringen.

Essen mit Kindern

Außer Haus mit der ganzen Familie essen zu gehen, macht in Bali besonders viel Spaß. Kinder werden von kinderfreundlichen Angestellten wie Götter behandelt. Sie bestehen oft darauf, das Kind zu nehmen (besonders kleine Babys) und damit den Eltern ein wenig Ruhe zu zweit zu verschaffen.

Besonders in Bali sind alle sehr entspannt, weil Kinder noch Kinder sein dürfen. Es gibt viele Spitzenlokale in Seminyak und anderswo, wo Kinder in der Nähe herumtoben, während die Eltern gepflegt essen können.

Wenn die Kinder kein scharfes Essen mögen, sollte man mit der regionalen Küche besser vorsichtig sein. Für ältere Babys gibt es fast überall Bananen, Eier, Obst und *bubur* (Reis, der in Hühnerbrühe zu Mus gekocht wird).

Viele *warungs* servieren auf Wunsch ihre Speisen ohne Soßen, wie etwa Reis ohne Beilagen, gebratenes Tempeh oder Tofu, Hähnchen, gekochtes Gemüse und gekochtes Ei. Auf der anderen Seite sind auch die Lieblingsspeisen von Kindern, wie Burger, Hähnchen-Sticks, Pizza und Nudeln weit verbreitet. Ebenso ist es mit den Fastfood-Ketten im Süden Balis.

Bali & Lombok im Überblick

Kuta und Seminyak sind die Hauptorte in jenem Teil Balis, der am stärksten touristisch geprägt ist. Er erstreckt sich im Süden entlang des fantastischen sandigen Küstensaums, der vom Flughafen nordwestlich über Canggu und Perenan bis zum Echo Beach reicht. Die Halbinsel Bukit im Süden vereint Surfbreaks und riesige Ferienanlagen.

Ubud ist in vielerlei Hinsicht Balis Herz. Mit dem Osten der Insel hat es einige der schönsten Reisterrassen gemein. Der Ostteil besitzt kein größeres Zentrum, dafür aber beliebte Regionen wie Padangbai und die Küste von Amed.

Die Mitte der Insel wird von imposanten Vulkanen beherrscht. Nord- und Westbali sind dünn besiedelt, bieten aber schöne Möglichkeiten zum Tauchen.

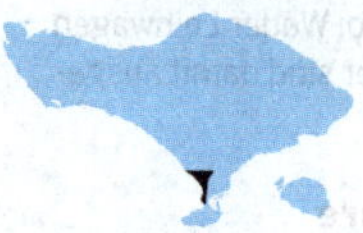

Kuta & Seminyak

Strände
Nachtleben
Shoppen

Kuta Beach

Kutas berühmter Sandstrand erstreckt sich 12 km weiter an Legian, Seminyak, Kerobokan und Canggu entlang, bevor er an den Felsen unweit des Pererenan Beach endet. Überall gibt es Strandbars; die Stimmung ist immer lustig.

Partytime

Die Restaurants und Cafés in Seminyak, Kerobokan und Canggu zählen zu den besten auf Bali. Einige bieten einen tollen Blick auf den Sonnenuntergang. In Kuta nimmt das Nachtleben großen Raum ein; in den Bars und Clubs wird die ganze Nacht gefeiert.

Seminyak und seine Shops

Ein Besuch auf Bali ist schon wegen der Shopping-Möglichkeiten in Seminyak und Kerobokan lohnend; das Angebot ist überwältigend.

S. 54

Südbali & die Inseln

Strände
Surfen
Tauchen

Balangan Beach

Strände finden sich überall im Süden Balis: Kleine Buchten mit weißem Sand, wie Balangan und Bingin, sind idyllisch und laden dazu ein, sich auf einer Strandliege niederzulassen und die Brandung zu beobachten.

Ulu-Watu-Breaks

Man muss die Breaks an der Westküste der Halbinsel Bukit preisen; Ulu Watu ist in der ganzen Welt berühmt; die Vielzahl der Breaks ist Weltklasse. Coole Pensionen bieten Übernachtungsmöglichkeiten.

Unter Wasser bei Nusa Penida

Die besten Tauchgründe liegen vor den Inseln. Nusa Penida bietet anspruchsvolle Bedingungen und Klippen unter Wasser, wo man unter Umständen große Meerestiere erspähen kann.

S. 112

Ubud & Umgebung

Kultur
Wellness
Wanderungen

Tänzer & Künstler

Ubud ist der Nabel der balinesischen Kultur: Abends finden traditionelle Tanz- und Musikaufführungen sowie Marionettentheater statt. Zudem ist es die Heimat talentierter Künstler, darunter Holzschnitzer, die die Masken für die Aufführungen anfertigen.

Spas

Spas jeglicher Art sind der Inbegriff des gesunden Genießens in Ubud. Hier gibt es viele Angebote für Geist und Körper, darunter preiswerte ganztägige Massagen oder Anwendungen.

Natur

Die Reisfelder rund um Ubud gehören zu den malerischen Seiten Balis. Man kann einstündige Spaziergänge oder Tageswanderungen machen und die Flusstäler, kleine Dörfer und die Natur genießen.

S. 166

Ostbali

Strände
Wanderungen
Geschichte

Pasir Putih

An der Ostküste Balis finden sich zahlreiche Strände. Einige mit dunklem Vulkanstaub passiert man auf der Küstenstraße. Star ist Pasir Putih mit wunderbarem Sand und einer Brandung, in der man schwimmen kann.

Wandern

Einigen der schönsten Reisfelder und Landschaften begegnet man im Osten. Rund um Sideman warten viele Wanderwege durch die grünen Hügel und Täler. Oder man steht früh auf, um den Gunung Agung anzugehen.

Vergangenheit

In Taman Kertha Gosa liegen die Überreste eines Palastes, der verloren ging, als die königliche Familie 1908 einen rituellen Selbstmord beging, statt sich den Holländern zu ergeben.

S. 219

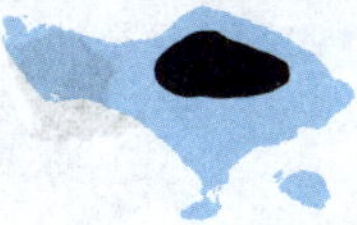

Zentrales Bergland

Wanderungen
Kultur
Einsamkeit

Trekking bei Munduk

Im Zentrum der Insel gibt es Wandermöglichkeiten rund um Vulkane und Seen. Die sternförmig von Munduk ausgehenden Wege führen zu diesen Zielen und durch Gewürzplantagen und Wälder zu Wasserfällen.

Ein toller Tempel

Pura Luhur Batukau trifft die Seele derer, die diesen Tempel an den Hängen des Gunung Batukau besuchen. Dies ist ein mystischer Ort.

Einsame Wanderungen

Nach dem Besuch des einsamen Pura Luhur Batukau bietet sich ein Aufenthalt in den abgelegenen Lodges in der Nähe an oder auch Wanderungen durch die vulkanischen Berge und an den angrenzenden Seen Danau Buyan und Danau Tamblingan.

S. 260

Nordbali

Resorts
Entspannung
Tauchen

Resorts in Pemuteran

Das halbmondförmige Strandhotel in Pemuteran zählt zu den Attraktionen Nordbalis. Die Hotels sind schön und bilden ein kleines Hotelviertel ganz nah am Pulau Menjangan.

Ruhe in Lovina

Am hellbraunen und grauen Strand von Lovina lässt man sich auf einer Matte nieder und lässt den Tag einfach nur vorbeiziehen. Selbst die Brandung ist ganz sanft: Ein Großteil der Nordküste ist von vorgelagerten Riffen geschützt.

Pulau Menjangan

Pulau Menjangan macht seinen Superlativen alle Ehre. Eine 30 m hohe Korallenwand unweit der Küste erfreut Taucher und Schnorchler mit einer Vielfalt von Fischen und Lebewesen.

S. 278

Westbali

Surfen
Strände
Reisfelder

Medewi Breaks
Wegen der Wellen am Balian Beach ist hier eine kleine Surfer-Community mit einfachen Pensionen und vornehmen Unterkünften entstanden. Hier trifft man sich mit Einheimischen, die die Gewässer gut kennen. Weiter westlich liegt Medewi.

Balian Beach
Balian Beach ist der Hauptstrand im Westen, ein guter Ort zum Abhängen, auch für Nicht-Surfer. Das Angebot an Unterkünften ist erfreulich, von hip bis vornehm.

Tabanan
Die Unesco hat dem balinesischen Bewässerungssystem im Reisanbau (Subak) den Status des Weltkulturerbes verliehen. In der Gegend rund um Tabanan gibt es einige der schönsten Reisfelder und ein kleines Museum sowie den Tempel Pura Taman Ayun.

S. 299

Lombok

Wandern
Küste
Tropischer Schick

Gunung Rinjani
Der Vulkan Gunung Rinjani beherrscht das nördliche Lombok. Wanderwege führen hinauf zur Caldera. Dort gibt es einen Kratersee, heiße Quellen und einen rauchenden Minikegel.

Die Südküste
Lomboks Südküste ist Natur im Urzustand. Der grandiose, aber keineswegs beschauliche Küstenstreifen spricht für sich, und die Wellen machen ihn zu einem Paradies für Surfer. Menschenleere Strände bieten fantastische Bademöglichkeiten.

Sire
In der Gegend von Sire kann man komplett in tropischen Schick eintauchen, und zwar in einigen herrlichen Resort-Hotels, die Bambus und Reet geschickt mit einer Verwöhnatmosphäre verbinden.

S. 310

Gili-Inseln

Tauchen
Strände
Entspannen

Korallenriffe
Die Korallenriffe der Gilis zählen zu den artenreichsten Gebieten Indonesiens und sind voll mit Meereslebewesen. Die Inseln sind perfekt zum Tauchen (inkl. Apnoetauchen) und Schnorcheln. Eine Begegnung mit Meeresschildkröten ist fast sicher.

Strände auf Gili Air
Mit Sonnencreme, Matte und Wasser geht es schon morgens los, um Gili Air zu umrunden. Unterwegs kann man an jedem Strand verweilen.

Gili Meno
Fast jeder hat schon mal von dem ultimativen Strand geträumt: Palmen, weißer Sand, türkisfarbenes Wasser und dazu eine Bambushütte, in der es kühle Getränke und frischen Fisch gibt. Dieser Traum könnte auf Meno Wirklichkeit werden.

S. 343

Reiseziele

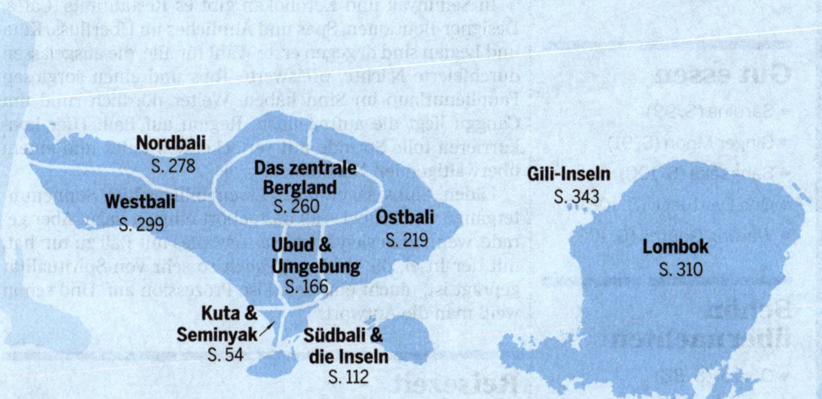
Nordbali
S. 278
Das zentrale
Bergland
S. 260
Gili-Inseln
S. 343
Westbali
S. 299
Ostbali
S. 219
Ubud &
Umgebung
S. 166
Lombok
S. 310
Kuta &
Seminyak
S. 54
Südbali &
die Inseln
S. 112

Kuta & Seminyak

➡ Inhalt

Gut essen

- Sardine (S. 99)
- Ginger Moon (S. 91)
- Sangsaka (S. 100)
- One Eyed Jack (S. 108)
- Warung Goûthé (S. 108)

Schön übernachten

- Oberoi (S. 88)
- Samaya (S. 88)
- Alila Seminyak (S. 98)
- Katamana (S. 98)
- Hotel Tugu Bali (S. 107)

Auf nach Kuta & Seminyak!

Lebhaft und geschäftig geht es in diesem Landstrich zu, der sich an den fantastischen Küstenstreifen im Süden Balis schmiegt. An diesem Strand, der Richtung Norden fast bis zum Flughafen reicht, beginnt und endet für viele Reisende der Besuch der Insel.

In Seminyak und Kerobokan gibt es Restaurants, Cafés, Designer-Boutiquen, Spas und Ähnliches im Überfluss. Kuta und Legian sind dagegen erste Wahl für alle, die ausgelassen durchfeierte Nächte, preiswerte Tops und einen sorglosen Familienurlaub im Sinn haben. Weiter nördlich rund um Canggu liegt die aufregendste Region auf Bali: Hier konkurrieren tolle Strände mit verlockenden Cafés und einem überwältigenden Nachtleben.

Läden, Clubs, sagenhaftes Essen, billiges Bier, Sonnenuntergänge und Trubel – all das gehört einfach dazu. Aber gerade, wenn man sich fragt, was das alles mit Bali zu tun hat, mit der Insel, die doch angeblich so sehr von Spiritualität geprägt ist, taucht eine religiöse Prozession auf. Und schon weiß man die Antwort.

Reisezeit

- Balis Beliebtheit steigt stetig. Die beste Zeit für einen Besuch in Kuta, Seminyak und den Nachbarorten liegt außerhalb der Hochsaison (Juli, August sowie rund um Weihnachten und Neujahr). Ferien und Feiertage in anderen Teilen der Welt lassen die Besucherzahlen in die Höhe schnellen; dann kann es richtig schwierig werden, einen Tisch in den besten Restaurants zu bekommen, in Läden zu stöbern und ein Zimmer mit Aussicht zu buchen.
- Viele Urlauber bevorzugen deshalb die Monate April bis Juni und September; dann ist es insgesamt trockener und etwas kühler, und der Besucherandrang ist geringer.
- Zum Surfen an der Südküste Balis oder um einfach nur in der Surf-Kultur zu schwelgen, eignet sich am besten die Surfsaison, die für die Westküste gilt: April bis September.

Highlights

1 Kuta Beach (S. 56) Der Strand, der die ersten Besucher nach Bali lockte.

2 Nachtleben in **Kuta** (S. 56) Die Nacht durchfeiern in den durchgeknallten Clubs und der legendären Nightlife-Szene von Kuta.

3 Seminyak (S. 82) Beim Shoppen in den Boutiquen und Designer-Outlets alle guten Vorsätze über Bord werfen.

4 Sonnenuntergänge in Seminyak (S. 92) Bei einem Bier im farbenprächtigen Sonnenuntergang schwelgen.

5 Kerobokan (S. 96) Eine Mahlzeit in einem der vielen fabelhaften Restaurants auf Weltniveau genießen.

6 Batu Bolong Beach (S. 104) In der angesagten Strand- und Surfszene die Frage diskutieren, wo man sich eine Erfrischung gönnt.

7 Canggu (S. 104) Zwischen Reisfeldern und Villen an gewundenen Gassen ein Lokal, eine Bar oder ein Geschäft entdecken.

Kuta & Legian

Laut und aufdringlich sind zwei der Adjektive, mit denen Kuta und Legian, das Zentrum des Massentourismus auf Bali, üblicherweise beschrieben werden. Die Gegend mit ihrem ununterbrochenen lauten Getümmel steht durch oft übertriebene Medienberichte über Touristen mit schlechten Manieren weltweit in zweifelhaftem Ruf.

Auch wenn viele Bali-Besucher hier als Erstes Station machen, sind die Orte nicht jedermanns Sache. In Kuta gibt es viele hässliche enge Gassen voll billiger Cafés und Surfshops, ein unaufhörlicher Strom von Mopeds knattert vorbei, dazu kommen unzählige T-Shirt-Verkäufer und Leute, die lautstark „Massagen" anbieten. Die glitzernden neuen Shoppingmalls und Hotels großer Ketten deuten aber darauf hin, dass Kutas Anziehungskraft weiter wächst.

Legian zieht etwas ältere Semester an (einige behaupten, hierher kämen die Kuta-Fans, nachdem sie geheiratet haben). Der Ort ist nicht weniger kommerziell, verfügt aber über eine lange Reihe familienfreundlicher Hotels in Strandnähe. Tuban unterscheidet sich atmosphärisch kaum von Kuta und Legian, hat aber einen höheren Anteil an Pauschalurlaubern.

Strände

Die Hauptattraktion von Kuta ist natürlich der Strand. An dem Sandstreifen, der sich über 12 km weit von Tuban Richtung Norden nach Kuta, Legian und weiter bis Seminyak und Echo Beach erstreckt, ist immer was los: Die Leute surfen, lassen sich massieren, treiben Sport, chillen, feiern und und und ... Der Sonnenuntergang ist im Süden Balis die Zeit, zu der alle zusammenkommen. Wenn die atmospärischen Bedingungen stimmen, ist ein Schauspiel in schillerndem Magenta zu bewundern, das beinahe jedes Feuerwerk in den Schatten stellt.

★ Kuta Beach STRAND

(Karte S. 58) Hier nahm der Tourismus auf Bali seinen Anfang – wen wundert's? Dezent agierende fliegende Händler verkaufen Softdrinks und Bier, Snacks und andere Gaumenfreuden, man kann Surfboards, Strandliegen und Sonnenschirme ausleihen (der verhandelbare Preis liegt bei 10 000 bis 20 000 Rp) oder sich einfach in den Sand fallen lassen. Die hiesigen Sonnenuntergänge sind bereits Legende.

★ Legian Beach STRAND

(Karte S. 58) Legian Beach, die Verlängerung von Kuta Beach nach Norden, ist etwas ruhiger, denn hier verläuft keine laute Straße gleich neben dem Strand, und es sind auch weniger Leute da.

Kuta Reef Beach STRAND

(Karte S. 62; Pantai Segara) Manche Leute nennen diesem Strand „Pantai Jerman"; der Name bezieht sich auf einen längst vergessenen frühen Touristen. Es gibt Bierverkäufer und Surfboard-Vermieter, ansonsten geht es angenehm ruhig zu.

Double Six Beach STRAND

(Karte S. 58) Wenn man von Legian Richtung Norden geht, wird der Strand weniger voll, bis zum äußerst beliebten Double Six Beach. Den ganzen Tag über ist der Strand Schauplatz spontaner Fußball- und Volleyballspiele. Außerdem ist es ein guter Platz, um feiernde Einheimische kennenzulernen. Nach starken Regenfällen können Wasserverschmutzungen auftreten.

Pantai Patra Jasa STRAND

(Karte S. 62) Das versteckte Kleinod ist über eine winzige Zufahrtsstraße zu erreichen, die an einem Zaun auf der Nordseite des Flughafens verläuft. Hier gibt es Schatten, einige kleine Warungs (Imbissstände) und den Blick auf landende Flugzeuge, aber kaum jemals viele Menschen. Ein hübscher **Strandspaziergang** führt nach Norden zum Kuta Beach.

Tuban Beach STRAND

(Karte S. 62) Der Strand von Tuban hat seine Vor- und Nachteile. Im Süden sind breite und sandige Abschnitte vorhanden, in der Nähe der Discovery Mall verschwindet der Strand jedoch gänzlich.

Sehenswertes

Die Hauptattraktion von Kuta und Legian sind natürlich die Strände. Ansonsten können Besucher ins örtliche Leben eintauchen, ohne nass zu werden. Beim Bummeln, Umherstreifen und Gucken gibt es viel Faszinierendes, Erfreuliches und Irritierendes in den Straßen, Gassen und dem pausenlosen Gewühl zu entdecken.

Bali Sea Turtle Society AUFZUCHTSTATION

(Karte S. 58; www.baliseaturtle.org; Kuta Beach; ⌚ Anlage 24 Std., April–Okt. 16.30 Uhr) Dies ist eine der verantwortungsvolleren Schildkröten-Aufzuchtstationen auf Bali. Sie entlässt die geschlüpften Jungtiere von April bis Oktober gegen 16.30 Uhr vom Kuta Beach in den Ozean. Das Aussetzen wird von der Bali Sea Turtle Society organisiert, einer Umweltgruppe, die ein Schutzprogramm für Oliv-Bastardschildkröten unterhält. Wer mag, reiht sich in die Schlange ein, um eine Babyschildkröte in einem kleinen Plastikwasserbecken in Empfang zu nehmen, zahlt eine kleine Spende und schließt sich der Gruppe an, um die Tiere auszusetzen. Informationstafeln bieten ausgezeichnete Hintergrundinformationen.

Museum Kain MUSEUM
(Karte S. 58; ☎ 0361-846 5568; www.museumkain.org; Jl Pantai Kuta, Beachwalk; Erw./Kind 100 000/50 000 Rp; ⊙ Di–So 10–20 Uhr) Das klimatisierte Museum in den oberen Etagen der Beachwalk Mall ist eine unerwartete Oase der Hochkultur im Herzen von Kuta Beach. Zu sehen sind einheimische Textilien, insbesondere wunderschöne Batikstoffe. Die Besucher erfahren, wie Batik gemacht wird, und erhalten mitunter die Gelegenheit, die Technik selbst auszuprobieren. Interaktive Bildschirme analysieren die vorhandenen Muster und Designs.

Memorial Wall MONUMENT
(Karte S. 58; Jl Legian) An die internationalen Dimensionen des Bombenattentats von 2002 erinnert die Gedenkwand, an der Menschen aus vielen Ländern den Opfern die Ehre erweisen. Hier stehen die Namen der 202 identifizierten Opfer, darunter 88 Australier und 35 Indonesier. Allmählich wirkt die Gedenkstätte ziemlich vernachlässigt. Der Parkplatz gegenüber ist alles, was vom zerstörten Sari Club geblieben ist.

Vihara Dharmayana Temple BUDDHISTISCHER TEMPEL
(Karte S. 58; Chinesischer Tempel; Jl Blambangan; ⊙ 8–20 Uhr) Der beinahe 200 Jahre alte buddhistische Tempel ist ein farbenfroher Ort der Ruhe, der sich etwas abseits der üblichen Pfade befindet. Im Innenhof wird Weihrauch entzündet.

Standort des Sari Club HISTORISCHE STÄTTE
(Karte S. 58) Gegenüber der Stelle, an der die Bali Memorial Wall steht, befand sich der Sari Club, bevor er bei dem Bombenanschlag von 2002 zerstört wurde. Heute befindet sich hier ein Parkplatz; seit Jahren sind Pläne im Umlauf, diesen in einen Erinnerungspark umzuwandeln.

Aktivitäten

Von Kuta aus ist es kein Problem, irgendwo im Süden Balis Surfen, Segeln, Tauchen oder Raften zu gehen und trotzdem rechtzeitig zum Beginn der blauen Stunde bei Sonnenuntergang zurück zu sein.

Surfen

Der Beach-Break vor der Küste unweit des Hotels Istana Rama, der **Halfway Kuta** (Karte S. 58) genannt wird, ist bei Anfängern sehr beliebt. Anspruchsvollere Breaks finden sich an den Sandbänken vor Legian, rund um das Ende der Jl Padma und am Kuta-Riff, das sich ungefähr 1 km vor Kuta Reef Beach im Meer befindet.

Die Surferszene ist in Kuta nicht zu übersehen. Große und kleine Geschäfte verkaufen Surfausrüstung und -boards der großen Marken. Viele Stände an den Seitenstraßen verleihen Surfbretter (für verhandelbare 30 000 Rp pro Tag) und Boogie-Boards, re-

KUTA FÜR KINDER

Außer den ganzen Tag am Strand herumzutollen, gibt es in Kuta, Legian und Tuban weitere Aktivitäten, an denen Kinder Spaß haben, darunter besonders auf Jugendliche ausgerichtete Surfkurse in allen größeren Surfshops.

Waterbom Park (Karte S. 62; ☎ 0361-755676; www.waterbom-bali.com; Jl Kartika Plaza; Erw./Kind 520 000/370 000 Rp; ⊙ 9–18 Uhr) Der spritzige Vergnügungspark umfasst eine Fläche von 3,5 ha, die als tropischer Garten gestaltet ist. Es gibt diverse Wasserrutschen, Schwimmbecken und Spielbereiche, ein beaufsichtigtes Areal für Kinder unter fünf Jahren sowie eine Fahrt auf dem „trägen Fluss". Zu den weiteren Verlockungen zählen das „Spaßbecken", ein Food Court mit Bar und ein Spa.

Cheeky Monkeys (Karte S. 58; ☎ 0361-846 5610; www.cheekymonkeysbali.com; Jl Pantai Kuta, Beachwalk, Level 3; halber Tag ab 185 000 Rp) bietet eine unkomplizierte Betreuung für kleinere Kinder, auf die hier vielfältige Aktivitäten warten; der Laden befindet sich auf der Rückseite der Einkaufspassage.

Kuta & Legian

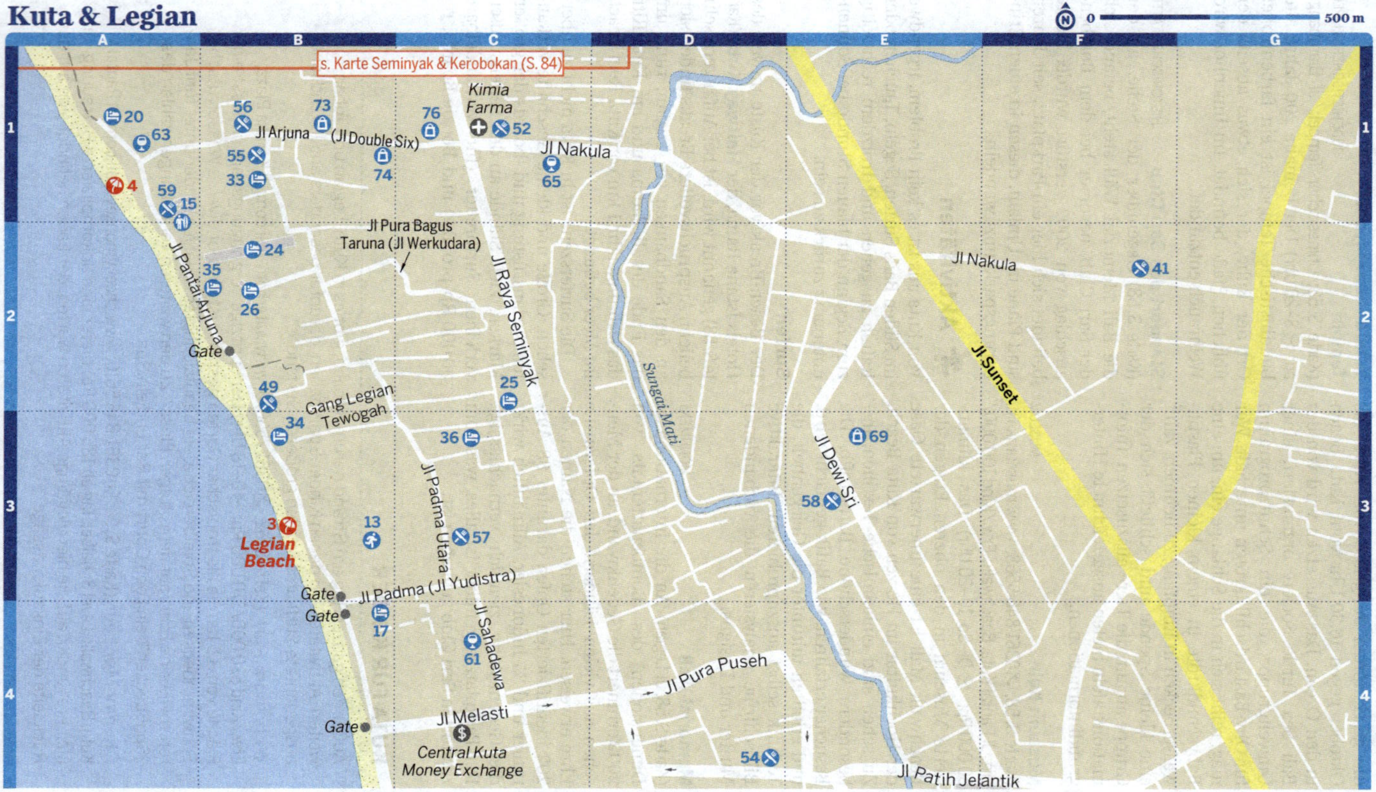
0
500 m
A
B
C
D
E
F
G
1
2
3
4
s. Karte Seminyak & Kerobokan (S. 84)
Kimia Farma
20
63
4
59
15
56
55
33
Jl Arjuna
73
(Jl Double Six)
74
76
52
Jl Nakula
65
24
35
26
Jl Pantai Arjuna
Gate
Jl Pura Bagus Taruna (Jl Werkudara)
Jl Raya Seminyak
Sungai Mati
Jl Nakula
41
Jl Sunset
49
Gang Legian Tewogah
34
25
36
69
Jl Dewi Sri
58
3
Legian Beach
13
Jl Padma Utara
57
Gate
Gate
Jl Padma (Jl Yudistra)
17
Jl Sahadewa
61
Jl Pura Puseh
Gate
Jl Melasti
Central Kuta Money Exchange
54
Jl Patih Jelantik

Jl Ngurah Rai Bypass
Jl Sunset
BIMC
Kura-Kura Bus
70
68
s. Karte Tuban (S. 62)
Jl Imam Bonjol
Sungai Mati
Trans-Sarbagita
10
Jl Majapahit
Kimia Farma
Central Kuta Money Exchange
Jl Blambangan
Jl Selamet
Jl Raya Kuta
Hanafi
Jl Buni Sari
Jl Legian
Gang Bedugul
Perama
Poppies Gang I
Poppies Gang II (Jl Batu Bolong)
Gang Sorga
Jl Lebak Bene (Jl Benesari)
Jl Benesari
Jl Pantai Kuta
Jl Tengal Wangi
Jl Bakung Sari (Jl Singasari)
Kuta Sq
Beach Walkway
Bali Sea Turtle Society
Kuta Beach
(Jl Pantai Banjar Pande Mas)
Teluk Kuta
1
2
5
6
7
8
9
11
12
14
16
18
19
21
22
23
27
28
29
30
31
32
37
38
39
40
42
43
44
45
46
47
48
50
51
53
60
62
64
66
67
71
72
75
A
B
C
D
E
F
G

Kuta & Legian

Highlights
1 Bali Sea Turtle Society C8
2 Kuta Beach C7
3 Legian Beach B3

Sehenswertes
4 Double Six Beach A1
5 Memorial Wall D6
6 Museum Kain C6
7 Site of Sari Club D6
8 Vihara Dharmayana Temple E8

Aktivitäten, Kurse & Touren
9 Cheeky Monkeys C6
10 Garbugar F5
11 Halfway Kuta B7
12 Jamu Traditional Spa C5
13 Mandara Spa B3
14 Pro Surf School C5
15 Rip Curl School of Surf A1

Schlafen
16 Bali Bungalo C6
17 Bali Mandira Beach Resort B4
18 Bendesa D6
19 Berlian Inn D7
20 Double-Six A1
21 Funky Monkey Hostel D7
22 Guess House Hostel D8
23 Hotel Ayu Lili Garden D5
24 Hotel Kumala Pantai B2
25 Island C2
26 Jayakarta Hotel B2
27 Kayun Hostel Downtown D6
28 Kuta Bed & Breakfast E8
29 Love Fashion Hotel D5
30 Mimpi Bungalows D7
31 Poppies Bali D7
32 Puri Agung Homestay D7
33 Puri Damai B1
34 Sari Beach Hotel B3
35 Seaside Villas B2
36 Sri Beach Inn C3
37 Stones C5
38 Un's Hotel C5

Essen
39 Ajeg Warung C8
40 Balcony C5
41 Balé Udang F2
42 Bemo Corner Coffee Shop E7
43 Fat Chow C6
44 Jamie's Italian C7
45 Kopi Pot D6
46 Kuta Market E8
47 Made's Warung D7
48 Mama's German Restaurant D5
49 Mozzarella B2
Plantation Grill .... (s. 20)
50 Poppies Restaurant D7
51 Rainbow Cafe C6
52 Saleko C1
53 Stakz Bar & Grill D6
Sushi Tei .... (s. 6)
54 Take D4
55 Warung Asia B1
56 Warung Murah B1
57 Warung Yogya C3
58 Wooyoo E3
59 Zanzibar A1

Ausgehen & Nachtleben
60 Apache Reggae Bar D7
61 Bali Beach Shack C4
62 Bounty E7
63 Cocoon A1
Double-Six Rooftop .... (s. 20)
64 Engine Room D6
65 Jenja C1
66 Sky Garden Lounge D6
67 Velvet C6

Shoppen
Beachwalk .... (s. 6)
68 Carrefour G5
69 Luke Studer E3
70 Mal Bali Galeria G8
71 Naruki Surf Shop D6
72 Rip Curl D6
73 Sriwijaya Batik B1
74 Summer Batik B1
75 Surfer Girl E7
76 UpCycle C1

parieren Dellen und verkaufen neue und gebrauchte Bretter. Einige organisieren auch den Transport zu Surf-Spots in der Nähe. Gebrauchte Boards in gutem Zustand kosten durchschnittlich 200 US$.

Pro Surf School SURFEN
(Karte S. 58; ☎ 0361-751200; www.prosurfschool.com; Jl Pantai Kuta; Unterricht pro Tag ab 675 000 Rp) Die renommierte Schule direkt am Kuta Beach bringt seit Jahren Anfängern den aufrechten Stand auf dem Brett bei. Angeboten werden Kurse auf jedem Niveau (auch halb-private) sowie ein Ausrüstungs- und Boardverleih. Es gibt einen Swimmingpool und ein cooles Café.

Rip Curl School of Surf SURFEN
(Karte S. 58; ☎ 0361-735858; www.ripcurlschoolofsurf.com; Jl Arjuna; Unterricht ab 700 000 Rp) Normalerweise verkaufen Universitäten Shirts mit ihrem Logo; hier ist es genau umgekehrt: Die Beachwear-Firma sponsert eine Schule. Kurse auf jedem Niveau werden an

verschiedenen Orten im Süden angeboten; außerdem existieren auch spezielle Kinderkurse. In Sanur besitzt die Schule eine eigene Anlage zum Kitesurfen, zum Windsurfen und zum Stehpaddeln (SUP).

Massagen & Spas

Jamu Traditional Spa SPA

(Karte S. 58; ☎0361-752520, 165; www.jamutraditionalspa.com; Jl Pantai Kuta, Alam Kul Kul; 1 Std. Massage ab 350 000 Rp; ⏰9–19 Uhr) Die ruhigen Massageräume des Resort-Hotels öffnen sich zu einem hübschen Innenhof mit Garten. Wer schon immer Teil eines Fruchtcocktails sein wollte, findet hier die Gelegenheit dazu – es gibt Behandlungen u. a. mit tropischen Nüssen, Kokosnuss und Papayas, oft in Form von Duftbädern.

Garbugar MASSAGE

(Karte S. 58; ☎0361-769121; Istana Kuta Galleria, Blok OG 09; Massage ab 100 000 Rp; ⏰10–20 Uhr) Die blinden Masseure in dieser Einrichtung sind Experten darin, Verspannungen genau zu lokalisieren. Es gibt keinerlei Extras, dafür ist aber das Erlebnis der Tiefenentspannung kaum zu toppen.

Mandara Spa SPA

(Karte S. 58; ☎0361-752111; www.mandaraspa.com; Jl Padma 1, Padma Resort Bali; 50 Min. Massage 795 000 Rp; ⏰10–20 Uhr) Die Niederlassung dieser internationalen Spa-Kette ist mit Wasserspielen und eindrucksvollen Steinreliefs dekoriert.

Geführte Touren

Über die jeweilige Unterkunft oder an einem der unzähligen, mit zahllosen Broschüren gepflasterten Stände hat man eine riesige Auswahl an geführten, buchbaren Touren auf der gesamten Insel – von Halbtagesausflügen bis zu mehrtägigen Exkursionen ist so einiges im Angebot.

Schlafen

Kuta, Legian und Tuban verfügen über Hunderte Unterkünfte. In Tuban und Legian sind es überwiegend Hotels der Mittel- und Spitzenklasse; preiswerte Zimmer findet man am besten in Kuta und im südlichen Legian. Die allermeisten Hotels verfügen über Klimaanlage und Swimmingpool. Dutzende neue Mittelklassehäuser werden von

KUTA: WO DER BALI-TOURISMUS BEGANN

Mads Lange, ein dänischer Kopra-Händler und Abenteurer des 19. Jhs., etablierte im Jahr 1839 eine erfolgreiche Handelsfirma in der Nähe des heutigen Kuta. Er vermittelte gewinnbringend zwischen lokalen Rajas (Fürsten oder Prinzen) und den Niederländern, die von Norden her einwanderten. Mit seinem Geschäft ging es allerdings in den 1850er-Jahren bergab, und er starb unversehens, als er gerade im Begriff stand, nach Dänemark zurückzukehren. Möglicherweise, so ein Gerücht, wurde er von Einheimischen vergiftet, die ihm seinen Wohlstand neideten. Sein restauriertes **Grab** (Karte S. 62; Jl Tuan Langa) befindet sich auf dem Gelände, auf dem er lebte, in einer ruhigen, von Bäumen beschatteten Gegend am Fluss. Lange züchtete Dalmatiner, und die Einheimischen sind heute noch überzeugt davon, dass jeder Hund mit einem Anflug von Schwarz und Weiß das Blut aus dieser Zucht in sich trägt.

Der Strandtourismus auf Bali setzte ein, als Bob und Louise Koke, ein Weltenbummlerpaar aus den USA, in den 1930er-Jahren ein kleines Guesthouse am praktisch menschenleeren Kuta Beach eröffneten. Die Gäste, überwiegend Urlauber aus Europa und den USA, wurden in strohgedeckten Bungalows in einem idealisierten balinesischen Stil untergebracht. In weiser Voraussicht brachte Bob den Einheimischen das Surfen bei, denn das hatte er zuvor auf Hawaii gelernt.

Ende der 1960er-Jahre begann sich Kuta wirklich zu verändern, denn damals entwickelte es sich zu einer Station auf der Hippie-Route zwischen Australien und Europa. Anfang der 1970er-Jahre waren Losmen (kleine balinesische Hotels) in hübschen Gärten und Esslokale entstanden, Händler boten Magic Mushrooms feil, und die Atmosphäre war angenehm entspannt. Geschäftstüchtige Balinesen nutzten die Gelegenheit, mit Touristen und Surfern ins Geschäft zu kommen. Oft gingen sie Partnerschaften mit Ausländern ein, denen jeder Vorwand recht war, länger zu bleiben.

Das Dorf Legian weiter im Norden entstand Mitte der 1970er-Jahre als Alternative zu Kuta. Zuerst war es eine ganz eigenständige Ortschaft, allerdings lässt sich heute kaum noch feststellen, wo die eine endet und die andere beginnt.

Tuban

Tuban

Sehenswertes
1 Kuta Reef Beach A2
2 Mads Lange Tomb D1
3 Pantai Patra Jasa A3
4 Tuban Beach B2

Aktivitäten, Kurse & Touren
5 Waterbom Park C1

Schlafen
6 Patra Jasa Bali Resort & Villas A3

Essen
7 B Couple Bar 'n' Grill B1
8 Kafe Batan Waru B2
9 Kuta Night Market D1
10 Pantai B2
11 Pisgor B3
12 Warung Nikmat C1

Ausgehen & Nachtleben
13 DeeJay Cafe C1

Shoppen
14 Discovery Mall B1
15 Joger C1
16 Lippo Mall Kuta B2
17 Periplus Bookshop B1
Sogo .... (s. 17)

Hotelketten überall hochgezogen, viele liegen allerdings in ungünstiger Lage.

Sämtliche Unterkünfte westlich der Jalan Legian liegen nicht weiter als zehn Gehminuten vom Strand entfernt.

Tuban

An dem zuweilen gar nicht vorhandenen Tuban Beach reiht sich ein großes Hotel ans andere. Sie sind vor allem bei Gruppenreisenden beliebt; viele bieten spezielle Aktivitäten für Kinder an.

Patra Jasa Bali Resort & Villas RESORT $$$
(Karte s. oben; ☎ 0361-935 1161; www.thepatrabali.com; Jl Ir H Juanda; Zi. inkl. Frühstück 1 300 000–1 800 000 Rp;) Diese unaufdringliche Ferienanlage am südlichsten Ende von Tuban unweit des Kuta Reef Beach ist sehr ruhig, liegt aber dank des Strandwegs trotzdem dicht am Geschehen. Das weitläufige Gelände bietet zwei Pools und üppige Gartenanlagen. Die 228 Zimmer besitzen Standard-Charme; von den Terrassen der allein stehenden Häuser genießt man einen schönen Blick aufs Meer.

Kuta

Für viele ist es ein Ankunftsritual, die *gang* (Gassen) auf der Suche nach einer günstigen Unterkunft zu durchstreifen. Auch wenn die Hotelketten sich immer mehr ausbreiten, sind kleinere Häuser und Familienbetriebe durchaus noch zu finden. Einige Hotels an der Jalan Legian gehören zu den Häusern, in denen vorausgesetzt wird, dass ein Mann, der für sich ein Einzelzimmer bucht, eigentlich ein Doppelzimmer möchte.

AM STRAND

Achtung: Zwischen den Hotels an der Jalan Pantai Kuta und dem Strand verläuft eine viel befahrene Hauptstraße, die sich südlich der Jalan Melasti erstreckt.

Stones RESORT $$$

(Karte S. 58; ☎ 0361-300 5888; www.stoneshotelbali.com; Jl Pantai Kuta; Zi. inkl. Frühstück ab 110 US$;) Diese riesige, neu gebaute Ferienanlage, die gegenüber dem Kuta Beach aufragt, protzt förmlich mit einem riesigen Pool, einem vertikalen Garten und 308 Zimmern in fünfgeschossigen Gebäuden. Das Design ist hip und modern, Hightech-Geräte gibt es in Hülle und Fülle. Das Stones gehört zur wachsenden Zahl der Megahotels in dieser Gegend und ist an das Marriott angegliedert. Einige Zimmer haben sogar eine Badewanne auf dem Balkon.

IM ZENTRUM VON KUTA

Günstige Unterkünfte sind u. a. in den folgenden Straßen leicht zu finden: Gang Sorga, Gang Bedugul und Jalan Lebak Bene.

★ **Hotel Ayu Lili Garden** HOTEL $

(Karte S. 58; ☎ 0361-750557; ayuliligardenhotel@yahoo.com; nahe Jl Lebak Bene; Zi. mit Ventilator/Klimaanlage ab 195 000/250 000 Rp;) In einer relativ ruhigen Gegend in Strandnähe bietet das altmodische familiengeführte Hotel 22 Zimmer im Bungalowstil. Die Standards sind hoch, und wer noch etwas drauflegt, bekommt weitere Annehmlichkeiten, z. B. einen eigenen Kühlschrank.

★ **Kuta Bed & Breakfast** GUESTHOUSE $

(Karte S. 58; KBB; ☎ 0818 568 364, 0821 4538 9646; kutabnb@gmail.com; Jl Pantai Kuta 1E; Zi. ab 250 000 Rp;) Neun komfortable Zimmer werden in dem ausgezeichneten Gästehaus direkt gegenüber Bemo Corner vermietet. Alle Standards sind vorhanden. Das Haus liegt zu Fuß zehn Minuten vom Strand und zehn Fahrminuten vom Flughafen entfernt. Es besitzt eine schöne Dachterrasse mit Blick auf die Skyline von Kuta; auch zum Nachtleben ist es nicht weit.

Mimpi Bungalows HOTEL $

(Karte S. 58; ☎ 0361-751848; mimpibungalowkuta@gmail.com; Gang Sorga; Zi. 200 000–500 000 Rp;) Die billigsten unter den zwölf Zimmern im Bungalowstil bieten wohl das beste Preis-Leistungs-Verhältnis (sie sind mit Ventilatoren ausgestattet). Im schattigen Garten blühen Orchideen, der Swimmingpool hat schöne Ausmaße.

Funky Monkey Hostel HOSTEL $

(Karte S. 58; ☎ 0812 4636 4386; www.funkymonkeybali.com; Poppies Lane 1; B 60 000–120 000 Rp, Zi. 300 000 Rp;) In einer stark touristischen Lage in den Gassen von Kuta, unweit von Poppies Restaurant (S. 67), ist das heimelige und angenehme Hostel unter holländischer Leitung ein schöner Ort, um andere Traveller kennenzulernen. Es gibt einen kleinen Pool, kostenlose Pfannkuchen und billiges Bier. Die günstigsten Schlafplätze sind Kojen im Freien.

Guess House Hostel HOSTEL $

(Karte S. 58; ☎ 0361-475 3199; www.guesshousehostel.com; Jl Tegal Wangi; B ab 80 000 Rp; ⏲ Rezeption 24 Std.;) Das moderne Hostel im Herzen von Kuta besitzt zwei sehr große Schlafsäle. Den Gästen stehen u. a. eine Küche, Gemeinschaftsbäder und Gepäckaufbewahrung zur Verfügung.

Bendesa HOTEL $

(Karte S. 58; ☎ 0361-754366; www.bendesaaccommodation.com; nahe Poppies Gang II; Zi. 15–40 US$;) Die 42 Zimmer in einem dreistöckigen Gebäude blicken auf einen hübschen Poolbereich. Erstaunlicherweise bleibt es hier trotz des erheblichen Getümmels rundum ruhig. In den billigsten Zimmern gibt es nur Kaltwasser (einige mit Badewanne) und Ventilatoren. WLAN steht in einzelnen Zimmern in der Nähe der Lobby zur Verfügung.

Kayun Hostel Downtown HOSTEL $

(Karte S. 58; ☎ 0361-758442; www.kayun-downtown.com; Jl Legian; B inkl. Frühstück ab 120 000 Rp;) Im Herzen von Kuta, ganz in der Nähe der Nightlife-Szene, ist dieses Hostel der richtige Ort für alle, die vor allem Party machen wollen. Es ist in einem eleganten Kolonialgebäude untergebracht, hat Sinn für Stil und ein kleines Tauchbecken. In den Schlafsälen stehen vier bis 20 Betten, Vorhänge sorgen für Privatsphäre.

Puri Agung Homestay GUESTHOUSE $
(Karte S. 58; ☎ 0361-750054; nahe Gang Bedugul; Zi. mit Ventilator/Klimaanlage ab 120 000/200 000 Rp; ❄) Verkaterte Partygänger werden die zwölf dunklen Zimmer (nur mit Kaltwasser) in diesem attraktiven kleinen Haus mit einem winzigen grottenartigen Garten zu schätzen wissen. Wer nicht zu den Vampiren zählt, findet im Obergeschoss hellere Zimmer. Das Haus wird von einer zauberhaften Familie geleitet, ein Novum angesichts der Tatsache, dass sich Hotelketten in Kuta breit machen.

Berlian Inn HOTEL $
(Karte S. 58; ☎ 0361-751501; nahe Poppies Gang I; EZ/DZ ab 135 000/210 000 Rp; ❄) Die 27 Zimmer in den zweistöckigen Gebäuden liegen was den Stil betrifft, eine Stufe über den üblichen Budgetunterkünften. Sie sind angenehm ruhig, mit Ikat-Tagesdecken und ungewöhnlich gestalteten Freiluftbädern ausgestattet. Die teureren Zimmer verfügen über Klimaanlage und Heißwasser.

★ **Un's Hotel** HOTEL $$
(Karte S. 58; ☎ 0361-757409; www.unshotel.com; Jl Benesari; Zi. mit Ventilator/Klimaanlage 460 000–500 000 Rp; ❄@📶🏊) Der etwas versteckte Eingang passt perfekt zur Grundstimmung dieser abgeschiedenen Unterkunft, bei der die Bougainvilleen bis zu den Balkonen hinaufwachsen. Die 30 geräumigen Zimmer in den beiden zweistöckigen Gebäuden (das südliche ist ruhiger) sind mit Antiquitäten und bequemen Korbliegen ausgestattet. Zum Strand ist es nicht weit.

Love Fashion Hotel HOTEL $$
(Karte S. 58; ☎ 0361-849 6688; www.lovefhotel.com; Jl Legian 121; Zi. inkl. Frühstück 45–90 US$; ❄📶🏊) Das farbenfrohe Hotel im Herzen der Kuta-Meile ist ein Ableger des Kabelkanals Fashion TV und präsentiert sich in einem entsprechend überdrehten Design. Die Gäste zeigen beim Stolzieren auf dem Laufsteg in der Lobby, was sie drauf haben. Spiegel und Lichteffekte sorgen dafür, dass sie sich wie Models fühlen. Auf dem Dach befindet sich neben einem Spa-Bad auch eine Bar für nächtliche Partys.

Bali Bungalo HOTEL $$
(Karte S. 58; ☎ 0361-755109; www.bali-bungalo.com; nahe Jl Pantai Kuta; Zi. 270 000–600 000 Rp; ❄📶🏊) Große Zimmer in Strandnähe, aber weit entfernt von Störfaktoren: Diese Kombination macht hauptsächlich die Attraktivität des älteren Hotels mit 40 Zimmern aus. Es ist gepflegt, und es gibt Statuen von tänzelnden Pferden, die zum Pferdspielen im Swimmingpool anregen. Die Zimmer befinden sich in zweistöckigen Gebäuden und verfügen über Innenhöfe bzw. Veranden; nicht in allen ist WLAN vorhanden.

Poppies Bali HOTEL $$$
(Karte S. 58; ☎ 0361-751059; www.poppiesbali.com; Poppies Gang I; Zi. 1 700 000–2 000 000 Rp; ❄@📶🏊) Diese üppig-grüne Anlage mit ihren 20 strohgedeckten Hütten und Outdoor-Bädern gilt in Kuta als wahre Institution. Bei den Betten stehen beispielsweise Kingsize und Twins (zwei getrennte Betten) zur Auswahl. Rund um den Swimmingpool stehen Steinskulpturen und Springbrunnen in einem hübschen Garten, der einen beinahe vergessen lässt, dass man sich im Herzen von Kuta befindet.

Legian

AM STRAND

Nördlich der Jalan Melasti ist ein Teil der Strandstraße durch Tore geschützt, die den Fahrzeugverkehr weitestgehend fernhalten. Das verschafft den Hotels in dieser Gegend sozusagen eine ruhige, aber asphaltierte Strandpromenade.

Sari Beach Hotel HOTEL $$
(Karte S. 58; ☎ 0361-751635; www.thesaribeach.com; nahe Jl Padma Utara; Zi. inkl. Frühstück 65–80 US$; ❄📶🏊) Zu diesem Strandhotel mit gutem Preis-Leistungs-Verhältnis geht es, immer den Ohren nach, eine lange Gasse hinunter in Richtung Brandungsrauschen. Das Haus lässt sich nur als betagt bezeichnen: Es fühlt sich an wie eine Zeitschleife aus den 1980er-Jahren, ist allerdings perfekt für einen Strandurlaub ohne viele Extras. Zu den 21 Zimmern gehören Patios, die besten sind außerdem mit großen Badewannen ausgestattet. Auf dem grasbewachsenen Gelände finden sich jede Menge kleine Statuen und Wasserspiele.

Bali Mandira Beach Resort HOTEL $$$
(Karte S. 58; ☎ 0361-751381; www.balimandira.com; Jl Padma 2; Zi. 130–200 US$; ❄📶🏊) Gärten voller Strelitzien bestimmen die Atmosphäre in dieser Ferienanlage mit 191 Zimmern und Komplettservice in vier vierstöckigen Gebäuden mit individuellen Garteneinheiten. Die Innenausstattung der Hütten ist topmodern, die Badezimmer liegen teilweise im Freien. In beinahe dramatischer Lage befindet sich ein Swimmingpool auf der Spitze

einer steinernen Zikkurat (in der ein Spa untergebracht ist) – und vom Café bietet sich ein weiter Blick auf das Meer.

Seaside Villas VILLA $$$
(Karte S. 58; ☎ 0361-737138; www.seasidebali.com; Jl Pantai Arjuna 18; 130–450 US$; ❄📶🏊) An einem beliebten Strandabschnitt, gleich südlich des so angesagten Double Six Beach gelegen, befinden sich diese 28 Zimmer und Villen in einer üppigen Gartenanlage. Die meisten Zimmer sind in einem schnittigen, geschwungenen vierstöckigen Gebäude untergebracht; die Gesamtatmosphäre ist in Anbetracht der Lage erstaunlich behaglich. Der Strand liegt sehr nah. Die Zimmer haben sehr unterschiedliche Größen, einige verfügen auch über eine Küche.

IM ZENTRUM VON LEGIAN

Sri Beach Inn GUESTHOUSE $
(Karte S. 58; ☎ 0361-755897; Gang Legian Tewngah; Zi. mit Ventilator/Klimaanlage 200 000/350 000 Rp; ❄📶) Auf verschiedenen Pfaden geht es ins Zentrum des alten Legian; wenn oben die Palmen rauschen, ist es nicht mehr weit bis zu diesem Gästehaus mit seinen fünf Zimmern, zu dem ein Garten gehört. Der höhere Preis steht für Warmwasser, Klimaanlage und Kühlschrank. Das Haus bietet günstige Monatsmieten an.

Island GUESTHOUSE $$
(Karte S. 58; ☎ 0361-762722; www.theislandhotelbali.com; Gang Abdi; B/Zi. inkl. Frühstück ab 220 000/500 000 Rp; ❄@📶🏊) Das Island, eine der wenigen Flashpacker-Unterkünfte auf Bali, ist nicht gerade leicht zu finden. Versteckt im attraktiven Labyrinth aus winzigen Gassen westlich der Jalan Legian steht dieses schicke Hotel an der Kreuzung der Gangs 19, 21 und Abdi. Es besitzt einen Luxusschlafsaal mit acht Betten.

DOUBLE SIX BEACH

★ **Puri Damai** GUESTHOUSE $
(Karte S. 58; ☎ 0361-730665; www.puridamai.com; Jl Werkudara; Apt. 1-/2-Schlafzimmer 70/140 US$; ❄📶🏊) Das exquisite kleine Hotel, das etwas versteckt in der Nähe des Double Six Beach steht, ist eine elegante Wahl. Betreiber ist Made, der Doyen des Made's-Warung-Imperiums. Die zwölf Wohneinheiten sind ziemlich große Apartments mit voll ausgestatteten Küchen, Ess- und Wohnbereichen, Terrassen und Balkons. Die kompakte Anlage ist üppig grün, die Einrichtung entspannt tropisch.

Hotel Kumala Pantai HOTEL $$
(Karte S. 58; ☎ 0361-755500; www.kumalapantai.com; Jl Werkudara; Zi. inkl. Frühstück 1 100 000–1 800 000 Rp; ❄@📶🏊) Die 173 Zimmer sind groß und haben Marmorbäder mit separater Dusche und Badewanne. Die dreistöckigen Gebäude stehen auf einem üppig grünen Gelände gegenüber dem beliebten Double Six Beach. Viele Zimmer sind mit Kühlschrank und Mikrowelle ausgestattet – danach einfach nachfragen.

Jayakarta Hotel RESORT $$
(Karte S. 58; ☎ 0361-751433; www.jayakartahotelsresorts.com; Jl Pura Bagus Taruna; Zi. inkl. Frühstück 1 100 000–2 400 000 Rp; ❄@📶🏊) Das Jayakarta steht gegenüber einem langen schattigen Strandabschnitt. Das palmenbestandene Gelände, mehrere Swimmingpools und verschiedene Restaurants sorgen für seine Beliebtheit besonders bei Gruppen und Familien. Geräte zum Haareflechten am Pool verpassen Kindern den Ferien-Look. Die 331 Zimmer in zwei- und dreigeschossigen Gebäuden sind groß. Allerdings gibt es nicht in jedem Zimmer WLAN.

Double-Six RESORT $$$
(Karte S. 58; ☎ 0361-730466; www.double-six.com; Double Six Beach 66; Zi. inkl. Frühstück ab 3 200 000 Rp; ❄📶🏊) Das gigantische 5-Sterne-Resort hat sich einige Extravaganzen von Vegas abgeschaut. Die 146 geräumigen Zimmer gegenüber dem luxuriösen 120-m-Pool haben alle Strandblick und Fernseher im Bad, einige auch einen Whirlpool auf dem Balkon. Außerdem steht rund um die Uhr ein Butler bereit. Dazu kommen eine riesige Bar auf der Dachterrasse (S. 79) und mehrere Restaurants, darunter das renommierte Plantation Grill (S. 77).

Essen

Lokale gibt es hier in Hülle und Fülle. Touristencafés mit einem günstigen Angebot an indonesischen Standardgerichten, Sandwiches und Pizza sind allgegenwärtig.

Wer die entspannte Atmosphäre eines Traveller-Cafés sucht, sollte durch die Gassen schlendern und nach den Menschenmassen Ausschau halten. Für einen Snack und Bier auch um 4 Uhr morgens finden sich überall Circle-K-Läden, die rund um die Uhr geöffnet haben.

Die Großrestaurants an der Jalan Sunset sollte man meiden. Sie rühren eifrig die Werbetrommel, leiden aber unter Verkehrslärm und bewirten vor allem Busreisegruppen.

Tuban

In Tuban gibt es Restaurantsketten und Fast-Food-Läden in Hülle und Fülle. Die Hotels am Strand haben alle eigene Restaurants oder Cafés. In den meisten können auch Gäste, die nicht im Hotel wohnen, einen Snack oder Dämmerschoppen genießen.

Am Südende der Jalan Raya Kuta unweit der Flughafenstraße stehen gute lokale Warungs und Cafés. Am besten schaut man sich erst um und sucht sich das schönste aus.

★ **Pisgor** INDONESISCH $
(Karte S. 62; Jl Dewi Sartika; Snacks ab 2000 Rp; ⏲10–22 Uhr) Alle möglichen Köstlichkeiten tauchen aus den ununterbrochen brutzelnden Fritteusen dieses schmalen Ladenlokals in der Nähe des Flughafens auf. Das *pisang goreng* (gebratene Bananen) sollte man sich nicht entgehen lassen; auch esoterischere Gerichte wie *ote-ote* (Gemüsekuchen) stehen zur Wahl. Sehr zu empfehlen ist eine bunte Mischung, die mit rohen Chilischoten akzentuiert wird.

Warung Nikmat INDONESISCH $
(Karte S. 62; ☎0361-764678; Jl Banjar Sari; Mahlzeiten 15 000–30 000 Rp; ⏲8–21 Uhr) Das alteingesessene javanische Lokal ist für sein breites Angebot an authentisch indonesischen Gerichten bekannt, darunter Rinder-Rendang, *perkedel* (gebackene Maiskuchen), Garnelenkuchen, *sop buntut* (Ochsenschwanzsuppe) sowie diverse Currys und Gemüsegerichte. Wer vor 14 Uhr kommt, hat die beste Auswahl.

Pantai FISCH & MEERESFRÜCHTE $$
(Karte S. 62; ☎0361-753196; Jl Wana Segara; Mahlzeiten 50 000–150 000 Rp; ⏲8–23 Uhr; 📶) Die Lage gibt bei dieser Strandbar mit Grill den Ausschlag. Das Essensangebot ist durch und durch touristisch (Fisch & Meeresfrüchte, indonesische Klassiker, Pasta usw.), aber die Lage mit Blick auf den Ozean ist einfach hinreißend. Jedes Jahr wird der Laden ein bisschen schicker und teurer, aber nicht wirklich abgehoben. Das Pantai liegt am Strandweg, ein ganzes Stück hinter der Lippo Mall Kuta (S. 80).

Kafe Batan Waru INDONESISCH $$
(Karte S. 62; ☎0361-897 8074; www.baligoodfood.com; Jl Kartika Plaza, Lippo Mall Kuta; Mahlzeiten 50 000–150 000 Rp; ⏲11–23 Uhr) Der Tuban-Ableger des renommierten Lokals in Ubud ist die aufgepeppte Version eines Warung mit ausgezeichneter, kreativer asiatischer und einheimischer Küche. Außerdem gibt es guten Kaffee, leckere Backwaren und kinderfreundliche Gerichte. Das Lokal hat einen neuen exponierten Standort vor der glamourösen Lippo Mall (S. 80).

B Couple Bar 'n' Grill FISCH & MEERESFRÜCHTE $$
(Karte S. 62; ☎0361-761414; Jl Kartika Plaza; Mahlzeiten 60 000–200 000 Rp; ⏲11–24 Uhr) Eine dynamische Mischung aus wohlhabenden einheimischen Familien und internationalen Touristen lässt sich in diesem schicken Laden gegrillte Meeresfrüchte im Jimbaran-Stil schmecken. Billardtische, Sportübertragungen und Livemusik runden das Angebot ab, während in den offenen Küchen die Kochfeuer aufflackern.

Kuta

Die fliegenden Händler am Strand beschränken sich weitgehend auf den Verkauf von Getränken. Ansonsten ist in unzähligen Lokalen an den engen Gassen vor allem die übliche Surfer-Kost (Pizza, Burger, indonesische Klassiker) zu finden.

IM ZENTRUM VON KUTA

Ajeg Warung BALINESISCH $
(Karte S. 58; ☎0822 3777 6766; Kuta Beach; Hauptgerichte ab 20 000 Rp; ⏲8–22 Uhr) Der schlichte Imbissstand mit Tischen im Schatten steht direkt am Kuta Beach. Hier werden besonders frische lokale Gerichte serviert, wie sie selten an einem schattigen Standort in Strandnähe mit Blick auf die Brandung zu finden sind. Dort, wo die Jalan Pantai Kuta nach Norden abdreht, betritt man den Strand und geht dann 100 m auf dem Strandweg nach Süden.

Bemo Corner Coffee Shop CAFÉ $
(Karte S. 58; ☎0361-755305; www.facebook.com/bemocappucino; Jl Pantai Kuta 10A; Hauptgerichte ab 40 000 Rp; ⏲8–21 Uhr) Das entzückende kleine Café mit offener Frontseite ist eine attraktive Oase in unmittelbarer Nachbarschaft des alltäglichen Trubels an der Jalan Legian. Es gibt ausgezeichnete Kaffeegetränke, Smoothies und zwanglose Gerichte wie Sandwiches sowie riesige traditionelle Frühstücksangebote mit Eiern, Speck, Würstchen usw.

Kuta Nachtmarkt INDONESISCH $
(Karte S. 58; Jl Blambangan; Mahlzeiten 15 000–25 000 Rp; ⏲18–24 Uhr) Dies ist das Territorium der Essensstände und Plastikstühle. Es wimmelt nur so von Einheimischen und

Leuten aus der Tourismusbranche, die heiße Leckereien direkt aus dem Wok, Gegrilltes und andere frische Speisen futtern.

Kuta-Markt MARKT $
(Karte S. 58; Jl Raya Kuta; ⏲6–16 Uhr) Dieser Markt ist nicht gerade groß zu nennen, aber seine Popularität garantiert konstante Umsätze. Hier sind einige der ungewöhnlichen Früchte von Bali zu finden, beispielsweise die Mangostanfrucht.

★ **Poppies Restaurant** INDONESISCH $$
(Karte S. 58; ☎0361-751059; www.poppiesbali.com; Poppies Gang I; Hauptgerichte 40 000–130 000 Rp; ⏲8–23 Uhr; 📶) Das im Jahr 1973 eröffnete Poppies war eins der ersten Restaurants in Kuta (Poppies Gang I ist sogar nach ihm benannt). Beliebt ist es wegen seiner eleganten Gartenanlage und der Speisekarte mit gehobener balinesischer, westlicher und thailändischer Küche. Die *rijsttafel* (eine Auswahl indonesischer Gerichte, die mit Reis serviert werden) sowie Fisch und Meeresfrüchte haben viele Fans.

Made's Warung INDONESISCH $$
(Karte S. 58; ☎0361-755297; www.madeswarung.com; Jl Pantai Kuta; Hauptgerichte ab 40 000 Rp; ⏲8–23 Uhr) Made's war der ursprüngliche Touristen-Warung in Kuta. Über die Jahre ist die mehr und mehr verwestlichte indonesische Speisekarte von der Konkurrenz oftmals kopiert worden. Klassische Gerichte wie *nasi campur* (Reis mit verschiedenen Beilagen) werden in offenen Räumlichkeiten serviert, die an die Zeit erinnern, als die touristischen Hot Spots in Kuta noch mit Gaslaternen beleuchtet wurden.

Jamie's Italian ITALIENISCH $$$
(Karte S. 58; ☎0361-762118; www.jamieoliver.com; Jl Pantai Kuta; ⏲12–23 Uhr) Diese Filiale von Jamie Olivers Kette, eine von 40 weltweit, präsentiert wie erwartet eine kreative, saisonale Speisekarte. Die Gerichte zerstören Klischees, aber auch den Inhalt der Brieftasche. Burger sind hier zum gleichen Preis zu haben wie in NYC. Es gibt Tische in den Innen- und Außenbereichen. Der Service und die Aufmachung sind auf Hochglanz poliert.

AN DER JALAN LEGIAN

Die Essensmöglichkeiten an der Jalan Legian erscheinen endlos; die Zahl der empfehlenswerten Lokale ist aber begrenzt.

Kopi Pot CAFÉ $$
(Karte S. 58; ☎0361-752614; www.kopipot.com; Jl Legian; Mahlzeiten 60 000–150 000 Rp; ⏲6–23 Uhr; 📶) Das von Bäumen beschattete Kopi Pot ist sehr beliebt, besonders wegen des Kaffees, der Milchshakes und der unzähligen Desserts. Der Essbereich mit Bar im Freien erstreckt sich über mehrere Ebenen und liegt etwas versetzt von der unzumutbaren Jalan Legian.

POPPIES GANG II & UMGEBUNG

Rainbow Cafe INTERNATIONAL $
(Karte S. 58; ☎0361-765730; Poppies Gang II; Hauptgerichte ab 40 000 Rp) Hier können sich

KUTA-COWBOYS ABGESATTELT

An den Stränden im Süden von Bali sind sie überall zu sehen: muskulöse junge Männer mit Tattoos, langen Haaren und guten Manieren. Die Kuta-Cowboys, wie sie genannt werden, bringen frischen Wind in das Klischee von der jungen Asiatin und dem älteren Mann aus dem Westen. Jahrzehntelang haben Frauen aus Japan, Australien und anderen Ländern an Balis Stränden eine Begleitung gefunden, die ihr Bedürfnis nach Romantik, Abenteuer oder was auch immer stillt.

Die Dynamik zwischen diesen Ausländerinnen und balinesischen Männern ist komplexer als der simple Austausch von Geld und sexuellen Diensten (was auf Bali im Übrigen verboten ist): Die Kuta-Cowboys werden zwar nicht direkt für Sex entlohnt, aber ihre Begleiterinnen bezahlen in der Regel ihr Essen, kaufen Geschenke und kommen eventuell für weitere Ausgaben wie die Miete auf.

Dieses bekannte Bali-Phänomen geriet 2010 mit der Veröffentlichung der unterhaltsamen Dokumentation *Cowboys in Paradise* (im Internet unter www.cowboysinparadise.com) in die Schlagzeilen. Regisseur Amit Virmani sagt, die Idee zu dem Film sei ihm nach einem Gespräch mit einem jungen Balinesen gekommen. Dieser erklärte, er wolle „Sex-Diener japanischer Mädchen" werden, wenn er groß sei. Der Streifen beleuchtet das Leben der Kuta-Cowboys und untersucht den ökonomischen und emotionalen Preis für die flüchtigen Affären mit den Touristinnen.

NICHT VERSÄUMEN

SUNDOWNER IN KUTA & LEGIAN

Auf Bali entfalten Sonnenuntergänge regelmäßig ein faszinierendes Spektakel in Rot-, Orange- und Purpurtönen. An einem kalten Getränk zu nippen und dabei zum Takt der Brandung dieses kostenlose Schauspiel zu betrachten, ist die Hauptaktivität um 18 Uhr. Freundliche Einheimische bieten dafür Plastikstühle im Sand und billiges, kaltes Bintang (20000 Rp) an.

In Kuta steuert man am besten das autofreie südliche Ende des Strandes an; in Legian ist der beste Platz der Strandabschnitt, der nördlich der Jalan Padma beginnt und zum Südende der Jalan Pantai Arjuna verläuft.

die Gäste den Generationen von Kuta-Einwohnern anschließen, die den Nachmittag vertrinken. Die Atmosphäre in dem tief verschatteten Lokal hat sich über die Jahre kaum verändert, obwohl ganz in der Nähe Einkaufszentren entstanden sind. Viele der aktuellen Gäste sind die Nachkommen von Backpackern, die sich an benachbarten Tischen kennengelernt haben.

Fat Chow ASIATISCH $$

(Karte S. 58; ☎ 0361-753516; www.fatchowbali.com; Poppies Gang II; Hauptgerichte ab 60 000 Rp; ⏰ 9–23 Uhr; 📶) Das Fat Chow ist eine schicke und moderne Variante des traditionellen Cafés mit offener Front. An langen Picknicktischen, kleinen Tischen und Liegen werden Speisen mit asiatischem Akzent serviert. Viele der kreativen Gerichte laden zum Teilen ein. Empfehlenswert sind beispielsweise der knackige asiatische Salat, Schweinefleischbrötchen, Tokio-Garnelen und das authentische Pad Thai.

Sushi Tei SUSHI $$

(Karte S. 58; ☎ 0361-849 6496; Jl Pantai Kuta, Beachwalk, 1. Etage; Hauptgerichte 40 000–10 000 Rp; ⏰ 11–23 Uhr) In diesem gehobenen Sushi-Outlet mit Blick auf die Brandung können sich die Gäste eine Brise um die Nase wehen lassen. Die Sushi-Karte ist lang, die Qualität hoch. Dazu kommen oft Spezialangebote mit einem unglaublichen Preis-Leistungs-Verhältnis. Außerdem gibt es eine gute Getränkekarte und eine Happy Hour zum Sonnenuntergang.

Mama's German Restaurant DEUTSCH $$

(Karte S. 58; ☎ 0361-761151; www.bali-mamas.com; Jl Legian; Hauptgerichte 50 000–150 000 Rp; ⏰ 24 Std.) Wenn man sich erst mal an die Servicekräfte im Dirndl gewöhnt hat, fühlt man sich beinahe schon wie in München, nur eben viel schweißtreibender. Die Speisekarte ist typisch deutsch mit einer riesigen Auswahl an Würsten, Braten und Schweinesteaks vom hauseigenen Schlachter (zu den wurstlosen Gerichten zählen u. a. Burger, Nudeln, Pizza). Getrunken wird literweise Bintang vom Fass.

Balcony INTERNATIONAL $$

(Karte S. 58; ☎ 0361-757409; Jl Benesari 16; Mahlzeiten 50 000–150 000 Rp; ⏰ 6–23 Uhr) Das Balcony mit seinem luftigen tropischen Design liegt oberhalb des Getümmels auf der Jalan Benesari. Für einen guten Start in den Tag empfiehlt sich das ein oder andere von der langen Frühstückskarte. Abends stehen Pasta, gegrilltes Fleisch und wenige indonesische Klassiker zur Wahl; alles nett angerichtet. Das Lokal eignet sich perfekt für eine spontane Verabredung am Abend.

Stakz Bar & Grill AUSTRALISCH $$

(Karte S. 58; ☎ 0361-762129; www.stakzbarandgrill.com; Jl Benesari; Hauptgerichte 40 000–140 000 Rp; ⏰ 8–24 Uhr; 📶) Von Vegemite auf Toast und einem Flat White zum Frühstück, einem Karoffelkuchen-Brötchen oder einer Fleischpastete am Nachmittag und einem Aussie-Burger mit allem (einschließlich Rote Bete, Ei und Ananas) zum Abendessen, bietet das Stakz reine Aussie-Kost. Schon morgens umlagern Stammgäste die Bar; das Tattoo sticht die Kleiderordnung aus.

ÖSTLICH DER JALAN LEGIAN

Wooyoo EIS $

(Karte S. 58; Jl Dewi Sri 18F; Eis ab 20 000 Rp; ⏰ 10–22 Uhr) Was gibt es an einem tropisch heißen Ort Besseres als Eis? Die Softeis-Leckereien stammen von einer bekannten koreanischen Marke, die für ihre reichhaltigen, cremigen Wirbel berühmt ist. Das Eis gibt es im Becher, in der Waffel oder auf süßem „Schneckenbrot". Als Toppings sind u. a. süßes Popcorn, Schokoladenraspel und Churros im Angebot. Der Essbereich pflegt einen rustikalen, offenen Stil.

★ **Take** JAPANISCH $$

(Karte S. 58; ☎ 0361-759745; Jl Patih Jelantik; Mahlzeiten 70 000–300 000 Rp; ⏰ 11–24 Uhr; 📶) Wer sich unter der traditionellen Stoffabschirmung vor dem Eingang dieses im-

ANDY TROY / SHUTTERSTOCK ©

Balis & Lomboks schönste Strände

Bali und Lombok sind von Stränden umrahmt, deren Farbschattierungen von weiß bis schwarz reichen; die Brandung ist mal wild, mal zahm. Die Strände ziehen massenhaft Besucher an, die hier in der Sonne liegen, Yoga machen, laufen, surfen, schnorcheln, tauchen und einfach eine schöne Zeit verleben. Bei der großen Auswahl findet sich für jeden das Passende.

- ➡ Strände
- ➡ Surfen
- ➡ Tauchen
- ➡ Unterwasserwelt

Green Bowl Beach (S. 126), Halbinsel Bukit

1. Resort in Kuta (S. 336) im Süden von Lombok **2.** Bingin Beach (S. 121), Halbinsel Bukit **3.** Dreamland, Halbinsel Bukit (S. 114)

Strände

Auf Bali und Lombok gibt es viele tolle Strände. Der Übersicht halber sind sie hier nach Regionen aufgelistet. Jedes der fünf Gebiete hat viele verschiedene Sandstrände aufzuweisen.

Von Tuban bis Echo Beach

Dieser Strand hat Bali berühmt gemacht. Er beginnt gleich nördlich des Flughafens und erstreckt sich etwa 12 km nach Nordwesten bis zum Pererenan Beach (S. 111). Die „Spielwiese" hat zahlreiche Facetten und spricht ganz unterschiedliche Besuchergruppen an – Surfer, Familien, Eigenbrötler, Partygänger usw.

Auf der Halbinsel Bukit

Am Fuß der Klippen an der Westküste der Bukit-Halbinsel (S. 114) liegen oft kleine Buchten mit weißem Sand, z. B. in Balangan, Bingin und Padang Padang. Die Strände sind mitunter schwer zu erreichen. Belohnt wird der Aufwand aber durch einen schönen Blick auf die Brandung, kleine Bambus-Warungs mit Bintang und herrliches Wasser.

An der Ostküste

Ein riesiger Halbmond aus schwarzem Sand, der von den Vulkanhängen des Gunung Agung stammt, nimmt nördlich von Sanur seinen Anfang und reicht bis auf die Ostseite der Insel (S. 250). Manche Strandabschnitte sind menschenleer, an anderen tummeln sich Surfer, noch häufiger sind aber Tempel und der ganz normale balinesische Alltag zu sehen.

Im Süden von Lombok

Der beste Kuta Beach liegt gar nicht auf Bali. An der Südküste von Lombok (S. 333) in Ost-Westrichtung von *diesem* Kuta wartet ein Dutzend traumhafter Buchten auf Besucher. Außer weißem Sand gibt es dort oft nicht viel anderes.

Auf den Gilis

Die Gili Inseln (S. 343) – Trawangan, Meno und Air – sind jeweils von schönen Sandstränden umschlossen. Unser Vorschlag: Die große Runde drehen, die Strandbüfetts probieren, vor der Küste schnorcheln und einfach genießen.

Surfen

Viele Leute kommen hauptsächlich zum Surfen nach Bali; die Surferkultur ist inzwischen Teil des Inselcharakters. Auf Lombok ist der Lebensstil maßvoller, die Breaks sind es nicht.

Kuta Beach

Kuta Beach (S. 56), Balis ursprünglicher Surferstrand, ist immer noch ein Hit. Der Sogwirkung dieses endlos langen Sandstrands, der mit seinen unaufhörlichen Breaks direkt vor der Küste Surfer anlockt, kann man kaum widerstehen. Und man lernt hier ohne großen Aufwand Surfen. Surfschulen gibt es reichlich, Kurse zu jeder Tageszeit.

Echo Beach

Echo Beach (S. 110) bietet wilde Wellen und reichlich Zuschauer. Eigentlich ist der Strand die Verlängerung des ebenso beliebten Batu Bolong. An beiden stehen gut besuchte Cafés mit einem angenehmen Mix aus Einheimischen und Gästen.

Ulu Watu

Ulu Watu (S. 125) bietet die legendärsten Surf-Möglichkeiten auf Bali. Hier erreicht die Kette von Breaks entlang der Küste der Halbinsel Bukit ihren Höhepunkt. Die Bedingungen sind eine Herausforderung und man kann ganze Tage damit verbringen, die Szene auszukundschaften.

Nusa Lembongan

Die Insel Nusa Lembongan (S. 152) eignet sich ideal für tagelanges Surfen. Breaks – per Boot zugänglich – liegen vor der Küste jenseits der Riffe. Außerdem gibt es günstige Unterkünfte und eine gute Sicht auf das Geschehen, was die Wahl des richtigen Augenblicks erleichtert.

Tanjung Desert

Tanjung Desert (Desert Point; S. 318) auf Lombok findet großen Zuspruch – und das nicht nur bei Surfern, die sich selbst auf die Schulter klopfen, weil sie bis zu diesem abgelegenen Ort vorgedrungen sind. Die unbeständige Break (ihre Saison reicht nur von Mai bis September) ist selbst für sehr erfahrene Surfer schwer zu meistern, lohnt sich aber für alle.

1

1. Surfboards am Kuta Beach (S. 56), Bali **2.** Suluban Beach (S. 125), Bali **3.** Surfer, Bali

3

TRUBAVIN / SHUTTERSTOCK ©

Tauchen

Die Inseln besitzen nicht nur tolle Tauchreviere; es gibt auch viele gute Tauchshops, um die Entdeckungsreisen unter Wasser zu unterstützen. Vom einfachen Steilwandtauchen bis zu anspruchsvollen Freiwassertauchgängen, bei denen riesige Meeresgeschöpfe ins Blickfeld kommen, findet jeder etwas, das seinen Fähigkeiten und Wünschen entspricht.

Tulamben

Tulamben (S. 256) erscheint wie ein Dorf an der Küstenstraße von Ostbali, bis man all die Tauchshops entdeckt. Die große Attraktion hier liegt direkt vor der Küste: Ein altes Schiff, die *Liberty*, sank während des Zweiten Weltkriegs. Vom Ufer aus kann man direkt zum Wrack tauchen.

Gili Trawangan

Gili Trawangan ist ein erstklassiges Tauch- und Schnorchelzentrum (S. 346). Hier gibt es tolle Stellen zum Erkunden der Gewässern rund um alle drei Gilis. Apnoetauchen ist hier beliebt, man kann direkt von den Stränden losschnorcheln, und es gibt Riffe in alle Richtungen.

Nusa Penida

Das wenig bekannte Nusa Penida (S. 161) ist von einer Art Unterwasser-Themenpark umgeben. Die Bedingungen sind oft schwierig – die Dienste eines ausgezeichneten Tauchshops sind unerlässlich –, aber dafür besteht die Chance, riesige Mondfische und Mantarochen zu sehen.

Nusa Lembongan

Von Nusa Lembongan (S. 152) lassen sich in den Mangroven rundum und auf den beiden Nachbarinseln Dutzende Tauchreviere erkunden. Unter Führung eines guten Anbieters ist Strömungstauchen möglich.

Pulau Menjangan

Pulau Menjangan (S. 292) ist Balis bekanntestes Tauch- und Schnorchelgebiet und besitzt viele hervorragende Tauchreviere. Das Tauchen hier ist ein faszinierendes Erlebnis – tropische Fische, Weichkorallen, gute Sichtverhältnisse, Höhlen und ein spektakulärer Riffhang.

1

1. Taucher in Pulau Menjangan (S. 292) **2.** Schnorcheln am Wrack der *Liberty*, Tulamben (S. 256) **3.** Nusa Penida (S. 161)

3

TRUBAVIN / SHUTTERSTOCK ©

Meeresschildkröte (S. 428), Nusa Penida

Unterwasserwelt

In den Küstengewässern vor den Inseln leben vielfältige Korallen, Seetang, Fische und andere Meeresbewohner; das gesamte indonesische Seegebiet wurde 2014 zu einer Schutzzone für Mantarochen erklärt. Auch beim Schnorcheln bekommt man viel von der Unterwasserwelt zu sehen, die größeren Meerestiere sind aber meist nur beim Tauchen zu entdecken.

Delfine

Delfine sind rund um die Inseln zu finden. Vor Lovina (S. 283) werden sie als Attraktion gehandelt. Aber es ist ebenso wahrscheinlich, auf der Fahrt mit dem Schnellboot zwischen Bali und den Gilis Delfinschulen zu sehen.

Haie

Haie haben immer etwas Dramatisches. Nur sehr selten wird in dieser Region von sehr großen Tieren wie Weißen Haien berichtet, sie werden hier aber nicht als große Bedrohung eingeschätzt. In den Gilis kann man am Shark Point (S. 354) häufig Riffhaie beobachten.

Meeresschildkröten

Meeresschildkröten (S. 428) kommen hier ebenfalls vor, sind aber hochgradig gefährdet. Lange galten sie den Balinesen als Delikatesse; deshalb kämpfen Umweltschützer beständig darum, sie vor Wilderern zu bewahren. Besonders rund um die Gilis kann man sie aber noch entdecken.

Diverse Meeresbewohner

Kleine Fische und Korallen finden sich rund um die Inseln. Der bevorzugte erste Anlaufpunkt aller Bali-Besucher ist Menjangan (S. 292). Die alltägliche Faszination geht von der farbenfrohen Schönheit der Korallen, Schwämme, spitzenartigen Gorgonien, Seesterne, Clownfische und anderen Arten aus.

mer weiter expandierenden Restaurants hindurchtaucht, entflieht Bali und landet in einer entspannten Version von Tokio. Hyperfrische Sushi, Sashimi und mehr werden unter den aufmerksamen Augen eines großartigen Kochteams hinter einer langen Theke zubereitet. Der Chefkoch ist regelmäßig frühmorgens auf dem jimbarischen Fischmarkt zu finden.

Legian

An den Straßen von Legian übertrifft die Zahl der Durchschnittslokale bei Weitem die der guten Restaurants. Es lohnt, sich erst einmal umzuschauen, bevor man sich für die Einkehr entscheidet.

Warung Murah INDONESISCH $
(Karte S. 58; ✆ 0361-732082; Jl Arjuna; Mahlzeiten 20 000–35 000 Rp; ⏲ 8–23 Uhr) Das Mittagessen läuft in diesem authentischen Warung, der auf Fisch und Meeresfrüchte spezialisiert ist, wie am Schnürchen. Eine Auswahl an gegrilltem Fisch steht bereit; wer Geflügel bevorzugt, kann sich für das saftige *sate ayam* entscheiden, das zudem noch ein Schnäppchen ist. Das Lokal erfreut sich mittags ungeheurer Beliebtheit; am besten kommt man gleich um 12 Uhr. Und nicht das Sambal vergessen!

Warung Asia ASIATISCH $
(Karte S. 58; ✆ 0361-742 0202; Jl Werkudara; Hauptgerichte ab 35 000 Rp; ⏲ ab 11 Uhr; 📶) Die Kellner sind selbst nach Bali-Standards fröhlich; der beliebte Warung im Obergeschoss serviert indonesische Klassiker und thailändische Gerichte. Abends wird es hier laut, und der Alkohol fließt in Strömen.

Warung Yogya INDONESISCH $
(Karte S. 58; ✆ 0361-750835; Jl Padma Utara; Hauptgerichte ab 25 000 Rp; ⏲ 8–22 Uhr) Der einfache, blitzsaubere Warung liegt versteckt im Zentrum von Legian. Auf den Tisch kommen herzhafte Portionen lokaler Gerichte zu Preisen, die fast schon Einheimische verlocken könnten.

Saleko INDONESISCH $
(Karte S. 58; Jl Nakula 4; Mahlzeiten ab 15 000 Rp; ⏲ 8–23 Uhr) Wer kein *masakan padang* probiert hat, hat noch nicht wirklich indonesisch gegessen. Das Saleko ist ein toller Ort, um dieses einfache, köstliche und billige Street Food aus Sumatra zu testen. Wer sich traut, sollte sich auf das pikante Grillhähnchen und den Fisch vulkanischen Sambal klecksen – der nicht für empfindliche Touristengaumen „entschärft" worden ist. Alle Gerichte sind halal – und es wird kein Alkohol ausgeschenkt.

Balé Udang INDONESISCH $$
(Karte S. 58; Mang Engking; ✆ 0361-894 7119; www.baleudang.com; Jl Nakula 88; Hauptgerichte 35 000–150 000 Rp; ⏲ 11–22 Uhr) Das große Restaurant, in dem Gerichte aus ganz Indonesien serviert werden, ist so etwas wie eine Metapher für den Inselstaat. Verschiedene strohgedeckte Speisepavillons stehen zwischen Teichen und Wasserspielen. Die lange Speisekarte konzentriert sich auf frischen Fisch und Meeresfrüchte. Der Service ist freundlich und flott.

AM STRAND

Mozzarella ITALIENISCH, FISCH & MEERESFRÜCHTE $$
(Karte S. 58; ✆ 0361-751654; www.mozzarella-resto.com; Jl Padma Utara; Hauptgerichte 70 000–200 000 Rp; ⏲ 7–23 Uhr; 📶) Unter den Strandrestaurants an der autofreien Zone in Legian ist das Mozzarella das beste. Die italienischen Gerichte, die hier serviert werden, sind authentischer als bei den meisten Mitbewerbern. Auch frischer Fisch steht auf der Karte; der Service ist wirklich gut, und die Gäste haben die Wahl, ob sie ihr Abendessen im Freien bei Mondschein oder im abgeschirmten Speisesaal zu sich nehmen möchten. Auch ein toller Platz für ein ruhiges Frühstück am Strand.

Zanzibar INTERNATIONAL $$
(Karte S. 58; ✆ 0361-733529; www.zanzibarbali.com; Jl Arjuna; Hauptgerichte 50 000–120 000 Rp; ⏲ 7–23 Uhr) Der beliebte Patio befindet sich gegenüber einem belebten Abschnitt des Double Six Beach. Zur Zeit des Sonnenuntergangs wird es hier richtig voll; den schönsten Blick hat man von den Tischen auf der Terrasse im zweiten Stockwerk. Auf der Karte stehen u. a. die Nasi-Familie und die Burger-Bande. Wenn es hier zu voll ist, stellen viele der Mitbewerber in der Nachbarschaft eine gute Alternative dar.

Plantation Grill MODERNE AUSTRALISCHE KÜCHE $$$
(Karte S. 58; ✆ 0361-734300; www.plantationgrillbali.com; Jl Arjuna, Double-Six Hotel, 4. Etage; Hauptgerichte 220 000–420 000 Rp; ⏲ 18–24 Uhr) Das farbenfrohe Schild draußen lässt keinen Zweifel daran, dass dieses vornehme Hotel-Restaurant dem Imperium des australischen Küchenchefs Robert Marchetti entsprungen ist. Die luxuriös tropische Einrich-

DER PARTY FOLGEN

Balis trendigste Clubs liegen in einem Radius von etwa 300 m um die topbewertete Sky Garden Lounge. Der Unterschied zwischen Ausgehen und Clubben ist bestenfalls verschwommen, eines geht ins andere über, während die Nacht voranschreitet (oder der Morgen heraufdämmert). Die meisten Bars verlangen keinen Eintritt und haben oft spezielle Getränkeangebote und „Happy Hours", die über verschiedene Zeitspannen bis nach Mitternacht laufen. Schlaue Partygänger folgen den Specials von Lokal zu Lokal und freuen sich über einen Abend außer Haus mit erheblichem Rabatt (Clubbesitzer locken mit Getränkeangeboten Kunden an, die schließlich keine Lust mehr haben, wieder zu gehen). Es lohnt sich übrigens auch, auf Flyer mit Coupons für Preisnachlässe auf Getränke zu achten.

Die Atmosphäre in den Clubs auf Bali reicht vom entspannten Flair der Surfer-Spelunken bis zu durchorganisierten Nachtclubs mit langen Getränkekarten und Horden beflissener Kellner. In einigen Clubs in Kuta ist die Zahl der Prostituierten stark gestiegen.

tung versetzt die Gäste in die 1920er-Jahre. Die Speisekarte präsentiert große Steaks sowie Fisch und Meeresfrüchte mit einigen Spezialitäten zu wilden Preisen, z. B. Hummer Thermidor (855K!). Die schicke Bar ist ein Rückzugsort für einen Fantasie-Cocktail.

Ausgehen & Nachtleben

Am Strand den Sonnenuntergang zu erleben, hat eine große Anziehungskraft. Die Leute genießen ihn bei einem Drink in einem Café mit Meerblick oder beim Bier von einem fliegenden Händler. Später nimmt das legendäre Nachtleben Fahrt auf. Viele Partygänger verbringen den frühen Abend in einer angesagten Kneipe in Seminyak, arbeiten sich dann Richtung Süden vor und versacken schließlich irgendwo.

Die schicken Clubs in Seminyak sind bei Schwulen und Heteros gleichermaßen populär, in Kuta und Legian ist im Allgemeinen überall ein gemischtes Publikum zu finden.

The Beat (www.beatmag.com) listet Clubs und andere Locations auf.

Tuban

DeeJay Cafe CLUB
(Karte S. 62; ☎0361-758880; Jl Kartika Plaza 8X, Kuta Station Hotel; ⏲24–9 Uhr) Der richtige Ort, um den Abend ausklingen zu lassen (oder den Tag zu beginnen). Haus-DJs legen Tribal, Underground, Progressive, Trance, Electro und anderes auf. Hardcore-Raver stellen einen Großteil des Publikums.

Kuta

Austauschbare Bars mit Barhockern, die den Hintern trinkfreudiger Stammgäste angepasst sind, säumen die Jalan Legian. Man sollte sich auf Anmache durch Zuhälter und Viagraverkäufer und den beharrlichen Ruf „Wir haben verdammt kaltes Bier, Kumpel!" gefasst machen.

★ **Velvet** BAR
(Karte S. 58; ☎0361-846 4928; www.vhbali.com; Jl Pantai Kuta, Beachwalk, Level 3; ⏲ab 23 Uhr) Der Blick auf den Sonnenuntergang von dieser großen Terrassenbar mit Café an der Strandseite der Beachwalk-Einkaufspassage ist unschlagbar. Von Mittwoch bis Sonntag verwandelt sich das Velvet nach 22 Uhr in einen Club. Wer mag, kann sich eine Liege für zwei schnappen.

Sky Garden Lounge CLUB
(Karte S. 58; www.skygardenbali.com; Jl Legian 61; ⏲24 Std.) Der Glitzerpalast, der sich über mehrere Ebenen erstreckt, kokettiert mit Höhenbeschränkungen in seiner Dachterrassenbar mit Blick auf das funkelnde Kuta. Weitere Merkmale sind Spitzen-DJs, ein Café im Erdgeschoss und Möchtegern-Paparazzi. Der wahrscheinlich kultigste Club in Kuta bietet stündliche Getränke-Specials. Hier verkehren Backpacker, betrunkene Teenies, Einheimische auf der Pirsch und andere.

Engine Room CLUB
(Karte S. 58; www.engineroombali.com; Jl Legian 89; ⏲16–4 Uhr) Der grelle, zur Straße hin offene Club präsentiert als Anmache Go-go-Girls in Käfigen. Wenn der Abend voranschreitet, tanzen fast alle Gäste und lassen allmählich die Hüllen fallen. Es ist eine wilde Party über vier Ebenen voller Genuss und Musik, u. a. Hip-hop, Trap und Rap.

Bounty CLUB
(Karte S. 58; www.bountydiscotheque.com; Jl Legian; ⏲20–4 Uhr) Das Bounty ist in einem

nachgemachten Segelschiff in einer Mini-Einkaufspassage für Lebensmittel und Getränke untergebracht. Die riesige Open-Air-Disko stampft die ganze Nacht zu Hiphop, Techno, House und Party Tracks. Schaumpartys, Go-go-Tänzerinnen, Travestieshows und billiger Schnaps fachen naturgemäß auch die Rauflust an.

Apache Reggae Bar BAR
(Karte S. 58; Jl Legian 146; ⌚19–3 Uhr) Das Apache ist einer der ruppigeren Läden und gesteckt voll mit Einheimischen und Gästen, von denen viele nur auf ein Abenteuer aus sind. Die Musik ist zwar richtig laut, aber das Hämmern im Kopf am nächsten Tag stammt zweifellos vom frei fließenden *arak* (destillierter Palmen- und Zuckerrohrschnaps), der aus riesigen Plastikkrügen ausgeschenkt wird.

Legian & Double Six Beach

In Legian sind die meisten Bars kleiner als in Kuta und sprechen ein ruhigeres Publikum an. Beachtenswerte Ausnahme ist die Gegend am Ende der Jalan Arjuna/Jalan Double Six mit Cafés und Clubs. Strandbars ziehen sich wie an einer Kette nach Norden an der Seminyak-Promenade entlang.

★ **Jenja** CLUB
(Karte S. 58; ☎0361-882 7711; www.jenjabali.com; TS Suites, Jl Nakula 18; ⌚Mi–Sa 21–4 Uhr) Der sehr schicke, durchgestylte Nachtclub befindet sich im TS Suites Hotel. Über mehrere Ebenen verteilt, bringen DJs mit Disco, R&B, Funk, Soul und Techno die Gäste auf Touren. Das Publikum ist eine Mischung aus wohlhabenden Einheimischen und auf Bali lebenden Ausländern. Das Restaurant serviert hochpreisige Speisen, die sich gut zum miteinander Teilen eignen.

★ **Double-Six Rooftop** BAR
(Karte S. 58; ☎0361-734300; www.doublesixrooftop.com; Double Six Beach 66; ⌚15–23 Uhr; 📶) Haie, die in den Aquarien entlang der Wände schwimmen, schicke Lounges, eine Steuerungstelle und Gasfackeln: Die pompöse Bar über dem Double-Six Hotel könnte der Schlupfwinkel eines Bösewichts in einem Bond-Film sein. Der fantastische Blick auf den Sonnenuntergang lässt sich am besten von den runden Plattformen genießen – der Mindestumsatz von 1 000 000 Rp für eine Reservierung gilt auch fürs Essen, perfekt für Gruppen. Die Getränke sind teuer.

Bali Beach Shack BAR
(Karte S. 58; ☎0819 3622 2010; www.balibeachshack.com; Jl Sahadewa; ⌚Di–So 15–23 Uhr) Die tolle Open-Air-Bar unterhält am Abend ihre Gäste mit Live-Musik von Pop bis Country und mit Travestie-Shows.

Cocoon CLUB
(Karte S. 58; ☎0361-731266; www.cocoon-beach.com; Jl Arjuna; ⌚ab 10 Uhr) Ein riesiger Pool mit Blick auf Double Six Beach ist der Ankerplatz für diesen ambitionierten Club (Hemden mit Alkohol-Werbung sind nicht erlaubt!), der rund um die Uhr mit Partys und Events aufwartet. Liegestühle und VIP-Bereiche umgeben den Pool. Nachts legen DJs zu Themenabenden auf.

Shoppen

Kuta besitzt eine hohe Konzentration an billigen Kitschläden, aber auch riesige, glitzernde Warenhäuser für Surferbedarf. An der Jalan Legian verbessert sich die Qualität der Geschäfte in Richtung Norden. Nach und nach finden sich immer mehr nette kleine Boutiquen, besonders an der Jalan Arjuna, wo sich auch Großmärkte für Stoffe, Kleidung und Kunsthandwerk befinden; Basar-Atmosphäre kommt auf. Weiter nach Seminyak hinein ergeben sich wirklich fabelhafte Einkaufsmöglichkeiten.

Große Einkaufspassagen sind auf dem Vormarsch. In Tuban gibt es die Discovery Mall und die glitzernde Lippo Mall. Der Beachwalk-Komplex setzt einen Glanzpunkt an der Jalan Pantai Kuta.

Stände mit T-Shirts, Souvenirs, Strandkleidung und farbenprächtigem Plunder stehen praktisch überall. Das bestverkaufte Mitbringsel für die Lieben daheim sind Flaschenöffner in Form eines Penis in vielen Farben und Größen.

UpCycle DESIGN
(Karte S. 58; ☎0813 9674 9986; www.navehmilo.com; Jl Arjuna; ⌚10–20 Uhr) Alte Vinylplatten, Getränkedosen, Keksverpackungen und Ähnliches werden in nützliche Alltagsgegenstände wie Geldbeutel, Taschen oder Armbänder verwandelt. Das Stöbern in diesem Laden ähnelt quasi einer Schatzsuche; die Waren werden größtenteils in indonesischen Dörfern hergestellt.

Sriwijaya Batik TEXTILIEN
(Karte S. 58; ☎0812 365 0939; Jl Arjuna; ⌚10–18 Uhr) Das Sriwijaya Batik stellt Batik- und

KUTAS BELIEBTESTER LADEN

Die Menschenmassen vor der Tür sehen aus, als wollten sie eine Bank stürmen. Drinnen herrscht das reine Chaos. Willkommen in der Bali-Legende **Joger** (Karte S. 62; ☎ 0361-752523; Jl Raya Kuta; ⊙ 10–20 Uhr), dem beliebtesten Geschäft im Süden. Kein Besucher aus einem anderen Teil Indonesiens dächte auch nur daran, die Insel ohne einen rehäugigen Plastikwelpen (4000 Rp) oder eins von Tausenden T-Shirts mit einem ironischen, komischen oder einfach unverständlichen Spruch (die allermeisten in begrenzter Auflage) zu verlassen. Vorsicht: Die Bedingungen in dem vollgestopften Laden sind nicht gerade gesundheitsfördernd.

andere Stoffe auf Bestellung in unzähligen Farben her. Es macht großen Spaß, sich hier umzusehen.

Summer Batik TEXTILIEN
(Karte S. 58; ☎ 0361-735401; Jl Arjuna; ⊙ 10–20 Uhr) Obwohl die meisten anderen Märkte verschwunden sind, gibt es an der Jalan Arjuna noch ein paar Batik-Großhändler, die inmitten des Baubooms der Hotelketten ihren Platz behaupten. Dieser hier präsentiert in einem engen kleinen Laden einen Aufruhr an Farben und Tausende Muster.

Periplus Bookshop BÜCHER
(Karte S. 62; ☎ 0361-769757; Jl Kartika Plaza, Discovery Mall, 1. Etage; ⊙ 10–22 Uhr) Große Auswahl an neuen Titeln.

Beachwear & Surfshops

Eine riesige Auswahl an Surfshops verkauft Ausrüstung bekannter Marken – darunter Mambo, Rip Curl, Billabong und Quiksilver. Zu den einheimischen Marken zählen Surfer Girl und Drifter. Die meisten sind in vielen Läden in Südbali zu finden.

Außerdem gibt es einheimische Surfshops mit renommierten Boardbauern, die individuelle Bretter herstellen.

★ **Luke Studer** SPORT- & OUTDOORAUSRÜSTUNG
(Karte S. 58; ☎ 0361-894 7425; www.studersurfboards.com; Jl Dewi Sri 7A; ⊙ 9–20 Uhr) Der legendäre Boardbauer Luke Studer arbeitet in diesem großen Hochglanzladen. Er hat Shortboards, Retro Fishes, Single Fins und klassische Longboards im Angebot, die man fertig kaufen oder nach eigenen Wünschen anfertigen lassen kann.

Rip Curl SPORT- & OUTDOORAUSRÜSTUNG
(Karte S. 58; ☎ 0361-754238; www.ripcurl.com; Jl Legian 62; ⊙ 9–22 Uhr) Weg mit dem trübseligen Schwarz und her mit den knalligen Farbtupfern! Die größte Niederlassung des Surfwear-Giganten auf Bali besitzt eine riesige Auswahl an Strand- und Badebekleidung sowie Surfboards.

Surfer Girl BEKLEIDUNG
(Karte S. 58; ☎ 0361-752693; www.surfer-girl.com; Jl Legian 138; ⊙ 9.30–23 Uhr) Das zuckersüße Logo dieser lokalen Legende sagt schon alles über den riesigen Laden für Mädchen jeden Alters: Hier gibt es Kleidung, Surfausrüstung, Bikinis und viele andere Sachen in jeder denkbaren Bonbonfarbe.

Naruki Surf Shop SPORT- & OUTDOORAUSRÜSTUNG
(Karte S. 58; ☎ 0361-765772; Jl Lebak Bene; ⊙ 10–20 Uhr) Der Laden, einer von Dutzenden Surfshops in den Gassen von Kuta, bietet eine große Auswahl an Boards zu gängigen Preisen zum Kauf an.

Einkaufszentren & Warenhäuser

Beachwalk EINKAUFSZENTRUM
(Karte S. 58; www.beachwalkbali.com; Jl Pantai Kuta; ⊙ 10–24 Uhr) Der riesige Gebäudekomplex mit Freiluftmall, Hotel und Eigentumswohnungen gegenüber Kuta Beach ist fest in der Hand internationaler Ladenketten von Gap bis Starbucks. Wasserspiele bringen Bewegung in den allgemeinen Einkaufsglitzer. Wer sich hier auf die Suche macht, wird bestimmt irgendwann fündig.

Lippo Mall Kuta EINKAUFSZENTRUM
(Karte S. 62; ☎ 0361-897 8000; www.lippomalls.com; Jl Kartika Plaza; ⊙ 10–22 Uhr) Die neueste große Einkaufspassage im Süden Balis verschärft das Verkehrschaos auf den miserablen Straßen von Tuban. Zu einem riesigen Matahari-Warenhaus gesellen sich massenhaft internationale Ladenketten, Restaurants und ein Supermarkt.

Sogo WARENHAUS
(Karte S. 62; ☎ 0361-769555; Jl Kartika Plaza, Discovery Mall; ⊙ 10–22 Uhr) Dieses schicke japanische Warenhaus genießt geradezu internationalen Kultstatus.

Discovery Mall EINKAUFSZENTRUM
(Karte S. 62; ☎ 0361-755 522; www.discoveryshoppingmall.com; Jl Kartika Plaza; ⊙ 9–21 Uhr) Die

ebenso wuchtige wie beliebte geschlossene Einkaufsmeile in Tuban besetzt einen erheblichen Teil des Uferstreifens. Das Gebäude ragt auf das Wasser hinaus und steckt voller Läden aller Art, darunter das große Warenhaus Centro und das trendige Sogo.

Carrefour EINKAUFSZENTRUM
(Karte S. 58; ☎ 0361-847 7222; Jl Sunset; ⌚ 8–22 Uhr) Die große Filiale der französischen Discount-Kette vereint viele kleine Läden (für Bücher, Computer, Bikinis usw.) mit einem riesigen Supermarkt. Hier kann man sich mit Grundnahrungsmitteln eindecken, außerdem gibt es eine große Abteilung mit Fertiggerichten und einen Food Court. Die Kehrseite lässt sich nicht leugnen: Es ist ein Einkaufszentrum.

Mal Bali Galeria EINKAUFSZENTRUM
(Karte S. 58; ☎ 0361-758875; www.malbaligaleria.co.id; Jl Ngurah Rai) Riesige, wenig anregende Mall an der Baustelle der verkehrsreichen Umgehungsstraße. Das Duty-free-Warenhaus ist vor allem bei Reisegruppen ganz groß im Geschäft.

ℹ Praktische Informationen

GEFAHREN & ÄRGERNISSE

Die Straßen und Gassen sind normalerweise sicher, aber es gibt viele Ärgernisse. Schlepper bieten Prostituierte, Viagra und Ähnliches an. Außerdem klingen bald die Ohren von den unablässigen Rufen „Massage?" und anderen dubiosen Angeboten. Das größte Ärgernis ist aber wohl der ständige Verkehrsstau.

GELD

Central Kuta Money Exchange (☎ 0361-762970; www.centralkutabali.com; Jl Raya Kuta 168; ⌚ 8–18 Uhr) Die vertrauenswürdige Wechselstube handelt mit zahlreichen Währungen. Sie hat viele Filialen, darunter eine in **Legian** (Jl Melasti; ⌚ 8.30–21 Uhr), und Schalter in einigen Circle-K-Lebensmittelläden.

MEDIZINISCHE VERSORGUNG

BIMC (pwww.bimcbali.com; ☎ 0361-300 0911, 0361-761263; Jl Ngurah Rai 100X; ⌚ 24 Std.) An der Umgehungsstraße östlich von Kuta unweit des Einkaufszentrums Bali Galeria. Die moderne Klinik unter australischer Leitung führt Untersuchungen durch, macht Hotelbesuche und organisiert Rücktransporte aus medizinischen Gründen. Ein Besuch kann 100 US$ oder mehr kosten. In Nusa Dua gibt es eine weitere Niederlassung.

Kimia Farma (☎ 0361-755622; Jl Pantai Kuta 102; ⌚ 24hr) Die Filiale der lokalen Apothekenkette ist gut sortiert und führt auch Dinge, die schwer zu bekommen sind, wie das Mittel gegen lästige Partygänger am frühen Morgen: Ohrstöpsel. Weitere Filialen sind in **Tuban** (☎ 0361-757472; Jl Raya Kuta; ⌚ 24 Std.) und **Legian** (☎ 0361-734970; Jl Legian 504; ⌚ 24 Std.) vorhanden.

POLIZEI

Polizeiwache (☎ 0361-751598; Jl Raya Kuta; ⌚ 24 Std.) Nach der Touristenpolizei fragen.

Touristenpolizeiwache (☎ 0361-784 5988; Jl Pantai Kuta; ⌚ 24 Std.) Dies ist eine Außenstelle der Hauptwache in Denpasar. Sie liegt direkt gegenüber dem Strand; mit ihrem Auftreten wirken die Beamten wie eine Art balinesisches Baywatch.

POST

Agenturen, die Post verschicken, sind weit verbreitet.

Hauptpost (☎ 0361-754012; Jl Selamet; ⌚ Mo–Do 7–14, Fr bis 11, Sa bis13 Uhr) Das kleine, effiziente Postamt an einer kleinen Straße östlich der Jalan Raya Kuta hat Erfahrung mit dem Verschicken großer Pakete

REISEBÜROS

Hanafi (www.hanafi.net; ☎ 0821 4538 9646; Jl Pantai Kuta) Der legendäre Tourführer hat seine Basis in Kuta. Passgenaue Ausflüge jeder Art, egal ob für Familien oder Paare. Schwulenfreundlich ist er auch.

TOURISTENINFORMATION

Es gibt keine offizielle Touristeninformation, die irgendwie von Nutzen wäre. Läden, die sich als „Touristeninformationszentrum" anpreisen, sind normalerweise kommerzielle Reisebüros oder, schlimmer noch, Agenturen zur Vermittlung von „Ferienwohnungen mit Teilnutzungsrecht".

ℹ An- & Weiterreise

BEMO

Bemos (Minibusse als Sammeltaxis) verkehren regelmäßig zwischen Kuta und dem Tegal-Terminal in Denpasar – der Fahrpreis beträgt etwa 8000 Rp. Die Route beginnt an der Jalan Raya Kuta kurz vor der Kreuzung mit Jalan Pantai Kuta, macht eine Schleife am Strand vorbei, verläuft auf der Jalan Melasti und zurück vorbei an Bemo Corner zur Rückfahrt nach Denpasar.

Es gibt eine **Bemo-Haltestelle** (nahe Jl Raya Kuta) für einen unregelmäßigen Busdienst zwischen Kuta und Tuban.

BUS

Für die öffentlichen Busse zu allen Zielen auf Bali müssen Traveller zuerst zum entsprechenden Terminal in Denpasar fahren. Für die Touristen-Shuttles wird an den Straßen in großem Stil geworben.

Perama (☎ 0361-751551; www.peramatour.com; Jl Legian 39; ⏲7–22 Uhr) ist der wichtigste Shuttlebus-Betreiber vor Ort; für einen Aufschlag von 10 000 Rp werden Passagiere vom Hotel abgeholt bzw. dort hingebracht (das sollte man bei der Buchung mit den Mitarbeitern vereinbaren). Normalerweise gibt es täglich mindestens eine Busverbindung zu den fahrplanmäßigen Zielen, darunter Lovina (100 000 Rp, 4½ Std.), Padangbai (60 000 Rp, 3 Std.) und Ubud (50 000 Rp, 1½ Std.).

Trans-Sarbagita (S. 452), Balis im Entstehen begriffener öffentlicher Busverkehr, bedient zwei Routen, die auf dem zentralen Parkplatz direkt südlich der Istana Kuta Galleria aufeinandertreffen. Zu den Ziele gehören u. a. Denpasar, Sanur, Jimbaran und Nusa Dua.

Kuta ist ein Knotenpunkt des äußerst nützlichen Kura-Kura-Touristenbusdienstes (S. 452).

SCHIFF

Pelni Ticket-Büro (www.pelni.co.id; ☎ 0361-763963; Jl Raya Kuta 299; ⏲Mo–Fr 8–12 & 13–16, Sa 8–13 Uhr) Hier gibt es Fahrpläne und Fahrkarten für die nationale Schiffslinie.

Unterwegs vor Ort

Das Anstrengendste am Unterwegssein in Südbali ist der Verkehr. Ansonsten geht alles: Taxi nutzen, Motorrad, oft mit einem Gestell fürs Surfbrett, oder Fahrrad mieten – einfach in der Unterkunft nachfragen. Eine der schönsten Arten, in dem Gebiet vorwärtszukommen, ist zu Fuß am Strand entlang.

TAXI

Angesichts des Verkehrs kann eine Fahrt nach Seminyak mehr als 80 000 Rp kosten und länger als 30 Minuten dauern; zu Fuß über den Strand geht es schneller.

ZUM/VOM FLUGHAFEN

Ein offizielles Taxi des Flughafen-Monopols kostet bis Tuban 55 000 Rp, nach Kuta 80 000 Rp und nach Legian 95 000 Rp. Für die Fahrt zum Flughafen empfiehlt sich aus Kostengründen ein Taxi mit Taxameter.

Seminyak

Seminyak ist luxuriös, aufdringlich und wirkt, wenn man so will, ein wenig künstlich. Es ist außerdem der Lebensmittelpunkt von zahlreichen Ausländern, die auf der Insel wohnen – viele von ihnen besitzen Boutiquen, entwerfen Kleidung, surfen oder gehen allem Anschein nach keinerlei Beschäftigung nach. Obwohl Seminyak direkt nördlich an Kuta und Legian grenzt, wirkt es in vielerlei Hinsicht wie eine Ortschaft auf einer ganz anderen Insel. Das liegt nicht zuletzt an seinem vagen Stilempfinden.

Seminyak erscheint sehr dynamisch mit Dutzenden Restaurants und Clubs und einer Vielzahl an Kreativen, Designerläden und Galerien. Weltklasse-Hotels säumen den Strand – und was für einen Strand! Er ist so breit und sandig wie der in Kuta, aber deutlich weniger bevölkert.

Seminyak geht nahtlos in das weiter nördlich gelegene Kerobokan über – tatsächlich ist die genaue Grenzlinie zwischen beiden Orten genauso unklar wie die meisten anderen geografischen Details auf Bali. Man kann ohne Weiteres den ganzen Urlaub in Seminyak verbringen.

Strände

Kuta Beach wird übergangslos zu Legian und dann zu Seminyak. Weil er nur begrenzt über Straßen zugänglich ist, ist am Strand in Seminyak meist weniger los als in Kuta. Das bedeutet auch, dass die Strände weniger gut überwacht werden und die Wasserqualität seltener geprüft wird. Die Gefahr riskanter Brandungsrückströmungen ist immer gegeben, besonders in Richtung Norden.

★ Seminyak Beach — STRAND

Eine Liege und ein eiskaltes Bintang bei Sonnenuntergang am Strand – das ist pure Magie. Ein wunderschöner Strandabschnitt befindet sich unweit des Pura Petitenget: hier ist es meist weniger bevölkert als weiter südlich in Kuta.

Sehenswertes

Seminyaks Sehenswürdigkeiten haben ganz überwiegend mit Konsum zu tun. Nach dem Strand und seinen Tempeln kann es sehr lohnend – und sehr unterhaltsam – sein, einfach durch die Haupteinkaufsstraßen zu schlendern und eine Pause einzulegen, um die Leute zu beobachten.

Pura Petitenget — HINDUTEMPEL

(Karte S. 84; Jl Petitenget) Nördlich der Hotels an Jalan Pantai Kaya Aya und gegenüber vom Strand steht Pura Petitenget, ein bedeutender Tempel, an dem zahlreiche religiöse Zeremonien abgehalten werden. Er gehört zu einer Kette von Meerestempeln, die sich vom Pura Luhur Ulu Watu auf der Halbinsel Bukit nach Norden bis Pura Tanah Lot in Westbali hinzieht.

Petitenget heißt frei übersetzt „magischer Kasten"; es ist der liebevoll gehütete Besitz des legendären Priesters Nirartha aus dem

16. Jh., der die balinesische Religion weiterentwickelt haben soll und diesen Ort häufig aufgesucht hat.

Der Tempel ist berühmt für seine Jahresfeiern im balinesischen 210-Tage-Kalender. Er steht direkt neben dem Pura Masceti.

Pura Masceti HINDUTEMPEL
(Jl Petitenget) In diesem Tempel beten Bauern für ein Ende der Rattenplage, und umsichtige Bauunternehmer bitten mit Opfergaben um Vergebung, bevor sie eine weitere Villa in die Reisfelder setzen.

Aktivitäten

Die Spas in Seminyak (und die in Kerobokan) zählen wohl zu den besten auf Bali und bieten eine riesige Palette an Behandlungen, Therapien und Annehmlichkeiten.

★ **Jari Menari** SPA
(☎0361-736740; www.jarimenari.com; Jl Raya Basangkasa 47; Behandlungen ab 385 000 Rp; ⏲9–21 Uhr) Jari Menari wird seinem Namen vollauf gerecht – er bedeutet „tanzende Finger“: Der Körper wird sozusagen zu einer einzigen glücklichen „Tanzfläche“, denn das durchweg männliche Personal setzt ausgeprägt rhythmische Massagetechniken ein. Zudem wird auch Unterricht im Massieren (ab 170 US$) angeboten.

Prana SPA
(☎0361-730840; www.pranaspabali.com; Jl Kunti 118X; Massagen 1 Std. ab 510 000 Rp; ⏲9–22 Uhr) Als palastartige maurische Fantasie kommt das wohl am prächtigsten eingerichtete Spa auf Bali daher. Das Prana bietet alles von der einfachen einstündigen Massage bis zur Gesichtspflege und allen möglichen Schönheitsbehandlungen.

Bodyworks SPA
(☎0361-733317; www.bodyworksbali.com; Jl Kayu Jati 2; Massage ab 295 000 Rp; ⏲9–22 Uhr) Wachsbehandlung, die Haare frisieren, die Wehwehchen aus den Gelenken reiben – all das und mehr steht auf der Angebotsliste dieses äußerst populären Wellnesscenters im Herzen von Seminyak.

Chill SPA
(☎0361-734701; www.chillreflexology.com; Jl Kunti; Behandlungen pro Std. ab 225 000 Rp; ⏲10–22 Uhr) Der Name sagt alles: Dieser Zen-Ort hat sich der Reflexzonenmassage verschrieben; zu den Angeboten gehört auch eine Ganzkörper-Druckpunktmassage.

Seminyak Yoga Shala YOGA
(☎0361-730498; www.seminyakyogashala.com; Jl Basangkasa; Unterricht ab 120 000 Rp) In dem schnörkellosen Yogastudio gibt es täglich Unterricht in verschiedenen Stilrichtungen, darunter Ashtanga, Mysore und Yinyang.

Surf Goddess SURFEN
(☎0858 997 0808; www.surfgoddessretreats.com; Wochenpaket mit Zi. ab 3000 US$) Surf-Urlaub für Frauen einschließlich Unterricht, Yoga, Mahlzeiten und Unterkunft in einem schicken Gästehaus, das sich in den Gassen von Seminyak befindet.

Deluta Surf SURFEN
(Jl Petitenget 40X; Surfboardmiete ab 150 000 Rp pro Tag; ⏲9–19 Uhr) Der Laden liegt unweit von Seminyak Beach und verleiht Boards und Surferausrüstung.

Kurse

Sate Bali KOCHEN
(☎0361-736734; Jl Kayu Aya 22; Kurse ab 400 000 Rp; ⏲9.30–13.30 Uhr) Das Restaurant Sate Bali veranstaltet einen ausgezeichneten balinesischen Kochkurs. Die Teilnehmer lernen, balinesische Gewürzmischungen und Sambals zuzubereiten, die dann für leckere Gerichte mit Ente, Fisch und Schweinefleisch verwendet werden.

Schlafen

Seminyak besitzt ein breites Angebot an Unterkünften, von Weltklasse-Resorts am Strand bis zu bescheidenen Hotels, die versteckt in den kleineren Gassen liegen. Hier beginnt außerdem das sogenannte Villenland, das sich nordwärts durch die schwindenden Reisfelder bis nach Canggu hinzieht. Für viele Leute ist eine private Villa mit dazugehörigem Swimmingpool ein wahr gewordener Urlaubstraum.

Überall im Süden Balis sind Hotelketten der Mittelklasse beinahe wie Pilze aus dem Boden geschossen. Sie versuchen ihre Attraktivität dadurch zu erhöhen, dass sie ihrem Namen den vermeintlich attraktiven Zusatz „Seminyak“ verpassen, selbst wenn sie fast schon so weit davon entfernt liegen wie Denpasar.

Jalan Camplung Tanduk & Umgebung

Raja Gardens GUESTHOUSE $
(☎0361-730494; www.jdw757.wixsite.com/rajagardens; bei Jl Camplung Tanduk; Zi. mit Ventilator/

Seminyak & Kerobokan

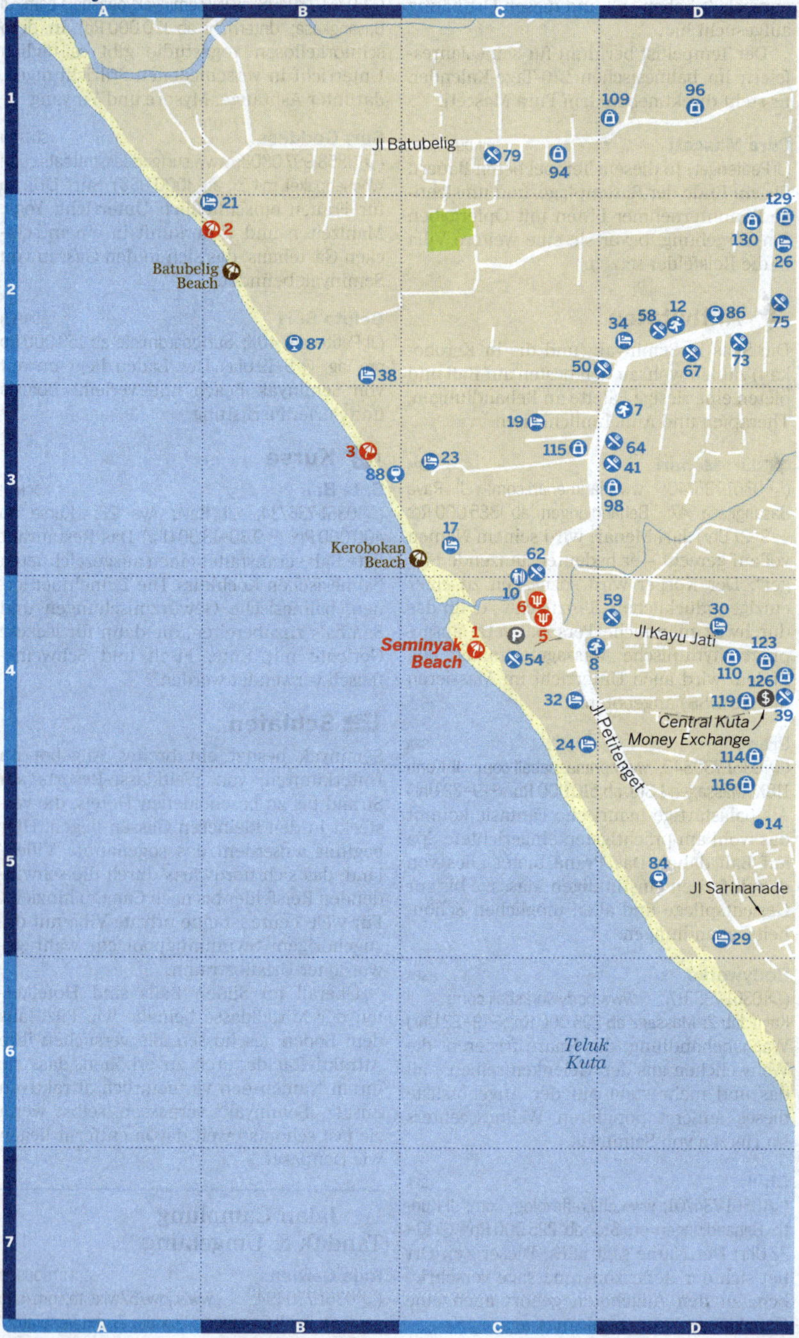

0 500 m
E F G H
1 2 3 4 5 6 7
Central Kuta Money Exchange
Jl Gunung Tangkuban Perahu
Sari Kembar (650 m); Blambangan Warung Syariah (1 km)
Jl Petitenget
KEROBOKAN
Jl Raya Kerobokan
Jl Raya Mertanadi
Bali Bike Rental
Jl Pangkung Sari
Kimia Farma
ChannelOne
My Basket Bali (700 m); Rainbow Tulungagung (700 m); Yoga Batik (700 m); Victory Art (1 km)
Jl Braban
Jl Sunset
Jl Kayu Aya (Jl Laksmana & Jl Oberoi)
Jl Basangkasa
SEMINYAK
Jl Sarinanade
Jl Kunti
Jl Drupadi
Jl Sarinande
Jl Plawa
Jl Camplung Tanduk (Jl Dhyana Pura & Jl Abimanyu)
Jl Raya Seminyak
Seminyak Beach
s. Karte Kuta & Legian (S. 58)

Seminyak & Kerobokan

Klimaanlage ab 400 000/600 000 Rp; ❄📶🏊) Dieses altmodische Gästehaus, das im Jahr 1980 eröffnet wurde, befindet sich auf einem weitläufigen, grasbewachsenen Gelände mit Obstbäumen und liegt sehr ruhig, beinahe am Strand.

Die acht Zimmer sind zwar ziemlich spartanisch eingerichtet, aber dafür gibt es Open-Air-Bäder und reichlich Topfpflanzen. Der große Swimmingpool ist ein netter Fleck zum Faulenzen – und überhaupt ist es ein freundlicher Ort.

Inada Losmen GUESTHOUSE **$**

(☎0361-732269; putuinada@hotmail.com; Gang Bima 9; EZ/DZ ab 150 000/180 000Rp) Dieses besonders günstige Gästehaus ist ziemlich versteckt gelegen in einer Gasse hinter dem Bintang-Supermarkt, nur wenige Schritte von Clubs, Strand und anderen Seminyak-Vergnügen entfernt. Die zwölf Zimmer sind klein und recht dunkel.

Ned's Hide-Away GUESTHOUSE **$**

(☎0361-731270; waynekelly1978@gmail.com; Gang Bima 3; Zi. mit Ventilator/Klimaanlage ab 180 000/300 000 Rp; ❄📶) Auch wenn die Standards etwas gesunken sind, bleibt das Ned's eine gute und günstige Unterkunft mit 16 Zimmern; einige sind sehr schlicht, andere etwas vornehmer. WLAN steht nur an der Rezeption zur Verfügung.

Sarinande Beach Inn HOTEL **$$**

(☎0361-730383; www.sarinandehotel.com; Jl Sarinande 15; Zi. inkl. Frühstück 550 000–800 000Rp; ❄📶🏊) Die 26 Zimmer mit ausgezeichnetem Preis-Leistungs-Verhältnis liegen in

69 Taco Beach Grill H6
70 Ultimo E4
71 Wacko Burger F6
72 Warung Aneka Rasa F4
73 Warung Eny D2
74 Warung Ibu Made G4
75 Warung Kolega D2
76 Warung Sobat G1
77 Warung Sulawesi E2
78 Warung Taman Bambu H6
79 Watercress C1

Ausgehen & Nachtleben

Anomali Coffee .... (s. 45)
80 Bali Joe F6
81 Bottoms Up F6
82 Champlung Bar E7
83 Koh G6
84 Ku De Ta D5
85 La Favela F4
86 Mirror D2
87 Pantai B2
88 Potato Head B3
89 Red Carpet Champagne Bar F4
90 Revolver E4
91 Ryoshi Seminyak House of Jazz G7
92 Zappaz E4

Unterhaltung

Upstairs Lounge Cinema Club .... (s. 46)

Shoppen

93 Ashitaba G5
94 Ayun Tailor C1
95 Bamboo Blonde F4
96 Bathe D1
97 Biasa G7
98 Carga D3
99 Cotton Line by St Isador F4
100 Divine Diva F4
101 Domicil G6
102 Drifter Surf Shop E4
103 Duzty G6
104 Geneva Handicraft Centre F3
105 Hobo F3
106 Indivie G6
107 JJ Bali Button G1
108 Kendra Gallery F5
109 Kevala Home D1
110 Kody & Ko D4
Lily Jean .... (s. 126)
111 Lucy's Batik G4
112 Lulu Yasmine F4
113 Mercredi F1
114 Milo's D4
115 Namu C3
116 Niconico D5
117 Nôblis G3
118 Paul Ropp F4
119 Periplus Bookshop D4
120 Pourquoi Pas G4
121 Prisoners of St Petersburg F4
122 Purpa Fine Art Gallery G4
Quarzia Boutique .... (s. 114)
123 Samantha Robinson D4
124 Samsara G5
125 Sandio G4
126 Seminyak Village D4
127 Souq G4
Thaikila .... (s. 118)
128 Theatre Art Gallery G6
129 Tribali D2
130 Tulola D2
Uma & Leopold .... (s. 47)
White Peacock .... (s. 126)
131 You Like Lamp G3

älteren zweigeschossigen Gebäuden rund um einen kleinen Pool. Die Ausstattung ist ein bisschen altmodisch, aber in gutem Zustand. Zu den Annehmlichkeiten zählen Kühlschränke, Satelliten-TV und DVD-Player – und es gibt ein Café. Der Strand ist zu Fuß in drei Minuten zu erreichen.

Villa Kresna BOUTIQUEHOTEL **$$**

(☎ 0361-730317; www.villakresna.com; Jl Sarinande 17; Zi./Villa ab 690 000/920 000 Rp; ❄📶🏊) Nur 50 m sind es von diesem schnuckeligen, eigenwilligen Anwesen, das versteckt an einer kleinen Gasse liegt, bis zum Strand. Die 22 mit Kunstwerken eingerichteten Wohneinheiten sind überwiegend Suiten; sie haben ein hübsches Design mit öffentlich und privaten Innenhöfen. Ein kleiner, kurviger Pool zieht sich durch das Gelände.

Villa Karisa HOTEL **$$$**

(☎ 0361-739395; www.villakarisabali.com; Jl Drupadi 100X; Zi. 1 250 000–2 500 000 Rp; ❄📶🏊) Hierherzukommen ist wie ein Besuch bei netten Freunden, wie man sie gern auf Bali hätte. Die große Herberge im Villenstil liegt ideal an einer kleinen Gasse unweit der belebten Jalan Drupadi und besitzt eine Reihe von Zimmern voller Antiquitäten und vielen Bequemlichkeiten. Die Gäste begegnen sich im Gemeinschaftsraum oder rund um den luxuriösen 12 m großen Swimmingpool. Das Shiva-Zimmer ist im traditionellen javanischen Stil eingerichtet.

Luna2 Studiotel BOUTIQUEHOTEL **$$$**

(☎ 0361-730402; www.luna2.com; Jl Sarinande 20; Zi. inkl. Frühstück 280–450 US$; ❄📶🏊) Ist es Mondrian? Ist es Roy Lichtenstein?

Schwer zu sagen, welche modernen Künstler die Inspiration für dieses spektakuläre Hotel lieferten. Das Ergebnis ist jedenfalls verblüffend. Die 14 verwegen gestalteten Studio-Apartments verfügen über Küchen, technische Spielereien, Balkons und Zugang zur Dachterrassenbar mit Meerblick. Ein Kino mit 16 Plätzen zeigt Filme, und der Swimmingpool ist ganze 25 m lang.

Jalan Kayu Aya & Umgebung

Mutiara Bali HOTEL $$

(☎0361-734966; www.mutiarabali.com; Jl Braban 77; Zi./Villa ab 860 000/2 100 000 Rp; ❄☁≈) Die 17 separaten Villen bieten ein gutes Preis-Leistungs-Verhältnis an; jede verfügt über einen offenen Lounge-Bereich, der sich zu einem eigenen Tauchpool hin öffnet. Die Hotelzimmer besitzen alle die üblichen Annehmlichkeiten und auch große Balkone zum Faulenzen.

Casa Artista GUESTHOUSE $$

(☎0361-736749; www.casaartistabali.com; Jl Sari Dewi 17; Zi. inkl. Frühstück 750 000–1 400 000 Rp; ❄☁≈) In diesem kultivierten Gästehaus kann man buchstäblich vor Freude tanzen, denn der Besitzer, ein professioneller Tangotänzer, gibt auch Unterricht. Die acht kompakten Zimmer mit Namen wie „Leidenschaft“ und „Inspiration“ sind in einem eleganten zweistöckigen Haus an einem Swimmingpool untergebracht. In einigen hängen Kristallleuchter; das Frühstück wird im eigenen Patio serviert.

SEMINYAKS GEWUNDENES RÜCKGRAT

Das Herz von Seminyak schlägt entlang der gewundenen Jalan Kayu Aya (alias Jl Oberoi/Jl Laksmana). Sie führt von der belebten Jalan Basangkasa in Richtung Strand und biegt dann nach Norden ab, um als Jalan Petitenget einen Teil von Seminyak zu durchqueren. Unzählige Restaurants, hochpreisige Boutiquen und Hotels säumen die Straße, während sie sich durch Seminyak und weiter nach Kerobokan hindurchschlängelt. Dank der mittlerweile vorhandenen Gehwege sind Schaufensterbummel und ein Spaziergang von Café zu Café sehr viel angenehmer geworden. Jetzt sind es die im Verkehr feststeckenden Autofahrer, die vor Zorn rauchen.

★ Oberoi HOTEL $$$

(☎0361-730361; www.oberoihotels.com; Jl Kayu Aya; Zi. inkl. Frühstück ab 4 400 000 Rp; ❄@☁≈) Das wunderbar unaufdringliche Oberoi bietet seit dem Jahr 1971 einen Rückzugsort in Strandnähe und präsentiert sich im raffinierten balinesischen Stil. Sämtliche Unterkünfte verfügen über eigene Veranden, und wer es sich leisten kann, genießt Extras wie eine ummauerte Villa, Meerblick und eigenen Swimmingpool. Alles – vom Café mit Blick über den quasi hauseigenen Strandabschnitt bis hin zu den zahlreichen luxuriösen Details – lädt zum wunderbaren Verweilen ein.

★ Samaya VILLA $$$

(☎0361-731149; www.thesamayabali.com; Jl Kayu Aya; Villa ab 625 US$; ❄☁≈) Zurückhaltend, aber sehr kultiviert: Das Samaya zählt in Südbali zu den besten Unterkünften direkt am Strand. Es vermietet insgesamt 52 Villen in einem luxuriösen modernen Stil, jede verfügt über einen eigenen Swimmingpool. Manche Wohneinheiten befinden sich auf einem Grundstück, das weiter vom Wasser entfernt liegt. Das Essen ist, beim Frühstück angefangen, hervorragend.

Legian HOTEL $$$

(☎0361-730622; www.ghmhotels.com; Jl Pantai Kaya Aya; Suite/Villa inkl. Frühstück ab 6 900 000/11 600 000 Rp; ❄@☁≈) Das Legian ist grell und protzig – einer der Gründe, warum Leute, die im eigenen Jet nach Bali einfliegen, so gerne hier absteigen. Alle 79 Zimmer werden als Suiten bezeichnet, selbst wenn es sich hierbei lediglich um große Zimmer handelt („Studios“ genannt). Das Hotelgebäude befindet sich auf einem kleinen Steilhang direkt am Strand und bietet einen entsprechend schönen Panoramablick. In der Ausstattung mischen sich traditionelle Materialen mit modernem Flair.

Pradha Villas VILA $$$

(☎0361-735446; www.pradhavillas.com; Jl Kayu Jati 5; Villa ab 3 100 000 Rp; ❄☁≈) Ground Zero für Seminyak: Die elf Villen liegen nur wenige Gehminuten von einigen der besten Restaurants und vom Strand entfernt. Die Einheiten variieren in der Größe, jede hat aber einen eigenen ummauerten Bereich mit einem Swimmingpool. Whirlpools sorgen für einen besonders romantischen Touch; nach dem Aufwachen wartet ein Frühstück, das die liebenswürdigen Mitarbeiter genau nach Wunsch zubereiten.

Essen

Die Restaurantszene in Seminyak konzentriert sich auf die Jalan Kayu Aya, darüber hinaus gibt es praktisch überall Lokale für jeden Geldbeutel. Manche Restaurants verwandeln sich im Laufe des Abends in Clubs. Umgekehrt haben einige Bars und Clubs auch gutes Essen anzubieten. Abgesehen davon ist man in Seminyak nie weit von einem wohlschmeckenden Kaffee entfernt, denn der Ort besitzt eine blühende Café-Kultur.

Jalan Camplung Tanduk & Umgebung

Kreol Kitchen MODERNE AUSTRALISCHE KÜCHE $$
(☎0361-738514; www.kreolkitchen.com; Jl Drupadi 56; Hauptgerichte ab 60 000 Rp; ⏲8–22 Uhr) Pralinen sind hier nicht zu finden, dafür aber moderne australische Gerichte aus balinesischen Zutaten. Dabei entsteht eine Mischung aus asiatischen und westlichen Geschmacksrichtungen mit Tages- und Saisonspezialitäten. Die Dim Sum im Melbourne-Stil sind ebenso wie die herzhaften Pasteten und die südasiatischen Hauptgerichte ein Hit. Das Lokal ist liebevoll retromäßig eingerichtet; den Blick auf das scheußliche Harris Hotel gegenüber sollte man meiden.

Jalan Raya Seminyak & Jalan Basangkasa

Warung Taman Bambu BALINESISCH $
(☎0361-888 1567; Jl Plawa 10; Hauptgerichte ab 25 000 Rp; ⏲9–22 Uhr; 📶) Der klassische Warung erscheint von der Straße aus sehr schlicht, aber die gemütlichen Tische und die vielen frischen und gut gewürzten Gerichte sorgen dafür, dass er überdurchschnittlich abschneidet. Gleich rechts daneben gibt es einen kleinen Stand mit *babi guling* (Spanferkel).

Warung Ibu Made INDONESISCH $
(Jl Basangkasa; Hauptgerichte ab 15 000 Rp; ⏲7–19 Uhr) An dieser belebten Ecke der Jalan Raya Seminyak sind die Woks mitten im Getümmel von morgens bis abends fast pausenlos im Einsatz. Im Schatten eines riesigen Banyanbaums wird hier an mehreren Ständen Essen frisch zubereitet. Für eine Erfrischung sorgt der Saft junger Kokosnüsse.

Bintang Supermarket SUPERMARKT $
(☎0361-730552; Jl Raya Seminyak 17; ⏲8–22.30 Uhr) In diesem großen Supermarkt ist immer was los. Besonders beliebt ist der Lebensmittelladen bei auf Bali lebenden Ausländern, die die günstigen Preise und die breite Auswahl an Lebensmitteln, darunter gutes Obst und Gemüse, zu schätzen wissen. Sonnencreme, Insektenspray und anderes sind hier ebenfalls günstig zu haben.

Café Moka CAFÉ $
(☎0361-731424; www.cafemokabali.com; Jl Basangkasa; Backwaren 15 000–35 000 Rp; ⏲7–22 Uhr; ❄) In der beliebten Bäckerei mit Café können die Gäste Backwaren im französischen Stil (frisches Baguette!) genießen. Viele entfliehen der Hitze und vertreiben sich hier stundenlang bei kleinen französischen Leckereien die Zeit. Das Schwarze Brett quillt über von Mietangeboten für Villen.

Café Seminyak CAFÉ $
(☎0361-736967; Jl Raya Seminyak 17; Hauptgerichte 40 000–70 000 Rp; ⏲7–22 Uhr) Direkt vor dem belebten Bintang-Supermarkt bietet dieser herrlich entspannte Laden ausgezeichnete Smoothies und Sandwiches aus frisch gebackenem Brot.

Mama San FUSIONSKÜCHE $$
(☎0361-730436; www.mamasanbali.com; Jl Raya Kerobokan 135; Hauptgerichte 90 000–200 000 Rp; ⏲12–15 & 18.30–23 Uhr; ❄📶) Das stilvolle Lokal im Lagerhaus-Format, eins der beliebtesten Restaurants in Seminyak, erstreckt sich über mehrere Ebenen; an den unverputzten Ziegelwänden hängen Fotos. Die Speisekarte hat ihren Schwerpunkt bei kreativen Gerichten aus ganz Südostasien. Eine lange Cocktail-Karte liefert flüssigen Balsam für die Mojito-Freunde und listet viele Zutaten mit tropischen Aromen auf.

Fat Gajah ASIATISCH $$
(☎0851 0168 8212; www.fatgajah.com; Jl Basangkasa 21; Teigtaschen 52 000–110 000Rp; ⏲11–22.30 Uhr; 📶) Im Fat Gajah dreht sich alles um Teigtaschen und Nudeln, die vorwiegend aus Bio-Zutaten zubereitet werden. Es gibt sie gebraten oder gedämpft mit innovativen Füllungen wie Rindfleisch-Rendang, Black Pepper Crab, *Kimchi*-Tunfisch oder Lamm mit Zitronengras. Außerdem gibt es eine Auswahl an kleinen asiatischen Gerichten. Der zusätzliche Speisesaal ist sehr attraktiv.

Rolling Fork ITALIENISCH $$
(☎0361-733 9633; Jl Kunti 1; Hauptgerichte ab 80 000 Rp; ⏲8.30–23 Uhr; 📶) Die winzige Trattoria im Gnocchi-Format serviert ausgezeichnete italienische Küche. Zum Frühstück gibt es fantastische Backwaren und

ausgezeichneten Kaffee. Mittags und abends kommen leckere authentische Pastagerichte, Salate, Fisch und Meeresfrüchte und mehr auf den Tisch. Der Speisesaal im Freien besitzt einen entzückenden Retro-Charme; die italienischen Besitzer setzen hierbei genau den richtigen Akzent.

Divine Earth VEGAN $$
(☎0361-731964; www.divineearthbali.com; Jl Raya Basangkasa 1200A; Hauptgerichte 50 000–140 000 Rp; ⏲7–23 Uhr; ❄📶✍) 🌿 Das vegetarische Bio-Restaurant, ein Ableger des vielgeliebten Earth Cafe (S. 91), bietet auch leckeres veganes Essen und Rohkost an. Bekannter ist es vielleicht für seinen Upstairs Lounge Cinema Club (S. 93); dort können die Gäste selbst Essen und Getränke mitbringen und sich Klassiker, Arthouse- und Dokumentarfilme ansehen.

Corner House CAFÉ $$
(☎0361-730276; www.cornerhousebali.com; Jl Laksmana 10A; Gerichte 35 000–125 000 Rp; ⏲7–23 Uhr; 📶) Mit glatten Betonböden, nackten Glühbirnen, abgeschabten Wänden und Mobiliar im Vintage-Stil ist das höhlenartige Café fast ein Seminyak-Klischee. Das Corner House ist ein beliebtes Lokal zum Brunchen, außerdem gibt es hier fantastischen Kaffee, großes Frühstück, hausgemachte Wurst im Blätterteig und Steak-Sandwiches. Zum Haus gehören auch ein kleiner schattiger Hof und ein herrlich entspannter, luftiger Essbereich im Obergeschoss.

Mannekepis BELGISCH $$
(☎0361-847 5784; Jl Raya Seminyak 2; Hauptgerichte 50 000–150 000 Rp; ⏲10–24 Uhr; 📶) Das Brüsseler Wahrzeichen im Kleinformat geht vor diesem leckeren belgischen Bistro pausenlos seiner Lieblingsbeschäftigung nach. Irgendwann muss jeder mal den Blick von den Fischen, die im Deckenaquarium herumschwimmen, abwenden und die Auswahl an ausgezeichneten Steaks begutachten, die alle mit spitzenmäßigen Pommes frites serviert werden. Auf der Terrasse im Obergeschoss sitzt man weitab vom Tollhaus auf der Straße. An vielen Abenden treten Jazz- und Bluesmusiker auf.

Taco Beach Grill MEXIKANISCH $$
(☎0361-854 6262; www.tacobeachgrill.com; Jl Kunti 6; Hauptgerichte 50 000–80 000 Rp; ⏲10–23 Uhr; 📶) Das entspannte Café mit

VERWIRRENDE STRASSENNAMEN

Eine kleine Gasse wird hier *gang* genannt, und die meisten dieser Gassen auf Bali besitzen kein Straßenschild und oft nicht einmal einen Namen. Einige werden mit dem Namen einer angrenzenden Straße bezeichnet, Jalan Padma Utara ist beispielsweise die Gasse, die von der Jalan Padma nach Norden führt.

Gleichzeitig haben einige Straßen in Kuta, Legian und Seminyak mehr als einen Namen. Viele Straßen sind inoffiziell nach einen bekannten Tempel und/oder Firmensitz benannt. In den letzten Jahren wurde versucht, den Straßen offizielle – und meist typisch balinesische – Namen zu geben. Aber die alten inoffiziellen Namen, von denen einige Straßen sogar mehrere haben, sind noch allgemein verbreitet.

Im Folgenden sind die alten (inoffiziellen) und die derzeit amtlichen Namen von Norden nach Süden aufgelistet:

ALT (INOFFIZIELL)	AKTUELL (OFFIZIELL)
Jl Oberoi/Jl Laksmana	Jl Kayu Aya
Jl Raya Seminyak	nördlicher Teil: Jl Basangkasa
Jl Dhyana Pura/Jl Abimanyu	Jl Camplung Tanduk
Jl Double Six	Jl Arjuna
Jl Pura Bagus Taruna	Jl Werkudara
Jl Padma	Jl Yudistra
Poppies Gang II	Jl Batu Bolong
Jl Pantai Kuta	Jl Pantai Banjar Pande Mas
Jl Kartika Plaza	Jl Dewi Sartika
Jl Segara	Jl Jenggala
Jl Satria	Jl Kediri

offener Fassade ist so munter wie eine mit Chili gewürzte Salsa und berühmt für seine *Babi-guling*-Tacos. Offensichtlich ist es eine gute Idee, Balis berühmte Spanferkel mit mexikanischen Aromen zu vereinen. Auf die Gäste warten die üblichen mexikanischen Standardgerichte sowie gute Säfte, Smoothies und Margaritas.

Jalan Kayu Aya

Warung Aneka Rasa INDONESISCH $
(Jl Kayu Aya; Mahlzeiten ab 20 000 Rp; 7–19 Uhr) Im Herzen von Seminyaks anspruchsvoller Einkaufsmeile bleibt dieser bescheidene Warung auf dem Boden der Tatsachen. In dem einladenden Café mit offener Front werden alle indonesischen Klassiker zubereitet. Es ist ein Zufluchtsort vom Trubel.

Bali Bakery CAFE $
(0361-738033; www.balibakery.com; Jl Kayu Aya; Hauptgerichte 40 000–70 000 Rp; 7.30–22.30 Uhr;) Das Beste in der Open-Air-Mall am Seminyak Square ist diese Bäckerei mit ihren schattigen Tischen und der langen Speisekarte mit Backwaren, Salaten, Sandwiches und anderen Köstlichkeiten. Hier kann man gut ein bisschen ausruhen, bevor es wieder ans Shoppen geht.

★ **Sisterfields** CAFÉ $$
(0361-738454; www.sisterfieldsbali.com; Jl Kayu Cendana 7; Hauptgerichte 70 000–150 000 Rp; 7–17 Uhr;) Das trendige Sisterfields serviert klassisches australisches Frühstück wie gemuste Avocado und fantasievollere Gerichte wie getrüffelte Austernseitlinge mit Enteneiern und knusprigen Schweineohren. Auch Trendgerichte wie Pulled-Pork-Brötchen und Hummer-Slider sind hier zu haben. Sitzen können die Gäste in einer Nische, an der Theke oder im Hinterhof. In der Nähe gibt es noch mehrere andere Cafés, in denen ein guter Kaffee zu bekommen ist.

★ **Ginger Moon** ASIATISCH $$
(0361-734533; www.gingermoonbali.com; Jl Kayu Aya 7; Hauptgerichte 70 000–160 000 Rp; 11–24 Uhr;) Der Australier Dean Keddell gehört zu einer ganzen Anzahl junger Köche, die nach Bali engagiert wurden, um hier Restaurants aufzubauen. Seine Kreation ist ein sehr ansprechendes, luftiges Lokal mit Holzschnitzereien und Palmen. Die Speisekarte präsentiert eine Art „Best of" der Klassiker. Sie werden in Portionen serviert, die zum Teilen und Probieren einladen. Besonders empfehlenswert sind u. a. die Blumenkohlpizza und ein spezielles Hähnchen-Curry. Es ist auch eine gute Kinderkarte vorhanden.

Petitenget MODERNE AUSTRALISCHE KÜCHE $$
(0361-473 3054; www.petitenget.net; Jl Petitenget 40X; Hauptgerichte Frühstück 40 000–80 000 Rp, Mittag- & Abendessen 60 000–200 000 Rp; 7–22.30 Uhr;) Wenn es nicht so heiß wäre, könnte man sich glatt in Paris wähnen. Sanfte Jazzklassiker erklingen in diesem ansprechenden Bistro unter Leitung des australischen Chefkochs Simon Blaby, das eine legere Terrasse, eine Bar und einen formellen Speisesaal kombiniert. Die Speisekarte enthält saisonale Spezialitäten sowie europäische und asiatische Gerichte. Alles ist raffiniert zubereitet; außerdem gibt es eine lustige kleine Kinderkarte.

Motel Mexicola MEXIKANISCH $$
(0361-736688; www.motelmexicolabali.com; Jl Kayu Jati 9; Hauptgerichte ab 60 000 Rp; 11–1 Uhr) Das Motel Mexicola ist kein durchschnittlicher Tacos-Laden, sondern ein Spektakel, das der tropischen Version eines Nachtclubs nacheifert. Das riesige Lokal ist in kitschigem Neonfarben und mit Palmen herausgeputzt.

Das Essen ist gegenüber den Getränken sekundär: weiche Maistortilla-Tacos, gefüllt mit Tempura-Garnelen oder geschnetzeltem Schweinefleisch neben fleischhaltigen Hauptgerichten. Cocktails, die in Kupferkesseln serviert werden, sind an einem milden Abend eine Wohltat.

Earth Cafe & Market VEGETARISCH $$
(0851 0304 4645; www.earthcafebali.com; Jl Kayu Aya; Hauptgerichte 40 000–100 000 Rp; 7–23 Uhr;) Die guten Vibes in diesem vegetarischen Café mit dazugehörigem Laden entspringen der biologisch-dynamischen Grundhaltung. Kreative Salate, Sandwiches oder vegane Vollkornleckereien und Rohkost-Köstlichkeiten stehen zur Wahl. Geradezu berühmt ist die sechsgängige „Planetenplatte". Die Getränkekarte umfasst frische Säfte und Detox-Drinks.

Wacko Burger BURGER $$
(0821 4401 0888; www.wackoburger.com; Jl Drupadi 18; Hauptgerichte ab 50 000 Rp; 12–21.30 Uhr) Es ist, als sei man gestorben und in einem Comfort-Food-Paradies gelandet. Die Burger in diesem Laden werden von den Gästen heiß geliebt, ebenso die Zwiebelringe, Pommes frites, Shakes und anderes. Dazu stehen alle möglichen Sorten Soßen

SONNENUNTERGÄNGE IN SEMINYAK

Dort, wo die Jalan Camplung Tanduk am Strand endet, haben Gäste die Wahl: Links, wo sich schlichte bis schicke Strandbars aneinanderreihen, trifft man auf sandige Ausgelassenheit. Rechts geht es zu den angesagten Beachclubs wie dem Ku De Ta oder zu fröhlichen fliegenden Händlern, die billiges Bintang, einen Plastikstuhl und manchmal auch ziemlich schlechte Gitarrenmusik anzubieten haben.

und würzige Zutaten zur Auswahl. Die Tische stehen im Freien in einem überdachten Patio mit Blick auf die Reisfelder.

Ultimo ITALIENISCH $$
(☎0361-738720; www.balinesia.co.id; Jl Kayu Aya 104; Hauptgerichte 70 000–180 000 Rp; ⌚16–1 Uhr) Das riesige, immer gut gefüllte Restaurant befindet sich in einem Viertel von Seminyak, in dem es an Lokalen wirklich nicht mangelt. Es gibt Tische mit Blick auf den Straßentrubel, hinten in einem der Gärten oder im Innenraum. Die Gäste können die überraschend authentische Speisekarte studieren und den Rest dem Heer von Servicekräften überlassen.

Grocer & Grind CAFÉ $$
(☎0361-730418; www.grocerandgrind.com; Jl Kayu Jati 3X; Hauptgerichte ab 60 000 Rp; ⌚7–22 Uhr; ❄📶) Auf den ersten Blick könnte man meinen, man säße in einem schicken Café in Sydney, aber wer sich umsieht, entdeckt unmissverständlich Bali. Klassische Sandwiches, hausgemachte australische Pasteten, frische Salate und große Frühstücksangebote sind in dieser südbalinesischen Restaurantkette sehr beliebt.

La Lucciola FUSION $$$
(☎0361-730838; Jl Petitenget; Hauptgerichte 120 000–400 000 Rp; ⌚9–23 Uhr) Von den Tischen im ersten Stockwerk des schicken Strandrestaurants hat man einen schönen Blick auf die Rasenfläche, den Sand und die Brandung. Die Bar lockt viele Bewunderer des Sonnenuntergangs an, die meisten bleiben zum Abendessen. Die Speisekarte präsentiert eine kreative Mischung internationaler Gerichte mit einer Tendenz in Richtung italienische Küche.

Ausgehen & Nachtleben

So wie der Blick gegen 2 Uhr morgens allmählich verschwimmt, verwischt sich in Seminyak auch der Unterschied zwischen Restaurant, Bar und Club. Zwar fehlen echte Hardcore-Clubs, in denen man den Morgen begrüßen kann (oder umgekehrt), doch die Unentwegten ziehen zu fortgeschrittener Stunde weiter Richtung Süden in die Ausläufer von Kuta und Legian. Im belgischen Bistro Mannekepis (S. 90) wird an manchen Abenden Live-Jazz gespielt.

Zahlreiche Bars und Kneipen säumen die Jalan Camplung Tanduk. Allerdings beschweren sich die lärmempfindlichen Anwohner, wenn es zu laut wird.

Jalan Camplung Tanduk & Umgebung

Bali Joe SCHWULE & LESBEN
(☎0361-730931; www.balijoebar.com; Jl Camplung Tanduk; ⌚15–3 Uhr; 📶) Eine von mehreren lebhaften LGBT-Locations in dieser Gegend. Drag Queens und Go-Go-Tänzerinnen rocken allabendlich das Haus.

Ryoshi Seminyak House of Jazz BAR
(☎0361-731152; www.facebook.com/ryoshibali; Jl Raya Seminyak 17; ⌚12–24 Uhr, Musik Mo, Mi & Fr ab 21 Uhr) Die Seminyak-Niederlassung der balinesischen Kette japanischer Restaurants präsentiert an drei Abenden pro Woche Live-Jazz auf einer intimen Bühne unter einem traditionell gedeckten Strohdach. Hier treten Spitzentalente aus Bali und anderen Teilen der Welt auf.

Champlung Bar BAR
(☎0361-730603; bei Jl Camplung Tanduk; ⌚11–24 Uhr) Das Champlung, die namhafteste unter den Strandbars am Strandweg südlich der Jalan Camplung Tanduk, präsentiert sich mit den allgegenwärtigen farbenfrohen Sonnenschirmen und Sitzsäcken und einer typischen Strandkarte (Pizza, Nudeln usw.). Nach Sonnenuntergang ist mit DJs und Strandpartys zu rechnen.

Koh CLUB
(☎0812 3643 9919; www.facebook.com/kohbali; Jl Camplung Tanduk; ⌚Do–Sa 23–5 Uhr) Beliebt bei Einheimischen und hier lebenden Ausländern (als Gegensatz zu Touristen) kann es im Koh auch einmal ganz ruhig zugehen. Wenn aber erstklassige DJs auflegen, geht die Post ab. Zugänglich ist der Club durch einen Schiffscontainer.

Bottoms Up SCHWULENBAR
(www.bottomsupseminyak.webs.com; Jl Camplung Tanduk; ⏲18–4 Uhr) Allabendliche Travestieshows, Go-Go-Tänzer und allgemein ausbrechende Frivolität.

Jalan Kayu Aya

★ **La Favela** BAR
(☎0361-730603; www.lafavela.com; Jl Kayu Aya 177X; ⏲12–3 Uhr; 📶) Ein geheimnisvoller Eingangsbereich lockt die Gäste in die unkonventionelle Atmosphäre des La Favela, das zu den coolsten und originellsten Nachtlokalen auf Bali zählt. Drinnen führt eine verwirrende Tour von schummrigen Cocktaillounges, die wie Flüsterkneipen wirken, und antiken Speisezimmern bis in Bars, die mit Graffiti übersät sind. Nach 23 Uhr werden die Tische beiseite geräumt, um Platz für DJs und eine Tanzfläche zu schaffen.

Beliebt ist auch das zugehörige **Gartenrestaurant** mit seiner mediterran beeinflussten Speisekarte.

★ **Revolver** CAFÉ
(☎0361-788 4968; bei Jl Kayu Aya; Kaffee 20 000–30 000 Rp; ⏲7–18 Uhr; 📶) Es geht eine winzige Gasse hinunter und durch schmale Holztüren hinein in diese Bar von der Größe einer Streichholzschachtel, die allerdings eine ausgezeichnete Kaffeeauswahl bietet. Nur wenige Tische stehen in dem kreativ im Retrostil gestalteten Raum, der wie ein Wildwest-Saloon aufgemacht ist; einen der Tische sollte man sich schnappen und leckere, frische Happen zum Frühstück oder Mittagessen genießen.

Red Carpet Champagne Bar BAR
(☎0361-737889; www.redcarpetchampagnebar.com; Jl Kayu Aya 42; ⏲ab 12 Uhr) Mehr als 200 Sorten Champagner stehen in dieser übertrieben glamourösen Bar an der Modemeile von Seminyak zur Auswahl. Hier kann man über den roten Teppich tänzeln und ein paar Flöten des namengebenden Getränks hinunterstürzen, dabei eine Auster schlürfen und ein paar aufgeputzte Fräcke in Augenschein nehmen. Zur Straße hin ist die Bar offen (aber erhöht), sodass die Gäste auf die Massen hinabschauen können.

Ku De Ta CLUB
(☎0361-736969; www.kudeta.net; Jl Kayu Aya 9; ⏲ab 8 Uhr; 📶) Im Ku De Ta wimmelt es nur so von Balis schönen Menschen (einschließlich derer, die es noch werden wollen). Szenegänger perfektionieren tagsüber ihren „gelangweilten" Blick, indem sie auf den hübschen Strandabschnitt starren und an ihrem Getränk nippen. Der Sonnenuntergang lockt Massen herbei, die an den Tischen eins der vielfältigen Gerichte verspeisen. Die Musik dröhnt mit wachsender Intensität durch den Abend. Die Special Events sind legendär.

Anomali Coffee CAFÉ
(☎0361-767119; www.anomalicoffee.com; Jl Kayu Aya 7B; Kaffee ab 26 000 Rp; ⏲6.30–22 Uhr; 📶) Diese Café-Kette mit Sitz in Jakarta ist ein Muss für ernsthafte Kaffeeliebhaber. Sortenreine Bohnen aus dem gesamten Archipel werden an Ort und Stelle geröstet. Zur Wahl stehen Filterkaffee, Aeropress, Siphon oder Espresso, gebrüht von kenntnisreichen Baristas in einer coolen Lagerhaus-Umgebung. Auch abgepackter gemahlener Kaffee kann hier gekauft werden.

Zappaz BAR
(☎0361-742 5534; Jl Kayu Aya 78; ⏲11–24 Uhr) Allabendlich bearbeitet der Brite Norman Findlay die Tasten in dieser netten Pianobar, in der er sein leidenschaftliches Spiel in vielen Jahren noch immer nicht ganz perfektioniert hat. Eine engagierte Coverband lockt fröhliche Zuschauermengen an. Das Essen ist eher durchschnittlich.

☆ Unterhaltung

Upstairs Lounge Cinema Club KINO
(☎0361-731964; www.facebook.com/divineearthbali; JL Raya Basangkasa 1200A; ⏲Filme 20 Uhr) Hochmoderne Vorstellungen aktueller, klassischer, Arthouse- und ungewöhnlicher Filme in einem gemütlichen, kleinen Kino. Wer unten im Divine Earth Café (S. 91) etwas Essbares erstanden hat, muss hier keinen Eintritt zahlen.

Shoppen

In Seminyak gibt es fast alles: Designerboutiquen (Bali besitzt eine blühende Modeindustrie), angesagte Retro-Läden, schicke Galerien, Kaufhäuser und Werkstätten im Familienbetrieb.

Die Gegend mit den besten Einkaufsmöglichkeiten beginnt an der Jalan Raya Seminyak ungefähr auf Höhe des Bintang-Supermarkts und führt über die Jalan Basangkasa nach Norden. Dann verzweigt sich die Shoppingmeile in die Jalan Kayu Aya und Jalan Kayu Jati, während die Jalan Raya Kerobokan Richtung Norden führt, hinein ins eigentliche Kerobokan.

Unterwegs sollte man versuchen, nicht in eins der weit klaffenden Löcher zu stolpern, die sich auf den Gehwegen auftun.

Seminyak Village EINKAUFSZENTRUM
(0361-738097; www.seminyakvillage.com; Jl Kayu Jati 8; 9–22 Uhr;) Vor ein paar Jahren waren hier noch Reisfelder: Das neue, klimatisierte Einkaufszentrum verdient Anerkennung dafür, dass es diskret zurückgesetzt von der Straße liegt. Die Auswahl an Geschäften ist erfreulich einheimisch, auf drei Ebenen finden sich auch einige bekannte Namen wie Lily Jean. Die kleinen Karren, die an vielversprechende balinesische Designer vermietet werden, sind ein netter Zug.

Sandio SCHUHE
(0361-737693; www.facebook.com/sandio.bali; Jl Basangkasa; 10–20 Uhr) Schuhe und Sandalen, von formell bis lässig zu tollen Preisen. Hier lässt sich die Fußbekleidung ersetzen, die beim Scooterfahren verloren wurde.

Periplus Bookshop BÜCHER
(0361-736851; Jl Kayu Aya, Seminyak Sq; 8–22 Uhr) Eine große Filiale der inselweiten Kette von großzügig ausgestatteten Buchhandlungen. Hier finden sich genügend Designbücher, um sogar noch die Garage im „Balistil" einzurichten, außerdem Bestseller, Magazine und Zeitungen.

Cotton Line by St Isador TEXTILIEN
(0361-738836; Jl Kaya Aya 44; 9–20 Uhr) Die Werkstätten im Obergeschoss produzieren hübsche Bettwäsche, Kissen und andere Dinge, die aus Stoffen aus ganz Asien hergestellt werden.

Bekleidung

Die Surfshops in Seminyak können durchaus mit denen in Kuta konkurrieren; außerdem findet man hier auch die Filialen der großen Marken.

★ **Drifter Surf Shop** MODE & ACCESSOIRES
(0361-733274; www.driftersurf.com; Jl Kayu Aya 50; 7.30–23 Uhr) Hochwertige Surfmode, Surfboards und sonstige Ausrüstung, coole Bücher und Marken wie Obey und Wegener. Die Waren in diesem Laden, den zwei schlaue Surfertypen eröffnet haben, sind für ihre Individualität und die hohe Qualität bekannt. Außerdem gibt es eine kleine Café-Bar und einen Patio.

★ **Bamboo Blonde** BEKLEIDUNG
(0361-731864; www.bambooblonde.com; Jl Kayu Aya 61; 10–22 Uhr) Aufgeputzte sportliche oder sexy Kleider und eher formelle Bekleidung locken Kundinnen in diese nette Designerboutique (eine von elf auf der gesamten Insel). Alle Artikel sind auf Bali entworfen und hergestellt worden.

★ **Milo's** BEKLEIDUNG
(0361-822 2008; www.milos-bali.com; Jl Kayu Aya 992; 10–20 Uhr) Dieser legendäre einheimische Designer von eleganter Seidenkleidung besitzt einen prächtigen Laden mitten auf der Designermeile. An den auffälligen Orchideenmustern kann man sich gar nicht sattsehen.

★ **Samsara** BEKLEIDUNG
(www.samsaraboutique.com; Jl Raya Seminyak; 10–20 Uhr) Die auf Bali hergestellten Textilien sind global inspiriert. Der attraktive Laden zeigt handgemalte Batik, die zu exquisiter Freizeitmode der Designerin Coretta Hutson verarbeitet wird.

★ **Prisoners of St Petersburg** MODE & ACCESSOIRES
(0361-736653; Jl Kaya Aya 42B; 10–20 Uhr) Einige der heißesten jungen Designer von Bali stecken hinter dieser vielfältigen und sich immer weiter entwickelnden Kollektion von Damenbekleidung und Accessoires.

Thaikila BEKLEIDUNG
(0361-731130; www.blue-glue.com; Jl Kayu Aya; 9–21 Uhr) „Der Traumbikini aller Frauen", lautet das Motto dieser einheimischen Marke, die mit ihren Minikleidungsstücken ein großes Statement abgibt. Die Badebekleidung ist ein französisches Design und wird auf Bali hergestellt. Wer etwas Schickes für den Strand sucht, wird hier fündig.

Lily Jean BEKLEIDUNG
(0811 398 272; www.lily-jean.com; Jl Kayu Jati 8, Seminyak Village, 1. Etage; 10–22 Uhr) Der Designerladen, der überwiegend auf Bali hergestellte Waren verkauft, kombiniert gekonnt internationale Faszination mit einheimischen Motiven.

Uma & Leopold BEKLEIDUNG
(0361-737697; www.umaandleopold.com; Jl Kayu Aya 77X) Luxusbekleidung und schicke Kleinigkeiten, die man anzieht, bevor man sie abstreift … Entworfen auf Bali von einem französischen Paar.

Paul Ropp BEKLEIDUNG
(0361-735613; www.paulropp.com; Jl Kayu Aya; 9–21 Uhr) Das Hauptgeschäft von einem der besten balinesischen Modedesigner im

Top-Segment für Damen und Herren. Die meisten Stücke werden in den Hügeln um Denpasar hergestellt. Und was für Stücke! Schwere Seide und Baumwolle, lebhaft bis knallig, voller Anklänge an Ropps Wurzeln in der Knüpfbatik der 1960er Jahre.

Lucy's Batik TEXTILIEN, BEKLEIDUNG
(☎0361-736098; www.lucysbatikbali.com; Jl Raya Basangkasa 88; ⏲9.30–21 Uhr) Bei Lucy's kann man die schönste Batik erstehen – für Männer und Frauen. Hemden, Kleider, Sarongs und Taschen sind überwiegend handgewebt oder handbemalt. Auch Meterware gibt es in diesem Laden zu kaufen.

Biasa BEKLEIDUNG
(☎0361-730766; www.biasagroup.com; Jl Raya Seminyak 36; ⏲9–21 Uhr) Dies ist das Hauptgeschäft der auf Bali ansässigen Designerin Susanna Perini. Ihre Kollektion mit eleganter Tropenbekleidung für Männer und Frauen kombiniert stilsicher Baumwolle, Seide und Stickerei.

Niconico BEKLEIDUNG
(☎0361-738875; www.niconicoswimwear.com; Jl Kayu Aya; ⏲9–21 Uhr) Der deutsche Designer Nico Genge hat eine Modelinie für Dessous, Resortwear und Badebekleidung, die Glitzer meidet und stattdessen einen etwas subtileren Look pflegt. In Seminyak gibt es mehrere Filialen; diese hier präsentiert die gesamte Kollektion und hat noch eine Kunstgalerie im Obergeschoss.

Duzty BEKLEIDUNG
(Jl Raya Seminyak 67; ⏲9–22 Uhr) Freizeitkleidung mit ausgefallenen Themen aus Rock'n'Roll und Gegenkultur entworfen von Rahsun, einem vielversprechenden einheimischen Talent.

Quarzia Boutique BEKLEIDUNG
(☎0361-736644; Jl Kayu Aya; ⏲10–21 Uhr) Lässige Baumwollkleidung entworfen mit knalligen Farbe und viel Flair, getragen mit souveräner Haltung.

Lulu Yasmine BEKLEIDUNG
(☎0361-736763; www.luluyasmine.com; Jl Kayu Aya; ⏲9–22 Uhr) Die Designerin Luiza Chang lässt sich auf ihren Reisen durch die Welt zu ihrer eleganten Kollektion für Damenbekleidung inspirieren.

Divine Diva BEKLEIDUNG
(☎0361-732393; www.divinedivabali.com; Jl Kayu Aya 1A; ⏲9–19 Uhr) Ein eher schlichter Laden voller in Bali hergestellter flotter, fröhlicher Sachen für vollere weibliche Figuren. Die hauseigenen Schneider arbeiten auf Wunsch auch nach Maß.

Kunst & Kunsthandwerk

★ **Indivie** KUNST & KUNSTHANDWERK
(☎0361-730927; www.indivie.com; Jl Raya Seminyak, Made's Warung; ⏲9–21 Uhr) Arbeiten von jungen Designern, die auf Bali leben, werden in dieser faszinierenden Hochglanzboutique ausgestellt.

★ **Theatre Art Gallery** KUNST & KUNSTHANDWERK
(Jl Raya Seminyak; ⏲9–20 Uhr) Der Laden ist auf alte und nachgebaute *Wayang*-Puppen spezialisiert, wie sie im traditionellen balinesischen Theater verwendet werden. Die lebendigen Gesichter anzusehen, die den Blick zu erwidern scheinen, ist ein Genuss.

★ **Ashitaba** KUNST & KUNSTHANDWERK
(☎0361-737054; Jl Raya Seminyak 6; ⏲9–21 Uhr) In Tenganan, dem Aga-Dorf in Ostbali, entstehen die kunstvollen Rattangegenstände, die hier verkauft werden. Behälter, Schalen, Börsen und mehr (ab 50 000 Rp) zeigen feinste Webkunst.

Kody & Ko KUNST
(☎0361-737359; www.kodyandko.com; Jl Kayu Jati 4A; ⏲9–21 Uhr) Die vielfarbigen Kriechtiere im Schaufenster geben in diesem dynamischen Laden für Kunst und Dekorationsgegenstände den Ton an. Angeschlossen ist eine große Galerie mit regelmäßigen Ausstellungen.

Kendra Gallery KUNST
(☎0361-736628; www.kendragallery.com; Jl Drupadi 88B; ⏲10–19 Uhr) Die Galerie der Luxusklasse zeigt regelmäßig Ausstellungen, die durchdacht und kreativ kuratiert sind. Zudem gibt es häufig Sonderveranstaltungen.

Haushaltswaren

★ **Souq** HAUSHALTSWAREN
(☎0822 3780 1817; www.souqstore.co; Jl Basangkasa 10; ⏲8.30–20 Uhr) In diesem glitzernden High-Concept-Store mit auf Bali entworfenen Haushaltswaren und Bekleidung begegnen sich Orient und Asien. Im zugehörigen kleinen **Café** werden Frühstück und Mittagsgerichte sowie guter Kaffee und kaltgepresste Säfte serviert.

White Peacock HAUSHALTSWAREN
(☎0361-733238; Jl Kayu Jati 1; ⏲9–20 Uhr) In dem Laden im Stil einer ländlichen Hütte gibt es pfiffige Kissen, Tagesdecken, Tischdecken und mehr.

Samantha Robinson HAUSHALTSWAREN
(☎0361-737295; www.samantharobinson.com.au; Jl Kayu Jati 2; ⌚9–20 Uhr) Die namengebende Porzellandesignerin stammt aus Sydney und bietet in dieser kleinen Boutique ihre ganze Palette an farbenfrohen und raffinierten Haushaltswaren an.

Domicil HAUSHALTSWAREN
(☎0818 0569 8417; www.domicil-living.com; Jl Raya Seminyak 56; ⌚10–22 Uhr) Fassade trifft auf Handelsware: Alles in diesem attraktiven Haushaltswarenladen ist mit einem kolonialen Flair entworfen.

Praktische Informationen

GEFAHREN & ÄRGERNISSE

In Seminyak gibt es allgemein sehr viel weniger Grund sich zu ärgern als in Kuta und Legian. Jedoch sollte man sich über Warnhinweise besonders hinsichtlich Brandung und Wasserverschmutzung informieren.

GELD

Geldautomaten sind an allen Hauptstraßen zu finden.

Central Kuta Money Exchange (www.centralkutabali.com; Jl Kaayu Aya, Seminyak Sq; ⌚8.30–21.30 Uhr) Zuverlässige Wechselstube.

MEDIZINISCHE VERSORGUNG

Kimia Farma (☎0361-916 6509; Jl Raya Kerobokan 140; ⌚24 Std.) Die Apotheke an einer der größeren Kreuzungen gehört zur besten Apothekenkette auf Bali und führt die ganze Palette verschreibungspflichtiger Medikamente.

POST

Postagentur (☎0361-761592; Jl Raya Seminyak 17, Bintang Supermarkt; ⌚8–20 Uhr) Günstig gelegen und freundlich.

An-& Weiterreise

Der Kura-Kura-Touristenbus (S. 452) befährt eine Route, die Seminyak mit Umalas im Norden und Kuta im Süden verbindet, allerdings nur unregelmäßig.

Taxis mit Taxameter kann man problemlos heranwinken. Eine Fahrt vom Flughafen mit einem Taxi des Airport-Kartells kostet etwa 130 000 Rp, ein reguläres Taxi zum Flughafen etwa 80 000 Rp.

Man kann dem Straßenverkehr ein Schnippchen schlagen, das Klima schonen und einen schönen Spaziergang machen: Ganz einfach am Strand Richtung Süden laufen; Legian befindet sich nur etwa 15 Minuten entfernt.

Blue Bird (S. 453) bietet den wohl zuverlässigsten Service an.

Kerobokan

Nahtlos schließt sich Kerobokan im Norden an Seminyak an. Der Ort vereint einige der besten Restaurants und Einkaufsmöglichkeiten auf Bali, einen üppigen Lebensstil und noch mehr Strände.

Schicke neue Ferienanlagen und Villen-Bauprojekte wechseln sich ab. Ein bekanntes Wahrzeichen ist das berüchtigte Gefängnis von Kerobokan.

Strände

Kerobokan Beach STRAND
Am Strand von Kerobokan, der von luxuriösen Ferienanlagen und trendigen Clubs gesäumt wird, geht es überraschend ruhig zu. Weil er nicht so gut zugänglich ist, bleiben die Massen fern. Sämtliche Straßen, die von der Jalan Petitenget nach Westen führen, enden als Sackgassen an verschiedenen Bauprojekten. Zu erreichen ist der Strand von Süden her vom Seminyak Beach oder zu Fuß vom Batubelig Beach. Gleich nördlich des W Bali Hotels gibt es fliegende Händler und Strandliegen.

Der direkteste Zugang ist jedoch, ganz einfach durch den Beachclub Potato Head (S. 101) oder das W Hotel zu spazieren. Die Brandungswellen sind hier etwas kräftiger als weiter im Süden; beim Baden ist also besondere Vorsicht geboten.

Batubelig Beach STRAND
Der Strand ist hier zwar etwas schmaler, aber es gibt ein paar schöne – prächtige wie schlichte – Plätze, um etwas zu trinken. Zu erreichen ist er leicht über die Jalan Batubelig. Hier ist ein guter Startplatz für einen hübschen Spaziergang entlang des geschwungenen Sandstreifens nach Nordwesten zu den beliebten Stränden bis hin zum Echo Beach.

Allerdings fließen etwa 500 m weiter nördlich ein Fluss und eine Lagune ins Meer, manchmal sind sie kaum vorhanden, manchmal aber bis zu 1 m tief – nach Regenfällen sogar noch tiefer. In diesem Fall gelangt man über die kleine Fußgängerbrücke über die Lagune zur Bar La Laguna (S. 109), in der man ein Taxi rufen kann.

Sehenswertes

Kerobokan Jail WAHRZEICHEN
(Jl Gunung Tangkuban Perahu) Im berüchtigten Gefängnis von Kerobokan sitzen landesweit bekannte und unbekannte Häftlinge ein.

Aktivitäten

★ Sundari Day Spa
SPA

(☎0361-735073; www.sundari-dayspa.com; Jl Petitenget 7; Massagen ab 250 000 Rp; ⏲10–22 Uhr) Das sehr empfehlenswerte Spa ist darum bemüht, die Dienstleistungen eines 5-Sterne-Resorts anzubieten, ohne dessen hohe Preise zu verlangen. Die Massageöle und andere Zaubermittel sind aus biologischem Anbau, und es gibt eine umfangreiche Palette an Therapien und Behandlungen.

Jiwa Bikram
YOGA

(☎0361-841 3689; www.jiwabikram.com; Jl Petitenget 78; Unterricht ab 180 000 Rp; ⏲9–20 Uhr) Der schmucklose Laden in günstiger Lage bietet verschiedene Arten von Yogaunterricht an, darunter Bikram, Hot flow und Yin.

Amo Beauty Spa
SPA

(☎0361-473 7943; www.amospa.com; Jl Petitenget 100X; Massagen ab 220 000 Rp; ⏲9–21 Uhr) Da hier einige der Topmodels Asiens entspannen, kommt man sich vor, als sei man in eine Fotosession der *Vogue* gestolpert. Neben Massagen werden weitere Dienstleistungen von Haarpflege bis zu Pediküre und Waxing für beide Geschlechter angeboten. Eine Buchung im Voraus ist zu empfehlen.

Schlafen

Balis Seuche, der Zuwachs an Hotelketten der Mittelklasse, hat leider auch auf Kerobokan übergegriffen. Ansonsten finden sich Unterkünfte mit gutem Preis-Leistungs-Verhältnis mitten zwischen sybaritischen Villenhotels sowie einige ausgezeichnete Ferienanlagen am Strand.

M Boutique Hostel
HOSTEL $

(☎0361-473 4142; www.mboutiquehostel.com; Jl Petitenget 8; B 250 000–300 000 Rp; ❄@📶🏊) Die Betten im M Boutique sind Alkoven in einem Schlafsaal; die Gäste haben also mehr Privatsphäre. Jeder ist mit Rollo, ausklappbarem Tischchen, Leselampe und Steckdose ausgestattet. Der ordentlich gemähte Rasen und ein kleiner Tauchpool sind zusätzliche Pluspunkte des Hostels. Zu den Extras gehört die kostenlos nutzbare Waschküche. Insgesamt eine zeitgemäße Option für Flashpackers.

Villa Bunga
HOTEL $

(☎0361-473 1666; www.villabunga.com; Jl Petitenget 18X; Zi. 310 000–500 000 Rp, Apt. ab 400 000 Rp; ❄📶🏊) Das Hotel mit 13 Zimmern ist ein ausgezeichnetes Angebot im Herzen von Kerobokan. Die Zimmer befinden sich in zweistöckigen Gebäuden rund um einen kleinen Swimmingpool. Sie sind ebenfalls klein, aber modern und mit Kühlschränken ausgestattet.

Brown Feather
GUESTHOUSE $$

(☎0361-473 2165; www.brownfeather.com; Jl Batu Belig 100; Zi. 630 000–900 000 Rp; ❄📶🏊) An der Hauptstraße, aber mit der Rückseite zu den Reisfeldern verströmt das kleine Hotel einen holländisch-javanesischen Kolonialcharme. Die Zimmer kombinieren Einfachheit mit altertümlichen Merkmalen; dies zeigt sich beispielsweise an den Holzschreibtischen und den Waschbecken, die aus alten Singer-Nähmaschinen herstellt wurden. Für den Blick auf die Reisfelder sollte man Zimmer 205 oder 206 buchen. Es gibt außerdem einen hübschen kleinen Swimmingpool und einen kostenlosen Fahrradverleih.

Grand Balisani Suites
HOTEL $$

(☎0361-473 0550; www.balisanisuites.com; Jl Batubelig; Zi. 85–220 US$; ❄📶🏊) Was für ein Standort! Die Anlage mit kunstvollen Schnitzereien steht direkt am beliebten Batubelig Beach. Die 96 großen Zimmer sind standardmäßig mit Teakmöbeln eingerichtet und besitzen Terrassen (einige mit toller Aussicht). WLAN beschränkt sich auf die öffentlichen Bereiche.

Taman Ayu Cottage
HOTEL $$

(☎0361-473 0111; www.thetamanayu.com; Jl Petitenget; Zi. inkl. Frühstück 375 000–700 000 Rp; ❄@📶🏊) Das Hotel hat nicht nur ein tolles Preis-Leistungs-Verhältnis, sondern liegt auch fantastisch. Die meisten der 52 Zimmer befinden sich in zweigeschossigen Gebäuden rund um einen Swimmingpool, der von alten Bäumen beschattet wird. Alles wirkt ein bisschen in die Jahre gekommen, aber wenn man die Rechnung bekommt, ist das vergessen. Es stehen auch Familienzimmer und Villen zur Verfügung.

★ Buah Bali Villas
VILLA $$$

(☎0361-847 6626; www.thebuahbali.com; Jl Petitenget, Gang Cempaka; Villa ab 2 600 000 Rp; ❄📶🏊) Die kleine Anlage umfasst nur sieben Villen, jeweils mit ein oder zwei Schlafzimmern. Wie bei vielen anderen Villenhotels in der Nähe hat jede Wohneinheit ihren eigenen Pool in einem ummauerten Gelände und einen hübschen Wohnbereich im Freien. Die Lage ist fantastisch: Hotspots wie Biku (S. 98) und Potato Head (S. 101) sind zu Fuß in fünf Minuten zu erreichen.

★ **Katamana** BOUTIQUEHOTEL $$$
(☎0361-302 9999; www.katamama.com; Jl Petitenget 51; ❄📶🏊) Der gleiche architektonische Wagemut, der dazu führt, dass Potato Head so oft kopiert wird, zeigt sich auch in dem Hotel des Clubs. Hier sind die Details aber üppig und raffiniert. Entworfen von dem Indonesier Andra Martin, verfügt es über 58 Suiten in einem Zusammenspiel von javanischen Ziegeln, balinesischem Stein und anderen einheimischen Materialien. Es gibt riesige Fenster, großzügige Sitzbereiche und private Terrassen und Balkone.

★ **Alila Seminyak** FERIENANLAGE $$$
(☎0361-302 1888; www.alilahotels.com; Jl Taman Ganesha 9; Zi. ab 4 000 000 Rp; ❄📶🏊) Die ausgedehnte Ferienanlage (2016 eröffnet) besitzt eine Spitzenlage – dort, wo die Strände (und das Nachtleben) von Seminyak und Kerobokan aufeinander treffen. Die sage und schreibe 240 Zimmer gehören zu unterschiedlichen Kategorien. Die günstigten schauen auf den Garten, wer mehr zu zahlen bereit ist, bekommt Strandblick und ein größeres Zimmer. Die sandige Farbpalette reicht von von Beige bis Hellbraun.

W Bali – Seminyak RESORT $$$
(☎0361-473 8106; www.wretreatbali.com; Jl Petitenget; Zi. inkl. Frühstück ab 4 500 000 Rp; ❄@📶🏊) Wie in vielen W-Hotels setzt man hier eher auf Originalität als auf Komfort (wie sieht es mit einer „Extreme Wow"-Suite aus?). An der Lage an einem wellenumtosten Strandabschnitt und an der Aussicht gibt es wirklich nichts zu meckern. Bars und Restaurants von schick bis hip und lächelnde Mitarbeiter existieren in Hülle und Fülle. Die teuren Zimmer haben alle Balkons, allerdings nicht immer mit Meerblick.

Die Woobar ist ein toller Ort für einen Dämmerschoppen; zu den Zwei-für-einen-Cocktails in der Happy Hour wird eine kostenlose Pizza serviert (von 16–18 Uhr).

Essen

Urlauber finden in Kerobokan einige der besten Restaurants der Insel – im Spitzen- wie im unteren Preissegment.

Jl Petitenget

★ **Warung Eny** BALINESISCH $
(☎0361-473 6892; www.warungeny.blogspot.com; Jl Petitenget 97; Hauptgerichte ab 35 000 Rp; ⏲8–23 Uhr) Die namengebende Eny kocht alles selbst in diesem winzigen Warung mit offener Frontseite, der hinter diversen Topfpflanzen weitgehend verschwindet. Man beachte das Schild an der Straße, das die Atmosphäre einfängt: „Die Kochkunst der Liebe". Die Meeresfrüchte – z. B. in Knoblauch geschmorte große Garnelen – sind köstlich, und die meisten Zutaten stammen aus Bio-Erzeugung. Eny bietet außerdem hervorragende Kochkurse an.

Pasar Kerobokan MARKT $
(Obstmarkt; Ecke Jl Raya Kerobokan & Jl Gunung Tangkuban Perahu; ⏲7–22 Uhr) Balis unterschiedliche Klimazonen (heiß und feucht in der Nähe des Meeres, kühl und trocken an den Vulkanhängen) bringen es mit sich, dass in den engen Grenzen der Insel so ziemlich jedes Obst und Gemüse angebaut werden kann. Hier stehen sie alle zum Verkauf, darunter sind fremdartige Früchte, beispielsweise die genoppten Mangostanfrüchte. An etlichen Ständen werden ausgewählte schmackhafte Snacks zubereitet, und es gibt einen kleinen Nachtmarkt.

Gourmet Cafe CAFÉ $
(☎0361-847 5115; www.balicateringcompany.com; Jl Petitenget 77A; Snacks ab 30 000 Rp; ⏲8–21 Uhr; ❄) Das exklusive Deli-Café, das die Bali Catering Company betreibt, serviert eine Auswahl fantasievoller kleiner Köstlichkeiten. Zahlreiche Leute verbringen den ganzen Tag damit, gegen die Verlockungen des Mangoeises anzukämpfen – oftmals vergeblich –, andere erliegen den Croissants aus der hauseigenen Bäckerei.

★ **Saigon Street** VIETNAMESISCH $$
(☎0361-897 4007; www.saigonstreetbali.com; Jl Petitenget 77; Hauptgerichte 50 000–175 000 Rp; ⏲11.30–23 Uhr; 📶) Modern, dynamisch und brechend voll: Mit seiner mondänen Einrichtung lockt das vietnamesische Restaurant die aufgeregten Massen an. Serviert werden kreative vietnamesische Gerichte wie pfeffrige Betelblätter, gefüllt mit langsam gegartem Oktopus; zudem gibt es eine eindrucksvolle Auswahl an Reispapierrollen, außerdem Currys, *pho* (Reisnudelsuppe) und Fleisch, das über aromatischem Kokosnussholz gegrillt wird. Auf der Cocktailkarte steht u. a. der „Bang-bang"-Martini, eine eisgekühlte alkoholschwangere Herrlichkeit. Unbedingt einen Tisch reservieren!

Biku FUSION $$
(☎0361-857 0888; www.bikubali.com; Jl Petitenget 888; Mahlzeiten 50 000–140 000 Rp; ⏲8–23 Uhr; 📶👪) Das äußerst beliebte Biku ist in einem

NICHT VERSÄUMEN

WARUNGS IN KEROBOKAN

Kerobokan erscheint eher hochpreisig, aber es ist auch mit zahlreichen guten Restaurants gesegnet, die authentische einheimische Gerichte servieren. Zu den besten gehören die unten aufgelisteten Lokale:

Warung Sulawesi (Jl Petitenget; Mahlzeiten ab 35 000 Rp; ⏲7–20 Uhr) Hier sitzt man an einem Tisch in einem ruhigen Familienanwesen und genießt das frische balinesische und indonesische Essen, das im klassischen Warung-Stil serviert wird. Das heißt, einen Reis auswählen und dann aus dem faszinierenden Angebot an Gerichten (das um 12 Uhr mittags am vielfältigsten ist) etwas aussuchen. Die grünen Bohnen sind ein Gedicht!

Warung Kolega (Jl Petitenget 98A; Mahlzeiten ab 25 000 Rp; ⏲Mo–Sa 9–19.30 Uhr) Ein javanischer Halal-Klassiker. Reis aussuchen (z. B. den duftenden gelben), dann aus dem köstlichen Angebot etwas auswählen, z. B. Tempeh in süßer Chilisoße, *sambal terung* (pikante Auberginen), *ikan sambal* (pikanter gegrillter Fisch) und andere Tagesspezialitäten. Die meisten Beschriftungen sind auf Englisch.

Sari Kembar (☎0361-847 6021; Jl Teuku Umar Barat/Jl Marlboro 99; Hauptgerichte ab 15 000 Rp; ⏲8–22 Uhr) Eins der besten Lokale auf Bali für *babi guling* (am Spieß gebratenes Spanferkel, gefüllt mit Chili, Kurkuma, Knoblauch und Ingwer) liegt etwas zurückgesetzt von der verkehrsreichen Straße etwa 1,5 km östlich der Kreuzung mit der Jalan Raya Kerobokan. Außer dem saftigen, marinierten Schweinefleisch gibt es u. a. butterzarte, mit Maniokblättern gefüllte Ente und Würstchen. Die Gerichte werden ganz einfach zubereitet und schmecken umwerfend gut.

Blambangan Warung Syariah (Jl Gunung Salak; Hauptgerichte ab 15 000 Rp; ⏲24 Std.) Die würzige ostjavanische Küche wird rund um die Uhr in diesem schlichten Warung am Straßenrand, ganz in der Nähe einiger interessanter Geschäfte, serviert. Die Hühner stammen aus Freilandhaltung und sind ein wesentlicher Bestandteil vom *ayam gulai*, einer Art Hühnchencurry. Im Zweifelsfall kann man das *nasi campur* (Reis mit einer Auswahl an Beilagen) bestellen und von allem ein bisschen probieren.

150 Jahre alten *joglo* (traditionelles javanisches Haus) aus Teakholz untergebracht und bewahrt dessen zeitlose Atmosphäre. Die Karte kombiniert indonesische und andere asiatische Gerichte mit westlichen Einflüssen; das Biku nennt das „asiatisches Comfort Food". Die Burger werden wie die Desserts in den Himmel gelobt. Eine Tischreservierung ist unerlässlich. Es gibt auch eine gute Speisekarte für Kinder.

Der Laden ist auch zum High Tea beliebt (11–17 Uhr; 110 000 Rp pro Pers.). Der kann im asiatischen Stil serviert werden – mit Samosas, Frühlingsrollen usw. und grünem oder Oolongtee – oder traditionell mit Gurkensandwiches usw.

Cafe Degan ASIATISCH $$

(☎0361-744 8622; www.facebook.com/cafedegan; Jl Petitenget 9; Mahlzeiten 90 000–180 000 Rp; ⏲12–23 Uhr) Die Karte in diesem hochpreisigen Warung tendiert zur indonesischen Küche, präsentiert aber häufig Gerichte aus der Region, die nicht oft zu finden sind, beispielsweise *daging sambal hijau* (pikantes Rindfleisch mit grünen Chilischoten). Eine kleine Bäckerei stellt eine Auswahl an Köstlichkeiten fürs Dessert her. Auf der Getränkekarte stehen einige interessante Drinks auf der Basis von Kokoswasser.

Merah Putih INDONESISCH $$

(☎0361-846 5950; www.merahputihbali.com; Jl Petitenget 100X; Hauptgerichte 80 000–200 000 Rp; ⏲12–15 & 18–23 Uhr) Merah Putih bedeutet „Rot und Weiß"; das sind die Farben der indonesischen Flagge. Der Name passt perfekt zu diesem ausgezeichneten Restaurant, das Gerichte aus dem ganzen Inselreich auf den Tisch bringt. Die kleine Karte ist in traditionelle und moderne Speisen unterteilt – letztere kombinieren indonesische Aromen mit verschiedenen Lebensmitteln. Der hochgewölbte Speiseraum wirkt ultramodern, der Service ist ausgezeichnet.

★**Sardine** FISCH & MEERESFRÜCHTE $$$

(☎0811 397 8111; www.sardinebali.com; Jl Petitenget 21; Mahlzeiten 20–50 US$; ⏲11.30–16 & 18–23 Uhr; 📶) Fisch und Meeresfrüchte frisch vom berühmten Jimbaran-Markt sind in diesem eleganten, aber behaglichen, lässigen und stilvollen Restaurant der Renner. Untergebracht ist es in einem schönen Bambuspavillon; von den Tischen im Freien blickt man auf das hauseigene Reisfeld, in dem die Entenschar des Sardine für Ordnung sorgt. Ein Besuch in der originellen Bar ist ein absolutes Muss – sie hat bis 1 Uhr morgens geöffnet. Die häufig wechselnde Karte führt frisch zubereitete Gerichte. Tischreservierung ist ratsam.

Sarong FUSION $$$

(☎0361-473 7809; www.sarongbali.com; Jl Petitenget 19X; Hauptgerichte 120 000–180 000 Rp; ⌚18.30–22.45 Uhr; 📶) Das elegante Sarong gehört den Besitzern des ausgezeichneten Mama San (S. 89) in Seminyak. In der Küche spiegelt sich ganz Asien wider; die kleinen Portionen sind bei Leuten beliebt, die den ganzen Abend auskosten möchten und die geräumige Bar genießen. Kinder sind leider nicht willkommen. Im Freien kann man unter dem Sternenzelt dinieren.

Barbacoa BRASILIANISCH $$$

(☎0361-739235; www.barbacoabali.com; Jl Petitenget 14; Hauptgerichte 110 000–250 000 Rp; ⌚12–24 Uhr; 📶) Das Barbacoa ist ein eindrucksvoller Ort mit aufsteigenden Balkendecken, farbenfrohen Mosaikböden und Blick auf die Reisfelder (noch). Beim Essen dreht sich alles um Fleisch vom Grill; an den Wänden stapelt sich das Feuerholz, das zur Zubereitung der lateinamerikanischen Gerichte gebraucht wird.

Anderswo in Kerobokan

Gusto Gelato & Coffee GELATERIA $

(☎0361-552 2190; www.gusto-gelateria.com; Jl Raya Mertanadi 46; Eis ab 22 000 Rp; ⌚10–22 Uhr; ❄📶) Balis bestes Eis wird den ganzen Tag über frisch zubereitet. Die Geschmacksrichtungen sind einzigartig, z. B. das reichhaltige Oreo; ebenso überraschend wie köstlich sind Tamarinde und *kamangi* (Limonenbasilikum). Auch die Klassiker sind vertreten. Nachmittags wird es hier sehr voll.

Warung Sobat FISCH & MEERESFRÜCHTE $

(☎0361-731256; Jl Pengubengan Kauh 27; Hauptgerichte 37 000–100 000 Rp; ⌚11–22.30 Uhr; 📶) Das Sobat liegt in einem bungalow-artigen großen Ziegelbau mit offenen Seiten. Es ist weit größer als das Original an der Jalan Batu Belig. Das altmodische Restaurant tut sich mit frischem balinesischen, aber italienisch angehauchten Seafood hervor (reichlich Knoblauch!). Die Preise sind außergewöhnlich, was allein schon an den preisbewussten auf Bali lebenden Ausländern zu erkennen ist, die sich jeden Abend in Scharen einfinden.

★ **Sangsaka** INDONESISCH $$

(☎0812 3695 9895; www.sangsakabali.com; Jl Pangkung Sari 100; Hauptgerichte 80 000–180 000 Rp; ⌚Di–So 18–24 Uhr) An einer Gasse in Kerobokan gelegen, serviert das entspannte Restaurant gut ausbalancierte Versionen indonesischer Gerichte aus allen Teilen des Inselreichs. Viele werden über verschiedenen Sorten Holzkohle zubereitet, die je nach Herkunft des Gerichts variieren. Der Essbereich ist mit Holz dekoriert, besitzt aber ein bisschen mehr Eleganz als man es sonst gewohnt ist. Zum Lokal gehört auch eine gute Bar.

Naughty Nuri's INDONESISCH $$

(☎0361-847 6783; www.naughtynurisseminyak.com; Jl Mertanadi 62; Hauptgerichte ab 60 000 Rp; ⌚11–22 Uhr) Dieses Nuri orientiert sich am Original in Ubud. Nach dem Umzug von der Jalan Batubelig bietet der aktuelle Standort einen sehr viel größeren Außenbereich. Erstaunlicherweise ist der Besuch des Lokals für Touristen aus ganz Indonesien ein Muss; sie verzehren hier Schweinerippchen, die jedoch nicht sehr zart sind. Das ursprüngliche Markenzeichen – der Wahnsinns-Martini – steht weiterhin auf der Karte.

Watercress CAFÉ $$

(☎0851 0280 8030; www.watercressbali.com; Jl Batubelig 21A; Hauptgerichte ab 65 000 Rp; ⌚7.30–23 Uhr; 🅿📶) Das von Bäumen beschattete Straßencafé ist besonders bei Hipstern angesagt und macht ein Bombengeschäft. Neben herzhaftem Frühstück und Gourmet-Burgern präsentiert es vitaminreiche Hauptgerichte und Salate. Ausgezeichneter Kaffee, Bier vom Fass und Cocktails sind weitere Gründe, hier mal vorbeizuschauen. Vor dem Haus gibt es einen hübschen kleinen Gartenbereich.

L'Assiette FRANZÖSISCH $$

(☎0361-735840; Jl Raya Mertanadi 29; Mahlzeiten 50 000–100 000 Rp; ⌚Mo–Sa 10–23 Uhr; 📶) Der riesige ruhige Garten hinter dem luftigen Café ist der perfekte Ort, um eine *salade niçoise* oder jeden anderen der frischen und leckeren französischen Klassiker zu genießen. Wer mit *steak frites* oder einer *terrine* nicht glücklich wird, für den gibt es auch

SHOPPING-SAFARI

Östlich von Seminyak und Kerobokan stehen an mehreren Straßen alle möglichen interessanten Geschäfte, die Haushaltswaren, Glaskugeln, Stoffe und andere faszinierende Waren herstellen und verkaufen. Vom Gefängnis in Kerobokan geht es auf der Jalan Gunung Tangkuban Perahu etwa 2 km nach Osten und dann weiter Richtung Süden auf der – Achtung! – Straße mit demselben Namen (schließlich sind wir auf Bali).

Eine kaufwütige Freundin nennt diese bestimmte Jalan Gunung Tangkuban Perahu „die Straße des Staunens"; hier ist eine Ansammlung von Geschäften mit alter Seemannsausrüstung und primitiver Kunst zu finden. Weiter südlich wird sie zur Jalan Gunung Athena mit Haushaltswaren und Kunst, führt dann als Jalan Kunti II nach Osten und endet schließlich an der belebten Kreuzung mit Jalan Sunset und Jalan Kunti.

Yoga Batik (Jl Gunung Athena; ⌚9–18 Uhr) Eine riesige Vielfalt der typisch indonesischen Stoffe.

Rainbow Tulungagung (Jl Gunung Athena; ⌚9–18 Uhr) Handwerkskunst aus Marmor und Stein. Die Seifenspender kann man leicht mit nach Hause nehmen.

My Basket Bali (☎0361-994 3683; Jl Gunung Athena 39B; ⌚9–18 Uhr) Alles, was aus Fasern gewebt werden kann, ist hier zu finden. Die Körbe sehen gut aus und sind praktisch.

Victory Art (☎0817 569 631; Jl Gunung Tangkuban Perahu; ⌚9–18 Uhr) Das Eckgeschäft ist vollgestopft mit faszinierenden Arbeiten neuer Kunst. Verschiedenartige primitive Gesichter glotzen aus dem Warenangebot hervor, das von indigenen Kulturen aus ganz Indonesien inspiriert ist.

asiatisch angehauchte Gerichte. Das Lokal teil sich den Standort mit dem Antiquitätengeschäft Pourquoi Pas.

Ausgehen & Nachtleben

Einige der trendigeren Restaurants in Kerobokan verfügen über schicke Bars, die abends länger geöffnet bleiben.

★ **Potato Head** CLUB
(☎0361-473 7979; www.ptthead.com; Jl Petitenget; ⌚11–2 Uhr; 📶) Balis bekanntester Beach-Club ist auch einer der besten. Wer vom Strand oder über die lange Zufahrt von der Jalan Petitenget hierher kommt, findet vielfältige Vergnügen vom verlockenden Pool bis zum todschicken Restaurant und reichlich Loungemöbel und Rasenflächen, um am Abend unter den Sternen abzuhängen.

Mirror CLUB
(☎0811 399 3010; www.facebook.com/mirrorbali; Jl Petitenget 106; ⌚Mi–Sa 23–4 Uhr) Der ziemlich neue Club steht bei den in Südbali lebenden Ausländern hoch im Kurs; ihnen gehören möglicherweise die Designerläden, die andere Gäste ein paar Stunden früher aufgesucht haben. Die Innenräume wirken ein bisschen wie ein Gemäuer aus einem Harry-Potter-Buch. Mainstream-Electronica plärren aus dem Soundsystem.

Pantai BAR
(Batubelig Beach; ⌚9–21 Uhr) Die Behörden lassen die improvisierten Trinkbuden, die an diesem einladenden Strandabschnitt gleich nördlich des W Bali Hotels auftauchen, regelmäßig einreißen. Aber das Pantai, mit seinen bunt zusammengewürfelten Tischen und der prächtigen Sicht auf die Brandung und den Sonnenuntergang, hatte bisher mehr Leben als eine Katze und bietet seinen Gästen auch weiterhin hartnäckig günstige Getränke an.

Shoppen

Rund um die trendigen Restaurants an der Jalan Petitenget haben sich etliche Boutiquen angesiedelt. Die Jalan Raya Kerobokan, die von der Jalan Sunset nach Norden führt, lockt mit interessanten Geschäften, die vornehmlich Deko- und Haushaltsartikel führen. An der Jalan Raya Mertanadi reihen sich ständig wechselnde Läden mit Haushaltswaren aneinander, viele von ihnen sind mehr Werkstatt als Verkaufsraum.

★ **Purpa Fine Art Gallery** KUNST
(☎0819 9940 8804; www.purpagallerybali.com; Jl Mertanadi 22; ⌚Di–Sa 10–18 Uhr) Diese alteingesessene Galerie hat einige der allerbesten balinesischen Künstler ausgestellt bis hin zu den bekanntesten Namen aus den 1930er-

Jahren wie Spies, Snell and Lempad. In regelmäßigen Abständen werden Sonderausstellungen präsentiert.

★ Bathe SCHÖNHEIT, HAUSHALTSWAREN
(☎0811 388 640; www.bathestore.com; Jl Batu Belig 88; ⊙7–22 Uhr) Handgemachte Kerzen, Lufterfrischer, Öle zur Aromatherapie, duftende Badesalze und Haushaltswaren aus diesem Laden, der wie eine französische Apotheke aus dem 19. Jh. wirkt, intensivieren noch die romantische Atmosphäre einer Villa. Das Geschäft befindet sich zwischen hochpreisigen Boutiquen.

Tulola SCHMUCK
(☎0361-473 0261; www.shoptulola.com; Jl Petitenget; ⊙10–20 Uhr) Dies ist der Schmuckladen des bekannten balinesisch-amerikanischen Designers Sri Luce Rusna. Luxusartikel werden auf Bali hergestellt und in dieser exklusiven Boutique präsentiert.

Ayun Tailor BEKLEIDUNG
(☎0821 8996 5056; Jl Batubelig; ⊙10–18 Uhr) Ayun ist eine ausgezeichnete Schneiderin. Man braucht nur in einem von Balis zahlreichen Textilkaufhäusern Batik oder anderen Stoff zu kaufen, und sie macht daraus ein Kleidungsstück für einen Mann, eine Frau oder ein Kind. Man kann auch sein Lieblingshemd mitbringen, damit sie eine Kopie herstellt. Tolle Preise.

Mercredi HAUSHALTSWAREN
(☎0812 4634 0518; Jl Petitenget; ⊙9–19 Uhr) Modische Kissen, mit denen sich jedes langweilige Sofa in ein sprühendes Mode-Statement verwandeln lässt, zählen zu jenen Artikeln, die in diesem stilvollen Laden mit hübsch gestalteten Haushaltswaren zum Kauf feilgeboten werden.

Kevala Home HAUSHALTSWAREN
(☎0361-473 5869; www.kevalaceramics.com; Jl Batubelig; ⊙10–20 Uhr) Die auf Bali entworfene und hergestellte hochwertige Keramik ist ein hervorragendes Beispiel der einheimischen Töpferkunst.

Geneva Handicraft Centre KUNST & KUNSTHANDWERK
(☎0361-733582; www.genevahandicraft.com; Jl Raya Kerobokan 100; ⊙9–20 Uhr) Touristen-Vans parken in großer Zahl auf der weiten Fläche vor diesem vielstöckigen Kaufhaus mit indonesischem Kunsthandwerk. Und das mit gutem Grund: Die Qualität ist gut, die festgesetzten Preise sind fair.

Tribali SCHMUCK
(☎0818 0541 5453; Jl Petitenget 12B; ⊙10–20 Uhr) Rustikaler Schmuck und Accessoires mit einem Luxus-Hippy-Flair werden in derben Schaukästen gezeigt.

Carga HAUSHALTSWAREN
(☎0361-847 8180; Jl Petitenget 886; ⊙9–21 Uhr) Dieser wunderschöne Laden liegt in ausreichender Entfernung von der Kakophonie der Jalan Petitenget in einem alten, von Palmen beschatteten Haus. Die hier angebotenen Haushaltswaren – von schick bis skurril – stammen aus ganz Indonesien.

Pourquoi Pas ANTIQUITÄTEN
(Jl Raya Mertanadi; ⊙9–19 Uhr) Der französischen Familie, die hinter L'Assiette (S. 100) steht, gehört auch das angrenzende Antiquitätengeschäft. Es steckt voller Schätze und stammt aus allen Regionen der indonesischen Inselwelt und Südostasiens.

Hobo HAUSHALTSWAREN
(☎0361-733369; www.thehobostore.com; Jl Raya Kerobokan 105; ⊙9–20 Uhr) In dem verführerischen Laden voller Geschenke und Haushaltsartikel mischt sich Elegantes mit Schrulligem. Die meisten Sachen möchte man gleich in den Einkaufskorb packen.

Namu BEKLEIDUNG
(☎0361-279 7524; www.namustore.com; Jl Petitenget 23X; ⊙9.30–20 Uhr) Die Designerin Paola Zancanaro entwirft bequeme und lässige Freizeitkleidung für Damen und Herren, die auch im Urlaub Wert auf Stil legen. Die Stoffe sind wunderbar griffig, oft handelt es sich um handbemalte Seide.

JJ Bali Button KUNST & KUNSTHANDWERK
(Jl Gunung Tangkuban Perahu; ⊙9–17 Uhr) Unzählige Perlen und Knöpfe aus Muscheln, Plastik, Metall und anderen Materialien gibt es in diesem Geschäft, das auf den ersten Blick wie ein Bonbonladen aussieht. Kunstvoll geschnitzte Holzknöpfe kosten etwa 800 Rp. Manches Kind musste hier schon „bestochen" werden, damit es weiterging.

You Like Lamp HAUSHALTSWAREN
(☎0361-733755; Jl Raya Mertanadi; ⊙9–19 Uhr) Aber ja, machen wir. Alle Arten von reizenden kleinen Papierlampions – viele sind für Teelichter geeignet – werden hier billig gleich tütenweise verkauft. Das Gewünschte ist nicht zu finden? Die Mitarbeiter, die auf dem Boden sitzend für Nachschub sorgen, werden es sofort anfertigen.

Nôblis HAUSHALTSWAREN
(☎0813 3767 2012; Jl Raya Mertanadi 54; ⊙9–19 Uhr) Inmitten der königlichen Deko-Artikel aus aller Welt kann sich der Kunde als Hoheit fühlen. Der Laden hat eine eigene Linie auffälliger Möbelstücke.

Praktische Informationen

Central Kuta Money Exchange (www.centralkutabali.com; Jl Raya Kerobokan 51; ⊙8.30–21 Uhr) Zuverlässige Wechselstube.

ChannelOne (☎0878 6204 3224; www.channel1.biz; Jl Sunset 100X) Bietet kompletten Einwanderungsservice, Visa-Verlängerungen und vieles mehr.

An-& Weiterreise

Obwohl der Strand verlockend nahe zu sein scheint, führen doch nur wenige Straßen und Gassen von Osten aus tatsächlich dorthin. Auf der Jalan Raya Kerobokan kann es zu längeren, abgasgeschwängerten Verkehrsstaus kommen.

Der Kura-Kura-Touristenbus (S. 452) befährt eine Route, die Seminyak mit Umalas im Norden und Kuta im Süden verbindet, allerdings nur unregelmäßig.

Taxis mit Taxameter kann man problemlos heranwinken. Eine Fahrt vom Flughafen mit dem Airporttaxi-Kartell kostet um 160 000 Rp; ein reguläres Taxi zum Flughafen etwa 100 000 Rp. Man kann dem Verkehr ein Schnippchen schlagen, das Klima schonen und einen schönen Spaziergang machen: Ganz einfach am Strand entlanglaufen; Legian liegt nur etwa 15 Minuten entfernt. Blue Bird (S. 453) bietet erfahrungsgemäß den zuverlässigsten Service.

Unterwegs vor Ort

Bali Bike Rental (☎0361-300 3533; www.balibikerental.com; Jl Raya Kerobokan 71; Miete pro Tag ab 9 US$; ⊙10–22 Uhr) Eine Alternative zu den Tausenden selbstständiger Motorradverleiher auf Bali. Für den Aufpreis bekommt man ein Motorrad in Topzustand mit Extras wie besonders sauberen Helmen, Bereitschaftsdienst und mehr. Auch schnellere, leistungsstärkere Motorräder stehen bereit.

Canggu & Umgebung

Die Region Canggu, nördlich und westlich von Kerobokan, ist das Gebiet auf Bali, das am schnellsten wächst. Ein Großteil der Erschließung konzentriert sich auf den Bereich entlang der Küste und ist mit dem endlos langen Strand verbunden, der trotz ungezügelter Bautätigkeit weitgehend menschenleer erscheint. Kerobokan geht landeinwärts in Umalas und nach Westen zu in Canggu über, während das benachbarte Echo Beach eine einzige Baustelle ist.

Abgeschottete Villen locken auf Bali lebende Ausländer an, die auf Motorrädern oder in klimatisiertem Komfort an den verbliebenen Reisbauern vorbeibrausen. Der Verkehr könnte die ultimative Rache des gemeinen Bürgers sein: Der Straßenbau hinkt ein Jahrzehnt hinter den Siedlungsbau her. Inmitten dieses Labyrinths aus allzu engen Gassen finden sich unkonventionelle Cafés, trendige Restaurants und ansprechende Geschäfte. Immer dem Rauschen der Brandung nach geht es zu herrlichen Stränden wie dem in Batu Bolong.

Um bei den ständigen Neueröffnungen einigermaßen auf dem Laufenden zu bleiben, besucht man am Besten die Website www.cangguguide.com.

Umalas

Nördlich von Kerobokan wechseln sich Villen von auf Bali lebenden Ausländern mit Reisfeldern ab. Unterwegs warten in den Seitenstraßen nette Überraschungen wie ein hübscher Warung oder ein wunderbar exzentrisch wirkender Laden.

Geführte Touren

★ **Bali Bike Hire** RADFAHREN
(☎0361-202 0054; www.balibikehire.com; Jl Raya Semer 61; Miete pro Tag ab 60 000 Rp) In diesem Laden, der von leidenschaftlichen Fahrradfreaks betrieben wird, hat man die Qual der Wahl zwischen verschiedenen Bikes in Topqualität. Die Inhaber haben jede Menge Tipps, wie man über Balis oftmals kurvenreiche Straßen navigiert, und bieten ausgezeichnete geführte Touren an.

Essen

In den kleinen Straßen östlich der Jalan Raya Kerobokan kann man interessante Warungs entdecken, in denen abwechslungsreiche Küche auf den Tisch kommt.

★ **Nook** INTERNATIONAL $$
(☎0813 3806 0060; www.facebook.com/nookbali; Jl Umalas I; Hauptgerichte 40 000–160 000 Rp; ⊙8–23 Uhr; 📶) Das entspannte Open-Air-Café, sehr hübsch inmitten der Reisfelder gelegen, ist wegen seiner kreativen Herangehensweise an die asiatische und westliche Küche beliebt. Das moderne Flair mischt sich mit tropischen Aromen. Außerdem gibt

es gutes Frühstück und Burger. Am schönsten sitzt man an den Tischen, die sich auf der hinteren Holzterrasse befinden.

Bali Buda CAFÉ $$
(☎0361-844 5935; www.balibuda.com; Jl Banjar Anyar 24; Hauptgerichte ab 35 000 Rp; ⏰8–22 Uhr; ❄📶🖉) Die ansprechende Außenstelle des Originals in Ubud verkauft all die ausgezeichneten Backwaren und Bio-Lebensmittel, die man erwarten kann. Das kleine Café serviert gesunde Säfte und Smoothies plus eine Auswahl an überwiegend vegetarischer Küche. Wie wäre es beispielsweise mit einem Stopp zum Frühstück auf dem Weg zum Tanah Lot? Zu einem Zeitpunkt, an dem die meisten Leute den Tempel besuchen – am Vormittag.

Shoppen

Reza Art 2 ANTIQUITÄTEN
(☎0821 9797 4309; Jl Mertasari 99; ⏰10–18 Uhr) Unmengen von Lampen in vielen Größen wechseln sich in diesem Laden, der mehr einer Schatzsuche als einem Einzelhandelsgeschäft ähnelt, mit maritimen Antiquitäten und Krimskrams (z. B. alte Schiffstelegrafen und Steuerruder) ab.

Canggu

Canggu ist eher eine Geisteshaltung als ein Ort. Es ist der Allerweltsname für ein Gebiet voller Villen zwischen Kerobokan und Echo Beach. Hier ist eine stets verlockende Ansammlung von Betrieben, besonders von entspannten Cafés, vorhanden.

Drei größere Strips haben sich herausgebildet, und alle führen zu den Stränden hinunter: zwei entlang der gewundenen Jalan Pantai Berawa und einer an der Jalan Pantai Batu Bolong. Als Destination für einen längeren Aufenthalt oder für Tagesausflüge aus anderen Teilen Balis ist das Gebiet sehr beliebt. Ein etwa 1 km langer Abschnitt der Jalan Pantai Berawa, die in der Nähe des Canggu Clubs verläuft, bildet das eigentliche Zentrum von Canggu.

Strände

Die Strände des Canggu-Gebiets setzen den Sandstreifen fort, der in Kuta beginnt. Die Bandbreite reicht vom angesagten Platz zum Abhängen bis zu fast menschenleeren Stellen – Letztere sind oft schon zehn gemächliche Gehminuten von den stark bevölkerten Abschnitten entfernt zu finden.

★ Batu Bolong Beach STRAND
Der Strand in Batu Bolong ist der beliebteste in der Region Canggu. Dort findet sich sehr oft eine gute Mischung aus Einheimischen, auf Bali lebenden Ausländern und Besuchern ein, die in den Cafés abhängen, surfen oder dem Geschehen vom Strand aus zuschauen. Man kann sich Strandliegen und Sonnenschirme ausleihen, und überall sind Bierverkäufer zu sehen.

Man kann Surfboards mieten (100 000 Rp pro Tag) und Surfunterricht nehmen. Dominiert wird die Gegend von der jahrhundertealten Anlage Pura Batumejan.

Berawa Beach STRAND
(Parken Motorrad/Auto 2000/3000 Rp) Berawa Beach (auf einigen Schildern steht „Brawa Beach") besitzt ein paar Surfercafés an der aufgewühlten See. Der graue vulkanische Sand fällt steil ins schäumende Wasser ab. Hinter Finn's Beach Club (S. 109) liegt der riesige Besitz des Modemachers Paul Ropp.

Nelayan Beach STRAND
Eine Ansammlung von Fischerbooten und Hütten markiert diesen sanften Strandabschnitt in Nelayan Beach gegenüber dem „Villenland". Abhängig vom Wasserstand des Flusses ist ein Spaziergang von hier zu den Stränden in Prancak und Batu Bolong leicht möglich.

Prancak Beach STRAND
Einige Getränkeverkäufer und ein großer Parkplatz sind die wesentlichen Versorgungseinrichtungen an diesem Strand, der meist ziemlich leer bleibt. Der große Tempel ist der Pura Dalem Prancak. Am Berawa Beach bietet sich ein netter, 1 km langer Spaziergang über den von Wellen umtosten Sand an. Bekannt ist er für die spontanen Volleyball-Matches.

Sehenswertes

Pura Batumejan HINDUTEMPEL
(Pantai Batu Bolong) Oberhalb des Batu Bolong Beach steht die jahrhundertealte Anlage Pura Batumejan mit einem faszinierenden pagodenähnlichen Tempel.

Pura Dalem Prancak HINDUTEMPEL
(Pantai Prancak) Der große Tempel ist häufig Schauplatz umfangreicher Zeremonien.

Aktivitäten

Als beliebter Surf-Spot ziehen die Strände in der Canggu-Gegend am Wochenende viele

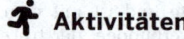

Canggu & Echo Beach

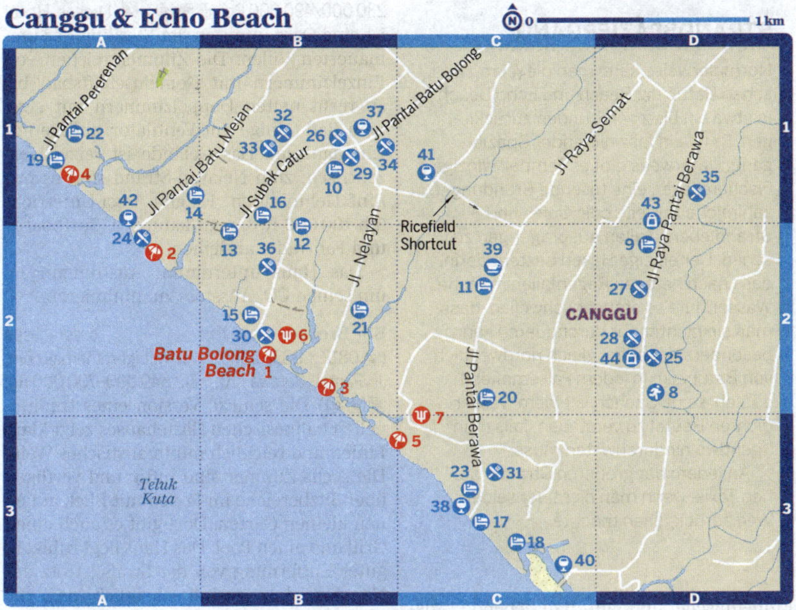

Canggu & Echo Beach

Highlights
1 Batu Bolong Beach B2

Sehenswertes
Berawa Beach .... (s. 17)
2 Echo Beach A2
3 Nelayan Beach B2
4 Pererenan Beach A1
5 Prancak Beach C3
6 Pura Batumejan B2
7 Pura Dalem Prancak C3

Aktivitäten, Kurse & Touren
8 Canggu Club D2

Schlafen
9 Big Brother Surf Inn D2
10 Calmtree Bungalows B1
11 Canggu Surf Hostel C2
12 Coconuts Guesthouse Canggu B2
13 Echo Beach Resort B2
14 Echoland A1
15 Hotel Tugu Bali B2
16 Koming Guest House B1
17 Legong Keraton C3
18 Lv8 Resort Hotel C3
19 Pondok Nyoman Bagus A1
20 Sedasa C2
21 Serenity Eco Guesthouse B2
22 Surfers Paradise A1
23 Widi Homestay C3

Essen
24 Beach House A2
Betelnut Cafe .... (s. 10)
25 Bungalow D2
26 Deus Ex Machina B1
Dian Cafe .... (s. 24)
27 Green Ginger D2
28 Indotopia D2
29 Monsieur Spoon B1
30 Old Man's B2
31 One Eyed Jack C3
32 Salumeria Tanah Bara B1
33 Shady Shack B1
34 Warung Bu Mi B1
35 Warung Goûthé D1
36 Warung Varuna B2

Ausgehen & Nachtleben
37 Black Shores B1
38 Finn's Beach Club C3
39 Hungry Bird C2
Ji .... (s. 15)
40 La Laguna C3
41 Pretty Poison C1
42 Sand Bar A1

Shoppen
Dylan Board Store .... (s. 29)
43 It Was All a Dream D1
44 Ivy & Isabel D2

STRANDSPAZIERGANG

Normalerweise kann man die 4 km zwischen Batubelig Beach und Echo Beach in etwa ein bis zwei Stunden zurücklegen. Es ist ein faszinierender Spaziergang: Unterwegs gibt es Tempel, winzige Fischereilager, eine tosende Brandung, zahlreiche Surfer, coole Cafés und Strandleben in allen Ausprägungen zu sehen. Der einzige Haken besteht darin, dass nach heftigen Regenfällen manche Wasserläufe so stark anschwellen, dass man sie nicht mehr durchqueren kann, besonders derjenige gleich nordwestlich von Batubelig. In jedem Fall empfiehlt es sich, seine Sachen in einem wasserdichten Beutel zu verstauen, falls man irgendwo hindurchwaten muss.

An jedem der größeren Strände stehen Taxis, wenn man nicht denselben Weg zurückgehen möchte.

Einheimische und auf Bali lebende Ausländer an. Die Zufahrt zu den Parkplätzen kostet normalerweise 5000 Rp; es gibt Cafés und Warungs für alle, die sich im Wasser oder beim Zuschauen Appetit geholt haben.

Canggu Club GESUNDHEIT & FITNESS
(☎0361-848 3939; www.cangguclub.com; Jl Pantai Berawa; Tagespass Erw./Kind 300 000/ 180 000 Rp; ⊙6–22 Uhr) Balis Expats spielen im Canggu Club Federball bis zum Umfallen. Der Club ist die New-Age-Version einer Anlage, die man während des Raj erwartet hätte. Die riesige, perfekt begrünte Rasenfläche ist fürs Krocketspiel sorgfältig gepflegt. Auch Gäste können bei Tennis, Squash, Polo oder Kricket, im Spa oder im 25-m-Becken ins Schwitzen kommen. Bei vielen Villen ist der Gästepass in der Miete enthalten. Beliebt ist der grellbunte **Splash Waterpark**.

Schlafen

In Canggu gibt es alle Arten von Unterkünften. Die Anzahl der Gästehäuser, die sich „Surf Camps" nennen, hat sich stark erhöht. Für längerfristige Aufenthalte kann man sich nicht nur online informieren, sondern auch das Schwarze Brett im Warung Varuna (S. 107) konsultieren.

Serenity Eco Guesthouse GUESTHOUSE $
(☎0361-846 9257; www.serenityecoguesthouse.com; Jl Nelayan; B/EZ/DZ inkl. Frühstück 200 000/ 230 000/490 000 Rp; ❄📶🏊) 🍃 Dieses Hotel ist eine Oase inmitten der Sterilität der ummauerten Villen. Die Zimmer reichen von Einzelzimmern mit Gemeinschaftsbad bis zu recht netten Doppelzimmern mit eigenem Bad (einige mit Ventilator, andere mit Klimaanlage). Das Gelände ist reizvoll exzentrisch; zum Nelayan-Strand sind es nur fünf Gehminuten. Es gibt Yoga-Unterricht (ab 100 000 Rp), man kann u. a. Surfboards und Fahrräder ausleihen.

Das Haus unternimmt Anstrengungen, um seinen CO_2-Ausstoss zu minimieren.

Big Brother Surf Inn GUESTHOUSE $
(☎0812 3838 0385; www.bigbrotherbali.com; Jl Pantai Berawa 20; Zi. 540 000–700 000 Rp; ❄📶🏊) Die schicke Version eines traditionellen balinesischen Gästehauses zeigt klare Linien und reichlich minimalistisches Weiß. Die sechs Zimmer sind luftig und verfügen über Sitzbereiche im Freien mit Blick auf einen kleinen Garten. Dort gibt es auch einen Grill und einen Pool. Das Haus liegt ruhig, in guter Entfernung von der Straße; trotz des Namens ist es unwahrscheinlich, dass die Albernheiten der Gäste in einer TV-Realityshow zu sehen sein werden.

Canggu Surf Hostel HOSTEL $
(☎0813 5303 1293; www.canggusurfhostels.com; Jl Raya Semat; B 120 000–150 000 Rp, Zi. 400 000 Rp; ❄📶🏊) Das gut ausgestattete Hostel hat zwei Standorte; einer liegt um die Ecke an der Jalan Pantai Berawa. Es gibt Schlafräume mit sechs und vier Betten und separate Zimmer. Die Gäste können sich an den zahlreichen Gemeinschaftsbereichen, Pools, Küchen und dem abschließbaren Surfboard-Abstellraum erfreuen.

Widi Homestay HOMESTAY $
(☎0819 3626 0860; widihomestay@yahoo.co.id; Jl Pantai Berawa; Zi. ab 250 000 Rp; ❄📶) Hier herrscht keine falsche Hipster-Atmosphäre mit aufgesetzten nihilistischen Plattitüden; es handelt sich einfach um eine makellos saubere, freundliche familiengeführte Privatunterkunft. Die vier Zimmer verfügen über warmes Wasser und Klimaanlage; der Strand liegt knapp 100 m entfernt.

★ **Sedasa** BOUTIQUEHOTEL $$
(☎0361-844 6655; www.sedasa.com; Jl Pantai Berawa; Zi. inkl. Frühstück 450 000–850 000 Rp; ❄📶🏊) Das Sedasa, zugleich intim und stilvoll, besitzt eine zurückhaltende balinesische Eleganz. Die zehn großen Zimmer blicken auf einen kleinen Pool und sind mit

Designermöbeln ausgestattet. Die Sitzsäcke auf der Dachterrasse sind ein netter Platz, um mit einem Buch zu entspannen. Unten gibt es ein Bio-Café. Zu Fuß sind es fünf Minuten bis zum Strand; außerdem gibt es einen Fahrradverleih und einen Shuttle-Dienst nach Seminyak – beides kostenlos.

Calmtree Bungalows GUESTHOUSE $$
(☎0851 0074 7009; www.thecalmtreebungalows.com; Jl Pantai Batu Bolong; Zi. ab 600 000 Rp;) Mitten im wachsenden Zentrum von Batu Bolong bietet der Familienbetrieb acht Wohneinheiten im traditionellen Stil rund um einen Swimmingpool. Innerhalb der strohgedeckten Wände verbindet sich Rustikales mit Modernität. Die Badezimmer liegen im Freien. Es gibt keine Klimaanlage, aber Ventilatoren – passend zur Atmosphäre. Tolle Servicekräfte.

Coconuts Guesthouse Canggu GUESTHOUSE $$
(☎0878 6192 7150; www.coconutsguesthouse.com; Jl Pantai Batu Bolong; Zi. ab 750 000 Rp;) Die fünf luftigen Zimmer in dem modernen Gästehaus verfügen über viel Komfort. Einige bieten einen hübschen Blick auf die (verbliebenen) Reisfelder, alle sind mit Kühlschrank ausgestattet und haben eine entspannende Wirkung. Im Loungebereich auf dem Dach kann man die Sonnenuntergänge genießen oder in den 10-m-Pool eintauchen. Die Entfernung zum Batu-Bolong-Strand beträgt nur 700 m.

Legong Keraton HOTEL $$
(☎0361-473 0280; www.legongkeratonhotel.com; Jl Pantai Berawa; Zi. 820 000–1 400 000Rp;) Der Canggu-Boom hat die gepflegte Ferienanlage mit 40 Zimmern am Strand erreicht. Das Gelände liegt im Schatten von Palmen, der Pool grenzt an den Strand. Die besten Zimmer befinden sich in Bungalow-Einheiten mit Blick auf die Brandung. Lange lag das Hotel abgeschieden, jetzt liegt es mitten im Zentrum.

★ **Hotel Tugu Bali** HOTEL $$$
(☎0361-473 1701; www.tuguhotels.com; Jl Pantai Batu Bolong; Zi. inkl. Frühstück ab 400 US$;) Das exquisite Hotel direkt am Batu Bolong Beach verwischt die Grenzen zwischen Unterkunft und Kunstgalerie. Das gilt besonders für die Walter-Spies- und Le-Mayeur-Pavillons, in denen Erinnerungsstücke aus dem Leben der Künstler die Zimmer schmücken. Es gibt ein Spa und eine hochklassige Strandbar: Ji. Die erstaunliche Sammlung von Antiquitäten und Kunstwerken beginnt in der Lobby und zieht sich durch das gesamte Hotel.

Lv8 Resort Hotel RESORT $$$
(☎0361-894 8888; www.lv8bali.com; Jl Discovery 8; Zi. 1 300 000–3 200 000 Rp;) Direkt an einer Biegung der Lagune und gegenüber Berawa Beach macht die helle, luftige Ferienanlage das beste aus ihrem lang gestreckten, schmalen Grundstück. Auch die kleinsten der 124 Zimmer sind groß, haben Balkons und Sitzecken. Von einigen Zimmern hat man einen weiten Meerblick, zu anderen gehört ein eigenes Tauchbecken.

Essen

In Canggu sind einige der innovativsten und erschwinglichsten Lokale auf Bali zu finden. Am besten schaut man sich an den größeren Straßen um, denn hier scheinen täglich neue Cafés und Restaurants zu öffnen.

Warung Varuna INDONESISCH $
(☎0818 0551 8790; Jl Pantai Batu Bolong 89A; Hauptgerichte 20 000–40 000 Rp; ⏲8–22 Uhr) Das günstigste Angebot für tolles einheimisches Essen in Strandnähe: Das Varuna kombiniert ausgezeichnete balinesische Gerichte mit einem Herz für Surfer. Das Nasi goreng (gebratener Reis) gibt es in mehreren kreativen Versionen; im Angebot sind auch Säfte, Smoothies und Jaffles. Der Warung serviert außerdem gutes, herzhaftes westliches Frühstück. Am Schwarzen Brett hängen viele Listen mit Mietangeboten für Villen und Zimmer.

Warung Bu Mi INDONESISCH $
(☎0857 3741 1115; Jl Pantai Batu Bolong 52; Mahlzeiten 25 000–40 000 Rp; ⏲8–22 Uhr) Klassisches balinesisches Warung-Essen. Die Gäste können sich eine Reisvariante aussuchen (z. B. den lokalen Favoriten nussig-rot) und dann aus der Vitrine aus verschiedenen Gerichten etwas zusammenstellen. Unbedingt die frittierten Maisbällchen probieren! Der schlichte, saubere Innenraum ist mit langen Tischen eingerichtet.

Bungalow CAFE $
(☎0361-844 6567; www.bungalowlivingbali.com; Jl Pantai Berawa; Hauptgerichte ab 30 000 Rp; ⏲Mo–Sa 8–18 Uhr;) Dieses Café steht gerade weit genug von der Straße entfernt, dass die Gäste nicht in einer Abgaswolke sitzen. Dass es zum gleichnamigen Einrichtungskaufhaus gehört, ist leicht am stilvollen Retrochic zu erkennen. Die Gäste können

auf der Veranda mit ihrer wackeligen Holzumrandung entspannen und sich an der riesigen Auswahl an Kaffeegetränken, Säften, Smoothies, Sandwiches, Salaten und Desserts erfreuen.

Indotopia ASIATISCH $
(☎0822 3773 7760; Jl Pantai Berawa 34; Hauptgerichte ab 30 000 Rp; ⏲8–22 Uhr; 📶) Die Reisnudelsuppen *(pho)*, die in dem auch als „Warung Vietnam" bekannten Laden in Schalen serviert werden, sind einfach köstlich. Reichlich gutes Rindfleisch verbindet sich mit perfekten Nudeln und duftendem Gemüse. Darf es etwas Süßes sein? Dann sind Saigon Bananen-Crêpes zu empfehlen.

Betelnut Cafe CAFÉ $
(☎0821 4680 7233; Jl Pantai Batu Bolong; Hauptgerichte ab 45 000 Rp; ⏲7–22 Uhr; ❄📶) Das strohgedeckte Café mit einem freundlichen Freiluftspeisesaal im Obergeschoss verströmt ein Hippie-Flair. Die Karte tendiert Richtung gesunde Küche, aber auch wieder nicht zu sehr – wer mag, bekommt auch Pommes frites. Es gibt Säfte und viele gemüselastige Hauptgerichte, außerdem leckere Backwaren und nette Shakes.

Monsieur Spoon CAFÉ $
(Jl Pantai Batu Bolong; Snacks ab 20 000 Rp; ⏲6–21 Uhr; ❄) Wunderbare Backwaren im französischen Stil – das Mandelcroissant schmeckt großartig – sind die Spezialität dieser kleinen balinesischen Café-Kette. Hier kann man Gebäck, Sandwiches aus perfekt gebackenem Brot und feine Kaffeegetränke an einem Tisch im Garten oder im Innenraum genießen.

Green Ginger ASIATISCH $
(☎0878 6211 2729; Jl Pantai Berawa; Mahlzeiten ab 40 000 Rp; ⏲8–21 Uhr; 📶🖉) Das attraktive kleine Restaurant am sich rasch wandelnden Strip in Canggu ist auf frische, leckere vegetarische Speisen und Nudelgerichte aus ganz Asien spezialisiert.

★ **One Eyed Jack** JAPANISCH $$
(☎0819 9929 1888; www.oneeyedjackbali.com; Jl Pantai Berawa; ⏲17–24 Uhr) *Izakaya*, die japanische Art des Kneipenbesuchs, bei dem Gruppen von Freunden gemeinsam trinken und sich das Essen auf Gemeinschaftstellern teilen, wird in diesem wunderbaren kleinen Restaurant beispielhaft umgesetzt. Der Küchenchef ist ein Veteran des international bejubelten Nomu; die Gerichte sind hervorragend. Winzige Appetithappen im Taco-Stil, Hähnchen-*tsukune*-Slider und Brötchen mit gegrilltem Schweinefleisch verleiten dazu, auch noch eine zweite Portion zu bestellen. Nicht zu vergessen die Cocktails auf Teebasis.

★ **Warung Goûthé** BISTRO $$
(☎0878 8947 0638; www.facebook.com/warunggouthe; Jl Pantai Berawa 7A; Hauptgerichte ab 60 000 Rp; ⏲Mo–Sa 9–17 Uhr) Hervorragend zubereitete und angerichtete leckere Mahlzeiten sind das Markenzeichen dieses Cafés mit offener Front. Die sehr kleine Speisekarte wechselt täglich und richtet sich nach dem, was frisch zu haben ist. Die französischen Besitzer können ein einfaches Hähnchen-Sandwich zu einem unvergesslichen Geschmackserlebnis erheben. Allein die Desserts sind ein Grund vorbeizuschauen, wenn man in der Nähe ist.

★ **Deus Ex Machina** CAFÉ $$
(Temple of Enthusiasm; ☎0811 388 150; www.deuscustoms.com; Jl Batu Mejan 8; Hauptgerichte 60 000–170 000 Rp; ⏲7–23 Uhr; 📶) Die surreale Location inmitten der Reisfelder von Canggu hat viele Gesichter. Für hungrige Gäste ist es ein Restaurant-Café plus Bar, für Kauflustige ein Modelabel, für Kulturinteressierte eine Galerie mit aktueller Kunst, für Musikliebhaber ein Veranstaltungsort für Live-Auftritte (Sonntagnachmittag) lokaler Punk-Bands, für Biker ist es ein Motorradladen nach Maß; wer sich den Bart stutzen lassen möchte, für den ist es ein Barbier …

★ **Old Man's** INTERNATIONALE KÜCHE $$
(☎0361-846 9158; www.oldmans.net; Jl Pantai Batu Bolong; Hauptgerichte ab 50 000 Rp; ⏲8–24 Uhr) In dem beliebten Biergarten mit Blick auf den Batu Bolong Beach fällt die Entscheidung nicht leicht, wo man sich hinsetzen möchte, um einen Drink zu genießen. Das Essenangebot zur Selbstbedienung zielt auf Surfer und Möchtegern-Surfer ab: Burger, Pizza, Fish & Chips, Salate. Die Mittwochabende sind eine Institution, aber auch freitags (Live Rock 'n' Roll) und sonntags (DJs) geht die Post ab.

Ausgehen & Nachtleben

Abends schnappt man sich einfach ein Bier von einem fliegenden Händler am Strand oder schlägt in einem der Beach Clubs oder der Esslokale auf. Die Party endet ziemlich früh; wer länger unterwegs sein möchte, muss Richtung Süden ziehen.

★ **Black Shores** BAR

(☎0813 3987 4055; Jl Batu Bolong; ⏰16–24 Uhr) Eine entspannte Bar mit einer unverfälschten Canggu-Atmosphäre. Kreative Barkeeper mixen kräftig akoholische, frische und oftmals fruchtige Drinks zusammen. Regelmäßige Live-Auftritte (normalerweise am Freitagabend) präsentieren Spitzenbands aus dem Ausland. Wenn es voll wird, wirkt es wie eine große Hausparty am Strand – und das ist es in gewisser Weise auch.

Ji BAR

(☎0361-473 1701; www.jiatbalesutra.com; Jl Pantai Batu Bolong, Hotel Tugu Bali; ⏰17–23 Uhr) Das Ji, ohne weiteres die verlockendste Bar in Canggu, ist eine Fantasie aus historischen chinesischen und balinesischen Holzschnitzereien und reichhaltiger Dekoration. Von der Terrasse im ersten Stock hat man einen wunderschönen Blick, den man bei exotischen Cocktails, Sake und japanischen Häppchen genießen kann.

Pretty Poison BAR

(☎0812 4622 9340; Jl Subak Canggu; ⏰16–24 Uhr) Die Bar des Pretty Poison blickt auf einen traditionellen Skate Bowl aus den 1980er-Jahren; das Surfboard ist also nicht das einzige Board, das hier zur Geltung kommt. Der seit Langem auf Bali lebende australische Surfer Maree Suteja ist der Betreiber dieser Bar; sie ist ein wunderbarer Ort zum Abhängen bei günstigem Bier und Live-Bands. Da wir uns in Canggu befinden, werden Kleidungsstücke mit dementsprechendem Logo verkauft. Das Pretty Poison liegt in der Nähe des chaotischen Shortcuts durch die Reisfelder.

Hungry Bird CAFÉ

(☎0898 619 1008; www.facebook.com/hungrybirdcoffee; Jl Raya Semat 86; ⏰Mo–Sa 8–17 Uhr; 📶) Als einer der wenigen echten Third-Wave-Kaffeeröster auf Bali braut das Hungry Bird ausgezeichneten sortenreinen Kaffee. Der javanische Besitzer weiß unglaublich viel über dieses Thema und röstet vor Ort Bohnen aus ganz Indonesien; Kaffeeverkostungen (cupping sessions) sind möglich, wenn man sich vorher telefonisch anmeldet. Auch das Essen ist hervorragend (Bio-Eier und Backwaren); das Lokal eignet sich perfekt für einen Brunch.

Finn's Beach Club BAR

(☎0361-844 6327; www.finnsbeachclub.com; Jl Pantai Berawa; ⏰7–24 Uhr; 📶) Finn's, ein riesiges aus Bambus gebautes Ungetüm, beherrscht diesen Strandabschnitt. Es existiert ein riesiger Swimmingpool und ein anregendes Soundsystem. Hipster-Typen füllen die Sitzbereiche, Gruppen auf der Jagd nach der richtigen Sonnenbräune umgeben den Swimmingpool.

Eine Tagesliege kostet ansehnliche 250 000 Rp, dafür ist immerhin ein Handtuch im Preis inbegriffen. Es gibt eine große Bar und verschiedene Leckereien, beispielsweise „nitro ice cream". Das Essensangebot bewegt sich im üblichen Rahmen (Hauptgerichte ab 130 000 Rp).

Man sollte nicht vergessen, dass der gegrillte Maiskolben, der drinnen für 60 000 Rp auf der Karte steht, bei einem fröhlichen fliegenden Händler am Strand für den erstaunlichen Touristenpreis von 10 000 Rp zu haben ist.

La Laguna COCKTAILBAR

(☎0812 3638 2272; www.facebook.com/hungrybirdcoffee; Jl Pantai Kayu Putih; ⏰11–24 Uhr; 📶) La Laguna, ein Ableger des La Favela in Seminyak (S. 93), ist eine der charmantesten Bars auf Bali. Sie kombiniert einen Beatnik-Look mit maurischen Insignien und glitzernden Minilichtern. Die Gäste können sich die vielfältige Gestaltung ansehen und auf einer Couch, einem Liegesofa, an einem Tisch im Innenraum oder einem Picknicktisch im Garten Platz nehmen. Die Drinks sind gut, das Essen ist ordentlich (Hauptgerichte ab 75 000 Rp).

Um stilvoll hierher zu kommen, geht man den Strand entlang und nimmt dann die Fußgängerbrücke über die Lagune.

🔒 Shoppen

★ **It Was All A Dream** MODE & ACCESSOIRES

(☎0811 388 3322; Jl Pantai Berawa 14B; ⏰10–19 Uhr) Hochwertige Ledertaschen, lustige Sonnenbrillen, Vintage-Jeans, Basics aus Jersey, bestickte Kaftane und einiges mehr. Diese hippe Boutique verkauft Originelles zu vernünftigen Preisen. Inhaber ist ein französisch-amerikanisches Designerpaar, das auf Bali lebt.

Dylan Board Store SPORTS & OUTDOORS

(☎0819 9982 5654; www.dylansurfboards.com; Jl Pantai Batu Bolong; ⏰10–20 Uhr) Der berühmte Big-Wave-Surfer Dylan Longbottom betreibt diesen Surfboardladen für Maßanfertigungen. Als talentierter Boardbauer entwirft er Bretter für Anfänger und Profis. Viele seiner Designs hat er auf Lager, so dass die Kunden sie gleich mitnehmen können.

Ivy & Isabel BEKLEIDUNG
(www.ivyandisabel.com; Jl Pantai Berawa; ⏲9–18 Uhr) Von einem populären Designer aus Westaustralien präsentiert dieser Laden eine ganze Linie leichter und luftiger Damenbekleidung, die zum Herumtollen am Strand entworfen ist.

Echo Beach

Mit einer der beliebtesten Surf-Breaks auf Bali hat Echo Beach in Sachen Popularität inzwischen die kritische Marke erreicht; Surfshops gibt es hier in Hülle und Fülle. Die Bautätigkeit hat dieser Gegend nicht gerade gut getan, direkt im Osten steht eine hässliche, vorübergehend ruhende Ferienanlage. Wenn es hier zu voll wird, braucht man lediglich ungefähr 200 m Richtung Osten am Strand entlang zu gehen, um für sich alleine zu sein.

Die herrlichen Sonnenuntergänge – und die hohen Wellen – locken die Massen an, die ihre von dem rosigen Schimmer gefärbten Drinks genießen.

Strände

Echo Beach STRAND
(Pantai Batu Mejan) Surfer und diejenigen, die ihnen gerne zusehen, strömen in Scharen an diesen Strand. Grund ist der High Tide Lefthander, der regelmäßig eine Höhe von über 2 m erreicht. Der graue Sand direkt vor den Bauprojekten kann bei Flut komplett verschwinden, aber östlich wie westlich davon liegen breitere Strände. Batu Bolong Beach befindet sich 500 m weiter östlich.

Schlafen

Die meisten Unterkünfte hier sind Villen oder große Gebäude, in denen mehrere Apartments untergebracht sind. Die Billig-Absteigen an der Jalan Pantai Batu Mejan sollte man jedoch meiden.

Echo Beach Resort APARTMENT $$
(☎021-781 8558; www.echobeach.co.id; Jl Mundu Catu; Apt. ab 900 000 Rp; ❄📶🏊) Die Apartmentanlage erhebt sich über die Villen rundum. Es gibt neun Wohneinheiten mit einem Schlafzimmer in verschiedenen Kategorien. Einige verfügen über Meerblick, andere über einen eigenen Pool. Alle sind mit einer Küchenzeile ausgestattet. Das Gelände ist ruhig, das Dekor hell und spartanisch. Es gibt eine schöne Dachterrasse mit weitem Blick übers Wasser. Der Strand liegt zu Fuß etwa 300 m entfernt.

Koming Guest House GUESTHOUSE $$
(☎0819 9920 0996; www.komingguesthouse.com; Jl Munduk Catu; Zi. ab 500 000 Rp; ❄📶🏊) Umgeben von anderen Villen verfügt diese hier über vier Zimmer auf zwei Etagen. Die unteren haben direkten Zugang zum Pool. Die beiden Zimmer im Obergeschoss haben Terrassen, von denen aus ein kleines Stück vom Ozean zu sehen ist. Alle sind mit Kühlschränken und einfachen Möbeln ausgestattet. Vorsicht ist bei einigen gekachelten Badezimmern geboten: Sie sind nach einem Partyabend nicht zu empfehlen.

Echoland GUESTHOUSE $$
(☎0361-887 0628; www.echolandbali.com; Jl Pantai Batu Mejan; B ab 180 000 Rp, Zi. mit Ventilator/Klimaanlage ab 435 000/500 000 Rp; ❄📶🏊) Es gibt 17 separate Zimmer und Schlafsäle in dieser kompakten zweistöckigen Anlage, die etwa 300 m vom Strand entfernt liegt. Die Lounge auf dem Dach hat einen angenehmen Schattenspender und einen schönen Ausblick. **Yogakurse** werden ab 80 000 Rp pro Stunde angeboten.

Essen

Cafés von schlicht bis vielgerühmt stehen gegenüber der Surf Break. Etwas abseits vom Strand haben einige außergewöhnliche neue Restaurants aufgemacht.

Dian Cafe INDONESISCH $
(☎0813 3875 4305; Jl Pantai Batu Mejan; Hauptgerichte ab 30 000 Rp; ⏲8–22 Uhr) Traditionelle indonesische und westliche Standardgerichte kommen in diesem Freiluftcafé lediglich wenige Meter vom Strand zu günstigen Preisen auf den Tisch.

Shady Shack VEGETARISCH $$
(☎0819 1639 5087; www.facebook.com/theshadyshackbali; Jl Tanah Barak 53; Hauptgerichte 40 000–120 000 Rp; ⏲7.30–23 Uhr; 📝) 🍃 Das bezaubernde Café unter großen Bäumen besitzt das Flair eines einfachen kolonialen Landhauses in der Karibik. Tische stehen im Garten und im Speisesaal mit viel Holz und riesigen offenen Fenstern. Die Speisekarte umfasst eine lange Liste von Mahlzeiten, Wraps und Säften. Die meisten sind vegan und/oder vegetarisch. Empfehlenswert sind beispielsweise das Heidelbeermüsli, der wunderbare Halloumi-Burger oder die grandiosen Desserts.

Salumeria Tanah Bara ITALIENISCH $$
(☎0361-300 3463; www.salumeria.asia; Jl Tanah Barak 47; Hauptgerichte 60 000–140 000 Rp;

(⌚16–23 Uhr) Direkt nach Florenz versetzen könnte man dieses Café, das ungewöhnlich authentische italienische Fleischgerichte, Käsesorten und Antipasti in kleinen Portionen oder auf Platten serviert. Wenn sie mögen, können die Gäste auf Sofas, an Tischen und auf Hockern das Essen miteinander teilen und dabei auf die Reisfelder blicken, um nicht zu vergessen, wo sie sind. Auf der langen Barkarte stehen ausgezeichnete Weine, Martinis und Drinks mit Campari.

Beach House CAFÉ $$
(Echo Beach Club; ☎0361-747 4604; www.echobeachhouse.com; Jl Pura Batu Mejan; Hauptgerichte 40 000–120 000 Rp; ⌚7–23 Uhr; 📶) Das Restaurant mit Bar ist eine Echo-Beach-Ikone. Von Plätzen in der ersten Reihe (Tische, Sofas, Picknicktische) kann man den Surfern zusehen. Es gibt eine eindrucksvolle Vitrine mit grillfertigen Fleischspießchen sowie Fisch und Meeresfrüchten, außerdem ein leckeres Frühstück und eine Mittagskarte. Die abendlichen Barbecues sind sehr beliebt – besonders das am Sonntag, wenn Live-Musik gespielt wird.

Ausgehen & Nachtleben

Einen Drink zu genießen und dabei die Surf Break zu beobachten, hat am Echo Beach Tradition. Gleich westlich der größten Häufung von Cafés ist eine Kette von kurzlebigen Strandbars aufgetaucht, die wenig mehr sind als Bambushütten. Sie bieten Sitzsäcke im Sand und kaltes Bier. Allerdings können sie über Nacht weg sein, vor allem wenn an dieser Stelle gebaut wird.

Sand Bar BAR
(Echo Beach; ⌚ab 10 Uhr) Diese Bar befindet sich gleich westlich einer größeren Gebäudeansammlung am Echo Beach wie dem Beach House. Hier werden an vielen Abenden kaltes Bier und preiswerte Drinks bis zum Morgengrauen ausgeschenkt. Die Gäste sitzen auf Sitzsäcken, Stühlen oder im Sand. An manchen Abenden spielen Bands bis weit nach Mitternacht.

Wenn man Richtung Westen am Strand entlanggeht, trifft man auf eine lange Reihe von Bambus-Strandbars mit einfachem Essen und billigem Bier.

An-& Weiterreise

Eine örtliche Taxi-Kooperative bringt Gäste nach Seminyak und zu anderen Zielen im Süden. Kostenpunkt ab 120 000 Rp.

Pererenan Beach

Der Abschluss des ausgedehnten Sandstreifens, der in der Nähe des Flughafens beginnt, Pererenan Beach, verändert sich rasend schnell. Auf der ganzen Strecke bis zur Tanah Lot Straße entstehen Villen und andere Gebäude inmitten der im Verschwinden begriffenen Reisfelder. Es wird nicht mehr allzu lange dauern, bis diese Gegend nicht mehr von dem Echo-Beach-Gebiet zu unterscheiden ist.

Strände

Pererenan Beach STRAND
Der nördlichste unter den Stränden der Canggu-Region ist aus Sicht der Bauunternehmer als nächster dran. Villen, Gästehäuser und Strandbars sind nicht weit von dem dunklen Sand und den ordentlichen Wellen zu finden. Vom Echo Beach hierher sind es nur 300 m Richtung Westen über Sand und Felsformationen (oder 1 km auf der Straße). Fliegende Händler verkaufen Bier und vermieten Liegen und Surfboards.

Schlafen

Surfers Paradise BUNGALOW $$
(☎0818 567 538; www.andysurfvilla.com; Jl Pantai Pererenan; Zi. 450 000–700 000 Rp; ❄📶🏊) Fünf kleine Bungalows rund um einen kompakten Innenhof werden von einer zauberhaft freundlichen balinesischen Familie betreut; bis zu zwölf Leuten können die gesamte Anlage mieten und dann eine Nonstop-Party feiern. Der Strand liegt lediglich 200 m entfernt.

Pondok Nyoman Bagus GUESTHOUSE $$
(☎0361-848 2925; www.pondoknyoman.com; Jl Pantai Pererenan; Zi. 500 000–700 000Rp; ❄📶🏊) Gleich hinter dem Pererenan Beach bietet dieses beliebte Gästehaus insgesamt 14 Zimmer mit Terrassen und Balkons in einem modernen zweistöckigen Gebäude. Das i-Tüpfelchen bildet ein toller Infinity-Pool auf dem Dach.

In dem dazugehörigen Restaurant werden eher durchschnittliche Gerichte serviert – dafür aber ist der Blick auf das Meer einfach sensationell.

An-& Weiterreise

Wenn auf der Tanah-Lot-Straße viel Verkehr herrscht, kann es von hier nach Seminyak länger als eine Stunde dauern. Eine Taxifahrt kosten dann ab 150 000 Rp.

Südbali & die Inseln

➡ Inhalt

Gut essen

- Bumbu Bali (S. 133)
- Depot Cak Asmo (S. 149)
- Men Gabrug (S. 149)
- Deck Cafe & Bar (S. 158)

Schön übernachten

- Temple Lodge (S. 122)
- Four Seasons Jimbaran Bay (S. 115)
- Sofitel Bali Nusa Dua Beach Resort (S. 130)
- Rock'n Reef (S. 124)
- Alila Villas Uluwatu (S. 127)
- Tandjung Sari (S. 138)

Auf nach Südbali!

Niemand hat Bali wirklich gesehen, der den Süden der Insel nicht vollständig erkundet hat. Die Hauptstadt der Insel, Denpasar, breitet sich mit ihrem Zentrum mit traditionellen Märkten, geschäftigen Shoppingmalls, tollen Esslokalen und jeder Menge balinesischer Geschichte und Kultur in alle Himmelsrichtungen aus, wobei sogar die Gefahr besteht, dass Seminyak, Kuta und Sanur von ihr geschluckt werden.

Die Halbinsel Bukit – die südliche Region Südbalis – zeigt ganz unterschiedliche Gesichter. Im Osten präsentiert sich Tanjung Benoa als Spielplatz am Strand mit Resorts für Pauschaltouristen, während Nusa Dua versucht, mit abgeschiedenen 5-Sterne-Hotels Ordnung ins Chaos zu bringen. Die Südküste bietet schicke Resorts an den Klippen, doch die richtige Action spielt sich eigentlich an der Westseite ab. Kleine Buchten und Strände, an denen feudale Gästehäuser und Luxus-Öko-Resorts verstreut liegen, punkten mit ihrem coolen Flair und sagenhaften Surfmöglichkeiten.

Weiter im Osten prägt Nusa Penida den Horizont, doch in ihrem Windschatten verlockt Nusa Lembongan, das perfekte Inselparadies, um sich von Bali zurückzuziehen.

Reisezeit

- Die beste Reisezeit für einen Besuch Südbalis sind die Monate außerhalb der Hochsaison im Juli, August und den Wochen um Weihnachten und Neujahr. Zu dieser Zeit schießen die Besucherzahlen in die Höhe, und die Zimmer sind von Bingin bis Tanjung Benoa und von Sanur bis Nusa Lembongan oft ausgebucht. Viele Urlauber ziehen deshalb April bis Juni und den September vor.
- Die Surfbedingungen an der Westküste der Halbinsel Bukit mit Weltklasse-Breaks sind von Februar bis November super, wirklich sagenhaft aber von Mai bis August.
- Wer sich in die Breaks von Nusa Lembongan stürzen will, sollte Oktober bis März anpeilen.

Highlights

1. **Jimbaran** (S. 114) Sich in einem der Meeresfrüchte-Lokale Hummer grillen lassen.
2. **Bingin** (S. 121) Sich eine tolle nostalgische Unterkunft in den Seitengassen suchen.
3. **Ulu Watu** (S. 125) In den ultimativen Wellen dieses hochgelobten Hotspots surfen.
4. **Sanur** (S. 134) Beobachten, wie der Vollmond über Nusa Penida aufgeht.
5. **Denpasar** (S. 145) Sich die leckerste Mahlzeit aller Zeiten für gerade einmal 2 US$ schmecken lassen.
6. **Nusa Lembongan** (S. 152) Die Insel Bali zugunsten ihrer beschaulichen kleinen Schwester verlassen, die eine ideale Mischung aus Spaß und Unterhaltung bietet.
7. **Tauchen bei Nusa Penida** (S. 161) Mit den Mantarochen und anderen großen Fischen in den anspruchsvollen Gewässern dieser geheimnisvollen Insel schwimmen.

HALBINSEL BUKIT

☎ 0361

Die südliche Halbinsel Bukit (was auf Bahasa-Indonesisch „Hügel" bedeutet) mit ihrem heißen, trockenen Klima ist bei Urlaubern sehr beliebt – von den abgesonderten Gebieten in Nusa Dua bis zu den vergnüglichen Rückzugsorten entlang der Südküste.

Einer der echten Hotspots Balis ist die boomende Westküste (die oft allgemein Pecatu genannt wird) mit ihren Stränden, die sich wie eine Perlenkette aneinanderreihen. Am Balangan Beach stehen die Unterkünfte etwas wackelig auf Sand, während die Klippen in Bingin und anderswo mit individuellen Lodges gesprenkelt sind. Jeden Tag erscheinen neue Unterkünfte auf der Bildfläche. Die meisten bieten Aussicht auf die turbulenten Gewässer, die auf der ganzen Strecke nach Süden bis zum bedeutenden Tempel Ulu Watu weltberühmte Surfbreaks aufweisen.

An der Südküste östlich und westlich von Ungasan liegen mehrere riesige Resorts auf den Klippen, die herrliche Ausblicke über den endlosen Ozean bieten. Nusa Dua und Tanjung Benoa sind hingegen um das Wohl traditionellerer Pauschaltouristen bemüht, die sich ein rundum gelungenes Urlaubserlebnis wünschen.

Jimbaran

Gleich südlich von Kuta und dem Flughafen verlockt die Teluk Jimbaran (Jimbaran-Bucht) mit ihrem sichelförmigen weißen Sandstrand und dem blauen Meer, an dessen Ufer sich zig Meeresfrüchte-Warungs (Straßenlokale) entlangziehen. Im Süden endet die Bucht an einer mit Büschen bestandenen Landspitze, auf der das Four Seasons Jimbaran Bay zu Hause ist.

Jimbaran gilt trotz wachsenden Zulaufs immer noch als entspannte Alternative zu Kuta und Seminyak weiter nördlich (und die kurze Entfernung zum Flughafen ist schlichtweg unschlagbar!). Es macht Spaß, hier die Märkte zu besuchen.

Sehenswertes

★ Jimbaran Beach STRAND

Der 4 km lange, geschwungene Sandstrand von Jimbaran, einer der tollsten Strände Balis, ist meist sauber, und ein Mangel an Lokalen, in denen Snacks, etwas zu trinken oder Meeresfrüchte zum Abendessen angeboten werden, besteht hier mit Sicherheit nicht; auch Sonnenliegen gibt es zu mieten. Die Bucht wird von einem durchgängigen Korallenriff geschützt; die Brandung ist hier deshalb weniger stark als im beliebten Kuta weiter im Norden, wobei aber dennoch Wellen auftreten, an denen Bodysurfer ihren Spaß haben.

★ Fischmarkt in Jimbaran MARKT

(Jimbaran Beach; ⏰ 6–15 Uhr) Ein beliebter Zwischenstopp beim Morgenspaziergang über die Halbinsel Bukit ist der abwechslungsreiche, hektische – und durchaus auch stinkende – Fischmarkt; jedenfalls empfiehlt es sich, aufzupassen, wohin man tritt. Bunt gestrichene Boote liegen an der Küste, während riesige Kisten mit allem möglichen Meeresgetier verhökert werden – von kleinen Sardinen bis hin zu furchterregenden Langusten. Hier tobt das pralle Menschenleben.

Morgenmarkt MARKT

(Jl Ulu Watu; ⏰ 6–12 Uhr) Der Morgenmarkt ist einer der schönsten der Insel und das gleich aus mehreren Gründen: Dank seiner Kompaktheit gibt es viel zu sehen, ohne endlos herummarschieren zu müssen. Die einheimischen Köche schwören auf die Qualität der hier angebotenen Obst- und Gemüsesorten (Wer hat schon jemals einen derart großen Kohlkopf gesehen?) und die Händler haben sich an die herumbummelnden Touristen gewöhnt.

Pura Ulun Siwi HINDUTEMPEL

(Jl Ulu Watu) Gegenüber dem Morgenmarkt steht dieser ebenholzfarbene Tempel aus dem 18. Jh. – ein verschlafener Fleck, in dem es jedoch an Feiertagen hoch hergeht: Dann kommen Scharen von Gläubigen, um ihre Opfergaben darzubringen und Räucherstäbchen zu entzünden.

Schlafen

Einige der größten und luxuriösesten Resorts auf Bali befinden sich in Jimbaran und in dessen Umgebung, jedoch auch ein paar Anlagen im mittleren Preissegment unweit vom Strand. Die meisten Unterkünfte bieten tagsüber einen Shuttledienst nach Kuta und zu weiteren Zielen an.

Da Jimbaran eigentlich ein „richtiger" Ort ist – und nicht nur eine auf dem Reißbrett entworfene, künstliche Enklave –, eignet sich der Urlaubsort als eine gute Alternative zu den Hotelklötzen von Nusa Dua.

Udayana Kingfisher Ecolodge LODGE $$
(☎ 0361-747 4204; www.udayanaecolodge.com; Jl Kampus Bukit; Zi. ab 85 US$; ❄@📶🏊) 🍃 In den Gemeinschaftsräumen im ersten Stock dieser Lodge fühlen sich die Gäste wie ein Schmetterling, der sich auf einem grünen Blätterdach niedergelassen hat – das Udayana ist die reinste Oase auf der umtriebigen Halbinsel Bukit. Es bieten sich herrliche Ausblicke über Südbali. Die 15 Zimmer sind einfach, aber gemütlich. Der einladende Gemeinschaftsbereich verfügt über eine hervorragende Bibliothek, in der auch mehrere Exemplare des Buches über Schmetterlinge stehen, das die Manager der Lodge selbst geschrieben haben.

Keraton Jimbaran Resort HOTEL $$
(☎ 0361-701961; www.keratonjimbaranresort.com; Jl Mrajapati; Zi. ab 1 100 000 Rp; ❄@📶🏊) Das eher bescheidene Keraton liegt am gleichen idyllischen Strand von Jimbaran wie die teureren Resorts in der Nachbarschaft auch und bietet für ein Stranddomizil wirklich viel fürs Geld. Die 102 Zimmer verteilen sich auf ein- und zweistöckige Wohneinheiten im Bungalowstil. Das weitläufige Hotelareal ist mit wild wuchernder Vegetation bestanden, wie sie für Bali typisch ist.

Hotel Puri Bambu HOTEL $$
(☎ 0361-701468; www.hotelpuribambu.com; Jl Pengeracikan; Zi. ab 720 000 Rp; ❄@📶🏊) Das unauffällige Puri Bambu liegt gerade einmal 200 m vom Strand entfernt und ist ein älteres, aber gut geführtes Hotel – mit dem besten Preis-Leistungs-Verhältnis in Jimbaran. Die 48 Standardzimmer (einige mit Badewanne) befinden sich in zweigeschossigen Gebäuden, die sich um einen großen Pool gruppieren.

★ **Belmond Jimbaran Puri** RESORT $$$
(☎ 0361-701605; www.belmond.com; ab Jl Ulu Watu; Cottages ab 4 200 000 Rp; ❄@📶🏊) Dieses luxuriöse Resort am Strand befindet sich auf einem schönen Grundstück, zu dem ein labyrinthartiger Pool gehört, von dem aus das offene Meer zu sehen ist. Die 64 Cottages und Villen verfügen über einen eigenen Garten und eine große Terrasse; das Design der Zimmer ist schick – was auch für die in den Boden eingelassenen Badewannen gilt. Das Belmond Jimbaran Puri ist ein nobles, aber dennoch dezentes Resort.

Four Seasons Jimbaran Bay RESORT $$$
(☎ 0361-701010; www.fourseasons.com; Jl Bukit Permai; Villen ab 600 US$; ❄@📶🏊) Jede der 147 Villen hier ist in typisch balinesischem Design konzipiert – mit einem geschnitzten Eingang, der sich zu einem Wohnpavillon unter freiem Himmel öffnet mit Blick auf

Jimbaran

Highlights
1 Jimbaran Beach A2
2 Jimbaran Fischmarkt A1

Sehenswertes
3 Morning Market B2
4 Pura Ulun Siwi B2

Schlafen
5 Belmond Jimbaran Puri A3
6 Four Seasons Jimbaran Bay A3
7 Hotel Intercontinental Bali A3
8 Hotel Puri Bambu B1
9 Keraton Jimbaran Resort A2

Essen
10 Jimbaran Bay Seafood A1
11 Made Bagus Cafe A3
12 Warung Bamboo A2
13 Warung Ramayana A2

Ausgehen & Nachtleben
14 Jimbaran Beach Club A3

Shoppen
15 Jenggala Keramik Bali Ceramics B3

ein Tauchbecken. Das Resort liegt an einem Hügel mit Aussicht auf den Jimbaran Beach, der nur ein kurzes Stück zu Fuß entfernt ist. Von den meisten Villen bietet sich ein sagenhafter Blick über die Bucht.

Hotel Intercontinental Bali RESORT $$$
(☎ 0361-701888; www.bali.intercontinental.com; Jl Ulu Watu; Zi. 170–400 US$; ❄@📶🏊) Mit seinen 419 Zimmern mutet das Intercontinental eigentlich schon wie eine kleine Stadt am Strand an. Es ist mit balinesischer Kunst und Kunsthandwerk ausgestaltet und bemüht sich somit, dem riesigen Resort etwas Lokalkolorit zu verleihen. Durch das Areal ziehen sich Unmengen miteinander verbundener Pools. Das Intercontinental bietet einen guten Club für die Kids und liegt an einem wunderschönen Strandabschnitt.

Essen

Jimbarans Fisch- und Meeresfrüchtelokale (sie lassen sich in drei Gruppen zusammenfassen) bereiten allabendlich – und manche von ihnen auch mittags – frische Meeresfrüchte auf dem Grill zu und locken Touristen aus ganz Südbali an. Die seitlich offenen Lokale sind direkt am Strand und eignen sich perfekt, um die Brise vom Meer oder den Sonnenuntergang zu genießen. Die Tische und Stühle stehen im Sand am Rand des Wassers. Am besten ist es, schon vor Sonnenuntergang zu kommen, um sich einen passenden Tisch auszusuchen und das Sonnenspektakel bei ein paar Bierchen auf sich wirken zu lassen, bevor das Abendessen beginnt.

Die Teller mit Meeresfrüchten und Fisch in etlichen Varianten werden mittlerweile zu Festpreisen verkauft, was dem Gast den Aufwand erspart, sich einen Fisch auszusuchen, ihn abwiegen zu lassen und dann nach Gewicht bezahlen zu müssen (was bei Einheimischen bisher immer große Heiterkeit ausgelöst hat). Wo immer noch so verfahren wird, sollte man vor der Zubereitung den Preis aushandeln. Im Allgemeinen sind ein Meeresfrüchtefest, Beilagen und ein paar Bierchen für unter 20 US$ pro Person zu genießen. Hummer (ab 30 US$) schlägt natürlich erheblich mehr zu Buche.

Die besten Lokale marinieren den Fisch in Knoblauch und Limettensaft und besprenkeln ihn mit Chili und Öl, während er auf Kokosnussschalen gegrillt wird. Die dicken Rauchwolken, die über der Kohle aufsteigen, gehören mit zum Flair – was auch für die herumziehenden Musiker gilt, die fröhliche Hits im Stil von „Macarena" nachspielen. In nahezu allen Restaurants ist es möglich, mit der Kreditkarte zu bezahlen. Ein Teller mit gemischten Meeresfrüchten vom Grill kostet zwischen 90 000 und 350 000 Rp.

Meeresfrüchtelokale am nördlichen Abschnitt

Die nördlichen Meeresfrüchtelokale liegen südlich des Fischmarkts in der Jalan Kedonganan und in der Jalan Pantai Jimbaran. Hierher chauffieren Taxifahrer in der Regel ihre hungrigen Fahrgäste, sofern diese keine anderen Wünsche äußern. Die meisten dieser Lokale ähneln Restaurants; Tische stehen drinnen und draußen im geharkten Sand. Das Flair ist hier allerdings nicht so amüsant wie an den beiden anderen Abschnitten weiter im Süden.

Jimbaran Bay Seafood MEERESFRÜCHTE $$
(JBS; ☎ 0361-701517; Jl Pantai Kedonganan; Hauptgerichte ab 100 000 Rp; ⏰ 11–22 Uhr) Die Speisekarte versichert ihren Gästen, man solle sich in Anbetracht der Preise nur keine Sorgen machen. Das JBS gehört zu den Restaurants am relativ biederen nördlichen Strandabschnitt und ist dank seiner riesigen Auswahl an Tischen besonders einladend. Die Gäste können geschützt drinnen, auf der betonierten Terrasse oder auch draußen Platz nehmen – und mit den Füßen im Sand herumspielen.

Meeresfrüchtelokale am mittleren Abschnitt

Die Meeresfrüchte-Restaurants am mittleren Strandabschnitt gruppieren sich als kompakte, aber stimmungsvolle Einheit direkt südlich der Jalan Pantai Jimbaran und Jalan Pemelisan Agung. Es sind die einfachsten Läden mit altmodischen Strohdächern und weit offenen Seiten. Der Strand ist hier ein bisschen weniger gepflegt, Fischerboote liegen oben auf dem Sand. Riesige Stapel von Kokosnussschalen warten neben den Feuerstellen auf ihren Einsatz.

Warung Bamboo MEERESFRÜCHTE $$
(ab Jl Pantai Jimbaran; Gerichte 80 000–200 000 Rp; ⏰ 12–22 Uhr) Der Warung Bamboo fällt einen Tick ansprechender aus als die Lokale in seiner Umgebung, die alle einen gewissen rauen Charme aufweisen. Die Speisekarte könnte unkomplizierter nicht sein: Die Gäste suchen sich ihre Meeresfrüchte aus; die Beilagen und Soßen sind im Preis inbegriffen.

Warung Ramayana MEERESFRÜCHTE $$
(☎0361-702859; ab Jl Pantai Jimbaran; Hauptgerichte ab 80 000 Rp; ⏱11–22 Uhr) Fischerboote liegen vor diesem schon seit ewigen Zeiten beliebten Lokal verstreut am Strand. Die Meeresfrüchte werden bereits am frühen Morgen mariniert, und den ganzen Abend raucht der Grill. Auf der Speisekarte stehen Festpreise, was sehr sinnvoll ist, denn so entfällt das lange Gefeilsche.

Meeresfrüchtelokale am südlichen Abschnitt

Die südlichen Meeresfrüchtelokale (auch Muaya-Gruppe genannt) bestehen aus einer kompakten, fröhlichen Ansammlung von ungefähr einem Dutzend Lokalen am Südende des Strands. Ein Parkplatz befindet sich an der Jalan Bukit Permai. Der Strand ist hier sehr gepflegt und mit schönen Bäumen bestanden.

Made Bagus Cafe MEERESFRÜCHTE $$
(☎0361-701858; ab Jl Bukit Permai; Gerichte 80 000–200 000 Rp; ⏱12–22 Uhr) Das Lokal liegt etwas versteckt am nördlichen Ende der südlichen Lokalgruppe. Die Mitarbeiter, die an dem schmalen Streifen mit Tischen am Strand bedienen, strahlen viel Charme aus. Besonders empfehlenswert ist die gemischte Meeresfrüchteplatte – und am besten gleich um einen Nachschlag der Soße bitten, denn die schmeckt wirklich total lecker hier.

Ausgehen & Nachtleben

Jimbaran Beach Club CAFÉ
(☎0361-709959; Jl Pantai Muaya; Mindestkonsum 200 000 Rp; ⏱8–23 Uhr; 📶) Falls die Bucht von Jimbaran noch immer nicht reizvoll genug war, kann diese Strandbar mit einem langen Pool direkt am Sandstrand aufwarten. Jedenfalls ist der Club recht feudal. Die Gäste können hier eine bequeme Sonnenliege und einen Sonnenschirm mieten und sich dann auch noch etwas von der langen Speise- und Getränkekarte bestellen.

Rock Bar BAR
(☎0361-702222; www.ayanaresort.com/rockbarbali; Jl Karang Mas Sejahtera, Ayana Resort; ⏱16–1 Uhr; 📶) Die überaus beliebte Bar ist der Star tausender Hochglanzartikel, die über Bali geschrieben wurden, und befindet sich 14 m über dem tosenden Indischen Ozean. Kein Wunder, dass bei Sonnenuntergang die Wartezeit auf den Lift, der zur Bar führt, mehr als eine Stunde betragen kann. Und einen Dresscode gibt es auch: keine Unterhemden, keine Rucksäcke. Für das leibliche Wohl der Gäste sorgen von der Mittelmeerküche inspirierte Barsnacks.

Shoppen

Jenggala Keramik Bali Ceramics KERAMIK
(☎0361-703311; www.jenggala.com; Jl Ulu Watu II; ⏱8–20 Uhr) In diesem modernen Lagerhaus werden wunderschöne Keramikartikel angeboten – das Andenken Nummer eins auf Bali. Außerdem gibt es hier eine Werkstatt, in der die Kunden bei einer Tasse Kaffee bei der Produktion zuschauen können. Keramikkurse werden sowohl für Erwachsene als auch für Kinder angeboten. Man kann sogar Gefäße selbst bemalen und somit eigene Kunstwerke schaffen (sie werden gebrannt und können dann fünf Tage später abgeholt werden).

An- & Weiterreise

Jede Menge Taxis warten bei den Warungs am Strand, um die Gäste nach dem Abendessen wieder nach Hause zu fahren (etwa 140 000 Rp nach Seminyak). Einige Meeresfrüchte-Warungs bieten nach vorheriger telefonischer Vereinbarung einen kostenlosen Transport an.

Der Kura-Kura-Touristenbus (S. 452) fährt über Jimbaran zum Drehkreuz Kuta. Die Busse verkehren im 75-Minuten-Takt und kosten 40 000 Rp.

Rund um Jimbaran

Tegalwangi Beach, 4,5 km südwestlich von Jimbaran, liegt am Fuß eines Steilhangs aus Kalkstein. Dies ist die erste einer ganzen Kette verlockender Sandbuchten entlang der gesamten Westküste der Halbinsel. Ein kleiner Parkplatz befindet sich vor dem Tempel **Pura Segara Tegalwangi**. Hierher wenden sich besonders die Menschen, die ein Anliegen an die Meeresgötter haben. Normalerweise steht hier ein einzelner Händler, der Erfrischungen verkauft, damit sich die Besucher stärken können, bevor sie den kurzen, aber anspruchsvollen Weg über die schlechten Pfade hinunter zum Strand zurücklegen (oder auch hinterher). Direkt südlich davon erstreckt sich auf den Klippen das riesige Resort Ayana.

Von Jimbaran aus nimmt man die Jalan Bukit Permai und fährt 3 km bis zu den Toren des Ayana Resorts, von wo die Straße dann über 1,5 km in Richtung Westen zum Tempel führt.

Balangan Beach & Ulu Watu

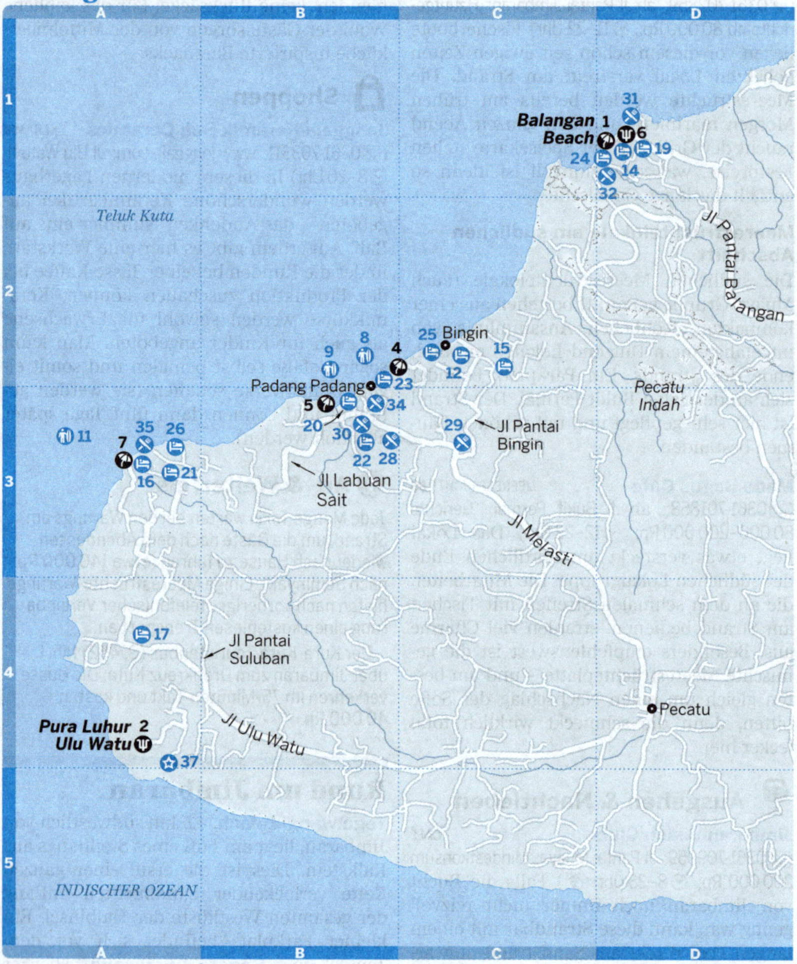

Das Landesinnere von Bukit

Die Jalan Ulu Watu, die südlich von Jimbaran verläuft, führt auf den 200 m hohen Hügel hinauf, der den gleichen Namen trägt wie die Halbinsel selbst; von hier aus bietet sich ein schöner Blick über Südbali. Da die Region an Popularität gewonnen hat, ist der Verkehr mittlerweile allerdings zu einem ernsthaften Problem geworden.

Rund 2 km südlich vom Garuda Wisnu Kencana Cultural Park befindet sich eine wichtige Kreuzung mit einem nützlichen Orientierungspunkt, dem **Nirmala Supermarkt** (Jl Ulu Watu; ⏲8–22 Uhr). Hier gibt es Geldautomaten und Cafés, außerdem lassen sich sämtliche Ziele auf Bukit von hier aus erreichen.

Sehenswertes

Garuda Wisnu Kencana Cultural Park AUSSICHTSPUNKT
(GWK; ☎0361-703603; www.gwk-culturalpark.com; Jl Raya Ulu Watu; 100 000 Rp; ⏲9–22 Uhr; 👪) Nach jahrelangen missglückten Starts wird der gigantische, 240 Hektar große, Garuda Wisnu Kencana Cultural Park nun

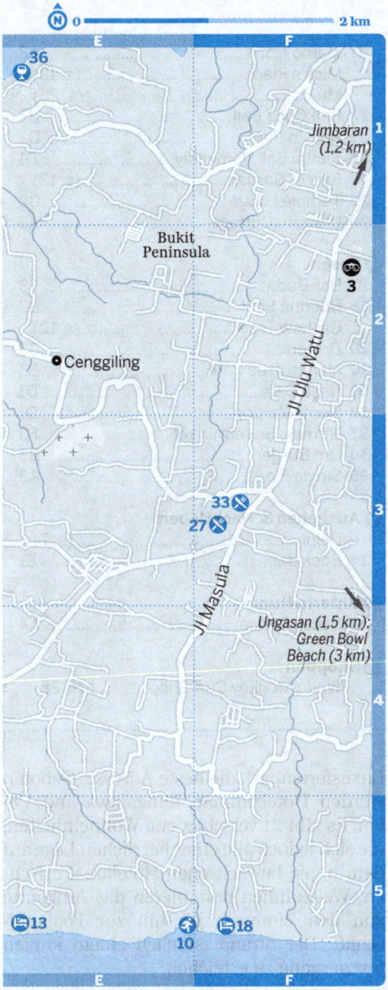

also erbaut. Nach seiner Vollendung soll ein 120 m hohes Denkmal, zu dem auch eine 66 m hohe Garuda-Statue gehört, das Kernstück der Anlage bilden; der Rohbau ist bereits von jedem Ort in Südbali zu sehen. Als Fertigstellungstermin war ursprünglich Ende 2015 geplant. Der Traum eines Größenwahnsinnigen soll durch ein Einkaufszentrum und eine Galerie ergänzt werden. Inzwischen finden im Park allerlei Tanz- und Theatervorführungen sowie Segway-Touren statt, was den saftigen Eintrittspreis allerdings nicht rechtfertigt. Die meisten Besucher sind bisher eher enttäuscht.

Essen

Bali Buda CAFÉ $
(☎0361-701980; Jl Ulu Watu; Süßes ab 20 000 Rp; ⌚8–20 Uhr) Eine kleine Filiale der hervorragenden Bäckereikette mit Café, die auf der ganzen Insel vertreten ist.

Balangan Beach

Balangan Beach ist ein langer, flacher Streifen am Fuß der felsigen Klippen. Er ist voller Palmen und sieht aus wie ein Band aus fast weißem Sand, das malerisch mit Sonnenschirmen gesprenkelt ist. Surfer-Bars, Cafés in Bretterbuden und sogar etwas dauerhaftere Guesthouses reihen sich am Ufer auf. Dort absorbieren auch einige nicht mehr ganz so schlanke Besucher aus der Ersten Welt die Sonnenstrahlen – nicht weit von den Abwässern der Dritten Welt. Das Ganze wirkt ein wenig wie der Wilde Westen.

Sehenswertes & Aktivitäten

Am nördlichen Strandende steht ein kleiner Tempel, der **Pura Dalem Balangan**. Strandhütten aus Bambus ziehen sich am Südende entlang. Hier hängen die Urlauber faul herum, wobei sie mit einem Auge das Treiben am flotten linken Surfbreak beobachten.

Der Strand lässt sich über Trampelpfade von den beiden Parkplätzen aus erreichen: Der nördliche Parkplatz befindet sich in der Nähe des wenig besuchten Tempels, der südliche liegt oberhalb der Strandbars ein wenig landeinwärts.

Schlafen

Der Balangan Beach kann mit einigen etablierten Guesthouses oben auf den Steilklippen aufwarten, fünf Minuten von der Brandung entfernt. Unten im Sand gestaltet sich die Szenerie erheblich spontaner – alles scheint jeden Moment von den Planierraupen dem Vergessen überantwortet zu werden. Jedenfalls besteht hier die Möglichkeit, in den Bars neben den Bintang-Bierkästen ein fensterloses, kleines Reetzimmer zu mieten; mehr als 180 000 Rp darf der Spaß nach dem entsprechenden Gefeilsche allerdings nicht kosten.

Zahlreiche Gästehäuser liegen an der Zufahrtstraße, die von der Jalan Ulu Watu abzweigt, viele davon sind allerdings weit vom Strand entfernt.

Balangan Beach & Ulu Watu

Santai Bali Homestay BUNGALOW $
(☎ 0338-695942; www.facebook.com/santaiwarungbalihomestay; ab 220 000 Rp) Die zwölf kargen Zimmer in diesem barackenartigen Bungalow liegen direkt am Sandstrand von Balangan Beach und sind somit ideal für Surfer und Leute, die gern am Strand herumhängen und Wert auf einen schnellen Zugang zum Wasser legen. Das zugehörige Restaurant bietet Tische und Stühle am Strand.

Balangan Sea View Bungalow GUESTHOUSE $
(☎ 0851 0080 0499; www.balanganseaviewbungalow.com; ab Jl Pantai Balangan; Zi. mit Ventilator/Klimaanlage ab 350 000/450 000 Rp, Bungalow ab 700 000 Rp; ❄📶🏊) Ein Schwung Bungalows mit Strohdach (einige mit Mehrbettzimmern) wird hier angeboten. Die 25 Zimmer gruppieren sich um einen 14 m langen Pool in einem attraktiven Areal; einige davon haben Meerblick.

La Joya HOTEL $$
(☎ 0811 399 0048; www.la-joya.com; Jl Pantai Balangan; Zi. 95–120 US$; ❄📶🏊) Von sämtlichen Angeboten am Balangan Beach ist dieser Luxusferienpark die beste Adresse. Geboten werden Hotelzimmer, Bungalows und Villen. Es gibt 21 verschiedene Wohneinheiten, die sich jedoch alle einer herrlichen Lage auf dem üppig bewachsenen Hotelareal erfreuen. Wellenlinien dominieren das Ambiente von den Zimmern bis hin zur Poollandschaft. Der Strand ist nach einem kurzen Spaziergang zu erreichen.

Flower Bud Bungalows GUESTHOUSE $$
(☎ 0816 472 2310, 0828 367 2772; www.flowerbudbalangan.com; ab Jl Pantai Balangan; Zi. inkl. Frühstück ab 550 000 Rp; 📶🏊) Auf einer Anhöhe liegen die 14 Bambusbungalows in einem weitläufigen, schönen Areal in der Nähe eines klassischen nierenförmigen Pools. Die Deko hat etwas von Robinson Crusoe, und ein kleines Spa gibt es auch noch.

Essen

Nerni Warung INDONESISCH $
(☎ 0813 5381 4090; Hauptgerichte ab 30 000 Rp) Das einfache Lokal am Südende des Sandstrands bietet von seinem Café einen tol-

len Blick. Nerni hat ein wachsames Auge auf alles. Die einfachen Schlafräume (ab 200 000 Rp) sind jedenfalls sauberer als die der Konkurrenz. Nerni wirkt manchmal etwas mürrisch, lächelt aber innerlich. Könnte man jedenfalls meinen.

Nasa Café CAFÉ $

(Mahlzeiten ab 30 000 Rp; ⏲8–23 Uhr) In der schattigen Bambusbar, die auf Pfeilern über dem Sandstrand thront, können die Gäste durch das herunterhängende Reetdach einen Rundumblick auf das strahlend blaue Band aus tosenden Wellen werfen. Die einfachen indonesischen Gerichte stimmen auch gleich auf die vier sehr spartanischen Zimmer (etwa 200 000 Rp) an der Bar ein. Das Café ist eines von vielen in diesem Stil, die es hier gibt.

An- & Weiterreise

Balangan Beach liegt 6,2 km von der Jalan Ulu Watu entfernt an der Jalan Pantai Balangan. An der Kreuzung mit dem Nirmala Supermarkt (S. 118) in Richtung Westen abbiegen.

Ein Taxi von Kuta und Umgebung kostet mindestens 70 000 Rp pro Stunde für die Hin- und Rückfahrt samt Wartezeit.

Bingin

Bingin mit seiner sich ständig verändernden Szene kann mit einer Menge unkonventioneller, schicker Unterkünfte aufwarten, die auf den Klippen sowie unten am weißen Sandstrand, dem **Bingin Beach**, verteilt liegen. Die Jalan Pantai Bingin, eine gute Straße, zweigt von der Jalan Melasti (nach dem Wirrwarr von Unterkunftsschildern Ausschau halten) ab und verästelt sich nach 1 km in ein Gassengewirr.

Die Szenerie ist wunderschön: Die bewaldeten Klippen ziehen sich bis zu den Surfercafés hinunter und zum schäumenden Rand des blauen Meeres. Der Strand unten lässt sich über einen steilen Pfad in fünf Minuten zu Fuß erreichen. Die Brandung ist hier oft wild, doch der mit Felsen übersäte Sand ist beschaulich, und die tosenden Wellen haben etwas Hypnotisierendes.

Ein älterer Anwohner kassiert am Abzweig in der Nähe vom Parkplatz 5000 Rp für den Pfad zum Strand hinunter.

Schlafen

Der Ort ist einer der coolsten auf der Halbinsel Bukit, um zu übernachten. Zahlreiche Privatquartiere liegen verstreut an den Klippen oder in der Nähe – und somit ein gutes Stück von der Hauptstraße entfernt. Einfache Unterkünfte finden sich auch unten an der Klippe unweit des Wassers in einer Reihe von Behausungen aus Bambus und Reet für Surfer.

Adi's Homestay BUNGALOW $

(☎0816 297 106, 0815 5838 8524; Jl Pantai Bingin; Zi. mit Ventilator/Klimaanlage ab 22/39 US$; ❄📶) Die neun Zimmer im Bungalowstil gehen auf einen hübschen Garten hinaus und sind gemütlich. Die Unterkunft befindet sich in einer sehr schmalen Gasse in der Nähe des Parkplatzes am Strand. Ein kleines Café gehört ebenfalls mit dazu.

Chocky's Place GUESTHOUSE $

(☎0818 0530 7105; www.chockysplace.com; Bingin Beach; Zi. 100 000–400 000 Rp; 📶) Am Fuß der Treppen und direkt am Bingin Beach liegt dieses klassische Surferguesthouse. Angeboten werden gemütliche Quartiere, die ganz unterschiedlich ausfallen – von reizenden Zimmern mit herrlicher Aussicht bis hin zu einfachen Unterkünften mit Gemeinschaftsbad. Das dazu gehörige Bambusrestaurant befindet sich direkt am Strand; hier kann man prima andere Backpacker treffen und gemeinsam ein paar kühle Bierchen kippen.

Kembang Kuning Bungalows GUESTHOUSE $

(☎0361-743 4424; www.binginbungalows.com; ab Jl Pantai Bingin; Zi. ab 60 US$; 📶🏊) Das Quartier mit dem besten Preis-Leistungs-Verhältnis an den Klippen bietet zwölf Zimmer in modernen bungalowartigen Blöcken mit einem Obergeschoss. Auf dem Grundstück wuchert die angelegte Vegetation, doch der eigentliche Reiz ist der Infinitypool am Rand des Kalkgesteins samt den zahlreichen Sonnenliegen mit einem sensationellen Ausblick.

Bingin Garden GUESTHOUSE $

(☎0816 472 2002; tommybarrell76@yahoo.com; ab Jl Pantai Bingin; Zi. mit Ventilator/Klimaanlage 280 000/400 000 Rp; ❄📶🏊) Im Bingin Garden herrscht eine entspannte Atmosphäre wie auf einer Hacienda. Die sechs Zimmer im Bungalowstil liegen in einem ausgetrockneten Garten mit einem großen Pool. Das Guesthouse befindet sich hinter den Klippen und etwa 300 m von dem Pfad entfernt, der zum Strand hinunterführt. Geleitet wird es von dem verwegenen einheimischen Surfer Tommy Barrell und seiner reizenden Frau.

AUSVERKAUF DER HALBINSEL BUKIT

Viele Umweltschützer halten die stets trockene Halbinsel Bukit für eine Art Omen, welche Herausforderungen dem übrigen Bali noch bevorstehen, denn die Landnutzung übersteigt die Wasservorräte erheblich. Die kleinen Gästehäuser, die sich früher wie an einer Perlenschnur oberhalb der Strände an der Westseite entlangzogen, werden nach und nach durch große Neubauten ersetzt, die Unmengen an Wasser schlucken. Neben dem weitläufigen Pecatu-Indah-Komplex reduzieren immer mehr Projekte die herrlichen Kalksteinklippen, um Platz für riesige Wohnkomplexe aus Beton zu schaffen, darunter auch das umstrittene Kempinski Hotel nahe Nusa Dua.

Es existieren nur wenige Kontrollen, die das Wachstum regulieren; unter den vielen Fahrzeugen, die auf der Jalan Ulu Watu im Stau stehen, sind zahllose Wassertrucks, die zu Hunderten den Durst dieser Gegend löschen. Unterdessen hat ungezügelter Straßenbau an der Südküste zu einem Boom beim Bau von Villen geführt, die meist über einen eigenen Pool verfügen.

Die grundlegenden Bemühungen, das Wachstum unter Kontrolle zu bringen, beschränken sich mittlerweile auf den Versuch, die weitläufigen Mangroven an der Benoa Bay, unten an der Halbinsel Bukit, vor den großen Bauvorhaben zu retten.

★ **Temple Lodge** BOUTIQUEHOTEL $$

(☎0857 3901 1572; www.thetemplelodge.com; ab Jl Pantai Bingin; Zi. inkl. Frühstück 80–230 US$;) „Mit künstlerischem Touch und wunderschön" beschreibt diese Ansammlung von Hütten und Cottages aus Reet, Treibholz und anderen natürlichen Materialien nur annähernd. Jede Wohneinheit thront auf den Klippen über den Surfbreaks, und vom Infinitypool, aber auch von einigen Quartieren aus, bietet sich ein herrlicher Blick. Die Gäste können vor Ort ihre Mahlzeiten bestellen, und zudem findet hier Yoga-Unterricht statt.

Mick's Place BOUTIQUEHOTEL $$

(☎0812 391 3337; www.micksplacebali.com; ab Jl Pantai Bingin; Zi. ab 100 US$, Villa ab 300 US$;) Im Mick's, einem „Spielplatz" mit Hippie-Schick, können es die Gäste stilvoll krachen lassen – es sind nie mehr als 16 Urlauber da. Fünf Bungalows mit künstlerischem Touch und eine Luxusvilla stehen auf dem Hotelareal mit üppiger Vegetation. Das türkisblaue Wasser im briefmarkengroßen Infinitypool entspricht dem türkisblauen Meer weiter unten. Tagsüber genießen die Gäste einen 180-Grad-Blick auf die berühmten Surfbreaks.

Mu GUESTHOUSE $$

(☎0361-895 7442; www.mu-bali.com; ab Jl Pantai Bingin; Zi. 80–220 US$;) Die zwölf überaus individuellen Bungalows mit Reetdach liegen verstreut auf einem Grundstück, das von einem Infinitypool an den Klippen dominiert wird. Alle verfügen über einen Wohnbereich im Freien, manche haben ein Schlafzimmer mit Klimaanlage und einen Whirlpool mit Aussicht. Zwei Wohneinheiten bieten Mehrbettzimmer zum Übernachten. Ein hervorragendes Café und ein Yoga-Studio gehören mit dazu.

Secret Garden GUESTHOUSE $$

(☎0816 474 7255; Zi. ab 450 000 Rp;) Das geschmackvolle und total entpannte Guesthouse bietet offene Bambusbungalows mit Futonbetten und ein Design, das die natürliche Umgebung mit einbezieht. Geführt wird es von einem japanischen Surfer und Fotografen, der sich mit den Wellen hier bestens auskennt. Das Secret Garden liegt oben auf einem Hügel in der Nähe des Pfads, der zum Strand hinunterführt.

Essen

★ **Cashew Tree** CAFÉ $

(☎0813 5321 8157; www.facebook.com/thecashew-tree; Jl Pantai Bingan; Mahlzeiten ab 40 000 Rp; ⏲8–22 Uhr;) Dieses Café gilt in Bingin als die Location schlechthin, um abzuhängen. Surfer und Strandvolk treffen sich hier im großen Garten, um lecker vegetarisch zu essen. Auf der Speisekarte stehen Burritos, Salate, Sandwiches und Smoothies. Aber auch für einen Drink bietet sich das Lokal an. Am Donnerstagabend geht es immer ganz besonders hoch her; denn dann strömen die Gäste von der ganzen Küste herbei, um die hier auftretenden Livebands zu hören.

Drifter CAFÉ $
(http://driftersurf.com; Jl Labuan Sait; Hauptgerichte ab 50 000 Rp; ⏲10–22 Uhr) Direkt an der Abzweigung nach Bingin bietet diese neue Filiale des genialen Seminyak Surf Shop ein tolles Café, das jeden, der hier vorbeikommt, in Versuchung führt. Es werden hier sämtliche Drifter-Surfutensilien verkauft, und außerdem kann man es sich noch an einem der Tische drinnen oder draußen gemütlich machen, um sich so ziemlich den besten Kaffee, den Bukit zu bieten hat, sowie allerlei Snacks, gesunde Mittagsgerichte und verführerische Kuchen schmecken zu lassen.

An- & Weiterreise

Ein Taxi mit Gebührenzähler kostet ab Kuta etwa 200 000 Rp; die Fahrt dauert, je nach Verkehr, mindestens eine Stunde.

Padang Padang

Der gleichnamige Strand befindet sich in der Nähe der Jalan Labuan Sait. Er lässt sich ziemlich einfach erreichen. Unmittelbar östlich davon stellt der Impossibles Beach dann schon eine größere Herausforderung dar. Felsen und die Flut machen den Anmarsch von Padang Padang oft unmöglich.

Beide Strände sind jedoch der Stoff, aus dem die Tropenträume von Surfern sind. Die Kulisse von blanken Felsen vermittelt ein Gefühl von Abgeschiedenheit, das sich in Kuta oder Seminyak nicht einstellt. Mittlerweile hat sich hier auch eine total coole Szene entwickelt – mit starken Cafés, flippigen Quartieren und den üblichen Surfgeschäften.

Samstags und in Vollmondnächten findet am Strand von Padang Padang immer eine Fete statt – mit Meeresfrüchten vom Grill und Musik bis zum Morgengrauen.

Sehenswertes

Das Parken bereitet in Padang Padang gar keine Probleme, und es ist nur ein kurzes Stück zu Fuß durch einen Tempel und einen gepflasterten Weg hinunter zum Strand, an dem vorwitzige Affen die Leute um Bananen anbetteln. Schatten gibt es immer wieder mal in der Nähe des Sandstrands, und ein paar einfache Warungs stellen die Versorgung sicher. Die Strandbarszene des berühmten Films *Eat Pray Love* wurde übrigens hier gedreht – die Bar, die damals als Kulisse diente, existiert allerdings schon seit ewigen Zeiten nicht mehr.

Abenteuerlustige können einen erheblich längeren, fast einsamen weißen Sandstrand anpeilen, der am Westufer des Flusses beginnt. Am besten erkundigt man sich bei einem Einheimischen nach dem Weg oder nimmt die sehr steile Treppe beim Thomas Homestay an der Hauptstraße.

Padang Padang Beach STRAND
Die Bucht in der Nähe der Hauptstraße nach Ulu Watu – genau gesagt an der Stelle, wo ein Bach ins Meer fließt – ist klein, aber fein. Parken ist problemlos möglich und bis zum Strand ist es nur ein kurzes Stück zu Fuß. Erfahrene Surfer strömen hierher wegen der Tubes.

Impossibles Beach STRAND
Rund 100 m westlich der Jalan Pantai Bingin ist in der Jalan Melasti ein weiterer Abzweig in Richtung Meer zu erkennen. Dieser asphaltierten Straße folgt man für 700 m und hält dabei nach einem verkritzelten Schild an der Wand Ausschau, auf dem **Impossibles Beach** steht. Wer diesen Pfad nimmt, versteht schnell, warum der Strand so heißt. Die Wanderung ist die reinste Tortur, dafür wartet zur Belohnung am Ende eine einsame Bucht mit cremefarbenem Sand zwischen den Felsbrocken.

Aktivitäten

In Padang Padang können Surfbretter gemietet werden, um sich gleich vor Ort in die Wellen zu stürzen. In der Hochsaison wird es allerdings oft sehr voll. Es finden hier auch viele Surfwettbewerbe statt.

★ **Padang Padang** SURFEN
Der superseichte, linke Reefbreak von – kurz und bündig – Padang liegt direkt einem äußerst beliebten Strand vorgelagert und gleich unterhalb von einigen baufälligen Quartieren, in denen man sich aufs Ohr hauen und die Wellen beobachten kann. Jedenfalls empfiehlt es sich, sich sorgfältig zu informieren, bevor man sich ins Vergnügen stürzt. Der Break ist sehr anspruchsvoll und funktioniert nur, wenn er etwa 2 m über dem Level des mittleren Gezeitenwerts bis Flut liegt. Die beste Zeit für eine prima Brandung ist Juni bis August.

Impossibles SURFEN
Gleich nördlich von Padang Padang bietet dieser anspruchsvolle äußere Reefbreak drei veränderliche Wellengipfel mit schnellen linken Tube-Abschnitten, die sich bei idealen Bedingungen verbinden können.

Schlafen

Wer richtig nah an den Wellen wohnen möchte, sollte sich für eines der Guesthouses an den Klippen entscheiden, die sich alle über einen steilen Pfad von der Steilküste erreichen lassen. Der besagte Pfad beginnt am Ende einer verwinkelten Gasse, die 200 m von der Jalan Labuan Sait, gleich westlich vom Om Burger, liegt. Zu Bedenken ist, dass 2016 ein Brand einige dieser Gästehäuser beschädigte oder gar zerstörte. Die Wiederaufbauarbeiten dauern noch an. Man sollte deshalb vor der Buchung die aktuelle Situation prüfen.

★ Rock'n Reef BOUTIQUEHOTEL $$
(☎0813 5336 3507; www.rock-n-reef.com; Impossibles Beach; Zi. inkl. Frühstück 105–125 US$; ❄📶) Sechs individuelle Bungalows sind in die Klippen am Impossibles Beach gebaut. Alle bieten einen sagenhaften Blick auf den Ozean direkt davor. Jeder Bungalow weist ein rustikales, aber künstlerisches Design aus natürlichen Materialien wie Stuck und Treibholz auf. Es gibt private Balkons und Sonnenterrassen. In einem Café werden den ganzen Tag über einfache indonesische Mahlzeiten serviert. Während der Surf-Hochsaison kann man sich einen Aufenthalt hier allerdings so ziemlich aus dem Kopf schlagen.

PinkCoco Bali HOTEL $$
(☎0361-895 7371; http://pnkhotels.com; Jl Labuan Sait; Zi. 75–135 US$; ❄📶🏊) Einer der Pools dieses romantischen Hotels ist passenderweise pink gefliest. Die zwölf Zimmer verfügen über Terrasse oder Balkon – und lassen auch noch einen künstlerischen Touch erkennen. Mexiko dominiert allenthalben als opulentes Motiv, und zwar in Form einer ansprechenden Mischung aus weißen Wänden und kühnen Tropenfarben, die Akzente setzen. Für das Wohl von Surfern wird gesorgt, und außerdem gibt es Fahrräder und andere Ausrüstung zu mieten.

Le Sabot BUNGALOW $$
(☎0812 3768 0414; www.lesabotbali.com; Zi. ab 700 000 Rp) Diese Ansammlung von Bungalows auf den Klippen wurde im Jahr 2016 durch einen Brand beschädigt. Man sollte sich vor der Buchung also auf jeden Fall über den aktuellen Zustand der Anlage informieren. Die Lage als solche ist in jedem Fall großartig – näher an den so ziemlich besten Surfbreaks der Welt lässt es sich gar nicht logieren. Wenn das Le Sabot geöffnet hat, sind die Bungalows über einen steilen Pfad, der von der Klippe nach unten führt, zu erreichen.

Essen

Mango Tree Cafe CAFÉ $$
(☎0813 5309 8748; Jl Labuan Sait 17; Hauptgerichte 50 000–120 000 Rp; ⏲7–22 Uhr) Dieses Café auf zwei Ebenen bietet eine lange Speisekarte, auf der jede Menge gesunde Köstlichkeiten zu finden sind. Die Brötchen der Sandwiches und leckeren Burger sind jedenfalls erstaunlich gut. Die Salate, Suppen, Frühstücks-Burritos und vieles mehr sind frisch und interessant. Außerdem gibt es hier gute Säfte und eine Getränkekarte mit anständigen Drinks. Mit etwas Glück gelingt es einem sogar, einen Tisch unter dem Mangobaum zu ergattern, nach dem das Café benannt ist. Die Inhaberin Maria ist schlichtweg reizend.

Buddha Soul CAFÉ $$
(☎0361-897338; www.facebook.com/buddhasoul; Jl Labuan Sait; Hauptgerichte 50 000–150 000 Rp; ⏲7.30–22 Uhr; 📶✎) Dieses total entspannte Café am Straßenrand bietet eine Terrasse im Freien, auf der so gesunde Bio-Mahlzeiten wie Calamari vom Grill, Hühnchensalat oder Linsenburger munden.

Om Burger BURGER $$
(☎0812 391 3617; Jl Labuan Sait; Hauptgerichte ab 55 000 Rp; ⏲7–22 Uhr; 📶) „Superfood-Burger" sind der Verkaufsschlager in diesem Lokal, das oben im ersten Stock auch noch eine schöne Aussicht bietet. Die Burger sind wirklich super – und supergroß. Spezialität des Hauses ist der Wagyu-Burger, aber der vegetarische Nasi-Goreng-Burger ist wahrlich etwas ganz Besonderes. Auf der Speisekarte stehen weitere Gerichte, die von Gesundheitsbewusstsein zeugen: Pommes von gebackenen Süßkartoffeln, Säfte, die vor Unmengen von Vitaminen nur so strotzen und vieles mehr. Da sich das Lokal großer Beliebtheit erfreut, muss man abends oft auf einen freien Tisch warten.

Shoppen

White Monkey Surf Shop SPORT & OUTDOOR
(☎0853 3816 7729; www.instagram.com/whitemonkey_surfshop; Jl Labuan Sait 63; Surfbrettverleih gebraucht/neu 150 000/250 000 Rp; ⏲10–22 Uhr) Dieser tolle kleine Surfladen verkauft und verleiht Surfbretter sowie alle weiteren Ausrüstungsgegenstände rund ums Surfen.

Ulu Watu & Umgebung

Ulu Watu hat sich als allgemeine Bezeichnung für die Südwestspitze der Halbinsel Bukit eingebürgert. Hier gibt es einen hochverehrten Tempel, aber auch die sagenhaften Surfbreaks gleichen Namens.

Etwa 2 km nördlich des Tempels ragt eine dramatische Klippe auf; von hier führen Treppen zum Meer und zum Suluban Beach hinab. Es ziehen sich allerlei Cafés und Surfläden auf den nackten Felsen bis zum Meer hinunter. Die Aussicht ist traumhaft schön, und die Location ist auch schon ziemlich angesagt.

Sehenswertes & Aktivitäten

★ Pura Luhur Ulu Watu — HINDUTEMPEL

(ab Jl Ulu Watu; Erw./Kind 30 000/20 000 Rp, Parken 2000 Rp; ⏲8–19 Uhr) Der bedeutende Tempel thront am äußersten Rand der Südwestspitze der Halbinsel, oberhalb der Felsklippen, die steil in die unaufhörliche Brandung abfallen. Zu erreichen ist er durch ein ungewöhnliches bogenförmiges Portal, das von Ganesha-Statuen flankiert wird. Ganesha ist der Gott der Weisheit, zu erkennen an seinem Elefantenkopf und den vier Armen. Die Innenwände aus Korallengestein sind von kunstvollen Schnitzereien mit Darstellungen von Balis mythologischer Tierwelt bedeckt.

Nur gläubige Hindus dürfen den kleinen inneren Tempel betreten, der auf der vorstehenden Landspitze errichtet ist. Doch auch der Blick von den Klippen auf die endlose Dünung des Indischen Ozeans ist fast schon spirituell. Es empfiehlt sich, bei Sonnenuntergang um die Spitze der Klippe auf die linke (südliche) Seite des Tempels zu gehen; dort ist weniger Trubel.

Ulu Watu ist einer von mehreren bedeutenden Tempeln für die Meeresgeister an der Südküste Balis. Im 11. Jh. gründete der javanische Priester Empu Kuturan hier den ersten Tempel. Die Anlage wurde durch Nirartha ergänzt, einen weiteren javanischen Priester, der für die Ufertempel in Tanah Lot, Rambut Siwi und Pura Sakenan bekannt ist. Nirartha zog sich für die letzten Tage seines Lebens, als er *moksa* (Freiheit von weltlichem Begehren) erlangt hatte, nach Ulu Watu zurück.

Der beliebte traditionelle Kecak-Tanz wird bei Sonnenuntergang im Tempelgelände aufgeführt.

Suluban Beach — STRAND

Während die anderen zu den Surfbreaks von Ulu Watu hinauspaddeln, kann man es sich hier am Sandstrand in megadramatischer Umgebung bequem machen: Der Strand ist von Kalksteinklippen und Höhlen umgeben. Bevor der steile Weg hinunter zum Strand angetreten wird, sollte man sich allerdings über die Gezeiten informieren.

★ Ulu Watu — SURFEN

Zu gewissen Zeiten ist die Welle von Ulu Watu die größte und wuchtigste auf Bali. Sie ist der Stoff, aus dem Träume und Albträume sind – und mit Sicherheit nichts für Anfänger! Seit den frühen 1970er-Jahren, als die Welle in der legendären Surfdoku *Morning of the Earth* von sich reden machte, zieht Ulu Watu Surfer aus aller Welt wegen der Leftbreaks an, die den Anschein haben, als würden sie niemals aufhören.

Schlafen

Die Klippen oberhalb der Hauptwellen von Ulu Watu sind von Cafés und Bars gesäumt. Es gibt verschiedene Unterkünfte in mittlerer Preislage. Da die meisten Leute wegen der tollen Aussicht hier sind, ist eine gute Qualität der Zimmer leider nicht immer gewährleistet.

Gong — GUESTHOUSE $

(☎0361-769976; www.thegonguluwatubali.com; Jl Pantai Suluban; Zi. ab 50 000 Rp; @ 📶 ❄) Die zwölf sauberen Zimmer verfügen über einen guten Ventilator und heißes Wasser und gehen auf ein kleines Grundstück mit einem hübschen Pool hinaus. Von einigen Wohneinheiten im ersten Stock ist in der Ferne der Ozean zu sehen. Das Guesthouse liegt etwa 1 km südlich der Cafés an den Klippen von Ulu Watu; die Wirtsleute sind reizend. Die während der Recherchearbeiten zu diesem Reiseführer durchgeführten Renovierungsmaßnahmen sind möglicherweise noch nicht abgeschlossen; anschließend müssten die Einrichtungen zwar besser sein, aber es ist dann auch mit einer Preiserhöhung zu rechnen.

Delpi Uluwatu — GUESTHOUSE $

(☎0361-769863; Ulu Watu; Zi. mit Ventilator/Klimaanlage ab 400 000/450 000 Rp) Die vier sehr einfachen Zimmer an den Klippen klappern Tag und Nacht im Takt der Brandung. Das Guesthouse liegt direkt in den Felsen zwischen diversen Bars und bietet sich für Leute an, die 24 Stunden am Tag den Blick auf die Wellen genießen wollen.

★ **Uluwatu Cottages** BUNGALOWS $$
(☎0857 9268 1715; www.facebook.com/uluwatucottages/about; ab Jl Labuan Sait; Zi. 68–130 US$;) Die 14 Bungalows liegen in einem weitläufigen Areal direkt auf der Klippe verstreut, gerade einmal 400 m östlich der Cafés von Ulu Watu (etwa 200 m ab der Jalan Labuan Sait). Die Wohneinheiten sind komfortabel, verfügen über eine eigene Terrasse und bieten eine wirklich traumhafte Aussicht. Der Pool ist groß und super, um einen Tag zu vertrödeln.

Mamo Hotel HOTEL $$
(☎0361-769882; www.mamohoteluluwatu.com; Jl Labuan Sait; Zi. 35–90 US$;) Direkt am Zugang zum Areal oberhalb der Wellen von Ulu Watu ist dieses moderne Hotel mit 30 Zimmern eine gute und gediegene Wahl. Das zweigeschossige Hauptgebäude gruppiert sich um einen Pool, außerdem gibt es ein einfaches Café mit sanfter Brise. Die Partys auf dem Dach am Freitagabend sind immer ein großes Event.

Essen & Ausgehen

Delpi CAFÉ
(⏲7–20 Uhr;) Das entspannte Delpi liegt auf einer Klippe etwas abgeschieden von den anderen Cafés und kann mit einer tollen Aussicht aufwarten. Ein Teilbereich thront auf einem gigantischen Betonpilz auf einem Felsen oberhalb der Brandung. Das Essen ist einfach.

Single Fin CAFÉ $$
(☎0361-769941; www.singlefinbali.com; Jl Mamo; Hauptgerichte 65 000–150 000 Rp; ⏲8–23 Uhr;) Die Aussicht auf das Surf-Szenario von diesem Café auf drei Ebenen ist einfach atemberaubend. Die Gäste können von dem Café auf den Klippen zuschauen, wie die nie endende Dünung des Indischen Ozeans heranrollt; jedenfalls ist die Location super, um die Surfer zu beobachten, die es dank der wuchtigen Wellen immer wieder zerlegt. Die Drinks sind hier nicht gerade billig – und auch nicht sonderlich gut –, und das Essen ist so halbwegs passabel. Aber bei Sonnenuntergang spielt das dann eigentlich keine so große Rolle, oder?

☆ Unterhaltung

★ **Kecak Dance** TANZ
(Pura Luhur Ulu Watu, ab Jl Ulu Watu; 100 000 Rp; ⏲Sonnenaufgang) Auch wenn die Tanzvorführung ganz offensichtlich auf Touristen abzielt, gilt sie wegen der herrlichen Location in einem kleinen Amphitheater in der wild wuchernden Vegetation des Pura Luhur Ulu Watu als eine der hübschesten der ganzen Insel. Der Blick übers Meer ist ebenso erhebend wie der Tanz. In der Hochsaison ist hier immer viel los.

ℹ An- & Weiterreise

Am besten lässt sich die Region Ulu Watu mit einem eigenen fahrbaren Untersatz erkunden. Aber Achtung: Die Polizei richtet oft Kontrollpunkte in der Nähe von Pecatu Indah ein, um Touristen aus dem Westen zu überprüfen, die mit dem Motorrad herumgondeln. Schon für Gesetzeswidrigkeiten wie einen losen Kinngurt am Helm wird ein Bußgeld fällig.

Wer von Osten auf der Jalan Labuan Sait zu den Cafés an den Klippen von Ulu Watu kommt, stößt als Erstes auf eine Zufahrtstraße zum Parkplatz in der Nähe der Klippen. Nach dem Überqueren der Brücke führt eine Seitenstraße zu einem weiteren Parkplatz, von dem aus sich die Cafés an den Klippen im Rahmen eines hübschen kurzen Spaziergangs von gerade einmal 200 m erreichen lassen.

Ein Taxi hier heraus kostet von Seminyak mindestens 200 000 Rp; die Fahrt dauert eine Stunde oder länger, da die Straßen ständig verstopft sind.

Ungasan & Umgebung

Während es in Ulu Watu darum geht, die Surfer-Kultur zu feiern, feiert Ungasan das Ich. Von Kreuzungen unweit des ansonsten unscheinbaren Dorfes zweigen Straßen zur Südküste ab, wo einige der exklusivsten Resorts Balis am Meer zu finden sind. Während in der Ferne die unendlichen türkisblauen Wasser des Indischen Ozeans hypnotisch heranrollen, fällt es schwer, nicht zu denken, man habe das Ende der Welt erreicht, wenn auch ein sehr komfortables.

Hinter den zerklüfteten Felswänden verbirgt sich so manche winzige Bucht mit weißem Sandstrand. Einige sind mittlerweile mit Nobelresorts zugebaut, andere warten noch auf ihre Entdeckung – der Weg dorthin führt über die gefährlichen Treppen in den Klippen.

Sehenswertes & Aktivitäten

Green Bowl Beach STRAND
(Jl Pura Batu Pageh; Parken 5000 Rp) Der Green Bowl Beach ist einer der Strände Bukits, die nach Süden hin ausgerichtet sind. Er lässt sich über einen netten, aber schweißtreiben-

den Spaziergang 300 Betonstufen hinunter erreichen, die in der Nähe des Pura-Batu-Pageh-Tempels und des gescheiterten Bali Cliff Resort ihren Anfang nehmen. Unter der Woche ist dieses Stück Sandstrand gar nicht überlaufen, am Wochenende lockt es allerdings jede Menge Leute an – darunter auch etliche ziemlich hartnäckige Händler. Abgesehen vom Strand gibt es hier auch Höhlen, Fledermäuse und Affen. Und das Meerwasser schillert in einem intensiven Türkisblau.

Pura Mas Suka HINDUTEMPEL

Dieser winzige Tempel – er ist einer von insgesamt sieben, die den Meeresgöttern geweiht sind – lässt sich über eine kurvenreiche schmale Straße erreichen, die sich durch eine überwiegend öde Landschaft mit rotem Gestein windet. Die Szenerie ändert sich dramatisch, beim Erreichen des Karma Kandara Resorts, das sich um den Tempel ausbreitet. Der Pura Mas Suka ist ein Paradebeispiel für einen balinesischen Tempel am Meer. Er ist allerdings häufig geschlossen, was man im Hinterkopf behalten sollte, bevor der beschwerliche Weg über den holprigen Pfad dorthin angetreten wird.

Sundays Beach Club STRANDCLUB

(☎ 0361-848 2111; www.sundaysbeachclub.com; Jl Pantai Selatan Gau; Tagespass Erw./Kind 300 000/50 000 Rp; ⏲ 9–22 Uhr) Der private Strandclub liegt am Fuß einer Klippe an einem kleinen Strand mit feinem weißen Sand wie Puder. Hier können sich die Gäste einen Tag lang nach Herzenslust verhätscheln lassen und in allerlei Aktivitäten stürzen. Im Eintrittspreis inbegriffen ist ein Voucher im Wert von 150 000 Rp, der in den Bars und Spa-Pavillons am Strand allerdings schnell wieder verprasst ist. An den Wochenenden legen nachmittags DJs auf, bei Sonnenuntergang stehen Feuerwerke auf dem Programm, und es fährt sogar ein Lift die Klippe hinauf und hinunter, was allerdings nicht unumstritten ist.

Schlafen

Mehrere Luxusresorts bieten bereits von den hohen Kalksteinklippen an der Südküste von Bukit eine schöne Aussicht auf den Indischen Ozean. Viele weitere sind umstritten, darunter ein unlängst erst eröffnetes Ritz-Carlton-Resort, eines von Kempinski (das wegen Verletzung der Höhenvorschriften auf Bali in die Kritik kam) sowie ein Waldorf Astoria.

★ Alila Villas Uluwatu RESORT $$$

(☎ 0361-848 2166; www.alilahotels.com/uluwatu; Jl Belimbing Sari; Zi. inkl. Frühstück ab 800 US$; ❄@📶🏊) Dieses optisch beeindruckende, weitläufige Resort wurde in einem modernen, künstlerisch angehauchten Stil konzipiert, der leicht und luftig wirkt, aber zugleich einen Hauch von Luxus verströmt. Das Alila mit 85 Wohneinheiten bietet einen charmanten Service in einem Ambiente, in dem der blaue Ozean mit dem Grün der (vom Hotel bestellten) Reisfelder in der Umgebung kontrastiert. Das Resort liegt 2 km von der Jalan Ulu Watu entfernt.

Karma Kandara RESORT $$$

(☎ 0361-848 2200; www.karmaresorts.com; Jl Villa Kandara Banjar; Villa ab 450 US$; ❄@📶🏊) Dieses wunderschöne Resort schmiegt sich in die Hügel, die sanft bis zum Meer hinunter abfallen. Steinpfade verlaufen zwischen den von Mauern umgebenen Villen, die von Bougainvilleen bewachsen sind; bemalte Türen setzen Akzente. Jedenfalls herrscht hier das Flair eines tropischen Bergorts. Das Restaurant **Di Mare** (Gerichte 15–30 US$) ist durch eine kleine Brücke mit dem gabelförmigen Gelände verbunden; ein Aufzug fährt zum Strand hinunter.

Nusa Dua

Nusa Dua heißt wörtlich übersetzt „Zwei Inseln" – obwohl es tatsächlich nur kleine, erhöhte Landzungen sind, jeweils mit einem kleinen Tempel. Aber Nusa Dua ist sehr viel besser bekannt als Balis bewachte Anlage für Resort-Hotels. Es ist ein riesiges, supergepflegtes Gelände, wo man mit dem Passieren der Wachen den Rest der Insel hinter sich lässt. Verschwunden ist das bezaubernde Chaos der restlichen Insel.

Nusa Dua wurde in den 1970er-Jahren erbaut und so konzipiert, dass es den Wettbewerb mit anderen internationalen Strandresorts auf der ganzen Welt nicht scheuen muss. Die balinesische „Kultur" in Form von komprimierten Theater- und Tanzvorführungen wird allabendlich praktisch herangekarrt – ein Versuch, Nusa Dua weniger wie einen künstlichen Urlaubsort am Meer wirken zu lassen.

Mit mehr als 20 großen Resorts und tausenden Hotelzimmern wird Nusa Dua den Erwartungen halbwegs gerecht, wenn es ausgebucht ist, in der Nebensaison vermittelt es aber einen eher desolaten Eindruck.

Nusa Dua

Nusa Dua

Highlights
1 Pasifika Museum C2

Sehenswertes
2 Pura Gegar B4

Aktivitäten, Kurse & Touren
3 Bali National Golf Resort B3
4 Beach Promenade C1
5 Gegar Beach B4

Schlafen
6 Grand Hyatt Bali C2
7 St Regis Bali Resort C3
8 Westin Resort C1

Essen
9 Nusa Dua Beach Grill B4
10 Warung Dobiel B2
11 Warungs B3

Shoppen
12 Bali Collection C2

Sehenswertes

★ Pasifika Museum MUSEUM
(☎0361-774559; www.museum-pasifika.com; Bali Collection Shopping Centre, Block P; 70 000 Rp; ⏲10–18 Uhr) Wenn nicht gerade eine Gruppe aus einem der Resorts in der Umgebung da ist, hat man das Museum so ziemlich für sich allein. Die Sammlung von Kunst der Pazifikkulturen umfasst mehrere Jahrhunderte und beinhaltet über 600 Gemälde; die Tikis sollte man keinesfalls versäumen. Die einflussreiche Welle europäischer Künstler, die auf Bali Anfang des 20. Jhs. von sich reden machten, ist gut repräsentiert. Ausschau halten sollte man nach Werken von Arie Smit, Adrien-Jean Le Mayeur de Merpres und Theo Meier. Auch Werke von Matisse und Gauguin sind zu bewundern.

Pura Gegar HINDUTEMPEL
(Straßenmaut 2500 Rp) Unmittelbar südlich des Gegar Beach befindet sich ein Felsvor-

sprung mit einem guten Café und einem Pfad, der zum Pura Gegar hinaufführt, einem kompakten Tempel im Schatten von knorrigen alten Bäumen. Die Aussicht ist sagenhaft, und es sind sogar Schwimmer zu sehen, die in den Süden zu diesem seichten, ruhigen Gestade rund um die Steilklippe gekommen sind, um dem Wasserspaß zu frönen. Von der Strandpromenade in Nusa Dua führt ein hübscher Spazierweg zum Tempel hinauf.

Aktivitäten

Die Strände von Nusa Dua sind sauber und werden geharkt; ein vorgelagertes Riff fängt die Brandung ab, sodass die Wellen gleich null sind.

Alle Resorthotels verfügen über ein kostspieliges Spa mit einem breiten Spektrum an Therapien, Behandlungen sowie schlicht und ergreifend pure Entspannung. Die Spas des Amanusa, Westin und St. Regis Hotels werden besonders gelobt. Alle stehen auch Gästen offen, die nicht im Hotel logieren; der Preis für eine Massage beginnt ab 100 US$.

★ Strandpromenade — SPAZIERGANG

Eine der schönsten Attraktionen von Nusa Dua ist die 5 km lange Strandpromenade, die sich vom Pura-Gegar-Tempel im Süden durch den ganzen Ferienort meist am Strand entlang durch Tanjung Benoa im Norden zieht.

Nusa Dua — SURFEN

Während der Regenzeit bietet das Riff von Nusa Dua sehr beständige Wellen. Die Hauptwelle liegt 1 km dem Strand vorgelagert im Süden von Nusa Dua – genau gesagt beim Gegar Beach (dort kann man sich ein Boot mieten, um zur Welle hinaus zu gelangen). Es gibt Lefts und Rights, die bei geringer Dünung bei Ebbe oder mittlerem Gezeitenstand gut funktionieren.

Bali National Golf Resort — GOLF

(☎ 0361-771791; www.balinationalgolf.com; Kawasan Wisata; Platzgebühr ab 1 800 000 Rp; ⏲ 6.30–18.30 Uhr) Der 18-Loch-Platz schlängelt sich durch Nusa Dua und kann sogar noch mit einem feudalen Clubhaus aufwarten. Der Golfplatz erstreckt sich über mehr als 6500 m.

Gegar Beach — STRAND

(ab Jl Nusa Dua Selatan; 3000 Rp; 👪) Der Gegar Beach, einst ein Juwel von einem Strand, ist seit der Errichtung des Mulia Resorts mit 700 Zimmern auf die Größe eines Juwels zusammengeschrumpft. In den öffentlich zugänglichen Bereichen finden sich allerlei Cafés, Sonnenliegen zum Ausleihen und Wassersportmöglichkeiten (Kajak-/Stehpaddel-Miete 100 000 Rp pro Std.); am Wochenende wird es hier voll. Die Boote zum Surfbreak von Nusa Dua jenseits des Riffs kosten 200 000 Rp. Man darf auch den makellosen öffentlichen Sandstrand vor den Resorts nutzen.

Schlafen

Die Resorts von Nusa Dua ähneln sich irgendwie alle: Sie sind groß – manche sogar riesig –, und es sind die meisten internationalen Hotelketten vertreten. Viele befinden sich direkt am beschaulichen Strand.

PANDAWA BEACH

Ein alter Steinbruch an der entlegenen Südküste der Halbinsel Bukit wurde zu einem Hindu-Heiligtum samt Strandattraktion umfunktioniert. Nach dem Bezahlen eines stolzen Eintrittspreises (10 000 Rp) an die Aufseher (die gern ein Bintang kippen), geht es auf einer Straße nach unten, die sich dramatisch durch die Kalksteinklippen schneidet. Große Statuen, die Hindu-Gottheiten darstellen, sind in Nischen in den Fels gehauen. Ganz unten zieht sich dann ein langer Sandstrand entlang, der Pandawa Beach; unter der Woche liegt er ziemlich verlassen da, von ein paar Seetangfarmern aus dem Dorf einmal abgesehen. Am Wochenende unternehmen die Balinesen allerdings gern mal einen Tagesausflug hierher.

Einige Warungs (Imbissstände) verkaufen Erfrischungsgetränke; man kann sich eine Sonnenliege leihen, und das durch das Riff geschützte Meer eignet sich auch gut zum Schwimmen. Und so ist er zu erreichen: An der Hauptstraße, der Jalan Dharmawangsa, zwischen Ungasan und Nusa Dua nach den Schildern zum Pandawa Beach Ausschau halten; er befindet sich 2 km in Richtung Dorf hinunter, Parkmöglichkeiten gibt es beim Sandstrand.

Bedeutende Hotelimperien wie Westin und Hyatt haben enorm viel investiert und jede Menge Annehmlichkeiten ergänzt wie kunstvolle Pools oder ein Tagescamp für die Kids. Andere Hotels erwecken den Eindruck, als hätte sich seit ihrer Eröffnung in den 1970er-Jahren zur Blütezeit der Suharto-Ära nur wenig verändert.

★ Sofitel Bali Nusa Dua Beach Resort RESORT $$$
(☎0361-849 2888; www.sofitelbalinusadua.com; Jl Nusa Dua; Zi. ab 200 US$; ❄@🛜🏊) Das Sofitel nimmt einen Teil des Resortgürtels ein. Geboten wird hier ein weitläufiger Pool, der sich an den 415 Zimmern entlangschlängelt, sodass die Gäste von der Terrasse einiger Zimmer direkt hineinspringen können. Die Blöcke mit den Zimmern sind riesig; von vielen kann man zumindest einen Blick aufs Wasser erhaschen. Der opulente Sonntagsbrunch des Hotels (11–15 Uhr) zählt zu den besten auf ganz Bali; er kostet ab 400 000 Rp.

Grand Hyatt Bali RESORT $$$
(☎0361-771234; www.bali.grand.hyatt.com; Zi. ab 200 US$; ❄@🛜🏊) Das Hyatt, mit seinen 636 Zimmern schon fast so eine Art kleine Stadt, besteht aus mehreren Bereichen, von denen einige besser sind, andere weniger gut. Manche Zimmer im West Village gehen auf den Parkplatz für Taxis hinaus; von den vier „Dörfern" liegen das East und South Village am schönsten. Der flussartige Pool (einer von sechs) ist riesig und hat eine Wasserrutsche. Im Kinderclub werden die Kids tagelang bespaßt.

St. Regis Bali Resort RESORT $$$
(☎0361-847 8111; www.stregisbali.com; Kawasan Pariwisata; Suite ab 650 US$; ❄@🛜🏊) Dieses opulente Resort in Nusa Dua stellt die meisten anderen in den „Sand". Hier ist für jeden erdenklichen Luxus gesorgt – von Elektronik bis zum Mobiliar, vom Marmor bis zum Privatbutler. Pools gibt es zuhauf, und die 123 Wohneinheiten sind riesig. Wer stilvoll entspannen möchte, sollte sich für die Poolsuite mit Meerblick entscheiden.

Westin Resort RESORT $$$
(☎0361-771906; www.westin.com/bali; Zi. ab 200 US$; ❄@🛜🏊) Das Westin, das einem großen Tagungszentrum angeschlossen ist, verfügt über eine klimatisierte Lobby (eine Seltenheit!) und weitläufige öffentlich zugängliche Bereiche. Die Gäste in den 433 Zimmern kommen in den Genuss der besten Pools in Nusa Dua – mit Wasserfällen und allen möglichen anderen Elementen, die einen Wasserspielplatz kennzeichnen. Der Kids Club bietet umfangreiche Einrichtungen und Aktivitäten. Zum Resort gehört auch eine kleine Shoppingmall; es ist mit dem **Bali International Convention Centre** (☎0361-771906; www.baliconvention.com) verbunden.

Essen

Es gibt Dutzende von Restaurants, die in den riesigen Hotels Resortpreise verlangen. Gäste, die nicht dort logieren, können einfach vorbeikommen, beispielsweise auf einen üppigen Sonntagsbrunch im Sofitel.

Gute Warungs liegen geballt an der Ecke der Jalan Srikandi und der Jalan Pantai Mengiat. In der letztgenannten Straße befinden sich direkt vor dem zentralen Tor diverse Esslokale im Freien, die eine nette, schlichte Alternative darstellen, in Nusa Dua zum Essen zu gehen. Einen Preis für seine Gastronomie bekommt sicher keines, aber die meisten übernehmen den Transport.

Warungs INDONESISCH $
(ab Jl Terompong; Mahlzeiten ab 20 000 Rp; ⌚8–22 Uhr) Die beste Möglichkeit, sich in Nusa Dua und Umgebung frische und leckere einheimische Gerichte schmecken zu lassen.

Warung Dobiel BALINESISCH $
(☎0361-771633; Jl Srikandi 9; Mahlzeiten ab 40 000 Rp; ⌚10–15 Uhr) Inmitten der öden Straßen von Nusa Dua bietet das Dobiel ein authentisches Esserlebnis. Jedenfalls ist es eine gute Anlaufstelle, um *babi guling* (Spanferkelbraten) zu probieren. Die Schweinefleischsuppe eignet sich bestens, um die Geschmacksknospen zu wecken, und die Jackfruit duftet nur so vor Aroma. Die Gäste sitzen auf Barhockern oder gemeinsam am Tisch; der Service gerät allerdings manchmal zur Geduldsprobe, außerdem wird das Lokal bisweilen von Reisegruppen heimgesucht. Achtung: Man sollte sich keine „Ausländerpreise" aufbrummen lassen.

Nusa Dua Beach Grill INTERNATIONAL $$
(☎0851 0043 4779; Jl Pura Gegar; Hauptgerichte ab 80 000 Rp; ⌚8–22.30 Uhr) Das in warmen Farben gehaltene Café ist eine prima Anlaufstelle für Tagesausflügler; es liegt etwas versteckt beim Mulia Resort südlich des Gegar Beach. Die Getränkekarte ist lang, die Meeresfrüchte sind frisch, und die entspannte Strandatmosphäre ist einfach berauschend.

Hardy's SUPERMARKT
(☎ 0361-774639; Jl Ngurah Rai; ⏲ 8–21 Uhr) Diese riesige Filiale der hiesigen Supermarktkette liegt etwa 1 km westlich des Haupttors. Neben Gemischtwaren gibt es hier alles, was man so braucht, und zwar zu normalen Preisen, nicht zu Resortpreisen.

☆ Unterhaltung

Viele Hotels bieten an einem oder auch an mehreren Abenden seichte balinesische Tanzvorführungen an, die in der Regel das Büffet ergänzen. In den Hotellounges wird oft Livemusik gespielt – von Schnulzen bis zu Rock.

Praktische Informationen

Geldautomaten finden sich im Shoppingcentre **Bali Collection** (☎ 0361-771662; www.bali-collection.com; ab Jl Nusa Dua; ⏲ 8–22 Uhr), in einigen Hotellobbys sowie im riesigen Hardy's Department Store etwas außerhalb am Jalan Ngurah Rai Bypass.

An- & Weiterreise

Die Bali Mandara Toll Road (Maut: Motorrad/Auto 4000/11 000 Rp) verkürzt die Fahrzeit von Nusa Dua zum Flughafen und nach Sanur.

BUS

Der Kura-Kura-Touristenbus (S. 452) fährt auf zwei Routen und verbindet Nusa Dua mit dem Verkehrsknotenpunkt Kuta. Die Busse verkehren alle zwei Stunden und kosten 50 000 Rp.

Das Trans-Sarbagita-Bussystem auf Bali steuert auch Nusa Dua an, und zwar auf der Route, die den Jalan Ngurah Rai Bypass hinauf und dann um Sanur herum nach Batabulan führt.

SHUTTLEBUSSE

Am besten erkundigt man sich, ob das gebuchte Hotel einen Shuttlebus-Service anbietet, bevor man ein Taxi ruft. Ein kostenloser **Shuttlebus** (☎ 0361-771662; www.bali-collection.com/Shuttlebus; ⏲ 9–22 Uhr) verbindet etwa im Stundentakt ganz Nusa Dua und die Resorthotels in Tanjung Benoa mit dem Shoppingcentre Bali Collection. Schöner ist aber natürlich ein Spaziergang über die herrliche Strandpromenade dorthin.

TAXI

Ein Taxi vom Flughafen kostet 150 000 Rp; ein Taxi mit Gebührenzähler zum Flughafen hinaus kommt erheblich preiswerter. Taxis von/nach Seminyak schlagen im Schnitt mit 150 000 Rp für die Fahrt von 45 Minuten zu Buche; bei starkem Verkehr kann sich der Preis aber auch verdoppeln.

Tanjung Benoa

Die Halbinsel Tanjung Benoa erstreckt sich von Nusa Dua etwa 4 km in Richtung Norden bis zum Dorf Benoa. Sie ist flach und voller familienfreundlicher Resort-Hotels, die meisten rangieren im Mittelklassebereich. Tagsüber röhren Dutzende motorisierter Sportboote durchs Wasser. Reisegruppen, die in Bussen eintreffen, versprechen sich hier einen aufregenden Tag am Wasser, z. B. beim Ritt auf der Banane und bei sonstigem Nervenkitzel.

Insgesamt ist Tanjung Benoa ein recht ruhiger Ort, wobei die Bali-Mandara-Mautstraße es möglich macht, sich flott ins nächtliche Vergnügen von Kuta und Seminyak zu stürzen.

Sehenswertes

Das Dorf Benoa ist ein toller kleiner Fischerort, der sich für einen schönen Spaziergang anbietet. Wer durch die schmalen Gassen an der Spitze der Halbinsel streift, erlebt eine multikulturelle Orgie. Nur 100 m voneinander entfernt befinden sich dort nämlich der bunt bemalte **chinesische buddhistische Tempel** (Jl Segara Lor), eine **Moschee** mit Kuppel (Jl Segara Lor) und ein **Hindutempel** (Jl Segara Lor) mit einem reizvoll geschnitzten Dreifach-Eingang. Schön ist auch der Blick vom geschäftigen Kanal auf den Hafen. Benoa hat allerdings auch eine Schattenseite: Gemeint ist der illegale Handel mit Schildkröten in den Seitengassen, den zu unterbinden die Polizei sich durch Razzien bemüht.

Aktivitäten

★ **Jari Menari** SPA
(☎ 0361-778084; www.jarimenarinusadua.com; Jl Pratama; Massage ab 385 000 Rp; ⏲ 9–21 Uhr) Diese Zweigstelle des berühmten Originals in Seminyak bietet dieselben exquisiten Massagen an, die ausschließlich von fachkundigen (männlichen) Masseuren vorgenommen werden. Wegen des Transports einfach anrufen.

★ **Bumbu Bali Cooking School** KOCHEN
(☎ 0361-774502; www.balifoods.com; Jl Pratama; Kurs ohne/mit Marktbesuch 105/118 US$; ⏲ Mo, Mi & Fr 6–15 Uhr) Diese allseits gelobte Kochschule im gleichnamigen Restaurant bemüht sich, zu den Ursprüngen der balinesischen Kochkunst vorzudringen. Die Kurse beginnen mit dem Besuch des Fisch- und Mor-

genmarkts von Jimbaran in der Früh um sechs Uhr, anschließend geht es ab in die große Küche, und zum Schluss gibt es ein selbst zubereitetes Mittagessen.

Schlafen

Das Ostufer von Tanjung Benoa ist von bescheidenen Resorts im mittleren Preissegment gesäumt, die vor allem auf Gruppen abzielen. Sie sind familienfreundlich, bieten Programme für Kinder und haben viele Stammgäste, die dann mit Transparenten begrüßt werden, auf denen beispielsweise „Welcome back, Familie Maier!" steht. Es gibt außerdem auch ein paar einfache Gästehäuser.

Pondok Hasan Inn GUESTHOUSE $
(☎0361-772456; hasanhomestay@yahoo.com; Jl Pratama; Zi. inkl. Frühstück ab 250 000 Rp; ❄📶) Ungefähr 20 m von der Hauptstraße entfernt liegt dieses familienfreundliche Privatquartier. Der Familienbetrieb bietet elf tadellose Zimmer mit heißem Wasser; das Frühstück ist inbegriffen. Die Fliesen auf der Veranda draußen spiegeln nur so; sie steht den Gästen aller Zimmer zur Verfügung. Und ein kleiner Garten ist auch noch vorhanden.

Pondok Benoa GUESTHOUSE $
(☎0812 384 9640; www.pondok-benoa.com; Jl Pratama 99; Zi. inkl. Frühstück 350 000–550 000 Rp; ❄📶) Die neun luftigen Zimmer (die meisten sind mit einer Badewanne ausgestattet) in einem großen Gebäude sind makellos. Die teureren Zimmer verfügen über eine kleine Küche. Der Garten ist groß, schattig und schön.

Rumah Bali GUESTHOUSE $$
(☎0361-771256; www.balifoods.com; etwas abseits der Jl Pratama; Zi. inkl. Frühstück ab 90 US$, Villa ab 250 US$; ❄@📶🏊) Das Rumah Bali ist die Luxusversion eines balinesischen Dorfes des Kochbuchautors Heinz von Holzen, der auch das hiesige Restaurant Bumbu Bali betreibt. Die Gäste haben hier die Qual der Wahl zwischen großen Familienzimmern und privaten Villen (einige haben drei Schlafzimmer) mit eigenem Tauchbecken und Küche. Außerdem gibt es noch einen großen Pool für alle und einen Tennisplatz. Der Strand ist nur ein kurzes Stück zu Fuß entfernt.

Tanjung Benoa

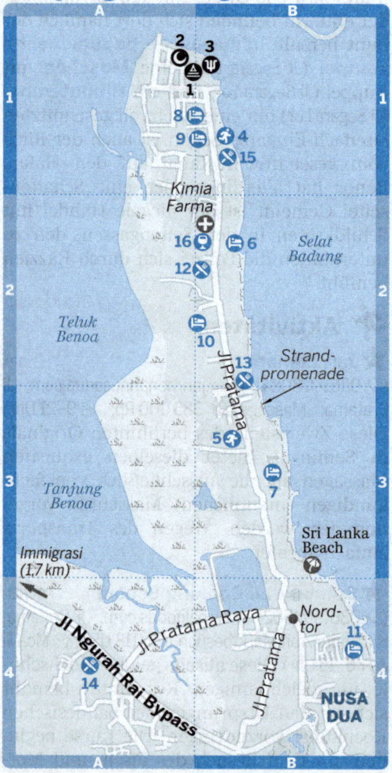

Tanjung Benoa

Sehenswertes
1 Caow Eng Bio A1
2 Moschee A1
3 Pura Dalem Ning Lan Taman Beji B1

Aktivitäten, Kurse & Touren
4 Benoa Marine Recreation B1
Bumbu Bali Cooking School .... (s. 13)
5 Jari Menari B3

Schlafen
6 Bali Khama B2
7 Conrad Bali B3
8 Pondok Benoa A1
9 Pondok Hasan Inn B1
10 Rumah Bali B2
11 Sofitel Bali Nusa Dua Beach Resort B4

Essen
12 Bali Cardamon B2
13 Bumbu Bali B2
14 Hardy's A4
15 Tao B1

Ausgehen & Nachtleben
16 Atlichnaya Bar B2

WASSERSPORT

In den Wassersportzentren in der Jalan Pratama stehen tagsüber Tauchen, Bootsausflüge, Windsurfen und Wasserskifahren auf dem Programm. Jeden Morgen rollen im Konvoi Busse mit Tagesausflüglern aus ganz Südbali an, und um 10 Uhr schweben die Parasailer auch schon über dem Meer.

Alles ist voll zwielichtiger Verkäufer, deren Job es ist, den Urlaubern den Bananenbootausflug ihrer Träume zu verhökern, während die Kunden mit glasigen Augen in einem Verkaufszentrum mit Reetdach und Café sitzen. Jedenfalls sollte jeder, bevor er etwas unterschreibt, die Ausrüstung und den Ruf des Unternehmens prüfen, denn so mancher Tourist ist bei einem Unfall schon ums Leben gekommen.

Zu den etablierten Wassersportanbietern gehört **Benoa Marine Recreation** (BMR; ☎0361-772438; www.bmrbali.com; Jl Pratama; ⊙8–16 Uhr). Wie durch Zauberhand verlangen alle Veranstalter so ziemlich dieselben Preise. Im Hinterkopf sollte man haben, dass diese „offizielle Preisliste" jedoch nur eine Grundlage zum Feilschen ist. Folgende Wassersportaktivitäten werden angeboten (jeweils mit Durchschnittspreis):

Bananenboot-Fahrten Wilde Fahrten für zwei Personen, die versuchen, sich in der aufblasbaren Frucht, die auf den Wellen tanzt, über Wasser zu halten (20 US$/15 Min.).

Ausflüge mit dem Glasbodenboot Eine Möglichkeit, die Kreaturen im seichten Wasser in Augenschein zu nehmen, ohne dabei nass zu werden (50 US$ pro Std.).

Jetskifahren In rasantem Tempo unter Ausstoß von Abgasen geht es dahin (25 US$/15 Min.).

Parasailing Kultig; man schwebt im Schlepptau eines Schnellboots übers Wasser (20 US$/15 Min.).

Schnorcheln Im Ausflug inbegriffen sind die Ausrüstung und die Fahrt mit dem Boot zum Riff (35 US$ pro Std.).

Eine nette Möglichkeit, den Strand zu genießen, bietet sich im **Tao** Restaurant; hier kann man für den Preis eines Drinks die Sonnenliegen in Resort-Qualität und den Pool nutzen.

Conrad Bali RESORT $$$
(☎0361-778788; www.conradbali.com; Jl Pratama 168; Zi. inkl. Frühstück 200 US$; ❄@🛜🏊) Die Luxusherberge in Tanjung Benoa, das riesige Conrad, kombiniert einen modernen balinesischen Look mit einem erfrischend lässigen Stil. Die 353 Zimmer sind groß und mit Bedacht konzipiert. Einige Wohneinheiten haben einen Patio mit Treppen zum 33 m langen Pool hinunter, wodurch sich die Sporteinlage am Morgen einfach gestaltet. Die Bungalows verfügen über eine private Lagune, und auf die Kinder wartet ein großer Club.

Bali Khama RESORT $$$
(☎0361-774912; www.thebalikhama.com; Jl Pratama; Villen 110–250 US$; ❄@🛜🏊) Das Bali Khama liegt in einer privaten Bucht mit Sandstrand am nördlichen Ende der Strandpromenade. Die 60 meist individuellen Villen sind von einer Mauer umgeben und groß, geschmackvoll und – logischerweise – privat. Die teureren haben ein eigenes Tauchbecken; es gibt auch Villen für Paare in den Flitterwochen sowie Villen mit mehreren Zimmern.

Essen & Ausgehen

★ **Bumbu Bali** BALINESISCH $$
(☎0361-774502; www.balifoods.com; Jl Pratama; Hauptgerichte ab 100 000 Rp, Menü ab 295 000 Rp; ⊙12–21 Uhr) Der seit ewigen Zeiten hier ansässige Kochbuchautor Heinz von Holzen, seine Frau Puj und ihr gut ausgebildetes, engagiertes Personal servieren exquisit gewürzte Gerichte in diesem noblen Restaurant. Viele Gäste entscheiden sich für eines der opulenten Menüs. Die Kochkurse (S. 131) am Montag, Mittwoch und Freitag (ab 103 US$) sind überaus empfehlenswert.

Bali Cardamon ASIATISCH $$
(☎0361-773745; www.balicardamon.com; Jl Pratama 97; Hauptgerichte 55 000–120 000 Rp; ⊙8–22 Uhr) Das ambitionierte Restaurant liegt einen Tick besser als die anderen Lokale an der Fressmeile Jalan Pratama. Es überzeugt

mit seiner kreativen Küche, die Einflüsse aus ganz Asien aufgreift. Hier kommen so hervorragende Gerichte wie Schweinebauch mit Sternanis auf den Tisch. Die Gäste sitzen unter den Frangipani-Bäumen oder nehmen im Speiseraum Platz.

Tao ASIATISCH $$
(☎ 0361-772902; www.taobali.com; Jl Pratama 96; Hauptgerichte 60 000–100 000 Rp; ⏰ 8–22 Uhr; 📶) Das Tao mit seinem privaten, leuchtend weißen Sandstrand bietet einen großen geschwungenen Pool, der sich zwischen den Tischen dahinschlängelt. Das Essen ist eine abwechslungsreiche Mischung aus ganz Asien – aber für die Banausen gibt es auch ein Club-Sandwich.

Atlichnaya Bar BAR
(☎ 0813 3818 9675; www.atlichnaya.com; Jl Pratama 88; ⏰ 8 Uhr bis open end; 📶) Die lebhafte und gesellige Alternative zu den steifen Hotelbars ist diese brummende Bar, in der eine lange Latte von Mixgetränken auf den Tisch kommt und sogar **Massagen** (ab 50 000 Rp) angeboten werden. Auf der Speisekarte stehen preiswerte und leckere indonesische und westliche Gerichte.

Praktische Informationen

Kimia Farma (☎ 0361-916 6509; Jl Pratama 87; ⏰ 8–22 Uhr) Eine zuverlässige Apothekenkette.

An- & Weiterreise

Ein Taxi vom Flughafen kostet 175 000 Rp. Bemos (Minibusse) pendeln die Jalan Pratama (5000 Rp) hinauf und hinunter – nach 15 Uhr sind sie allerdings dünn gesät.

Ein kostenloser **Shuttlebus** (☎ 0361-771662; www.bali-collection.com/shuttle-bus; ⏰ 9–22 Uhr), der etwa jede Stunde verkehrt, verbindet Nusa Dua mit den Resorthotels von Tanjung Benoa und dem Einkaufszentrum Bali Collection. Oder aber man flaniert über die Strandpromenade dorthin und freut sich an der schönen Aussicht, anstatt sich in den Bus zu setzen. Viele Restaurants übernehmen den Transport von den Hotels in Nusa Dua und Tanjung Benoa.

SANUR

☎ 0361

Viele halten Sanur für „genau richtig", denn hier fehlen die meisten Ärgernisse, die man weiter westlich vorfindet, und es gibt eine gute Mischung von Restaurants und Bars, die nicht alle zu Resorts gehören.

Der Strand ist zwar schmal, wird aber von einem Riff und Wellenbrechern geschützt, sodass Familien mit Kindern sich gern und gefahrlos in die schimmernden Wellen stürzen. Sanur verfügt über eine gute Auswahl an Übernachtungsmöglichkeiten und es hat eine günstige Lage als Ausgangspunkt für Tagesausflüge. Seinen hiesigen Spottnamen als „verschnarchter" Ort hat es wirklich nicht verdient.

Sanur erstreckt sich über etwa 5 km entlang der Küstenlinie nach Osten, die üppig grünen, gartenmäßig gestalteten Resortgelände grenzen direkt an den Sandstrand. Westlich der am Strand gelegenen Hotels verläuft die belebte Hauptstraße, Jalan Danau Tamblingan, mit Hoteleingängen und Unmengen von Touristenläden, Restaurants und Cafés.

Die gesundheitsschädliche, vom Verkehr nahezu erstickte Jalan-Ngurah-Rai-Umgehungsstraße führt um die Westseite des Resort-Bezirks herum und ist die Hauptverbindung nach Kuta und zum Flughafen. Hier möchte sich niemand draußen aufhalten.

Sehenswertes

★ **Museum Le Mayeur** MUSEUM
(☎ 0361-286201; Jl Hang Tuah; Erw./Kind 20 000/10 000 Rp; ⏰ Sa–Do 8–15.30, Fr 8.30–12.30 Uhr) Der Künstler Adrien-Jean Le Mayeur de Merpres (1880–1958) kam 1932 auf Bali an und heiratete drei Jahre später die wunderschöne, gerade einmal 15-jährige Legong-Tänzerin Ni Polok. Das Paar lebte in diesem Anwesen, als Sanur noch ein beschauliches Fischerdorf war. Nach dem Tod des Künstlers wohnte Ni Polok weiterhin in diesem Haus, bis sie dann 1985 verstarb. Allen Problemen mit der Sicherheit und Konservierung der Gemälde zum Trotz – einige bedeutende Werke von Le Mayeur wurden für stolze 150 000 US$ verkauft – sind fast 90 der Bilder Le Mayeurs hier ausgestellt.

Das Haus ist ein interessantes Beispiel für Architektur im balinesischen Stil – zu erkennen etwa an den wunderschön geschnitzten Fensterläden, die die Geschichte von Rama und Sita aus der *Ramayana* nacherzählen.

Im Museum sind fast 90 Gemälde von Le Mayeur in einem naturalistischen balinesischen Interieur aus geflochtenen Fasern ausgestellt. Einige der frühen Werke Le Mayeurs sind impressionistische Bilder, die von seinen Reisen durch Afrika, Indien, den Mittelmeerraum und den Südpazifik inspiriert sind. Gemälde aus seiner frühen Peri-

NICHT VERSÄUMEN

DIE STRANDPROMENADE VON SANUR

Die **Strandpromenade** von Sanur begeistert Einheimische wie auch Touristen schon vom ersten Tag an. Sie ist mehr als 4 km lang, schlängelt sich an zig Resorts, Strandcafés, Fischerbooten aus Holz, die gerade repariert werden, und allerlei eleganten alten Villen vorbei, die wohlhabende Expats, die dem Zauber Balis erlegen sind, vor Jahrzehnten erbauten. Wer hier entlangspaziert, kann übers Meer bis nach Nusa Penida schauen.

Auch für Urlauber, die nicht in Sanur wohnen, gibt die Strandpromenade ein nettes Ziel für einen Tagesausflug oder auch einen Zwischenstopp unterwegs ab. Hier nun einige Highlights von Norden nach Süden:

Grand Bali Beach Hotel (Jl Hang Tuah) Das weitläufige, in der Sukarno-Ära erbaute Hotel wird nach und nach immer weniger. Politiker vor Ort, die den Riesenkasten schlichtweg scheußlich fanden, setzten die berühmte Anordnung um, dass kein Gebäude höher als eine Kokospalme sein darf.

Schildkrötenbecken Eine engagierte Ausstellung über die gefährdeten Meeresschildkröten auf Bali, bei der in der Regel einige frisch geschlüpfte Tiere zu bestaunen sind.

Kleiner Tempel Mitten im Touristenrummel steht dieser kleine Schrein im Schatten riesiger Bäume.

Batu Jimbar (www.villabatujimbar.com; Beachfront Walk) Gleich nördlich des alten Hyatt weist diese Villa samt Grundstück eine schillernde Geschichte auf: Sie wurde 1975 von dem berühmten Architekten Geoffrey Bawa aus Sri Lanka umgestaltet, Mick Jagger und Jerry Hall wurden hier inoffiziell 1990 getraut, und es haben hier schon viele Berühmtheiten logiert – von Yoko Ono bis zu Sting oder Fergie. Wer über ein ähnlich üppiges Budget verfügt, kann sich hier einquartieren.

Fischerboote Gleich südlich vom alten Hyatt erstreckt sich ein Areal, in dem bunte Fischerboote an Land unter Bäumen repariert werden.

ode auf Bali sind romantische Darstellungen des täglichen Lebens und der schönen balinesischen Frauen – häufig Ni Polok. Die Arbeiten aus den 1950er-Jahren sind in sehr viel besserem Zustand und präsentieren sich in den lebhaften Farben, die später unter jungen balinesischen Künstlern populär wurden. Einen Blick wert sind die eindringlichen Schwarz-Weiß-Fotos von Ni Polok.

Sanur Beach STRAND

Der Sanur Beach beschreibt einen Bogen in südwestlicher Richtung und erstreckt sich über mehr als 5 km. Er ist meist sauber und insgesamt recht beschaulich – wie der Ort selbst ja auch. Die vorgelagerten Riffe bewirken, dass die Brandung sich auf ein paar winzige Wellen beschränkt, die das Ufer umspielen. Von ein paar unerfreulichen Ausnahmen abgesehen sind die Resorts am Sandstrand eher bescheiden, weshalb der Strand nicht überlaufen ist.

Bali Orchid Garden GARTEN

(☎0361-701988; www.baliorchidgardens.com; Coast Rd; 100 000 Rp; ⊙8–18 Uhr) Dank des warmen Klimas auf Bali und der fruchtbaren Vulkanerde gedeihen hier Orchideen. In diesen Gärten kann man Tausende Orchideenarten in ganz unterschiedlichem Ambiente bewundern. Der Garten liegt 3 km nördlich von Sanur in der Jalan Ngurah Rai, gleich hinter der großen Kreuzung mit der Küstenstraße; er lässt sich prima auf dem Weg nach Ubud besuchen.

Steinsäule MONUMENT

(ab Jl Danau Poso) Die Säule, die in einer schmalen Gasse auf der linken Seite steht, wenn man Richtung Pura Belangjong blickt, ist Balis ältestes Artefakt; sie lässt alte Inschriften sehen, die von den Siegen der Streitkräfte künden, die sich vor mehr als tausend Jahren zugetragen haben. Diese Inschriften sind in Sanskrit und bezeugen den hinduistischen Einfluss 300 Jahre vor Ankunft des Majapahit-Hofes.

Aktivitäten

Wassersport

Das ruhige Meer von Sanur und die beständige Brise machen den Ort automatisch zu einem Zentrum der Wind- und Kitesurfer.

Die unregelmäßigen Breaks von Sanur – die Gezeiten bringen oft keine Wellen hervor – treten entlang des vorgelagerten Riffs auf. Das beste Surfrevier heißt **Sanur Reef**, ein rechter Break vor dem Grand Bali Beach Hotel. Eine weitere gute Location trägt den Namen **Hyatt Reef**; sie befindet sich – ja, richtig geraten – vor dem alten Bali Hyatt.

Bei **Surya Water Sports** (☎0361-287956; www.balisuryadivecenter.com; Jl Duyung 10; ⌚9–17 Uhr; 👨‍👧) besteht die Möglichkeit, ein Boot zu den Wellen hinaus zu bekommen; aber es ist auch möglich, ein Fischerboot (ab 200 000–400 000 Rp) zu nehmen.

★ **Rip Curl School of Surf** KITESURFEN
(☎0361-287749; www.ripcurlschoolofsurf.com; Beachfront Walk, Sanur Beach Hotel; Kitesurf-Unterricht ab 1 100 000 Rp, Verleih pro Std. ab 550 000 Rp; ⌚8–17 Uhr) Sanurs durch ein Riff geschütztes Gewässer und die beständig wehende Brise sorgen für gute Bedingungen zum Kitesurfen. Die Saison dauert von Juni bis Oktober. Rip Curl vermietet auch Bretter zum Windsurfen und zum Stehpaddeln (inkl. SUP-Yoga für 450 000 Rp pro Std.) sowie Kajaks.

Bali Stand Up Paddle WASSERSPORT
(☎0813 3823 5082; www.bali-standuppaddle.org; Jl Cemara 4B; Verleih pro Std. 350 000 Rp, Unterricht pro 90 Min. 350 000 Rp) Dieses Spezialgeschäft hat gute Tipps auf Lager und verkauft oder verleiht Ausrüstung; und außerdem wird Unterricht erteilt. Auch Windsurfen und Kitesurfen hier stehen auf dem Programm.

Yoga & Spas

★ **Power of Now Oasis** YOGA
(☎0813 3831 5032; www.powerofnowoasis.com; Beachfront Walk, Hotel Mercure; Unterricht ab 100 000 Rp) Hier können interessierte Urlauber eine Yogastunde in einem stimmungsvollen Bambuspavillon mit Blick auf den Sanur Beach genießen. Es werden unterschiedliche Leistungsniveaus angeboten. Yoga bei Sonnenaufgang ist ganz besonders beliebt.

★ **Jamu Wellness** SPA
(☎0811 389 9930; www.jamutraditionalspa.com; Jl Danau Tamblingan 140; 1 Std. Massage 350 000 Rp; ⌚9–21 Uhr) Dieses reizende Spa verfügt über sagenhafte neue Einrichtungen und bietet eine ganze Palette von Behandlungen an, darunter die beliebte Erde-Blumen-Körpermaske und das Kemirinuss-Peeling.

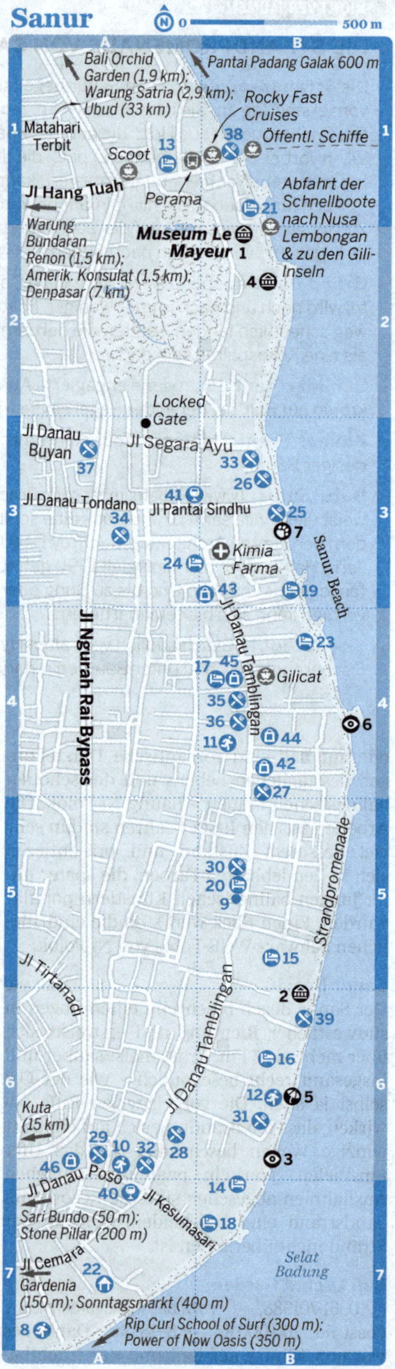

Sanur

Highlights
1 Museum Le Mayeur ... B2

Sehenswertes
2 Batu Jimbar ... B6
3 Fischerboote ... B6
4 Grand Bali Beach Hotel ... B2
5 Sanur Beach ... B6
6 Kleiner Tempel ... B4
7 Schildkrötenbecken ... B3

Aktivitäten, Kurse & Touren
8 Bali Stand Up Paddle ... A7
Balinese Cooking Class ... (s. 22)
9 Crystal Divers ... B5
10 Glo Day Spa & Salon ... A6
11 Jamu Wellness ... B4
12 Surya Water Sports ... B6

Schlafen
13 Agung & Sue Watering Hole I ... A1
14 Fairmont Sanur Beach Bali ... B7
15 Hotel Peneeda View ... B5
16 Hyatt Regency Bali ... B6
17 Keke Homestay ... B4
18 Kesumasari ... B7
19 La Taverna Suites ... B3
20 Maison Aurelia Sanur ... B5
21 Pollok & Le Mayeur Inn ... B1
22 Puri Santrian ... A7
23 Tandjung Sari ... B4
24 Yulia 1 Homestay ... A3

Essen
25 Beach Café ... B3
26 Byrdhouse Beach Club ... B3
27 Café Smorgås ... B4
28 Char Ming ... A6
29 Denata Minang ... A6
30 Hardy's Supermarket ... B5
31 La Playa Cafe ... B6
32 Massimo ... A6
Minami ... (s. 26)
33 Nasi Bali Men Weti ... B3
34 Pasar Sindhu Night Market ... A3
35 Porch ... B4
Pregina Warung ... (s. 45)
Spice ... (s. 20)
36 Three Monkeys Cafe ... B4
37 Warung Babi Guling Sanur ... A3
38 Warung Mak Beng ... B1
39 Warung Pantai Indah ... B6

Ausgehen & Nachtleben
40 Fire Station ... A7
41 Kalimantan ... A3

Shoppen
42 A-Krea ... B4
43 Ganesha Bookshop ... B3
44 Goddess on the Go ... B4
45 Nogo ... B4
46 To~ko ... A6

Glo Day Spa & Salon SPA
(☎0361-282826; www.glo-day-spa.com; Jl Danau Poso 57, Gopa Town Centre; Massage 1 Std. ab 195 000 Rp; ⏲8–18 Uhr) Hier ein Insidertipp von einem der zahlreichen Expats in Sanur. Das Glo legt, im Gegensatz zu vielen anderen Spas keinen besonderen Wert auf ein schickes Ambiente, sondern gibt klaren Linien den Vorzug, was schon an der Auslage zu erkennen ist. Der Service und die Behandlungen umfassen aber das ganze Spektrum – von Haut- und Nagelpflege bis hin zu Massagen und Therapien.

Kurse

Balinese Cooking Class KOCHEN
(☎0361-288009; www.santrian.com; Puri Santrian, Beachfront Walk; 90 Min. Unterricht ab 60 US$; ⏲Mi & Fr) Dank der Küche direkt am Strand ist dies eine wirklich unvergessliche Location, um die authentische balinesische Kochkunst zu erlernen. Für einen kleinen Aufpreis gibt es zusätzlich auch noch einen Marktbesuch, bei dem die erforderlichen Zutaten beschafft werden.

Crystal Divers TAUCHEN
(☎0361-286737; www.crystal-divers.com; Jl Danau Tamblingan 168; Tauchgänge ab 65 US$) Dieses professionelle Tauchgeschäft verfügt über ein eigenes Hotel (das Santai) und einen großen Pool zum Tauchen. Es ist besonders für Anfänger zu empfehlen, aber die Latte an Kursen ist lang, darunter auch PADI-Kurse im offenen Gewässer (500 US$).

Schlafen

Am Strand

Zwischen den größeren Resorts gibt es einige kleinere Hotels direkt am Strand, die sogar erstaunlich erschwinglich sind.

Kesumasari GUESTHOUSE $
(☎0361-287824; villa_kesumasari@yahoo.com; Jl Kesumasari 6; Zi. mit Ventilator/Klimaanlage ab 400 000/450 000 Rp; ❄📶🏊) Das Einzige, was zwischen den Gästen und dem Strand steht, ist ein kleiner Schrein. Hinter den Veranden zum Relaxen lassen die geschnitzten

DRACHEN ÜBER SANUR

Wer in Südbali unterwegs ist, bemerkt ganz unwillkürlich die Unmengen Drachen, die fast das ganze Jahr über am Himmel stehen. Diese Kreationen sind oft riesengroß (mit einer Spanne von 10 m und mehr und einem Schweif, der es auf erstaunliche 160 m bringt) – und sie fliegen in Höhen, die so manchem Piloten Kopfschmerzen bereiten. Viele haben eine Vorrichtung zum Lärmerzeugen, *gaganguan* genannt, die ein gespenstisches Summen und Brummen hervorbringt, das sich bei jedem Drachen anders anhört. Wie vieles auf Bali, so haben auch Drachen spirituelle Wurzeln: Sie sollen den Göttern in die Ohren flüstern, dass eine reiche Ernte wünschenswert wäre. Für viele Balinesen sind diese Überflieger jedoch einfach ein nettes Hobby – das allerdings eine Schattenseite hat, denn wenn so ein Monster zu Boden stürzt, kann es jemanden verletzen oder gar töten.

Jedes Jahr im Juli begeben sich Hunderte Teams aus dem In- und Ausland – allen Gefahren zum Trotz – zu der freien Fläche nördlich von Sanur zum **Bali Kite Festival**. Sie wetteifern ein paar Stunden lang in unterschiedlichen Kategorien wie originellstes Design oder auch Flugdauer um allerlei Ehrungen. Das Spektakel spielt sich rund um den flachen Landstrich hinter dem Sandstrand von **Pantai Padang Galak** ab, etwa 1 km von Sanur die Küste hinauf. Von Mai bis Oktober können Interessierte hier beim balinesischen Drachensteigen zuschauen.

balinesischen Türen in vielen Schattierungen nicht auf die Farborgie schließen, die die Gäste in den 15 eigenwilligen Zimmern dieses Familienbetriebs erwartet.

Pollok & Le Mayeur Inn HOMESTAY $

(☎0361-289847; pollokinn@yahoo.com; Jl Hang Tuah, Museum Le Mayeur; Zi. mit Ventilator/Klimaanlage ab 250 000/350 000 Rp; ❄📶) Die Enkel des verstorbenen Künstlers Le Mayeur de Merpres und seiner Frau Ni Polok führen diesen kleinen Gasthof. Er befindet sich im Areal des Le Mayeur-Museums (S. 134) und bietet eine preiswerte Unterkunft am Strand. Die 15 Zimmer fallen unterschiedlich groß aus.

La Taverna Suites HOTEL $$

(☎0361-288497; http://latavernasuites.com; Jl Danau Tamblingan 29; Zi. 90–160 US$; ❄@📶🏊) Das Taverna, eines der ersten Hotels in Sanur, wurde zu einer Anlage mit ausschließlich Suiten umgestaltet, hat sich seinen schlichten Charme mit künstlerischem Touch jedoch bewahrt. Die hübschen Areale und Wege, die die Gebäude verbinden, brummen nur so vor kreativer Energie und versorgen die 38 nostalgischen Wohneinheiten im Bungalowstil mit einem Flair von dezentem Luxus.

Hotel Peneeda View HOTEL $$

(☎0361-288425; www.peneedaview.com; Jl Danau Tamblingan 89; Zi. ab 45 US$; ❄@🏊) Ein weiteres einfaches, kleines Hotel am Strand ist das Peneeda – eine gute Wahl für Gäste, die auf Sonne, Sand und einen Zimmerservice zu überaus erschwinglichen Preisen Wert legen. Die 56 Zimmer sind etwas in die Jahre gekommen, aber der schmale Strand und der Preis sind schlichtweg unschlagbar. In den Gemeinschaftsbereichen gibt's kostenloses WLAN.

★ **Tandjung Sari** HOTEL $$$

(☎0361-288441; www.tandjungsarihotel.com; Jl Danau Tamblingan 41; Bungalows inkl. Frühstück ab 215 US$; ❄@📶🏊) Das Tandjung Sari, eines der ersten Boutiquehotels auf Bali, floriert seit seiner Eröffnung 1967 und wird bis heute für seinen Stil hochgelobt. Die 28 Bungalows im traditionellen Stil sind mit Kunsthandwerk und Antiquitäten ausgestattet. Die reizenden Mitarbeiter sind eine Wonne. Freitags und sonntags studieren einheimische Kinder um 15 Uhr am Pool balinesische Tänze ein.

Fairmont Sanur Beach Bali RESORT $$$

(☎0361-3011888; www.fairmont.com; Jl Kesumasari 8; Zi. ab 215 US$; ❄@📶🏊) Dieses wuchtige Hotel mit seinen 120 eleganten Suiten und Villen, verteilt auf einem weitläufigen Areal inklusive eines 50 m langen Infinitypools ragt am Strand von Sanur auf. Es gibt sich betont modern, und so finden sich Hightech-Freuden zuhauf. Außerdem verlocken hier feudale Spa-Angebote und Restaurants sowie ein hypermodernes Fitnessstudio. Für die kleinen Gäste ist ein eigener Pool vorhanden und es gibt auch einen Spielplatz.

Hyatt Regency Bali RESORT $$$
(www.bali.regency.hyatt.com; Jl Danau Tamblingan) *Das* Wahrzeichen schlechthin am Strand von Sanur, das ehemalige Bali Hyatt, wurde mit einem etwas nobleren Namen bedacht und bekommt bis zu seiner Wiedereröffnung Ende 2017 auch ein erheblich nobleres Ambiente verpasst.

Puri Santrian HÜTTEN, BUNGALOWS $$$
(☎0361-288009; www.santrian.com; Jl Cemara 35; Zi. 110–300 US$; ❄📶🏊) Wild wuchernde Gärten, drei große Pools mit Springbrunnen, ein Tennisplatz und die Lage direkt am Strand, aber auch die 199 komfortablen, gut ausgestatteten Zimmer machen das Puri Santrian zu einer beliebten Wahl. Viele Zimmer befinden sich in vom Stil her älteren Bungalows, andere in Blocks mit einem oder zwei Obergeschossen. Auf dem Programm steht ein empfehlenswerter balinesischer Kochkurs (S. 137).

In Strandnähe

Die Hotels in der Nähe der Jalan Danau Tamblingan sind nur ein kurzes Stück zu Fuß vom Strand, den Cafés und den Geschäften entfernt. Da es ihnen am Sandstrand mangelt, bemühen sie sich meist mehr um das Wohl ihrer Gäste als die Hotels direkt am Meer – und erschwinglicher sind sie außerdem.

Keke Homestay GUESTHOUSE $
(☎0361-287282; www.keke-homestay.com; Jl Danau Tamblingan 100; Zi. mit Ventilator/Klimaanlage ab 150 000/250 000 Rp; ❄📶) Das Guesthouse liegt 150 m in einer *gang* von der lauten Straße entfernt. Backpacker werden gleich herzlich in die reizende Familie aufgenommen (die oft damit beschäftigt ist, den Göttern Opfergaben darzubringen). Die fünf ruhigen, sauberen Zimmer haben einen Ventilator oder eine Klimaanlage.

Agung & Sue Watering Hole I GUESTHOUSE $
(☎0361-288289; www.wateringholesanurbali.com; Jl Hang Tuah 35; Zi. 275 000–400 000 Rp; ❄📶) Das Guesthouse existiert schon seit ewigen Zeiten. Es liegt ideal, um morgens in aller Frühe das Schiff nach Nusa Lembongan oder zu den Gili-Inseln zu erreichen, und traditionelle Gastfreundschaft wird hier großgeschrieben. Die Zimmer sind Standard, aber das Bier ist hier wirklich kalt, und der Sanur Beach lässt sich in nur fünf Minuten zu Fuß erreichen. Jedenfalls ist dieses Quartier prima, wenn man das besagte Schiff zu früher Morgenstunde erwischen will.

Yulia 1 Homestay GUESTHOUSE $
(☎0361-288089; yulia1homestay@gmail.com; Jl Danau Tamblingan 38; Zi. inkl. Frühstück mit Ventilator/Klimaanlage ab 180 000/300 000 Rp; ❄📶🏊) Das beschauliche Guesthouse, ein Familienbetrieb, liegt in einem hübschen Garten mit Blumen und Palmen, in dem die Vögel zwitschern. Die Zimmer fallen unterschiedlich groß aus (einige haben nur kaltes Wasser und Ventilator), aber ein Kühlschrank steht in allen. Der Bereich um das kleine Tauchbecken zum Erfrischen ist nett, um eine Weile zu entspannen.

PRIESTER & KÜNSTLER

Sanur war einer der Orte, den Westler bei ihrer Entdeckung Balis vor dem Zweiten Weltkrieg bevorzugten. Die Künstler Miguel Covarrubias, Adrien Jean Le Mayeur de Merpres und Walter Spies, die Anthropologin Jane Belo und die Choreografin Katharane Mershon lebten alle eine Zeitlang hier. Die ersten Touristen-Bungalows tauchten in Sanur in den 1940er- und 1950er-Jahren auf, und noch mehr Künstler, darunter der Australier Donald Friend (dessen Possen ihm den Spitznamen Lord Devil Donald eintrugen), ließen sich in Sanur nieder.

Während dieser Zeit wurde Sanur von einsichtigen Priestern und Scholaren regiert, die sowohl die Möglichkeiten als auch die Bedrohungen erkannten, die der expandierende Tourismus mit sich brachte. Sie gründeten außerdem Dorfkooperativen, die Land besaßen und ins Tourismusgeschäft einstiegen, um sicherzustellen, dass ein großer Teil des wirtschaftlichen Ertrags in der Gemeinde blieb.

Bis heute haben die Priester großen Einfluss, Sanur ist eine der wenigen Gemeinden, die immer noch von Angehörigen der Brahmanenkaste regiert werden. Der Ort ist bekannt als Heimat von Zauberern und Heilern und als ein Zentrum der schwarzen wie der weißen Magie. Das *kain poleng* genannte schwarz-weiße Tuch symbolisiert die Balance zwischen Gut und Böse und ist ein Sinnbild für Sanur.

Maison Aurelia Sanur HOTEL $$
(☎0361-472 1111; http://preferencehotels.com/maison-aurelia; Jl Danau Tamblingan 140; Zi. 75–150 US$; ❄📶🏊) Das total stilvolle Hotel mit drei Obergeschossen, das vom Strand am weitesten entfernt liegt, ist eine spannende Ergänzung in der Hauptgeschäftsstraße von Sanur. Die 54 Zimmer sind geräumig, haben Balkon und tun sich mit einem herrlich beruhigenden Dekor hervor. Alles wirkt vornehm, und zum Komfort trägt ein Kühlschrank auf dem Zimmer bei.

Gardenia GUESTHOUSE $$
(☎0361-286301; www.gardeniaguesthousebali.com; Jl Mertasari 2; Zi. 600 000–700 000 Rp; ❄📶🏊) Das Gardenia hat – wie die gleichnamige Blume mit den zahlreichen Blütenblättern – viele Facetten. Die sieben Zimmer sind Visionen in Weiß und liegen ein gutes Stück von der Straße zurückversetzt. Die hübschen Veranden gehen auf ein Tauchbecken zum Erfrischen in einem netten Hof hinaus. Vorne lockt ein gutes Café.

Essen

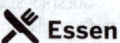

In Sanur kann man am Strand in einem traditionellen offenen Pavillon oder auch in einer netten Bar essen. In der Jalan Danau Tamblingan gibt es jede Menge einfallsloser Lokale, aber es sind auch ein paar Renner darunter.

Für Lebensmittel und Toilettenartikel ist der große **Hardy's Supermarkt** (☎0361-285806; Jl Danau Tamblingan 136; ⏲8–22 Uhr) eine gute Anlaufstelle. Gleich in der Nähe befindet sich der Gourmetmarkt des Cafés Batu Jimbar. Im Mercure Hotel wird sonntags ein **Biomarkt** (www.facebook.com/sundaymarketsanur; Jl Mertasari, Mercure Resort Sanur; ⏲letzter So im Monat 10–17 Uhr) abgehalten. Der **Pasar-Sindhu-Nachtmarkt** (ab Jl Danau Tamblingan; ⏲6–24 Uhr) verkauft frisches Gemüse, getrockneten Fisch, Gewürze sowie gute balinesische Gerichte.

Am Strand

Am Pfad zum Strand finden sich zahlreiche Restaurants, Cafés und Bars, in denen man eine Mahlzeit zu sich nehmen, etwas trinken oder einfach die frische Brise vom Meer her genießen kann. Bei Sonnenuntergang werden häufig Drinks zu Schnäppchenpreisen angeboten; der Strand liegt allerdings in Richtung Osten, und somit ist hier leider nur das reflektierte Abendrot bei Nusa Penida zu sehen.

Nasi Bali Men Weti BALINESISCH $
(Jl Segara Ayu; Mahlzeiten ab 20 000 Rp; ⏲7–13 Uhr) Dieser einfache Kiosk bereitet hervorragendes *nasi campur* zu, den klassischen balinesischen Mittagsteller mit mehreren verschiedenen Gerichten. Alles ist total frisch und wird, während man in der unvermeidlichen Schlange wartet, zusammengebrutzelt. Schmecken lassen kann man sich sein Essen dann auf einem kleinen Plastikhocker.

Byrdhouse Beach Club INTERNATIONAL $$
(☎0361-288407; www.facebook.com/byrdhousebeachclubbali; Segara Village, Sanur Beach; Hauptgerichte ab 60 000 Rp; ⏲6–24 Uhr; 📶) Sonnenliegen, ein Pool, ein Restaurant, eine Bar und Tischtennisplatten sind in diesem Strandclub geboten, und somit kann man hier locker den ganzen Tag am Strand verbringen. Welche Events wie beispielsweise eine Filmvorführung oder Essstände mit besonderen Köstlichkeiten gerade auf dem Programm stehen, verrät Facebook. Aber für das leibliche Wohl ist mit internationalen Speisen von Burgern bis Sushi natürlich immer gesorgt.

Minami JAPANISCH $$
(☎0812 8613 4471; Beachfront Walk; Hauptgerichte ab 60 000 Rp; ⏲10–23 Uhr) Mit seinem minimalistischen weißen Dekor, der freundlichen Atmosphäre unter freiem Himmel und der breiten Auswahl an megafrischem Fisch ist dieses original japanische Restaurant ein toller Tipp am Sanur Beach.

Warung Pantai Indah CAFÉ $$
(Beachfront Walk; Hauptgerichte 30 000–110 000 Rp; ⏲9–21 Uhr) Die Gäste sitzen in diesem zeitlosen Strandcafé auf ramponierten Stühlen an Tischen mit den Zehen im Sand. Die Spezialität des Warung sind die frischen Meeresfrüchte vom Grill und die preiswerten balinesischen Gerichte.

Beach Café INTERNATIONAL $$
(☎0361-282875; Beachfront Walk; Mahlzeiten 50 000–100 000 Rp; ⏲8–22 Uhr; 📶) Das Café bereichert den Strand von Sanur samt seinen klischeehaften Palmwedeln und Plastikstühlen mit ein bisschen protzigem Mittelmeerflair. Die Gäste können es sich auf den Rattansofas gemütlich machen oder in den niedigen Polstern im Sand fläzen. Die Salate und die Meeresfrüchte schmecken lecker. Die Getränkekarte kann sich ebenfalls sehen lassen, was allein schon ein Grund ist, um vorbeizuschauen.

Jalan Danau Tamblingan

Warung Mak Beng BALINESISCH $

(☎ 0361-282633; Jl Hang Tuah 45; Mahlzeiten 35 000 Rp; ⏲ 8–21 Uhr) In diesem beliebten Lokal wird keine Speisekarte benötigt: Man kann sowieso nur den legendären Fisch vom Grill (*ikan laut goreng*) bestellen, der mit allerlei Beilagen und einer leckeren Suppe serviert wird. Der Service ist flott, in der Luft liegt ein würziger Duft, und die Gäste aller Couleurs sind total happy.

Warung Babi Guling Sanur BALINESISCH $

(☎ 0361-287308; Jl Ngurah Rai Bypass; Hauptgerichte ab 25 000 Rp; ⏲ 10–22 Uhr) Im Gegensatz zu vielen anderens *babi-guling*-Lokalen auf Bali, die ihre Spanferkel vorgekocht von Großhändlern beziehen, wird in diesem kleinen Warung alles frisch hinter dem Haus zubereitet. Das Fleisch ist saftig und verdeutlicht, dass persönliches Engagement doch seine Vorzüge hat.

Porch CAFÉ $

(☎ 0361-281682; www.flashbacks-chb.com; Jl Danau Tamblingan 111, Flashbacks; Hauptgerichte ab 40 000 Rp; ⏲ 7–22 Uhr; ❄📶) Das Café in einem traditionellen Holzgebäude bietet eine leckere Mischung an Speisen für Leib und Seele wie Burger und frische Backwaren wie Ciabattas. Am besten macht man es sich an einem der Tische auf der Veranda gemütlich, oder verzieht sich in die klimatisierte Gaststube. Das Café ist zum Frühstücken beliebt; und die Liste der frischen Säfte ist lang. Der High Tea steht ebenfalls hoch im Kurs (149 000 Rp für 2 Pers.).

Im rückwärtigen Bereich befindet sich ein nettes Guesthouse, das **Flashbacks**.

★ **Char Ming** ASIATISCH $$

(☎ 0361-288029; www.charming-bali.com; Jl Danau Tamblingan N97; Mahlzeiten 60 000–250 000 Rp; ⏲ 5–23 Uhr) Hier gibt es asiatische Fusion-Küche mit französischen Akzenten. Auf einer Tafel werden täglich die frischen Meeresfrüchte aufgelistet, die nur darauf warten, auf dem Grill zu landen. Auf alle Fälle sollte man auf Gerichte aus der Region achten, von denen viele eine moderne Note aufweisen. Die total aufgestylte Location lässt opulente Gemälde und Schnitzereien sehen, die aus nostalgischen, alten Gebäuden aus Java und Bali stammen.

★ **Three Monkeys Cafe** ASIATISCH $$

(☎ 0361-286002; www.threemonkeyscafebali.com; Jl Danau Tamblingan; Mahlzeiten 58 000–105 000 Rp; ⏲ 11–23 Uhr; 📶) Diese Filiale des sagenhaften Originals in Ubud ist keineswegs ein müder Abklatsch. In diesem Café auf zwei Etagen dudelt abends cooler Jazz zur Untermalung, an manchen Abenden sind Liveauftritte angesagt. Das Café liegt ein gutes Stück von der Straße zurückversetzt, und die Gäste können sich die exzellenten Kaffeekreationen auf einem der Sofas oder den Stühlen schmecken lassen. Die kreative Speisekarte bietet eine Mischung aus westlicher und pan-asiatischer Küche.

Pregina Warung BALINESISCH $$

(☎ 0361-283353; Jl Danau Tamblingan 106; Hauptgerichte 40 000–80 000 Rp; ⏲ 11–23 Uhr) Klassische balinesische Entengerichte und Publikumslieblinge wie *sate* sind die Pfeiler der interessanten Speisekarte dieses Restaurants. Serviert werden einheimische Gerichte, die jedoch weit über die faden Touristenvarianten hinausgehen. Jedenfalls lohnt es sich, eines der Gerichte mit Ente zu probieren. Der Speiseraum weist ein dezentes, schickes Holzdekor auf und zeigt alte Fotos von Bali.

Café Smorgås CAFÉ $$

(☎ 0361-289361; www.cafesmorgas.com; Jl Danau Tamblingan; Mahlzeiten 58 000–100 000 Rp; ⏲ 7–22 Uhr; ❄📶✎) Das beliebte Café bietet nette Rattanstühle draußen auf der großen Terrasse und eine gut funktionierende Klimaanlage drinnen. Auf der Speisekarte steht eine gesunde Auswahl an frischen, entgiftenden Säften und Salaten, plus Comfortfood wie Burger und Sandwiches. Es gibt auch leckeres Frühstück und Desserts.

Spice INDONESISCH $$

(☎ 0361-449 0411; http://spicebali.com; Jl Danau Tamblingan 140, Maison Aurelia Sanur; Hauptgerichte ab 80 000 Rp; ⏲ 12–23 Uhr) Die zweite Ausgabe dieser umtriebigen neuen Restaurantkette, die von Chris Salans, einem Küchenchef aus Ubud ins Leben gerufen wurde, weist eine eindrucksvolle Lage im Erdgeschoss des neuen Maison Aurelia Sanur Hotels auf. Auf der knappen Speisekarte stehen frische, ungewöhnliche Gerichte aus Indonesien, die in der offenen Küche zubereitet werden. Die Drinks sind kreativ und können draußen auf der Terrasse goutiert werden.

La Playa Cafe MEERESFRÜCHTE $$

(☎ 0821 4794 4514; Jl Duyung, Sanur Beach; Mahlzeiten 60 000–160 000 Rp; ⏲ 8–22 Uhr) In diesem gastfreundlichen Grillrestaurant inmitten von Palmen und Fischerbooten, das sich auf Meeresfrüchte spezialisiert hat, können die Gäste die Brandung hören und sehen, wie sich der Mond im Wasser spiegelt. Der Teller mit Meeresfrüchten vom Grill strotzt nur so vor Knoblauch – lecker!

Massimo ITALIENISCH $$
(☎0361-288942; www.massimobali.com; Jl Danau Tamblingan 206; Mahlzeiten 80 000–200 000 Rp; ⌚11–23 Uhr) Innen kommen sich die Gäste vor wie in einem Café in Mailand, draußen wie in einem balinesischen Garten – eine Kombination, die zusammenpasst wie Spaghetti und Fleischklößchen. Pasta, Pizza und vieles mehr werden mit original italienischer Note zubereitet. Keine Zeit für eine Essenspause? Dann vielleicht rasch vorne am Tresen ein leckeres Gelato auf die Hand mitnehmen.

Südliches Sanur

Sari Bundo INDONESISCH $
(☎0361-281389; Jl Danau Poso; Hauptgerichte ab 25 000 Rp; ⌚24 Std.) Das tadellose, zur Straße hin offene Lokal im Padang-Stil ist eines von vielen am südlichen Ortsrand von Sanur. Die Gäste haben die Qual der Wahl unter einer breiten Auswahl an frischen und sehr scharfen Gerichten. Das Curry-Huhn ist jedenfalls eine feurige Köstlichkeit, die die Zunge veranlasst, einen zu lieben oder zu hassen.

Denata Minang INDONESISCH $
(Jl Danau Poso; Gerichte ab 20 000 Rp; ⌚8–22 Uhr) Einer der besseren Warungs im Padang-Stil gleich westlich des Café Billiard, der ausgelassenen Bar der Expats. Wie bei den Mitstreitern, gibt es auch hier zartes *ayam* (Huhn) in verschiedenen pikanten Soßen – nur eben besser zubereitet.

Ausgehen & Nachtleben

Fire Station PUB
(☎0361-285675; Jl Danau Poso 108; Hauptgerichte ab 80 000 Rp; ⌚16 Uhr bis open end) In diesem vorne offenen Pub herrscht ein bisschen nostalgisches Hollywoodflair. An den Wänden hängen Porträts im Stil von Hollywoodaufnahmen aus den 1960er-Jahren; man rechnet fast schon damit, den jungen Dennis Hopper hinten herumschleichen zu sehen. Jedenfalls können sich die Gäste Krüge mit Sangria und andere interessante Getränke zum guten Kneipenessen sowie zu vielen Spezialitäten schmecken lassen, die auf der abwechslungsreichen Speisekarte stehen. Unbedingt ein belgisches Bier bestellen – ein Duvel.

Kalimantan BAR
(Borneo Bob's; ☎0361-289291; Jl Pantai Sindhu 11; Hauptgerichte ab 40 000 Rp; ⌚7.30–23 Uhr) Diese alteingesessene Kneipe besticht mit ihrem nostalgischen *Südpazifik*-Charme unter dem Reetdach und ist eine von mehreren lässigen Bars in dieser Straße. Die Gäste können sich die preiswerten Drinks unter den Palmen im großen, schattigen Garten schmecken lassen. Für das Essen mit mexikanischer Note werden Chilischoten aus eigenem Anbau verwendet.

Shoppen

★ **Ganesha Bookshop** BÜCHER
(www.ganeshabooksbali.com; Jl Danau Tamblingan 42; ⌚8–21 Uhr) Eine Filiale der besten Buchhandlung auf Bali für ambitionierte Leser.

To~ko KLEIDUNG
(☎0812 3624 0049; Jl Danau Poso 51A; ⌚9–19 Uhr) Dieses spannende Geschäft in einem kleinen Komplex mit Ateliers präsentiert einheimische Designer. Ausschau halten sollte man nach den unter ökologischen Gesichtspunkten entworfenen Kleidungsstücken von Maya Nursari. Ihre Sachen sind topaktuell, schlicht – und in Schwarz-Weiß gehalten.

Goddess on the Go KLEIDUNG
(☎0361-270174; www.goddessonthego.net; Jl Danau Tamblingan; ⌚9–20 Uhr) Hier gibt es superbequeme Klamotten für Frauen, die – wie der Name des Ladens schon sagt – viel unterwegs sind. Viele Stücke sind aus Biofasern hergestellt.

A-Krea KLEIDUNG
(☎0361-286101; Jl Danau Tamblingan 51; ⌚9–21 Uhr) Das A-Krea ist ein prima Laden, um ein Souvenir zu erstehen. Es kann mit einem breiten Sortiment an Artikeln aufwarten, die in diesem attraktiven Geschäft auf Bali entworfen und hergestellt wurden. Die angebotenen Kleidungsstücke, Accessoires, Haushaltswaren und vieles mehr sind hier allesamt handgemacht.

Nogo TEXTILIEN
(☎0361-288765; www.nogobali.com; Jl Danau Tamblingan 104; ⌚9–20 Uhr) Am besten einfach nach dem Webstuhl aus Holz vor diesem feudalen Geschäft Ausschau halten, das mit „Bali Ikat Centre" für sich Werbung

macht. Die Produkte sind wunderschön und lassen sich in den klimatisierten Räumen bestens würdigen.

Praktische Informationen

GELD

Die Geldwechsler haben hier einen zweifelhaften Ruf. Es gibt aber Geldautomaten in der Jalan Danau Tamblingan sowie in diversen Banken.

MEDIZINISCHE VERSORGUNG

Kimia Farma (☎ 0361-271611; Jl Danau Tamblingan 20; ⏲ 8–22 Uhr) Zuverlässige einheimische Apothekenkette.

An- & Weiterreise

BEMO

Die grünen Bemos fahren über die Jalan Hang Tuah zum Kereneng-Bemo-Terminal in Denpasar (7000 Rp).

SCHIFF

Die Unmengen von Schnellbooten, die nach Nusa Lembongan, Nusa Penida, Lombok und zu den Gili-Inseln verkehren, fahren an einem Strandabschnitt südlich der Jalan Hang Tuah ab. Keines der Schiffe benutzt einen Steg. Man sollte sich also darauf einstellen, durchs Wasser zum Boot waten zu müssen. Die meisten Unternehmen verfügen über Wartebereiche im Schatten am Strand.

Gilicat (☎ 0361-271680; www.gilicat.com; Jl Danau Tamblingan 51) Das Fahrkartenbüro für den Schnellbootservice zu den Gili-Inseln ab Padangbai.

Öffentliche Schiffe Es verkehren regelmäßig Schiffe nach Nusa Lembongan und Nusa Penida vom Strand am Ende der Jalan Hang Tuah.

Rocky Fast Cruises (☎ 0361-283624; www.rockyfastcruise.com; Jl Hang Tuah 41; ⏲ 8–20 Uhr) Das Büro des Unternehmens für seine Verbindungen nach Nusa Lembongan.

Scoot (☎ 0361-285522; www.scootcruise.com; Jl Hang Tuah; ⏲ 8–20 Uhr) Das Unternehmen hat ein Büro für sein Netz an Schiffsverbindungen nach Nusa Lembongan, Lombok und zu den Gili-Inseln.

SHUTTLEBUS FÜR TOURISTEN

Der Kura-Kura-Touristenbus (S. 452) bietet eine Linie, die Sanur mit dem Drehkreuz Kuta verbindet. Die Busse verkehren im Zwei-Stunden-Takt und kosten 40 000 Rp.

Das **Büro von Perama** (☎ 0361-285592; www.peramatour.com; Jl Hang Tuah 39; ⏲ 7–22 Uhr) befindet sich im Warung Pojok am nördlichen Ende der Stadt. Fahrtziele sind beispielsweise Ubud (40 000 Rp, 1 Std.), Padangbai (60 000 Rp, 2 Std.) und Lovina (125 000 Rp, 4 Std.).

Unterwegs vor Ort

Taxis vom Flughafen kosten 125 000 Rp.

Bemos pendeln für 5000 Rp die Jalan Danau Tamblingan und die Jalan Danau Poso hinauf und hinunter – eine umweltfreundlichere Möglichkeit, sich in den Geschäftsstraßen fortzubewegen als mit dem Taxi.

RUND UM SANUR

Pulau Serangan

Auch als Turtle Island (Schildkröteninsel) bekannt, ist Pulau Serangan ein Beispiel für alles, was mit Balis Umwelt schiefgehen kann. Die kleine Insel (100 ha) vor der Mangrovenküste südlich von Sanur wurde in den 1990er-Jahren von Suhartos Sohn Tommy als Standort für ein neues Bauprojekt erwählt. Mehr als die Hälfte der ursprünglichen Insel verschwand unter einer neuen Geländeaufschüttung von über 300 ha. Die Wirtschaftskrise in Asien zog bei dem Plan den Stecker. Seither ist nicht viel passiert.

Inzwischen gibt es auf dem ursprünglichen Teil der Insel noch die beiden kleinen, armen Fischerdörfer **Ponjok** und **Dukuh**, außerdem einen von Balis heiligsten Tempeln, **Pura Sakenan**, gleich östlich des Damms. Architektonisch ist er unbedeutend, aber größere Feste ziehen massenhaft Gläubige an, besonders während des Kuningan-Festes.

Einige Schnellboote zu den Gili Islands und nach Lombok legen hier ab.

Benoa Harbour

Balis wichtigster Hafen liegt an der Einfahrt zur Teluk Benoa (Benoa-Bucht), der breiten, aber seichten Wasserfläche östlich der Start- und Landebahn des Flughafens. Benoa Harbour befindet sich auf der Nordseite der Bucht – eine Fläche voller Docks und Hafenanlagen auf neu gewonnenem Land. Es ist mit der Insel Bali über einen 2 km langen Damm verbunden, der mittlerweile auch Teil der Bali-Mandara-Toll-Road ist. Der Ort wird Benoa Port oder Benoa Harbour genannt, um ihn vom Dorf Benoa auf der Südseite der Bucht zu unterscheiden.

Benoa Harbour ist der Hafen für einige Boote, die Touristen zu Tagesausflügen nach Nusa Lembongan bringen, und für

Pelni-Schiffe, die andere Teile Indonesiens ansteuern; Kreuzfahrtschiffe laufen den Hafen wegen der unzureichenden Wassertiefe aber nicht an.

DENPASAR

1,1 MIO. EW. ☎ 0361

Ausufernd, hektisch und stetig wachsend: Balis Hauptstadt stand in den vergangenen fünf Jahrzehnten oft im Mittelpunkt der Entwicklung zu Wachstum und Wohlstand auf der Insel. Sie mag abschreckend und chaotisch erscheinen, aber wer etwas Zeit im relativ reichen Regierungs- und Geschäftsbezirk Renon verbringt, wird eine vornehmere Seite entdecken.

Denpasar ist vielleicht nicht gerade ein Tropenparadies, aber es gehört mit zum „echten Bali" wie die Reisfelder und die Tempel oben auf den Klippen. Für mehr als eine Million Einheimische ist die Stadt Dreh- und Angelpunkt auf dieser Insel, und dementsprechend befinden sich hier ihre Einkaufszentren und Parks. Am reizvollsten sind jedoch die authentischen Restaurants und Cafés, die sich um die aufstrebende Mittelschicht bemühen.

Geschichte

Denpasar, was „neben dem Markt" bedeutet, war vor der Kolonialzeit ein bedeutendes Handelszentrum und Sitz der örtlichen Rajahs (Fürsten oder Prinzen). Die Niederländer gewannen Mitte des 19. Jhs. die Kontrolle über den Norden Balis, aber die Übernahme des Südens begann erst 1906. Nachdem die drei balinesischen Prinzen ihre Paläste in Denpasar zerstört und sich in eine selbstmörderische letzte Schlacht gestürzt hatten – einen rituellen *puputan* –, machten die Holländer Denpasar zu einem wichtigen Kolonialzentrum. Als Balis Tourismusindustrie in den 1930er-Jahren ihren Aufschwung begann, wohnten die meisten Besucher in einem oder zwei Regierungshotels im Zentrum.

Die nördliche Stadt Singaraja blieb bis nach dem Zweiten Weltkrieg der niederländische Verwaltungssitz; dieser wurde dann aber wegen des neuen Flughafens nach Denpasar verlegt. 1958, einige Jahre nach der indonesischen Unabhängigkeit, wurde die Stadt schließlich die offizielle Hauptstadt der Provinz Bali. In jüngerer Zeit sind Einwanderer aus Java und ganz Indonesien dazugekommen. Sie lassen sich von den guten Möglichkeiten in Schulen, Geschäften, der Bauindustrie und der enormen Tourismuswirtschaft locken. Denpasars Randbezirke gehen inzwischen in Sanur, Kuta, Seminyak und Kerobokan über.

Sehenswertes

★ **Museum Negeri Propinsi Bali** MUSEUM

(☎ 0361-222680; Erw./Kind 20 000/10 000 Rp; ⌚ Sa–Do 8–16, Fr 8.30–12.30 Uhr) Das Museum ist so etwas wie das British Museum oder das Smithsonian der balinesischen Kultur. Hier gibt es alles, doch im Gegensatz zu den besagten Institutionen von Weltrang müssen sich die Besucher hier selbst um die Bedeutung der Exponate kümmern. Und das heißt, dass dieses Museum etwas mehr kuratorischen Einsatz – und einige neue Glühbirnen – gebrauchen könnte. Die meisten Exponate sind auf Englisch beschriftet. Das Museum besteht aus mehreren Gebäuden und Pavillons, darunter viele Beispiele balinesischer Architektur. Sie beherbergen prähistorische Objekte, traditionelle Artefakte, Barong (eine Kreatur aus Löwe und Hund der balinesischen Mythologie), rituelle Objekte und eine umfassende Ausstellung von Textilien.

Mitarbeiter des Museums spielen oft auf einem Bambus-Gamelan zauberhafte Musik; am besten legt man seinen Besuch auf den Nachmittag, denn dann ist es nicht voll. Und außerdem sollte man den sogenannten selbsternannten „Guides" keine Beachtung schenken, die nichts zu bieten haben und bloß mit 5 US$ oder 10 US$ in der Tasche abmarschieren wollen.

Das **Hauptgebäude** präsentiert unten eine Sammlung von prähistorischen Objekten, darunter Steinsarkophage sowie Stein- und Bronzewerkzeuge. In den oberen Etagen sind Beispiele traditioneller Artefakte zu bestaunen, beispielsweise Gegenstände, wie sie bis heute im Alltag in Gebrauch sind. Aufmerksamkeit verdienen die kunstvollen Tragekörbe aus Holz und Schilfrohr, die zum Transport von Kampfhähnen benutzt werden, sowie die winzigen Körbchen für Kampfheuschrecken.

Der **Nördliche Pavillon** ist im Stil eines Tabanan-Palasts errichtet. Er beherbergt Tanzkostüme und Masken, darunter eine unheimliche *rangda* (Hexenwitwe), einen vor Gesundheit strotzenden Barong und eine Barong-Landung-Figur, die sich durch ihre enorme Körpergröße auszeichnet.

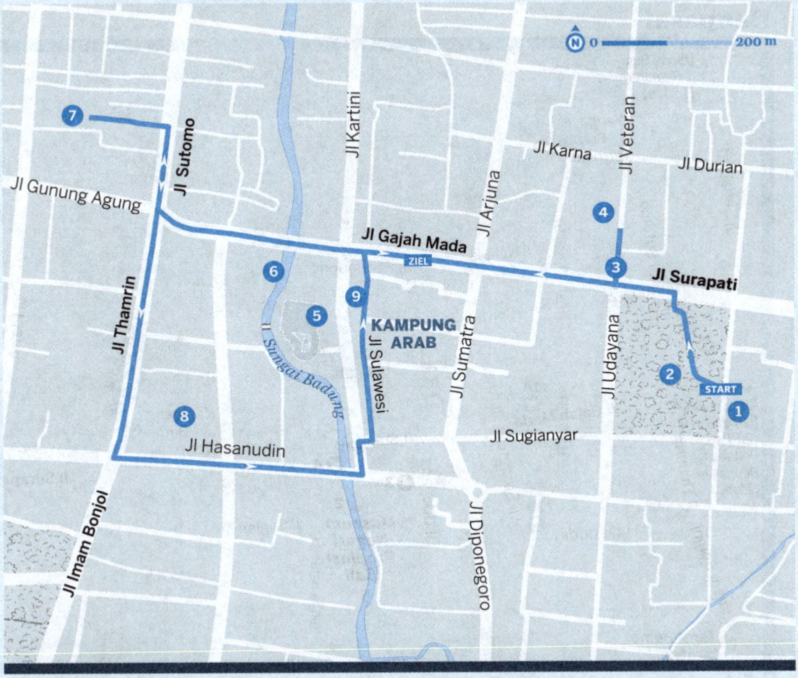

Stadtspaziergang
Durch Denpasar

START MUSEUM NEGERI PROPINSI BALI
ZIEL JALAN GAJAH MADA
LÄNGE/DAUER 2,5 KM; 2 STUNDEN

Denpasar erschließt sich am besten zu Fuß. Dieser Bummel führt zu den meisten Sehenswürdigkeiten im historischen Zentrum sowie zu einigen Relikten aus der Vergangenheit. Für Museumsbesuche und zum Einkaufen sollte zusätzliche Zeit eingeplant werden.

Der Bummel beginnt am 1 **Museum Negeri Propinsi Bali** (S. 145). Gegenüber ist der große 2 **Puputan Square** (S. 148).

An der Ecke der Jalan Surapati und der Jalan Veteran ragt die 3 **Catur-Muka-Statue** auf; sie stellt Batara Guru dar, den Herrn der vier Himmelsrichtungen. Die viergesichtige, achtarmige Figur hat ein Auge auf den Verkehr ringsrum. Auf der Jalan Veteran 100 m zum 4 **Inna Bali Hotel** (S. 149), dem Lieblingshotel des langjährigen Diktators Sukarno.

Wieder zurück an der Catur-Muka-Statue spaziert man auf der Jalan Gajah Mada gen Westen in Richtung Brücke über den Sungai Badung (Badung-Fluss) – an Banken, Läden und Cafés entlang. Direkt vor der Brücke ist links der renovierte 5 **Pasar Badung** (S. 150), der wichtigste Lebensmittelmarkt, der nach einem Brand wiederhergestellt wird. Auf der linken Seite jenseits der Brücke wartet der 6 **Pasar Kumbasari** (S. 151) mit Kunsthandwerk, Stoffen und Trachten.

An der nächsten großen Kreuzung dann gen Norden die Jalan Sutomo hinauf und links in eine kleine *gang* (Gasse), die zum 7 **Pura-Maospahit-Tempel** (S. 148) führt.

Wieder zurück an der Kreuzung bummelt man über die JalanThamrin bis zur Kreuzung mit der Jalan Hasanudin. Hier befindet sich der 8 **Puri Pemecutan**, ein Palast, der 1906 bei der Invasion der Holländer zerstört wurde. Er wurde wieder aufgebaut und steht zur Besichtigung offen.

Auf der Jl Hasanudin weiter gen Osten, dann in Richtung Norden über die 9 **Jalan Sulawesi** vorbei an den Märkten. Nun geht es weiter gen Norden, vorbei am Pasar- Badung-Markt, um zur Jalan Gajah Mada zurückzukehren. .

Denpasar

A
B
C
D
1
2
3
4
5
6
7
Ubung Bus- & Bemoterminal (1,5 km)
Wangaya Bemo-terminal
Jl Setiabudi
Jl Sutomo
Jl Kartini
Jl Nakula
17
9
Jl Kedondong
Jl Pattimura
Jl Werkudara
Jl Sahedawa
Jl Veteran
Jl Belimbing
Jl Melati
Jl Kamboja
Jl Plawa
5
Jl Karna
Jl Durian
Jl Arjuna
18
8
14
Gunung Agung Bemoterminal (200 m); Poltabes Denpasar (1 km)
Jl Gajah Mada
22
23
20
Jl Surapati
Kereneng Bemo-terminal
Jl Thamrin
Jl Sumatra
4
3
2
Jl Surapati
19
Museum Negeri Propinsi Bali
Jl Hasanudin
Jl Udayana
Jl Sugianyar
Jl Kapten Agung
Jl Imam Bonjol
Tegal Bemo-terminal
Jl Diponegoro
Jl Udayana
Jl Jayagiri
Jl Nusakambangan
Jl Ki Hajar Dewantara
Letda Tantular
24
Jl Teuku Umar
State Railway Company
Kimia Farma
21
RENON
SANGLAH
Damri Office
Australisches Konsulat
7
15
Nasi Uduk Kebon Kacang (1,2 km)
RSUP Sanglah Hospital
Paviliun Amerta Wing International
Jl Nias
Jl Pulau Kanrata
Jl Diponegoro
12
Jl Tukad Gangga
Jepun Bali (750 m); Benoa Harbour (6 km)

Die geräumige Veranda des **Zentralen Pavillons** zeigt sich von Palastpavillons des Karangasem-Königreichs (mit Sitz in Amlapura) inspiriert; die Rajahs hielten dort Audienzen ab. Die Exponate stehen in Zusammenhang mit der Religion auf Bali; zu sehen sind zeremonielle Objekte, Kalender und Priestergewänder.

Im **Südlichen Pavillon** beeindrucken die opulenten Ausstellungen von Textilien, darunter *endek* (eine balinesische Webmethode mit vorgefärbten Fäden), Doppel-Ikat (Webstoff), *songket* (Silber- und Goldbrokatstoffe, die mit fließender Schusstechnik handgefertigt wurden) und *prada* (Verwendung von Blattgold-, Gold- oder Silberfäden bei balinesischen Trachten).

★ **Bajra Sandhi Monument** MONUMENT

(Denkmal für den Kampf des Volkes von Bali; ☎ 0361-264517; Jl Raya Puputan, Renon;

Denpasar

Highlights
1 Bajra Sandhi Monument F6
2 Museum Negeri Propinsi Bali C3

Sehenswertes
3 Puputan Square B3
4 Pura Jagatnatha C3
5 Pura Maospahit A2
6 Taman Wedhi Budaya F2

Aktivitäten, Kurse & Touren
7 Kube Dharma Bakti B6

Schlafen
8 Inna Bali B2
9 Nakula Familiar Inn B2

Essen
10 Ayam Goreng Kalasan E5
11 Bakso Supra Dinasty E5
12 Depot Cak Asmo D6
13 Men Gabrug E4
14 Pasar Malam Kereneng D2
15 Pondok Kuring C6
16 Warung Lembongan E5
17 Warung Wardani B2

Ausgehen & Nachtleben
18 Bhineka Djaja B2

Shoppen
19 Kampung Arab B3
20 Maju B3
21 Matahari B5
22 Pasar Badung A3
23 Pasar Kumbasari A3
24 Robinson's B5

Erw./Kind 20 000/10 000 Rp; ⌚9–18 Uhr) Das riesige Denkmal in der Mitte eines beliebten Parks ist so großartig wie sein Name. In dem Bauwerk, das etwas an den Borobudur auf Java erinnert, spüren Dioramen der Geschichte Balis nach. Interessant ist, dass bei der Darstellung der Schlacht gegen die Niederländer im Jahr 1906 der sitzende König von Badung ein leichtes Ziel abgibt. Wer die Wendeltreppe hinaufgeht, genießt einen schönen 360-Grad-Panoramablick.

Pura Maospahit TEMPEL
(ab Jl Sutomo) Errichtet wurde der Tempel im 14. Jh., also zu der Zeit, als die Majapahit aus Java auf der Insel ankamen. Im Jahr 1917 wurde der Tempel durch ein Erdbeben zerstört, mittlerweile jedoch umfassend restauriert. Die ältesten Bauelemente befinden sich hinten im Tempel, am interessantesten sind allerdings die großen Garuda-Statuen und der gigantische Batara Bayu.

Puputan Square PARK
(Jl Gajah Mada) Die relativ kleine urbane Freifläche gedenkt des heldenhaften, aber selbstmörderischen Widerstands der Rajahs von Badung gegen die vordringenden Niederländer im Jahr 1906. Ein Denkmal stellt eine balinesische Familie in heroischer Pose dar; sie schwenken die Waffen, können gegen die Gewehre der Niederländer jedoch nichts ausrichten. Die Frau hält auch Edelsteine in der linken Hand – wie die Frauen vom Badung-Hof, die angeblich ihren Schmuck auf die niederländischen Soldaten schleuderten, um sie zu verhöhnen.

Pura Jagatnatha HINDUTEMPEL
(Jl Surapati) GRATIS Der Staatstempel wurde 1953 erbaut und ist dem höchsten Gott Sanghyang Widi gewidmet. Seine Bedeutung liegt zum Teil im Bekenntnis zum Monotheismus. Obwohl die Balinesen viele Götter anerkennen, sorgt der Glaube an einen höchsten Gott (der viele Erscheinungsformen annehmen kann) dafür, dass der balinesische Hinduismus mit dem ersten Prinzip der Pancasila – dem „Glauben an einen Gott“ – übereinstimmt.

Der *padmasana* (Schrein) aus weißen Korallen besteht aus einem leeren Thron (Symbol für den Himmel) auf der kosmischen Schildkröte und zwei *naga* (mythische schlangenartige Gestalten), die das Fundament der Welt symbolisieren. Die Wände sind mit Schnitzereien von Szenen aus *Ramayana* und *Mahabharata* geschmückt.

Zwei größere Feste werden hier jeden Monat, bei Vollmond und bei Neumond, veranstaltet, bei denen es *wayang kulit* (Schattenspiel mit Lederpuppen) zu sehen gibt.

Taman Wedhi Budaya KULTURZENTRUM
(☎0361-222776; ab Jl Nusa Indah; ⌚Mo–Do 8–15, Fr–Sa bis 13 Uhr) Dieses Kunstzentrum in einem weitläufigen Komplex befindet sich im Osten der Stadt. Das achitektonisch aufwendige Gebäude beherbergt eine Kunstgalerie mit einer interessanten Sammlung. Es lohnt sich allerdings nur vorbeizukommen, wenn ein Event auf dem Programm steht. Von Mitte Juni bis Mitte Juli erwacht das Zentrum immer zum Leben, denn dann findet das Bali Arts Festival statt mit Tanz, Musik und Ausstellungen von Kunsthandwerk aus ganz Bali. Bei beliebteren Veranstaltungen sollte man seine Eintrittskarten im Zentrum im Voraus buchen.

Aktivitäten

Kube Dharma Bakti MASSAGE
(☎0361-749 9440; Jl Serma Mendara 3; Massage pro Std. 80 000 Rp; ⌚9–22 Uhr) Viele Balinesen können sich gar nicht vorstellen, sich von jemandem massieren zu lassen, der nicht blind ist. Staatlich geförderte Schulen bieten relativ lange Kurse an, um Blinde in Reflexologie, Shiatsu-Massage, Anatomie und vielem mehr auszubilden. In diesem luftigen Gebäude, das intensiv nach Salben und Ölen duftet, können sich die Kunden aus dem breiten Therapieangebot das für sie Passende auswählen.

Kurse

Indonesia Australia Language Foundation SPRACHKURS
(IALF; ☎0361-225243; www.ialf.edu; Jl Raya Sesetan 190) Die beste Institution für ernsthafte Kurse in Bahasa Indonesia, wie die Sprache Indonesiens offiziell heißt.

Feste & Events

★**Bali Arts Festival** DARSTELLENDE KÜNSTE
(www.baliartsfestival.com; Taman Wedhi Budaya; ⌚Mitte Juni–Mitte Juli) Das alljährlich stattfindende Festival im Taman Wedhi Budaya-Kunstzentrum ist eine gute Gelegenheit, die vielen verschiedenen traditionellen Tänze, aber auch Musik und Kunsthandwerk auf Bali kennenzulernen. Die Produktionen des *Ramayana*- und *Mahabharata*- Balletts sind vom Feinsten, und die Eröffnungszeremonie samt dem Umzug durch Denpasar

ist ein wirklich beeindruckendes Spektakel. Eintrittskarten dafür sind im Allgemeinen vor den Veranstaltungen erhältlich; das Programm steht auf der Website und ist auch in der Touristeninformation in Denpasar zu bekommen.

Das Festival ist für Scharen dörflicher Tanz- und Musikgruppen das Ereignis des Jahres. Die Konkurrenz ist groß, denn bei jeder Vorführung spielt der Lokalstolz mit („unser Kecak ist besser als euer Kecak" usw.). Hier gut abzuschneiden, bringt ein Dorf für das ganze Jahr auf einen guten Kurs. Einige Events werden in einem Amphitheater mit 6000 Plätzen veranstaltet. Dieser Ort führt Besuchern die Massenanziehungskraft der traditionellen balinesischen Kultur vor Augen.

Schlafen

In Denpasar gibt es zahlreiche neue Hotelketten in mittlerer Preislage, aber es besteht eigentlich kein zwingender Grund, überhaupt hier zu übernachten – es sei denn, jemand möchte sich in den Lichterglanz der Großstadt stürzen. Die meisten Besucher logieren in den Touristenorten im Süden und unternehmen nur einen Tagesausflug nach Denpasar.

Nakula Familiar Inn GUESTHOUSE $
(☎0361-226446; www.nakulafamiliarinn.com; Jl Nakula 4; Zi. 150 000–250 000 Rp; ❄📶) Die acht Zimmer in diesem lebhaft-urbanen Familienanwesen sind sauber und verfügen über einen kleinen Balkon – und somit steht das Nakula schon seit ewigen Zeiten bei Backpackern hoch im Kurs. Geboten werden ein hübscher Hof und ein Café in der Mitte. Bemos auf der Strecke Tegal–Kereneng fahren über die Jalan Nakula.

Inna Bali HOTEL $$
(☎0361-225681; www.innabali.com; Jl Veteran 3; Zi. 400 000–1 000 000 Rp; ❄📶🏊) Das Inna Bali bietet einen schlichten Garten, einen riesigen Banyan-Baum und einen gewissen nostalgischen Charme. Das Hotel wurde bereits im Jahr 1927 erbaut und war damals das bedeutendste Touristenhotel auf der ganzen Insel. Die Zimmerausstattung ist Standard, aber viele Zimmer haben eine total schattige Veranda. Im Rahmen von Renovierungsmaßnahmen, die noch nicht ganz abgeschlossen sind, wurde bereits eine schöne Fassade im Kolonialstil ergänzt, und ein anständiges Straßencafé gibt es hier inzwischen auch.

Essen

Denpasar kann mit der breitesten Auswahl an indonesischem und balinesischem Essen auf der ganzen Insel aufwarten. Die schlauen Einheimischen und Expats haben natürlich jeweils ihre ganz individuellen Lieblingswarungs und Restaurants.

Neue Lokale eröffnen regelmäßig in der Jalan Teuku Umar, während sich in Renon zig sagenhafte Esslokale in der Jalan Cok Agung Tresna zwischen der Jalan Ramayana und der Jalan Dewi Madri sowie in der Letda Tantular aneinanderreihen. Einfach mal schauen, was es zu entdecken gibt.

★ **Depot Cak Asmo** INDONESISCH $
(☎0361-798 9388; Jl Tukad Gangga; Hauptgerichte ab 15 000 Rp; ⏲9.30–22.30 Uhr) Am besten gesellt man sich zu den Staatsbeamten und Studenten der nahen Uni, um sich die hervorragenden Gerichte, die in der quirligen Küche auf Bestellung zubereitet werden, schmecken zu lassen. Empfehlenswert sind die buttrigen, knusprigen *cumi cumi* (Calamari) in *telor asin*, einer himmlischen Panade aus Eiern und Knoblauch. Die geeisten Obstsäfte sind eine erfrischende Köstlichkeit. Und mit Hilfe der englischen Speisekarte klappt die Bestellung auch im Handumdrehen. Das Lokal ist halal, Alkohol gibt es deshalb keinen.

★ **Men Gabrug** BALINESISCH $
(Jl Drupadi; Snacks ab 10 000 Rp; ⏲8–18 Uhr) Eine beliebte süße Leckerei für Balinesen jeden Alters ist *jaje laklak* – runde Reismehlscheiben, die in einer Gusseisenpfanne im Freien zubereitet werden und nur so nach Kokosnuss duften. Eine der besten Locations, um diese Köstlichkeit kennenzulernen, ist dieser Familienbetrieb, in dem direkt auf der Straße gekocht wird.

Bakso Supra Dinasty BALINESISCH $
(Jl Cok Agung Tresna; Hauptgerichte ab 15 000 Rp; ⏲8–22 Uhr) Wer auch nur einmal die Suppe gekostet hat, die an diesem kleinen Stand aus den dampfenden Gefäßen kommt, wird sicher zustimmen, dass der Name (übersetzt: Fleischklößchen Super Dynasty) absolut zutreffend ist. Die Brühe ist üppig, und die Fleischklößchen strotzen nur so vor Aroma.

Warung Wardani INDONESISCH $
(☎0361-224398; Jl Yudistira 2; Nasi Campur ab 35 000 Rp; ⏲8–16 Uhr) Von der kleinen Gaststube am Eingang sollte sich niemand täu-

schen lassen – es gibt noch einen erheblich größeren Speisebereich draußen hinter dem Haus. Das *nasi campur* (Reis mit Beilagen) ist vom Feinsten und lockt die Leute tagtäglich in Scharen zum Mittagessen an.

Warung Bundaran Renon BALINESISCH $
(☎ 0361-234208; Jl Raya Puputan 212; Mahlzeiten ab 40 000 Rp; ⏲ 9–17 Uhr) Dieses einen Tick teurere *babi-guling*-Lokal bietet hervorragende Mittagsgerichte mit besagtem Spanferkel. Die Gäste kommen sich hier ein bisschen wie in einem Vorstadthaus vor, und es gibt auch einen schattigen Patio.

Pondok Kuring INDONESISCH $
(☎ 0361-234122; Jl Raya Puputan 56; Mahlzeiten ab 20 000 Rp; ⏲ 10–21.30 Uhr) Spezialität dieses Lokals sind die Gerichte der Sunda-Bevölkerung von Westjava. Die sehr scharfen Gemüse, Fleisch und Meeresfrüchte verdanken ihr Aroma einer Fülle von Kräutern. Trügerisch einfach ist der hervorragende *lalapan* (frischer grüner Salat). Das schicke Restaurant besitzt einen Speiseraum mit künstlerischer Note sowie einen hübschen, beschaulichen Garten hinter dem Haus.

Warung Lembongan INDONESISCH $
(☎ 0361-236885; Jl Cok Agung Tresna 6C; Mahlzeiten 17 000–25 000 Rp; ⏲ 8–22 Uhr) Siberfarbene Klappstühle an langen Tischen im Schatten einer knallgrünen Markise vor dem Haus – diese Details sind schnell vergessen, sobald man die Spezialität des Hauses vorgesetzt bekommt: das leicht gebratene, aber doch herrlich knusprige Hühnchen, das wie die oberste Schicht einer perfekten Crème brûlée anmutet. Die zweite Spezialität des Warung Lembongan ist die pikante *sop kepala ikan* (Fischsuppe).

Ayam Goreng Kalasan INDONESISCH $
(☎ 0813 3950 5150; Jl Cok Agung Tresna 6; Hauptgerichte 12 000–25 000 Rp; ⏲ 8–22 Uhr) Der Name sagt eigentlich schon alles: Das Brathuhn (*ayam goreng*) ist nach einem Tempel auf Java (Kalasan) benannt, einer Region, die für ihr scharfes, knuspriges Hühnchen bekannt ist. Das leichte Zitronengrasaroma erhält es durch die lange Marinierzeit vor der Zubereitung.

Nasi Uduk Kebon Kacang INDONESISCH $
(☎ 0812 466 6828; Jl Teuku Umar 230; Mahlzeiten 12 000–25 000 Rp; ⏲ 8–24 Uhr) Das zur Straße hin offene, tadellose Café serviert Köstlichkeiten aus Java wie *nasi uduk* (süß duftenden Kokosreis mit frischer Erdnusssoße) und *lalapan* (einfachen Salat aus frischen Zitronenbasilikumblättern). Die leckeren Hühnchengerichte ernten hier immer Begeisterungsstürme.

Pasar Malam Kereneng MARKT $
(Kereneng Night Market; Jl Kamboja; Mahlzeiten ab 10 000 Rp; ⏲ 18–5 Uhr) Auf diesem tollen Nachtmarkt bieten Dutzende Händler Essen bis zum Morgengrauen feil.

Ausgehen & Nachtleben

★ **Bhineka Djaja** KAFFEE
(☎ 0361-224016; Jl Gajah Mada 80; Kaffee 7000 Rp; ⏲ Mo–Sa 9–16 Uhr) Das Geschäft, der Sitz von Balis Coffee Co., verkauft auf der Insel angebaute Kaffeebohnen und zaubert einen irren Espresso, den man sich an zwei winzigen Tischen schmecken lassen kann und währenddessen das rege Treiben auf der alten Geschäftsstraße von Denpasar beobachtet.

Shoppen

Märkte

Die großen traditionellen Märkte von Denpasar liegen in einem relativ überschaubaren Gebiet. Das erleichtert den Besuch; schwierig ist es dagegen, sich in dem Gewühl über viele Etagen zurechtzufinden. Für die Märkte wie für andere Aspekte des Lebens auf Bali gilt: Sie sind im Wandel begriffen. Supermärkte der großen Ketten drängen in ihren Geschäftsbereich, und die aufblühende Mittelschicht bevorzugt Läden wie Carrefour, weil sie mehr Importwaren führen. Aber die öffentlichen Märkte sind noch nicht am Boden. Hier finden sich durch und durch balinesische Waren wie Tempelgaben, zeremonielle Kleider und Lebensmittel, die ausschließlich auf dieser Insel erhältlich sind, darunter zahlreiche Mangostane-Sorten.

Pasar Badung MARKT
(Jl Gajah Mada; ⏲ 6–17 Uhr) Balis größter Lebensmittelmarkt erholt sich langsam von einem Brand im Jahr 2016. Die Wiederaufbauarbeiten dauern noch an, aber in der Umgebung stehen einige Stände, die spontan aufgestellt wurden. Am Morgen und am Abend geht es besonders hoch her – jedenfalls ist hier richtig, wer gern herumstöbert und handelt. Zu kaufen gibt es Erzeugnisse und Esswaren von der ganzen Insel; in der breiten Auswahl an Obst und Gewürzen kann man nur so schwelgen.

Pasar Kumbasari MARKT

(Jl Gajah Mada; ⌚8–18 Uhr) Kunsthandwerk und eine Fülle herrlicher Stoffe und Gewänder mit Goldapplikationen zählen zu den Waren, die auf diesem gigantischen Markt am anderen Flussufer des Pasar Badung verkauft werden. Leider sieht man hier auch, dass die Einkaufszentren mittlerweile ihren Tribut fordern: Viele Stände sind unbesetzt.

Kampung Arab MARKT

(Jl Hasanudin & Jl Sulawesi) Hier finden sich Juweliere und Geschäfte mit Edelmetallen, die von Kaufleuten aus dem Nahen Osten und Indien geführt werden.

Textilien

Wenn der schillernde Kampung Arab aufhört, folgt man der Jalan Sulawesi nach Norden, bis die Straßen erneut erstrahlen, diesmal wegen der vielen Stoffgeschäfte. Batikstoffe, Baumwolle und Seide sind in Farben erhältlich, die Barbie wie eine Vogelscheuche dastehen lassen. Die Läden befinden sich unmittelbar östlich des Pasar Badung. Viele haben sonntags geschlossen.

★ **Jepun Bali** TEXTILIEN

(☎0361-726526; Jl Raya Sesetan, Gang Ikan Mas 11; ⌚nach telefonischer Vereinbarung) Hier fühlt man sich wie in der Privatausgabe des Museum Negeri Propinsi Bali: Gusti Ayu Made Mardiani hat sich vor Ort einen Namen mit ihrer *endek*- und *songket*-Kleidung gemacht, die mithilfe traditioneller Techniken hergestellt wird. Es besteht die Möglichkeit, ihrem reizenden Zuhause und ihrem Atelier einen Besuch abzustatten und sich die alten Geräte in Betrieb anzuschauen; anschließend kann man in ihren wunderschönen Seiden- und Baumwollsachen schwelgen. Das Geschäft befindet sich im Süden von Denpasar.

Maju TEXTILIEN

(☎0361-224003; Jl Sulawesi 19; ⌚9–18 Uhr) Der kleine Laden, der sich zwischen einer ganzen Reihe von Fabrik-Outlets östlich von Pasar Badung versteckt, ist dennoch etwas Besonderes. Hier gibt es nämlich eine große Auswahl echter balinesischer Batikarbeiten. Farben und Dekor sind manchmal atemberaubend, die Preise allerdings nicht – die sind ganz reell und klar angegeben.

Einkaufspassagen

Sonntags sind die Einkaufspassagen westlichen Zuschnitts proppenvoll mit Einheimischen; die Markenwaren sind echt.

Die meisten Malls haben einen Foodcourt mit Ständen, an denen frische asiatische Kost serviert wird, sowie Fastfood-Läden.

Matahari SHOPPINGMALL

(Jl Teuku Umar; ⌚10–22 Uhr) Hauptfiliale des Kaufhauses sowie viele andere Geschäfte.

Robinson's SHOPPINGMALL

(Ecke Jl Teuku Umar & Jl Sudirman) Mataharis größte Konkurrenz bietet eine große Auswahl an Artikeln in mittlerer Preislage.

ℹ Praktische Informationen

MEDIZINISCHE VERSORGUNG

Denpasar verfügt über zahlreiche medizinische Dienste, die für die ganze Insel zuständig sind.

BaliMed Hospital (S. 457) Auf der Seite von Denpasar, wo Kerobokan liegt.

RSUP Sanglah Hospital (S. 457) Das allgemeine Krankenhaus der Stadt verfügt über Personal, das Englisch spricht, und eine Notaufnahme. Ein separater Flügel nimmt sich gut versicherter Ausländer an.

Kimia Farma (☎0361-227811; Jl Diponegoro 125; ⌚24 Std.) Die Hauptstelle der auf der ganzen Insel vertretenen Apothekenkette bietet die größte Auswahl an verschreibungspflichtigen Medikamenten auf Bali.

POLZEI

Die Touristenpolizei ist unter ☎0361-224111 zu erreichen.

Polizei (☎0361-424346; Jl Pattimura) Hier kümmert man sich um Probleme aller Art.

POST

Hauptpost (☎0361-223565; Jl Raya Puputan; ⌚Mo–Fr 8–21, Sa bis 20 Uhr) Die beste Anlaufstelle auch für ungewöhnliche Wünsche in Sachen Post. Ein Fotokopierzentrum und ein Geldautomat gehören mit dazu.

ℹ An- & Weiterreise

Denpasar ist der Verkehrsknotenpunkt auf Bali – von hier fahren öffentliche Busse und Minibusse in jede Ecke der Insel.

BEMO & MINIBUS

In der Stadt gibt es mehrere Bemo- und Minibus-Terminals – wer mit dem Bemo in Bali herumfährt, muss oft die Route über Denpasar nehmen und dann mit einem Bemo (7000 Rp) von einem Terminal zum anderen fahren.

Ein Hinweis: Das Bemo-Netz weist Unregelmäßigkeiten auf, und die Fahrpreise haben eher etwas von Näherungswerten und sind manchmal völlig subjektiv. Die Busfahrer versuchen bisweilen, Touristen mindestens 25 % mehr abzuknöpfen.

Ubung

Ein gutes Stück im Norden der Stadt befindet sich an der Straße nach Gilimanuk der **Ubung Bus- & Bemo-Terminal**; er fungiert als Drehscheibe für Fahrten nach Nord- und Westbali. Von hier verkehren auch Fernbusse – neben den Bussen, die den Terminal 12 km nordwestlich in Mengwi ansteuern.

REISEZIEL	FAHRPREIS
Gilimanuk (für die Fähre nach Java)	45 000 Rp
Mengwi-Terminal	15 000 Rp
Munduk	20 000 Rp
Singaraja (via Pupuan oder Bedugul)	40 000 Rp

Batubulan

Der Busbahnhof liegt sehr unpraktisch 6 km nordöstlich von Denpasar an der Straße nach Ubud; er ist zuständig für Fahrtziele im Osten der Insel und für Zentralbali.

REISEZIEL	FAHRPREIS
Amlapura	25 000 Rp
Padangbai (für die Fähre nach Lombok)	18 000 Rp
Sanur	7000 Rp
Ubud	13 000 Rp

Tegal

Im Westen der Stadt befindet sich in der Jalan Iman Bonjol das Tegal Bemo-Terminal, das Kuta und die Halbinsel Bukit bedient.

REISEZIEL	FAHRPREIS
Flughafen	15 000 Rp
Jimbaran	17 000 Rp
Kuta	13 000 Rp

Kereneng

Östlich der Innenstadt verkehren vom Busbahnhof Kereneng Bemo-Terminal Bemos nach Sanur (7000 Rp).

Wangaya

Der kleine Busbahnhof in der Nähe des Stadtzentrums ist der Ausgangspunkt für Bemo-Fahrten ins nördliche Denpasar und zum außerhalb Richtung Norden gelegenen Ubung-Busterminal (8000 Rp).

Gunung Agung

Dieser **Terminal** (Jl Gunung Agung) in der Nordwestecke der Stadt (auf die orangefarbenen Bemos achten) befindet sich in der Jalan Gunung Agung; die Bemos verkehren von hier aus nach Kerobokan und nach Canggu (10 000 Rp).

BUS

Fernbusse nutzen den Ubung Bus- & Bemo-Terminal, der sich ein gutes Stück nördlich der Stadt befindet. Die meisten Fernbusse halten auch am Mengwi-Terminal.

Damri-Büro (☎ 0361-232793; Jl Diponegoro) Hier kann man Fahrkarten für die Fernbusse kaufen.

FLUGZEUG

In den Flugplänen der Fluglinien steht oft einfach „Denpasar"; Balis Ngurah Rai International Airport, wie der Flughafen offiziell heißt, befindet sich 12 km südlich in Kuta.

ZUG

Auf Bali fahren zwar keine Züge, doch unterhält die staatliche Eisenbahngesellschaft ein Büro (S. 447) in Denpasar. Die Busse fahren am nahen Damri-Büro ab und verkehren nach Ostjava, wo in Banyuwangi Anschluss zu den Zügen nach Surabaya, Yogyakarta und Jakarta sowie zu anderen Destinationen besteht. Die Fahrpreise und Fahrzeiten sind mit denen für den Bus vergleichbar, die klimatisierten Züge sind jedoch komfortabler, sogar in der Economy Class.

ℹ Unterwegs vor Ort

BEMO

Bemos befahren verschiedene weitschweifige Routen von und zwischen den vielen Bus-/Bemo-Bahnhöfen in Denpasar. Sie stehen aufgereiht zu verschiedenen Zielen an jedem Bahnhof, oder man kann versuchen, sie irgendwo auf den Hauptstraßen anzuhalten – dabei auf die Zielangabe über der Windschutzscheibe achten.

TAXI

Wie immer sind die Taxis von **Blue Bird Taxi** (S. 453) am zuverlässigsten.

NUSA LEMBONGAN & INSELN

Schaut man übers offene Meer südöstlich von Bali, dominiert die dunstige Masse von Nusa Penida den Blick. Doch für viele Urlauber liegt das eigentliche Augenmerk auf Nusa Lembongan, das sich im Schatten seines erheblich größeren Nachbarn versteckt. Hier gibt es tolle Möglichkeiten zum Surfen, super Tauchreviere, verführerische Strände und ein entspanntes Flair, das Urlauber zu schätzen wissen.

Das früher oft übergangene Nusa Penida lockt mittlerweile zwar immer mehr Gäste an, doch die dramatischen Ausblicke und das unveränderte Dorfleben wollen dann doch von jedem individuell erkundet werden. Das winzige Nusa Ceningan liegt zusammengekauert zwischen größeren Inseln. Von Lembongan bietet sich das beliebte Eiland für einen flotten Tagesausflug an.

Die Inseln waren viele Jahre lang eine arme Region. Karge Böden und Süßwassermangel machen den Reisanbau unmöglich, als Grundnahrungsmittel werden hier Feldfrüchte wie Mais, Maniok und Bohnen angebaut. Die Haupteinnahmequelle ist jedoch Seetang – und seit einiger Zeit natürlich auch der Tourismus.

Nusa Lembongan

☎0366

Nusa Lembongan, einst das Eldorado von Surfern, die in Bretterhütten hausten, macht Furore. Ja, es gibt durchaus noch einfache Zimmer mit Aussicht auf die Wellen und tolle Sonnenuntergänge, doch können die Urlauber heute auch in Boutiquehotels logieren und sich ein sagenhaftes Essen bestellen.

Doch obwohl Nusa Lembongan immer beliebter wird, ist die Insel noch sehr beschaulich. Dennoch bringt der neue Wohlstand natürlich auch Veränderungen mit sich: Man sieht junge Burschen, die auf ihren Motorrädern 300 m zur Schule fahren, Tempel, die kostspielig restauriert werden, Hotels mit zig Stockwerken, die gerade im Bau sind – und die Zeit definiert sich plötzlich durch die Ankuft eines Touristenschiffes, für das es noch immer keinen Steg zum Anlegen gibt. Man kann zwar schon noch die Ohren spitzen und einen Hahn krähen oder eine Kokosnuss herunterfallen hören, aber man muss sich auch darauf einstellen, plötzlich in einem Stau festzustecken.

Sehenswertes

Jungutbatu Beach STRAND

Der Strand, eine überwiegend schön geschwungene Bucht mit weißem Sand und klarem blauem Wasser, bietet Ausblicke zum Vulkan Gunung Agung auf Bali. Der hübsche **Spazierweg an der Kaimauer** verlockt zum Bummeln, und zwar vor allem – ja, richtig geraten! – bei Sonnenuntergang. Dümpelnde Boote sorgen dafür, dass die Idylle nicht zum totalen Klischee gerät. Der einst starke Geruch nach getrocknetem Seetang nimmt langsam ab, seit das ganze verfügbare Land für den Tourismus genutzt wird.

Pantai Tanjung Sanghyang STRAND

(Mushroom Bay) Diese herrliche Bucht, die inoffiziell nach den vorgelagerten Pilzkorallen Mushroom Bay genannt wird, kann mit einem sichelförmigen, strahlend weißen Sandstrand aufwarten. Tagsüber wird die Stille manchmal von den Bananenboot-Fahrern oder Paraseglern gestört. Aber ansonsten ist dies der reinste Traumstrand.

Die interessanteste Möglichkeit, von Jungutbatu herzukommen, ist ein Spaziergang über den Pfad, der am südlichen Ende des Hauptstrands beginnt und etwa einen Kilometer an der Küste entlangführt. Alternative: ab Jungutbatu ein Boot nehmen.

Pantai Selegimpak STRAND

Der lange, gerade Strand wird im Allgemeinen von kleinen Wellen umspielt und vermittelt ein Gefühl von Abgeschiedenheit, wenn da nicht ein paar Gästehäuser unterhalb der Ebbelinie Kaimauern errichtet hätten. Somit gestaltet sich der Durchgang bei Flut schwierig. Etwa 200 m weiter östlich am Küstenpfad, genau gesagt an der Stelle, wo er nach oben über eine Anhöhe führt, befindet sich eine ganz kleine Bucht mit einem Flecken Sand, guten Möglichkeiten zum Schwimmen und einem winzigen Warung.

Dream Beach STRAND

Ein Stück eine Gasse hinunter erstreckt sich an der Südwestseite der Insel der Dream Beach, ein 150 m tiefes Stück weißer Sandstrand mit tosender Brandung und sagenhaft blauem Wasser. Aus der richtigen Perspektive betrachtet ist der Anblick herrlich – bis man das scheußliche Hotel entdeckt, das an einem Ende errichtet wurde. Außerdem wird es hier aufgrund der vielen Tagesausflügler unangenehm voll.

Jungutbatu

Das Dorf selbst ist beschaulich, wenngleich in den Gassen die Motorräder dröhnen und die Lastwagen rumpeln. Im **Pura-Segara-Tempel** samt seinem riesigen **heiligen Baum** finden oft Zeremonien statt.

Am Nordrand der Ortschaft ragt der **Leuchtturm** mit Metallbasis auf. Wer der Straße etwa 1 km gen Osten folgt, gelangt zum Tempel **Pura Sakenan**.

Lembongan

Vom Hauptort der Insel reicht der Blick über den Kanal mit zig Seetangfarmen bis nach Nusa Ceningan hinüber – eine reizvolle Szenerie mit klarem, blauem Meer und grünen Hügeln. Einige Cafés haben inzwischen eröffnet, um von dieser schönen Aussicht zu profitieren. Die Ortschaft kann mit einem interessanten **Markt** aufwarten und einem großartigen alten **Banyan-Baum**.

Am nördlichen Ortsrand, wo die Hauptstraße über die Insel vorbeiführt, gibt es eine lange Steintreppe, die zum **Pura Puseh** hinaufführt, dem Dorftempel. Von hier oben auf dem Hügel bietet sich eine herrliche Aussicht.

Aktivitäten

Surfen

Die beste Zeit zum Surfen ist während der Trockenzeit (April–Sept.), wenn der Wind von Südosten weht. Für Anfänger ist die Location definitiv nicht geeignet, und sogar für Könner kann es hier gefährlich werden. Es gibt am Riff drei Hauptwellen, die alle den entsprechenden Namen haben. Von Norden nach Süden sind das Shipwrecks (S. 36), Lacerations (S. 36) und Playgrounds (S. 36). Je nach Lage der Unterkunft kann man direkt zum nächstgelegenen Break hinauspaddeln; bei Ebbe muss man allerdings ein Stück zu Fuß gehen, wofür Schuhe ein Muss sind. Für die jeweils entfernteren Wellen ist es besser, ein Boot zu mieten. Die Preise lassen sich aushandeln; sie beginnen ab 70 000 Rp für die einfache Fahrt – man muss dem Skipper dann nur sagen, wann man wieder zurückfahren möchte. Ein vierter Break – **Racecourses** – tritt manchmal südlich vom Shipwreck auf.

In der Brandung kann es hier ziemlich voll werden, selbst wenn auf der Insel eigentlich nicht viel los ist – die Charterboote aus Bali bringen manchmal im Rahmen eines Tagesausflugs ganze Gruppen zum Surfen her, was mit mindestens 1 000 000 Rp zu Buche schlägt.

Monkey Surfing SURFEN
(☎ 0821 4614 7683; www.monkeysurfing.com; Jungutbatu Beach; Surfbrett Miete pro Tag 110 000 Rp, Unterricht ab 550 000 Rp; ⌚ 8–19 Uhr) In diesem Geschäft am Strand können Surfbretter und Bretter zum Stehpaddeln gemietet werden, und eine Anleitung gibt es auch noch dazu.

Tauchen

★ **World Diving** TAUCHEN
(☎ 0812 390 0686; www.world-diving.com; Jungutbatu Beach; Einführungstauchkurs 940 000 Rp, Kurs im offenen Gewässer 5 500 000 Rp) Das Unternehmen World Diving mit Sitz in Pondok Baruna ist überaus renommiert. Es bietet das ganze Spektrum an Kursen sowie Exkursionen zum Tauchen in Tauchrevieren rund um alle drei Inseln. Die Ausrüstung ist absolut hochwertig.

Lembongan Dive Center TAUCHEN
(☎ 0821 4535 2666; www.lembongandivecenter.com; Jungubatu Beach; einzelner Tauchgang ab 500 000 Rp, Kurs im offenen Gewässer 4 950 000 Rp) Ein empfehlenswertes einheimisches Tauchzentrum.

Schnorcheln

Schön schnorcheln kann man gleich bei Tanjung Sanghyang und dem **Bounty-Ponton**, aber auch in den Revieren an der Nordküste der Insel. Ab etwa 150 000 Rp pro Stunde besteht die Möglichkeit, ein Boot zu chartern – der Preis richtet sich nach der Nachfrage, der Entfernung und der Anzahl der Passagiere. Ein Ausflug zu den anspruchsvollen Gewässern von Nusa Penida kostet für drei Stunden ab 300 000 Rp; zu den Mangroven in der Nähe ist mit rund 300 000 Rp zu rechnen. Die Schnorchelausrüstung kann man für rund 30 000 Rp pro Tag ausleihen.

Die Bedingungen zum Strömungsschnorcheln sind an den mit Mangroven bestandenen Kanälen westlich vom Ceningan Point, zwischen Lembongan und Ceningan, gut.

Schiffsausflüge

Mehrere Ausflugsboote bieten Tagestrips von Südbali nach Nusa Lembongan an. Zu den Leistungen gehören der Hoteltransfer in Südbali, einfache Wassersportarten, Schnorcheln, Bananenbootfahrten, Inseltouren und ein Mittagsbüfett. Mit dem üblichen Hoteltransfer kann es bei den Trips ein langer Tag werden.

Island Explorer Cruise SCHIFFSAUSFLUG
(☎ 0361-728088; www.bali-activities.com; Erw./Kind ab 1 400 000/700 000 Rp) Das große Boot des Unternehmens bildet die Basis für allen möglichen Wasserspaß im Rahmen eines Tagesausflugs. Das Unternehmen verfügt jedoch auch über ein Segelschiff und über Schnellboote, mit denen Transfers abgewickelt werden. Die Schiffe fahren am Benoa Harbour ab. Das Unternehmen ist dem Coconuts Beach Resort angeschlossen.

Bounty Cruise SCHIFFSAUSFLUG
(☎ 0361-726666; www.balibountycruises.com; Erw./Kind 119/59,50 US$) Die Boote legen am knallgelben Bounty-Ponton mit Wasserrut-

Nusa Lembongan

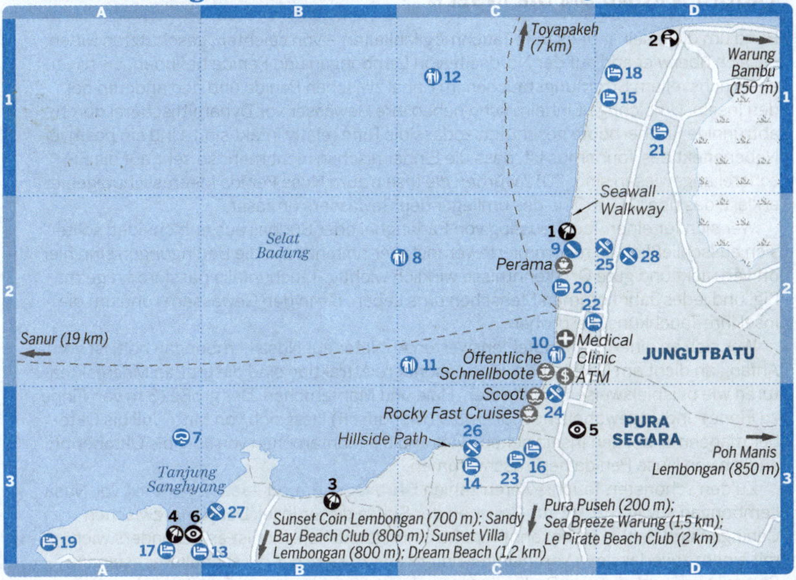

Nusa Lembongan

Sehenswertes
1 Jungutbatu Beach C2
2 Lighthouse D1
3 Pantai Selegimpak B3
4 Pantai Tanjung Sanghyang A3
5 Pura Segara C3
6 Sacred Tree A3

Aktivitäten, Kurse & Touren
7 Bounty Pontoon A3
8 Lacerations C2
9 Lembongan Dive Center C2
10 Monkey Surfing C2
11 Playgrounds C2
12 Shipwrecks C1
World Diving .... (s. 20)

Schlafen
13 Alam Nusa Huts A3
14 Batu Karang C3
15 Indiana Kenanga D1
16 Lembongan Island Beach Villas C3
17 Nusa Bay Lembongan A3
18 Pemedal Beach D1
19 Point Resort Lembongan A3
20 Pondok Baruna C2
21 Pondok Baruna Frangipani D1
22 Secret Garden Bungalows C2
23 Ware Ware Surf Bungalows C3

Essen
24 99 Meals House C3
25 Bali Eco Deli D2
26 Deck Cafe & Bar C3
27 Hai Bar & Grill B3
28 Pondok Baruna Warung D2

schen und andern Unterhaltungsmöglichkeiten an. Am Benoa Harbour fahren die Schiffe ab.

Wandern & Radfahren

Die Insel lässt sich an einem Tag zu Fuß oder auch mit dem Fahrrad umrunden, was natürlich noch schneller geht. Jedenfalls lernt man so die erstaunlich abwechslungsreiche Szenerie dieser kleinen Insel kennen. Ausgangspunkt ist ein Bergpfad, der bei **Jungutbatu** beginnt. Es gilt dann unterwegs nach **Tanjung Sanghyang** allerlei Hindernisse zu überwinden, die die Erschließung der Insel mit sich gebracht hat; aber mit ein bisschen Tarzan-Abenteuergeist kommt man auf dem schwer erkennbaren Pfad

TAUCHEN RUND UM DIE INSELN

Rund um die Inseln gibt es tolle Tauchmöglichkeiten – von seichten, geschützten Riffen, die sich überwiegend auf der Nordseite von Lembongan und Penida befinden, bis hin zu anspruchsvollem Strömungstauchen im Kanal zwischen Penida und den anderen beiden Inseln. Umsichtige Einheimische haben ihre Gewässer vor Dynamitfischerei durch abtrünnige Fischerboote geschützt, sodass die Riffe relativ intakt sind. Und ein positiver Nebeneffekt des Tourismus ist, dass die Einheimischen nicht mehr so sehr auf die Fischerei angewiesen sind. 2012 wurden die Inseln zum Nusa Penida Meeresschutzgebiet erklärt, das über 20 000 ha des umliegenden Gewässers umfasst.

Wer sich für einen Tauchausflug von Padangbai oder Südbali aus entscheidet, sollte sich ausschließlich an renommierte Veranstalter halten, denn die Bedingungen sind hier oft vertrackt und gute Ortskenntnisse wirklich wichtig. Tauchunfälle passieren regelmäßig, und jedes Jahr kommen Menschen ums Leben, die in den Gewässern rund um die Insel ihre Tauchkünste erproben.

Wer sich an einen der empfehlenswerten Anbieter auf Nusa Lembongan hält, ist von Anfang an dicht am Geschehen. Eine besondere Attraktion sind die großen Meereskreaturen wie beispielsweise Schildkröten, Haie und Mantarochen. Der große (3 m von Finne zu Finne) und ungewöhnliche *mola mola* (Mondfisch) lässt sich von Mitte Juli bis Oktober manchmal bei den Inseln sehen, während die Mantarochen von Juni bis Oktober oft südlich von Nusa Penida herumschwimmen.

Zu den schönsten Tauchrevieren zählen **Blue Corner** und **Jackfish Point** vor Nusa Lembongan sowie **Ceningan Point** an der Spitze dieser Insel. Der Kanal zwischen Ceningan und Penida ist bekannt fürs Strömungstauchen; hier ist es besonders wichtig, mit einem zuverlässigen Veranstalter unterwegs zu sein, der die schnell wechselnden Strömungen und anderen Bedingungen wirklich beurteilen kann. Ein plötzlicher Wasseranstieg kann kaltes Wasser aus dem offenen Meer in Reviere wie **Ceningan Wall** spülen. Dabei handelt es sich um einen der tiefsten natürlichen Kanäle der Welt, der Fische aller Arten und Größen anlockt.

Zu Tauchrevieren, die in der Nähe von Nusa Penida liegen, gehören **Crystal Bay**, **SD**, **Pura Ped**, **Manta Point** und **Batu Aba**. Davon eignen sich Crystal Bay, SD und Pura Ped auch für Tauchanfänger, außerdem kann man hier auch schön schnorcheln. Im Hinterkopf behalten sollte man, dass das offene Gewässer rund um Penida selbst für erfahrene Taucher ein Wagnis darstellt.

dann doch voran (Achtung: Dieser Streckenabschnitt lässt sich mit dem Fahrrad nicht bewerkstelligen – die Straße weiter landeinwärts benutzen).

Weiter geht es zum Dorf **Lembongan**. Sobald die Hängebrücke wiederhergestellt ist, gelangt man von hier nach **Nusa Ceningen**. Eine Alternative ist, vom Dorf Lembongan die asphaltierte Straße ein Stück bergauf zu gehen, nämlich bis zu einem spannenden Hügel, der dann nach Jungutbatu hinunterführt, wodurch sich der Rundweg auf etwa einen halben Tag verkürzt.

Wer die Insel komplett zu Fuß erkunden möchte, bleibt nun auf der befestigten Straße, die zwischen Nusa Lembongan und Nusa Ceningam am Kanal entlangführt. Nach einem Abstecher bergauf in unwegsames Gelände schlängelt sich der Weg wieder nach unten, und führt an den Mangroven entlang bis zum **Leuchtturm**.

Fahrräder für eine Inseltour lassen sich problemlos zum Preis von rund 30 000 Rp pro Tag mieten.

Schlafen & Essen

Die Zimmer und Annehmlichkeiten werden im Allgemeinen immer feudaler, je weiter nach Süden und Westen man am Meer entlang zur Mushroom Bay kommt.

Jungutbatu

Viele Unterkünfte in Jungutbatu haben dem Surferschuppen-Image abgeschworen und geben sich immer nobler. Aber es gibt durchaus noch Billigbleiben mit kaltem Wasser und Ventilator.

★ **Pondok Baruna** GUESTHOUSE **$**
(☎ 0812 394 0992; www.pondokbaruna.com; Jungutbatu Beach; Zi. 350 000–650 000 Rp; ❄ 📶 🏊)

Das dem Veranstalter World Diving, einem einheimischen Tauchunternehmen, angeschlossene Guesthouse bietet sagenhafte Zimmer mit Terrasse und Meerblick. Die exklusiveren Zimmer gruppieren sich um ein Tauchbecken hinter dem Strand. Und dann gibt es noch acht weitere Zimmer im Pondok Baruna Frangipani, das zurückversetzt zwischen Palmen um einen großen Pool herum arrangiert ist. Die Mitarbeiter unter der Regie von Putu sind total nett.

Secret Garden Bungalows GUESTHOUSE $
(☎0813 5313 6861; www.bigfishdiving.com; Jungutbatu Beach; Zi. mit Ventilator/Klimaanlage 250 000/400 000 Rp; ❄📶🏊) 🍃 Das Guesthouse ist Big Fish Diving angeschlossen. Geboten werden neun Zimmer im Bungalowstil mit kaltem Wasser und Ventilator auf einem Grundstrück ein Stück hinter dem Strand, das im Schatten von Palmen liegt. Gleich in der Nähe gibt es auch einige neuere Bungalows mit Klimaanlage. Für 100 000 Rp können die Gäste vor Ort am Yoga-Unterricht teilnehmen. Und Marine Mega Fauna veranstaltet hier regelmäßig Vorträge über die beeindruckende Meeresökologie rund um die Inseln.

★Pemedal Beach GUESTHOUSE $$
(☎0366-559 6394; www.pemedalbeach.com; Jungutbatu Beach; Zi. ab 500 000 Rp; ❄📶🏊) Das hübsche Guesthouse ist eine erschwingliche Bleibe für Leute, die gern in der Nähe eines Sandstrands wohnen möchten. Die elf Bungalows liegen ein Stück zurückversetzt, und eine Poollandschaft ist auch vorhanden.

Pondok Baruna Frangipani GUESTHOUSE $$
(☎0812 394 0992; www.pondokbaruna.com; Jungutbatu; Zi. inkl. Frühstück 750 000–850 000 Rp; ❄📶🏊) Das feudalere Schwester-Guesthouse des Ponduk Baruna liegt direkt am Meer. Das Frangipani bietet geräumige, luxuriöse Zimmer und einen Pool, der eine anständige Größe aufweist.

★Indiana Kenanga BOUTIQUEHOTEL $$$
(☎0828 9708 4367; www.indiana-kenanga-villas.com; Jungutbatu Beach; Zi. 150–650 US$; ❄📶🏊) Zwei feudale Villen und 16 schicke Suiten liegen geschützt in der Nähe des Pools hinter dem Strand mit den nobelsten Hotelanlagen Lembongans. Der französische Designer und Inhaber hat das Hotel mit Buddhastatuen, dunkelroten Sesseln und anderen Extravaganzen ausgestattet. Im Restaurant stehen ganztägig Meeresfrüchte und verschiedene andere Überraschungen auf der Speisekarte; alles wird von einem fachkundigen Küchenchef zubereitet. Und eine Crêperie am Pool ist ebenfalls vorhanden.

Bali Eco Deli CAFÉ $
(☎0812 3704 9234; www.baliecodeli.net; Jungutbatu; Hauptgerichte ab 35 000 Rp; ⏲7–22 Uhr) 🍃 Dieses Café ist wirklich unwiderstehlich! Es gilt als enorm umweltfreundlich und ist dafür bekannt, dass es viel für die Gemeinde tut. Aber was es für seine Gäste tut, kann sich auch sehen lassen: Hier verlocken frisches, kreatives Frühstück in zig Varianten, gesunde Snacks, köstliche Backwaren, leckerer Kaffee und Säfte sowie allerlei Salate – und das alles wird in einem netten Garten serviert.

Pondok Baruna Warung INDONESISCH $
(Jungutbatu; Hauptgerichte ab 40 000 Rp; ⏲8–22 Uhr) Der gastronomische Zweig des Baruna-Imperiums tut sich mit so ziemlich dem besten Essen auf der ganzen Insel hervor. Hier verlocken hervorragende balinesische Gerichte, aber auch allerlei leckere Currys. Und so mancher Gast hat sich hier schon nicht nur einen Schoko-Brownie, sondern gleich zwei bestellt.

★Warung Bambu MEERESFRÜCHTE $$
(☎0813 3867 5451; Jungutbatu; Hauptgerichte 60 000–100 000 Rp; ⏲9–22 Uhr) An der Straße zu den Mangroven, hinter dem Leuchtturm, serviert dieses Lokal hervorragende Gerichte mit Meeresfrüchten. Die Speisekarte des Familienbetriebs bietet, das was den Fischern ins Netz gegangen ist. Die Tische stehen auf einer großen, überdachten Terrasse mit Sandboden. Tagsüber kann man mit etwas Glück die Aussicht auf den Vulkan Gunung Agung genießen, bei Nacht schillern die Lichter von Bali.

99 Meals House INDONESISCH, CHINESISCH $
(Jungutbatu Beach; Hauptgerichte ab 15 000 Rp; ⏲8–22 Uhr) Das absolute Schnäppchen! Frittierter Reis, Omeletts, chinesische Gemüsepfannen und vieles mehr werden in diesem Lokal im Freien am Strand von der Familie zubereitet.

In den Hügeln

Der steile Hang südlich von Jungutbatu bietet tolle Ausblicke und eine stetig wachsende Zahl luxuriöser Zimmer. Die am höchsten gelegenen Zimmer in manchen Herbergen versprechen eine grandiose Aussicht über das Wasser auf Bali (an klaren Tagen kann man dem Gunung Agung zuwinken), aber solche Sahnestücke haben ihren Preis: über 120 steile Betonstufen geht es hinauf. Ein motorradfreundlicher Weg verläuft oben auf dem Hügel, gut für beinschonenden Hol- und Bringservice.

Ware Ware Surf Bungalows　GUESTHOUSE **$$**
(☑ 0812 397 0572, 0812 380 3321; www.warewaresurfbungalows.com; Zi. inkl. Frühstück ab 750 000 Rp; ✳ 🛜 🏊) Die neun Wohneinheiten in diesem Guesthouse am Hang sind eine Mischung aus rechteckigen und runden Gebäuden mit Reetdach und Balkon. Die großen Zimmer (einige nur mit Ventilator) sind mit einem Rattansofa ausgestattet und haben ein großzügiges Bad. Das Café punktet mit seiner spektakulären, luftigen Lage auf einer wuchtigen Klippe mit Holzterrasse.

Batu Karang　HOTEL **$$$**
(☑ 0366-559 6376; www.batukaranglembongan.com; Zi. inkl. Frühstück ab 2 200 000 Rp; ✳ @ 🛜 🏊) Das feudale Resort mit einer großzügigen Poollandschaft thront auf einem terrassierten Hügel. Einige der 25 Luxuswohneinheiten präsentieren sich im Stil einer Villa und haben mehrere Zimmer und ein privates Tauchbecken. Alle verfügen über ein offenes Bad und eine Holzterrasse mit sagenhafter Aussicht. Direkt beim Pfad am Hügel bietet sich das Deck Cafe & Bar des Hotels für eine nette Pause mit einem Gourmetsnack oder einem Drink an.

Lembongan Island Beach Villas　VILLA **$$$**
(☑ 0366-559 6398; www.lembonganbeachvillas.com; Villa 170–220 US$; ✳ 🛜 🏊) Elf Luxusvillen ziehen sich von der Lobby direkt an einer Ecke des Jungutbatu Beach den Hügel hinauf. Die Wohneinheiten sind mit komfortablen Rattansonnenliegen und Hängematten ausgestattet und verfügen über eine große Küche. Von den überdachten Balkonen genießen die Gäste einen herrlichen Blick über Bali.

★ **Deck Cafe & Bar**　CAFÉ **$**
(http://thedecklembongan.com; Hauptgerichte ab 85 000 Rp; ⊙ 7.30–23 Uhr; 🛜) Die schicke Cafébar des Hotels Batu Karang liegt direkt am Hauptpfad am Hügel. Serviert werden kreative Drinks von der ellenlangen Getränkekarte und leckere Snacks (das Café hat eine gute Bäckerei) plus feudale Pubgerichte – und die schöne Aussicht gibt es gratis dazu. Sonntags legt ein DJ auf.

🛏 **Tanjung Sanghyang**

So stellt sich jeder seine private Schatzinsel vor. Die auch als Mushroom Bay bezeichnete Location bietet einen schönen Strand, jede Menge Bäume, die sich sanft darüber neigen, und so ziemlich die stimmungsvollsten Unterkünfte auf Lembongan. Von Jungutbatu kann man zu Fuß herkommen, fahren (15 000 Rp) oder sich ein Boot (70 000 Rp) nehmen.

Alam Nusa Huts　GUESTHOUSE **$**
(☑ 0819 1662 6336; www.alamnusahuts.com; Zi. ab 475 000 Rp; ✳ 🛜) Die kleine Anlage liegt nicht einmal 100 m vom Strand entfernt. Die vier Bungalows stehen in einem kleinen, wild wuchernden Garten; jeder hat ein offenes Bad und eine lauschige Terrasse. Für die Innenausstattung wurden viel edles Holz und Bambus verwendet. Die Mitarbeiter sind überaus herzlich.

Nusa Bay Lembongan　HOTEL **$$$**
(☑ 0361-484085; www.wakahotelsandresorts.com; Bungalow ab 200 US$; ✳ 🛜 🏊) In einem bescheidenen Resort der Waka-Gruppe verbinden sich Ursprünglichkeit und leibliches Wohl. Die zehn Bungalows mit Reetdach stehen an der Küste im Sand. Das Restaurant mit Bar am Strand liegt im Schatten von Kokospalmen, und speisen können die Gäste direkt im Sand.

★ **Hai Bar & Grill**　INTERNATIONAL **$$**
(☑ 0361-720331; www.haitidebeachresort.com/hai-bar-and-grill; Hai Tide Beach Resort; Hauptgerichte 60 000–150 000 Rp; ⊙ 7–22 Uhr; 🛜) Diese weit offene Bar mit dem entsprechenden weiten, offenen Blick auf die Bucht und die Sonnenuntergänge ist die schickste Restaurantbar von Tanjung Sanghyang. Die Speisekarte präsentiert sich als Kombination aus asiatischen und westlichen Gerichten, und es gibt Leckereien wie frisch gebackene Muffins. Wer hier isst, darf den Pool benutzen, und an manchen Abenden werden im Freien Filme gezeigt. Und wer sich in Jungutbatu abholen lassen möchte, ruft einfach an.

🛏 **Weitere Unterkünfte auf Lembongan**

Poh Manis Lembongan　GUESTHOUSE **$**
(☑ 0821 4746 2726; www.pohmanislembongan.com; Zi. 32–50 US$; ✳ 🛜) Wenn Nusa Lembongan ein Refugium ist, dann ist dieses Guesthouse ein Refugium von Nusa

Lembongan. Das Poh Manis thront auf einer Klippe in der Südostecke der Insel mit herrlicher Aussicht auf die beiden anderen Nusas. Der Poolbereich ist hübsch, und die zehn hellen und luftigen Zimmer mit viel Holz haben ihren ganz besonderen Charme.

Sunset Coin Lembongan GUESTHOUSE **$$**
(☎0812 364 0799; www.sunsetcoinlembongan.com; Sunset Bay; Zi. inkl. Frühstück ab 1 100 000 Rp;) Diese Ansammlung von zehn Cottages wird von einer genialen Familie geführt und bietet alles, was man sich unter einem Inselrefugium so vorstellt. Das Guesthouse liegt in der Nähe von einem Flecken Sandstrand, der Sunset Bay heißt. Die Wohneinheiten im *lumbung*-Stil (Reisscheune mit Reetdach) haben eine Terrasse und einen Kühlschrank.

Sunset Villa Lembongan GUESTHOUSE **$$**
(☎0812 381 9023; www.sunsetvillaslembongan.com; Sunset Bay; Zi. 40–70 US$;) Die zwölf modernen Bungalows in einem relativ neuen Grundstück mit schnell wachsender Vegetation gruppieren sich um einen großen Pool. Die Wohneinheiten haben eine Terrasse und einen Sitzbereich, manche auch einen Kühlschrank. Die großen Bäder im Freien weisen Natursteinelemente auf.

Point Resort Lembongan RESORT **$$$**
(www.thepointlembongan.com; Suite ab 150 US$;) Rund 500 m westlich von Tanjung Sanghyang liegt dieses gleichnamige Resort mit vier feudalen Suiten. Die Aussicht ist sagenhaft, und sollte ein Piratenschiff aufkreuzen, können die Gäste zuschauen, wie es an den Felsen unterhalb des Infinitypools zerschellt. Die Wohneinheiten sind hell und luftig und haben einen hübschen Sitzbereich.

Sandy Bay Beach Club INTERNATIONAL **$$**
(☎0828 9700 5656; www.sandybaylembongan.com; Sunset Bay; Hauptgerichte ab 55 000 Rp; ⌚8.30–22.30 Uhr;) Dieser ansprechende Strandclub strapaziert das Dekor aus gebleichtem Holz schon übermäßig, er liegt aber sagenhaft an einem netten kleinen Sandstrand namens Sunset Beach (manchmal auch Sandy Bay Beach genannt). Die Speisekarte schlägt einen weiten Bogen von Asien nach Europa – mit einem Abstecher nach „Burgerville". Die Abende mit Meeresfrüchten vom Grill sind sehr beliebt. Der Strand hier ist weniger überlaufen als der Dream Beach.

ℹ Praktische Informationen

GELD

Wer hier einen Aufenthalt plant, sollte unbedingt ausreichend Bargeld in Rupien mitbringen. Es gibt zwar einen Geldautomaten, doch der nimmt die meisten ausländischen Karten nicht an, selbst dann, wenn genügend Bargeld zum Ausgeben vorhanden ist.

MEDIZINISCHE VERSORGUNG

Medical Clinic (Konsultation ab 250 000 Rp; ⌚8–18 Uhr) Die Klinik im Dorf befindet sich in einem modernen Gebäude und sie ist versiert, wenn es darum geht, kleinere Surfverletzungen oder Probleme mit den Ohren zu behandeln.

ℹ An- & Weiterreise

Für die Anreise nach Nusa Lembongan – und auch für die Rückfahrt – gibt es mehrere Alternativen, von denen sich einige recht zügig gestalten. Aber Achtung: Jeder, der aussieht als hätte er genügend Geld für ein Schnellboot, der wird auch auf ein Schnellboot gebucht; und Vorsicht vor Veranstaltern, die schnelle Überfahrten bei Nacht anpreisen, diese sind nicht

BEWOHNER DER MEERE

In den Gewässern rund um Nusa Lembongan, Ceningan und Penida tummeln sich einige wirklich imposante Kreaturen: riesige Mantarochen, schwerfällige *mola mola* (Mondfische) und viele mehr. Auch wenn die zahllosen Taucher, die diese reichen Gewässer erkunden, diese Tiere regelmäßig sichten, so ist über die Ökologie des Gebiets nur wenig bekannt – was dann doch erstaunlich ist.

Eine Gruppe namens **Marine Mega Fauna** (www.marinemegafauna.org) arbeitet mittlerweile daran, dass sich das ändert. Aufgrund umfassender Feldstudien wächst nach und nach das Verständnis, was genau da draußen herumschwimmt. Eine Entdeckung gleich zu Anfang: Wie Wale, so weisen auch Mantarochen eine Markierung auf, die es einfach macht, das individuelle Tier zu identifizieren. Die Website der Gruppe strotzt nur so vor spannenden Informationen, außerdem können Interessierte bei öffentlichen Vorträgen in den Secret Garden Bungalows (S. 157) Genaueres erfahren.

zu empfehlen, denn dabei ist es auch um die Sicherheit der Passagiere in den meisten Fällen ziemlich schlecht bestellt.

Da die Schiffe vor der Küste ankern und nicht an einem Steg anlegen, müssen sich die Passagiere auf nasse Füße gefasst machen. Es empfiehlt sich auch, möglichst auf schweres Gepäck zu verzichten. Trolleys sind im Wasser, am Strand und auf Trampelpfaden nur für eine Lachnummer gut. Gepäckträger schultern das Gepäck für 20 000 Rp (die man ihnen auch wirklich bezahlen sollte!).

Perama (www.peramatour.com; Jungutbatu Beach; einfache Fahrt 140 000 Rp) Von diesem Unternehmen verkehrt ein solides Schiff pro Tag nach Sanur; die Fahrt dauert nicht einmal eine Stunde.

Öffentliche Schnellboote (einfache Fahrt 150 000 Rp) Die Schiffe legen dreimal täglich am Nordende des Sanur Beach nach Nusa Lembongan ab; die Fahrt dauert 40 Minuten.

Rocky Fast Cruises (☎0361-283624; www.rockyfastcruise.com; Jungubatu Beach; einfache Fahrt/Hin- & Rückfahrt 30/50 US$) Das Unternehmen bietet vier große Schiffe täglich, die 30 Minuten unterwegs sind.

Scoot (☎0361-285522; www.scootcruise.com; one-way Erw./Kind 400 000/280 000 Rp) Es finden täglich vier Überfahrten statt; jede dauert 30 Minuten.

Unterwegs vor Ort

Da die Insel recht überschaubar ist, lassen sich die meisten Orte leicht zu Fuß erreichen. Es gibt hier keine Autos (die Pickups werden allerdings immer mehr); Fahrräder (30 000 Rp pro Tag) und kleine Motorräder (50 000 Rp pro Tag) lassen sich überall problemlos mieten. Die einfache Fahrt mit einem Motorrad oder einem Pickup kostet 15 000 Rp mit Trend nach oben. Eine wirklich unerfreuliche Entwicklung sind die neuen Golfwagen in der Größe eines SUV; sie werden überwiegend von Touristen angemietet, die eine dicke Zigarre für den perfekten Reisebegleiter halten.

SICHERHEIT AN BORD

Es haben sich immer wieder Unfälle ereignet, an denen Schiffe beteiligt waren, die von Bali zu den umliegenden Inseln unterwegs waren. Diese Schiffsverbindungen werden nicht überwacht, und es existiert auch keine Sicherheitsbehörde im Fall von Problemen. Man sollte deshalb selbst Vorsichtsmaßnahmen ergreifen (S. 448).

Nusa Ceningan

Das winzige Inselchen ist eigentlich durch eine schmale, reizvolle – und wackelige – **Hängebrücke**, die sich über die Lagune spannt, mit Nusa Lembongan verbunden. 2016 hatte die Brücke allerdings einen Defekt, und neun Menschen kamen ums Leben. Es bleibt abzuwarten, ob ein Ersatz stabiler sein wird.

Normalerweise ist es aufgrund der Brücke recht einfach, Nusa Ceningan zu erkunden. Neben der Lagune voller Rahmen für die Seetanggewinnung sind diverse kleine landwirtschaftlich genutzte Flächen und ein Fischerdorf sehenswert. Nusa Ceningan ist eine recht hügelige Insel, und wer Lust dazu hat, kann beim Wandern oder Radfahren immer wieder von oben einen Blick auf die schöne Landschaft werfen. Die größeren Straßen wurden asphaltiert, was die Insel erschließbar macht, aber es geht dennoch sehr ländlich hier zu.

Im Südwesten gibt es einen **Surfbreak**, der nach seiner Lage am Ceningan Point benannt ist – eine exponierte linksdrehende Welle.

Aktivitäten

★ JED TOUR

(Village Ecotourism Network; ☎0361-366 9951, 0813 3842 7197; www.jed.or.id; pro Pers. US$150) Wer Nusa Ceningan wirklich genießen möchte, sollte an einem Ausflug mit Übernachtung von JED teilnehmen, einer Kulturorganisation, die Interessierten einen tiefgehenden Einblick ins dörfliche und kulturelle Leben auf der Insel vermittelt. In der Tour inbegriffen sind die Unterkunft bei einer Familie in einem Dorf, die einheimischen Mahlzeiten, eine spannende Exkursion mit den Seetangarbeitern sowie der Transport von/nach Bali.

Schlafen & Essen

Le Pirate Beach Club GUESTHOUSE $$

(☎0811 388 3701, reservations 0361-733493; www.lepirate-beachclub.com; Zi. inkl. Frühstück ab 700 000 Rp; ❄📶🏊) Das Guesthouse ist in fröhlichem Türkis und Weiß gehalten, es dominiert Inselkitsch im Retroschick. Die Anlage besteht aus klimatisierten Strandhäuschen, in denen bis zu vier Personen in Etagenbetten übernachten können; außerdem gibt es auch Häuschen für zwei Personen. Das beliebte Restaurant liegt am kleinen nierenförmigen Pool und bietet ei-

AUS FÜR DEN SEETANG

Nur wenige Fans von Speiseeis wissen das, aber eigentlich sind sie den Seetangfarmern von Nusa Lembongan, Nusa Ceningan und Nusa Penida zu großem Dank verpflichtet. Carrageen, ein Emulgator, der beim Eindicken von Speiseeis wie auch von Käse und vielen anderen Produkten zum Einsatz kommt, wird aus Seetang gewonnen, der hier angebaut wird.

Wer eine Runde durch die Dörfer dreht, sieht – und riecht – die riesigen Flächen, die zum Trocknen des Seetangs genutzt werden. Ein Blick ins Wasser offenbart den Flickenteppich aus kultivierten Seetangfeldern. Die Inseln bieten sich für die Produktion besonders an, denn das Wasser ist seicht und reich an Nährstoffen. Der getrocknete rote und grüne Seetang wird zur Endverarbeitung dann in die ganze Welt exportiert.

Wie lange noch, ist allerdings die Frage. Der Anbau von Seetang bedeutet harte Arbeit und winzigen Ertrag. Noch vor zehn Jahren arbeiteten 85 % der Bevölkerung von Lembongan als Seetangfarmer, heute reduziert sich diese Zahl rasant, denn immer mehr Leute sind im boomenden Tourismus tätig – mit vergleichsweise besserem Einkommen und erheblich einfacherer Arbeit.

Und Nusa Penida liegt hinter diesem Trend nur unwesentlich zurück. Als einmal jemand einen Seetangfarmer, der sich jetzt als Guide verdingt, fragte, ob ihm seine frühere Arbeit fehle, verzog er sein Gesicht nur zu einem Lächeln.

nen weiten Blick über den Kanal. Wer hier übernachten möchte, muss mindestens zwei Übernachtungen buchen.

Secret Point Huts GUESTHOUSE $$
(☎0819 9937 0826; www.secretpointhuts.com; Zi. ab 80 US$; ❄☎≋) In der Südwestecke der Insel mit Blick auf den Surfbreak von Ceningan Point liegt dieses reizende kleine Resort mit einem winzigen Strand und einer Bar oben auf den Klippen. Die Zimmer befinden sich in Bungalows im *lumbung-Stil* (Reisscheune) und haben ein Bad im Freien.

Sea Breeze Warung INDONESISCH $
(Hauptgerichte 30 000–70 000 Rp; ⊙8–22 Uhr) Das reizende Sea Breeze in toller Lage mit Blick auf den Kanal und die Seetangernte weist ein attraktives offenes Ambiente auf und ist mit vielen Pflanzen dekoriert. Auf den Tisch kommt eine super Auswahl an Meeresfrüchten sowie ein leckeres *nasi campur*. Und das Bintang hier ist immer schön gekühlt.

Nusa Penida

Die Insel taucht in den Reiserouten von Backpackern erst allmählich auf. Und somit gibt es auf Nusa Penida natürlich noch jede Menge zu entdecken. Jedenfalls ist hier alles noch so ursprünglich, dass die Anwort auf die Frage auf der Hand liegt, die da lautet: Wie würde Bali aussehen, wenn nie irgendwelche Touristen kämen? Viele Sehenswürdigkeiten und Aktivitäten im eigentlichen Sinn gibt es hier nicht; am besten kommt man her, um die Insel zu erkunden, sich zu entspannen und sich dem gemächlichen Tempo anzupassen, das für das Leben hier so charakteristisch ist.

Die Insel ist ein Kalksteinplateau mit einem Steifen Sandstrand an der Nordküste; schön ist der Blick übers Meer bis zu den Vulkanen auf Bali hinüber. An der Südküste erheben sich 300 m hohe Kalksteinklippen, die steil ins Meer abfallen. Vor der Küste liegen etliche kleine Inselchen – es ist eine zerklüftete, spektakuläre Landschaft. Im Innern ist die Insel hügelig mit karg erscheinenden Anbauflächen und altertümlichen Dörfern. Weil es wenig regnet, sind Teile der Insel ausgedörrt. Zu erkennen sind allerdings noch die Überreste ehemaliger Reisterrassen.

Strände gibt es hier nur wenige, daruner allerdings einige spektakuläre.

Die etwa 60 000 Einwohner sind überwiegend Hindus, doch gibt es auch eine Muslimgemeinde in Toyapakeh. Nusa Penida diente einst als Verbannungsort für Kriminelle und andere Unerwünschte aus dem Königreich Klungkung (heute Semarapura) und hat immer noch einen irgendwie düsteren Ruf. Doch die Insel gilt auch als Zentrum der Wiedergeburt: Der legendäre Bali-Star wird hier gerade wieder heimisch gemacht, eine Vogelart, die in der Wildnis schon fast ausgestorben war. Und das Besucherzentrum in der Nähe von Ped floriert.

PENIDAS DÄMON

Nusa Penida ist die legendäre Heimat von Jero Gede Macaling, einem Dämon, der den Barong-Landung-Tanz angeregt hat. Viele Balinesen glauben, dass die Insel ein verzauberter Ort mit *angker* (böser Macht) sei – was paradoxerweise aber eben genau ihren Reiz ausmacht. Tausende Balinesen strömen alljährlich zu religiösen Zeremonien nach Nusa Penida, um die bösen Geister zu beschwichtigen.

Aktivitäten

Nusa Penida tut sich mit **Tauchrevieren** auf Weltklasseniveau hervor. Die meisten Gäste buchen über einen Tauchladen auf Nusa Lembongan. Zwischen Toyapakeh und Sampalan bietet sich die wunderschöne, ebene Küstenstraße für tolle **Radtouren** an. Alle anderen Straßen eignen sich für Mountainbiker. Wer ein Fahrrad mieten möchte, sollte sich einfach ein bisschen umhören, es dürfte so etwa 30 000 Rp pro Tag kosten.

Quicksilver WASSERSPORT
(☎ 0361-721521; www.quicksilver-bali.com; Erw./Kind 110/55 US$) Auf dem Programm stehen Ausflüge ab Bali (Start ist am Benoa Harbour). Ein großes Schiff, das vor Toyapakeh ankert, ist Ausgangsbasis für alle möglichen Wassersportarten. Auch Exkursionen in die Dörfer werden angeboten.

Sampalan

Sampalan, der Hauptort auf Nusa Penida, ist beschaulich und nett. Er zieht sich an der kurvenreichen Küstenstraße entlang. Der interessante **Markt** findet im Zentrum statt. Jedenfalls kann man hier schön das dörfliche Leben auf sich wirken lassen.

Schlafen

MaeMae Beach House GUESTHOUSE $
(☎ 0817 479 4176; maemaebeachhouse2015@gmail.com; Kutampi; Zi. mit Ventilator/Klimaanlage 250 000/300 000 Rp; ❄📶) In der Ortschaft Kutampi unmittelbar vor den Toren Sampalans liegt dieses Guesthouse praktisch in der Nähe des Haupthafens. Der Manager Agus spricht hervorragend Englisch und kann mit einem enormen Fundus an Tipps und Informationen über Nusa Penida aufwarten. Die Zimmer hier sind modern, aber schon ein bisschen abgewohnt. Im legeren Warung kommt leckeres Essen auf den Tisch, und nahe am Wasser liegt er auch noch.

Nusa Garden Bungalows GUESTHOUSE $
(☎ 0812 3990 1421, 0813 3812 0660; Zi. ab 200 000 Rp; 📶) Pfade aus Korallenbruch, gesäumt von Tierstatuen, verbinden die zehn sehr einfachen Zimmer hier. Einfach gleich östlich vom Zentrum in die Jalan Nusa Indah einbiegen.

Ped & Bodong

In Ped ist ein bedeutender balinesischer Tempel zu Hause. Gleich 600 m weiter westlich bildet das Minidorf Bodong das ansprechende Zentrum der erwachenden Touristenszene auf Nusa Penida.

Sehenswertes & Aktivitäten

Das ganze Gebiet verfügt über einen schmalen Streifen **Strand** am Meer entlang.

★ **Pura Dalem Penetaran Ped** HINDUTEMPEL
GRATIS Der bedeutende Tempel Pura Dalem Penetaran Ped ragt in der Nähe des Strands von Ped auf, 3,5 km östlich von Toyapakeh. Er beherbergt einen Schrein für den Dämon Jero Gede Macaling, der Menschen, die schwarze Magie praktizieren, als Quelle der Kraft gilt; außerdem ist er ein Pilgerziel für Menschen, die Schutz vor Krankheit und vor dem Bösen suchen. In der weitläufigen Tempelanlage sind Gläubige zu sehen, die Opfergaben für eine gefahrlose Fahrt übers Meer nach Nusa Penida darbringen; so mancher möchte sich da am liebsten gleich anschließen.

★ **Penida Tours** TOUR
(☎ 0852 0587 1291; www.penidatours.com; Jl Raya Bodong; Touren ab 750 000 Rp; ⏲ 9–18 Uhr) Das tolle einheimische Unternehmen veranstaltet Kulturexkursionen auf der ganzen Insel Nusa Penida – von schwarzer Magie bis zum Besuch einer Farm für Seetanganbau ist alles im Angebot. Das Tour-Büro befindet sich gleich neben dem Gallery Café.

Octopus Dive TAUCHEN
(☎ 0819 77677677, 0878 6268 0888; www.octopusdiveindonesia.com; Bodong; 2-Tank-Tauchgänge ab 1 000 000 Rp) Octopus Dive ist ein kleiner, engagierter einheimischer Veranstalter von Tauchausflügen.

Schlafen

Mehrere für Touristen gedachte Unterkünfte haben in Bodong eröffnet.

Full Moon Bungalows BUNGALOWS $
(☎0852 0587 1291; www.facebook.com/fullmoonbungalows; Bodong; B ab 125 000 Rp, Zi. 300 000–350 000 Rp; ❄📶) Die gut geführte Anlage besteht aus 15 Bungalows. Alle sind einfach, aber gemütlich und haben Wände aus Reet. Die Gäste wohnen hier nur ein paar Schritte vom unbedeutenden, jedoch netten Nachtleben von Ped entfernt.

Jero Rawa HOMESTAY $
(☎0852 0586 6886; www.jerorawa.com; Jl Raya Ped; Zi. inkl. Frühstück mit Ventilator/Klimaanlage ab 200 000/300 000 Rp) Das entspannte Guesthouse wird von einer Familie geführt. Geboten werden saubere Zimmer im Bungalowstil, die gleich jenseits der Straße vom Strand liegen.

Ring Sameton Inn GUESTHOUSE $$
(☎0813 798 5141; www.ringsameton-nusapenida.com; Bodong; Zi. inkl. Frühstück 400 000–500 000 Rp; ❄📶🏊) Wer Wert auf einen gewissen Komfort legt, der ist mit diesem Quartier auf Nusa Penida sicherlich am besten bedient. Neben den schicken Zimmern im Business-Stil gibt es hier auch einen Pool, außerdem ein Restaurant mit reichlich Flair – und am Strand ist man auch im Handumdrehen.

Essen

★ **Gallery** CAFÉ $
(☎0819 9988 7205; Bodong; Hauptgerichte ab 25 000 Rp; ⏲7.30–21 Uhr) Das kleine Café steht bei Volontären der NGOs hoch im Kurs. Geführt wird es von dem absolut reizenden Mike, einem Briten, der über einen enormen Fundus an Informationen über Nusa Penida verfügt. An den Wänden hängen Kunstwerke, es gibt von Hand geröstete Filterkaffee, selbst gemachten Hibiskustee und eine westliche Speisekarte, auf der alle möglichen Leckereien zum Frühstück und Sandwiches stehen.

★ **Penida Colada** CAFÉ $
(☎0821 4676 3627; www.facebook.com/penidacolada; Bodong; Hauptgerichte 35 000–60 000 Rp; ⏲9 Uhr bis open end; 📶) Die Cocktails in diesem reizvollen Café in einer Hütte am Meer unter der Leitung eines indonesisch-australischen Paars sind ein Muss. An frischen, kreativen Drinks gibt es beispielsweise Mojitos und Daiquiris, die zu Gerichten wie gegrilltem Fisch oder zu einem Sandwich mit Schinken, Salat und Tomate, aber auch zu Pommes mit Aioli munden. Es finden oft Grillabende statt, bei denen Meeresfrüchte gebrutzelt werden. Schön ist das beruhigende Meeresrauschen am schmalen Strand. Und das war es dann auch schon mit dem Nachtleben von Penida!

Warung Pondok Nusa Penida INDONESISCH $
(Bodong; Hauptgerichte ab 30 000 Rp; ⏲9–21 Uhr) Das nette kleine Lokal liegt luftig direkt am Strand. Hier schmecken die gut zubereiteten Klassiker aus Indonesien und die Meeresfrüchte – plus das eine oder andere westliche Gericht – , während man die Aussicht auf Bali auf sich wirken lässt. Probierenswert ist der „Seetang-Mocktail" zum Nachtisch.

Toyapakeh

Wer mit dem Schiff von Nusa Lembongan ankommt, wird vermutlich am Strand von Toyapakeh abgesetzt, einem hübschen Dorf mit Unmengen von Bäumen, die Schatten spenden. Der Strand beeindruckt mit seinem sauberen, weißen Sand, dem blauen Meer, der schmucken Reihe von Booten, die hier dümpeln, und dem Gunung Agung, einem Vulkan, als Kulisse. Hier sind meistens auch Leute zu finden, die gerne behilflich sind, ein Transportmittel aufzutreiben.

Crystal Bay Beach

Südlich von Toyapakeh führt eine 10 km lange, asphaltierte Straße durch das Dorf Sakti zum idyllischen Crystal Bay Beach, der sich bei dem beliebten Tauchrevier erstreckt. Der Sand ist hier ganz hell, und die Palmen verleihen dem Ambiente einen Touch South-Pacific-Flair.

Beliebt ist der Strand bei Tagesgästen aus Bali, die mit dem Schiff ankommen (ein Veranstalter ist beispielsweise Bali Hai Cruises; www.balihaicruises.com), doch ein Großteil des Strandes ist noch wunderbar ländlich. Wenn es hoch hergeht, d. h. wenn 60 Boote gleichzeitig anlanden, wird es allerdings oft arg voll. Nach 15 Uhr, wenn die Tagesausflügler wieder fahren, kann man den Massen aber entgehen. Ein paar Warungs und Strandcafés verkaufen Drinks und Snacks und verleihen auch die Ausrüstung zum Schnorcheln. Der Tempel **Segara Sakti** trägt ein Übriges zur Bilderbuchkulisse bei.

Schlafen

Namaste GUESTHOUSE $
(☎0819 1793 3418; www.namaste-bungalows.com; Zi. mit Ventilator/Klimaanlage ab 425 000/550 000 Rp; ❄📶🏊) Das Namaste in Besitz eines Franzosen liegt einen sehr steilen Kilometer vom Strand entfernt an der Straße nach Toyapakeh. Das sehr durchdachte Guesthouse mit zehn rustikalen Bungalows wurde aus recycelten Materialien erbaut und gruppiert sich um einen großen Pool. Ein gutes Café gehört mit dazu.

Rund um die Insel

Ein Ausflug rund um die Insel, der im Norden und Osten der Küste folgt und das hügelige Innere durchquert, ist mit dem Motorrad in einem halben Tag zu schaffen oder mit dem Fahrrad in einem Tag, wenn die Radler fit sind. Man kann sich auch viel mehr Zeit lassen, in den Tempeln und kleinen Dörfern verweilen und weniger zugängliche Gebiete erwandern, aber außerhalb der beiden Hauptorte gibt es keine Unterkünfte. Die folgende Beschreibung folgt dem Uhrzeigersinn ab Sampalan.

Die Küstenstraße von Sampalan schwingt sich vorbei an Buchten mit Fischerbooten und Seetanggärten vor der Küste. Nach etwa 6 km, direkt vor dem Dorf Karangsari, führen auf der rechten Straßenseite Stufen nach oben zum schmalen Eingang der **Goa-Karangsari**-Höhlen. Normalerweise sind dort Leute, die für die verhandelbare überschaubare Gebühr von etwa 20 000 Rp pro Person Interessierte durch eine der Höhlen führen. Die Kalksteinhöhle ist in manchen Abschnitten über 15 m hoch. Sie erstreckt sich mehr als 200 m durch den Hügel und öffnet sich auf der anderen Seite zum Ausblick über ein grünes Tal.

Weiter geht es Richtung Süden vorbei an einer Marinestation und etlichen Tempeln nach **Suana**. Hier biegt die Hauptstraße landeinwärts ab und führt in die Hügel hinauf, während ein sehr holpriger Seitenweg nach Südosten abgeht, vorbei an noch mehr interessanten Tempeln nach **Semaya**, einem Fischerdorf mit einem geschützten Strand und einem der besten Tauchreviere Balis vor der Küste, **Batu Aba**.

Etwa 9 km südwestlich von Suana liegt **Tanglad**, ein sehr altertümliches Dorf und Zentrum für traditionelle Webarbeiten. Unbefestigte Straßen nach Süden und Osten führen zu abgelegenen Küstenabschnitten.

Eine malerische Straße verläuft auf dem Hügelkamm von Tanglad nach Nordwesten. In Batukandik geht es auf einer unbefestigten Straße und einem 1,5 km langen Feldweg zu einem spektakulären **Wasserfall** *(air terjun)*, der auf einen kleinen Strand platscht – am besten in Tanglad einen Führer (20 000 Rp) anheuern.

Kalksteinklippen fallen über 100 m ins Meer ab, wo die Brandung sie umtost. An ihrem Fuß leiten unterirdische Strömungen Süßwasser ins Meer; eine Leitung soll das Wasser wieder nach oben transportieren.

Zurück auf der Hauptstraße geht es weiter nach Batumadeg, vorbei an **Bukit Mundi** (mit 529 m der höchste Punkt der Insel; an klaren Tagen ist Lombok zu erkennen) durch Klumpu nach Sakti, wo traditionelle Steinhäuser stehen. Dann zurück zur Nordküste nach Toyapakeh, etwa eine Stunde hinter Bukit Mundi.

Die Straße zwischen Sampalan und Toyapakeh führt an der zerklüfteten Küste entlang durch das Dorf Ped.

Praktische Informationen

FREIWILLIGENDIENST

Es sind verschiedene Umwelt- und Hilfsorganisationen auf Nusa Penida aktiv; somit werden Volontäre für eine Fülle von Projekten benötigt. Sie müssen in der Regel eine Gebühr bezahlen (etwa 20 US$ pro Tag), in der die Unterkunft mit inbegriffen ist, und einen Beitrag zur Sache leisten. Hier nun zwei Organisationen mit Programmen, an denen man teilnehmen kann:

Friends of the National Parks Foundation (FNPF; ☎0361-479 2286; www.fnpf.org) Diese Gruppe hat ein Zentrum in der Nähe von Ped an der Nordküste der Insel. Die Freiwilligenarbeit umfasst Mithilfe bei der Förderung des einheimischen Bali-Stars und Unterricht in den Schulen vor Ort. Die Unterkunft ist einfach, aber die Zimmer sind ganz gemütlich und haben einen Ventilator und kaltes Wasser.

Green Lion Bali (☎0813 3775 7179, 0812 4643 4964; www.greenlionbali.com) Diese Organisation wurde mit einem Preis ausgezeichnet für ihr Programm, das an der Nordküste von Nusa Penida Schildkröten schützt und züchtet. Die Volontäre müssen sich für mindestens zwei Wochen verpflichten und im Schildkrötengehege arbeiten sowie in den Schulen vor Ort Unterricht erteilen. Ein Gästehaus befindet sich gleich in der Nähe.

GELD

Der einzige vorhandene Geldautomat nimmt kaum eine ausländische Karte an, deshalb sollte man ausreichend Bargeld mitbringen.

TOURISTENINFORMATION

Penida Tours (S. 162) ist eine super Anlaufstelle für Informationen zur gesamten Insel.

An- & Weiterreise

Die Meerenge zwischen Nusa Penida und Südbali ist tief und enormer Dünung ausgesetzt – bei starker Flut müssen die Schiffe oft bessere Bedingungen abwarten. Charterschiffe von/nach Kusamba sind aufgrund ihrer geringen Größe und dem möglichen schweren Seegang nicht zu empfehlen.

SANUR

Verschiedene Schnellboote fahren an demselben Strandabschnitt ab wie die Schnellboote nach Nusa Lembongan und legen die Strecke in nicht einmal einer Stunde zurück.

Maruti Express (☎ 0852 6861 7972, 0812 4689 2524; www.facebook.com/marutiexpresspeedboat; einfache Fahrt Erw./Kind ab 300 000/150 000 Rp) Eines von mehreren Schnellbooten nach Nusa Penida.

PADANGBAI

Über die Meerenge fahren Schnellboote von Padangbai nach Puyuk, 1 km westlich von Sampalan auf Nusa Penida (110 000 Rp, 45 Min., 4-mal tgl.). Diese Boote verkehren von 7 Uhr morgens bis mittags. Eine große Autofähre verkehrt ebenfalls täglich (Passagier/Motorrad 50 000/41 000 Rp, 2 Std.).

NUSA LEMBONGAN

Die öffentlichen Schiffe von Nusa Penida fahren von Lembongan-Stadt an der Brücke zum Dorf Toyapakeh (50 000 Rp, 20 Min.) und zurück. Die Boote verkehren so etwa im 30-Minuten-Takt und warten ab, bis mindestens sechs Passagiere zusammengekommen sind. Die Kosten für das Chartern eines Boots lassen sich aushandeln; sie liegen bei 300 000 bis 400 000 Rp.

Unterwegs vor Ort

Bemos verkehren nach 22 Uhr relativ selten. Oft finden sich Leute am Bootsanleger, die den ankommenden Gästen den Transport organisieren können. An Fortbewegungsmitteln bieten sich folgende Alternativen:

Auto & Fahrer Ab 350 000 Rp für den halben Tag.

Motorrad Lässt sich problemlos für 60 000 Rp pro Tag mieten.

Ojek Nicht häufig, aber wer eine Mitfahrgelegenheit auf einem Motorrad auftreibt, bezahlt so etwa 40 000 Rp pro Stunde.

Ubud & Umgebung

➡ Inhalt

Gut essen

- Locavore (S. 198)
- Moksa (S. 201)
- Mozaic (S. 200)
- Warung Teges (S. 199)
- Hujon Locale (S. 195)

Schön übernachten

- Swasti Eco Cottages (S. 192)
- Padma Ubud (S. 185)
- Mandapa, Ritz-Carlton Reserve (S. 194)
- Maya Ubud (S. 192)
- Como Uma Ubud (S. 193)

Auf nach Ubud!

Eine Tänzerin dreht ihre Hand ein wenig, und 200 Augenpaare folgen fasziniert der exakten Bewegung. Ein Gamelanspieler trommelt einen melodischen Riff, und 200 Paar Füße klopfen begeistert dazu. Während sich der muntere Hummeltanz entfaltet, geht der Legong in die zweite Stunde, und 200 Hinterteile vergessen, dass sie in wackligen Plastikstühlen feststecken. Wieder einmal verzaubert eine Tanzdarbietung die Zuschauer in Ubud; in der Stadt und den umliegenden Dörfern kommt alles, vereint sich alles, was an Bali magisch ist, zu einem sehr beliebten Paket. Abendliche Kulturveranstaltungen und Museen mit Werken von Künstlern, die hier ihre ganze Kreativität entfaltet haben, unglaublich grüne Reisterrassen an dicht bewachsenen Hängen, die sich zu rauschenden Flüssen hinunterziehen: Ubud ist Balsam für die Seele. Vergnügungen wie Essen zu gehen, Shoppen, Spas aufzusuchen, Yoga zu treiben oder in Nachbardörfern alte Kulturstätten und Kunsthandwerksläden zu besuchen sorgen für zusätzlichen Reiz.

Reisezeit

- Das Klima ist hier von Oktober bis April etwas kühler und sehr viel feuchter als im Süden; mit Regen ist jederzeit zu rechnen. Abends kommt ein kühles Lüftchen aus den Bergen auf und macht die Klimaanlage überflüssig. Durch die Mückennetze der Fenster hört man die Symphonie der Frösche und Insekten und die Klänge der in der Ferne übenden Gamelanspieler.
- Tagsüber erreichen die Temperaturen durchschnittlich 30 °C, nachts 20 °C, aber es sind auch Extreme möglich. Jahreszeitliche Schwankungen sind gering.
- Hochsaison: Juli, August und die Weihnachtsferien bringen einen riesigen Besucheransturm mit sich; Unterkünfte und Restaurants sind dann oft ausgebucht.
- Im Oktober lockt das beliebte Ubud Writers & Readers Festival viele Besucher an.

UBUD

Ubud ist das kulturelle Zentrum der Insel, unbestritten! Doch es bietet auch gute Restaurants, Cafés und Einkaufsstraßen, in denen viele Läden die Erzeugnisse der regionalen Kunsthandwerker verkaufen. Und für jedes Reisebudget findet sich eine bezahlbare Unterkunft! Unabhängig vom Preis spiegeln diese den lokalen Zeitgeist: Sie sind pfiffig, kreativ und geruhsam.

Ubuds Popularität steigt kontinuierlich, nicht zuletzt durch das große Trara, das der Bestseller *Eat, Pray, Love* hervorgerufen hat. So passiert es immer wieder, dass Busse mit Tagesausflüglern die Hauptstraßen verstopfen und ein Verkehrschaos auslösen. Glücklicherweise ist Ubud anpassungsfähig. Wer sich von der Kreuzung Jalan Raya Ubud und Monkey Forest Road entfernt und durch die nahe gelegenen grünenden Reisfelder bummelt, ist schnell wieder mit sich und der Welt im Reinen.

Um die Stadt richtig würdigen zu können, sollten Besucher unbedingt ein paar Tage in Ubud bleiben. Es ist einer jener magischen Orte, an denen Tage zu Wochen und Wochen zu Monaten werden können – wie man an der beachtlichen hiesigen Emigrantengemeinde ablesen kann.

Geschichte

Ende des 19. Jhs. verpflanzte Cokorda Gede Agung Sukawati einen Zweig der Fürstenfamilie Sukawati nach Ubud und startete eine Reihe von Bündnissen, verstrickte sich aber auch in Auseinandersetzungen mit den benachbarten Fürstentümern. Im Jahr 1900 wurde Ubud (auf eigenen Wunsch) mit dem Königreich Gianyar zum niederländischen Protektorat erklärt und konnte sich fortan ausschließlich auf sein religiöses und kulturelles Leben konzentrieren.

Die Cokorda-Nachkommen ermutigten in den 1930er-Jahren westliche Künstler und Intellektuelle, ihre Heimat zu besuchen – zu denen, die kamen, zählten der deutsche Maler und Musiker Walter Spies, der kanadische Komponist Colin McPhee und der niederländische Künstler Rudolf Bonnet. Sie gaben der örtlichen Kunstszene starke Impulse, führten neue Ideen und Techniken ein und begannen, balinesische Kunst weltweit auszustellen und zu fördern. Als schließlich der Massentourismus Bali erreichte, wurde Ubud zur Attraktion – nicht wegen seiner Strände oder Bars, sondern wegen seiner Kunst und Kultur.

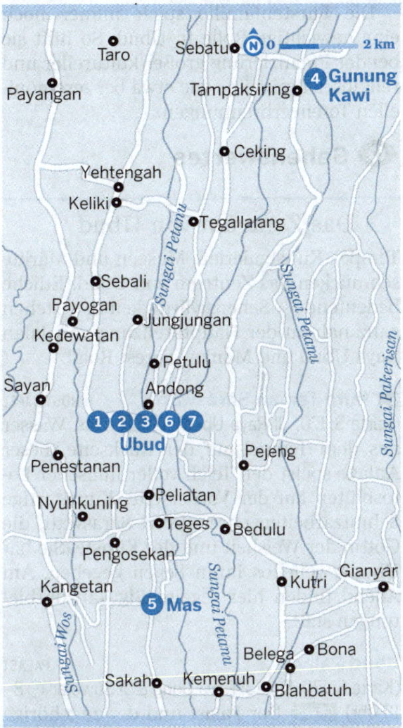

Highlights

1 **Tanzdarbietung** (S. 203) Den Rhythmus eines traditionellen balinesischen Kulturevents fühlen, eine der tollen Abendveranstaltungen in Ubud.

2 **Ubud Cafés** (S. 201) Sich die Zeit in einem luftigen Idyll vertreiben und frisch gerösteten Kaffee genießen.

3 **Kulturkurse** (S. 180) Beim Unterricht durch einen der talentierten Einwohner die eigenen Batiktechniken verbessern und neue Sambal-Rezepte kennenlernen.

4 **Gunung Kawi** (S. 213) Wie Indiana Jones zwischen diesen hoch aufragenden uralten Wundern.

5 **Traditionelle Dörfer** (S. 210) In den Weilern rund um Ubud, z. B. in Mas, nach Kunstgegenständen, Handwerkskunst, zeremoniellen Gegenständen und anderen Schätzen stöbern.

6 **Yoga** (S. 175) Die innere Balance in einem der berühmten Yoga-Zentren von Ubud finden.

7 **Gourmet-Küche** (S. 194) Die bemerkenswerte Vielfalt der Restaurants in Ubud genießen, deren Markenzeichen Kreativität und toller Geschmack sind.

Die Fürstenfamilie spielt immer noch eine gewichtige Rolle in Ubud. So hilft sie bei der Finanzierung großer kultureller und religiöser Ereignisse wie etwa bei zeremoniellen Totenverbrennungen.

Sehenswertes

Das Zentrum von Ubud

Tempel, Kunstgalerien, Museen und Märkte schmücken das Zentrum von Ubud. Etliche bedeutende Sehenswürdigkeiten stehen ganz nah an der Hauptkreuzung von Jalan Raya Ubud und Monkey Forest Road.

★Pura Taman Saraswati HINDUTEMPEL

(Karte S. 170; Jl Raya Ubud) GRATIS Das Wasser aus dem Tempel auf der Rückseite dieser Anlage speist den Teich voller hübscher Lotosblüten auf der Vorderseite. Kunstfertige Schnitzarbeiten ehren Dewi Saraswati, die Göttin der Weisheit und der Künste. Sie hat Ubud zweifellos ihren Segen gegeben. Am Abend finden hier regelmäßig Tanzdarbietungen statt.

Ubud Palace PALAST

(Karte S. 170; Ecke Jl Raya Ubud & Jl Suweta; ⌚8–19 Uhr) GRATIS Der Palast und der zugehörige Tempel, **Puri Saren Agung**, teilen sich den Platz im Zentrum der Stadt. Die Anlage ist großenteils nach dem Erdbeben von 1917 erbaut worden. Die örtliche Fürstenfamilie lebt noch heute im Palast. Trotzdem können die Besucher sich in weiten Teilen der Anlage frei bewegen und die zahlreichen traditionellen, aber nicht übermäßig ausgeschmückten Gebäude ansehen.

Besonders sehenswert sind die Steinornamente. Viele stammen von bekannten einheimischen Künstlern wie I Gusti Nyoman Lempad. An vielen Abenden sind hier Tanzdarbietungen zu sehen.

Etwas weiter nördlich steht der private Tempel der Fürstenfamilie, **Pura Marajan Agung** (Jl Suweta). Die Anlage gegenüber dem Palast besitzt einen eindrucksvollen Banyanbaum und wird ebenfalls von der Familie als Residenz genutzt.

★Museum Puri Lukisan MUSEUM

(Karte S. 170; Museum of Fine Arts; ☎0361-975136; www.museumpurilukisan.com; bei Jl Raya Ubud; Erw./Kind 85 000 Rp/frei; ⌚9–17 Uhr) In Ubud nahm einst die moderne balinesische Kunstbewegung ihren Anfang; damals rückten Maler erstmals von rein religiösen Themen und höfischen Motiven ab und wandten sich Szenen des Alltagslebens zu. Das Museum zeigt schöne Beispiele aus allen Schulen der balinesischen Kunst, alle sind auch mit englischen Erläuterungen versehen. Das Museum wurde von Rudolf Bonnet zusammen mit Cokorda Gede Agung Sukawati (einem Prinzen aus Ubuds Fürstenfamilie) und Walter Spies gegründet.

Das **Ostgebäude** rechts des Eingangs beherbergt eine Sammlung früher Werke aus Ubud und den Dörfern der Umgebung. Dazu gehören schöne Beispiele klassischer Stoffmalerei im *Wayang*-Stil (vom Schattenspiel beeinflusste Kunstform), die aus dem 16. Jh. stammen.

Das **Nordgebäude** zeigt schöne Tuschezeichnungen von I Gusti Nyoman Lempad und Gemälde von Mitgliedern der Künstlerkooperative Pita Maha. Bemerkeswert ist der Detailreichtum in Lempads *Der Traum des Dharmawangsa*. Klassische Werke aus der Blütezeit der nach Bali ausgewanderten Künstler in den 1930er-Jahren sind hier ebenfalls zu besichtigen.

Das **Westgebäude** präsentiert dynamische Werke balinesischer Maler der Nachkriegszeit. Das **Südgebäude** wird für Sonderausstellungen genutzt.

Das Museum besitzt eine gute Buchhandlung und ein Café. Allein das üppige Gartengelände ist einen Besuch wert.

Pura Desa Ubud HINDUTEMPEL

(Karte S. 170; Jl Raya Ubud) GRATIS Der Haupttempel für die Gemeinde Ubud ist häufig geschlossen, erwacht allerdings bei Zeremonien zum Leben.

Neka Gallery GALERIE

(Karte S. 170; ☎0361-975034; Jl Raya Ubud; ⌚8–17 Uhr) GRATIS Die unauffällige Neka Gallery – seit 1966 wird sie von Suteja Neka geleitet – ist eine eigenständige Abteilung des Neka Art Museums. Sie besitzt eine umfangreiche Sammlung von allen Schulen balinesischer Kunst sowie Arbeiten europäischer Zuwanderer wie dem berühmten Maler Arie Smit (1916–2016). Besucher können sich hier alles kostenlos ansehen.

Komaneka Art Gallery GALERIE

(Karte S. 170; ☎0361-401 2217; Monkey Forest Rd; ⌚8–21 Uhr) GRATIS Mit ihren Sonderausstellungen von Werken etablierter balinesischer Künstler ist die Galerie ein guter Ort, um in einem großen, luftigen Raum viel beachtete Kunst anzuschauen.

Westliches Ubud

Ein Bummel die Jalan Raya Campuan hinunter zur Brücke (etwas weiter südlich befindet sich die ältere historische Holzbrücke) über den Sungai Wos und dann die belebte Jalan Raya Sanggingan hinauf führt an einer ganzen Reihe interessanter Sehenswürdigkeiten vorbei. Wer die steilen Stufen nach Penestanan erklimmt, kann dort zwischen kleinen Gästehäusern und wasserführenden Reisfeldern spazieren gehen.

Pura Gunung Lebah HINDUTEMPEL

(Karte S. 176; bei Jl Raya Campuan) Der alte Tempel, der am Zusammenfluss von zwei Nebenflüssen des Sungai Cerik (*campuan* bedeutet „zwei Flüsse") auf einem vorspringenden Felsen steht, wurde kürzlich umfassend restauriert. Die Szenerie ist zauberhaft; beim Betrachten des eindrucksvollen *meru* (mehrstufiger Schrein) und der Fülle an kunstvollen Schnitzarbeiten ist das Rauschen des Wassers zu hören.

★ **Neka Art Museum** GALERIE

(Karte S. 176; ☎ 0361-975074; www.museumneka.com; Jl Raya Sanggingan; Erw./Kind 50 000 Rp/frei; ⌚ Mo–Sa 9–17, So 12–17 Uhr) Das Neka Art Museum mit seiner ausgezeichneten und vielfältigen Sammlung ist eine Gründung des Privatsammlers und Kunsthändlers Suteja Neka. Hier können die Besucher vieles über die Entwicklung der Malerei auf Bali erfahren. In der **Balinese Painting Hall** erhalten sie einen Überblick über die unzähligen einheimischen Malstile. Besonders beachtenswert sind die *wayang*-Arbeiten.

Der **Arie Smit Pavilion** präsentiert auf der oberen Ebene Smits Arbeiten, auf der unteren Beispiele aus der Young-Artist-Schule, die er angeregt hat. Interessant ist beispielsweise das Bruegel-ähnliche *Die Hochzeitszeremonie* von I Nyoman Tjarka.

Der **Lempad Pavilion** beherbergt Balis größte Sammlung mit Arbeiten des meisterhaften I Gusti Nyoman Lempad.

Die **Contemporary Indonesian Art Hall** (Saal der zeitgenössischen indonesischen Kunst) präsentiert Gemälde von Künstlern aus anderen Teilen Indonesiens, darunter faszinierende Werke von Affandi. Das Obergeschoss des **East-West Art Annexe** ist den Arbeiten ausländischer Künstler wie beispielsweise Louise Koke, Miguel Covarrubias, Rudolf Bonnet, Han Snel, Donald Friend und Antonio Blanco gewidmet.

UBUD IN …

… einem Tag

Durch die Straßen von Ubud schlendern. Dabei mit der klassischen Schleife auf der Monkey Forest Road hinunter zum gleichnamigen **Park** (S. 172) beginnen und dann über die Jalan Hanoman zurückkehren. Man kann Stunden damit verbringen, in **Läden** und **Galerien** herumzustöbern, und zwischendurch in den guten **Cafés** eine Pause einlegen. Wer die Seitenstraßen und Gassen durchstreift, Jalan Dewi Sita und Jalan Goutama erkundet, bekommt einen guten Eindruck vom Ort. Ein kurzer Spaziergang durch die grünen **Reisfelder** darf natürlich nicht fehlen. Abends wird der Besuch mit einer faszinierenden **Tanzvorführung** (S. 203) abgerundet.

… drei Tagen

Vormittags längere Wanderungen ins Umland unternehmen, insbesondere zum **Campuan-Kamm** und **Sayan Valley**. Wie wär es mit einer geführten Wandertour? Nachmittags stehen Besuche im **Museum Puri Lukisan**, **Neka Art Museum** (s. oben) und **Agung Rai Museum of Art** (S. 173) auf dem Programm. Abends gibt es nicht nur in Ubud, sondern auch in den umliegenden Dörfern weitere dramatische Tanzdarbietungen (S. 203)zu sehen. Abschalten in einem **Spa** (S. 175).

… einer Woche

Alles im Rahmen der „Reiserouten" schon Erwähnte tun, aber sich die Zeit nehmen, um einfach auszuspannen und sich auf den Rhythmus des Ortes einzulassen. Nickerchen machen, Bücher lesen, herumlaufen. Vielleicht einen **Kurs** (S. 180) zur balinesischen Kultur buchen. Cafés vergleichen und das eigene Lieblingslokal finden, zu den Handwerksdörfern und antiken Stätten fahren.

Ubud Zentrum

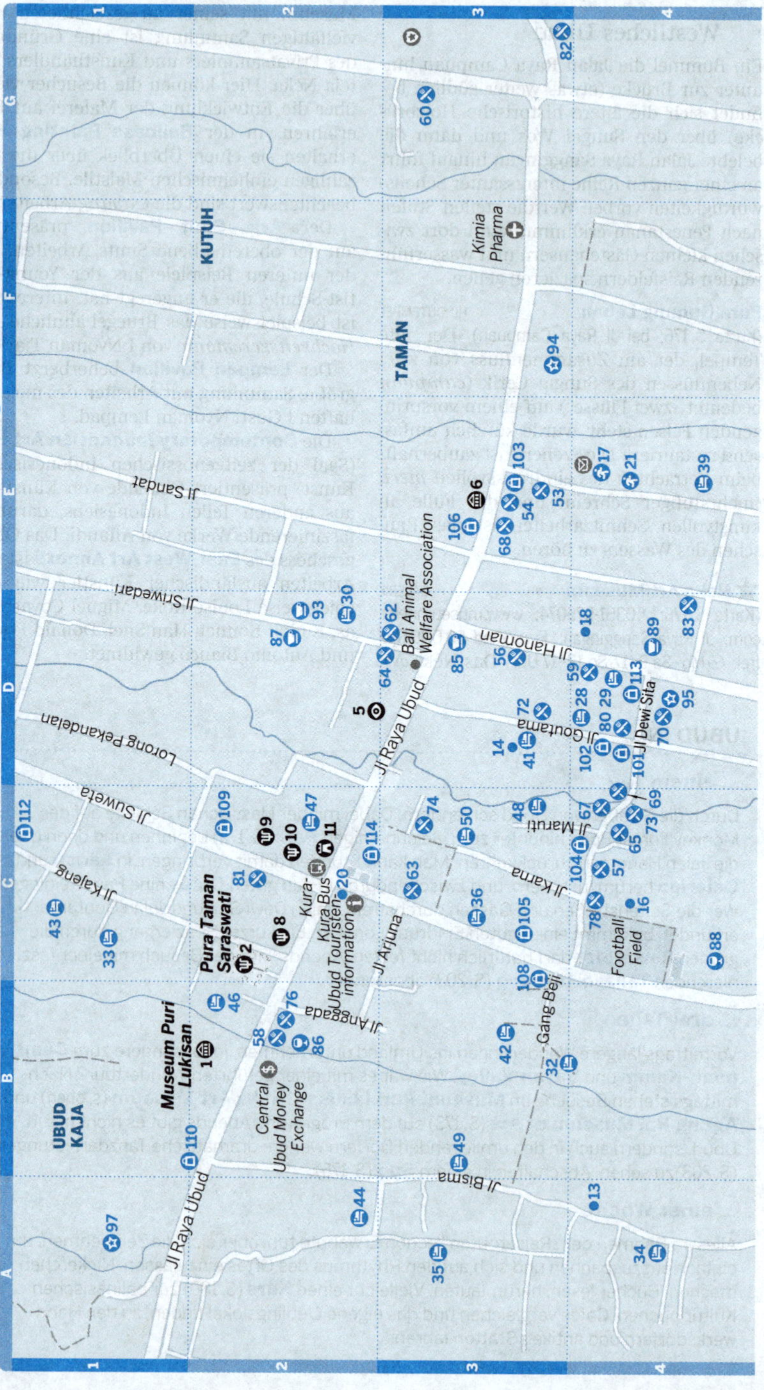

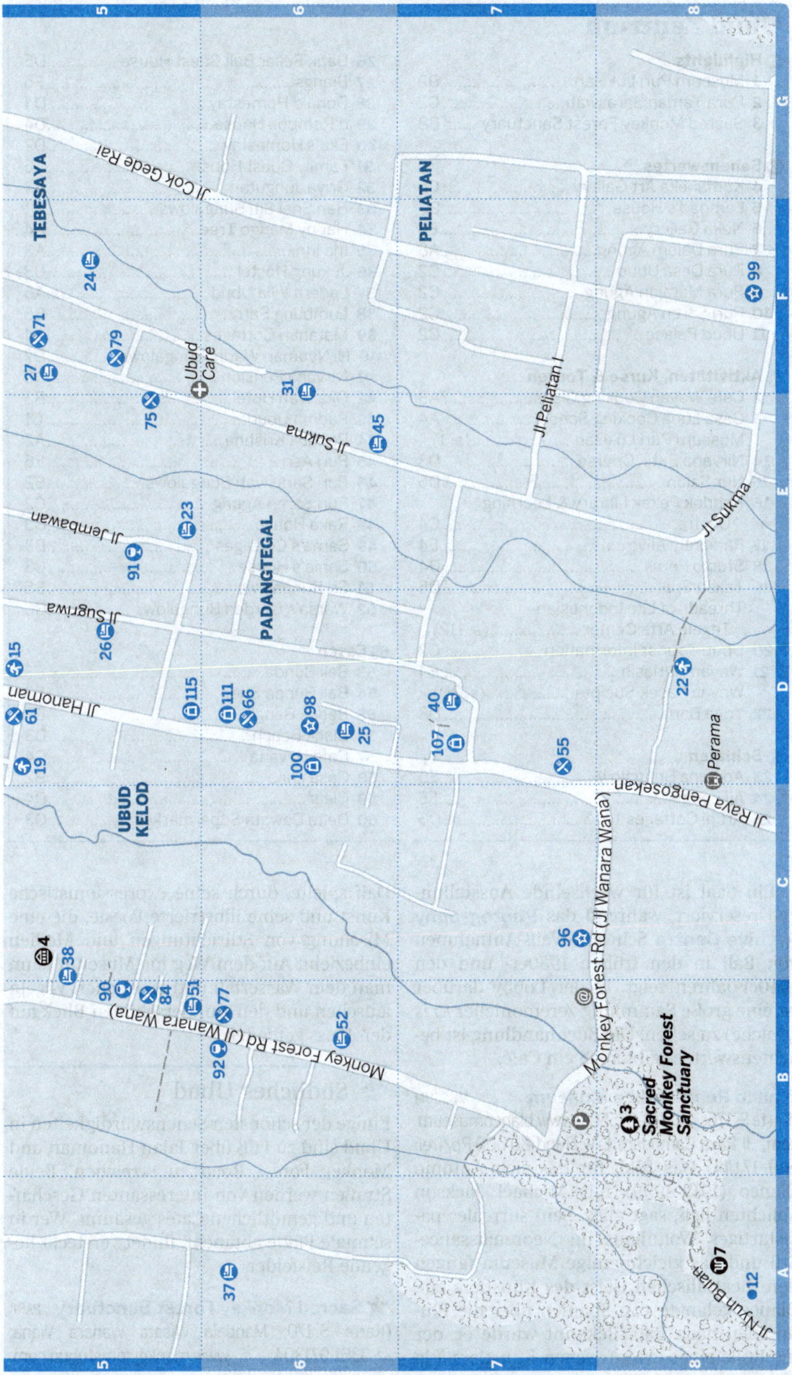

TEBESAYA
Jl Cok Gede Rai
PELIATAN
Ubud Care
Jl Sukma
Jl Peliatan I
Jl Jembawan
PADANGTEGAL
Jl Sugriwa
Jl Hanoman
UBUD KELOD
Perama
Jl Raya Pengosekan
Monkey Forest Rd (Jl Wanara Wana)
Sacred Monkey Forest Sanctuary
Jl Nyuh Bulan

Ubud Zentrum

Highlights
1 Museum Puri Lukisan ... B2
2 Pura Taman Saraswati ... C2
3 Sacred Monkey Forest Sanctuary ... B8

Sehenswertes
4 Komaneka Art Gallery ... C5
5 Lempad's House ... D2
6 Neka Gallery ... E3
7 Pura Dalem Agung ... A8
8 Pura Desa Ubud ... C2
9 Pura Marajan Agung ... C2
10 Puri Saren Agung ... C2
11 Ubud Palace ... C2

Aktivitäten, Kurse & Touren
12 Cafe Wayan Cooking Class ... A8
13 Casa Luna Cooking School ... A4
Museum Puri Lukisan ... (s. 1)
14 Nirvana Batik Course ... D3
15 Nur Salon ... D5
16 Pondok Pekak Library & Learning Centre ... C4
17 Radiantly Alive ... E4
18 Studio Perak ... D4
19 Taksu Spa ... D5
Threads of Life Indonesian Textile Arts Center ... (s. 112)
20 Ubud Tourist Information ... C2
21 Wayan Nuriasih ... E4
Wayan Pasek Sucipta ... (s. 30)
22 Yoga Barn ... D8

Schlafen
23 Adipana Bungalow ... E5
24 Aji Lodge ... F5
25 Artini Cottages 1 ... D6
26 Batik Sekar Bali Guest House ... D5
27 Biangs ... F5
28 Donald Homestay ... D4
29 d'Rompok House ... D4
30 Eka's Homestay ... D2
31 Family Guest House ... F6
32 Griya Jungutan ... B4
33 Han Snel Siti Bungalows ... C1
34 Happy Mango Tree ... A4
35 Ina Inn ... A3
36 Jukung Hostel ... C3
37 Ladera Villa Ubud ... A6
38 Lumbung Sari ... C5
39 Matahari Cottages ... E4
40 Ni Nyoman Warini Bungalows ... D7
41 Nirvana Pension ... D3
42 Oka Wati Hotel ... B3
43 Padma Ubud ... C1
44 Pondok Krishna ... A2
45 Puri Asri 2 ... E6
46 Puri Saraswati Bungalows ... B2
47 Puri Saren Agung ... C2
48 Raka House ... C3
49 Sama's Cottages ... B3
50 Sania's House ... C3
51 Sri Bungalows ... B5
52 Warsa's Garden Bungalows ... B6

Essen
53 Bali Bunda ... E3
54 Bali Bunda Shop ... E3
55 Bebek Bengil ... D7
56 Black Beach ... D3
57 Cafe Havana ... C4
58 Casa Luna ... B2
59 Clear ... D4
60 Delta Dewata Supermarket ... G3

Ein Saal ist für wechselnde Ausstellungen reserviert, während das **Photography Archive Centre** Schwarz-Weiß-Aufnahmen von Bali in den frühen 1930er- und den 1940er-Jahren zeigt. In der Lobby darüber ist eine große Sammlung zeremonieller *kris* (Dolche) zu sehen. Die Buchhandlung ist beachtenswert, es gibt auch ein Café.

Blanco Renaissance Museum MUSEUM
(Karte S. 176; ☎ 0361-975502; www.blancomuseum.com; Jl Raya Campuan; Erw./Kind 80 000 Rp/frei; ⌚ 9–17 Uhr) Das Bild, für das sich Antonio Blanco (1912–1999) mit Michael Jackson ablichten ließ, sagt alles. Sein surreales palastartiges Wohnhaus im Neorenaissance-Stil und das gleichnamige Museum fangen den theatralischen Geist des Künstlers ein. Blanco gelangte von Spanien über die Philippinen nach Bali. Bekannt wurde er, der die Rolle eines exzentrischen Künstlers à la Dalí spielte, durch seine expressionistische Kunst und seine illustrierte Poesie, die eine Mischung von Stilrichtungen und Medien einbezieht. Auf dem Weg ins Museum kann man dem Wasserfall und exotischen Vögeln lauschen und den wunderschönen Blick auf den Fluss genießen.

Südliches Ubud

Einige der schönsten Sehenswürdigkeiten in Ubud sind zu Fuß über Jalan Hanoman und Monkey Forest Road zu erreichen. Beide Straßen werden von interessanten Geschäften und gemütlichen Cafés gesäumt. Wer in schmale Pfade abtaucht, findet versteckt liegende Reisfelder.

★ **Sacred Monkey Forest Sanctuary** PARK
(Karte S. 170; Mandala Wisata Wanara Wana; ☎ 0361-971304; www.monkeyforestubud.com;

Monkey Forest Rd; Erw./Kind 40 000/30 000 Rp; ⌚8.30–18 Uhr) Der kühle und dichte Urwaldstreifen, der offiziell Mandala Wisata Wanara Wana heißt, beherbergt drei heilige Tempel. Im Schutzgebiet lebt eine Horde von über 600 grauhaarigen und gierigen langschwänzigen balinesischen Makaken, die nicht im Geringsten den unschuldig dreinschauenden, rehäugigen Affen auf den zahlreichen Broschüren ähneln.

Versteckt im Wald befindet sich der interessante **Pura Dalem Agung** GRATIS.

Es gibt drei Zugangsmöglichkeiten zum Affenwald: durch das Haupttor am südlichen Ende der Monkey Forest Road, etwa 100 m weiter östlich in der Nähe des Parkplatzes oder von der Südseite an der Straße nach Nyuhkuning. Nützliche Broschüren über den Wald, die Makaken und die drei Tempel sind erhältlich.

Achtung! Die Affen lauern ständig auf vorbeikommende Touristen in der Hoffnung auf freundliche Gaben (oder die Gelegenheit, sich selbst zu bedienen). Irritierende schriftliche Warnungen (und Schilder) listen alle Möglichkeiten auf, wie Affen Ärger auslösen können: Augenkontakt vermeiden und nicht die Zähne zeigen (auch nicht lächeln), denn darin sehen sie ein Zeichen von Aggressität. Man soll auch nicht versuchen, den Affen Bananen wegzunehmen oder sie zu füttern. Trotzdem werden die Besucher bedrängt, Bananen zu kaufen, um die Affen zu füttern; das ist unnötig, denn die meisten sind ohnehin schon übergewichtig.

★ **Agung Rai Museum of Art** GALERIE
(ARMA; Karte S. 176; ☎0361-976659; www.armabali.com; Jl Raya Pengosekan; Erw./Kind inkl Getränk 60 000 Rp/frei; ⌚9–18 Uhr, Balinesischer Tanz Mo–Fr 15–17, Unterricht So 10 Uhr) Agung

UBUDS BERÜHMTE KÜNSTLER

Das **Spies-Haus**, das Zuhause des deutschen Künstlers **Walter Spies**, ist heute Teil des Hotel Tjampuhan (S. 193); begeisterte Fans können hier übernachten, wenn sie weit im Voraus buchen (wenn sie Zeit haben, veranstalten die Mitarbeiter eine Führung für die Gäste; Trinkgeld nicht vergessen!). Spies spielte bei der Förderung der balinesischen Kunst in den 1930er-Jahren eine wichtige Rolle.

Der in den Niederlanden geborene Künstler **Han Snel** lebte von den 1950er-Jahren bis zu seinem Tod im Jahr 1999 in Ubud. Seiner Familie gehören die nach ihm benannten Bungalows (S. 185) an der Jalan Kajeng.

Lempads Haus (Karte S. 170; Jl Raya Ubud; ⌚ bei Tageslicht) GRATIS, das Zuhause von **I Gusti Nyoman Lempad**, ist öffentlich zugänglich, dient aber hauptsächlich als Galerie für eine Gruppe von Künstlern, zu denen auch Lempads Enkel gehören. Die Museen Puri Lukisan und Neka besitzen große Sammlungen von Lempads Zeichnungen.

Der Musikpädagoge **Colin McPhee** ist dank seines bewegenden Buchs über seine Zeit in Ubud, den Longseller *A House in Bali*, bekannt. Obwohl das erwähnte Haus aus den 1930er-Jahren längst abgerissen ist, kann man noch das Grundstück (das auf Fotos im Buch zu sehen ist) am Fluss im **Sayan Terrace** (Karte S. 176; www.sayanterraceresort.com; Jl Raya Sayan; ☎ 0361-974384) besuchen. Wayan Ruma vom Hotel, dessen Mutter McPhees Köchin war, ist immer für ein paar Geschichten gut.

Arie Smit (1916–2016) war der bekannteste und älteste westliche Künstler in Ubud. Er arbeitete in den 1930er-Jahren in der niederländischen Kolonialverwaltung, wurde während des Zweiten Weltkriegs inhaftiert und kam im Jahr 1956 nach Bali. In den 1960er-Jahren entstand unter seinem Einfluss die Malerschule „Young Artists" in Penestanan, was ihm einen dauerhaften Platz in der Geschichte der balinesischen Kunst sicherte. Sein Haus ist nicht öffentlich zugänglich.

Rai gründete das eindrucksvolle ARMA als Museum, Galerie und Kulturzentrum; es ist der einzige Ort auf Bali, an dem die eindringlichen Werke des einflussreichen deutschen Künstlers Walter Spies zu sehen sind – neben vielen weiteren Meisterwerken. Das Museum ist in mehreren traditionellen Gebäuden in einem Garten untergebracht, der von Wasserkanälen durchzogen wird. Die Sammlung ist mit englischen Erläuterungen versehen.

Die Sammlung präsentiert Werke des javanischen Künstlers Raden Saleh aus dem 19. Jh., darunter auch sein rätselhaftes *Porträt eines javanischen Edelmanns und seiner Frau*, das das ähnliche *American Gothic* um Jahrzehnte vorwegnimmt. Gezeigt werden außerdem klassische Kamasan-Gemälde, Arbeiten im Batuanstil aus den 1930er- und 1940er-Jahren sowie einige Werke von Lempad, Affandi, Sadali, Hofker, Bonnet und Le Mayeur.

Besonders viel Spaß macht ein Besuch im ARMA, wenn die einheimischen Kinder **balinesische Tänze** üben, und während der **Gamelanproben**. Regelmäßig gibt es Legong- und Kecak-Vorführungen, und es werden zahlreiche Kulturkurse angeboten.

Zugänglich ist das Museumsgelände beim Kafe Arma an der Jalan Raya Pengosekan oder aber um die Ecke am Eingang des ARMA Resort.

Pranoto's Art Gallery GALERIE

(☎ 0361-970827; Jl Raya Goa Gajah, Teges; ⌚ 9–17 Uhr) Pranoto, ein seit Langem in Ubud ansässiger Künstler, zeigt seine Arbeiten in dieser Kombination aus Galerie, Atelier und Wohnhaus mit den wunderschönen Reisfeldern südwestlich von Ubud als Kulisse. Die Darstellungen des indonesischen Lebens sind entzückend. Das Atelier liegt etwa 1 km östlich der Jalan Peliatan. Gerne zeigt der Künstler Besuchern den hübschen Fußweg, der zurück ins Zentrum von Ubud führt. Am Mittwoch und Samstag jeweils um 10 Uhr beginnt ein Kurs, in dem Figuren modelliert werden (30 000 Rp).

Museum Rudana GALERIE

(Karte S. 176; ☎ 0361-975779; www.museumrudana.com; Jl Raya Mas; 50 000 Rp; ⌚ 9.30–17 Uhr) Das große, imponierende Museum mit Blick auf Reisfelder ist eine Schöpfung des Lokalpolitikers und Kunstmäzens Nyoman Rudana und seiner Frau Ni Wayan Olasthini. Die drei Etagen des Museums beherbergen über

400 traditionelle Bilder, darunter einen Kalender aus den 1840er-Jahren, einige Lempad-Zeichnungen und modernere Werke. Das Museum befindet sich neben der Rudana-Galerie, die eine große Auswahl an Gemälden zum Verkauf anbietet.

Ketut Rudi Gallery GALERIE
(☎0361-974122; Pengosekan; ⌚9–19 Uhr) Die weitläufige Galerie zeigt die Arbeiten von über 50 Künstlern aus Ubud; die Malstile decken den ganzen Bereich von primitiv bis zum neuen Realismus ab. Der Namensgeber der Galerie stellt hier ebenfalls aus; er bevorzugt einen unterhaltsamen Stil, der sich am besten als „skurriler Realismus" beschreiben lässt. Die Galerie befindet sich etwa 2 km südlich von Ubud.

Agung Rai Gallery GALERIE
(Karte S. 176; ☎0361-975 449; Jl Peliatan; ⌚9–18 Uhr) Die Sammlung dieser Galerie auf einem hübschen Anwesen deckt die ganze Bandbreite balinesischer Stilrichtungen ab. Das Ganze funktioniert nach dem System einer Kooperative: Der Künstler setzt den Preis für sein Werk fest, die Galerie schlägt einen Prozentsatz auf.

Nördliches Ubud

Ein Spaziergang durch die vielen Gassen, die von der Jalan Raya Ubud nach Norden verlaufen, führt an entzückenden kleinen Privatunterkünften vorbei. Schließlich wird die Bebauung immer spärlicher, und es eröffnet sich eine wunderschöne Aussicht auf Reisfelder und Flusstäler.

Petulu NATURSCHAUSPIEL
(Dorf Eintritt 20 000 Rp) Jeden Abend nach 17 Uhr fliegen bis zu 20 000 große **Reiher** nach Petulu, einem Dorf etwa 2,5 km nördlich der Jalan Raya Ubud, und zanken sich dort um die besten Plätze, bevor sie sich schließlich auf den Bäumen entlang der Straße niederlassen und eine beliebte Touristenattraktion darstellen.

Die Vögel, vorwiegend Prachtreiher, begannen ihre Abstecher nach Petulu 1965 ohne ersichtlichen Grund. Die Dorfbewohner glauben, dass sie Glück (und Touristen) bringen – trotz des anfallenden Gestanks und Drecks. In den Reisfeldern sind einige Warungs (Imbissstände) aufgestellt worden, an denen die Zuschauer etwas trinken können, während sie das Schauspiel genießen. Wenn die Reiher schon in den Bäumen sitzen, sollte man schnell darunter hindurchgehen. Der Nestbau und die Eiablage beginnen im November, im März verlassen die Jungvögel das Nest.

Petulu ist ein hübsches Ziel für einen Spaziergang oder einen Fahrradausflug; zu erreichen ist es über verschiedene Routen nördlich von Ubud. Wer auf die Vögel warten möchte, muss dann allerdings im Dunkeln zurücklaufen bzw. -fahren.

Aktivitäten

Made Surya GESUNDHEIT & FITNESS
(☎0361-788 0822; www.balihealers.com) Einer der Top-*balian* (traditionelle Heiler) von Bali. Er ist eine ausgezeichnete Informationsquelle für alle, die balinesische Therapien ausprobieren möchten.

Wayan Nuriasih GESUNDHEIT & FITNESS
(Karte S. 170; ☎0361-917 5991, 0361-884 3042; balihealer@hotmail.com; Jl Jembawan 5; ⌚9–17 Uhr) Wayan Nuriasih, einer der Stars aus *Eat, Pray, Love,* kann mit Arzneipflanzen (viele werden vorne zum Verkauf angeboten) ebenso wie mit Massagen und anderen Behandlungen Wunder wirken. Der „Vitamin-Lunch" ist ein Gegengift zu einem Bintang-Abendessen.

Massagen, Spas & Yoga

Ubud quillt über vor Schönheitssalons und Spas, die Heilung, Verwöhnen und Verjüngung versprechen oder sich anderweitig auf die jeweiligen körperlichen und mentalen Bedürfnisse einstellen. Ein Spabesuch steht bei zahlreichen Travelern ganz oben auf der To-do-Liste, die Branche für Spas, Yoga und

DIE WASSERFLASCHE NACHFÜLLEN

Die Zahl der Plastikflaschen mit Wasser, die in Balis tropischer Hitze täglich geleert und dann auf den Müll geworfen werden, ist erschreckend hoch. In Ubud gibt es wenige Stellen, an denen Wasserflaschen (Plastik oder wiederverwendbar) gegen eine kleine Gebühr, normalerweise 3000 Rp. nachgefüllt werden können. Aufgefüllt wird in der Regel mit der Marke, die vor Ort am häufigsten verkauft wird. Wer mitmacht, erspart Bali jedes Mal weiteren Plastikmüll und hilft, die Schönheit der Insel zu bewahren. Eine gute zentrale Anlaufstelle ist das Pondok Pecak Library & Learning Centre (S. 180).

Rund um Ubud

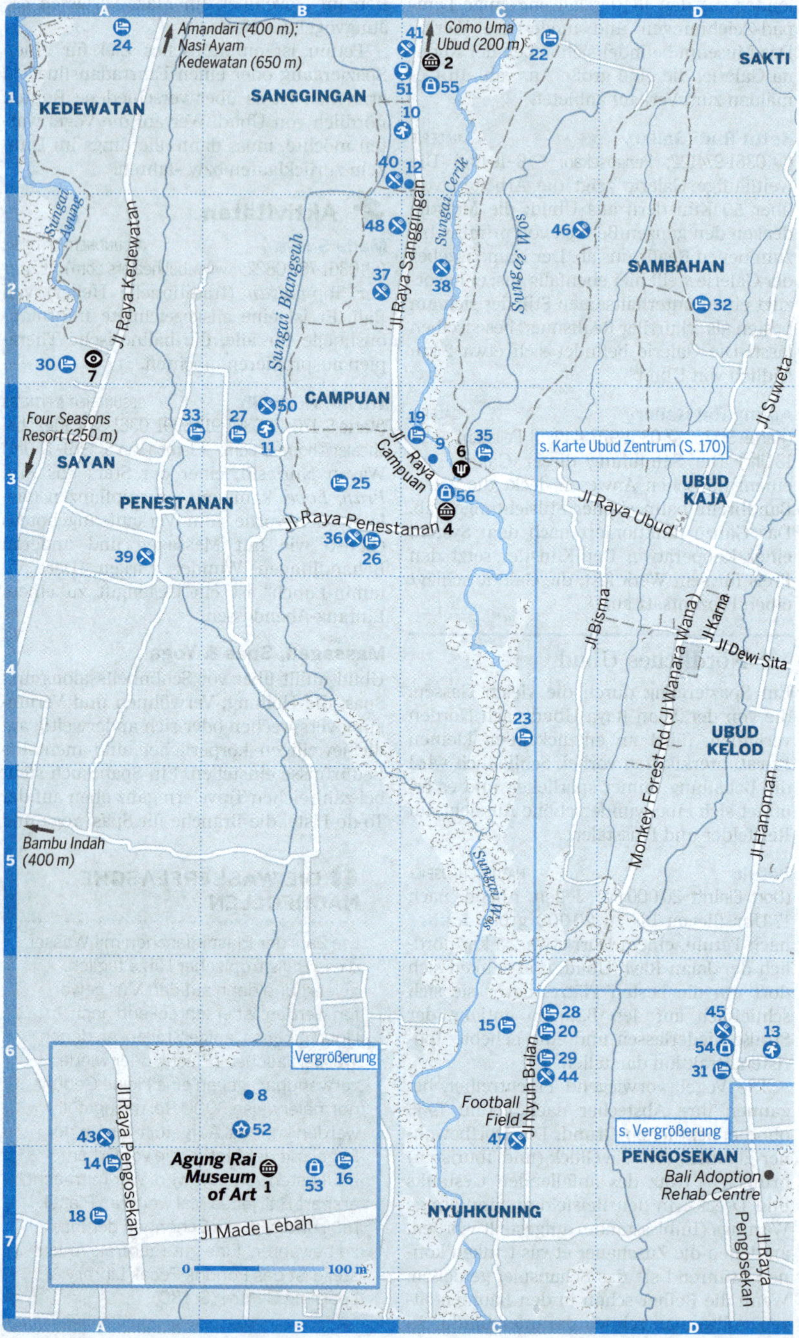

Amandari (400 m); Nasi Ayam Kedewatan (650 m)
Como Uma Ubud (200 m)
KEDEWATAN
SANGGINGAN
SAKTI
Sungai Ayung
Jl Raya Kedewatan
Sungai Blangsuh
Jl Raya Sanggingan
Sungai Cerik
Sungai Wos
SAMBAHAN
CAMPUAN
Jl Suweta
Four Seasons Resort (250 m)
SAYAN
PENESTANAN
Jl Raya Campuan
Jl Raya Penestanan
s. Karte Ubud Zentrum (S. 170)
UBUD KAJA
Jl Raya Ubud
Jl Bisma
Monkey Forest Rd (Jl Wanara Wana)
Jl Karna
Jl Dewi Sita
UBUD KELOD
Jl Hanoman
Bambu Indah (400 m)
Sungai Wos
Vergrößerung
Jl Raya Pengosekan
Agung Rai Museum of Art
Jl Made Lebah
0 100 m
Football Field
Jl Nyuh Bulan
s. Vergrößerung
PENGOSEKAN
Bali Adoption Rehab Centre
NYUHKUNING
Jl Raya Pengosekan

andere Behandlungen wächst Jahr um Jahr. Jeder der vielen Praktiker hat die neuesten Trends drauf – die Pinnwand vor dem Bali Buddha gibt darüber einen guten Überblick. Reisende sollten einmal ein paar der neuen Therapien ausprobieren, zum Beispiel „Pawing". Großes Interesse besteht auch an traditionellen Heilern.

Viele Spas bieten außerdem Kurse zu verschiedenen Therapieformen, Behandlungen und Aktivitäten wie Yoga an.

★ Taksu Spa — SPA

(Karte S. 170; ☎ 0361-479 2525; www.taksuspa.com; Jl Goutama; Massage ab 375 000 Rp; ⏲ 9–21 Uhr) Das Taksu verfügt über eine lange und ziemlich aufwendige Liste an Behandlungen und setzt außerdem einen Schwerpunkt bei Yoga. Es gibt separate Räume für Paarmassagen, ein luftiges, gesundes Café und eine Auswahl an Kursen. Wegen seiner großen Popularität expandiert das Taksu und eröffnet weitere Filialen.

★ Yoga Barn — YOGA

(Karte S. 170; ☎ 0361-971236; www.theyogabarn.com; bei Jl Raya Pengosekan; Unterricht ab 130 000 Rp; ⏲ 7–20 Uhr) Das Chakra für die Yoga-Revolution in Ubud, Yoga Barn, nimmt seine Lotosposition inmitten von Bäumen in der Nähe eines herrlichen Flusstals ein. Der Name „Yoga-Scheune" trifft dabei genau den Sachverhalt: Die ganze Woche über wird eine riesige Auswahl an Kursen für Yoga, Pilates, Tanz und lebensbejahende Ableger derselben angeboten. Die Inhaberin Meghan Pappenheim organisiert auch das populäre Bali Spirit Festival.

Ubud Sari Health Resort — SPA

(Karte S. 176; ☎ 0361-974393; www.ubudsari.com; Jl Kajeng 35; 1 Std. Massage ab 200 000 Rp; ⏲ 9–20 Uhr) Das Hotel mit Spa bietet ausgedehnte Behandlungen (darunter eine „Gewebe-Komplettreinigung"). Es gibt eine lange Liste an Spa- und Beauty-Diensten, die ohne Übernachtung in Anspruch genommen werden können, aber auch Kombipakete, die einen Hotelaufenthalt einschließen. Bei vielen der Anwendungen geht es auch um eine Reinigung des Darms.

Bali Botanica Day Spa — SPA

(Karte S. 176; ☎ 0361-976739; www.balibotanica.com; Jl Raya Sanggingan; Massage ab 180 000 Rp; ⏲ 9–21 Uhr) Das Spa liegt wunderschön an einem grünen Hang; der Weg dorthin führt an kleinen Reisfeldern und Enten vorbei. Es bietet verschiedene Behandlungen, darun-

Rund um Ubud

Highlights
1 Agung Rai Museum of Art B7
2 Neka Art Museum C1

Sehenswertes
3 Agung Rai Gallery E6
4 Blanco Renaissance Museum C3
5 Museum Rudana F7
6 Pura Gunung Lebah C3
7 Sayan Terrace A2
Spies' Wohnhaus .... (s. 19)

Aktivitäten, Kurse & Touren
8 ARMA B6
9 Bali Bird Walks C3
10 Bali Botanica Day Spa C1
11 Intuitive Flow B3
12 Mozaic Cooking Classes C1
Ubud Sari Health Resort .... (s. 32)
13 Ubud Wellness Spa D6
Wayan Karja Painting .... (s. 27)

Schlafen
14 Agung Raka A7
15 Alam Indah C6
16 ARMA Resort B7
17 Bali Asli Lodge E2
18 Casa Ganesha Hotel A7
19 Hotel Tjampuhan C3
20 Kertiyasa Bungalows C6
21 Ketut's Place E2
22 Klub Kokos C1
23 Komaneka at Bisma C4
24 Mandapa, a Ritz-Carlton Reserve A1
25 Melati Cottages B3
26 Roam B3
27 Santra Putra B3
28 Saren Indah Hotel C6
29 Swasti Eco Cottages C6
30 Taman Bebek A2
31 Tegal Sari D6
32 Ubud Sari Health Resort D2
33 Villa Nirvana A3
34 Wapa di Ume E1
35 Warwick Ibah Luxury Villas C3

Essen
36 Alchemy B3
37 Bintang Supermarket B2
38 Elephant C2
Kubu .... (s.24)
39 Moksa A3
40 Mozaic B1
41 Naughty Nuri's C1
42 Pitri Minang E6
43 Pizza Bagus A6
44 Swasti Beloved Cafe C6
45 Taco Casa D6
46 Warung Bodag Maliah C2
47 Warung Pojok C6
48 Warung Pulau Kelapa B2
49 Warung Teges F7
50 Yellow Flower Cafe B3

Ausgehen & Nachtleben
Bridges .... (s. 4)
51 Room 4 Dessert C1

Unterhaltung
52 Arma Open Stage B6

Shoppen
53 ARMA B7
54 Goddess on the Go! D6
55 Neka Art Museum C1
56 Rumble C3

ter Ayurveda. Beliebt ist vor allem die Kräutermassage. Für Hin- und Rücktransport wird auf Wunsch gesorgt.

Radiantly Alive YOGA
(Karte S. 170; ☎ 0361-978055; www.radiantlyalive.com; Jl Jembawan 3; pro Unterricht/Tag/Woche 125 000/170 000/550 000 Rp) Diese Schule spricht Leute an, die einen intimen Raum suchen, und bietet eine Mischung aus Schnupper- und Langzeit-Yogakursen in verschiedenen Disziplinen.

Intuitive Flow YOGA
(Karte S. 176; ☎ 0361-977824; www.intuitiveflow.com; Penestanan; Yoga ab 120 000 Rp; ⏲ tgl. Unterricht) Ein hübsches Yogastudio inmitten von Reisterrassen – allerdings könnte es passieren, dass die Besucher sich beim Erklimmen der Betonstufen von Campuan bis hier herauf zu sehr verausgaben, um noch eine Runde Asanas zu absolvieren. Außerdem bietet das Studio Workshops zu verschiedenen Heilkünsten an.

Ubud Wellness Spa SPA
(Karte S. 176; ☎ 0361-970493; www.ubudwellness.com; bei Jl Pengosekan; Massage ab 150 000 Rp; ⏲ 9–22 Uhr) Das Spa konzentriert sich auf das Wesentliche, hier gibt es kein Schickimicki. Ubuds Kreative kommen gern hierher.

Nur Salon SPA
(Karte S. 170; ☎ 0361-975352; www.nursalonubud.com; Jl Hanoman 28; 1 Std. Massage 175 000 Rp; ⏲ 9–21 Uhr) Das Spa liegt in einem traditionellen balinesischen Anwesen voller Heilpflanzen, die mit Erläuterungen versehen sind; es bietet eine lange Liste ganz normaler Spa- und Salondienste an.

Radfahren

Viele Geschäfte und Hotels im Zentrum von Ubud verleihen Mountainbikes, der Preis liegt normalerweise bei verhandelbaren 35 000 Rp pro Tag. Wenn man im Hotel nachfragt, taucht wahrscheinlich bald jemand mit einem Fahrrad auf.

Das Gebiet wird von Gewässern durchschnitten, die alle nach Süden fließen. Für die Planung einer Radtour heißt das, dass man auf den Ost-West-Routen beim Durchqueren der Flusstäler immer wieder hinauf- und hinunter fahren muss. Die Nord-Süd-Strecken verlaufen dagegen zwischen den Flüssen und sind deshalb viel leichter zu bewältigen, leiden dafür häufig unter starkem Verkehr. Die meisten Örtlichkeiten in Ubud sind mit dem Fahrrad erreichbar.

Die vielen Museen und Kulturstätten rund um den Ort sind mit dem Fahrrad gut zu erreichen. Südlich von Ubud muss man angesichts des Verkehrs allerdings auch die eigene Schmerzgrenze berücksichtigen.

Banyan Tree Cycling Tours RADFAHREN
(☎0813 3879 8516; www.banyantreebiketours.com; geführte Touren Erw./Kind ab 55/35 US$) Die Teilnehmer können Tagesausflüge zu abgele-

BALIS TRADITIONELLE HEILER

Balis traditionelle Heiler, *balian* (auf Lombok *dukun*) genannt, spielen in der Kultur der Insel eine bedeutende Rolle. Sie behandeln körperliche und psychische Krankheiten, bannen Flüche und übermitteln Botschaften von den Vorfahren. Die etwa 8000 *balian* sind die Grundpfeiler der medizinischen Versorgung in den Gemeinden. Sie haben sich dazu verpflichtet, ihrer Gemeinde zu dienen und niemanden abzuweisen.

In jüngster Zeit ist das System allerdings in einigen Gebieten unter Druck geraten. Das liegt an der Aufmerksamkeit, die durch den Roman *Eat, Pray, Love,* seine Verfilmung und weitere Medienberichte über Balis Heiler entstanden ist. Neugierige Touristen tauchen in Dörfern auf und ziehen Zeit und Aufmerksamkeit der *balian* von den wirklich Kranken ab. Das bedeutet nun nicht, dass Leute, die wirklich neugierig sind, keinen *balian* aufsuchen sollten. Aber das Vorgehen sollte dem Erlebnis angemessen sein, nämlich behutsam.

Folgendes sollte man vor einem Besuch bedenken:

- Der Besuch bei einem *balian* muss vorab verabredet werden.
- Kaum ein Heiler spricht Englisch.
- Erwartet wird respektvolle Bekleidung (lange Hosen und Hemd, besser noch Sarong und Schärpe).
- Frauen dürfen am Besuchstag nicht menstruieren.
- Nie dem Heiler die Füße entgegenstrecken.
- Eine Opfergabe mitbringen, in der die Konsultationsgebühr steckt. Sie beträgt durchschnittlich etwa 250 000 Rp pro Person.
- Man sollte sich klar machen, worauf man sich einlässt: Die Behandlung ist öffentlich und wahrscheinlich auch schmerzhaft. Möglicherweise gehören dazu Tiefengewebsmassage, das Pieksen mit spitzen Stäben oder das Ausspucken zerkauter Kräuter auf den Patienten.

Einen *balian* zu finden, kann mühsam sein. Zunächst sollte man im Hotel nachfragen. Die Mitarbeiter können wahrscheinlich dabei helfen, eine Verabredung zu treffen und eine passende Opfergabe zu beschaffen, in die die Gebühr gesteckt wird. Oder man bittet Made Surya (S. 175) um eine Empfehlung. Er ist, was Balis traditionelle Heiler betrifft, eine Autorität und bietet ein- und zweitägige Intensiv-Workshops zu Heilung, Magie, traditionellen Gesundheitssystemen und Geschichte an. Dazu gehört auch ein Besuch bei einem authentischen *balian*. Made Suryas Website ist eine ausgezeichnete Informationsquelle zum Besuch eines Heilers auf Bali. Er kann auch einen passenden *balian* auswählen und den Patienten als Kontaktperson und Übersetzer dorthin begleiten.

Manche westlichen Mediziner bzw. die Schulmedizin stellen infrage, dass diese Art der Heilung ernsthafte medizinische Probleme lösen kann. Ihrer Ansicht nach sollten Patienten bei ernsthaften Beschwerden nicht nur einen traditionellen Heiler, sondern auch einen echten Arzt aufsuchen.

genen Dörfern in den Hügeln oberhalb von Ubud genießen. Die geführten Touren sind sehr beliebt und legen Wert auf Interaktion mit den Dorfbewohnern. Auch Wander- und Raftingausflüge stehen zur Verfügung.

Rafting

Der **Sungai Ayung** (Ayung-Fluss) ist der beliebteste balinesische Fluss der Wildwasserrafter. Gestartet wird nördlich von Ubud, das Ziel liegt in der Nähe des Amandari Hotels im Westen. Achtung! Je nach Regenmenge kann die Fahrt ruhig oder auch sehr aufregend sein.

Geführte Touren

Ubud Touristeninformation KULTUR

(Karte S. 170; Fabulous Ubud; ☎0361-973285; www.fabulousubud.com; Jl Raya Ubud; geführte Touren 185 000–300 000 Rp; ⏲8–20 Uhr) Die Touristeninformation veranstaltet interessante und erschwingliche Halb- und Ganztagesausflüge zu vielen Zielen, darunter Besakih und Kintamani.

Dhyana Putri Adventures KULTUR

(☎0812 380 5623; www.balispirit.com/tours/bali_tour_dhyana.html; geführte Touren pro Std. ab 25 US$) Rucina Ballinger ist bikulturell und dreisprachig, Autorin und Expertin für balinesischen Tanz. Sie bietet maßgeschneiderte geführte Touren mit einem Schwerpunkt auf den darstellenden Künsten Balis und tiefgehenden kulturellen Erlebnissen.

Bali Nature Herbal Walks WANDERN

(☎0812 381 6024; www.baliherbalwalk.com; Wanderungen pro Pers. 200 000 Rp; ⏲8.30 Uhr) Die dreistündigen Wanderungen führen durch Balis üppig grüne Landschaft; Arzneipflanzen, Küchenkräuter und -pflanzen werden in ihrer natürlichen Umgebung bestimmt und erläutert. Auch Getränke aus Kräutern gehören dazu.

Bali Nature Walk WANDERN

(☎0817 973 5914; https://balinaturewalks.net; geführte Tour ab 25 US$) Wanderungen in die abgeschiedenen Gebiete der Region Ubud. Die Routen können den Wünschen der Teilnehmer angepasst werden.

Bali Bird Walks VOGELBEOBACHTUNG

(Karte S. 176; ☎0361-975009; www.balibirdwalk.com; Jl Raya Campuan; geführte Tour inkl. Mittagessen 37 US$; ⏲Di, Fr, Sa & So 9–12.30 Uhr) Seit mehr als drei Jahrzehnten veranstaltet Victor Mason diese geführte Tour; sie ist ideal für engagierte Hobbyornithologen und nach wie vor sehr gefragt. Bei einem gemütlichen Morgenspaziergang (Start ist an der schon lange geschlossenen Beggar's Bush Bar) bekommen die Teilnehmer bis zu 30 der über 100 einheimischen Vogelarten zu sehen.

Kurse

Ubud ist der perfekte Ort, um die eigenen künstlerischen und sprachlichen Fähigkeiten auszubauen oder mehr über die balinesische Kultur und Küche zu erfahren. Die Auswahl an Kursen ist so groß, dass sie gut ein Jahr lang für Beschäftigung sorgen könnte. Die meisten Kurse müssen im Voraus gebucht werden.

★ARMA KULTURELLE FÜHRUNG

(Karte S. 176; ☎0361-976659; www.armabali.com; Jl Raya Pengosekan; Unterricht ab 25 US$; ⏲9–18 Uhr) Das kulturelle Power-House bietet Unterricht im Malen, Holzschnitzen, Gamelan und Batiken. Weitere Kurse befassen sich mit balinesischer Geschichte, Hinduismus und Architektur.

★Museum Puri Lukisan KUNST

(Karte S. 170; www.museumpurilukisan.com; nahe Jl Raya Ubud; Kurse ab 145 000 Rp) Eins der besten Museen in Ubud gibt Unterricht im Herstellen von Puppen und Opfergaben, Instruktionen für Gamelan, balinesischen Tanz, Maskenbemalen und vieles mehr. Kurse werden auf Nachfrage erteilt; Genaueres kann man am Kartenschalter des Museums vereinbaren.

Threads of Life Indonesian Textile Arts Center TEXTILIEN

(Karte S. 170; ☎0361-972187; www.threadsoflife.com; Jl Kajeng 24; Kurse ab 75000 Rp; ⏲10–19 Uhr) Kurse in Textilkunde in der Galerie und im Lehratelier dauern ein bis acht Tage. Einige Kurse schließen ausgedehnte Reisen durch Bali mit ein und bewegen sich auf Graduiertenniveau.

Studio Perak SCHMUCK

(Karte S. 170; ☎081 2365 1809, 0361-974244; www.studioperak.com; Jl Hanoman; Unterricht pro 3 Std. 400 000 Rp) Das Studio ist auf Kurse für Silberschmiedearbeiten im balinesischen Stil spezialisiert. In einer dreistündigen Unterrichtseinheit wird ein Teil fertig. Auch Kinderkurse können vereinbart werden.

Pondok Pekak Library & Learning Centre SPRACHE

(Karte S. 170; ☎0361-976194; www.pondokpekaklibrary.com; Monkey Forest Rd; Unterricht pro Std.

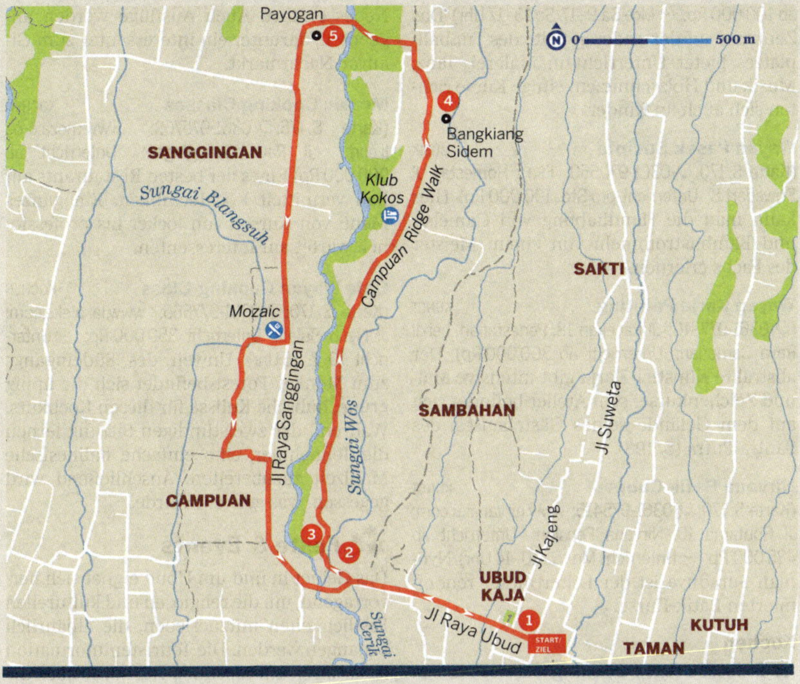

Wanderung
Auf dem Campuan Ridge

START UBUD PALACE
ZIEL UBUD PALACE
LÄNGE/DAUER 8,5 KM; 3½ STUNDEN

Die Wanderung führt durch das üppig bewachsene Tal des Sungai Wos (Wos-Fluss) und bietet Ausblicke auf den Gunung Agung sowie Eindrücke von kleinen Dorfgemeinschaften und Reisfeldern.

Ausgangspunkt ist der 1 **Ubud Palace** (S. 168); von dort geht es auf der Jalan Raya Ubud nach Westen. Am Zusammenfluss von Sungai Wos und Sungai Cerik liegt Campuan; der Name bedeutet „Wo sich zwei Flüsse treffen". Hierher zog es in den 1930er-Jahren die ersten Maler aus dem Westen, kein Wunder bei dem üppig grünen Laubwerk und dem beruhigenden Rauschen der Flüsse. Die Route verlässt die Jalan Raya Campuan bei den 2 **Warwick Ibah Luxury Villas**. Es geht in die Auffahrt des Hotels und dann auf dem Pfad links, wo der Fußweg den Fluss überquert, zum berühmten 3 **Pura Gunung Lebah** (S. 169). Von hier folgt man dem Betonweg nach Norden, der auf den Hügelkamm zwischen den beiden Flüssen hinaufführt. Felder mit Elefantengras ziehen sich auf beiden Seiten die Hänge hinunter. In alle Richtungen laufen die Reisterrassen oberhalb von Ubud über die Hügel.

Auf dem Campuan-Kamm geht es nach Norden vorbei am Klub Kokos. Auf dem Weg durch Reisfelder und das Dorf 4 **Bangkiang Sidem** wird die Straße besser. Am Rand des Dorfes führt eine unbeschilderte Straße nach Westen und windet sich hinunter zum Sungai Cerik, dann geht es steil bergauf nach 5 **Payogan**. Von hier aus kann man auf der Hauptstraße nach Süden gehen und weiter auf der Jalan Raya Sanggingan. Am Restaurant Mozaic biegt man nach Westen auf Pfade ab, die auf der Höhe der Reisfelder bleiben, während die Hauptstraße bergab führt. Es ist eine Fantasielandschaft aus sprudelnden Wasserwegen und schönen Ausblicken zwischen Reis und Villen. Schließlich sind die steilen Betonstufen erreicht, auf denen es hinunter nach Campuan und schließlich zurück nach Ubud geht.

ab 100 000 Rp; ⌚ Mo–Sa 9–17, So 13–17 Uhr) Das Zentrum auf der anderen Seite des Fußballplatzes bietet Unterricht in Malerei, Tanz, Musik und Holzschnitzen; einige Kurse richten sich auch an Kinder.

Wayan Pasek Sucipta MUSIK
(Karte S. 170; ☎ 0361-970550; Eka's Homestay, Jl Sriwedari 8; Unterricht pro Std. 100 000 Rp) Hier kann man die Handhabung von Gamelan und Bambustrommeln von einem Meister des Fachs erlernen.

Wayan Karja Painting KUNST
(☎ 0361-977810; Jl Pacekan 18, Penestanan, bei Jl Raya Campuan; Unterricht ab 300 000 Rp) Der abstrakte Künstler Karja gibt intensive Mal- und Zeichenkurse; sein Atelier befindet sich auf dem Gelände seines Gästehauses, des Santra Putra (S. 193).

Nirvana Batik Course KUNST
(Karte S. 170; ☎ 0361-975415; www.nirvanaku.com; Jl Goutama 10, Nirvana Pension; Unterricht ab 485 000 Rp; ⌚ Unterricht Mo–Sa 10–14 Uhr) Nyoman Suradnya ist der Leiter dieser renommierten Batik-Kurse.

Kochen

★ **Balinese Farm Cooking School** KOCHEN
(☎ 0812 3953 4446; http://balinesecooking.net; Banjar Patas, Taro; 1-Tages-Kurs 400 000 Rp) Einen Tag in einer herrlichen Natur- und Kulturlandschaft 18 km nördlich von Ubud verbringen *und* balinesisch kochen lernen. Der sehr empfehlenswerte Kochkurs findet in einem Dorf voll üppiger Gärten statt.

Veranstalter sind Dorfbewohner, die sich für den Bio-Anbau engagieren, die Teilnehmer lernen alles über einheimische Erzeugnisse und Lebensmittel. Es ist alles geschickt für Touristen gestaltet: Zum Beispiel wachsen Kräuter auf Hochbeeten, sodass sich niemand bücken muss.

★ **Casa Luna Cooking School** KOCHEN
(Karte S. 170; ☎ 0361-973282; www.casalunabali.com; Honeymoon Guesthouse, Jl Bisma; Unterricht ab 450 000 Rp) Im Honeymoon Guesthouse und/oder Casa Luna Restaurant (S. 195) werden regelmäßig Kochkurse angeboten. Die halbtägigen Kurse vermitteln Kenntnisse über Zutaten, Kochtechniken und den kulturellen Hintergrund der balinesischen Küche (nicht zu allen Kursen wird ein Marktbesuch angeboten).

An jedem Tag gibt es einen anderen Schwerpunkt, sodass man auch bei mehrfacher Teilnahme immer wieder etwas Neues erfährt. Auch Ausflüge werden angeboten, darunter ein interessanter zum Gianyar-Nachtmarkt.

Mozaic Cooking Classes KOCHEN
(Karte S. 176; ☎ 0361-975768; www.mozaic-bali.com; Jl Raya Sanggingan; Unterricht ab 900 000 Rp) Eines der besten Restaurants auf Bali vermittelt Kochtechniken. Ein ganzes Menü von Kursen von locker bis professionell wartet auf Interessenten.

Cafe Wayan Cooking Class KOCHEN
(Karte S. 170; ☎ 0361-977565; www.lakaleke.com; Jl Nyuh Bulan; Unterricht 350 000 Rp; ⌚ Unterricht 10 & 16 Uhr) Unweit des Südeingangs zum Monkey Forest befindet sich die üppig grüne, hübsche Kulisse für diesen Kochkurs. Während der zweistündigen Sitzung lernen die Teilnehmer, eine einfache balinesische Mahlzeit zuzubereiten. Anschließend wird gegessen, was gekocht wurde.

Feste & Events

Das Gebiet in und um Ubud eignet sich hervorragend, um die religiösen und kulturellen Festlichkeiten mitzuerleben, die alljährlich begangen werden. Die Touristeninformation ist in ihrer umfassenden Auskunft über die wöchentlichen Ereignisse unübertroffen.

★ **Ubud Writers & Readers Festival** LITERATUR
(www.ubudwritersfestival.com; 1-Tages-Pass 1 200 000 Rp; ⌚ Ende Okt./Anfang Nov.) Das Festival bringt unzählige Autoren und Leser aus aller Welt zu einem fünftägigen Fest des Schreibens zusammen – insbesondere geht es um Literatur mit einen Bezug zu Bali. Die Veranstaltung ist ein bedeutendes kulturelles Ereignis in Ubud.

Bali Spirit Festival TANZ, MUSIK
(www.balispiritfestival.com; Tagespass 150 US$; ⌚ März/Anfang April) Die Betreiber des Yoga Barn, eines lokalen Yoga-Treffs, veranstalten das beliebte Festival mit Yoga, Tanz und Musik. Es gibt Hunderte Workshops und Konzerte, einen Markt und mehr.

Schlafen

Ubud hat das beste und ansprechendste Angebot an Unterkünften auf der Insel, darunter sagenhafte Ferienanlagen, raffinierte Guesthouses und bezaubernde, einfache Familienunterkünfte. Die Auswahl kann verwirrend sein, also am besten vorher genau überlegen, wo und in welcher Form man

Wanderung
Sungai Ayung Valley

START UBUD PALACE
ZIEL UBUD PALACE
LÄNGE/DAUER 6,5 KM; 4 STUNDEN

Die Wunder des Sungai Ayung stehen im Mittelpunkt dieses Ausflugs. Er führt unterhalb der Luxushotels vorbei.

Vom 1 **Ubud Palast** (S. 168) geht es auf der Jalan Raya Ubud nach Westen über die Campuan-Brücke vorbei an dem wunderschön ausgebauten Pura Gunung Lebah weiter unten. Hier nimmt man die steile Treppe gegenüber dem Hotel Tjampuhan hinauf zu einer Straße, die nach links schwenkt und sich durch die bewaldete Schlucht des Sungai Blangsuh zum Künstlerdorf 2 **Penestanan** windet. Westlich von Penestanan geht es auf einer kleinen Straße nach Norden (vor der belebten Hauptstraße), die einen Bogen nach Sayan schlägt. 3 **Sayan Terrace** (S. 174) war in den 1930er-Jahren das Zuhause von Colin McPhee, wie er in seinem Klassiker *A House in Bali* berichtet. Die Aussicht auf das Tal des großartigen 4 **Sungai Ayung** ist fantastisch.

Das Flussufer erreicht man am besten von einer Stelle nördlich des Sayan Terrace-Hotels – auf den Pfad bergab vor dem Tor achten und den immer schmaleren Spuren nach unten folgen (Einheimische zeigen für ein Trinkgeld von etwa 10 000 Rp den Weg). Auf dem Weg am Fluss entlang begegnet man Bauern, die für das Durchqueren ihres Landes Geld verlangen; 5000 Rp sind ein angemessener Betrag.

Auf dem unbefestigten Weg nach Norden, entlang dem Ostufer des Ayung, werden steile Hänge und Reisfelder durchquert. Auf dem Weg nach Norden am Fluss entlang braucht man keinem bestimmten Pfad zu folgen; stattdessen läuft man einfach weiter. Nach 1,5 km ist das Ziel vieler Wildwasser-Raftingtouren erreicht – ein steiler Pfad führt von dort hinauf zur Hauptstraße in 5 **Kedewatan.** Von hier kann man nach Ubud zurücklaufen oder noch einen kleinen Abstecher machen: Den Fluss auf der nahen Brücke überqueren und ein steiles, 1 km langes Stück durch den Tropenwald hinauf zum Dorf 6 **Tegalkuning** wandern. Auf der Jalan Raya Sanggingan geht es zurück nach Ubud.

VERNÜNFTIG WANDERN IN UBUD

Wanderungen in der Region Ubud mit ihrer unendlichen Schönheit bieten viel Faszinierendes und wunderbare Entdeckungen. Auch dieses tolle Vergnügen ist ein ausgezeichneter Grund, das Gebiet zu besuchen.

Es gibt eine Menge interessanter Wanderrouten zu den Dörfern in der Umgebung und durch die Reisfelder. Unterwegs kann man oft in offenen Zimmern und auf Veranden Künstler bei der Arbeit beobachten. Neben Luxusvillen werden weiterhin die nicht enden wollenden Arbeiten beim Reisanbau erledigt.

An ein paar Punkte sollte man denken, damit die Wanderung Spaß macht:

Trinkwasser mitnehmen In den meisten Orten gibt es reichlich Warungs (Lebensmittelstände) oder kleine Läden, die Snacks, Essen und Getränke verkaufen. Unterwegs sollte man aber keinen Wassernotstand riskieren.

Ausrüsten Eine gute Kopfbedeckung, feste Schuhe und Regenzeug gegen die Nachmittagsschauer sollte man unbedingt dabei haben; bei Wanderungen durch dichte Vegetation sind lange Hosen zu empfehlen.

Früh aufbrechen Man sollte möglichst bei Tagesanbruch losgehen, bevor es zu heiß wird. Die Luft ist dann frischer, und man bekommt Vögel und andere Tiere zu sehen, die sich tagsüber im Schatten verkriechen. Außerdem ist es zu dieser Tageszeit viel ruhiger, bevor der Tagesrummel losgeht.

Gebühren umgehen Einige geschäftstüchtige Reisbauern haben kleine Mauttore an ihren Feldern aufgestellt. Wanderer können a) einfach um sie herumgehen oder b) die Gebühr bezahlen (aber nie und nimmer mehr als 10 000 Rp).

Zur richtigen Zeit aufhören Wer müde wird, sollte nicht seinen Ehrgeiz daran setzen, noch ein bestimmtes Ziel zu erreichen – das Entscheidende ist, dass die Wanderung Spaß macht. Einheimische mit Motorrad bringen müde Wanderer immer gern ins Hotel zurück – für ein kleines Entgelt von etwa 30 000 Rp.

wohnen möchte (S. 191), besonders wenn man eine Privatunterkunft im Netz bucht.

Generell bietet Ubud auf jedem Preisniveau ein gutes Preis-Leistungs-Verhältnis. Einfache Unterkünfte auf einem Familienanwesen sind zugleich ein kulturelles Erlebnis für die Übernachtungsgäste und kosten um die 25 US$ pro Nacht. Abends weht eine kühle Bergluft durch Ubud, die Klimaanlagen überflüssig macht. Wer sein Fenster offen lässt, genießt stattdessen eine Symphonie aus Geräuschen, die aus den Reisfeldern und Flusstälern herüberwehen.

Guesthouses (Pensionen) sind erfahrungsgemäß etwas größer und verfügen über Annehmlichkeiten wie Schwimmbecken. Dennoch sind sie meist sehr überschaubar, viele liegen eingebettet zwischen Reisfeldern und Flüssen. Die besten Hotels stehen am Rand tiefer Flusstäler und bieten einen tollen Blick (auch ein paar günstige Unterkünfte haben eine fantastische Aussicht). Manche vermieten zusätzlich Autos und Fahrer für Ausflüge.

Die Adressen in Ubud können ungenau sein – die Schilder am Anfang/Ende einer Straße führen aber meist die Namen aller Unterkünfte in der Straße auf. Abseits der Hauptdurchgangsstraßen gibt es nur wenige Straßenlaternen – im Dunkeln den Weg zu finden, ist fast schon ein Abenteuer. Wer zu Fuß unterwegs ist, sollte deshalb immer eine Taschenlampe mitnehmen.

Dank seiner Popularität und weil (bisher) Hotelketten hier noch nicht so richtig Fuß gefasst haben, ist Ubud wohl die einzige Ortschaft auf Bali, in der die Übernachtungspreise steil ansteigen.

Jalan Raya Ubud & Umgebung

Nirvana Pension GUESTHOUSE $

(Karte S. 170; ☎0361-975415; www.nirvanaku.com; Jl Goutama 10; EZ mit Ventilator/Klimaanlage 250 000/350 000 Rp, DZ mit Ventilator/Klimaanlage 350 000/450 000 Rp; ❄📶) Auf die Gäste warten *alang-alang* (Reet-Dächer), eine Vielzahl von Bildern, kunstvolle Türrahmen und sechs Zimmer mit modernen Bädern auf einem schattigen, abgeschiedenen Gelände neben einem großen Familientempel. Auch Batikkurse werden angeboten. Das Haus verfügt über eine tolle Lage etwas zurückgesetzt von der belebten Goutama.

Sania's House GUESTHOUSE $
(Karte S. 170; 0361-975535; sania_house@yahoo.com; Jl Karna 7; Zi. 300 000–600 000 Rp) In diesem Familienbetrieb läuft den Gästen schon mal ein Haustier über den Weg. Der große, glasklare Swimmingpool, die riesige Terrasse und die großzügigen Zimmer sorgen für Begeisterung. Die 29 Zimmer sind einfach, aber sauber; der Markt liegt quasi nebenan, und Souvenirstände drängen sich rund um den Eingang.

d'Rompok House GUESTHOUSE $
(Karte S. 170; 0353-344837; drompokhouse@yahoo.com; Jl Hanoman 39; Zi. inkl. Frühstück 250 000–350 000 Rp) Das preisgünstige d'Rompok House, das sich versteckt in einer engen Gasse befindet, ist angenehmer als eine normale, herkömmliche Privatunterkunft. Fünf große moderne Zimmer sind mit zeitgenössischer Kunst dekoriert. Von den Zimmern im obersten Stockwerk blickt man auf die Reisfelder.

Raka House GUESTHOUSE $
(Karte S. 170; 0361-976081; Jl Maruti; Zi. 300 000–450 000 Rp) Sechs Zimmer im Bungalowstil drängeln sich im hinteren Teil eines kompakten Familienanwesens. Der kleine trapezförmige Tauchpool reicht zumindest, um die Zehen hineinzustecken. In der Nähe gibt es weitere Optionen.

Donald Homestay PRIVATUNTERKUNFT $
(Karte S. 170; 0361-977156; Jl Goutama; Zi. 250 000–300 000 Rp) Vier Zimmer – einige nur mit Ventilator – befinden sich in einer hübschen hinteren Ecke des schön gelegenen Familienanwesens. Selbst im Herzen des heutzutage etwas verrückten Ubud kann man noch eine normale balinesische Familie kennenlernen und ihren Lebensrhythmus erleben.

Puri Saraswati Bungalows HOTEL $$
(Karte S. 170; 0361-975164; www.purisaraswatiubud.com; Jl Raya Ubud; Zi. 60–80 US$) Die sehr zentral gelegene, angenehme Unterkunft mit hübschem Garten öffnet sich zum Ubud-Wasserpalast. Die 18 Zimmer im Bungalowstil liegen ein gutes Stück abseits der Jalan Raya Ubud, sie sind also ruhig. Einige Zimmer verfügen über Ventilatoren; sie sind einfach eingerichtet, weisen aber reiche Schnitzereien auf.

Puri Saren Agung GUESTHOUSE $$
(Karte S. 170; 0361-975057; Jl Suweta 1; Zi. 65–80 US$) Das Gästehaus ist Teil des historischen Palastes der Fürstenfamilie von Ubud. Die sieben Zimmer liegen versteckt hinter dem Hof, in dem Tanzdarbietungen gezeigt werden. Die Unterkünfte befinden sich in traditionellen balinesischen Pavillons mit großen Veranden, Himmelbetten, antiken Möbeln und Warmwasser. Vom eigenen Patio aus kann man vorbeikommenden Touristen fürstlich zuwinken.

Nördlich der Jalan Raya Ubud

★ **Padma Ubud** GUESTHOUSE $
(Karte S. 170; 0823 4008 4680; www.padmaubud.com; Jl Kajeng 13; Zi. 300 000–550 000 Rp) Zwölf sehr abgeschottete Bungalows stehen hier in einem tropischen Garten mit Swimmingpool. Die Zimmer sind mit heimischem Kunsthandwerk ausstaffiert, die modernen Freiluftbäder verfügen über warmes Wasser. Der zur Familie gehörende Maler Nyoman Sudiarsa hat hier ein Atelier und teilt sein Wissen oft mit den Gästen.

Eka's Homestay PRIVATUNTERKUNFT $
(Karte S. 170; 0361-970550; eka_sutawan@yahoo.com; Jl Sriwedari 8; Zi. inkl. Frühstück 150 000–250 000 Rp) Auf dem Weg zu dem hübschen kleinen Familienanwesen mit insgesamt sieben einfachen Zimmern heißt es: immer den Ohren nach. Eka's ist das Zuhause von Wayan Pasek Sucipta, einem Lehrer für balinesische Musik. Es befindet sich an einer hübschen, sonnigen Ecke in einer ziemlich ruhigen Straße (nun ja, außer während er musiziert).

Han Snel Siti Bungalows GUESTHOUSE $
(Karte S. 170; 0361-975699; www.sitibungalow.com; Jl Kajeng 3; Zi. inkl. Frühstück mit Ventilator/Klimaanlage ab 250 000/350 000 Rp) Das Siti Bungalows gehört der Familie des verstorbenen Han Snel, eines bekannten niederländischen Malers, und ist eines der urspünglichen Gästehäuser in Ubud. Auch wenn die Standards etwas gesunken sind, bleibt es bei einem ausgezeichneten Preis-Leistungs-Verhältnis. Das Haus ist eine wunderbare Wahl für Leute, die eine Unterkunft mit Persönlichkeit suchen. Die acht geräumigen Bungalows stehen in einem hübschen Garten – aus einigen kann man auf das Flusstal blicken.

1. Sacred Monkey Forest Sanctuary
Im Park leben über 600 grauhaarige Langschwanzmakaken – also auf Wertsachen achtgeben! (S. 172)

2. Yoga
In Ubud werden Yogakurse in berühmten Yogazentren und Spas angeboten. (S. 175)

3. Balinesische Tänzer
Auf Bali gibt es mehr als ein Dutzend Tänze. Vorführungen in Tempeln dauern mitunter Stunden. (S. 403)

4. Pura Taman Saraswati
Ein mit Holzschnitzereien geschmückter Hindutempel zu Ehren Dewi Saraswatis, Göttin der Weisheit und der Künste. (S. 168)

AFFENDY SOETO / SHUTTERSTOCK ©

LANGZEITUNTERKÜNFTE FINDEN

In Ubud und Umgebung gibt es viele Häuser und Wohnungen, die man mieten oder mitnutzen kann. Infos zu den verschiedenen Optionen sind an den Schwarzen Brettern von Pondok Pecak Library (S. 180) und Bali Buda (S. 195) zu finden. Außerdem lohnt der Blick in die kostenlose Zeitung *Bali Advertiser* (www.baliadvertiser.biz) und auf die lokale Website www.banjartamu.org. Die Preise beginnen bei etwa 300 US$ pro Monat und steigen deutlich mit der Zahl der gebotenen Extras.

Monkey Forest Road

Jukung Hostel HOSTEL $

(Karte S. 170; ☎ 0812 3633 9998; www.jukunghostel.com; Jl Monkey Forest 14; B inkl. Frühstück ab 100 000 Rp; ⏰ Check-in 13–22 Uhr) Zentraler als in diesem Hostel kann man kaum wohnen. Die Betten befinden sich in Schlafsälen mit sechs und acht Plätzen. Die Dekoration, die wie die traurige Hinterlassenschaft einer notleidenden Schreinerei wirkt, erstreckt sich bis zur Küche.

★ **Oka Wati Hotel** HOTEL $$

(Karte S. 170; ☎ 0361-973386; www.okawatihotel.com; bei Monkey Forest Rd; Zi. inkl. Frühstück 65–120 US$; ❄ 📶 🏊) Die Eigentümerin Oka Wati ist eine reizende Dame, die in der Nähe des Uhud-Palastes aufgewachsen ist. Die Zimmer im ursprünglichen Flügel weisen ein altertümliches Dekor auf; von einigen kann man auf ein kleines Reisfeld und das Flusstal sehen. Alle 20 Zimmer verfügen über große Veranden, auf denen die freundlichen Mitarbeiter das Frühstück nach Wahl servieren (der hausgemachte Joghurt sollte unbedingt dabei sein).

Griya Jungutan GUESTHOUSE $$

(Karte S. 170; ☎ 0361-975752; www.griyajungutan.com; bei Monkey Forest Rd; Zi. 300 000–600 000 Rp; ❄ 📶 🏊) Das Griya Jungutan mit Blick auf ein kleines Flusstal im Zentrum von Ubud bietet Zimmer mit gutem Preis-Leistungs-Verhältnis und liegt ein gutes Stück vom Verkehr entfernt an einer kleinen Gasse. Die Zimmer gehören zu verschiedenen Kategorien: die billigsten sind nur mit Ventilator ausgestattet, die besten haben Terrassen mit Aussicht ins Grüne.

Warsa's Garden Bungalows GUESTHOUSE $$

(Karte S. 170; ☎ 0361-971548; http://warsagardenbungalows.com; Monkey Forest Rd; Zi. 400 000–550 000 Rp; ❄ 📶 🏊) Ein gut bemessener Swimmingpool mit Springbrunnen belebt die einfache, gemütliche Unterkunft mitten im Getümmel des Monkey Forest. Die 23 Zimmer sind durch den Eingang eines traditionellen Familienanwesens zu erreichen. Einige verfügen über eine Badewanne, andere über einen Ventilator.

Sri Bungalows GUESTHOUSE $$

(Karte S. 170; ☎ 0361-975394; www.sribungalowsubud.com; Monkey Forest Rd; Zi. 500 000–1 200 000 Rp; ❄ @ 📶 🏊) Der tolle Blick auf die Reisfelder (man glaubt, sie wachsen zu hören, aber in Wahrheit ist es das Geräusch der eigenen Seele, von der der Druck abfällt) macht diese Unterkunft so beliebt. Am schönsten sind die bequemen Zimmer – insgesamt gibt es 34 – mit gemütlichen Liegen, in denen man die Aussicht genießen kann.

Lumbung Sari GUESTHOUSE $$

(Karte S. 170; ☎ 0361-976396; www.lumbungsari.com; Monkey Forest Rd; Zi. 700 000–1 300 000 Rp; ❄ @ 📶 🏊) Kunstwerke schmücken die Wände des stilvollen Sari, das über einen netten Frühstücks-*bale* (traditionellen Pavillon) neben dem Pool verfügt. In den eleganten Bädern der 14 Zimmer stehen Badewannen.

Jalan Bisma

Batik Sekar Bali Guest House GUESTHOUSE $

(Karte S. 170; ☎ 0361-975351; Jl Sugriwa 32; ⏰ Zi. inkl. Frühstück ab 300 000 Rp; ❄ 📶) Die Privatunterkunft im Familienbetrieb bietet ein zeitloses Ubud-Erlebnis in Spitzenlage. Die Gäste begegnen einer bezaubernden Familie, die Opfergaben herstellt. Die vier Zimmer haben eine Basisausstattung und sauber gekachelte Badezimmer und Terrassen. Die Gastgeber bieten Unterricht in Batikmalerei an (300 000 Rp pro Tag).

Pondok Krishna GUESTHOUSE $

(Karte S. 170; ☎ 0361-977126; kriz_tie@yahoo.com; Jl Bisma; Zi. ab 250 000 Rp; ❄ 📶) Das helle, luftige Familienanwesen hat sieben Zimmer inmitten der Reisfelder voller Frösche westlich der Jalan Bisma. Der offene Gemeinschaftsbereich mit seiner sonnigen Lage eignet sich bestens, um die Bräune aufzufrischen.

Happy Mango Tree HOSTEL $

(Karte S. 170; ☎ 0812 3844 5498; www.thehappymangotree.com; Jl Bisma 27; B/DZ ab 100 000/

250 000 Rp;) Das helle, lebendige Hostel schwelgt im Hippie-Flair. In den Zimmern und draußen auf den verschiedenen Terrassen (einige mit Blick auf die Reisfelder) dominieren leuchtende Farben in Hülle und Fülle. In den gemischten Schlafsälen stehen jeweils vier oder fünf Betten, die Doppelzimmer haben Namen wie „Liebesbude" und „Deckenmuseum" (und ein entsprechendes Dekor). Außerdem sind eine gesellige Bar und ein Restaurant vorhanden.

Ni Nyoman Warini Bungalows PRIVATUNTERKUNFT $
(Karte S. 170; 0361-978364; Jl Hanoman; Zi. 200 000–350 000 Rp;) An einem kleinen Fußweg unweit der Jalan Hanoman steht eine ganze Reihe einfacher Familienanwesen, die Zimmer vermieten. Es ist dort ruhig, und die Gäste werden ganz von allein in den Rhythmus des Familienlebens eingebunden. Die acht Zimmer verfügen über warmes Wasser und sind mit traditionellen Bambusmöbeln bestückt.

Puri Asri 2 GUESTHOUSE $
(Karte S. 170; 0361-973210; Jl Sukma 59; Zi. 200 000–350 000 Rp;) Wer das klassische Familienanwesen durchquert, stößt auf sieben bungalowartige Zimmer mit Blick auf eine Schlucht. Das Angebot ist fantastisch, die Zimmer verfügen über warmes Wasser. Im hübschen Swimmingpool können sich die Gäste abkühlen.

Biangs PRIVATUNTERKUNFT $
(Karte S. 170; 0361-976520; wah_oeboed@yahoo.com; Jl Sukma 28; Zi. mit Ventilator/Klimaanlage ab 100 000/300 000 Rp;) In einem kleinen Garten bietet die Privatunterkunft Biangs – was „Mama" bedeutet – sechs gepflegte Zimmer mit Warmwasser. Drei Generationen machen dieses Haus zu einer echten Familien-Privatunterkunft. Die Jalan Sukma zählt sicherlich zu den stimmungsvollsten Straßen in Ubud.

Ina Inn GUESTHOUSE $
(Karte S. 170; 0361-971093; http://inainnubud.com; Jl Bisma; Zi. 300 000–400 000 Rp;) Die Gäste können über das dicht bepflanzte Gelände schlendern und den Blick auf Ubud und die Reisfelder genießen. Die zwölf Zimmer (manche werden von Ventilatoren gekühlt) sind einfach, aber sauber und bequem. Der Pool ist nach einem Wandertag ideal. Wer lieber in der Nähe des eigenen Bettes ein erfrischendes Bad nimmt – die Zimmer haben Badewannen.

Adipana Bungalow GUESTHOUSE $$
(Karte S. 170; 0817 978 8934; www.adipanabungalow.com; Jl Jembawan 27; Zi. inkl. Frühstück 600 000 Rp;) Das attraktive zweistöckige Gästehaus bietet sechs Zimmer entweder mit Terrasse und direktem Zugang zum Pool oder mit Balkon mit luftigem Blick auf das bambusgeschmückte Ubud. Jede Wohneinheit verfügt über stilvolle Details und eine Küchenausstattung.

Sama's Cottages GUESTHOUSE $$
(Karte S. 170; 0361-973481; www.samascottagesubud.com; Jl Bisma; EZ mit Ventilator/Klimaanlage 520 000/630 000 Rp, DZ mit Ventilator/Klimaanlage 575 000/700 000 Rp;) Der hübsche kleine Rückzugsort, der terrassenförmig am Hang angelegt ist, verfügt über zwölf bungalowartige Zimmer. Sie sind sehr schlicht im balinesischen Stil eingerichtet. Der ovale Swimmingpool erscheint wie eine Dschungeloase. Nach Preisnachlässen in der Nebensaison fragen.

Komaneka at Bisma BOUTIQUEHOTEL $$$
(Karte S. 176; 0361-971933; http://bisma.komaneka.com; Jl Bisma; Zi. ab 220 US$;) Die ziemlich neue Ferienanlage steht weit zurückgesetzt in den Reisfeldern in der Nähe des Flusstals und gibt sich nobel mit einer dicken Schicht Bali-Stil. Die Unterkünfte – insgesamt sind es 17 Einheiten – reichen von Suiten bis zu großen Villen mit drei Schlafzimmern. Das Areal wirkt anmutig und erfreut den Gast mit einigen durchdachten Extras – angefangen bei Apple-TVs, auf denen Filme gespeichert sind, bis hin zu frisch gebackenen Keksen.

Ladera Villa Ubud HOTEL $$$
(Karte S. 170; 0361-978127; http://laderavillaubud.com; Jl Bisma; Villa ab 1 500 000 Rp;) Nachdem das untere Ende der Jalan Bisma jetzt mit der Monkey Forest Road verbunden ist, hat in der Nähe des hübschen Flusstals eine rege Bautätigkeit eingesetzt. Bei diesem komfortablen Hotel stimmt wirklich jedes Detail. Die acht Villen locken mit eigenen Swimmingpools, voll ausgestatteten Küchen und glänzenden Hartholzböden. Der Service ist gut und das Preis-Leistungs-Verhältnis ausgezeichnet.

Padangtegal & Tebesaya

★ **Family Guest House** PRIVATUNTERKUNFT $
(Karte S. 170; 0361-974054; www.familyubud.com; Jl Sukma 39; Zi. inkl. Frühstück mit Ventilator/Klimaanlage ab 250 000/300 000 Rp;) Die

viel beschäftigte Familie bringt ein bisschen Hektik in die bezaubernde Privatunterkunft. Die acht Zimmer bieten moderne Annehmlichkeiten im traditionellen Gewand. Zu manchen gehört eine Badewanne, und die Zimmer im obersten Stock verfügen über einen Balkon mit Blick aufs Tal.

Aji Lodge
PRIVATUNTERKUNFT $

(Karte S.170; ☑0361-973255; ajilodge11@yahoo.com; bei Jl Sukma; Zi. 200 000–300 000 Rp; ☎) Mehrere gemütliche Familienanwesen säumen den Fußweg östlich der Jalan Sukma. Die sechs Zimmer am Hang, unten beim Fluss garantieren eine abendliche Symphonie von Vögeln, Insekten und anderem Kleingetier. Alle Zimmer haben Terrassen.

Artini Cottages 1
PRIVATUNTERKUNFT $

(Karte S.170; ☑0361-975348; www.artinibaligroups.com; Jl Hanoman; Zi. ab 400 000 Rp; ☎) Die Familie Artini unterhält ein kleines Imperium von Gästehäusern mit gutem Preis-Leistungs-Verhältnis an der Jalan Hanoman. Dies hier ist das Original, ein mit vielen Blumen geschmücktes Familienanwesen. Die drei Bungalows verfügen über warmes Wasser und große Badewannen. Gegenüber liegt das hochpreisigere Artini 2 mit Aussicht und einem Pool.

★ Matahari Cottages
GUESTHOUSE $$

(Karte S.170; ☑0361-975459; www.matahariubud.com; Jl Jembawan; Zi. 400 000–800 000 Rp; ❋☎⎗≋) ✎ Das skurrile Haus verfügt über 15 ungewöhnliche Zimmer, die alle unter einem Motto stehen. Sie tragen Namen wie „Batavia-Prinzessin" und „Indischer Pascha". Die Bibliothek erscheint wie ein Traumbild aus einer Fantasie der 1920er-Jahre. Vorzuweisen hat das Gästehaus außerdem einen selbsternannten „Dschungel-Jacuzzi", der stilvoll die alte Bali-Tradition des Badens im Fluss wiederaufleben lässt. Es gibt ein vielgängiges Frühstück und High Tea, eine Kombination aus Tee und Abendessen, der aufwendig auf Silber serviert wird.

🛏 Sambahan & Sakti

Bali Asli Lodge
PRIVATUNTERKUNFT $

(Karte S.176; ☑0361-970537; www.baliaslilodge.com; Jl Suweta; Zi. inkl. Frühstück ab 300 000 Rp; ☎) Hier kann man dem Trubel im Zentrum von Ubud entgehen. Die fünf Zimmer sind in traditionellen balinesischen Häusern aus Stein und Ziegeln untergebracht, die in einem üppig grünen Garten stehen. Auf den Terrassen können die Gäste einfach die Stunden vergehen lassen; die Innenräume sind sauber und gemütlich. Die Stadt liegt nur 15 Gehminuten entfernt.

Ketut's Place
GUESTHOUSE $$

(Karte S.176; ☑0361-975304; www.ketutsplace.com; Jl Suweta 40; Zi. inkl. Frühstück mit Ventilator/Klimaanlage ab 500 000/600 000 Rp; ❋@⎗≋) Das Ketut's liegt eine Qualitätsstufe über der üblichen Privatunterkunft auf einem Tempelgelände. Die 16 Zimmer sind alle mit raffinierten Akzenten versehen und bieten eine herrliche Aussicht aufs Flusstal. Ein Swimmingpool liegt spektakulär am Hang. Die Zimmer reichen von einfach – mit Ventilator – bis zur Luxusversion – mit Klimaanlage und Badewanne.

Ubud Sari Health Resort
GUESTHOUSE $$

(Karte S.176; ☑0361-974393; www.ubudsari.com; Jl Kajeng; Zi. ab 45 US$; ❋⎗≋) Der Name für die 21 Zimmer des renommierten Gesundheits-Spas, das in einem Waldgebiet oberhalb eines plätschernden Baches liegt, ist Programm: Zen Village. Die Pflanzen im Garten sind mit Hinweisen auf ihre Heilwirkung gekennzeichnet; das Café serviert Vegetarisches aus Bio-Anbau. Die Gäste können die Gesundheitseinrichtungen inklusive Sauna und Whirlpool nutzen.

Klub Kokos
GUESTHOUSE $$

(Karte S.176; ☑0361-849 3502; www.klubkokos.com; Zi. inkl. Frühstück 54–100 US$; ❋@⎗≋) Ein schöner, 1,5 km langer Spaziergang Richtung Norden am dem Campuan-Kamm führt zum Klub Kokos, einer ruhigen Unterkunft auf der Hügelkette mit einem großen Pool und acht ansprechenden Zimmern im Bungalowstil. Mit dem Auto ist der Klub von Norden aus zu erreichen; eine Wegbeschreibung kann man telefonisch erfragen. Es gibt ein Café mit Blick auf die Reisfelder.

Wapa di Ume
RESORT $$$

(Karte S.176; ☑0361-973178; www.wapadiume.com; Jl Suweta; Zi. inkl. Frühstück ab 170 US$, Villa ab 260 US$; ❋@⎗≋) Das elegante Anwesen liegt etwa 2,5 km vom Zentrum entfernt – es geht sanft hügelan – und bietet einen fesselnden Blick auf die Reisterrassen. Neue und alte Stilrichtungen vermischen sich in den 33 großen Wohneinheiten; am schönsten ist eine Villa mit Aussicht. Der unaufdringliche Service ist hervorragend. Am Abend sind aus der Ferne Gamelanspieler beim Proben zu hören – einfach zauberhaft! Zu jeder vollen Stunde fährt ein Shuttle-Bus ins Zentrum von Ubud.

WOHNEN IN UBUD

Lieber im Zentrum oder ruhig auf dem Land? Lieber Aussicht auf ein Reisfeld oder ein stilvoll eingerichtetes Zimmer? Die Auswahl ist riesig, besonders auf Websites wie airbnb.com und homeaway.com. Dort scheinen alle Unterkünfte „nahe Ubud" zu liegen, selbst wenn die „zehnminütige Fahrt" in Wirklichkeit eine halbe Stunde dauert. Die Unterkünfte in Ubud verteilen sich hauptsächlich auf folgende Gebiete:

Im Zentrum von Ubud

Im ursprünglichen Ortskern von Ubud gibt es unzählige Möglichkeiten, das müde Haupt zu betten. Die Lage hat den Vorteil, dass sie lange Wege oder Transportdienste überflüssig macht. In der Nähe der **Jalan Raya Ubud** sollten sich Reisende nach einem Zimmer umsehen, das nicht den Lärm von der Hauptstraße abkriegt. An den ruhigen, kleinen Straßen östlich der Hauptstraßen, z. B. Jalan Karna, Jalan Maruti und Jalan Goutama, finden sich zahlreiche Privatunterkünfte. **Nördlich der Jalan Raya Ubud** bieten Straßen wie Jalan Kajeng und Jl Suweta ein zeitloses Tableau mit spielenden Kindern auf der Straße und vielen schönen Privatunterkünften. An der **Monkey Forest Road** ist die Konzentration an Unterkünften besonders hoch; man sollte aber darauf achten, dass sie möglichst weit von der verkehrsreichen Straße entfernt stehen. **Jalan Bisma** führt auf ein Plateau mit Reisfeldern. Ständig machen neue Unterkünfte auf, besonders unten am südlichen Ende, das durch einen Weg mit der Monkey Forest Road verbunden ist.

Padangtegal & Tebesaya

Ideal, um sich umzuschauen. Östlich des Zentrums von Ubud, aber immer noch günstig gelegen, hat Padangtegal diverse Budgetunterkünfte an der Jalan Hanoman zu bieten. Das Dorf Tebesaya etwas weiter östlich besteht aus wenig mehr als der Hauptstraße, Jalan Sukma. Nette Privatunterkünfte finden sich am Ende kleiner Pfade. Anschauen sollte man sich aber auch die Jalan Sugriwa und die Jalan Jembawan.

Sambahan & Sakti

Wer von Jalan Raya Ubud Richtung Norden geht, steht bald mitten in Reisterrassen. Hier verstecken sich interessante, oft luxuriöse Hotels; der wunderschöne Spaziergang ins Zentrum dauert aber immer noch deutlich weniger als eine Stunde.

Nyuhkuning

Eine beliebte Gegend direkt südlich des Monkey Forest; Nyuhkuning verfügt über einige Gästehäuser und Hotels, trotzdem ist es zu Fuß nicht weit ins Zentrum.

Pengosekan

Pengosekan, unmittelbar südlich des Zentrums gelegen, eignet sich gut zum Shoppen, Essengehen und für Aktivitäten wie Yoga.

Campuan & Sanggingan

Auf der Ostseite der langen, abfallenden Straße, die nach diesen beiden Gemeinden benannt ist, liegen etliche feudale Anwesen mit Blick auf ein üppig grünes Flusstal.

Penestanan

Gleich westlich der Campuan-Brücke zweigt die steile Jalan Raya Penestanan nach links ab und führt hinauf nach Penestanan und Umgebung, einem großen Plateau mit Reisfeldern und Unterkünften. Zimmer und Bungalows in den Reisfeldern sind auf Leute abgestimmt, die eine billige Langzeitunterkunft suchen. Zu erreichen ist das Gebiet auch über steile Betonstufen, die von Jalan Raya Campuan nach oben führen.

Sayan & Ayung Valley

2 km westlich von Ubud hat der Sungai Ayung ein tiefes Tal ausgewaschen, dessen Hänge zu Reisterrassen gestuft wurden oder mit dichtem Regenwald bewachsen sind.

🛏 Nyuhkuning

⭐ Swasti Eco Cottages   GUESTHOUSE $$
(Karte S. 176; ☑ 0361-974079; www.baliswasti.com; Jl Nyuh Bulan; Zi. inkl. Frühstück mit Ventilator/Klimaanlage ab 650 000/750 000 Rp; ❋ @ 🛜 🗺) 🍃 Nur fünf Minuten Fußweg vom Südeingang des Monkey Forest entfernt ist die Anlage mit Gästehaus und Bungalow auf einem großen Gelände zu finden, zu dem auch ein Biogarten gehört (die Ernte wird im ausgezeichneten Café verarbeitet). Einige der 16 Zimmer liegen in einfachen zweigeschossigen Gebäuden, andere in alten traditionellen Häusern, die aus ganz Indonesien hierher geschafft wurden. Das Swasti bietet einen Mix aus balinesischen Kursen und Workshops. Seine „Öko-Glaubwürdigkeit" liegt über dem Ubud-Standard.

Alam Indah   HOTEL $$
(Karte S. 176; ☑ 0361-974629; www.alamindahbali.com; Jl Nyuh Bulan; Zi. inkl. Frühstück 65–140 US$; ❋ 🛜 🗺) Gleich südlich des Monkey Forest in Nyuhkuning liegt dieses abgeschiedene, weitläufige Resort mit 16 Zimmern, die wunderschön mit Naturmaterialien im traditionellen Stil gestaltet sind. Die Aussicht auf das Wos-Tal ist zauberhaft, besonders vom Poolbereich aus, der sich über mehrere Ebenen erstreckt. Es gibt einen kostenlosen Shuttle-Service ins Zentrum von Ubud.

Kertiyasa Bungalows   GUESTHOUSE $$
(Karte S. 176; ☑ 0361-971377; www.kertiyasabungalow.com; Jl Nyuh Bulan; Zi. 38–80 US$; ❋ 🛜 🗺) Die kürzlich renovierte Unterkunft in ruhiger Lage verfügt über 15 Zimmer von Standardräumen mit Gartenblick bis zu sehr großen Räumlichkeiten mit viel Privatsphäre. Rund um den geschwungenen Swimmingpool sind schöne Beete angelegt.

Saren Indah Hotel   HOTEL $$
(Karte S. 176; ☑ 0361-971471; www.sarenhotel.com; Jl Nyuh Bulan; Zi. 55–85 US$; ❋ 🛜 🗺) Südlich des Monkey Forest steht dieses Hotel mit 15 Zimmern mitten in den Reisterrassen – um den Blick zu genießen, empfiehlt sich ein Zimmer im zweiten Stock. Die Zimmer besitzen klassischen balinesischen Charme; die besseren sind mit Kühlschränken und stilvollen Badewannen ausgestattet.

🛏 Pengosekan

Casa Ganesha Hotel   HOTEL $
(Karte S. 176; ☑ 0361-971488; www.casaganesha.com; Jl Raya Pengosekan; Zi. 30 US$; ❋ 🛜 🗺) Das günstige Haus mit gutem Preis-Leistungs-Verhältnis in toller Lage steht direkt südlich des Stadtzentrums. Die 24 Zimmer liegen in zweigeschossigen Gebäuden an einem Swimmingpool. Sie sind gepflegt und haben Terrassen oder Balkone. In der Nähe liegen hübsche Reisfelder.

⭐ Agung Raka   BOUTIQUEHOTEL $$
(Karte S. 176; ☑ 0361-975757; www.baliagungrakaresort.com; Jl Raya Pengosekan; Zi. ab 50 US$, Bungalow ab 80 US$; ❋ 🛜 🗺) Das Hotel mit 43 Zimmern liegt inmitten schöner Reisfelder, gleich südlich des Zentrums von Ubud. Die Zimmer sind groß und, passend zum Motiv, balinesisch eingerichtet, aber die wirklichen Stars sind die Bungalows, die etwas abseits auf einer Reisterrassen zwischen lauter Palmen liegen. Als Schlaflied erklingt abends ein Konzert, das von den Vögeln und Insekten veranstaltet wird.

Tegal Sari   HOTEL $$
(Karte S. 176; ☑ 0361-973318; www.tegalsari-ubud.com; Jl Raya Pengosekan; Zi. 330 000–990 000 Rp; ❋ @ 🛜 🗺) Obwohl das Hotel buchstäblich nur einen Steinwurf von der hektischen Hauptstraße entfernt liegt, tauchen hier wie durch ein Wunder Reisfelder (und Enten) auf. Am schönsten ist eine Superluxus-Cottage (770 000 Rp) mit Badewanne und Aussicht auf eine Idylle, die Balsam für die Seele ist. Die Wohneinheiten in den neuen Ziegelbauten sind dagegen schlicht und kahl. Es gibt zwei Swimmingpools, davon einer auf dem Dach, und einen Yoga-Raum.

ARMA Resort   HOTEL $$$
(Karte S. 176; ☑ 0361-976659; www.armabali.com; Jl Raya Pengosekan; Zi. ab 120 US$, Villa ab 250 US$; ❋ @ 🛜 🗺) Ganz in die balinesische Kultur eintauchen können die Gäste in der Hotel-Enklave des ARMA-Komplexes. Das weitläufige Areal verfügt über eine große Bibliothek und einen gepflegten Garten. Zu den zehn Villen gehört jeweils ein eigener Pool. Das fabelhafte gleichnamige Museum liegt ebenfalls auf dem Gelände.

🛏 Peliatan

⭐ Maya Ubud   HOTEL $$$
(☑ 0361-977888; www.mayaubud.com; Jl Gunung Sari, Peliatan; Zi./Villa inkl. Frühstück ab 280/440 US$; ❋ @ 🛜 🗺) Als eins der schönsten großen Hotels rund um Ubud ist das weitläufige 10 ha große Areal gut in das umgebende Flusstal und die Reisfelder eingebettet. Die 108 Zimmer und Villen besitzen die

Offenheit und Leichtigkeit, die in Kombination mit traditionellen Materialien den „Bali-Stil" ausmachen. Der Infinity-Pool mit Blick auf den Regenwald ist sehr beeindruckend – ebenso wie das Spa.

Campuan & Sanggingan

Hotel Tjampuhan HOTEL $$

(Karte S. 176; ☎ 0361-975368; www.tjampuhan-bali.com; Jl Raya Campuan; Zi. inkl. Frühstück 110–180 US$; ❄@📶🏊) Das ehrwürdige Haus mit insgesamt 67 Zimmern überblickt den Zusammenfluss von Sungai Wos und Campuan. Der einflussreiche deutsche Künstler Walter Spies lebte hier in den 1930er-Jahren. Sein ehemaliges Wohnhaus, in dem vier Leute übernachten können, ist Teil dieses Hotels. Die Einheiten im Bungalowstil, die am Hang liegen, bieten einen fantastischen Blick auf Tal und Tempel.

Das historische Haus, in dem Walter Spies einst lebte, kann man für 3 000 000 Rp pro Nacht mieten.

★ **Warwick Ibah Luxury Villas** HOTEL $$$

(Karte S. 176; ☎ 0361-974466; www.warwickibah.com; bei Jl Raya Campuan; Suite/Villa inkl. Frühstück ab 170/275 US$; ❄📶🏊) Das Ibah mit Aussicht auf die rauschenden Bäche und die mit Reisterrassen besetzten Hänge des Wos-Tals bietet raffinierten Luxus in insgesamt 17 geräumigen, individuell gestalteten Suiten und Villen, die Altes und Modernes verbinden. Jede Wohneinheit könnte in einem Magazin für Inneneinrichtung vorgestellt werden. Der Swimmingpool ist in den Hang gebaut, umgeben von üppigen Gärten und schönen Steinmetzarbeiten.

★ **Como Uma Ubud** BOUTIQUEHOTEL $$$

(☎ 0361-972448; www.comohotels.com; Jl Raya Sanggingan; Zi. ab 290 US$, Villa ab 390 US$; ❄📶🏊) Die 46 Zimmer in einer der attraktivsten Unterkünfte in Ubud sind unterschiedlich groß, weisen aber alle einen entspannten naturnahen Stil auf, der gut zu dem grandiosen Blick über die Gartenanlagen und das Flusstal passt. Service und Einrichtungen, beispielsweise das Restaurant, sind herausragend.

Penestanan

Santra Putra GUESTHOUSE $

(Karte S. 176; ☎ 0361-977810; www.facebook.com/santraputraKAS; Jl Pacekan 18, bei Jl Raya Campuan; Zi. inkl. Frühstück 300 000–400 000 Rp; 📶) Das Haus gehört dem Künstler I Wayan Karja, dessen abstrakte Kunst international ausgestellt wird. Seine Atelier-Galerie (S. 180) befindet sich ebenfalls auf dem Gelände. Das Gästehaus bietet elf große, offene, luftige Zimmer mit Warmwasser. Von allen Aussichtspunkten lässt sich der Blick auf die Reisfelder genießen. Der Künstler bietet Mal- und Zeichenkurse an.

Roam DESIGNHOTEL $$

(Karte S. 176; ☎ 0361-479 2884; www.roam.co/places/ubud; Jl Raya Penestanan; Zi. pro Woche ab 500 US$; ❄📶) Das Hipster Co-Living-Hotel, das in einer alten, renovierten Wohnung untergebracht ist, hat eine klassische Motel-Ausstattung – aber mit Rock-'n'-Roll-Flair. Die 24 Zimmer sind komfortabel und mit Kühlschränken und schnellem WLAN ausgestattet. Auf der Dachterrasse befinden sich Sonnenliegen, außerdem gibt es dort ein gesundes Café und einen Yoga-Raum. Zielgruppe sind „globale Nomaden", die in Ubud einen Laden eröffnet haben und die eine oder andere App entwickeln.

Melati Cottages HOTEL $$

(Karte S. 176; ☎ 0361-974650; www.melati-cottages.com; Jl Raya Penestanan; Zi. 35–60 US$; ❄📶) Das Melati liegt in tiefem Schatten, etwas abseits inmitten der Reisfelder. Es bietet 22 einfache Zimmer in zweigeschossigen, bungalowartigen Häusern. Alle haben Veranden, damit die Gäste dem Klang der Felder lauschen und die kühle Nachtluft in sich aufnehmen können. Die Gäste im Obergeschoss genießen eine schöne Aussicht.

Villa Nirvana BOUTIQUEHOTEL $$

(Karte S. 176; ☎ 0361-979419; www.villanirvanabali.com; Penestanan; Zi. inkl. Frühstück 120–200 US$; ❄📶🏊) Möglicherweise findet schon derjenige ins Nirvana, der die Villa Nirvana erreicht: Zugänglich ist das Haus entweder von Westen über einen 150 m langen Pfad durch ein kleines Flusstal oder von Osten über einen Weg durch die Reisfelder, der oben an einer steilen Treppe beginnt. Die Anlage mit sechs Villen, die der einheimische Architekt Awan Sukhro Edhi entworfen hat, ist ein ruhiger Rückzugsort. Im Preis sind ein Shuttle-Service und ein kostenloser Mobiltelefon-Verleih enthalten.

Sayan & Ayung Valley

Taman Bebek HOTEL $$

(Karte S. 176; ☎ 0361-975385; www.tamanbebekbali.com; Jl Raya Sayan; Zi. 750 000–1 600 000 Rp;

) Die spektakuläre Lage mit Blick über das Sayan Valley verführt dazu, den ganzen Tag wie festgeklebt auf der Terrasse zu verbringen. Vier Suiten und sieben Villen umgeben die Sayan Terrace (S. 183) und teilen sich einen stilvollen Gemeinschaftsbereich. Alle wurden zurückhaltend in klassisch balinesischer Bauweise aus Holz und Stroh nach den Plänen des inzwischen verstorbenen legendären Gartenarchitekten Made Wijaya errichtet.

Bambu Indah BOUTIQUEHOTEL $$$
(0361-977922; www.bambuindah.com; Banjar Baung; Zi. inkl. Frühstück 200–500 US$;) Der bekannte zugewanderte Unternehmer John Hardy verkaufte im Jahr 2007 seine Schmuckfirma und wurde Hotelier.

Auf einem Hügelkamm in der Nähe von Sayan und seinem geliebten Sungai Ayung stellte er ein Ensemble von rund 100 Jahre alten javanischen Häusern und einem faszinierenden strohgedeckten Haus von der Insel Sumba zusammen. Jedes ist stilvoll und mit sehr viel Geschmack und Atmosphäre eingerichtet. Zusammen mit mehreren Wirtschaftsgebäuden entstand so eine zeitloses, dorfähnliches Anwesen mit Luxusflair. Es gibt einen kostenlosen Shuttle-Service ins Zentrum von Ubud.

Amandari HOTEL $$$
(0361-975333; www.amanresorts.com; Kedewatan; Suite inkl. Frühstück ab 850 US$;) Im Dorf Kedewatan vollbringt das sagenumwobene Amandari alles mit dem Charme und der Anmut einer klassischen balinesischen Tänzerin. Wunderbare Blicke auf den Regenwald und hinunter auf den Fluss – der 30 m lange grün gekachelte Swimmingpool scheint direkt über den Rand zu kippen – sind nur einige der Attraktionen. Die 30 frei stehenden Pavillons könnten sich als „Falle" erweisen – weil man sie am Ende gar nicht mehr verlassen möchte!

Four Seasons Resort HOTEL $$$
(0361-977577; www.fourseasons.com; Sayan; Suite ab 700 US$, Villa ab 900 US$;) Der geschwungene Empfangsbereich im Freien liegt unterhalb der Abbruchkante des Tals und wirkt wie ein Breitbandfilm über Ubuds Schönheit. Zu vielen Villen gehört ein eigener Pool; alle teilen die gleiche faszinierende Aussicht und ein fantastisches modernes Design. Abends hört man von jeder der 60 sehr geräumigen Wohneinheiten nur noch das Wasser rauschen.

Kedewatan

★ Mandapa, Ritz-Carlton Reserve VILLA $$$
(Karte S. 176; 0361-4792777; www.ritzcarlton.com; Jl Kedewatan; Suite/Villa inkl. Frühstück ab 580/800 US$;) Mit dem Wort episch lässt sich das Ausmaß, in dem diese faszinierende neue Ferienanlage aufsteigt, nicht einmal ansatzweise beschreiben. Sie erstreckt sich auf über 5,5 ha, die Größe eines kleinen Dorfes, und liegt in einem spektakulären Tal inmitten von Reisfeldern. Die Stars sind zweifellos die Villen am Flussufer, aber auch bei den anderen Villen oder Suiten trifft man sicherlich eine gute Wahl.

Das Restaurant Kubu (S. 201) ist auch dann einen Besuch wert, wenn man hier Übernachtungsgast ist, sowohl wegen der landschaftlich reizvollen Lage am Flussufer, als auch wegen des großartigen, fünfgängigen Degustationsmenüs.

Essen

Die Cafés und Restaurants in Ubud zählen wohl zu den besten auf Bali. Einheimische und zugewanderte Köche bereiten eine Vielzahl authentisch balinesischer Gerichte zu, suchen aber auch originelle Annäherungen an die asiatischen und andere internationale Küchen.

Gute Cafés scheinen hier beinahe so verbreitet zu sein wie die allgegenwärtigen Frangipaniblüten. Bis 21 Uhr sollte man am Tisch sitzen, sonst schrumpfen die kulinarischen Optionen rapide. Besonders in der Hochsaison empfiehlt es sich, am Abend einen Tisch zu reservieren.

Jalan Raya Ubud & Umgebung

Gelato Secrets GELATERIA $
(Karte S. 170; www.gelatosecrets.com; Monkey Forest Rd; ab 20 000 Rp; 10–22.30 Uhr) Dieser Tempel der gefrorenen Genüsse bietet frische Geschmacksrichtungen aus einheimischen Früchten und Gewürzen, beispielsweise Drachenfrucht und Zimt oder Cashew und schwarzer Sesam.

Bali Bunda Shop MARKT $
(Karte S. 170; www.balibuda.com; Jl Raya Ubud; 8–20 Uhr) Der Bali-Bunda-Laden für Fertiggerichte und Lebensmittel ist eine großartige Quelle für Bio-Produkte; auch die Backwaren sind ausgezeichnet.

Anomali Coffee KAFFEE $

(Karte S. 170; Jl Raya Ubud; Snacks ab 20 000 Rp; ⏲7–23 Uhr; 📶) Einheimische Hipster trinken ihren Java in diesem Café, das – nun ja – aus Java stammt. Indonesiens Antwort auf Starbucks nimmt die Zubereitung des (ausgezeichneten) Kaffees sehr ernst, und das tut auch das junge Publikum, das sich hier gerne einfindet.

Kué CAFÉ $

(Karte S. 170; ☎976 7040; Jl Raya Ubud; Mahlzeiten 30 000–80 000 Rp; ⏲8–21 Uhr; ❄📶) Top-Adresse für Bio-Schokolade! Unten stehen ein paar Hocker; über die Treppe an der Seite geht es zu einem hübschen Café oberhalb des Straßenchaos. Die guten Backwaren, aber auch Säfte, Kaffee, Sandwiches, Bio-Wraps und indonesische Hauptgerichte machen das Café zu einem tollen Platz für eine entspannte Pause.

★ **Hujon Locale** INDONESISCH $$

(Karte S. 170; ☎0361-849 3092; www.hujanlocale.com; Jl Sriwedari 5; Hauptgerichte 110 000–200 000 Rp; ⏲12–22 Uhr; 📶) Das Hujon Locale, das dem Team des von der Kritik gefeierten Mama San in Seminyak gehört, ist eins der angenehmsten Restaurants in Ubud. Die Speisekarte mixt traditionelle indonesische Gerichte mit einem modernen, kreativen Flair vom Garnelen-Curry von der Insel Aceh bis zum langsam geschmorten Lammcurry aus Sumatra. Das Lokal in einem schicken zweigeschossigen Bungalow im Kolonialstil ist für einen milden Abend wie gemacht. Großartige Cocktails.

Bali Bunda CAFÉ $$

(Karte S. 170; ☎0361-976324; www.balibuda.com; Jl Jembawan 1; Hauptgerichte 45 000–80 000 Rp; ⏲7.30–22 Uhr; 📶) Der flotte Laden im Obergeschoss bietet eine ganze Palette an vegetarischen *jamu* (Gesundheitstonikum), Salaten, Sandwiches, herzhaften Crêpes, ausgezeichneter Pizza mit dünnem Boden sowie Eis. Er verfügt über einen gemütlichen Sitzbereich und ist abends mit Kerzen beleuchtet. Am Schwarzen Brett im Erdgeschoss hängen zahlreiche spezifisch auf Ubud bezogene Anzeigen.

Casa Luna INDONESISCH $$

(Karte S. 170; ☎0361-977409; www.casalunabali.com; Jl Raya Ubud; Mahlzeiten ab 50 000 Rp; ⏲8–22 Uhr) Die Gäste genießen kreative Gerichte mit indonesischem Schwerpunkt wie die süchtig machenden Bambusspieße mit gehacktem Seafood-Satay (wer eigentlich kann das Dutzend verschiedener Gewürze herausschmecken?). Waren aus der bekannten Bäckerei sind ebenfalls ein Muss. Die Besitzerin Janet de Neefe ist die treibende Kraft hinter dem viel gepriesenen Ubud Writers & Readers Festival (S. 182).

EIN SPAZIERGANG ZU BIO-GENÜSSEN

Lust auf einen netten, etwa einstündigen Spaziergang? In wunderschöner Lage auf einem Plateau mit Blick auf Reisterrassen und Flusstäler liegt das kleine Café Warung Bodag Maliah (S. 200) mitten auf einem großen Bio-Bauernhof, der zur hierzulande beliebten Marke Sari Organic gehört.

Ja, das Essen ist gesund, aber noch wichtiger: Der Weg hierher ist schon der halbe Spaß, und am Ziel winken kühle, erfrischende Getränke. Auf einen kleinen Pfad Richtung Norden unweit der Jalan Raya Ubud achten, der an den Abangan Bungalows vorbeiführt, dann auf Fußwegen weitere 800 m den Schildern folgen. Allerdings macht sich Ubuds rasante Bautätigkeit auch hier bemerkbar; da kann es passieren, dass die Spaziergänger von einem mit Baumaterialien beladenen Motorrad fast über den Haufen gefahren werden.

Wer erst einmal in den üppigen Reisfeldern unterwegs ist, kann weiter nach Norden laufen, bis das Interesse oder die Ausdauer erlahmen. Die Umgebung wird hier zunehmend natürlicher. Auf beiden Seiten gehen schmale Pfade ab, die zu kleinen Bächen führen.

Spice INDONESISCH $$

(Karte S. 170; ☎0361-479 2420; www.spicebali.com; Jl Raya Ubud 23; Hauptgerichte 60 000–125 000 Rp; ⏲12–23 Uhr) Das ambitionierte Café ist der Prototyp für ein neues Dining-Konzept des Ubuder Kochs Chris Salans. Aus der offenen Küche kommen jedenfalls leckere Versionen ungewöhnlicher indonesischer Gerichte von einer wechselnden Speisekarte auf den Tisch. Es geht hier sehr leger zu, und die Bar bildet einen wichtigen Schwerpunkt.

Il Giardino ITALIENISCH $$

(Karte S. 170; ☎0361-974271; www.ilgiardinobali.com; Jl Kajeng 3, Han Snel Siti Bungalows; Hauptgerichte 60 000–150 000 Rp; ⌚17–22.30 Uhr; 📶) Dieses romantische italienische Freiluft-Restaurant liegt wunderschön mit Blick auf einen Lilienteich. Es befindet sich im Atelier/Galerie und den gleichnamigen Bungalows des verstorbenen holländischen Malers Han Snel. Es gibt *aperitivo,* Pizza aus dem Holzofen, hausgemachte Pasta und herzhafte italienische Hauptgerichte.

Clear FUSION-KÜCHE $$
(Karte S. 170; ☎0361-889 4437; www.facebook.com/ClearCafeUbud/; Jl Hanoman 8; Mahlzeiten 4–15 US$; ⌚8–22 Uhr; ✎👪) 🌿 Dieses ambitionierte Restaurant bringt ein bisschen Hollywoodglamour nach Ubud. Die Gerichte sind ausgesprochen gesund, aber auch unglaublich kreativ. Alles wird aus lokalen Zutaten und Produkten zubereitet und raffiniert angerichtet.

An der Feinkosttheke können die Kunden sich für ein gemütliches Picknick mit leckeren und frischen Snacks versorgen. Außerdem gibt es eine BYOB-Regelung und eine Extrakarte für Kinder.

Fair Warung Balé INTERNATIONAL $$
(Karte S. 170; ☎0361-975370; www.fairfuturefoundation.org; Jl Sriwedari 6; Hauptgerichte 50 000–110 000 Rp; ⌚11–22 Uhr) 🌿 Tagesüber entspannt, abends ein Hot Spot; zu vorgerückter Stunde bilden sich oft Schlangen von Menschen, die für einen Tisch in dem attraktiven Restaurant im Obergeschoss anstehen. Es wird von einer NGO mit Sitz in der Schweiz, der Fair Future Foundation, betrieben. Die Gewinne fließen zu 100 % in die Gesundheitsversorgung der örtlichen Gemeinde. Das Essensangebot reicht von einheimischen Currys bis zu frisch gebackenem Baguette mit Tunfisch-Tartar.

Black Beach ITALIENISCH $$
(Karte S. 170; ☎0361-971353; www.blackbeach.asia; Jl Hanoman; Hauptgerichte 50 000–120 000 Rp; ⌚11–22 Uhr) Hier bereiten sie ihren eigenen Teig zu, kneten ihn tüchtig durch und lassen ihn dann langsam aufgehen, bevor er sich in guten dünnen knusprigen Pizzaboden verwandelt. Wen das nicht anspricht, der findet vielleicht Gefallen an den Pastagerichten. Die Aussicht von Speisesaal im Obergeschoss ist nett; der Anziehungspunkt für manche sind die Vorführungen von Arthouse-Filmen auf der Terrasse.

Nördlich der Jalan Raya Ubud

Warung Ibu Oka BALINESISCH $$
(Karte S. 170; ☎0361-976345; Jl Suweta; Hauptgerichte ab 55 000 Rp; ⌚11–18 Uhr) Mittags stehen die Menschen vor dem Warung gegenüber Ubud Palace Schlange und warten nur auf eins: gebratenes *babi guling* (Spanferkel) auf balinesische Art. Wer ein *spesial* bestellt, bekommt die besten Stücke. Wegen des Touristen-Hypes liegen die Preise hier doppelt so hoch wie normalerweise.

Monkey Forest Road

★ **Three Monkeys** FUSION-KÜCHE $$
(Karte S. 170; ☎0361-975554; www.threemonkeyscafebali.com; Monkey Forest Rd; Hauptgerichte

LEBENSMITTEL EINKAUFEN IN UBUD

Ubuds Bio-Markt findet zweimal wöchentlich statt: am Mittwoch im Tebesaya *wantilan* (offener Pavillon, der für Hahnenkämpfe genutzt wird) und am Samstag im **Pizza Bagus** (S. 210). Er lockt Spitzenhändler aus der ganzen Region an.

BundaMart (S. 193) Der qualitätsvolle Ableger von Bali Bunda ist eine gute Quelle für Bio-Lebensmittel und ausgezeichnete Backwaren.

Delta Dewata Supermarket (Karte S. 170; ☎0361-973049; Jl Raya Andong; ⌚8–22 Uhr) und **Bintang Supermarket** (Karte S. 176; Jl Raya Sanggingan; ⌚7–22 Uhr) Beide bieten eine große Auswahl an Lebensmitteln und anderen lebenswichtigen Dingen.

Obst- & Gemüsemarkt (Karte S. 170; Jl Raya Ubud; ⌚6–13 Uhr) Der traditionelle Obst- & Gemüsemarkt ist ein Karneval tropischer Lebensmittel, der sich auf mehreren Ebenen entfaltet. Trotz der kreischenden Touristenhorden lohnt ein Besuch. Er befindet sich in der hinteren Ecke der Pasar Seni.

Die Filialen der Lebensmittelmärkte Delta Mart sind weit verbreitet, allerdings schwanken die Preise stark. Die allgegenwärtigen Circle Ks sind verlässlich und verkaufen Bintang rund um die Uhr.

60 000–185 000 Rp; ⌚8–22 Uhr; 📶) Das wäre es doch: Sich bei einem Kaffirlimetten-Mojito inmitten des Froschkonzerts in den Reisfeldern entspannt zurücklehnen. Dazu entfaltet Fackelschein eine magische Wirkung. Tagsüber gibt es Sandwiches, Salate und Eis – am Abend eine Fusion-Karte mit asiatischen Klassikern.

Watercress CAFÉ $$
(Karte S. 170; ☎0361-976127; www.watercressubud.com; Monkey Forest Rd; Hauptgerichte 90 000–150 000 Rp; ⌚7.30–23 Uhr; 📶) Die Ubud-Version des Cangguer Originals zieht mit dem hochwertigen westlichen Essen ein junges elegantes Publikum an. Der schicke Open-Air-Bereich erstreckt sich über zwei Ebenen. Das Café serviert ganztägig kreative Frühstücksangebote und bietet eine Speisekarte, die zur modernen australischen Küche tendiert. Zur Wahl stehen z. B. frische Salate, superleckere Fisch-Burger mit knusprigen Chat Potatoes, Linguine mit Riesengarnelen und gegrillte Lammkoteletts.

Jalan Dewi Sita & Jalan Goutama

Östlich der Monkey Forest Road führt ein kurzer Spaziergang mitten hinein in die beste Restaurantauswahl in Ubud.

Juice Ja Cafe CAFÉ $
(Karte S. 170; ☎0361-971056; Jl Dewi Sita; Hauptgerichte ab 30 000 Rp; ⌚8–23 Uhr; 📶) 🌿 Ein Glas Spirulina? Eine Prise Weizengras zum Papayasaft? Bio-Obst und -Gemüse verwandeln sich in diesem coolen Café mit Bäckerei in schmackhafte Snacks. Kleine Broschüren erklären die Herkunft z. B. von Bio-Cashewnüssen. Der Patio ist angenehm.

Tutmak Cafe CAFÉ $
(Karte S. 170; ☎0361-975754; Jl Dewi Sita; Hauptgerichte 40 000–100 000 Rp; ⌚8–23 Uhr; 📶) Das schicke, luftige Lokal mit mehreren Ebenen ist ein beliebter Platz für ein erfrischendes Getränk oder einen der indonesischen Klassiker, die auf der Speisekarte stehen. Das *nasi campur* (Reis mit diversen Beilagen) mit frischem Thunfisch gehört zu den besten in Ubud.

Dewa Warung INDONESISCH $
(Karte S. 170; Jl Goutama; Mahlzeiten 20 000–30 000 Rp; ⌚8–23 Uhr) Wenn Regen auf das Blechdach trommelt, klingt das wie ein Stepptanz-Meeting, und die nackten Glühbirnen schaukeln in der Brise. Ein kleiner Garten umrahmt Tische, die wenige Stufen oberhalb der Straße stehen. Dort tun sich die Gäste an frischen, brutzelnd heißen indonesischen Gerichten gütlich. Dazu gibt es preiswertes Bintang.

Waroeng Bernadette INDONESISCH $$
(Karte S. 170; ☎0821 4742 4779; Jl Goutama; Hauptgerichte ab 60 000 Rp; ⌚11–23 Uhr; 📶) Nicht umsonst nennt sich das Restaurant „Heimat des Rendang". Das klassische Gericht aus Westsumatra aus lange mariniertem Fleisch (im Original ist es Rind, aber hier gibt es auch eine vegetarische Version mit Jackfrucht) wird mit viel Farbe und einem besonderen Flair aufgetischt. Weitere Gerichte haben einen pikanten Schwung, der den langweiligen Versionen, die anderswo serviert werden, fehlt. Der erhöhte Speisesaal ist eine wahre Orgie an Kitsch.

Locavore to Go CAFÉ $$
(Karte S. 170; ☎0361-977733; Jl Dewi Sita; Hauptgerichte 50 000–120 000 Rp; ⌚8.30–18 Uhr; 📶) Der sehr viel schlichtere Laden von dem Team des von der Kritik gefeierten Locavore weiter unten an der Straße nutzt deren berühmte Schlachterei für leckere Brunchangebote. Sie reichen vom Frühstücks-Burger und *banh mi* (vietnamesisches Baguette) bis zum Pulled-Pork-Brioche, und das alles in einem Café mit offener Front. Ein Muss für Slowfood-Fans.

Melting Wok ASIATISCH $$
(Karte S. 170; ☎0821 5366 6087; Jl Goutama; Hauptgerichte ab 50 000 Rp; ⌚Di–So 10–23 Uhr) Panasiatische Gerichte erfreuen die Massen in diesem äußerst beliebten Open-Air-Restaurant an der Goutama-Meile. Currys, Nudelgerichte, Tempeh und vieles mehr füllen die Speisekarte; da fällt die Entscheidung wirklich schwer. Die Desserts verweisen eher auf koloniale Einflüsse: französische Akzente in Hülle und Fülle. Der Service ist entspannt, aber effizient. Eine Reservierung ist empfehlenswert.

Cafe Havana LATEINAMERIKANISCH $$
(Karte S. 170; ☎0361-972973; Jl Dewi Sita; Hauptgerichte ab 60 000 Rp; ⌚8–23 Uhr) Hier fehlt nur noch Fidel. Naja, genau genommen fehlt in dem schmucken, stylishen Café auch der Verfall der namengebenden Stadt. Die Gerichte verströmen lateinamerikanisches Flair, beispielsweise die leckeren Schmankerln aus Schweinefleisch, aber es warten auch Überraschungen wie ein wirklich erstaunlicher Crème-brûlée-Haferbrei am

EAT, PRAY, LOVE & UBUD

„Das verdammte Buch!" So reagieren viele Einwohner von Ubud, die fürchten, ihre Stadt könnte von den Fans von *Eat, Pray, Love* überrannt werden. *Eat, Pray, Love* ist ein Buch von Elizabeth Gilbert (und ein nicht so erfolgreicher Film), das die Suche der amerikanischen Autorin nach Selbstverwirklichung (und Erfüllung eines Autorenvertrags) in Italien, Indien, und – natürlich – Ubud schildert.

Manche kritisieren, Gilbert liefere ein unvollständiges Bild von Ubud und seinen Bewohnern, von Tanz, Kunst, Wanderungen, hier lebenden Ausländern und allem anderen. Und sie prangern falsche Fakten an wie die Beschreibung der Surfspots an der Nordküste (dort gibt es keine). Das weckt den Verdacht, dass die Dinge für den Plot ein bisschen aufgebauscht wurden. Andere Leute in Ubud haben dagegen unzählige Möglichkeiten entdeckt, von EPL zu profitieren, und sind sehr glücklich, auf der Welle mitschwimmen zu dürfen (außer an der Nordküste ...).

Dann gibt es echte Fans, die eine nachhaltige Botschaft in *EPL* entdeckt haben, eine, die Aspekte ihres Lebens bestätigt und/oder in Zweifel zieht. Für einige hätte es ohne *ELP* keine letztlich magische Reise nach Ubud gegeben.

Morgen. Jeden Abend gibt es Livemusik von 19 bis 22 Uhr, am Mittwoch wird Salsa getanzt und gefeiert.

Kafe Batan Waru INDONESISCH $$
(Karte S. 170; ☎0361-977528; Jl Dewi Sita; Hauptgerichte ab 60 000 Rp) Das Café serviert durchweg gutes indonesisches Essen. Keine Lust mehr auf *mie goreng* aus Instantnudeln? Mit täglich frisch hergestellten Nudeln feiert diese Version eine beinahe vergessene Kunst. Auch westliche Gerichte, beispielsweise Sandwiches und Salate kommen im Batan Waru auf den Tisch. *Bebek betutu* (geräucherte Ente) und *babi guling* gibt es aber nur auf Vorbestellung.

★ Locavore FUSIONSKÜCHE $$$
(Karte S. 170; ☎0361-977733; www.restaurantlocavore.com; Jl Dewi Sita; 5-/7-Gänge-Menü 675 000/775 000 Rp; ⏲12–14 & 18–22 Uhr; P❄📶) In *dem* Feinschmeckertempel in Ubud, der nur heimische Produkte verwendet, einen freien Tisch zu ergattern, ist extrem schwer. Man muss Wochen im Voraus reservieren. Das Essen kommt als Degustationsmenü auf den Tisch und kann schon mal neun Gänge umfassen (dieses Küchennirvana nimmt bis zu drei Stunden in Anspruch). Die Küchenchefs Eelke Plasmeijer und Ray Adriansyah sind Zauberer; da gilt es, die Show einfach zu genießen (und sich an die passenden Weine zu halten). Das Locavore to Go, etwas weiter bergauf gelegen, ist ebenfalls einen Besuch wert. Hier gibt es tollen Brunch mit Sachen wie Frühstücks-Burger und *banh mi*. Außerdem verkauft es hervorragende Zutaten für ein Picknick.

★ Pica SÜDAMERIKANISCH $$$
(Karte S. 170; ☎0361-971660; Jl Dewi Sita; Hauptgerichte 160 000–300 000 Rp; ⏲Di–So 11–22 Uhr) Die südamerikanische Küche zählt dank dieses jungen Paares, das dieses ausgezeichnete Restaurant betreibt, zu den echten kulinarischen Highlights in ganz Ubud. Aus der offenen Küche finden Gerichte, in denen sich Rind, Schwein, Fisch, Kartoffeln und anderes kreativ vereinen, ihren Weg zu den zufriedenen Gästen. Das hauseigene Sauerteigbrot ist hervorragend.

Padangtegal & Tebesaya

Warung Sopa VEGETARISCH $
(Karte S. 170; ☎0361-276 5897; Jl Sugriwa 36; Hauptgerichte 30 000–60 000 Rp; ⏲8–21.30 Uhr; 📶✍) Das beliebte Lokal unter freiem Himmel liegt in einer Wohnstraße und fängt die Ubud-Atmosphäre mit kreativen und leckeren vegetarischen Gerichten mit balinesischem Dreh ein. Die Tagesgerichte sind ausgestellt; das *nasi campur* schmeckt zwar immer wieder ein wenig anders, aber dafür immer wieder lecker.

Earth Cafe & Market VEGETARISCH $
(Karte S. 170; www.dtebali.com/earth-cafe-market-ubud; Jl Gotama Selatan; Mahlzeiten ab 30 000 Rp; 📶✍) „Freie Radikale eliminieren" ist nur einer von vielen gesunden Drinks in diesem Hardcore-Außenposten für vegetarische Bio-Kost und -Getränke. Die scheinbar endlose Speisekarte umfasst eine Vielzahl an Suppen, Salaten und Gemüseteller voller mediterraner Geschmackserlebnisse. Auf der Hauptebene gibt es einen Markt.

Warung Mangga Madu INDONESISCH $
(Karte S. 170; ☎0361-977334; Jl Gunung Sari; Hauptgerichte ab 15 000 Rp; ⏲8–22 Uhr) Die leicht erhöhte Terrasse ist ein wirklich toller Platz, um die ausgezeichneten Versionen von indonesischen Klassikern wie *nasi campur* zu genießen. Am Nachbartisch sitzt dann schon mal der Fahrer und liest die Zeitung *Bali Pos*. Also rein mit den Snacks für unterwegs und dann los.

Mama's Warung INDONESISCH $
(Karte S. 170; ☎0361-977047; Jl Sukma; Hauptgerichte 25 000–50 000 Rp; ⏲8–22 Uhr) Ein wirklich günstiger Warung zwischen den ebenso günstigen Privatunterkünften von Tebesaya. Mama und ihr Gefolge kochen indonesische Klassiker, die gut gewürzt sind und sehr stark nach Knoblauch duften (der Avocadosalat, hmm!). Die frisch zubereitete Erdnusssoße für das Satay sieht seidig glatt aus, das gebratene Sambal schmeckt ganz einfach hervorragend.

Ubud Organic Market MARKT $
(Karte S. 170; www.ubudorganicmarket.com; bei Jl Sukma; ⏲Mi & Sa 9–14 Uhr) Der Bio-Markt wird zweimal wöchentlich veranstaltet: am Mittwoch in der UBC Tebesaya, dem Dorf *wantilan* (offener Pavillon), und am Samstag im Pizza Bagus (S. 200) an der Jalan Raya Pengosekan.

Kafe CAFÉ $
(Karte S. 170; ☎0361-780 3802; Jl Hanoman 44; Hauptgerichte 15 000–50 000 Rp; ⏲8–23 Uhr; 🖉) 🌿 Das Kafe mit seiner umfassenden Bio-Karte ist eine wunderbare Adresse für Vegetarier oder einfach nur für einen Kaffee, Saft oder eine hausgemachte Naturlimonade. Die Frühstücksangebote sind gesund, zur Mittagszeit gibt es ausgezeichnete Salate, Bowls und Burritos mit viel Rohkost. Hier ist immer etwas los.

Kebun MEDITERRAN $$
(Karte S. 170; ☎0361-780 3801; www.kebunbistro.com; Jl Hanoman 44; Hauptgerichte ab 60 000 Rp; ⏲11–23 Uhr) In diesem schnuckeligen kleinen Bistro trifft Napa auf Ubud, und das passt ausgezeichnet. Eine lange Weinkarte (mit Specials) kann mit großen und kleinen Gerichten mit französischen und italienischen Akzenten kombiniert werden.

Außerdem werden leckere Tagesgerichte angeboten, darunter Pasta und Risotto. Gegessen wird drinnen oder draußen auf der ansprechenden Terrasse.

Bebek Bengil INDONESISCH $$
(Karte S. 170; Dirty Duck Diner; ☎0361-975489; www.bebekbengil.com; Jl Hanoman; Hauptgerichte 70 000–220 000 Rp; ⏲10–23 Uhr) Das riesige Lokal ist aus einem einzigen Grund so populär: wegen der knusprigen balinesischen Ente, die 36 Stunden mit Gewürzen mariniert und dann gebraten wird. Die Enten auf den wenigen verbliebenen Reisfeldern vor den riesigen Speisepavillons im Freien schauen besorgt zu.

Siti's Warung Little India INDISCH $$
(Karte S. 170; ☎0819 9962 4555; Jl Sukma 36; Hauptgerichte ab 45 000 Rp; ⏲10–22 Uhr) Das charaktervolle indische Restaurant, das von der entzückenden Siti geführt wird, ist mit alten Bollywood-Plakaten herausgeputzt, Hindi-Pop liefert dazu den entsprechenden Soundtrack. Die Thalis, Samosas und der Masala Chai schmecken alle köstlich und authentisch. Das Lokal liefert auch Tiffins.

Teges

Die Jalan Cok Rai Pudak – sie geht in die Jalan Raya Mas über, die von Peliatan Richtung Süden nach Mas führt – bietet eine ausgezeichnete Auswahl an schmackhaften balinesischen Gerichten.

★**Warung Teges** BALINESISCH $
(Karte S. 176; Jl Cok Rai Pudak; Hauptgerichte ab 25 000 Rp; ⏲8–18 Uhr) Das *nasi campur* ist hier besser als an fast jedem anderen Ort rund um Ubud. Alles stimmt – vom Schweinswürstchen bis zu Hähnchen, *babi guling* (Spanferkel) und sogar Tempeh. Das Sambal ist legendär: frisch, würzig und mit dem perfekten Schärfegrad.

Nyuhkuning

Warung Pojok INDONESISCH $
(Karte S. 176; ☎0361-749 4535; Jl Nyuh Bulan; Hauptgerichte 20 000–40 000 Rp; ⏲8–22 Uhr; 📶) Das geschäftige Eckcafé ist ein angenehmer Ort mit Blick auf Ubuds anderen Fußballplatz. Neben zahlreichen Reis- und Nudelgerichten gibt es viele vegetarische Optionen, Lassis und Säfte.

Swasti Beloved Cafe INTERNATIONAL $$
(Karte S. 176; ☎0361-974079; www.baliswasti.com; Jl Nyuh Bulan; Mahlzeiten 40 000–80 000 Rp; ⏲8–22 Uhr; 📶) 🌿 Das Café, das zum ausgezeichneten Gästehaus gleichen Namens gehört, ist Grund genug für einen Bummel durch den Monkey Forest. Indonesische und

westliche Gerichte mit Zutaten aus dem großen überdachten Bio-Garten sind frisch und lecker. Wie wäre es mit einem Glas frischen Saft zum heiß geliebten *fondant au chocolat* oder einem Cheesecake mit roher Mango? In den Abendstunden gibt es bisweilen Tanzdarbietungen von Kindern.

Pengosekan

Zahlreiche renommierte Restaurants stehen an der kurvigen Jalan Raya Pengosekan. Es lohnt sich immer nachzusehen, was es an Neuigkeiten gibt.

Pitri Minang INDONESISCH $

(Karte S. 176; Jl Cok Gede Rai; Mahlzeiten ab 15 000 Rp; ⌚10–22 Uhr) Mitten in einem etwas schmucklosen Viertel in Peliatan serviert dieses Restaurant mit offener Front frische und leckere Gerichte auf Padang-Art. Die Gäste können sich aus der Vielfalt der fertig gekochten Hauptgerichte eines aussuchen und sich dann für eine nette Mahlzeit vor Ort mit Blick auf einen alten Banyanbaum niederlassen.

Pizza Bagus PIZZA $$

(Karte S. 176; ☎0361-978520; www.pizzabagus.com; Jl Raya Pengosekan; Hauptgerichte 40 000–100 000 Rp; ⌚9–22 Uhr; ❄📶) Hier wird erstklassige Pizza mit knusprigem, dünnen Boden gebacken. Neben der großen Pizzaauswahl gibt es Pastagerichte und Sandwiches – alles überwiegend aus Bio-Zutaten hergestellt. Tische stehen drinnen und draußen, es gibt einen Spielplatz für kleine Gäste und einen Lieferservice.

Taco Casa MEXICAN $$

(Karte S. 176; ☎0812 2422 2357; www.tacocasabali.com; Jl Raya Pengosekan; Hauptgerichte ab 50 000 Rp; ⌚11–22 Uhr) Gewiss, Mexiko liegt ziemlich genau auf der anderen Seite des Globus (los, einen besorgen und dann nachgucken!), aber die Aromen haben auch den weiten Weg nach Bali gefunden. Leckere Versionen von Burritos, Tacos und mehr weisen die richtige scharf-würzige Mischung auf. Es gibt einen Lieferservice.

Campuan & Sanggingan

Warung Bodag Maliah HEALTH FOOD $

(Karte S. 176; Sari Organik; ☎0361-972087; Subak Sok Wayah; Hauptgerichte ab 40 000 Rp; ⌚8–20 Uhr) 🍃 In schöner Lage auf einem Plateau mit Blick über die Reisfelder und Flusstäler steht das attraktive Café mitten auf einer großen Bio-Farm. Das Essen ist gesund, und die Getränke sind kühl und erfrischend. Schon der Spaziergang (S. 195) durch die Reisfelder hierher macht richtig Spaß.

Warung Pulau Kelapa INDONESISCH $$

(Karte S. 176; ☎0361-971872; http://warungpulaukelapa.com; Jl Raya Sanggingan; Hauptgerichte 50 000–75 000 Rp; ⌚10–22 Uhr) Kelapa bietet stilvolle Varianten indonesischer Klassiker und ungewöhnlichere Gerichte aus allen Ecken des Inselstaates. Die Umgebung ist ebenfalls stilvoll: reichlich Tünche und Antiquitäten. Die Terrassentische auf der ausgedehnten Grasfläche sind die besten. Die Gäste können hier sieben verschiedene Arten von Satay probieren.

Elephant VEGETARISCH $$

(Karte S. 176; ☎0361-716 1907; www.elephantbali.com; Jl Raya Sanggingan, Hotel Taman Indrakila; Hauptgerichte 60 000–150 000 Rp; ⌚8–21.30 Uhr; 📶✍) 🍃 Ambitionierte vegetarische Kost mit grandiosem Blick auf Cerik Valley: Das Essen ist gut gewürzt, interessant und wird von einer besonders guten Dessertkarte gekrönt. Das Lokal ist eine Station auf dem Slowfood-Trail von Ubud, das Essen stammt aus Bio-Anbau und ethisch korrekten Quellen.

Naughty Nuri's BARBECUE $$

(Karte S. 176; ☎0361-977547; Jl Raya Sanggingan; Mahlzeiten ab 80 000 Rp; ⌚11–23 Uhr) An dem übermäßig gehypten Expat-Treff stehen die Menschen Tag und Nacht Schlange, um zu essen; Autos von Touristen parken in doppelter Reihe vor der Tür. Die Steaks, Rippchen und Burger vom Grill sind beliebt – was beweist, dass ein bisschen Medienrummel hilft –, auch wenn man lange kauen muss, was die Unterhaltung stört. Die kräftigen Martinis, die ursprüngliche Attraktion, sind so groß wie eh und je.

★ **Mozaic** FUSIONSKÜCHE $$$

(Karte S. 176; ☎0361-975768; www.mozaic-bali.com; Jl Raya Sanggingan; 6-Gänge-Menü 700 000 Rp; ⌚18–22 Uhr; 📶) Küchenchef Chris Salans betreut das viel gelobte Spitzenrestaurant. Feine französische Fusions-Küche zeigt sich auf einer ständig wechselnden saisonalen Speisekarte, die ihre Einflüsse aus dem tropischen Asien bezieht. Gegessen wird in einem eleganten Garten, in dem romantische Lichter glitzern, oder in einem ausgeschmückten Pavillon. Zur Wahl stehen vier Degustationsmenüs, eines davon ist eine Überraschung.

Penestanan

Yellow Flower Cafe INDONESISCH $

(Karte S. 176; ☎ 0361-889 9865; bei Jl Raya Campuan; Hauptgerichte ab 30 000 Rp; ⊙ 8–21 Uhr; 📶) New-Age-Indonesisch direkt in Penestanan, zu erreichen über einen kleinen Pfad durch die Reisfelder. Bio-Hauptgerichte wie *nasi campur* oder Reispfannkuchen sind gut; wer nur eine Kleinigkeit essen möchte, bestellt einen guten Kaffee, Kuchen und Smoothies. Am Sonntagabend gibt es ab 17.30 Uhr ein ausgezeichnetes balinesisches Büfett (85 000 Rp). Tolle Aussicht.

★ **Moksa** VEGETARISCH $$

(Karte S. 176; ☎ 0361-479 2479; www.moksaubud.com; Gang Damai, Sayan; Hauptgerichte 40 000–80 000 Rp; ⊙ Di–So 10–21 Uhr) Das Vom-Hof-auf-den-Tisch-Zeug kann man vergessen, im Moksa heißt es vom Hof auf die Gabel auf den Hof. Auf der Basis ihres eigenen Hofs mit Permakultur demonstriert das Restaurant wie aus schlicht zubereitetem Gemüse außergewöhnliche Mahlzeiten entstehen können. Die Hälfte der Gerichte besteht aus Rohkost. Auf der wechselnden Karte steht normalerweise die beliebte „Lasagne Love", zu der Nusskäse und Pesto gehören. Das Ambiente des mitten auf der Farm gelegenen Lokals ist gehoben rustikal.

Von der nächsten Straße führt ein 400 m langer idyllischer Spaziergang an den rauschenden Bächen entlang, die der Bewässerung der Reisfelder dienen, hierher.

Alchemy VEGAN $$

(Karte S. 176; ☎ 0361-971981; www.alchemybali.com; Jl Raya Penestanan 75; Hauptgerichte ab 50 000 Rp; ⊙ 7–21 Uhr; 📶 ✍) 🍃 Als Prototyp eines 100 % veganen Restaurants in Ubud bietet das Alchemy eine umfangreiche Salatkarte, die Kundenwünsche berücksichtigt, sowie Cashewmilch-Getränke, Durian-Smoothies, Eis, Fenchelsaft und vieles mehr. Die Desserts aus Rohschokolade können süchtig machen.

Kedewatan

★ **Nasi Ayam Kedewatan** BALINESISCH $

(☎ 0361-742 7168; Jl Raya Kedewatan; Mahlzeiten ab 25 000 Rp; ⊙ 9–18 Uhr) Die allermeisten Einheimischen, die auf dem Weg durch Sayan den Hügel erklimmen, machen an diesem einfachen Lokal Halt. Der Hit ist das *sate lilit*: gehacktes Hühnerfleisch, kombiniert mit einer Vielfalt von Gewürzen einschließlich Zitronengras, wird um Bambusspieße gedrückt und gegrillt. Hier kann man sich mit traditioneller balinesischer Wegzehrung versorgen: gebratene Chips, die mit Nüssen und Gewürzen kombiniert werden.

Kubu MEDITERRAN $$$

(Karte S. 176; ☎ 0361-4792777; www.ritzcarlton.com; Jl Kedewatan, Mandapa, Ritz-Carlton Reserve; festes Menü ab 750 000 Rp; ⊙ 18–22 Uhr) Das Kubu, eine einzige Orgie in Bambus, ist das Spitzenrestaurant der Mandapa-Ferienanlage und bietet gemütliche Abendessen in einem der neun separaten Kokons mit Blick auf den Fluss Ayung. Wer sich ganz der Romantik hingibt, könnte die ausgezeichnete mediterran-europäische Küche aus dem Blick verlieren. Da Hausgäste bei der Buchung bevorzugt werden, müssen alle anderen weit im Voraus reservieren.

Ausgehen & Nachtleben

Niemand fährt wegen des wilden Nachtlebens nach Ubud, obwohl sich das vielleicht ändern wird. In einigen Bars geht es bei Sonnenuntergang und später am Abend lebhaft zu; aber alkoholgeschwängerte Ausschweifungen und Partys wie in Kuta und Seminyak fallen hier aus: Die meisten Bars in Ubud schließen früh, oft um 23 Uhr.

★ **Freak Coffee** KAFFEE

(Karte S. 170; ☎ 0361-898 7124; Jl Hanoman 1; ⊙ 8–20 Uhr) 🍃 Der Name passt genau, denn diese Leute sind Kaffeefanatiker. Die besten balinesischen Bohnen werden handverlesen und dann mit Präzision geröstet, bevor sie aufgebrüht werden – und das mit einer Liebe zum Detail, die einem pedantischen Wissenschaftler gefallen würde. Über allem steht das Bestreben, fantastischen Kaffee mit dem geringstmöglichen Ausstoß an Kohlendioxid herzustellen. In dem schlichten Laden mit offener Frontseite können die Gäste das Ergebnis genießen.

★ **Room 4 Dessert** LOUNGE

(Karte S. 176; ☎ 0821 4429 3452; www.room4dessert.asia; Jl Raya Sanggingan; Leckereien ab 100 000 Rp; ⊙ ab 18 Uhr) Promi-Koch Will Goldfarb, der sich einen guten Namen als *der* Dessert-Künstler in Manhattan gemacht hat, betreibt dieses Lokal, das ein Nachtclub sein könnte – nur, dass dort nur Desserts serviert werden. Am besten geht man mit ein paar Freunden dorthin und bestellt am besten einen Probierteller. Abgerundet wird das Ganze mit klassischen und außerge-

GUTE & SCHLECHTE TANZENSEMBLES

Nicht alle Tanzgruppen auf den Bühnen von Ubud sind gleich. Da gibt es wirkliche Künstler mit internationalem Ruf, aber auch Leute, die ihren Hauptberuf lieber nicht aufgeben sollten. Neulinge in Sachen balinesischer Tanz sollten sich darüber allerdings nicht zu viele Gedanken machen, sondern einfach einen Veranstaltungsort auswählen und hingehen und zuschauen.

Nach ein paar Aufführungen wächst das Verständnis für die Talentunterschiede, und das ist Teil des Vergnügens. Zur Orientierung können folgende Anhaltspunkte dienen: Wenn die Kostüme schmutzig sind, das Orchester besonders desinteressiert erscheint, die Darsteller ihre Rollen durchbrechen, um fade Witze zu erzählen (wirklich!) und man sich dabei erwischt, dass man einen Tänzer beobachtet und denkt: „Das könnte ich auch", dann handelt es sich um eine Truppe auf B-Niveau.

Zu den ausgezeichneten Ensembles, die regelmäßig in Ubud auftreten, zählen folgende Tanzgruppen:

Semara Ratih Energiegeladene, kreative Legong-Interpretationen. Musikalisch gesehen das beste Ensemble vor Ort.

Gunung Sari Legong-Tanz; eine der ältesten und angesehensten Truppen auf Bali.

Semara Madya Kekac-Tanz; besonders gut bei den hypnotischen Gesängen. Für manche Leute eine mystische Erfahrung.

Tirta Sari Legong- und Barong-Tanz.

Cudamani Eins der besten Gamelan-Ensembles auf Bali. Sie proben in Pengosekan.

Es lohnt, sich nach Tempelzeremonien zu erkundigen (die es regelmäßig gibt). Wer gegen 20 Uhr dorthin kommt, erlebt balinesischen Tanz und Musik im eigntlichen kulturellen Kontext. Gäste müssen sich angemessen kleiden – das Hotelpersonal oder ein Einheimischer kann erklären, was das bedeutet.

Die Website **Ubud Now & Then** (www.ubudnowandthen.com) enthält eine Übersicht über spezielle Veranstaltungen und Aufführungen. Hinweise bekommt man auch bei der Touristeninformation von Ubud (S. 207).

wöhnlichen Cocktails und Weinen; im Anschluss kann der Abend in zuckrigen Glanz seinen Lauf nehmen.

★ Coffee Studio Seniman — CAFÉ

(Karte S. 170; ☎ 0812 3607 6640; www.senimancoffee.com; Jl Sriwedari 5; Kaffee ab 30 000 Rp; ⏰ 8–22 Uhr; 📶) Der verräterische Namenszusatz „Kaffeestudio" ist keineswegs bloß reine Show – denn in diesem Koffein-Tempel des sortenreinen Kaffees ist das ganze Equipment zu sehen.

Die Gäste können in den Designer-Schaukelstühlen Platz nehmen und sich etwas aus dem Angebot an Filter- oder Siphonkaffee, Aeropress oder Espresso aussuchen, hergestellt aus einer Auswahl hochwertiger indonesischer Kaffeebohnen.

Beliebt ist das Café auch wegen des guten Essens (Hauptgerichte ab 50 000 Rp) und wegen der abendlichen Drinks. Auf der anderen Straßenseite betreibt das Studio eine Bar für kalte Getränke.

★ Laughing Buddha — LOUNGE

(Karte S. 170; ☎ 0361-970928; www.facebook.com/laughingbuddhabali; Monkey Forest Rd; ⏰ ab 9 Uhr; 📶) Am Abend bevölkern die Menschen die Straße vor diesem kleinen Café, in dem von Montag bis Samstag abends Livemusik gespielt wird – Rock, Blues, Gesang, Akustikinstrumente und vieles mehr. Die Küche hat bis 1 Uhr nachts geöffnet und liefert leckere asiatische Häppchen (Hauptgerichte 40 000–70 000 Rp).

Bar Luna — LOUNGE

(Karte S. 170; ☎ 0361-977409; www.facebook.com/barlunaubud; Jl Raya Ubud; ⏰ 15–23 Uhr) Tief im Untergeschoss der Casa Luna kann man entspannte Drinks sowie regelmäßige Livemusik und literarische Veranstaltungen genießen. Zu den Getränke-Specials zählt der sogenannte Margarita-Montag.

Rio Helmi Gallery & Cafe — CAFE

(Karte S. 170; ☎ 0361-972304; http://riohelmi.com; Jl Suweta 5; Hauptgerichte ab 60 000 Rp; ⏰ 7–

19 Uhr) So delikat wie einer seiner berühmten Cupcakes ist das Café in der namengebenden Galerie. Es ist der perfekte Ort, um eine Pause einzulegen und einen Kaffee zu trinken und/oder ein Frühstück zu bestellen, das den ganzen Tag über serviert wird, und sich an der Ubud-Atmosphäre zu berauschen. Am besten lehnt man sich mit einem schönen Getränk zurück und lässt Helmis renommierte Fotokunst auf sich wirken.

Bridges LOUNGE
(Karte S. 176; ☎ 0361-970095; www.bridgesbali.com; Jl Raya Campuan; ⏲ 11–23.30, Happy Hour 16–19 Uhr) Die namengebenden Brücken befinden sich vor dem Restaurants mit mehreren Ebenen und weitem Blick auf die grandiose Schlucht mit dem Fluss. Während tief unten das Wasser über die Felsen rauscht, sitzen die Gäste oben bei einem fantastischen Cocktail on the rocks. Es gibt Gourmet-Häppchen zum Teilen und eine lange Weinkarte zu erkunden. Beliebt sind die Getränkespecials zur Happy Hour.

Noma's BAR
(Karte S. 170; ☎ 0361-908 0800; Monkey Forest Rd; ⏲ 16–1 Uhr) Das Noma's gibt sich bewusst als seltsam anziehendes Gemisch aus mehreren gescheiterten Bars aus den 1950er-Jahren. Die Bar prahlt geradezu mit ihrer Mittelmäßigkeit, dem ungeschickten Service, schlechten Drinks usw. Natürlich ist das alles Unsinn: In Wirklichkeit sind die Cocktails in der zweigeschossigen Bar mit offenen Seiten interessant, und alle Servicekräfte sind aufmerksam und schnell.

Seniman Cold Brew Bar KAFFEE
(Karte S. 170; www.senimancoffee.com; Jl Sriwedari; ⏲ 11–19 Uhr; 📶) Gegenüber dem Hauptcafé, dem Coffee Studio Seniman, hat sich dieser coole kleine Treff auf kalt gebrühten Kaffee und geeisten Tee spezialisiert. Ein wunderbarer Boxenstop, besonders in der größten Hitze des Tages.

Napi Orti BAR
(Karte S. 170; Jl Jembawan; ⏲ ab 12 Uhr) Rasta würzt die preiswerten Cocktails und Pizzas in dieser Straßenbar mit offener Frontseite. Hier kann man sich unter dem verschleierten Blick von Jim Morrison und Sid Vicious einige Drinks genehmigen.

CP Lounge BAR, CLUB
(Karte S. 170; ☎ 0361-978954; www.cp-lounge.com; Monkey Forest Rd; ⏲ 11–4 Uhr) Bis zum frühen Morgen geöffnet ist das CP der richtige Ort, um einen drauf zu machen, wenn alles andere schon geschlossen ist. Es hat Sitzgelegenheiten im Garten, Live-Bands und einen Club mit einem DJ. Allerdings wird niemand auf die Idee kommen, er sei in Kuta.

☆ Unterhaltung

Wenige Reiseerlebnisse können mehr verzaubern als eine balinesische Tanzdarbietung, besonders in Ubud. Kulturelle Unterhaltung lässt die Leute wiederkommen und verschafft Bali eine Sonderstellung unter den tropischen Reisezielen. Ubud ist ein idealer Standort, um von hier aus das abendliche Programmangebot und Events in den umliegenden Dörfern wahrzunehmen.

Wer eine Woche in und um Ubud verbringt, kann sich Kecak-, Legong- und Barong-Tänze, Mahabharata- und Ramayana-Ballett, *wayang kulit* (Schattentheater) und Gamelan (traditionelle javanische und balinesische Orchester) ansehen und anhören. Jeden Abend stehen acht oder mehr Darbietungen zur Auswahl.

★ Paradiso KINO
(Karte S. 170; ☎ 0361-783 5545; www.paradisoubud.com; Jl Gautama Selatan; 50 000 Rp inkl. Essen oder Getränke; ⏲ Filme ab 17 Uhr) Das vegetarische Bio-Restaurant zeigt abends auch zwei oder drei Filme in seinem überraschend plüschigen Kino mit 150 Sitzen. Der Eintrittspreis kann gegen Waren von der Karte des Earth Cafe verrechnet werden – ein tolles Angebot. Tagsüber gibt es hier regelmäßig Gespräche und Veranstaltungen; Infos sind auf der Website zu finden.

Tanz

Tanzdarbietungen extra für Touristen sind normalerweise mehr oder weniger adaptierte Varianten der traditionellen Aufführung. Meist werden sie verkürzt, um sie unterhaltsamer zu machen. Aber auch bei diesen Aufführungen sitzen Einheimische im Publikum (oder spähen um die Abschirmung!). Es ist außerdem üblich, Elemente ganz unterschiedlicher traditioneller Tänze in einer einzigen Darbietung zu vereinen.

Die Touristeninformation in Ubud (S. 207) informiert über die Aufführungen und verkauft Eintrittskarten (sie kosten normalerweise 75 000–125 000 Rp). Bei Veranstaltungen außerhalb von Ubud ist der Transport oftmals im Preis enthalten. Karten sind in vielen Hotels, an den Veranstaltungsorten und bei Straßenhändlern erhältlich – alle verlangen den gleichen Preis.

Während der Vorstellungen, die üblicherweise etwa 1½ Stunden dauern, verkaufen fliegende Händler Getränke. Vor der Show kann man manchmal beobachten, wie die Musiker die Zuschauerzahl abschätzen. Der Grund: Die Ensembles werden aus dem Kartenverkauf bezahlt.

Übrigens: Keiner möchte ein Handy klingeln hören, und die Tänzer werden nicht gern geblitzt. Außerdem ist es grob unhöflich, mitten in der Vorstellung geräuschvoll hinauszugehen.

Pura Dalem Ubud TANZ
(Karte S. 170; Jl Raya Ubud) Die Freiluft-Location am westlichen Ende der Jalan Raya Ubud besitzt eine von Flammen erleuchtete Steinrelief-Kulisse und ist in vieler Hinsicht der anrührendste Ort, um eine Tanz-Performance zu sehen.

Puri Agung Peliatan TANZ
(Karte S. 170; Jl Peliatan) Eine schlichte Szenerie mit einer großartig geschnitzten Wand im Hintergrund. Bietet ausgezeichnete Darbietungen.

Padangtegal Kaja TANZ
(Karte S. 170; Jl Hanoman) Eine schlichte, offene Terrasse in günstiger Lage. Hier kann man erahnen, wie Tanzaufführungen in Ubud über Generationen ausgesehen haben.

Pura Taman Saraswati TANZ
(Karte S. 170; Ubud Water Palace; Jl Raya Ubud) Die Schönheit der Szenerie lenkt vielleicht von den Tänzern ab, allerdings kann man abends die Lilien und Lotusblumen nicht sehen, die tagsüber so attraktiv sind.

Pura Padang Kerta TANZ
(Karte S. 170; Jl Hanoman) Ein attraktiver Veranstaltungsort vor einem Tempel, aber abseits der stark befahrenen Straße.

Ubud Palace TANZ
(Karte S. 170; Jl Raya Ubud) Beinahe allabendlich gibt es hier Aufführungen vor einer schönen Kulisse.

Arma Open Stage TANZ
(Karte S. 176; ☎ 0361-976659; Jl Raya Pengosekan) Beschäftigt einige der besten Ensembles, die Kecak- und Legong-Tanz vorführen.

Schattentheater

Die Schattentheater-Shows sind im Vergleich zu den traditionellen Aufführungen, die oft die ganze Nacht dauern, stark verkürzt. Regelmäßige Darbietungen gibt es im **Oka Kartini** (Karte S. 170; ☎ 0361-975193; Jl Raya Ubud; Erw./Kind 100 000/50 000 Rp; ⏲ Mi, Fr & So 20 Uhr), das auch Bungalows vermietet und eine Galerie besitzt.

Pondok Bamboo Music Shop SCHATTENTHEATER
(Karte S. 170; ☎ 0361-974807; Monkey Forest Rd; Karten 75 000 Rp; ⏲ Aufführungen Mo & Do 20 Uhr) Schattentheater-Aufführungen, die keine allzu lange Aufmerksamkeitsspanne erfordern, werden hier von bekannten Experten gezeigt.

Shoppen

Ubud hat unzählige Kunstläden, Boutiquen und Galerien. Viele bieten raffinierte und einzigartige Waren, die im Ort und der Umgebung hergestellt wurden. Von Ubud aus lassen sich auch die vielfältigen Galerien mit Kunsthandwerk, Ateliers und Werkstätten in den Dörfern südlich und nördlich der Stadt gut erkunden.

Da ein so großer Teil des Stadtzentrums sich nun vorrangig den Touristen widmet, hat sich die Haupteinkaufsmeile der Region über die Jalan Peliatan nach Tebesaya und Peliatan verschoben. Hier befinden sich sämtliche Läden, in denen sich vor allem die Einheimischen mit ihrem Alltagsbedarf versorgen.

Was sollte man kaufen?

Mit dem Einkaufen in und um Ubud lassen sich Tage verbringen. Am oberen Teil von Jalan Hanoman und Jalan Dewi Sita stehen die interessantesten lokalen Geschäfte. Hier kann man sich nach Schmuck, Haushaltswaren und Bekleidung umsehen. Die Monkey Forest Road wird mehr und mehr zu einer Domäne der hochpreisigen Ladenketten. Kunst und Kunsthandwerk, aber auch Yoga-Artikel sind überall, in jeder Preiskategorie und jeder Qualität zu finden.

Ubud ist der beste Ort auf Bali, um Bücher zu kaufen. Das Sortiment ist breit und vielfältig, besonders bei Wälzern über balinesische Kunst und Kultur.

Jalan Raya Ubud & Umgebung

★ **Ganesha Bookshop** BÜCHER
(Karte S. 170; www.ganeshabooksbali.com; Jl Raya Ubud; ⏲ 9–20 Uhr) Die Qualitätsbuchhandlung bietet ein ausgezeichnetes Sortiment an Titeln über indonesische Studien, Reisen,

Kunst, Musik, Belletristik (auch antiquarisch) und Karten. Die Mitarbeiter geben tolle Empfehlungen.

★ Threads of Life Indonesian Textile Arts Center TEXTILIEN
(Karte S. 170; ☎ 0361-972187; www.threadsoflife.com; Jl Kajeng 24; ⏲ 10–19 Uhr) Die kleine, professionelle Textilgalerie mit Shop unterstützt die Produktion natürlich gefärbter, handgemachter ritueller Textilien aus ganz Indonesien. Sie kümmert sich um die Bewahrung der traditionellen Handwerkskunst, die durch moderne Methoden des Färbens und Webens verdrängt zu werden droht. In der Galerie, die über gutes erläuterndes Material verfügt, werden Auftragsarbeiten gezeigt. Außerdem gibt es regelmäßig Kurse zur Textilienkunde (S. 180).

Smile Shop KUNST & KUNSTHANDWERK
(Karte S. 170; ☎ 0361-233758; www.senyumbali.org; Jl Sriwedari; ⏲ Di–So 10–16 Uhr) Secondhand-Artikel und Sachspenden aller Art werden in diesem Laden zugunsten der Smile Foundation of Bali verkauft.

Rio Helmi Gallery & Cafe FOTOGRAFIE
(Karte S. 170; ☎ 0361-978773; www.riohelmi.com; Jl Suweta 06B; ⏲ 7–19 Uhr) Der bekannte Fotograf Rio Helmi, der in Ubud lebt, betreibt eine kleine kommerzielle Galerie und ein Café, in dem man seine journalistische und künstlerische Arbeit bewundern oder auch erwerben kann.

Moari MUSIK
(Karte S. 170; ☎ 0361-977367; Jl Raya Ubud; ⏲ 10–20 Uhr) Neue und restaurierte balinesische Musikinstrumente werden im Moari verkauft. Eine lustige kleine Bambusflöte gibt es für 30 000 Rp.

Street 278 MODE & ACCESSOIRES
(Karte S. 170; ☎ 0812 3815 0310; www.street278.com.au; Jl Raya Ubud; ⏲ 10–20 Uhr) 🍃 Recyceltes Material wird zur Herstellung von Handtaschen und anderen Accessoires mit selbstbewusstem, farbenfrohem Flair genutzt.

Neka Art Museum BÜCHER
(Karte S. 170; ☎ 0361-975074; www.museumneka.com; Jl Raya Sanggingan; ⏲ 9–17 Uhr) Dieser Museumsshop in Sanggingan verfügt über eine schöne Auswahl an Kunstbänden und Büchern über Bali.

Ubud Market GESCHENKE & SOUVENIRS
(Karte S. 170; Pasar Seni; Jl Raya Ubud; ⏲ 7–20 Uhr) Der große Ubud-Markt ist *die* Adresse, um kitschige Souvenirs, bunte Kleidung und außergewöhnliche Geschenke für die Daheimgebliebenen zu erwerben. Er befindet sich in einem großen Komplex; die Standinhaber verteilen sich auf mehrere Gebäude und stehen auch an der Jalan Karna. In der hinteren südöstlichen Ecke befindet sich der Lebensmittelmarkt (S. 196), auf dem die Einheimischen sich noch immer für den täglichen Bedarf versorgen.

Monkey Forest Road

Kou Cuisine HAUSHALTSWAREN
(Karte S. 170; ☎ 0361-972319; Monkey Forest Rd; ⏲ 10–20 Uhr) Das Geschäft ist eine Fundgrube für kleine, exquisite Geschenke, beispielsweise hübsche Gläser mit Marmelade aus balinesischen Früchten oder Meersalz, das an Balis Küsten gewonnen wurde.

Goddess on the Go! BEKLEIDUNG
(Karte S. 176; ☎ 0361-976084; www.goddessonthego.net; Jl Raya Pengosekan; ⏲ 9–20 Uhr) Hier gibt es eine riesige Auswahl an Kleidung für abenteuerlustige Frauen: superbequem, leicht einzupacken und zudem noch umweltfreundlich hergestellt.

Pondok Bamboo Music Shop MUSIKINSTRUMENTE
(Karte S. 170; ☎ 0361-974807; Monkey Forest Rd; ⏲ 10–20 Uhr) Der Klang von rund 1000 Windspielen aus Bambus ist in diesem Geschäft zu hören. Es gehört dem bekannten Gamelanspieler Nyoman Warsa, der außerdem Musikunterricht erteilt und Schattentheater auf die Bühne bringt.

Periplus BÜCHER
(Karte S. 170; ☎ 0361-975178; Monkey Forest Rd; ⏲ 10–22 Uhr) Eine typische Hochglanzfiliale von Periplus, der beliebten indonesischen Buchhandelskette.

Jalan Dewi Sita

★ Kou KOSMETIK
(Karte S. 170; ☎ 0361-971905; Jl Dewi Sita; ⏲ 9–20 Uhr) Der feine Duft handgemachter Bio-Luxusseifen, die vor Ort von Hand hergestellt werden, steigt schon beim Betreten des Ladens in die Nase. Wer eine davon in die Schublade mit der Unterwäsche legt, wird wochenlang gut riechen.
Die Auswahl ist nicht mit der in Ladenketten, die Luxusseife verkaufen, zu vergleichen. Dieses Geschäft ist mit der Kou Cuisine verbunden.

BALIS HUNDE RETTEN

Räudige Köter. Das ist das einzige Etikett, das man vielen Hunden auf Bali anheften kann. Wer die Insel bereist – besonders zu Fuß –, kommt nicht umhin die zahllosen Hunde zu bemerken, die krank und aggressiv sind, um die sich niemand kümmert und die unter einer ganzen Reihe weiterer Übel leiden.

Wie kann eine scheinbar so sanfte Insel die schlimmste Hundepopulation Asiens haben (und inzwischen auch ein gewaltiges Tollwutproblem)? Die Antwort ist komplex, freundliches Ignorieren spielt jedenfalls eine große Rolle. Hunde stehen am untersten Ende der sozialen Skala; wenige haben einen Besitzer, und das Interesse der Einheimischen an ihnen ist leider gleich Null.

Einige gemeinnützige Gruppen in Ubud hoffen, dass sie das Schicksal von Balis verleumdeten besten Freunden durch Tollwutimpfungen, Sterilisation und Kastration sowie öffentliche Information verbessern können. Spenden werden immer dringend gebraucht.

Bali Adoption Rehab Centre (BARC; ☎0361-975038; https://barc4balidogs.org.au; Jl Raya Pengosekan; ⌚10–17 Uhr) Kümmert sich um Hunde, bringt Streuner bei Gönnern unter und betreibt eine mobile Klinik für Sterilisationen.

Bali Animal Welfare Association (BAWA; ☎0811 389 004; www.bawabali.com; Jl Ubud Raya 10; ⌚Mo–Fr 9–20, Sa & So 9–17 Uhr) Unterhält hochgelobte mobile Teams für Tollwutimpfungen, organisiert Adoptionen, fördert Geburtenkontrolle.

Yudisthira Swarga Foundation (☎0361-900 3043; www.yudisthiraswarga.org) Die Organisation mit Sitz in Denpasar kümmert sich jedes Jahr um Tausende Streuner und hat Programme für Impfungen und zur Geburtenkontrolle.

Tn Parrot BEKLEIDUNG
(Karte S. 170; www.tnparrot.com; Jl Dewi Sita; ⌚10–20 Uhr) Der Papagei, das Markenzeichen dieses Ladens, ist ein charaktervoller Vogel, der in zahlreichen Verkleidungen auf den T-Shirts auftaucht.

Die Designs reichen von cool über groovy bis unkonventionell. Die Hemden werden aus hochwertiger, sanforisierter (ein Veredelungsverfahren für Stoffe und Textilien) Baumwolle hergestellt.

Confiture Michèle ESSEN
(Karte S. 170; Jl Goutama; ⌚10–21 Uhr) Die vielfältigen Früchte auf Bali werden zu wohlschmeckender Konfitüre verarbeitet und in diesem süßen – und herrlich süß duftenden – Laden verkauft.

CreArt Story KUNST & KUNSTHANDWERK
(Karte S. 170; ☎0813 3881 8829; www.facebook.com/creartstoryshop; Jl Goutama 20; ⌚11–20 Uhr) Ein Laden für Leser des *Adbusters:* ein Markengeschäft ohne Markenware. Das Ethos des Ladens besteht darin, Waren zu verkaufen, die nicht von gesichtslosen, schlecht bezahlten Menschen hergestellt wurden.

Das Kunsthandwerk stammt aus nachhaltigen Quellen und hat jeweils eine eigene Entstehungsgeschichte.

Padangtegal & Pengosekan

★ **Rumble** BEKLEIDUNG
(Rmbl; Karte S. 176; www.xrmblx.co; Jl Raya Campuhan; ⌚9–22 Uhr) Das Rumble, das Jrx, dem Drummer der berühmten balinesischen Punkband Superman is Dead, gehört, hält eine coole Auswahl an vor Ort entworfener Streetwear bereit. Der Laden liegt direkt am Eingang zum verrückten Blanco Renaissance Museum.

Tegun Galeri HAUSHALTSWAREN
(Karte S. 170; ☎0361-973361; Jl Hanoman 44; ⌚10–20 Uhr)) Das Geschäft hat alles, was die Souvenirläden nicht haben: wunderschöne handgemachte Sachen von der ganzen Insel inklusive antike Kunst.

Ashitaba HAUSHALTSWAREN
(Karte S. 170; ☎0361-464922; Jl Hanoman; ⌚10–20 Uhr) Die schönen Rattanobjekte, die im Ashitaba verkauft werden, entstehen in Tenganan, dem Aga-Dorf im Osten Balis. Behälter, Schalen, Börsen und mehr (ab 5 US$) zeigen feine Webkunst.

Namaste GESCHENKE & SOUVENIRS
(☎0361-970528; Jl Hanoman 64; ⌚9–19 Uhr) Hier kann man einen Kristall erstehen, um das eigene spirituelle Haus zu ordnen. Die-

ser kleine Laden ist ein wirkliches Juwel mit einer Top-Auswahl an New-Age-Bedarf. Räucherstäbchen, Yogamatten, stimmungsvolle Instrumentalmusik – alles da!

ARMA BÜCHER
(Karte S. 176; ☎ 0361-976659; www.armabali.com; Jl Raya Pengosekan; ⏲ 9–18 Uhr) Großes Sortiment an Kulturtiteln.

Ubud Yoga Shop BEKLEIDUNG
(Karte S. 170; ☎ 0361-973361; Jl Hanoman 44B; ⏲ 8–20 Uhr) Riesige Auswahl an Yogaausrüstung und -bekleidung.

Praktische Informationen

GELD

In Ubud gibt es zahlreiche Banken und Geldautomaten.

Central Ubud Money Exchange (www.centralkutabali.com; Jl Raya Ubud; ⏲ 8–21 Uhr) ist eine angesehene Bali-weite Kette von Wechselstuben.

INTERNETZUGANG

WLAN ist in Unterkünften und in den meisten Restaurants und Cafés vorhanden. Der mobile Datentransfer ist schnell.

Hubud (☎ 0361-978073; www.hubud.org; Monkey Forest Rd; pro Monat ab 60 US$; ⏲ Mo–Fr 24 Std., Sa & So 9–24 Uhr; 📶) ist der richtige Ort für digitale Nomaden; der Coworking-Arbeitsplatz mit digitaler Drehscheibe bietet ultraschnelle Netzverbindungen, Entwicklerseminare und vieles mehr. Beim Entwickeln einer Milliarden-Dollar-App schweift der Blick über die Reisfelder.

MEDIZINISCHE VERSORGUNG

Kimia Pharma (Jl Raya Ubud; ⏲ 7–22 Uhr) Günstig gelegene Filiale der renommierten Apothekenkette.

Ubud Care (☎ 24hr 0821 8888 2273; www.ubudcare.com; Jl Sukma 37; ⏲ Büro 9–22 Uhr) Die moderne Klinik führt Untersuchungen und Beratungen, Haus- und Hotelbesuche sowie Verschreibungen durch.

POLIZEI

Polizeiwache (☎ 0361-975316; Jl Raya Andong; ⏲ 24 Std.) Liegt im Osten an der Andong.

POST

Hauptpost (Jl Jembawan; ⏲ 8–17 Uhr) Nimmt Pakete an und hat auch einen Schalter für den Verkauf von Flugtickets.

TOURISTENINFORMATION

Besucher finden alle Dienstleistungen, die sie brauchen in den größeren Straßen in Ubud. An den Schwarzen Brettern im Bali Buda und Kafe gibt es Informationen zu Unterkünften, Jobs, Kursen und vielem mehr.

Ubud ist Standort vieler gemeinnütziger und Freiwilligengruppen.

Ubud Touristeninformation (Fabulous Ubud; ☎ 0361-973285; www.fabulousubud.com; Jl Raya Ubud; ⏲ 8–20 Uhr; 📶) wird von Ubuds Fürstenfamilie unterhalten und ist die einzige wirklich nützliche Touristeninformation auf Bali. Sie bietet eine gute Bandbreite an Informationen und hat ein Schwarzes Brett für aktuelle Ereignisse und Aktivitäten. Die Mitarbeiter können die meisten Fragen zur Region beantworten und haben aktuelle Infos zu Zeremonien und traditionellen Tänzen in der Umgebung; hier werden auch Karten für Tanzdarbietungen verkauft.

An- & Weiterreise

BEMO

Ubud liegt an zwei Bemo-Routen. Bemos fahren nach Gianyar (10 000 Rp) und zum Busbahnhof Batubulan in Denpasar (13 000 Rp). Die Stadt besitzt aber kein Bemo-Terminal; Haltestellen befinden sich an der Jalan Suweta nahe dem Markt im Stadtzentrum.

TOURISTEN-SHUTTLEBUS

Überall in der Stadt wird für günstige Sammelfahrten mit Auto oder Bus zu Destinationen in ganz Bali geworben.

Perama (☎ 0361-973316; www.peramatours.com; Jl Raya Pengosekan; ⏲ 9–21 Uhr) ist der größte Betreiber von Touristen-Shuttles, aber das Terminal liegt ungünstig in Padangtegal; bis zum eigentlichen Ziel in Ubud kostet die Fahrt deshalb weitere 15 000 Rp. Zu den angefahrenen Destinationen zählen Sanur (50 000Rp, 1 Std.), Padangbai (75 000 Rp, 2 Std.) und Kuta (60 000 Rp, 2 Std.).

Kura-Kura Bus (www.kura2bus.com) fährt fünfmal täglich zu seinem Drehkreuz in Kuta. Die Abfahrt ist in der Nähe des Ubud-Palastes (80 000 Rp, 2 Std.).

Unterwegs vor Ort

Viele der Luxus-Spas, -Hotels und -Restaurants bieten Gästen und Kunden kostenlosen Transportservice vor Ort an.

AUTO & MOTORRAD

Da in der Nähe zahlreiche Attraktionen liegen, die per Bemo oft schwer zu erreichen sind, ist es sinnvoll, ein Fahrzeug zu mieten. Am besten fragt man bei der eigenen Unterkunft nach oder heuert einen Wagen mit Fahrer an.

Die meisten Fahrer sind fair, einige wenige – meist kommen sie nicht aus dieser Gegend – nicht so sehr. Wer einen guten Fahrer gefunden hat, kann sich dessen Nummer geben lassen und ihn für Fahrten während des Aufenthalts anrufen. Von Ubud-Zentrum nach, beispielsweise, Sanggingan kostet die Fahrt etwa 40 000 Rp – der Weg ist wirklich ziemlich steil. Eine Fahrt vom Palast zum Ende der Jalan Hanoman sollte etwa 20 000 Rp kosten.

Eine Fahrt auf dem Sozius eines Motorrads lässt sich leicht arrangieren; die Preise sind ungefähr um die Hälfte günstiger als eine Fahrt mit dem Auto.

BEMO

Bemos nach Gianyar fahren die östliche Jalan Raya Ubud entlang, Jalan Peliatan hinunter und Richtung Osten nach Bedulu. Eine Fahrt innerhalb der Region Ubud sollte nicht mehr als 7000 Rp kosten.

TAXI

In Ubud gibt es keine Taxis mit Taxameter – diejenigen Fahrer, die Passanten anhupen, haben gewöhnlich Fahrgäste aus dem Süden Balis in Ubud abgesetzt und hoffen auf Passagiere für die Rückfahrt. Besser ist es aber, sich für einen der allgegenwärtigen Fahrer mit Privatfahrzeug zu entscheiden, die an den Straßen stehen und ständig Passanten ansprechen (die netteren Fahrer halten höflich Schilder mit der Aufschrift „Transport" in die Höhe).

ZUM/VOM FLUGPLATZ

Taxis des Kartells kosten vom Flughafen nach Ubud 300 000 Rp. Ein Wagen mit Fahrer zum Airport ist ungefähr genauso teuer.

DIE LEGENDE VON DALEM BEDAULU

Eine Legende erzählt von den magischen Kräften des Dalem Bedaulu, die es ihm erlaubten, sich den Kopf abhacken und dann wieder aufsetzen zu lassen. Als er diesen einzigartigen Partytrick eines Tages vorführte, ließ der Diener, der damit betraut war, den Kopf des Königs zu kappen und ihn wieder an die richtige Stelle zu setzen, diesen unglücklicherweise in einen Fluss fallen. Entsetzt musste er mitansehen, wie dieser davonschwamm. In Panik sah er sich nach einem Ersatz um, packte ein Schwein, hieb ihm den Kopf ab und setzte ihn dem König auf die Schultern. Fortan war der Herrscher gezwungen, auf einem hohen Thron zu sitzen, und er untersagte seinen Untertanen zu ihm aufzusehen; Bedaulu bedeutet „der den Kopf wechselte".

RUND UM UBUD

Bedulu

Bedulu war einst die Hauptstadt eines großen Königreichs. Der legendäre Dalem Bedaulu herrschte von hier aus über die Pejeng-Dynastie und war der letzte balinesische König, der dem Ansturm des mächtigen javanischen Majapahit-Reichs widerstand. Er wurde im Jahr 1343 von Gajah Mada besiegt. Die Hauptstadt wechselte danach nach Gelgel und später nach Semarapura (Klungkung). Heute gehört Bedulu zum erweiterten Umland von Ubud.

Sehenswertes

★ Yeh Pulu HISTORISCHE STÄTTE

(Erw./Kind 15 000/7500 Rp; 8–17.30 Uhr) Ein Mann, dem ein Keiler die Hand abgebissen hat, ist eine der Szenen auf dem etwa 25 m langen Felsrelief Yeh Pulu. Vermutlich handelt es sich um eine Einsiedelei aus dem späten 14. Jh. Auch wer sich nur wenig für hinduistische Steinmetzkunst interessiert, wird feststellen, dass diese Stätte recht hübsch ist. Außerdem wird diese Stätte nur von wenigen Touristen aufgesucht. Vom Eingang führt ein 300 m langer Spaziergang durch üppiges, tropisches Grün bis Yeh Pulu.

Abgesehen von der Figur des Ganesha, des elefantenköpfigen Sohns von Shiva, behandeln die meisten Szenen Ereignisse aus dem Alltagsleben. Position und Bewegung der Figuren deuten an, dass das Ganze als Bildergeschichte von links nach rechts gelesen werden könnte. Eine Theorie besagt, dass es sich um Ereignisse aus dem Leben des Hindu-Gottes Krishna handelt.

Auf schmalen Pfaden durch die Reisfelder gelangt man von einer Stätte zur anderen. Eventuell muss man dabei einen Einheimischen als Führer bezahlen. Wer mit dem Auto oder Fahrrad anreist, sollte östlich von Goa Gajah auf die Schilder „Relief Yeh Pulu" oder „Villa Yeh Pulu" achten.

★ Goa Gajah HÖHLE

(Elephant Cave; Jl Raya Goa Gajah; Erw./Kind 15 000/7500 Rp, Parken Motorrad/Auto 2000/5000 Rp; 8–17.30 Uhr) Etwa 2 km südöstlich von Ubud an der Straße nach Bedulu ist die Goa Gajah in eine Felswand geschlagen. Besucher betreten die Grotte durch das aufgerissene Maul eines Dämons. In der T-förmigen Höhle kann man die fragmentarischen

Überreste des Lingam, des Phallussymbols des Hindu-Gottes Shiva, und seines weiblichen Gegenstücks Yoni sehen, außerdem eine Statue von Shivas Sohn, dem elefantenköpfigen Gott Ganesha. Vor der Höhle liegen zwei rechteckige Badebecken mit Wasserspeiern, die von sechs weiblichen Figuren gehalten werden.

Auf Bali hat es nie Elefanten gegeben (sie kamen erst als Touristenattraktion hierher). Die antike Goa Gajah hat ihren Namen wahrscheinlich vom nahe gelegenen Sungai Petanu, der früher Elefantenfluss genannt wurde. Möglicherweise heißt sie auch so, weil das Gesicht über dem Eingang der Grotte einem Elefanten ähnelt.

Die Ursprünge der Grotte sind ungewiss – eine Legende besagt, sie sei aus dem Fingernagel des legendären Riesen Kebo Iwa erschaffen worden. Wahrscheinlich datiert sie aus dem 11. Jh., und ganz bestimmt gab es sie schon zur Zeit der Übernahme Balis durch das Majapahit-Reich. Die Grotte wurde im Jahr 1923 von niederländischen Archäologen wiederentdeckt, die Wasserspeier und Bassins wurden erst 1954 freigelegt.

Von Goa Gajah kann man durch die Reisfelder zum Sungai Petanu hinuntersteigen. Dort gibt es an einer Felswand schon etwas verwitterte Stupas (Kuppelgewölbe zur Bewahrung buddhistischer Reliquien) und auch eine kleine Höhle.

Weil die Goa Gajah ein beliebter Stopp für geführte Touren ist, empfiehlt sich ein Besuch vor 10 Uhr morgens. Danach kommen nämlich die Touristenbusse auf dem mit großen Souvenirständen gefüllten Parkplatz an. Am besten lässt man die „Coffee-Luwak"-Stände und die anderen „Versuchungen" auf dem Parkplatz links liegen.

Pura Samuan Tiga HINDUTEMPEL
(10 000 Rp; ⏲7–17 Uhr) Der majestätische Pura Samuan Tiga (Tempel der Begegnung der Drei) steht an einer kleinen Gasse etwa 200 m östlich der Bedulu-Kreuzung. Der Name bezieht sich wahrscheinlich auf die Hindu-Trinität oder er spielt auf die Treffen an, die es hier im 11. Jh. gab. Trotz dieser frühen Bezüge sind alle Tempelgebäude erst nach dem Erdbeben von 1917 neu errichtet worden. Es ist eine eindrucksvolle und wunderschöne Stätte.

An- & Weiterreise

Etwa 3 km östlich von Teges erreicht die Straße von Ubud eine Kreuzung, an der es Richtung Süden nach Gianyar oder Richtung Norden nach Pejeng, Tampaksiring und Penelokan geht. Die Bemos von Ubud nach Gianyar lassen Passagiere an dieser Kreuzung aussteigen, die von dort zu Fuß zu den Sehenswürdigkeiten gehen. Die Straße von Ubud ist einigermaßen eben, deshalb wäre auch ein Fahrrad eine gute Alternative.

ABSTECHER

FÜNF ELEMENTE

Der Bambus steht im eindrucksvollen, riesigen Refugium und Heilzentrum **Fivelements** (☎0361-469260; www.fivelements.org; Mambal; Massage ab 900 000 Rp, Zi. ab 5 000 000 Rp), etwa 10 km südwestlich von Ubud unweit von Mambal, mehr als mannshoch. Es ist ein intensives Gesundheitsrefugium, das unzählige Therapien anbietet. Dazu gehören luxuriöse Gästezimmer (sie wirken wie noble Baumhäuser mit Whirlpool) und ein großer öffentlicher Bereich, Standort von TEDx Ubud.

Pejeng

Auf der Straße Richtung Tampaksiring gelangt man nach Pejeng mit seinen berühmten Tempeln. Wie Bedulu war dies einstmals ein bedeutender Ort, die Hauptstadt des Königreichs Pejeng, die im Jahr 1343 an die Majapahit-Invasoren fiel. Für diesen nur von wenigen Touristen besuchten Ort, unweit von Ubud gelegen, sollte man durchaus ein paar Stunden einplanen.

Sehenswertes

Pura Penataran Sasih HINDUTEMPEL
(Jl Raya Tampaksiring; Spende als Eintrittsgebühr erwünscht; ⏲7–17 Uhr) Dies war einst der Staatstempel des Königreichs Pejeng. Im inneren Hof, hoch oben in einem Pavillon und schwer zu sehen, befindet sich ein riesiger Bronzegong, der **Gefallene Mond von Pejeng**. Der Gong in Form einer Sanduhr ist 186 cm lang und damit der weltweit größte in einem Stück gegossene Gong. Schätzungen zufolge soll der Gegenstand zwischen 1000 und 2000 Jahre alt sein, und es ist nicht sicher, ob er hier hergestellt oder hierher gebracht wurde – die aufwendigen geometrischen Verzierungen sollen Mustern aus weit entfernten Regionen wie West-Papua und Vietnam ähneln.

Eine balinesische Legende besagt, dass der Gong als Mond auf die Erde fiel, in ei-

BALIS DORFKÜNSTLER

In kleinen Dörfern in der gesamten Region Ubud, von Sebatu bis Mas und darüber hinaus in ganz Bali, sieht man – oft in der Nähe des örtlichen Tempels – kleine Schilder, die auf Künstler und Handwerker hinweisen. Die Einheimischen sagen: „Wir sind als Dorf nur so reich wie unsere Kunst." Deshalb genießen die Leute, die zeremonielle Gewänder, Masken, *kris* (Schwerter), Musikinstrumente und andere schöne Gegenstände des balinesischen Lebens und der Religion anfertigen, großen Respekt. Zwischen Künstler und Dorf besteht eine symbiotische Beziehung: Der Künstler stellt für die Arbeit nie etwas in Rechnung, das Dorf sorgt im Gegenzug für dessen Wohlergehen. Oftmals gibt es mehrere „Artists in residence", denn kaum etwas wäre schändlicher für die Dorfgemeinschaft, als sich einen benötigten Sakralgegenstand anderswo beschaffen zu müssen.

nem Baum landete und so hell leuchtete, dass er eine Diebesbande bei ihren unlauteren Absichten störte. Einer der Diebe beschloss, dass Licht zu löschen, und urinierte darauf. Der Mond explodierte daraufhin und fiel als Gong auf die Erde; als Folge des Sturzes entstand im unteren Teil ein Riss.

Obwohl sich hier alles um den Gong dreht, sollte man auch die **Bildhauerkunst** im Innenhof des Tempels bewundern, die aus dem 10. bis 12. Jh. stammt. Beim Parkplatz gibt es einige Stände, an denen man einfache Snacks bekommt.

Pura Pusering Jagat HINDUTEMPEL

(Jl Raya Tampaksiring) So sieht er also aus! Der große Pura Pusering Jagat soll das Zentrum des alten Königreichs Pejeng gewesen sein. Der Tempel, der im Jahr 1329 errichtet wurde, wird von jungen Paaren aufgesucht. Sie beten hier an den steinernen Lingam und Yoni. Der Tempel liegt an einer kleinen, asphaltierten Gasse, die von der Hauptstraße nach Westen führt.

Museum Arca MUSEUM

(Archäologiemuseum; ☎0361-942354; l Raya Tampaksiring; Eintritt gegen Spende; ⌚8–16 Uhr) Das archäologische Museum besitzt eine sehenswerte Sammlung von Artefakten aus ganz Bali, die meisten Ausstellungsstücke sind auf Englisch beschriftet. Unter den Exponaten in mehreren kleineren Gebäuden befinden sich einige der ersten balinesischen Töpferarbeiten aus der Nähe von Gilimanuk und Sarkophage, die bis etwa 300 v. Chr. zurückdatieren. Das Museum befindet sich etwa 500 m nördlich der Bedulu-Kreuzung und ist leicht per Bemo oder Fahrrad zu erreichen. Es ist ein verschlafener Ort, und der Besuch lohnt sich besonders mit einem kenntnisreichen Führer.

Pura Kebo Edan HINDUTEMPEL

(Jl Raya Tampaksiring) Wer kann einem Ort widerstehen, der Tempel des verrückten Büffels heißt? Das Gebäude ist zwar nicht besonders eindrucksvoll, aber es ist berühmt für die 3 m hohe Statue, die der **Riese von Pejeng** genannt wird und vermutlich rund 700 Jahre alt ist. Einzelheiten sind schwer zu erkennen, aber vielleicht stellt sie Bima, einen Helden aus dem *Mahabharata,* dar, der auf einer Leiche tanzt, wie in einem Mythos, der mit dem hinduistischen Shiva-Kult verbunden ist. Bemerkenswert ist der große Lagerbereich für Dorfdrachen.

ℹ An- & Weiterreise

Von Ubud sind die Sehenswürdigkeiten in und um Pejeng gut mit dem Fahrrad zu erreichen. Ansonsten braucht man ein eigenes Fahrzeug.

Mas

Mas bedeutet auf Bahasa Indonesia „Gold", dabei ist eigentlich die Holzschnitzerei das wichtigste Handwerk in diesem Dorf, das südlich von Ubud liegt. Holzschnitzerei ist die traditionelle Kunst der priesterlichen Brahmanenkaste. Die Kenntnisse, so heißt es, seien ein Geschenk der Götter. Historisch war die Holzschnitzerei auf Tempelschmuck, Tanzmasken und Musikinstrumente beschränkt; erst in den 1930er-Jahren begannen Schnitzer, Menschen und Tiere auf naturalistische Weise abzubilden. Heute ist es schwer, den zahllosen Tierfiguren zu widerstehen, die hier hergestellt werden.

Wer sich einen maßgefertigten Gegenstand aus Sandelholz wünscht, ist hier am richtigen Ort – allerdings muss man sich hier auf happige Preise gefasst machen – und vor allem auch die Authentizität des Holzes sorgfältig prüfen. Mas ist auch Teil von Balis boomender Möbelindustrie: Hier werden Stühle, Tische und Antiquitäten

(„auf Bestellung") angefertigt, hauptsächlich aus Teakholz, das von anderen indonesischen Inseln eingeführt wird.

Sehenswertes

★ Setia Darma House of Masks & Puppets MUSEUM

(☎ 0361-898 7493; Jl Tegal Bingin; empfohlene Spende 35 000 Rp; ⊙ 8–16 Uhr) GRATIS Das Museum, eins der besten in der Region Ubud, beherbergt mehr als 7000 zeremonielle Masken und Puppen aus Bali, Indonesien, Asien und anderen Teilen der Welt.

Präsentiert werden sie sehr ansehnlich in mehreren renovierten historischen Gebäuden. Unter den vielen Schätzen sind die goldene Jero-Luh-Maske und die Gesichter der Fürstenfamilie, mythischer Monster und sogar ganz normaler Menschen. Das Museum liegt nur etwa 2 km nordöstlich der Hauptkreuzung in Mas.

Tonyraka Art Gallery GALERIE

(☎ 0361-781 6785; www.tonyrakaartgallery.com; Jl Raya Mas; ⊙ 9–17 Uhr) Eine der führenden Galerien in der Region Ubud zeigt Ausstellungen mit Werken der besten modernen Künstler Balis, darunter Made Djirna.

Pura Taman Pule Mas HINDUTEMPEL

(bei Jl Raya Mas) Der große Majapahit-Priester Nirartha lebte einst hier, und Pura Taman Pule soll dort errichtet worden sein. Während des dreitägigen Kuningan-Festivals (S. 26) wird im Hof des Tempels eine Darbietung von *wayang wong* (eine ältere Version des Ramayana-Balletts) präsentiert.

Kurse

Ida Bagus Anom Suryawan KUNST

(☎ 0813 3844 8444; www.balimaskmaking.com; Jl Raya Mas; 2-std. Kurs 200 000 Rp; ⊙ variiert) Drei Generationen der besten balinesischen Maskenschnitzer zeigen in einem Familienanwesen unweit der Hauptstraße ihr Können und Geschick; in zwei Wochen schaffen es Kursteilnehmer möglicherweise, selbst eine Maske herzustellen. Das Haus liegt nördlich des Mas-Fußballplatzes.

Schlafen & Essen

★ Taman Harum Cottages HOTEL $

(☎ 0361-975567; www.tamanharumcottages.com; Jl Raya Mas; Zi. ab 45 US$, Villa mit 2 Schlafzimmern ab 100 US$; ❄@📶🏊) An der Hauptstraße in Mas gelegen, vermietet das hübsch gestaltete Hotel 17 Zimmer und Villen – einige sind ziemlich groß. Unbedingt nach einem Zimmer mit Blick auf die Reisfelder fragen! Das Haus befindet sich hinter einer Galerie, in der auch vielfältige empfehlenswerte Kunst- und Kulturkurse veranstaltet werden. Auf Wunsch gibt es gratis einen Shuttle-Service nach/ab Ubud.

Suly Resort HOTEL $$

(☎ 0361-976186; www.sulyresort.com; Jl Raya Mas; Zi. ab 400 000 Rp; ❄📶🏊) Das ausgezeichnete Hotel verfügt über 48 Zimmer in einem vierstöckigen Hauptgebäude und weitere 17 in Hütten mit hübscher Aussicht auf die Reisfelder. Es gibt vielfältige Bezüge auf die balinesische Architektur, außerdem werden Yoga-Kurse und Spa-Behandlungen angeboten. Die Hotelanlage befindet sich am nördlichen Ende von Mas.

Dass die Mitarbeiter so jung und enthusiastisch erscheinen, liegt daran, dass das Suly von einer Stiftung geführt wird. Sie bildet junge Menschen aus armen Teilen von Bali im Gastgewerbe aus. Angesichts der hohen Wachstumsraten im Tourismus warten auf die Absolventen gute Jobs auf der ganzen Insel und darüber hinaus. Allerdings werden nur wenige Bewerber angenommen, zudem ist die Ausbildung kostenlos.

Semar Warung BALINESISCH $$

(☎ 0878 8883 3348; Jl Raya Mas 165; Hauptgerichte ab 50 000 Rp; ⊙ 9–22 Uhr) Von vorne sieht der Laden nicht gerade vielversprechend aus, aber wer bis in den luftigen Essbereich vordringt, erliegt unweigerlich der Aussicht auf die grünen Reisfelder, die sich bis zu den Palmen erstrecken. Das balinesische Essen kann mit dem wunderschönen Blick gut mithalten. Der Warung liegt etwa 1 km südlich der Kreuzung von Jalan Raya Mas und Jalan Raya Pengosekan.

NÖRDLICH VON UBUD

Nördlich von Ubud ist Bali etwas kühler und üppiger. Antike Stätten und Naturschönheit gibt es hier im Überfluss.

Die übliche Straße von Ubud Richtung Norden nach Batur führt durch Tampaksiring mit Gunung Kawi, der balinesischen Variante von Angkor. Aber es gibt andere, kleinere Straßen den sanften Berghang hinauf. Eine der attraktivsten verläuft von Peliatan nach Norden vorbei an Petulu, durch die Reisterrassen zwischen Tegallalang und Ceking und hinaus auf den Kraterrand zwischen Penelokan und Batur. Die Straße ist auf der ganzen Strecke in annehmbarem Zustand und führt auch durch **Sebatu**, wo versteckt in winzigen Dörfern die verschiedenartigsten Kunsthandwerker leben.

Der einzige Missklang ist **Cekingan**. Dort sind die Reisterrassen zwar ebenfalls wunderschön, aber in der Ortschaft selbst hat sich eine ganze Menge an hässlichen Touristenfallen angesiedelt.

An- & Weiterreise

Nördlich von Ubud benötigt man ein eigenes Fahrzeug. Für die dortigen Sehenswürdigkeiten sollte man einen halben Tag einplanen.

Tegallalang

In dem belebten Marktflecken, den man wahrscheinlich beim Besuch der Tempel dieses Gebietes durchquert, gibt es jede Menge Läden und Stände. Wer anhält und einen kleinen Bummel unternimmt, wird oft durch die Klänge eines der bekannten einheimischen Gamelanorchester belohnt, die hier proben.

Ansonsten stehen massenhaft Holzschnitzer bereit, um den Besuchern eine geschnitzte Fruchtbarkeitsfigur oder Ähnliches zu verkaufen. In **Ceking** verarbeiten zahllose Schnitzer Schirmakazienholz zu einfachen, beinahe schon comic-haft aussehenden Figuren. Das Holz ist auch bei Windspiel-Machern beliebt.

DIE BESTE ZEIT ZUM BESUCH DES GUNUNG KAWI

Das schönste Erlebnis hat, wer so früh wie möglich zum Gunung Kawi kommt. Wer sich um 7.30 Uhr auf den Weg nach unten macht, entgeht all den fliegenden Händlern und sieht die Einwohner, die in den schnell fließenden Bächen ihren Morgenbeschäftigungen nachgehen, z. B. Waschungen vollziehen oder mit dem Reinigen zeremonieller Opfergaben beschäftigt sind. Vogelgezwitscher ist zu hören, ebenso das fließende Wasser. Später nehmen die Ablenkungen durch die großen Besuchergruppen spürbar zu. Außerdem ist die Luft zu früher Stunde noch schön kühl, wenn man die endlosen Stufen wieder hinaufgeht. Unbedingt einen Sarong mitnehmen, falls niemand da ist, der sie zum Gebrauch anbietet. Wenn der Kartenschalter geschlossen ist, kann man auch auf dem Weg hinaus bezahlen.

Schlafen & Essen

Kampung Resort FERIENANLAGE $$
(☎0361-901201; www.thekampungresortubud.com; Zi. ab 70 US$; 📶❄) In jedem der neun Zimmer fühlt man sich wie in einem eigenen Baumhaus. Rundherum gibt es nichts als hoch aufgeschossene Palmen und Reisterrassen. Die einzige Lücke in all dem Grün ist der blaue Himmel, der durch die Palmwedel schimmert. Die Zimmer sind von solider Bequemlichkeit. Bis nach Ubud sind es rund 20 Fahrminuten.

Alam Sari HOTEL $$
(☎0361-240308; www.alamsari.com; Keliki; Zi. ab 600 000 Rp; ❄📶❄) Etwa 3 km westlich von Tegallalang auf der sehr grünen Straße nach Keliki erreicht man das Alam Sari, ein kleines Hotel in wunderbar einsamer Lage, wo der Bambus wie Gras wächst. Es gibt zehn luxuriöse, rustikale Zimmer, einen Swimmingpool und eine tolle Aussicht. Das Hotel unternimmt verschiedene Initiativen zum Umweltschutz, u. a. bereitet es sein eigenes Schmutzwasser auf.

Kampung Resort CAFÉ $$
(☎0361-901201; www.thekampungresortubud.com; Ceking; Hauptgerichte 40 000–80 000 Rp; ⏲8–21 Uhr; 📶) Das Kampung Resort im Dorf Ceking ist ein attraktives Café (perfekt für ein Mittagessen) und Luxus-Gästehaus mit überwältigendem Blick auf die Reisterrassen und eignet sich gut für eine Pause. Die Gestaltung bezieht geschickt den natürlichen Fels mit ein. Die Speisekarte ist panasiatisch mit einer großen Dosis Pasta.

Tampaksiring

Tampaksiring ist ein kleines Dorf, das 18 km nordöstlich von Ubud liegt und mit dem großen, bedeutenden Tempel Tirta Empul und der eindrucksvollsten antiken Stätte auf Bali, Gunung Kawi, aufwartet. Es befindet sich im Pakerisan-Tal – die gesamte Gegend ist für die Anerkennung als Unesco-Kulturerbe nominiert.

Sehenswertes

★**Tirta Empul** MONUMENT
(Erw./Kind 15 000/7500 Rp, Parken 2000 Rp; ⏲7–18 Uhr) Die heiligen Quellen, denen ma-

gische Kräfte nachgesagt werden, sprudeln hier in ein großes, kristallklares Becken innerhalb des 962 errichteten Tempels und rieseln durch Wasserspeier in ein Badebecken. Eine gut beschilderte Gabelung an der Straße nördlich von Tampaksiring führt zu den sehr beliebten Quellen. Ein Selfie zu machen, wenn man in einem der Becken steht, ist ein Klischee; Priester kommen wegen des heiligen Wassers hierher.

Die hiesigen Quellen sind der Hauptzufluss des Flusses Sungai Pakerisan, der nur etwa 1 km entfernt am Gunung Kawi vorbeirauscht. Der **Pura Tirta Empul** neben den Quellen ist einer der bedeutendsten Tempel auf Bali. Am besten kommt man früh am Morgen oder am Spätnachmittag, um den Touristenbussen auszuweichen. Man kann auch die sauberen, getrennten und kostenlosen öffentlichen Bäder nutzen.

★ **Gunung Kawi** MONUMENT
(Erw./Kind inkl. Sarong 15 000/7500 Rp, Parken 2000 Rp; ⏲7–18 Uhr) Am Grund eines üppig grünen Flusstals liegt eins der ältesten und größten antiken Monumente Balis. Gunung Kawi besteht aus zehn *candi* (Schreinen) – Gedenkstätten, die aus dem Fels geschlagen wurden und wie Statuen wirken. Sie stehen sehr beeindruckend in 8 m hohen geschützten Nischen in der schieren Felswand. In den nördlichen Randbezirken von Tampaksiring weist ein Schild östlich der Hauptstraße zum Gunung Kawi. Der Blick beim Spaziergang durch die uralten terrassierten Reisfelder ist wunderschön.

Es wird vermutet, dass jeder *candi* ein Denkmal für ein Mitglied des balinesischen Herrscherhauses im 11. Jh. ist, aber das ist lediglich eine Vermutung – vieles ist allerdings noch unbekannt.

Der Legende nach kratzte der Riese Kebo die ganze Gruppe von Denkmälern in einer arbeitsreichen Nacht mit seinen mächtigen Fingernägeln aus der Feldwand.

Die fünf Monumente am Ostufer sind wahrscheinlich König Udayana, Königin Mahendradatta und ihren Söhnen Airlangga, Anak Wungsu und Marakata geweiht. Während Airlangga Ostjava regierte, herrschte Anak Wungsu auf Bali. Die vier Monumente auf der Westseite sind, dieser Theorie zufolge, Anak Wungsus Hauptkonkubinen gewidmet. Eine andere Theorie besagt, dass der ganze Komplex Anak Wungsu, seinen Frauen, Konkubinen und, im Fall des abseits stehenden zehnten *candi,* einem königlichen Minister zugedacht ist.

BALIS SCHOKOLADENFABRIK

Bei Schokolade denken viele an die Schweiz oder Belgien, bald könnten sie aber auch an Bali denken. **Big Tree Farms** (☎0361-846 3327; www.bigtreefarms.com; Sibang; Führungen mit/ohne Buchung 40 000/60 000 Rp; ⏲Führungen Mo–Fr 14 Uhr), ein lokaler Produzent hochwertiger Nahrungsmittel, die international Furore machen, hat etwa 10 km südwestlich von Ubud im Dorf Sibang eine Schokoladenfabrik errichtet. Die Schokolade wird aus Kakaobohnen hergestellt, die mehr als 13 000 Bauern in ganz Indonesien anbauen. Das Resultat ist eine sehr hochwertige Schokolade; im Rahmen der Führungen kann man bei der Produktion zuschauen.

Aber es ist nicht nur irgendeine Fabrik: Das riesige, in architektonischer Hinsicht faszinierende Bauwerk wurde nachhaltig aus Bambus errichtet – dieses Ethos gilt auch für die Firmenphilosophie. Allein der Anblick eines der weltweit größten Bambusbauten ist eine Attraktion; dazu kommt die fabelhafte Schokolade: Zusammen ergibt das ein rundum erfreuliches Erlebnis.

Die Fabrik ist einfach zu erreichen: Sibang liegt an einer der Straßen, die Ubud mit Südbali verbinden.

Wer zwischen all den Monumenten, Tempelbauten, zahlreichen Opfergaben, Bächen und Wasserspielen umhergeht, kann gar nicht anders, als eine tiefe, ehrwürdige Erhabenheit zu spüren.

Vom Ende der Zufahrtstraße führt eine steile Steintreppe zum Fluss hinunter; an einer Stelle durchschneidet sie eine Felsböschung. Besucher müssen sich auf eine anstrengende Kletterpartie gefasst machen – es sind immerhin mehr als 270 Stufen.

Ein Sarong sollte mitgenommen werden, weil Teile der Stätte als heilig gelten.

SÜDLICH VON UBUD

An den Straßen zwischen Ubud und Südbali stehen zahlreiche kleine Läden, die Kunsthandwerk herstellen und verkaufen.

Viele Besucher halten unterwegs an, manchmal sind es ganze Busladungen. Ein

KATZENKAFFEE

Kopi Luwak, auch Katzenkaffee genannt, ist inzwischen ein ebenso bedeutender Faktor im touristischen Einkaufsverhalten auf Bali geworden wie die allgegenwärtigen Flaschenöffner in Penisform. Nur kostet er sehr viel mehr.

Der Reiz von Kopi Luwak besteht darin, dass Fleckenmusangs (kleine, posierliche Nachttiere, die entfernt mit Katzen verwandt sind) angeblich nur die besten Kaffeebohnen von den Büschen fressen. Dann passieren die Bohnen den Verdauungsapparat der Tiere, verschiedene Enzyme und Verdauungssäfte beeinflussen deren chemische Zusammensetzung. Wenn die Musangs sie wieder ausgeschieden haben, werden die Bohnen geröstet und verarbeitet und ergeben eine irgendwie hochwertigere Tasse Kaffee.

In den letzten Jahren ist der Hype um den Luwak-Kaffee ziemlich schrill geworden. Da immer mehr Touristen bereit sind, für die „weltweit teuerste Tasse Kaffee" einiges an Bargeld hinzublättern, ist die Zahl der Menschen, die genau diese verkaufen, geradezu explodiert. Wer auf Bali herumfährt, bekommt überall Schilder zu sehen, die für Kopi Luwak werben, besonders entlang der größeren Straße durch die Berge. Außer der großen Gefahr, einem Betrug aufzusitzen, gibt es auch große Bedenken wegen der Behandlung der Fleckenmusangs, die als Kopi-Luwak-Produzenten zur Schau gestellt werden. Folgendes gilt es zu bedenken:

- Es gibt kein allgemein anerkanntes Geschmacksprofil für Kopi Luwak, daher kann niemand definitiv sagen, wie der Kaffee schmeckt oder schmecken soll.
- Dass es sich wirklich um eine Tasse mit Kopi Luwak handelt, beruht allein auf der Aussage der Person, die ihn für 10 US$ oder mehr verkauft.
- Trotz des hohen Betrugspotenzials sind riesige Farmen für Kopi Luwak entstanden. Hier werden wilde Fleckenmusangs gefangen, in Käfigen gehalten und zwangsweise mit Kaffeebohnen gefüttert, ähnlich wie Gänse für Stopflebern. In der Wildnis haben die Tiere einen großen Aktionsradius und Kaffee ist nur ein winziger Teil ihrer Nahrung.
- In einer Kopi-Luwak-Anlage auf Bali bekommt man durchaus eingesperrte Musangs zu sehen, wobei die Nachttiere wachgehalten werden, um die Touristen zu erfreuen. In einer solchen Einrichtung haben wir gehört, wie ein Führer erklärte, der traurig dreinblickende Musang in einem sehr kleinen Käfig vor uns habe nur einige Tage Luwakdienst zu leisten. Danach werde er seine Tage und Nächte in einer Art Musang-Fantasiefarm verbringen und dort mit Artgenossen herumtollen.

Weitere Informationen über die Kontroverse rund um den Kopi Luwak sind auf der Website des Project Luwak Singapore (projectluwaksg.wordpress.com) zu finden. Die BBC berichtete 2013 über die Lebensbedingungen von Fleckenmusangs in Gefangenschaft (nach „BBC coffee luwak" suchen). National Geographic widmete sich im Jahr 2016 dem Thema (unter nationalgeographic.com, suchen nach „coffee luwak"). Außerdem untersuchte die balinesische Journalistin Cat Wheeler die Lage vor Ort im *Bali Advertiser* (http://baliadvertiser.biz/ethics/).

Großteil der Waren wird in kleinen Werkstätten und Familienanwesen an ruhigen Seitenstraßen produziert.

Die Straßen und Gassen wirken beinahe wie ein Flickenteppich – und wer sich genügend Zeit nimmt, auch durch die schmalen, dicht gedrängten Nebenstraßen zu schlendern, wird mit zahlreichen hübschen Überraschungen belohnt.

Man kann nach Tempelbauten, stimmungsvollen Dörfern und Ortschaften sowie familienfreundlichen Attraktionen Ausschau halten.

ℹ An- & Weiterreise

Südlich von Ubud sind die Straßen zur Freude der Radfahrer überwiegend flach, auf den Hauptstraßen kann allerdings viel Verkehr herrschen. Ansonsten ist man in dieser Region auf ein eigenes Fahrzeug angewiesen. Die Nebenstraßen eignen sich hervorragend zum Radfahren und Wandern.

Wer beabsichtigt, in diesen Dörfern ernsthaft einzukaufen und wirklich flexibel sein will, sollte sich ein eigenes Transportmittel beschaffen. Damit lassen sich auch die Nebenstraßen nutzen und die Einkäufe ohne Probleme befördern. Aber

Achtung: Der Fahrer bekommt möglicherweise eine Provision von jedem Laden, in dem sein Passagier Geld ausgibt – das kann einen Aufschlag von 10 % oder mehr auf den Kaufpreis bedeuten (aber es lässt sich auch als sein Trinkgeld werten).

Wenn man Pech hat, steuert der Fahrer womöglich aber auch lediglich seine bevorzugten Werkstätten oder Kunsthandwerker an – und nicht die, die seine Fahrgäste am meisten interessieren.

Blahbatuh & Umgebung

Blahbatuh besitzt einen kleinen, interessanten Markt im Zentrum, einige schöne Attraktionen liegen in der Nähe. Weiter westlich eröffnen sich abseits der Hauptstraße in der Nähe des Dorfes Kemenuh sensationelle Ausblicke auf die Reisterrassen.

Sehenswertes

Pura Gaduh HINDUTEMPEL

(Jl Kebo Iwa) Der Tempel Pura Gaduh, etwa 200 m östlich des Markts in Blahbatuh gelegen, besitzt einen etwa 1 m hohen Steinkopf, der als ein Porträt von Kebo Iwa, dem legendären Mann fürs Grobe und fähigen Minister des letzten Herrschers des Bedulu-Fürstentums, gilt. Dieser Steinkopf entstand wahrscheinlich noch vor dem javanischen Einfluss auf Bali im 11. Jh.

Gajah Mada – eine wichtige Persönlichkeit im Majapahit-Reich – erkannte, dass Bedulu (Balis stärkstes Fürstentum) nicht zu erobern war, so lange Kebo Iwa sich dort aufhielt. Deshalb lockte er ihn nach Java (er versprach ihm Frauen und Gesang) und ließ ihn dann ermorden.

Shoppen

Putri Ayu TEXTILIEN

(☎ 0361-942658; Jl Lapangan Astina 3, bei Jl Wisma Gajah Mada; ⏲ 8–17 Uhr) Webstühle, auf denen eifrig Ikat- und Batikstoffe hergestellt werden, gibt es im Putri Ayu zu sehen. Die Werkstätten und der Ausstellungsraum bilden einen wunderschönen Kontrast zu den Textilgeschäften in Gianyar. Sie befinden sich südlich der Hauptstraße und direkt östlich des Tempels.

Kutri

Von Blahbatuh geht es Richtung Norden nach Kutri, wo sich der interessante **Pura Kedarman** (Pura Bukit Dharma) befindet. Wer den Bukit Dharma hinter dem Tempel erklimmt, wird mit einem tollen Panoramablick belohnt. Dort oben steht ein **Schrein** mit einer Steinstatue von Durga, der sechsarmigen Göttin des Todes und der Zerstörung, die einen vom Dämon besessenen Wasserbüffel tötet.

Bona & Belega

Auf der Nebenstraße zwischen Blahbatuh und Gianyar liegt Bona, ein **Zentrum der Korbflechter**, das viele aus *lontar* (besonders präparierten Palmblättern) hergestellte Gegenstände präsentiert. Der Ort ist auch für seine Feuertänze bekannt (Achtung: Auf den meisten Straßenschildern in der Gegend steht „Bone" statt Bona. Wer sich verfahren hat, sollte also fragen: „Können Sie mir den Weg nach Bone zeigen?") Das Dorf Belega in der Nähe ist ein Zentrum für die Herstellung von Bambusmöbeln.

Batuan

Batuans schriftlich fixierte Geschichte reicht 1000 Jahre zurück. Im 17. Jahrhundert kontrollierte die hiesige Fürstenfamilie einen Großteil des südlichen Bali. Der Niedergang der Macht wird dem Fluch eines Priesters zugeschrieben, der die fürstliche Familie in verschiedene Regionen der Insel zerstreute.

Sehenswertes

Pura Puseh Batuan & Pura Dasar Batuan HINDUTEMPEL

(Jl Raya Batuan; Spende 10 000 Rp; ⏲ 7–17 Uhr) Direkt westlich des Zentrums stehen die Zwillingstempel, die zu den ältesten auf Bali zählen. Sie sind begehbare Studien klassischer balinesischer Tempelarchitektur. Die Schnitzarbeiten sind kunstvoll, und die Besucher können sich in leuchtend rote Sarongs hüllen. Tagsüber gibt es regelmäßig Tanzdarbietungen, die speziell für Touristen aufgeführt werden.

Sukawati & Puaya

Die einstige Fürstenhauptstadt Sukawati ist für ihren Markt und die spezialisierten Kunsthandwerker bekannt, die in kleinen Läden entlang der Straßen fleißig arbeiten. Puaya, etwa 1 km nordwestlich von Sukawati gelegen, ist ebenfalls für seine Kunsthandwerker berühmt.

Südlich von Ubud

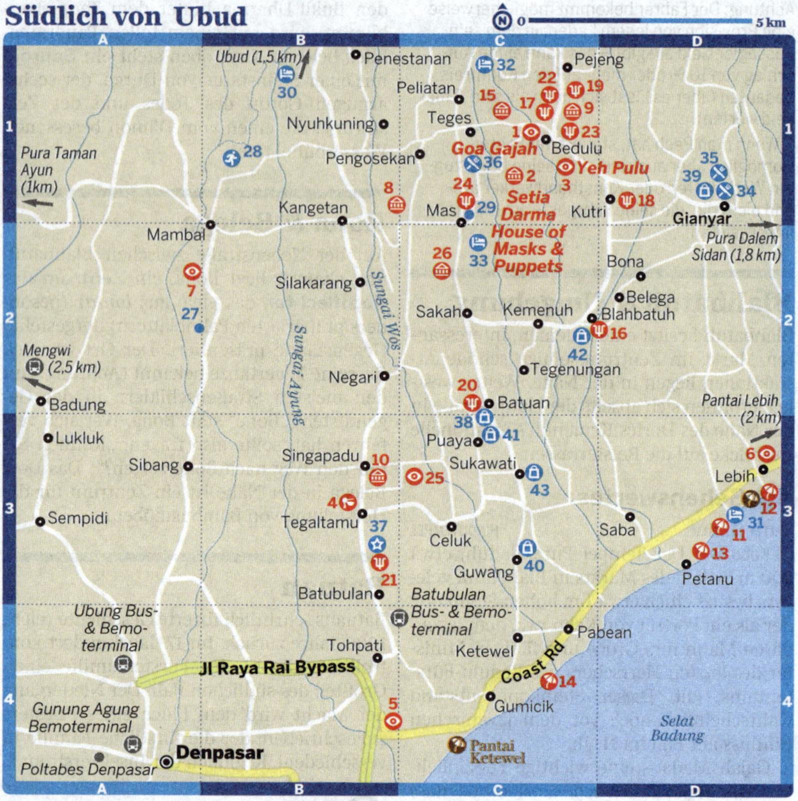

Shoppen

★ Sukawati Market MARKT

(Jl Raya Sukawati, Sukawati; ⏲6–20 Uhr) Der stets wuselige Sukawati-Markt ist ein Highlight eines jeden Besuchs in dieser Region und eine wichtige Quelle für Blumen, Körbe, Früchte, Nippes und andere Gegenstände, die als beliebte Tempelgaben verwendet werden. Er präsentiert sich als Fest für die Sinne, farbenfroh und bunt.

Nyoman Ruka MUSIKINSTRUMENTE

(Kubu Duah; ⏲10–18 Uhr) Wenn man von Süden hierher kommt, ist diese eine der ersten Werkstätten – ein schicker Laden mit Barongfiguren und Masken.

Guwang Pasar Seni GESCHENKE & SOUVENIRS

(Kunsthandwerk-Markt; Guwang; ⏲8–18 Uhr) Etwa 2 km südlich von Sukawati bietet dieser hochgejubelte und sehr touristische Markt jede Art von Nippes und Flitterkram.

Baruna Art Shop KUNST & KUNSTHANDWERK

(☎0361-299490; Kubu Duah; ⏲10–17 Uhr) Dieser Laden hat zahlreiche Barongmasken auf Lager, über die die Kunden beim Betrachten ins Grübeln kommen können.

Singapadu

Das Zentrum von Singapadu wird von einem riesigen **Banyanbaum** beherrscht. Früher kamen die Gemeindemitglieder bei diesen Bäumen zusammen; auch heute noch steht die örtliche Versammlungshalle gleich auf der anderen Straßenseite. Das Dorf hat ein traditionelles Erscheinungsbild mit ummauerten Familienanwesen und schattenspendenden Bäumen.

Sehenswertes

Bali Bird Park VOGELSCHUTZGEBIET

(☎0361-299352; www.bali-bird-park.com; Jl Serma Cok Ngurah Gambir; Erw./Kind 432 000/

Südlich von Ubud

Highlights	
1 Goa Gajah	C1
2 Setia Darma House of Masks & Puppets	C1
3 Yeh Pulu	C1
Sehenswertes	
4 Bali Bird Park	B3
5 Bali Orchid Garden	B4
6 Bali Safari & Marine Park	D3
7 Green School	A2
8 Ketut Rudi Gallery	B1
9 Museum Arca	C1
10 Nyoman Suaka Home	B3
11 Pantai Keramas	D3
12 Pantai Masceti	D3
13 Pantai Pering	D3
14 Pantai Purnama	C4
15 Pranoto's Art Gallery	C1
16 Pura Gaduh	D2
17 Pura Kebo Edan	C1
18 Pura Kedarman	D1
19 Pura Penataran Sasih	C1
20 Pura Puseh Batuan & Pura Dasar Batuan	C2
21 Pura Puseh Batubulan	B3
22 Pura Pusering Jagat	C1
23 Pura Samuan Tiga	C1
24 Pura Taman Pule Mas	C1
25 Singapadu Banyan Tree	C3
26 Tonyraka Art Gallery	C2
Aktivitäten, Kurse & Touren	
27 Big Tree Farms	A2
28 Fivelements	B1
29 Ida Bagus Anom Suryawan	C1
Schlafen	
30 Bambu Indah	B1
31 Komune Bali	D3
32 Maya Ubud	C1
33 Taman Harum Cottages	C2
Essen	
34 Food Market	D1
35 Gianyar Night Market	D1
36 Semar Warung	C1
Unterhaltung	
37 Barong Dance Show	B3
Shoppen	
38 Baruna Art Shop	C3
39 Cap Togog	D1
40 Guwang Pasar Seni	C3
41 Nyoman Ruka	C3
42 Putri Ayu	C2
43 Sukawati Market	C3
Tenun Ikat Setia Cili	(s. 39)

216 000 Rp; ⏲9–17.30 Uhr; 👪) Über 1000 Vögel aus 250 verschiedenen Arten flattern in diesem Park herum, darunter die seltenen *cendrawasih* (Paradiesvögel) aus Westpapua und der nahezu ausgestorbene Bali-Star. Viele sind in begehbaren Volieren untergebracht; durch eine davon führt der Weg auf Baumniveau, oder wie Gefiederte sagen würden, auf Vogelniveau. In einer **Reptilienabteilung** lebt u. a. ein Komodowaran. Kinder haben hier viel Spaß; für den Besuch sollten mindestens zwei Stunden eingeplant werden. Der Park liegt in dem Dorf Singapadu im Großraum Batabulan, auf halbem Weg zwischen Ubud und Denpasar.

Nyoman Suaka Home HISTORISCHES GEBÄUDE
(Singapadu; erwartete Spende 30 000 Rp; ⏲9–17 Uhr) Das Haus liegt 50 m von der Hauptstraße entfernt unmittelbar südlich des riesigen Banyanbaums in Singapadu. Durch den alten Eingang mit schönen Schnitzereien geht es in ein ummauertes Familienanwesen mit einem klassischen balinesischen Wohnhaus. Während die Besucher sich neugierig umsehen, gehen die Familienangehörigen ihren alltäglichen Tätigkeiten nach.

Celuk

Celuk ist das **Silber-** und **Gold**-Zentrum auf Bali. Die schickeren Showrooms befinden sich entlang der Hauptstraße und verlangen ziemlich hohe Preise für ihre Waren, aber ein gewisser Spielraum beim Feilschen und Handeln besteht trotzdem.

Hunderte **Silber- und Goldschmiede** arbeiten in ihren Häusern, die in den Seitenstraßen nördlich und östlich der Hauptstraße liegen. Die meisten dieser Kunsthandwerker stammen aus *Pande*-Familien, Mitglieder einer Subkaste von Schmieden, deren Kenntnisse über Feuer und Metall sie traditionell außerhalb der üblichen Kastenhierarchie stellen.

Ein Besuch in diesen kleinen Werkstätten ist sehr interessant, dort sind die Preise für die Gold- und Silberwaren auch am niedrigsten. Allerdings haben die Handwerker im Allgemeinen keine allzu große Auswahl an fertigen Stücken auf Lager.

Sie arbeiten auch auf Bestellung; am besten wäre es, wenn man ein Beispiel oder eine Zeichnung mitbringt.

Batubulan

Der Beginn der Hauptstraße von Südbali nach Ubud wird von vielen Geschäften für Steinskulpturen gesäumt – **Steinmetzarbeiten** sind das wichtigste Handwerk in Batubulan (Mondstein). Die Werkstätten stehen direkt an der Straße nach Tegaltamu, weitere gibt es weiter nördlich rund um Silakarang. Aus Batubulan stammen die faszinierenden Tempeltorwächter, die überall in Bali zu sehen sind. Der Stein, der für diese Skulpturen genutzt wird, ist ein poröser grauer vulkanischer Tuffstein namens *paras,* der Bimsstein ähnelt; er ist weich und überraschend leicht. Er altert auch schnell, sodass „ältere" Stücke meist nur wenige Jahre und nicht Jahrhunderte alt sind.

Batubulan ist auch ein Zentrum für die Herstellung von „Antiquitäten", Textilien und Holzarbeiten und weist zahllose Geschäfte für Kunsthandwerk auf.

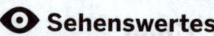

Sehenswertes

Pura Puseh Batubulan HINDUTEMPEL

(Eintritt gegen Spende; ⌚8–18 Uhr) Die Tempel rund um Batubulan sind für ihre schönen Steinmetzarbeiten berühmt. Nur 200 m östlich der belebten Hauptstraße lohnt der Pura Puseh Batubulan einen Besuch wegen seines mit Lotosblüten gefüllten Wassergrabens. Die Statuen greifen auf uralte hinduistische und buddhistische Ikonografie und balisnesische Mythologie zurück.

☆ Unterhaltung

Barong Dance Show TANZ

(Pura Puseh Batubulan; Eintritt 110 000 Rp; ⌚9.30 Uhr) Eine Barong-Tanz-Show über den Löwenhund wird in einer Halle aufgeführt; die einstündige Veranstaltung ist vor allem eine Touristenshow. Pura Puseh bedeutet „zentraler Tempel" – davon gibt es viele auf Bali. Mitunter wird „Puseh" auch als „Nabel" übersetzt; auch das passt.

Ostbali

➡ Inhalt

Gut essen

- Bali Asli (S. 247)
- Vincent's (S. 245)
- Nachtmarkt von Gianyar (S. 224)
- Amankila Restaurant (S. 240)
- Warung Ida (S. 231)
- Warung Enak (S. 255)

Schön übernachten

- Meditasi (S. 255)
- Anda Amed Resort (S. 253)
- Alam Anda (S. 259)
- Villa Arjuna (S. 247)
- Komune Bali (S. 224)
- Amankila (S. 240)

Auf nach Ostbali!

Auf den Straßen Ostbalis umherzustreifen, gehört zu den vergnüglichsten Aktivitäten auf der Insel. Unter wiegenden Palmen ziehen sich Reisterrassen die Hügel hinunter, an vulkanischen Stränden brechen sich die Wellen und alte Dörfer existieren weiter mit minimaler Modernität. Wie ein Wächter über diese Region erhebt sich der Gunung Agung, ein 3142 m hoher Vulkan mit perfekter Kegelform, der auch als „Nabel der Welt" und „Mutter der Berge" bekannt ist.

Die Ruinen der ehemaligen Königsstadt Semarapura beschwören Balis Vergangenheit herauf. Wer den Flüssen folgt, die von den Hängen entlang der Straße nach Sidemen herabfließen, entdeckt Ausblicke und Täler mit einer Vegetation, die viele Facetten der Farbe Grün zeigt. Unten an der Küste liegen der schicke Fischerort Padangbai und der ruhige Küstenstreifen Candidasa. Resorts und versteckte Strände finden sich verstreut an der ganzen Küste, während sie sich an der Amed-Küste häufen. In dem nördlich davon gelegenen Tulamben dreht sich alles um die Erkundung der Unterwasserwelt: Dieser Ort ist ganz aufs Tauchen eingestellt.

Reisezeit

- Die beste Reisezeit für Ostbali ist die Trockenzeit im Zeitraum von April bis September, obwohl sich das Wetter in den letzten Jahren verändert hat: Die Trockenzeit ist feuchter und die Regenzeit trockener geworden. Wanderungen nach Tirta Gangga durch die üppig bewachsenen Hügel des Gunung Agung sind viel leichter, wenn der Boden nicht matschig ist.
- An der Küste ist kein Monat dem anderen vorzuziehen, denn dort ist es gewöhnlich einfach immer tropisch warm.
- Spitzen-Resorts können in der Hochsaison (Juli, August und in der Weihnachtszeit) ausgebucht sein, aber so voll wie in Südbali wird es hier nie.
- Von Oktober bis März herrschen an den Stränden nordöstlich von Sanur die besten Surfbedingungen.

Highlights

1 In Semarapuras historischer Stätte **Kertha Gosa** (S. 227) Einblicke in Balis raue Vergangenheit und stolze Traditionen gewinnen

2 Wandern im malerischen Tal von **Sidemen** (S. 229)

3 Mit neuen Freunden in den behaglichen Cafés und an den coolen Stränden der Hafenstadt **Padangbai** (S. 235) chillen

4 In einem Guesthouse in einem der kleinen Dörfer an der schönen **Amed-Küste** (S. 250) den perfekten Lotussitz üben

5 Einen spannenden Tauchausflug zu dem berühmten Schiffswrack unternehmen, das direkt vor der Küste von **Tulamben** (S. 256) liegt

6 Beim Wandern zum Nationaltempel **Pura Lempuyang** (S. 249), einem der längsten und schönsten Aufstiege des Lebens, die vielen Nuancen von Grün zählen

7 Am **Pantai Klotek** (S. 222) die Kombination aus Heiligem, Erhabenem und viel schwarzem Sand bestaunen

0
10 km
BALI-SEE
Tembok
Tianyar
Ban
Kubu
Gunung Abang (2152 m)
Tulamben 5
Liberty
Kubu Region
Daya
Gunung Agung (3142 m)
Amed
Jemeluk
Dalah
Culik
Amed Coast 4
Banutan
Lipah
Lehan
Aas
Bangli
Pura Besakih
Besakih
Lebih
Pura Sambu
Pura Pasar Agung
Tanah Aron
Pidpid
Abang
Ngis
Gunung Lempuyang (1058 m)
Pura 6
Lempuyang
Gunung Seraya (1175 m)
Sungai Yehunda
Desi Ababi
Tirta Gangga
Basangalas
Menanga
Bukit Kusambi
Krotok
Rendang
Muncan
Budakeling
Tauka
Seraya
Jungutan
Peladung
Selat
Duda
Bebandem
Amlapura
Abian Soan
Sibetan
Putung
Iseh
Subagan
Sungai Unda
Bungaya
Ujung
Tenganan
Asak
Sungai Buhu
Teluk Penyu
2 Sidemen
Tabola
Perasi
Sidemen Rd
Sungai Betel
Manggis
Sengkidu
Pura Gamang Pass
Buitan
Mendira
Tanah Ampo
Candidasa
Pasir Putih
Gili Mimpang
Gili Tepekong
Teluk Amuk
Padangbai 3
Lawah
Pura Goa Lawah
Lombok (34 km)
Kusamba
Coast Rd
Selat Lombok
Nusa Penida (4 km)

Die Küstenstraße nach Kusamba

Balis Küstenstraße, die nördlich von Sanur beginnt und nach Osten bis zu einer Kreuzung hinter Kusamba verläuft, sollte wohl besser den Namen Strandstraße tragen. Sie führt an einem Küstenabschnitt entlang, an dem sich die schwarzsandigen Strände geradezu häufen. So lassen sich nunmehr all die Sandstrände leicht besuchen, die damals, als die Straße nach Osten sich durch weit im Binnenland liegende Städte wie Gianyar und Semarapura schlängelte, nur schwer erreichbar waren.

Der Ausbau der Straße von zwei auf vier Spuren war bitter nötig und ist nahezu abgeschlossen. Die Straße ist auf ganzer Länge von *Warung*-Ständen und Raststätten gesäumt. Die touristische Entwicklung wurde ernsthaft in Angriff genommen, und es gibt eine Vielzahl neuer Villen, die für Ausländer gebaut wurden.

Die Küstenstraße ist nach einem balinesischen Gouverneur aus den 1980er-Jahren benannt, der viel für die Kultur getan hat, offiziell heißt sie Professor Doktor Ida Bagus Mantra Bypass. Sie hat Padangbai, Candidasa und Orte weiter östlich ein bis zwei Stunden näher an Südbali herangebracht.

Sehenswertes

Bali Safari & Marine Park FREIZEITPARK
(☎0361-950000; www.balisafarimarinepark.com; abseits Professor Doktor Ida Bagus Mantra Bypass; Erw./Kind ab 60/40 US$; ⏲9–17 Uhr, Bali-Agung-Show Di–So 14.30 Uhr) Dieser großangelegte Themenpark ist mit Tieren bestückt, die es in Bali nie gab, bis diese Exemplare aus dem Käfig gelassen wurden. Die Ausstellung ist groß und naturnah gestaltet. Zu den vielen Zusatzangeboten, die natürlich extra kosten, gehören Ritte auf Tieren und eine Nachtsafari. Besucher sollten beachten, dass bei den Vorführungen des Parks auch Elefanten auftreten: Tierschützer behaupten, die Vorführungen seien unnatürlich und damit schädlich für die Tiere.

Eine der Hauptattraktionen ist die funkelnde Show **Bali Agung**. Die 60-minütige Vorführung bietet balinesische Kultur im spektakulären Las-Vegas-Stil. Das ist nicht wirklich traditionell, aber trotzdem beeindruckend.

Der Park liegt nördlich von Lebih Beach; kostenlose Shuttles fahren die Touristenzentren in ganz Südbali an. Häufig wird einem geraten, ganze Leistungspakete zu kaufen und nicht bloß den einfachen Eintrittspreis zu zahlen.

Strände

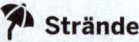

Wer auf der Küstenstraße von Sanur nach Osten fährt, kann fast jede Straße oder jeden Weg Richtung Süden nehmen und landet immer an einem Strand. Mal sind die Strände ganz ruhig, bei anderen ist die Entwicklung in vollem Gange, und bei noch anderen ist schon seit Langem mit zahlreichen Besuchern ordentlich etwas los.

Die Küste ist mit ihren Stränden in unzähligen vulkanischen Grauschattierungen und donnernden Wellen atemberaubend. Die gesamte Küstenregion ist religiös sehr bedeutend, was die zahllosen Tempel unterwegs dokumentieren. In den vielen kleinen Dörfern wird am Ende der Bestattungszeremonien die Asche des Verstorbenen ins Meer gestreut. Reinigungsrituale für Tempelartefakte werden ebenfalls an diesen Stränden abgehalten.

Einige Stichpunkte:

- Ketewel und Keramas eignen sich gut zum Surfen.
- Das Schwimmen ist in der oftmals gewaltigen Brandung aber gefährlich.
- Einige Strände haben keinen Schatten.
- An den meisten Stränden gibt es mindestens ein oder zwei Leute, die Essen und Getränke verkaufen.
- Die Strände erreicht man nur auf eigene Faust.
- Die Dorfbewohner erheben eine kleine Mautgebühr – etwa 5000 Rp.
- Leider gibt es an den meisten Stränden deprimierende Probleme mit dem Müll.

★ **Pantai Klotek** STRAND
Abseits der Küstenstraße bildet die reizvolle Fahrt über die 800 m lange hügelige Zufahrtsstraße den Auftakt zum Besuch dieses sehr interessanten Strands. Die Ruhe am **Pura Watu Klotok** täuscht über die große Bedeutung dieses Tempels hinweg. Beispielsweise werden heilige Statuen vom Pura Besakih für eine rituelle Reinigung hierher gebracht. Imbissverkäufer bieten verschiedene Snacks an und es gibt eine neue gepflasterte Strandpromenade. Einen bewundernden Blick wert sind die als heilig geltenden hellblauen Blüten der wild wachsenden Midori-Sträucher.

Pantai Lebih STRAND

Der Sand des Lebih Beach enthält Glimmer, ein hell glitzerndes Mineral. Abseits der Hauptstraße mündet nicht weit von hier der große Sungai Pakerisan (Pakerisan-Fluss), der bei Tampaksiring entspringt, ins Meer. Zahlreiche Fischerboote liegen am Strand und passend dazu gibt es eine Reihe *Warungs* mit köstlichen Spezialitäten, darunter *sate ikan laut* (Fisch-Satay) und eine reichhaltige Fischsuppe. Überall duftet es nach gegrilltem Fisch – ein ausgezeichneter Ort für einen Zwischenstopp zum Mittagessen. Vorhanden sind auch große Gemischtwarenläden, in denen Reisende sich mit Vorräten für den Besuch weiterer Strände eindecken können.

Weiter nördlich, auf der anderen Seite der Küstenstraße, thront der eindrucksvolle **Pura Segara** am Hang oberhalb der Meerenge zur Nusa Penida. Auf dieser Insel ist Jero Gede Macaling (König der Dämonen) beheimatet und der Tempel soll Bali vor dessen schlechtem Einfluss schützen.

Pantai Lepang STRAND

Der Weg von der Hauptstraße zum Strand führt über 600 m durch ein kleines Stück ländliches Bali, in dem sich dessen Gefährdung noch nicht widerspiegelt. Allein deswegen lohnt sich schon der Besuch des Pantai Lepang mit seinem anthrazitfarbenen Sand und seinen kleinen Dünen – leider ohne jeglichen Schatten. Zu finden sind ein paar Händler und jede Menge lohnenswerter Fotomotive. Ein Schild weist darauf hin, dass es sich hier um ein Schutzgebiet für Meeresschildkröten handelt.

Nur wenig weiter in westlicher Richtung liegt jedoch bereits ein Vorbote der Zukunft: das neue riesige Wyndham Tamansari Jivva Resort.

Pantai Purnama STRAND

(Purnama) Der Strand ist zwar klein, hat aber den schwärzesten Sand, in dem die Sonne Milliarden Funken aufblitzen lässt. Religion besitzt in diesem Gebiet einen hohen Stellenwert. Eine wichtige Rolle für die Bewässerung der Reisfelder spielt der **Pura Erjeruk**, deshalb finden in dem Tempel jeden Monat bei Vollmond einige der aufwendigsten Reinigungszeremonien Balis statt. Auch hier stehen schon die ersten Villen und werden als Immobilienobjekte angeboten.

Pantai Keramas STRAND

(Keramas) Zunehmend mehr Villen- und Hotelprojekte sprießen hier wie Pilze aus dem Boden. Die gleichmäßige Brandung ist hier Weltklasse. Eine Attraktion ist Wake Bali, wo bedauerlicherweise Delfine in einem Pool gefangen gehalten werden.

Pantai Siyut STRAND

Der nur 300 m von der Straße entfernte Strand ist häufig menschenleer. Da es keinerlei Schatten gibt, empfiehlt es sich, einen Sonnenschirm mitzubringen. Vor Erschließungs- und Bauvorhaben blieb er bisher verschont.

Pantai Masceti STRAND

„Was für ein merkwürdiger Ort", meinte unser Freund. Tatsächlich lassen sich am Masceti-Strand die Gegensätze studieren. Er liegt etwa 15 km östlich von Sanur, bietet ein paar Getränkeverkäufer – und einen der neun balinesischen Haupttempel, **Pura Masceti**. Das in Gestalt eines *garuda* (eines großen Mythenvogels) errichtete Gebäude steht direkt am Strand und wird von grellbunten Statuen geschmückt.

In der Vogelgestalt liegt eine gewisse Ironie, denn sowohl der Tempelbezirk als auch ein riesiges Gebäude in der Nachbarschaft werden für Hahnenkämpfe genutzt. Die Federn der Vögel, die den Kampf verloren haben, liegen überall herum. An Tagen ohne Hahnenkämpfe oder Zeremonien wird im großen Pavillon auf andere Weise gezockt. Eine gepflasterte Strandpromenade lädt jedenfalls dazu ein, hier ein wenig umherzuschlendern.

Pantai Ketewel STRAND

Ketewel ist einer der ersten Strände, die sich über die Küstenstraße erreichen lassen. Er zählt zu den bekannten Surfspots, eignet sich aber eher für fortgeschrittene Surfer, denn der Küstenabschnitt ist ein schwieriges felsiges Terrain. Besucher des Strandes kommen zum Surfen hierher oder schauen einfach nur dem sportlichen Treiben zu. Imbiss- oder Getränkeverkäufer sind nicht vorhanden.

Pantai Pering STRAND

Der Strand liegt 12 km von Sanur entfernt. Von der Küstenstraße aus können Besucher zwischen zwei Zufahrten wählen: einem 1,1 km langen gewundenen dschungelartigen Weg oder gleich östlich davon einer direkten geraden Straße. An dem graubraunen Sandstrand gibt es ein paar Getränkeverkäufer, einen kleinen Tempel, einfache Hütten und einen von Palmen beschatteten Parkplatz.

Schlafen

★ Komune Bali BOUTIQUEHOTEL $$
(☎0361-301 8888; www.komuneresorts.com; Jl Pantai Keramas, Keramas; Zi. ab 100 US$;) In dem angesagten Ressort ermöglichen hohe Lichtmasten das überaus beliebte Surfen bei Nacht. Trotzdem hat das Hotel einiges dafür getan, um sich gut in die Umgebung einzufügen. Es verfügt über einen sehr schönen Poolbereich und ein Café in den Dünen, an das auch bei Flut das Wasser nicht heranreicht.

Wyndham Tamansari Jivva Resort RESORT $$
(☎0366-543 7988; www.wyndhamjivvabali.com; Pantai Lepang; Zi. 70–150 US$;) Für Ostbali fast ein wenig revolutionär ist dieses neue Resort mit 222 Zimmern und einem gewagten markanten Design. Mit seiner klaren Linienführung bildet es einen harmonischen Kontrast zum hiesigen dunklen Sand. Die Zimmer sind durchschnittlich groß und nicht alle haben einen Meer-/Strandblick.

Gianyar

Gianyar ist das wohlhabende Verwaltungs- und Marktzentrum des Gianyar-Distrikts, zu dem auch Ubud gehört. Die Stadt hat mehrere Batik- und Ikat-Fabriken und ein kleines Zentrum, in dem man ausgezeichnet essen kann, vor allem auf dem berühmten Nachtmarkt.

Sehenswertes

Pura Dalem Sidan TEMPEL
Auf der Straße östlich von Gianyar kommt etwa 2 km außerhalb von Peteluan eine Abzweigung nach Bangli. Nach ungefähr 1 km auf dieser Straße steht an einer scharfen Kurve der Pura Dalem Sidan. Mit seinen wunderschönen Steinmetzarbeiten bildet er ein hervorragendes Beispiel eines der Totenwelt gewidmeten Tempels. Besonders sehenswert sind die Statuen von Durga mit Kindern am Tor und der separate Raum in einer Ecke des Tempels, der dem Merajapati, dem Schutzgeist der Toten, gewidmet ist.

> **STOFFE KAUFEN**
>
> Stoffe gibt es als Meterware zu kaufen, man kann sich aber auch vor Ort etwas nach Maß schneidern lassen. Handgewebter Ikat kostet – je nachdem, wie fein er gewebt ist – zwischen 50 000 und 120 000 Rp pro laufendem Meter. Wenn er Seide enthält, ist er teurer. Einen Batiksarong bester Qualität gibt es für etwa 600 000 Rp und für doppelt so viel, wenn er als Hochzeitsgewand auch Goldakzente haben soll. Da die Branche unter dem harten Konkurrenzkampf mit den maschinengewebten javanischen Stoffen leidet, ist hier jeder Besucher willkommen.

Essen

Viele Einheimische, aber auch Touristen kommen extra nach Gianyar, um auf dem Markt das Essen zu genießen, für das die Stadt berühmt ist, wie z. B. *babi guling* (Spanferkel am Spieß mit einer Würzfüllung aus Chili, Kurkuma, Knoblauch und Ingwer – einfach köstlich).

In der Nähe des Nachtmarkts stehen zahlreichen Stände, die frisch zubereitete Gerichte verkaufen, darunter leckere *piseng goreng* (frittierte Bananen).

Eine gute Auswahl bietet auch der **Lebensmittelmarkt** (Jl Ngurah Rai; ⌚11–14 Uhr), der sich auf beiden Seiten des Hauptabschnitts der Jl Ngurah Rai erstreckt.

★ Nachtmarkt von Gianyar MARKT $
(Jl Ngurah Rai; Hauptgerichte ab 15 000 Rp; ⌚17–23 Uhr) Der Klang unzähliger Kochtöpfe und die vielen strahlenden Lichter verleihen dem vorzüglichen Nachtmarkt von Gianyar eine geradezu frenetische Partystimmung. Nach Meinung der Einheimischen zählen hier die angebotenen Speisen zu den besten von ganz Bali. Jeden Abend werden im Stadtzentrum eine Menge Stände aufgebaut und darin umwerfend köstliche Gerichte gekocht.

Das Herumschlendern, Begutachten und Aussuchen sind fast schon der halbe Spaß. Es gibt alles von *babi guling* (Spanferkel am Spieß mit einer Würzfüllung aus Chili, Kurkuma, Knoblauch und Ingwer) bis hin zu schmackhaften Gemüsekombinationen, die sich gar nicht beschreiben lassen. Ein Gericht kostet im Schnitt weniger als 15 000 Rp. Wer in einer Gruppe den Markt besucht, kann sich Gerichte teilen und so viel probieren und alle umso glücklicher machen. Höhepunkt des Marktes sind die zwei Stunden nach Sonnenuntergang. Und das Beste: Der Markt liegt nur 20 Autominuten von Ubud entfernt. Eine Taxifahrt kostet hin und zurück, inklusive Wartezeit, 140 000 Rp.

Shoppen

Am westlichen Ende der Stadt, an der Hauptstraße nach Ubud, liegen Textilfabriken, die von Kennern handgewebter Stoffe sehr geschätzt werden. Besucher können den Webern bei der Arbeit zusehen und beobachten, wie das Garn für die lebhaft gemusterten Ikat-Stoffe, die auf Bali *endek* heißen, gefärbt wird.

Cap Togog TEXTILIEN
(☎0361-943046; Jl Astina Utara 11; ⊙8–17 Uhr) Das Unternehmen befindet sich direkt an der Hauptstraße westlich des Stadtzentrums. In seinem faszinierenden Produktionsbereich im Erdgeschoss erfüllt der Klang Dutzender klappernder Holzwebstühle den Raum.

Tenun Ikat Setia Cili TEXTILIEN
(☎0361-943409; Jl Astina Utara; ⊙9–17 Uhr) Die große Textilfabrik liegt nur 500 m von ihrem Konkurrenten Cap Togog entfernt am westlichen Ende der Stadt an der Hauptstraße nach Ubud. Kennern handgewebter Stoffe wird hier das Herz höher schlagen. Das Unternehmen verfügt über einen Verkaufsraum, wo es seine Stoffe als Meterware anbietet. Wer Lust hat, kann sich auch vor Ort ein Kleidungsstück nach Maß schneidern lassen.

An- & Weiterreise

Bemo verkehren regelmäßig zwischen dem Batubalan-Terminal bei Denpasar und dem Hauptterminal in Gianyar hinter dem Hauptmarkt (15 000 Rp). Bemo von und nach Ubud (10 000 Rp) halten an der Haltestelle auf der anderen Straßenseite am Hauptmarkt.

Bangli

Auf halbem Weg den Hügel nach Penelokan hinauf liegt Bangli, einst die Hauptstadt eines Königreichs, heute ein bescheidener Marktort, der wegen seines weitläufigen Tempels Pura Kehen sehenswert ist. Er liegt an einer wunderschönen Dschungelstraße, die an Reisterrassen vorbeiführt und in Sekar auf die Straße nach Rendang und Sidemen stößt.

Geschichte

Bangli wurde im 13. Jh. gegründet. In der Majapahit-Zeit löste es sich von Gelgel und wurde ein eigenständiges Königreich, das allerdings keinen Seezugang hatte, arm und in langwierige Konflikte mit Nachbarstaaten verstrickt war.

1849 verhalf ein Vertrag mit den Niederländern Bangli zur Kontrolle über das unterworfene Königreich Buleleng an der Nordküste, das jedoch rebellierte, woraufhin die Kolonialherren wieder die Herrschaft übernahmen. 1909 zog es der Radscha von Bangli vor, in einem niederländischen Protektorat zu leben, statt im selbstmörderischen *puputan* (dem Kampf bis zum Tod) zu sterben oder sein Reich durch die vollständige Eroberung durch Nachbarstaaten oder die Kolonialmacht zu verlieren.

Sehenswertes

★ **Pura Kehen** HINDUTEMPEL
(Jl Sriwijaya; Erw./Kind inkl. Sarong 30 000 Rp/frei; ⊙9–17 Uhr) Der Nationaltempel des Königreichs Bangli, einer der schönsten Tempel Ostbalis, ist eine Miniaturversion des Pura Besakih, der wiederum als wichtigster Tempel auf Bali gilt. Pura Kehen ist an den Berghang gebaut, eine Treppe führt zu seinem herrlich geschmückten Eingang. Im ersten Innenhof steht ein riesiger Banyanbaum, in dessen Ästen eine *kulkul* (eine Warntrommel aus einem hohlen Baumstamm) hängt.

Der innere Hof hat eine *meru*, eine Pagode mit elf Dächern sowie weitere Schreine für die drei Hindugötter Brahma, Shiva und Vishnu. Die Steinmetzarbeiten sind hier besonders fein ausgeführt. Insgesamt gibt es 43 Altäre.

Pura Dalem Penunggekan HINDUTEMPEL
(Jl Merdeka) GRATIS Die Außenmauer dieses faszinierenden Unterwelttempels ziert ein Relief, das anschaulich zeigt, was Übeltätern im Jenseits blüht. Eine Tafel zeigt das entsetzliche Schicksal von Ehebrechern – vor allem Männer dürften diesen Anblick sehr ungemütlich finden! Andere stellen Sünder als Affen dar oder zeigen Bösewichte, die darum flehen, vor dem Höllenfeuer bewahrt zu werden. Der Tempel liegt 3 km südlich vom Zentrum Banglis.

Essen

Auf dem *pasar malam* (Nachtmarkt) an der Jalan Merdeka neben dem Bemo-Bahnhof gibt es einige ausgezeichnete traditionelle *Warungs* (Imbissstände). Doch auch tagsüber finden sich auf dem chaotischen **Markt** Stände mit frisch zubereitetem, leckerem Essen. Speisen für Opfergaben im Tempel werden rund um die Uhr verkauft.

Semarapura

Semarapura

Highlights

1 Klungkung-Palast B1
2 Semarapura-Markt C2

Sehenswertes

3 Bale Kambang B2
4 Kertha Gosa B1
5 Museum Semarajaya A1
6 Puputan Monument B1

Essen

7 Bali Indah C2
8 Pasar Senggol B1

An- & Weiterreise

Bangli liegt an der Hauptstraße zwischen Denpasars Terminal Batubulan (17 000 Rp) und dem Gunung Batur, der nur über Penelokan erreichbar ist. Die meisten Leute machen einen Abstecher nach Bangli, wenn sie im eigenen Auto einen Ausflug zum Pura Besakih unternehmen.

Semarapura (Klungkung)

0366

Einen Abstecher in die hübsche Regionalhauptstadt Semarapura sollten Ostbali-Besucher nicht versäumen, insbesondere wegen des faszinierenden Kertha-Gosa-Komplexes, eines sehenswerten Relikts aus der vorkolonialen Zeit, d. h., bevor die Niederländer die Kolonialherrschaft übernahmen. Das einstige Zentrum von Balis wichtigstem Königreich ist auch heute noch unter seinem alten Namen Klungkung bekannt.

Ein Spaziergang durch die Stadt vermittelt einen guten Eindruck vom modernen balinesischen Alltag mit großen Märkten, vielen Geschäften und halbwegs ruhigen Straßen. Besucher parken am besten auf dem Parkplatz gegenüber vom Eingang zum Taman Kertha Gosa. Und für Besucher gilt: Händler einfach ignorieren und den Ausflug genießen!

Geschichte

Nachfolger der Majapahit, die Bali eroberten, ließen sich um 1400 in Gelgel (gleich südlich des modernen Semarapura) nieder; die Gelgel-Dynastie stärkte den Einfluss der Majapahit auf der Insel. Im 17. Jh. gründeten die Nachkommen der Gelgel-Linie getrennte Reiche, die Dominanz des Hofes Gelgel auf Bali ging verloren. Der Hof zog 1710 nach Klungkung um, konnte seine frühere Vorherrschaft aber nie ganz zurückgewinnen.

1849 schlugen die Herrscher von Klungkung und Gianyar eine niederländische Invasionstruppe bei Kusamba. Bevor die Niederländer einen Gegenangriff starten konnten, stieß noch ein Heer aus Tabanan dazu, der Kaufmann Mads Lange konnte jedoch schließlich ein Friedensabkommen aushandeln.

In den folgenden 50 Jahren bekämpften sich die südbalinesischen Königreiche, bis der Radscha von Gianyar die Niederländer um Hilfe bat. Als diese schließlich den Süden einnahmen, stand der König von Klungkung vor der Wahl zwischen einem selbstmörderischen *puputan* (wie der Radscha von Denpasar) oder einer schmachvollen Unterwerfung (bzw. einer Vereinbarung), wie sie der Radscha von Tabanan vorgezogen hatte. Er entschied sich für Ersteres.

Im April 1908, als die Niederländer seinen Palast umstellten, gingen der Dewa Agung und Hunderte Familienmitglieder und Anhänger in den sicheren Tod durch die Kugeln der Niederländer oder die Klingen ihrer eigenen *kris* (traditionelle Dolche). An die Opfer erinnert das große Puputan-Denkmal.

Sehenswertes

★ Klungkung-Palast HISTORISCHES GEBÄUDE
(Jl Puputan; Erw./Kind 12 000/6000 Rp; ⌚6–18 Uhr) Als sich die Dewa-Agung-Dynastie 1710 hier niederließ, wurde der Semara Pura errichtet. Der große, weitläufige Palast mit mehreren Höfen, Gärten, Pavillons und Wassergräben wurde in quadratischer Form angelegt, die der Form eines Mandalas entspricht. Der größte Teil des Originalpalastes und der Anlagen wurde beim Angriff der Niederländer 1908 zerstört. Nur das Pemedal Agung, das Eingangstor an der Südseite des quadratischen Platzes, blieb als einziges von dem ursprünglichen Palastgebäude erhalten (die Steinmetzarbeiten sind einen Blick wert).

In einem restaurierten Bereich der Anlage blieben zwei wichtige Gebäude erhalten, die zusammen mit einem Museum die Überreste der Palastanlage hüten. Der Komplex wird manchmal auch Taman Gili (Inselgarten) genannt.

➡ Kertha Gosa
(Gerichtssaal) Im Kertha Gosa in der nordöstlichen Ecke des Palastkomplexes Klungkung tagte die höchste richterliche Instanz des Königreichs Klungkung, die über Streitigkeiten und Fälle entschied, die nicht in den Dörfern geregelt werden konnten. Dieser offene Pavillon ist ein hervorragendes Beispiel für die Architektur von Klungkung. Die Decke ist vollständig mit schönen Malereien im Klungkung-Stil bedeckt. Die Bilder, die auf Asbestplatten gemalt sind, ersetzen seit 1940 die ursprünglichen, stark zerstörten Malereien auf Stoff.

➡ Bale Kambang
(Schwimmender Pavillon; Taman Kertha Gosa) Der Bale Kambang steht ebenfalls auf dem Gelände des Klungkung-Palastes. Die Decke dieses wunderschönen Pavillons ist im Klungkung-Stil bemalt. Die verschiedenen Gemäldereihen widmen sich unterschiedlichen Themen. Die erste Reihe basiert auf dem astrologischen Kalender, die zweite auf dem Märchen von Pan und Men Brayut und ihren 18 Kindern, die oberen Reihen zeigen die Abenteuer des Helden Sutasona.

NICHT VERSÄUMEN

DER BESTE MARKT IN OSTBALI

Semarapuras weitläufiger **Markt** (Jl Diponegoro; ⌚6–17 Uhr) ist ein lebhaftes Geschäftszentrum und ein Treffpunkt der Menschen aus dem Umland. Schnell ist eine Stunde bei einem Spaziergang durch das Gewirr der Stände auf drei Etagen vergangen. Sauberkeit ist hier ein Fremdwort – der Faszination tut das aber keinen Abbruch. Riesige Strohkörbe mit Zitronen, Limetten, Tomaten und anderen Erzeugnissen bilden leuchtende Farbflecken inmitten des Chaos. Probieren sollte man unbedingt einmal die kleinen Leckereien, die hier in riesiger Auswahl präsentiert werden.

Gänzende Schmuckstände stehen dicht an dicht neben Ständen, die ausschließlich Plastikeimer verkaufen. Es lohnt sich, nach Verkäufern von echten Ikat-Stoffen Ausschau zu halten, die hier ein Drittel dessen kosten, was man anderswo dafür zahlen muss. Wer über die Treppen draußen nach oben steigt, hat einen guten **Blick** auf das multikulturelle Semarapura, in dem Minarette und balinesische Tempel sich nebeneinander in den Himmel strecken. Der Morgen ist die beste Zeit für einen Marktbesuch.

Museum Semarajaya MUSEUM
(Klungkung-Palast) Das unterhaltsame Museum auf dem Gelände des Klungkung-Palastes zeigt eine interessante Sammlung mit archäologischen und anderen historischen Exponaten. Spezielle Ausstellungen vermitteln, wie *songket* (Stoffe mit Silber- oder Goldfäden) gewebt wird, oder erklären die Herstellung von Toddy (Palmwein) und Palmzucker. Eine besonders berührende Ausstellung widmet sich dem *puputan* (Massensuizid) von 1908, wobei auch einige bemerkenswerte alte Fotos vom Königshof zu sehen sind. Die Ausstellung über die Salzgewinnung zeigt eindrucksvoll, wie viel harte Arbeit damit verbunden ist.

Puputan-Monument DENKMAL
Klungkung war das letzte balinesische Königreich, das sich den Niederländern unterwarf (1908). An die Opfer, die damals den Tod der Unterwerfung vorzogen, erinnert das hoch aufragende Puputan Monument

direkt gegenüber vom Klungkung-Palast auf der anderen Seite der Jalan Serapati gelegen.

Pura Taman Sari HINDUTEMPEL

(Jl Gunung Merapi) Die Rasenflächen und Teiche rund um den Tempel nordöstlich des Taman-Kertha-Gosa-Komplexes laden zu einer entspannenden Ruhepause ein. Insgesamt macht die Umgebung dem Namen des Tempels – auf Deutsch: „Blumengartentempel" – alle Ehre. Der hohe *meru* mit elf Dächern zeigt, dass dieser Tempel für das Königshaus errichtet wurde. Heute scheint es, als wäre er für die Gänse gebaut, die in den Anlagen umherspazieren.

Essen

Um bei dem vielfältigen Angebot an Speisen eine gute Wahl zu treffen, klappert man am besten erst mal die zahllosen Imbissstände auf dem Markt und in dessen unmittelbarer Umgebung ab. Ein kleiner Stand am Parkplatz vor dem Taman Kertha Gosa verkauft sogar einen guten Kaffee. Empfehlenswerte Möglichkeiten fürs Mittagessen finden sich an der Küste östlich der nahe gelegenen Ortschaft Kusamba.

Bali Indah CHINESISCH, INDONESISCH $

(☎0366-21056; Jl Nakula 1; Hauptgerichte 15 000–25 000 Rp) In dem altbewährten, freundlichen chinesischen Restaurant gibt es einige einfache Gerichte. Man könnte schwören, man wäre zurückversetzt ins Jahr 1943. Das Sumber Rasa ein paar Häuser weiter präsentiert sich ähnlich.

Pasar Senggol MARKT $

(abseits der Jl Besakih; ⏲17–24 Uhr) Der Nachtmarkt ist bei Weitem der beste Platz, um am späten Abend noch etwas zu essen. Wie auf solchen Märkten üblich erzeugen auch hier Woks, Kunden und Lärm ein turbulentes Treiben.

Praktische Informationen

An der Jalan Nakula und der Hauptstraße, der Jalan Diponegoro, gibt es mehrere Geldautomaten.

An- & Weiterreise

Am besten lässt sich Semarapura mit einem eigenen Fahrzeug auf einer Rundreise besuchen, die noch andere Orte in den Bergen und an der Küste einschließt.

Bemos aus Denpasar (Batubulan-Terminal) fahren auf dem Weg Richtung Osten durch Semarapura (14 000 Rp). Wer zusteigen möchte, kann sie in der Nähe des Puputan-Monuments anhalten.

ABSTECHER

GELGEL

Etwa 2,5 km südlich von Semarapura, auf dem Weg zur Küstenstraße und 500 m südlich von Kamasan, liegt Gelgel, einst der Sitz von Balis mächtigster Dynastie. Der Niedergang der Stadt begann 1710, als der Hof ins heutige Semarapura umzog, und endete schließlich unter dem Beschuss der Niederländer 1908.

Heute vermitteln die breiten Straßen und die erhaltenen Tempel nur noch eine schwache Ahnung vom einstigen Glanz. Im **Pura Dasar Bhuana** werfen die riesigen Banyanbäume Schatten auf den Rasen und machen Lust auf einen Spaziergang durch die Anlagen. Die riesigen Höfe lassen erkennen, wie bedeutend die Anlage einmal war. Zu den hier veranstalteten Festivals kommen die Menschen aus ganz Bali.

Etwa 500 m weiter östlich steht Balis älteste Moschee, die **Masjid Gelgel**. Obwohl sie modern aussieht, wurde sie schon im späten 16. Jh. für die muslimischen Missionare aus Java gegründet, die nicht nach Hause zurückkehren wollten.

Rund um Semarapura

In der Umgebung von Semarapura liegen Dutzende kleine Dörfer. Viele davon haben sich auf einen der traditionellen Kunsthandwerksbereiche spezialisiert.

Die Straße nördlich von Semarapura führt nach Rendang und Pura Besakih. Auf der hügeligen Strecke verläuft sie über den **Bukit Jambul**, der verständlicherweise wegen seiner spektakulären Ausblicke sehr beliebt ist.

Östlich von Semarapura überquert die alte Hauptstraße spektakulär den Sungai Unda (Unda-Fluss), bevor sie sich nach Süden in Richtung Kusamba und Meer wendet. Die Lavaströme, die 1963 beim Ausbruch des Vulkans Gunung Agung hier mehrere Dörfer zerstörten, sind mittlerweile überwuchert.

Tihingan

Mehrere Werkstätten in Tihingan haben sich auf die Herstellung von Gamelan-Instrumenten spezialisiert. In kleinen Schmieden entstehen die klingenden Bronzestäbe und schüsselförmigen Gongs, die dann sorgfältig gefeilt und poliert werden, bis sie den richtigen Ton hervorbringen.

Einige Werkstätten signalisieren mit einem Schild, dass Besucher willkommen sind. Die häufig mit Hitze verbundene Arbeit wird in der Regel in den frühen, kühlen Morgenstunden erledigt. Doch auch später am Tag lassen sich noch interessante Arbeitsprozesse beobachten.

Von Semarapura aus fährt man über die Jalan Diponegoro nach Westen und folgt den Schildern.

Sehenswertes

Nyoman Gunarsa Museum MUSEUM

(0366-22256; Kreuzung Pertigaan Banda/Banda, Takmung; Erw./Kind 50 000 Rp/frei; Mo–Sa 9–16 Uhr) Dieser ein wenig düstere Museumskomplex widmet sich der klassischen und modernen balinesischen Malerei und wurde von Nyoman Gunarsa gegründet, einem der angesehensten und erfolgreichsten Künstler Indonesiens. In dem riesigen dreistöckigen Gebäude ist eine beeindruckende Vielfalt an älteren Stücken zu sehen, darunter Steinmetz- und Holzschnitzarbeiten, Antiquitäten, Masken, Puppen und Stoffe.

Viele klassische Arbeiten sind auf Rinde gemalt, darunter einige der ältesten erhaltenen Exemplare überhaupt. Sehenswert sind auch die vielen alten Puppen, die selbst in ihrem Ruhestand noch sehr lebendig wirken. Im obersten Stockwerk werden auch Gunarsas eigene, kühne und expressionistische Darstellungen traditionellen Lebens (z. B. *Offering*) ausgestellt.

Das Museum liegt etwa 4 km außerhalb von Semarapura an der Straße nach Gianyar, als Wegweiser dient die Polizistenfigur am Sockel einer Statue in der Nähe.

Sidemen

0366

Die Region Sidemen ist eine sehr grüne Urlaubsoase, die von Jahr zu Jahr beliebter wird. Jeder Spaziergang, egal in welche Himmelsrichtung er führt, wird hier zu einem Dialog mit der Natur. Die Straße nach Sidemen windet sich durch eines der schönsten Flusstäler Balis. Eine Landschaft mit Reisterrassen und einem herrlichen ländlichen Charakter bildet die Kulisse. Auf der Strecke eröffnen sich sogar außergewöhnliche Ausblicke auf den Gunung Agung – sofern die Wolken mitspielen.

Der deutsche Künstler Walter Spies lebte ab 1932 eine Zeit lang in Iseh: Hier konnte er der nie enden wollenden Party in Ubud entfliehen, die er selbst in Gang gesetzt hatte. Später bezog der schweizerische Maler Theo Meier, der dank seines Einflusses auf die balinesische Kunst fast genauso berühmt wurde, das Haus.

ABSTECHER

DIE STRASSE NACH TEMBUKU

Um vom Flachland im Osten die Hänge hinauf Richtung Gunung Batur oder Pura Besakih zu kommen oder für eine Rundreise in Kombination mit der Straße nach Sidemen bieten sich verschiedene Möglichkeiten.

Eine der schönsten ist die Straße, die etwa 5 km östlich von Gianyar von der Hauptstraße nach Semarapura abzweigt. Sie verläuft etwa 12 km Richtung Norden bis zum Dorf Tembuku und ist auf voller Länge befestigt. Da sie eng ist, hält sich der Lkw-Verkehr in Grenzen. Sie führt durch eine Reihe ansehnlicher traditioneller Dörfer. Die gesamte Strecke bietet Ausblicke auf **Reisterrassen** und **Flusstäler**.

Außerdem sieht man an der Straße riesige Baumstämme aus gelbem Holz. Sie stammen von Jackfruitbäumen und werden wegen ihrer Haltbarkeit geschätzt. Man nutzt sie für den Tempelbau.

Sehenswertes

Das Dorf Sidemen mit seiner spektakulären Lage ist ein Kunst- und Kulturzentrum. Vor allem aber ist es ein Zentrum für *endek* (Stoffart für traditionelle Sarongs) und *songket* (Stoff mit Silber- oder Goldfäden). Bei **Pelangi Weaving** (0366-23012; Jl Soka 67; 8–18 Uhram) arbeiten ungefähr zwei Dutzend Angestellte fleißig im Erdgeschoss, während sich Besucher im Obergeschoss vor dem Verkaufsraum auf bequemen Stühlen entspannen und den Blick auf Sidemen genießen können.

Aktivitäten

Das Tal mit seinen zahlreichen Grüntönen wird von vielen **Wegen** durch die Reis- und Chilifelder und entlang der Bäche durchzogen. Einer davon führt in einem spektakulären Anstieg als Rundweg (3 Std.) zum **Pura Bukit Tageh**, einem kleinen Tempel mit großartigen Ausblicken.

Von jeder Unterkunft aus lassen sich hier Führer für ausgedehnte Trekkingtouren (Std. ca. 80 000 Rp) finden, aber auch kürzere Entdeckungstouren auf eigene Faust sind möglich.

Schlafen

Die Auswahl an Pensionen mit Zimmern zu unterschiedlichen Preisen ist in Sidemen recht gut. In der ganzen Gegend sind die Ausblicke auf die Hügel mit ihren Terrassen bis hin zum Gunung Agung atemberaubend schön. Inzwischen ist die Region jedoch so beliebt, dass neu erbaute Pensionen den freien Blick an manchen Stellen leider versperren. Abends kann es kühl und neblig werden, daher sollte das ein oder andere wärmende Kleidungsstück im Reisegepäck nicht fehlen.

★ Khrisna Home Stay PRIVATUNTERKUNFT $

(☎ 0815 5832 1543; pinpinaryadi@yahoo.com; Jl Tebola; Zi. inkl. Frühstück ab 300 000 Rp; 📶) Warum Früchte auf dem Markt kaufen, wenn man mitten in einem Obstgarten schläft? Dieses wunderschöne Privathaus mit sieben Gästezimmern ist umgeben von biologisch angebauten Bäumen, die Guaven, Bananen, Passionsfrüchte, Papayas, Orangen und etliche andere Früchte tragen. Unnötig zu erwähnen, dass das Frühstück ausgezeichnet ist. Die Zimmer sind komfortabel (mit Terrassen) und die Besitzer ausgesprochen liebenswürdig.

Lihat Sawah GUESTHOUSE $

(☎ 0366-530 0516; www.lihatsawah.com; Zi. inkl. Frühstück 300 000–500 000 Rp; 📶🏊) Seinem Name – übersetzt: „sieh die Reisfelder" – macht das Guesthouse alle Ehre. Seine zwölf Zimmer haben alle Ausblick auf die umliegenden Reisfelder, inklusive auf das Tal und den Berg. Jedes Zimmer verfügt über heißes Wasser, was nach einem Morgenspaziergang sehr angenehm ist, und die besten davon haben außerdem hübsche Holzveranden. Drei Bungalows sind ebenfalls vorhanden. Das Café hat WLAN und bietet thailändische sowie indonesische Gerichte (Hauptgerichte 15 000 Rp). In der Nähe vom Zentrum von Sidemen führt die rechte Abzweigung der Straße zu dieser Unterkunft.

★ Samanvaya RESORT $$

(☎ 0821 4710 3884; www.samanvaya-bali.com; Zi. inkl. Frühstück 70–185 US$; 📶🏊) Das Ambiente des schönen Resorts lässt sich mit dem Charakter eines Boutiquehotels vergleichen. Der herrliche Ausblick reicht weit über die Reisfelder bis hin zum Ozean. Die britischen Besitzer bauen den Komplex kontinuierlich weiter aus. Mittlerweile gibt es jeweils einen tollen Bambuspavillon für Yoga und Spa sowie ein Restaurant. Am besten sind die Bambusbungalows, aber auch die Unterkünfte mit Strohdach und großer Holzterrasse sind sehr hübsch. Ein wahres Traumensemble bilden der Landschaftsgarten, der Infinity-Pool und der Whirlpool. Samanvaya ist über die Hauptzufahrtstraße zu den Ferienunterkünften erreichbar.

Giri Carik GUESTHOUSE $$

(☎ 0819 3666 5821; www.giricariksidemenbali.com; Zi. inkl. Frühstück ab 475 000 Rp; 📶🏊) Preisgünstige Zimmer, schöne Ausblicke und eine zentrale Lage zeichnen das Guesthouse aus. Es liegt in Sidemens aufkeimendem Touristenzentrum und ist über die Hauptzufahrtstraße zu den Ferienunterkünften leicht zu Fuß erreichbar. Die fünf Zimmer des Hauses sind einfach, aber mit den wesentlichen Bequemlichkeiten ausgestattet. Von der Poolterrasse hat man Ausblick auf die Reisfelder.

Darmada GUESTHOUSE $$

(☎ 0853 3803 2100; www.darmadabali.com; Zi. inkl. Frühstück ab 650 000 Rp; 📶🏊) Das Guesthouse mit sieben Zimmern liegt wunderschön in einem kleinen Flusstal auf einem großzügigen, üppig bewachsenen Anwesen. Schwimmen können die Gäste in einem großen Pool mit Kacheln in zarten Grüntönen und einem natürlichen Teich. Zu jedem Zimmer gehören Hängematten im Patio nahe am plätschernden Wasser. Der kleine *Warung* bietet einfache Gerichte aus Gemüse und Früchten, die auf dem Grundstück selber wachsen.

Nachmittags gibt es hier für Wanderer Kaffee und Kuchen (45 000 Rp). Darmada befindet sich hügelabwärts abseits der Hauptzufahrt zu den Ferienunterkünften.

Nirarta Centre HOTEL $$

(☎ 0366-530 0636; www.awareness-bali.com; Zi. 25–60 €) In dem als „Zentrum für lebendiges

Bewusstsein“ bezeichneten Hotel können die Gäste an ernsthaften Veranstaltungen für die persönliche und spirituelle Entwicklung teilnehmen. Dazu zählen Intensivkurse für Meditation und Yoga. Die elf komfortablen Zimmer befinden sich in sechs Bungalows, die zum Teil direkt am Fluss liegen. Das Nirarta Centre ist über die Hauptzufahrtstraße zu den Ferienunterkünften erreichbar.

Subak Tabola HOTEL $$

(☎ 0811 386 6197; www.subaktabolavilla.com; Zi. ab 500 000 Rp; ❄ 📶 🏊) Inmitten eines unglaublich grünen Amphitheaters aus Reisterrassen bietet das Hotel elf Zimmer mit Bad im Freien. Besonders reizvoll sind die beiden sehr großen Bungalows. Der Ausblick von den Veranden über das Tal bis hin zum Meer ist einfach faszinierend. In der großzügig gestalteten Anlage lockt ein cooler Pool mit wasserspeienden Fröschen. Vom Hinweisschild an der Hauptzufahrtstraße zu den Ferienunterkünften bis zum Hotel sind es ungefähr 2 km.

Bei Online- oder persönlicher Buchung vor Ort sind die Zimmerpreise wesentlich günstiger als oben angegeben.

Essen

Die meisten Unterkünfte haben ein Restaurant und entlang der Straßen finden sich immer wieder Cafés. In Pensionen und Villen ohne Cafés sind in der Regel Mahlzeiten auf Anfrage erhältlich.

★ **Warung Ida** BALINESISCH $

(☎ 0812 364 7384; Hauptgerichte ab 40 000 Rp) Ida heißt tatsächlich die Betreiberin des kleinen Freiluft-Restaurants – und sie kocht unglaublich gut. Zuständig fürs Servieren der köstlichen indonesischen Spezialitäten sind die restlichen Familienmitglieder. Hier lässt sich entspannt ein Bintang als Dämmerschoppen genießen und dazu eine leckere Mahlzeit, deren Zutaten von den umliegenden Feldern stammen. Das *Warung* liegt an der Hauptzufahrtstraße zu den Ferienunterkünften.

Joglo d'Uma BALINESISCH $

(☎ 0819 1566 6456; Hauptgerichte ab 45 000 Rp; ⏱ 11–20 Uhr; 📶) Das Restaurant ist ein idealer Platz, um sich entspannt dem wunderschönen Ausblick auf die Reisfelder und die grünen Hügel hinzugeben. Es liegt direkt gegenüber vom Samanvaya und hat eine Getränkekarte.

Praktische nformationen

Für die Region Sidemen gibt es eine sehr gute Website (www.sidemen-bali.com), die über Unterkünfte und viele Aktivitäten in der Gegend informiert.

An- & Weiterreise

Die Straße nach Sidemen bietet sich als Teil eines schönen Tagesausflugs von Südbali oder Ubud aus an. Im Norden stößt sie westlich von Duda auf die Verbindungsstraße zwischen Rendang und Amlapura. Wegen des großen Verkehrsaufkommens mit riesigen Lastwagen, die Steine für die ständige Bautätigkeit auf Bali transportieren, herrscht auf dieser Route leider starker Verkehr.

Eine weniger befahrene Straße führt nach Pura Besakih. Sie verläuft nordöstlich von Semarapura über Sidemen und Iseh zu einer ebenfalls malerischen Strecke: der Straße von Rendang nach Amlapura.

Nahe dem Zentrum von Sidemen führt eine kleine Straße 500 m Richtung Westen zu einer Gabelung mit Hinweisschildern zu verschiedenen Pensionen.

Pura Besakih

Fast 1000 m den Gunung Agung hinauf befindet sich Balis wichtigster Tempel – der Pura Besakih. Der weitläufige Komplex besteht aus 23 einzelnen Tempeln, die aber alle zusammengehören. Der größte und wichtigste ist der Pura Penataran Agung. Unglücklicherweise empfinden viele die Reise hierher als enttäuschend (und zudem als nervig): Grund dafür ist die Aufdringlichkeit einiger einheimischer Händler.

Trotz der Belästigungen: Während der hier häufig stattfindenden Zeremonien kann man spannende und aufschlussreiche Einblicke in Balis Religion und Tradition erhalten.

Geschichte

Die genauen Ursprünge des Pura Besakih sind nicht ganz geklärt, aber sie liegen ziemlich sicher in prähistorischen Zeiten. Das Steinfundament des Pura Penataran Agung und einiger anderer Tempel ähnelt jungsteinzeitlichen Stufenpyramiden und ist mindestens 2000 Jahre alt. Ab 1284, als sich die ersten javanischen Eroberer auf Bali niederließen, wurde er mit Sicherheit als hinduistische Gebetsstätte genutzt. Im 15. Jh. war Besakih schon ein Nationaltempel der Gelgel-Dynastie.

UNHEILIGE ERLEBNISSE: BESUCH DES PURA BESAKIH

Angesichts der Gaunereien und ärgerlichen Vorkommnisse wünschten sich viele Besucher des Pura Besakih im Nachhinein, sie hätten sich den Ausflug erspart. Ein hochrangiger Vertreter der Tourismusbehörde beklagte 2015, dass in den sozialen Netzwerken 50 % der Besucher des Tempelkomplexes, über negative Erlebnisse berichtet haben. Im Folgenden sind einige der Tricks aufgeführt, die Reisende vor dem Besuch wissen sollten:

- In der Nähe beider Parkplätze gibt es sogenannte „Guide"-Büros, vor denen Schlepper auf Besucher lauern. Voller Überzeugungskraft erklären sie, ihre Dienste als Führer seien hier unerlässlich. Darüber hinaus erzählen sie, die Tempel seien wegen religiöser Zeremonien geschlossen, sie aber könnten einen kurzen Zutritt ermöglichen. Für ihren „Service" verlangen sie den hohen Preis von 25 US$. Das ist alles gelogen. Auf dem Gelände zwischen den Tempeln kann sich jeder auf eigene Faust frei bewegen. Und kein Führer kann Besuchern Zutritt in einen geschlossenen Tempel verschaffen.
- Andere Führer hängen sich wie eine Klette an Besucher und drängen beharrlich ihre Dienste auf. Einige Reisende berichten, sie seien den Aufdringling nur losgeworden, indem sie ihm letztendlich ein dickes Trinkgeld gaben. Um es noch mal ganz deutlich zu sagen: Niemals dem Drängen nachgeben!
- Auf dem Gelände erhalten Besucher manchmal auch das Angebot, zum Beten mitzukommen („come pray with me"). Wer die Chance ergreift, um so in einen für Ausländer verbotenen Tempel zu gelangen, muss 100 000 Rp oder mehr zahlen – und sieht sich am Ende getäuscht.
- Die Eintrittskarte, die am Eingang der Parkplätze gelöst wird, sollte man niemals aus der Hand geben. Irgendjemand versucht, es einem noch mal anzudrehen – mit der Ausrede, man hätte ja kein Parkticket ...

Sehenswertes

Der größte und wichtigste Tempel ist der Pura Penataran Agung. Die anderen Besakih-Tempel, die jeder für sich bedeutend und Touristen oft nicht zugänglich sind, sind etwas weniger malerisch. Herrscht kein Nebel, ist der Blick bis zur Küste wahrhaft grandios.

Pura Penataran Agung HINDUTEMPEL

Der Pura Penataran Agung ist über sechs Ebenen an den Hang gebaut. Der Eingang liegt unten am Ende einer Treppe und ist ein imposantes *candi bentar* (gespaltenes Tor). Dahinter liegt das noch beeindruckendere *kori agung*, das Tor zum zweiten Hof.

Am schönsten ist der Besuch während eines der vielen Feste, zu denen Hunderte oder sogar Tausende Gläubige in wunderschöner Kleidung und mit herrlich arrangierten Opfergaben kommen. Touristen dürfen das Innere dieses Tempels nicht betreten.

Praktische Informationen

An den Zufahrten zum Tempelkomplex befinden sich Kassenhäuschen. Der Eintritt beträgt 15 000 Rp pro Person und zusätzlich 5000 Rp pro Fahrzeug.

An der Stätte befinden sich zwei Parkplätze:

Der **Parkir Bawa** ist der Hauptparkbereich und die erste Parkmöglichkeit, auf die vom Süden anreisende Besucher treffen. Zu empfehlen ist er nicht, da er am Fuß eines Hügels liegt und der Aufstieg zu den Tempeln sehr steil ist. Auf dem 500 m langen Weg wird man von Schleppern bedrängt, die hartnäckig einen Ritt hinauf zu der Stätte anbieten.

Wenn möglich, sollten Besucher auf dem **Parkir Atas** parken. Von hier sind es nur ein paar Meter bis zum Tempelkomplex.

Wer die Tempel betreten möchte, muss einen Sarong und Sash tragen. Händler verkaufen die Sets auf den Parkplätzen oder man bringt selber eines mit.

An- & Weiterreise

Am besten kommt man mit einem eigenen Fahrzeug, um die vielen landschaftlich wunderschönen Strecken in der Gegend erkunden zu können.

Gunung Agung

Balis höchster und meistverehrter Berg, der Gunung Agung, ist ein imposanter Gipfel, den man von fast überall in Süd- und Ostbali sehen kann, obwohl er sich oft in Nebel und Wolken versteckt. Viele Quellen behaupten,

Pura Besakih-Komplex

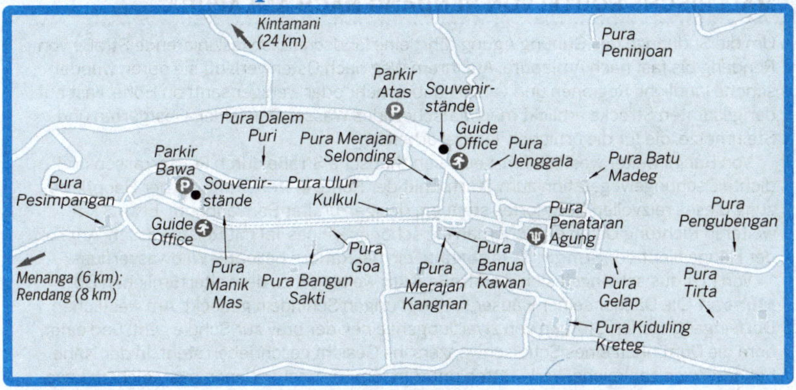

er sei 3142 m hoch, andere sagen, er habe beim Ausbruch 1963 seinen Gipfel verloren.

Oben befindet sich ein ovaler Krater mit einem 700 m breiten Durchmesser; der höchste Punkt liegt an der Westkante in Richtung Besakih.

Da der Gunung Agung das spirituelle Zentrum Balis ist, sind die traditionellen Häuser hier immer auf einer Achse zum Berg hin ausgerichtet. Viele Einheimische wissen, in welcher Richtung sich der Gipfel befindet, auf dem die Geister der Ahnen wohnen sollen. Der Weg auf den Berg wird mit fabelhaften Ausblicken – vor allem bei Sonnenaufgang – belohnt. Alljährlich unternehmen mehr als 3000 Touristen den Aufstieg.

Aktivitäten

Am besten ist es, den Berg während der Trockenzeit (im Zeitraum von April bis September) zu besteigen, von Juli bis September ist das Wetter am stabilsten. In den anderen Monaten können die Wege recht rutschig und die Ausblicke wolkenverhangen sein, das gilt besonders für den Januar und den Februar. Der Gunung Agung darf nicht bestiegen werden, wenn im Pura Besakih größere religiöse Zeremonien stattfinden. Das trifft in der Regel auf den größten Teil des Aprils zu.

Was bei einer Wanderung bedacht werden sollte:

- Einen Führer engagieren.
- Die Pausen respektieren, die der Führer an Schreinen einlegt, um am heiligen Berg zu beten.
- Vor 8 Uhr auf dem Gipfel ankommen – die Wolken, die den Blick auf den Agung verhindern, verhindern auch den Blick *vom* Agung.
- Eine starke Taschenlampe, Ersatzbatterien, viel Wasser (2 l pro Person), Verpflegung, wasserdichte Kleidung und einen warmen Pullover mitnehmen.
- Feste Schuhe oder Wanderstiefel anziehen und die Zehennägel schneiden, denn der Weg ist sehr steil, und der Abstieg geht besonders in die Füße.
- Es ist eine anspruchsvolle Wanderung, da sollte sich keiner etwas vormachen.
- Häufig Rast einlegen und gegebenenfalls den Führer bitten, langsamer zu gehen.

Führer

Die Wanderungen auf den Gunung Agung mit Führer schließen auf beiden Routen die Mahlzeiten sowie eine Übernachtung mit ein, alle Einzelheiten sollten vorab geklärt werden. Führer können auch die Anreise der Wanderer organisieren.

In den meisten Unterkünften der Region, inklusive derjenigen in Selat, an der Straße nach Sidemen und in Tirta Gangga, werden Führer für die Wanderung auf den Gunung Agung empfohlen. Der verhandelbare Preis für ein bis vier Personen liegt zwischen 1 000 000 und 1 200 000 Rp.

Yande WANDERN
(☎0852 3025 3672, 0857 3988 5569) Gehört zum Pondok Wisata Puri Agung Inn (S. 235) in Selat, einer guten Unterkunft für einen frühen Aufbruch.

MALERISCHE ROUTE: VON RENDANG NACH AMLAPURA

Um die Südhänge des Gunung Agung führt eine landschaftlich faszinierende Straße von Rendang bis fast nach Amlapura. Auf ihrem Weg nach Osten verläuft sie durch wunderschöne ländliche Regionen und verliert dabei mehr oder weniger sanft an Höhe. Fast auf der gesamten Strecke erblickt man plätscherndes Wasser, Reisfelder, Obstgärten und Steinmetze, die für die örtlichen Tempel arbeiten.

Von Bangli weiter westlich führt eine sehr hübsche Straße durch Reisterrassen und dichte Dschungelvegetation zum Startpunkt der Route in **Rendang**. An der Hauptkreuzung dieses reizvollen Bergdorfes steht ein riesiger, uralter Banyanbaum. Etwa 3 km weiter in Richtung Osten erreicht man ein schönes kleines Tal mit Reisterrassen. Am Fuß der Hänge fließt der **Sungai Telagawaja**, ein bei Raftern beliebter Wildwasserfluss.

Von hier aus schlängelt sich die Straße 4 km weiter bis zu dem altertümlichen Dorf **Muncan**. Die Dächer seiner Häuser sind mit urigen Schindeln gedeckt. Am westlichen Dorfeingang stehen Statuen von zwei Jungen: einer, der brav zur Schule geht, und einer, dem die Dummheit eines Schulschwänzers ins Gesicht geschrieben steht. In der Nähe befinden sich zahlreiche Werkstätten unter freiem Himmel, in denen aus weichem Lavagestein Schmuck für die Tempel geschnitzt wird.

Anschließend verläuft die Straße durch eines der hübschesten Reisanbaugebiete Balis, bevor sie **Selat** erreicht. Nördlich von Selat liegt der **Pura Pasar Agung**, einer der Ausgangspunkte für die Besteigung des Gunung Agung.

Kurz vor **Duda** zweigt die überaus malerische Straße ab, die in Richtung Südwesten über Sidemen bis nach Semarapura verläuft. Etwa 800 m weiter östlich führt eine Nebenstraße nach **Putung**. Das gesamte Gebiet eignet sich hervorragend zum Wandern: Eine leichte Wanderung führt beispielsweise 8 km bergab von Putung nach Manggis.

Auf dem weiteren Weg nach Osten liegt **Sibetan**, das berühmt ist für den Anbau von Salak. Die köstlichen Früchte mit der seltsamen „Schlangenhaut" werden überall entlang der Straße verkauft. Sibetan zählt zu den Dörfer des **JED** (☎0851 0066 9951; www.jed.or.id; geführte Touren 75 US$) – eines gemeinnützigen Netzwerkes, das den Tourismus in ländlichen Regionen fördert. Das JED-Team organisiert Ausflüge zu den Dörfern und arrangiert Privatunterkünfte vor Ort.

Nordöstlich von Sibetan führt eine schlecht beschilderte Straße in Richtung Norden nach **Jungutan** mit seinem **Tirta Telaga Tista**, einer dekorativen Anlage mit hübschenTeichen und üppig grünen Gärten, die für den wasserbegeisterten alten Radscha von Karangasem angelegt wurde.

Die malerische Route endet in **Bebandem**, wo alle drei Tage ein Viehmarkt stattfindet, auf dem auch zahlreiche andere Produkte verkauft werden. In Bebandem sowie in einigen Nachbardörfern leben Mitglieder der traditionellen Kaste der Metallhandwerker, zu denen auch die Silber- und Eisenschmiede zählen.

Wayan Tegteg WANDERN
(☎0813 3852 5677; tegtegwayan@yahoo.co.id) Ein empfehlenswerter Führer, der viel Lob von Wanderern erhält.

Ketut Uriada WANDERN
(☎0812 364 6426; ketut.uriada@gmail.com) Der kenntnisreiche Führer organisiert gegen zusätzliche Bezahlung auch den Transport. An der Straße östlich von Muncan gibt es ein kleines Hinweisschild, wo er zu finden ist.

Gung Bawa Trekking WANDERN
(☎0812 387 8168; www.gungbawatrekking.com) Ein erfahrener und auch zuverlässiger Bergführer.

Routen

➡ Der Agung lässt sich von verschiedenen Richtungen besteigen. Die beiden beliebtesten Routen starten an folgenden Orten:

➡ Pura Pasar Agung (am Südhang, ungefähr acht Stunden) – auf dieser Route muss man am wenigsten gehen, denn der Pura Pasar Agung (Agung-Markt-Tempel) liegt schon weit oben an den südlichen Berghängen (ca. 1500 m hoch). Der Tempel kann über eine gute Straße nördlich von Selat angefahren werden.

➡ Pura Besakih (an der Südwestseite des Berges, ungefähr zwölf Stunden) – dieser

Anstieg ist noch viel anstrengender als der von Süden, der bereits eine Herausforderung darstellt, und sollte nur von Leuten unternommen werden, die körperlich sehr fit sind. Um den Blick genießen zu können, bevor die Wolken aufziehen, sollte man um Mitternacht starten.

➡ Beide Routen führen zum Gipfel, die meisten Leute auf der kürzeren Strecke gehen allerdings bis zum Kraterrand (2866 m).

Schlafen

Pondok Wisata Puri Agung Inn GUESTHOUSE $
(☎0857 3857 4850; Jl Raya Selat; Zi. inkl. Frühstück 250 000–300 000 Rp; 📶) Das Guesthouse in der ruhigen Ortschaft Selat ist eine bequeme Unterkunft für Bergtouren auf den Gunung Agung oder Wanderungen durch die Reisfelder. Die Zimmer sind komfortabel und preisgünstig. Was Größe und Ausblick auf die Reisfelder betrifft, ist Zimmer Nummer zwei die beste Wahl. Zum Zeitpunkt der Recherche für dieses Buch wurde gerade ein Pool gebaut.

Von Kusamba nach Padangbai

Die Küstenstraße von Sanur kreuzt die Hauptroute nach Osten im Fischerdorf Kusamba, bevor sie beim Pura Goa Lawah in diese einmündet.

Kusamba & Umgebung

Eine Abzweigung von der Hauptstraße führt nach Süden in das Dorf Kusamba, wo Fischerei und Salzgewinnung die Haupterwerbszweige sind. Am grauen Sandstrand liegen reihenweise farbenfrohe *prahu* (Auslegerboote). Gefischt wird gewöhnlich nachts, die „Augen" vorne an den Booten helfen beim Navigieren im Dunkeln. Auf dem Fischmarkt wird morgens der Fang der letzten Nacht verkauft.

Boote fahren nach Nusa Penida und Nusa Lembongan, die von Kusamba aus gut zu sehen sind; die Boote ab Padangbai sind jedoch – mit Ausnahme der modernen Autofähre von Kusamba – schneller und sicherer. Östlich und westlich von Kusamba stehen kleine Hütten am Strand, in denen Salz gewonnen wird.

Wer es wie die vielen Balinesen vor Ort machen will, geht ins Merat Sari zum Essen. Das Speiselokal, ein offener Pavillon, liegt 300 m nördlich der Küstenstraße im Dorf Bingin und ist ausgeschildert. Berühmt ist es für sein *nasi campur*. Diese Version des balinesischen gedämpften Reises mit gemischten Beilagen umfasst saftiges, zerstoßenes Fischsaté, eine säuerliche, lecker duftende Fischbrühe, in Bananenblättern gedämpften Fisch, Spargelbohnen in einer gut riechenden Tomaten-Erdnuss-Soße und ein feuerrotes Sambal.

Ausgezeichnetes Essen gibt es auch im **Sari Baruna** (Jl Raya Goa Lawa; Hauptgerichte 25 000 Rp; ⏲10–18 Uhr), einer Institution in Sachen gegrilltem Fisch. Das Fischsaté gleicht einer Symphonie aus wohlduftenden Gewürzen. Der offene Pavillon steht rund 200 m westlich vom Pura Goa Lawah an der Küstenstraße.

Pura Goa Lawah

Der **Pura Goa Lawah** (Fledermaustempel; Jl Raya Goa Lawah; Erw./Kind 10 000/5000 Rp, Parken 2000 Rp; ⏲7–18 Uhr) liegt 3 km östlich von Kusamba und zählt zu den neun richtungsweisenden Tempeln der Insel. In der Höhle in der Felswand drängen sich die Fledermäuse und der ganze Komplex ist überfüllt mit Gläubigen und Reisegruppen. Im Tempel finden regelmäßig Zeremonien statt, die einen guten Einblick in die balinesischen Hindu-Rituale geben. Ausländische Besucher sollten jedoch eine respektvolle Distanz wahren und sich vor dem Betreten des Tempels über alle hier geltenden Benimmregeln informieren.

Padangbai

☎0363

In diesem kleinen Stranddorf herrscht echte Backpacker-Atmosphäre. Hier starten die öffentlichen Fähren nach Lombok und viele der Schnellboote zu den Gilis.

Padangbai ist ein attraktiver Zwischenstopp: Der Ort liegt in einer kleinen Bucht mit einem hübschen Strand und bietet auf kleinem Raum günstige Unterkünfte und einige nette Cafés.

Über allem liegt eine angenehme Trägheit – wem das irgendwann zu viel wird, kann wahlweise Schnorchel- und Tauchtouren unternehmen, sich zu ein paar leichten Wanderungen aufmachen oder den einen oder anderen der tollen Strände erkunden. Ansonsten überlässt man sich dem Müßiggang, der nur gelegentlich von den an- und abfahrenden Fähren unterbrochen wird.

Padangbai

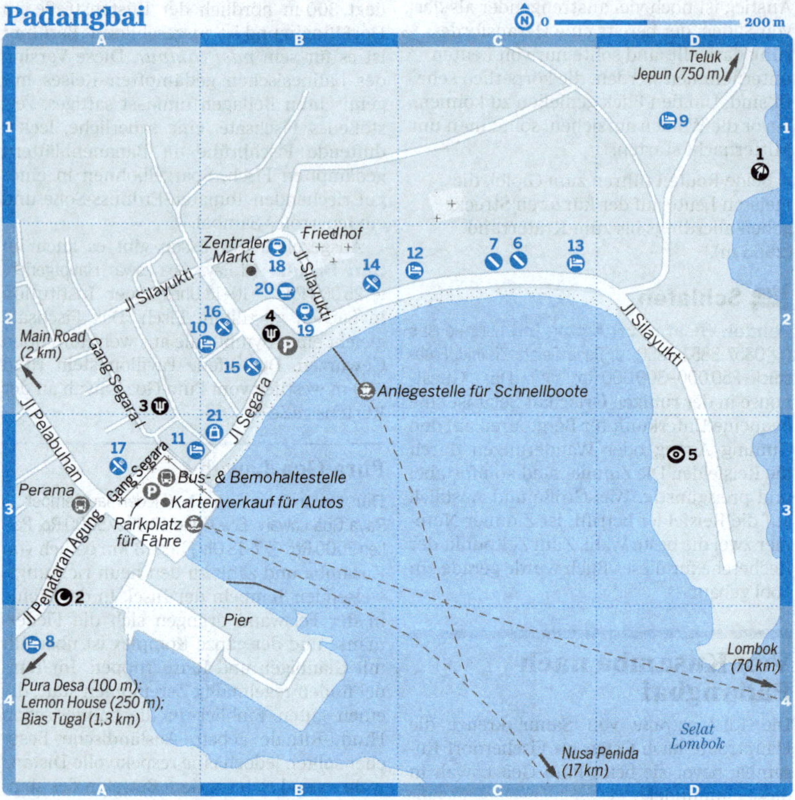

Strände

Dank der geschützten Bucht hat Padangbai klares Wasser und einen guten Strand direkt vor der Tür. In der Nähe befinden sich noch weitere Strände:

Blue Lagoon Beach STRAND

Der Strand liegt etwa 500 m hinter Padangbais östlicher Landzunge. Der kleine Blue Lagoon Beach mit seinem feinen, hellen Sand ist ein recht idyllischer Ort mit ein paar Cafés und einer sanften, familienfreundlichen Brandung.

Bias Tugal STRAND

Wer südwestlich des Fährhafens dem Hügelweg folgt, gelangt nach 1,3 km zu dem idyllischen Bias Tugal, auch Pantai Kecil (Kleiner Strand) genannt. Er liegt außerhalb der Bucht am offenen Meer. Aber Vorsicht im Wasser: Hier ist die Strömung sehr stark! Am Strand gibt es mehrere *Warungs*, die tagsüber geöffnet sind.

Sehenswertes

Ein Spaziergang durch Padangbai lohnt sich: Am westlichen Ende des Dorfes unweit der Post gibt es eine kleine **Moschee** (Jl Penataran Agung) und den Tempel **Pura Desa** (Jl Pelabuhan). In der Dorfmitte stehen zwei weitere Tempel, **Pura Dalem** (Gang Segara II) GRATIS und **Pura Segara** (bei der Jl Silayukti) GRATIS.

Auf einer Landzunge am nordwestlichen Ende der Bucht führt ein kleiner Pfad den Berg hinauf zu drei Tempeln, darunter der **Pura Silayukti**. Hier soll Empu Kuturan, der im 11. Jh. das Kastensystem auf Bali einführte, gelebt haben. Der Tempel ist einer der vier ältesten Balis.

Aktivitäten

Tauchen

Es macht Spaß, in den Korallenriffen um Padangbai zu tauchen, das Wasser kann jedoch ein bisschen kalt und manchmal trüb

Padangbai

Sehenswertes
- 1 Blue Lagoon Beach ... D1
- 2 Mosque ... A3
- 3 Pura Dalem ... A2
- 4 Pura Segara ... B2
- 5 Pura Silayukti ... D3

Aktivitäten, Kurse & Touren
- 6 Geko Dive ... C2
- 7 Water Worx ... C2

Schlafen
- 8 Bamboo Paradise ... A4
- 9 Bloo Lagoon Village ... D1
- 10 Darma Homestay ... B2
- 11 Fat Barracuda ... A3
- 12 Hotel Puri Rai ... C2
- 13 Topi Inn ... C2

Essen
- 14 Colonial Restaurant ... B2
- 15 Depot Segara ... B2
- 16 Ozone Café ... B2
- Topi Inn ... (s. 13)
- 17 Zen Inn ... A3

Ausgehen & Nachtleben
- 18 Babylon Bar ... B2
- 19 Sunshine ... B2
- 20 Wareong Bloo ... B2

Shoppen
- 21 Ryan Shop ... B3

sein. Am beliebtesten sind die **Blue Lagoon** mit einer 40 m langen Wand und **Teluk Jepun** (Jepun-Bucht). Beide Spots findet man in Teluk Amuk, der Bucht gleich östlich von Padangbai. Hier gibt es verschiedene Hart- und Weichkorallen und eine interessante Unterwasserwelt, darunter Haie, Schildkröten und Lippfische.

Verschiedene gute Firmen vor Ort bieten Tauchausflüge in die Umgebung an, z. B. nach Gili Tepekong, Gili Biaha und weiter nach Tulamben und Nusa Penida. Die Preise sind erschwinglich, zwischen 55 US$ für Tauchgänge in der Umgebung und 110 US$ für Fahrten nach Nusa Penida.

Geko Dive TAUCHEN
(☎ 0363-41516; www.gekodivebali.com; Jl Silayukti; 2 Tauchgänge ab 1 100 000 Rp) Geko, die älteste Tauchbasis der Stadt, liegt direkt gegenüber vom Strand. Der Fußboden des dazu gehörenden Café besteht aus Sand.

Water Worx TAUCHEN
(☎ 0363-41220; www.waterworxbali.com; Jl Silayukti; 2 Tauchgänge mit/ohne geliehener Ausrüstung ab 80/60 US$) Die hoch angesehene Tauchbasis bietet Ausflüge zu Tauchgründen in der Umgebung sowie PADI- und SSI-Kurse. Organisiert auch Tauchgänge für Menschen mit Behinderung.

Schnorcheln

Eine der besten Schnorchelgelegenheiten bietet der **Blue Lagoon Beach**, von dem aus man direkt ins Wasser steigen kann. Allerdings ist hier bei Ebbe die Strömung sehr stark. Nach **Teluk Jepun** fahren Boote, manchmal sind bei Tauchausflügen auch noch ein paar Plätze für Schnorchler frei (Kosten um die 350 000 Rp). Die Leihgebühr für eine Schnorchelausrüstung beträgt rund 90 000 Rp am Tag.

Vor Ort bieten *jukung* (Boote) Schnorcheltrips um Padangbai (50 000 Rp pro Person und Stunde, eigene Ausrüstung ist erforderlich) an, auch Fahrten nach Nusa Lembongan (2 Pers. 500 000 Rp) sind möglich.

Schlafen

Die Unterkünfte in Padangbai sind wie der Ort selbst sehr entspannt. Die Preise sind niedrig und es ist hier so nett, dass die Leute auf ihrem Weg von oder nach Lombok gerne eine Pause einlegen. Zimmer und Preise lassen sich bei einem Gang durchs Dorf leicht vergleichen.

In den Gassen des Dorfes gibt es etliche kleine Unterkünfte, manche mit kleinen, preiswerten Zimmern im Erdgeschoss und größeren, helleren Zimmern in den oberen Stockwerken.

Darma Homestay HOMESTAY $
(☎ 0363-41394; pondokwisata_dharma@yahoo.com; Gang Segara III; Zi. 150 000–600 000 Rp; ❄ @ 📶) In dieser klassischen balinesischen Privatunterkunft verfügen die teureren der zwölf Zimmer über eine heiße Dusche und eine Klimaanlage. Am schönsten ist das Zimmer im obersten Stock. Auch Familienzimmer sind vorhanden.

Topi Inn GUESTHOUSE $
(☎ 0363-41424; www.topiinn.nl; Jl Silayukti; B/Zi. ab 60 000/150 000 Rp; @ 📶) Das Guesthouse liegt in einer ruhigen Gegend am östli-

chen Ende der Straße. Seine sechs Zimmer, zum Teil mit Gemeinschaftsbad, sind sehr hübsch, Manche Zimmer sind so luftig, dass man sie förmlich als überdachte Terrasse mit Bett bezeichnen könnte. Das hauseigene Restaurant im ersten Stock ist sehr beliebt. Das Topi bietet verschiedene kulturell ausgerichtete Workshops an.

Bamboo Paradise GUESTHOUSE $
(✆0822 6630 4330; www.bambooparadisebali.com; Jl Penataran Agung; B inkl. Frühstück 95 000 Rp, Zi. inkl. Frühstück 250 000–300 000 Rp; ❄📶) Abseits der Hauptstraße führt ein Weg vom Fährhafen ungefähr 200 m einen nur leicht abschüssigen Hang hinauf zum Bamboo Paradise. Für Rucksackreisende ist es die preiswerteste Übernachtungsmöglichkeit im Ort (Vierbettzimmer mit Klimaanlage). Die normalen Zimmer (teilweise nur mit Ventilator) sind komfortabel und verfügen über einen hübschen großen Aufenthaltsbereich mit Hängematten und Sitzsäcken.

Fat Barracuda GUESTHOUSE $
(✆0822 3797 1212; www.facebook.com/fatbarracuda; Jl Segara; B/Zi. ab 115 000/300 000 Rp; ❄📶) Die beliebte Unterkunft für Rucksackreisende liegt in Hafennähe und hat Ausblick aufs Meer. Sie gehört dem Besitzer des nahe gelegenen Bamboo Paradise. Das Haus bietet zehn Betten; in manchen Zimmern gibt es nur einen Ventilator.

Lemon House GUESTHOUSE $
(✆0812 4637 1575; www.lemonhousebali.com; Gang Melanting 5; B 90 000 Rp, Zi. 200 000–350 000 Rp, jeweils inkl. Frühstück; 📶) Dieses Haus am Hang neben dem Ort hat zwei Räume mit weitem Ausblick. An klaren Tagen kann man bis Lombok sehen. Andere Zimmer ohne eigenes Bad bieten viel fürs Geld. Wer einen guten Blick haben möchte, muss natürlich ein gutes Stück klettern. Die Pension liegt etwa 300 m und 70 Stufen oberhalb des Fährhafens. Die Leute kommen nach unten und helfen beim Gepäck.

Hotel Puri Rai HOTEL $$
(✆0363-41439; www.puriraihotel.com; Jl Silayukti 3; Zi. ab 500 000 Rp; ❄📶🏊) Das Puri Rai hat 34 Zimmer in einem zweigeschossigen Gebäude, die auf den großen Pool hinausgehen. Andere Zimmer haben einen Blick auf den Hafen oder auf den hässlichen Parkplatz. Auf jeden Fall sollte man sich ein paar Zimmer zeigen lassen. Vom Café aus hat man einen schönen Ausblick.

★**Bloo Lagoon Village** HOTEL $$
(✆0363-41211; www.bloolagoon.com; Jl Silayukti; Zi. inkl. Frühstück 125–230 US$; ❄📶🏊) 🌿 Auch wenn die Anlage vom 5-Sterne-Status weit entfernt ist, sind die 25 luftigen Bungalows mit Blick auf die Blue Lagoon Beach ausgesprochen reizvoll. Mit ihren traditionellen Strohdächern besitzen sie viel Charakter. Zur Wahl stehen Unterkünfte mit ein, zwei oder drei Schlafzimmern. Die im Preis inbegriffenen Yoga-Kurse finden an einem Platz mit inspirierendem Meerblick statt. Preisgünstige Tauchtouren werden ebenfalls geboten. Die Anlage wird umweltbewusst betrieben.

Essen

Padangbai ist auf Strandkost und Backpacker-Verpflegung ausgerichtet – viele frische Meeresfrüchte, indonesische Klassiker, Pizza und – natürlich – Bananenpfannkuchen. Die Läden an der Jalan Segara und Jalan Silayukti bieten sich an, um ein paar Stunden zu verbummeln und die Szenerie auf sich wirken zu lassen. Tagsüber gibt es dort den Blick auf den Hafen, abends eine kühle Brise.

★**Topi Inn** CAFÉ $
(✆0363-41424; Jl Silayukti; Hauptgerichte ab 50 000 Rp; ⏱7.30–22 Uhr) 🌿 Säfte, Shakes und guter Kaffee sind den ganzen Tag über erhältlich. Das Frühstück ist üppig und was immer die Fischer am Tag gleich vor der Tür an Land bringen, landet hier abends auf dem Grill. Für 2000 Rp kann man seine Wasserflasche auffüllen lassen. In der reizvollen Bambus-Bar gibt es preiswertes Bier.

Zen Inn INTERNATIONAL $
(✆0363-41418; Gang Segara; Hauptgerichte 18 000–30 000Rp; ⏱8–23 Uhr; 📶) Burger und Hauptgerichte vom Grill locken in diesem luftigen Café, das für die Gegend lange geöffnet ist – häufig bis 23 Uhr. Auf Liegen unter alten Filmplakaten kann man hier selbstvergessen vor sich hin träumen.

Colonial Restaurant CAFÉ $
(✆0811 385 8821; www.divingbali.cz; Jl Silayukti 6, OK Divers; Hauptgerichte ab 40 000 Rp; ⏱7–23 Uhr; 📶) Dieses große Café am Strandabschnitt ist der perfekte Ort, um beim Warten aufs Boot die Zeit zu vertrödeln, ob man sich nun auf Bohnensäcken, Sofas oder an echten Tischen niederlässt und den Hafenblick genießt. Das Essen reicht von Burgern bis zu Indofood. Gäste dürfen auch den Pool benutzen.

Depot Segara FISCH & MEERESFRÜCHTE $
(☎0363-41443; Jl Segara; Hauptgerichte 10 000–30 000 Rp; ⏲8–22 Uhr) In dem ziemlich eleganten Café wird Fisch wie beispielsweise Barrakuda, Marlin und Snapper auf unterschiedliche Arten zubereitet. Doch auch gute Burger zählen zum Speisenangebot. Von der höher gelegenen Terrasse des Cafés können die Gäste den Blick auf den Hafen genießen. In einer Ortschaft, die sich am besten mit dem Begriff „lässig" charakterisieren lässt, ist das Depot Segara eine gehobenere Wahl.

Ozone Café INTERNATIONAL $
(☎0817 470 8597; abseits der Jl Silayukti; Hauptgerichte ab 20 000 Rp; ⏲8 Uhr bis spätabends) In dem beliebten Treffpunkt von Reisenden machen es sich die Gäste auf Kissen an niedrigen Tischen bequem. Es gibt Pizza, gegrillten Fisch und Livemusik, die manchmal auch von Gästen vorgetragen wird.

Ausgehen & Nachtleben

Sunshine BAR
(abseits der Jl Silayukti; ⏲16 Uhr bis spätnachts) Mit seiner ortstypischen Atmosphäre ist das Sunshine im eigentlichen Sinn keine Bar, sprich: ein Nachtlokal. Die meisten Tische und Stühle stehen draußen auf dem Gehweg. Bis tief in die Nacht werden gegrillter Fisch und kaltes Bier serviert. „Erhellt unsere Seele" lautet hier das Motto, wobei die Impulsgeber ganz unterschiedlich sein können. Möglicherweise ist es mal eine spontane Jam Session, mal etwas anderes.

Wareong Bloo CAFÉ
(abseits der Jl Silayukti; ⏲7–15 Uhr) Mit seinem Stadtcafé bietet das Bloo Lagoon Village Hotel den Leuten, die auf die Ankunft des Schnellboots warten, einen hochkarätigen Ort. In einer luftigen, schattigen Umgebung werden ausgezeichneter Kaffee, gute Drinks und frische Säfte serviert.

Babylon Bar BAR
(Jl Silayukti; ⏲17 Uhr bis spätabends) Die kleine Open-Air-Bar liegt abseits vom Strand in dem Bereich mit den Souvenirständen. Ein paar Stühle, Tische und Kissen sind im Raum verteilt – perfekt, um den Abend mit neuen Freunden zu verbringen.

Shoppen

Ryan Shop MARKT
(☎0363-41215; Jl Segara 38; ⏲8–20 Uhr) Die Shopping-Vergnügungen im Ryan Shop sind nicht zu unterschätzen. Hier gibt es gute gebrauchte Taschenbücher und allerlei Kleinigkeiten. Außerdem haben die Ladenbetreiber gemerkt, dass sich Postkarten immer noch gut verkaufen und warten mit einer entsprechenden Auswahl auf.

An- & Weiterreise

BEMO

Padangbai liegt 2 km südlich der Hauptstraße zwischen Semarapura und Amlapura. Bemos fahren vom Parkplatz vor dem Hafen ab: Einige fahren in östlicher Richtung über Candidasa nach Amlapura (10 000 Rp), andere sind Richtung Westen nach Semarapura (10 000 Rp) unterwegs.

BOOT

Jeder am Pier, der den Passagieren Gepäck von den oder auf die Fähren trägt, erwartet dafür Geld. Wer sich dieser Dienste bedienen will, sollte daher den Preis vorher aushandeln oder er trägt seine Sachen gleich selbst. Vor Gaunereien ist Vorsicht geboten, z. B. wenn Träger versuchen, Touristen Fahrkarten, die sie bereits gekauft haben, noch mal zu anzudrehen.

Schlepper, die über die Passagiere aller ankommenden Boote herfallen, sollte man am besten konsequent ignorieren. Wichtig ist, Karten für die öffentlichen Fähren ausschließlich am offiziellen Fahrkartenschalter im Hafengebäude zu kaufen.

Lombok & Gili Islands

Es bestehen viele Möglichkeiten, um von Bali auf die Nachbarinsel Lombok und die Gilis zu gelangen. Auf jeden Fall sollten Reisende unbedingt die Sicherheitsinformationen beachten.

Öffentliche Fähren (Erw./Kind/Motorrad/Auto 44 000/29 000/123 000/879 000 Rp, 5–6 Std.) verkehren nonstop zwischen Padangbai und Lembar auf Lombok. Passagierfahrkarten werden in der Nähe des Piers verkauft. Eigentlich sollten die Schiffe rund um die Uhr alle 90 Minuten fahren, der Betrieb verläuft jedoch nicht zuverlässig – es sind sogar schon Schiffe abgebrannt oder auf Grund gelaufen.

Schnellboote Mehrere Unternehmen bieten Schnellbootverbindungen zwischen Padangbai und den Gilis sowie Lombok. Sie haben ein Büro im Hafen. Die Fahrpreise ind verhandelbar und betragen für eine einfache Fahrt durchschnittlich 300 000 bis 600 000 Rp. Die mit 90 Minuten angegebene Fahrtzeit wird in der Regel überschritten.

Nusa Penida

Die Schnellboote zur Nusa Penida legen direkt neben dem Strand ab. Die Autofähren fahren vom Fährhafen ab.

BUS

Wer nach Denpasar will, lässt sich von einem Bemo zur Hauptstraße fahren und hält dort einen Minibus an, der zum Terminal Batubulan fährt (18 000 Rp).

TOURISTENBUS

Perama (Jl Pelabuhan; ☎0363-41419; ⏰7–20 Uhr) Dieses Busunternehmen hat hier eine Haltestelle für seine Routen an der Ostküste. Zu den Zielen zählen Kuta (75 000 Rp, 3 Std.), Sanur (75 000 Rp, 2 Std.) und Ubud (75 000 Rp, 1½ Std.).

Von Padangbai nach Candidasa

Von der Abzweigung nach Padangbai sind es elf Kilometer über die Hauptstraße bis zum Touristendorf Candidasa. Der Küstenabschnitt zwischen den beiden Orten ist sehr schön, es gibt einige Hotelanlagen, aber auch ein großes Öllager in Teluk Amuk.

Etwas weiter im Osten hat sich der Kreuzfahrtschiffsanleger als Flop erwiesen. Die Visionen von Megaschiffen, die hier anlegen und 5000 spendable Touristen auf Ostbali loslassen, lösten sich in Luft auf, als klar wurde, dass am Dock die nötige Kieltiefe für Kreuzfahrtschiff fehlte. Die Schuld dafür wird nun von einem zum anderen geschoben (auch der Hafen von Benoa ist für Kreuzfahrtschiffe nicht tief genug).

Manggis

Das kleine Dorf liegt landeinwärts nicht weit entfernt von der Küste. Manggis ist die gute Adresse vieler Luxusresorts, die sich abseits der Hauptstraße am Meer entlang verstecken.

Schlafen & Essen

★ **Amankila** RESORT $$$
(☎0363-41333; www.amankila.com; Villen ab 800 US$; ❄@📶≋) Das Amankila, eines der besten Resorts der Insel, steht hoch auf den steilen Klippen. Ca. 5,6 km hinter der Abzweigung nach Padangbai und 500 m hinter der Straße nach Manggis markiert ein diskretes Schild den Weg zum Hotel. Es steht in abgeschiedener Lage am Meer mit Blick auf Nusa Penida.

Die ausgezeichnete Architektur der Anlage umfasst drei farblich aufeinander abgestimmte Swimmingpools, die abgestuft zum Meer hinunterführen. Zur Gastromieszene des Resorts zählt das Restaurant mit dem offensichtlichen Namen „Terrace“, dessen kreative und abwechslungsreiche Speisekarte internationale und lokale Einflüsse aufweist.

Alila Manggis RESORT $$$
(☎0363-41011; www.alilahotels.com; Zi. ab 160 US$; ❄@📶≋) Das Alila Manggis besteht aus eleganten weißen, strohgedeckten Häusern auf großzügigen Rasenflächen, die an einen wunderschönen abgeschiedenen Strand grenzen. Die 55 Zimmer sind groß, und bei der minimalistischen Einrichtung dominieren Cremetöne und verschiedene dezente Holzaccessoires. Die besten Ausblicke bieten die Deluxe-Zimmer in der oberen Etage. Für die Freizeitgestaltung gibt es ein Kindercamp, ein Spa und Kochkurse.

Amankila Restaurant FUSION $$$
(☎0363-41333; www.amankila.com; Amankila, Manggis; Hauptgerichte 12–30 US$; ⏰8–21 Uhr) Das viel gepriesene Restaurant ist zugleich Amankilas legeres Open-Air-Café. Wie bereits erwähnt, prägen internationale und lokale Einflüsse seine kreative, abwechslungsreiche Speisekarte. Der Ausblick konkurriert hier mit dem Geschmack der Gerichte.

Tenganan

Wer nach Tenganan fährt, unternimmt eine Reise in die Vergangenheit: Das Bergdorf ist die Heimat der Bali Aga, der Nachkommen der balinesischen Ureinwohner, die schon vor der Ankunft der Majapahit im 11. Jh. hier lebten. Der Besuch von Tenganan ist einer der ungewöhnlichsten und authentischsten Kulturausflüge auf Bali.

Sehenswertes & Aktivitäten

Die Bali Aga stehen in dem Ruf, äußerst konservativ zu sein und sich allen Änderungen zu widersetzen. Das ist allerdings nur teilweise wahr: In den traditionellen Häusern verstecken sich inzwischen sehr wohl Fernseher und andere moderne Annehmlichkeiten. Aber es stimmt, dass dieses Dorf sehr viel traditioneller wirkt als die meisten anderen balinesischen Dörfer. Autos und Motorräder dürfen in den Ort nicht hineinfahren. Und Besucher sollten sich immer wieder bewusst machen, dass dies ein echtes Dorf ist und keine Touristenattraktion!

Das bemerkenswerteste an Tenganan ist seine malerische Schönheit, für die die Hügel ringsum noch einen fotogenen Hintergrund liefern. Das kompakte Dorf (auf einer Fläche von 500 x 250 m) ist von einer Mauer umgeben und besteht hauptsächlich aus zwei Reihen identischer Häuser, die sich einen sanften Hang hinaufziehen. Beim Betreten des Dorfes (10 000 Rp Spende) begrüßt wahrscheinlich ein Guide die Besucher, der sie durch das Dorf führt und zu seiner Familie mitnimmt, damit sie sich Textilien und *lontar* (speziell aufbereitete Palmblätterstreifen) ansehen. Man wird aber nicht gedrängt, etwas zu kaufen.

Hier wird noch eine eigenartige, altmodische Art von Gamelan, bekannt als *gamelan selunding*, gespielt; die Mädchen tanzen einen ebenso alten Tanz, den *rejang*. Weitere Dörfer der Bali Aga liegen in der Nähe, darunter ca. 1,5 km westlich der Straße nach Tenganan das charmant-altmodische **Tenganan Dauh Tenkad**, in dem es mehrere Webereien gibt.

Feste & Events

Die Sitten und Feste inTenganan unterscheiden sich stark von dem, was sonst auf Bali üblich ist.

Usaba Sambah Festival FESTE

(Mai/Juni) Bei dem vierwöchigen Usaba Sambah Festival, das normalerweise im Mai oder Juni beginnt, kämpfen Männer mit Stöcken, die mit den dornigen Blättern des *pandanus tectorius*, eines tropischen Baums, umwickelt sind. Zu eben dieser Gelegenheit werden auch kleine, handbetriebene Karussells herausgeholt und die Mädchen des Dorfes feierlich herumgewirbelt.

Shoppen

Hier wird ein magischer Stoff gewoben, der *kamben gringsing*: Wer ihn trägt, soll vor schwarzer Magie geschützt sein. Traditionell wird er in der „Doppelikat"-Technik hergestellt, bei der sowohl Ket- als auch Schussfäden abschnittsweise vor dem Weben gefärbt werden. Diplom-Ökonomen wären von der Produktion des Stoffs begeistert: Alles – vom Baumwolleanbau über die Farbherstellung aus heimischen Pflanzen bis zur tatsächlichen Produktion – findet hier vor Ort statt. Das braucht seine Zeit, und die exquisiten Stücke sind entsprechend teuer (ab 600 000 Rp). Es werden aber auch billigere Stoffe angeboten, aber die kommen meist aus anderen Gegenden der Insel oder noch darüber hinaus.

ABSTECHER

DIE STRASSE VON MANGGIS NACH PUTUNG

Ganz gleich, in welche Richtung es gehen soll, nach Westen oder Osten, oben oder unten: Die kleine Straße, die sich den nach Gewürznelken duftenden Hügel hinaufzieht und den Küstenort Manggis mit dem Bergdorf Putung verbindet, ist immer einen Umweg wert. Auf dem Weg hinauf eröffnen sich hinter jeder Biegung neue Blicke auf Ostbali und die Inseln. Nach einer Fotopause fühlt man sich berauscht, um gleich nach der nächsten Kurve einen noch besseren Ausblick zu entdecken. An manchen Aussichtspunkten tauchen reizende Familien auf, die wunderschöne, handgemachte Körbe für rund 30 000 Rp anbieten. Es fällt schwer, dem Angebot zu widerstehen.

Hinter Manggis ist die erste Hälfte der Straße in gutem Zustand, wird dann aber zusehends schlechter. Sie lässt sich gerade noch mit dem Auto befahren, aber wegen der Ausblicke fährt man ja ohnehin langsam. Die Fahrt dauert etwa eine Stunde.

Die unzähligen Körbe aus der Region werden aus der *ata*-Palme herstellt. Andere typische Handwerkserzeugnisse der Gegend sind die traditionelle balinesische Kalligrafie, die auf *Lontar*-Blättern genauso ausgeführt wird wie die alten *Lontar*-Bücher hergestellt wurden. Die meisten dieser Bücher sind balinesische Kalender oder Abbildungen aus dem *Ramayana*. Sie kosten je nach Qualität zwischen 150 000 und 300 000 Rp.

Kunsthandwerkliche Arbeiten aus Tenganan werden auch in Ashitaba-Läden in Seminyak und Ubud verkauft.

An- & Weiterreise

Nach Tenganan führt eine 3,2 km lange Nebenstraße westlich von Candidasa. An der Abzweigung halten Bemos; Motorradfahrer bieten für etwa 15 000 Rp *ojek*-Fahrten an (d. h. der Passagier fährt mit dem Motorrad mit; Preis für eine einfache Fahrt). Eine nette Variante ist es, per *ojek* nach Tenganan zu fahren und einen schattigen Spaziergang nach unten zur Straße zu machen, an der es eine balinesische Rarität gibt: breite Bürgersteige.

Candidasa

Candidasa ist ein zwangloser Ort auf dem Weg nach Osten, der mit Hotels und einigen ordentlichen Restaurants aufwartet. Allerdings gibt es hier auch Probleme, die von Entscheidungen herrühren, die fast vier Jahrzehnte zurückliegen und den örtlichen Strand zerstörten. Sie sollten als warnendes Beispiel für alle bisher unentdeckten Orte dienen, die sich plötzlich auf der Landkarte wiederfinden.

Aktivitäten

Gili Tepekong, eine Felseninsel, die eine Reihe von Korallenköpfen auf der Spitze eines steilen Abhangs bietet, ist wahrscheinlich der beste Tauchplatz in der Gegend. Tauchgänge eröffnen die Chance, zahlreiche Fische zu sehen, inklusive einiger anderer größerer Meereslebewesen. Allerdings ist der Tauchspot nur für erfahrene Taucher empfehlenswert. Die meisten Hotels organisieren Tauchtouren.

Alam Asmara Spa SPA
(0363-41929; Alam Asmara Dive Resort; Massage ab 200 000 Rp; 9–21 Uhr) Das Alam Asmara Spa im gleichnamigen Hotel ist Candidasas todschicke Wellnessoase. Verschiedene Bioprodukte und andere natürliche Substanzen kommen bei einer ganzen Reihe traditioneller Massagen und Behandlungen in einer ruhigen, erholsamen Umgebung zum Einsatz.

Geführte Touren

★ **Trekking Candidasa** WANDERN
(0878 6145 2001; www.trekkingcandidasa.com; geführte Wanderungen ab 250 000 Rp) Der freundliche Somat führt Wanderer durch die grünen Hügel hinter Candidasa. Eine beliebte Route von etwa 90 Minuten Dauer verläuft über Pfade durch die Reisfelder bis nach Tenganan.

Bali Conservancy WANDERN
(0822 3739 8415; www.bali-conservancy.com; Eastern Bali Tour Erw./Kind ab 85/55 US$) Bietet gute kultur- und naturorientierte Wanderungen durch ganz Ostbali, darunter Touren durch sattgrüne Reisfelder und die Hügel rund um das hübsche Pasir Putih.

Schlafen

Candidasas geschäftige Hauptstraße bietet eine ordentliche Auswahl von Unterkünften, Restaurants und anderen touristischen Einrichtungen. Gleich östlich des Zentrums, an der ruhigen Jalan Pantai Indah, finden sich weitere Unterkünfte. Sie sind sehr hübsch eingerichtet und bieten oft ein kleines Stück Strand. Im Westen der Stadt gibt es ruhige Zimmer in Hörweite der sanft ans Ufer schlagenden Wellen. Noch ruhiger sind die Hotels nur 2 km westlich in Mendira.

Westlich von Candidasa

Lotus Bungalows HOTEL $$
(0363-41104; www.lotusbungalows.com; abseits der Jl Raya Candidasa; Zi. 105–130 US$;) Engagierte Europäer managen die Anlage. Insgesamt 20 Zimmer (teilweise mit Klimaanlage) verteilen sich auf großzügig geschnittene Bungalows mit heller Ausstattung. Vier dieser luftigen Unterkünfte liegen direkt am Meer. Einladend gestaltet ist der große Poolbereich. Es werden Tauchausflüge angeboten.

Nirwana Resort HOTEL $$
(0363-41136; www.thenirwana.com; abseits der Jl Raya Candidasa; Zi. 90–125 US$, Villa ab 150 US$;) Ein spektakulärer Weg über einen Lotusteich stimmt auf das schon ältere, heimelige Resort ein, das von grundauf renoviert wurde. Die 18 Unterkunftseinheiten stehen nah am Infinitypool unweit des Ozeans. Am schönsten sind die sechs Unterkünfte direkt am Meer.

Im Zentrum von Candidasa

Ari Home Stay GUESTHOUSE $
(0817 970 7339; www.arihomestaycandidasa.com; Jl Raya Candidasa; Zi. mit Ventilator/Klimaanlage 150 000/300 000 Rp;) Der überschwängliche Gary und seine Familie betreiben dieses Guesthouse mit Zimmern, die sich auf einen weitläufigen Gebäudekomplex verteilen. Die Grundausstattung reicht von Kaltwasser und Ventilator bis zu Klimaanlage und Heißwasser. Die Lage an der Hauptstraße, die das Anwesen vom Meer trennt, ist nicht ideal, aber es gibt immer eiskaltes Bier und außerdem einen preiswerten guten Hot-Dog-Stand.

Seaside Cottages GUESTHOUSE $
(0363-41629; www.balibeachfront-cottages.com; Jl Raya Candidasa; Hütten 250 000–560 000 Rp;) Die 15 Zimmer der gut etablierten und beliebten Unterkunft sind auf Hütten verteilt. Das Spektrum reicht von einfachen Hütten mit Kaltwasser und untauglichen Ventilatoren bis hin zu ruhigen Zimmern

Candidasa

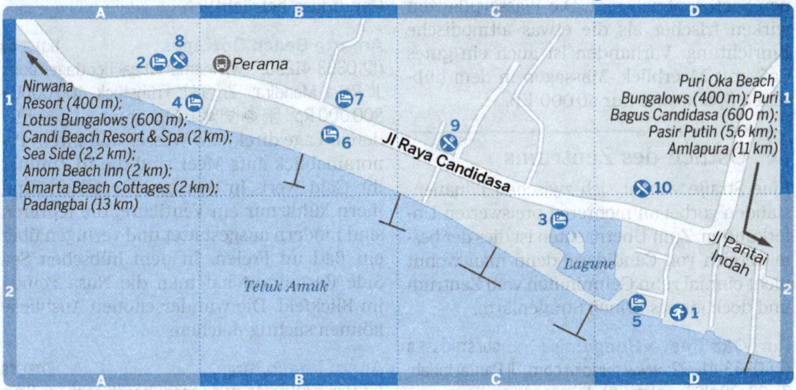

Candidasa

Aktivitäten, Kurse & Touren
1 Alam Asmara Spa D2

Schlafen
2 Ari Home Stay A1
3 Ashram Gandhi Chandi C2
4 Bilik Bali A1
5 Rama Shinta Hotel D2
6 Seaside Cottages B1
7 Watergarden B1

Essen
8 Ari Hot Dog Shop A1
9 Crazy Kangaroo C1
10 Vincent's D1

mit Klimaanlage und einem tropischem Bad. Am Meeresufer reihen sich entlang der Wellenbrecher Liegestühle direkt am Wasser. In dem hochgeschätzten Café Temple können die Gäste zum Essen im Innenraum oder an Tischen Platz nehmen, die ebenfalls nah am Wasser stehen.

Ashram Gandhi Chandi GUESTHOUSE $
(☎0363-41108; www.ashramgandhi.com; Jl Raya Candidasa; EZ/DZ ab 350 000/450 000 Rp) Die Hindu-Gemeinde auf dem an einer Lagune gelegenen Anwesen folgt den Lehren des Pazifisten Mahatma Gandhi. Egal ob sich die Gäste hier nur kurz oder für eine längere Zeit aufhalten, sie werden immer in das Gemeinschaftsleben eingebunden. Insbesondere nach einem langen Yoga-Tag tragen die einfachen Gästehütten am Meer zum Wohlbefinden bei.

★ **Rama Shinta Hotel** HOTEL $$
(☎0363-41778; www.ramashintahotel.com; abseits der Jl Raya Candidasa; Zi. inkl. Frühstück 500 000–900 000 Rp; ❄📶🏊) An einer kleinen Straße nahe der Lagune sind die 15 Zimmer des Rama Shinta auf ein zweigeschossiges Gebäude aus Stein und diverse Bungalows verteilt. Sie sind hübsch renoviert und haben Bäder im Freien. Die teureren Zimmer im ersten Stock sind ihr Geld wert, denn sie haben Ausblick auf die Lagune und ihre Vogelwelt. Der Poolbereich lädt zum Entspannen ein.

Bilik Bali HOTEL $$
(☎0363-41538; www.ashyanacandidasa.com; Jl Raya Candidasa; Zi. ab 70 US$; ❄📶🏊) Das gut geführte Hotel am Meer bietet zwölf ältere, aber makellose Bungalows und ein Spa. Die meisten Unterkünfte sind so weit von der Straße entfernt, dass man vom Lärm verschont bleibt. Ebenfalls am Meer liegt das Café **Lezat** und wartet neben seinem tollen Ausblick mit der üblichen indonesischen Kost auf (Hauptgerichte ab 50 000 Rp; von 8 bis 22 Uhr geöffnet).

Watergarden HOTEL $$
(☎0363-41540; www.watergardenhotel.com; Jl Raya Candidasa; Zi. inkl. Frühstück ab 90 US$; ❄📶🏊) Das Watergarden hat einen Swimmingpool zu bieten und darüber hinaus gut gefüllte Fischteiche, die sich förmlich um die Gebäude schlängeln. Seine üppigen Gärten sind eine Erkundung wert. Alle

13 Zimmer haben eine Veranda, die über einen Seerosenteich ragt. Die Wasserpflanzen wirken frischer als die etwas altmodische Einrichtung. Vorhanden ist auch ein gutes Café mit Meerblick. Massagen in dem hübschen Spa kosten nur 50 000 Rp.

Östlich des Zentrums

Eine Straße windet sich zwischen Bananenstauden vorbei an mehreren preiswerten Unterkünften. Zum Übernachten ist dies der beste Bereich von Candidasa, denn man wohnt nicht einmal zehn Gehminuten vom Zentrum und doch gibt es keinen Straßenlärm.

Puri Oka Beach Bungalows GUESTHOUSE $

(☎0363-41092; www.purioka.com; Jl Pantai Indah; Zi. 23–70 US$;) Die Anlage liegt versteckt hinter einer Bananenplantage östlich der Stadt. Die preiswertesten der 17 Zimmer sind ventilatorgekühlt und klein, die besseren bieten Meerblick. Der Pool nahe dem Strand ist klein und liegt gleich neben einem Café. Bei Ebbe entsteht ein kleiner Strand vor dem Anwesen. Am schönsten sind die beiden großzügigen Bungalows.

Puri Bagus Candidasa HOTEL $$$

(☎0363-41131; www.puribaguscandidasa.com; Jl Pantai Indah; Zi ab 140 US$;) Das populäre Resort liegt versteckt hinter Palmen am östlichen Ende des Ufers nahe einer Anlegestelle, an der zahlreiche Auslegerboote ankern. Von dem großen Pool und dem Restaurant hat man einen schönen Meerblick. Der Strand ist nicht der Rede wert (bzw. teilweise gar nicht vorhanden). Die Bäder der 48 Zimmer befinden sich im Freien. Es lohnt sich, nach speziellen Angeboten zu fragen.

Mendira

Von Westen kommend, findet man noch vor Candidasa abseits der Hauptstraße in Mendira Hotels und Pensionen. Obwohl der Strand fast verschwunden ist und hässliche Ufermauern gebaut wurden, eignet sich die Gegend gut für einen Ausflug. Vorausgesetzt, man ist mit einem eigenen Fahrzeug unterwegs und genießt gerne schöne Ausblicke, kühle Brisen und zum Zeitvertreib ein gutes Buch.

Von einer Abzweigung der Hauptstraße führen schmale Straßen zu den Hotels. Hinweise auf die Abzweigung geben ein Schild, auf dem Unterkünfte aufgelistet sind, eine Schule und ein riesiger Banyan-Baum. Ein Fußweg entlang der Hauptstraße erleichtert den 2 km langen Weg Richtung Osten nach Candidasa beträchtlich.

Amarta Beach Cottages HOTEL $$

(☎0363-41230; www.amartabeachcottages.com; Jl Raya Mendira; Zi. inkl. Frühstück 400 000–800 000 Rp;) Mit ihrer abgeschiedenen Lage direkt am Wasser und ihrem Panoramablick aufs Meer sind die 16 Zimmer ihr Geld wert. In den preiswertesten Zimmern kühlt nur ein Ventilator, die teureren sind modern ausgestattet und verfügen über ein Bad im Freien. In dem hübschen Sea Side Restaurant hat man die Nusa Penida im Blickfeld. Die wunderschönen Ausblicke können süchtig machen.

Anom Beach Inn HOTEL $$

(☎0363-419024; www.anom-beach.com; Jl Raya Mendira; Zi 40–80 US$;) Das ältere Resort aus Zeiten, in denen es hier noch schlichter zuging, bietet 24 unterschiedlich gestaltete Zimmer. Die preiswertesten haben nur einen Ventilator, was jedoch angesichts der stetigen Meeresbrise jedoch kein Problem darstellt. Die besten Zimmer sind im Stil eines Bungalows gestaltet. Viele Gäste kommen seit Jahren hierher und altern hier in Würde – zusammen mit dem Personal des Hotels.

Candi Beach Resort & Spa RESORT $$$

(☎0363-41234; www.candibeachbali.com; Jl Raya Mendira; Zi. inkl. Frühstück 95–270 US$;) Das große Strandresort bietet 84 komfortable Zimmer und gemütliche, einzeln stehende Bungalows. Steine in freundlichen Beigetönen prägen den von Palmen gesäumten Poolbereichs mit Blick aufs Meer. Der Pool liegt gleich oberhalb des nicht ganz so tollen Strandes. Das viel gelobte Bali Conservancy (S. 242) führt in Verbindung mit dem Hotel Touren in die Natur durch.

Essen

Die meisten Cafés und Restaurants entlang der Jalan Raya Candidasa sind einfache Familienbetriebe. Allerdings ist der Verkehrslärm hier groß, flaut aber nach Sonnenuntergang deutlich ab. Einige Lokale bieten einen Fahrdienst zu außerhalb gelegenen Unterkünften an.

Sea Side INDONESISCH $

(☎0363-41230; Jl Raya Mendira, Amarta Beach Cottages; Hauptgerichte ab 40 000 Rp; ⌚8–22 Uhr;) Das hübsche Open-Air-Restaurant mit Ausblick auf die Nusa Penida liegt auf dem Gelände des Amarta Beach Cottages (S. 244) Resorts. Für ein Mittagessen ist es eine gute Wahl, auch wenn man nicht zu den Übernachtungsgästen des Resorts gehört.

Ari Hot Dog Shop FAST FOOD $

(☎0817 975 5231; Jl Raya Candidasa, Ari Home Stay; Hauptgerichte 25 000–50 000 Rp; ⏲11–20 Uhr; 📶) Das Schild mit der Aufschrift „reisfreie Zone" sagt alles über die Speisekarte mit Hotdogs, Sandwiches und üppigen Burgern. Das Essen, das der Australier Gary und seine fröhlichen Helfer servieren, ist heiß und das Bier kalt, eiskalt.

★ **Vincent's** INTERNATIONAL $$

(☎0363-41368; www.vincentsbali.com; Jl Raya Candidasa; Hauptgerichte 60 000–150 000 Rp; ⏲8–23 Uhr; 📶) Das Vincent's, eines der besten Restaurants in Ostbali, hat mehrere überdachte Bereiche im Freien und hinter dem Haus einen großen, hübschen Garten mit Rattanmöbeln. Seine Bar ist eine Jazz-Oase. Auf seiner Speisekarte stehen innovative balinesische Gerichte, Fisch und Meeresfrüchte aus frischem Fang sowie europäische Gerichte – alles in hervorragender Qualität. Verführerisch gut ist auch die Auswahl an Sambals. Donnerstagsabends wird Livemusik gespielt.

Crazy Kangaroo PUBGERICHTE $$

(☎0363-41996; www.crazy-kangaroo.com; Jl Raya Candidasa; Hauptgerichte 40 000–120 000 Rp; ⏲10 Uhr bis spätabends; 📶) Gemessen an den hiesigen Standards geht es in dem überaus reizvollen Pub wild zu. In seiner Bar können sich die Gäste Sportsendungen im Fernsehen anschauen oder eine Runde Poolbillard spielen. Das in einer offenen Küche zubereitete Essen schmeckt gut und bietet eine Mischung aus westlichen und heimischen Gerichten sowie leckeren Spezialitäten aus dem Meer. Am Abend finden häufig Aufführungen statt, wobei das Spektrum von Feuershows bis zu Livemusik reicht. Eine Glaswand dämpft den Verkehrslärm.

ℹ An- & Weiterreise

Candidasa liegt an der Hauptstraße, die von Amlapura nach Südbali führt. Mangels Terminal muss man Bemos an der Straße anhalten, weil Busse wahrscheinlich nicht stoppen. Wer Richtung Westen fahren will, muss in Padangbai oder Semarapura umsteigen.

Eine Autofahrt nach Amed im tiefen Osten kostet ungefähr 250 000 Rp und nach Kuta sowie zum Flughafen 300 000 Rp. Der Fahrer **I Nengah Suasih** (☎0819 3310 5020) führt für 300 000 Rp Tagesausflüge nach Pasir Putih durch.

In den Unterkünften erhält man Auskünfte über Auto- und Fahrradverleih.

Perama (☎0363-41114; Jl Raya Candidasa; ⏲7–19 Uhr) befindet sich am westlichen Ende der Geschäftsstraße. Zu den angebotenen Fahrtzielen zählen Kuta (75 000 Rp, 3 Std.), Sanur (75 000 Rp, 2½ Std.) und Ubud (75 000 Rp, 2 Std.).

Von Candidasa nach Amlapura

Die Hauptstraße östlich von Candidasa windet sich hoch zum **Pura Gamang Pass** (*gamang* heißt „schwindelig werden" – allerdings eine Übertreibung). Oben angekommen, kann man den Ausblick auf die Küste genießen und den vielen gierigen Affen zuschauen, die sich so vermehrt haben, dass sie ganze Ernten von hier den Berg hinauf bis Tenganan aufgefressen haben. Der Fußweg von Candidasa in Richtung Amlapura steigt beim Weg über die Landzunge an und bietet schöne Ausblicke über die felsigen Inselchen vor der Küste und die gesamte Region. Auf der anderen Seite der Landzunge liegt ein langer schwarzer Sandstrand am offenen Meer.

Pasir Putih

Der idyllische Strand **Pasir Putih** (auch Dream Beach oder Virgin Beach genannt) bietet, wie der Name schon sagt, weißen Sand, ist aber längst kein Geheimtipp mehr. Noch 2004 war hier nichts außer einer langen Reihe Fischerboote an einem Ende des Strands. Jetzt kann man quasi hautnah die wirtschaftliche Entwicklung eines Strandortes beobachten.

Ein Dutzend strohgedeckter Strand-***Warungs*** und **-Cafés** ist entstanden. Es gibt *nasi goreng* (Bratreis) und gegrillten Fisch. Das Bintang liegt kalt, und Liegestühle warten auf Schönheiten im Bikini. Der Strand selbst ist wirklich ein Traum: ein lang gestreckter Halbmond aus weißem Sand, an dessen einem Ende Klippen Schatten spenden, dahinter als Kulisse Kokospalmen. Die Brandung ist oft sanft – man kann hier auch **Schnorchelausrüstungen** für Unterwasserexpeditionen ausleihen. Pasir Putih gilt zwar als „Geheimtipp", trotzdem kann es dort ganz schön voll werden.

Den Weg weisen in der Nähe des Dorfes Perasi plumpe Schilder, auf denen verschiedene Namen stehen. Von der Hauptstraße zweigt 5,6 km östlich von Candidasa ein gepflasterter Weg ab, der nach etwa 1,5 km zu einem großen, schmutzigen Parkplatz führt. Hier wird von Einheimischen eine Zugangsgebühr (10 000 Rp pro Pers.) kassiert.

Eine Absperrung verhindert, dass Fahrzeuge und Motorräder näher an den Strand heranfahren. Vom Parkplatz führt ein ziemlich steiler Weg hinunter zum Strand. Eine Fahrt mit dem *Ojek* kostet sowohl hin als auch zurück jeweils 10 000 Rp.

Teluk Penyu

Eine kleine Einbuchtung in der Küste hat aus gutem Grund ihren Spitznamen Teluk Penyu oder Turtle Bay (beides heißt Schildkrötenbucht) verdient. Die gepanzerten Tiere kommen tatsächlich hierher, um ihre Eier abzulegen.

Um sie zu schützen, werden einige Anstrengungen unternommen. Wer eine Schildkröte oder ein Nest sieht, muss unbedingt Abstand halten. Meeresschildkröten und ihre Eier dürfen weder berührt und schon gar nicht mitgenommen werden. Rund 5 km südlich von Amlapura stehen ein paar Villen und in der Gegend haben sich einige Ausländer niedergelassen.

Schlafen

★ Turtle Bay Hideaway VILLA $$$

(☎ 0363-23611; www.turtlebayhideaway.com; Jl Raya Pura Mascima; Hütten ab 1 600 000 Rp;) Die Anlage besteht aus alten traditionellen Holzhäusern, die von Sulawesi hierher gebracht wurden. Die drei Häuser stehen in der Nähe eines gekachelten Pools und haben zusammen fünf Zimmer mit Meerblick. Die Ausstattung verbindet exotische Details mit modernem Komfort – es gibt Kühlschränke und Speisen mit Zutaten aus biologischem Anbau. Auf den vielen schattigen Veranden, Terrassen und Liegestühlen können sich die Gäste problemlos eine Woche lang mit Nichtstun beschäftigen.

Amlapura

Amlapura ist der Hauptort des Distrikts Karangasem und der wichtigste Verkehrsknotenpunkt in Ostbali. Die kleinste der balinesischen Distrikthauptstädte ist multikulturell: Hier gibt es chinesische Läden, mehrere Moscheen und verwirrende Einbahnstraßen. Der Königspalast ist auf jeden Fall eine Besichtigung wert.

Sehenswertes

Amlapuras stimmungsvolle Paläste an der Jalan Teuku Umar sind verblasste Erinnerungen an Karangasems Blütezeit als Königreich im 19. und beginnenden 20. Jh., das von der niederländischen Kolonialmacht gestützt wurde.

★ Puri Agung Karangasem PALAST

(Jl Teuku Umar; Erw./Kind 10 000/5000 Rp; ⌚ 8–17 Uhr) An der Außenseite des gut erhaltenen Puri Agung Karangasem finden sich wunderschön gearbeitete Reliefs und ein eindrucksvolles mehrstufiges **Eingangstor**. Hinter dem Eingangshof (alle Eingänge zeigen Richtung Osten zur aufgehenden Sonne) geht es nach links zum Hauptgebäude, das **Maskerdam** (Amsterdam) genannt wird, weil die Niederländer es als Belohnung für die Anerkennung ihrer Gesetze im Königreich Karangasem erbauen ließen. Diese Unterwerfung ermöglichte Karangasem, länger als jedes andere balinesische Königreich zu überleben.

Innen lassen sich mehrere Räume besichtigen, darunter das königliche Schlafzimmer und ein Wohnzimmer, dessen Möbel ein Geschenk der niederländischen Königsfamilie waren. Das Maskerdam ist dem detailreich geschmückten **Bale Pemandesan** zugewandt, dem Pavillon, der für die königlichen Zahnfeilzeremonien genutzt wurde. Dahinter, umgeben von einem Teich, steht der **Bale Kambang**, der noch immer für Familienzusammenkünfte und Tanzunterricht genutzt wird.

Die handlichen englischsprachigen Informationsblätter vermitteln einen guten Eindruck, wie die Anlage im 19. Jh. ausgesehen haben muss, als die Karangasem-Dynastie auf ihrem Höhepunkt stand und Lombok erobert hatte. Die alten Fotos sollte man sich nicht entgehen lassen. Noch heute kommen häufig Nachkommen der königlichen Familien in die Palastanlage, um Opfergaben zu überbringen.

Puri Gede PALAST

(Jl Teuku Umar; ⌚ 8–18 Uhr) GRATIS Der Puri Gede wird noch von der Königsfamilie genutzt. In der von langen Mauern umgebenen Palastanlage stehen zahlreiche Backsteinhäuser aus der niederländischen Kolonialzeit. Sehenswert sind die Steinmetz- und

Holzschnitzarbeiten aus dem 19. Jh. Der **Rangki**, der Hauptpalast, der heute wieder in seiner alten Pracht erstrahlt, ist von Fischteichen umgeben.

Essen

Groß ist die gastronomische Auswahl in Amlapura nicht, aber es gibt einen guten **Nachtmarkt** (Jl Kesatrian; ⌚5–24 Uhr).

Hardy's Supermarket SUPERMARKT $
(☎0363-22363; Jl Diponegoro; ⌚8–22 Uhr) Der große Supermarkt führt Lebensmittel und allen möglichen Kleinkram. Es gibt Geldautomaten und an einer Reihe von Ständen wird gutes, frisches asiatisches Fastfood angeboten. Östlich von Semarapura und südlich von Singaraja hat Hardy's die größte Auswahl an nützlichen Dingen, z. B. Sonnenschutzmittel.

★ **Bali Asli** BALINESISCH $$
(☎0822 3690 9215; www.baliasli.com.au; Jl Raya Glumpang, Glumpang; Menü 160 000–220 000 Rp; ⌚10–19 Uhr; 📶) Das elegante Restaurant mit Kochschule (Kurs 1 000 000 Rp) hat Ausblick auf die grünen Hügel rings um Amlapura – sie zählen zu den schönsten in Ostbali. Aus solch einer reizvollen Umgebung kann die australische Küchenchefin und Restaurantleiterin Penelope Williams natürlich ihren Nutzen ziehen. Für die Gerichte verwendet sie Produkte aus dem eigenen Garten, die das ganze Spektrum der balinesischen und indonesischen Aromen mit sich bringen. Nirgendwo anders schmeckt die balinesische Küche vergleichbar gut. Ihr *nasi campur* ist nahezu unschlagbar köstlich.

An- & Weiterreise

Amlapura ist ein Verkehrsknotenpunkt. Busse und Bemos fahren regelmäßig den Terminal Batubulan in Denpasar (35 000 Rp, ca. 3 Std.) über Candidasa (10 000 Rp), Padangbai und Gianyar an. Viele Kleinbusse fahren auch entlang der Nordküste über Tirta Gangga, Amed und Tulamben nach Singaraja (ca. 30 000 Rp).

Rund um Amlapura

Der Bau von **Taman Ujung**, einem riesigen Wasserpalast 5 km südlich von Amlapura gelegen, wurde 1921 vom letzten König von Karangasem fertiggestellt. Das Gebäude wurde 1979 durch ein Erdbeben stark in Mitleidenschaft gezogen. Vor dem riesigen, langweiligen Ersatz steht man eher ratlos: Trotz seiner Größe ist er alles andere als eindrucksvoll.

Es lohnt sich allerdings, noch ein bisschen über Taman Ujung hinauszufahren

ABSEITS DER ÜBLICHEN PFADE

UMWEG NACH AMED

In der Regel fahren Reisende auf dem Weg zur Küste von **Amed** über die Straße im Landesinneren, die durch Tirta Gangga führt. Es gibt aber auch eine längere, kurvenreichere und abenteuerlichere Straße mit wesentlich weniger Verkehr. Sie verläuft von **Ujung** entlang der Küste bis zu dem Amed genannten Küstenstreifen (S. 250). Die Straße klettert die Hänge der Zwillingsberge Seraya und Lempuyang hinauf und bietet unterwegs grandiose Ausblicke aufs Meer. Auf dem Weg berührt sie zahlreiche kleine Dörfer, in denen die Menschen Fischerboote zimmern, in Bächen baden oder beim Anblick eines *tamu* – eines fremden Besuchers oder Ausländers – einfach dastehen und etwas überrascht gucken. Nicht wundern müssen sich Reisende, wenn ein Schwein oder eine Ziege mitten auf der Straße steht oder ein Felsbrocken sie blockiert. Nach dem üppig grünen Osten fällt nicht nur die hiesige trockene Landschaft auf, sondern auch das karge Leben der Menschen. Mais ersetzt hier den Reis als Grundnahrungsmittel.

Etwa 10 km östlich von Amalapura führt die Straße an der **Villa Arjuna** (☎0813 3897 7140; www.villa-bali.nl; Zi. ab 55 €; 🏊) vorbei, einer Pension mit herrlichem Ausblick aufs Meer.

Bei **Seraya** (wo es einen hübschen Markt gibt) befinden sich Webereien und Betriebe, die Baumwollstoffe herstellen. Dann fährt man einige Zeit durch ertragreiche Obstgärten und dichte Vegetation. Etwa 4 km südlich von **Aas** steht ein Leuchtturm.

Die Straße ist schmal, aber befestigt, und die 35 km bis Aas sind ohne Stopps in einer Stunde zu schaffen. In Verbindung mit der Inlandstraße durch Tirta Gangga lässt sich der Ausflug nach Amed von Westen aus zu einer schönen Rundreise ausgestalten.

zum Strand **Pantai Ujung**, einem felsigen Küstenstreifen, an dem die Boote des nahen Fischerdorfes liegen.

Hier stößt man auf eine der aufregendsten Entdeckungen, die kürzlich in Bali gemacht wurden: einen 2 m langen **Fels in Phallusform** (*lingga*), der nach einer Periode heftiger Stürme am Strand freigelegt wurde. Die Einheimischen sprechen dem Stein große Macht zu und halten hier regelmäßig Zeremonien ab. Weil er Spuren von Einritzungen aufweist, mutmaßen Experten, der Stein sei ein altes Fruchtbarkeitssymbol. Und das hat weitere Spekulationen befördert, dass der große Stein in der Nähe, der in gewisser Weise einer *yoni* (dem weiblichen Gegenstück zum *lingga*) gleicht, dazu passen könnte.

Von Ujung aus kann man über eine Alternativroute nach Amed gelangen.

Geführte Touren

★Uforia SCHOKOLADENMANUFAKTUR

(☎0363-21687; www.uforiachocolate.com; Jl Pura Mastima, Amlapura; ⏲tgl. 9–17 Uhr, Führung Juni–Aug. Mo–Mi 10–16 Uhr) Die Schokoladenmanufaktur liegt 12 km östlich von Candidasa und produziert eine Reihe von Schokoladensorten nach eigenem Rezept. Die Zutaten werden in der unmittelbaren Umgebung biologisch angebaut, wobei auch Elemente der Permakultur zum Tragen kommen.

Die Führungen (Juni–August) geben einen faszinierenden Einblick in den Produktionsprozess. Um sich anzumelden und nach dem genauen Weg zu fragen, sollten Besucher vorher anrufen. An jedem Samstag finden Workshops statt, bei denen die Teilnehmer mit einer Auswahl an Zutaten ihre persönliche Schokoladentafel herstellen können.

Tirta Gangga & Umgebung

Tirta Gangga (Wasser des Ganges) ist der Standort eines heiligen Tempels und einiger fantastischer Wasseranlagen und bietet Ausblicke auf Reisfelder und das dahinter liegende Meer, die zu den schönsten in Ostbali gehören. Von hier oben ziehen sich die grünen Hügel zum weit entfernten Meer hinunter – ein ausgesprochen hübscher Platz für eine ruhige Stunde.

Wer etwas mehr Zeit hat, kann durch die Terrassenlandschaft mit ihren vielen Wasserläufen und Tempeln wandern. Ein kleines Tal mit Reisterrassen zieht sich den Hügel hinter dem Parkplatz hinauf: ein majestätischer Anblick grüner Stufen, die sich in der Ferne verlieren.

Sehenswertes

★Taman Tirta Gangga PALAST

(Erw./Kind 20 000/10 000 Rp, Parken 2000 Rp; ⏲Palast 24 Std., Kasse 6–18 Uhr) Amlapuras wasserbegeisterter Radscha machte sich nach dem heute verlorenen Meisterwerk von Ujung 1948 an einen weiteren Wasserpalast und ließ seine Träume mit dem Taman Tirta Gangga vor einem atemberaubenden Hintergrund aus terrassierten Hügeln Wirklichkeit werden.

Zu dieser sich über mehrere Ebenen erstreckenden Wasserfantasie gehören zwei Schwimmteiche, die an Wochenenden gut besucht sind, und dekorative Wasseranlagen mit riesigen Kois und Lotosblüten, eine faszinierende Erinnerung an die alten Tage der balinesischen Radschas.

Der elfstufige *meru*-Brunnen verdient einen besonderen Blick, ansonsten lässt man sich unter den riesigen alten Banyanbäumen nieder und genießt die Aussicht. Denn immerhin zählt diese Anlage zu den am besten erhaltenen und gepflegten im Osten Balis.

Aktivitäten

Beim **Wandern** in den umliegenden Hügeln vergisst man schnell das aufregende Treiben Südbalis. In dieser weit im Osten der Insel liegenden Ecke strömen Bäche plätschernd durch die Reisfelder und die tropischen Wälder, die manchmal einen überraschenden Blick auf Lombok und Nusa Penida freigeben, und darüber hinaus Ausblicke über die üppig grünen Landschaften der Umgebung und das Meer gewähren. Die Reisterrassen um Tirta Gangga gehören zu den schönsten der Insel! Kleine Straßen und Wanderwege führen zu vielen pittoresken traditionellen Dörfern.

Aussichtspunkte, die einen ganztägigen Ausflug mehr als rechtfertigen, liegen verstreut über die umliegenden Hügel.

Um das wahre Bali zu erleben, bietet sich außerdem ein Aufstieg auf den Gunung Agung an. Ebenfalls reizvoll ist eine sechsstündige Rundwanderung zum Dorf Tenganan sowie kürzere Wanderungen durch die Hügel in der Nachbarschaft, auf denen man so viele abgelegene Tempel und begeisternde Ausblicke zu sehen bekommt, wie das Herz begehrt.

ABSTECHER

PURA LEMPUYANG

Pura Lempuyang ist einer der neun balinesischen Nationaltempel und zuständig für den Osten. Er steht auf einem Hügel am 1058 m hohen Gunung Lempuyang, einem direkten Nachbarn des 1175 m hohen Gunung Seraya. Zusammen bilden diese beiden einen auffälligen Doppelgipfel aus Basalt, der über Amlapura im Süden und Amed im Norden aufragt. Der Tempel Lempuyang ist Teil einer kompakten Anlage, die über das grüne Mosaik blickt, das Ostbali ausmacht. Der Tempel ist sehr bedeutend und wird täglich von vielen gläubigen Balinesen besucht, die hier in meditativer Kontemplation versinken. Und oben angekommen, verspüren viele Touristen den Wunsch, es ihnen gleichzutun, denn sie haben gerade Bekanntschaft mit der Besonderheit dieser Tempelanlage gemacht: Zum Tempel auf 768 m Höhe führt nämlich ein 1700-stufiger Treppenpfad.

Den Anfang der Treppe liegt etwa 30 Fußminuten von Tirta Gangga entfernt. Auf der Straße von Amlapura nach Tulamben nimmt man den Abzweig nach Süden, nach Ngis (2 km), wo Palmzucker und Kaffee angebaut werden. Dann folgt man den Schildern nochmals 2 km nach Kemuda (oder fragt nach, falls die Ausschilderung zu verwirrend ist). Von Kemuda aus geht es die Treppe hinauf zum Pura Lempuyang, für den einfachen Weg sollte man etwa 2 Std. rechnen. Wer von dort aus zum Gipfel des Lempuyang oder Seraya weiterwandern will, sollte dies mit einem Führer tun.

Für die größeren Wanderungen empfiehlt sich ein **Führer**, der bei der Routenplanung hilft und sehenswerte Stellen kennt, die man allein nie finden würde. Die unten genannten Unterkünfte helfen bei der Vermittlung, besonders das Homestay Rijasa, wo I Ketut Sarjana einer von mehreren erfahrenen Führern ist. Ein weiterer Guide aus der Gegend, der oft empfohlen wird, ist **Komang Gede Sutama**. Die Tarife liegen um die 80 000 Rp pro Stunde für ein oder zwei Leute.

Komang Gede Sutama WANDERN
(☎0813 3877 0893) Der in Tirta Gangga ansässige Führer bietet empfehlenswerte geführte Wanderungen.

Geführte Touren

★ **Bung Bung Adventure Biking** RADFAHREN
(☎0813 3840 2132, 0363-21873; bungbungbikeadventure@gmail.com; Homestay Rijasa, Tirta Gangga; Halb-/Ganztagestour ab 250 000/300 000 Rp) In Begleitung der ortansässigen Organisatoren fahren die Tourteilnehmer in der Umgebung von Tirta Gangga bergab durch die wunderschönen Reisfelder und -terrassen sowie durch Flusstäler. Die Touren dauern zwei bis vier Stunden. Mountainbike, Helm, Trinkwasser und zahlreiche Begegnungen mit Einheimischen sind im Preis inbegriffen. Das Büro liegt nahe dem Homestay Rijasa, gegenüber vom Eingang zum Taman Tirta Gangga. Eine Buchung im Voraus ist erforderlich.

Schlafen & Essen

Tirta Gangga

Homestay Rijasa PRIVATUNTERKUNFT $
(☎0363-21873; Jl Tirta Gangga; Zi. inkl. Frühstück 175 000–250 000 Rp;) Die gut geführte Privatunterkunft mit neun Zimmern und einem sorgfältig gepflegten Garten liegt gleich gegenüber vom Eingang zum Wasserpalast. Die Zimmer mit heißem Wasser und passenderweise einer großen Wanne kosten ungefähr doppelt so viel wie die restlichen. An der Vorderseite des Hauses befindet sich ein toller *Warung*.

Good Karma PRIVATUNTERKUNFT $
(☎0363-22445; goodkarma.tirtagangga@gmail.com; Jl Tirta Gangga; Zi. inkl. Frühstück 300 000–400 000 Rp;) Die klassische Privatunterkunft mit vier sehr sauberen Zimmern und einfachen Bungalows hat eine positive Atmosphäre, die von dem idyllischen Reisfeld, das die Anlage umgibt, herüberstrahlt. In dem empfehlenswerten Café (Hauptgerichte ab 35 000 Rp; 7–21 Uhr) gibt es köstliche Gerichte, wie z. B. *tempe-sate*, die in Lauben serviert werden.

Pondok Lembah Dukah GUESTHOUSE $
(☎0813 3829 5142; dukuhstay@gmail.com; EZ/DZ ab 150 000/200 000 Rp;) Das Anwesen liegt auf einem Hügel mit einem wunderschönen Ausblick auf die Reisfelder. Die Zimmer in den hübschen Bungalows sind einfach aus-

gestattet. Doch der Aufenthalt lohnt sich, da hier gute Chancen bestehen, das Leben der örtlichen Einheimischen näher kennenzulernen.

Vom Palast bis zur Pension sind es zehn Fußminuten. Der ausgeschilderte Weg verläuft rechts vom Good Karma ein kleines Stück bergab. Dann geht es über 300 m an den Reisfeldern entlang bis zu den steilen Stufen, die nach oben führen.

★ Tirta Ayu Hotel HOTEL $$$
(☎ 0363-22503; www.hoteltirtagangga.com; Pura Tirta Gangga; Villa inkl. Frühstück 125–180 US$; ❄ 📶 🏊) Das Hotel liegt innerhalb der Palastanlage und bietet zwei hübsche Villen und drei Zimmer mit reichlich königlichem Dekor. Neben dem hoteleigenen Pool können die Gäste auch etliche Einrichtungen auf dem Anwesen des Palastes nutzen. In dem recht stilvollen Restaurant (Hauptgerichte ab 65 000) werden kreative Interpretationen der klassischen regionalen Küche an Tischen mit tollem Ausblick auf den Wasserpalast serviert.

Tirta Gangga Villas VILLA $$$
(☎ 0363-21383; www.tirtagangga-villas.com; Pura Tirta Gangga; Villen 120–250 US$; 🏊) Die Unterkunft steht auf derselben Terrasse wie das Tirta Ayu Hotel, die Villen waren Teil des alten Königspalastes. Trotz der umfassenden Renovierung ist der klassisch-balinesische Stil erhalten geblieben. Von den großen schattigen Veranden überblicken die Gäste den Wasserpalast. Man kann den gesamten Komplex mieten und dann selbst unter einem 500 Jahre alten Banyanbaum Hof halten.

Genta Bali INDONESISCH $
(☎ 0363-22436; Jl Tirta Gangga; Hauptgerichte 15 000–25 000 Rp; ⏲ 8–21 Uhr) Auf der Speisekarte stehen köstliche Joghurtgetränke sowie Pasta und indonesische Gerichte. Der hausgemachte Wein aus schwarzem Reis ist ebenfalls einen Versuch wert. Das Genta Bali liegt auf der gegenüberliegenden Seite der Straße, die am Parkplatz des Tirta Gangga entlang führt.

Rund um Tirta Gangga

★ Side by Side Organic Farm PRIVATUNTERKUNFT $
(☎ 0812 3623 3427; www.sites.google.com/site/sidebysidefarmorg; Dausa; Zi. ab 150 000 Rp, Mindestaufenthalt 2 Nächte) Inmitten der üppigen Reisfelder bei Tirtta Ganga bietet die Side by Side Organic Farm in dem winzigen Dorf Dausa großzügige und köstliche Mittagsbüfetts (ab 125 000 Rp). Für die Zubereitung der Gerichte werden die biologisch angebauten Produkte der Farmen des Dorfes verwendet. Wer die Farm besuchen möchte, ruft am besten mindestens einen Tag vorher an, um sich den Weg beschreiben zu lassen und das Mittagessen zu bestellen.

Auch ein Aufenthalt in einer der freundlichen traditionellen, privaten balinesischen *pale* (offene Pavillons) mit Ausblick auf Fischteiche lässt sich arrangieren. Die Farm ist ein einzigartiges Unternehmen, das mit der Gemeinde zusammenarbeitet, um das Einkommen der Dorfgemeinschaft in einer Region zu erhöhen, die immer noch zu den ärmsten Gegenden Balis gehört.

An- & Weiterreise

Bemos und Minibusse, die auf der Ostküstenroute zwischen Amlapura (7000 Rp) und Singaraja verkehren, halten in Tirta Gangga, das 6 km nordwestlich von Amlapura liegt.

Amed & die Küste im fernen Osten

Von Amed bis zur östlichsten Spitze Balis erstreckt sich dieser semiaride (halbtrockene) Küstenstreifen, der mit einer ganzen Reihe von kleinen, mit Muscheln übersäten grausandigen Stränden (einige sind eher felsig als sandig), lockerer Atmosphäre und ausgezeichneten Tauch- und Schnorchelrevieren die Besucher anlockt.

Der Abschnitt hier wird oft einfach „Amed" genannt, was nicht ganz korrekt ist, denn der Küstenabschnitt besteht aus einer Reihe von *dusun* – kleinen Dörfern am Meer –, die mit dem eigentlichen Amed im Norden beginnt und bis Aas im Südosten reicht. Wer den Massen entkommen will, sollte dorthin fahren und ein bisschen Yoga machen. Alles liegt weit auseinander, man meint – einmal abgesehen vom Besuch in den kleinen Fischerdörfern – am Ende der Welt zu sein.

Aktivitäten

Tauchen & Schnorcheln

An diesem Küstenabschnitt lässt es sich ausgezeichnet schnorcheln. Jemeluk ist ein geschütztes Areal, in dem man nur rund 100 m vom Strand entfernt lebende Korallen und Unmengen an Fischen bewundern kann. Ein Highlight sind die Korallengärten

Amed & die Küste im fernen Osten

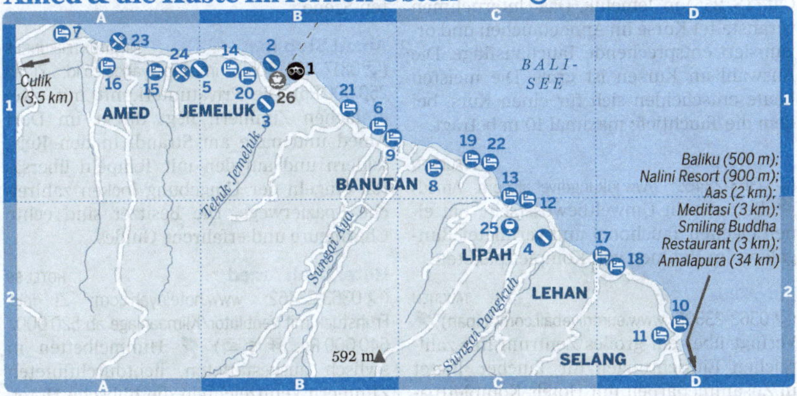

Amed & die Küste im fernen Osten

Sehenswertes
- 1 Lookout B1

Aktivitäten, Kurse & Touren
- 2 Apneista B1
- 3 Eco-Dive B1
- 4 Euro Dive C2
- 5 Jukung Dive A1

Schlafen
- 6 Aiona Garden of Health B1
- 7 Amed Stop Inn A1
- 8 Anda Amed Resort C1
- 9 Apa Kabar Villas B1
- 10 Aquaterrace D2
- 11 Blue Moon Villas D2
- 12 Coral View Villas C2
- 13 Double One Villas C1
- 14 Galang Kangin Bungalows B1
- 15 Hoky Home Stay & Cafe A1
- 16 Hotel Uyah Amed A1
- 17 Life in Amed D2
- 18 Palm Garden D2
- 19 Puri Wirata C1
- 20 Sama Sama Cafe & Bungalows B1
- 21 Santai B1
- 22 Wawa-Wewe II C1

Essen
- 23 Cafe Garam A1
- Green Leaf Cafe .... (s. 2)
- Hoky Home Cafe .... (s.15)
- 24 Warung Enak A1

Ausgehen & Nachtleben
- 25 Wawa-Wewe I C2

Transport
- 26 Amed Sea Express B1
- Kuda Hitam Express .... (s. 26)

und die farbenprächtige Unterwasserwelt bei Selang. Die Leihgebühr für eine Schnorchelausrüstung kostet ungefähr 30 000 Rp pro Tag.

Tauchen geht hier auch wunderbar. Tauchspots mit Korallenabhängen und steilen Abbrüchen, weichen und harten Korallen sowie zahllosen Fischen gibt es vor Jemeluk, Lipah und Selang. Manche lassen sich vom Strand aus erreichen, zu anderen führt eine kurze Bootsfahrt. Das Wrack der *Liberty* (S. 256) in Tulamben liegt nur eine 20-minütige Autofahrt entfernt.

Mehrere Tauchanbieter haben sich mit ihrem Engagement für die Gemeinschaft hervorgetan und organisieren regelmäßig Aufräumaktionen für den Strand. Sie informieren auch die Einheimischen über die Notwendigkeit des Naturschutzes. Die Veranstalter verlangen für vergleichbare Angebote alle ähnliche Preise: So kosten Tauchgänge in der Gegend ab ca. 80 US$ und Open-Water-Tauchkurse rund 400 US$.

Eco-Dive TAUCHEN
(☎ 0363-23482; www.ecodivebali.com; Jemeluk Beach) Die Tauchbasis mit Komplettservice bietet ihren Kunden auch einfache, preiswerte Unterkünfte (ab 250 000 Rp) und ist ein Vorreiter hinsichtlich des Umweltschutzes.

Apneista TAUCHEN
(☎ 0812 3826 7356; www.apneista.com; Green Leaf Cafe, Jemeluk; 2-tägiger Kurs 200 US$; ⌚ 8.30–

22 Uhr) Apneista hat sein Büro im Green Leaf Café (S. 255) in Jemeluk. Das Unternehmen veranstaltet Kurse im Apnoetauchen und organisiert entsprechende Tauchausflüge. Die Auswahl an Kursen ist groß. Die meisten Leute entscheiden sich für einen Kurs, bei dem die Tauchtiefe maximal 10 m beträgt.

Jukung Dive TAUCHEN
(☎0363-23469; www.jukungdivebali.com; Amed) Betont sein Umweltbewusstsein, hat einen eigenen Tauchpool und vermietet Bungalows im Rahmen von Komplettpaketen.

Euro Dive TAUCHEN
(☎0363-23605; www.eurodivebali.com; Lipah) Verfügt über ein großes Zentrum mit zahlreichen Einrichtungen für Taucher. Bietet in Zusammenarbeit mit Hotels Komplettpakete an. Erntet viel Lob für seine geführten Tauchtouren. Für 40 US$ kann man zu dem versunkenen japanischen Fischerboot hinabtauchen.

Wandern

Von der Küste führen einige Wege landeinwärts die Hänge des **Gunung Seraya** (1175 m) hinauf zu ein paar wenig besuchten Dörfern. Die Landschaft ist kaum bewachsen, und die meisten Wege sind gut zu erkennen, sodass man für eine kürzere Wanderung keinen Führer braucht. Verirrt man sich, folgt man einfach einem Grat wieder nach unten zur Küstenstraße. Den Gipfel des Seraya zu erreichen, dauert von der felsigen Kante östlich von Jemeluk Bay gut drei Stunden. Um den spektakulären Sonnenaufgang oben zu erleben, muss man sich im Dunkeln aufmachen – in diesem Fall ist es besser, einen Führer zu engagieren. Die Hotels können dazu Auskunft geben.

Schlafen

Die Region Amed ist dünn besiedelt, das sollten Reisende bei der Wahl der Unterkunft bedenken. Zur Auswahl stehen Unterkünfte in kleinen Stranddörfern oder auf sonnigen, trockenen Landzungen, die einzelne Buchten miteinander verbinden. Erstere liegen direkt am Strand und bieten ein wenig Dorfleben, während Letztere mit beeindruckenden Ausblicken locken.

Unterkünfte lassen sich hier in jeder Preiskategorie finden.

Amed Village

Mehrere kürzlich eröffnete Budgetunterkünfte verleihen der betriebsamen Gegend nun auch das Flair einer Rucksacktouristen-Szene.

Amed Stop Inn PRIVATUNTERKUNFT $
(☎0817 473 8059; im.stop@yahoo.co.id; Zi ab 250 000 Rp) Die Privatunterkunft mit zwei einfachen Zimmern liegt direkt im Dorf Amed und nahe am Strand. In den Reisfeldern und auf den mit Tempeln übersäten Hügeln der Umgebung locken zahlreiche Spazierwege. Die Besitzer sind echte Charmeure und erfahrene Guides.

Hotel Uyah Amed HOTEL $$
(☎0363-23462; www.hoteluyah.com; Zi. inkl. Frühstück mit Ventilator/Klimaanlage ab 520 000/640 000 Rp;) Himmelbetten in stylisch ausgestatteten, lichtdurchfluteten Zimmern kennzeichnen die hübsche Hotelanlage. Von jedem der 17 Zimmer (teilweise mit Klimanlage) kann man die Salinen am Strand sehen. In vielen Details zeigt sich das starke Umweltbewusstsein des Hotels, so sorgt beispielsweise eine Solaranlage für das heiße Wasser. Der Name des geschmackvollen Café Garam (S. 255) passt perfekt zur Gegend – übersetzt heißt er „Café Salz".

Jemeluk

Hoky Home Stay & Cafe PRIVATUNTERKUNFT $
(☎0819 1646 3701; madejoro@yahoo.com; Zi. inkl. Frühstück 145 000–350 000 Rp;) Tolle preiswerte Zimmer mit Ventilator und Heißwasser bietet diese Privatunterkunft in Strandnähe. Der Besitzer Made ist auf die Bedürfnisse von Budgetreisenden bestens eingestellt. Im Café (S. 255) wird frische, kreativ zubereitete Kost der regionalen Küche serviert, insbesondere Fisch und Meeresfrüchte. Gäste können sich Fahrräder ausleihen (30 000 Rp pro Tag).

Sama Sama Cafe & Bungalows PRIVATUNTERKUNFT $
(☎0813 3738 2945; samasama_amed@yahoo.co.id; Zi 300 000–400 000 Rp;) In den sechs Bungalows gibt es Zimmer mit kaltem Wasser und Ventilator oder etwas schicker mit heißem Wasser und Klimaanlage. In dem Café (Hauptgerichte ab 50 000 Rp; 8–21 Uhr) gleich gegenüber vom Strand schmecken Fisch und Meerfrüchte ausgezeichnet. Die Familie, die das Haus führt, stellt auch fleißig Opfergaben her.

Galang Kangin Bungalows GUESTHOUSE $
(☎0363-23480; bali_amed_gk@yahoo.co.jp; Zi. inkl. Frühstück mit Ventilator/Klimaanlage ab

300 000/600 000Rp; ❄📶) Inmitten von hübschen Gärten liegen beidseits der Straße Bungalows mit zehn Zimmern. Was Kühlung und Wasser betrifft, gibt es jede Kombination von Heiß-/Kaltwasser mit Klimaanlage oder Ventilator. Die Zimmer mit Klimaanlage sind modern eingerichtet und zum Strand hin offen, während die mit Ventilator einen eher traditionellen balinesischen Stil aufweisen.

Banutan Beach

Banutan Beach ist ein klassisches kleines Dorf mit breitem Sandstrand und Fischerbooten zwischen trockenen Landzungen.

Aiona Garden of Health GUESTHOUSE $
(☎0813 3816 1730; www.aionabali.com; EZ/DZ ab 20/25 €) Diese stilvolle Unterkunft hat so viele Schilder aufgestellt, dass man meinen könnte, sie wäre selbst eine Touristenattraktion. Die einfachen Bungalows stehen im Schatten von Mangobäumen, die ihren Beitrag zum supergesunden Speiseplan leisten. Daneben werden Biokosmetik, Yogakurse, Meditation und Tarot-Sitzungen angeboten. Die ballaststoffreiche Ernährung mag dann noch das ihre tun, damit Gäste ihren inneren Frieden finden.

Santai HOTEL $$
(☎0363-23487; www.santaibali.com; Zi. inkl. Frühstück 95–150 US$; ❄📶🏊) Die schöne Anlage liegt auf einem sanft ansteigenden Hügel, der sich bis zum Strand erstreckt. Der Name bedeutet übersetzt „Entspannung", und genau darauf legen die Gäste hier großen Wert. Modell für die unterschiedlichen authentisch wirkenden Bungalows mit traditionellem Strohdach standen die verschiedenen Bauweisen auf den Inseln des Archipels. Die zehn Zimmer warten mit Himmelbetten, Bädern im Freien und großen Balkonsofas auf. Ein von violetten Bougainvilleen gesäumter Swimmingpool schlängelt sich wie ein breiter Bach durch das Anwesen.

Banutan

Hier liegen die Unterkünfte auf sonnenüberflutetem trockenem Hochland. Die meisten sind an Hängen mit Blick aufs Meer erbaut.

Wawa-Wewe II HOTEL $$
(☎0363-23522; www.bali-wawawewe.com; Zi. inkl. Frühstück 500 000–800 000 Rp; ❄📶🏊) Die ruhige Anlage mit zehn bungalowartigen Zimmern liegt auf einem ruhigen, üppig bewachsenen Gelände, das bis zum Ufer hinunterreicht. Der nahe am Wasser gelegene Infinitypool hat die Form eines Buddhas. Zwei Zimmer bieten eine wunderschöne Sicht aufs Meer.

Apa Kabar Villas VILLA $$
(☎0363-23492; www.apakabarvillas.com; Hütte/Villa inkl. Frühstück ab 1 100 000/1 500 000 Rp; 📶🏊) Die insgesamt zwölf Hütten und Villen – alle mit Blick auf den sattgrünen Garten – bilden einen kompakten Komplex. Beseitzer der Anlage sind drei einheimische Privatleute.

Puri Wirata HOTEL $$
(☎0363-23523; www.puriwirata.com; Zi ab 750 000 Rp, Villa ab 1 100 000 Rp; ❄📶🏊) Das Resort dürfte am ehesten den breiten Publikumsgeschmack in Amed treffen. 30 Zimmer und zwei Pools erstrecken sich über den Hügel bis hinunter zur felsigen Küste. Zur Auswahl stehen Zimmer, Bungalows und Villen. Der Service ist professionell. Es gibt zahlreiche Arrangements, die Tauchen und Unterkunft umfassen.

Anda Amed Resort HOTEL $$$
(☎0363-23498; www.andaamedresort.com; Villa inkl. Frühstück ab 1 400 000 Rp; ❄📶🏊) Dieses weiß getünchte Hotel am Hügel bietet einen schönen Kontrast zum üppigen Grün der Anlage. Der Infinitypool weit oberhalb der Straße ist ein beeindruckender Klassiker seiner Art. Die elf Zimmer in vier Villen sind mit noblen Details wie großen Wannen, Kühlschränken und anderen Annehmlichkeiten ausgestattet.

Lipah

Double One Villas GUESTHOUSE $
(☎0363-22427; www.doubleonevillasamed.com; Zi. 400 000–850 000 Rp; ❄📶🏊) Die schöne Anlage ist zweigeteilt: Die preiswerteren Zimmer liegen von der Straße hügelaufwärts, die hübscheren in Richtung Meer auf einem ziemlich steilen Gelände, das bis zu dem Kieselstrand hinuntereicht. Letztere sind ihr Geld wert, zumal sich der Pool in ihrer Nähe befindet. Jedoch: Die vorhandenen Stufen lassen sich beim besten Willen nicht wegdiskutieren.

★ **Coral View Villas** HOTEL $$
(☎0363-23493; www.coralviewvillas.com; Zi. 60–150 US$; ❄📶🏊) Ein natürlich gestalteter Pool in einer üppig bewachsenen Umgebung hebt das kleine Anwesen von anderen

AMED ENTSCHLÜSSELN

Der gesamte 10 km lange Küstenstreifen ganz im Osten wird von Touristen und markingtingorientierten Einheimischen oft „Amed" genannt. Die meisten Bauvorhaben entstanden zunächst in den drei Buchten mit Fischerdörfern: **Amed Village** mit einer beliebten Rucksacktouristen-Szene, **Jemeluk** mit einer geschäftigen Urlauber-Szene, **Banutan** mit Strand und Landzungen sowie **Lipah** mit einer lebendigen Mixtur aus Cafés und Läden.

Mittlerweile wurde auch in den winzigen Dörfern **Lehan**, **Selang**, **Banyuning** und **Aas** für Touristen gebaut. Jede dieser Ortschaften ist eine kleine, entspannende Oase am Fuß der trockenen braunen Hügel. Um einen Eindruck von dem schmalen Küstenstreifen zu gewinnen, lohnt ein Abstecher zum **Aussichtspunkt** (Parkgebühr 10 000 Rp) in Jemeluk. Im Blickfeld liegen hier u. a. die Fischerboote, die sich wie eine wild gewordene Schar bunter Sardinen am Strand drängen.

Außer über die Hauptstraße, die Tirta Gangga passiert, erreicht man den Amed-Küstenstreifen auch über eine von Süden kommende Route, die von Amlapura (S. 247) über Aas verläuft.

Anlagen in trockeneren Gebieten ab. Die 19 Zimmer in Einheiten im Bungalowstil sind groß und haben mit Steinen abgesetzte Bäder im Freien und schöne Terrassen. Die Lage der Anlage direkt am Meer ist einfach grandios.

Lehan

Im ruhigen strandnahen Lehan befinden sich einige der schönsten Unterkünfte im Boutiquestil innerhalb der Amed-Region.

Palm Garden HOTEL $$
(☎0828 9769 1850; www.palmgardenamed.com; Zi. inkl. Frühstück 100–240 US$; ❄@📶🏊) Das Villenhotel am Meer besitzt einen Hauch Eleganz – und mit einiger Sicherheit den besten Strand der Amed-Region. Die zehn Gebäude haben große Innenhöfe, die Anlage ist mit Palmen bestanden, eine wächst auf einer eigenen Insel im Pool. Mindestaufenthalt in der Hochsaison sind zwei Nächte.

Life in Amed HOTEL $$$
(☎0363-23152, 0813 3850 1555; www.lifebali.com; Zi./Villa inkl. Frühstück ab 1 200 000/2 000 000 Rp; ❄📶🏊) Das Leben hier ist nobel. Sechs Bungalows sind dicht aneinander rund um einen geschwungenen Pool angeordnet. Zwei Villen mit jeweils zwei Schlafzimmern stehen direkt am Strand. Die Bäder im Freien sind wahre Kunstwerke aus Steinen, die am Strand gesammelt wurden.

Selang

Aquaterrace HOTEL $$
(☎0813 3791 1096; www.aquaterrace-amed.com; Zi. 800 000-1 300 000 Rp; ❄📶🏊) Die spektakuläre Hotelanlage thront auf dem Küstenhochland direkt oberhalb des Ozeans. Sie besteht aus sechs weiß getünchten Einheiten mit Balkonen und wunderschönen Ausblicken. Durch die helle Farbe der Unterkünfte wirkt das tiefe Blau des Wassers noch atemberaubender. Vorhanden sind auch Sitzecken und Kühlschränke.

Blue Moon Villas GUESTHOUSE $$
(☎0817 4738 100; www.bluemoonvilla.com; Zi 65–160€; ❄📶🏊) An der Hügelseite der Straße wurde die kleine, recht luxuriöse Anlage mit ihren drei Pools am Hang errichtet, die Klippen liegen gleich auf der anderen Straßenseite. Die Zimmer in villenähnlichen Gebäuden haben aus Stein gebaute Bäder im Freien. Die Zimmer lassen sich auch zu Suiten mit mehreren Schlafräumen verbinden. Im Restaurant (Hauptgerichte ab 50 000 Rp; 8–22 Uhr) gibt es leckere balinesische Klassiker sowie Fisch und Meeresfrüchte vom Grill.

Banyuning

Nalini Resort HOTEL $$
(☎0828 9761 1793; www.naliniresort.com; Zi. ab 1 100 000 Rp; ❄📶🏊) Klare Linien prägen die Architektur der sechs Einheiten der nahe am Strand gelegenen Anlage. Im Infinitypool spiegelt sich das Blau des Meeres wider. Jedes der geräumigen Zimmer verfügt über große Betten sowie Sitzplätze drinnen und draußen. Zur Wahl stehen Zimmer mit Meerblick und welche mit Garten und Blick auf die Berge.

Baliku HOTEL $$
(☎0828 372 2601; www.amedbaliresort.com; Zi. 800 000–1 100 000 Rp; ❄📶🏊) Große Villen gehören zu den Attraktionen dieser Anlage auf einem Hügel, der einen Ausblick auf

einen schönen Küstenabschnitt von Amed bietet, wo Fischerboote ihre farbenprächtigen Segel flattern lassen. Große Betten, separate Ankleidebereiche und Terrassen, auf denen man essen kann, garantieren einen angenehmen Aufenthalt. Die Einrichtung und die Speisekarte des Restaurants sind mediterran inspiriert.

Aas

★ Meditasi GUESTHOUSE $
(☎ 0828 372 2738; www.meditasibungalows.blogspot.com; Zi. 300 000–600 000 Rp) Einmal in aller Ruhe den Alltag ausblenden und eine Auszeit vom Stress des Lebens nehmen – in diesem ruhigen, charmanten Refugium mit acht Zimmern geht das hervorragend. Meditation und Yoga helfen beim Entspannen. Außerdem liegen gute Schnorchelgebiete und Tauchgründe ganz in der Nähe. Mit Abstand die beste Wahl sind die villenähnlichen Bungalows mit eigenem Garten, Bädern im Freien und Balkonen mit einem tollen Ausblick. Elizabeth Gilbert, Autorin des Reiseberichts *Eat, Pray, Love,* (auf Deutsch mit demselben Titel) übernachtete hier in Zimmer 7.

Essen & Ausgehen

★ Warung Enak BALINESISCH $
(☎ 0819 1567 9019; Jemeluk; Hauptgerichte ab 50 000 Rp; ⊙ 9–23 Uhr) Schwarzer Reispudding und andere ungewöhnliche regionale Leckerbissen sind die Spezialitäten dieser absolut einfachen kleinen Gaststätte. Das Essen schmeckt superlecker. Auch Fisch und Meeresfrüchte aus frischem Fang sowie hausgemachte Eiscreme sind hier erhältlich.

Smiling Buddha Restaurant BALINESISCH $
(☎ 0828 372 2738; Meditasi, Aas; Hauptgerichte ab 30 000Rp; ⊙ 8–22 Uhr;) Im Restaurant des sehr empfehlenswerten Guesthouse Meditasi (s. oben) kommen hervorragende Gerichte mit Zutaten aus biologischem Anbau auf den Tisch, vieles davon stammt aus dem hauseigenen Garten. Die balinesischen und westlichen Gerichte sind wirklich ausgezeichnet, ebenso wie der Blick aufs Meer. Bei Vollmond werden sogar lustige Spektakel veranstaltet. Happy hour ist täglich von 19 bis 20 Uhr.

Hoky Home Cafe CAFE $
(Jemeluk; Hauptgerichte ab 25 000Rp; ⊙ 8–22 Uhr) Auf der Speisekarte des Cafés im Hoky Home Stay (S. 252) steht frische, kreativ zubereitete Kost der regionalen Küche, insbesondere Fisch und Meeresfrüchte

Green Leaf Cafe CAFÉ $
(☎ 0812 3826 7356; www.apneista.com; Jemeluk; Hauptgerichte ab 35 000 Rp; ⊙ 8.30–186.30 Uhr;) Wer sich ausgeruht hat, kann sich hier gleich noch mehr entspannen. Auf der Speisekarte des ausgezeichneten Cafés stehen nur vegetarische Gerichte, darunter zahlreiche Spezialitäten. Die Auswahl bei Kaffee, Tee und Säften ist groß. Gäste können drinnen am Tisch sitzen oder sich draußen auf Liegen räkeln. Das Café ist auch ein Zentrum für Yoga und Apnoetauchen – Apneista (S. 251) hat hier sein Büro.

Cafe Garam INDONESISCH $
(☎ 0363-23462; Hotel Uyah Amed, Amed; Hauptgerichte 30 000–60 000 Rp; ⊙ 8–22 Uhr) In dem Café mit Billardtischen und balinesischer Küche geht es locker zu. Mittwochs und samstags erklingen ab 20 Uhr die gefühlvollen, eindringlichen Melodien live gespielter *genjek*-Musik. Mit seinem Namen Garam (Salz) ehrt das Café die örtliche Salzgewinnungsindustrie (S. 257). Der *salada ayam*, eine Mischung aus Kohl, gegrilltem Huhn, Schalotten und winzigen Peperoni, kann geradezu süchtig machen.

Wawa-Wewe I BAR
(☎ 0363-23506; Lipah; ⊙ 8 Uhr bis spätabends;) Wer den Abend mit dem für die Region typischen *arak* (Schnaps aus Palmwedeln) verbringt, kann anschließend Wawas nicht mehr von Wewes unterscheiden. Dies ist die derbste Bar an der Küste, das heißt, es kann für balinesische Begriffe schon mal ordentlich laut werden. Mittwoch- und samstagabends machen örtliche Bands Jamsessions.

An- & Weiterreise

Die meisten Leute kommen über die Hauptstraße von Amlapura und Culik. Die spektakuläre Straße von Aas nach Ujung führt vollständig um die Doppelgipfel herum, eine tolle Rundfahrt.

Ein Wagen mit Fahrer zum/vom Flughafen und von/nach Südbali kostet rund 500 000 Rp.

Öffentliche Verkehrsmittel gibt es kaum. Minibusse und Bemos, die zwischen Singaraja und Amlapura verkehren, fahren durch Culik und verlassen dann die Küste. Bemos fahren unregelmäßig von Culik nach Amed (3,5 km) und manchmal bis ungefähr 13 Uhr weiter nach Seraya. Die Fahrten kosten durchschnittlich 7000 Rp.

Es ist auch möglich, Fahrgelegenheiten von Culik aus zu organisieren – Verhandlungsbasis sind etwa 50 000 Rp (für die Fahrt mit dem *ojek* weniger als die Hälfte). Auf jeden Fall sollte man Name und Ort der Unterkunft genau nennen. Wer nämlich nur „Amed" angibt, landet sonst möglicherweise im Dorf Amed und weiß dann nicht weiter.

Amed Sea Express (☎ 0853 3925 3944; www.gili-sea-express.com; Jemeluk; einfache Fahrt 300 000 Rp) fährt mit einem Schnellboot für 80 Passagiere in weniger als einer Stunde zur Gili Trawangan.

Kuda Hitam Express (☎ 0852 3869 2853; www.kudahitamexpress.com; Jemeluk; einfache Fahrt ab 300 000 Rp) bedient die Strecke zur Gili Trawangan und zur Gili Air.

Tulamben

Die große Attraktion in Tulamben ist vor über 60 Jahren gesunken: Das Wrack des amerikanischen Frachtschiffs *Liberty* ist eines der besten Tauchreviere auf Bali. Für die Taucher ist hier inzwischen ein ganzes Dorf entstanden. Sogar Schnorchler können einfach hinausschwimmen und sich das Wrack und die Korallen von oben aus ansehen.

Wer sich nicht in die salzigen Wellen stürzen will, sollte sich auf die Suche nach den schönen Kieseln machen, für die man im Baumarkt ein Vermögen zahlt.

Für das trockene Vergnügen gibt es den **Morgenmarkt** im Dorf Tulamben, 1,5 km von den Tauchplätzen entfernt.

Aktivitäten

Tauchen und Schnorcheln sind der Grund dafür, dass es heute Tulamben gibt.

Das **Schiffswrack** der *Liberty* liegt etwa 50 m vor der Küste, direkt gegenüber von den Puri Madha Beach Bungalows, wo man parken kann. Wer in gerader Richtung hinausschwimmt und sich an das Gewimmel von schwarzen Schnorcheln hält, sieht bald das Heck aus der Tiefe aufragen. Es ist inzwischen mit einer dicken Korallenschicht bedeckt und wird von Dutzenden farbenfrohen Fischarten – und meistens von Tauchern – umschwommen. Das Schiff ist über 100 m lang, der Rumpf ist in Stücke zerbrochen. Das erleichtert das Hineintauchen. Der Bug ist noch recht gut erhalten, die Mitte des Rumpfes stark zerstört, das Heck hingegen fast intakt. Die am besten erhaltenen Teile liegen 15 bis 30 m tief. Um das Schiff zu erkunden, sind mindestens zwei Tauchgänge nötig.

Viele Taucher kommen von Candidasa und Lovina extra nach Tulamben, an manchen Tagen kann es zwischen 11 und 16 Uhr mit 50 und mehr Tauchern am Wrack ziemlich voll werden. Deshalb bietet es sich an, in Tulamben oder Amed zu übernachten und schon früh mit dem ersten Tauchgang zu starten.

Die meisten Hotels verfügen über eine eigene Tauchbasis. Einige Unterkünfte bieten ihren Gästen preiswerte Arrangements für die gewünschten Tauchaktivitäten.

Zwei Tauchgänge kosten in Tulamben ab 80 US$ und etwas mehr für einen nächtlichen Tauchgang um Amed. Die Leihgebühren für Schnorchelausrüstungen betragen überall 30 000 Rp.

Hinter dem Tauch-Terminal befindet sich ein privat geführter Parkplatz (10 000 Rp). Es gibt dort auch verschiedene Stände, an denen Ausrüstungen verliehen werden, Verkaufsstände und Träger, die nach Aufmerksamkeit heischen. Ebenfalls vorhanden sind kostenpflichtige Duschen und Toiletten.

Die örtliche Tauchführergruppe Organisasi Dive Guide Tulamben hat Preise gewonnen für ihre Bemühungen, Korallenriffe zu reinigen und zu restaurieren.

Apnea Bali TAUCHEN
(☎ 0822 6612 5814; www.apneabali.com; Jl Kubu-Abang; Kurs ab 30 US$) Die angesehene Tauchbasis an der Geschäftsstraße von Tulamben ist spezialisiert auf Kurse im Apnoetauchen. Außerdem organisiert sie Tauchgänge in allen Schwierigkeitsgraden, inklusiv einem Tauchgang zum Wrack der *Liberty*.

Tauch Terminal TAUCHEN
(☎ 0363-774504, 0363-772920; www.tauch-terminal.com; 2 Tauchgänge 55€) Unter den vielen Anbietern ist das Tauch Terminal eine der am längsten etablierten Tauchbasen. Das Unternehmen bietet eine große Anzahl an Taucharrangements sowie einen sehr guten Ausrüstungsverleih. Ein viertägiger PADI-Kurs für einen Open-Water-Tauchschein kostet ab 450 €. Es wird auch ein eigenes Tauch-Resort betrieben.

Schlafen

Tulamben ist ein ruhiger Ort und im Prinzip um das Wrack herum aufgebaut – die Hotels, alle mit Cafés und viele mit Tauchläden, stehen an einem 4 km langen Streifen auf beiden Seiten der Hauptstraße. Die Hotels an der Straßenseite sind preiswerter, die am Wasser schöner. Bei Flut verschwindet sogar die felsige Küste.

Matahari Tulamben Resort HOTEL $
(☎0859 3835 4762, 0813 3863 6670; www.divetulamben.com; Zi. ab 280,000 Rp; ❄📶🏊) Dieses einfache Hotel mit 18 Zimmern hat eine überaus treue Gästeschar von Tauchern, die oft über Wochen hier bleiben und nur auftauchen, um Luft zu schöpfen und in einem der sehr sauberen Zimmer zu schlafen. Südlich vom Wrack nimmt es einen kleinen Strandabschnitt ein. Es gibt im Resort ein Spa und ein kleines Café mit schönem Meerblick.

Dive Concepts GUESTHOUSE $
(☎0812 3684 5440; www.diveconcepts.com; dm 50,000 Rp, Zi. 125,000-300,000 Rp; ❄📶) Für Leute, die gerne andere Taucher treffen, ist diese belebte Unterkunft genau richtig. Die zwölf Räume decken die ganze Skala ab, von kaltem Wasser und Ventilator bis zu heißem Wasser mit Klimaanlage; es gibt auch Sechsbettzimmer. Es werden Grill- und Filmabende veranstaltet.

Deep Blue Studio GUESTHOUSE $
(☎0363-22919; www.diving-bali.com; EZ/DZ inkl. Frühstück US$28/44; 📶🏊) Die Eigentümer des Deep Blue Studio sind Tschechen. Die Tauchschule hat zehn Zimmer mit Ventilator und Balkon in einem zweigeschossigen Haus auf der Hügelseite der Straße. Diese attraktive Unterkunft bietet eine optimale Lage für Tauchkurse und zum Ausruhen nach einem Tag unter Wasser. Es gibt eine Reihe von Kombiangeboten mit der angeschlossenen Tauchschule.

★ **Liberty Dive Resort** HOTEL $$
(☎0812 3684 5440; www.libertydiveresort.com; Zi. inkl. Frühstück US$50-90; ❄📶🏊) Dieses Resort mit 20 Zimmern liegt vom felsigen Strand vor dem Wrack 100 m den Hang hinauf. Es wirkt großzügig und bietet einen sehr hübschen Pool. Die Zimmer sind unterschiedlich komfortabel, aber alle modern, sauber und groß. Aus einigen Zimmern im oberen Stock hat man Blick aufs Meer.

SALZGEWINNUNG AN DER KÜSTE

Einen ungewöhnlichen Tag am Strand könnte man mit der Herstellung von Salz verbringen. Zuerst müssen etwa 500 l Meerwasser über den Sand zu Bambus- und Holztrichtern getragen werden, in denen das Wasser gefiltert wird. Danach kommt es in einen *palungan*, einen flachen Trog, der aus längs gespaltenen und ausgehöhlten Palmstämmen gefertigt ist, oder in Zementbehälter. Dort verdunstet es, und zurück bleiben Salzkristalle. Das sind nur die ersten Arbeitsschritte, die man beispielsweise in Kusamba oder Amed zu sehen bekommt.

In den vulkanischen Gebieten der Ostküste zwischen Sanur und Yeh Sanih im Norden kommen unterschiedliche Salzgewinnungsmethoden zum Einsatz. Allen gemein ist die sehr harte Arbeit, die aber eine wichtige Einkommensquelle für viele Familien ist.

In einigen Orten wird zunächst mit Meerwasser getränkter Sand getrocknet. Dann wird er in eine Hütte gebracht, wo er mit Meerwasser durchgespült wird, um das Salz herauszulösen. Das extrem salzhaltige Wasser (Sole) wird dann in einen *palungan* gegossen. Hunderte dieser Tröge sind in der Salzsaison (der Trockenzeit) an den Stränden aufgereiht. Nachdem das Wasser in der heißen Sonne verdunstet ist, wird das fast trockene Salz herausgekratzt und in Körbe gefüllt. Im Museum Semarajaya (S. 227) in Semarapura gibt es zu dieser Methode eine gute Ausstellung.

Das meiste Salz, das an der balinesischen Küste hergestellt wird, wird zur Verarbeitung von getrocknetem Fisch verwendet. Und hier hat Amed einen Vorteil: Obwohl mit der dortigen Methode die Erträge geringer ausfallen als bei der mit Sand, wird das Amed-Salz wegen seines guten Geschmacks sehr geschätzt. Tatsächlich gibt es einen wachsenden internationalen Markt für das „von Hand gewonnene Salz". Die grauen, trüben Kristalle finden ihren Weg in viele Küchen teurer Spitzenrestaurants.

Gäste in Amed können manchmal im Café Garam (S. 255) etwas über diesen faszinierenden Herstellungsprozess erfahren. Viele der Angestellten arbeiten nebenbei in der Salzgewinnung. Zwischen Juni und Dezember, also während der Salzsaison, werden häufig Touren angeboten, und man kann kleine Tüten des kostbaren Stoffs für einen Bruchteil dessen kaufen, was er erst einmal kostet, wenn er durch viele Hände auf dem heimischen Gourmetmarkt angekommen ist (10 000 Rp pro Kilo).

DAS WRACK DER LIBERTY

Im Januar 1942 wurde das kleine Frachtschiff USAT *Liberty* der US Navy bei Lombok von den Torpedos eines japanischen U-Boots getroffen. Es wurde nach Tulamben geschleppt, um seine Ladung aus Gummi und Eisenbahnteilen zu retten. Die japanische Invasion verhinderte das, und das Schiff lag am Strand bis zum Ausbruch des Gunung Agung im Jahr 1963. Damals zerbrach es und versank direkt vor der Küste – sehr zur Freude der heutigen Taucher. (Um das klarzustellen: Es war *kein* Frachtschiff der Liberty-Klasse des Zweiten Weltkriegs.)

★ Puri Madha Beach Bungalows HOTEL $$
(☎ 0363-22921; www.purimadhabeachhotel.weebly.com; Zi. 200.000-600,000Rp; ❄📶🏊) Die renovierten Bungalows liegen direkt gegenüber dem Wrack der *Liberty*. Die besten der 21 Zimmer haben Klimaanlage und heißes Wasser. Die großzügige Anlage erscheint wie ein öffentlicher Park und bietet einen schicken Poolbereich mit Blick auf das Meer. Es gibt nicht Besseres, als aus dem Bett direkt ins Wasser zu steigen und zum berühmten Wrack zu schwimmen.

Tauch Terminal Resort HOTEL $$
(☎ 0361-774504, 0363-22911; www.tauch-terminal.com; Zi. inkl. Frühstück ab 1 200 000 Rp; ❄📶🏊) Zu dem weitläufigen Strandresort mit 27 Zimmern in verschiedenen Preiskategorien führt eine Nebenstraße. Betrieben wird es von der beliebten gleichnamigen Tauchbasis. Viele der Zimmer wurden erst kürzlich fertiggestellt, aber alle sind komfortabel und in einem modernen motelähnlichen Stil eingerichtet. Zur Ausstattung zählen Satellitenfernsehen und Kühlschränke. Von den beiden Pools am Strand ist einer nur fürs Schwimmen reserviert. Im Café gibt es ein leckeres Frühstück.

ℹ An- & Weiterreise

Zwischen Amlapura und Singaraja fahren zahlreiche Busse und Bemos, die bei Bedarf auf dem Weg nach Tulamben halten. Nach 14 Uhr verkehren sie allerdings selten. Für die Fahrt in jede der beiden Städte werden 30 000 Rp verlangt .

Wer in Lovina übernachtet, sollte spätestens um 15 Uhr losfahren, um noch bei Tageslicht anzukommen.

Schnorchler, die einen Wagen mit Fahrer mieten, um lediglich einen Schnorchelausflug zum Schiffswrack zu unternehmen, sollten den Fahrer bitten, nicht in der Nähe der Tauchbasen zu parken. Dort taucht mit Sicherheit gleich jemand auf, der einem Tauchausflüge verkaufen möchte.

Von Tulamben nach Yeh Sanih

Nördlich von Tulamben verläuft die Straße weiter an den Hängen des Gunung Agung entlang, wo viele alte Lavaströme an den Ausbruch von 1963 erinnern, der den ganzen Distrikt Kubu betraf. Weiter nördlich reichen die Hänge des äußeren Kraters des Gunung Batur bis zum Meer hinunter. Hier fällt nur wenig Regen, meistens herrscht sonniges Wetter. Die Gegend ist dünn besiedelt und in der Trockenzeit sehr karg.

In **Kubu**, einem Straßendorf etwa 5 km nordwestlich von Tulamben, findet regelmäßig ein Markt statt.

In **Les** führt eine Straße landeinwärts zu einem beeindruckenden Wasserfall, dem **Air Terjun Yeh Mampeh** (Yeh-Mampeh-Wasserfall; Erw./Kind 20 000/10 000 Rp). Mit seinen 40 m ist er einer der höchsten Wasserfälle Balis, wird aber wenig besucht. An der Hauptstraße markiert ein großes Schild die Abzweigung zu einer Straße, die etwa 2,5 km landeinwärts führt und ständig verbessert wird. Die letzten 600 m geht es im Schatten von Rambutan- und anderen Obstbäumen zu Fuß auf einem angenehmen Pfad am Fluss entlang. Die beste Zeit für den Besuch des Wasserfalls ist während der Hauptregenzeit zwischen Dezember und Februar. Führer, die man für den Yeh Mepeh nicht braucht, bringen Besucher auch zu entfernteren Wasserfällen.

Der nächste größere Ort ist **Tejakula**, das für sein öffentliches, von einem Bach gespeistes Bad berühmt ist. Es soll zum Waschen von Pferden gebaut worden sein und wird oft „Pferdebad" genannt. Die renovierten Badebereiche (für Männer und Frauen getrennt) liegen hinter Mauern, die von aufwendig geschmückten Bögen gekrönt sind, und als heilige Orte betrachtet werden. Das Bad liegt 100 m landeinwärts an einer schmalen Straße mit vielen kleinen Läden. Das Dorf ist malerisch mit einigen schön geschnitzten *Kulkul*-Türmen (einer Art „Glockentürmen" für Schlitztrommeln). Der Spaziergang zu den Bädern führt an Bewässerungskanälen entlang.

Von Pacung, das rund 10 km vor Yeh Sanih liegt, sind es 4 km landeinwärts nach **Sembiran**, einem Bali-Aga-Dorf, obwohl es sich selbst nicht so bezeichnet. Das Beeindruckendste an diesem Dorf sind seine Lage am Berg und die fantastische Aussicht auf die Küste.

Schlafen

An Balis entlegener Nordostküste entstehen immer weitere Resorts, in denen man tatsächlich dem Treiben der Welt entfliehen kann. Hier kann man sich ein paar Tage niederlassen und zur Ruhe kommen. Der Weg vom Flughafen oder aus Südbali dauert drei oder auch mehr Stunden. Es gibt zwei Routen: Die eine führt über Kintamani die Berge hinauf und wieder hinunter; die einfache, landschaftlich schöne Straße endet am Meer bei Tejakula. Die andere Route führt über die Küstenstraße via Candidasa und Tulamben rund um Ostbali.

Segara Lestari Villa GUESTHOUSE $
(☎ 0815 5806 8811; www.facebook.com/lesvillagevilla; Les; Zi. ab 350 000 Rp; ❄) Viel einfacher geht es nicht: vier Bungalows direkt am Meer. Es gibt heißes Wasser und Klimaanlagen, doch wegen des Windes an der Küste muss man Letztere gar nicht anstellen. Gäste können die Küche nutzen, um sich selbst zu versorgen, oder Mahlzeiten beim Betreiber bestellen.

★ **Alam Anda** HOTEL $$
(☎ 0812 465 6485; www.alamanda.de; Sambirenteng; Zi. inkl. Frühstück 60–140 US$; ❄📶🏊) Die fabelhafte tropische Architektur des Strandresorts bei Sambirenteng hat der deutsche Eigentümer, ein Architekt, selbst entworfen. Ein Riff gleich vor der Küste lässt die Tauchschule nur so brummen. Die 34 Bungalows sind unterschiedlich groß, von *Losmen*-Zimmern bis zu Hütten mit Ausblick ist alles dabei. Alle sind mit Stroh und Bambus dekoriert. Das Resort liegt 1 km nördlich des Poinciana Resorts, etwa zwischen Kubu und Tejakula.

Bali Sandat Guest House GUESTHOUSE $$
(☎ 0813 3772 8680; www.bali-sandat.com; Bondalem; EZ/DZ inkl. Frühstück ab 460 000/650 000 Rp; 📶) Wie zu Besuch bei Freunden fühlt man sich in der unauffälligen Pension. Sie liegt tief in einem Palmenhain am Strand in einem abgeschiedenen Teil Ostbalis Die vier Zimmer haben Bäder mit kaltem Wasser im Freien und tiefe, schattige Veranden. Balinesisches Essen wird angeboten. In dem nur rund 1 km entfernten Dorf Bondalem gibt es einen einfachen Morgenmarkt und eine Weberei.

Spa Village Resort Tembok HOTEL $$$
(☎ 0362-32033; www.spavillageresort.com; Tembok; Vollpension DZ ab 260 US$; ❄@📶🏊) Schon bei der Ankunft in diesem Strandresort mit 31 Zimmern wird einem sofort klar: Hier bucht man umfangreiche Spa-Behandlungen und tägliche Aktivitäten, die alle darauf abgestimmt sind, sich innerlich zu verjüngen. Das Essen ist gesund und konzentriert sich auf einfache lokale Zutaten. Das Resort liegt nordwestlich von Tembok.

Das zentrale Bergland

➡ Inhalt

Gut essen

- Pulu Mujung Warung (S. 265)
- Strawberry Hill (S. 268)
- Terrasse du Lac (S. 272)
- Puri Lumbung Cottages (S. 273)

Schön übernachten

- Puri Lumbung Cottages (S. 273)
- Sarinbuana Eco Lodge (S. 276)
- Bali Mountain Retreat (S. 276)
- Sanda Boutique Villas (S. 277)

Auf ins zentrale Bergland!

Bali hat eine heiße Seele. Die Vulkane, die sich über den Inselrücken erheben, sind keine ruhigen Gipfel, sondern unter der Oberfläche sehr aktiv und stets bereit zu einer weiteren Eruption.

Der Gunung Batur (1717 m) stößt zwar beständig Rauch aus, die außerirdische Schönheit des Ortes macht die Anstrengungen eines Besuchs jedoch wieder wett. Während es am Danau Bratan heilige Hindutempel gibt, lockt das Dorf Candikuning mit einem faszinierenden botanischen Garten.

Im alten Kolonialstädtchen Munduk, einem Zentrum des Trekkingtourismus, schaut man von den Bergen hinunter bis zur Nordküste von Bali, die der Schönheit der vielen nahen Wasserfälle und der Danaus Tamlingan und Buyan Konkurrenz macht. Im Schatten des Gunung Batukau (2276 m) steht einer der mystischsten Tempel Balis. Südlich davon, bei Jatiluwih, verzaubern die alten, in die Unesco-Welterbeliste aufgenommenen Reisterrassen.

Hier im zentralen Bergland führen unzählige kleine Nebenstraßen in unberührte Dörfer – wer von Antosari aus Richtung Norden fährt, wird von deren Ursprünglichkeit überrascht sein.

Reisezeit

- Das ganze Jahr hindurch kann es im zentralen Bergland kalt und neblig sein. Außerdem regnet es viel: Von hier stammt das Wasser, das durch die Reisterrassen und Felder bis ganz nach Süden fließt. Die Temperaturen sind übers Jahr gesehen annähernd gleichbleibend, allerdings können sie in höheren Lagen nachts bis auf 10 °C fallen.
- Am meisten regnet es von Oktober bis April, aber eigentlich kann es zu jeder Zeit im Jahr schütten.
- Es gibt keine Hochsaison für Touristen, außer, wenn geführte Gruppen in den Hauptbesuchsmonaten Juli und August in die Gegend von Kintamani einfallen. Dann ist es empfehlenswert, auch für Munduk vorab zu buchen.

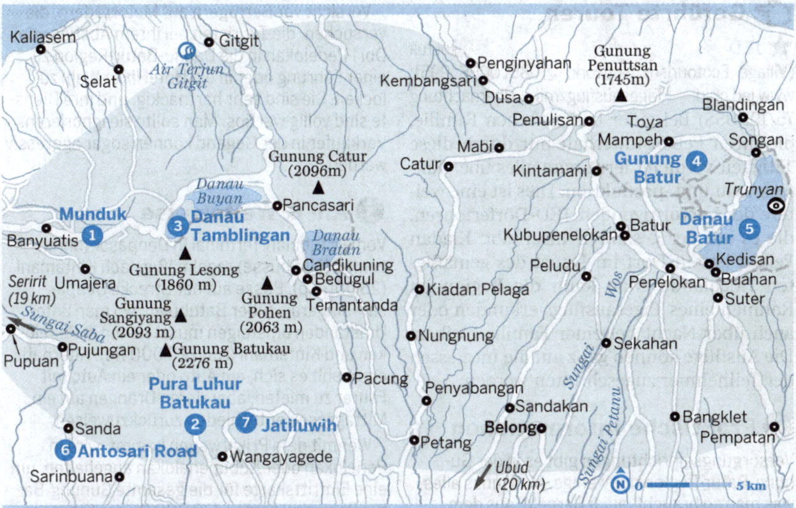

Highlights

1 **Munduk** (S. 272) Wer durch diese Idylle wandert, kann sich seinen persönlichen Wasserfall aussuchen.

2 **Pura Luhur Batukau** (S. 274) Dem Gesang der Priester in einem der heiligsten Tempel Balis lauschen.

3 **Danau Tamblingan** (S. 271) An einer geführten Wanderung oberhalb und rund um diesen alten Vulkansee und zu den Tempeln teilnehmen.

4 **Gunung Batur** (S. 263) Die jenseitig anmutende, mit Lava bedeckte Seite eines noch immer aktiven Vulkans bestaunen.

5 **Danau Batur** (S. 266) An der wunderschönen malerischen Straße nach Trunyan über Buahan und Abang eine atemberaubende Besonderheit nach der anderen entdecken.

6 **Antosari Road** (S. 276) Das Labyrinth der Nebenstraßen auf dem Lande, die durch die grünen Reisterrassen führen, erkunden.

7 **Jatiluwih** (S. 275) Auf diesen herrlichen, von der Unesco anerkannten Terrassen jede alte Reissorte bestimmen.

RUND UM DEN GUNUNG BATUR

☎ 0366

Das Gebiet am Gunung Batur gleicht einer großen Schüssel, deren Boden halb mit Wasser bedeckt ist und aus deren Mitte eine Reihe von Vulkankegeln hervorragt. Das klingt ein wenig spektakulär? Ja, das ist es auch. An klaren Tagen – das ist wichtig, um das Schauspiel genießen zu können – umspült das türkisfarbene Wasser die jüngeren Vulkane, an deren Flanken alte Lavaflüsse zu erkennen sind.

2012 ehrte die Unesco die Region, indem sie sie einer Liste von mehr als 90 weltweiten geologischen Wundern hinzufügte und ihr den Namen Batur Caldera Geopark (www.globalgeopark.org, www.baturglobalgeopark.com) gab. Einige interessante Schilder zur einzigartigen Geologie dieses Gebiets stehen hier an den Straßen; das Batur Geopark Museum (S. 265) in Penelokan liefert dann die vollständigen Erklärungen.

Die Straße am Südwestrand des Kraters des Gunung Batur ist eine der wichtigsten Nord-Süd-Verbindungen Balis und bietet den spektakulärsten Rundblick der Insel.

Tagesausflügler sollten unbedingt daran denken, wärmere Kleidung mitzunehmen, denn bei Nebel können die Temperaturen schnell auf 16 °C fallen.

Die Dörfer am Kraterrand des Gunung Batur sind mittlerweile zu einem ungeordneten Siedlungsstreifen zusammengewachsen. Der Hauptort davon ist Kintamani, wobei häufig auch das ganze Gebiet so genannt wird. Von Süden her kommend ist Penelokan der erste Ort, in dem Ausflugsgruppen einen Stopp einlegen, um den herrlichen Ausblick zu genießen.

Geführte Touren

★ JED KULTUR

(Village Ecotourism Network; ☎ 0851 0066 9951; www.jed.or.id; Tagesausflug/mit Übernachtung 75/105 US$) Bei einer balinesischen Familie, die ihren Lebensunterhalt nur durch diese Tätigkeit verdient, lernt man alles über Kaffeeanbau und -produktion. Dies ist eine weitere der hervorragenden JED-Dörfertouren, die es auf der gesamten Insel gibt. Kiadan Pelaga ist ein Dorf im Dunst des gemäßigten Hochlands. Man kann die Region im Rahmen eines Tagesausflugs erkunden oder auch über Nacht bei einer Familie bleiben. Die Ausflüge können ganz auf die Interessen der Teilnehmer zugeschnitten werden.

Praktische Informationen

Versorgungseinrichtungen gibt es in der Gunung-Batur-Region nur wenige. Man muss alles, was man so braucht, auch Bargeld, aus dem Tiefland mitbringen.

Vorsicht vor Betrügern auf Motorrädern, die versuchen, die Touristen bei ihrem Abstieg vom Dorf Penelokan in die Danau-Batur-Region zu einer Führung oder in ein Hotel *ihrer* Wahl zu locken. Sie sind sehr hartnäckig, und ihre Dienste sind völlig wertlos. Man sollte sie ignorieren. Verkäufer in der Gegend können sogar aggressiv werden.

An- & Weiterreise

Vom Batubulan-Terminal in Denpasar fahren *bemos* (Minibusse) regelmäßig nach Kintamani (25 000 Rp). Busse auf der Strecke Denpasar–Singaraja (über Batubulan, wo man unter Umständen umsteigen muss) halten in Penelokan und Kintamani (rund 20 000 Rp). Alternativ empfiehlt es sich, ein Auto oder ein Auto mit Fahrer zu mieten, aber deren Drängen auf ein Mittagessen entschieden zurückzuweisen.

Wer mit dem Privatwagen kommt, wird in Penelokan oder Kubupenelokan angehalten, um eine Eintrittskarte für die gesamte Gunung-Batur-Region zu kaufen (30 000 Rp pro Fahrzeug, 5000 Rp pro Person, Vorsicht vor Betrügern, die

Rund um den Gunung Batur

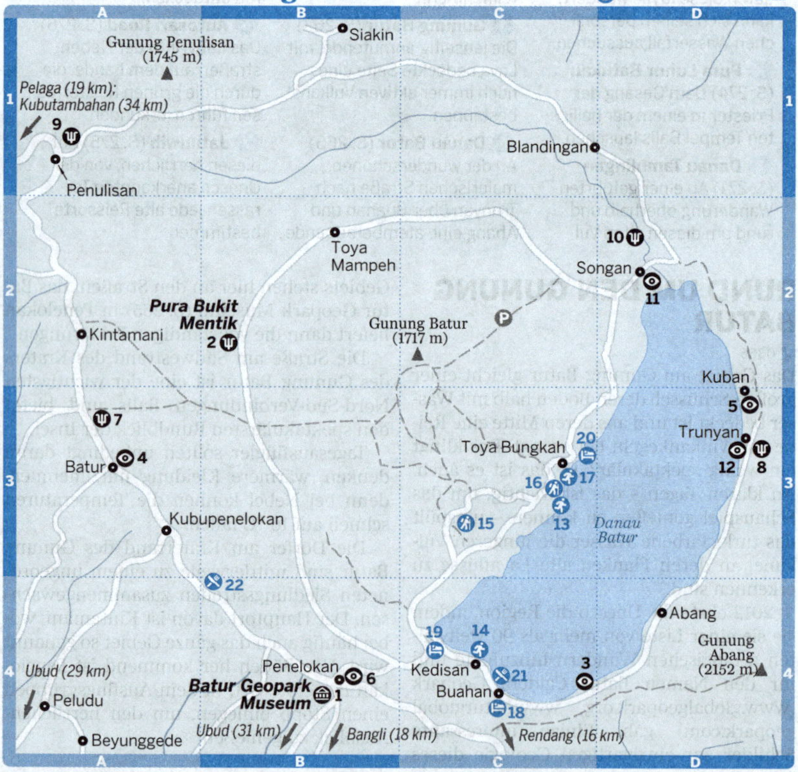

noch mehr fordern). Die Quittung gut aufbewahren, um nicht noch einmal an anderer Stelle zur Kasse gebeten zu werden.

Unterwegs vor Ort

Bemos verkehren zwischen Penelokan und Kintamani (10 000 Rp für Touristen). *Bemos* von Penelokan hinunter zu den Dörfern am See fahren nur morgens (rund 10 000 Rp nach Toya Bungkah). Später am Tag muss unter Umständen ein Transportmittel gemietet werden (40 000 Rp oder mehr).

Gunung Batur

Vulkanexperten beschreiben den Gunung Batur als eine Doppelcaldera und meinen damit, dass ein Krater in einem anderen liegt. Der äußere Krater bildet ein 14 km langes Oval, dessen westliche Kante rund 1500 m hoch aufragt. Der innere Krater ist eine klassische, kegelförmige, 1717 m hohe Erhebung. In den letzten zehn Jahren hat die Vulkanaktivität mehrere kleinere Kegel an der Westflanke entstehen lassen, die – wenig einfallsreich – Batur I, II, III und IV genannt werden. Zwischen 1824 und 1994 gab es mehr als 20 kleine, 1917, 1926 und 1963 drei große Eruptionen. Die geologische Aktivität und die Beben dauern an.

Vor Ort angekommen, wird deutlich, warum so viele Besucher die Mühen und Kosten für eine Fahrt zu den Vulkanen auf sich nehmen. Zwischen Juli und Dezember ist damit zu rechnen, dass sich die Vulkangipfel in Wolken hüllen. Aber auch zu anderen Jahreszeiten lohnt die Nachfrage nach dem aktuellen Wetter vor der Buchung einer Tour oder der individuellen Anreise.

Rund um den Gunung Batur

Highlights

1	Batur Geopark Museum	B4
2	Pura Bukit Mentik	B2

Sehenswertes

3	Banyan Tree	C4
4	Kintamani & Batur	A3
5	Kuban Cemetery	D3
6	Penelokan	B4
7	Pura Batur	A3
8	Pura Pancering Jagat	D3
9	Pura Puncak Penulisan	A1
10	Pura Ulun Danu Batur	D2
11	Songan	D2
12	Trunyan	D3

Aktivitäten, Kurse & Touren

13	Batur Natural Hot Spring	C3
	C.Bali	(s. 19)
14	Lake Boats	C4
15	PPPGB	C3
16	PPPGB	C3
17	Toya Devasya	C3

Schlafen

18	Baruna Cottages	C4
19	Hotel Segara	C4
	Lakeview Hotel	(s. 6)
20	Under the Volcano III	C3

Essen

21	Kedisan Floating Hotel	C4
22	Pulu Mujung Warung	B4

Aktivitäten

Führer aus der Region, die zum **PPPGB** (ehemals HPPGB genannt) gehören, haben ein Monopol auf die geführten Aufstiege auf den Gunung Batur. Sie verpflichten quasi alle auswärtigen Trekkingveranstalter, mindestens einen Führer von PPPGB für die Touren auf den Berg anzuheuern. Außerdem ist die Organisation dafür bekannt, einen harten Verhandlungskurs zu fahren und Wanderer dazu zu zwingen, ihre Führer zu engagieren und generell ihre Dienste in Anspruch zu nehmen.

Viele Leute nutzen die Dienste der PPPGB-Führer und fahren gut damit. Einige der Führer ernten auch viel Lob, weil sie die Touren so gut auf die Bedürfnisse der Besucher abstimmen.

Die folgenden Vorsichtsmaßnahmen sorgen für einen guten und sicheren Aufstieg:

- Die Vereinbarungen mit PPPGB sollten völlig eindeutig sein, z. B. sollte klar sein, ob die Gebühren pro Person oder für die ganze Gruppe gelten, ob ein Frühstück enthalten ist und welcher Weg für den Aufstieg gewählt wird.
- Wer über einen Trekkingveranstalter gebucht hat, bekommt immer noch einen Führer des PPPGB zusätzlich, aber alle Absprachen laufen weiterhin über den ursprünglichen Veranstalter.

Die Preise und Öffnungszeiten des PPPGB sind beim Hauptbüro **Toya Bungkah** (Mt Batur Tour Guides Association; ☎ 0366-52362; ⏲ 3–18 Uhr) und beim zweiten **Büro an der Zugangsstraße** (⏲ 3–15 Uhr) zu erfahren. Zu den angebotenen Wanderungen zählen die folgenden:

Mount Batur Sunrise Einfacher Auf- und Abstieg; von 4 bis 20 Uhr, 350 000 Rp pro Person.

Mount Batur Main Crater Beinhaltet Sonnenaufgang auf dem Gipfel und etwas Aufenthalt am Kraterrand; von 4 bis 21.30 Uhr, 500 000 Rp pro Person.

Mount Batur Exploration Sonnenaufgang, Caldera und einige der Vulkankegel; von 4 bis 10 Uhr, 650 000 Rp pro Person.

Trekkingveranstalter

Selbst renommierte und höchst kompetente Abenteuertourveranstalter können ihre Kunden nicht den Gunung Batur hinaufführen, ohne zusätzlich einen der Führer von PPPGB zu beschäftigen und zu bezahlen. Die Veranstalter sind trotzdem nützlich, um Touren abseits der ausgetretenen Pfade zu planen..

Auch die meisten Unterkünfte in der Region helfen bei der Vermittlung von Bergführern und Trekkingveranstaltern, verlangen dafür aber eine Provision, sodass sich die Kosten für eine Wanderung oder Besteigung dadurch um rund 250 000 bis 500 000 Rp erhöhen.

Ausrüstung

Bei Besteigungen vor Sonnenaufgang wird eine eigene Taschenlampe benötigt, sofern man nicht vom Führer mit einer solchen versorgt wird (das sollte auf jeden Fall vorab geklärt werden). Gutes, festes Schuhwerk, ein Hut, ein Pullover und Trinkwasser sind ebenfalls notwendig.

Trekkingrouten

Die Wanderung hinauf auf den Gunung Batur, um dort oben den Sonnenaufgang zu erleben, ist nach wie vor die beliebteste unter den Touren. In der Hochsaison versammeln sich täglich hundert Personen oder mehr zum Tagesanbruch auf dem Gipfel. Die Führer bieten für etwa 50 000 Rp zusätzlich auch ein Gipfel-Frühstück an. Seit neuestem gehört dazu oft das Kochen eines Eis oder einer Banane in einem der dampfenden Gaslöcher auf dem Vulkan. Außerdem werden unterwegs von Händlern teure Erfrischungen angeboten.

Die meisten Touristen benutzen eine der beiden Routen, die in der Nähe von Toya Bungkah starten. Die kürzere führt direkt nach oben (drei bis vier Stunden hin & zurück), während eine längere Route (fünf bis sechs Stunden hin & zurück) die Gipfelbesteigung mit anderen Kratern verbindet. Einige Wanderer haben berichtet, dass sie den Ausflug ohne einen PPPGB-Führer unternommen haben, obwohl bei Dunkelheit wirklich davon abzuraten ist: Mehrere Wanderer sind hier bereits zu Tode gestürzt. Das Haupthindernis besteht aber hauptsächlich darin, Scherereien mit den Führern zu vermeiden.

Zunächst gibt es mehrere Pfade, die sich über kurz oder lang alle vereinigen, und nach etwa 30 Minuten ist man an einem Bergrücken mit einem gut erkennbaren Weg angelangt. Es geht relativ steil bergauf zum Gipfel, und das Aufsteigen in dem losen Vulkansand kann ziemlich anstrengend sein – man steigt drei Schritte nach oben und rutscht zwei Schritte wieder zurück. Bis zum Gipfel rund zwei Stunden einzuplanen.

Von Toya Bungkah aus führt auch ein mit dem Auto befahrbarer Weg bis auf 45 Minuten Gehzeit an den Gipfel heran. Man fährt von dort auf der Straße nach Nordosten Richtung Songan und nimmt nach etwa 3,5 km in Serongga – kurz vor Songan – an der Gabelung die linke Abzweigung. Auf dieser Straße an der Innenkante 1,7 km lang bleiben; so gelangt man dann zu einem gut ausgeschilderten Weg links, der weitere 1 km nach oben zu einem Parkplatz führt. Von hier aus lässt sich dem Weg zum Gipfel leicht folgen.

Die Umgebung des Gunung-Batur-Kraters

Penelokan

Passenderweise bedeutet Penelokan „Aussichtspunkt" – und das zu Recht: Der Ausblick zum Gunung Batur hinauf und zum See am Kratergrund ist wirklich lohnend. Besonderes Augenmerk sollte man auf den großen Lavastrom des Gunung Batur legen. Die ganze Gegend hier wird oft Kintamani genannt.

Auch wenn die Stellen, an denen sich an der Straße zwischen Penelokan und Kintamani die Touristen sammeln, eher eine Enttäuschung sind, gibt es hier doch ein paar ganz akzeptable Angebote, darunter die vielen bescheidenen Lokale, in denen man auf einem Plastikstuhl sitzt und eine einfache, frisch zubereitete Mahlzeit erhält und dabei den wirklich unbezahlbaren Ausblick genießt. In der Nähe eines Hinweisschildes mit der Aufschrift *ikan mujair* wird kleiner Süßwasserfisch aus dem Kratersee serviert, der mit Zwiebeln, Knoblauch und Bambussprossen knusprig gegrillt wird.

Sehenswertes

★ Batur Geopark Museum MUSEUM
(☎0366-51186; www.baturglobalgeopark.com; ⌚9–13 Uhr) GRATIS Die außergewöhnlichen geologischen Gegebenheiten in der Region des Gunung Batur werden in diesem Museum direkt neben dem Kraterrand in faszinierender Weise erklärt. Durch den Einsatz von interaktiven Exponaten, Modellen und Felsstücken werden die enormen Kräfte, die dieses Gebiet geformt haben, wunderbar greifbar. Man sollte etwa eine Stunde einplanen. Dank gilt der Unesco, weil sie diesen Komplex zum Geopark ernannt und dieses Museum finanziert hat. Es gilt zu beachten, dass ein Eintrittsgeld für die Region als solche bezahlt werden muss, bevor man das Museum überhaupt erreicht.

Schlafen & Essen

Lakeview Hotel HOTEL $$
(☎0366-52525; www.facebook.com/LakeviewBali; Zi. mit Frühstück ab 750 000 Rp; ⌚Restaurant 7.30–15.30 Uhr; 📶) Dieser ehrwürdige Hotelkomplex wurde kürzlich von der Familie wiederbelebt, in deren Besitz er sich schon seit drei Generationen befindet. Zwölf komfortable Zimmer bieten einen fantastischen Ausblick und Zugang zu einer eigenen Lounge mit Snacks und Mahlzeiten bis 22 Uhr. Das Terrassen-Café hat ebenfalls eine tolle Aussicht.

★ Pulu Mujung Warung INDONESISCH $$
(☎0813 3864 4037; Hauptgerichte 38 000–65 000 Rp; ⌚9–18 Uhr) 🍃 Dieses fantastische Café mit erhebendem Ausblick auf den Vulkan ist die beste Möglichkeit, in dieser Gegend ein gutes Essen zu bekommen. Es ist mit dem viel geliebten Restaurant Sari Organik (S. 200) in Ubud verbunden. In der kühlen Bergluft sind die Suppen hier ganz angenehm. Außerdem gibt es Salate, Pizzas, indonesische Spezialitäten, selbst gemachte Weine, Säfte, Smoothies und mehr. Drei einfache Zimmer stehen als Übernachtungsmöglichkeiten zur Verfügung (ab 250 000 Rp), es empfiehlt sich jedoch vorab zu buchen.

ℹ LOKALE FÜR BUSTOURISTEN

Die großen hässlichen Restaurants am Kraterrand des Gunung Batur (viele sind geschlossen, ihre Ruinen verschandeln nun die schöne Aussicht) sollte man meiden. Sie bieten ein langweiliges, häufig vorgekochtes Mittagsbüfett zu Preisen ab 100 000 Rp (der Führer erhält in der Regel mindestens 25 % davon als Provision). Für die Fahrer wird hier ebenfalls gesorgt: Die am stärksten frequentierten Restaurants haben separate Aufenthaltsräume für die Busfahrer mit eigenem Fitnessbereich, Fernsehen, Schlafgelegenheiten und kostenloser Verpflegung.

Kintamani & Batur

Die Dörfer Kintamani und Batur sind inzwischen eigentlich vollständig zusammengewachsen. Kintamani ist für seinen großen, farbenfrohen Markt bekannt, der alle drei Tage abgehalten wird. Der Ort ähnelt einer Stangenbohne: lang und mit einzelnen Entwicklungssträngen an den Rändern. Hier wird es schon früh am Morgen lebendig und bis 11 Uhr ist schon wieder alles zusammengepackt. Wer nicht wandern möchte, kann auch hier von der Straße aus einen tollen Sonnenaufgang miterleben.

Das ursprüngliche Batur lag bis zu einer heftigen Eruption 1917 direkt im Krater. Damals starben Tausende von Menschen, bevor der Lavastrom am Eingang des Haupttempels zum Stillstand kam. Dies galt als gutes Omen, und das Dorf wurde wieder aufgebaut. Der Gunung Batur brach jedoch im Jahr 1926 erneut aus, und die Lava begrub alles unter sich bis auf den höchsten Tempelschrein. Zum Glück kamen dieses Mal nur wenige Bewohner dabei ums Leben. Der Ort wurde nun an den Kraterrand versetzt.

Spirituell gesehen ist der Gunung Batur der zweitwichtigste Berg auf Bali (nur der Gunung Agung steht an noch höherer Stelle), deshalb ist auch der Tempel, der mehr denn je farbenprächtige **Pura Batur** (Batur; 10 000 Rp, Leihgebühr für Sarong & Schärpe 3000 Rp) von ganz erheblicher Bedeutung. Auch architektonisch lohnt er einen Zwischenstopp. Zur Anlage gehört unter anderem ein taoistischer Schrein.

Penulisan

Die Straße steigt hinter Kintamani entlang des Kraterrands allmählich an und führt oft durch Wolken, Nebel oder Regen. Penulisan liegt da, wo die Straße scharf abbiegt und sich teilt; die eine führt zur Nordküste hinunter, während die andere der einsamen, landschaftlich reizvollen Route nach Bedugul folgt. Von einem **Aussichtspunkt** etwa 400 m südlich davon bietet sich ein fantastischer Blick über gleich drei Berge: Gunung Batur, Gunung Abang und Gunung Agung.

Nahe der Straßenabzweigung führen einige steile Treppenfluchten zum höchsten Tempel Balis hinauf, dem **Pura Puncak Penulisan** GRATIS (1745 m). Im höchsten Innenhof sind alte Statuen und Skulpturenfragmente in einem offenen Pavillon mit steilem Strohdach aufgereiht. Einige dieser Statuen stammen aus dem 11. Jh. Die Ausblicke von hier oben sind überwältigend: Richtung Norden schaut man (wenn das Wetter mitspielt) über die Reisterrassen bis zur Küste von Singaraja.

Rund um den Danau Batur

Die kleinen Dörfer rund um den Danau Batur liegen direkt am See mit schönem Blick auf die umliegenden Gipfel. Es wird viel Fischzucht betrieben, und die Luft ist vom scharfen Zwiebelgeruch aus unzähligen winzigen Gemüsegärten geschwängert. Der Ausflug an der Ostküste entlang nach Trunyan lohnt sich auf jeden Fall.

In Haarnadelkurven windet sich die Straße von Penelokan zum Ufer des Danau Batur hinunter. Am See geht es links eine Straße entlang, die sich durch die Lavafelder nach Toya Bungkah schlängelt. Vorsicht vor den großen Lastern mit Sand, die die Straße in Staub hüllen, während sie Baumaterialien über Bali transportieren!

Kedisan & Buahan

In den Dörfern am Danau Batur lässt es sich gut einen Tag aushalten. Ein netter 15-minütiger Spaziergang trennt die Dörfer Buahan und Kedisan voneinander; Gemüsegärten reichen bis zum See hinunter.

Aktivitäten

Heiße Quellen sprudeln an verschiedenen Stellen und werden schon seit Langem zum Baden genutzt. Mit dem Rad um den See zu fahren, ist eine gute Möglichkeit, die Dörfer zu erkunden.

Lake Boats BOOTFAHREN
(Kedisan; Bootsfahrt 1/2 Personen ab 515 000/545 000 Rp) Diese Boote legen von einem Anleger mit Souvenirshops ab. Der Preis für eine zweistündige Rundfahrt (Kedisan–Trunyan–Kuban–Toya Bungkah–Kedisan) hängt von der Anzahl der Passagiere ab. Maximal können sieben Personen mit an Bord. Tipp: die Kanufahrten von C.Bali.

Geführte Touren

★ **C.Bali** ABENTEUER
(☎ nur Info 0813 5342 0541; www.c-bali.com; Hotel Segara, Kedisan; Touren Erw./Kind ab 500 000/400 000 Rp) Ein australisch-niederländisches Paar bietet kulturorientierte Radtouren durch die gesamte Region und Kanutouren auf dem Danau Batur an. Im Preis inbegriffen ist die Abholung aus ganz Südbali. Es gibt auch Pakete mit mehrtägigen Touren. Wichtig zu wissen: Diese Touren sind oft schon früh ausgebucht, deshalb rechtzeitig auf der Website anmelden.

Schlafen & Essen

Am Ufer befinden sich einige Gästehäuser mit Seeblick. Vorsicht vor Betrügern auf Motorrädern, die ihren potenziellen Opfern von Penelokan hinunter folgen, um ihnen ein Hotelzimmer anzudrehen und dafür eine Provision zu ergattern. Die Hotels in der Region bitten um telefonische Reservierung, so dass man auf diese betrügerischen Machenschaften gar nicht eingehen muss.

Baruna Cottages GUESTHOUSE $
(☎ 0813 5322 2896; www.barunacottage.com; Buahan; Zi./Bungalow ab 400 000/550 000 Rp) Die neun Zimmer in diesem kleinen, sauberen Anwesen sind in Bezug auf Design und Größe sehr verschieden; die mittelgroßen haben die beste Aussicht. Es liegt vom See aus direkt auf der anderen Seite der Trunyan Road, und es gibt zudem auch noch ein niedliches Café.

Hotel Segara GUESTHOUSE $
(☎ 0366-51136; www.batur-segarahotel.com; Kedisan; Zi. mit Frühstück 250 000–600 000 Rp; WLAN) Zum beliebten Segara gehören Bungalows, die um ein Café und einen Hof gruppiert sind. Die preiswertesten der 32 Zimmer haben nur kaltes Wasser, die besten Zimmer haben heißes Wasser und Badewannen zu bieten – ideal nach der Rückkehr von einer langen Wanderung.

Kedisan Floating Hotel BALINESISCH $
(☎ 0366-51627, 0813 3775 5411; Kedisan; Gerichte ab 25 000 Rp; ⏲ 8–20 Uhr; WLAN) Dieses Hotel am Ufer des Danau Batur ist wegen seiner Tagesgerichte äußerst beliebt. An den Wochenenden konkurrieren die Touristen mit den Tagesausflüglern aus Denpasar um die Ti-

sche, die an den Piers am See stehen. Das balinesische Essen mit frischem Fisch aus dem See ist ausgezeichnet. Wer möchte, kann hier auch übernachten. Die besten Zimmer sind in den Cottages direkt am Seeufer (ab 400 000 Rp).

Trunyan

Das Dorf Trunyan liegt eingezwängt zwischen dem See und dem äußeren Kraterrand. Er wird von Bali Aga (Altbalinesen) bewohnt und gehört zu den Orten, an denen man das Gefühl bekommen könnte, Bali verlassen zu haben. In dieser abgeschiedenen Ecke des Danau Batur wird sehr viel weniger gelächelt als anderswo, doch die Umgebung ist zauberhaft. Ein Picknick an der Straße vor dem Ort bietet sich an.

Trunyan ist wegen des **Pura Pancering Jagat** bekannt, das mit einem *meru* mit sieben Dächern beeindruckt. Im Innern des Tempels steht eine 4 m hohe Statue des dörflichen Schutzgeistes. Ausländische Touristen dürfen die Anlage in der Regel nicht betreten. Schlepper und Führer lungern dennoch herum. 5000 Rp für einen Parkplatz ist hier das absolute Maximum.

Kuban

Etwa 500 m hinter Trunyan und nur über einen Wanderpfad oder per Boot erreichbar ist der Friedhof von Kuban (auch Kuburan). Die Toten von Trunyan werden weder verbrannt noch beerdigt, sondern verwesen auf Bambusgestellen. Wer dennoch den Friedhof besichtigen möchte, wird auf zwielichtige Gestalten treffen, die völlig überzogene Gebühren fordern. Deshalb der Rat: Den Ausblick von der Straße nach Trunyan genießen und diesen schaurigen Ort lieber meiden.

Man gelangt hierher mit einem der Boote von Kedisan oder mit einer ebenso kurzen wie teuren Bootsfahrt von Trunyan (etwa 450 000 Rp plus 150 000 Rp für einen nicht abzuschüttelnden „Führer").

Toya Bungkah

Der Haupttouristenort am See ist Toya Bungkah (auch als Tirta bekannt), wo besonders die heißen Quellen locken (*tirta* und *toya* bedeutet beides „Wasser"). In dem winzigen Dorf übernachten gerne Wanderer, wenn sie frühmorgens den Gunung Batur besteigen wollen.

Aktivitäten

Batur Natural Hot Spring HEISSE QUELLEN
(☎0813 3832 5552; Erw./Kind ab 150 000/75 000 Rp; ⏲8–18 Uhr) Diese stetig wachsende Anlage liegt am Rande des Danau Batur. Die drei Pools haben unterschiedliche Temperaturen, sodass auf jeden Fall die individuell richtige dabei ist. Das gesamte Ambiente der heißen Quellen passt zum leicht schäbigen Image der ganzen Region. Das einfache Café bietet schöne Ausblicke.

Toya Devasya HEISSE QUELLEN
(☎0366-51204; www.toyadevasya.com; Erw./Kind 150 000/100 000 Rp; ⏲8–20 Uhr) Diese Hochglanzanlage wurde um die Quellen herum errichtet. Der riesige heiße Pool hat 38 °C, während ein vergleichsweise kühles Becken mit Seewasser nur 20 °C warm ist. Der Eintritt schließt Erfrischungen mit ein. Es gibt außerdem ein Café, das den Eindruck von Pracht vermittelt und auch Übernachtungsmöglichkeiten. Es werden hier zudem gute **Radtouren** (350 000 Rp) und **Kanufahrten** (1 000 000 Rp) angeboten.

Schlafen

Die Unterkünfte, deren Zimmer zur lauten Hauptstraße durch Toya Bungkah hinausgehen, sollte man möglichst meiden und sich stattdessen lieber für ein ruhiges Quartier mit Seeblick entscheiden.

RADTOUR DURCH DIE DÖRFER

Die winzigen Dörfer am See haben sich in letzter Zeit sehr um den Ausbau von Radwegen bemüht, die es Touristen wesentlich erleichtern, von der Ostseite des Sees die unglaublichen Ausblicke auf den Gunung Batur zu genießen.

Von der T-Kreuzung der Zugangsstraße von Penelokan kommend bei Kedisan sind es über Abang 9 km nach Trunyan. Ganz gleich, ob zu Fuß, mit dem Fahrrad oder mit dem Motorrad, es ist ein sehr lohnendes Abenteuer. Nördlich von Abang müssen Radfahrer auf einigen kurzen und steilen Strecken absteigen. Zusätzlich zu den Ausblicken warten östlich von Buahan ein prachtvoller **Feigenbaum** und am Pier von Abang einige gute vom Geopark gesponserte Tafeln mit Infos zu den wilden geologischen Besonderheiten.

Under the Volcano III GUESTHOUSE $
(☎0813 3860 0081; EZ/DZ mit Frühstück ab 150 000/200 000 Rp; 📶) Dieses Guesthouse an einer wunderschönen, ruhigen Stelle am See gegenüber von Peperonifeldern vermietet sechs saubere, einfache Zimmer. Zimmer Nummer 1 liegt direkt am Wasser. Zum Volcano-Imperium gehören noch zwei weitere Guesthouses in der Nähe, die alle von derselben netten Familie geführt werden.

Songan

Songan liegt 2 km von Toya Bungkah entfernt am See und ist ein großes, interessantes Dorf mit Gemüsegärten, die sich bis zum See ziehen. Am Ende der Seestraße liegt der **Pura Ulun Danu Batur** unterhalb des Kraterrands.

Eine Abzweigung in Songan führt auf eine holprige, aber passable Straße, die rund um den Kraterboden führt. An der Nordwestseite des Vulkans liegt das Dorf **Toya Mampeh** (Yeh Mampeh) inmitten eines ausgedehnten Felds mit grober, schwarzer Lava – die an die Eruption von 1974 erinnert. Danach erreicht man den **Pura Bukit Mentik**, der seit diesem Ausbruch vollständig von erstarrter Lava umgeben ist. Der eindrucksvolle Banyanbaum und der Tempel selbst blieben davon völlig unberührt – er heißt nicht umsonst der Glückliche Tempel.

RUND UM DEN DANAU BRATAN

Wenn man sich von Südbali her nähert, lässt man allmählich die Reisterrassen hinter sich und fährt in das kühle, häufig neblige Bergland am Danau Bratan hinauf. Candikuning ist der Hauptort der Region, in der der für Bali bedeutende, hübsche Tempel Pura Ulun Danu Bratan liegt. Von Munduk aus lässt sich das Gebiet im Rahmen von schönen Wanderungen zu Wasserfällen und wolkenverhangenen Wäldern sowie den nahe gelegenen Danau Tamblingan erkunden.

Die Auswahl an Unterkünften in Seenähe ist begrenzt, weil der Großteil des Gebiets auf den einheimischen Tagestourismus ausgerichtet ist. An Sonn- und Feiertagen bevölkern meist Liebespaare das Seeufer und aus Toyotas entsteigen unzählige Familienmitglieder, die dorthin einen Tagesausflug unternommen haben. In Munduk gibt es aber viele hervorragende Gasthäuser.

Und überall werden die einheimischen, himmlisch süßen Erdbeeren angeboten. Häufig ist es hier nebelig, dann kann es recht kühl werden.

Bedugul

☎0368

Mit „Bedugul" wird manchmal das ganze Gebiet am See bezeichnet, genau genommen handelt es sich bei Bedugul aber um den ersten Ort, der auf dem Hügel erreicht wird, wenn man von Südbali aus anreist. Die wenigsten halten sich hier lange auf, auch weil die Ortschaft ziemlich klein ist.

Schlafen

Vor der Reihe heruntergekommener Guesthouses am Felsgrat bei Bedugul sollte man sich hüten.

★ **Strawberry Hill** GUESTHOUSE $$
(☎0368-21265; www.strawberryhillbali.com; Jl Raya Denpasar-Singaraja; Zi. mit Frühstück ab 550 000 Rp; 📶) Direkt vor den Toren des Ortes Candikuning liegen 17 kleine kegelförmige Holzcottages an einem Hügel. Jedes hat eine Wanne und hübsche Ausblicke Richtung Südbali (wobei einige eine bessere Aussicht haben als andere, sodass ein Vergleich lohnt). Auf der indonesischen Speisekarte des Cafés (Hauptgerichte ab 40 000Rp) stehen unter anderem eine wärmende *soto ayam* (Hühnersuppe) und *gudeg yogya* (Jackfruchteintopf). Auf dem hoteleigenen Erdbeerfeld ist sogar freies Erdbeerpflücken erlaubt.

Bali Ecovillage BOUTIQUEHOTEL $$
(☎0819 9988 6035, Reservierungen 0813 5338 2797; www.baliecovillage.com; Dinas Lawak; Zi/Bungalow ab 45/80 US$) Diese eigentümliche Lodge ist in Bambus gehalten und liegt in einer entlegenen Ecke Balis unweit einer Kaffeeplantage. Sie ist so grün, dass fast nur noch eine andere Farbe sichtbar ist: das Blau des Himmels. Das Restaurant serviert Biokost aus der Region, aber auch westliche Küche. Zudem gibt es zahlreiche Kulturangebote sowie ein Spa und Yogastunden.

Es liegt in einem versteckten Tal unweit des Dorfes Kiadan Pelaga, rund 25 km von Bedugul entfernt.

An- & Weiterreise

Jedes *bemo* oder jeder Minibus zwischen Südbali und Singaraja hält auf Verlangen in Bedugul an.

Rund um den Danau Bratan

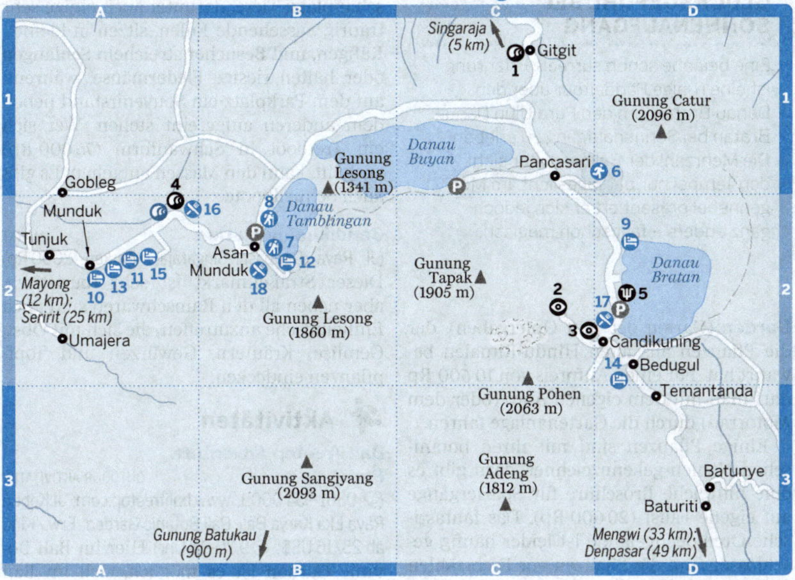

Rund um den Danau Bratan

Sehenswertes

1 Air Terjun Gitgit C1
2 Botanischer Garten Bali C2
3 Candikuning-Markt C2
4 Munduk-Wasserfall A2
5 Pura Ulun Danu Bratan D2

Aktivitäten, Kurse & Touren

Bali Treetop Adventure Park .... (s. 2)
6 Handara Golf & Country Club Resort D1
7 Organisasi Pramuwisata Bangkit Bersama B2
8 Pramuwisata Amerta Jati B2

Schlafen

9 Enjung Beji Resort D2
10 Guru Ratna A2
Kebun Raya Bali .... (s. 2)
11 Manah Liang Cottages A2
Meme Surung .... (s. 10)
12 Pondok Kesuma Wisata B2
13 Puri Alam Bali A2
Puri Lumbung Cottages .... (s. 11)
14 Strawberry Hill D2
15 Villa Dua Bintang A2

Essen

Don Biyu .... (s. 10)
16 Ngiring Ngewedang A2
17 Roti Bedugul D2
18 Terrasse du Lac B2

Candikuning

☎ 0368

In Candikuning ist es häufig dunstig und neblig. Hier befinden sich ein sehr schöner botanischer Garten und einer der am meisten fotografierten Tempel des ganzen Landes. Zudem besticht die einfache, überwältigende Schönheit des Danau Bratan inmitten der reich bewaldeten Berge ringsum. Es gibt auch einen beliebten Markt.

Sehenswertes

Bali Botanic Garden GÄRTEN

(☎ 0368-203 3211; Jl Kebun Raya Eka Karya Bali; 18 000 Rp, Parken 3000 Rp; ⏲ 7–18 Uhr) Dieser Garten ist einfach eine Schau. Er wurde im Jahr 1959 als Ableger der nationalen botanischen Gärten von Bogor bei Jakarta gegründet und zieht sich über eine Fläche von mehr als 154 Hektar auf den niedriger gelegenen Hängen des Gunung Pohen. Besonders sehenswert ist der **Panca Yadnya**

GLÜCKSGEFÜHL BEI SONNENAUFGANG

Eine beinahe schon surreale Erfahrung ist eine ruhige Paddeltour über den Danau Bratan, um den Pura Ulun Danu Bratan bei Sonnenaufgang zu erleben. Die Mehrzahl der Balibesucher sieht den Tempel nur bei Tageslicht. Im Morgennebel präsentiert er sich jedoch ganz anders – fast schon magisch.

Garden (Garten der fünf Opfergaben), der die Pflanzen aus alten Hindu-Ritualen bewahrt hat. Für einen Aufpreis von 10 500 Rp darf man mit dem eigenen Auto (oder dem Motorrad) durch die Gartenanlage fahren.

Einige Pflanzen sind mit ihren botanischen Namen gekennzeichnet, dazu gibt es eine hilfreiche Broschüre für Spaziergänge auf eigene Faust (20 000 Rp). Das fantastische Orchideengelände ist leider häufig geschlossen, um die Pflanzen vor Diebstählen zu schützen, man kann aber um seine Öffnung bitten. Interessant ist auch die Suche nach den Rattanbüschen, um den Rohstoff so vieler Möbel einmal in seiner Ursprungsform zu sehen.

Im Park gibt es zudem die Gelegenheit, im Bali Treetop Adventure Park wie ein Affe von Baum zu Baum umhertollen.

Pura Ulun Danu Bratan HINDUTEMPEL

(Nebenstraße der Jl Raya Denpasar-Singaraja; Erw./Kind 30 000/15 000 Rp, Parken 5000 Rp; ⏲6–18 Uhr) Dieser bedeutende hinduistisch-buddhistische Tempel ist ein berühmtes Wahrzeichen von Bali, ist er doch auf dem 50 000-Rupienschein abgedruckt. Der Tempel wurde im 17. Jh. gegründet und ist der Göttin des Wassers, Dewi Danu, geweiht. Errichtet wurde er auf kleinen Inseln. Wallfahrten und Zeremonien sollen dafür sorgen, dass alle Bauern auf ganz Bali im Rahmen des von der Unesco anerkannten Subak-Systems immer ausreichend Wasser für ihre Felder erhalten. Auf der Suche nach einer eigenen ruhigen Ecke im Tempel muss man sich an all den vielen Selfie-Stangen vorbeidrücken. Zur Anlage gehört ein klassischer hinduistischer *meru* mit Strohdach (mehrstufiger Schrein), der sich im Wasser spiegelt und dessen Silhouette sich malerisch vor dem oft wolkigen Berghintergrund abzeichnet.

Leider gibt es hier noch einen Nebenschauplatz: Tiere, darunter auch einige sehr traurig aussehende Eulen, sitzen in kleinen Käfigen, und Besucher streicheln Schlangen oder halten riesige Fledermäuse, während auf dem Parkplatz ein Souvenirstand neben dem anderen aufgereiht stehen. Wer sich ein Tretboot in Schwanform (75 000 Rp) ausleiht, kann den Massen entgehen. Es gibt auch Schnellboote.

Candikuning Market MARKT

(Jl Raya Denpasar-Singaraja; Parken 2000 Rp) Dieser Straßenmarkt ist sehr touristisch, aber neben all den Ramschwaren sind auch Einheimische anzutreffen, die sich mit Obst, Gemüse, Kräutern, Gewürzen und Topfpflanzen eindecken.

Aktivitäten

Bali Treetop Adventure Park OUTDOOR-AKTIVITÄTEN

(☎0361-934 0009; www.balitreetop.com; Jl Kebun Raya Eka Karya Bali, Bali Botanic Garden; Erw./Kind ab 25/16 US$; ⏲9.30–18 Uhr) Hier im Bali Botanic Garden ist es möglich, sich im Bali Treetop Adventure Park wie ein Vogel oder ein Eichhörnchen von Baum zu Baum zu bewegen. Mit Hilfe von Seilwinden, Seilen, Netzen und Ähnlichem lässt sich der Wald in luftiger Höhe erkunden. Und man muss ganz schön aktiv sein dabei: sich hochziehen, springen und balancieren. Wer das nicht möchte, sollte den Park besser meiden. Spezielle Programme sind auf unterschiedliche Altersgruppen abgestimmt.

Schlafen

Einige einfache Guesthouses befinden sich an der Straße zum Botanischen Garten.

Kebun Raya Bali GUESTHOUSE $$

(☎0368-2033211; www.kebunrayabali.com; Jl Kebun Raya Eka Karya Bali, Bali Botanic Garden; Zi. mit Frühstück 450 000–650 000 Rp) Beim Aufwachen ist schon der Duft von Rosen wahrzunehmen. Zum Kebun Raya Bali gehören 14 komfortable Zimmer im Herzen des botanischen Gartens.

Enjung Beji Resort HOTEL $$

(☎0852 8521; www.enjungbejiresort.com; Candikuning; Cottages mit Frühstück 400 000–700 000 Rp) Diese ruhige, angenehme Unterkunft liegt direkt nördlich des Tempels oberhalb des Danau Bratan. Die 23 Cottages sind modern und sauber, die hübschesten haben Außenduschen und Tauchbäder.

Essen

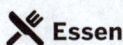

Eine hervorragende Hühnersuppe (*bakso ayam*) gibt es an einem der Straßenstände dort, wo die Straße von Candikuning den Danau Bratan erreicht und nach Norden abzweigt. Ansonsten befinden sich an der Hauptstraße in der Nähe des Tempels zahlreiche mittelmäßige Restaurants mit Busparkplätzen.

Roti Bedugul BÄCKEREI $
(☎0368-21838; Jl Raya Denpasar-Singaraja; Snacks ab 5000 Rp; ⏲8–16 Uhr) Diese Bäckerei, die sich direkt nördlich des Markts befindet, stellt täglich ausgezeichnete Sorten ihres Namensgebers *roti* (Brot) sowie Croissants und andere Backwaren her.

Pancasari

Das breite grüne Tal nordwestlich des Danau Bratan ist eigentlich der Krater eines erloschenen Vulkans. Pancasari, das mitten im Tal an der Hauptstraße liegt, ist kein typisch touristischer Ort. Alle drei Tage findet hier ein belebter Markt statt .

Direkt südlich von Pancasari ist der Eingang zum **Handara Golf & Country Club Resort** (☎0362-22646; www.balihandaracountryclub.com; Greengebühren ab 2 000 000 Rp, Golfschläger ab 25 US$; Zi. ab 100 US$) zu erkennen, einem günstig gelegenen Golfplatz mit 18 Löchern. Anders als auf den Plätzen in Südbali gibt es hier viel Wasser. Angeschlossen sind auch komfortable Unterkunftsmöglichkeiten in einer etwas sterilen 1970er-Jahre-Atmosphäre – es erinnert etwas an den pompösen Unterschlupf eines Schurken aus einem alten James-Bond-Film. Wer die Greengebühren online bucht, findet oft Preise unter 40 US$.

Danau Buyan & Danau Tamblingan

Nordwestlich des Danau Bratan liegen zwei weniger besuchte Seen, der Danau Buyan und der Danau Tamblingan, wo einige hervorragende geführte Wanderungen angeboten werden. An den Ufern beider Seen gibt es mehrere winzige Dörfer und alte Tempel, für die es sich lohnt, etwas Zeit einzuplanen. Hier lässt man die Touristenmassen hinter sich und genießt eine Tropenwanderung, die viel weniger Probleme bereitet als an so manchen anderen Orten.

Aktivitäten

Auch von der Straße nach Munduk auf den Bergen oberhalb der Seen bieten sich den Reisenden zahlreiche atemberaubende Ausblicke.

Am **Danau Buyan** wurde etwa 1,5 km von der Hauptstraße entfernt direkt am See ein Parkplatz eingerichtet. Im ganzen Gebiet gibt es unzählige Gärten, in denen Erdbeeren angebaut, aber auch andere hochwertige Pflanzen gezogen werden, so etwa orangefarbene und blaue Blumen, die gerne für die traditionellen Opfergaben verwendet werden.

Am Parkplatz beginnt ein 4 km langer **Wanderweg**, der sich um die Südseite des Danau Buyan zieht und dann über den Bergsattel zum Danau Tamblingan und von dort aus weiter nach Asan Munduk führt. Der Weg verläuft durch den Wald und bietet dennoch Blick auf den See. Wer mit einem Fahrer unterwegs ist, kann die Wanderung in eine Richtung unternehmen und sich am Ende des Weges von dem Fahrer wieder abholen lassen.

Auch der **Danau Tamblingan** hat einen Parkplatz am Ende der Straße von Asan Munduk.

★ **Organisasi Pramuwisata Bangkit Bersama** WANDERN
(auf Englisch: Guides Organization Standing Together; ☎0852 3867 8092; Danau Tambligan, Asan Munduk; geführte Wanderungen ab 200 000 Rp; ⏲8.30–16 Uhr) Die große Gruppe hat ihren Sitz in der Nähe des Parkplatzes zum Danau Tamblingan. Wie die Gruppe von Führern an der Straße von Munduk bietet sie ein ganzes Spektrum von Ausflügen rund um die Seen, zu Tempeln und in die Berge an. Man kann etwa den nahe gelegenen Gunung Lesong für 600 000 Rp besteigen (Wanderstöcke stehen zum Ausleihen für die Kunden bereit).

★ **Pramuwisata Amerta Jati** WANDERN
(☎0857 3715 4849; Munduk Rd; geführte Wanderungen 100 000–350 000 Rp; ⏲8–17 Uhr) Diese Gruppe hervorragender Wanderguides ist in einer Hütte an der Straße oberhalb des Danau Tamblingan stationiert und bietet mehrere verschiedene Touren hinunter zu den Seen und rund um die Seen. Auf der beliebten Zwei-Stunden-Tour gibt es auch alte Tempel und eine Kanufahrt (250 000 Rp pro Pers.). Die Touren können von einer Stunde bis zu einem ganzen Tag variiert werden.

EINE KAUM BEFAHRENE STRASSE

Mehrere enge Straßen verbinden das Gebiet am Danau Bratan mit der Region um den Gunung Batur. Nur wenige Balinesen von außerhalb kennen diese Straßen; es bedarf einiger Überzeugungsarbeit, bis sich ein Fahrer bereitfindet, sie zu befahren. Eine 30 km lange Straße führt nicht nur zurück in ein früheres Zeitalter, sondern entführt den Balibesucher in eine Gegend, die an schwach entwickelte Inseln wie Timor erinnert. Die Szenerie ist so grandios, dass das eigentliche Reiseziel fast in Vergessenheit gerät.

Südlich von Bedugul wendet man sich in Temantanda nach Osten und nimmt eine kleine Straße, die sich durch üppig bewachsene, von Bächen eingeschnittene Schluchten den Hügel hinunterschlängelt. Nach etwa 6 km geht es an einer T-Kreuzung Richtung Norden, bis nach weiteren 5 km das hübsche Dorf **Kiadan Pelaga** erreicht wird. Diese Gegend ist für den Anbau von Biokaffee und Zimt bekannt; beide Anbaufrüchte sind sowohl zu sehen als auch zu riechen. JED (S. 262), eine Non-Profit-Gruppe, die Agrotourismus anbietet, organisiert Touren und Aufenthalte bei Gastfamilien in Pelaga.

Von Pelaga aus geht es den Berg hinauf in einem Gelände, in dem sich Dschungel und Reisfelder abwechseln. Weiter geht es Richtung Norden nach Catur, dann nach Osten bis zur Kreuzung mit der Straße, die nach Nordbali hinunterführt. Hier rund 1 km Richtung Osten bis nach Penulisan fahren.

Ein hübscher Abstecher von diesem Abstecher ist bei Petang die **Tukad-Bangkung-Brücke**: Mit 71 m ist sie angeblich die höchste Brücke Asiens und eine Touristenattraktion. Die Straßen dorthin sind an Wochenenden von Verkaufsständen gesäumt.

Schlafen & Essen

Pondok Kesuma Wisata GUESTHOUSE $
(☎0812 3791 5865; Asan Munduk; Zi. ab 350 000 Rp) Dieses praktische Guesthouse bietet seinen Gästen zwölf saubere Zimmer mit heißem Wasser und ein nettes Café (Gerichte 15 000 bis 30 000 Rp; im Voraus reservieren). Es liegt direkt oberhalb des Parkplatzes am Danau Tamblingan. Manchmal gibt es hier oben außer beim Ein- und Auschecken nur wenig Service.

★ **Terrasse du Lac** CAFÉ $$
(☎0819 0330 1917; Jl Danau Tamblingan; Hauptgerichte 40 000–120 000 Rp; ⏲9–20 Uhr; ✎) In diesem Café wird hervorragendes Essen serviert und das bei wunderschönem Seeblick. Zum Frühstück gibt es Pfannkuchen, später am Tage Fleischgerichte, Nudeln und Gemüsespezialitäten. Exzellente frische Säfte, Bier und Kaffee etc. sind auch dabei. Empfehlenswert ist der gelbe Ingwertee. Es werden auch zwei moderne, saubere Zimmer mit Balkon und Blick in den Sonnenuntergang vermietet (ab 600 000 Rp).

Munduk & Umgebung

☎0362

Das einfache Dorf Munduk ist einer der attraktivsten Bergorte Balis. Es hat eine kühle, neblige Atmosphäre und liegt inmitten von üppigen bewachsenen Hängen, die mit Reisfeldern, Obstbäumen und nahezu allem, was auf der Insel so wächst, überzogen sind. Dutzende von **Wasserfällen** stürzen die steilen Hänge herab. Es gibt unzählige Wanderwege und Pfade, außerdem viele nette Aufenthaltsmöglichkeiten – von alten niederländischen Sommerhäusern im Kolonialstil bis hin zu Unterkünften, in denen man komplett in die heimische Kultur eintauchen kann. Viele Leute kommen für einen Tag und bleiben schließlich eine Woche.

Archäologische Funde legen nahe, dass es in der Region von Munduk zwischen dem 10. und 14. Jh. eine entwickelte Kultur gegeben hat. Als die Niederländer in den 1890er-Jahren die Kontrolle über Nordbali übernahmen, experimentierten sie mit kommerziellen Plantagen und bauten Kaffee, Vanille, Gewürznelken und Kakao an.

Sehenswertes & Aktivitäten

Die Hauptstraße von Pancasari nach Munduk windet sich steil den Rand des alten Vulkankraters hinauf. Der Blick zurück über das Tal und die Seen lohnt den Zwischenstopp. Wenn man eine Banane zückt, geraten die Affenhorden hier vor Freude regelrecht aus dem Häuschen. Wer sich auf der Anhöhe nach rechts (Richtung Osten) wendet, gelangt in schöner Landschaft hinunter zum Küstenort Singaraja. Wer scharf nach links (Westen) fährt, kann einer Höhenstraße folgen: Auf der einen Seite blickt man auf den Danau Buyan, auf der anderen zieht sich der Hang zum Meer hinab.

In **Asan Munduk** stößt man auf eine weitere T-Kreuzung. Links geht es durch Wald und Gemüsegärten zum nahen Danau Tamblingan. Rechts führt eine schöne, gewundene Straße zum Hauptort Munduk. Es bieten sich herrliche Ausblicke auf Nordbali und das Meer.

Die Mitarbeiter einer jeden Unterkunft geben gerne Tipps für Spaziergänge und Wanderungen. Es gibt zahlreiche Wanderwege in verschiedensten Längen zu Kaffeeplantagen, Reisfeldern, Wasserfällen oder zu anderen Dörfern. Es ist sogar möglich, rund um den Danau Tamblingan und Danau Buyan zu wandern. Die meisten Touren lassen sich leicht alleine bewältigen, ein ortskundiger Guide kann die Wanderer allerdings auch abseits der üblichen Pfade zu versteckten Wasserfällen und anderen Highlights führen.

Ideal ist auch der Spazierweg, der die Guesthouses von Munduk miteinander verbindet, so lässt sich die gefährliche Straße umgehen.

Schlafen

Im Dorf gibt es Unterkünfte in einfachen alten, niederländischen Häusern, außerhalb davon sind es eher typische ländliche Quartiere. In den meisten von ihnen gibt es auch ein Café, das leckeres regionales Essen bereithält.

Puri Alam Bali GUESTHOUSE $
(0812 465 9815; www.purialambali.com; Zi. 300 000–600 000 Rp;) Da das Gebäude an einem Hang am Ostende des Dorfes steht, haben die 15 Zimmer (alle mit heißem Wasser und Balkon) mit jedem Meter Höhe einen immer besseren Ausblick. Das Café auf dem Dach ist schon wegen seiner spektakulären Aussicht einen Besuch wert. Die lange Betontreppe von der Straße aus sollte man als Übung fürs Wandern betrachten.

Guru Ratna GUESTHOUSE $
(0813 3719 4398; www.guru-ratna.com; Zi. 225 000–400 000 Rp;) Die preiswerteste Unterkunft im Dorf bietet sieben komfortable Zimmer mit heißem Wasser (einige ohne eigenes Bad). Die besten Räume in diesem niederländischen Kolonialbau haben geschnitzte Holzelemente und hübsche Veranden.

★ **Puri Lumbung Cottages** GUESTHOUSE $$
(0812 387 4042; www.purilumbung.com; Cottages mit Frühstück 80–175 US$;) Das nette Hotel wurde von Nyoman Bagiarta gegründet, um den nachhaltigen Tourismus zu fördern und hat 43 helle zweistöckige strohgedeckte Cottages und Zimmer inmitten der Reisfelder. Die Ausblicke von den oben gelegenen Balkonen (die besten Blicke haben die Zimmer 32 bis 35) sind traumhaft. Dutzende von Wandermöglichkeiten und Kursen werden hier angeboten.

Das Hotelrestaurant ist mit den kreativen und detailreichen Gerichten sehr gut (Hauptgerichte 50 000 bis 120 000 Rp). Von Bedugul kommend, liegt das Hotel auf der

DIE WASSERFÄLLE VON MUNDUK

Zu den vielen Wasserfällen bei Munduk gehören die drei folgenden, die sich in einer vier- bis sechsstündigen Wanderung besuchen lassen (die unzähligen Karten der Gegend, die in den Unterkünften verteilt werden, sind im Einzelnen oft ungenau, sodass man sich leicht verlaufen kann). Glücklicherweise führen auch ungeplante Umwege durch eine schöne Landschaft. Die Gischt vom Wasser vereinigt sich mit dem Nebel in der Luft; es tropft von allen Blättern. Es gibt eine Vielzahl rutschiger und steiler Pfade; oberhalb einiger Wasserfälle laden winzige Cafés zum Ausruhen ein.

Munduk-Wasserfall (Tanah Braak; 10 000 Rp, Parkplatz 5000 Rp) Etwa 2 km östlich von Munduk stehen an der Straße Hinweisschilder zu diesem Wasserfall. Danach wären es bis dorthin nur 700 m, doch der Weg erscheint einem länger. Dies ist der Wasserfall, der ohne Karte oder Führer am leichtesten zu erreichen ist.

Golden-Valley-Wasserfall Recht flache, aber weite Wasserfälle, auf die man von einem netten Kaffeestand aus blickt.

Melanting-Wasserfall Über 25 m hoch und etwa 500 m vom Munduk-Wasserfall entfernt.

rechten Seite, etwa 700 m vor Munduk. Der Name „Sunset Bar" verrät bereits alles, was man wissen muss.

Manah Liang Cottages COTTAGES $$
(☎ 0362-700 5211; www.manahliang.com; Zi. ab 450 000 Rp; 📶) Etwa 800 m östlich von Munduk bietet dieser ländliche Gasthof (dessen Name „Wohlfühlen" bedeutet) traditionelle Cottages mit Ausblick auf die üppig-grüne Umgebung. Die Freiluftbäder mit Wannen sind erfrischend, auf den Veranden kann man sich herrlich ausruhen. Ein kurzer Weg führt zu einem kleinen Wasserfall. Es werden Kochkurse und geführte Wanderungen angeboten.

Villa Dua Bintang GUESTHOUSE $$
(☎ 0812 3700 5593, 0812 3709 3463; www.villaduabintang.com; Jl Batu Galih; Zi. mit Frühstück 800 000 Rp; 📶) Dieses Guesthouse liegt abseits der Hauptstraße, 500 m in eine baumbesäumte Gasse hinunter, 1 km östlich von Munduk. Vier prachtvolle Zimmer sind sorgfältig inmitten von Obstbäumen und Wald errichtet (zwei davon sind Familienzimmer). Der Duft von Gewürznelken und Muskat hängt in der Luft. Die Familie, die es führt, ist sehr nett. Es gibt auch ein Café.

Meme Surung GUESTHOUSE $$
(☎ 0851 0001 2887; www.memesurung.com; Zi. mit Frühstück ab 400 000 Rp; 📶) Die beiden stimmungsvollen alten niederländischen Häuser stehen nebeneinander und bilden einen Komplex mit elf Zimmern inmitten eines englischen Gartens. Das Dekor ist traditionell und einfach; der Blick von der langen hölzernen Veranda steht im Mittelpunkt und ist super schön. Die Häuser liegen an der Hauptstraße von Munduk.

Essen

Im Dorf gibt es einige hübsche Warungs (Essensstände) und ein paar Läden mit dem Allernötigsten (einschließlich Insektenspray). Den Gästehäusern ist oft ein Café angeschlossen: Das Restaurant an den Puri Lumbung Cottages (S. 273) ist für Nichtgäste die beste Wahl.

Ngiring Ngewedang CAFÉ $
(☎ 0812 380 7010; www.ngiringngewedang.com; Snacks 15 000–40 000 Rp; ⏰ 10–17 Uhr) An diesem Café 5 km östlich von Munduk sollte man unbedingt anhalten; an den umgebenden Hängen bauen die Eigentümer selbst ihren Kaffee an. Das Café wurde 2016 komplett umgestaltet.

Don Biyu CAFÉ $
(☎ 0812 3709 3949; www.donbiyu.com; Hauptgerichte 26 000–80 000 Rp; ⏰ 7.30–22 Uhr; 📶) Hier kann der Gast guten Kaffee genießen, angesichts der erhebenden Aussicht gedanklich völlig abschalten und aus einem Angebot an verschiedenen westlichen und interessanten asiatischen Speisen wählen. Das Essen wird in hübschen Freiluftpavillons serviert. Hier gibt es auch sechs Doppelzimmer (600 000 Rp), alle mit Balkon und schönem Ausblick. Es liegt an der Hauptstraße nach Munduk.

An- & Weiterreise

Vom Busbahnhof Ubung in Denpasar fahren mehrmals täglich Minibusse nach Munduk (25 000 Rp). Wer zur Nordküste fahren möchte, sollte die Hauptstraße westlich von Munduk nehmen, die durch eine Reihe malerischer Dörfer nach Mayong führt (von dort aus kann man sich Richtung Süden nach Westbali wenden). Die Straße verläuft dann hinunter zum Meer bei Seririt in Nordbali.

RUND UM DEN GUNUNG BATUKAU

☎ 0361

Der Gunung Batukau (2276 m) ist der zweithöchste Berg der Insel, der drittwichtigste von Balis Hauptbergen und der heilige Gipfel des Inselwestens. Er liegt etwas im Abseits, was eigentlich ein Segen ist angesichts der Horden von Verkäufern, die einem weiter östlich die Lust auf die Besteigung des Gunung Agung verderben.

Von einem der heiligsten und am meisten unterschätzten Tempel aus, dem Pura Luhur Batukau, lassen sich die rutschigen Berghänge besteigen. Oder man schwelgt im Grün der alten Reisterrassen bei Jatiluwih.

Sehenswertes & Aktivitäten

★ **Pura Luhur Batukau** HINDUTEMPEL
(Erw./Kind 20 000/10 000 Rp; ⏰ 8–18 Uhr) Pura Luhur Batukau auf den Hängen des Gunung Batukau war der Staatstempel des einst unabhängigen Königreichs Tabanan. Zur Anlage gehören eine Pagode *(meru)* mit sieben Dächern für Maha Dewa, den Schutzgott des Berges, sowie Schreine für die Seen Bratan, Buyan und Tamblingan. Pura Luhur Batukau ist sicherlich der spirituellste Tempel auf Bali, der leicht besucht werden kann.

NICHT VERSÄUMEN

DIE REISFELDER VON JATILUWIH

In Jatiluwih – der Name bedeutet „wirklich großartig“ (oder „wunderschön“, je nach Übersetzung) – wird man mit Panoramablicken auf jahrhundertealte Reisterrassen belohnt, deren Grün sich nicht erschöpfend beschreiben lässt. Als smaragdfarbene Bänder winden sie sich die Hügel entlang, springen zurück und klettern zum blauen Himmel.

Die Terrassen sind beispielhaft für die alte Art der Reiskultivierung auf Bali. Aus diesem Grund sind sie mittlerweile als Weltkulturerbe geschützt. Die Nominierung ist nachvollziehbar, wenn man das Panorama von der engen, kurvigen und 18 km langen Straße aus auf sich wirken lässt. Lohnenswerter ist es noch, durch die Reisfelder zu wandern und dem Wasser zu folgen, das durch Kanäle und Bambusrohre von einer Terrasse zur nächsten rinnt. Viele der Reispflanzen, die hier zu sehen sind, sind alte Sorten – anders als die Hybridsorten, die in anderen Teilen der Insel inzwischen gepflanzt werden. Zu erkennen ist der Unterschied an den schweren kurzen Hülsen des roten Reises.

Man sollte sich Zeit nehmen, das Auto und den Fahrer zurücklassen und sich ein schönes Plätzchen zum Genießen des großartigen Ausblicks suchen. Es klingt wie ein Klischee, aber je länger man schaut, desto mehr erkennt man. Was zunächst wie eine breite Palette von Grüntönen erscheint, erweist sich als Reis in unterschiedlichen Wachstumsstadien.

Vorsicht jedoch: Die Terrassen sind mittlerweile so beliebt geworden, dass die Straße oft alles andere als ruhig ist. Und noch schlimmer: Tourveranstalter bieten nun auch Geländewagentouren mitten durch die Reisfelder an. Nachdem die Unesco angedroht hat, den Status der Felder zurückzunehmen, hat die Regierung nun Ausbaupläne eingefroren. Das ist auch keine Sekunde zu früh gewesen, denn Investoren hatten schon Pläne kundgetan, die Terrassen für den Bau von Hotels platt zu walzen.

An der Strecke bieten Cafés Erfrischungen an. Auf halber Strecke gibt es davon etliche auffallend schrille Exemplare. Am besten ist es, sich erst mal einige anzuschauen.

Weil die Straße so kurvenreich ist, müssen die Fahrzeuge recht langsam fahren. Daher ist die Strecke durch die Reisfelder besonders gut für Radfahrer geeignet. Unterwegs gibt es Mautstellen für Besucher (Erw./Kind 20 000/15 000 Rp pro Pers., plus 5000 Rp pro Auto), deren Erlös offenbar *nicht* dem Erhalt der Straße zufließt – die ist weiterhin sehr holprig. Aber dennoch dauert die Fahrt nicht mehr als eine Stunde.

Die Straße ist im Westen von der Straße, die von Tabanan zum Pura Luhur Batukau führt, zugänglich, im Osten biegt man bei Pacung von der Hauptstraße nach Bedugul ab. Alle Fahrer kennen den Weg gut, und die Einheimischen sagen auch gerne, wo es langgeht.

Die Hauptpagode im Innenhof hat kleine Türen, hinter denen sich zeremonielle Gegenstände verbergen. Der Tempel ist von Wald umgeben, in dem es angenehm kühl und neblig ist; außer den Gesängen der Priester ist nur Vogelgezwitscher zu hören.

Wenn man sich vom Tempel aus nach rechts wendet, erreicht man nach einem kurzen Weg einen kleinen Wildbach, wo die Luft vom rauschenden Wasser widerhallt. Unbedingt einen Blick auf den ungewöhnlichen Fruchtbarkeitsschrein werfen!

Hier gibt es weder Betrüger noch die sonst üblichen Touristenmassen. Beim Besuch des Tempels gilt es, die Traditionen zu respektieren und sich angemessen zu verhalten. Die Leihgebühr für einen Sarong ist im Eintrittspreis enthalten. Am Eingang stehen auch Guides, die lohnende **zweistündige Dschungelwanderungen** für 250 000 Rp anbieten.

Gunung Batukau WANDERN

Am Pura Luhur Batukau ist man eigentlich schon recht weit oben auf dem Gunung Batukau. Für die Wanderung zum 2276 m hohen Gipfel wird aber dennoch ein Guide benötigt, der an der Kartenbude am Tempel engagiert werden kann. Für den matschigen, beschwerlichen Aufstieg, der mindestens sieben Stunden dauert (für eine Strecke), muss man mit mehr als 1 000 000 Rp rechnen. Der Preis ist verhandelbar!

Doch die – zumindest theoretischen – atemberaubenden Ausblicke (je nach Nebeldichte) abwechselnd mit dichtem triefendem Dschungel und die Gewissheit, dass dieser Trail erheblich weniger frequentiert wird als die auf die östlich gelegenen Gipfel, belohnen die Mühe. Ein Hauch dieses Abenteuers ist auch schon auf einem zweistündigen Mini-Trip spürbar (250 000 Rp für 2 Pers.).

Es mag möglich sein, die Nacht oben auf dem Berg zu verbringen, doch im Allgemeinen ist davon auszugehen, dass Wanderer den Auf- und Abstieg an einem Tag bewältigen. Wer oben auf dem Berg campen möchte, sollte im Voraus mit den Guides darüber sprechen, vielleicht können sie da etwas arrangieren.

Schlafen

Zwei entlegene Lodges verstecken sich an den Hängen des Gunung Batukau. Beide lassen sich über eine spektakuläre kleine und gewundene Straße von Bajera nach Pucuk erreichen, die hakenähnlich den Berg hinauf verläuft. Sie zweigt von der Hauptroute Tabanan–Gilimanuk in Westbali ab.

★ **Sarinbuana Eco Lodge** LODGE $$
(☎0361-743 5198; www.baliecolodge.com; Sarinbuana; Bungalows 900 000–2 000 000 Rp;) Diese schönen, zweigeschossigen Bungalows stehen an einem Hügel nur zehn Minuten Fußweg von einem Regenwaldschutzgebiet entfernt. Zu den erwähnenswerten Annehmlichkeiten gehören Kühlschränke, Marmorbäder und handgemachte Seifen. Der Gesamteindruck ist rustikal-luxuriös. Es gibt sogar ein Baumhaus. Das Essen ist biologisch.

Angeboten werden auch Kultur-Workshops und Yogakurse sowie geführte Wanderungen. Die Lodge ist ökologisch ausgerichtet, und das Bio-Restaurant mit balinesischer Küche ist hervorragend.

Bali Mountain Retreat LODGE $$
(☎0828 360 2645; www.balimountainretreat.com; Zi. 270 000–900 000 Rp;) Die luxuriösen Zimmer befinden sich in schönen Cottages, die kunstvoll über die Hügellandschaft verstreut errichtet wurden. Das Ganze ist eine Mischung aus Pool, Gärten und einer Architektur, die alte und neue Einflüsse vereint. Einige Zimmer verfügen über eine große Veranda und sind daher perfekt dazu geeignet, die Aussicht zu genießen. Zu den preiswerten – und originellen – Angeboten gehört ein Bett in einer alten Reisscheune. Und es gibt rundum wunderbare Möglichkeiten zum Wandern.

An- & Weiterreise

Die einzig realistische Möglichkeit, das Gebiet um den Gunung Batukau zu erkunden, ist mit dem eigenen Wagen.

Es gibt zwei Zufahrtsmöglichkeiten in das Gebiet. Der einfachste führt über Tabanan: Man fährt 9 km auf der Straße zum Pura Luhur Batukau Richtung Norden bis zu einer Gabelkreuzung, nimmt die linke (zum Tempel) und fährt dann weitere 5 km bis zu einer Kreuzung an einer Schule in Wangayagede. Hier geht es einfach geradeaus zum Tempel oder aber auch rechts (östlich) zu den Reisfeldern von Jatiluwih.

Die andere Zufahrt erfolgt von Osten aus. Auf der Hauptstraße Denpasar–Singaraja hält man direkt südlich des Hotels Pacung Indah nach einer kleinen Straße Richtung Westen Ausschau. Hier folgt man einer Reihe kleiner befestigter Straßen bis zu den Reisfeldern von Jatiluwih. Viele verirren sich hier zwar, aber die Einheimischen helfen gerne weiter, und die Landschaft ist einfach himmlisch.

DIE ANTOSARI-STRASSE

☎0361

Obwohl die meisten Leute die Berglandschaft via Candikuning oder Kintamani durchqueren, gibt es eine sehr malerische dritte Möglichkeit, von Südbali zur Nordküste zu reisen. Von der Straße von Denpasar nach Gilimanuk in Westbali zweigt in **Antosari** eine Straße Richtung Norden ab, die über Pupuan nach Seririt (westlich von Lovina in Nordbali) führt.

Sehenswertes & Aktivitäten

Startpunkt sind die Reisfelder, nach 8 km führt die Straße ein wunderschönes Tal mit Reisterrassen entlang. Tolle Gärten säumen den Hang und bereichern die ohnehin schon bemerkenswerten Ausblicke.

Nach Erreichen der Ausläufer des Gunung Batukau, 20 km nördlich von Antosari, nähert man sich dem Gewürzdorf **Sanda**, das schon zu riechen ist, bevor man es sieht. Sehenswert sind die alten auf Pfählen stehenden Reisspeicher aus Holz, die hier noch zu jedem Haus gehören.

Nach weiteren 8 km Fahrt durch Kaffeeplantagen erreicht man **Pupuan**. Von hier aus sind es noch einmal 6 km bis zum Highlight des Ausflugs, dem großartigen **Tal mit Reisanbau** in der Nähe von Subuk. Nach weiteren etwa 6 km wird Mayong erreicht, wo man entweder Richtung Osten nach

Munduk und zum Danau Bratan abbiegen oder weiterhin geradeaus nach Seririt fahren kann.

Schlafen

Sanda Boutique Villas LODGE $$

(0828 372 0055; www.sandavillas.com; Bungalows mit Frühstück ab 750 000 Rp;) Dieses Boutiquehotel ist eine freundlich-heitere Bleibe. Sein großer Infinity Pool scheint nahtlos in die Reisterrassen überzugehen. Seine acht Bungalows sind wirklich recht luxuriös (nicht alle haben WLAN). Das Hotel wird gut geführt, und das Café mit Fusion-Küche ist hervorragend. Die bezaubernden Eigentümer empfehlen gerne Wanderungen durch die Kaffeeplantagen und Reisfelder. Es liegt direkt nördlich des Dorfes Sanda.

Kebun Villas LODGE $$

(0361-780 6068; www.kebunvilla.com; Zi. ab 45 US$;) Die acht Cottages voller Antiquitäten liegen auf dem Hügel verstreut und machen das Beste aus dem weitläufigen Blick über die Reisfelder im Tal. Zum großen Pool führt ein Spaziergang runter zum Talgrund. Einmal dort, kann man hier gut den ganzen Tag verbringen.

Nordbali

➡ Inhalt

Gut essen

- Damai (S. 289)
- Jasmine Kitchen (S. 288)
- Buda Bakery (S. 288)
- Global Village Kafe (S. 287)
- My Greek Taverna (S. 288)

Schön übernachten

- Matahari Beach Resort (S. 294)
- Damai (S. 287)
- Taman Selini Beach Bungalows (S. 294)
- Puri Ganesha Villas (S. 295)
- Taman Sari Bali Resort (S. 294)

Auf nach Nordbali!

Das Land auf der anderen Seite – das ist Nordbali. Obwohl hier ein Sechstel der Bevölkerung lebt, wird das riesige Gebiet von vielen Besuchern, die sich in der Region Südbali-Ubud versammeln, ganz einfach übersehen.

Die Hauptattraktion ist hier das faszinierende Tauch- und Schnorchelrevier im nahe gelegenen Pulau Menjangan. Das gerade so richtig boomende Pemuteran, das sich entlang einer Bucht erstreckt, ist vielleicht der beste Strandort Balis. Im Osten liegt Lovina, ein verschlafener Strandort mit preiswerten Hotels und noch günstigerem Bier zum Sonnenuntergang. Entlang der gesamten Nordküste findet man interessante kleine Boutiquehotels, abseits der Küste locken einsame Wanderwege, die zu Wasserfällen führen.

Schon die Fahrt nach Nordbali ist ein Vergnügen. Die Straßen führen entweder durch die wenig besiedelten Küstenstriche im Osten oder Westen der Insel oder quer durch das Hinterland, die Berge hinauf und hinunter und vorbei an Kraterseen. Es lohnt sich, unterwegs anzuhalten und einfach irgendwo zu wandern.

Reisezeit

- Im größten Teil Nordbalis gibt es eigentlich keine klassische Hauptsaison, in der großer Andrang an Urlaubern herrscht.
- Die einzige Ausnahme bilden Pemuteran, hier liegt die Hauptreisezeit im Juli und August sowie rund um Weihnachten und Neujahr, und die Tauch- und Schnorchelreviere rund um Menjangan, in denen sich zahlreiche Schwärme von Badegästen tummeln.
- Was das Wetter betrifft, fällt im Norden weniger Regen als im Süden. Normalerweise scheint die Sonne den ganzen Tag und das ganze Jahr (deswegen verlangen die meisten Besucher auch Zimmer mit Klimaanlage). Eine Abwechslung gibt es allerdings: Wer in den Bergen wandert, merkt, dass es hier morgens recht frisch ist.

Highlights

1 Pulau Menjangan (S. 293) Sich in die Tiefen von Balis bestem Tauchrevier stürzen; und danach Balis ältesten Tempel auf der gleichnamigen Insel entdecken

2 Pemuteran (S. 291) Die faszinierende Unterwasserwelt vor der Küste des idyllischen Strandortes erkunden

3 Lovina (S. 283) In diesem lässigen Ort die Zeit vergessen, aber nicht das ganze Urlaubsbudget loswerden

4 Air Terjun Singsing (S. 289) In den grünen Bergen Nordbalis wandern, besonders zu Wasserfällen wie diesem

5 Singaraja (S. 280) Die Kultur in den Museen der Hauptstadt des einstigen Königreichs Bulelengs genießen

6 Nationalpark Bali Barat (S. 296) Balis Nationalpark bei einer Wanderung oder Bootsfahrt entdecken, und in den Mangroven, Savannen und üppig bewachsenen Bergen wilde Tiere beobachten.

Yeh Sanih

☎ 0362

An der Küstenstraße, die zu den Strand- und Tauchparadiesen Ostbalis führt, liegt der Ort Yeh Sanih, der bekannt für seine heißen Quellen ist. Die Straße verläuft eine lange Strecke entlang der Küste und erreicht dann Ostbali und schließlich Tulamben.

Sehenswertes & Aktivitäten

Die Straße verläuft zwischen den heißen Quellen und dem Tempel Pura Ponjok Batu meistens dicht am Meer. Auf diesem Abschnitt gehört sie mit Sicherheit zu den beeindruckendsten Küstenstraßen Balis – die Brandung donnert an die Wellenbrecher, dazu kommt eine atemberaubende Sicht aufs Meer.

Symon Studios GALERIE

(www.symonstudios.com; Jl Airsanih-Tejakula; 8–18 Uhr) Wie aus einer anderen Welt erscheint diese Galerie, die von Symon, dem unerschütterlichen amerikanischen Künstler, betrieben wird. Er sprüht nur so vor Kreativität, seine Kunst ist phasenweise lebenssprühend, exotisch und erotisch. Die Galerie liegt 5,7 km östlich von Yeh Sanih an der Straße nach Singaraja.

Pura Ponjok Batu HINDUTEMPEL

Der Tempel liegt prominent zwischen Meer und Straße, etwa 7 km östlich von Yeh Sanih. Der Haupttempel besitzt einige sehr schöne Steinmetzarbeiten aus Kalkstein. Da die meisten Tempel im Süden der Insel stehen, soll er angeblich hier im Norden errichtet worden sein, um eine Art spirituelles Gleichgewicht auf Bali herzustellen.

Air Sanih SCHWIMMEN

(Jl Airsanih-Tejakula; Erw./Kind 8000/5000 Rp; 8–18 Uhr) Die Süßwasserquellen Air Sanih bilden große Schwimmteiche bevor das Wasser ins Meer strömt. Die Teiche sind bei Sonnenuntergang besonders faszinierend: Dann baden hier Scharen von Einheimischen unter blühenden Frangipani-Bäumen. Doch meistens sind es Kinder, die im Wasser herumtollen. Die Quellen befinden sich etwa 15 km östlich von Singaraja.

Schlafen

Cilik's Beach Garden GUESTHOUSE $$

(☎ 0819 1570 0009; www.ciliksbeachgarden.com; Jl Airsanih-Tejakula; Zi. inkl. Frühstück ab 60 €, Villa ab 105 €; @) Ein Aufenthalt hier ist wie ein Besuch bei reichen Freunden mit gutem Geschmack. Die individuellen Villen, 3 km östlich von Yeh Sanih gelegen, sind geräumig und haben große eigene Gärten. Außerdem wird eine Unterkunft in schicken *lumbung* (Reisspeicher mit Runddach) angeboten, die in einem Garten am Meer stehen. Die Inhaber besitzen zudem noch einige abgelegenere Häuser weiter südlich am Meer. Es gibt hier auch ein gutes Café.

An- & Weiterreise

Yeh Sanih liegt an der Hauptstraße, die an der Nordküste entlang führt. Ab Singaraja verkehren häufig Bemos und Busse, die in der Nähe der Quellen halten (12 000 Rp).

Wer weiter nach Tulamben oder Amed fahren möchte, sollte bis spätestens 16 Uhr die Weiterreise nach Süden antreten, damit er vor Einbruch der Dunkelheit sicher am Zielort ankommt.

Singaraja

☎ 0362

Mit mehr als 120 000 Einwohnern ist Singaraja (das bedeutet „König der Löwen") die zweitgrößte Stadt Balis. Gleichzeitig ist sie die Hauptstadt des Distrikts Buleleng, der einen großen Teil Nordbalis ausmacht. Die Stadt mit ihren hübschen Alleen, den alten holländischen Kolonialbauten und dem verschlafenen Hafenviertel nördlich der Jalan Erlangga lohnt einen kurzen Besuch. Die meisten Gäste übernachten im nahe gelegenen Lovina.

Singaraja war der Hauptverwaltungssitz der niederländischen Kolonialherren in Bali und blieb bis 1953 Verwaltungszentrum für die Kleinen Sundainseln (Bali bis Timor). Dies ist einer der wenigen Orte, in denen noch sichtbare Spuren der holländischen Kolonialzeit erhalten sind; dazu kommen chinesische und islamische Einflüsse. Heute ist Singaraja ein bedeutendes Schul- und Kulturzentrum mit zwei Universitäten.

Schon seit Langem existieren Pläne, einen neuen internationalen Flughafen in Singaraja zu bauen. Auch über eine gebührenpflichtige Straße Richtung Süden wird diskutiert.

Sehenswertes

Am alten Hafen und der Promenade kann man noch die Atmosphäre des ehemaligen Kolonialhafens spüren, der vor dem Zweiten Weltkrieg Balis Tor zur Welt war. Am nördlichen Ende der Jalan Hasanudin gibt es inzwischen eine moderne **Seebrücke** mit einigen einfachen Cafés und Händlern.

Gegenüber vom Parkplatz stehen noch ein paar **alte holländische Speicherhäuser**. In der Nähe befindet sich das nicht zu übersehende **Yudha-Mandala-Tama-Denkmal** und der farbenprächtige chinesische Tempel **Ling Gwan Kiong**. Außerdem gibt es noch einige alte Kanäle.

Bei einem Bummel auf der Jalan Imam Bonjol kann man an den spätkolonialen Gebäuden schöne Art-déco-Verzierungen sehen. Das Gebiet östlich des alten Hafens soll entlang des Wassers mit Geschäften und Restaurants attraktiver gestaltet werden.

2 km westlich des Stadtzentrums befindet sich der beliebte Strand von **Pantai Penimbangan**. Der Strand ist relativ schmal, aber es gibt Dutzende von Restaurants, die Meeresfrüchte anbieten und jede Menge Einheimische anziehen, besonders an den Abenden am Wochenende.

Gedong Kirtya Library BÜCHEREI

(☎0362-22 645; Jl Veteran 23; ⏲Mo–Do 8–16, Fr 8–13 Uhr) GRATIS Die kleine alte Bibliothek wurde 1928 von holländischen Kolonialherren gegründet und erhielt ihren Namen nach dem Sanskritwort für „ausprobieren". Sie enthält eine Sammlung von Büchern aus *lontar* (getrocknetes Palmblatt) sowie noch ältere, in Kupfer gestochene Schriftstücke, die *prasasti*. Holländische Publikationen, die bis ins Jahr 1901 zurückreichen, sind für alle interessant, die sich für die Kolonialzeit interessieren. Die Bibliothek befindet sich auf dem Gelände des Museums Buleleng.

Museum Buleleng MUSEUM

(Jl Veteran 23; ⏲Mo–Fr 9–16 Uhr) GRATIS Das Museum Buleleng erinnert an das Leben des letzten *Raja* (Prinzen) von Buleleng, Pandji Tisna, der den Tourismus in Lovina entschieden vorangebracht hat. Zu den Ausstellungsstücken gehört u. a. die Royal Schreibmaschine, die er während seiner unrentablen Tätigkeit als Reiseschriftsteller nutzte. Der Raja starb 1978. Das Museum widmet sich außerdem der Geschichte der Region seit zu den frühesten Anfängen.

Pura Jagat Natha HINDUTEMPEL

(Jl Pramuka) Singarajas wichtigster Tempel, der größte in Nordbali, ist für Ausländer normalerweise nicht zugänglich. Man kann seine Größe und die kunstvoll gemeißelten Verzierungen nur von außen bewundern.

Essen

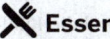

Cozy Resto INDONESISCH $

(☎0362-28214; Jl Pantai Penimbangan; Hauptgerichte 20 000–50 000 Rp; ⏲10–22 Uhr) Eines der bewährteren Cafés an der Pantai Penimbangan; Cozy bietet eine umfangreiche Speisekarte mit balinesischen und indonesischen Gerichten sowie Meeresfrüchten. Die Plätze im Freien sind mit feiernden Einheimischen gefüllt. An der nahen Promenade gibt es jede Menge Händler und Imbissstände mit günstigen einheimischen Gerichten.

Dapur Ibu INDONESISCH $

(☎0362-24474; Jl Jen Achmed Yani; Hauptgerichte 10 000–20 000 Rp; ⏲8–22 Uhr) Nettes einheimisches Café mit einem kleinen Garten abseits der Straße. Der Klassiker *nasi goreng* (gebratener Reis) ist frisch und ausgezeichnet zubereitet; dazu schmeckt ein frisch gepresster Saft oder ein Bubble Tea.

Istana Cake & Bakery BÄCKEREI $

(☎0362-21983; Jl Jen Achmed Yani; Snacks ab 3000 Rp; ⏲8–18 Uhr) Wer sich in Lovina verliebt hat, kann hier auch gleich die Hochzeitstorte bestellen. Aber auch wer einfach nur Heißhunger hat, kommt bei der Auswahl an

LONTAR-BÜCHER

Lontar wird aus den fächerförmigen Blättern der Rontal-Palme hergestellt. Das Blatt wird getrocknet, dann in Wasser eingelegt, gesäubert, gedämpft und wieder getrocknet. Im nächsten Arbeitsgang wird das Blatt dann geglättet, gefärbt und schließlich in Streifen geschnitten. Auf diese Streifen trägt man mit Hilfe einer sehr scharfen Klinge oder Spitze Wörter und Bilder auf, die anschließend mit einer schwarzen Beize überzogen werden. Die Beize wird dann abgewischt, die schwarze Farbe bleibt aber in der Inschrift erhalten. In der Mitte eines jeden *Lontar*-Streifens befindet sich ein Loch, durch das ein Faden gezogen wird. Ein geschnitztes „Deckblatt" aus Bambus dient vorne und hinten als Einband und schützt die „Seiten". Der Faden wird mit einigen *kepeng* (chinesischen Münzen mit Loch) gesichert.

Die kleine Gedong-Kirtya-Bibliothek (s. links) in Singaraja besitzt die weltgrößte Sammlung solcher *Lontar*-Bücher.

Leckereien auf seine Kosten. Und die Kühltruhe ist randvoll mit Eistorten und Ähnlichem.

Hardy's Supermarket SUPERMARKT
(☎0362-285806; Jl Pramuka; ⏲6–22 Uhr) Der große Hardy's Supermarket bietet neben Lebensmitteln auch allerlei anderes.

Praktische Informationen

MEDIZINISCHE VERSORGUNG

Singaraja Public Hospital (☎0362-22046, 0362-22573; Jl Ngurah Rai 30; ⏲24 Std.) Das größte Krankenhaus Nordbalis.

TOURISTENINFORMATION

Die **Touristeninformation Buleleng** (Diparda; ☎0362-21342; Jl Kartini 6; ⏲Mo–Fr 8–15.30 Uhr) hält einige ordentliche Karten bereit. Wer sich nach Tanzvorführungen und anderen kulturellen Veranstaltungen erkundigt, wird hier gut informiert. Die Touristeninformation befindet sich 550 m südöstlich des Banyuasri Busbahnhofs.

An- & Weiterreise

Singaraja ist der Hauptverkehrsknotenpunkt für die Nordküste und besitzt drei Bemo-/Busbahnhöfe. Vom Busbahnhof Sangket, 10 km südlich der Stadt an der Hauptstraße gelegen, fahren sporadisch Minibusse über Bedugul/Pancasari nach Denpasar (Busbahnhof Ubung; 40 000 Rp).

Vom **Busbahnhof Banyuasri** am westlichen Stadtrand fahren Busse nach Gilimanuk (40 000 Rp, 2 Std.) und viele Bemos nach Lovina (10 000 Rp). Mehrere Gesellschaften bedienen die Strecke nach Java, dazu gehört auch die Überfahrt mit der Fähre über die Straße von Bali.

Der **Busbahnhof Penarukan** (nahe Jl Surapati), 2 km östlich der Stadt, ist Ausgangspunkt für alle Fahrten mit dem Bemo auf der Küstenstraße nach Yeh Sanih (10 000 Rp) und Amlapura (ca. 20 000 Rp, 3 Std.). Von hier fahren auch Minibusse über Kintamani nach Denpasar (Busbahnhof Batubulan; 40 000 Rp, 3 Std.).

Unterwegs vor Ort

Bemos verbinden die drei großen Bemo-/Busbahnhöfe miteinander, eine Fahrt kostet etwa 7000 Rp.

Rund um Singaraja

Zu den Sehenswürdigkeiten in der Umgebung von Singaraja gehören mehrere wichtige Tempel, darunter einige mit berühmten Steinmetzarbeiten.

Sehenswertes

Pura Maduwe Karang HINDUTEMPEL
(Tempel des Landbesitzers; Kubutambahan) Der Pura Maduwe Karang ist einer der faszinierendsten Tempel Nordbalis. Besonders berühmt ist er wegen seiner reich verzierten Tempelwände und wegen des bekannten, in Stein gehauenen **Reliefs eines Fahrrads**, das einen Herrn auf einem Fahrrad zeigt, dessen Hinterrad von einer Lotusblume gebildet wird. Das Relief befindet sich am unteren Ende des Hauptsockels im inneren Bereich des Tempels. Der Radfahrer ist vermutlich W. O. J. Nieuwenkamp, ein niederländischer Künstler, der 1904 das wahrscheinlich erste Fahrrad nach Bali einführte.

Wie Pura Beji in Sangsit ist dieser dunkle Steintempel den Göttern des Ackerbaus gewidmet, doch diese Götter kümmern sich um das nicht bewässerte Land. Der Tempel liegt in der Ortschaft Kubutambahan und ist leicht zu erkennen – an der Außenwand befinden sich 34 in Stein gehauene Figuren aus dem Ramayana-Epos. Kubutambahan liegt an der Straße von Singaraja nach Amlapura, etwa 1 km östlich des Abzweigs nach Kintamani.

Sangsit DORF
Rund 6 km nordöstlich von Singaraja kann man ein exzellentes Beispiel für die typische farbenprächtige Architektur Nordbalis bewundern. Der **Pura Beji** in Sangsit ist ein Tempel für die *subak*, die traditionelle Bewässerungskooperative der Reisbauern. Er ist der Göttin Dewi Sri geweiht, die sich um die bewässerten Reisfelder kümmert. Die auffälligen Reliefs auf der Vorderseite zeigen beinahe comicartige Dämonen und erstaunliche *naga* (mystische schlangenähnliche Wesen). Auch im Inneren des Gebäudes bedecken die unterschiedlichsten Skulpturen fast jeden freien Platz. Der sehenswerte Tempel liegt 500 m von der Hauptstraße entfernt, auf dem Weg Richtung Küste.

Der **Pura Dalem** (Tempel der Toten) zeigt nicht nur Szenen der Bestrafung im Leben nach dem Tod, sondern auch komische, teilweise sogar erotische Bilder. Er befindet sich in den Reisfeldern etwa 500 m nordöstlich von Pura Beji.

Sawan DORF
Sawan, 7 km von Jagaraga entfernt im Landesinnern, ist ein Zentrum für die Herstellung von Gamelaninstrumenten und -Gongs. Man kann beim Guss der Gongs und beim Anfertigen der kunstvoll geschnitzten

Gamelanrahmen zuschauen. Auch der **Pura Batu Bolong** (Tempel des Hohlen Steins) und seine Bäder lohnen einen kurzen Besuch. Rund um Sawan gibt es kalte **Quellen**, die alle Arten von Krankheiten heilen sollen.

Pura Dalem Jagaraga HINDUTEMPEL

(Jagaraga) Im Dorf Jagaraga steht der kleine interessante Tempel Pura Dalem, der sehenswerte Verzierungen an der Vorderseite bietet. Besonders faszinierend ist das Relief an der Außenwand mit einem Oldtimer, einem Dampfschiff auf dem Meer und sogar einem Luftkampf zwischen zwei historischen Flugzeugen. Der Tempel befindet sich etwa 8 km östlich von Singaraja.

Air Terjun Gitgit WASSERFALL

(Gitgit; Erw./Kind 20 000/10 000 Rp) Etwa 11 km südlich von Singaraja führt ein gut ausgeschilderter Weg von der Hauptstraße 800 m westlich zu dem ziemlich touristischen Wasserfall Air Terjun Gitgit. Am Weg reiht sich ein Souvenirstand an den nächsten und einige Führer warten auf Kundschaft. Das Wasser stürzt sich 40 m in die Tiefe, der erfrischende Nebel ersetzt jede Klimaanlage. Weitere 2 km bergauf, 600 m westlich der Hauptstraße, befindet sich ein weiterer Wasserfall mit zahlreichen Kaskaden. Der Weg führt über eine schmale Brücke und folgt dem Flusslauf entlang mehrerer kleiner Wasserfälle durch einen üppigen grünen Dschungel.

Die Minibusse zwischen Denpasar und Singaraja halten in Gitgit. Die Wasserfälle sind auch ein beliebter Haltepunkt organisierter Bustouren durch Zentral- und Nordbali.

Schlafen

Villa Manuk VILLA $$

(☎0362-27080; www.villa-manuk.com; Nähe Sawan; Zi. inkl. Frühstück ab 600 000 Rp; @) Die aus zwei Gebäuden bestehende Unterkunft befindet sich in den grünen Hügeln in der Nähe von Sawan und bietet einen großen, aus Quellwasser gespeisten Pool. Man kann hier den Blick über die Reisfelder schweifen lassen, zu den Wasserfällen wandern, das Dorfleben erkunden sowie absolute Ruhe und Frieden genießen.

Lovina

☎0362

„Beschaulich" – so beschreiben die meisten Leute Lovina und damit haben sie Recht. Der bescheidene, günstige Badeort mit niedrigen Häusern ist das absolute Gegenteil von Kuta. Das Meer ist ruhig, der Strand schmal und es gibt keine besonders aufregenden Attraktionen.

Hier brennt die Sonne, aber Palmen bieten Schatten. Das Highlight des Tages ereignet sich in Fischerdörfern wie Anturan jeden Nachmittag, wenn die *prahu* (traditionelle Auslegerboote) für den nächtlichen Fischfang vorbereitet werden. Und wenn dann das Licht der untergehenden Sonne den Himmel rot färbt, erscheinen die Lichter der Fischerboote wie leuchtende Punkte am Horizont.

Die touristische Zone von Lovina erstreckt sich über 8 km und besteht aus mehreren Küstenorten – Kaliasem, Kalibukbuk, Anturan und Tukad Mungga – die gemeinsam den Ort Lovina bilden. Hauptort ist Kalibukbuk, 10,5 km westlich von Singaraja und Mittelpunkt von Lovina. Tagsüber ist der Verkehr auf der Hauptstraße sehr laut.

Sehenswertes & Aktivitäten

Strände

Die Strände bestehen aus ausgeblichenem, grauem und schwarzem Vulkansand. Rund um die Hotels sind sie meistens gepflegt, aber unspektakulär. Riffe schützen die Küste, brechen die Wellen und sorgen für klares Wasser.

In Kalibukbuk führt eine **asphaltierte Promenade** am Strand und in einer Art Rundweg weiter an der Küste entlang; der Zustand wechselt zwischen sauber und schäbig. Schön ist auf jeden Fall der Postkartenblick Richtung Osten zu den Bergen der nördlichen Küste. Die Sonnenuntergänge sind hier einfach atemberaubend!

Zu den besten Stränden gehören der Hauptstrand östlich des aufwendigen **Delfin-Denkmals** (Jl Bina Ria) in Kalibukbuk sowie ein Abschnitt weiter westlich. Am Ende der Jalan Mawar befindet sich eine **Seebrücke**, von der aus sich gut der Sonnenuntergang genießen lässt.

Glamouröses Strandleben gibt es im Spice Beach Club (S. 288) weiter westlich.

Delfine beobachten

Fahrten bei Sonnenaufgang zur Delfinbeobachtung gehören zu den größten Touristenattraktionen in Lovina. Genau deswegen wurde auch extra ein Denkmal zu Ehren dieser Meeressäuger errichtet. An manchen

Lovina

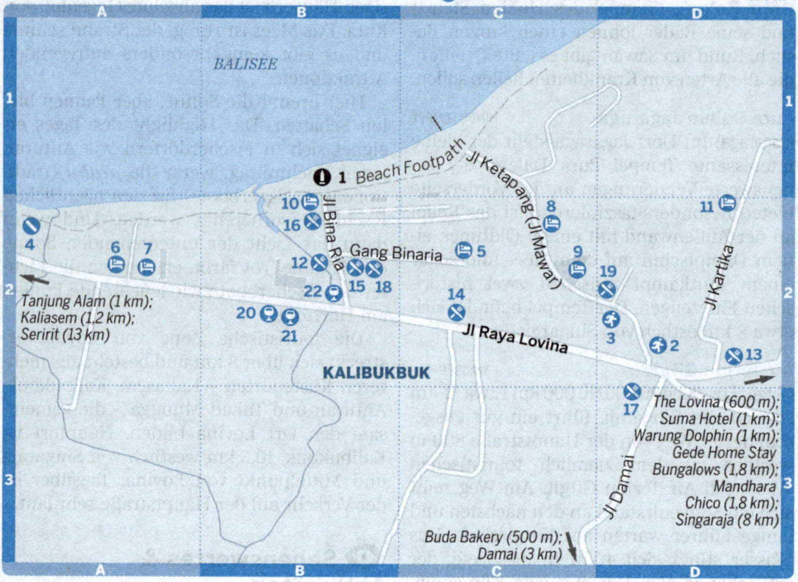

Lovina

Sehenswertes
1 Delfin-Denkmal B1

Aktivitäten, Kurse & Touren
2 Araminth Spa D2
3 Sovina Shop D2
4 Spice Dive A2

Schlafen
5 Harris Homestay C2
6 Homestay Purnama A2
7 Lovina Beach Hotel A2
8 Puri Bali Hotel C2
9 Rambutan Boutique Hotel C2
10 Sea Breeze Cabins B2
11 Villa Taman Ganesha D2

Essen
12 Akar B2
13 Bakery Lovina D2
14 Global Village Kafe C2
15 Jasmine Kitchen B2
16 My Greek Taverna B2
17 Night Market D3
Sea Breeze Café .... (s. 10)
18 Seyu B2
Spice Beach Club .... (s. 4)
19 Warung Barclona D2

Ausgehen & Nachtleben
20 Kantin 21 .... B2
21 Pashaa B2
22 Poco Lounge B2

Tagen machen sich die Delfine rar, aber meistens sieht man doch wenigstens einige dieser eleganten Tiere.

Nicht nur die Händler, sondern auch die Hotels üben mehr oder weniger sanften Druck aus, um Karten für diese Bootstouren zu verkaufen. Der vom Kartell der Bootsbesitzer festgelegte Preis liegt bei 100 000/50 000 Rp pro Erw./Kind. Die Ausflüge beginnen (außer an den Feiertagen) um 6 Uhr morgens und dauern ungefähr zwei Stunden. Aber Achtung: Weil alle Anbieter diese Uhrzeit wählen, ist das Meer manchmal nahezu überfüllt mit solchen Booten, und die Motoren sorgen dann für erheblichen Lärm.

Schon länger wird darüber debattiert, was diese Ausflüge möglicherweise anrichten. Mögen es die Delfine wirklich, auf diese Weise von Booten gejagt zu werden? Doch falls nicht, warum kommen sie dann immer wieder? Vielleicht liegt das aber auch an den zahlreichen Fischen, die im Meer vor Lovina leben.

Tauchen & Schnorcheln

Das Riff vor Ort bietet sich zum Tauchen bei Niedrigwasser an, besonders beliebt ist das Tauchen bei Nacht.

Viele Gäste übernachten im Ort und fahren zum Tauchen zwei Stunden Richtung Westen nach Pulau Menjangan.

Normalerweise ist das Wasser klar und einige Teile des Riffs sind auch gut zum Schnorcheln geeignet. Leider wurden die Korallen durch die Korallenbleiche und, an manchen Stellen, durch das Fischen mit Dynamit beschädigt. Die schönste Stelle liegt im Westen einige Hundert Meter vor den Billibo Beach Cottages. Eine zweistündige Bootstour kostet inklusive Ausrüstung etwa 200 000 Rp.

Spice Dive TAUCHEN
(☎ 0851 0001 2666; www.balispicedive.com; Nähe Jl Raya Lovina, Kalibukbuk; 2-Tank Tauchgänge ab 50 €; ⊙ 8–21 Uhr) Spice Dive ist eine große Tauchbasis, die Schnorchelausflüge und nächtliche Tauchgänge (60 €) anbietet, aber auch die beliebten Tauchausflüge nach Pulau Menjangan (Schnorcheln/Tauchen 55/80 €). Das Unternehmen befindet sich am Westende des Strandwegs beim Spice Beach Club. Es gibt auch ein Büro an der Jalan Bina Ria.

Radfahren

Die Straßen südlich und westlich der Jalan Raya Lovina eignen sich ausgezeichnet zum Radfahren: Der Verkehr ist gering und die Strecke führt durch malerische Reisfelder und über Berge mit wunderbarer Aussicht.

Fahrräder werden überall ab 20 000 Rp pro Tag vermietet; eine gute Auswahl hat der Sovina Shop.

Sovina Shop RADFAHREN
(☎ 0362-41402; Jl Ketapang; ⊙ 10–22 Uhr) Der Sovina Shop hat eine gute Auswahl an Fahrrädern, die ab 30 000 Rp pro Tag vermietet werden. Die Miete für Motorräder beträgt 50 000 Rp pro Tag.

Massagen & Spas

Araminth Spa SPA
(☎ 0362-41901; Jl Ketapang; Massage pro Std. ab 200 000 Rp; ⊙ 10–21 Uhr) Araminth Spa bietet unterschiedlichste Anwendungen und Massagen, u. a. auch balinesische und ayurvedische, in einer einfachen, aber entspannten Atmosphäre.

Ciego Massage MASSAGE
(☎ 0877 6256 1660; Jl Raya Lovina, Anturan; einstündige Massage ab 80 000 Rp; ⊙ 10–19 Uhr) Der gut ausgebildete blinde Masseur bietet Entspannung ohne Schnickschnack in einer schlichten Umgebung.

Geführte Touren

★ **Komang Dodik** WANDERN
(☎ 0877 6291 5128; lovina.tracking@gmail.com; Wanderungen 350 000–600 000 Rp) Komang Dodik organisiert Wanderungen in die Berge der Nordküste. Die Touren dauern zwischen drei und sechs Stunden. Der Höhepunkt der meisten Touren ist der Besuch einiger Wasserfälle, die über 20 m tief in eine Dschungelhöhle stürzen. Einige Wanderungen schließen auch Besichtigungen von Kaffee-, Gewürznelken- und Vanilleplantagen ein. Angeboten werden auch individuelle Touren über die Insel.

Kurse

★ **Warung Bambu Pemaron** KOCHKURS
(☎ 0362-31455; www.warung-bambu.mahanara.com; Pemaron; Kurse für 1/2 Personen ab 620 000/825 000 Rp; ⊙ 8–13 Uhr) Der Kochkurs beginnt mit einer Einkaufsfahrt zu einem großen Lebensmittelmarkt in Singaraja. Anschließend bereiten die Teilnehmer bis zu neun klassische balinesische Gerichte zu. Die Kurse finden in einer luftigen Umgebung östlich von Lovina zwischen Reisfeldern statt. Kurse gibt es sowohl für Anfänger als auch für Fortgeschrittene, außerdem auch für Vegetarier. Die Mitarbeiter sind sehr liebenswürdig, die Abholung von den Unterkünften innerhalb der Region ist eingeschlossen. Krönender Abschluss jedes Kurses ist das gemeinsame Essen der zubereiteten Köstlichkeiten.

Schlafen

Die meisten Hotels befinden sich entlang der Jalan Raya Lovina und an den Nebenstraßen, die zum Strand führen. Insgesamt überwiegen günstige Unterkünfte; wer Luxus sucht, ist hier eher fehl am Platz. Man sollte sich davor hüten, ein Hotel an der Hauptstraße oder in der Nähe der Nachtclubs in Kalibukbuk zu nehmen – dort ist es sehr laut.

Außerhalb der Hauptreisezeit sind die Zimmerpreise in der Regel verhandelbar. Achtung allerdings vor Schleppern, die versuchen, Neuankömmlinge zu bestimmten Unterkünften zu schleusen und dann von den Besitzern eine hohe Provision kassieren, die vorher auf den Zimmerpreis aufgeschlagen wurde.

Anturan

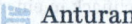

Einige schmale Nebenstraßen und eine asphaltierte Straße, die Jalan Kubu Gembong, führen in das lebhafte kleine Fischerdorf – der richtige Ort zum Abschalten. Doch der Weg zum Nachtleben in Lovina ist weit – man muss mit etwa 20 000 Rp für die 3 km lange Hin- und Rückfahrt nach Kalibukbuk rechnen.

Mandhara Chico GUESTHOUSE $
(☎0812 360 3268; www.mandhara-chico-bali.com; Nähe Jl Kubu Gembong; Zi. mit Ventilator/Klimaanlage ab 140 000/175 000 Rp; ❄📶🏊) Die nette inhabergeführte Pension liegt unmittelbar an einem schmalen, dunklen Sandstrand. Die zwölf Zimmer sind einfach, aber sauber.

Gede Home Stay Bungalows PRIVATUNTERKUNFT $
(☎0362-41526; www.gede-homestay.com; Jl Kubu Gembong; Zi. inkl. Frühstück 150 000–300 000 Rp; ❄📶) Wer hier wohnt, darf nicht vergessen, sich den Sand von den Füßen zu schütteln: Die acht Zimmer der Privatunterkunft, die von einem einheimischen Fischer betrieben wird, liegen direkt am Strand. Die billigen Zimmer haben nur kaltes Wasser, während die teureren Zimmer über Warmwasser und Klimaanlage verfügen.

Von Anturan bis Kalibukbuk

An der Jalan Pantai Banyualit liegen viele einfache Hotels, allerdings ist der Strand nicht besonders einladend. Am Wasser gibt es einen kleinen Park und der Spaziergang entlang der Küste nach Kalibukbuk ist kurz und sehr schön.

★ **Villa Taman Ganesha** GUESTHOUSE $$
(☎0362-41272; www.taman-ganesha-lovina.com; Jl Kartika 45; Zi. 550 000–700 000 Rp; ❄📶🏊) Das hübsche Guesthouse liegt an einem ruhigen Weg zwischen Wohnhäusern. Der Garten mit seiner üppigen Vegetation bietet zahlreiche duftende Frangipanibäume, die der Besitzer, ein deutscher Landschaftsarchitekt, auf der ganzen Welt gesammelt hat. Die drei Wohneinheiten bieten viel Privatsphäre und Komfort. Der Strand ist 400 m entfernt, nach Kalibukbuk läuft man zehn Minuten am Strand entlang.

Suma Hotel GUESTHOUSE $$
(☎0362-41566; www.sumahotel.com; Jl Pantai Banyualit; Zi. inkl. Frühstück 350 000–600 000 Rp; ❄@📶🏊) Von den Zimmern im oberen Stockwerk genießt man den Blick aufs Meer. Die besten der 26 Zimmer bieten Klimaanlage und Warmwasser; außerdem gibt es große Bungalows, einen Pool und ein Café. Und ganz in der Nähe liegt ein schöner Tempel. Auf den Balkonen und Terrassen stehen bequeme Korbstühle zum Faulenzen.

Lovina BOUTIQUEHOTEL $$$
(☎0362-343 5800; www.thelovinabali.com; Jl Mas Lovina; Suite ab 1 900 000 Rp; ❄📶🏊) Das luxuriöse Strandresort, das sich in fußläufiger Entfernung zum Zentrum von Kalibukbuk befindet, zeichnet sich durch schnörkelloses, modernes Design aus. Die 66 großen Zimmer haben alle einen Wohnbereich sowie Terrassen oder Balkone und sind in hellen Farben gestaltet. Der Pool ist riesig; für die Gäste stehen u. a. auch Fahrräder und Kajaks bereit.

Kalibukbuk

Das sogenannte „Zentrum" von Lovina ist der Ort Kalibukbuk. Die geschwungene Jalan Mawar ist ruhiger und angenehmer als die Jalan Bina Ria. Kleine *gang* (Gassen), an denen günstige Unterkünfte liegen, zweigen von beiden Straßen ab.

★ **Harris Homestay** PRIVATUNTERKUNFT $
(☎0362-41152; Gang Binaria; EZ/DZ inkl. Frühstück ab 130 000/150 000 Rp; 📶) Lebhaft, sauber und weiß – Harris unterscheidet sich deutlich von einigen billigen Unterkünften in der Nachbarschaft. Die liebenswerte Familie wohnt hinten im Haus; die Gäste genießen vier helle, moderne Zimmer im vorderen Teil.

Sea Breeze Cabins GUESTHOUSE $
(☎0362-41138; Nähe Jl Bina Ria; Zi. inkl. Frühstück 350 000–450 000 Rp; ❄📶🏊) Eine ausgezeichnete Wahl im Herzen von Kalibukbuk: Das Sea Breeze besteht aus fünf Bungalows und zwei Zimmern am Pool und Strand, einige haben von ihrer Veranda eine sensationelle Aussicht. Allerdings kann es nachts wegen der Bars in der Nachbarschaft recht laut werden.

Puri Bali Hotel HOTEL $
(☎0362-41485; http://puribalihotel.wixsite.com/lovina; Jl Mawar; Zi. inkl. Frühstück, mit Ventilator/Klimaanlage ab 200 000/350 000 Rp; ❄📶🏊)

Der Poolbereich befindet sich mitten in einem üppigen Garten – hier kann man gut den ganzen Tag verbringen und alle Sorgen vergessen. Die 25 Zimmer sind einfach, aber behaglich.

Homestay Purnama PRIVATUNTERKUNFT $
(☎0362-41043; Jl Raya Lovina; Zi. ab 150 000 Rp; 📶) Eine ausgezeichnete Wahl in dieser Gegend: Das Homestay Purnama bietet sieben saubere Zimmer mit kaltem Wasser. Die Lage des Hauses ist nur zwei Minuten vom Strand entfernt. Die Besitzerfamilie ist außerordentlich freundlich.

Lovina Beach Hotel HOTEL $
(☎0362-41005; www.lovinabeachhotel.com; Jl Raya Lovina; Zi. inkl. Frühstück 350 000–600 000 Rp; ❄📶🏊) Das ältere gut geführte Hotel hat sich in den letzten Jahren nicht verändert – und die Zimmerpreise ebenso wenig. Die 20 Zimmer in dem zweistöckigen Gebäude sind sauber, aber etwas abgewohnt. Die Bungalows bieten Schnitzereien und balinesisches Dekor, besonders zu empfehlen sind die Zimmer am Strand. Und alles liegt in einem großen Park.

Rambutan Boutique Hotel HOTEL $$
(☎0362-41388; www.rambutan.org; Jl Mawar; EZ/DZ mit Ventilator ab 280 000/350 000 Rp, mit Klimaanlage ab 500 000/600 000 Rp, Villa ab 1 650 000 Rp; ❄@📶🏊) Das Hotel liegt in einem einen Hektar großen üppigen Garten und bietet neben zwei Pools auch einen Spielplatz. Die 30 Zimmer sind in balinesischem Stil eingerichtet. Die billigsten Zimmer haben nur Deckenventilatoren. Die Villen sind eine gute Wahl; die größeren sind gut für Familien geeignet und haben Küchen.

Rund um Lovina

★ **Damai** HOTEL $$$
(☎0362-41008; www.thedamai.com; Jl Damai; Villa 220–500 US$; ❄📶🏊) Das Damai liegt auf einem Hügel oberhalb Lovinas und bietet eine faszinierende Aussicht. In den 14 luxuriösen Villen mischt sich Antikes mit Modernem, dazu kommen wunderschöne balinesische Stoffe. Der Infinity-Pool scheint mit der Landschaft aus Erdnussfeldern, Reisterrassen und Kokosnusspalmen zu einer Einheit zu verschmelzen. Das Spa ist sehr nobel.

Die großen Villen verfügen über jeweils eigene Pools und mehrere ineinander übergehende Räume. Das Restaurant wird für seine Bio-Küche gelobt. Hotelgäste können sich abholen lassen oder an der Hauptkreuzung in Kalibukbuk auf der Jalan Damai 3 km Richtung Süden fahren.

Essen

Beinahe jedes Hotel besitzt ein eigenes Café oder Restaurant. Wer den Strandweg entlanggeht, findet eine Menge einfacher Lokale, wo kaltes Bier und typische Gerichte inklusive Sonnenuntergang serviert werden.

Von Anturan nach Kalibukbuk

Warung Dolphin MEERESFRÜCHTE $
(☎0813 5327 6985; Jl Pantai Banyualit; Hauptgerichte ab 40 000 Rp; ⏲10–22 Uhr) Das kleine Café befindet sich dicht am Strand. Hier gibt es köstliche gegrillte Meeresfrüchte (die möglicherweise sogar der Typ nebenan gefangen hat). Abends gibt es häufig Livemusik; in der Nähe befinden sich noch andere gute Lokale.

Bakery Lovina CAFÉ $$
(☎0362-42225; Jl Raya Lovina; Hauptgerichte 80 000–150 000 Rp; ⏲7–19 Uhr; ❄📶) Nur einen kurzen Fußweg vom Zentrum entfernt befindet sich das gehobene Feinkostgeschäft, in dem Lovinas bester Kaffee ausgeschenkt wird. Die Croissants und das Brot nach deutschen Rezepten werden jeden Tag frisch gebacken, außerdem gibt es kleine Gerichte sowie kontinentales Frühstück. Mittags gibt es ein großes Angebot an Speisen.

Kalibukbuk

★ **Global Village Kafe** CAFÉ $
(☎0362-41928; Jl Raya Lovina; Hauptgerichte ab 25 000 Rp; ⏲8–22 Uhr; 📶) Che Guevara, Michail Gorbatschow und Nelson Mandela sind nur einige bekannte Persönlichkeiten auf den Bildern an den Wänden des künstlerisch angehauchten Cafés. Die Backwaren, Säfte, Pizzas, das Frühstück, die indonesischen Klassiker und andere Köstlichkeiten sind ausgezeichnet. Es gibt eine kostenlose Buch- und DVD-Tauschbörse und regionales Kunsthandwerk. Die Erlöse gehen an eine Stiftung, die die einheimische Gesundheitsfürsorge unterstützt.

Akar VEGETARISCH $
(☎0817 972 4717; Jl Bina Ria; Hauptgerichte 40 000–65 000 Rp; ⏲7–22 Uhr; 📶🍴) 🌿 Die vielen grünen Farbtöne in diesem vegetarischen Café sind nicht nur Show – sie zeugen

auch von der umweltfreundlichen Einstellung der Besitzer. Es gibt leckere Bio-Smoothies, hausgemachtes Eis und frisch zubereitete, leckere internationale Gerichte wie z. B. mit Feta und Chili gefüllte Aubergine vom Holzkohlegrill.

Warung Barclona BALINESISCH $

(☎0362-41894; Jl Mawar; Hauptgerichte ab 40 000 Rp; ⏲8–21 Uhr; 📶) Trotz des irgendwie spanischen Namens bietet das familiengeführte Restaurant eine anspruchsvolle und gute balinesische Küche. Man kann gut auf der Terrasse sitzen und *babi guling* (Spanferkel) genießen. Meistens werden mehrere Gerichte mit Meeresfrüchten angeboten.

Night Market BALINESISCH $

(Jl Raya Lovina; Hauptgerichte ab 20 000 Rp; ⏲17–23 Uhr) Lovinas Nachtmarkt ist eine gute Adresse für frisches und günstiges regionales Essen. Jedes Jahr kommen ein paar neue interessante Stände dazu. Sehr zu empfehlen sind die *piseng goreng* (gebackene Bananen).

★ **Jasmine Kitchen** THAILÄNDISCH $$

(☎0362-41565; Gang Binaria; Hauptgerichte 45 000–80 000 Rp; ⏲11–22 Uhr; 📶) Die thailändischen Gerichte in diesem eleganten zweistöckigen Restaurant sind ausgezeichnet. Die Speisekarte ist umfangreich und authentisch, die Mitarbeiter sehr liebenswürdig. Als Nachspeise kann man hausgemachtes Eis genießen, dazu gibt es dezente Jazzmusik. Hier werden auch Wasserflaschen für 2000 Rp aufgefüllt. In der zugehörigen Coffee-Bar im Erdgeschoss gibt es eine gute Auswahl an ausgezeichneten Getränken.

Seyu JAPANISCH $$

(☎0362-41050; www.seyulovina.com; Gang Binaria, Kalibukbuk; Gerichte ab 50 000 Rp; ⏲11–22 Uhr; 📶) In diesem authentischen japanischen Restaurant arbeitet sogar ein ausgebildeter Sushi-Koch. Es gibt eine gute Auswahl an frischen Nigiri und Sashimi. Der Speisesaal ist passend eingerichtet: schlicht und gradlinig.

Sea Breeze Café INDONESISCH $$

(☎0362-41138; Nähe Jl Bina Ria, Kalibukbuk; Hauptgerichte ab 45 000 Rp; ⏲8–22 Uhr; 📶) Das luftige Café ist die beste – und intimste – Adresse direkt am Strand, besonders seit es kürzlich schick renoviert wurde. Die indonesischen und westlichen Gerichte werden geschmackvoll serviert, außerdem gibt es ein ausgezeichnetes Frühstück. Beim angebotenen „Royal Seafood Platter“ scheint ein ganzer Fischmarkt auf dem Teller zu liegen. Die Erdnüsse, die zu den Drinks serviert werden, gehören zu den besten Balis.

My Greek Taverna GRIECHISCH $$

(☎0362-339 1503; Jl Bina Ria; Hauptgerichte 70 000–165 000 Rp; ⏲17–24 Uhr) Warum nach Mykonos fahren wenn man in Lovina sein kann? Ein Grieche, der seit 40 Jahren auf Bali lebt, führt diese authentische Taverna. Von Dolmades über Souvlaki bis zu Moussaka – alles ist auf der Speisekarte vorhanden. Und dazu kommt noch ein wunderbarer Service.

Rund um Lovina

★ **Buda Bakery** BÄCKEREI, CAFÉ $$

(☎0812 469 1779; Nähe Jl Damai; Hauptgerichte 50 000–120 000 Rp; ⏲8–21 Uhr) Die beste Bäckerei Nordbalis hat ein gewaltiges Angebot an frisch gebackenem Brot, köstlichen Kuchen und anderen Leckereien, die täglich frisch aus dem Ofen kommen. Der eigentliche Grund für den zehnminütigen Spaziergang von der Jalan Raya Lovina hierher ist aber das Café im Obergeschoss, in dem einfache, aber superleckere indonesische und westliche Gerichte angeboten werden. Die Backwaren sind häufig ganz schnell ausverkauft!

Spice Beach Club INTERNATIONAL $$

(☎0851 0001 2666; www.spicebeachclubbali.com; Nähe Jl Raya Lovina; Hauptgerichte 70 000–150 000 Rp; ⏲Küche 9–23, Bar bis 0.30 Uhr; 📶) Ein schickes Lokal für schicke Gäste an einem hübschen Strand. Die Lounge Chairs vor dem Pool vermitteln einen Hauch von Cannes. Auf der Speisekarte stehen Burger, aber auch Meeresfrüchte, dazu kommt ein großes Angebot an Getränken. Zu den Annehmlichkeiten gehören Schließfächer, Duschen und House Musik.

Tanjung Alam MEERESFRÜCHTE $$

(☎0362-41223; Jl Raya Lovina; Gerichte 30 000–80 000 Rp; ⏲9–22 Uhr; 📶) Das luftige Open-Air-Restaurant am Meer verrät sich durch die wohlriechende Rauchsäule, die durch die Palmen aufsteigt. Hier dreht sich alles um gegrillte Meeresfrüchte. Man sitzt gemütlich an schattigen Tischen, lauscht dem Plätschern der Wellen und genießt ein erschwingliches Mahl. Das Lokal befindet sich 1,2 km westlich des Zentrums.

★ **Damai** FUSION $$$
(☎0362-41008; www.thedamai.com; Jl Damai; 3-Gänge-Menü ab 470 000 Rp; ⏰12–14 & 17–21, So ab 11 Uhr; 📶) Ein Essen in dem berühmten biodynamischen Restaurant des Boutiquehotels in den Hügeln hinter Lovina ist etwas ganz Besonderes. Von den Tischen hat man eine wunderbare Aussicht über die Nordküste. Die Speisekarte wechselt ständig; die Küche bezieht ihre frischen Zutaten von der Biofarm des Hotels und von einheimischen Fischern. Die Speisen sind perfekt zubereitet, die Weinkarte gehört zu den besten von Bali. Sehr beliebt ist der sonntägliche Brunch. Auf Wunsch werden die Gäste abgeholt.

Ausgehen & Nachtleben

Zahlreiche Lokale in Lovina sind auch dann ein nettes Ziel, wenn man nur etwas trinken möchte – das gilt besonders für diejenigen, die am Strand liegen. Am Ende der Jalan Mawar befindet sich eine Reihe von Cafés, in denen man gut ein Bintang zum Sonnenuntergang trinken kann. In Kalibukbuk spielt sich auch das Nachtleben ab.

Pashaa CLUB
(Jl Raya Lovina, Kalibukbuk; ⏰21 Uhr bis spätabends) Ein kleiner, aber edler Club nahe des Stadtzentrums. Hier legen DJs aus ganz Bali Platten auf, außerdem spielen Bands.

Poco Lounge BAR
(☎0362-41535; Jl Bina Ria, Kalibukbuk; ⏰14–2 Uhr; 📶) In dem recht beliebten Café/Bar treten jede Nacht Coverbands auf. An den Tischen zur Straße oder nach hinten zum Fluss werden die typischen Touristenmenüs angeboten.

Kantin 21 BAR
(☎0362-343 5635; Jl Raya Lovina, Kalibukbuk; ⏰23 Uhr bis spätabends; 📶) Die angesagte Open-Air-Bar bietet eine umfangreiche Getränkekarte, dröhnende Bässe, frische Säfte und einige typische Snacks. An vielen Abenden spielt nach 21 Uhr eine einheimische Band.

An- & Weiterreise

BUS & BEMO

Wer mit öffentlichen Verkehrsmitteln von Südbali nach Lovina reist, muss in Singaraja umsteigen. Von Denpasar geht es mit dem Bus bis zum Busbahnhof Sangket in Singaraja, dann muss man ein Bemo zum Busbahnhof Banyuasri nehmen. Anschließend fährt man mit einem anderen Bemo in die Gegend von Lovina. Für die Anreise sollte man einen Tag einplanen.

Vom Busbahnhof Banyuasri in Singaraja fahren regelmäßig Bemos nach Kalibukbuk (etwa 7000 Rp) – man kann die Bemos überall an der Hauptstraße anhalten.

Wer mit dem Fernbus aus Richtung Westen anreist, kann den Fahrer an jeder beliebigen Stelle an der Hauptstraße bitten, anzuhalten.

TOURISTEN-SHUTTLEBUS

Die Busse von **Perama** (☎0362-41161; www.peramatour.com; Jl Raya Lovina, Anturan) halten in Anturan. Die Reisenden werden von dort zu anderen Zielen in Lovina gebracht (15 000 Rp). Es gibt eine tägliche Busverbindung in den Süden, unter anderen mit Halt in Kuta, Sanur und Ubud (je 125 000 Rp).

Unterwegs vor Ort

Der Ort Lovina zieht sich ziemlich in die Länge, mit dem Bemo kommt man aber schnell überall hin (7000 Rp).

Westlich von Lovina

Die Hauptstraße westlich von Lovina führt entlang der dünn besiedelten Küste an Tempeln, Bauernhöfen und Ortschaften vorbei. Unterwegs sieht man viele Weingärten, in denen die Trauben so lange hängen bis sie ausreichend Zucker für den süßen balinesischen Wein entwickelt haben.

Sehenswertes

Air Terjun Singsing WASSERFALL
Ungefähr 5 km westlich von Lovina steht ein Wegweiser zum Air Terjun Singsing (Tagesanbruch-Wasserfall), und 1 km von der Hauptstraße entfernt befinden sich ein Warung auf der linken Seite und ein Parkplatz auf der rechten. Der Fußweg führt am Warung vorbei, nach 200 m erreicht man die unteren Fälle. Der Wasserfall ist nicht groß, doch das Becken darunter ist ideal zum Schwimmen, auch wenn das Wasser nicht besonders klar ist. Immerhin ist es kälter als das Meer und sehr erfrischend.

Wer bergauf klettert, gelangt zu einem etwas größeren Wasserfall, dem **Singsing Dua**. Hier befindet sich ein Becken voller Schlamm, der besonders gut für die Haut sein soll (das muss jeder selbst ausprobieren). Auch dieser Wasserfall stürzt in einen tiefen Pool.

In der Umgebung wächst dichter tropischer Wald. Das Gelände lohnt einen Tagesausflug von Lovina aus. Während der

Regenzeit (Oktober bis März) sind die Fälle besonders eindrucksvoll, ansonsten fließt manchmal nur ein dünnes Rinnsal.

Brahma Vihara Arama BUDDHISTISCHES KLOSTER
Das einzige buddhistische Kloster Balis sieht mit seinen farbenfrohen Verzierungen, dem leuchtend orangefarbenen Dach und den Buddhastatuen wenig buddhistisch aus – auch die typisch balinesischen Schnitzereien, die Türwächter sowie die kunstvoll gemeißelten dunklen Steine fehlen nicht. Das gefällige Gebäude befindet sich in einer prominenten Lage mit Blick ins Tal und über die Reisterrassen zum Meer. Besucher sollten lange Hosen tragen oder einen Sarong, den man gegen eine kleine Spende ausleihen kann.

Das Kloster bietet keine Kurse oder spezielle Programme an, aber Besucher dürfen sehr gerne in extra Räumen meditieren. Der Tempel befindet sich 3,3 km abseits der Hauptstraße – die Abzweigung in Dencarik ist nicht zu übersehen.

Aktivitäten

Air Panas Banjar HEISSE QUELLEN
(Erw./Kind 10 000/5000 Rp; ⏲8–18 Uhr) Die heißen Quellen liegen inmitten tropischer Vegetation. Aus acht steinernen *naga* mit finsterem Blick fließt das Wasser von einer natürlichen heißen Quelle in das erste Becken, von dort (aus dem Maul von fünf weiteren *naga*) in ein zweites, größeres Becken. In das dritte Becken rauscht das Wasser dann aus drei Meter Höhe in einer Art Schwall-Massage. Das Wasser ist leicht schwefelhaltig und angenehm heiß (etwa 38 °C).

Besucher müssen Badekleidung tragen und dürfen in den Becken keine Seife benutzen, es gibt aber eine Freiluftdusche. Man kann hier wunderbar ein paar Stunden entspannen, im Café essen oder sogar übernachten.

Von der Bemo-Haltestelle an der Hauptstraße kann man mit einem *ojek* (Motorrad, das Fahrgäste mitnimmt) zu den Quellen fahren; zurück empfiehlt sich der 2,4 km lange Spaziergang bergab.

Schlafen

Pondok Wisata Grya Sari GUESTHOUSE $
(☎0362-92903; Jl Air Panas Banjar; Zi. inkl. Frühstück ab 320 000 Rp) Die zwölf Zimmer des Guesthouse Pondok Wisata Grya Sari liegen auf einem grünen Hügel nur 100 m von Air Panas Banjar entfernt und besitzen zeitlosen Charme. Die Möbel und die Einrichtung sind seit Jahrzehnten nicht verändert worden, aber, was noch viel wichtiger ist, der herzliche Empfang hat sich auch nicht geändert. Wanderungen durch die üppig bewachsene Umgebung werden angeboten.

Seririt & Umgebung

Seririt ist ein Kreuzungspunkt für den gesamten Straßenverkehr, der durch die Berge nach Munduk oder Pupuan oder nach Westbali über die landschaftlich schöne Antosari-Straße oder die ebenso reizvolle Straße nach Pulukan führt.

Der **Markt** im Stadtzentrum ist berühmt wegen der vielen Stände, die alles anbieten, was man für Opfergaben braucht. Hier gibt es auch Geldautomaten.

Fährt man von Seririt ungefähr 10 km westlich nach Celukanbawang wird man von einem riesigen neuen Kraftwerk fast erschlagen, das als ein Joint Venture zusammen mit China errichtet wird. Informationen sind knapp, aber hier soll chinesische Kohle verstromt werden, die auf großen Schiffen im neuen Hafen ankommt.

Schlafen

Etwa 2 km westlich von Seririt zweigt an der Straße von Singaraja nach Gilimanuk eine kleinere Straße, die Jalan Ume Anyar, ab, die Richtung Norden zu kleinen Stränden führt. Hier befinden sich mehrere verschwiegene kleine Resorts.

Mayo Resort RESORT $$$
(☎0811 380 0500; www.mayoresort.com; Jl Ume Anyar; Zi. ab 2 000 000 Rp; ❄📶🏊) Selten für Bali – das kleine Resort am Wasser ist in erfrischenden Hellblau- und Weißtönen gehalten. Die acht großen Wohneinheiten befinden sich im zweistöckigen Haupthaus und haben alle eine große Terrasse. Und falls Bedarf besteht: Im Pavillon am schmalen Strand werden Massagen angeboten. Das Resort liegt etwa 200 m hinter dem Zen Resort Bali, 3 km nordwestlich von Seririt.

Zen Resort Bali BOUTIQUEHOTEL $$$
(☎0362-93578; www.zenresortbali.com; Jl Ume Anyar; Zi. inkl. Frühstück ab 150 US$; ❄📶🏊) Schon der Name spricht Bände: Das Resort ist ein Urlaubsort, der sich um das Wohlergehen von Körper und Seele sorgt. Yoga und ein großzügiges Spa stehen im Mittelpunkt der Anlage. Die 26 Bungalows weisen ein minimalistisches Design auf, um die Sinne

nicht vom Wesentlichen abzulenken. Im wunderschönen Garten plätschert Wasser und der Strand ist nur 200 m entfernt. Die Hauptstraße verläuft in 600 m Entfernung.

Pemuteran

Dieses beliebte Paradies in der nordwestlichen Ecke Balis bietet eine ganze Reihe hübscher Hotels. Sie stehen an einer kleinen lang gestreckten Bucht, in der immer was los ist – die Kinder des Ortes spielen hier Fußball bis die Sonne untergeht. Wer einen ruhigen Urlaub am Strand verbringen möchte, ist in Pemuteran genau richtig. Die meisten Besucher unternehmen Tauchgänge oder schnorcheln in der Unterwasserwunderwelt der nahe gelegenen Pulau Menjangan.

Die belebte Straße von Singaraja nach Gilimanuk ist die Hauptlebensader des Ortes und hier siedeln sich immer mehr Unternehmen an, die von den Touristen leben wollen. Trotz der wachsenden Beliebtheit ist es in Pemuteran gelungen, dass die Gemeinde zusammen mit der Tourismusindustrie ein Modell für eine nachhaltige Entwicklung des Ortes entwickelt hat. Dieses Modell könnte ein Vorbild für ganz Bali sein.

Sehenswertes

Pemuteran Beach STRAND

Der grau-braune Sand am schmalen Strand ist nicht besonders fein, aber die Szenerie ist einfach beeindruckend. Das blaue Wasser und die grünen Hügel der Umgebung sorgen für eine wunderbare Kulisse, die nicht mehr übertroffen werden kann, wenn beim Sonnenuntergang noch Blutrot und Orange die Farbpalette ergänzen. Beliebt ist ein Bummel am Strand – der kleine Fischerort ist interessant. Wer bis zum östlichen Ende der Bucht läuft, findet noch einige unbe-

BIO-ROCKS: EIN NEUES RIFF WIRD GEBAUT

Pemuteran liegt in einer ziemlich trockenen Gegend von Bali; hier mussten die Bewohner schon immer hart für ihren Lebensunterhalt arbeiten. Zu Beginn der 1990er-Jahre entdeckte die Tourismusbranche die ausgezeichneten Tauchreviere der Umgebung. Die einheimische Bevölkerung, die bisher mehr schlecht als recht von Ackerbau und Fischfang gelebt hatte, begann plötzlich Sprach- und anderen Unterricht zu nehmen, um Gäste in neu erbauten Resorts zu empfangen.

Aber es gab ein großes Problem: Das Fischen mit Dynamit und Cyanid sowie die Erwärmung des Wassers durch El Niño hatten große Teile des Riffs ausgeblichen und beschädigt.

Eine Gruppe lokaler Hoteliers, Besitzer von Tauchschulen und Gemeindevertreter fand eine neue Lösung: Mit Hilfe von Elektrizität sollte ein neues Riff entstehen. Diese Idee war bereits von internationalen Wissenschaftlern lanciert worden, aber Pemuteran war der erste Ort, an dem das Experiment im großen Stil – und zwar sehr erfolgreich – durchgeführt wurde.

Unter Verwendung von vorhandenem Material baute die Gemeinde Dutzende von großen Metallkäfigen, die entlang des bedrohten Riffs platziert wurden. Die Körbe verband man dann mit sehr spannungsarmen Generatoren an Land (man kann die Kabel in der Nähe des Taman Sari Hotels aus dem Meer kommen sehen). Aus der Theorie wurde Wirklichkeit. Die geringe Stromspannung stimulierte die Ablagerung von Kalkstein an den Körben, auf denen sich innerhalb kurzer Zeit neue Korallen ansiedelten. Jetzt wachsen in der kleinen Bucht von Pemuteran neue Korallen (auch bekannt als Bio Rocks) in einer fünf- bis sechsmal kürzeren Zeit als sie normalerweise benötigen würden.

Dabei haben alle Seiten gewonnen. Die Einheimischen und die Besucher sind glücklich und auch das Riff profitiert davon; das Projekt hat international für Aufsehen gesorgt und Auszeichnungen erhalten. Der gemeinschaftliche einheimische Verein, die **Pemuteran Foundation** (www.pemuteranfoundation.com/Gbpag1pf.html), steht mit seinem Infostand mit dem Schild „Bio Rocks Reef Gardeners" am Strand bei Pondok Sari. Informationen über die Arbeit des Vereins findet man auch in den meisten einheimischen Hotellobbys. Besondere Beachtung verdient auch ein Merkblatt des Vereins mit Verhaltensregeln für das Schwimmen in der Bucht, in dem es u. a. heißt, dass man nicht auf die Korallen treten soll, keine Korallen oder Muscheln mitnehmen und keine Fische füttern soll.

UNTERKÜNFTE NAHE BEI PULAU MENJANGAN

Pemuteran mit seinem großen Angebot an Unterkünften ist ein idealer Ausgangsort, um vor Pulau Menjangan zu tauchen und zu schnorcheln. Der Hafen Banyuwedang befindet sich nur 7 km westlich des Ortes, sodass die Anfahrt nur sehr kurz ist. Die schöne 30-minütige Überfahrt nach Menjangan kann man auf dem Boot entspannt genießen. Die Tauchschulen und Hotels vor Ort bieten Schnorchelausflüge an, die zwischen 35 und 60 US$ kosten; 2-Tank-Tauchgänge kosten ab 80 US$.

Manche Bootstouren nach Menjangan fahren direkt am Strand von Pemuteran ab – das ist am bequemsten. Bei anderen Ausflügen muss man zuerst noch mit dem Auto nach Banyuwedang fahren.

rührte Stellen, auch wenn immer mehr gebaut wird. Entlang der Küste werden auch heute noch die Fischerboote auf traditionelle balinesische Art gebaut.

Proyek Penyu SCHILDKRÖTENAUFZUCHT
(Schildkrötenprojekt; ☎0362-93001; www.reefseenbali.com; Reef Seen; Erw./Kind 25 000 Rp/frei; ⏲8–17 Uhr) In Pemuteran ist das gemeinnützige Schildkrötenprojekt beheimatet, das von den Mitarbeitern des Reef Seen Divers' Resort geleitet wird. Schildkröteneier und -babys werden den Einheimischen abgekauft und dann hier aufgezogen, bis man sie ins Meer aussetzen kann. Seit 1994 wurden auf diese Weise bereits Tausende von Meeresschildkröten in die Freiheit entlassen. Man kann die kleine Einrichtung besuchen und mit einer Spende die Organisation unterstützen und eine kleine Schildkröte freilassen. Die Station befindet sich unweit der Hauptstraße am Strand östlich der Taman Selini Beach Bungalows.

Pulaki DORF
Pulaki ist bekannt für seine Weinberge (ein Großteil davon gehört der balinesischen Firma Hattan Wines), die Wassermelonen und wegen des Tempels **Pura Pulaki**. Der Küstentempel wurde in den frühen 1980er-Jahren komplett wieder aufgebaut, hier wohnt eine große Schar wilder Affen. Das Gebiet ist auch wegen des nahe gelegenen Militärlagers bekannt. Von Pemuteran führt ein einfacher Spaziergang in den Ort.

Aktivitäten

Die ausgedehnten Korallenriffe liegen etwa 3 km vor der Küste. Näher gelegene Riffe werden als Teil des Bio Rocks Project zurzeit wiederhergestellt. **Tauchen** und **Schnorcheln** sind sehr beliebt und werden von Tauchzentren und Hotels angeboten. Schnorchelausrüstungen werden ab 40 000 Rp angeboten. Die nahe gelegene Bucht hat eine Tiefe von weniger als 15 m, besonders beliebt sind hier nächtliche Tauchgänge.

★ **Reef Seen Divers' Resort** TAUCHEN
(☎0362-93001; www.reefseenbali.com; 2-Tank Tauchgänge ab 1 200 000 Rp) Direkt am Strand liegt in einem großen Komplex das Reef Seen, ein PADI-Tauchzentrum mit Unterricht für Anfänger und Fortgeschrittene. Angeboten wird auch **Ponyreiten** am Strand für Kinder (ab 200 000 Rp für 30 Min.) Bei einigen Tauchausflügen ist die Übernachtung im Resort eingeschlossen. Das Tauchzentrum engagiert sich für den lokalen Naturschutz.

Garden of the Gods TAUCHEN
In der Bucht von Pemuteran kann man sich wie Indiana Jones unter Wasser fühlen – mehr als 30 Statuen und Skulpturen wurden etwa 400 m vor der Küste auf dem Meeresboden aufgestellt. Im Zentrum steht Shiva und zahlreiche balinesische Götter und Kultobjekte umgeben ihn.

Bali Diving Academy TAUCHEN
(☎0361-270252; www.scubali.com; Beachfront, Taman Sari Bali Resort; Tauchgänge vor Pulau Menjangan ab 1 100 000 Rp) Die angesehene, inselweit operierende Firma unterhält ein Tauchzentrum direkt am Strand in der Nähe des Bio-Rocks-Infostandes. Es lohnt sich, nach Tauchgängen an den weniger besuchten Tauchstellen vor Menjangan zu fragen.

Easy Divers TAUCHEN
(☎0813 5319 8766; www.easy-divers.eu; Jl Singaraja-Gilimanuk; Einführungskurs ab 55 €) Der Gründer von Easy Divers, Dusan Repic, hat schon vielen neuen Tauchern Unterricht erteilt, seine Firma hat einen sehr guten Ruf. Sie befindet sich an der Hauptstraße in der Nähe der Taman Selini und Pondok Sari Hotels.

TAUCHEN & SCHNORCHELN VOR PULAU MENJANGAN

Balis bekannteste Unterwasserattraktion, Pulau Menjangan, bietet über ein Dutzend Tauchplätze mit Tropenfischen, Weichkorallen, guter Sicht, Höhlen und einem spektakulären Abgrund. Seefächer und Schwämme sorgen für Abwechslung und bieten Verstecke für kleine Fische. Kaum jemand kann dem Zauber der Papagei- und Clownfische widerstehen. Zu den größeren Tieren gehören Wale, Walhaie und Mantarochen. Die meisten Tauchplätze liegen dicht am Ufer und sind auch für Schnorchler und Tauchanfänger geeignet. Erfahrene Taucher, die auf Steilwandtauchen stehen, zieht es weiter nach draußen, dorthin, wo der seichte Grund in abfallende Riffhänge übergeht; es gibt drei Wände.

Auf dieser unbewohnten Insel steht – nur etwa 300 m vom Pier entfernt – der wahrscheinlich älteste Tempel Balis, der aus dem 14. Jh. stammende **Pura Gili Kencana**. Ein riesiger Ganesha (Hindu-Gottheit mit Elefantenkopf) bewacht den Eingang. Die Insel kann in einer Stunde umwandert werden; leider sind die Strände häufig recht schmutzig.

Praktisch & Konkret

Taucher haben eine große Auswahl, um den passenden Tauchspot zu finden, am Anfang steht jedoch meistens die ungewöhnliche, 30 m tiefe Steilwand in der Nähe des südlichen Bootsanlegers. Schnorchler werden leider häufig von Guides durch die schöne Unterwasserwelt gejagt. Das kann sowohl bei den von Top-Hotels angebotenen Touren passieren als auch auf den Bootstouren von Banyuwedang und Labuhan Lalang. Die folgenden Tipps sollen helfen, die Tour zu einem Highlight des Urlaubs werden zu lassen:

- Die Boote legen meistens am Pier von Pulau Menjangan an. Die Steilwand befindet sich direkt vor der Küste. Die sanfte Strömung fließt normalerweise Richtung Südwest, sodass man sich mit dem Strom treiben lassen kann, um das Unterwasserspektakel zu genießen. Auch an der sehr lohnenswerten Nordseite der Insel halten die Boote.
- Die Guides fordern ihre Gäste häufig auf, bei weniger interessanten ausgeblichenen Korallen zum Boot zurückzuschwimmen. Stattdessen sollte man darum bitten, am Ende des Tauchgangs abgeholt zu werden. So lässt sich vermeiden, dass man gegen die Strömung anschwimmen muss und zu spät zum Pier zurückkommt. Die Steilwand erstreckt sich weit nach Südwesten und wird immer spektakulärer je weiter man schwimmt.
- Nördlich vom Bootsanleger kann man vom Ufer aus schnorcheln und die Steilwände in einem großen Kreis umrunden.
- Auch wenn das Tauchgebiet rund um den Anleger an der Südseite der Insel spektakulär ist, fahren die Tauchveranstalter aus einem Grund dorthin: Die Fahrt vom Hafen ist nicht weit und spart Treibstoff. Auch die Nordseite ist spektakulär und bietet sich für einen Ausflug über Mittag an. Hier sind die Korallen abwechslungsreich, außerdem gibt es Schildkröten. **Mangrove Point** ist ein ausgezeichnetes Revier zum Schnorcheln.
- Ein anderes lohnendes Tauchgebiet sind die **Coral Gardens** im Westen. Und das **Anker Wreck**, ein gesunkenes Schiff, ist selbst für Profis etwas ganz Besonderes.
- Schön ist es auch, wenn man sich an der Steilwand über einigen Tauchern treiben lässt. Der Anblick ihrer Luftblasen ist einfach atemberaubend.
- Zu den Eintrittsgebühren für den Park in Höhe von 200 000 Rp pro Person kommt noch die Gebühr fürs Tauchen/Schnorcheln in Höhe von 25 000/15 000 Rp.
- Ein Guide, der einem einen tollen Tag bereitet hat, verdient ein gutes Trinkgeld.
- Die Friends of Menjangan (www.friendsofmenjangan.blogspot.com) bieten Informationen; die aktuellsten Informationen gibt es auf der Facebook-Seite.

An- & Weiterreise

Tauchanbieter finden sich in Pemuteran, wo auch Hotels Tauch- und Schnorchelausflüge arrangieren. Wer alleine schnorcheln möchte, kann von Banyuwedang und Labuhan Lalang aus seine Tour organisieren. Wer als Tagesausflug von einem anderen Ort dorthin fahren will, sollte wissen, wie lange die Anreise dauert. Die Fahrt von Seminyak kann sieben Stunden dauern.

Schlafen

Pemuteran verfügt über eines der besten Angebote an Strandhotels auf Bali; außerdem gibt es eine wachsende Anzahl von günstigen Guesthouses. Viele der Häuser haben Atmosphäre, alle sind unaufdringlich und entspannt und liegen dicht am Strand.

Einige Hotels haben den Eingang direkt zur Hauptstraße, andere liegen an Seitenstraßen, die entweder zur Bucht oder südlich zu den Bergen führen.

Double You Homestay GUESTHOUSE $
(☎0813 3842 7000; www.doubleyoubali.com; Nähe Jl Singaraja-Gilimanuk; Zi. inkl. Frühstück ab 360 000 Rp; ❄📶) Die schicke Pension liegt an einer kleinen Straße südlich der Hauptstraße. Sie ist eine der vielen neuen, günstigen Unterkünfte, die zurzeit in Pemuteran aus dem Boden schießen. Die vier makellosen Zimmer befinden sich in einem mit Blumen bewachsenen Garten und bieten neben heißem Wasser auch andere Annehmlichkeiten.

Bali Gecko Homestay GUESTHOUSE $
(☎0852 5301 5928; bali.gecko@ymail.com; Desa Pemuteran; Zi. 300 000–400 000 Rp; ❄📶) Das familiengeführte Guesthouse liegt recht abgelegen etwa 500 m westlich von Pemuterans Zentrum und 200 m nördlich von der Hauptstraße entfernt. Man gelangt über einen kurzen Wanderweg zu einem ruhigen Strand, eine Wanderung auf einen in der nächsten Nähe gelegenen Berg bietet eine wunderbare Aussicht. Die vier Zimmer (einige sind mit einer Klimaanlage versehen) sind sehr einfach.

Taruna GUESTHOUSE $
(☎0813 3853 6318; http://tarunapemuteran.com; Jl Singaraja-Gilimanuk; Zi. inkl. Frühstück, Ventilator/Klimaanlage 300 000–700 000 Rp; ❄📶🏊) Das professionell geführte Guesthouse an der Strandseite der Hauptstraße liegt nur einen kurzen Spaziergang vom Strand entfernt und bietet neun gut geplante Zimmer auf einem langen schmalen Grundstück.

★ **Taman Selini Beach Bungalows** BOUTIQUEHOTEL $$
(☎0362-94746; www.tamanselini.com; Jl Singaraja–Gilimanuk; Zi. inkl. Frühstück 1 200 000–3 100 000 Rp; ❄📶🏊) Die elf Bungalows mit den strohgedeckten Dächern, den antiken geschnitzten Türen und den feinen Steinmetzarbeiten erinnern an Balis ruhmreiche Vergangenheit. Die Zimmer haben Himmelbetten und große Freiluftbäder, ihre Balkontüren öffnen sich zum großen, bis zum Meer hinab reichenden Garten. Und aus den großen Tagesbetten im Garten möchte man gar nicht wieder aufstehen. Die Anlage liegt direkt östlich vom Pondok Sari Hotel am Strand in der Nähe der Hauptstraße.

★ **Taman Sari Bali Resort** HOTEL $$
(☎0362-93264; www.tamansaribali.com; Zi. inkl. Frühstück ab 550 000 Rp, Villa ab 1 400 000 Rp; ❄@📶🏊) Die Anlage befindet sich an einem kleinen Weg und bietet in prächtigen Bungalows klassisch balinesisch eingerichtete Zimmer mit kunstvollen Holzschnitzereien und traditionellem Kunsthandwerk. Das Resort liegt an einem langen ruhigen Strandabschnitt der Bucht und gehört zum Riffschutzprogramm. Die neueren Zimmer sind geräumig und bieten Aussicht auf die Bucht; auf einem nahe gelegenen Grundstück stehen große, üppig ausgestattete Villen. Abendessen am Strand werden auch angeboten (im Voraus reservieren).

Kubuku Ecolodge GUESTHOUSE $$
(☎0362-343 7302; www.kubukuhotel.com; Jl Singaraja-Gilimanuk; Zi. inkl. Frühstück mit Ventilator/Klimaanlage ab 350 000/450 000 Rp; ❄📶) Das moderne Kubuku bietet einen kleinen Pool mit einer Bar sowie einen einladenden Rasen. Das Preis-Leistungs-Verhältnis der 14 komfortablen Zimmer ist gut, das Restaurant bietet leckere Gerichte aus biologischem Anbau. Das Gelände befindet sich an einem Weg abseits der Hauptstraße in Richtung Berge.

Jubawa Homestay GUESTHOUSE $$
(☎0362-94745; www.jubawa-pemuteran.com; Zi. inkl. Frühstück 400 000–800 000 Rp; ❄📶🏊) Eine der typischsten Übernachtungsmöglichkeiten in Pemuteran – das Jubawa ist eine ziemlich exklusive, aber günstige Unterkunft. Die 24 Zimmer befinden sich in einem ausgedehnten Garten rund um einen Pool. Das beliebte Café/Bar bietet balinesische und thailändische Küche. Das Guesthouse liegt nicht weit entfernt vom großen Matahari Beach Resort an der Südseite der Hauptstraße.

★ **Matahari Beach Resort** RESORT $$$
(☎0362-92312; www.matahari-beach-resort.com; Jl Singaraja-Gilimanuk; Zi. ab 3 000 000 Rp; ❄📶🏊) Das hübsche Strandresort liegt am ruhigeren Ostende der Bucht in einem großzügigen üppigen Garten. Die weit verstreut angelegten Bungalows sind traditionelle

Handwerkerarbeit. Das Resort bietet eine Bücherei und weitere Annehmlichkeiten wie ein elegantes Spa und eine Strandbar, die sich für eine Rast anbietet, wenn man die Bucht erkundet.

Puri Ganesha Villas BOUTIQUEHOTEL $$$
(☎0362-94766; www.puriganesha.com; Villa ab 550 US$; ❄@☒) Die Anlage besteht aus vier zweistöckigen Villen auf einem beeindruckenden Gelände. Jede Villa ist individuell mit Antiquitäten und Seidenstoffen ausgestattet und bietet einen entspannten Komfort. Die Schlafzimmer haben alle Klimaanlage, das Leben spielt sich hauptsächlich draußen am privaten Pool ab. Das Essen wird entweder im Restaurant (Mitglied von Slow Food Bali) serviert oder in der eigenen Villa. Die Anlage befindet sich am westlichen Ende der Bucht.

Pondok Sari HOTEL $$$
(☎0362-94738; www.pondoksari.com; Jl Singaraja-Gilimanuk; Zi. inkl. Frühstück 70–210 €; ❄☒) Die 36 Zimmer befinden sich in einem üppig angelegten Garten, der auch die nötige Privatsphäre bietet. Der Pool liegt unten am Strand, das Café gewährt durch die Bäume einen guten Blick aufs Wasser. Überall findet man traditionelle balinesische Dekorelemente; die Gestaltung der Freiluftbäder zeugt von den handwerklichen Fähigkeiten der Steinmetze. Die Deluxe-Zimmer bieten unter anderem kunstvolle Badewannen aus Stein. Das Resort liegt dicht an der Hauptstraße.

Amertha Bali Villas HOTEL $$$
(☎0362-94831; www.amerthabalivillas.com; Jl Singaraja-Gilimanuk; Zi. inkl. Frühstück 1 200 000–5 000 000 Rp; ❄📶☒) Das Amertha Bali Villas ist ein schon etwas älteres Resort auf einem großzügigen Grundstück am Meer, dessen große alte Bäume für das typisch tropische Ambiente sorgen. Die Zimmer sind groß und die 15 Villen sind ansehnlich, alle bieten viel Holz und großzügige überdachte Terrassen. Alle Villen besitzen zudem ein Tauchbecken.

Essen

Joe's INDONESISCH $
(☎0852 3739 0151; Jl Singaraja–Gilimanuk; Hauptgerichte ab 40 000 Rp; ⊙11–24 Uhr) Joe's, im dezenten Vintage-Stil, ist schon fast das ganze Nachtleben von Pemuteran. Die Gerichte mit Meeresfrüchten kann man an einem alten Boot im Freien genießen. Danach trifft man sich an der geselligen Bar und erzählt wahre und manchmal nicht ganz so wahre Geschichten vom Tauchen. Das Lokal liegt in der Mitte des Ortes. Ein Schild verkündet: „Der Trinker des Monats gewinnt eine Flasche Whiskey."

Bali Balance Café & Bistro CAFÉ $
(☎0853 3745 5454; www.bali-balance.com; Jl Singaraja-Gilimanuk; Hauptgerichte ab 30 000 Rp; ⊙7.30–19 Uhr; 📶) Ausgezeichneter Kaffee, dazu frisch gepresste Säfte und leckeres Gebäck – eine gute Adresse für eine Pause zwischendurch. Das saubere Café bietet auch eine kleine Karte mit Sandwiches und Salaten, die im schattigen Garten serviert werden. Es liegt an der Bergseite ziemlich in der Mitte des Ortes.

La Casa Kita PIZZA $$
(☎0852 3889 0253; Jl Gilimanuk-Seririk; Hauptgerichte 40 000–75 000 Rp; ⊙10–22 Uhr) Das kalte Bintang und die Tische auf dem Rasen locken die Gäste, dazu kommt eine Speisekarte mit den klassischen Urlaubsgerichten wie dünne Holzofenpizza sowie westlichen und indonesischen Klassikern. Das Lokal liegt an der Hauptstraße gegenüber von Easy Divers.

Praktische Informationen

In der Haupteinkaufszone von Pemuteran, die sich auf der Jalan Singaraja–Gilimanuk zwischen dem Matahari Beach Resort im Westen und dem kleinen Weg zum Taman Sari Resort entlangzieht, findet man mehrere Geldautomaten.

An- & Weiterreise

In Pemuteran halten alle Busse auf der Strecke Gilimanuk–Lovina–Singaraja. Für die Fahrt nach Pemuteran von Gilimanuk oder Lovina sollte man nicht mehr als 20 000 Rp bezahlen. Da es keine Haltestellen gibt, hält man einfach einen vorbeifahrenden Bus an. Die Fahrt von Südbali dauert drei bis vier Stunden, egal, ob man über die Berge oder die Straße entlang der Westküste fährt. Ein Auto mit Fahrer kostet nach Ubud oder Seminyak 600 000 Rp, andere Destinationen sind ebenfalls möglich.

Banyuwedang

Die mangrovengesäumte Bucht östlich des Nationalparks ist der wichtigste Ausgangspunkt für Schiffstouren nach Pulau Menjangan.

Aktivitäten

Wer mit einer Gruppe zum Tauchen oder Schnorcheln nach Menjangan fahren möchte, wird höchstwahrscheinlich in diesem geschäftigen kleinen Hafen, der 1,2 km von der Jalan Singaraja–Gilimanuk entfernt liegt, ein Boot besteigen.

Hier lassen sich auch individuelle Ausflüge zum Schnorcheln organisieren; sie dauern normalerweise drei Stunden, darin inbegriffen ist die Hin- und Rückfahrt, zusammen rund eine Stunde. Die Abfahrten sind täglich zwischen 8 und 14 Uhr. Die Festpreise lohnen sich besonders für Gruppen, summieren sich aber ziemlich schnell: das Boot (für bis zu zehn Personen) 525 000 Rp; der obligatorische Führer (für die Gruppe, manche „führen" allerdings recht wenig) 200 000 Rp; die Schnorchelausrüstung pro Person 40 000 Rp; Eintritt in den Nationalpark pro Person 200 000 Rp; Tauch-/Schnorchelgebühr 25 000/15 000 Rp und Versicherung pro Person 4000 Rp.

Schlafen

Mimpi Resort Menjangan RESORT $$

(☎0362-94497, 0361-415020; www.mimpi.com; Pejarakan; inkl. Frühstück Zi. 100–150 US$, Villa 160–400 US$;) Das Resort mit 54 Wohneinheiten liegt in der Nähe des Bootsstegs für die Abfahrten nach Menjangan und erstreckt sich bis zu einem kleinen, von Mangroven gesäumten weißen Sandstrand. Die schmucklosen weiß-braunen Zimmer haben Freiluftbäder. Die Gemeinschaftspools und privaten Badewannen in den Villen werden von heißen Quellen gespeist. Die großen Villen mit eigenem Pool und Blick auf die Lagune sind ein wunderbares tropisches Refugium.

Menjangan RESORT $$$

(☎0362-94700; www.themenjangan.com; Jl Raya Gilimanuk-Singaraja, Km 17; Zi./Suite/Villa inkl. Frühstück ab 180/350/500 US$;) Das luxuriöse Resort liegt ganz dicht am Bali Barat Nationalpark – der perfekte Ort für alle, die den Nationalpark richtig erleben wollen. Es befindet sich auf einem 382 ha großen Gelände und besteht aus zwei Einheiten: Die Zimmer der Monsoon Lodge befinden sich im Dschungel, die Beach Villen bieten Blick über die Mangroven und Pulau Menjangan. An Aktivitäten werden Reiten, Kajakfahren, Wandern und noch andere Aktivitäten angeboten. Und natürlich gibt es den Strand.

Labuhan Lalang

Wer mit dem Boot nach Pulau Menjangan fahren möchte und dort vielleicht schnorcheln will, findet eine Anlegestelle in diesem kleinen Hafen im Nationalpark Bali Barat. Die Preise entsprechen denen in Banyuwedang. Es gibt Warungs und einen hübschen Strand 200 m weiter östlich.

Sehenswertes

Makam Jayaprana HINDUTEMPEL

Ein 20-minütiger Spaziergang von der Südseite der Straße westlich von Labuhan Lalang über Steinstufen bergauf führt zum Grab von Jayaprana. Von hier oben bietet sich ein schöner Blick über den Norden der Insel.

Jayaprana, der Pflegesohn eines Königs, lebte im 17. Jh. und wollte Leyonsari, ein hübsches Mädchen von einfacher Herkunft, heiraten. Der König verliebte sich allerdings auch in Leyonsari und ließ Jayaprana töten. Leyonsari erfuhr in einem Traum die Wahrheit über Jayapranas Tod und beging lieber Selbstmord als den König zu heiraten. Diese Romeo-und-Julia-Geschichte ist ein beliebtes Thema in der balinesischen Folklore und das Grab wird als heilig verehrt, obwohl das unglückliche Paar keine Gottheiten waren.

Praktische Informationen

Labuhan Lalang Information Office (Jl Singaraja-Gilimanuk; 7–19 Uhr) Touristeninformation Labuhan Lalang.

An- & Weiterreise

Alle Busse auf der Strecke zwischen Gilimanuk und Singaraja können hier angehalten werden.

Nationalpark Bali Barat

☎0365

Die meisten Besucher des einzigen Nationalparks auf Bali, Bali Barat (Taman Nasional Bali Barat), sind begeistert von den wohlklingenden Gesängen der Heerscharen von Vögeln, die in den raschelnden Bäumen beheimatet sind.

Der Park erstreckt sich über eine Fläche von 190 km² an der Westspitze Balis. Zusätzlich stehen 550 km² als Pufferzone unter Schutz und auch fast 70 km² Korallenriffe und Küstengewässer. Auf einer so dicht besiedelten Insel wie Bali demonstriert das

Land damit ein hohes Bewusstsein für den Naturschutz.

Hier kann man das beste Tauchgebiet Balis vor Pulau Menjangan genießen, durch die Wälder wandern und die Mangrovengebiete an der Küste erkunden.

Die natürliche Vegetation des Parks besteht zum größten Teil nicht aus tropischem Regenwald, der ganzjährig gleichmäßige Niederschläge voraussetzt, sondern aus Küstensavannen mit Laubbäumen, die in der Trockenzeit ihr Laub abwerfen. An den südlichen Hängen kommt es zu höheren Niederschlägen und deswegen gedeiht dort eine eher tropische Vegetation, während in den tiefer gelegenen Küstenbereichen ausgedehnte Mangrovenwälder stehen.

Mehr als 200 Pflanzenarten wachsen im Park. Das Tierleben umfasst Schwarz- und Brillenlanguren sowie Makaken (sie zeigen sich nachmittags an der Hauptstraße bei Sumber Kelompok); Mähnen-, Muntjak- und Pferdehirsche, Kleinkantschile und Hirschferkel (*muncak*), außerdem Wildschweine, Eichhörnchen, Büffel, Leguane, Pythons und Grasnattern. In früheren Zeiten kamen hier sogar Tiger vor, aber der letzte wurde 1937 gesichtet – und erschossen. Vögel sind überaus zahlreich vertreten, viele der 300 Spezies der Insel leben hier, darunter auch der sehr seltene Balistar.

Direkt von der Straße führen zahlreiche Wanderwege unmittelbar ins Herz des Nationalparks. Weniger schön ist eine Auswirkung der steigenden Brennstoffpreise: Viele Händler stehen entlang der Straße und verkaufen Feuerholz, das sie aus dem Wald gestohlen haben.

Aktivitäten

Zu Land, zu Wasser oder Unterwasser – der Park wartet darauf, erkundet zu werden. Man benötigt allerdings einen Führer und das Aushandeln des Entgelts kann nervenaufreibend sein. Nahezu alle Gebühren sind verhandelbar. Touren werden in den Nationalparkbüros in Cekik oder Labuhan Lalang arrangiert.

Bootstouren

Am besten lassen sich die Mangroven der Teluk Gilimanuk (Bucht von Gilimanuk) und der Westseite von Prapat Agung mit einem gemieteten Boot erkunden. Die Festpreise im nahe gelegenen Banyuwedang sollten als Orientierungshilfe dienen: Das Boot (für bis zu zehn Personen) kostet 525 000 Rp und der obligatorische Führer (viele „führen“ allerdings recht wenig) pro Gruppe 200 000 Rp. Dazu kommen die Kosten für die Schnorchelausrüstung pro Person 40 000 Rp, der Eintritt für den Park pro

Nationalpark Bali Barat

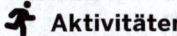

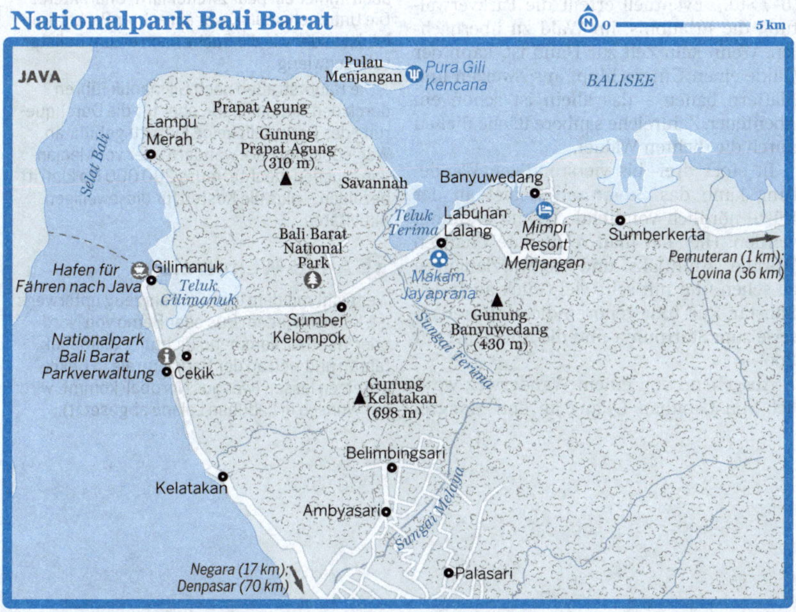

Person 200 000 Rp und die Gebühren fürs Tauchen/Schnorcheln 25 000/15 000 Rp.

Wandern

Für Wanderungen im Park ist ein autorisierter Guide verpflichtend. Am besten ist es, einen Tag vor der geplanten Wanderung anzureisen und im Nationalparkbüro die nötigen Vorbereitungen zu treffen.

Die festgelegten Gebühren für die Parkführer hängen von der Größe der Gruppe und der Dauer der Wanderung ab – etwa 200 000 Rp pro Stunde für zwei Personen ist großzügig bemessen. Die Verpflegung (eine kleine Lunchbox) ist im Preis inbegriffen, nicht jedoch der Transport. Alle Preise können erheblich heruntergehandelt werden. Die beste Zeit für den Aufbruch ist der frühe Morgen, etwa 6 Uhr – dann ist es kühler und die Wahrscheinlichkeit, Wildtiere zu sehen, deutlich größer.

Wer sich unterwegs mit dem Guide gut versteht, kann vielleicht daran denken, auch mal kreativ zu werden und die Strecke den eigenen Wünschen anzupassen. Die meisten Guides möchten jedoch ihre klassischen Routen gehen, dazu gehören die folgenden Strecken.

Bei Sumber Kelompok beginnt der Aufstieg zum **Gunung Kelatakan** (Mount Kelatakan; 698 m), dann führt der Weg hinunter zur Hauptstraße beim Dorf Kelatakan (6–7 Std.). Eventuell erteilt die Parkverwaltung die Erlaubnis, im Wald zu übernachten. Wenn kein Zelt zur Hand ist, kann der Guide einen Unterschlupf aus Zweigen und Blättern bauen – das allein ist schon ein Abenteuer. Zahlreiche saubere Bäche fließen durch die dichten Wälder.

In einer drei- bis vierstündigen Wanderung kann das **Savannah** Gebiet an der Küste nördlich von Teluk Terima erkundet werden. Hier hat man recht gute Chancen Warane, Muntjaks und Schwarzlanguren zu sehen und mit sehr viel Glück auch den Balistar. Zur Tour gehören die Motorradanreise zum Startpunkt und die Rückfahrt per Boot.

Ausgehend von einem Wanderweg westlich von Labuhan Lalang an den Mangroven führt eine drei- bis vierstündige Tour durch das Gebiet an der **Teluk Terima** (Terima-Bucht). Dann folgt man streckenweise dem Lauf des Sungai Terima (Terima-Flusses) in die Berge, der Rückweg führt bei Makam Jayaprana auf Stufen wieder zur Straße zurück. Mit Glück lassen sich graue Makaken, Hirsche und Schwarzlanguren sehen.

ℹ Praktische Informationen

GEFAHREN & ÄRGERNISSE

Rund um die Parkbüros finden sich Leute, die behaupten Parkführer zu sein. Ihre Legimitierung ist häufig genauso schwierig zu erkennen wie die Höhe ihrer Vergütung. Die dargebotenen, in Plastik laminierten Gebührenverzeichnisse sind häufig sehr fantasievoll. Man muss unbedingt hart verhandeln. Wer für eine Wandertour für zwei Personen pro Stunde etwa 200 000 Rp bezahlt, ist schon sehr großzügig.

TOURISTENINFORMATION

In der **Parkverwaltung** (☎ 0365-61060; Jl Raya Cekik; ⏲ 6–18 Uhr) in Cekik ist ein topografisches Modell des Parkgeländes zu sehen, außerdem gibt es dort einige wenige Informationen über Pflanzen und Tiere. Die Touristeninformation Labuhan Lalang ist in einer Hütte am Parkplatz untergebracht, wo die Boote nach Pulau Menjangan abfahren.

Wanderführer und Genehmigungen sind in jedem der Büros zu bekommen, doch lauern dort auch immer ein paar zweifelhafte Charaktere. Die Unterscheidung, wer ein echter Parkführer ist, ist leider wie die Suche nach einem Balistar sehr schwierig.

Die Hauptstraßen nach Gilimanuk führen durch den Nationalpark, aber für die Durchquerung des Parks fällt keine Eintrittsgebühr an. Wer jedoch im Park wandern oder vor Menjangan tauchen möchte, muss 200 000 Rp Eintritt bezahlen – plus die Kosten für die jeweiligen Aktivitäten.

ℹ An- & Weiterreise

Wer nicht mit dem eigenen Fahrzeug unterwegs ist, kann mit jedem Bus oder Bemo von Nord- oder Westbali kommend Richtung Gilimanuk fahren und sich an der Parkzentrale in Cekik absetzen lassen (wer aus Nordbali kommt, wird auf Wunsch in Labuhan Lalang abgesetzt).

Westbali

➜ Inhalt

Gut essen

- Bali Silent Retreat (S. 304)
- Sushi Surf (S. 305)
- Warung Ment Tempeh (S. 309)

Schön übernachten

- Bali Silent Retreat (S. 304)
- Soori Villas (S. 304)
- Gajah Mina (S. 305)
- Taman Wana Villas & Spa (S. 307)
- Puri Dajuma Cottages (S. 306)

Auf nach Westbali!

Auch wenn sich die bebauten Gebiete von Südbali aus – via Hotspots wie Canggu – immer weiter gen Westen ausdehnen, ist Balis echter Westen, der sich abseits der Hauptstraße von Tabanan nach Gilimanuk erstreckt, doch noch immer kaum besucht. An den naturbelassenen Stränden, in den Urwäldern und zwischen Reisfeldern ist es leicht, Ruhe zu finden.

An der Küste stürzen sich an Stränden wie Balian und Medewi Surfer in die Brandung. Auch einige der heiligsten Stätten Balis befinden sich hier, vom gut besuchten Pura Tanah Lot über den Pura Taman Ayun mit den gesprenkelten Seerosen bis zum Pura Rambut Siwi in wunderbarer Einsamkeit.

Die ordentliche Stadt Tabanan befindet sich am Scheitelpunkt des von der Unesco ausgezeichneten *subak*, des Bewässerungssystems, das jedem Anwohner einen gerechten Anteil am Wasser garantiert. Auf schmalen Nebenstraßen kann man an sprudelnden Bächen entlangfahren, über einem biegt sich dichter Bambus, daneben türmen sich Früchte auf.

Reisezeit

- Am besten ist ein Besuch auf Westbali während der Trockenzeit, also zwischen April und September. Durch die Klimaveränderungen der letzten Jahre ist die Trockenzeit jedoch regenreicher und die eigentliche Regenzeit trockener geworden als früher. Wanderungen im Taman Nasional Bali Barat sind auf trockenen Wegen wesentlich leichter, und das Wasser vor Pulau Menjangan bietet die von Tauchern so geschätzte gute Sicht nur bei ruhigem Wetter.
- An der Westküste hat sich noch keine touristische Hauptsaison herausgebildet – zum Surfen eignen sich jedoch die Monate ohne „r“ am besten. Aber selbst dann ist hier weniger los als weiter im Süden.

Highlights

1 **Balian Beach** (S. 304) Dort, wo sich Surferkneipen und stilvolle Lokale aneinanderreihen, die Strandpartystimmung und den Blick auf die Brandung genießen

2 **Pantai Medewi** (S. 306) In dem zwanglosen Paradies auf der langen Linkswelle surfen

3 **Pura Taman Ayun** (S. 301) In einem der stimmungsvollsten Tempel Balis seine eigene ruhige Nische finden

4 **Pura Tanah Lot** (S. 301) Die morgendliche Spiritualität dieses beliebten Tempels erleben, ehe die Massen einfallen

5 **Pura Rambut Siwi** (S. 308) In diesem Küstentempel mit historischer Bedeutung die Ruhe genießen

6 **Cemagi** (S. 301) Den Trubel von Tanah Lot gegen die Beschaulichkeit des Tempels Pura Gede Luhur Batu Ngaus eintauschen

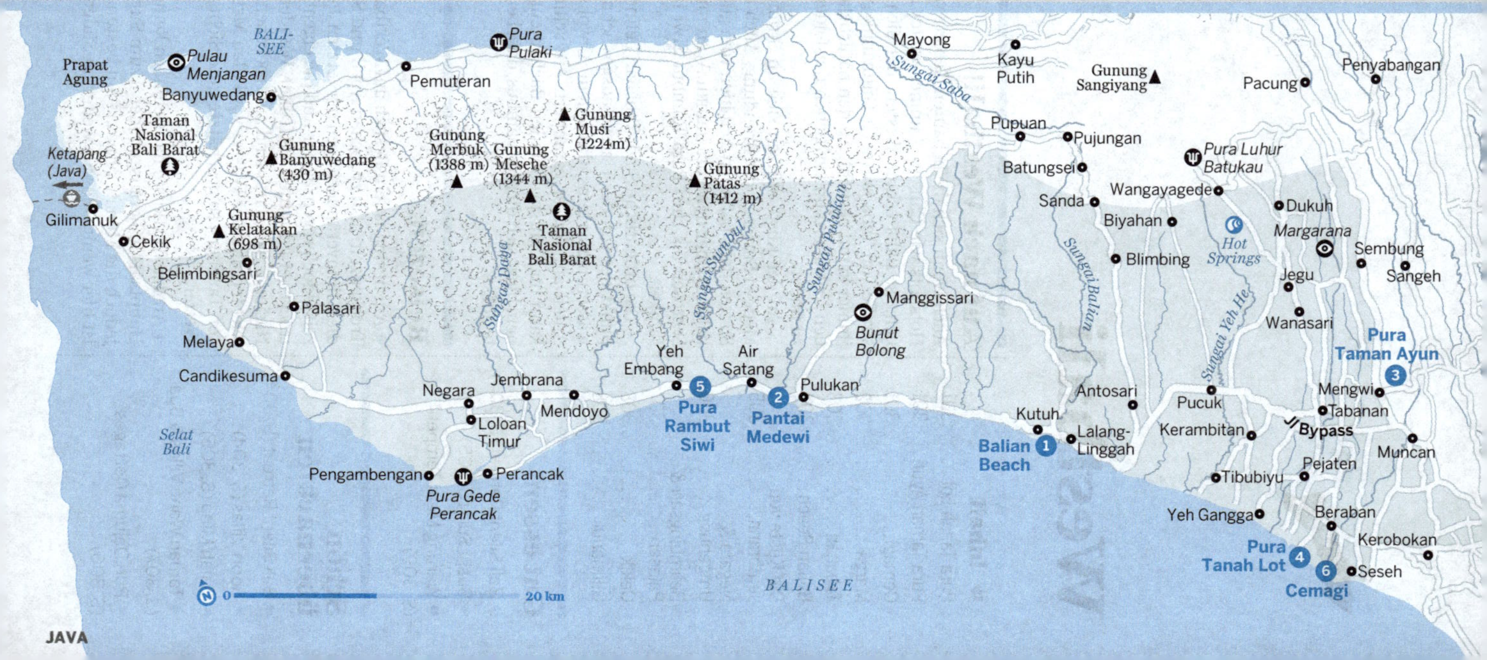

Pura Tanah Lot

Pura Tanah Lot (Erw./Kind 60 000/30 000 Rp, Parkplatz Auto/Motorrad 5000/2000 Rp; ⏲7–19 Uhr) ist eine extrem beliebte Touristenattraktion. Der Tempel hat für die Balinesen kulturelle Bedeutung, die jedoch inmitten der Menschenmassen, des Lärms und Chaos schwer auszumachen ist, und besonders bei Sonnenuntergang geht es hier hoch her. Dies ist der meistbesuchte und -fotografierte Tempel des Landes, er hat jedoch die Echtheit einer Bühnenkulisse – sogar der Felsen, auf dem der Tempel steht, ist eine geschickte Nachbildung (die gesamte Felsformation war allmählich zerbröckelt). Der Felsen ist zu mehr als einem Drittel künstlich.

Für die Balinesen gehört der Pura Tanah Lot trotzdem zu den bedeutendsten und am höchsten verehrten Seetempeln der Insel. Wie Pura Luhur Ulu Watu an der Spitze der südlichen Halbinsel Bukit und Pura Rambut Siwi im Westen wird er mit dem Brahmanenpriester Dang Hyang Nirartha des Hindu-Reiches Majapahit in Verbindung gebracht. Es heißt, dass jeder der Seetempel in Sichtweite des nächstliegenden gebaut werden sollte, daher bilden sie eine Kette entlang der südwestlichen Küste – vom Pura Tanah Lot sind der Pura Ulu Watu auf der Höhe der Klippen weit im Süden und die lang gestreckte Meeresküste westlich von Perancak bei Negara auszumachen.

Am Tanah Lot selbst reicht die Sicht jedoch möglicherweise nur von einem Händler zum nächsten. Der Fußweg, der vom großen Parkplatz zum Tempel am Meer hinunterführt, ist ein Spießrutenlauf zwischen schäbigen Andenkenläden. Und aus Lautsprechern scheppern grölende Durchsagen.

Bei Ebbe kann der Tempel zu Fuß erreicht werden, Ausländern ist das Betreten jedoch nicht gestattet.

Nicht zu übersehen ist das Pan Pacific Nirvana Resort auf einer Klippe mit seinem Wasser verschlingenden Golfplatz. Die Ferienanlage ist umstritten, seit sie erbaut wurde, denn viele empfinden es als respektlos, dass sie den Tempel an Höhe überragt.

Wer von Südbali kommt, nimmt die Küstenstraße westlich von Kerobokan und folgt den Schildern zum Tempel. Aus anderen Teilen Balis kommend verlässt man bei Kediri die Straße zwischen Denpasar und Gilimanuk und folgt den Hinweisschildern. Vor und nach Sonnenuntergang herrscht heillos dichter Verkehr mit endlosen Staus.

Pura Taman Ayun

Ein absolutes Muss ist der **Pura Taman Ayun** (Erw./Kind 20 000/10 000 Rp; ⏲8–18 Uhr), einer der bedeutendsten Tempel Balis und ein Ort der Ruhe. Den gewaltigen königlichen Wassertempel umschließt ein breiter, eleganter Wassergraben. Pura Taman Ayun war der Haupttempel des Königreichs Mengwi, das bis 1891 existierte, als es schließlich von den benachbarten Königreichen Tabanan und Badung erobert wurde. Der Tempel war 1634 erbaut worden, 1937 erfolgte eine umfassende Renovierung. In der weitläufigen Anlage ist es überhaupt kein Problem, den vielen Besuchergruppen aus dem Weg zu gehen.

Der erste Hof ist eine weite, offene Grünfläche, im inneren Hof stehen zahlreiche *meru* (mehrstufige Schreine). Auf den Teichen schwimmen Lotosblüten. Der Tempel selbst ist Teil des *Subak*-Systems (Bewässerungssystem für Reisfelder), das die Unesco im Jahr 2012 als Weltkulturerbe ausgewiesen hat. Zum Marktbereich direkt östlich des Tempels gehören viele gute Warungs (Imbissbuden), an denen man ein einfaches Mittagessen einnehmen kann.

Cemagi

Cemagi ist einer der Küstenstreifen zwischen Canggu und Tanah Lot, die derzeit weiter ausgebaut werden. Es lohnt den Besuch vor allem wegen seines malerischen Tempels und der wunderschönen Uferlandschaft.

TANAH LOT GENIESSEN

Warum sollte man Tanah Lot unbedingt besuchen? Nun, der Tempel ist eine bedeutende spirituelle Stätte und zudem wunderschön. Das Geheimnis ist, vormittags herzukommen, wenn die Besuchermassen noch nicht eingetroffen sind und die Händler noch schlafen. Dann ist Vogelgezwitscher zu hören anstatt laufender Busmotoren und nörgelnder Stimmen. Der Sonnenuntergang ist übrigens an vielen anderen Plätzen genauso gut zu sehen – etwa in einer Strandbar auf dem Weg gen Süden nach Seminyak.

Sehenswertes

Gleich nördlich des Pura Gede Luhur Batu Ngaus erstreckt sich der schwarzsandige **Pantal-Mengening**-Strand.

Pura Gede Luhur Batu Ngaus HINDUISTISCHER TEMPEL

Inmitten einer ständig wachsenden Gruppe aus Villen streckt sich eine spektakuläre Felsennase aus schwarzer Lava in die Brandung. Darauf erhebt sich der fotogene Pura Gede Luhur Batu Ngaus, der alle klassischen Elemente eines balinesischen Tempels aufweist und wie eine Miniaturversion von Tanah Lot aussieht, der 3 km weiter im Nordwesten steht.

Schlafen

Ombak Villa Cemagi VILLEN $$$

(☎0851 0080 0800; www.ombak.co.id; Jl Pantai Mengening; Villa ab 3 6000 000 Rp; ❄📶🏊) Das Ombak ist typisch für die Luxusanlagen in der Region Cemagi und verspricht opulenten Komfort für einen recht guten Preis angesichts des Gebotenen. Die Villen haben drei großzügige Schlafzimmer, einen großen Pool, stilvolle Wohnbereiche, eine voll ausgestattete Küche und vieles mehr. Hier kann eine Gruppe Ferien machen, ohne auch nur einmal die Anlage zu verlassen – zum Sonnenuntergang lohnt trotzdem der Spaziergang an den Strand.

Marga

☎0361

Im Dorf Marga verlaufen schöne, schattige Straßen zwischen traditionellen Familiengehöften – doch nicht immer ging es in dem Ort so friedlich zu. Am 20. November 1946 wurden 96 Unabhängigkeitskämpfer von einer viel größeren und besser ausgerüsteten niederländischen Truppe umstellt, die Bali nach dem Abzug der Japaner als Kolonie zurückerobern wollte. Der Ausgang des Kampfs erinnerte an den 40 Jahre zurückliegenden *puputan* (ritualisierten Massenselbstmord). Ngurah Rai, der den Widerstand gegen die Holländer anführte (nach ihm wurde später der Flughafen benannt), kam ums Leben, ebenso alle seine Männer. Doch es gab einen bedeutenden Unterschied: Diesmal erlitten auch die Niederländer schwere Verluste – die wohl dazu beitrugen, dass ihre Entschlossenheit, an der rebellischen Kolonie festzuhalten, ins Wanken geriet.

Sehenswertes

Margarana DENKMAL

(Monumen Nasional Taman Pujaan Bangsa Margarana; abseits Jl Tunjuk Marga; Spende 10 000 Rp; ⏰8–17 Uhr, Museum bis 12 Uhr) Mit dem Margarana, nordwestlich des Dorfs Marga, wird an Balis Rolle in Indonesiens Unabhängigkeitskampf erinnert. Touristen kommen selten vorbei, jedes balinesische Kind besucht die Gedenkstätte jedoch mindestens einmal in seiner Schulzeit, und jedes Jahr am 20. November findet hier eine Gedenkfeier statt. Auf dem großen Gelände erhebt sich eine 17 m hohe Säule, in der Nähe davon zeigt ein **Museum** ein paar Fotos, handgefertigte Waffen und andere Erinnerungsstücke an den Kampf (der letzte Brief von Ngurah Rai etwa enthält die aufschlussreiche Zeile „Freiheit oder Tod!"). Schulklassen sind unter der Woche vormittags hier, ansonsten ist ist die Stätte sehr ruhig.

Hinter der Margarana liegt ein kleineres Grundstück mit 1372 kleinen Steindenkmälern für die Toten des Unabhängigkeits-

BALIS WELTKULTURERBE

Subak, eine Dorfgenossenschaft, die sich mit Wasser, Wasserrechten und Bewässerung beschäftigt, hat im ländlichen Bali eine bedeutsame Rolle inne. Da das Wasser durch sehr viele Reisfelder fließt, bevor es endgültig versiegt, besteht immer die Gefahr, dass die Reisbauern nahe der Quelle Wasser im Überfluss haben, während jene weiter weg möglicherweise dazu verdammt sind, in Tanah Lot Holzschnitzereien zu verkaufen. Die Einrichtung eines Systems, das jedem einen gerechten Anteil am Wasser garantiert, ist ein Modell einvernehmlicher Zusammenarbeit, das Einblick in den balinesischen Charakter gewährt. (Eine Strategie etwa besteht darin, dass die letzte Person am Wasserkanal die Verteilung regelt.)

Dieses komplexe, lebenswichtige soziale System erkannte die Unesco 2012 als Weltkulturerbe an. Zu den besonders hervorgehobenen Plätzen gehören die Reisbauregion bei Tabanan, Pura Taman Ayun, die Reisterrassen von Jatiluwih und der Danau Batur.

kampfes – sie sind Denkmäler eines **Militärfriedhofs**, markieren jedoch keine Grabstellen. Jedes Denkmal zeigt ein Symbol, das auf die Religion des Toten hinweist, meistens die hinduistische Swastika, aber auch islamische Mondsicheln und christliche Kreuze. Bemerkenswert sind die Denkmäler für elf Japaner, die nach dem Ende des Zweiten Weltkriegs an der Seite der Balinesen gegen die Niederländer kämpften.

An- & Weiterreise

Selbst mit dem eigenen Wagen ist es nicht leicht, Marga und die Gedenkstätte zu finden – am besten ist es, unterwegs nach dem Weg zu fragen. Der Ausflug lässt sich gut mit dem Pura Taman Ayun und den Jatiluwih-Reisterrassen verbinden.

Tabanan

Tabanan ist – wie die meisten balinesischen Provinzhauptstädte – ein weitläufiger, wohlgeordneter Ort. Die üppig grünen Reisfelder in der Umgebung sind mustergültige Beispiele für Balis Reisanbautraditionen und spielten eine Rolle für deren Anerkennung als Unesco-Weltkulturerbe.

Sehenswertes

Mandala Mathika Subak MUSEUM
(Subak Museum; Jl Raya Kediri; Erw./Kind 15 000/10 000 Rp; Sa–Do 8–17, Fr bis 12.30 Uhr) In einem großen Komplex, der Tabanans *Subak*-Organisationen gewidmet ist, befindet sich dieses Museum mit Ausstellungen über die Bewässerung und Kultivierung der Reisfelder sowie die komplizierten sozialen Bezüge, die darüber bestimmen. Unter anderem gibt es Infos über die Unesco-Auszeichnung des *Subak*-Systems und ein gutes Modell dieses Bewässerungssystems in Aktion. Die Mitarbeiter führen Besucher gern herum; immer mehr Beschriftungen sind auch auf Englisch, und eine neue englischsprachige Broschüre bietet zahlreiche Informationen.

Essen

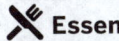

Warung Nasi Ibu Agus BALINESISCH $
(Jl Mawar, abseits Jl Dr Ir Soekarno; Hauptgerichte ab 15 000 Rp; 7–21 Uhr) Das *Babi-guling*-Restaurant gleich hinter der Hauptstraße serviert in seinem grün gehaltenen, relaxten Gastraum den ganzen Tag über große Portionen des namengebenden frisch gegrillten Spanferkels.

Nachtmarkt MARKT $
(Jl Gajah Mada; Hauptgerichte ab 15 000 Rp; 17–24 Uhr) An Dutzenden von Ständen wird nach Einbruch der Dunkelheit frisch zubereitetes Essen verkauft.

Hardy's SUPERMARKT
(0361-819850; 8–22 Uhr) Hardy's ist ein riesiger moderner Supermarkt mit Lebensmittel- und diversen anderen Abteilungen. Hier kann man den Vorrat für die Villa aufstocken oder gleich im Food Court eine frisch gekochte Mahlzeit zu sich nehmen.

An- & Weiterreise

Einige zwischen Denpasar (Busbahnhof Ubung) und Gilimanuk verkehrende Bemos (Kleinbusse) und Busse halten am Busbahnhof im Westen Tabanans (10 000 Rp).

Die Straße zum Pura Luhur Batukau und zu den schönen Reisterrassen von Jatiluwih führt vom Stadtzentrum gen Norden.

Südlich von Tabanan

Eine Fahrt durch den südlichen Teil des Bezirks Tabanan führt durch viele reizende Dörfer und vorbei an üppig wachsendem Reis. Die Felder gelten bei vielen als die ertragreichsten der gesamten Insel.

Sehenswertes

Rund 10 km südlich von Tabanan liegt **Pejaten**, ein Zentrum für die Herstellung traditioneller Töpferwaren, darunter kunstvoll verzierte Dachziegel. In ein paar Werkstätten im Dorf sind Objekte aus Porzellanerde zu sehen, die rein dekorativen Zwecken dienen. Den Besuch lohnt auch der kleine Ausstellungsraum von **Pejaten Ceramic Art** (081 657 7073; Mo–Sa 9–16 Uhr), einem von mehreren Töpferateliers am Ort. Die typischen blassgrünen Stücke sind sehr hübsch, und in Anbetracht der Preise, kauft man doch mindestens eine Kröte. Der Laden befindet sich in der Nähe des interessanten täglich abgehaltenen **Dorfmarktes**.

Etwas westlich von Tabanan führt eine Straße über Gubug zur 8 km südlich gelegenen abgeschiedenen Küste von **Yeh Gangga**, wo es einen guten, für gewöhnlich ruhigen Strand gibt.

Noch weiter im Westen zweigt von der Hauptstraße eine Straße in Richtung Süden zur Küste ab. Unterwegs kommt man durch das Dorf **Kerambitan**, das für seine Tanz- und Musikensembles bekannt ist, die im ganzen Süden und in Ubud auftreten. Im Schatten von Banyanbäumen stehen hier schöne alte Gebäude, darunter der im 17. Jh. errichtete Palast **Puri Anyar Kerambitan** (☎0361-812668; Jl Raya Kerambitan; Spende erbeten).

Etwa 4 km von Kerambitans südlichem Ortsrand entfernt liegt das kleine Küstendorf **Tibubiyu**. Die landschaftlich reizvolle Straße Jalanl Meliling Kangin führt von Kerambitan zur Hauptstraße von Tabanan nach Gilimanuk, vorbei an gewaltigen Bambusgewächsen, Obstbäumen und Reisfeldern.

Schlafen

Soori Villas VILLEN $$$
(☎0361-894 6388; http://sooribali.com; Kelating; Villa ab 4 600 000 Rp;) Die Luxusanlage an einem (bisher noch) abgeschiedenen Abschnitt von Balis Westküste bietet 46 Villen mit viel Privatsphäre und eigenen Tauchbecken. Die Unterkünfte sind modern-minimalistisch eingerichtet. 2017 wird das komplette Resort gründlich überholt. Canggu und Seminyak sind 45 bis 60 Autominuten entfernt; die Ferienanlage bietet Fahrten dorthin an.

Entworfen wurde Soori Villas von dem Singapurer Architekt Soo K. Chan. Ihm und seiner Frau Ling Fu gehört die Anlage, seit sie sie 2016 von Alila übernommen haben. Angeblich planen die beiden ihre eigene Hotelkette.

Nördlich von Tabanan

Die Gegend nördlich von Tabanan ist am besten mit dem eigenen Wagen zu erkunden. Es gibt zwar ein paar zweitrangige Attraktionen, den eigentlichen Reiz machen aber die Fahrten über kleine Straßen aus, über denen der Bambus tempelartige Bogen bildet. Und hinter nahezu jeder Kurve kommen neue Reisfelder in Sicht.

Schlafen

★ **Bali Silent Retreat** BOUTIQUEHOTEL $
(☎0813 5348 6517; www.balisilentretreat.com; Penatahan; B 20 US$, Zi. 40–120 US$) Die Ferienanlage in einer grandiosen Szenerie wird ihrem Namen voll und ganz gerecht: Dies ist ein Ort zum Meditieren, für Yoga, Spaziergänge in der Natur und viele weitere Unternehmungen – alles in völliger Stille. Beim fabelhaften Essen aus Bioprodukten (für 30 US$ am Tag) hat der Minimalismus jedoch ein Ende. 18 km nordwestlich von Tabanan.

Bali Homestay Program PRIVATUNTERKUNFT $
(☎0817 067 1788; www.bali-homestay.com; Jegu; 2 Nächte all-inclusive EZ/DZ ab 185/330 US$) Bei diesem innovativen Programm, das Reisende in Privathäusern im Reisanbaudorf Jegu, 9 km nördlich von Tabanan, unterbringt, ist das authentische Dorfleben gleich inklusive. Das empfehlenswerte Pauschalangebot für zwei Nächte enthält Aktivitäten wie Opferrituale, Ausflüge in andere Dörfer und kulturelle Touren sowie alle Mahlzeiten. Sollte mindestens zwei Wochen im Voraus gebucht werden.

Balian Beach

Noch beliebter ist der Balian Beach mit Dünen und Hügelchen hinter der tosenden Brandung. Der Strand lockt Surfer und all jene an, die dem Trubel von Südbali entkommen wollen.

Besucher können zwischen Cafés schlendern und mit anderen Urlaubern ein Bier trinken, den Sonnenuntergang bestaunen und über die Surfbedingungen plaudern. Am schwarzen Sandstrand verleihen einfache Buden Surfbretter, die ungestümen Wellen eignen sich aber auch zum Body-Surfen ohne Brett.

Der Balian Beach befindet sich direkt an der Mündung des breiten Sungai Balian (Balian River), 800 m südlich der Ortschaft Lalang-Linggah, die 10 km westlich von Antosari an der Hauptstraße liegt.

Schlafen

★ **Surya Homestay** GUESTHOUSE $
(☎0813 3868 5643; wayan.suratni@gmail.com; Zi. inkl. Frühstück 200 000–300 000 Rp) Das nette kleine, von einer Familie geführte Surya (Wayan und Putu sind ganz zauberhafte Gastgeber) bietet fünf Zimmer in bungalowartigen Gebäuden. Alles ist hier blitzblank, die Zimmer haben kaltes Wasser und Ventilatoren. Bei längeren Aufenthalten wird Rabatt gewährt. Es befindet sich etwa 200 m abseits der Hauptstraße in einer kleinen Gasse.

Made's Homestay PRIVATUNTERKUNFT $
(☎0812 396 3335; Zi. 150 000–200 000 Rp) Die drei einfachen Wohneinheiten im Bungalowstil, etwas vom Strand zurückgesetzt, sind von Bananenstauden umgeben. Sie sind schlicht, sauber, groß genug für mehrere Surfbretter und verfügen über Kaltwasserduschen.

Ayu Balian PRIVATUNTERKUNFT $

(☎ 0812 399 353; Jl Pantai Balian; Zi. inkl. Frühstück 100 000–325 000 Rp) Die 15 Zimmer dieses leicht chaotischen zweistöckigen Blocks mit Kaltwasserversorgung blicken die Straße hinunter zur Brandung. Das kleine Café serviert angesagte Genüsse wie z. B. Oreo-Shakes. Die freundliche Besitzerin Ayu ist ein Original.

★ **Gajah Mina** BOUTIQUEHOTEL $$

(☎ 0812 381 1630; www.gajahminaresort.com; Villa inkl. Frühstück 100–170 US$;) Der französische Eigentümer, ein Architekt, entwarf dieses Boutiquehotel mit elf Wohneinheiten in Meernähe. Die ummauerten Bungalows erstrecken sich bis auf einen dramatischen, von der Brandung umtosten Felsvorsprung. Auf dem weitläufigen Gelände gibt es schmale Spazierwege und Pavillons zum Entspannen. Im Fischrestaurant **Naga** (Hauptgerichte ab 70 000 Rp) genießt man einen Blick über die hauseigenen Reisterrassen.

Gubug Balian Beach GUESTHOUSE $$

(☎ 0812 3963 0605; gubugbalian@gmail.com; Jl Pantai Balian; Zi. 350 000–720 000 Rp;) Auf einem weitläufigen Gelände nahe am Strand gibt es hier zehn Zimmer, teilweise mit Blick hinunter zum Strand. Die günstigsten Zimmer haben lediglich Ventilatoren und kaltes Wasser.

Pondok Pisces GUESTHOUSE $$

(☎ 0813 3879 7722, 0361-780 1735; www.pondokpiscesbali.com; Jl Pantai Balian; Zi. 420 000–1 100 000 Rp;) Überall in dieser Tropenidylle aus strohgedeckten Hütten und blumengefüllten Gärten ist die Brandung zu hören. Von den zehn Gästezimmern haben jene im oberen Stockwerk große Terrassen mit Meerblick. Das dazugehörige Restaurant **Tom's Garden Cafe** (Hauptgerichte 40 000–80 000 Rp) bietet gegrilltes Seafood und ebenfalls einen Blick aufs Meer.

Pondok Pitaya GUESTHOUSE $$

(☎ 0819 9984 9054; www.pondokpitaya.com; Jl Pantai Balian; Zi. inkl. Frühstück 60–120 US$;) Die Anlage in der meersalzgeschwängerten Luft direkt am wellenreichen Balian Beach besteht aus unterschiedlichen Unterkünften – von alten indonesischen Gebäuden (darunter ein javanisches Haus von 1950 und die Hütte eines balinesischen Alligatorjägers aus dem Jahr 1860) bis hin zu bescheideneren Bauten – und einem beliebten Pool. Die Unterkunft ist sehr gut für Familien geeignet. Das **Café** (Hauptgerichte 35 000–120 000 Rp) serviert Säfte, Biokost und Pizzas.

Essen

Tékor Bali INTERNATIONAL $

(☎ 0815 5832 3330; tekorbali@hotmail.com; abseits Jl Pantai Balian; Hauptgerichte ab 30 000 Rp; ⏲ 7.30–22 Uhr;) In einer Gasse 100 m hinter dem Strand fühlen sich die Gäste dieses einladenden Restaurants mit grünem Rasen wie auf einer Grillparty bei Freunden. Auf der umfangreichen Speisekarte stehen die üblichen regionalen und Surfer-Favoriten, die Burger sind exzellent. Die Cocktails sind gut, das Bintang vom Fass ist sehr preiswert.

Für Übernachtungsgäste stehen zwei einfache Zimmer zur Verfügung (350 000 Rp).

★ **Sushi Surf** JAPANISCH $$

(☎ 0812 3709 0980; Jl Pantai Balian; Hauptgerichte ab 40 000 Rp; ⏲ 10–22 Uhr) *Der* Platz für einen Sonnenuntergangscocktail und Sushi. Die Brandung schlägt direkt vor dem wunderbar schrulligen, mehrstufigen Sitzbereich an den Strand. Es gibt Tagesspezialitäten und eine lange Speisekarte, die mehr als nur California Rolls bietet. Betreiber sind die Leute vom Pondok Pitaya.

An- & Weiterreise

Da auf Westbalis Hauptstraße meist sehr dichter Verkehr herrscht, dauert die Fahrt von Seminyak oder vom Flughafen zum Balian Beach (55 km) oft zwei Stunden oder länger. Ein Auto mit Fahrer kostet für einen Tagesausflug ca. 600 000 Rp. Oder man nimmt den Bus (20 000 Rp), der vom Busbahnhof Ubung in Denpasar nach Gilimanuk fährt, und lässt sich an der Abzweigung, 800 m von den Unterkünften entfernt, absetzen.

Die Küste von Jembrana

Rund 34 km westlich von Tabanan beginnt Jembrana, die am dünnsten besiedelte Region Balis. Die Hauptstraße führt größtenteils an der Südküste entlang bis nach Negara. Die Gegend ist schön und touristisch kaum erschlossen – mit Ausnahme der Surferszene in Medewi. Ab Pulukan führt eine Straße gen Norden durch einsame, reizvolle Landschaften nach Nordbali.

Jembrana, einst Provinzhauptstadt, ist das Zentrum des Gamelan *jegog*, einer Variante des Gamelan mit riesigen Bambusinstrumenten, die tiefe, vibrierende Töne erzeugen. Bei Aufführungen liefern sich häufig Gamelan-Orchester einen musikalischen Wettstreit. Die beste Gelegenheit, diese Musik zu hören, bieten lokale Feste. Am besten fragt man seinen Chauffeur oder andere Einheimische, ob gerade eines stattfindet.

Medewi

☎ 0365

An der Hauptstraße weist ein großes Schild auf die kurze (200 m) befestigte Straße zum Surfermekka **Pantai Medewi** mit seiner berühmten langen Linkswelle hin. 200 bis 400 m lange Wellenritte sind hier nichts Außergewöhnliches.

Der „Strand" besteht aus gewaltigen, glattgeschliffenen grauen Gesteinsbrocken auf einem Boden aus runden schwarzen Kieseln, die für eine kostenlose Fußreflexzonenmassage sorgen. Am Ufer weidet Vieh, das den Zuschauern des Spektakels draußen auf dem Wasser keine Beachtung schenkt. Es gibt ein paar Pensionen und Surfshops (Board-Verleih ab 100 000 Rp pro Tag).

Medewi selbst ist ein klassisches Marktstädtchen mit Läden, in denen es alles zu kaufen gibt, was man in Westbali benötigt.

Schlafen

Unterkünfte gibt es an der kurzen Jalan Pantai Medewi, die an den Strand hinunterführt. In anderen Sträßchen in beiden Richtungen rund 2 km vom Hauptstrand stehen vereinzelt Guesthouses. Dafür ist mindestens ein Motorroller nötig.

Surf Villa Mukks GUESTHOUSE $
(☎ 0812 397 3431; www.surfvillamukks.com; Pulukan; Zi. inkl. Frühstück mit Ventilator/Klimaanlage 250 000/400 000 Rp; ❄ 📶) Etwa 900 m östlich von der Medewi-Brandungswelle befindet sich in Pulukan dieses Guesthouse in japanischer Hand. Die modernen Zimmer in diesem relaxten Haus blicken auf Reisfelder und das Meer dahinter und haben große Bambusjalousien anstelle von Türen. Surfbrettverleih und Surfkurse.

Warung Gede & Homestay GUESTHOUSE $
(☎ 0812 397 6668; Zi. ab 150 000 Rp) Im schlichten Open-Air-Café (6–22 Uhr, Mahlzeiten ab 20 000 Rp) gibt es zum Blick auf die Wellen einfache indonesische Gerichte und gutes Frühstück. Die typischen Surfer-Zimmer haben kaltes Wasser und Ventilatoren.

Mai Malu GUESTHOUSE $
(☎ 0819 1617 1045; maimalu.medewi@yahoo; abseits der Tabanan–Gilimanuk-Straße; Zi. ab 150 000 Rp; 📶) Das Mai Malu nahe dem Highway an der Straße nach Medewi ist ein populäres Lokal (und fast das einzige hier). Im modernen, luftigen Essbereich in der oberen Etage werden leckere Pizzas, Burger und indonesische Gerichte serviert (Hauptgerichte ab 35 000 Rp). Die Gästezimmer haben alles Notwendige plus Ventilatoren.

★ **Puri Dajuma Cottages** HOTEL $$
(☎ 0361-813230, 0811 388 709; www.dajuma.com; Cottage ab 1 200 000 Rp; ❄ @ 📶 🏊) Wer aus dem Osten auf der Hauptstraße anreist, kann diese Ferienanlage am Meer dank der zahlreichen Schilder gar nicht verpassen. Zum Glück halten die 20 Cottages auch, was die massive Werbung verspricht. Jedes hat seinen eigenen Garten, Hängematte, Meerblick und eine ummauerte Freiluftdusche. 2 km westlich vom Medewi-Surfstrand.

An- & Weiterreise

Der Medewi Beach befindet sich 75 km vom Flughafen entfernt. Ein Auto mit Fahrer kostet für einen Tagesausflug ca. 650 000 Rp. Oder man nimmt den Bus (25 000 Rp), der vom Busbahnhof Ubung in Denpasar nach Gilimanuk fährt, und lässt sich an der Abzweigung absetzen.

Negara & Umgebung

☎ 0365

Inmitten der weiten, fruchtbaren Ebene zwischen den Bergen und dem Meer liegt Negara, eine florierende Kleinstadt, die sich für einen Zwischenstopp eignet. Obwohl Negara Bezirkshauptstadt ist, hat sie kaum Sehenswertes zu bieten. Doch zur Zeit der berühmten **Wasserbüffelrennen** erwacht das Städtchen zum Leben. Sonntagmorgens kann man auf dem Fußballplatz bei Delod Berawan beim Training zuschauen. Um hinzugelangen, von der Hauptstraße zwischen Gilimanuk und Denpasar den Abzweig Mendoyo nehmen und gen Süden zur Küste fahren, wo es einen schwarzen Sandstrand und unbeständige Brandung gibt.

Am südlichen Rand von Negara befindet sich **Loloan Timur**, eine recht große Gemeinde von Angehörigen der Bugis, die ursprünglich aus Sulawesi kamen und 300 Jahre alte Traditionen pflegen. Auffällig sind ein paar auf Pfählen gebaute Häuser, die zum Teil mit Laubsägearbeiten verziert sind.

Perancak war der Schauplatz von Nirarthas Ankunft auf Bali im Jahr 1546. Zum Gedenken wurde ein Kalksteintempel, **Pura**

Gede Perancak, gebaut. Den traurigen kleinen Zoo in der Nähe ignoriert man am besten und bummelt stattdessen durch den Fischerhafen.

Essen

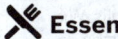

Hardy's Department Store SUPERMARKT
(☎0365-40709; Jl Ngurah Rai; ⏲8–22 Uhr) Großer Supermarkt mit Food Court mitten in Negara. Der beste Laden für Lebensmittel und andere Waren in ganz Westbali.

Praktische Informationen

Jembrana Government Tourist Office
(☎0365-41060; Jl Dr Setia Budi 1, Negara; ⏲Mo–Fr 9–15 Uhr)

An- & Weiterreise

Die meisten Bemos und Minibusse, die von Denpasar (Busbahnhof Ubung) nach Gilimanuk fahren, lassen Fahrgäste in Negara aussteigen (25 000 Rp).

Belimbingsari & Palasari

Zwei faszinierende religiöse Enklaven nördlich der Hauptstraße, Belimbingsari und Palasari, sind Grund genug für einen Umweg.

Das Christentum wurde auf Bali von den säkular gesinnten Niederländern unterdrückt. Die sporadische Tätigkeit von Missionaren brachte dennoch etliche Konvertiten hervor, viele von ihnen wurden aus ihren heimatlichen Gemeinden verstoßen. 1939 wurden die Konvertiten schließlich in christlichen Gemeinden in der Wildnis Westbalis angesiedelt.

In **Palasari** gibt es eine katholische Gemeinde, deren Stolz eine große Herz-Jesu-Kirche ist; sie wurde fast gänzlich aus weißen Steinen an einem großen Marktplatz errichtet. Die Kirche wirkt sehr friedlich und lässt mit ihren sanft geschwungenen Palmen eher an das missionierte Hawaii als an das hinduistische Bali denken. Ihre Türme haben allerdings eindeutig balinesische Züge: Sie ähneln den *meru* (Schreinen mit mehreren Dächern) eines hinduistischen Tempels, die Form der Fassade ist einem Tempeltor nachempfunden.

Das benachbarte **Belimbingsari** wurde als protestantische Gemeinde gegründet und besitzt heute die größte protestantische Kirche auf Bali, Pura Gereja, die aber nicht ganz so hoch in den Himmel strebt wie die Kirche von Palasari. Trotzdem ist sie ein beeindruckendes Gebäude, dessen Stilmerkmale ausgesprochen balinesisch wirken: Anstelle einer Kirchenglocke gibt es eine Signaltrommel aus einem ausgehöhlten Baumstamm (*kulkul*) wie man ihn in einem hinduistischen Tempel antrifft. Der Eingang erfolgt durch ein Tor im Stil eines *aling aling*, auch die hübsch geschnitzten Engel wirken sehr balinesisch. Sonntags ist der sehenswerte Kirchenraum zugänglich.

Schlafen

★**Taman Wana Villas & Spa** BOUTIQUEHOTEL $$$
(☎0828 9712 3456, 0361-727770; www.bali-tamanwana-villas.com; Palasari; Zi. 80–280 US$; ❄📶🏊) Ein fast spirituelles Erlebnis verspricht der Aufenthalt in dieser abgeschie-

WASSERBÜFFELRENNEN

Die Region Negara ist berühmt für ihre Büffelrennen. Die Veranstaltungen, *mekepung* genannt, gipfeln am Sonntag vor dem 17. August, Indonesiens Unabhängigkeitstag, im **Bupati Cup** in Negara.

Bei den Zugtieren handelt es sich um die sonst so sanftmütigen Wasserbüffel, die auf einem 2 km langen Straßen- oder Strandabschnitt um die Wette laufen, wobei sie kleine Wagen hinter sich herziehen. Farbenfroh kostümierte Fahrer stehen oder knien auf den Wagen und feuern die Büffel an. Als Sieger geht nicht immer der Schnellste hervor, auch der Rennstil wird bewertet, und Punkte bekommt vor allem das eleganteste Gespann. Auf das Ergebnis werden viele Wetten abgeschlossen.

Es gilt zu erwähnen, dass Balis Büffelrennen von Tierschutzexperten wegen des Einsatzes von Stachelstöcken und anderen Hilfsmitteln zum Antreiben der Büffel kritisiert werden.

Wichtige Rennen finden in der Trockenzeit von Juli bis Oktober an einigen Sonntagvormittagen statt. Die Rennen und Trainingsläufe werden an mehreren Plätzen rund um Perancak an der Küste und andernorts, z. B. in Delod Berawan und Mertasari, abgehalten.

PURA RAMBUT SIWI

Bildschön auf der Höhe einer Klippe gelegen, überblickt der prachtvolle Tempel **Pura Rambut Siwi** im Schatten blühender Frangipanibäume einen langen, breiten schwarzen Sandstrand. Pura Rambut Siwi ist einer der bedeutendsten Seetempel Westbalis. Wie Pura Tanah Lot und Pura Luhur Ulu Watu wurde er im 16. Jh. vom Priester Nirartha gegründet, der einen ausgezeichneten Blick für schöne Küstenlandschaften hatte. Im Gegensatz zu Tanah Lot ist dieser Tempel noch immer eine ruhige, kaum besuchte Stätte. An Tagen, an denen keine Zeremonie stattfindet, trifft man hier nur auf ein paar einsame Getränkeverkäufer.

Eine Legende besagt, dass Nirartha, als er zum ersten Mal hierherkam, den Dorfbewohnern eine Strähne seines Haars schenkte. Die Strähne wird heute in einem Kästchen aufbewahrt, das sich in einem dreistufigen *meru* (einem Schrein mit mehreren Ebenen) befindet, dessen Name „Verehrung des Haars" bedeutet. Der zentrale *meru* ist nicht zugänglich, durch ein Tor kann man aber einen Blick darauf werfen. Vom Parkplatz gelangt man über eine beeindruckende Treppe zum Tempel hinauf.

Der Wächter verleiht für 2000 Rp Sarongs und führt Besucher gern durch den Tempel und zum Strand hinunter. Dann öffnet er das Gästebuch und erbittet eine Spende – 10 000 Rp sind angemessen (ungeachtet der Tatsache, dass frühere Besucher viel mehr gespendet haben). Über einen Klippenpfad gelangt man zu einer Treppe, die zu einem kleinen, noch älteren Tempel, dem **Pura Penataran**, hinabführt.

Der Tempel befindet sich zwischen Air Satang und Yeh Embang, 7 km westlich von Medewi und 48 km östlich von Gilimanuk. Die breite, 500 m lange Seitenstraße zum Tempel, die an einer Gruppe von Warungs von der Straße zwischen Tabanan und Gilimanuk abzweigt, führt durch schöne Reisfelder und ist gut ausgeschildert.

denen Ferienanlage, die man auf einer wunderbaren, 2 km langen Fahrt durch einen Urwald, vorbei an der Kirche in Palasari, erreicht. Das architektonisch beeindruckende Resort verfügt über 27 Gästezimmer in ungewöhnlichen runden Gebäuden. Mit „piekfein" wird der Luxus hier nur annähernd beschrieben. Überall eröffnen sich Panoramablicke; die Bitte nach einem Zimmer mit Aussicht auf die Reisfelder lohnt sich.

ℹ An- & Weiterreise

Die beiden Dörfer sind nördlich der Hauptstraße gelegen, am besten sind sie auf einer Rundfahrt mit dem eigenen Fahrzeug erreichbar. Auf der Hauptstraße etwa 17 km westlich von Negara weisen Schilder auf die Taman Wana Villas hin. In dieser Richtung ist nach 6,1 km Palasari erreicht. Aus westlicher Richtung stößt man etwa 20 km südöstlich von Cekik auf eine Abzweigung nach Belimbingsari. Eine befestigte Straße führt zum Dorf. Die anstregende Fahrt durch enge Sträßchen gelingt nur mit Beistand. Meistens findet sich aber jemand, der einem weiterhilft.

Cekik

An der Cekik-Kreuzung führt eine Straße 3 km weiter gen Westen zum Fähranleger von Gilimanuk, eine andere in nordöstlicher Richtung nach Nordbali. Alle Busse und Bemos von und nach Gilimanuk kommen durch Cekik.

In den 1960er-Jahren kamen hier bei **archäologischen Ausgrabungen** die ältesten Hinweise auf menschliches Leben auf Bali zutage. Zu den Funden gehören Hügelgräber mit Grabbeigaben, Bronzeschmuck, Äxte, Beile und Tongefäße aus der Zeit um 1000 v. Chr. plus/minus ein paar Jahrhunderte. Im Museum Manusia Purbakala Gilimanuk in Gilimanuk sind einige der Fundstücke ausgestellt.

An der Südseite der Kreuzung steht ein pagodenartiges Gebäude mit außen verlaufender Wendeltreppe. Es fungiert als **Kriegerdenkmal**, das an die Landung der indonesischen Truppen auf Bali erinnert. Diese stellten sich den Niederländern entgegen, die nach dem Zweiten Weltkrieg die Macht über Indonesien zurückgewinnen wollten.

In Cekik befindet sich die Verwaltung des Taman Nasional Bali Barat (S. 298); direkt hinter der Hauptstraße nahe der Kreuzung.

Gilimanuk

Gilimanuk ist die Anlegestelle der Fähren, die über die schmale Bali-Straße von und nach Java pendeln. Meistens haben die Reisenden von/nach Java Direktanschluss an Fähren oder Busse und halten sich hier nicht lange auf.

Sehenswertes

Überall an der nördlichen Küste der Stadt sind die gewaltigen Wellen und Strömungen in der Meerenge zu sehen. Die Gewalt des Wassers ist dramatisch – und Grund genug, auf zweifelhafte Currygerichte zu verzichten, bevor man an Bord einer Fähre geht.

Museum Manusia Purbakala Gilimanuk MUSEUM
(Museum für prähistorische Völker; ☎0365-61328; Jl Rajawali; erwartete Spende 10 000 Rp; ⏲Öffnungszeiten variieren) Dieser Teil Balis ist seit Jahrtausenden bewohnt. Im Mittelpunkt des Museum Manusia Purbakala Gilimanuk steht eine Gruppe aus Skeletten, die hier 2004 entdeckt wurden und wohl an die 4000 Jahre alt sind. Das Museum der kahlen Knochen, wie es auch heißen könnte, steht 500 m östlich vom Fährhafen.

Essen

Warung Ment Tempeh BALINESISCH $
(Terminal Lama; Mahlzeiten ab 25 000 Rp; ⏲8–22 Uhr) Eine große Familie betreibt hier mehrere Cafés nebeneinander. Serviert wird eine Spezialität, für die Gilimanuk bekannt ist: das *ayam betutu*, ein scharfes gedämpftes Hühnchen mit Kräutern. Der Warung befindet sich im alten Busbahnhof, ca. 500 m südlich des Fährhafens und 50 m abseits der Hauptstraße.

Praktische Informationen

Ein Geldautomat der Bank BRI, ein Postamt und eine Polizeiwache befinden sich an der Jalan Raya Gilimanuk.

An- & Weiterreise

Regelmäßig verkehren Busse zwischen Gilimanuks großem Busbahnhof und dem Busbahnhof Ubung in Denpasar (30 000 Rp, 3 Std.) sowie auf der Nordküstenstraße nach Singaraja (30 000 Rp). Kleinere, etwas komfortablere Minibusse bedienen beide Strecken für 5000 Rp mehr.

Autofähren nach und von Ketapang auf der Insel Java (30 Min., Erw./Kind 6000/4000 Rp, Motorrad/Auto 24 000/138 000 Rp) pendeln rund um die Uhr. Die Sicherheitsstandards sind hier bestenfalls mittelmäßig. Das Terminal für die Fußgänger befindet sich 300 m nördlich des großen Busbahnhofs.

Lombok

➡ Inhalt

Gut essen

- Laut Biru Bar & Restaurant (S. 341)
- Nugget's Corner (S. 336)
- Taliwang Irama (S. 314)
- Spice (S. 322)
- Coco Beach (S. 341)

Schön übernachten

- Rinjani Beach Eco Resort (S. 324)
- Qunci Villas (S. 320)
- Tugu Lombok (S. 325)
- Blongas Bay Lodge (S. 341)
- Pearl Beach (S. 317)
- Sempiak Villas (S. 341)

Auf nach Lombok!

Lombok stand lange im Schatten seiner berühmteren Schwesterinsel Bali jenseits der Lombokstraße, und doch umgibt die Insel eine lockende Aura, die für Reisende auf der Suche nach dem Andersartigen deutlich wahrnehmbar ist. Mit exquisiten Sandstränden, endlosen Brandungswellen, einem waldreichen Hinterland und Wanderwegen durch Tabak- und Reisfelder ist Lombok mit einer Überfülle tropischer Verlockungen gesegnet. Ein überragender Anblick ist der mächtige Gunung Rinjani, der zweithöchste Vulkan Indonesiens – mit seinen heißen Quellen und einem glitzernden Kratersee das vollkommene Bild eines Vulkangipfels.

Doch das ist noch nicht alles. Die Südküste Lomboks bietet ein ebenso überwältigendes Bild tropischer Natur: türkisfarbene Buchten, großartige Brandungswellen und felsige Landspitzen. Eine baldige Bebauung der herrlichen Strände steht unmittelbar bevor, bis es aber soweit ist, sind die noch unberührten Gegenden leicht zu erreichen.

Für Reisende auf dem Weg zu den Gili-Inseln ist ein Aufenthalt auf Lombok unverzichtbar. Überfahrten zwischen Lombok, den Gili-Inseln und Bali sind per Schiff möglich.

Reisezeit

- Auf Lombok herrscht ganzjährig ein heißes, drückendes tropisches Klima mit einer ausgeprägten Regenzeit zwischen Ende Oktober und April. In dieser Zeit kann die Besteigung des Gunung Rinjani schwierig sein.
- Die trockensten Monate fallen mit der touristischen Hauptsaison im Juli und August zusammen. Dann herrschen ideale Wetterbedingungen, die jedoch nur um den Preis eines massiven Touristenandrangs zu haben sind.
- Wer dennoch in der Regenzeit nach Lombok reist, kann dafür regionale Feste erleben, z. B. Perang Topat am Pura Lingsar – ein wildes Spektakel (Nov. oder Dez.) –, die Peresean-Speerkämpfe (Dez.) oder die Büffelrennen von Narmada (April).

DER WESTEN

☎0370

Mataram, die größte Metropole der Region, hält mit dem wirtschaftlichen Wachstum der Provinz West-Nusa Tenggara einigermaßen Schritt. Das berühmte Strandferienziel Senggigi liegt dagegen noch in einem Dornröschenschlaf, in den es bereits in den 1990er-Jahren gefallen war. Im Süden des Hafens von Lembar ragt die südwestliche Halbinsel buchtenreich in die ruhigen Meeresgewässer hinein, vor der Küste liegen einige idyllische Inseln.

Mataram

Die Hauptstadt Lomboks hat keine klar definierten Grenzen, inzwischen sind mehrere (einstmals selbstständige) Ortschaften Teil dieses Ballungsgebiets: Ampenan, der Hafen, Mataram, das Verwaltungszentrum, Cakranegara, das Geschäftsviertel (oft abgekürzt „Cakra" genannt), sowie Sweta im Osten, wo sich u. a. der Busbahnhof Mandalika befindet. Die Stadt erstreckt sich von Ost nach West auf mehr als 12 km.

Die Stadt besitzt wenige Sehenswürdigkeiten, doch die weiten, von Bäumen gesäumten Boulevards von Mataram, auf denen es von unzähligen Mopeds dröhnt und knattert, die traditionellen Märkte und Einkaufsstraßen wimmeln nur so vor Menschenmassen. Wer einen authentischen Eindruck von der indonesischen Lebenswirklichkeit gewinnen will, wird sie hier finden.

Sehenswertes

★ Pura Meru HINDUTEMPEL

(Jl Selaparang; 10 000 Rp; ⏲8–17 Uhr) Pura Meru ist der größte Hindutempel Lomboks, in seiner Bedeutung nimmt er den zweiten Rang ein. Der Tempelbau von 1720 ist der hinduistischen Götter-Trinität Brahma, Vishnu und Shiva geweiht. Im inneren Hof befinden sich 33 kleine Schreine und drei strohgedeckte *meru* (mehrstufige Schreine) aus Teakholz. Der zentrale *Meru*-Schrein mit elf Stufen ist die Wohnstätte Shivas, der im Norden gelegene *meru* mit neun Stufen das Haus Vishnus und der siebenstufige Schrein im Süden das Haus von Brahma.

Von den *meru* heißt es auch, dass sie die drei heiligen Berge Rinjani, Agung und Bromo sowie den mythischen Berg Meru repräsentieren. Ein Wächter verleiht Tempelschärpen und Sarongs an die Besucher.

Mayura Water Palace PARK

(Jl Selaparang; Eintritt: Spende; ⏲7–19 Uhr) Auf dem Gelände des Palastbaues von 1744 steht der Familientempel der einstigen Königsfamilie, ein Wallfahrtsort für die hinduistischen Gläubigen Lomboks, die sich hier am 24. Dezember versammeln. Im Jahr 1894 war das Tempelgelände Schauplatz blutiger Kämpfe zwischen den niederländischen Kolonialtruppen und den balinesischen Aufständischen. Eine historische Atmosphäre haftet dem Tempelbezirk noch an, aus dem leider ein verwahrloster öffentlicher Park mit einem noch dazu verschmutzten künstlichen See geworden ist.

Feste & Events

Perang Topat KULTUR

(⏲Nov.) Das fröhliche Fest spielt sich am Pura Lingsar bei Mataram ab; dazu gehört ein Umzug mit kostümierten Teilnehmern und eine „Reisschlacht" zwischen Anhängern des Hinduismus und des Wetu Telu, die einander mit Bällen aus klebrigem Reis (*ketupat*) bewerfen. Es findet möglicherweise auch im Dezember statt.

Peresean KULTUR

(⏲Dez.) Kampfkunst im Stil Lomboks. Die Teilnehmer dieses Speerkampfes treten, bis zur Hüfte unbekleidet, mit Stäben und rindsledernen Schilden bewaffnet gegeneinander an. Sieger ist, wer seinem Gegner als Erster blutige Wunden zufügt. Diese Wettkämpfe finden alljährlich gegen Ende des Monats in Mataram statt.

Schlafen

Hotel Melati Viktor GUESTHOUSE $

(☎0370-633830; Jl Abimanyu 1; Zi. inkl. Frühstück 120 000–250 000 Rp; ❄📶) Hohe Decken, 37 gepflegte Zimmer und ein Innenhof in balinesischem Stil mit hinduistischen Statuen machen diese Pension zu einer der besten preiswerten Adressen in der Stadt. Selbst die günstigsten Zimmer sind mit Ventilatoren ausgestattet.

Hotel Lombok Raya HOTEL $$

(☎0370-632305; www.lombokrayahotel.com; Jl Panca Usaha 11; Zi. inkl. Frühstück 500 000–700 000 Rp; ❄📶🏊) Nach wie vor eine Lieblingsadresse von Reisenden der alten Schule. Das Hotel in guter Lage besitzt 134 geräumige, komfortable Zimmer mit Balkonen. Die Atmosphäre des Hauses ist auf angenehme Art zeitlos, eine kürzliche Renovierung hat für den nötigen frischen Wind gesorgt.

Highlights

1. **Tanjung Desert** (S. 318) Der ultimative Ritt auf energiegeladenen Brandungswellen am Desert Point von Bangko Bangko
2. **Gunung Rinjani** (S. 328) Die Besteigung des einzigartigen heiligen Berges von Lombok – der zweithöchste Vulkan Indonesiens stellt hohe Anforderungen und verspricht fast surreale Naturerfahrungen
3. **Pantai Mawan** (S. 339) Der Anblick des Strandes – nur einer von mehreren überwältigend schönen Stränden im südlichen Lombok – ist eindrucksvoll
4. **Sembalun-Tal** (S. 327) Eine prachtvolle Bergwelt umgibt das idyllische Hochgebirgstal
5. **Gili Gede** (S. 317) Auf Wanderungen an der vielgestaltigen Südwestküste sind vorgelagerte Inseln zu sehen – sie nehmen es an Schönheit mit den Gili-Inseln auf

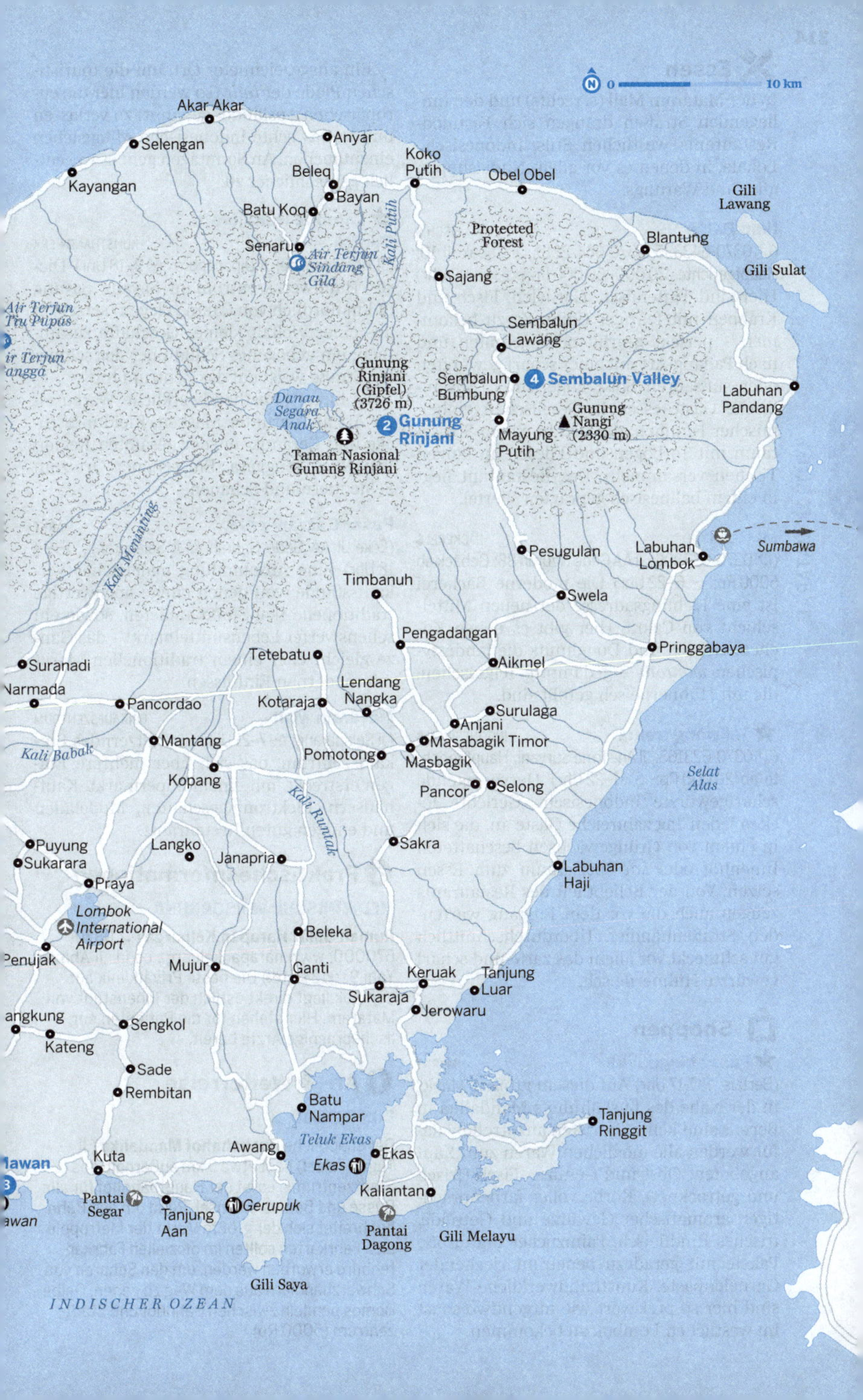
0
10 km
Akar Akar
Selengan
Anyar
Kayangan
Beleq
Koko Putih
Obel Obel
Bayan
Batu Koq
Gili Lawang
Protected Forest
Kali Putih
Senaru
Air Terjun Sindang Gila
Blantung
Gili Sulat
Sajang
Air Terjun Tiu Pupus
Sembalun Lawang
Gunung Rinjani (Gipfel) (3726 m)
Sembalun Bumbung
4 Sembalun Valley
Labuhan Pandang
Danau Segara Anak
2 Gunung Rinjani
Gunung Nangi (2330 m)
Mayung Putih
Taman Nasional Gunung Rinjani
Kali Menanting
Pesugulan
Labuhan Lombok
Sumbawa
Timbanuh
Swela
Pengadangan
Tetebatu
Pringgabaya
Suranadi
Aikmel
Narmada
Lendang Nangka
Pancordao
Kotaraja
Surulaga
Anjani
Mantang
Masabagik Timor
Kali Babak
Pomotong
Masbagik
Selat Alas
Kopang
Pancor
Selong
Kali Runtak
Puyung
Langko
Sakra
Sukarara
Janapria
Labuhan Haji
Praya
Lombok International Airport
Beleka
Penujak
Mujur
Ganti
Keruak
Tanjung Luar
Sukaraja
Jerowaru
Sengkol
Kateng
Sade
Rembitan
Batu Nampar
Tanjung Ringgit
Teluk Ekas
Awang
Ekas
Kuta
Kaliantan
Pantai Segar
Tanjung Aan
Gerupuk
Pantai Dagong
Gili Melayu
Gili Saya
INDISCHER OZEAN

Essen

In der Mataram Mall (s. rechts) und den umliegenden Straßen drängen sich Fastfood-Restaurants westlichen Stils, indonesische Lokale, in denen es vor allem Nudelsuppen gibt, und Warungs.

Ikan Bakar 99 FISCH $
(☎0370-643335, 0370-664 2819; Jl Subak III 10; Hauptgerichte 20 000–60 000 Rp; ⌚11–22 Uhr) Hier sind Tintenfisch, Garnelen, Fisch und Krabben mit feuriger Chilisoße zu bekommen – perfekt gegrillt oder gebraten und nach Padang-Art mit einer scharf gewürzten oder süßsauren Soße angerichtet. Ausländische Gäste essen in Gesellschaft einheimischer Familien, die sich in einem Speiseraum mit Torbögen und Fliesen an langen Tischen versammeln. Das Restaurant liegt in einem balinesisch geprägten Viertel.

Mi Rasa BÄCKEREI $
(☎0370-633096; Jl AA Gede Ngurah 88; Gebäck ab 5000 Rp; ⌚6–22 Uhr) Die moderne Bäckerei ist eine Lieblingsadresse der neuen Mittelschicht von Cakra. Hier gibt es neben Kuchen, Gebäck und Doughnuts die landestypischen *wontons* – gedämpfte Teigtaschen, die mit Hühnerfleisch gefüllt sind.

★ **Taliwang Irama** INDONESISCH $
(☎0370-623163; Jl Ade Irma Suryani; Hauptgerichte ab 20 000 Rp; ⌚11–22 Uhr) Hervorragende scharfgewürzte indonesische Gerichte locken jeden Tag zahlreiche Gäste an, die sich in einem von Grüngewächsen beschatteten Innenhof oder im Speiseraum zum Essen setzen. Von der Beliebtheit des Restaurants zeugen auch die vor dem Eingang wartenden Straßenhändler. Überdurchschnittlich gut schmeckt vor allem das zarte und scharf gewürzte Hühnerfleisch.

Shoppen

★ **Pasar Mandalika** MARKT
(Bertais; ⌚7-17 Uhr) Auf diesem großen Markt in der Nähe des Busbahnhofs Mandalika in Bertais sind keine Touristen anzutreffen, dafür werden alle möglichen Waren zum Kauf angeboten: Obst und Gemüse, Fisch (frisch und getrocknet), Körbe voller farbenprächtiger, aromatischer Gewürze und Getreide, frisches Rindfleisch, Palmzucker und große Pakete mit geradezu penetrant riechender Garnelenpaste. Kunsthandwerkliche Waren sind hier so preiswert wie nirgendwo sonst im westlichen Lombok zu bekommen.

Ein ausgezeichneter Ort, um die touristischen Pfade der *bule* (so werden hier die europäischen Ausländer genannt) zu verlassen und in das echte indonesische Alltagsleben einzutauchen. An Sonntagen geht es wesentlich gemächlicher zu.

★ **Lombok Handicraft Centre** KUNSTHANDWERK
(Jl Kerajinan, bei Jl Diponegoro; ⌚9–18 Uhr) Dieses Handwerkszentrum in Sayang Sayang (2 km nördlich von Cakra gelegen) setzt sich aus einer Vielfalt kleiner Geschäfte zusammen; ein gebogenes Schild über der schmalen Straße weist auf das Zentrum hin.

Es bietet kunsthandwerkliche Waren aller Art an, darunter Masken, Kleidungsstücke und Keramik aus der gesamten Region von Nusa Tenggara. Ein schöner Ort zum Schlendern und Schauen.

Pasar Cakranegara MARKT
(Ecke Jl AA Gede Ngurah & Jl Selaparang; ⌚9–18 Uhr) Eine Ansammlung malerischer Verkaufsstände, von denen einige hochwertige traditionelle Ikat-Stoffe anbieten, sowie ein sehenswerter Lebensmittelmarkt – das Ganze gleicht eher einem traditionellen Markt mit modernen Einflüssen.

Mataram Mall EINKAUFSZENTRUM
(Jl Selaparang; ⌚7–21 Uhr) Ein glitzerndes Einkaufszentrum, das sich über mehrere Etagen erstreckt, mit einem Supermarkt, Kaufhäusern, Elektronikgeschäften, Modeläden und einigen guten Restaurants.

Praktische Informationen

MEDIZINISCHE VERSORGUNG

Rumah Sakit Harapan Keluarga (☎0370-670000; www.harapankeluarga.co.id; Jl Ahmad Yani 9; ⌚24 Std.) Die beste Privatklinik auf Lombok liegt direkt östlich der Innenstadt von Mataram. Hier stehen für die Patienten englischsprachige Ärzte bereit.

An- & Weiterreise

BUS & BEMO

Der chaotische **Busbahnhof Mandalika** (Jl Tuguh Faisal) liegt etwa 3 km außerhalb des Stadtzentrums; es ist der Hauptbahnhof für alle Busse und Bemos der Insel. Rund um den Bahnhof breitet sich der größte Markt der Metropole aus. Fahrkarten sollten im offiziellen Fahrkartenbüro erworben werden, um den Scharen von Schwarzhändlern aus dem Weg zu gehen. Gelbe Bemos pendeln zwischen Bahnhof und Stadtzentrum (5000 Rp).

Mataram

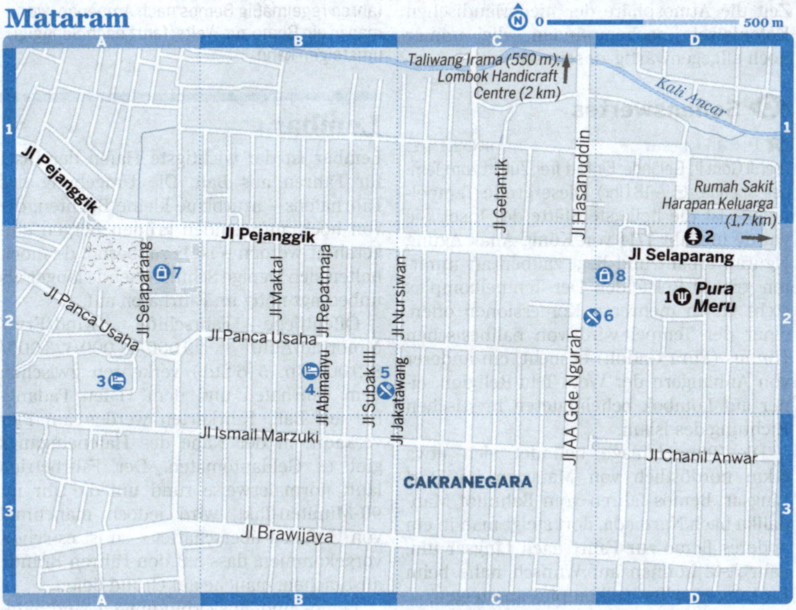

Nachfolgend sind einige Beispiele für Bus- und Bemo-Verbindungen aufgeführt, die stündlich vom Bahnhof Mandalika ihre Fahrten zu den unterschiedlichen Detinationen antreten:

REISEZIEL	FAHR-PREIS	FAHRZEIT
Flughafen (Damri Bus)	15 000 Rp	45 Min.
Kuta (Shuttlebus ohne Umsteigen)	45 000 Rp	1¼ Std.
Kuta (über Praya & Sengkol)	45 000 Rp	2–3 Std.
Labuhan Lombok	35 000 Rp	2½ Std.
Lembar	30 000 Rp	45 Min.
Senggigi (über Ampenan)	15 000 Rp	1 Std.

SCHIFF

Wer sich für eine Überfahrt zu den fernen Inseln vor Lombok interessiert, kann sich beim **örtlichen Büro** (☎ 0370-637212; Jl Industri 1; ⏲ Mo–Do & Sa 8–12 & 13–15.30, Fr 8–11 Uhr) nach Fahrplänen erkundigen und die Fahrkarten für Fahrten mit der nationalen Schifffahrtslinie Pelni kaufen.

TAXI

Ein zuverlässiges Taxi mit Fahrpreisanzeige („Blue Bird") kann man bei Lombok Taksi ordern (S. 453).

Mataram

Highlights
1 Pura Meru D2

Sehenswertes
2 Mayura Water Palace D2

Schlafen
3 Hotel Lombok Raya A2
4 Hotel Melati Viktor B2

Essen
5 Ikan Bakar 99 .... B2
6 Mi Rasa C2

Shoppen
7 Mataram Mall A2
8 Pasar Cakranegara D2

Rund um Mataram

In der näheren Umgebung von Mataram liegt nicht nur der bedeutendste Tempel Lomboks, sondern viele andere Sehenswürdigkeiten wie die alte Hafenstadt **Ampenan**. Die meisten Reisenden fahren auf dem Weg von oder nach Senggigi achtlos daran vorüber, wer aber im Ort haltmacht, kann in der von Bäumen gesäumten Hauptstraße und beim Anblick der Bauwerke aus alter

Zeit die Atmosphäre der niederländischen Kolonialzeit nachempfinden, die immer noch allgegenwärtig zu sein scheint.

Sehenswertes

★Pura Lingsar HINDUTEMPEL

(bei Jl Gora II; Gelände: Eintritt frei, Zutritt zum Tempel: Spende; ⌚7–18 Uhr) Diese große Tempelanlage ist die heiligste Stätte der Insel. Sie wurde im Jahr 1714 von König Anak Agung Ngurah erbaut und liegt zauberhaft inmitten grüner Reisfelder. Der Tempelkomplex steht gleich mehreren Konfessionen offen, einer der Tempel wird von balinesischen Hindus (Pura Gaduh) besucht, ein anderer von Anhängern der Wetu-Telu-Religion, einer auf Lombok beheimateten mystischen Richtung des Islam.

Die Tempelanlage befindet sich etwa 6 km nordöstlich von Mataram im Dorf Lingsar. Bemos fahren vom Bahnhof Mandalika nach Narmada, dort steigt man in ein anderes Bemo zur Fahrt nach Lingsar um. Fahrgäste können auf Wunsch nahe beim Eingang zum Tempelkomplex aussteigen.

Pura Gaduh besitzt vier Schreine: Einer ist zum Gunung Rinjani (Sitz der Götter auf Lombok), ein zweiter zum Gunung Agung (Sitz der Götter auf Bali) ausgerichtet, ein doppelter Schrein repräsentiert dagegen die Einheit beider Inseln.

Der Tempel der Wetu-Telu-Religion besitzt einen berühmten eingefriedeten und mit Seerosen bedeckten Teich, der Gott Vishnu und heiligen Aalen geweiht ist. Die Tiere können mit Hilfe von hartgekochten Eiern (die an Ständen vor dem Tempel verkauft werden) aus ihrem Versteck gelockt werden – es soll Glück bringen, sie zu füttern. Aus Respekt legen Besucher im Schrein Schärpen und Sarongs an, die sie selbst mitbringen oder leihen können.

Feste & Events

Malean Sampi KULTUR

(⌚Anfang April) Ein kämpferisches Büffelrennen durch ein schlammiges Feld in Narmada im Osten von Mataram: Auf diesem gefährlichen, schlammspritzenden und bei alledem spaßigen Wettrennen behalten die waghalsigen Wagenlenker ihre Büffelgespanne – zumeist – fest im Griff.

An- & Weiterreise

Im eigenen Auto lässt sich das Umland von Mataram am besten entdecken. Als Alternative fahren regelmäßig Bemos nach Ampenan, wo man in ein Bemo zur Weiterfahrt nach Senggigi umsteigen kann.

Lembar

Lembar ist der wichtigste Hafen der Insel für Fähren aus Bali. Die Umgebung des Fährhafens – azurblaue kleine Buchten, die von hoch aufragenden grünen Bergen eingerahmt werden – ist bezaubernd, dennoch halten sich wenige Schiffsreisende länger als unbedingt nötig im Fährhafen auf.

Öffentliche Fährschiffe (Kind/Erw./Motorrad/Auto 29 000/44 000/123 000/879 000 Rp, 5–6 Std.) verkehren zwischen dem Fährhafen und dem Hafen Padangbai auf Bali. Fahrkarten werden am Pier verkauft, in der Nähe des Hafeneingangs gibt es Geldautomaten. Der Fährbetrieb läuft normalerweise rund um die Uhr im 90-Minuten-Takt, wird jedoch manchmal von Unfällen überschattet – so ist es schon vorgekommen, dass auf den Fähren Brände ausbrachen, manche auf Grund liefen.

Bemo- und Busverbindungen sind zahlreich, Bemos fahren regelmäßig zum Busbahnhof Mandalika (15 000 Rp). Taxifahrten kosten 80 000 Rp nach Mataram und 150 000 Rp nach Senggigi.

Südwestliche Halbinsel

Der weitgeschwungene Küstenstreifen, der sich westlich von Lembar erstreckt, verdankt seinen Reiz einsamen Stränden (an denen vereinzelte Boutiquehotels stehen) und stillen vorgelagerten Inseln. Hier fällt es nicht schwer, in der Nähe von mächtigen Brandungswellen, verwitterten alten Moscheen, freundlichen Einheimischen und beinahe unberührten Inseln mehrere Wochen zu verbringen. In Wirklichkeit hat der Touristenrummel längst begonnen; die schönen vorgelagerten Inseln werden als die „kommenden Gili-Inseln" angepriesen.

Der einzige Schandfleck der Landschaft ist die Goldgräberstadt Sekotong, an der man auf einer Fahrt in westlicher Richtung leider vorbeifahren muss. Eine Alternative ist es, die schmale Küstenstraße zu nehmen, die den Konturen der Halbinsel folgt und dabei an einer scheinbar endlosen Reihe weißer Sandstrände entlang verläuft. Die Strecke führt weiter in das Dorf Bangko Bangko und auf Tanjung Desert (Desert Point) zu, dessen Brandungswellen in ganz

Asien legendär sind. Besonders berühmt ist ein linksbrechender Wellentunnel, der als einer der längsten der Welt gilt; der Strand selbst ist fantastisch.

Sehenswertes

Gili Gede INSEL

Von den zahlreichen Inseln, die der Küste vorgelagert sind, ist Gili Gede besonders hervorzuheben. Obwohl sie ein beliebtes Ziel von Tauchern und anderen Wassersportlern aus ganz Lombok ist, herrscht auf der Insel selbst eine tiefe, wohlige Ruhe; sie birgt genügend abgelegene Orte für einen ungestörten Aufenthalt.

Gili Asahan INSEL

Gili Asahan ist ein idyllisches Fleckchen Erde: Hier wehen leichte, böige Winde, Vögel lassen sich davontragen und sammeln sich unmittelbar vor Sonnenuntergang im Gras, gedämpfte Rufe zum Gebet sind zu hören, der Nachthimmel wird von funkelnden Sternen und vom Licht des Mondes erhellt.

Aktivitäten

Tanjung Desert ist legendär. Auch wer kein Surfprofi ist, findet hier zahlreiche Möglichkeiten für Aktivitäten im Freien. Auf einer Fahrt entlang der Küste kommen verschiedene Wassersportveranstalter in Sicht, die u. a. Bootsfahrten zu den Inseln anbieten. Interessierte sollten sich nicht scheuen, einen guten Preis für Ausflüge zu den Stränden der vorgelagerten Inseln auszuhandeln; der Mindestpreis liegt bei etwa 400 000 Rp. Auf diesen Fahrten werden beispielsweise Schnorchelausflüge unternommen.

★ **Tanjung Desert** SURFEN

(Desert Point/Bangko Bangko; Zugang pro Pers./Fahrzeug 10 000/5000 Rp) Oftmas als „beste Welle der Welt" gerühmt, zieht die legendäre Brandungswelle geübte Surfer aus aller Welt in ihren Bann. Allerdings ist viel Geduld gefragt, da der Wellengang zeitweise zur Ruhe kommen kann. Wenn jedoch Brandungswellen heranrollen, bilden sich sehr lange, stark gewölbte Wellen, die sich in der Regel zu Tunneln formen. Die Spitzensaison reicht von Mai bis Oktober.

Schlafen

Einige wenige Hotels und Ferienanlagen liegen verstreut an der nördlichen Küste der Halbinsel. Die stimmungsvollsten Strände und Unterkünfte liegen jedoch auf den vorgelagerten Inseln. In den Unterkünften gibt es Restaurants. Gehobene Unterkünfte bieten Tauchschulen an.

Funktionierende Telefonanschlüsse sind in Tanjung Desert eine Seltenheit, zudem ist die Gegend in der Spitzensurfsaison (Mai bis Oktober) extrem überlaufen; dann ist möglicherweise auch in den einfachsten Gästehäusern kein Zimmer mehr frei. Einige namenlose Warungs bieten notdürftige Schlafplätze zu einem Preis von etwa 120 000 Rp pro Nacht an.

Festland

Cocotino's RESORT $$$

(☎0819 0797 2401; www.cocotinos-sekotong.com; Jl Raya Palangan Sekotong, Tanjung Empat; Zi./Villa ab 100/275 US$;) Die ummauerte Ferienanlage liegt an der Hauptstraße direkt am Ozean, besitzt einen Privatstrand und bietet 36 hochwertige Bungalows (teilweise mit schönen Bädern unter freiem Himmel), einige davon haben Meerblick. Auf der Website des Resorts finden sich oft Schnäppchenangebote. Die Szenerie ist das vollendete Abbild eines tropischen Idylls.

Inseln

Madak Belo BUNGALOW $

(☎0818 0554 9637; www.madak-belo.com; Gili Gede; Zi./Bungalow ab 250 000/500 000 Rp; @) Ein wahres Inselparadies in einem sensationellen französischen Hippie-Stil mit hinreißenden Ausblicken und drei einfachen Zimmern in der oberen Etage des Haupthauses, einer Lodge mit viel Holz und Bambus. Zu den Zimmern gehören ein gemeinsames Badezimmer und eine Bambus-Lounge mit Hängematten. Außerdem gibt es zwei separate Bungalows mit schmalen Doppelbetten und eigenen Bädern.

★ **Pearl Beach** BUNGALOW $$

(☎0819 0724 7696; www.pearlbeach-resort.com; Gili Asahan; Cottages/Bungalows inkl. Abendessen ab 110 US$;) Eine Ferienanlage auf einer Privatinsel. Die Cottages sind einfache Bambushütten mit Bädern im Freien und Veranden mit Hängematten. Die zehn Bungalows sind elegant ausgestattet – mit geschliffenen Betonfußböden, schwindelerregend hohen Decken, umwerfend schönen Bädern unter freiem Himmel und Holzveranden mit wunderbaren Hängebetten. Sportliche Aktivitäten, beispielsweise Tauchen und Kajakfahren sind hier möglich.

Kokomo Gili Gede RESORT $$$

(☎0819 0732 5135; http://kokomogiligede.com; Gili Gede; Villas inkl. Frühstück ab 2 750 000 Rp; 📶) Die neueste – und nobelste – Ferienanlage der südwestlichen Gili-Inseln ist das Kokomo mit 15 großen Villen in schöner Lage direkt am Ozean. Die Ferienhäuser sind mit Kühlschränken und anderen Küchengeräten ausgestattet. Die Farbgestaltung nimmt die blendend weiße Schönheit des Sandes auf. Hier wird ein Aufenthalt zu einer tiefgründigen Studie in Weiß vor dem satten Meeresblau des Hintergrundes.

Tanjung Desert

Desert Point Lodge BUNGALOW $

(☎0878 6585 5310; www.desertpointlodges.com; östlich von Tanjung Desert; Zi. ab 350 000 Rp) Eine solide Wahl in der Nähe von Tanjung Desert mit sieben strohgedeckten Bungalows aus Bambusgeflecht, Terrassen mit Hängematten und eigenen Bädern. Es ist eine gute Adresse für Surfer; aber auch Tauchsportler sind hier richtig. Die Aufmachung ist, obwohl etwas grob, viel gehobener als die der Strandhütten in Nähe der Brandung, die an Verschläge erinnern.

Desert Point Bungalows BUNGALOW $

(☎0878 6585 5310; nurbaya_sari@yahoo.com; Tanjung Desert; Zi. 300 000–400 000 Rp) Die anspruchsvollste Unterkunft in direkter Nähe zu Tanjung Desert (sie ist über einen Telefonanschluss für Anfragen erreichbar) bietet zehn hüttenartige Bungalows. Ein Stromgenerator sorgt zu begrenzten Zeiten für Elektrizität; von einer Tribüne mit zwei Ebenen können Gäste den Surfern zuschauen.

Essen

Alle Ferienanlagen verfügen über gute Restaurants, in denen auch Gäste von außerhalb willkommen sind.

Bei Tanjung Desert sind ein weißer Sandstrand und eine Reihe von unsolide gebauten Bambuscafés zu entdecken, deren Gäste einfache Mahlzeiten und kühles Bier bekommen und vor allem die Brandung im Auge behalten können. Eines der gastronomischen Highlights von Lombok.

Praktische Informationen

GELD

Der nächstgelegene Geldautomat befindet sich in östlicher Richtung im Fährhafenort Lembar, etwa 45 km von Tanjung Desert entfernt.

An- & Weiterreise

AUTO & MOTORRAD

Die Straße befindet sich, obwohl kurvenreich, fast bis zum Ende in gutem Zustand, bis sie unvermittelt in tief zerfurchten Schotter und Erdboden übergeht. Die Strecke ist per Auto oder Motorrad zwar befahrbar, jedoch nur im Schritttempo. Nach 2 km wird eine Abzweigung erreicht, die nach rechts in das Fischerdorf Bangko Bangko führt. Nach links verläuft die unwegsame Strecke 1 km weiter auf Tanjung Desert mit seiner wunderbaren Brandung zu. Die letzten mühevollen 3 km nach Tanjung Desert enden leider ernüchternd: Zugangsgebühren von 10 000 Rp pro Person und 5000 Rp pro Fahrzeug sind zu zahlen.

BEMO

Bemos pendeln alle 30 Minuten (bis 17 Uhr) zwischen Lembar und Pelangan (15 000 Rp, 1½ Std.), über Sekotong und Tembowong. Westlich von Pelangan gibt es nur unregelmäßige Verkehrsverbindungen, die Strecke wird gelegentlich von Bemos bis Selegang befahren. Ein eigenes Gefährt ist hier sicherlich die beste Wahl.

SCHIFF/FÄHRE

Reisende können die langsame öffentliche Fähre von Bali nach Lembar nehmen und dann über Land weiterfahren oder die neuen Schnellbootverbindungen nutzen.

Gili Getaway (☎0813 3707 4147; http://giligetaway.com; Hinfahrt 250 000–675 000 Rp) bietet Überfahrten von Gili Gede nach Gili Trawangan und Gili Air sowie nach Senggigi und nach Serangan Harbour auf Bali an.

TAXIBOOTE

Taxiboote (pro Pers. 40 000 Rp) verkehren regelmäßig von Tembowong auf dem Festland nach Gili Gede. Man kann sie von der Pertamina-Tankstelle aus beobachten. Gemietete Boote fahren von Tembowong zu den Inseln Gili Gede und nach Gili Asahan hinüber (ab 300 000 Rp inkl. Rückfahrt).

Senggigi

Der einzige altbewährte Touristenferienort der Insel – Senggigi – besitzt den Vorzug einer prachtvollen Lage an weitgeschwungenen Buchten mit hellen Sandstränden, die sich bildschön vor einem Hintergrund aus dicht bewaldeten Bergen und Kokospalmen erstrecken. Am späten Nachmittag versinkt eine riesige, blutrote Sonne neben der perfekten Kegelform des gewaltigen Gunung Agung auf Bali im Meer.

Die Zahl der Touristen ist hier relativ klein, sodass genügend hervorragende und dabei preiswerte Hotels und Restaurants zu finden sind. Trotz alledem ist die Hauptgeschäftsstraße mit ihren leeren Ladenfronten wenig ansprechend, die Zahl der „Bardamen“ nimmt in bedauerlicher Weise zu, die grellen Plakatwände stören und die fliegenden Händler der Gegend können am Strand zu einer echten Plage werden.

Senggigi erstreckt sich auf mehr als 10 km entlang der Küstenstraße; der exklusive Nachbarort Mangsit liegt 3 km nördlich von der Ortsmitte Senggigis entfernt.

Sehenswertes

Pura Batu Bolong HINDUTEMPEL

(an der Jl Raya Senggigi; Eintritt: Spende; 7–19 Uhr) Pura Batu Bolong ist nicht der größte, dafür aber der ansprechendste Hindutempel der Insel – am schönsten bei Sonnenuntergang. Besucher sind bei den balinesischen Gläubigen immer willkommen, die an den 14 Altären und Pagoden, die an einem vulkanischen Felsvorsprung über dem schäumenden Meer hängen, Opfergaben niederlegen. Der Tempel liegt etwa 2 km südlich von Senggigi-Mitte. Der Felsen unterhalb des Tempels hat eine natürliche Öffnung, das erklärt auch seinen Namen: *batu bolong* bedeutet wörtlich „Fels mit Loch“.

Aktivitäten

Schnorcheln, Tauchen & Surfen

Die Bedingungen zum Schnorcheln sind am Ausgangsstrand bei Senggigi, etwa 3 km im Norden des Ortes, ziemlich gut. Am Strand werden Schnorchelausrüstungen verliehen (pro Tag 50 000 Rp). Diverse Tauchausflüge, die in Senggigi starten, führen in der Regel zu den Gili-Inseln.

Dream Divers TAUCHEN

(0370-693738; www.dreamdivers.com; Jl Raya Senggigi; Einführungstauchgänge ab 910 000 Rp) Die Senggigi-Niederlassung der Tauchschule auf Gili Air bietet auch Schnorchelausflüge zu den Gili-Inseln (400 000 Rp) an, organisiert u. a. Bergwanderungen am Gunung Rinjani und veranstaltet Tauchkurse.

Blue Marlin TAUCHEN

(0370-613 2424, 0370-693719; www.bluemarlindive.com; Holiday Resort Lombok, Jl Raya Senggigi; Einzeltauchausflüge 490 000 Rp) Die Senggigi-Niederlassung einer renommierten Tauchschule auf Gili Trawangan bietet Tauchkurse und -ausflüge an.

Wandern

Rinjani Trekking Club ABENTEUERSPORT

(0370-693202, 0817 573 0415; www.info2lombok.com; Jl Raya Senggigi; 9–20 Uhr) Fachkundige Informationen über Wanderrouten und den Zustand des Aufstiegsweges am Gunung Rinjani hält diese Wandervereinigung bereit und veranstaltet außerdem vielfältige geführte Wanderungen. Unter den zahlreichen Tourenanbietern am Ort zählt der Rinjani Trekking Club zu den besten.

Massagen & Spas

Aufdringliche Masseure werfen sich, mit Matten und Ölen bewaffnet, in Positur und gehen an den Stränden von Senggigi auf Kundenfang. Nach Preisverhandlungen zahlt man in der Regel rund 60 000 Rp für eine einstündige Behandlung. In den meisten Hotels können Masseure aufs Zimmer bestellt werden; die Preise liegen dann bei mindestens 80 000 Rp. Vorsicht ist bei manchen „Salons“ geboten, hinter deren Straßenfronten Dienstleistungen zweifelhafter Art nachgefragt werden.

★ **Qamboja Spa** SPA

(0370-693800; www.quncivillas.com; Qunci Villas, Mangsit; Massage ab 30 US$; 8–22 Uhr) Ein hinreißendes Hotel-Spa. Die Gäste wählen unter verschiedenen ätherischen Massageölen je nach gewünschter Wirkung und Stimmung, z. B. belebend oder harmonisierend. Zu den Anwendungen gehören u. a. Thai-, balinesische und Shiatsu-Massagen. Außerdem werden Yoga-Kurse angeboten.

Hallo Lombok Spa SPA

(0819 0797 6902; off Jl Raya Senggigi, Senggigi Plaza; Massage ab 70 000 Rp; 10–21 Uhr) Ein preiswertes Spa mit einem vielfältigen Angebot von Peelings, Massagen und anderen Anwendungen. Eine besondere Verwöhnung ist eine Massage mit Peeling (*lulur*), zu der eine Ganzkörpermaske gehört.

Schlafen

Die Unterkünfte liegen in Senggigi sehr weit verstreut. Wer einige Kilometer entfernt wohnt, beispielsweise in Mangsit, ist trotzdem nicht aus der Welt: Viele Restaurants bieten ihren Gästen kostenlose Fahrten an, Taxis sind sehr preiswert.

Es lohnt sich, auf Ermäßigungen außerhalb der Hochsaison zu achten. Viele Unterkünfte in Senggigi machen – nach der Blütezeit des Ferienortes in den 1990er-Jahren – einen vernachlässigten Eindruck.

Senggigi

Sonya Homestay HOMESTAY $
(☎ 0813 3989 9878; Jl Raya Senggigi; Zi. inkl. Frühstück 100 000–200 000 Rp; ❄📶) Ein Familienbetrieb mit neun schlichten Zimmern (die günstigsten sind mit Ventilatoren ausgestattet) und hübschen Terrassen. Das Haus liegt von der Straße abgerückt in einem kleinen, schattigen Garten, der der verlockendste Anziehungspunkt dieser Pension ist.

Baleku GUESTHOUSE $
(☎ 0370-660 0001, 0818 0360 0001; Jl Raya Senggigi; Zi. 225 000–300 000 Rp; ❄📶🏊) Etwa 300 m südlich vom Tempel Pura Batu Bolong liegt dieser strohgedeckte Ziegelsteinbau, der räumlich beengt wirkt, aber eine gute Auswahl von 15 Zimmern bietet; die teuersten verfügen über heißes Wasser und sind klimatisiert. Das Guesthouse liegt etwas außerhalb, bietet Gästen jedoch kostenlose Fahrten vom/zum Ortskern Senggigis an. Ein Swimmingpool nimmt den begrenzten Raum vollständig ein.

Central Inn HOTEL $
(☎ 0370-692006; Jl Raya Senggigi; Zi. ab 300 000 Rp; ❄📶🏊) Das Haus im Stil eines Motels verfügt über 54 Zimmer mit hohen Decken und glänzenden Fliesen sowie eine Bambussitzecke im Freien mit Ausblicken auf die umgebenden Berge; es liegt an der Strandseite der Hauptgeschäftsstraße, also vom Straßenlärm abgewandt, wenn auch nicht direkt am Strand. Der Service dürfte ein wenig aufmerksamer sein.

★ **Sunset House** HOTEL $$
(☎ 0370-692020; www.sunsethouse-lombok.com; Jl Raya Senggigi 66; Zi. inkl. Frühstück 600 000–800 000 Rp; ❄📶🏊) Das Hotel bietet 38 Zimmer, die in einer geschmackvollen, gut ausgestatteten Einfachheit gehalten und zur ruhigen Meerseite und zum Tempel Pura Batu Bolong (S. 319) ausgerichtet sind. Die Zimmer der oberen Etagen bieten weite Ausblicke übers Meer bis nach Bali. WLAN steht nur in den öffentlichen Hotelbereichen zur Verfügung. Es gibt einen schönen Pool-Bereich mit Terrasse.

★ **Alam Mimpi** HOTEL $$
(☎ 0370-617 0645; http://alammimpilombok.com; Jl Vincent Van Gogh; Zi. inkl. Frühstück 550 000 Rp; ❄📶🏊) Südlich vom Ortszentrum und landeinwärts gelegen, profitiert der moderne Hotelkomplex am meisten von seiner ruhigen Lage. Die 14 Zimmer liegen an einem großen Pool und sind mit Balkonen und Terrassen ausgestattet. Die Gestaltung ist erfrischend modern, von einem Café in der oberen Etage bieten sich weite Ausblicke. Hotelgäste können Fahrten vom/zum Ortszentrum und Strand in Anspruch nehmen.

Santosa Villas RESORT $$
(☎ 0370-693090; http://santosalombok.com; Jl Raya Senggigi; Zi. ab 810 000 Rp; ❄📶🏊) Die Ferienanlage Santosa Villas bietet komfortable Unterkünfte, die von 187 Standardhotelzimmern bis hin zu exklusiven Luxusvillen reichen – sie stehen auf großen Grundstücken an einem weitläufigen Strand mit gutem Ausblick und einem Spielplatz. Die Ferienanlage liegt in der Mitte des lang gestreckten Senggigi und gehört zu den besten Adressen unter den benachbarten, tourismuskonform aufgemachten Ferienanlagen.

Batu Bolong Cottages HOTEL $$
(☎ 0370-693198, 0370-693065; bbcresort_lombok@yahoo.com; Jl Raya Senggigi; Zi. 400 000–800 000 Rp; ❄📶🏊) Charmante Zimmer, im Bungalow-Stil auf versetzten Ebenen zur Strandseite ausgerichtet, sind die beste Wahl in dieser gut geführten Hotelanlage, die an beiden Straßenseiten im Süden des Ortszentrums liegt. Die Zimmer am Strand haben hübsche Akzente, z. B. geschnitzte Türen. Es gibt einen ruhigen Pool-Bereich. Die übrigen Zimmer liegen in eher standardmäßig eingerichteten Häusern mit zwei Etagen. Das Frühstück ist gut.

Chandi Boutique Resort RESORT $$$
(☎ 0370-692198; www.the-chandi.com; Batu Bolong; Zi. ab 150 US$; ❄📶🏊) Das elegante Boutiquehotel bewahrt die traditionelle Bauweise in einzelnen Akzenten, beispielsweise Strohdächer. Es liegt 1 km südlich des Tempels Pura Batu Bolong (S. 319). Jedes der 15 Zimmer hat einen Wohnbereich unter freiem Himmel, die Innenausstattung und die hohen Decken der Räume sind ultramodern, die Bäder im Freien stimmungsvoll. Von einem Aussichtsplatz, an dem Gäste leicht ganze Tage verweilen können, öffnet sich ein weiter Blick auf den Ozean.

Mangsit

★ **Qunci Villas** RESORT $$$
(☎ 0370-693800; www.quncivillas.com; Mangsit; Zi. 150–250 US$; ❄📶🏊) Ein sensationelles, liebevoll entworfenes Anwesen, dessen Atmosphäre einem Luxushotel ziemlich nahekommt. Die Küche ist so hervorragend wie

Senggigi

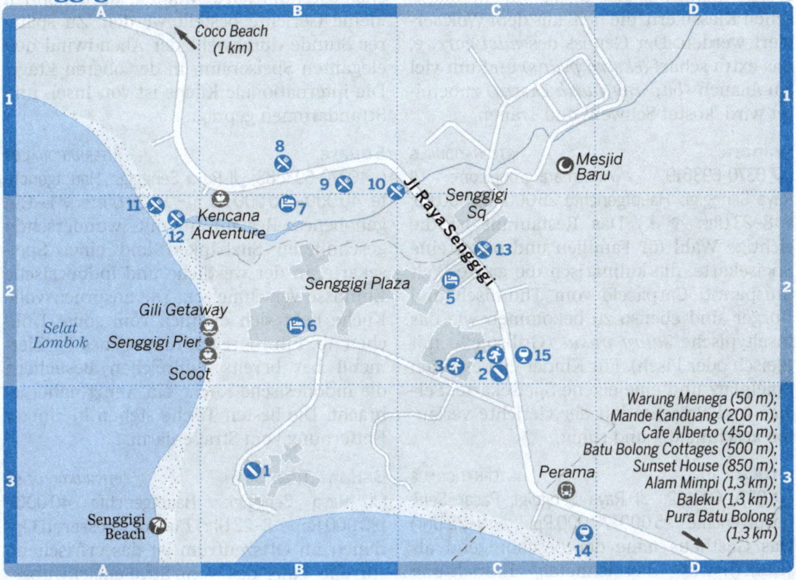

Senggigi

Aktivitäten, Kurse & Touren
1 Blue Marlin ... B3
2 Dream Divers ... C2
3 Hallo Lombok Spa ... C2
4 Rinjani Trekking Club ... C2

Schlafen
5 Central Inn ... C2
6 Santosa Villas ... B2
7 Sonya Homestay ... B2

Essen
8 Asmara ... B1
9 Banana Tree Cafe ... B1
10 Cafe Tenda Cak Poer ... B1
11 Office ... A2
12 Spice ... A2
13 Square ... C2

Ausgehen & Nachtleben
14 Hotel Lina ... C3
15 Papaya Café ... C2

Shoppen
Asmara Collection ... (s. 8)

der wunderschöne Pool- und Spa-Bereich. Besonders bezaubernd ist der Meerblick (der Strand ist 160 m lang). Die Ferienanlage hat 78 Zimmer (darunter viele Villen) und ein so abwechslungsreiches Angebot, dass es keinen Grund gibt, bald wieder abzureisen.

Jeeva Klui RESORT $$$
(☎0370-693035; www.jeevaklui.com; Jl Raya Klui Beach; Zi. ab 200 US$, Villen ab 265 US$; P❄📶🏊) Die Verwirklichung eines tropischen Reisezieles: ein glitzernder, von Palmen beschatteter Infinity-Pool und ein wunderschöner, beinahe unberührter Strand im Schutz von Felsen. Die 35 Zimmer und Villen sind nach traditioneller Art mit Stroh gedeckt und haben eigene Veranden mit Bambussäulen. Die Villen sind luxuriös aufgemacht und liegen separat an eigenen Pools. Die Ferienanlage befindet sich an der nördlich von Mangsit gelegenen Bucht.

Essen

Senggigi

★ **Cafe Tenda Cak Poer** INDONESISCH $
(Jl Raya Senggigi; Hauptgerichte 12 000–20 000 Rp; ⏱18 Uhr bis spätabends) Auf offe-

ner Straße beglückt das Warung eine auf Hockern sitzende Gästeschar mit indonesischen Klassikern, die heiß aus dem Wok serviert werden. Der Genuss des *nasi goreng*, das extra scharf *(ekstra pedas)* und mit viel Knoblauch *(bawang putih ekstra)* zubereitet wird, kostet Schweiß und Tränen.

Asmara INTERNATIONAL **$**
(☎0370-693619; www.asmara-group.com; Jl Raya Senggigi; Hauptgerichte 25 000–80 000 Rp; ⏲8–23 Uhr; 📶👪) Das Restaurant ist die richtige Wahl für Familien und bietet eine Speisekarte, die kulinarisch die ganze Welt umspannt: Carpaccio vom Thunfisch und Burger sind ebenso zu bekommen wie das inseltypische *satay pusut* (Grillspieße mit Fleisch oder Fisch). Für Kinder gibt es einen Spielplatz und eine eigene Speisekarte. Service und Präsentation der Gerichte verlaufen geschmeidig und ruhig.

Office INTERNATIONAL **$**
(☎0370-693162; Jl Raya Senggigi, Pasar Seni; Hauptgerichte 25 000–70 000 Rp; ⏲9–22 Uhr) Das Gasthaus nahe der beschönigend als „Kunstmarkt" bezeichneten Einrichtung bietet eine typische indonesische und westliche Auswahl an, dazu findet man Billardtische, Ballspiele und beharrliche Bargäste vor. Außerdem gibt es aber eine thailändische Küche, die die Eingeweihten kennen und schätzen. Die Tische im Sand bei den Fischerbooten zählen zu den besten Orten in ganz Senggigi für einen entspannten Drink beim Sonnenuntergang.

Mande Kanduang INDONESISCH **$**
(Jl Raya Senggigi; Hauptgerichte ab 15 000 Rp; ⏲8–23 Uhr) Der Name bedeutet „Bruder und Schwester" – ein Geschwisterpaar führt das kaum von der Straße unterscheidbare Café unter freiem Himmel. Eine echte indonesische Küche wird hier ohne Kompromisse gepflegt. Besonders beliebt ist *kepalaq ikan kakap* (ein Eintopf mit Fischköpfen). Gäste dürfen auf Wunsch auch einen Blick in brodelnde Kochtöpfe werfen.

★ **Spice** INTERNATIONAL **$$**
(☎0370-619 7373; www.spice-lombok.com; bei Jl Raya Senggigi; Hauptgerichte ab 70 000 Rp; ⏲16 Uhr bis spätabends) Eine willkommene Abwechslung in der alltäglichen Restaurantszene von Senggigi. Das Spice nimmt einen luftigen Platz im Hintergrund der beschönigend als „Kunstmarkt" bezeichneten Einrichtung ein. Tische im Sand sind perfekt für Getränke bei untergehender Sonne; Gäste können aus einer umfangreichen Getränkekarte wählen, dazu können kleine Gerichte bestellt werden. Zu späterer Stunde durchweht der Abendwind den eleganten Speiseraum in der oberen Etage. Die internationale Küche ist von Insel- und Strandaromen geprägt.

Square INTERNATIONAL **$$**
(☎0370-693688; Jl Raya Senggigi; Hauptgerichte 40 000–150 000 Rp; ⏲11–23 Uhr; 📶) Ein gehobenes Restaurant mit wunderschön geschnitzten Sitzbänken und einer Speisekarte, in der westliche und indonesische Einflüsse verschmelzen. Die anspruchsvolle Küche hebt sich deutlich vom sonst Üblichen ab. Ein touristenfreundliches Probiermenü hat bereits zahlreichen Besuchern die indonesische Küche ein wenig nähergebracht. Die besten Tische stehen in einiger Entfernung vom Straßenlärm.

Banana Tree Cafe INTERNATIONAL **$$**
(Jl Raya Senggigi; Hauptgerichte 40 000–120 000 Rp; ⏲8–22 Uhr) Eine der besseren Optionen im Ortszentrum ist das erfrischend stilvolle Café, das vom Straßenlärm abgerückt liegt und einen hübschen, rückwärtigen Sitzbereich bereithält. Der größte Anziehungspunkt ist die Kaffeebar, an der sich Baristi mit geschickten Händen betätigen. Die Küche ist weltumspannend – von indonesischen Klassikern bis hin zu italienischen Fischgerichten sind alle Gerichte frisch und köstlich. Gleiches gilt für die Säfte.

Warung Menega FISCH **$$**
(☎0370-692057; Jl Raya Senggigi, Pantai Batu Layar; Gerichte 80 000–250 000 Rp; ⏲11–23 Uhr) Wer Bali verlassen hat, ohne die Fischspezialitäten aus Jimbaran probiert zu haben, kann das Versäumnis in diesem Fischrestaurant am Strand nachholen. Zur Auswahl stehen fangfrischer Barrakuda, Tintenfisch, Snapper, Zackenbarsch, Hummer, Thunfisch und Garnelen – alles wird über glimmenden Kokosnussschalen gegrillt und bei Kerzenlicht an Tischen im Sand mit einer guten Auswahl an Sambal serviert.

Cafe Alberto ITALIENISCH **$$**
(☎0370-693039; Jl Raya Senggigi; Hauptgerichte ab 55 000 Rp; ⏲8–23 Uhr) Aus der Küche des seit Langem etablierten und beliebten italienischen Strandrestaurants kommen vielfältige Pastagerichte, berühmt sind aber die Pizzas des Hauses. Den Gästen werden kostenlose Fahrten vom/zum Hotel angeboten. Unter dem vom Mondlicht erhellten

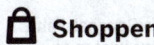

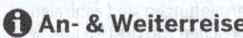

Himmel bei einem kühlen Getränk zu sitzen und den Sand unter den Füßen zu spüren ist ausgesprochen reizvoll.

Der Norden von Senggigi

★ **Coco Beach** INDONESISCH $$
(☎ 0817 578 0055; Pantai Kerandangan; Hauptgerichte ab 60 000 Rp; ⊙12–22 Uhr; ☎) Das wunderbare Strandrestaurant befindet sich in beseligend entrückter Lage abseits der Hauptstraße. Es ist hübsch und stilvoll und bietet eine große Auswahl für Vegetarier. Das *nasi goreng* ist auch bei Einheimischen berühmt, die Fischgerichte sind die besten der Gegend. Es gibt eine Bar mit umfassender Auswahl, an der auch authentische *Jamu*-Getränke mit Heilkräutern zubereitet werden. Das Restaurant liegt etwa 2 km nördlich des Zentrums von Senggigi.

Ausgehen & Nachtleben

Es ist noch nicht so lange her, dass die nächtliche Vergnügungsszene von Senggigi ziemlich harmlos war; die meisten Cafés und Restaurants dienten gleichzeitig auch der abendlichen Unterhaltung. Doch dann wurden wie Zerrbilder eines touristischen Alptraumes an den Randbezirken des Ortes fieberhaft riesige Betonbauten in die Höhe gezogen, in denen sich reihenweise „Karaoke-Bars" und „Massage-Salons" etablierten.

Ein entspannender Genuss ist ein köstliches Getränk bei untergehender Sonne in der angenehm gedämpften Atmosphäre einer der zahlreichen Strandbars.

Hotel Lina BAR
(☎ 0370-693237; Jl Raya Senggigi; ⊙8–22 Uhr) Mit seiner Terrasse am Meer ist das kleine Hotel Lina ein zeitloser Ort für einen Sundowner. Die Happy Hour beginnt um 16 Uhr und endet eine Stunde nach Sonnenuntergang. Entspannender kann eine Stimmung gar nicht sein – und der Ausblick ist einfach unvergleichlich.

Papaya Café BAR
(☎ 0370-693136; Jl Raya Senggigi; ⊙8–23 Uhr) Die Innenausstattung mit rohen Steinwänden, Rattanmöbeln und fantasievollen Kunstwerken der Asmat aus Papua-Neuguinea hat Klasse. Die Auswahl von importierten Bargetränken ist vielfältig. Am Tag macht sich der Straßenlärm leider etwas störend bemerkbar, bei Nacht hört man ihn kaum noch (vor allem, wenn Bands ihn mit ihrem Sound übertönt).

Shoppen

Asmara Collection KUNSTHANDWERK
(☎ 0370-693619; Jl Raya Senggigi; ⊙8–23 Uhr) Von den üblichen Läden hebt sich dieses Geschäft neben dem gleichnamigen Restaurant durch ein ausgewähltes Angebot von volkstümlichem Kunsthandwerk ab, darunter kunstvolle Schnitzereien und Stoffe aus Sumba und Flores.

An- & Weiterreise

BEMO

Regelmäßig verkehren Bemos zwischen Senggigi und der Haltestelle Kebon Roek in Ampenan (5000 Rp), wo man zur Weiterfahrt nach Mataram (10 000 Rp) umsteigen kann. Bemos lassen sich leicht an der Hauptstraße heranwinken.

SCHIFF/FÄHRE

Schnellboote nach Bali legen vom großen Pier auf der rechten Seite im mittleren Strandbereich ab. Auf dem Pier sind auch die Fahrkarten erhältlich.

Gili Getaway (☎ 0813 3707 4147; http://giligetaway.com; Senggigi Pier; Hinfahrt 200 000–250 000 Rp) Günstige Verbindungen zu den Inseln Gili Trawangan, Gili Air und Gili Gede.

Perama (☎ 0370-693008; www.peramatour.com; Jl Raya Senggigi; ⊙8–20 Uhr) Betreibt einen Shuttlebus-Service zur öffentlichen Fähre, die von Lembar nach Padangbai auf Bali (125 000 Rp) übersetzt, von dort führen Shuttlebus-Verbindungen weiter nach Sanur, Kuta und Ubud (alle Fahrten 175 000 Rp). Die Fahrten können länger als acht Stunden dauern. Zum Angebot gehören auch kombinierte Bus- und Schiffsverbindungen zu den Gili-Inseln zu einem angemessenen Preis von 150 000 Rp (2 Std.). Fahrgäste können so der Hektik am Hafen von Bangsal aus dem Weg gehen.

Scoot (☎ 0828 9701 5565; www.scootcruise.com; Senggigi Pier; Hinfahrt ab 675 000 Rp) Betreibt tägliche Schnellbootverbindungen nach Nusa Lembongan und Sanur auf Bali.

Wer eine Abenteuerreise in die fernere indonesische Provinz Nusa Tenggara plant, kann sich bei **Kencana Adventure** (☎ 0370-693432; www.kencanaadventure.com; Jl Raya Senggigi; Hinfahrt Deck/Kabine ab 1 450 000/4 500 000 Rp) über Bootsfahrten mit Zielen in östlicher Richtung informieren.

TAXI

Eine Taxifahrt nach Lembar kostet 160 000 Rp. Taxifahrten in einem Wagen mit Fahrpreisanzeige zum Flughafen in Praya kosten ca. 160 000 Rp (1 Std.). Es gibt allerdings keine öffentlichen Verbindungen mit dem Bemo in nördlicher Richtung zum Hafen Bangsal. Fahrten im Taxi mit Fahrpreisanzeige kosten ca. 100 000 Rp.

Unterwegs vor Ort

Das Ortszentrum von Senggigi ist leicht zu Fuß zu erkunden. Wer außerhalb wohnt, kann den kostenlosen Fahrservice nutzen, den viele Restaurants ihren Gästen anbieten.

Mopeds können für 60 000 Rp pro Tag gemietet werden. Autovermietungen sind zahlreich; die Preise liegen zwischen 150 000 Rp und 300 000 Rp pro Tag. Ein Leihwagen mit Fahrer kostet mindestens 600 000 Rp pro Tag.

IM NORDEN & ZENTRUM

☎ 0370

Grün und fruchtbar ist das landschaftlich reizvolle Landesinnere Lomboks. Ein Mosaik aus Reisterrassen, dichten Wäldern, sanft geschwungenen Tabakfeldern und Obst- und Nussbaumgärten wird vom heiligen Gunung Rinjani gekrönt.

Mit dieser großartigen Natur eng verbunden sind die traditionellen Siedlungen der Sasak, der auf Lombok ansässigen, indigenen Volksgruppen. Einige davon haben sich einen Ruf als kunsthandwerkliche Zentren erworben. Öffentliche Verkehrsmittel fahren leider nur unregelmäßig und auch nicht immer zuverlässig, die Hauptstraßen sind jedoch in einem guten Zustand. Mit einem eigenen Gefährt lassen sich die schwarzen Sandstrände der Fischer und die landeinwärts liegenden Dörfer und Wasserfälle bequem erkunden.

Von Bangsal nach Bayan

Küstenstreifen, die von Marktstädtchen unterbrochen werden, sind auf einer Fahrt an der nordwestlichen Seite der Insel ein gewohnter Anblick. Landeinwärts wird das Landschaftsbild zunehmend von den grünen Hängen des Gunung Rinjani beherrscht, der Straßenverkehr ebbt mehr und mehr ab.

Halbinsel Sire

Sire (auch: Sira) ist ein verborgenes, exklusives Urlaubsgebiet. Die Halbinsel ragt wie ein Zeiger in die Richtung der drei Gili-Inseln vor, sie weist hinreißende weite und weißsandige Strände auf, das klare Wasser verspricht schöne Schnorchelausflüge. Luxuriöse Hotelanlagen sind in der Nachbarschaft von Fischerdörfern entstanden. Sehenswert ist ein kleiner **Hindutempel**, der direkt hinter dem Luxushotel Oberoi liegt. Die Tempelschreine wurden in die schroffen Felsen der Küste gehauen und eröffnen schöne Ausblicke über den Ozean.

Schlafen

★ **Rinjani Beach Eco Resort** BOUTIQUEHOTEL $$

(☎ 0819 3677 5960; www.rinjanibeach.com; Karang Atas; Bungalows 350 000–1 300 000 Rp; ❄ ≋) 🍃 Ein Juwel unter den Ferienanlagen. Bambusbungalows, nach unterschiedlichen Themen gestaltet, sind mit eigenen Terrassen und Hängematten ausgestattet und haben Zugang zu einem Pool an einem schwarzsandigen Strand. Außerdem gibt es

WETU TELU

Wetu Telu ist eine vielschichtige Mischform aus Hinduismus, Islam und Animismus, die mittlerweile offiziell als muslimische Sekte anerkannt ist. Im Vordergrund steht eine sehr gegenständliche Auffassung der Dreifaltigkeit. Sonne, Mond und Sterne repräsentieren Himmel, Erde und Wasser. Kopf, Leib und Gliedmaßen des Menschen stehen für Kreativität, Empfindung und Tatkraft.

Bis 1965 zählte eine überwiegende Mehrheit der Sasak im nördlichen Lombok zu den Anhängern des Wetu Telu, doch unter dem Regime der „neuen Ordnung" des Diktators Suharto wurden die Religionen indigener Volksgruppen unterdrückt; unter dem enormen Druck wandelte sich die Wetu-Telu-Religion in Wetu Lima (eine orthodoxere Form des Islam). Im Kernland des Wetu Telu, der Region um Bayan, ist es jedoch den Einheimischen gelungen, ihren ursprünglichen Glauben zu bewahren, indem sie ihre kulturellen Traditionen (Wetu Telu) unabhängig von ihrer Religion (Islam) weiterführten. Die meisten halten nicht die gesamte Fastenzeit des Ramadan ein und besuchen die Moschee nur zu ganz bestimmten Anlässen. Außerdem ist der Konsum eines alkoholhaltigen Reisweins (*brem*) unter den Angehörigen der Religion weit verbreitet.

zwei preiswerte, kleine Bungalows, die über kaltes Wasser verfügen und für Reisende mit kleinem Budget gut geeignet sind. Ein Restaurant ist vorhanden, Seekajaks und Mountainbikes werden verliehen. Zur Bewässerung des begrünten Geländes wird Abwasser genutzt. Der Weg dorthin führt von Sire direkt an der Küste entlang.

★ **Tugu Lombok** RESORT **$$$**
(☎0819 3799 5566, 0370-612 0111; www.tuguhotels.com; Bungalows/Villen inkl. Frühstück ab 220/330 US$;) Die erstaunliche Luxusunterkunft ist eine fast unwirklich anmutende Verschmelzung unterschiedlicher Stile mit dem spirituellen Erbe Indonesiens. Die Ferienanlage liegt an einem wundervollen weißsandigen Strand. In die Raumgestaltung wurden künstlerische Traditionen Indonesiens phantasievoll einbezogen, das exquisite Spa ist dem buddhistischen Borobudur-Tempel auf Java nachempfunden. Umweltfreundliche Verfahren werden intelligent und zahlreich angewandt.

Oberoi Lombok RESORT **$$$**
(☎0370-638444; www.oberoihotels.com; Zi. ab 280 US$, Villen ab 500 US$;) Ein Höchstmaß an Weltabgeschiedenheit wurde mit diesem Hotel des Oberoi-Imperiums erreicht. Das Herzstück ist ein Pool mit drei Ebenen, der einen Ausblick auf einen schönen Privatstrand freigibt. Prägend für den Stil und den Luxus des Hotels ist die indonesische Raja-Kultur: im Boden versenkte Marmorbadewannen, Fußböden aus Teakholz, antikes Mobiliar und Orientteppiche. Der Service ist untadelig. 50 Zimmer und Villen stehen zur Verfügung.

Gondang & Umgebung

Im Nordosten des Dorfes Gondang an der Hauptstraße von Bansal nach Bayan führt ein 6 km langer Wanderweg landeinwärts zum **Air Terjun Tiu Pupas**, einem 30 m hohen Wasserfall, der nur in der Regenzeit einen Besuch lohnt (pro Pers. 30 000 Rp). Von dort führen Wanderwege zu anderen Wasserfällen, der schönste von ihnen ist der **Air Terjun Gangga**. Ein ortskundiger Führer (rund 80 000 Rp) ist zur Orientierung auf den verwirrenden Pfaden hilfreich.

Bayan

Die Wetu-Telu-Religion, eine vom Animismus beeinflusste Form des Islam auf Lombok, trat erstmals in bescheidenen strohgedeckten Moscheen an den Ausläufern des Rinjani in Erscheinung. Das beste Beispiel ist die Moschee **Masjid Kuno Bayan Beleq** beim Dorf Beleq. Ihr tief herabhängendes Dach, die Lehmböden und Bambuswände stammen angeblich von 1634, sie wäre damit die älteste Moschee auf Lombok. Im Innern befindet sich eine riesige alte Trommel, mit der man einst die Gläubigen – in den seligen Zeiten vor der Erfindung des Lautsprechers – zum Gebet rief.

LOMBOK IM RAMADAN

Der Fastenmonat Ramadan ist der neunte Monat des muslimischen Kalenders. In den Tagesstunden sind viele Restaurants der Hauptstadt und im konservativen Osten und Süden der Insel (mit Ausnahme von Kuta und benachbarten Badeorten) geschlossen. In diesen Gegenden müssen ausländische Gäste, die dann in der Öffentlichkeit essen oder rauchen und (vor allem alkoholische) Getränke zu sich nehmen, mit ablehnenden Reaktionen rechnen. In Senggigi, den Urlaubsgebieten und im größten Teil des Nordens der Insel wird die allgemeine Einstellung wesentlich weniger streng gehandhabt.

Senaru

Die beiden malerischen Dörfer, aus denen Senaru entstanden ist, sind entlang einer steilen Straße mit weiten Ausblicken auf den Vulkan und das Meer zu einem einzigen Ort zusammengewachsen. Die meisten Reisenden fahren auf dem Weg zum Gunung Rinjani daran vorbei, die wunderschönen Wanderwege und spektakulären Wasserfälle dieser Gegend sind es jedoch wert, die Fahrt für eine Weile zu unterbrechen.

Senaru leitet seinen Namen von *sinaru* her, was übersetzt „leicht" bedeutet. Wer auf der steilen Fahrt bergauf dem Wolkenhimmel näherkommt, wird den Ortsnamen naheliegend finden.

Sehenswertes

Air Terjun Sindang Gila WASSERFALL
(10 000 Rp) Ein spektakulärer Wasserfall mit mehreren Stufen ist von Senaru aus in 20 Minuten auf einem reizvollen Berg- und Waldwanderweg zu erreichen. Den schäu-

menden Wassermassen sollte man sich mit Respekt nähern – sie stürzen mit großer Wucht 40 m in die Tiefe und prallen hart von schwarzen Vulkanfelsen zurück. Auf einer Wanderung zum Air Terjun Sindang Gila ist kein Bergführer notwendig; der Wanderweg ist gut markiert.

Air Terjun Tiu Kelep WASSERFALL
Ein ansteigender Weg führt vom beliebten Ausflugsziel des Air Terjun Sindang Gila nach weiteren 50 Minuten zu einem weiteren Wasserfall, der ein natürliches Badebecken besitzt. Der Weg ist steil und macht eine ortskundige Führung zwingend notwendig (die Gebühr von 100 000 Rp ist verhandelbar). Manchmal lassen sich Langschwanzmakaken (die Einheimischen nennen sie *kera*) und die viel selteneren Silbernen Haubenlanguren sehen. „Bergführer", die beim Kartenverkauf zum Air Terjun Sindang Gila auf Kundenfang aus sind, sind sehr wahrscheinlich keine autorisierten Führer und sollten deshalb gemieden werden. In der Ortschaft selbst sind professionelle Führer ziemlich leicht zu finden, insbesondere in der kleinen Ansammlung von Läden am Zugang zum Air Terjun Sindang Gila.

Aktivitäten

Die meisten Reisenden kommen nach Senaru, um sich Trekking-Touren zum Gunung Rinjani anzuschließen. Wer ausreichend Zeit mitbringt oder keine Wanderung zum Vulkan plant, findet auch andere lohnenswerte Wanderwege.

Geführte Wanderungen und dörfliche Tourismusveranstaltungen werden in den meisten Pensionen arrangiert – z. B. eine **Reisterrassen- und Wasserfallwanderung** (pro Pers. 200 000 Rp), mit Zwischenstopp am Wasserfall Sindang Gila, bei schönen Reisfeldern und einer alten Bambusmoschee. Lohnenswert ist auch der **Senaru Panorama Walk** (pro Pers. 200 000 Rp) mit eindrucksvollen Aussichten und Einblicken in die regionalen Traditionen. Trekking-Touren im Alleingang zum Gunung Rinjani zu unternehmen ist dagegen nicht erlaubt.

Senaru Trekking WANDERN
(☎ 0818 540 673; http://senarutrekking.com) Der Bergführer mit dem kurzen Namen Jul ist ein exzellenter Kenner des Gunung Rinjani. Er bietet Ermäßigungen von 5 % seiner Gebühren an, wenn Bergwanderer ihm beim Sammeln von Abfall auf dem Berg behilflich sind.

Rudy Trekker WANDERN
(☎ 0818 0365 2874; www.rudytrekker.com) Ein zuverlässiger Veranstalter mit Sitz in Senaru. Zum Angebot gehört eine Vielfalt von Wanderrouten. Die meisten Bergwanderer entscheiden sich jedoch für eine dreitägige Pauschaltour mit zwei Übernachtungen, die in Sembalun Lawang startet. Das Büro des Veranstalters befindet sich nahe beim Zugang zu den Wasserfällen des Air Terjun Sindang Gila. An der Wand ist eine hilfreiche Liste aller notwendigen Ausrüstungsgegenstände angebracht.

John's Adventures WANDERN
(☎ 0817 578 8018; www.rinjanimaster.com) Ein Veranstalter mit langjähriger Erfahrung. Die Teilnehmer werden mit Toilettenzelten und dicken Schlafmatten ausgestattet. Die Wanderrouten beginnen entweder in Senaru oder Sembalun. Das Büro des Veranstalters in Senaru liegt 2 km unterhalb des Nationalparkbüros des Gunung Rinjani.

Rinjani Trek Centre TREKKING
(RTC; ☎ 0819 0741 1211; www.rinjanitrekcentre.com; ⏲ 6–16 Uhr) Das örtliche Kollektiv von Bergführern ist eine gute Adresse zur Information und Planung. Es liegt gegenüber von Pondok Senaru.

Schlafen

Alle Unterkünfte in Senaru reihen sich entlang der 6,5 km langen Straße aneinander, die von Bayan ausgehend bergauf über Batu Koq zum Nationalparkbüro des Gunung Rinjani und zum Rinjani Trek Centre führt. Die meisten Unterkünfte sind einfache Berghütten. Die kühle Höhenlage macht eine Klimatisierung der Räume überflüssig.

Sinar Rinjani LODGE $
(☎ 0818 540 673; www.sinarrinjani.com; Zi. 200 000–350 000 Rp; ❄📶) Die acht Zimmer der Lodge sind riesengroß und mit Regenduschen und breiten Doppelbetten ausgestattet, einige der Zimmer haben warmes Wasser und sind klimatisiert. Vom Dachrestaurant öffnen sich ungewöhnlich schöne Ausblicke. Die Lodge bietet gute Trekking-Pauschaltouren an, sie liegt 2,1 km vom oberen Ende der Straße entfernt.

Pondok Senaru & Restaurant LODGE $
(☎ 0818 0362 4129; pondoksenaru@yahoo.com; Zi. 250 000–700 000 Rp; ⏲ Restaurant 7–21 Uhr; ❄📶) Die Lodge besteht aus 14 zauberhaften kleinen Hütten (die meisten davon mit Ventilatoren) mit Ziegeldächern sowie meh-

reren gut ausgestatteten Superior-Zimmern mit heißem Wasser und anderen willkommenen Annehmlichkeiten. Das Restaurant, dessen Tische am Rand der steil abfallenden Reisterrassen des Tales stehen, ist ein außergewöhnlicher Ort für eine Mahlzeit (Hauptgerichte 25 000–50 000 Rp). Das Haus liegt am Zugang zu den Wasserfällen des Air Terjun Sindang Gila.

★ **Rinjani Lighthouse** GUESTHOUSE $$

(☎0818 0548 5480; www.rinjanilighthouse.mm.st; Zi. 350 000–900 000 Rp;) Auf einer weiten Hochebene, nur etwa 200 m vom Nationalparkbüro des Gunung Rinjani entfernt, befindet sich dieses imposante Guesthouse mit Strohdachbungalows (mit heißem Wasser), die ausreichend Raum für zwei Personen oder auch für eine Familie bieten.

Außerdem ist ein restauriertes altes Ferienhaus vorhanden, in dem bis zu sechs Übernachtungsgäste untergebracht werden können. Die Gastgeber sind zudem eine sprudelnde Quelle des Wissens was den Gunung Rinjani betrifft.

Rinjani Lodge GUESTHOUSE $$

(☎0819 0738 4944; www.rinjanilodge.com; Zi. 450 000–1 000 000 Rp;) Eine komfortable Neuerscheinung unter den Guesthouses. Fünf Bungalows bieten überwältigende Ausblicke auf den ganzen Norden der Insel bis zum fernen Ozean. Die Zimmer sind gut ausgestattet, ein Restaurant und zwei Swimmingpools eröffnen die gleichen schönen Ausblicke. Auch eine hier heimische Horde von Silbernen Haubenlanguren erfreut sich an der weiten Sicht. Die Lodge liegt direkt unterhalb des Zugangs zu den Wasserfällen des Air Terjun Sindang Gila.

An- & Weiterreise

Vom Busbahnhof Mandalika in Bertais (Mataram) verkehren Busse nach Anyar (25 000–30 000 Rp, 2½ Std.). Bemos fahren nicht von Anyar nach Senaru, stattdessen kann eine Fahrt im *ojek* (Motorradtaxi; je nach Gepäck ab 30 000 Rp pro Pers.) organisiert werden.

Sembalun-Tal

☎0376

Auf östlicher Seite des Gunung Rinjani liegt das wunderschöne, hohe Sembalun-Tal. Dieses Hochplateau (ca. 1200 m) wird von Vulkanen und Berggipfeln umgeben. Es ist eine fruchtbare landwirtschaftliche Region, deren goldbraune Ausläufer in der Regenzeit leuchtend grün werden. Wenn sich die hohen Wolken teilen, tritt der Rinjani in seiner ganzen Schönheit hervor.

Im Tal gibt es hauptsächlich zwei Siedlungen, Sembalun Lawang und Sembalun Bumbung – stille Dörfer, in denen man in erster Linie vom Anbau von Kohl, Kartoffeln, Erdbeeren und Knoblauch lebt. Der Trekking-Tourismus bringt zusätzlich geringe Einnahmen. Die beiden Ortschaften sind die besten Ausgangspunkte für den Aufstieg zum Gipfel des Rinjani.

Aktivitäten

Rinjani Information Centre WANDERN

(RIC; ☎0818 540 673; www.rinjaniinformationcentre.com; Sembalun Lawang; ⏲6–18 Uhr) Eine gute Informationsquelle. Das Zentrum organisiert auch Trekking-Touren zum Rinjani. Die englischsprachigen Mitarbeiter sind fachkundig, außerdem sind viele faszinierende Informationstafeln zu Flora und Fauna, Geologie und Geschichte der Region zu sehen. Camping- und Trekking-Ausrüstungen werden zum Ausleihen bereitgehalten. Das Zentrum liegt an der Hauptstraße, in der Nähe einer riesigen Knoblauchknollenskulptur gegenüber einer großen Moschee.

Schlafen

Maria Guesthouse GUESTHOUSE $

(☎0852 3956 1340; Sembalun Lawang; Zi. ab 250 000 Rp;) Auf der Rückseite eines Familiengehöfts stehen drei große Bungalows

NICHT VERSÄUMEN

FAHRTEN DURCH DAS SEMBALUN-TAL

Ausnahmslos jede Straße, die innerhalb und rund um das Sembalun-Tal verläuft, bietet überwältigende Ausblicke. Eine Fahrt nordwärts nach Koko Putih führt z. B. durch ausgedehnte Cashewbaumbestände. Eine noch reizvollere Landschaft ist auf einer 60 km langen Fahrt zwischen Aikmel und Sembalun Lawang zu erleben. Die höheren Lagen der Talhänge, durch die diese Straße führt, sind mit dichtem tropischem Regenwald bewachsen. An jedem beliebigen Haltepunkt kann man neben einer Fülle von tropischen Blüten zahlreiche Schwarze und Silberne Haubenlanguren sehen.

Am südlichen Rand des Tales sind die weiten Ausblicke spektakulär.

mit Blechdächern für Gäste bereit. Die Unterkünfte sind hell, die Fußböden mit bunten Fliesen bedeckt. Die familiäre Atmosphäre macht viel Spaß, die Lage auf einem Gartengelände wirkt besänftigend.

Lembah Rinjani LODGE $
(☎ 0852 3954 3279, 0818 0365 2511; www.facebook.com/lembahrinjani/about; Sembalun Lawang; Zi. 350 000–450 000 Rp) Auf dem Anwesen gibt es 15 einfache, gepflegte Zimmer mit Fliesenböden und eigenen Veranden, deren Ausblicke auf die Berge und den morgendlichen Sonnenaufgang atemberaubend sind. Mehrere Gäste teilen sich jeweils ein Bad.

An- & Weiterreise

Vom Busbahnhof Mandalika in Mataram fahren Busse nach Aikmel (20 000 Rp), dort steigt man in ein Bemo nach Sembalun Lawang um (20 000 Rp).

Es gibt keine öffentlichen Verkehrsmittel zwischen Sembalun Lawang und Senaru; die einzige Fahrgelegenheit ist ein *ojek*, das für eine (wahrscheinlich unbequeme) Fahrt zum Preis von 200 000 Rp gemietet werden kann.

Gunung Rinjani

Er beherrscht die Landschaft im Norden Lomboks: Der Gunung Rinjani (3726 m) ist der zweitgrößte Vulkan Indonesiens. Der imposante Vulkankegel gilt den Hindus und Sasak als heiliger Berg, sie unternehmen Wallfahrten zu seinem Gipfel und Kratersee, um Göttern und Geistern Opfergaben darzubringen. Für die Balinesen ist der Rinjani neben dem balinesischen Agung und dem Bromo auf Java einer der drei heiligen Berge des Landes. Bei den Sasak ist es gebräuchlich, immer zur Zeit des Vollmondes zum Berggipfel zu wandern.

Der Berg ist von klimatischer Bedeutung: An seinem Gipfel sammeln sich ständig Regenwolken. Sein Ascheausstoß bringt den Reis- und Tabakpflanzen der Insel Fruchtbarkeit und lässt einen Flickenteppich von Reis- und Tabakfeldern, Cashewnuss- und Mangobäumen entstehen.

Der Gunung Rinjani übt mit seinen unwirklich schönen Szenerien eine große Anziehungskraft auf Trekking-Wanderer aus. Der Vulkan ist inzwischen ein so populäres Reiseziel geworden, dass sich die Zahl der Bergwanderer am Rinjani mit rund 60 000 pro Jahr seit 2013 mehr als verdoppelt hat.

Aktivitäten

Die Aufstiege zum Kraterrand, See oder Gipfel sind nicht zu unterschätzen, einheimische Führer sind dabei zwingend vorgeschrieben. Der Aufstieg zum Rinjani ist in

Gunung Rinjani

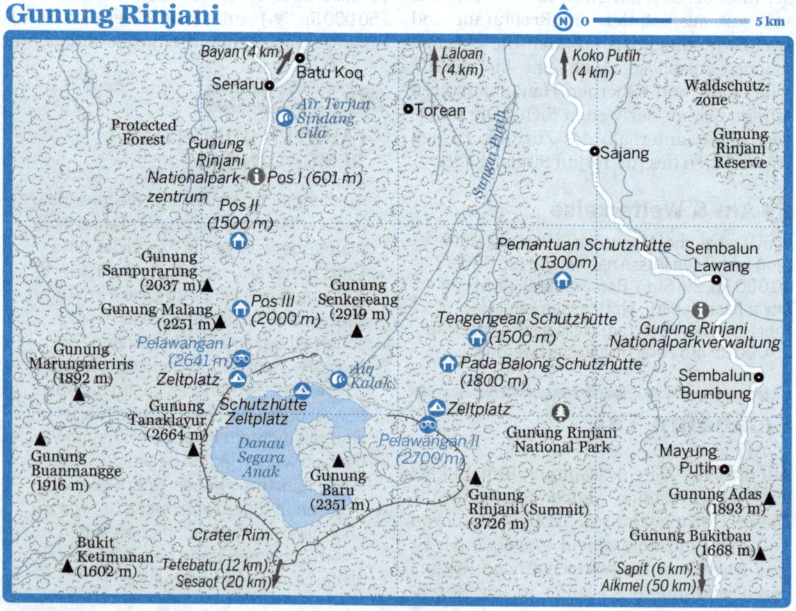

DIE BESTEIGUNG DES GUNUNG RINJANI

Die empfehlenswerteste Art, den Gunung Rinjani zu besteigen, ist eine fünftägige Trekkingtour, die in Senaru beginnt und in Sembalun Lawang endet. Eine von mehreren anderen Möglichkeiten ist die Besteigung vom höher gelegenen Sembalun aus – eine extrem anstrengende Wanderung, die mit Hin- und Rückweg zwei Tage beansprucht.

Erster Tag: Senaru Pos. I bis Pos. III (5–6 Std.)

Am südlichen Rand von Senaru befindet sich das Gunung Rinjani Park Office (Pos. I, 601 m). Dahinter gabelt sich der Wanderweg – der nach rechts führende Weg ist der richtige. Dieser führt stetig bergauf. Nach 30 Min. ist der offizielle Eingang zum **Taman Nasional Gunung Rinjani** (Nationalpark **Gunung Rinjani**) erreicht. Der Wanderweg steigt weiter an und führt nach 2½ Std. zur Pos. II (1500 m), dort gibt es einen Unterstand. Weitere 1½ Std. geht es bis Pos. III (2000 m) erreicht ist, wo man zwei Unterstände vorfindet. Pos. III bietet sich am Ende des ersten Tages als Zeltplatz für die Nacht an.

Zweiter Tag: Pos. III bis Danau Segara Anak & Aiq Kalak (4 Std.)

Von Pos. III sind es etwa 1½ Std. bis zum Kraterrand – **Pelawangan I** (2641 m). Wer früh am Morgen aufbricht, kann in der Höhe den Sonnenaufgang erleben. Es ist möglich, bei Pelawangan I zu zelten, doch gibt es wenige Zeltplätze auf ebenem Boden, es fehlt frisches Wasser, und häufig treten Windböen auf.Der Abstieg zu einem der Bergseen, **Danau Segara Anak**, und zu den heißen Quellen von **Aiq Kalak** dauert etwa 2 Std. In der ersten Stunde erfordert der Abstieg bergsteigerisches Können. Vom Grund der Kraterwand führt eine Wanderung in 30 Min. um den See herum. Es gibt Plätze zum Zelten.

Dritter Tag: Aiq Kalak bis Pelawangan II (3–4 Std.)

Der Wanderweg beginnt beim letzten Unterstand an den heißen Quellen, führt etwa 100 m vom See weg und biegt nach rechts ab. Er quert dann den Nordhang des Kraters, nach einer einstündigen Wanderung an den Hängen entlang endet der Weg vor einer steil aufragenden Wand. Vom See dauert der Aufstieg zum Kraterrand (2639 m) 3 Std. Am Kraterrand markiert ein Wegweiser den Weg zurück nach Danau Segara Anak. Beim Wegweiser teilt sich der Wanderweg: Geradeaus führt er nach Lawang, ein zweiter Weg verläuft am Kraterrand entlang zum Zeltplatz von **Pelawangan II** (2700 m).

Vierter Tag: Pelawangan II bis zum Gipfel (hin & zurück 5–6 Std.)

Der Gipfel des Gunung Rinjani erhebt sich über der ebenen Fläche und wirkt täuschend nah. Der Aufstieg sollte in aller Frühe (etwa 3 Uhr) beginnen, damit der Gipfel rechtzeitig zum Sonnenaufgang erreicht wird. Bei ungünstigen Windbedingungen ist der Gipfel nicht zugänglich, da der Weg an einem sehr exponierten Bergkamm entlangführt.

Der Aufstieg zum Bergkamm, der zum Rinjani leitet, dauert rund 45 Min. Ist der Bergkamm erst einmal erreicht, geht es gleichmäßig bergauf. Nach 1 Std. meint man am Gipfel zu stehen, doch das täuscht: Der eigentliche **Gipfel des Rinjani** (3726 m) ragt drohend dahinter auf. Dann wird der Weg immer steiler, 350 m vor dem Gipfel besteht das Geröll aus lockeren Felsbrocken. Für diesen letzten Wegabschnitt sollte man 1 Std. kalkulieren. Insgesamt dauert der Aufstieg zum Gipfel 3 Std., der Rückweg 2 Std.

Fünfter Tag: Pelawangan II bis Sembalun Lawang (6–7 Std.)

Nach dem Gipfel ist es möglich, noch am selben Tag nach Lawang abzusteigen. Vom Zeltplatz führt ein steiler Weg ins Dorf hinunter. Vom Zeltplatz geht es zunächst am Kraterrand entlang. Kurz hinter der Abzweigung nach Danau Segara Anak führt eine Wegabzweigung rechts nach **Pada Balong** (auch Pos. III genannt, 1800 m). Auf dem Wanderweg kommt man leicht voran; in 2 Std. ist der Unterstand von Pada Balong erreicht.

Der Wanderweg führt nach **Sembalun Lawang** zum Unterstand von Tengengean (auch: Pos. II, 1500 m) und durchquert Weideland, das sich in einem Flusstal hinzieht. Nach weiteren 30 Min. geht es zum Unterstand von **Pemantuan** (auch: Pos. I, 1300 m), von dort sind es weitere 2 Std. nach Sembalun Lawang.

der Regenzeit (November bis März) grundsätzlich untersagt, da in dieser Zeit immer mit Erdrutschen zu rechnen ist. Nur von Juni bis August ist die Wahrscheinlichkeit groß, von Regen oder Wolken (weitgehend) verschont zu bleiben. Im Gepäck sollte man unbedingt Isomatten und Schlafsäcke oder Decken haben, denn am Kraterrand kann es zu jeder Jahreszeit kalt – und am Gipfel auch frostig – werden.

Alle Veranstalter von Bergwanderungen bieten annähernd gleiche Trekking-Programme zu vergleichbaren Preisen an, manche haben aber auch „Luxus"-Varianten in der Angebotspalette. Im Folgenden einige übliche Trekking-Programme:

Kraterrand Zwei Tage – Bei einer Rundwanderung ab Senaru mit Aufstieg und Rückweg ist der Kratersee zu sehen.

Kraterrand & See mit Rückweg Vier Tage – Eine Rundwanderung mit Start entweder in Senaru oder Sembalun Lawang zum Kraterrand und ins Innere des Kraters zum See. Es gibt eine dreitägige Variante dieser Wanderung, bei der am letzten Tag eine extrem anspruchsvolle und potenziell gefährliche Wegstrecke von mehr als 12 Stunden Dauer zu bewältigen ist.

Senaru-Kraterrand-See-Sembalan Lawang Fünf Tage – Eine klassische Trekking-Tour, in der alle Programmpunkte mit wenigen Wiederholungen in einem gemäßigten Tempo enthalten sind.

Die Preise für Trekking-Touren reduzieren sich bei größerer Teilnehmerzahl. Die Kosten (einschließlich Verpflegung, Ausrüstung, Bergführer, Träger, Parkgebühr und Rückfahrt nach Senaru) liegen durchschnittlich bei 100 US$ pro Person und Tag. Bei den Preisen gibt es allerdings ziemlich viel Spielraum; alle Preisangebote sind lediglich eine Basis für Verhandlungen.

Veranstalter

Am einfachsten lässt sich eine Bergwanderung über die Unterkunft organisieren. Daneben findet man zahlreiche unabhängige Veranstalter.

In Senaru:

- John's Adventures (S. 326)
- Rudy Trekker (S. 326)
- Rinjani Trek Centre (S. 326)
- Senaru Trekking (S. 326)

In Sembalun Lawang:

- Rinjani Information Centre (S. 327)

Veranstaltungsagenturen in Kuta, Senggigi und weiter entfernten Orten organisieren ebenfalls Trekking-Touren zum Rinjani, in denen die Rückfahrten zum Ausgangsort enthalten sind.

Bergführer & Träger

Eine Bergwanderung im Alleingang zu unternehmen ist schlichtweg verboten und überdies äußerst unklug. Am Rinjani sind Wanderer, ob mit oder ohne Bergführer, ums Leben gekommen; nur die erfahrensten Bergsteiger dürften sich allenfalls für qualifiziert halten, eine solche Wanderung zu unternehmen.

Bergführer und Träger arbeiten zu flexibel festgesetzten Gebühren, die in allen Trekking-Pauschaltouren, die gebucht werden können, enthalten sind. Trinkgelder zwischen 20 000 Rp bis 50 000 Rp pro Tag sind angemessen und können am Ende der Tour gezahlt werden.

Eintrittsgebühr & Ausrüstung

Die Eintrittsgebühr zum Nationalpark Gunung Rinjani beträgt 150 000 Rp pro Tag – die Besucher lassen sich bei den Nationalparkbüros an den Startpunkten der Wanderwege in Senaru oder Sembalun Lawang vor Antritt der Wanderung registrieren. In letzter Zeit wurden Forderungen laut, die Nationalparkgebühren noch weiter anzuheben.

Schlafsäcke und Zelte sind unverzichtbar und können auch ausgeliehen oder im Rahmen einer Pauschaltour mitgebucht werden. Vernünftige Wanderschuhe, warme Kleidung, Regenzeug, Handschuhe, Kochgeräte und eine Taschenlampe sind ebenfalls unerlässlich (alles kann notfalls geliehen werden). Eine vollständige Leihausrüstung kostet mindestens 100 000 Rp pro Person und Tag. Jeder Wanderer sollte beispielsweise auch an Sportsalben (zur Linderung von Muskelschmerzen) und Badekleidung (zum Schwimmen im See und in den heißen Quellen) denken; Trekking-Veranstalter oder Bergführer können hilfreiche Tipps geben.

Alle Abfälle (auch Toilettenpapier) nehmen die Bergwanderer wieder mit zurück. Leider ersticken etliche Zeltplätze und Wanderwege am Rinjani in Müll.

Lebensmittel & Verpflegung

Die Trekking-Veranstalter sorgen normalerweise für die Verpflegung der Tourenteilnehmer. In Mataram sind Lebensmittel am preiswertesten zu bekommen, vieles ist aber auch in Senaru und Sembalun Lawang erhältlich. Wasservorräte sollten unbedingt reichlich bemessen sein – eine Dehydrierung kann zu Höhenkrankheit führen. Man sollte auch an Ersatzbatterien (die durch die Höhe ebenfalls Schaden nehmen können) sowie an Ersatzfeuerzeuge denken.

Praktische Informationen

Gunung Rinjani National Park (Taman Nasional Gunung Rinjani; ☎0370-660 8874; www.rinjaninationalpark.com) Auf der offiziellen Website des Nationalparks ist gutes Karten- und Informationsmaterial sowie ein sehr hilfreicher Abschnitt mit Berichten über Betrügereien durch zwielichtige Tourenveranstalter zu finden.

Tetebatu

☎0376

Tetebatu ist die Kornkammer der Sasak. Durch die Region fließen die am Rinjani entspringenden Flüsse, der vulkanische Boden ist sehr fruchtbar. Die Landschaft ist ein bunter Flickenteppich aus Tabak- und Reisfeldern, Obstgärten und Weideland, das in die verbliebenen Flächen des „Affenwaldes" übergeht, der vom Rauschen verborgener Wasserfälle widerhallt.

Das gemäßigte Klima von Tetebatu ist ideal für lange Wanderungen durch das Umland (dank einer Höhenlage von rund 400 m ist es nicht so heiß und stickig wie an der Küste). Die tiefschwarzen Nächte sind von Froschkonzerten und dem begleitenden Murmeln zahlreicher Bäche erfüllt. Die sanften Naturklänge lullen auch nervöse Stadtmenschen in den Schlaf.

Sehenswertes

Tetebatu ist weitläufig und zieht sich an Straßen entlang, die nördlich und östlich von der zentralen *Ojek*-Haltestelle abgehen und als sogenannte „Wasserfallstraße" bekannt sind. Es ist zugleich die Hauptkreuzung des Ortes, deren Abzweigungen in alle Himmelsrichtungen weiterführen. Bildschöne Reisfelder geben perfekte Fotomotive ab.

Wasserfall WASSERFALL
An den südlichen Hängen des Rinjani gibt es einen Wasserfall, der im eigenen Auto oder auf einer spektakulären zweistündigen Wanderung durch Reisfelder von Tetebatu aus zu erreichen ist. Für diese Wanderung kann im Hotel oder in der Pension ein Führer (200 000 Rp) engagiert werden. Ein zweiter Wasserfall befindet sich in der Nähe.

Taman Wisata Tetebatu WALD
(Affenwald) Ein schattiger, 4 km langer Wanderweg, der direkt nördlich der Moschee von Tetebatu von der Hauptstraße abzweigt, führt in den „Affenwald" zu Schwarzlanguren und Wasserfällen – ein Führer ist notwendig, der über die Unterkunft engagiert werden kann (200 000 Rp).

Air Terjun Jukut WASSERFALL
Eine steile, etwa 2 km lange Wanderung führt – ausgehend vom Parkplatz am Ende der Zufahrtsstraße zum Nationalpark Gunung Rinjani – zum wunderschönen Air Terjun Jukut, der aus einer beeindruckenden Höhe von 20 m in eine tiefes Felsenbecken stürzt, das von dichtem Wald umgeben ist.

Sapit DORF
An den südöstlichen Hängen des Gunung Rinjani im Osten von Tetebatu liegt Sapit, ein winzig kleines, ruhiges Dorf mit einer Sicht, die bis nach Sumbawa reicht. Große Ziegelsteinscheunen (*open*), die zum Trocknen von Tabak dienen, ragen hoch aus der wunderschönen grünen Landschaft auf. Sapit ist ein schöner Ort für einen mehrtägigen Aufenthalt in ländlicher Stille fern vom touristischen Getriebe.

Kotaraja DORF
Kotaraja ist der am nächsten bei Tetebatu gelegene Marktort. Kotaraja ist darüber hinaus als Austragungsort eines Kampfkunstfestes der Sasak bekannt, das alljährlich im August stattfindet. Diese Stockkämpfe werden durchaus sehr ernst genommen und erbittert ausgefochten und sind erst dann beendet, wenn Blut fließt. Marktage werden in Kotaraja am Montag- und Mittwochmorgen abgehalten.

Schlafen & Essen

★ **Tetebatu Mountain Resort** LODGE $
(☎0812 372 4040, 0819 1771 6440; Zi. 300 000–500 000 Rp;) Die zweistöckigen Bungalows in der Bauweise der Sasak sind die besten Unterkünfte im Ort, es gibt insgesamt 23 Zimmer. Auf beiden Stockwerken liegen separate Schlafzimmer – perfekt für gemeinsam reisende Freunde. In der oberen Etage bieten sich von einem Balkon zauberhafte Ausblicke auf Reisfelder.

Pondok Indah Bungalows Tetebatu BUNGALOW $
(☎0877 6172 2576; Zi. ab 250 000 Rp) Zwei strohgedeckte Bungalows mit zwei Etagen liegen inmitten von schönen Reisfeldern.

Obwohl sie ein Bild romantischer Einfachheit sind, gilt dies für die Ausstattung keinesfalls: Beide sind beispielsweise mit Badezimmern, Hartholzböden und Sitzbereichen im Freien ausgestattet und bieten fantastische Ausblicke. Der Stil ist von einem bunten Farbenmix geprägt.

Hakiki Bungalows & Cafe BUNGALOW $
(☎0818 0373 7407; www.hakiki-inn.com; Zi. 150 000–425 000 Rp;) Sieben Bungalows stehen mitten in einem Blumengarten am Rand von Reisfeldern. Man findet sie oberhalb der Reisanbaufläche, die der Inhaberfamilie gehört, etwa 600 m von der Kreuzung entfernt. Sogar eine Flitterwochensuite gehört zum Angebot. WLAN ist im Café zugänglich, hier werden auch Indo-Klassiker von teilweise höllischer Schärfe serviert.

Cendrawasih Cottages COTTAGE $
(☎0878 6418 7063; Zi. ab 250 000 Rp; Restaurant 8–21 Uhr) Anmutige kleine Ziegelsteinhütten nach Art von Reisscheunen (*lumbung*) liegen verstreut zwischen Reisfeldern; sie sind mit Bambusbetten und eigenen Veranden ausgestattet. In einem hinreißenden Restaurant auf Pfählen sitzen die Gäste auf Bodenkissen. Die Küche (Hauptgerichte 20 000–45 000 Rp) zeigt Einflüsse der Sasak, Indonesiens und der westlichen Welt. Vom Pfahlbau öffnet sich ein Rundblick über die Reisfelder. Die Hütten sind 500 m östlich der Kreuzung zu finden.

Anreise & Unterwegs vor Ort

Alle inselweiten Busverbindungen passieren Pomotong (20 000 Rp vom Bahnhof Mandalika) auf der von Osten nach Westen verlaufenden Hauptschnellstraße. Dort kann die Fahrt mit einem *ojek* (ab 30 000 Rp) nach Tetebatu fortgesetzt werden.

DER SÜDEN

☎0370

Schöner können Strände nicht sein: Das Wasser ist warm, leuchtet in zahllosen Türkistönen und läuft in imposanten Wellentunneln aus. Der Sand ist samtig weich und schneeweiß, die Strände werden oftmals von felsigen Landspitzen und schroffen Klippen eingefasst. Der Süden ist deutlich trockener als die übrigen Inselregionen und außerdem spärlicher besiedelt; leider sind Straßen und öffentliche Verkehrsmittel nur eingeschränkt vorhanden.

Die einzigartige Küstenlinie im Süden der Insel mit ihren weiten, tief eingeschnittenen Buchten ist überwältigend, ihre Schönheit eindringlich und fesselnd. Und doch galt diese Region lange Zeit als die ärmste der Insel, ihre sonnenverbrannten Böden als ausgedörrt und unfruchtbar. Heute werden die Berghänge von illegalen Goldminen zerfurcht, deren kaum verheimlichtes Zerstörungswerk von jedem zu hören und zu sehen ist, der in westlicher Richtung zu den Surfstränden unterwegs ist.

Praya

Als Standort des internationalen Flughafens von Lombok hat Praya inzwischen einen Namen erworben. Es ist der ausgedehnte Hauptort im Süden der Insel und bewahrt mit von Bäumen gesäumten Straßen und einzelnen verfallenden Bauten Erinnerungen an die holländische Kolonialzeit.

An- & Weiterreise

Von Reisfeldern umgeben, 5 km südlich vom Ortszentrum Prayas gelegen, ist der moderne **Lombok International Airport** (LOP; www.lombok-airport.co.id) zu einem Anziehungspunkt eigener Art geworden: An Wochenenden sind große Gruppen von Einheimischen zu beobachten, die einfach nur da sitzen, vielleicht etwas essen und das Geschehen beobachten. Es sind nicht etwa Besucher, die auf die Ankunft ihrer Angehörigen warten, vielmehr genießen sie auf einem Tagesausflug ganz einfach das hektische Getriebe der ankommenden und abreisenden Fluggäste.

Der Flughafen ist nicht allzu groß, bietet aber ein vollständiges Serviceangebot; so gibt es Geldautomaten (und Läden mit haarsträubenden Preisen).

Unterwegs vor Ort

Dank mehrspuriger Straßen ist der Flughafen nur 30 Autominuten von Mataram und Kuta entfernt und auch von allen übrigen Orten der Insel aus gut zu erreichen.

Bus Das Busunternehmen Damri betreibt Touristenbusse, die im Stundentakt abfahren; im Ankunftsbereich sind Fahrkarten erhältlich. Ziele sind der Bahnhof Mandalika in Mataram (25 000 Rp) und Senggigi (35 000 Rp).

Taxi Das Flughafen-Taxikartell garantiert Fahrten zu festen Preisen; Fahrtziele sind u. a.: Kuta (100 000 Rp, 30 Min.), Mataram (165 000 Rp, 30 Min.), Senggigi (200 000 Rp, 1 Std.) und Bangsal (260 000 Rp, 90 Min.), von dort ist die Weiterreise zu den Gili-Inseln möglich.

Rund um Praya

Sukarara

Die Hauptstraße von Sukarara ist die Domäne der Stoffhändler, hier kann man Webern bei ihrer Arbeit an den alten Webstühlen zuschauen. Bei **Dharma Setya** (☎ 0370-660 5204; Jl Sukarara; ⏲ 8–17 Uhr) ist eine unglaublich große Auswahl von handgewebten Stoffen der Sasak vorhanden, darunter Ikat und *songket* (mit Silber- und Goldfäden durchwirktes Tuch).

Penujak

Penujak besitzt eine berühmte Keramiktradition (*gerabah*). Die Töpferwaren werden aus einem regionalen rötlichen Ton mit schokoladenartiger Konsistenz hergestellt, von Hand brüniert und mit geflochtenem Bambus geschmückt. In den bescheidenen Töpferwerkstätten der Ortschaft werden beispielsweise Gebrauchsstücke wie Tassen und Teller verkauft, die meisten Werkstätten drängen sich beim gespenstischen Dorffriedhof dicht aneinander.

Rembitan & Sade

Die Region zwischen Sengkol und Kuta ist ein Kernland der Sasak-Kultur – in traditionellen Dörfern stehen zahlreiche hoch aufragende Reisscheunen (*lumbung*). Auch einzelne traditionelle Wohnhäuser (*bale tani*) sind noch zu sehen, die aus Bambus, Lehm, Kuh- und Büffeldung gebaut sind.

Das **Sasak-Dorf** Sade wurde umfangreich restauriert und besitzt faszinierende Wohnhäuser nach traditioneller Bauart. Weiter südlich liegt **Rembitan** mit einer authentischeren Atmosphäre; neben Wohnhäusern und Reisscheunen besitzt das Dorf eine rund 100 Jahre alte Moschee, die **Masjid Kuno**. Das alte strohgedeckte Bauwerk ist eine Wallfahrtsstätte für die Muslime Lomboks. Beide Dörfer sind sehenswert, ein Rundgang ohne Führer (ca. 50 000 Rp) ist allerdings nicht möglich.

Kuta

☎ 0370

Kann es eine schönere Einstimmung auf die wundervollen Strände im Süden Lomboks geben? Man muss sich eine mondsichelförmige Bucht vorstellen – das seichte Wasser in Strandnähe türkisfarben und in der Ferne tiefblau. Die Wellen schlagen gleichförmig an einen weiten weißsandigen Strand von der Größe eines Fußballfeldes, der von Felsenspitzen eingerahmt wird. Stellt man sich dann einen Küstenstreifen mit einem Dutzend solcher wunderbaren Buchten vor, die von einem Höhenzug schroffer Küstenberge begrenzt werden, an denen prachtvolle Bananenstauden und Tabakpflanzen wachsen, erhält man eine ungefähre Vorstellung von der natürlichen Schönheit Kutas.

Die ursprüngliche Anziehungskraft Kutas geht noch immer von den weltberühmten endlosen Brandungswellen des nahen Strandes aus, an den sie – wenn auch unter den begehrlichen Blicken von Immobilienspekulanten – in ruhiger Beharrlichkeit heranrollen. Noch besteht der ansprechende Ort aus einigen Pensionen, Cafés, Restaurants und ist ein ruhiger Platz für eine Bierpause.

Strände

Der Hauptstrand von Kuta kann so fesselnd wirken, dass man leicht darauf verzichtet, sich nach anderen Stränden umzusehen. Nicht nur der weiße Sand des Strandes, auch die umgebende Szenerie ist einfach vollkommen. Die Brandung selbst ist ideal zum Schwimmen.

An der Küste ist eine fortschreitende Gentrifizierung wahrzunehmen, wobei die weite, ehemals von Bambushütten bestandene Gegend allmählich unter bebauten Grünflächen verschwindet (ein paar Bambuscafés sind allerdings an ihren alten Platz zurückgekehrt, dort wird spätabends Bier verkauft). Noch ist es eine weite, etwas öde Fläche, von deren Reizlosigkeit nur die Schönheit des Meeres ablenken kann.

Aktivitäten

Mehrere Veranstaltungsagenturen reihen sich an der Straße gegenüber dem Lamancha Homestay (S. 335) aneinander. Die Angebote reichen von Surftouren bis hin zu Schnorchelausflügen in unbekannte Gewässer. Preise sollten hart verhandelt werden.

Surfen

Ungewöhnlich gute links- und rechtsbrechende Wellen entstehen an den Riffen vor der Bucht von Kuta (Telek Kuta) und östlich von Tanjung Aan (S. 338). Bootsführer nehmen ihre Gäste für rund 200 000 Rp mit auf das Meer hinaus. Etwa 7 km östlich von

Kuta liegt das Fischerdorf **Gerupuk**, dort bilden sich mehrere Riffbrandungswellen in näherer oder weiterer Entfernung von der Küste – in jedem Fall sind sie nur per Boot erreichbar. Die Preise für Bootsfahrten (etwa 350 000 Rp pro Tag) können ausgehandelt werden. Kundige Surfer lassen Gerupuk hinter sich und folgen der Straße nach **Ekas**, wo es kein Gedränge, dafür aber unerschöpfliche Brandungswellen gibt. Westlich von Kuta liegen **Mawan**, ein hinreißender Strand zum Schwimmen, und **Mawi**, ein beliebtes Surfparadies mit Wellen von Weltruf, allerdings auch einer starken Brandungsrückströmung.

★ Kimen Surf SURFEN
(☎ 0370-655064; www.kuta-lombok.net; Jl ke Mawan; Board-Verleih pro Tag 100 000 Rp, Unterrichtsstunde pro Pers. ab 800 000 Rp; ⏲ 9–20 Uhr) Kimen Surf bietet Vorhersagen zum Wellengang, zahlreiche Tipps, Kitesurfen, Verleih von Boards, Reparaturen und Unterricht. Außerdem werden begleitete Ausflüge zu Brandungsstränden angeboten, beispielsweise nach Gerupuk (500 000 Rp).

DAS NYALE-FEST

Am 19. Tag des zehnten Monats im Kalender der Sasak (d. h. im Februar oder März) versammeln sich die Stammesangehörigen zu Hunderten am Strand von Kuta, um eine volkstümliche Art der Poesie zu pflegen sowie Zeremonien und Feiern abzuhalten, die sich um ein eigenartiges Meerestier, den Seewurm (*nyale*), drehen.

Wenn die Nacht hereinbricht, werden Feuer entfacht, die Jugendlichen sitzen im Kreis und wetteifern in einem poetischen Schlagabtausch ihres Volkes, indem sie sich wechselseitig Reimpaare (*pantun*) zurufen. In der Morgendämmerung des folgenden Tages werden die ersten von Millionen von *nyale* (die jedes Jahr an dieser Stelle auftauchen) gefangen, die Mädchen und Jungen fahren nach Geschlechtern getrennt in geschmückten Booten aufs Meer hinaus und jagen einander mit viel Lärm und Gelächter. Die *nyale* werden roh oder gegrillt gegessen, sie gelten als Aphrodisiakum. Ein guter Fang gilt als günstiges Vorzeichen, dass auch die kommende Reisernte ertragreich sein wird.

Tauchen & Schnorcheln

Scuba Froggy TAUCHEN
(☎ 0877 6510 6945; www.scubafroggy.com; Jl ke Mawan; Einführungstauchgang 65 US$; ⏲ 9–20 Uhr) Scuba Froggy veranstaltet Ausflüge zu zahlreichen Tauchrevieren in der Region, die meistens eine Tiefe von 18 m erreichen. Von Juni bis November werden außerdem Ausflüge zu spektakulären unterseeischen Berggipfeln an der Blongas Bay angeboten; das für Taucher anspruchsvolle Gebiet ist vor allem für große Gruppen von Hammerhaien und Adlerrochen berühmt. Schnorchelausflüge kosten 30 US$. Es ist auch ein Kajakverleih vorhanden.

Weitere Aktivitäten

★ Mana Yoga Studio YOGA
(www.manayogalombok.com; Jl Pariwisata; Kurs 100 000 Rp; ⏲ 9–20 Uhr) In offenen, strohgedeckten Pavillons finden die Yogakurse des Mana Yoga Studios statt. Verschiedene Stile werden vermittelt, u. a. Vinyasa, Yin-Yang und Yoga für Surfer.

Whatsup? Lombok WASSERSPORT
(☎ 0878 6597 8701; http://whatsuplombok.com; Jl Pariwisata; Verleih 3 Std. 300 000 Rp) Die Buchten im südlichen Kuta sind als hervorragende Reviere fürs Kitesurfen, Stehpaddeln (SUP) und Kajakfahren bekannt. In diesem Shop werden Ausrüstungen verliehen sowie Unterricht und Touren angeboten.

Schlafen

★ Lara Homestay GUESTHOUSE $
(☎ 0370-615 4715; http://larahomestay.com; Jl Raya Kuta Pujut Lombok Tengah; Zi. inkl. Frühstück ab 225 000 Rp; ❄ 📶) Diese hervorragende, von einer Familie geführte Pension liegt an einer ruhigen, von Palmen beschatteten Seitenstraße nahe beim Ortskern Kutas. Die Gäste werden auf freundlich-fröhliche Art und Weise umsorgt. Die Zimmer in dem mehrstöckigen Haupthaus sind makellos gepflegt und sehr sauber. Das Frühstück schmeckt vorzüglich.

Bule Homestay GUESTHOUSE $
(☎ 0819 1799 6256; Jl Raya Bypass; Zi. 250 000–320 000 Rp; ❄ 📶) Obwohl das Gelände mit neun Bungalows etwa 2 km entfernt vom Strand an der Kreuzung von Jalan Raya Kuta und Jalan Raya Bypass liegt, sollte diese Pension allein wegen ihrer behänden Hausführung in die engere Wahl kommen. Nicht der geringste Schmutz wird auf dem kleinen Anwesen geduldet, die Zimmer er-

Kuta

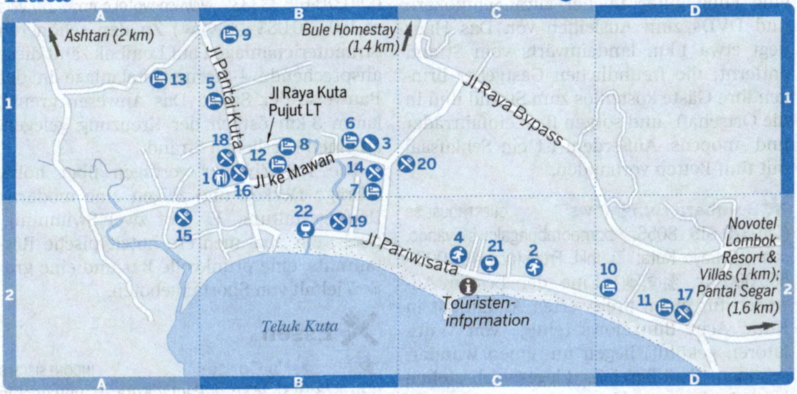

Kuta

Aktivitäten, Kurse & Touren

- 1 Kimen Surf B1
- 2 Mana Yoga Studio C2
- 3 Scuba Froggy B1
- 4 Whatsup? Lombok C2

Schlafen

- 5 Bombara Bungalows B1
- 6 Kuta Baru Hotel B1
- 7 Lamancha Homestay B1
- 8 Lara Homestay B1
- 9 Mimpi Manis B1
- 10 Puri Rinjani Bungalows D2
- 11 Seger Reef Homestay D2
- 12 Spot B1
- 13 Yuli's Homestay A1

Essen

- 14 DJ Coffee Corner B1
- 15 Dwiki's A2
- 16 El Bazar B1
- 17 Full Moon Cafe D2
- 18 Nugget's Corner B1
- 19 Warung Bule B2
- 20 Warung Flora C1

Ausgehen & Nachtleben

- 21 Sunset Bar C2
- 22 Surfer's Bar B2

strahlen in einem fast klinischen Weiß. Das Ganze ist von einer Mauer umgeben, die aus der Steinzeit zu stammen scheint.

Lamancha Homestay HOMESTAY $

(☎0819 3313 0156, 0370-615 5186; Zi. inkl. Frühstück 175 000–300 000 Rp; ❄📶) Ein zauberhaftes (und expandierendes) Homestay mit zehn Zimmern, darunter etwas in die Jahre gekommene Bambuszimmer mit Betonfußböden und hübschere Zimmer ohne Bambus, die dafür aber mit Klimaanlagen und Ventilatoren, farbenfrohen Wandbehängen und Betten mit Baldachinen ausgestattet sind. Die Gastgeber sind liebenswürdig.

Spot GUESTHOUSE $

(☎0370-702 2100; www.thespotbungalows.com; Jl Pariwisata Kuta 1; Zi. ab 24 US$; ⏰Café 7–22 Uhr; 📶) Der ländliche Strohdachstil der neun Bungalows, die um eine Rasenfläche angeordnet stehen (zugänglich über die Jalan ke Mawan), ist charmant. Überall – vielleicht mit Ausnahme der Bettwäsche – wurden Bambus und Stroh verarbeitet.

Seger Reef Homestay GASTHAUS $

(☎0370-615 5528; www.segerreef.com; Jl Raya Pantai Kuta; Zi. inkl. Frühstück 180 000–250 000 Rp; 📶) Zwölf helle und makellose Bungalows liegen durch eine Straße vom Strand getrennt. Stroh ist das prägende Baumaterial –alle geeigneten Oberflächen sind damit bedeckt. WLAN steht nur im Café des Familienunternehmens zur Verfügung.

Mimpi Manis B&B $

(☎0818 369 950; www.mimpimanis.com; bei Jl Raya Kuta; B 125 000 Rp, Zi. 220 000–400 000 Rp; ❄📶) Ein einladendes B&B in einem Haus mit zwei Etagen. Einige der sieben makellosen Zimmer sind mit Klimaanlagen und

Duschen ausgestattet. Die Hausgäste finden eine Fülle guter Bücher zum Schmökern und DVDs zum Ausleihen vor. Das Haus liegt etwa 1 km landeinwärts vom Strand entfernt; die freundlichen Gastgeber bringen ihre Gäste kostenlos zum Strand und in die Ortschaft und sorgen für Leihfahrräder und -mopeds. Außerdem ist ein Schlafsaal mit fünf Betten vorhanden.

★**Bombara Bungalows**　　GUESTHOUSE **$$**
(☑0370-615 8056; bomborabungalows@yahoo.com; Jl Raya Kuta; Zi. inkl. Frühstück 400 000–650 000 Rp; ❀🛜❄) Eine der besten Adressen für einen preiswerten Aufenthalt in Kuta: Acht Bungalows (einige von Ventilatoren gekühlt) liegen um einen wunderschönen Pool-Bereich. Liegesessel stehen im Schatten von Kokospalmen, das ganze Anwesen wirkt wie ein ruhevoller Gegenpol zum hektischen Betrieb im Ort. Für die zahlreichen Surfer wird so gut gesorgt wie für alle anderen Gäste.

★**Kuta Baru Hotel**　　HOMESTAY **$$**
(☑0370-615 8645; Jl ke Mawan; Zi. inkl. Frühstück 250 000–1 000 000 Rp; ❀🛜❄) Eines der besten Homestays von Kuta. Auf einer hübschen Terrasse ist eine obligatorische Hängematte aufgespannt, täglich wird Kaffee serviert, die Fliesen glänzen vor Sauberkeit, die Atmosphäre des Hauses ist gut. Es liegt 110 m östlich der Hauptkreuzung und verfügt über 20 Zimmer.

★**Yuli's Homestay**　　HOMESTAY **$$**
(☑0819 1710 0983; www.yulishomestay.com; bei Jl Raya Kuta; Zi. inkl. Frühstück 425 000–700 000 Rp; ❀🛜❄) Ein sehr beliebtes Haus, dessen 15 Zimmer makellos gepflegt, geräumig und mit riesigen Betten und Kleiderschränken hübsch eingerichtet sind. Die Zimmer sind außerdem mit großen Terrassen und Bädern mit kaltem Wasser ausgestattet. Zur freien Verfügung der Gäste gibt es eine Küche, einen hübschen Garten und einen großen Swimmingpool.

Puri Rinjani Bungalows　　BUNGALOW **$$**
(☑0370-615 4849; Jl Raya Pantai Kuta; Zi. ab 450 000 Rp; ❀🛜❄) In diesen soliden Strandbungalows stimmt alles – sie sind strahlend gepflegt, gut geführt und mit einem wunderschönen Pool-Bereich ausgestattet. Die 19 Zimmer sind von Licht und Luft durchflutet und mit schönen, schweren Betten eingerichtet. Selbst schmückende Statuen fehlen auf dem Gelände nicht.

Novotel Lombok Resort & Villas　　RESORT **$$$**
(☑0370-615 3333; www.novotel.com; Zi./Villa ab 180/310 US$; ❀🛜❄) Zu den schöneren Strandferienanlagen auf Lombok zählt diese ansprechende 4-Sterne-Hotelanlage in der Bauweise der Sasak. Das Anwesen grenzt, kaum 3 km östlich der Kreuzung gelegen, an einen herrlichen Strand.

Die 102 Zimmer verfügen über hohe, schräge Decken und zeigen eine moderne Raumgestaltung. Es gibt zwei Swimmingpools, ein Spa, mehrere hoteltypische Restaurants, eine prunkvolle Bar und eine große Vielfalt von Sportangeboten.

🍴 Essen

★**Nugget's Corner**　　INDONESISCH **$**
(☑0878 9131 7431; Jl Pantai Kuta; Hauptgerichte ab 25 000 Rp; ⏰8–23 Uhr; 🖉) Das Restaurant selbst wirkt cool und zwanglos und erstaunlich schwungvoll. Alle Gerichte, ob vegan, vegetarisch oder mit Fleisch, werden anspruchsvoll und ernsthaft zubereitet. Die Aromen sind kühn, die Präsentation ist charmant. Alkoholische Getränke gibt es nicht, stattdessen aber hervorragende Säfte, Smoothies und Eistees. Der Speiseraum ist offen angelegt und von Licht erfüllt.

Warung Flora　　INDONESISCH **$**
(☑0878 6530 0009; Jl Pariwisata; Hauptgerichte 20 000–80 000 Rp; ⏰11–22.30 Uhr) Ein vollendeter tropischer Traum aus Bambus und Stroh. Gäste sitzen unter Palmen und genießen frischen Fisch, der von einem Fischer des Ortes gefangen wird. In der Küche herrscht die Frau des Fischers – gemeinsam erfinden sie wundervolle Gerichte.

Full Moon Cafe　　CAFÉ **$**
(Jl Raya Pantai Kuta; Hauptgerichte ab 30 000 Rp; ⏰8 Uhr bis frühmorgens; 🛜) Gegenüber dem Strand befindet sich das Café in der zweiten Etage eines Hauses, das einem Baumhaus gleicht und überwältigende Ausblicke auf den Ozean bietet. Die Speisekarte verzeichnet von Bananenpfannkuchen bis hin zu verschiedenen Reiskreationen alle Indo-Klassiker – und auch Pizza! Ein wunderschöner Ort bei Sonnenuntergang, aber auch am späteren Abend.

DJ Coffee Corner　　CAFÉ **$**
(Jl ke Mawan; Gebäck ab 15 000 Rp; ⏰8–20 Uhr; ❀) Eine Abweichung vom üblichen Stroh- und-Bambus-Schema, das den regionalen Baustil prägt: eine schicke Kaffeebar mit Klimaanlage und einem hübschen Garten

hinter dem Haus. Neben einem echten Espresso bekommen die Gäste hier frische Säfte, leichte Speisen und köstliches Gebäck.

El Bazar ARABISCH $$
(☎0819 9911 3026; Jl Raya Kuta; Hauptgerichte 30 000–150 000 Rp; ⊙8–23 Uhr) Ein Café auf kleinem Raum, dessen Größe in den Aromen liegt. Wer durch den blumengeschmückten Eingang eintritt, wird von den Düften einer authentischen arabischen Küche empfangen. Es gibt sättigende Suppen, Salate, köstliche Auberginengerichte, marokkanische Tajines und vieles mehr.

Dwiki's PIZZA $$
(☎0859 3503 4489; Jl ke Mawan; Hauptgerichte 35 000–70 000 Rp; ⊙8–23 Uhr; 📶🖉) Eine gute Adresse für Pizzas aus dem Holzofen – in der entspannten Atmosphäre einer Tropenbar. Die Küche hält, was sie verspricht: eine Vielfalt von Indo-Klassikern, gegrillten Fisch und eine gute vegetarische Auswahl.

Warung Bule FISCH $$
(☎0819 1799 6256; Jl Raya Pantai Kuta; Hauptgerichte 50 000–250 000 Rp; ⊙8–22 Uhr; 📶) Das Restaurant wurde vom langjährigen Geschäftsführer des Novotel gegründet. Köstliche tropische Fischgerichte kommen hier zu erschwinglichen Preisen auf den Tisch. Besonders gut sind die Tempura-Vorspeisen, aber auch das traumhafte Trio aus Hummer, Garnelen und Mahi-Mahi (einem mageren, weißfleischigen Meeresfisch). In der Hochsaison wird es sehr voll; Gäste sollten sich auf Wartezeiten einstellen.

Ashtari VEGETARISCH $$
(☎0877 6549 7625; www.ashtarilombok.com; Jl ke Mawan; Gerichte 25 000–80 000 Rp; ⊙7–22 Uhr; 🖉) 2 km westlich des Ortes an der Straße nach Mawan findet man das Haus in luftiger Höhe auf einem Berggipfel. Das Restaurant in marokkanischem Stil besitzt eine Lounge-Bar und bietet schöne Ausblicke auf Buchten und felsige Halbinseln, die abwechselnd ins Meer hinausragen. Das Restaurant gehört einem ortsansässigen Bauunternehmer und mutet wie ein luxuriöses Yoga-Refugium an.

Ausgehen & Nachtleben

Surfer's Bar BAR
(☎0878 6456 8195; www.facebook.com/surfersbarkutalombok; Jl Raya Pantai Kuta; ⊙9 Uhr bis spätabends) Tische stehen verstreut im Sand dieser Szenebar. Hier sind nicht nur dröhnende Beats, sondern auch regelmäßig Livemusik zu hören.

Sunset Bar BAR
(☎0882 1907 1744; Jl Raya Pantai Kuta; ⊙8 Uhr bis spätabends) Die ortsansässigen Inhaber dieser unauffälligen Strandhütte sorgen für eine lässige Partystimmung, die jeden Abend eine große Gästeschar anlockt. Aus improvisierten Gitarrenklängen entwickeln sich häufig erstaunliche gute Jams. Hungrige Gäste können preiswerte indonesiche Spezialitäten bekommen.

Praktische Informationen

GEFAHREN & ÄRGERNISSE

Wer plant, ein Fahrrad oder Motorrad zu leihen, muss genau hinsehen – Vereinbarungen werden formlos getroffen, es gibt keine schriftlichen Leihverträge. Es hat verschiedentlich Berichte von Touristen gegeben, denen Motorräder gestohlen wurden; in der Folge mussten beträchtliche Geldsummen als Entschädigung an die Eigentümer gezahlt werden. Am besten und sichersten ist es, ein Motorrad von der eigenen Unterkunft zu leihen.

Beim Befahren der Küstenstraße westlich und östlich von Kuta sollte man besonders aufmerksam sein – vor allem nach Einbruch der Dunkelheit. In Berichten wurde über Straßenräubereien geklagt, die in dieser Gegend bereits vorgekommen sind.

Vor den Scharen der Straßenhändler, viele von ihnen Kinder, gibt es kein Entkommen.

TOURISTENINFORMATION

Touristeninformation (Jl Pariwisata; ⊙8–17 Uhr) In einem leuchtendblauen Frachtcontainer direkt am Strand sind Informationen über die Gegend um Kuta und die übrigen Inselregionen erhältlich.

An- & Weiterreise

Mindestens drei Bemos sind nötig, um von Mataram nach Kuta zu gelangen. Eine erste Fahrt führt vom Busbahnhof Mandalika in Mataram nach Praya (15 000 Rp), eine weitere nach Sengkol (5000 Rp) und eine dritte nach Kuta (5000 Rp).

Einfacher sind Fahrten in den täglich verkehrenden Touristenbussen; sie halten in Mataram (125 000 Rp) sowie in Senggigi und Lembar (beide jeweils 150 000 Rp).

Eine Taxifahrt zum Flughafen kostet etwa 60 000 Rp.

Auf Sammeltaxis wird überall im Ort hingewiesen. Zu den angesteuerten Zielen gehören u. a.: Bangsal als Hafen für die öffentlichen Fähren zu den Gili-Inseln (160 000 Rp), Seminyak auf Bali mit der öffentlichen Fähre (200 000 Rp) und Senaru (400 000 Rp).

Östlich von Kuta

Faszinierend ist die endlose Reihe schöner Buchten, die in Kuta zu entdecken sind. Die vielgestaltige Küstenlinie führt zu immer neuen überraschenden Entdeckungen, die sich hinter den unscheinbarsten Felsen verbergen können. Im Osten Kutas liegen mehrere ungewöhnlich schöne Strände.

Sehenswertes

Tanjung Aan STRAND

Rund 5 km östlich von Kuta bietet sich ein spektakulärer Anblick: Tanjung Aan (auch: A'an oder Ann) ist eine gigantische hufeisenförmige Bucht mit zwei weiten Bögen aus feinem Sand; sie werden von Felsen begrenzt, gegen die anbrandende Wellen schlagen. Schwimmer finden gute Bedingungen vor, Bäume und Unterstände geben etwas Schatten, sichere Parkplätze sind (gegen eine kleine Gebühr) ebenfalls vorhanden. Am östlichen Rand des Strandes befindet sich das **Warung Turtle**, dessen Pluspunkte eine freundlich-fröhliche Bedienung und billiges Bier sind.

Pantai Segar STRAND

(Auto/Motorrad 10 000/5000 Rp) Pantai Segar ist ein schöner Strand, der 2 km östlich von Kuta hinter der ersten Landspitze auftaucht. Das Wasser der Bucht ist von einem unwahrscheinlichen Türkisblau und zum Schwimmen gut geeignet (schattige Plätze gibt es jedoch nicht), Wellen brechen sich 200 m vor dem Strand. Zwei weitere Strände liegen in der Nähe, es gibt ein recht gutes Café sowie Händler, die Schnorchelausrüstungen verleihen. Es ist noch dazu ein Schauplatz berühmter Vollmondpartys!

Gerupuk

Nur 1,6 km hinter Tanjung Aan Beach liegt Gerupuk, ein faszinierendes kleines, halb verfallenes Küstendorf. Die etwa 1000 Einwohner verdienen ihren Lebensunterhalt mit Fischerei, Seetangernte und der Ausfuhr von Hummern. Ein interessanter Nebenverdienst der Dorfbewohner sind Führungen und Bootsüberfahrten, auf denen sie Surfer zu den fünf außergewöhnlichen Brandungswellen in der weiten Bucht bringen.

An den entstehenden Prachtstraßen und ausgedehnten Erdarbeiten zwischen Tanjung Aan und Gerupuk ist zu erkennen, dass der Bau des gigantischen Mandalika-Ferienkomplexes, wenn auch mit Verzögerungen, in vollem Gange ist. Es ist zu erwarten, dass sich die gesamte Gegend in den kommenden Jahren völlig verändern wird. Blickt man auf die bereits fortgeschrittene Zerstörung der Mangroven, ist die Sorge um zukünftige Schäden an der Umwelt mehr als berechtigt.

Sehenswertes & Aktivitäten

Zum Surfen in der Bucht ist eine Bootsüberfahrt nötig, die vom Fischerhafen ausgeht und an den mit Netzen umzäunten Hummerfarmen vorüber zur Brandungszone führt (300 000 Rp). Die Bootsführer sind dabei behilflich, die richtige Welle zu finden, und warten geduldig. Es treten vier Wellen innerhalb der Brandungszone und eine linksbrechende Welle hinter der Brandungslinie auf. Die Wellen können sich mannshoch oder noch höher auftürmen, wenn sie gegen die Felsen schlagen.

Pantai Bumbangku STRAND

Folgt man einer engen Fahrbahn abseits der Hauptstraße, stößt man nach etwa 2,5 km auf einen schmalen und häufig menschenleeren Strand. Die Bauten, die auf dem Weg draußen in der Bucht zu sehen sind, sind Perlenzuchtfarmen.

Schlafen & Essen

Edo Homestay GASTHAUS $

(☎ 0818 0371 0521; Gerupuk; Zi. inkl. Frühstück 200 000–550 000 Rp; ❄ 📶 🏊) Mitten im Dorf gelegen, bietet das Gasthaus 18 saubere Zimmer (einige mit Ventilatoren). Die meisten Zimmer sind mit farbenfrohen Vorhängen und Doppelbetten ausgestattet; anspruchsvollere Zimmer sind in einer Villa verfügbar. Außerdem sind ein ziemlich gutes Restaurant und eine Surfschule (Surfboards 100 000 Rp pro Tag) vorhanden.

★ **Bumbangku** BUNGALOW $$

(☎ 0852 3717 6168, 0370-620833; www.bumbangkulombok.com; Zi. 250 000–750 000 Rp; ❄) Die Ferienanlage Bumbangku liegt am Ende der Bucht gegenüber von Gerupuk in wunderbarer Ferne – fast wie eine Insel. Es gibt 25 Zimmer, wahlweise in einfachen Bambushütten auf Pfählen mit Bädern im Freien und kaltem Wasser oder in (deutlich schöneren) Betonhäusern mit heißem Wasser und Klimaanlagen. Die ruhige Ferienanlage liegt etwa 2 km von der Hauptstraße entfernt am Ende eines schmalen Weges.

Lakuen Beach Bungalows BUNGALOW $$
(☎0877 6580 5081; Gerupuk; Zi. 450 000–720 000 Rp; ❄📶🏊) Am westlichen Rand des Dorfes Gerupuk liegt das Anwesen mit fünf Bungalows, in denen Gäste eine bequeme Unterkunft finden. Es liegt nahe beim Fischerhafen und zehn Minuten zu Fuß vom nächsten Strand entfernt.

Surf Camp Lombok SURFCAMP $$
(☎0819 1608 6876; www.surfcampindonesia.com; Gerupuk; 1 Woche ab 650 €) Am östlichen Rand des Dorfes Gerupuk kommen die Gäste dieser unbeschwerten Surfferienanlage in einem Bambushaus nach Art der Langhäuser auf Borneo unter, das allerdings viele Annehmlichkeiten der Neuzeit bietet. Die Strandszenerie strahlt eine Atmosphäre von tropischer Fülle und Abgeschiedenheit aus. Alle Mahlzeiten sowie Surfunterricht, Yoga und andere Angebote sind inklusive. Die Zimmer bieten Platz für jeweils vier Gäste, außerdem gibt es ein Doppelzimmer. Recycling und andere umweltfreundliche Verfahren werden ausgiebig praktiziert.

Ekas & Umgebung

Ekas ist ein beinahe menschenleerer Platz, wo Brandungswellen und hoch aufragende Klippen an die Ulu-Watu-Bucht auf Bali erinnern – allerdings ein Ulu Watu fast ohne Besucherströme.

Ekas selbst ist ein ruhiges, kleines Dorf. Wer jedoch in südlicher Richtung in das Innere der Halbinsel weiterfährt, wird bald wunderbare Entdeckungen machen, die überwältigend sind.

Sehenswertes

Heaven Beach STRAND
Wer sich nach dem Weg zum Heaven Beach erkundigt, wird auf ein sandiges Wunder stoßen: einen hinreißenden kleinen, weißen Sandstrand mit Brandung, etwa 4 km von Ekas entfernt. Trotz der alles dominierenden Ferienanlage steht es jedem Besucher frei, den Strand zu betreten: Alle Strände Indonesiens sind öffentlich.

Pantai Dagong STRAND
Was für ein herrlicher Anblick! Ein beinahe vollkommen unberührter und scheinbar endloser weißer Strand, an den azurblaue Wellen schlagen. Auf einer 6,5 km langen Fahrt ab Ekas in südlicher Richtung über eine unbefestigte, aber passable Straße ist Pantai Dagong zu erreichen.

Schlafen & Essen

Ekas Breaks GUESTHOUSE $$
(☎0822 3791 6767; www.ekasbreaks.com/; Zi. inkl. Frühstück 600 000 Rp; ❄📶🏊) In einer sanften Hügellandschaft, 2 km von den Stränden und Brandungswellen Ekas' entfernt, liegt dieses luftige Anwesen mit zehn Räumen. Einige sind nach Art eines *lumbung* aus Strohwänden, andere in modernem Stil mit weiß getünchten Wänden und offenen Bädern gebaut (Letztere sind die bessere Wahl). Die Gerichte im Café sind ein guter Mix aus indonesischen und westlichen Einflüssen.

Heaven on the Planet BOUTIQUEHOTEL $$$
(☎0812 375 1103, 0821 4424 4093; www.sanctuaryinlombok.com; Ekas Bay; alles inkl. pro Pers. 120–240 US$; ❄📶🏊) Ein himmelhoch gelegenes Hotel mit Ferienhäusern, die am Rand einer Klippe stehen. Von dort öffnen sich atemberaubende Ausblicke fast aus der Vogelperspektive auf das Meer. Andere Ferienhütten liegen unten am idyllischen Strand. Alle sehen völlig unterschiedlich aus. Das Hotel ist vor allem eine eigenwillige Nobelherberge für Surfer, doch auch andere Sportarten wie Kitesurfen, Tauchen und Schnorcheln sind möglich. Die Mahlzeiten werden in reichlich Portionen und kreativ zubereitet.

Westlich von Kuta

Westlich von Kuta liegen weitere eindrucksvolle Strände und Brandungswellen, die zum Surfen ideal sind. Investoren strecken auch in dieser Region ihre Fühler aus, Grundstücke haben bereits den Eigentümer gewechselt, doch bisher ist die Gegend fast unberührt geblieben und präsentiert sich in ihrer ursprünglichen, herben Schönheit. In der Erwartung zukünftiger Bauprojekte wurde die Straße gut befestigt. Sie schlängelt sich landeinwärts und führt dabei an Tabakplantagen, Süßkartoffeläckern und Reisfeldern vorüber, einzelne Abzweigungen führen auf Sandstrände zu und eröffnen Ausblicke auf die schöne Küste.

Mawun (Mawan)

Sehenswertes

★Pantai Mawan STRAND
(Mawun; Auto/Motorrad 10 000/5000 Rp) Noch eine schöne Verwirklichung eines tropischen Traumes. Etwa 8 km westlich von Kuta und

600 m abseits der Hauptstraße liegt diese halbmondförmige, azurblaue Bucht, umrahmt von hoch aufragenden Felsvorsprüngen – ein weiter Sandbogen, menschenleer mit Ausnahme eines Fischerdorfes mit einem Dutzend Strohdachhäusern. Der Strand ist ideal zum Schwimmen. Es gibt befestigte Parkplätze, mehrere schlichte Cafés und große, schattenspendende Bäume. Bei einem exklusiven Händler können Liegestühle gegen eine gesalzene Gebühr von 150 000 Rp pro Tag geliehen werden.

Pantai Areguling STRAND
(Auto/Motorrad 10 000/5000 Rp) Ein steiler Fahrweg zweigt 6 km westlich von Kuta von der Hauptküstenstraße ab. Eine raue Fahrt führt nach 2 km zu einer großen Bucht mit einem weiten, bräunlich hellen Sandstrand. Der Strand ist etwas vernachlässigt, Läden o. Ä. sind kaum vorhanden, doch die reine Weite der Szenerie ist unvergleichlich. Bautätigkeiten an der Landzunge lassen künftige Veränderungen befürchten.

Schlafen & Essen

Blue Monkey Villas BUNGALOW $$
(☎ 0853 3775 6416; Pantai Areguling; Zi. 500 000–1 000 000 Rp;) Auf einer Felshöhe über dem Strand von Areguling stehen mehrere Bungalows in traditioneller Bauweise mit weiter Sicht über die Bucht. Der Strand ist von der Anhöhe herab nach 500 m zu Fuß erreichbar. Es gibt ein einfaches Café – der Ausblick kann die Aufmerksamkeit der Gäste weitaus eher fesseln als die Mahlzeiten, die hier serviert werden. Zu ruhigen Tageszeiten ist der Service manchmal übereifrig und auch freundlich.

Selong Blanak

Die viel besuchte, weite Strandbucht kommt unvermutet in Sicht, wenn man glaubt, die schönsten Strände von Kuta schon zu kennen. Der Anblick wird nur noch von den fantastischen Stränden der nahe gelegenen Bucht Pantai Mawi übertroffen.

Sehenswertes

Pantai Selong Blanak STRAND
(Parkplatz 10 000 Rp) Der Blick schweift hier über einen weiten, schneeweißen Strand, das Wasser ist von unzähligen Streifen in unterschiedlichsten Blautönen durchzogen – und ideal zum Schwimmen geeignet. Surfboards können geliehen werden (100 000 Rp pro Tag), Boote bringen Surfer zur Brandungszone (3 Std. ab 500 000 Rp). Ein Parkplatz liegt nur 400 m abseits der Hauptstraße und ist auf einer guten Fahrbahn erreichbar, die Abzweigung befindet sich 18 km westlich von Kuta. Der Strand ist ein beliebtes Ziel der Einheimischen. Liegestühle können für 30 000 Rp pro Tag gelie-

EIN BLUTIGES GESCHÄFT

Jeden Tag legen vollbeladene Fischerboote bei Tanjung Luar ab und brechen von dort zu neuen Fischzügen auf. Der alteingesessene Fischmarkt im Südosten Lomboks hat einen schlechten Ruf bei Naturschutzgruppen, denn hier werden große Meerestiere wie Haie, Mantarochen und Delfine zum Kauf angeboten.

Auf den Markt kommen nur die Überreste der Tiere, ihr Fleisch wird vor Ort verkauft, doch die Rückenflossen der Haie und die Kiemenreusen der Mantarochen werden auf Auktionen an Händler weiterveräußert, die ihre Ausbeute nach Hongkong ausführen, wo diese Erzeugnisse als Delikatessen gelten.

Händler von Haiflossen in Tanjung Luar bestätigen, dass nur wenige Haie im Meer vor Lombok verbleiben würden. In den 1990er-Jahren mussten Fischer nicht weit hinausfahren, um ihren Anteil aus dem Meer zu fischen. Heute fahren sie weit hinaus bis zur Sumbastraße – die Meerenge zwischen Australien und Indonesien gilt als eine wichtige Wanderroute der Haie.

Eine von der gemeinnützigen Stiftung „Project Aware" (www.projectaware.org), einer Naturschutzorganisation der Tauchindustrie, durchgeführte Studie ergab, dass bindende gesetzliche Vorschriften, nach denen die Jagd auf Delfine sowie auf verschiedene Haiarten und Meeresschildkröten verboten ist, nicht eingehalten würden.

Welchen Nutzen ein Abkommen haben wird, das von Indonesien 2014 unterzeichnet wurde – und in dem die indonesischen Gewässer zur Schutzzone für Riesenmantas erklärt wurden –, bleibt noch abzuwarten.

hen werden, es gibt zahlreiche Warungs in Bambusbauweise.

Pantai Mawi STRAND

(Auto/Motorrad 20 000/10 000 Rp) Diese Bucht ist ein wahres Surferparadies in eindrucksvoller Landschaft mit großartigen Wellentunneln; gleich mehrere Strände reihen sich an der weiten Bucht aneinander. Vorsicht ist bei starken Ripptiden (Brandungsrückströmungen) geboten. Es gibt Parkplätze, auch an Straßenhändlern fehlt es keinesfalls; Surfboards können geliehen werden (50 000 Rp für 2 Std.).

Die Abzweigung zum Strand befindet sich etwa 16 km westlich von Kuta, von dort ist es eine rund 3 km lange Fahrt auf einer rauen Straße zum Strand.

Schlafen & Essen

Sempiak Villas RESORT $$$

(☎0821 4430 3337; www.sempiakvillas.com; Villa ab 1 300 000 Rp; ❄≋) Diese fantastische Boutiqueferienanlage wurde hoch über dem Strand an einen Klippenhang gebaut. Sie zählt zu den luxuriösesten Ferienwohnanlagen in der Region Kuta.

Die sechs Villen am Hang bestehen aus antikem Holz, einige von ihnen sind mit überdachten Terrassen ausgestattet, die einen weiten Ausblick gestatten. Ein Strandclub bietet sich am Tag für verschiedene Freizeitaktivitäten an – und am Abend wird ein Essen am Meeresstrand serviert.

★ **Laut Biru Bar & Restaurant** FISCH $$

(☎0821 4430 3339; Hauptgerichte 40 000–80 000 Rp; ⏰8–22 Uhr; ☎) Auf Strandhöhe befindet sich das Café Laut Biru, das allen Gästen offensteht. Die Speisekarte ist einfach gehalten: Müsli, Joghurt, Eier und Toast können zum Frühstück bestellt werden, indonesische Klassiker zum Mittag- und Abendessen. Das Haus ist ein Strohdachbau, durch den Raum und Innenhof schweben Klänge von Weltmusik.

Blongas & Umgebung

Eine wunderbare Überraschung ist die doppelt geschwungene Bucht mit einem Strand, der sich wie ein gewundenes Band an die Küste schmiegt und eine strahlendweiße Linie zwischen dem blauen Meer und den grünen Höhen bildet.

Selbst im nahen Bali findet sich kein Strand, der nur entfernt mit diesem vergleichbar wäre – das bisher noch unberührte Gebiet ist bisher von Erschließung weitgehend verschont geblieben.

Sehenswertes & Aktivitäten

Blongas Bay besitzt zwei berühmte Tauchreviere: **Magnet** und **Cathedrals**. Die Bedingungen für Tierbeobachtungen sind Mitte September besonders gut: Dann sind große Gruppen von Adlerrochen und Hammerhaien zu sehen; sie sammeln sich zwischen Juni und November in großen Schulen um die unterseeische Bergspitze (einen hoch aufragenden Felsen, der die Meeresoberfläche durchstößt und den Mittelpunkt der Tauchreviere bildet). Das Tauchen ist hier nicht gerade einfach, Taucher sollten über einige Erfahrungen verfügen und sich auf starke Strömungen einstellen.

Dive Zone TAUCHEN

(☎0819 0785 2073, 0812 3924 1560; www.divezone-lombok.com; Blongas Bay; 2 Tauchgänge vom Boot ab 1 500 000 Rp) Die Spezialgebiete von Dive Zone sind die örtlich bekannten Tauchreviere sowie die Gili-Inseln.

Schlafen

Blongas Bay Lodge BUNGALOW $$

(☎0370-645974; www.thelodge-lombok.com; Bungalows 850 000–950 000 Rp, Gerichte 75 000 Rp) Die Lodge bietet geräumige Holzbungalows mit Ziegeldächern in einem großen und wunderschönen Kokospalmenhain. Die Unterkünfte sind angenehm einfach und passen gut zur heiteren und ruhigen Umgebung direkt am Wasser.

DER OSTEN

☎0376

Der Hafen Labuhan Lombok, von dem die Fähren nach Sumbawa ablegen, ist meist die einzige Ortschaft, die die Reisenden von der Ostküste Lomboks zu sehen bekommen. Die Straße an der Nordostküste entlang ist allerdings in einem guten Zustand und für eine Rundfahrt gut geeignet.

Labuhan Lombok

Labuhan Lombok (auch bekannt als Labuhan Kayangan bzw. Tanjung Kayangan) ist der Hafen für den Fähr- und Bootsverkehr nach Sumbawa. Das Ortszentrum von Labuhan Lombok, 3 km westlich vom Fähranleger gelegen, ist unansehnlich, bietet dafür aber einen guten Ausblick auf den Gunung Rinjani.

An- & Weiterreise

BUS & BEMO

Regelmäßig sausen Busse und Bemos zwischen dem Bahnhof Mandalika in Mataram und Labuhan Lombok hin und her; eine Fahrt dauert 2½ Std. (35 000 Rp).

Einige Busse beenden ihre Fahrt bereits an der Zufahrtsstraße zum Hafen – von dort geht es im Bemo weiter zum Fähranleger (zu Fuß ist der Weg zu weit).

FÄHRE

Fähren sind zwischen Labuhan Lombok und Poto Tano, Sumbawa, unterwegs; sie verkehren stündlich rund um die Uhr (Fahrgäste 19 000 Rp, 1½ Std.). Die Preise für Autos betragen etwa 466 000 Rp, für Motorräder 54 000 Rp.

In den Fahrpreisen für Reisebusse zu Fahrtzielen östlich von Bali und Lombok sind die Fährüberfahrten inbegriffen.

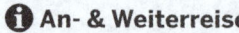

Südlich von Labuhan Lombok

Selong, die Hauptstadt des Verwaltungsbezirks Ost-Lombok, liegt südlich von Labuhan Lombok und besitzt einige holländische Kolonialbauten.

Tanjung Luar gehört zu den wichtigsten Fischereihäfen Lomboks. Das Ortsbild ist von Häusern auf Pfählen nach Art der Bugis geprägt; die Stadt liegt abseits der Hauptstraße. Von hier schwenkt die Straße westlich nach **Keruak** ab, wo Holzboote gebaut werden, und führt vorbei an der Abzweigung nach **Sukaraja**, einer traditionellen Ortschaft der Sasak, wo es Holzschnitzereien zu kaufen gibt.

Westlich von Keruak führt eine Straße südwärts über Jerowaru nach Ekas und zur spektakulären südöstlichen Halbinsel.

Gili-Inseln

➜ Inhalt

Gut essen

- Sasak Cafe (S. 360)
- Kayu Café (S. 353)
- Pituq Café (S. 353)
- Ruby's (S. 365)
- Kokomo (S. 353)

Schön übernachten

- Adeng Adeng (S. 358)
- Kebun Kupu Kupu (S. 358)
- Indigo Bungalows (S. 348)
- Pondok Santi Estate (S. 352)
- Wilson's Retreat (S. 351)
- Biba Beach Village (S. 363)

Auf zu den Gili-Inseln!

Drei winzig kleine tropische Inseln, die umrandet von weißen Sandstränden und Kokospalmen in einem türkisfarbenen Meer liegen – so stellt man sich das Paradies vor! Die Gilis sind enorm in der Gunst der Reisenden gestiegen und boomen wie kein anderer Ort in Indonesien. Heute flitzen Schnellboote mit Besuchern von Bali aus dorthin und ständig eröffnen neue hippe Hotels. Die Anziehungskraft der Gilis zu verstehen, fällt nicht schwer. Denn die Inseln haben sich ihre Ruhe (weder Motorräder noch Hunde sind erlaubt!) unter Palmen bewahrt. Aber obwohl das Bewusstsein für die Umwelt stetig zunimmt, erleben alle drei Inseln derzeit eine starke bauliche Entwicklung, und in der Hochsaison können sie durchaus überlaufen wirken.

Jede der Inseln hat ihren eigenen Charakter. Gili Trawangan (meist Gili T genannt) ist mit Abstand die kosmopolitischste der drei Inseln mit einer lebhaften Bar- und Partyszene sowie Restaurants und Hotels, die einem Ideal von tropischem Schick schon sehr nahekommen. Gili Air hat sich am stärksten ihren regionalen Charakter bewahrt und bietet eine ideale Kombination von Party und Glückseligkeit. Gili Meno ist ein (zunehmend schicker werdendes) Strandparadies.

Reisezeit

- Die Regenzeit dauert etwa von Ende Oktober bis Ende März. Aber selbst mitten in der Regenzeit, wenn es auf Bali und Lombok in Strömen gießt, kann es auf den Gilis trocken und sonnig sein.
- Hochsaison ist von Juni bis Ende August sowie zu Weihnachten. Dann wird es schwer, ein Zimmer zu finden, und die Preise steigen sehr stark an. Dafür ist tolles Wetter (nahezu) garantiert.
- Die ideale Reisezeit ist Mai bzw. September. Dann regnet es wenig, die Massen sind weg, und es sind keine Tropenstürme zu befürchten. Es ist aber trotzdem empfehlenswert, ein Zimmer vorab zu reservieren.

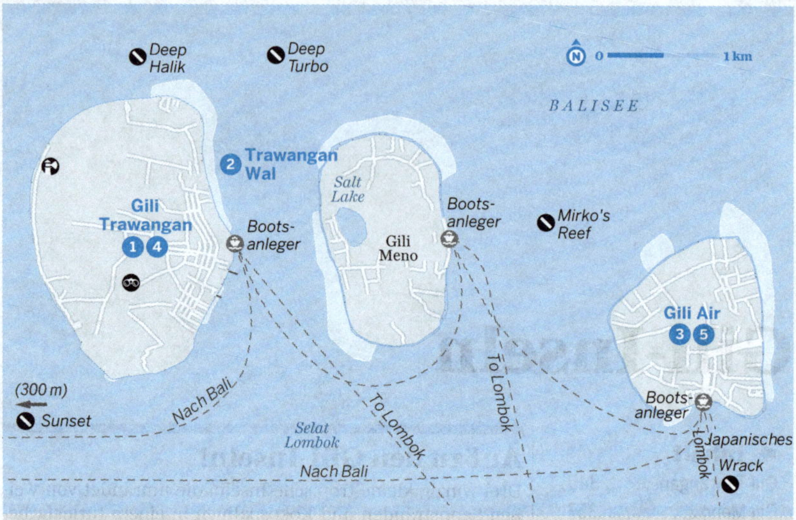

Highlights

1 Party bis zum Sonnenaufgang (S. 355) Auf den legendären Raves und Partys von Gili T, die in Lokalen wie dem Tir na Nog mehrmals pro Woche stattfinden, durchfeiern.

2 Trawangan Wall (S. 346) An diesem beliebten Tauchrevier vor Gili T mit jeder Menge Fischen schwimmen.

3 Gili Air (S. 361) Auf der Suche nach dem Lieblingsstrand die Insel umrunden.

4 Freediving (S. 346) Mit einem Atemzug in die Tiefe tauchen, vor allem nach dem Unterricht in Freedive Gili, einer der besten Apnoe-Schulen Asiens.

5 Tolles Essen (S. 364) Durch die rückseitigen Wege von Gili Air schlendern, wo es ausgezeichnete Esslokale wie das Pura Vida gibt.

Unterwegs vor Ort

CIDOMO

Wir können die Benutzung der *cidomo* (Pferdekutschen) nicht empfehlen, da es ernsthafte Bedenken hinsichtlich der Behandlung der Pferde gibt.

INSEL-HOPPING

Tagsüber gibt es neuerdings fast stündlich öffentliche Schnellboote, die Gili T, Gili Meno, Gili Air und Bangsal verbinden; sie kosten 85 000 Rp. Das macht Insel-Hopping leicht.

Außerdem pendelt ein langsames Boot täglich zwischen den drei Inseln hin und her (15 000–50 000 Rp). Der aktuelle Fahrplan hängt an den Ablegestellen aus. Außerdem gibt es die Möglichkeit, Boote für Privatfahrten zwischen den Inseln zu chartern (350 000–400 000 Rp).

WANDERN & RADFAHREN

Die Gilis sind flach und lassen sich daher gut zu Fuß erkunden. Fährräder können auf allen drei Inseln gemietet werden (50 000–70 000 Rp pro Tag), und das Radfahren kann hier richtig Spaß machen. Allerdings lässt sich bei den sandigen Teilstücken nicht vermeiden, dass man auch mal unter sengender Sonne ein Stück schieben muss.

An- & Weiterreise

VON BALI

Schnellboote bewerben schnelle Verbindungen (ca. 2 Std.) zwischen Bali und Gili Trawangan. Auf Bali gibt es mehrere Anleger, u. a. Benoa Hafen, Sanur, Padangbai und Amed. Ein paar fahren zuerst nach Nusa Lembongan, und viele legen auf dem Weg nach Air und Trawangan in Teluk Nare/Teluk Kade auf Lombok nördlich von Senggigi an (wer nach Meno möchte, muss hier umsteigen).

Die Webseite **Gili Bookings** (www.gilibookings.com) listet bei einer Buchungsanfrage eine Reihe von Schnellbootbetreibern und Preisen auf. Um einen Eindruck zu erhalten, welche Verbindungen es gibt, ist das ganz nützlich. Es werden hier jedoch nicht sämtliche Anbieter aufgeführt und direkt beim Bootsbetreiber die Fahrkarten zu kaufen kann möglicherweise günstiger sein.

Gut zu wissen:

- Die Fahrpreise stehen nicht absolut fest, vor allem in der Nebensaison, wenn Rabatte auf die offiziellen Preise möglich sein müssten.
- Außerdem gibt es Rabatte für Passagiere, die vor/nach der Fahrt keinen Transfer benötigen.
- Die Abfahrtszeiten sind illusorisch: Manchmal fällt eine Fahrt aus, ein Boot kann außerplanmäßig irgendwo haltmachen oder hat einfach totale Verspätung.
- Im Juli und August sollte man unbedingt reservieren.
- Die See zwischen Bali und Lombok kann ganz schön rau werden (vor allem während der Regenzeit).
- Die Schnellboote werden nicht behördlich kontrolliert und unterscheiden sich in Bezug auf die Einhaltung von Betriebs- und Sicherheitsstandards sehr stark. Es hat schon ernsthafte Unfälle gegeben, bei denen Schiffe gesunken und Passagiere getötet worden sind.

Zu den Betreibern gehören:

Amed Sea Express (☎ 0878 6306 4799; www.gili-sea-express.com; pro Pers. ab 600 000 Rp) Bietet 75-minütige Überfahrten nach Amed auf einem großen Schnellboot. So sind viele interessante Ausflüge möglich.

Blue Water Express (☎ 0361-895 1111; www.bluewater-express.com; einfach ab 790 000 Rp) Von Serangan und Padangbai (Bali) nach Teluk Kade, Gili T und Gili Air.

Gili Getaway (☎ 0813 3707 4147; www.giligetaway.com; einfach 200 000–675 000 Rp) Sehr professionell; verbindet Serangan auf Bali mit Gili T und Gili Air sowie Senggigi und Gili Gede.

Perama (☎ 0361-750808; www.peramatour.com; pro Pers. ab 225 000 Rp) Verbindet Padangbai, die Gilis und Senggigi mit einem nicht so schnellen Boot.

Scoot (www.scootcruise.com; einfach ab 700 000 Rp) Die Boote verbinden Sanur, Padangbai, Nusa Lembongan, Senggigi und die Gilis.

Semaya One (☎ 0361-877 8166; www.semayacruise.com; Erw./Kind 650 000/550 000 Rp) Ein Netzwerk an Routen, die Sanur, Nusa Penida, Padangbai, Teluk Kade, Gili Air und Gili T verbinden.

VON LOMBOK

Wer bereits auf Lombok ist, kann von Teluk Nare/Teluk Kade nördlich von Senggigi eines der schnellen Boote erwischen. Die meisten Reisenden nehmen allerdings die öffentlichen Boote, die von Bangsal Hafen abfahren.

Dort kauft man die Fahrkarten im großen Fahrkartenbüro im Hafen, wo die Preise aushängen. Hier lassen sich auch Boote chartern. Wer woanders die Fahrkarte kauft, wird über den Tisch gezogen.

Die öffentlichen Boote fahren vor 11 Uhr alle drei Inseln an; danach gibt es meist nur noch eine Verbindung nach Gili T oder Gili Air. In beiden Richtungen fahren die Boote erst ab, wenn sie voll sind – also sich ca. 30 Passagier eingefunden haben. Fährt kein öffentliches Boot zur Gili-Insel, zu der man möchte, muss man vielleicht ein Boot chartern (400 000–500 000 Rp für bis zu 25 Pers.).

Die einfache Fahrt kostet nach Gili Air 12 000 Rp, nach Gili Meno 14 000 Rp und nach Gili Trawangan 15 000 Rp. Die Boote legen oft einfach am Strand an, und die Passagiere müssen dann an Land waten.

Öffentliche Schnellboote verkehren inzwischen tagsüber fast stündlich auf einer Route, die Gili T, Gili Meno, Gili Air und Bangsal verbindet; Fahrkarten kosten 85 000 Rp.

Jahrelang hatte es einen schlechten Ruf, aber im **Hafen von Bangsal** geht es inzwischen viel stressfreier zu. Trotzdem empfiehlt es sich, Kundenfängern aus dem Weg zu gehen, und Personen, die einem mit dem Gepäck helfen, sollten ein Trinkgeld bekommen (10 000 Rp pro Tasche ist angemessen). Hier gibt es Geldautomaten.

Wer mit öffentlichen Verkehrsmitteln über Mataram und Senggigi anreist, fährt mit dem Bus oder dem *bemo* (Minibus) nach Pemenang. Von dort sind es zum Hafen noch 1,2 km zu Fuß bzw. 5000 Rp mit dem *ojek* (Motorradtaxi). Taxen (mit Taxameter) bringen Fahrgäste bis zur Ablegestelle. Von Senggigi aus bietet der Betreiber Perama eine Bus-Boot-Verbindung zu den Gilis für günstige 150 000 Rp (2 Std.) an.

Wer in Bangsal ankommt, bekommt am Hafen Mitfahrgelegenheiten angeboten. 100 000 Rp ist ein fairer Preis nach Senggigi. Oder man geht 500 m die Zufahrtstraße entlang, am riesigen Tsunami-Schutzraum vorbei, zum Blue Bird Lombok Taksi-Stand (S. 453) (die erste Wahl für Taxen). Fahrten mit Taxameter kosten nach Senggigi 90 000 Rp, zum Flughafen 200 000 Rp und nach Kuta 300 000 Rp.

Gili Trawangan

☎ 0370

Gili Trawangan ist ein Paradies von internationalem Ruf. Die Insel gilt neben Bali und Borobudur als eines der wichtigsten Reiseziele Indonesiens. Trawangans proppenvolle Hauptstraße mit ihren Fahrrädern, Pferdekutschen und ganzen Meuten spärlich bekleideter Touristen kommt für all jene Besucher überraschend, die ein beschauliches tropisches Refugium erwarten. Stattdessen reihen sich Lounge-Bars, schicke Pensionen, ambitionierte Restaurants, kleine Supermärkte und Tauchschulen aneinander und buhlen um die Gunst der Touristen.

Und doch lebt hinter dieser Glitzerfassade das Hippieambiente weiter. Zwischen den Cocktailtischen sind noch immer baufällige Warungs (Essensstände) und Reggaeschuppen zu finden und entlang der viel weniger geschäftigen Nordküste liegen verstreut ruhige Refugien. Obwohl bereits riesige Hotelbauten mit über 200 Zimmern an der zunehmend erschlossenen Westküste errichtet werden, kann man nur ein kleines Stückchen landeinwärts noch auf ganz ursprüngliche Dörfer stoßen, mit sandigen Wegen, auf denen das Federvieh frei herumläuft, plaudernden *ibu* (Müttern) und Kindern mit Wuschelmähne, die Himmel und Hölle spielen. Hier bestimmt der Ruf des Muezzin und nicht die Happy Hour den Tagesablauf.

Strände

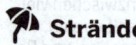

Gili T umgibt die Art von feinem weißen Sand, den Besucher vergeblich auf Bali erwarten. In der Nähe der ganzen Bars kann der Strand schon mal recht voll werden, aber wer nur ein bisschen in nördliche oder südliche und östliche Richtung weiterwandert, stößt auf ein paar von Gili Ts schönsten Bade- und Schnorchelstränden. An Teilen der West- und Nordküste hat man sogar noch ein wenig Einsamkeit – auch wenn die Wasser- und Bintangverkäufer nie so ganz weit weg sind.

Bei Ebbe liegen an der West- und Nordküste Felsen und Korallen nahe der Wasseroberfläche, und es ist dann mehr als unangenehm ins tiefere Wasser zu gelangen. Am nordöstlichen Zipfel ist der Strand der Erosion nahezu vollständig zum Opfer gefallen.

Viele Besucher gehen auch einfach zum Strand, um den sensationellen Ausblick auf Lombok und den Gunung Rinjani sowie Bali und den Gunung Agung zu genießen.

Aktivitäten

Auf Gili T haben fast alle Aktivitäten früher oder später mit dem Wasser zu tun.

Tauchen & Schnorcheln

Trawangan ist ein bedeutsames Tauchparadies mit über einem Dutzend professioneller Tauchschulen und sogar Apnoetauchschulen. Die meisten dieser Schulen und Läden bieten auch gute Unterkünfte für Kunden an, die ein ganzes Paket buchen möchten.

Vom Strand nördlich der Bootsanlegestelle aus macht das Schnorcheln richtig Spaß. Zwar sind die Korallen hier nicht ganz so gut in Schuss, dafür gibt es aber jede Menge Fische. Das Riff vor der nordwestlichen Küste ist viel schöner, bei Ebbe führt der Weg zum tieferen Wasser aber zunächst über scharfe, abgestorbene Korallen (Gummischuhe mitbringen). Schnorchelausrüstungen gibt es für ca. 40 000 Rp pro Tag.

★ Lutwala Dive TAUCHEN

(☎ 0877 6549 2615; www.lutwala.com; Divemaster-Kurs 14 000 000 Rp) Ein Nitrox- und 5-Sterne-PADI-Zentrum. Die Besitzerin Fern Perry hat den Frauen-Weltrekord für den tiefsten Drucklufttauchgang gehalten (190 m). Der Betrieb ist GIDA-Mitglied und verleiht hochwertige Schnorchelausrüstung.

Freedive Gili TAUCHEN

(☎ 0370-614 0503; www.freedivegili.com; Anfänger-/Fortgeschrittenenkurse 275/375 US$) Apnoetauchen ist eine Technik des Luftanhaltens, die es Tauchern ermöglicht, viel größere Tiefen zu erkunden, als es beim Schnorcheln möglich ist (bis zu 30 m und mehr). Freedive Gili gehört einem erfahrenen Taucher, der selbst schon 90 m mit einem Atemzug geschafft hat. Die Schule bietet zweitägige Anfänger- und dreitägige Fortgeschrittenenkurse. Nach einem zweitägigen Kurs schaffen es viele Tauchschüler, mit einem Atemzug bis in 20 m Tiefe zu kommen.

Trawangan Wall (15 m) TAUCHEN

Ein bekanntes Tauch- und Schnorchelrevier unweit von Gili T.

Trawangan Dive TAUCHEN

(☎ 0370-614 9220; www.trawangandive.com; 5 geführte Nitroxtauchgänge vom Boot aus ab 2 700 000 Rp) Eine ausgezeichnete, lang etablierte Tauchschule, in der eine Stimmung wie bei einer (sehr großen) Poolparty herrscht. Das GIDA-Mitglied organisiert regelmäßig Strandreinigungsaktionen, an denen Urlauber teilnehmen können. Betreibt an gleicher Stelle auch einen Paddelladen mit Vermietung von Stehpaddelbrettern (SUP) und Kajaks sowie Kursen.

Manta Dive TAUCHEN

(☎ 0370-614 3649; www.manta-dive.com; Kurse im offenen Wasser 5 500 000 Rp;) Die größte und immer noch eine der besten Tauchschulen der Insel. Das große Areal mit Pool verläuft entlang der Hauptstraße. Das GIDA-Mitglied hat spezielle Angebote für Kinder.

Blue Marlin Dive Centre TAUCHEN
(☎0370-613 2424; www.bluemarlindive.com; Nitroxpaket für 10 Tauchgänge 5 100 000 Rp) Gili Ts ältester Tauchladen und eine der besten Tech-Tauchschulen der Welt. Der Betrieb ist GIDA Mitglied *und* betreibt eine der typischen Gili T Bars.

Big Bubble TAUCHEN
(☎0370-612 5020; www.bigbubblediving.com; Spaßtauchgänge Tag/Nacht 490 000/600 000 Rp) Big Bubble ist der ursprüngliche Motor des Gili Eco Trust, der angesehenen Umwelt-NGO der Insel, und eine lang etablierte Tauchschule. Das GIDA-Mitglied liegt etwas versteckt hinter einem weiß getünchten Café.

Surfen

Trawangan hat einen schnellen Reef Break nach rechts, auf dem das ganze Jahr gesurft werden kann, auch wenn der Break etwas temperamentvoll ist und die Dünung schon mal recht hoch sein kann. Am besten auf der hinteren Straßen nach einem Surfbrettverleih suchen, denn die viel gepriesene Surf Bar verlangt für ramponierte Surfbretter enorme Preise.

Wandern & Radfahren

Trawangan bietet sich für eine Erkundung zu Fuß oder mit dem Rad an. Man braucht ein paar Stunden, um die ganze Insel zu Fuß einmal zu umrunden. Wer am Hügel an der südwestlichen Inselseite seine Wanderung beendet (wo sich die Überreste einer alten japanischen Geschützstellung aus dem Zweiten Weltkrieg befinden), dem bietet sich bei Sonnenuntergang ein besonders schöner Blick auf Balis heiligen Vulkan Gunung Agung.

Radfahren (ab 50 000 bis 100 000 Rp pro Tag; unbedingt feilschen!) ist hier eine ideale Fortbewegungsart. Auf der Hauptstraße sind viele Fahrradverleiher zu finden. Während die Nordküste nicht so radfreundlich ist, bieten sich die meisten Wege durch die Inselmitte zum Radeln an.

Sila RADFAHREN
(☎0878 6562 3015; Fahrradverleih pro Tag ab 50 000 Rp) Hält eine riesige Auswahl an Mieträdern bereit, auch Zweisitzer. Bietet auch Bootsausflüge an.

ETIKETTE

Fast alle Inselbewohner der Gilis sind Muslime, und Inselbesucher sollten diese kulturellen Gegebenheiten beachten:

- Es ist absolut inakzeptabel, im Bikini auf den Wegen des Dorfes entlangzuschlendern, egal wie viele andere das ebenfalls tun. Außer am Strand oder Hotelpool daher unbedingt angemessen bekleidet sein.
- Nackt oder oben ohne sonnenbaden erregt überall Anstoß.
- Während des Ramadan fasten viele Einheimische während der Tageslichtstunden; auf Gili Trawangan finden dann keine Partys statt.

Yoga & Wellness

Gili Yoga YOGA
(☎0370-614 0503; www.giliyoga.com; pro Pers. ab 100 000 Rp) Bietet täglich Vinyasa-Sitzungen an und gehört zu Freedive Gili (S. 346).

Xqisit Spa WELLNESS
(☎0370-612 9405; www.exqisit.com; Massage ab 180 000 Rp; ⏲10–22 Uhr) Ein Tages-Spa am Wasser mit Massagekabinen, die durch Vorhänge voneinander getrennt sind, und Ledersitzen für Mani- bzw. Pediküre oder Reflexzonenmassage. Zum Spa gehört auch eine Kaffeebar. Das umfangreiche Angebot an Anwendungen umfasst auch Shiatsu und eine gezielte Anti-Kater-Massage-Behandlung nach durchzechter Nacht (700 000 Rp). Das nennt man den Markt bedienen!

Kurse

Sweet & Spicy Cooking School KOCHEN
(☎0877 6595 3052; www.facebook.com/gilicookingschool; Kochstunden ab 385 000 Rp) Bei diesen unterhaltsamen täglichen Kochstunden lernt man, leckere, scharfe indonesische Gerichte mit Chilis und unzähligen anderen Gewürzen zu zaubern. Und essen darf man sie danach natürlich auch.

Schlafen

Auf Gili T gibt es über 5000 Zimmer und erstaunliche 675 registrierte Unterkünfte, wobei das Angebot von Hütten mit Strohdach bis zu eleganten Ferienvillen mit Klimaanlage und eigenem Pool reicht. Zu Spitzenzeiten ist die Insel trotzdem häufig komplett

Gili Trawangan

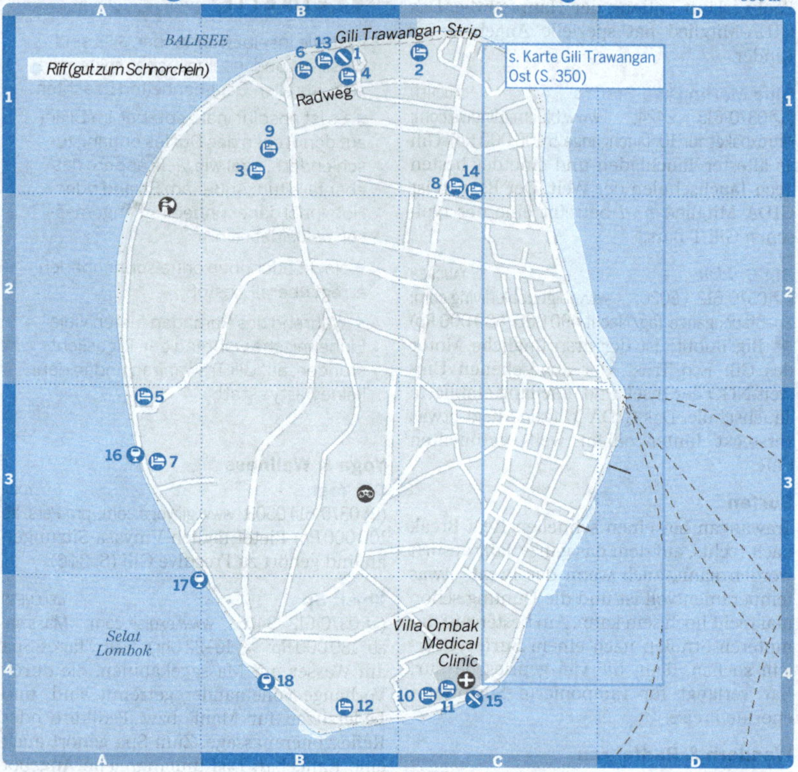

ausgebucht. Daher empfiehlt es sich, schon weit im Voraus seine Wunschunterkunft zu reservieren.

Viele Unterkünfte gehören einheimischen Familien mit wenig oder gar keiner Erfahrung im Hotelgewerbe. Fast alle Tauchschulen bieten Unterkünfte im mittleren Preissegment an. Am billigsten kommt man im Dorf unter.

Dorf

Madison Gili BUNGALOWS $

(☎ 0878 6594 5554; www.madisongili.com; Zi. ab 350 000 Rp; ❄📶🏊) Zwölf Wohneinheiten im Bungalowstil drängen sich auf wenig Platz um einen Pool. Durch die schlaue Anordnung fühlt man sich jedoch ganz privat. Die Zimmer sind gemütlich und haben Extras wie Kühlschränke. Das Personal ist zuvorkommend und die Lage an einem der hinteren Wege ist ruhig.

Pondok Gili Gecko GUESTHOUSE $

(☎ 0818 0573 2814; Zi. mit Frühstück ab 350 000 Rp; 📶) Eine einladende Pension mit bezauberndem Gecko-Motiv. Die vier Zimmer sind sauber, sie haben Deckenventilatoren und eigene geflieste Terrassen zum Garten hin.

Woodstock BUNGALOW $$

(☎ 0821 4765 5877; www.woodstockgili.com; Zi. mit Frühstück 500 000–1 000 000 Rp; ❄📶🏊) Hier passen Name und Deko zusammen. In den elf superadretten Zimmern mit regionalem Flair können Gäste im Geiste von Joan Baez und Jimi Hendrix wohnen. Die Zimmer haben jeweils eine private Veranda und Außenbad und umgeben einen entspannten Poolbereich.

★ **Indigo Bungalows** GUESTHOUSE $$

(☎ 0818 0371 0909; www.facebook.com/IndigoGiliT; Zi. ab 550 000 Rp; ❄📶🏊) Im dicht gedrängten mittleren Unterkunftssegment

Gili Trawangan

Aktivitäten, Kurse & Touren

1 Lutwala Dive ... B1

Schlafen

2 Alam Gili ... C1
3 Coconut Garden ... B1
4 Eden Cottages ... B1
5 Five Elements ... A3
6 Gili Eco Villas ... B1
7 Gili Teak Resort ... A3
8 Indigo Bungalows ... C1
9 Kelapa Villas ... B1
10 Kokomo ... C4
11 Pearl of Trawangan ... C4
12 Pondok Santi Estate ... B4
13 Wilson's Retreat ... B1
14 Woodstock ... C1

Essen

Kokomo ... (s. 10)
15 Pearl Beach Lounge ... C4

Ausgehen & Nachtleben

16 Casa Vintage Beach ... A3
17 Exile ... A4
18 Paradise Sunset Bar ... B4

von Gili T sticht das Indigo durch die Liebe zum Detail hervor. Alle vier Zimmer haben heißes Wasser, Terrassen und Blick auf Pool oder Garten. Man fühlt sich wie in einer ruhigen geschlossenen Anlage.

Oceane Paradise FERIENHAUS $$
(☎0812 3779 3533; Zi. ab 500 000 Rp; ❄📶) Eine tolle Anlage mit vier Holzhütten mit schicken Außenbädern. Eine hat Familiengröße.

Rumah Hantu GUESTHOUSE $$
(☎0819 1710 2444; Zi. ab 450 000 Rp; 📶) Eine gepflegte, wenn auch schlichte Ansammlung von fünf Zimmern aus Bambusgeflecht mit hohen Decken in einem Gartengrundstück. Die Betreiber sind gastfreundlich und gewissenhaft.

Alexyane Paradise BUNGALOWS $$
(☎0878 6599 9645; Zi. 300 000–900 000 Rp; ❄📶) Tolles Preis-Leistungs-Verhältnis: fünf Hütten in dunklem Holz mit hohen Decken, Bambusbetten und wunderschönen lichtdurchfluteten Außenbädern. Schöne Bambusmöbel auf der Veranda.

Lumbung Cottages 2 BUNGALOWS $$
(☎0878 6589 0233; www.lumbungcottage.com; mit Frühstück ab 700 000 Rp; ❄📶🏊) Elf *lumbung* (Reisscheune) *Cottages* mitten im Dorf und direkt am Hang gelegen. Sie gruppieren sich um einen Pool mit schwarzem Grund.

Gili Joglo FERIENVILLA $$$
(☎0813 5678 4741; www.gilijoglo.com; Ferienvilla ab 1 500 000 Rp; ❄📶) Drei tolle Ferienvillen. Eine ist ein umgestalteter antiker *joglo* (traditionelles javanesisches Haus) mit polierten Betonböden, zwei Schlafzimmern und einem riesigen Wohnraum, der nahtlos ins Freie übergeht. Noch schöner ist die etwas kleinere Villa, die aus zwei umgebauten *gladaks* (Wohnhaus der Mittelklasse) aus den 1950er-Jahren besteht. Zu den Zimmern gehört sogar ein Butlerservice.

Villa Nero FERIENVILLA $$$
(☎0819 0904 8000; www.thevillanero.com; Ferienvilla mit Frühstück ab 250 US$; ❄📶🏊) Eine der am besten geführten und luxuriösesten Unterkünfte auf Gili T. Jede der zehn großen Wohneinheiten verfügt über mehrere Zimmer mit Hartholzböden sowie eine große Terrasse zum Chillen. Die Einrichtung ist erfrischend minimalistisch; Kunstwerke und grüne Pflanzen setzen Akzente. Zu den vielen Extras gehört auch ein kostenloser Fahrradverleih.

Hauptstraße

★**Gili Hostel** HOSTEL $
(☎0877 6526 7037; www.gilihostel.com; B mit Frühstück ab 200 000 Rp; ❄📶🏊) Dieses Hostel mit gemischtem Schlafsaalkomplex hat ein struppiges, gebogenes und gezacktes Dach im Torajan-Stil. Die sieben Zimmer sind jeweils mit sieben Betten, Betonböden, hohen Decken, Spinden und einem Schlafloft ausgestattet. Eine Dachbar mit Sitzsäcken, Liegestühlen und Hängematten und Blick auf Baumwipfel, Berge und den großen Partypool runden das Angebot ab und eignen sich bestens zum Chillen.

Le Petit Gili GUESTHOUSE $$
(☎0878 6585 5545; www.facebook.com/LePetitGili; Zi. 600 000–800 000 Rp; ❄📶) Die drei Zimmer hier versprühen alle entspannten Charme. Die Räume wirken durch naturbelassenes Holz und die eine oder andere Antiquität gemütlich. Die großen Fenster lassen viel Licht herein und ermöglichen einen Ausblick, u. a. auf den nächtlichen Markt. Gäste können die vorhandenen Fahrräder benutzen und ihre Wasserflaschen hier auffüllen. Im Erdgeschoss befindet sich ein gutes Café.

Gili Trawangan Ost

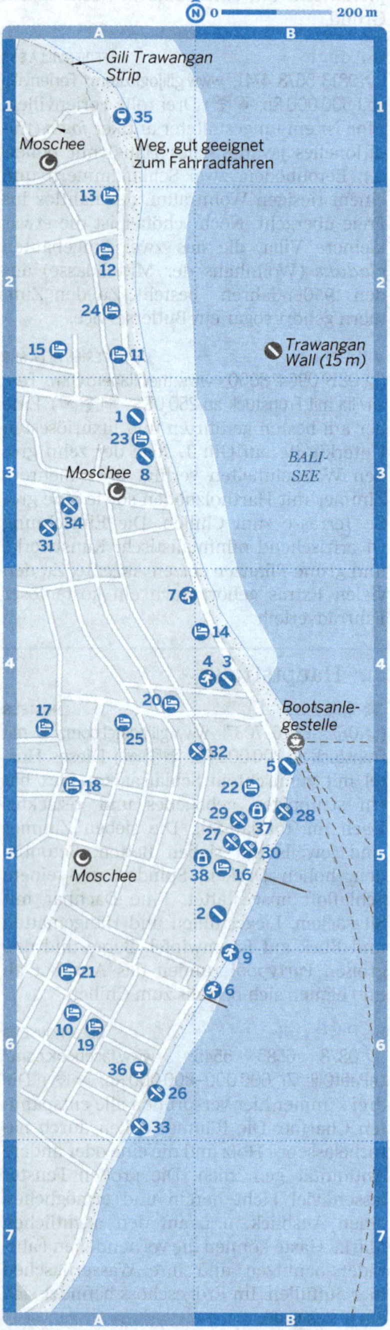

Gili Trawangan Ost

Aktivitäten, Kurse & Touren

- **1** Big Bubble A3
- **2** Blue Marlin Dive Centre B5
- **3** Freedive Gili B4
- **4** Gili Yoga B4
- **5** Manta Dive B5
- **6** Sila B6
- **7** Sweet & Spicy Cooking School A4
- **8** Trawangan Dive A3
- **9** Xqisit Spa B6

Schlafen

- **10** Alexyane Paradise A6
- **11** Balé Sampan A2
- **12** Blu d'aMare A2
- **13** Danima Resort A2
- **14** Gili Hostel B4
- **15** Gili Joglo A2
- **16** Le Petit Gili B5
- **17** Lumbung Cottages 2 .... A4
- **18** Madison Gili A5
- **19** Oceane Paradise A6
- **20** Pondok Gili Gecko A4
- **21** Rumah Hantu A6
- **22** Sama Sama Bungalows B5
- **23** Soundwaves A3
- **24** Tanah Qita A2
- **25** Villa Nero A4

Essen

- **26** Beach House A6
- **27** Green Cafe B5
- **28** Kayu Café B5
- **29** La Dolce Vita B5
- **30** Pasar Malam B5
- **31** Pituq Café A3
- **32** Regina B4
- **33** Scallywags A6
- **34** Thai Garden A3
- Warung Kiki Novi .... (s. 27)

Ausgehen & Nachtleben

- Blue Marlin .... (s. 2)
- **35** La Moomba A1
- **36** Tir na Nog A6

Shoppen

- **37** Abdi B5
- Casa Vintage .... (s. 20)
- **38** Pasar Seni B5

Sama Sama Bungalows BUNGALOWS **$$**

(☎0370-612 1106; Zi. mit Frühstück 350 000–750 000 Rp; ❄📶) Diese Häuschen im *lumbung*-Stil, also einer traditionellen Reisscheune nachempfunden, liegen nur ein paar Meter von der Anlegestelle der Schnellboote entfernt und sind daher für alle genau richtig, die gerne mitten im Geschehen wohnen möchten.

Kokomo FERIENVILLA $$$
(☎0370-613 4920; www.kokomogilit.com; Zi. mit Frühstück ab 2 800 000 Rp; ❄📶🏊), Diese elf modernen Mini-Villen befinden sich in einem kleinen Komplex am ruhigeren südlichen Ende der Hauptstraße und überzeugen durch wunderschönen Innenausbau und großzügige Ausstattung. Alle haben einen eigenen Pool, moderne Deko und einen wunderschönen Wohnbereich, der sich auch nach draußen erstreckt. In jeder Wohneinheit können ein, zwei oder drei Schlafzimmer gemietet werden.

Pearl of Trawangan FERIENANLAGE $$$
(☎0813 3715 6999; www.pearloftrawangan.com; Zi. inkl. Frühstück ab 1 600 000 Rp; ❄@📶🏊) Die geschmeidigen Gebäudelinien aus Bambus und Stroh empfinden die üppigen Kurven des Pools dieser gehobenen Unterkunft am südlichen Ende der Hauptstraße nach. An der Inselseite des Strandwegs befinden sich schmucke Bungalows mit 53 Zimmern. Die Sonnenliegen auf den Terrassen sind äußerst bequem. Am Strand selbst befindet sich der schicke Strandclub.

Am Strand

Tanah Qita BUNGALOWS $$
(☎0370-613 9159; 500 000–900 000 Rp; ❄📶) Tanah Qita („Heimatland") bietet große, tadellose *lumbungs* (ausgestattet mit Himmelbetten) sowie kleinere Unterkünfte mit Ventilatoren. Der Garten ist einfach nur schön und in den Palmenwäldern hinter den Zimmern kann man gut den Massen vom Strand entfliehen.

Soundwaves BUNGALOWS $$
(☎0819 3673 2404; www.soundwavesresort.com; Zi. 400 000–1 200 000 Rp; ❄📶) Die 13 Zimmer mit gefliesten Böden sind schlicht eingerichtet, aber sauber. Ein paar befinden sich in hölzernen Nurdachhäusern, andere in zweigeschossigen Betongebäuden mit versetzten und eingelassenen Terrassen, die aus jedem Zimmer Strandblick bieten. In manchen Zimmern gibt es nur Ventilatoren.

Balé Sampan HOTEL $$
(☎0812 3702 4048; www.balesampanbungalows.com; Zi. inkl. Frühstück Garten/Pool 910 000/1 000 000 Rp; ❄📶🏊) Liegt an einem schönen breiten Strandabschnitt. Die 13 schicken, ultramodernen Zimmer haben Bäder aus Stein und edles Bettzeug. Weitere Highlights sind ein Frischwasserpool und richtiges englisches Frühstück.

Blu d'aMare BUNGALOWS $$$
(☎0858 8866 2490; Zi. ab 1 500 000 Rp; ❄📶) Im Blu d'aMare bettet man sich in einem von fünf schönen antiken *joglos* (javanesische Häuser aus den 1920er-Jahren). Ausgestattet sind sie u. a. mit wunderschönen alten Holzböden, Queensize-Betten und Süßwasserduschen in Wannen, die in den Boden eingelassen sind. Außerdem gibt es ein gutes Café mit europäischen Anklängen.

Nord-, Süd- & Westküste

★ **Eden Cottages** COTTAGE $$
(☎0819 1799 6151; www.edencottages.com; Cottage 550 000–850 000 Rp; ❄🏊) Sechs saubere, mit Palmstroh gedeckte Betonbungalows liegen in einer Gartenanlage um einen Pool; Kokospalmen spenden Schatten. Die Zimmer sind mit geschmackvollen Möbeln, Steinbädern, Fernsehern mit DVD-Spieler und (kalten) Süßwasserduschen ausgestattet. Der bezaubernde britische Betreiber verzichtet bewusst auf WLAN, was das Abschalten noch mehr erleichtert.

Coconut Garden BUNGALOWS $$
(☎0819 0710 5769; www.coconutgardenresort.com; Zi. mit Frühstück ab 750 000 Rp; ❄📶🏊) Ein stimmungsvolles Fleckchen mit sechs hellen und luftigen Häusern im javanesischen Glaskastenstil und mit Ziegeldach, das jeweils in ein Außenbad aus Terrazzo übergeht. Gäste können sich auf edles Bettzeug, Queensize-Betten, einen kleinen Pool und eine Rasenfläche mit vereinzelten Kokospalmen freuen. Die Anlage befindet sich in etwas abgeschiedener, ruhiger Lage im Landesinneren und ist nicht ganz einfach zu finden. Am besten vorher anrufen.

Alam Gili HOTEL $$
(☎0370-613 0466; www.alamgili.com; Zi. 80–105 US$; ❄📶🏊) Ein üppig grüner alter Garten und eine ruhige Strandlage zeichnen diese Unterkunft aus. Die neun Zimmer und Villen in der kleinen Anlage überzeugen mit elegantem traditionellen balinesischen Stil. Es gibt außerdem einen kleinen Pool und ein Strandcafé.

★ **Wilson's Retreat** FERIENANLAGE $$$
(☎0370-612 0060; www.wilsons-retreat.com; Zi. mit Frühstück ab 1 600 000 Rp; ❄📶🏊) Das Wilson's bietet 20 Zimmer sowie vier Ferienvillen mit eigenen Pools. Und obwohl die Anlage weitläufig und schick ist, hat sie sich dennoch ein bisschen von der Verträumtheit bewahrt, die für die Gilis typisch ist. Vom

ausgezeichneten Café aus blickt man auf einen besonders schönen Strandabschnitt dieser Insel.

★ **Pondok Santi Estate** FERIENANLAGE $$$
(☎ 0370-714 0711; www.pondoksanti.com; Zi. mit Frühstück ab 200 US$; ❄📶🏊) Zehn wunderbare Bungalows stehen großzügig verteilt in einer ehemalige Kokosplantage. Rasen bedeckt nun das Gelände der eindeutig elegantesten Ferienanlage auf Gili T. Die Wohneinheiten verfügen über eine traditionelle Holzeinrichtung. Die Anlage liegt an einem tollen Strand und gerade nah genug zur Hauptstraße. Außerdem gibt es einen riesigen Pool.

Five Elements FERIENVILLA $$$
(☎ reservations 0361-870 9000; http://fiveelementsvillas.com; Ferienvilla mit Frühstück ab 1 400 000 Rp; ❄📶🏊) Die Ferienvillen mit viel Abstand voneinander liegen um einen 40 m langen Pool an einem (derzeit noch) einsamen Strandabschnitt der Westküste. Die Wohneinheiten bieten viel Komfort, sodass das Abschalten und Entspannen nicht schwer fällt. Wie bei allen Unterkünften an der Westküste ist es allerdings ein gutes Stück zu Fuß in den Ort, wenn man abends noch auf der Hauptstraße Essen gehen möchte.

Gili Teak Resort BOUTIQUEHOTEL $$$
(☎ 0823 4018 4385; www.giliteak.com; Zi. mit Frühstück ab 1 500 000 Rp; ❄📶🏊) New Age Bungalows mit Glaswänden und einem schicken einfachen Design, das viel Licht hereinlässt. Die Terrassen der acht Wohneinheiten sind mit komfortablen Liegestühlen bestückt, und am Meer gibt es noch einen wunderschönen Sitzbereich. Alles lädt dazu ein, es sich gemütlich zu machen, zu entspannen und die Tage einfach zu genießen. Das Gelände ist schön, das Café gut.

Danima Resort GUESTHOUSE $$$
(☎ 0878 6087 2506; www.giliresortdanima.com; Zi. ab 1 600 000 Rp; ❄📶🏊) Eine kleine aber feine Boutiqueunterkunft mit vier Zimmern. Die Wohnnester sind mit großen Kingsize-Betten, gewölbten Decken, geschmackvoller Beleuchtung, Rattan-Terrassenmöbeln und Regenduschen ausgestattet. Hinzu kommen ein romantischer Pool- und Strandbereich.

Gili Eco Villas FERIENVILLA $$$
(☎ 0361-847 6419; www.giliecovillas.com; Zi./Ferienhaus ab120/250 US$; ❄📶🏊) 🍃 Diese 19 schicken Zimmer und Ferienvillen aus recyceltem Teakholz, das aus alten javanesischen Kolonialhäusern stammt, liegen an Trawangans entspannter Nordküste, etwas vom

GEFAHREN & ÄRGERNISSE

➡ Es kommt zwar selten vor, aber einige ausländische Frauen sind auf den Gilis sexuell belästigt oder sogar angegriffen worden. Es ist daher empfehlenswert, den Heimweg zu den ruhigeren Teilen der Inseln nicht alleine anzutreten.

➡ So ruhig wie das Meer hier wirkt, so gibt es doch starke Strömungen zwischen den Inseln. Also auf keinen Fall versuchen, von einer Insel zur anderen zu schwimmen, denn das kann tödlich ausgehen.

➡ Drogenhandel bleibt auf Trawangan weit verbreitet. Touristen werden Mushrooms, Crystal Meth und anderes angeboten. Indonesien fährt in Bezug auf Drogen eine harte Linie; auf Drogenbesitz oder -konsum steht Gefängnis oder Schlimmeres.

➡ Touristen sind auf den Gilis nach dem Genuss von verunreinigtem *arak* (farbloser, destillierter Palmwein) erkrankt und sogar gestorben; also bitte die Finger davon lassen.

➡ Auf der Hauptstraße von Gili T kommt es häufig vor, dass Radfahrer (fast ausschließlich Touristen) Leute anfahren und verletzen. *Cidomo* (Pferdekutschen) sind fast genauso schlimm.

➡ Die **Polizei** kommt nur ab und zu auf die Gilis. Diebstähle sollten sofort dem *kepala desa* (Dorfoberhaupt) der Insel gemeldet werden, der sich dann um die Angelegenheit kümmert. Die Mitarbeiter der Tauchschulen wissen, wo er zu finden ist.

➡ Auf Gili Trawangan sollten Besucher sich bei Ärgernissen über das Hotel oder die Tauchschule an **Satgas** wenden, die Organisation der Gemeinde, die sich um Inselangelegenheiten kümmert. Satgas bemüht sich, Probleme zu lösen und Gestohlenes wiederzufinden.

Strand zurückgesetzt. Hier werden Komfort und Stil mit soliden ökologischen Prinzipien unter einen Hut gebracht (das Wasser wird wieder aufbereitet, es gibt einen Bio-Gemüsegarten, und der meiste Strom wird aus Sonnen- und Windenergie erzeugt).

Kelapa Villas FERIENVILLA $$$
(☎0812 375 6003; www.kelapavillas.com; Ferienvilla ab 1 700 000 Rp; ❄📶🏊) Luxuriöse Anlage im Inselinneren mit einer Auswahl an 17 großzügig bemessenen Villen, jeweils mit eigenem Pool, die alle Stil und Platz im Überfluss bieten. Tennisplatz und Fitnessraum sind hier auch zu finden. Das WLAN reicht nicht über das ganze Gelände.

Essen

Abends präsentieren und grillen zahlreiche Lokale an der Hauptstraße leckeren Fisch. Die Lokale unterscheiden sich nicht großartig – also einfach danach gehen, welches einem zusagt und wie viel Chili und Knoblauch die Marinade enthalten soll.

An der Hauptstraße sind auch zeitlose Strandbars zu finden. Sie bieten viele indonesische Klassiker an, die man dann mit einem kühlen Bintang in der Hand und den Füßen im Sand genießt. Die Anzahl an Designercafés nimmt ebenfalls zu.

★ **Pituq Café** VEGAN $
(☎0812 3677 5161; Hauptgerichte ab 30 000 Rp; 🌱) Nicht nur Kulinarik, sondern auch Lifestyle: Dieses Café kombiniert Yoga, Rastalocken und exquisite vegane Kost in einer entspannten Außengastronomie. Gäste machen es sich hier auf erhöhten Plattformen bequem und bestaunen, mit welcher Raffinesse Gemüse von der Insel zubereitet werden kann, wenn richtige Kochtalente sich damit beschäftigen. Täglich Meditationskurse (150 000 Rp).

★ **Pasar Malam** MARKT $
(Hauptgerichte 15 000–30 000 Rp; ⏱18–24 Uhr) Dieser Nachtmarkt erblüht jeden Abend vor Gili Ts Markt und ist der ideale Platz, um eine große Bandbreite an regionalen Speisen zu probieren, darunter würzige Nudelsuppe, gebratene Köstlichkeiten, leckeres *ayam goreng* (gebratenes Hühnchen) und gegrillter Fisch frisch aus dem Meer. Schon der bloße Anblick der ganzen Speisen, lässt einem das Wasser im Munde zusammenlaufen, während man über den Markt schlendert. Tagsüber sind die Tische dann komplett verschwunden.

La Dolce Vita ITALIENISCH $
(Hauptgerichte 20 000–40 000 Rp; ⏱Di–So 7.30–17 Uhr; ❄) Ist der Punkt erreicht, an dem man einfach kein Nasi Goreng mehr sehen kann, begibt man sich am besten ohne Umschweife hierher. Dieses erweiterte Café ist nicht viel größer als einer seiner ausgezeichneten Espressi. Neben authentischen Pizzastücken und einer großen Auswahl an Kuchen gibt es noch Tagesgerichte – hier bleibt niemand hungrig.

Warung Kiki Novi INDONESISCH $
(Hauptgerichte ab 15 000 Rp; ⏱8–22 Uhr) Alle, die schon länger auf der Insel leben, sind sich einig: Hier gibt es das beste *nasi campur* (Reis mit einer Auswahl an Beilagen) der Gilis, und sie haben recht. Im heimeligen Speiseraum erwartet die Gäste ein Paradies an preiswertem Essen. Neben ordentlichen indonesischen Hauptgerichten sind auch ein paar westliche Sandwiches und Salate im Angebot.

Green Cafe INDONESISCH $
(☎0878 6335 4272; Hauptgerichte 20 000 Rp; ⏱18–23 Uhr) Unser Lieblingsstand auf dem Nachtmarkt liegt weiter hinten, ist aber einfach zu finden. Hier werden gegrillte Hauptgerichte, Salate und eine ganze Palette an leckeren Nachtischen serviert, die man sich auch gerne einpacken lassen kann. Tagsüber betreiben die Besitzer ein Café ganz hinten auf dem Platz.

★ **Kayu Café** CAFÉ $$
(☎0878 6239 1308; Hauptgerichte 40 000–80 000 Rp; ⏱8–22 Uhr; ❄📶) Hier gibt es zwei Optionen: Das Hauptcafé auf der Inlandseite der Straße bietet eine wunderbare Palette an gesunden Backwaren, Salaten, Sandwiches und die besten Säfte der Insel in klimatisiertem Komfort. Im Strandcafé mit seinem verwitterten Holzambiente auf der anderen Straßenseite speist man im Freien. Am Strand kann der Service schon mal langsam sein – daher besser drinnen bestellen.

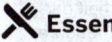

★ **Kokomo** INTERNATIONAL $$
(☎0370-613 4920; www.kokomogilit.com; Hauptgerichte 60 000–200 000 Rp; ⏱8–23 Uhr; ❄📶) Kokomo ist eines der wenigen gehobeneren Restaurants der Insel und zaubert komplexe Gerichte aus superfrischen Meeresprodukten und erlesenem importierten Fleisch. Auf der Karte stehen jede Menge gesunder Salate, wunderbare Steaks und Pastagerichte, aber für den ultimativen Gaumengenuss sollte man unbedingt einen Meeresfrüchte-

TAUCHEN AUF DEN GILIS

Die Gili-Inseln sind ein ausgezeichnetes Tauchrevier, da die Meeresflora und -fauna vielfältig ist. Meeresschildkröten und Schwarz- bzw. Weißspitzenriffhaie bekommt man oft zu sehen, und auch die kleinen Wasserbewohner sind sehenswert, darunter Seepferdchen, Seenadeln oder Krustentiere. Rund um die Zeit des Vollmonds erscheinen große Schwärme von Büffelkopfpapageienfischen, um sich am Korallenlaich satt zu essen; zu anderen Jahreszeiten schweben Mantarochen an den Tauchplätzen vorbei.

Durch jahrelanges Dynamitfischen und einem vom El-Niño-Phänomen verursachten Ausbleichen wurden viele Korallen oberhalb von 18 m beschädigt. Inzwischen erholen sich die Korallen jedoch richtig gut und sehen so toll aus wie schon seit Jahren nicht mehr. Die Gilis haben auch noch ein paar gänzlich unberührte Riffe zu bieten.

Die Sicherheitsstandards auf den Gilis sind relativ hoch, aber als Reaktion auf die starke Zunahme an Tauchschulen haben sich mehrere von ihnen zur Gili Island Dive Association (GIDA) zusammengeschlossen. Der Verband trifft sich monatlich, um Themen rund um den Umweltschutz und die Auswirkungen der Tauchgänge zu besprechen und alle halten sich an einen schriftlichen Standardkodex, dessen Fokus auf der Sicherheit der Taucher, der Begrenzung der Anzahl an Tauchern pro Tag und dem Schutz des Tauchreviers liegt. Deshalb empfehlen wir ausdrücklich Tauchschulen, die GIDA angehören (am Logo zu erkennen). Alle GIDA-Boote führen Sauerstoff sowie funktionierende Funkgeräte an Bord. Außerdem haben sie sich auf eine gemeinsame Preisliste für Spaßtauchgänge, -kurse und -zertifikate geeinigt. Einige Preisbeispiele lauten:

Schnuppertauchgänge 900 000 Rp

Freiwasserkurse 5 500 000 Rp

Rettungstaucherkurs 500 000 Rp

Hier sind einige der besten Tauchreviere:

Deep Halik Ein canyonähnlicher Tauchplatz, ideal zum Strömungstauchen. Schwarz- und Weißspitzenhaie lassen sich in 28 bis 30 m Tiefe häufig blicken.

Deep Turbo In einer Tiefe von rund 30 m ist dieser Tauchplatz bestens für Nitroxtauchgänge geeignet. Zu entdecken sind beeindruckende Seefächer und Leopardenhaie, die sich in Felsspalten verstecken.

Japanese Wreck Nur etwas für erfahrene Taucher. Dieses Wrack eines japanischen Patrouillenboots aus dem Zweiten Weltkrieg in etwa 45 m Tiefe ist ein weiterer idealer Platz für Tech-Taucher.

Mirko's Reef Nach einem beliebten Tauchlehrer benannt, der verstorben ist. In diesem Canyon wurde nie mit Dynamit gefischt, daher gibt es unberührte leuchtende Weich- und Tischkorallen zu bestaunen.

Shark Point Vielleicht der aufregendste Gili-Tauchplatz. Riffhaie und Meeresschildkröten geben sich hier oft die Ehre, außerdem Schwärme von Büffelkopfpapageienfischen und Mantas.

Sunset (Manta Point) Ein paar beeindruckende Tischkorallen; auch auf Haie und andere große pelagische Fische trifft man hier häufig.

oder Sashimiteller (mit Atlantiklachs und Gelbflossenthunfisch) bestellen. Die Lage am Wasser ist einfach umwerfend.

Regina PIZZA **$$**
(☎0877 6506 6255; Hauptgerichte 40 000–100 000 Rp; ⏲17–23 Uhr) Der Holzofen bleibt in diesem ausgezeichneten italienischen Laden, der unweit vom Strand liegt, nur selten kalt. Wenn viel los ist, ist die Schlange für Pizza zum Mitnehmen sehr lang – also besser einen Bambustisch im Garten suchen und sich zur leckeren Pizza mit dünner Kruste ein kühles Bier genehmigen. Von der italienischen Authentizität zeugt das Schild „keine Pizza mit Ananas"...

Scallywags INTERNATIONAL $$
(☎ 0370-614 5301; www.scallywagsresort.com; Menüs 40 000–180 000 Rp; ⊙ 8–22 Uhr; 📶) Scallywags bietet gemütliche, aber doch elegante Strand-Deko, polierte Gläser, aufmerksame Bedienung und ausgezeichnete Cocktails. Auf der Abendkarte steht Leckeres aus dem Meer – frischer Hummer, Thunfischsteaks, Schnapper und Schwertfisch – sowie eine tolle Salatbar. Besonders zu empfehlen sind die Meeresfrüchte vom Grill.

Thai Garden THAI $$
(☎ 0878 6453 1253; Hauptgericht 50 000–120 000 Rp; ⊙ 15–22 Uhr) Wer braucht schon Bangkok, wo es doch Gili T gibt? Die authentischsten Thaigerichte diesseits von Phuket sind in diesem putzigen kleinen Garten zu finden. Man schmeckt halt, dass die Hauptgewürze aus Thailand importiert werden. Also hierher kommen, wenn eine Abwechslung zu indonesischen Reisgerichten Not tut.

Pearl Beach Lounge INTERNATIONAL $$
(☎ 0370-613 7788; www.pearlbeachlounge.com; Hauptgerichte 60 000–200 000 Rp; ⊙ 8–23 Uhr; 📶) Der Bambus „fließt" in diesem gehobenen Lounge-Restaurant am Strand nur unmerklich weniger als das Bier. Gibt man hier tagsüber 100 000 Rp für Essen und Getränke aus, dann sind Poolbenutzung, bequeme Strandliegen und eine Speisekarte mit jeder Menge Burger inbegriffen. Abends erwacht der eindrucksvolle Hauptpavillon aus Bambus dann zum Leben und es stehen aufwendigere Steak- und Meeresfrüchtegerichte auf der Speisekarte.

Beach House INTERNATIONAL $$
(☎ 0370-614 2352; www.beachhousegilit.com; Hauptgerichte 75 000–250 000 Rp; ⊙ 11–22 Uhr; 📶) Das Beach House verfügt über eine elegante Terrasse am Jachthafen und ist für sein wunderbares Abendbarbecue mit Salatbar und guten Weinen bekannt. Eines der besten Lokale für gegrillte Meeresfrüchte und immer sehr beliebt. Daher ist es besser, vorab einen Tisch zu reservieren.

🍷 Ausgehen & Nachtleben

Die Insel bietet tolle Strandlokale im Überfluss – das Angebot reicht von schicken Lounge Bars bis hin zu einfachen Hütten. Partys finden hier an mehreren Abenden der Woche statt und zwar abwechselnd in etablierten Lokalen wie Tir na Nog und Rudy's Pub oder anderen Neuzugängen. An der Straße südlich von Pasar Malam befindet sich das Zentrum der lautstarken Nachtszene.

★ **Casa Vintage Beach** LOUNGE
(⊙ 11–22 Uhr) Während der Gesang von Billie Holiday dem leisen Schwappen der Wellen zuckersüße Akzente hinzufügt, erfreuen sich die Gäste am ausgezeichneten jamaikanischen Essen (Hauptgerichte ab 70 000 Rp). Oder man spielt einfach mit den Zehen im Sand, während man in einer Hängematte abhängt. Die schwedisch-jamaikanischen Besitzer tischen auch einen tollen Karottenkuchen auf. Tolle Sonnenuntergänge – und auf keinen Fall den Soul Food Sonntag verpassen.

Paradise Sunset Bar BAR
(⊙ 10 Uhr bis spät) Nomen est omen. Diverse Arten von Sitzgelegenheiten finden sich hier direkt am Strand. Große Bäume spenden tagsüber Schatten, während das beruhigende Rauschen des Meeres der Seele gut tut. Die Sonnenuntergänge sind filmreif, die Drinks sind gut.

Exile BAR
(☎ 0819 0772 1858; ⊙ 12 Uhr bis spät) Bei dieser Strandbar mit lokalem Betreiber steppt den ganzen Tag der Bär. Sie liegt nur 20 Minuten zu Fuß bzw. eine kurze Fahrradstrecke von der Hauptstraße entfernt. Eine kleine Anlage mit zehn Bungalows aus geflochtenem Bambus bietet Zimmer ab 450 000 Rp, falls der Weg nach Hause doch zu weit scheint.

La Moomba BAR
(⊙ 10–24 Uhr) Wer einen zauberhaften weißen Strand mit Bambusliegen und einer Tiki Bar, aus der Reggae pulsiert, zum Abhängen sucht, ist hier, in Trawangans bester Strandbar, genau richtig.

Tir na Nog PUB
(☎ 0370-613 9463; ⊙ Do–Di 7–2, Mi bis 4 Uhr; 📶) Dieser große Schuppen wird von allen einfach „The Irish" genann und ist innen als Sportbar mit großen Bildschirmen eingerichtet. Mitten im Barbereich werden Pubgerichte wie Kebabs (Hauptgerichte 35 000–80 000 Rp) serviert. Die Bar zur Strandseite hin ist wahrscheinlich der vollste Treffpunkt der ganzen Insel. Ein gut gelauntes Publikum trifft sich hier am Mittwochabend, wenn der DJ auflegt.

Blue Marlin BAR
(⊙ 8 Uhr bis spät) Von allen Partybars besitzt dieses gehobene Lokal die größte Tanzfläche

und noch dazu die beste Anlage. Montags werden hier Trance und Tribal Music aufgelegt.

Shoppen

Einst Hochburg billiger Mitbringselstände, steigt jetzt das Niveau der Läden auf Gili Trawangan deutlich und rapide an. Auf der Hauptstraße südlich des Pasar Malam sind inzwischen Niederlassungen schicker balinesischer Boutiquen zu finden.

★Casa Vintage BEKLEIDUNG
(⌚9–21 Uhr) Die beste Boutique auf Gili T liegt etwas versteckt auf einer hinteren Straße unweit des Cafés Il Pirata. Sie ist geradezu eine Schatztruhe für Vintagemode internationaler Herkunft, die zudem elegant präsentiert wird. Die Angebotspalette reicht von großen Ohrringen und hochwertigen Hand- und Schultertaschen aus Leder bis hin zu Babydoll-Kleidern und John Lennon Sonnenbrillen. Ein Ableger der Bar Casa Vintage Beach (S. 355).

Abdi BEKLEIDUNG
(⌚10–20 Uhr) Das Lieblingskleid vergessen? Als ebenbürtiger Ersatz bietet das Abedi verspielte Strandbekleidung in diesem schicken Laden.

GRÜNE GILIS

Nach dem Bezahlen von Hotel oder Tauchschule, kommt da noch die „Eco Tax" (50 000 Rp pro Pers.). Es ist eine freiwillige Spende, die vom wegweisenden **Gili Eco Trust** (www.giliecotrust.com) eingeführt wurde, um die Umweltbedingungen auf der Insel zu verbessern.

Es ist eine lohnenswerte Sache. Die Umweltbelastung hat auf den Gilis parallel zu ihrer steigenden Beliebtheit enorm zugenommen. Zu den Problemen gehören u. a. zunehmende Bebauung, Müll und Beschädigungen an den Korallenriffen durch Zyanid- und Dynamitfischerei. Bis zu 10 000 Besucher und Arbeitskräfte kommen jeden Tag auf die Inseln.

Zu den Eco Trust Initiativen gehören u. a.:

- Die Verteilung von kostenlosen Mehrfach-Einkaufstaschen, um die Verwendung von Plastiktüten einzudämmen, und der Versuch, Restaurants zu überzeugen, keine Plastikstrohhalme mehr zu verwenden.
- Eine kämpferische Aufklärungskampagne, um Einheimische und Geschäftsleute dazu zu bewegen, ihren Müll zu recyceln. Inzwischen gibt es über 1000 Recyclingtonnen auf den Inseln.
- Das langfristige Vorhaben, nahezu den gesamten Müll auf den Inseln zu recyclen. Pläne für ein Recyclingzentrum sind in Arbeit.
- Das Wohlergehen der Inselpferde: Es gibt tierärztliche Versorgung sowie Aufklärungsprogramme für die Kutscher.
- Biorock, ein Vorhaben zur Regeneration der Korallenriffe, das inzwischen 120 künstliche Riffs rund um die Insel installiert hat.

Zusätzlich zur Eco Tax können sich Touristen auf den Gilis auf vielerlei Weise engagieren:

Die Strände säubern Eco Trust und Trawangan Dive (S. 346) organisieren beide wöchentliche Strandsäuberungen und Helfer werden dabei immer benötigt. Und immer wenn man den weißen Sand und das türkise Wasser bestaunt, kann man auch ein bisschen private Strandsäuberung betreiben und alles, was man an Müll so findet, in eine Recyclingtonne werfen.

Pferdemisshandlung melden Wer sieht, dass ein *cidomo*-Fahrer ein Pferd misshandelt, kann die Kutschnummer beim Eco Trust (☎0370-625020 oder ☎0813 3960 0553) melden, der den Kutscher in der Sache kontaktieren wird. Leider haben die vielen Transportkutschen, die schwer mit Baumaterial beladen sind, und die *bintang* keine Kutschnummern für Meldungen.

Ein Korallenriff bauen Für 10 000 000 Rp gibt es zwei Tauchgänge pro Tag für zwei Wochen, um dabei zu helfen, eine Biorock-Installation zu bauen. Informationen gibt es beim Eco Trust.

Pasar Seni MARKT
Auf diesem kleinen Dorfmarktplatz werden Waren für den Alltagsgebrauch feilgeboten.

Praktische Informationen

GELD

Gili T hat jede Menge Geldautomaten an der Hauptstraße und sogar an der Westküste.

MEDIZINISCHE VERSORGUNG

Eine **medizinische Einrichtung** (24 Std.) befindet sich unmittelbar südlich des Hotels Vila Ombak.

An- & Weiterreise

An der offiziellen **Bootsanlegestelle** fahren die öffentlichen Boote und Inselshuttles ab und hier gibt es auch die Fahrkarten. Während man darauf wartet, dass das Schiff ablegt, kann man bestaunen, in welch beeindruckender Anzahl volle Bintang Flaschen angeliefert und leere wieder abgeholt werden. Einige der Schnellbootanbieter haben auf Gili T Büros.
Die diversen privaten Schnellbootanbieter legen an der Ostseite den ganzen Strand entlang an.

Gili Meno

0370

Gili Meno ist die kleinste der drei Inseln und ideal für alle, die schon immer von einer tropischen Insel geträumt haben. Es bietet eine Kulisse wie in einem Robinson Crusoe Film, allerdings werden derzeit viele neue Hotels gebaut, sodass Crusoe besser seine Ray Bans aufsetzen sollte.

Die meisten Unterkünfte liegen entlang der Ostküste, in der Nähe des allerschönsten Strands. Im Inselinneren befinden sich verstreut kleine Gehöfte, Kokosplantagen und ein Salzsee. An der einst abgelegenen Westküste starten derzeit einige prominente Bauprojekte, darunter das Bask (www.baskgilimeno.com), eine riesige Ferienanlage am Strand. Es soll Ende 2017 mit mehr als 130 Zimmern öffnen. Dahinter stehen einige mächtige australische Investoren und ein bekannter Werbeträger, der ehemalige *Baywatch* Star David Hasselhoff. Die Auswirkungen dieser riesigen Anlage auf das kleine Gili Meno werden vermutlich enorm sein.

Strände

Das von Sand umgebene Gili Meno besitzt in seiner südöstlichen Ecke einen der allerschönsten Strandabschnitte der Gilis. Der breite Strand mit seinem feinen weißen Sand ist ein ausgezeichneter Badestrand. Die Westküste mit zerriebener Koralle ist felsiger, und bei Ebbe liegen viele Felsen und Korallen direkt unter der Wasseroberfläche. Die Nordostseite von Meno hat auch schönen Sand zu bieten, allerdings ist Erosion hier zum Teil ein Problem. Um Meno zu Fuß zu umwandern benötigt man ungefähr zwei Stunden.

Sehenswertes

Der große Salzsee im Inneren der Insel, der imposanten weißen Fischreihern ein Zuhause bietet, ist ein wirklich faszinierender Naturschauplatz.

Turtle Sanctuary SCHILDKRÖTENAUFZUCHTSTATION
(www.gilimenoturtles.com; Spende erwünscht; Büro 9–18 Uhr;) Menos Aufzuchtstation für Schildkröten besteht aus einer Ansammlung gluckernder kleiner Tanks und Wannen am Strand, in denen es vor jungen Meeres- und Unechten Karettschildkröten nur so wimmelt. Die Tiere werden hier aufgepäppelt, bis sie im Alter von acht Monaten ins Meer entlassen werden. Manche Umweltschützer sagen, dass das zu lang ist, um Schildkröten in Gefangenschaft zu halten, aber die positive Auswirkung der Aufzuchtstation auf die regionale Schildkrötenpopulation ist beachtlich.

Auf nahezu jedem Schnorchelgang lässt sich eine Schildkröte sehen. Man kann auch beim Freilassen der Schildkröten dabei sein.

Aktivitäten

Wie auf den anderen Gilis auch gibt es hier den meisten Spaß, wenn man dabei nass wird. Ein **Spaziergang** um die Insel bietet schöne Ausblicke und dauert ungefähr zwei Stunden.

Fahrräder können zwar für 50 000 Rp pro Tag gemietet werden, aber weit kommt man damit nicht. Der Strandweg, der von der südlichen Spitze bis zum oberen Ufer des Salzsees führt, ist ein trockener sandiger Pfad ohne Schatten, der zum Schieben zwingt. Auf dem guten Weg entlang der Nordseite des Sees lässt sich dann ein kleiner Ausflug zur nordwestlichen Küste unternehmen, aber weicher Sand ganz im Norden verhindert wiederum ein weiteres Fortkommen.

Tauchen & Schnorcheln

An der Nordostküste liegt ein gutes Schnorchelrevier, ebenso an der Westküste gen

Norden sowie dort, wo die riesige neue Bask Hotelanlage entsteht. Die nötige Ausrüstung ist ab 50 000 Rp pro Tag erhältlich. **Meno Slope** (21 m) vor Gili Meno und **Gili Meno Wall** (15 m) sind tolle Tauchreviere.

Blue Ocean WASSERSPORT
(☎ 0813 3950 9859; Bootstouren 150 000 Rp) Der muntere Herr Dean bietet Bootsausflüge zum Schnorcheln in den reichhaltigen Gewässern rund um die Gilis an. Die Ausflüge dauern zwei bis drei Stunden. Er bringt seine Gäste auch zu anderen Inseln, sodass man Unterwassererkundung mit Inselhüpfen verbinden kann.

Divine Divers TAUCHEN
(☎ 0852 4057 0777; www.divinedivers.com; geführte Tauchgänge ab 500 000 Rp) Diesen Tauchladen gibt es nur auf Meno; er liegt an einem hübschen Strandabschnitt an der Westküste. Im Angebot sind Zimmer und ein Pool, dazu gute Pakete für Tauchen plus Unterkunft

Gili Meno Divers TAUCHEN
(☎ 0878 6536 7551; www.gilimenodivers.com; Kontiki Cottages; Schnuppertauchgänge ab 900 000 Rp; ⏲ 9–17 Uhr) In französisch-indonesischem Besitz. Bietet verschiedene Kurse an, auch ein paar gute zur Unterwasserfotografie.

Blue Marlin Dive TAUCHEN
(☎ 0370-639980; www.bluemarlindive.com; geführte Bootstauchgänge 490 000 Rp) Ein gut angesehener Mainstream-Tauchladen, der Meno Ableger des Originals von Trawangan. Bietet auch Zimmer.

Yoga

Mao Meno YOGA
(☎ 0819 9937 8359; www.mao-meno.com; Yogastunden ab 120 000 Rp) Bietet täglich u. a. Ashtanga- und Vinyasa-Kurse an. Zur Anlage im Inneren der Insel gehören auch einfache Cottages ab 45 US$ pro Nacht.

Schlafen

Meno ist Vorreiter beim Wachstum auf den Gilis und derzeit entstehen einige neue Gebäude – manche davon ziemlich edel. Mit der Zunahme am Gästen sind auch die Preise stark gestiegen. Und immer, wenn neue Projekte angekündigt werden, verschwinden ältere, bescheidenere Guesthouses von der Bildfläche – also auf jeden Fall vorher abchecken, ob die angedachte Unterkunft überhaupt noch betrieben wird.

Gili Meno Eco Hostel HOSTEL $
(☎ 0878 6249 2062; www.facebook.com/Gilimenoecohostel; B/Zi. ab 90 000/200 000 Rp; 📶) 🍃 Eine fantastische Erscheinung aus Treibholz – von so einem Ort träumt man im Winter, wenn man im Schneetreiben auf einen Zug wartet. Volleyballplatz, coole Lounge, Baumhaus, Strandbar und noch mehr direkt am Strand. Recycling und andere umweltfreundliche Maßnahmen werden beworben. Aber nicht jeder fühlt sich hier wohl – als Betten dienen z. T. Hängematten, es gibt keine Türen, und der Service kann schon mal chaotisch sein.

★ **Kebun Kupu Kupu** GUESTHOUSE $$
(☎ 0819 0742 8165; www.kupumenoresort.com; Zi. ab 800 000 Rp; ❄📶🏊) Diese Gruppe schicker, moderner Bungalows liegt 300 m vom Strand entfernt an einem ruhigen Flecken unweit des Salzsees. Der Pool ist toll und Palmen spenden Schatten. Die französischen Betreiber machen ihrem Heimatland mit ausgezeichneter Küche alle Ehre (besonders zu empfehlen: die Crème brûlée).

★ **Adeng Adeng** BUNGALOWS $$
(☎ 0818 0534 1019; www.adeng-adeng.com; Zi. mit Frühstück 750 000–2 000 000 Rp; ❄📶) 🍃 Eine Pension mit Flair – fünf Wohneinheiten unter Bäumen unweit eines sehr schönen Sandstrands. Die schlichten Holzbungalows bieten alle Annehmlichkeiten und haben schicke Außenbäder aus Terrazzo. Auf dem weitläufigen tropischen Gartengelände sind kunsthandwerkliche Akzente zu finden. Das Café serviert Gerichte in thailändischem Stil. Gute Wassersparmethoden.

Biru Menu Beach Bungalows BUNGALOWS $$
(☎ 0813 3975 8968; http://birumeno.com; Zi. mit Frühstück ab 900 000 Rp; ❄📶) Attraktive Bungalows aus Naturstein in einer Anlage mit schattenspendenden Bäumen sind Hauptmerkmal dieser bescheidenen, aber gastfreundlichen Anlage an einem wunderschönen Strandabschnitt. Zum Wasser muss man nur über den Strandweg hinüber. Das Café hat einen Holz-Pizzaofen.

Seri Resort FERIENANLAGE $$
(☎ 0822 3759 6677; www.seriresortgilimeno.com; Zi. 400 000–1 600 000 Rp; ❄📶🏊) Diese Anlage am Strand scheint noch weißer zu erstrahlen als der umliegende Sand. Die interessante Mischung der 75 Zimmer erstreckt sich von Budgethütten mit geteiltem Bad bis hin zu Suiten in dreigeschossigen Gebäuden und luxuriösen Strandvillen. Der Service ist

Gili Meno

Gili Meno

Sehenswertes
1 Turtle Sanctuary C3

Aktivitäten, Kurse & Touren
2 Blue Marlin Dive C2
3 Divine Divers B1
4 Gili Meno Divers C3
5 Mao Meno C3
6 Meno Slope (21 m) B3

Schlafen
7 Adeng Adeng B1
8 Ana Bungalow C1
9 Biru Menu Beach Bungalows C3
10 Gili Meno Eco Hostel C1
11 Jepun Bungalows C2
12 Kebun Kupu Kupu B2
13 Mahamaya B1
14 Mallias Bungalows C3
15 Paul's Last Resort C1
16 Seri Resort C1
17 Tropicana Hideaways C2
18 Villa Nautilus C3

Essen
19 Rust Warung C2
20 Sasak Cafe B2
21 Webe Café B1
22 Ya Ya Warung C2
23 Zoraya Cafe C2

Ausgehen & Nachtleben
24 Diana Café B2

Shoppen
25 Art Shop Botol C3

gut, das Ambiente im gehobenen Segment angesiedelt und Aktivitäten wie z. B. Yoga werden organisiert.

Mallias Bungalows GUESTHOUSE $$
(☎0878 6413 0719, 0819 1732 3327; www.malliasgili.com; Zi. 500 000–1 500 000 Rp; ❄📶) Die Lage direkt an Menos bestem Strand ist unschlagbar. Die Bungalows sind von schlichter Bauart – auch wenn manche klimatisiert sind – und bestehen eigentlich nur aus Bambus und Palmendach. Zu einem Preis am unteren Ende der Skala sind sie ein guter Deal. Und auf der eigenen Veranda mit Strandblick in der Hängematte zu schaukeln ist ohnehin unbezahlbar.

Tropicana Hideaways BUNGALOWS $$
(☎0878 6431 3828; www.tropicalhideawaysresort.com; Zi. 400 000–900 000 Rp; ❄📶) Dies ist eine bescheidene Ansammlung von fünf Bungalows in einem sonnigen Kokospal-

mengarten. Die Cottages sind sauber und schlicht; es gibt hier mehrere vergleichbare Anlagen.

Ana Bungalow BUNGALOWS $$
(☎0878 6169 6315; www.anawarung.com; Zi. mit Ventilator/Klimaanlage ab 400 000/600 000 Rp; ❄📶) Vier ansprechende Bungalows mit Palmspitzdach, Bambus-Stroh-Bauweise und Panoramafenstern sowie Kieselböden in den Außenbädern. Die Inhaber dieser Unterkunft in Familienbesitz betreiben am Strand einen putzigen Buchtausch, direkt neben ihren vier wunderschönen *berugas* (offene Pavillons) als Speiseräumen, die mit Papierlaternen beleuchtet werden. Die Abendessen mit Meeresfrüchten sind genauso toll wie die Lage.

Paul's Last Resort BUNGALOWS $$
(☎0878 6569 2272; Zi. ab 700 000 Rp; 📶🏊) Diese ordentliche Ansammlung solider Bungalows befindet sich in guter Lage, sodass hier keiner ins Schwitzen kommt. Sie sind komfortabel und liegen an einem schönen weißen Sandstrand. Wer Internet benötigt, sollte besser vorab das WLAN prüfen. Das Ryan's Cafe am Strand bietet einen schönen Blick auf den Sonnenuntergang.

Jepun Bungalows BUNGALOWS $$
(☎0819 1739 4736; www.jepunbungalows.com; Zi. mit Ventilator/Klimaanlage 400 000/700 000 Rp; ❄📶) Nur 100 m vom Hauptstrandweg entfernt, mit attraktiven Unterkünften rund um einen Garten. Gäste haben die Wahl zwischen schönen *lumbung* Bungalows (Reisscheune) mit Palmendach oder dem Familienhaus. Alle haben Bäder mit (heißem) Frischwasser und ordentliche Betten, drei davon sind klimatisiert.

Mahamaya BOUTIQUEHOTEL $$$
(☎0888 715 5828, 0370-637616; www.mahamaya.co; Zi. ab 1 800 000 Rp; ❄📶🏊) 🍃 Ein strahlend weißes, modernes Juwel mit 4-Sterne-Service und 14 Zimmern. Jedes hat ansprechende Steinfußböden, eine Terrasse aus grob behauenem Marmor sowie weiß gekalkte Möbel. Das Restaurant ist gut; Gäste können an einem eigenen Tisch direkt am Wasser speisen.

Villa Nautilus VILLA $$$
(☎0370-642143; www.villanautilus.com; Zi. mit Frühstück ab 125 US$; ❄📶🏊) Eine komfortable, wenn auch etwas rustikale Option. Diese fünf gelungen entworfenen, frei stehenden Ferienhäuser befinden sich auf einem Rasengrundstück nicht weit vom Strand. Ausgeführt sind sie in modernem Stil mit unbehandeltem Holz, Marmor und Kalkstein; die schicken Badezimmer verfügen über Frischwasser. Die Liegestühle machen durchaus süchtig.

Essen

Praktisch alle Restaurants auf Meno verfügen über einen bezaubernden Meerblick – was nicht schlecht ist, da der Service überall eher langsam sein kann.

Frühstück in einem der Cafés an der Ostküste Menos ist durch das türkise Wasser und den Ausblick auf Gunung Rinjani ein umwerfendes Erlebnis.

★ **Sasak Cafe** INDONESISCH $
(Hauptgerichte 25 000–80 000 Rp; ⏲Küche 7–21 Uhr, Bar bis spät) In Anbetracht seiner abgelegenen Lage, serviert dieses insulanisch-entspannte Lokal aus Bambus und Palmenstroh leckere indonesische Klassiker, die bei Sonnenuntergang in rosafarbenem Licht erstrahlen. Melodien und Getränke fließen noch bis spät in die Nacht.

Zoraya Cafe CAFÉ $
(Hauptgerichte ab 25 000 Rp; ⏲8–22 Uhr) In diesem entspannten Café können Gäste auf kleinen Plattformen mit Palmendach am Wasserrand ein preiswertes Bintang und eine einfache Mahlzeit zu sich nehmen, während die Bootsführer der Charterboote vorbeischlendern und das Leben um einen herum so seinen Lauf nimmt.

Ya Ya Warung INDONESISCH $
(Gerichte 15 000–30 000 Rp; ⏲8–22 Uhr) Dieser ziemlich klapprige Warung (Imbissstand) am Strand serviert indonesische Spezialitäten, Currygerichte, Pfannkuchen und jede Menge Pastagerichte zusammen mit einer wunderbaren Aussicht, wegen der man ja auf Meno ist.

Webe Café INDONESISCH $
(☎0821 4776 3187; Hauptgerichte ab 25 000 Rp; ⏲8–22 Uhr; 📶) Einfach ein wunderbarer Ort, um essen zu gehen. Das Webe Café hat niedrige Tische, die im Sand versinken (und Tische im Schatten), nur etwa einen Meter vom türkisen Wasser entfernt. Es punktet durch sasakische und indonesische Gerichte wie *kelak kuning* (Schnapper in gelben Gewürzen). Und an den meisten Abenden werden auf dem Grill Meeresfrüchte zubereitet. Außerdem gibt es drei schlichte Bungalows zu mieten (ab 400 000 Rp).

Rust Warung INDONESISCH $
(☎0370-642324; Hauptgerichte 20 000–75 000 Rp; ⌚8–22 Uhr) Der sichtbarste Teil des Rust Imperiums (zu dem der einzige Lebensmittelladen der Insel gehört) hat eine tolle Lage am Wasser mit Blick auf den Strand. Bekannt ist es vor allem für seinen gegrillten Fisch (mit Knoblauch oder Soße süß-sauer), auf der Karte stehen aber auch Pizza und – zu jeder Tages- und Nachtzeit – leckere Bananenpfannkuchen. Zu empfehlen: das hauseigene *sambal*.

Ausgehen & Nachtleben

Was ist typisch für Gili Meno? Man schlendert einen weißen Sandstrand entlang und macht es sich dann mit den Füßen im Sand unter einem Palmendach gemütlich.

Diana Café BAR
(⌚8–21 Uhr) Diese berauschende kleine Tiki-Bar ist genau das Richtige für alle Besucher, denen das Leben auf Meno immer noch zu geschäftig ist. Schlichter als das Diana geht es nicht: eine wackelig aussehende Bambusbar mit Palmendach, ein paar Tische im Sand, dazu ein paar Hängematten, Reggae aus der Stereoanlage und eine Ecke zum Chillen.

Shoppen

★ **Art Shop Botol** KUNSTHANDWERK
(⌚Zeiten variabel) Art Shop Botol ist ein großer Kunsthandwerksstand etwas südlich des Kontiki Meno Hotels. Im Angebot sind Masken, sasakische Wasserkörbe, Holzschnitzereien und Kalebassen. Betrieben wird der Stand vom älteren Besitzer, seinen elf Kindern und zahllosen Enkelkindern.

Praktische Informationen

Meno hat jetzt Geldautomaten.

An- & Weiterreise

Die **Bootsanlegestelle** ist ein zunehmend geschäftiger Ort. Keines der Schnellboote fährt Meno direkt an, manche ermöglichen aber Anschlussverbindungen. Ansonsten nach Gili Trawangan oder Gili Air reisen und das öffentliche Insel-Hopping-Schnellboot nehmen.

Gili Air

☎0370

Gili Air liegt Lombok am nächsten. Die Insel nimmt eine Mittelstellung zwischen Gili Trawangans Kultiviertheit und dem Weniger-ist-Mehr von Meno ein und ist daher für viele Gäste genau richtig. Die weißen Sandstrände hier sind zweifellos die schönsten der Gili-Inseln, und es ist genug los, um zumindest ein bisschen Nachtleben zu haben. Zum Schnorcheln geht es einfach von der Hauptstraße aus – ein wunderschöner sandiger Weg, an dem hier und da Bambusbungalows und kleine Restaurants stehen, in denen man direkt am türkisgrünen Wasser speisen kann.

Der Tourismus dominiert die Inselwirtschaft zwar, aber Kokosnüsse und Fischerei sowie die Herstellung des verwittert aussehenden Fischerbootholzes, ohne das keine schicke Pension auf Gili auskommt, sind wichtige Einkommensquellen. Lebhafte kleine Sträßchen haben sich im Südosten und Westen entlang des Strands entwickelt, auch wenn die Wege immer noch eher Sand als befestigt sind.

Strände

An der gesamten Ostseite der Insel befinden sich großartige Strände mit feinem weißen Sand. Ein leichtes Gefälle führt ins wunderschöne türkise Wasser mit fußfreundlichem sandigem Untergrund. Ansonsten gibt es um Gili Air herum überall schöne, einsame Flecken, aber Felsen und Korallen bei Ebbe sind ein Problem. Für Drinks und Sonnenuntergänge ist der Norden zu empfehlen.

Aktivitäten

Tauchen & Schnorcheln

Der gesamten Ostküste vorgelagert liegt ein Riff, das von zahllosen bunten Fischen bevölkert wird. Rund 100 bis 200 m vor der Küste fällt der Meeresboden ab. Schnorchelausrüstung gibt es für ca. 50 000 Rp pro Tag zu mieten. **Air Wall** (8 m) mit seiner Wand aus Koralle ist ein beliebtes Tauchrevier.

Die Insel hat mehrere ausgezeichnete Tauchschulen zu bieten, die die üblichen Gili-Preise nehmen.

7 Seas TAUCHEN
(☎0370-663 2150; www.7seasdivegili.com; 4-Tage TEC Tauchpakete 6 400 000 Rp) Ein riesiger Tauchladen mit diversen Unterkunftsmöglichkeiten und einem schönen Pool zum Trainieren oder Planschen. Hiesiger Vorreiter beim Recyclen.

Gili Air Divers TAUCHEN
(☎0878 6536 7551; www.giliairdivers.com; Sunrise Hotel; geführter Bootstauchausflug 490 000 Rp; ⌚8–20 Uhr) Dieser Tauchla-

den mit seinen französisch-indonesischen Besitzern punktet mit Charme und Fachkenntnis.

Oceans 5 TAUCHEN
(☎0813 3877 7144; www.oceans5dive.com; Spaßtauchen ab 600 000 Rp) Hat einen 25 m Übungspool, einen hauseigenen Meeresbiologen und schöne Hotelzimmer. Bietet außerdem Yogatauchkurse und betont gegenüber seinen Kunden nachhaltige Tauchpraktiken.

Blue Marine Dive Centre TAUCHEN
(☎0812 377 0288; www.bluemarinedive.com; Nachttauchgänge 600 000 Rp) Mit schöner Lage in der wunderbaren nordöstlichen Ecke der Insel. Bietet Apnoetauchkurse. Der Betreiber engagiert sich stark in der Riff-erhaltung

Surfen

Genau vor der südlichen Spitze der Insel befindet sich ein langer Break nach rechts, der zuweilen recht hoch werden kann.

Radfahren

Fahrräder können für 50 000 Rp pro Tag gemietet werden, aber große Teile des Küstenwegs im Norden und Westen sind recht nervig, da der Weg für längere Strecken im tiefen Sand verschwindet und der Schlamm nach Regenfällen manchmal unüberwindbar ist. Die Wege im Inselinneren sind größtenteils betoniert und gut befahrbar. Manche Verleiher haben Fahrräder mit riesigen Reifen im Angebot, die aber de facto keinen Vorteil bieten.

Yoga & Wellness

H2O Yoga YOGA
(☎0877 6103 8836; www.h2oyogaandmeditation.com; Yogastunde 100 000 Rp, 3-std. Workshops 300 000 Rp) Dieses wunderbare Yoga- und Meditationsrefugium liegt etwas hinter dem Strand an einem gut ausgeschilderten Weg ins Dorf. Erstklassige Kurse werden in einer wunderschönen runden *beruga* (offener Pavillon) abgehalten. Massagen sind ebenfalls im Angebot. Die Kurse finden täglich um 9 Uhr sowie „Yoga im Kerzenschein" um 17 Uhr statt. Es kann auch noch zusätzliche Kurse geben; einfach anrufen oder vorbeigehen.

Harmony Spa WELLNESS
(☎0812 386 5883; Massage ab 150 000 Rp; ⏲9–20 Uhr) Bereits die wunderschöne Lage im Nordosten der Insel lässt die Gäste entspannen. Gesichts- und Körperbehandlungen sind im Angebot sowie einiges mehr. Besser vorher anrufen.

Kajaken

Oriental Land KAJAKEN
(☎0878 6546 1505; Vermietung ½ Std. 150 000/270 000 Rp) Hier gibt es Kajaks aus durchsichtigem Kunststoff zu mieten. Damit kann man nicht nur die Gewässer innerhalb des Riffs um Gili Air erkunden, sondern auch die Korallen unter dem Kajak sehen.

Kurse

Gili Cooking Classes KOCHEN
(☎0877 6506 7210; www.gilicookingclasses.com; Kurse ab 275 000 Rp) Dieser organisierte Betrieb hat eine große Küche direkt an der Hauptstraße, in der täglich Kochkurse stattfinden. Eine ganze Palette an Speisen steht zur Auswahl – aber gut auswählen, denn was man zubereitet, darf man anschließend auch verspeisen.

Schlafen

Die Dutzenden von Unterkünften auf Gili Air befinden sich mehrheitlich an der Ostküste. Abgeschiedenheit ist eher im Westen zu finden.

★ **Gili Air Hostel** HOSTEL $
(www.giliairhostel.com; B/Zi. ab 150 000/350 000 Rp; ⏲Rezeption 7.30–19 Uhr; ❄📶) Dieses klasse Hostel bietet 2- und 7-Bett-Zimmer, jeweils mit geteiltem Bad. Die Deko ist einfach nur fröhlich, die Bar cool, dazu kommen ein riesiger Frangipanibaum und sogar eine Kletterwand.

Bintang Beach 2 BUNGALOWS $
(☎0877 6522 2554; Zi. 200 000–450 000 Rp; ❄📶) Diese sandige, aber adrette Anlage liegt an Gili Airs ruhiger Nordwestküste. Im Angebot sind einfache Zimmer und Bungalows, die von preiswert mit Ventilator bis hin zu ein bisschen schick rangieren. Der Bar-Bereich ist eine Freude. Der gleiche unternehmerische Clan betreibt auch ein paar andere Pensionen in der Nähe.

★ **Rival Village** GUESTHOUSE $$
(☎0819 0734 9148; www.facebook.com/rivalvillagegiliair; Zi. 425 000–600 000 Rp; ❄📶) Diese bescheidene Pension mit vier Zimmern macht einfach alles richtig. Die französischen Besitzer haben eine blitzsaubere kleine Anlage geschaffen, die zwischen Wohnhäusern in der Nähe eines der Hauptwege

Gili Air

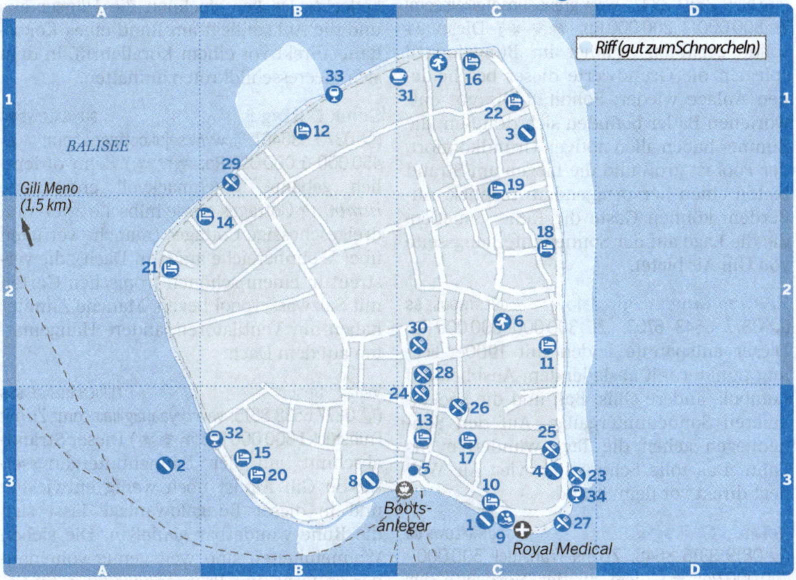

Gili Air

Aktivitäten, Kurse & Touren

1 7 Seas C3
2 Air Wall (8 m) A3
3 Blue Marine Dive Centre C1
4 Gili Air Divers C3
5 Gili Cooking Classes C3
6 H2O Yoga C2
7 Harmony Spa C1
8 Oceans 5 .... B3
9 Oriental Land C3

Schlafen

10 7 Seas C3
11 Biba Beach Village C2
12 Bintang Beach 2 .... B1
13 Gili Air Hostel C3
14 Grand Sunset B2
15 Krishna Sunset Bungalow B3
16 Pelangi Cottages C1
17 Rival Village C3
18 Segar Village C2
19 Sejuk Cottages C1
20 Villa Casa Mio B3
21 Vyaana Resort A2
22 Youpy Bungalows C1

Essen

23 Chill Out C3
24 Eazy Gili Waroeng C3
25 Le Cirque C3
26 Ruby's C3
27 Scallywags Beach Club C3
28 Siti Shop C2
29 Sunset Lounge B1
30 Warung Padang C2

Ausgehen & Nachtleben

31 Little Bar C1
32 Lucky's Bar B3
33 Pura Vida B1
34 Zipp Bar C3

des Dorfs liegt. Die Zimmer sind groß, die Bäder befinden sich draußen, das Frühstück ist superlecker und alles funktioniert. Wirklich *très bon!*

★ **Biba Beach Village** BUNGALOWS $$
(☎0819 1727 4648; www.bibabeach.com; Zi. mit Frühstück 800 000–1 600 000 Rp; ❄📶) Biba bietet neun schöne, geräumige Bungalows mit großen Veranden und grottenähnlichen Badezimmern, in deren Wände Muscheln und Korallen eingearbeitet sind. Der wunderschöne Garten überblickt einen tollen Strandabschnitt. Ein gutes italienisches Restaurant gehört zur Anlage. Die besten Zimmer haben Meerblick.

Grand Sunset BUNGALOWS $$
(☎0859 3610 3847; www.grandsunsetgiliair.com; Zi. 800 000–1 200 000 Rp; ❄📶🏊) Diese 24 solide gebauten Zimmer im Bungalowstil spiegeln die Grundwerte dieser bescheidenen Anlage wieder: Solidität. Die gut entworfenen Bäder befinden sich draußen, die Zimmer haben allen nötigen Grundkomfort, der Pool ist groß und die Liegen am Strand bieten einen hervorragenden Ausblick. Außerdem können Gäste die Ruhe genießen, die die Lage auf der Sonnenuntergangsseite von Gili Air bietet.

Krishna Sunset Bungalow GUESTHOUSE $$
(☎0877 6543 6703; Zi. 300 000–600 000 Rp) Dieser entspannte Laden mit 1960er-Feeling punktet mit ausladendem Ausblick auf Lombok, andere Gilis, Bali und die spektakulären Sonnenuntergänge. Auf den Sonnenliegen gehen die Tage wunderbar ins Land. Das tolle Schnorchelrevier Air Wall liegt direkt vor dem Strand.

Pelangi Cottages BUNGALOWS $$
(☎0819 3316 8648; Zi. mit Frühstück 500 000–700 000 Rp; ❄) Liegt an der Nordseite der Insel und hat ein Korallenriff vor der Tür. Im Angebot sind zehn geräumige, wenn auch schlichte Bungalows aus Beton und Holz, freundliche Betreiber und gute Mountainbikes im Verleih.

Youpy Bungalows BUNGALOWS $$
(☎0819 1706 8153; Zi. 450 000–800 000 Rp; ❄📶) Zwischen den Strandcafés mit ihrer Strandgut-Deko und den Pensionen, die entlang der Küste nördlich vom Blue Marine zu finden sind, bietet Youpy einige der besten Bungalows der Insel. Die Badezimmer haben bunte Sandwände, die Betten sind groß und die Zimmerdecken hoch.

7 Seas HOTEL $$
(☎0819 0700 3240; www.7seas-cottages.com; B ab 100 000 Rp, Zi. 450 000–950 000 Rp; ❄📶🏊) Dieser attraktive Bungalowkomplex in Top-Lage gehört zum 7 Seas Tauchimperium. Die Zimmer sind sauber und haben große Balkone; die Ferienhäuser haben hohe Decken und Palmendach. Außerdem gibt es loft-ähnliche Hostelzimmer aus Bambus mit Ventilatoren.

Segar Village BUNGALOWS $$
(☎0819 1597 5043; www.segarvillages.blogspot.com; Zi. 500 000–1 200 000 Rp; ❄📶) Elf ziemlich putzige Bungalows aus Beton, Fels und Koralle mit witzigen Details und einigem Flair. Rundum-Terrassen und hohe palmenbedeckte Decken zeichnen die Häuser aus und die Anlage liegt am Rand eines Kokoshains direkt vor einem Korallenriff, in dem sich Meeresschildkröten aufhalten.

Sejuk Cottages BUNGALOWS $$
(☎0370-636461; www.sejukcottages.com; Zi. 450 000–1 000 000 Rp; ❄📶🏊) Zehn ordentlich gebaute, geschmackvoll entworfene *lumbung*-Cottages sowie hübsche zwei- und dreigeschossige Cottages (manche verfügen über Wohnbereiche auf dem Dach), die verstreut in einem schönen tropischen Garten mit Salzwasserpool liegen. Manche Zimmer haben nur Ventilatoren, andere Hängematten auf dem Dach.

Vyaana Resort FERIENANLAGE $$$
(☎0877 6538 8515; www.vyaanagiliair.com; Zi. mit Frühstück 1 600 000 Rp; ❄📶🏊) Dieser Strandabschnitt auf der Sonnenuntergangsseite von Gili Air ist noch wenig entwickelt, und in dieser Bungalowanlage lässt sich die Ruhe wunderbar genießen. Die sieben Wohneinheiten sind weit genug voneinander entfernt, um Privatsphäre zu garantieren. Überall ansprechende künstlerische Akzente.

Villa Casa Mio BUNGALOWS $$$
(☎0370-646160; www.casamiovillas.com; Ferienhaus mit Frühstück ab 1 400 000 Rp; ❄📶🏊) Casa Mio hat schöne Cottages mit hübschen Gartenbädern sowie einem Arsenal an Schnickschnack (von künstlerisch wertvoll bis kitschig). Die Zimmer sind mit Kühlschrank, Stereoanlage und netten Sonnendecks mit Liegen ausgestattet. Die Anlage punktet mit einem tollen Strandbereich und Zugang von der Bootsanlegestelle über einen asphaltierten Teil des Strandwegs. In der Nähe sind noch weitere gute Guesthouses.

Essen

Die meisten Restaurants auf Gili Air gehören Einheimischen und bieten beim Essen ein unschlagbares Ambiente – die Tische stehen direkt am Wasser. Ein paar der interessantesten neuen Restaurants öffnen gerade auf den hinteren Straßen des Dorfs.

Eazy Gili Waroeng INDONESISCH $
(Hauptgerichte 25 000–40 000 Rp; ⌚8–22 Uhr) Im geschäftigen Dorf serviert dieses blitzsaubere Café am Eck einheimische Gerichte für Touristen. Es ist die leicht verwestlichte Variante des beliebten Warung Muslim di-

SCHNORCHELN AUF DEN GILIS

Umringt von Korallenriffen sind die Gilis für Schnorchler ein hervorragendes Revier. Masken, Schnorchel und Flossen gibt es überall zu kaufen und können auch für 40 000 Rp pro Tag gemietet werden. Es ist wichtig, zu überprüfen, ob die Maske richtig sitzt. Einfach sanft ins Gesicht drücken und loslassen – wenn die Maske gut passt, müsste die Saugwirkung sie festhalten.

Schnorchelausflüge – häufig auf Booten mit Glasboden – sind äußerst beliebt. Zumeist kosten sie 200 000 Rp pro Person oder etwa 650 000 Rp für das ganze Boot. In der Regel geht es um 10 Uhr zu drei oder mehr Stellen los, manchmal auch mit einem Mittagshalt auf einer anderen Insel. Auf Gili T befinden sich entlang der Hauptstraße viele Anbieter solcher Ausflüge; der Preis ist eindeutig Verhandlungssache.

Auf Trawangan und Meno erscheinen häufig Meeresschildkröten an den Korallenriffen direkt vor dem Strand. Die Strömung zieht Schnorchler meist ein Stück weit den Strand entlang, was anschließend einen Fußmarsch zurück erfordert.

Es ist nicht sonderlich schwer, den Touristenmassen zu entfliehen. Jede Insel hat auch eine weniger erschlossene Seite, wo man zumeist nur über ein flaches Korallenriff zum Wasser gelangt. Gummischuhe sind da eindeutig zu empfehlen. Aber bitte nicht auf den Korallen herum trampeln, sondern vorsichtig ins Wasser gehen und dann mit möglichst horizontaler Körperhaltung schwimmen.

Einer der vielen Gründe, um auf den Gilis zu schnorcheln, ist die hohe Wahrscheinlichkeit, auf Echte Karettschildkröten und Grüne Wasserschildkröten zu treffen. Zu den besten Schnorchelrevieren gehören:

- Gili Meno Wall
- Das Nordende des Strands von Gili T
- Gili Air Wall

rekt östlich davon. Hier gibt es auch Frühstück, Sandwiches und ein hervorragendes *pisang goreng* (frittierte Banane).

★ **Ruby's** INDONESISCH $$
(☎0819 9913 7850; Hauptgerichte 40 000–160 000 Rp; ⌚12–23 Uhr) Eines der besten Esslokale der Gilis. Kerzen flackern auf den Bambustischen in diesem Restaurant an einem der hinteren Wege. Die Karte ist kurz und es gibt wechselnde Tagesgerichte. Hier zaubert ein Kochgenie gleichen Namens in der Küche. Die Kalamari sind wunderbar leicht und knusprig, das grüne Curry lecker und geschmacklich nuanciert, die Burger umwerfend. Außerdem gibt es wirklich tolle Nachtische.

Sunset Lounge FISCH $$
(Hauptgerichte 40 000–120 000 Rp; ⌚9–23 Uhr) Das Sunset ist ambitionierter als die üblichen Bambusschuppen am Strand. Es bietet jede Nacht ein Meeresfrüchte-Barbecue und eine große Vielfalt an frischen Gerichten. Die tollen Pastagerichte zeigen, was die italienische Küche mit *mie* (Nudeln) so alles machen kann. Am besten ist es, auf einen Drink vorbeikommen, zum Sonnenuntergang zu bleiben und dann im Mondschein zu essen. (Mit dem Fahrrad flitzt man über die gepflasterten Wege der Inselmitte.)

Le Cirque FRANZÖSISCH, BÄCKEREI $$
(☎0819 1601 0360; www.lecirque-giliair.com; Hauptgerichte 35 000–120 000 Rp; ⌚7–22 Uhr; 📶👪) Ein pfiffiges Lokal mit französischen kulinarischen Akzenten sowie leckerer Bäckerei und Tischen bis hinab zum Strand. Die Abendkarte ist ambitioniert, mit täglich wechselnden Gerichten mit Fisch bzw. Meeresfrüchten. Für Kinder gibt es eine eigene Karte mit Leckereien wie beispielsweise der „Pizza Zirkus".

Scallywags Beach Club INTERNATIONAL $$
(☎0370-645301; www.scallywagsresort.com; Hauptgerichte 50 000–150 000 Rp; ⌚8–22 Uhr; 📶) Das Scallywags ist am weichsten und breitesten Strand von Gili Air zu finden und bietet eine elegante Einrichtung, gehobene Wohlfühlkost, tolle Grillgerichte, selbst gemachtes Eis und hervorragende Cocktails. Aber am allerbesten ist der verlockende Strand, auf dem sich hier und da Strandliegen befinden. Das Angebot an *sambal* ist umwerfend.

Chill Out CAFÉ $$
(www.chilloutbungalows.com; Hauptgerichte 40 000–120 000 Rp; ⏲8–23 Uhr) Warum nicht zum Schwimmen hierher kommen, danach etwas trinken – und dann einfach zum Abendessen an einem der Tische am Strand bleiben. Jeden Abend gibt es ein komplettes Meeresfrüchte-Barbecue sowie ordentliche Pizzas aus dem holzbefeuerten Ofen.

Warung Padang INDONESISCH
(⏲8–21 Uhr) Was neu ist, ist auch alt: Ein klassisches Esslokal im Padang-Stil hat tief in der Dorfmitte aufgemacht. Wie zu erwarten, sucht man sich aus dem Angebot an Gerichten etwas aus und macht es sich dann im großen und luftigen Essbereich mit offenen Seitenwänden gemütlich. Die Auswahl ist ausnahmslos frisch und die Menge an Gewürzen selbstbewusst authentisch.

Siti Shop SUPERMARKT
(⏲8–20 Uhr) Ein guter Gemischtwarenladen im Dorf.

Ausgehen & Nachtleben

Gili Air ist eigentlich ein ruhiger Flecken, aber es gibt auch Vollmondpartys und in den Sonnenuntergangsbars geht es in der Hochsaison auch mal hoch her. Die meisten Leute bleiben zum Trinken einfach da, wo sie zum Essen waren.

★ **Pura Vida** LOUNGE
(⏲7.30–22 Uhr) Eine schicke Bambusbar mit riesigen Sitzkissen im Sand. Schicker Jazz ertönt über die Musikanlage und an manchen Abenden gibt es Livemusik. Der Holzofen produziert den ganzen Abend über tolle Pizza mit dünner Kruste. Wunderbar zum Sonnenuntergang.

Lucky's Bar BAR
(⏲10 Uhr bis spät) Eine tolle Strandbar: Hier entspannt man auf Bambusliegen und schaut zu, wie die Sonne hinter Gili Meno versinkt. Häufig legen DJs auf und jeden Monat gibt es eine Vollmondparty.

Little Bar CAFÉ
(⏲9 Uhr bis spät) An einem umwerfend schönen Stück Strand mit farbenprächtigen Sonnenuntergängen gelegen, gibt es keinen besseren Ort, um einen Sundowner zu genießen, als Little Bar. Auf der Karte stehen auch Snacks und Vegetarisches.

Zipp Bar BAR
(⏲9 Uhr bis spät) In dieser großen Bar ist die Auswahl an Alkoholischem ausgezeichnet (zu empfehlen sind die Cocktails mit frischem Obst), und die Tische stehen verstreut an einem tollen Strand. Bei Vollmond steigt auch hier immer eine Beachparty.

Praktische Informationen

GELD

Es gibt **Geldautomaten** entlang der südöstlichen Straße.

MEDIZINISCHE VERSORGUNG

Royal Medical (☎0878 6442 1212; ⏲Telefondienst 24 Std.) betreibt eine einfache Klinik.

An- & Weiterreise

An der **Bootsanlegestelle** ist meist viel los. Gili Airs Handel und Beliebtheit haben zur Folge, dass sich die öffentlichen Boote für die 15-minütige Fahrt nach Bangsal recht schnell füllen. Das Fahrkartenbüro hat einen schönen, schattigen Wartebereich.

Bali & Lombok verstehen

Bali & Lombok aktuell

Kann man einen Ort zu Tode lieben? Diese Frage stellen sich mittlerweile viele Balinesen. Während die Besucherzahlen immer weiter in die Höhe steigen wie ein Drachen über Sanur, sprechen mehr als nur ein paar Einheimische davon, dass der Tourismus auf Bali die Grenze des Möglichen erreicht haben könnte. Vom allgegenwärtigen Verkehrschaos bis zu Plänen, beispielsweise die Bucht von Benoa (Teluk Benoa) aufzufüllen und dort eine Touristenstadt zu errichten, sind die Folgen der Popularität Balis überall mit Händen zu greifen.

Die besten Filme

The Act of Killing (Regie Joshua Oppenheimer, 2013) Ein Dokumentarfilm über den Massenmord an vermeintlichen Sympathisanten der Kommunisten in Indonesien im Jahr 1965 (auch auf Bali wurden Zehntausende getötet).

Cowboys in Paradise (Regie Amit Virmani, 2011) Eine unterhaltsame Dokumentation über die vielen Gigolos im Süden von Bali.

Die besten Bücher

Die vergessenen Träume (Ellen Sussman, 2013) Die Kritik lobte diesen Roman über die Reise einer Frau nach Bali, die dort so etwas wie eine Heimat sucht.

Island of Bali (Miguel Covarrubias, 1937) Der Klassiker über Bali und seine Kultur ist bis heute unverändert aktuell.

Bali Daze: Freefall Off the Tourist Trail (Cat Wheeler, 2011) Unterhaltsames und Informatives über den Alltag in Ubud.

Secrets of Bali: Fresh Light on the Morning of the World (Jonathan Copeland und Ni Wayan Murni, 2010) Ein höchst unterhaltsames Buch über Bali und seine Bewohner.

Eat, Pray, Love (Elizabeth Gilbert, 2007) Der verfilmte Bestseller lockt alljährlich zahllose Menschen nach Bali.

Bucht in Gefahr

Wer heute auf der Mautstraße zwischen Sanur und Nusa Dua unterwegs ist, blickt auf die Bucht, die von Mangroven umrahmt ist. Fünf der schmutzigsten Flüsse der Insel münden in diese Waldlandschaft, und das Ökosystem filtert einen Teil der Abfälle und Schadstoffe aus dem Wasser heraus. Das Erschließungsvorhaben Benoa Bay würde die Bucht mitsamt ihren Mangroven vermutlich endgültig zerstören. Was sich beim Blick von der Mautstraße jetzt noch als offenes Wasser präsentiert, soll nach dem Willen eines indonesischen Konsortiums zwölf künstlichen Inseln weichen. Weitere Projekte sollen folgen, darunter ein Freizeitpark, ein Golfplatz und eine Formel-Eins-Rennstrecke – und Ferienwohnungen, Resorts und Einkaufszentren. Von der Bucht blieben nur noch ein paar kleine Kanäle übrig, damit das Wasser der Flüsse weiterhin ins Meer gelangt – wenn auch ohne Filterung durch die Mangroven. Nachdem die Balinesen die Umwandlung ihrer Insel jahrzehntelang ertragen haben, versetzt nun das Benoa-Bay-Projekt die Menschen in helle Aufregung. Denn zum einen befinden sich hier 70 heilige Stätten der Hindus, die von den Baumaßnahmen betroffen wären. Zum zweiten gibt es eine wachsende Umweltschutzbewegung, denn die Menschen wollen nicht länger mitansehen, wie ihre einst klaren Flüsse sich in giftige, mit Müll angereicherte Abwässerkanäle verwandeln. Und drittens wächst ein spürbarer balinesischer Nationalismus heran, genährt von der Auffassung, Fremde (vor allem die einflussreichen Zuwanderer aus Jakarta) bereicherten sich auf Kosten der Insel und ließen den Einheimischen nur ein Almosen.

Seit 2015 wird dieser Protest zunehmend lauter und vernehmlicher artikuliert. Gruppen wie Tolak Reklamasi (Keine Landgewinnung), Bali Not for Sale (www.facebook.com/balinotforsale) und ForBali (www.forbali.org) wenden sich vor allem im Süden gegen immer neue

Erschließungsprojekte. Auf Kundgebungen versammeln sich Zehntausende, darunter auch Prominente.

Trotz allem scheint es auf eine Umsetzung des Konzepts zuzulaufen. Denn der Widerstand in der Bevölkerung ist zwar groß, von einer politischen Opposition ist aber nichts zu spüren. Schon der ehemalige Präsident Susilo Bambang Yudhoyono sah sich nicht genötigt, die Mangroven unter Schutz zu stellen. Sein Nachfolger, der selbsternannte „Volkstribun" Joko Widodo, blieb angesichts gut begründeter Aufforderungen, den Schutz wieder herzustellen, bislang wortkarg. Balis Gouverneur Made Pastika hat sich zwar einen Ruf als Umweltschützer erworben (er bemüht sich beispielsweise um ein Verbot von Plastiktüten), in Sachen Benoa Bay blieb allerdings auch er untätig. Schließlich kündigte er an, sich 2018 nicht mehr zur Wiederwahl zu stellen. Da Balis Jugend sich in dieser Angelegenheit auf eine bisher nicht dagewesene Art engagiert, wird das Thema spannend bleiben – erst recht nach Baubeginn.

Sorge ums Kulturerbe

2012 setzte die Unesco Balis uraltes und bemerkenswertes System der Reisfeldbewässerung *(subak)* auf die Liste des Weltkulturerbes. Von großer Bedeutung für die Unesco waren dabei die Reisterrassen von Jatiluwih nördlich von Tabanan. Diese schönen grünen Bänder lockten auch vorher schon vereinzelte Tagesausflügler an, doch seit die Unesco ihr Siegel auf diese smaragdgrüne Attraktion gesetzt hat, sind die Straßen von Touristen verstopft. Hässliche Cafés wuchsen überall aus dem Boden, und Reisegruppen in Geländewagen bretterten quer durch die Felder. Investoren präsentierten bereits Pläne, Reisterrassen einzuebnen und Hotels darauf anzulegen – Jatiluwih drohte also das Schicksal von Canggu und Sideman, zwei Orten, an denen man die unverbaute grüne Natur bereits dem Profit geopfert hat. 2015 setzte die Unesco diesem Treiben ein Ende, als sie darauf hinwies, der begehrte Status als Weltkulturerbe könne jederzeit wieder entzogen werden. Angesichts drohender Neubegutachtungen setzt die normalerweise sehr behäbige balinesische Verwaltung einen kompletten Baustop durch. Derzeit wartet die Regierung besorgt auf das Votum der Unesco-Inspektoren.

Für oder gegen Alkohol?

Die meisten Besucher Balis gönnen sich gern einmal ein alkoholisches Getränk. Als religiös-konservative Abgeordnete in Indonesien 2016 vorschlugen, Alkohol landesweit zu verbieten, sorgte das für Unruhe in Balis Tourismusindustrie. Die Abgeordneten konnten sich zwar nicht durchsetzen, man erwartet aber, dass dieses Thema erneut auf der Tagesordnung landen wird. Wie immer Bali sich dazu stellt (touristisch, aber auch kulturell, denn Balis Hindus kennen kein Alkoholverbot) – das Thema wird in den kommenden Jahren noch für reichlich Gesprächsstoff sorgen.

BEVÖLKERUNG: **BALI 4,3 MIO., LOMBOK 3,3 MIO.**

FLÄCHE: **BALI 5780 KM², LOMBOK 5435 KM²**

EINWOHNER PRO KM²: **744**

Wenn auf Bali 100 Menschen lebten, wären …

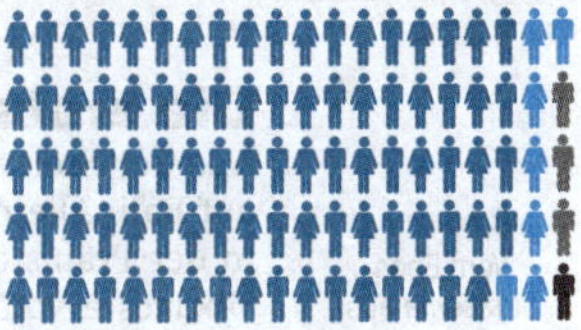

89 Balinesen
7 sonstige Indonesier
3 von anderer Nationalität
1 Tourist

Religion

(% der Bevölkerung)

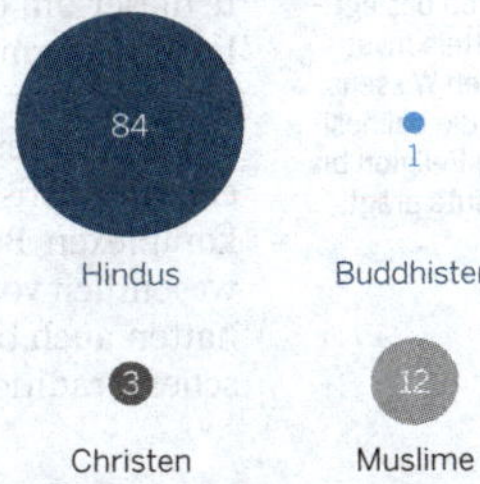

Einwohner pro km²

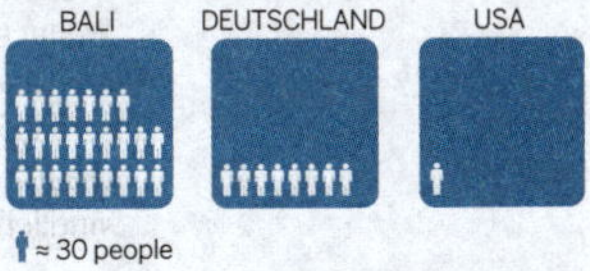

Geschichte

Als der Islam sich im 12. Jh. flächendeckend auf Java ausbreitete, flohen die Könige des hinduistischen Königreichs Majapahit auf die Nachbarinsel Bali. Die Priester errichteten dort ihre Tempel, darunter Rambut Siwi, Tanah Lot und Ulu Watu. Im 19. Jh. verbündeten sich die Holländer mit indonesischen Adligen und eroberten schließlich Bali und Lombok. Im Westen wurde man dann in den 1930er-Jahren auf die balinesische Kunst aufmerksam; Surfer entdeckten Bali in den 1960er-Jahren. Auch in den Zeiten des Massentourismus hat sich die einzigartige Kultur von Bali als bemerkenswert widerstandsfähig erwiesen.

Die ersten Balinesen

Aus der Steinzeit gibt es nur wenige Spuren menschlicher Besiedlung auf Bali. Allerdings besteht kein Zweifel, dass die Insel schon sehr früh in der Prähistorie besiedelt war, denn die aufgefundenen versteinerten Überreste von Menschen auf der Nachbarinsel Java sind schätzungsweise 250 000 Jahre alt. Als älteste menschliche Artefakte auf Bali sind Steinwerkzeuge und Steingutgefäße zu nennen, die in der Nähe von Cekik im Westen der Insel geborgen wurden und gut 3000 Jahre alt sein dürften – und bei Ausgrabungen kommen immer neue Objekte zutage. Etwa 4000 Jahre alte Knochenfunde sind im Museum Manusia Purbakala Gilimanuk zu besichtigen. Nach den bisher entdeckten Artefakten zu urteilen, begann das Bronzezeitalter in Bali vor dem Jahr 300 v. Chr.

Vom Epos *Sutasoma* aus dem 14. Jh. gibt es eine gelungene Neuübersetzung ins Englische von Kate O'Brien. Es geht darin um einen javanesischen Prinzen, der zum König wird und den gefährlichsten Dämon besiegt – mittels mystischen Wissens, das die balinesische Religion bis heute prägt.

Zwar ist wenig aus jener Zeit bekannt, als indische Händler den Hinduismus auf den indonesischen Archipel brachten, doch vermutlich fasste dieser um das 7. Jh. n. Chr. auf der Insel Bali Fuß. Die ältesten schriftlichen Zeugnisse finden sich auf einer Steinsäule in der Nähe von Sanur, die ungefähr aus dem 9. Jh. stammen soll. Zu dieser Zeit hatten sich auf Bali bereits viele der Wesenszüge ausgeprägt, die auch heute noch charakteristisch für die Insel sind: So wurde Reisanbau mit Hilfe eines komplexen Bewässerungssystems betrieben, das sich vermutlich nicht wesentlich vom heutigen unterschieden haben dürfte, und die Balinesen hatten auch bereits die Anfänge ihrer reichen kulturellen und künstlerischen Traditionen entwickelt.

ZEITACHSE

50 Mio. v. Chr.

Ein Graben in der Erdkruste trennt Asien von Australien. Die „Wallace-Linie" stellt für die asiatische bzw. australische Flora und Fauna eine unüberwindliche Hürde dar.

2000 v. Chr.

Die Gebeine eines frühen Bewohners der Insel ruhen so lange ungestört, bis sie entdeckt und in der Hafenstadt Gilimanuk ausgestellt werden.

7. Jh.

Indische Händler bringen den Hinduismus nach Bali. Als Handelswaren dienten vermutlich hölzerne Schnitzereien in Form von Penissen und *lontar*-Bücher.

Ist schon wenig über die frühesten Bewohner Balis bekannt, so gilt dies in noch größerem Maße bis ungefähr ins 17. Jh. für Lombok. Lomboks früheste Einwohner sollen die Sasak gewesen sein, die aus einer Region einwanderten, die heute im Umkreis der Staaten Indien und Myanmar (ehemals Birma) zu suchen ist.

Hinduistische Einflüsse

Java begann während der Regierungszeit von König Airlangga (1019 bis 1042) oder vielleicht auch schon früher, seinen Einfluss auf Bali auszudehnen. Der spätere König war 16, als sein Onkel vom Thron gestürzt wurde, sodass Airlangga in den Wäldern Westjavas Zuflucht suchte. Nach und nach sammelte er eine Anhängerschar um sich, eroberte das einst von seinem Onkel regierte Königreich zurück und wurde schließlich einer der bedeutendsten Könige des Landes. Airlanggas Mutter war kurz nach der Geburt ihres Sohnes nach Bali gegangen und hatte sich dort wieder verheiratet. Als der Sohn den Thron zurückerobert hatte, gab es also gleich eine natürliche Verbindung zwischen den beiden Inseln Java und Bali. Zu dieser Zeit kam die am Hof gesprochene Sprache Javas, Kawi, in der Königsfamilie von Bali ebenfalls in Gebrauch. Auch die aus dem Fels gehauenen Grabmonumente in Gunung Kawi, in der Nähe von Tampaksiring, zeugen klar von einer architektonischen Verwandtschaft zwischen Bali und Java im 11. Jh.

Nach Airlanggas Tod blieb Bali 200 Jahre lang halb autonom, bis König Kertanagara den Thron der Singasari-Dynastie bestieg. Der König eroberte Bali 1284, doch die Zeit seiner größten Machtfülle währte nur acht Jahre: Er fiel einem Mordanschlag zum Opfer, und sein Reich zerfiel. Immerhin begründete sein Sohn Vijaya (Wijaya) die bedeutende Majapahit-Dynastie. Als Java später von Aufständen erschüttert wurde, gelang es Bali, seine Unabhängigkeit zurückzugewinnen, und die balinesische Pejeng-Dynastie erlangte eine ungeahnte Machtfülle. Tempel und sonstige architektonische Relikte aus jener Zeit in Pejeng, nahe dem Dorf Ubud, zeugen bis heute davon.

Die ältesten Stätten

Goa Gajah, östlich von Ubud

Gunung Kawi, nördlich von Ubud

Tirta Empul, nördlich von Ubud

Steinsäule, Sanur

Zerfall der Pejeng-Dynastie

Der legendäre Premierminister Gajah Mada aus der Majapahit-Dynastie besiegte 1343 König Dalem Bedaulu, einen Vertreter der Pejeng-Dynastie. Damit fiel Bali wieder unter die Herrschaft Javas.

Obwohl Gajah Mada einen Großteil des indonesischen Archipels unter die Herrschaft der Majapahit gebracht hatte, erlangte diese Dynastie doch erst nach der Eroberung Balis den Höhepunkt ihrer Macht. Die „Hauptstadt" des Königreichs wurde gegen Ende des 14. Jhs. nach Gelgel auf Bali verlegt, unweit des heutigen Semarapura. Diesen Regierungssitz behielten die Dewa Agung („große Götter"), die Regenten Balis, für die

9. Jh.
Ein Steinmetz meißelt einen Sanskrit-Bericht über heute längst vergessene militärische Siege in Stein. Balis ältestes Steinartefakt befindet sich heute in Sanur.

1019
Der zukünftige König Airlangga kommt in Bali zur Welt. Er lebt im Dschungel von Java bis er die Macht übernimmt, König beider Inseln wird und die Kulturen vereint.

12. Jh.
In den Klippen bei Gunung Kawi nördlich von Ubud entstehen zehn sieben Meter hohe Statuen. In anderen Tälern finden si ch weitere Monumente.

1292
Nach dem Tod Kertanagaras, der beide Inseln beherrscht hatte, wird Bali unabhängig von Java. Das politische Machtzentrum wechselt häufig zwischen beiden Inseln.

KÜNSTLER AM WERK

Der bis heute wirksame radikale Wandel des Lebensstils, der im 16. Jh. durch die Massenabwanderung der hinduistischen Elite aus Java nach Bali in Gang kam, kann nicht hoch genug eingeschätzt werden. Was geschähe wohl in einer deutschen Großstadt, wenn sämtliche regelmäßigen Theater- und Opernbesucher auf einen Schlag den Stadtrat übernähmen – stände die Kultur nicht plötzlich sehr viel besser da? Die Balinesen hatten damals bereits bewiesen, dass ihnen Kreativität quasi im Blut liegt: Als dann die kultivierten Flüchtlinge aus Java ihren Einfluss auf Bali geltend machten, erblühten Musik, Tanz und alle anderen Künste wie nie zuvor. Die Dörfer, die sich künstlerisch besonders auszeichneten, besaßen höchstes Ansehen – und so ist es bis auf den heutigen Tag.

Der Sinn für die Künste verband sich auf vorzügliche Weise mit dem Hinduismus, der zur damaligen Zeit fest auf Bali Fuß fasste. Der vielschichtige und reiche Legendenschatz über gute und böse Geister fand reichen Nährboden für seine volle Entfaltung, so etwa die Legende über Jero Gede Macaling, den bösen Geist der Insel Nusa Penida.

A Short History of Bali: Indonesia's Hindu Realm (2004) von Robert Pringle ist eine kluge Übersicht über die balinesische Geschichte von der Bronzezeit bis zur Gegenwart. Im Buch gibt es ausgezeichnete Kapitel über das Bombenattentat von 2002 und über die Umweltprobleme im Gefolge des Tourismus.

nächsten 200 Jahre bei. Die sogenannte Gelgel-Dynastie in Bali dehnte unter Dalem Batur Enggong ihren Machtbereich nach Osten auf die Nachbarinsel Lombok und in westliche Richtung sogar bis Java aus.

Das Auseinanderfallen der Majapahit-Dynastie in schwächliche kleine Königreiche ermöglichte dem in den Handelsstaaten an der Nordküste vorherrschenden Islam das Vordringen ins Zentrum von Java. Als die hinduistischen Kleinstaaten untergingen, flohen viele Gebildete nach Bali. Unter ihnen war auch der Hindupriester Nirartha. Ihm wird die Einführung des reformierten Hinduismus auf Bali zugeschrieben, aber auch die Gründung einer Reihe von Meerestempeln, darunter Pura Luhur Ulu Watu und Pura Tanah Lot. Die vom Hof geförderte Elite aus Kunsthandwerkern, Künstlern, Tänzern, Musikern und Schauspielern floh damals ebenfalls nach Bali, was die künstlerische Kreativität auf Bali erheblich befördert hat – bis auf den heutigen Tag.

Das Wirtschaftsimperium der Holländer

Holländische Seeleute gehörten 1597 zu den ersten Europäern, die nach Bali kamen. Sie waren auch die Ersten, die sich regelrecht in diese Insel verliebten. Als Schiffskapitän Cornelius de Houtman die Segel zur Abreise setzte, weigerten sich zwei seiner Besatzungsmitglieder, wieder an Bord zu gehen. Damals hatten der balinesische Wohlstand und die Blütezeit der Künste – zumindest in Herrschaftskreisen – ihren Höhepunkt erreicht: Der König, den De Houtman zum Freund gewonnen hatte, besaß 200 Frauen und einen von zwei weißen Büffeln gezogenen Streitwagen, ganz zu schweigen von seiner aus 50 Zwergen bestehenden Entourage.

1343

Der Majapahit-Premierminister Gajah Mada zwingt Bali wieder unter javanische Herrschaft. Zwei Jahrhunderte lang befindet sich der Königshof südlich des heutigen Semarapura (Klungkung).

1520

Java wird muslimisch. Fortan ist Bali die einzige hinduistische Insel des Archipels. Priester und Künstler fliehen nach Bali, die dort gebündelte hinduistische Kultur erstarkt.

1546

Der Hindupriester Nirartha trifft auf Bali ein. Er formuliert religiöse Lehren und baut unzählige Tempel, darunter die Anlagen Rambut Siwi, Tanah Lot und Luhur Ulu Watu.

1579

Möglicherweise ist Sir Francis Drake, der die Region auf der Suche nach Gewürzen erkundet, der erste Europäer auf Bali.

Die Körper der Kleinwüchsigen hatte man derart gekrümmt, dass sie dem Griff eines traditionellen Dolchs, *Kris* genannt, ähnelten. Zu Beginn des 17. Jhs. war es den Holländern gelungen, Handelsverträge mit javanischen Prinzen zu schließen, und so kontrollierten sie einen Großteil des Gewürzhandels. Doch waren sie nur am Profit interessiert, nicht an Kultur, deswegen beachteten sie Bali kaum.

Die Residenz des Gelgel-Königreichs wurde 1710 ins nahe Klungkung (heute Semarapura) verlegt, doch die Unruhe im Lande wuchs: Einige Radschas kleinerer Königreiche machten sich selbstständig, und die Holländer nutzten dies, um sich weiter auf der Insel festzusetzen. Sie bedienten sich der alten Strategie „Teile und herrsche". 1846 nahmen sie balinesische Ansprüche auf Schiffswracks zum Anlass, Streitkräfte im Norden Balis in Stellung zu bringen und die lokalen Königreiche Buleleng und Jembrana zu unterwerfen. Einige balinesische Prinzen machten ihnen die Sache leicht, da sie ihrerseits begehrlich nach Lombok schauten, statt

In Pura Rambit Siwi, einem eindrucksvollen Küstentempel in Westbali, wurden angeblich Locken von Nirartha beigesetzt, einem bedeutenden Priester, der dem balinesischen Hinduismus im 16. Jh. seine Gestalt gab.

DER KAMPF UM LOMBOK

1894 entsandten die Holländer eine Armee, um den im Osten Lomboks lebenden Sasak bei ihrem Aufstand gegen den balinesischen Radscha beizustehen. Der Prinz, der Lombok mit Hilfe der westlichen Sasak beherrschte, kapitulierte alsbald, doch der balinesische Kronprinz wollte nicht klein beigeben.

Mit einer aus Balinesen und West-Sasak bestehenden Truppe griff er eines Nachts das holländische Lager im Wasserpalast Mayura an, sodass die Holländer auf einem Tempelareal Schutz suchen mussten. Gleichzeitig überfielen die Balinesen ein weiter östlich gelegenes Lager in Mataram und zwangen so die gesamte holländische Armee zum Rückzug nach Ampenan. Dort angekommen, waren die Soldaten nach Aussage eines Augenzeugen „so verängstigt, dass sie wild um sich schossen, sobald auch nur ein Blatt zu Boden fiel". In diesen Auseinandersetzungen hatten die Holländer äußerst hohe Verluste an Menschenleben und Material zu beklagen.

Obwohl die Balinesen diese ersten Schlachten für sich entscheiden konnten, waren diese Siege doch der Beginn ihrer späteren Niederlage: Sie sahen sich nun der permanenten Bedrohung durch die Ost-Sasak gegenüber, und zudem bekamen die Kolonialherren alsbald Truppenverstärkung aus Java.

Einen Monat später holten die Holländer zum Gegenschlag auf Mataram aus. Es kam zu Straßenkämpfen, an denen sich balinesische Soldaten, West-Sasak und Zivilisten beteiligten. Statt sich zu ergeben, entschieden sich die balinesischen Männer, Frauen und Kinder für den rituellen Selbstmordangriff *puputan* und wurden durch Gewehrsalven und Artilleriefeuer niedergestreckt.

Ende November 1894 griffen die Holländer Sasari an, und erneut wählten die Balinesen den traditionellen Freitod. Nachdem die komplette Dynastie untergegangen war, gab die Bevölkerung den Kampf gegen die Holländer auf.

1580

Auch die Portugiesen sind in Sachen Gewürzhandel unterwegs, doch sie erleiden Schiffbruch an den Felsen bei Ulu Watu und geben auf.

1597

Ein holländisches Expeditionsschiff taucht vor Kuta auf. Ein Zeitgenosse beschreibt den Kapitän Cornelius de Houtman als „Prahlhans und Gauner".

1795–1815

Die europäischen Kolonialmächte bekriegen einander, sodass die Herrschaft über Indonesien von den Holländern auf Franzosen und später Briten übergeht und wieder an die Holländer zurückfällt.

1830

Der Handel mit Balinesinnen endet. Die zerstrittenen Königsfamilien hatten ihre Kriege finanziert, indem sie attraktive weibliche Untertanen verkauften.

Im 19. Jh. verdienten die Holländer ausgezeichnet am balinesischen Opiumhandel. Ein großer Teil des Kolonialhaushalts diente der Förderung der Opiumindustrie, die bis in die 1930er-Jahre hinein vollkommen legal war.

sich um ihre heimischen Angelegenheiten zu kümmern. Auch merkten sie nicht, dass die gerissenen Holländer Lombok gegen Bali ausspielen würden.

1894 kam es zu kriegerischen Auseinandersetzungen zwischen Holländern, Balinesen und der Bevölkerung Lomboks, die den Lauf der Geschichte in den nächsten Jahrzehnten bestimmen sollten.

Da sich der Norden von Bali längst den Holländern ergeben hatte und den Niederländern auch die Eroberung Lomboks gelang, konnte Südbali sich nicht sehr viel länger widersetzen. Erneut lieferte eine Debatte über die Plünderung gekenterter Schiffe den Holländern einen Vorwand zum Einmarsch. Nachdem ein chinesisches Schiff vor Sanur auf Grund gelaufen war, forderten die Holländer vom Rajah von Badung 1904 einen Schadensersatz in Höhe von 3000 Silbertalern. Dieser weigerte sich, und so erschienen zwei Jahre später niederländische Kriegsschiffe vor Sanur.

Balinesischer Suizid

1906 unternahmen die Holländer einen groß angelegten Feldzug gegen Bali, um die Insel ein für allemal zu unterwerfen. Sie landeten trotz balinesischen Widerstands auf der Insel und standen vier Jahre später fünf Kilometer vor Denpasar. Am 20. September richteten sie ihre Kanonen auf die Hauptstadt und begannen mit der Beschießung. Die drei Badung-Prinzen erkannten, dass die Holländer ihnen in Mannschaftsstärke und Bewaffnung vollständig überlegen waren und ihre Niederlage unausweichlich folgen würde. Kapitulation und Exil kamen jedoch nicht in Frage, und so entschieden sie sich für den ehrenvollen Tod durch die althergebrachte Form des Selbstmords, den Kampf des Soldaten bis zum Tod, den *puputan*: Zunächst brannten sie ihre Paläste nieder, und dann führte der Radscha die Mitglieder des Königshauses, die Priester und Höflinge zum letzten Gefecht gegen die modern bewaffneten Holländer; sie alle hatten ihren schönsten Schmuck angelegt und schwenkten ihren goldenen Zeremonialdolch, den *Kris*.

Balis Flughafen ist nach I Gusti Ngurah Rai benannt, dem Nationalhelden, der den Widerstand gegen die Holländer bei Marga im Jahr 1946 anführte und dabei ums Leben kam. Seine briefliche Antwort auf holländische Forderungen lautete damals: „Freiheit oder Tod!"

Die Holländer beschworen die Balinesen, den aussichtslosen Kampf aufzugeben. Doch ihr Appell verhallte ungehört: Die gesamte Aristokratie zog geschlossen in den Tod, einige töteten sich auch mit den eigenen Dolchen. Insgesamt starben auf diese Weise etwa 4000 Balinesen. Anschließend marschierten die Holländer nach Nordwesten auf Tabanan und nahmen den dortigen Radscha gefangen. Dieser beging ebenfalls Selbstmord, statt das ehrlose Exil auf sich zu nehmen.

Die Königreiche Karangasem (wo die Königsfamilie noch heute im Palastbezirk Amlapura wohnt) und Gianyar hatten bereits vor den Holländern kapituliert, deshalb beließ man ihnen einige ihrer Machtbefugnisse. Andere Reiche wurden jedoch unterworfen, die Herrscher schickte man ins Exil. Der Radscha von Semarapura folgte 1908 dem Beispiel von

1856

Mads Lange, ein dänischer Händler, stirbt auf ungeklärte Weise in Kuta. Er war durch Handel zu großem Wohlstand gekommen und wurde möglicherweise von eifersüchtigen Rivalen vergiftet.

1891–1894

Nach einem Palastbrand haben die Sasak-Aufstände im Osten Lomboks Erfolg. Mit Hilfe der Holländer werden die balinesischen Herrscher von der Insel vertrieben.

1908

Die balinesische Aristokratie begeht Selbstmord, indem sie in Klungkung in das Gewehrfeuer der Holländer marschiert und damit in den ehrenvollen „Heldentod".

1912

Der Deutsche Gregor Krause fotografiert schöne barbusige Balinesinnen. Nach dem Ersten Weltkrieg werden die Fotos veröffentlicht. Kurze Zeit später kommen die ersten Touristen nach Singaraja.

TOURISMUS

Anfang der 1920er-Jahre erkannte man in den Niederlanden, dass sich Balis einzigartige Kultur durchaus international für die aufstrebende Tourismusindustrie vermarkten ließ. Die damalige Werbung setzte überwiegend auf die Bilder balinesischer Frauen, die sich nach alter Gewohnheit barbusig in ihren Dörfern bewegten. Die holländischen Marketingstrategen beförderten wohlhabende westliche Abenteurer in den Norden Balis zum heutigen Singaraja, von wo aus die Gäste die Insel in einem straffen Drei-Tages-Programm kennenlernten. Zu sehen gab es touristisch aufbereitete Kulturdarbietungen, übernachtet wurde im staatlichen Touristenhotel in Denpasar. Aus jener Zeit sind zahllose Berichte über vermeintlich kulturhungrige Europäer erhalten; in Wahrheit ging es vielen wohl eher darum, den einen oder anderen unbedeckten Busen zu betrachten. Die balinesischen Frauen waren allerdings vorsichtig und verhüllten ihren Oberkörper, sobald die holländischen Herren sich näherten.

Einige unerschrockene Ausländer reisten aber auch auf eigene Faust auf die Insel, häufig auf Bitten aus der kleinen Kolonie westlicher Künstler, zu denen auch Walter Spies in Ubud gehörte. Zu nennen sind hier auch Robert Koke und Louise Garret, ein amerikanisches Paar, das in Hollywood gearbeitet hatte, bevor beide 1936 im Rahmen einer längeren Ferienreise auf Bali landeten. Entsetzt über die spießigen Vorschriften der holländischen Tourismusbehörde, baute das Paar am einsamen Strand von Kuta einige Bungalows aus Palmblättern und anderen landesüblichen Materialien. Dort lebten seinerzeit nur einige verarmte Fischerfamilien.

Die neuen Urlaubsunterkünfte wurden bald bekannt, und die Kokes waren durchgehend ausgebucht. Die Gäste kamen zunächst für einige Tage und blieben später Wochen, außerdem berichteten sie ihren Freunden davon. Anfangs taten die Holländer das Kuta Beach Hotel der Kokes als „schmutzige einheimische Hütten" ab, doch recht bald wurde ihnen klar, dass eine Steigerung der Besucherzahl auch in ihrem Interesse lag. Andere westliche Unternehmer kamen ins Land und bauten ihre eigenen rustikalen Hotelanlagen aus Bungalows, die in den kommenden Jahrzehnten zum Markenzeichen Balis wurden.

Im Zweiten Weltkrieg lag der Tourismus darnieder, die Hotels waren verwüstet (und die Kokes konnten noch knapp vor dem Einmarsch der Japaner entkommen). Als dann aber die Reisewelle nach dem Krieg wieder einsetzte, war rasch klar, dass Bali sich wegen seiner natürlichen Schönheit keine Sorgen um Besucher machen musste.

1987 erschien Louise Kokes längst vergessene Geschichte des Kuta Beach Hotels unter dem Titel *Our Hotel in Bali*, illustriert mit ihren gestochen scharfen Skizzen und Fotografien ihres Mannes.

Badung, und die Holländer erlebten abermals den althergebrachten Suizid. Was sich in Cakranegara auf Lombok ereignet hatte, wiederholte sich hier: Der wundervolle Palast Taman Kertha Gosa in Semarapura wurde fast bis auf die Grundfesten zerstört.

1925

Der bedeutenste balinesische Tänzer der Neuzeit, Mario, führt erstmals den Kebyar Duduk auf, einen neuartigen Tanz. Sitzend bewegt er sich wie in Trance zu eindrucksvollen Gamelan-Klängen.

1936

Die Amerikaner Robert und Louise Koke bauen Bungalows am Strand von Kuta. Vorbei sind die Zeiten des spießig-steifen Tourismus. An seine Stelle tritt Spaßurlaub mit Drinks in der Sonne.

1945

Nach der japanischen Kapitulation am Ende des Zweiten Weltkriegs proklamieren indonesische Nationalisten die Unabhängigkeit von der Kolonialmacht Holland. Es beginnt eine Zeit revolutionärer Unruhen.

1946

Der Freiheitskämpfer Ngurah Rai und seine Männer sterben bei Marga. Dieser Quasi-Selbstmord läutet das Ende des Kolonialismus ein; es dauert nicht lange, und Indonesien ist unabhängig.

Kuta war stets etwas anderes als der Rest von Bali. Während der Zeit der Könige wurden Abweichler und Störenfriede hierher verbannt. Für Reisfelder war die Region zu trocken, die Erträge der Fischerei waren gering, und die Küste war bedeckt mit kilometerlangen nutzlosen Sandflächen …

Nachdem dieser letzte Widerstand gebrochen war, stand die gesamte Insel Bali unter holländischer Herrschaft und wurde Teil des Kolonialreichs Niederländisch-Ostindien. Allerdings kam auf Bali eine ausbeuterische Plantagenwirtschaft nicht über Ansätze hinaus, sodass das einfache Volk die Unterschiede zwischen der Kolonialregierung und der Radscha-Herrschaft kaum bemerkt haben dürfte.

Zweiter Weltkrieg

1942 landeten die Japaner, ohne auf Widerstand zu stoßen, in Sanur auf Bali – die meisten Balinesen sahen in den Japanern zunächst nur Befreier von der Kolonialherrschaft. Die neue Besatzungsmacht richtete ihre Stabsquartiere in Denpasar und Singaraja ein; im Laufe der Zeit wurde ihr Regiment für die Balinesen zunehmend härter. Als die Japaner dann nach ihrer Kapitulation im August 1945 abgezogen waren, herrschte bittere Armut auf der Insel. Die Fremdherrschaft hatte das Entstehen paramilitärischer nationalistischer und antikolonialistischer Gruppierungen begünstigt, die allesamt bereit waren, sich gegen die zurückkehrenden Holländer zur Wehr zu setzen.

Unabhängigkeit

K'tut Tantri, eine Frau mit vielen Namen, kam 1932 aus Hollywood nach Bali. Nach dem Krieg unterstützte sie die Indonesische Republik bei ihrem Kampf gegen die Holländer, etwa als Surabaya Sue; unter diesem Künstlernamen war sie direkt aus Surabaya im Rundfunk zu hören. Ihr Buch *Revolt in Paradise* wurde 1960 veröffentlicht.

Sukarno, prominentester Vertreter der nationalistischen Freiheitsaktivisten, rief nur wenige Tage nach der japanischen Kapitulation im August 1945 die Unabhängigkeit des Landes aus. Aber es sollte noch weitere vier Jahre dauern, bis die Holländer einsahen, dass die Tage ihrer Kolonialherrschaft auf Bali gezählt waren. Am 20. November 1946 wurden die balinesischen Freiheitskämpfer unter ihrem charismatischen Anführer I Gusti Ngurah Rai (nach ihm ist der Flughafen von Bali benannt) in der Schlacht von Marga im Westen Balis nämlich zunächst vernichtend geschlagen – wieder starb eine Elite des Landes im Kugelhagel der Besatzungsmacht, die Geschichte schien sich zu wiederholen. Erst 1949 akzeptierten die Niederlande die Unabhängigkeit Indonesiens. Als eigentlicher Unabhängigkeitstag gilt in Indonesien aber der 17. August 1945.

Anfangs wurden Bali, Lombok und die restlichen Inseln im Osten zur Provinz Nusa Tenggara zusammengefasst. Doch 1958 erkannte die Zentralregierung, dass diese Aufteilung nicht sinnvoll war, und änderte die Verwaltungsstruktur: Bali ist heute eine eigene Provinz und Lombok Teil der Provinz Nusa Tenggara Barat.

Putsch & Reaktion

Nach Erlangen der Unabhängigkeit hatte Indonesien keineswegs einen leichten Weg vor sich. Sukarno zog 1959 nach mehreren Aufständen zunehmend alle Entscheidungen an sich; der charismatische Revolutionsführer erwies sich damit als weniger geeignet für die Organisation eines

1949

Das Musical *South Pacific* wird am Broadway aufgeführt, und der Song „Bali Hai" prägt das Klischee vom tropischen Bali, obwohl das Lied auf die Fidschi-Inseln gemünzt ist.

1960er-Jahre

Die Verlängerung der Start- und Landebahn, erschwingliche Flugtickets und die Eröffnung des Bali Beach Hotel in Sanur läuten im Jahr 1963 die Zeit des Massentourismus ein.

1963

Der heilige Vulkan Gunung Agung bricht aus; ein beträchtlicher Teil Ostbalis wird zerstört, über 1000 Menschen sterben, 100 000 werden obdachlos.

1965

Der Konflikt zwischen Kommunisten und Konservativen bricht offen aus. Die Konservativen setzen sich durch, und in den nachfolgenden Säuberungen finden Zehntausende auf Bali den Tod.

Staates in Friedenszeiten. Als Anfang der 1960er-Jahre die Herrschaft Sukarnos ins Wanken geriet, kämpften die Armee, die Kommunisten und andere Gruppierungen um die Macht. Am 30. September 1965 führten Hinweise auf einen geplanten Staatsstreich – er wurde der PKI, der Partai Komunis Indonesia, angelastet – zum Sturz Sukarnos. General Suharto tat sich als Führungsfigur der Armee hervor und schlug den Putsch mit großem militärischen und politischem Geschick nieder. Die Kommunistische Partei PKI wurde verboten, und eine Welle antikommunistischer Massaker erschütterte das Land.

DIE BOMBENATTENTATE AUF BALI

Am Samstag, dem 12. Oktober 2002 explodierten zwei Bomben auf der belebten Straße Jalan Legian in Kuta. Die erste zerriss die Fassade von Paddy's Bar. Einige Sekunden später zerstörte eine noch deutlich stärkere Bombe den kompletten Sari Club.

Die Zahl der Toten, die Vermissten mitgezählt, überstieg 200 – allerdings wird man die genaue Zahl wohl niemals ermitteln können. Viele verletzte Balinesen kehrten in ihre Dörfer zurück, wo sie dann später mangels ausreichender medizinischer Versorgung starben. Die indonesischen Behörden machten schließlich die islamistische Terrorgruppe Jemaah Islamiah für die Attentate verantwortlich. Dutzende ihrer Mitglieder wurden verhaftet, und viele wanderten ins Gefängnis. Drei von ihnen wurden zum Tode verurteilt. Die meisten erhielten jedoch mildere Strafen, unter ihnen auch Abu Bakar Bashir, ein radikaler Geistlicher, der vielen als Verantwortlicher für die Bombenanschläge galt. Die Anklage gegen ihn wurde vom Obersten Gerichtshof Indonesiens allerdings verworfen, was viele auf Bali und in Australien empörte. (2011 wurde er wegen einer anderen Terror-Anklage dann aber doch noch zu 15 Jahren Haft verurteilt.)

Am 1. Oktober 2005 sprengten sich drei Selbstmordattentäter in die Luft: einer in einem Restaurant auf dem Kuta-Platz, zwei weitere in Fischrestaurants direkt am Strand von Jimbaran. Wieder steckte offenbar Jemaah Islamiah dahinter. Obwohl aus später aufgefundenen Dokumenten hervorging, dass die Anschläge Touristen treffen sollten, waren 15 der 20 Todesopfer balinesische und javanische Angestellte der betroffenen Restaurants.

2008 gründete Bashir eine neue Gruppe, die möglicherweise auch am Bombenanschlag von Jakarta im folgenden Jahr beteiligt war. 2011 wurde er wegen Unterstützung eines Terrorcamps in Aceh zu 15 Jahren Haft verurteilt.

2012 erhielt Umar Patek wegen Beihilfe zum Bombenattentat von 2002 eine 20-jährige Gefängnisstrafe. Die Gefahr ist damit freilich nicht gebannt: Noch im Jahr 2012 hat die Polizei von Bali fünf Menschen erschossen, die als Terroristen verdächtigt wurden, und selbst 2016 wurden noch gelegentlich Menschen verhaftet, die man als Terroristen verdächtigte.

1970

Ein Mädchen verdient sich mühevoll durch das Verkaufen von Süßigkeiten in Kuta ihren Lebensunterhalt. Surfer beraten sie: Daraufhin eröffnet sie Made's Warung – mit großem Erfolg.

1972

Der Filmemacher Alby Falzon dreht seine Surfer-Dokumentation *Morning on Earth* in Bali. Der Film beeindruckt eine ganze Generation von Australiern, die bald in Scharen nach Kuta reisen.

1979

Der Australier Kim Bradley ist beeindruckt vom Surfstil der Einheimischen und ermutigt sie, einen Club zu eröffnen. 60 Balinesen folgen seinem Rat.

1998

Suharto tritt nach 32 Jahren als Präsident zurück. Seine Familie hat nach wie vor großen Einfluss in einigen Ferienresorts, zu denen auch das Golfgelände Pecatu Indah zählt.

Für Bali hatten die Ereignisse eine zusätzliche lokale Dimension: Auch innerhalb der wichtigsten politischen Organisationen, der Partai Nasional Indonesia (PNI, Nationalistische Partei) und der PKI, spiegelten sich die Differenzen zwischen Traditionalisten und Radikalen. Erstere wollten das alte Kastensystem beibehalten, während die Radikalen diese Struktur für repressiv hielten und für Bodenreformen eintraten. Nach dem fehlgeschlagenen Putsch eröffneten die religiösen Traditionalisten die Hexenjagd auf die „gottlosen Kommunisten". Schließlich griff das Militär ein, um den antikommunistischen Säuberungen Einhalt zu gebieten. Aber keine Familie auf Bali blieb von diesem Progrom verschont: Schätzungsweise zwischen 50 000 und 100 000 Menschen der etwa zwei Millionen zählenden Gesamtbevölkerung fielen ihm zum Opfer – im Verhältnis zu den Einwohnern ein Vielfaches an Opfern im Vergleich zu Java. Noch 2016 wurden bisher unbekannte Massengräber entdeckt.

Der Vulkanausbruch von 1963

Mitten in diesen unruhigen Zeiten des politischen Aufruhrs fiel 1963 die verheerendste Naturkatastrophe, die Bali seit 100 Jahren heimgesucht hatte: Der Vulkan Gunung Agung brach aus, wobei er die Spitze seines Kegels wegsprengte.

Eka Dasa Rudra (eine Reinigungszeremonie), das bedeutendste aller balinesischen Opferfeste und ein im balinesischen Kalender nur alle 100 Jahre stattfindendes Ereignis, sollte seinen Höhepunkt am 8. März 1963 erreichen. Das letzte Eka Dasa Rudra war schon gut 100 Jahre her, doch die Priester konnten sich nicht einigen, welches dieses Mal der richtige und günstigste Termin wäre.

Natürlich stand der direkt am Vulkan gelegene Haupttempel Pura Besakih im Mittelpunkt der Feierlichkeiten, und schon während der letzten Vorbereitungen Ende Februar sandte der Gunung Agung merkwürdige Zeichen aus. Doch trotz einiger Bedenken verlangte es die politische Lage, mit den Festlichkeiten fortzufahren – Unheil verkündendes Gepolter aus dem Krater hin oder her.

Am 17. März explodierte der Gunung Agung. Der Katastrophe fielen mehr als 1000 Menschen zum Opfer (manche Schätzungen nennen sogar 2000), ganze Dörfer wurden vernichtet, und 100 000 Balinesen wurden obdachlos. Lavaströme und heißer Vulkanschlamm ergossen sich an einigen Stellen direkt ins Meer und überfluteten Straßen, sodass der Ostteil Balis einige Zeit vom Rest der Insel abgeschnitten war. An der Hauptstraße, die an Tulamben vorbeiführt, sieht man noch heute einige erkaltete Lavaströme.

Im Bajra Sandhi Monument in Denpasar wird die balinesische Geschichte in winzige Dramen zerlegt. Das Museum mit dem Namen „Kampf des Volkes" zeigt viele Episoden aus der Historie des Landes in comicartigen 3D-Ansichten.

2000

Die indonesischen Unruhen greifen auf Lombok über. Diese entzünden sich an einer muslimischen Kundgebung gegen Gewalt und schlagen ins Gegenteil um.

2002

Mehr als 200 Menschen verlieren durch Bombenattentate ihr Leben, viele im Sari Club. Balis Wirtschaft bricht beinahe zusammmen, da die Besucher ausbleiben.

2005

Drei Selbstmordattentäter sprengen sich in Kuta und Jimbaran in die Luft und töten 20 Menschen, vor allem Balinesen und Javaner.

2015

Bali verzeichnet mehr als 4 Mio. ausländische Touristen pro Jahr – ein neuer Rekord als Ergebnis jahrelangen Wachstums um jeweils 15 %.

Suhartos Amtsantritt & Abgang

Nach dem fehlgeschlagenen Staatsstreich von 1965 konnte Suharto das Präsidentenamt für sich erobern, der General kontrollierte nun die Regierungsgeschäfte. Nach Proklamation einer „Neuen Ordnung" wandte sich Indonesien in Außen- und Wirtschaftspolitik dem Westen zu.

Mit kräftiger Unterstützung durch das Militär sorgte Suharto dafür, dass seine Partei, Golkar, zur führenden politischen Kraft des Landes aufstieg, denn andere Parteien wurden entweder verboten oder bis zur Unkenntlichkeit zerschlagen. Durch die regelmäßige Abhaltung von Wahlen gab sich das Land zwar einen demokratischen Anstrich, doch bis 1999 entschied die führende Golkar-Partei mühelos alle Wahlen für sich.

Diese Zeit war allerdings auch von einem großen wirtschaftlichen Aufschwung Balis und später auch Lomboks gekennzeichnet: Gesellschaftliche Stabilität und die Schaffung eines günstigen Investitionsklimas hatten Vorrang vor wirklich demokratischen Verhältnissen. Ausgedehnte Ferienkolonien entstanden damals in Sanur, Kuta und Nusa Dua; oftmals waren die Investoren auch in Politikerkreisen zu finden.

Anfang 1997 waren die goldenen Zeiten vorbei, da Südostasien von einer schweren Wirtschaftskrise erfasst wurde: Binnen eines Jahres brach der Wert der indonesischen Währung (Rupiah) fast vollständig ein, und die Wirtschaft stand unmittelbar vor einem Kollaps.

Suharto war nicht in der Lage, der eskalierenden Krise Herr zu werden, und trat 1998 nach 32 Jahren von seinem Amt zurück. Sein Protegé Dr. Bacharuddin Jusuf Habibie trat die Nachfolge an. Obwohl er anfangs als Intimus von Suharto auf Skepsis stieß, unternahm er erste bemerkenswerte Schritte in Richtung echter Demokratie; so sorgte er beispielsweise für die Aufhebung der Pressezensur.

In *Hotel K: The Shocking Inside Story of Bali's Most Notorious Jail* (2009) beschreib die Journalistin Kathryn Bonella die Zustände im verrufensten Gefängnis des Landes. Bei den Unruhen von 2012 wurde das Gefängnis weitgehend zerstört.

Der Frieden bekommt Risse

1999 trat das indonesische Parlament zur Wahl eines neuen Präsidenten zusammen. Spitzenkandidatin war Megawati Sukarnoputri, die auf Bali außerordentlich populär war. Einerseits war sie beliebt wegen ihrer Abstammung, denn ihre Großmutter väterlicherseits war Balinesin. Andererseits kam ihr die säkulare Grundausrichtung ihrer Partei zugute; der größte Teil der hinduistischen Bevölkerung Balis verfolgt jegliche Zunahme von muslimischem Fundamentalismus mit großer Sorge. Allerdings ging dann überraschend Abdurrahman Wahid, der moderate intellektuelle Führer der größten Muslim-Vereinigung Indonesiens, siegreich aus der Wahl hervor.

Anders auf Lombok: Anfang 2000 weiteten sich die religiösen und politischen Spannungen aus, und nach ersten heftigen Unruhen in Mataram gingen auf der ganzen Insel chinesische und christliche Läden und Wohnhäuser in Flammen auf. Der Tourismus erlitt sofort einen schweren Rückschlag, manche Besucher blieben anschließend auch Bali fern.

Nach 21 Monaten wachsender ethnischer, religiöser und regionaler Konflikte gab es für das Parlament immerhin ausreichend Gründe, Wahid abzuberufen und das Präsidentenamt auf Megawati zu übertragen. 2004 machte sie Indonesiens erstem demokratisch gewählten Präsidenten Platz, Susilo Bambang Yudhoyono. Bei der Aufklärung der Bombenattentate von 2002 hatte dieser sich bereits internationale Anerkennung erworben.

Die Amtszeit Susilos verlief erfolgreich. Indonesiens Wirtschaft entwickelte sich rasant, sodass der Präsident 2009 ohne Probleme wiedergewählt wurde. Während dieser Jahre ging es dem Land – und vor allem Bali – ausgezeichnet, die Zeiten waren ruhig und stabil. 2014 fiel das Präsidentenamt dann an Joko Widodo, den Gouverneur von Jakarta. Er galt als „Mann des Volkes" und wurde von zahlreichen Gruppen unterstützt.

Auch auf Bali errang er eine Mehrheit der Stimmen; trotzdem gibt man sich dort ein wenig besorgt, ist „Jokowi“ doch der erste indonesische Spitzenpolitiker seit langer Zeit, der ganz ohne persönliche Verbindungen nach Bali ins Amt kam.

Inzwischen sind die Bombenanschläge Geschichte, und die Besucherzahlen steigen auf Bali wieder deutlich an. Pro Jahr wächst der Zustrom internationaler Touristen um 10 bis 15 %. Vor ein paar Jahren war die Zwei-Millionen-Zahl noch ein Großereignis; nun liegt die Zahl aber bereits bei vier Millionen. Der Tourismus prägt bereits viele Bereiche des balinesischen Alltags, vor allem aber die Wirtschaft.

Alltagsleben & Religion

Auf Bali und Lombok wirken die Menschen ganz entspannt. Hinter den freundlichen Umgangsformen verbirgt sich freilich ein tief verwurzeltes kulturelles Erbe und eine feste religiöse Bindung. Die Hindus auf Bali stehen fest zu ihren religiösen Überzeugungen. Speziell auf Bali ist all das, was Besucher so bezaubert, religiös fundiert: die Kunst, die Musik, die Opfergaben, die Architektur, die Tempel und vieles mehr.

Bali

Was lieben Reisende an Bali? Die Antwort lautet in den allermeisten Fällen: „seine Menschen". Seit den 1920er-Jahren, als die Holländer mit Abbildungen barbusiger Balinesinnen Touristen anlockten, verkörpert Bali Glanz und Zauber des exotischen Paradieses schlechthin.

Doch es gibt auch eine rauere Realität. Die meisten Balinesen leben beinahe von der Hand in den Mund, obwohl die Insel vom Tourismus profitiert und die Mittelschicht stärker wird. Der Begriff „Kultur" scheint dann manchmal nicht recht zu passen: Hin und wieder strapaziert die aufdringliche Kundenwerbung eines Einheimischen die Geduld der Gäste, die ganz vergessen, dass der Mann damit nur sein Brot verdienen will.

Hervorragende Informationen über Kultur und Alltagsleben auf Bali findet man im Internet unter www.murnis.com. Hier bekommt man Antworten auf viele Fragen: von Themen wie Kindernamen bis zur rituellen Kleidung oder Webtechniken (in der Rubrik „Kultur").

Dennoch hat die Paradiesvorstellung ihren wahren Kern. Bali ist etwas ganz und gar Einmaliges in der Welt, selbst mit dem übrigen Indonesien nicht zu vergleichen. Die einzigartige Kultur Balis – die Insel ist ein Sonderfall im größten muslimischen Land der Welt, denn nur hier hat der Hinduismus in Indonesien überlebt – wird von diesem ungeheuer stolzen Volk wie ein Ehrenzeichen hochgehalten. Immerhin geschah es noch im vergangenen Jahrhundert, dass 4000 Mitglieder des Königshauses in herrschaftlicher Kleidung direkt in das Artilleriefeuer der Niederländer marschierten, da sie sich den Kolonialherren nicht ergeben wollten.

Unbestritten ist, dass die moderne Entwicklung die Landschaft verändert; immer wieder kommt es zu Debatten über die Verdrängung der Agrargesellschaft durch einc Tourismus-Dienstleistungsgesellschaft. Die luxuriösen Badeorte, Clubs, Boutiquen und Restaurants in Seminyak und Kerobokan könnten missverstanden werden – gerade so, als ob die Vergnügungssucht an die Stelle des Hinduismus als Lokalreligion getreten sei. Aber unter der Oberfläche erkennt man jedoch, dass sich die Seele Balis nicht verändert hat.

Das ideenreiche Erbe Balis ist allgegenwärtig: Die allgemeine religiöse Hingabe ist in jedem Winkel der Gesellschaft zu spüren und unterstreicht ihren großen Gemeinschaftssinn. Kultstätten finden sich in jedem Haus, Büro und Dorf, auf Bergen und an Stränden, in Reisfeldern, auf Bäumen, in Höhlen, auf Friedhöfen, in Seen und Flüssen. Doch die Religiosität ist nicht auf die Kultstätten allein beschränkt, sie ist überall gegenwärtig, und zuweilen kann man Kulthandlungen mitten im Verkehrsstrom der Rushhour beobachten.

Balinesische Toleranz

Die Balinesen sind für ihre Toleranz und Gastfreundschaft gegenüber Menschen anderer Kulturen berühmt, obwohl sie selbst nur selten reisen. Das unterstreicht, wie wichtig ihnen das eigene Dorf und die Familienbande sind – und natürlich steht dahinter auch die Frage der Reisekosten. Sie sind berauscht angesichts all der ihnen entgegengebrachten Aufmerksamkeit, was ihren Stolz vermehrt und in der allgemeinen Vorstellung mündet: Es kann ja gar nicht so falsch sein, was wir tun, wenn Millionen von Menschen gerne aus ihrem Land zu uns zu kommen.

Balinesen sind freundlich und lieben den kleinen Plausch, bei dem sie unter Umständen persönlich werden. Englisch wird fast überall gesprochen, aber die einheimischen Gesprächspartner hören gern, wenn

WAS STECKT HINTER DEN NAMEN?

Balinesische Namen sind alles andere als eindeutig, sie sind eher fließend wie der Wechsel der Gezeiten. Jede Person besitzt einen traditionellen Namen, dazu aber noch weitere Namen, die oftmals an bestimmte Ereignisse in ihrem Leben erinnern. Zudem helfen Zusatznamen, Menschen gleichen Namens zu unterscheiden, was möglicherweise nirgendwo so dringend geboten ist wie auf Bali.

Die traditionellen Regeln der Namensgebung erscheinen zunächst einmal wegen des nicht geschlechtsspezifischen Systems einfach. Die Anordnung der Namen folgt – mit kleinen regionalen oder kastenbezogenen Unterschieden – folgendem Schema:

Erstgeborene Wayan (Gede, Putu)

Zweitgeborene Made (Kadek, Nengah, Ngurah)

Drittgeborene Nyoman (Komang)

Viertgeborene Ketut (oder einfach Tut, wie in toot)

Für die nachfolgenden Kinder beginnt es wieder von vorn. Aber da die meisten Familien heute nur zwei Kinder haben, gibt es viele Wayans und Mades.

Auch die Kastenzugehörigkeit spielt bei der Namensgebung eine große Rolle; weitere Namen, die der Anzeige der Geburtsreihenfolge nachgeordnet sind, verraten den sozialen Rang des Trägers. Balis System ist dabei aber deutlich unkomplizierter als das indische.

Sudra Rund 90 % der Balinesen gehören dieser Kaste der Landbevölkerung an. Dem Namen wird der Titel „I" (bei einem Jungen) bzw. „Ni" (bei einem Mädchen) vorangestellt.

Wesia Die Kaste der Staatsdiener und Kaufleute. Gusti Bagus (männlich) und Gusti Ayu (weiblich).

Satria Eine Oberkaste, Mitglieder sind Angehörige des Königshauses und Krieger. I Gusti Ngurah (männlich) und I Gusti Ayu (weiblich), hinzu kommen weitere Titel wie Anak Agung oder Dewa.

Brahmana Die Gruppe mit dem höchsten Rang: Lehrer und Priester. Ida Bagus (männlich) und Ida Ayu (weiblich).

Dem traditionellen folgt ein persönlicher Name – und hier können die Eltern kreativ werden: Einige Namen geben zu erkennen, was man sich für das Kind wünscht, so etwa „I Nyoman Darma Putra": Möge es „pflichtbewusst" oder „gut" (dharma) sein. In anderen Namen spiegeln sich moderne Einflüsse, so etwa in „I Wayan Radio": der in den 1970er-Jahren Geborene. „Ni Made Atom" würde heißen, dass ihre Eltern einfach nur den Klang dieses Fachbegriffs (Atom) mochten, nach dem auch eine Bombe benannt wurde.

Viele Kinder werden aber auch nach ihrem Aussehen benannt. „Nyoman Darma" wird oft auch „Nyoman Kopi" (Kaffee) wegen seiner dunklen Hautfarbe im Vergleich zu der seiner Geschwister genannt. „I Wayan Rama", wofür das Ramayana-Epos Pate stand, wird „Wayan Gemuk" (dick) genannt, um ihn körperlich von seinem kleineren Freund „Wayan Kecil" (dünn) zu unterscheiden.

SMALLTALK

„Wo wohnen Sie?" „Woher kommen Sie? " „Wo fahren Sie hin? " Diese und ähnliche Fragen stellen die superfreundlichen balinesischen Gastgeber ständig. Manche Gäste mögen das als etwas aufdringlich empfinden, es handelt sich aber nur um den landesüblichen Smalltalk und ist als Ausdruck eines Gemeinschaftsgeistes zu verstehen: Die Balinesen möchten wissen, wo der Fremde einzuordnen ist, damit er zum Freund und Bekannten wird.

Eine Antwort wie „ich wohne dort drüben" oder eine sonstige allgemeine Auskunft sind okay, aber anschließend sollte man sich auf immer persönlichere Fragen gefasst machen: „Sind Sie verheiratet?" zum Beispiel. Und selbst wenn nicht, ist es am einfachsten, das zu bejahen. Die nächste Frage lautet dann: „Haben Sie Kinder?" Und auch hier ist es am besten, ja zu sagen, und auf gar keinen Fall, dass man sich keine Kinder wünscht. „Belum" (noch nicht) wäre eine weitere probate Antwort, die möglicherweise Kichern hervorruft, und dann kommt: „Ah, Sie üben noch!"

Touristen versuchen, Indonesisch zu sprechen oder eine balinesische Redensart einflechten, so etwa *sing ken ken* (kein Problem!). Wem dies gelingt, der hat einen Freund fürs Leben gewonnen. Balinesen besitzen einen tollen Humor, und wegen ihrer Gelassenheit sind sie auch nicht schnell aus der Ruhe zu bringen. Allgemein gelten Wutausbrüche als abstoßend und „emotionale" Ausländer, die sich vergessen, werden belacht.

Intimitäten gehören in Bali nicht in die Öffentlichkeit. Paare halten sich nicht an den Händen; diese Geste ist dem Umgang mit kleinen Kindern vorbehalten. Erwachsene können sich jedoch beim anderen mit den Armen unterhaken.

Lombok

Zwar wird die Kultur und Sprache Lomboks oftmals mit der Balis gleichgesetzt, doch damit wird man keiner der beiden Inseln gerecht. Freilich erinnern die Sprache, die animistischen Rituale, die Musik und der Tanz Lomboks an die hinduistischen und buddhistischen Königreiche, die einst Indonesien beherrschten, und auch an die Zeit der balinesischen Herrschaft des 18. Jhs. auf Lombok. Doch die Mehrzahl der einheimischen Sasak-Stämme sind Muslime – sie besitzen äußerst authentische Traditionen, unterscheiden sich in Kleidung, Essgewohnheiten und Architekturstil von ihren Nachbarn, und sie haben hart für den Erhalt dieser Eigenständigkeit gekämpft. Während die Sasak-Bauern in West-Lombok unter der balinesischen Feudalherrschaft relativ friedlich lebten, blieb die Aristokratie im Osten den fremden Herrschern feindlich gesonnen. Sie führte zusammen mit den Holländern die Revolte an, durch die schließlich Ende des 19. Jhs. die balinesischen Herren vertrieben werden konnten. Bis heute betreiben die Sasak mit großem Vergnügen heroische Kampfspiele, so etwa die Stockkampf-Wettbewerbe, die jedes Jahr im August in der Nähe von Tetebatu stattfinden.

Lombok ist sehr viel ärmer und weniger entwickelt als Bali und gilt im Allgemeinen als konservativer. Die Sasak-Kultur wird wohl auch nicht so in den Vordergrund gerückt wie die des hinduistischen Bali. Dennoch ist sie durchaus sichtbar, nicht zuletzt in den stolzen Moscheen, die man in jeder Stadt vorfindet. Auf den Gili-Inseln bekennen die meisten Menschen sich zu einer sehr moderaten Form des Islam.

Mopeds gehören zum Alltagsleben einfach dazu. Man transportiert darauf alles, Türme aus Bananen ebenso wie Reissäcke, die auf den Markt geschafft werden müssen. Familien in eleganter Zeremonialkleidung auf dem Weg zum Tempel sitzen ebenso auf Mopeds wie junge Hotelpagen, die in voller Livree unterwegs sind.

Familienbande

Durch ihren Familientempel halten die Balinesen eine enge spirituelle Verbindung zu ihrem Familienanwesen. Dieses teilen sich bis zu fünf Generationen, angeheiratete Verwandte und alle anderen Familienangehörigen. Großeltern, Vettern und Cousinen, Tanten, Onkel und verschiedenste fernere Verwandte – sie alle leben zusammen. Wenn ein Sohn heiratet, zieht er nicht aus, denn seine Ehefrau zieht ein. Heiratet dagegen eine Tochter, lebt sie in der Familie ihrer Schwiegereltern, nimmt dort die Pflichten der Haushaltsführung und des Gebärens wahr. Daher besitzt ein Sohn für die Balinesen mehr Wert als eine Tochter: Nicht nur wird er die Alten seiner Familie versorgen, er erbt auch das gesamte Anwesen und wird nach dem Tod eines Alten die notwendigen Rituale ausführen, um dessen Seele für die Wiedergeburt aus dem Körper zu befreien und zu verhindern, dass sie als wandernder böser Geist ihr Unwesen treibt.

Nichts als Arbeit für die Frau

Männer spielen eine wichtige Rolle in Dorfangelegenheiten und tragen zum Unterhalt der Kinder bei. Und nur Männer bepflanzen und küm-

RESPEKTBEZEUGUNG

Bali besitzt zu Recht den Ruf der Sanftmütigkeit. Umso wichtiger ist es, seine Gastgeber zu respektieren, die sich sehr bemühen, einen Fauxpas zu verzeihen, wenn zu erkennen ist, dass man sich Mühe gegeben hat: Auf die Empfindsamkeiten der Einheimischen sollte entsprechend durch schickliche Kleidung und angemessenes Verhalten Rücksicht genommen werden, insbesondere auf dem Dorf und an religiösen Orten. Im Zweifel kann das, was man als „zurückhaltend" und „einfach"empfindet, eine Richtschnur sein.

Etikette

- Shorts und kurze Röcke sieht man auch bei Einheimischen, aber eine Kleidung, die allzu viel enthüllt, gilt als anstößig. Auch wer als Mann „oben ohne" durchs Dorf schlendert und dabei womöglich noch ein Bier in der Hand hält, setzt sich in ein schlechtes Licht.
- Viele Touristinnen zeigen sich am Strand gern ohne Oberteil; für die Einheimischen ist das ein Zeichen von Sitten- und Respektlosigkeit.
- Niemals sollte ein Einheimischer am Kopf berührt werden: Der Kopf wird als Sitz der Seele betrachtet und ist daher heilig.
- Dinge sollte man mit der rechten Hand, besser noch mit beiden Händen, überreichen. Niemals etwas nur mit der linken Hand überreichen, denn die gilt als unrein.
- Vorsicht: nicht mit den Händen an den Hüften sprechen. Das gilt als Zeichen der Verachtung, des Ressentiments oder der Aggression (wie im traditionellen Tanz oder in der Oper gezeigt).
- Das Heranwinken einer Person sollte mit ausgestreckter Hand und einer nach unten gerichteten Winkbewegung geschehen. Die westliche Art, sich bemerkbar zu machen, gilt als extrem unhöflich.
- Niemals Geschenke, Bücher oder Fotos versprechen. Man bedenke, dass der arme Balinese dann Tag für Tag hoffnungsvoll seinen Briefkasten oder seine E-Mails kontrolliert.

Religiöse Etikette

- Beim Besuch eines Tempels oder einer Moschee müssen Schultern und Knie bedeckt sein. Überall in Bali wird gegen eine kleine Spende ein Tempelschal (*selandong*) bzw. eine Schärpe und ein Sarong verliehen, manchmal sind diese Dinge auch bereits im Eintrittspreis enthalten.
- Frauen, die ihre Monatsblutung haben, schwanger sind oder gerade eine Geburt hinter sich haben, werden gebeten, auf den Tempelbesuch zu verzichten. Denn sie gelten zu diesem Zeitpunkt als rituell unrein (*sebel*).
- Man nehme keinen höheren Platz ein als der Priester (indem man etwa auf eine Mauer klettert, um zu fotografieren), besonders gilt dies für religiöse Feste.
- Schuhe müssen vor dem Betreten einer Moschee ausgezogen werden.

mern sich um die Reisfelder. Doch die eigentlichen Arbeitstiere in Bali sind die Frauen, sie sind für jede Art manuell zu verrichtender Arbeiten zuständig (man sieht sie auch Körbe mit nassem Zement oder Backsteinen auf ihren Köpfen balancieren), aber auch für die Führung eines Marktstandes oder die verschiedensten Jobs in der Tourismusbranche. Das bedeutet, dass Frauen wegen ihrer traditionellen Rolle, zu der die Versorgung anderer Menschen und die Zubereitung von Mahlzeiten zählen, heute auch zahlreiche erfolgreiche Geschäfte und Cafés führen.

Zwischen all diesen Verpflichtungen stellen die Frauen auch noch die täglichen Opfergaben für den Familientempel und den Hausschrein zusammen, darüber hinaus oftmals auch die zusätzlichen Opfergaben für bevorstehende rituelle Feste – ihre Hände sind ständig in Bewegung. Alles dies und mehr noch lässt sich kennenlernen, wenn man in einer klassischen balinesischen Privatunterkunft wohnt, wo das Zimmer auf einem Familienanwesen liegt und das tägliche Leben sich rundum abspielt. Wer Interesse hat: In Ubud kann man viele solcher Privatunterkünfte buchen.

Religion

Hinduismus

Die offizielle Religion Balis ist der Hinduismus. Die balinesische Version weicht aber wegen ihrer zahlreichen animistischen Elemente von der indischen Spielart des Hinduismus ab. Die Balinesen verehren die Götterdreiheit Brahma, Shiva und Vishnu, die drei Aspekte des höchsten (unsichtbaren) Gottes Sanghyang Widi, und auch die *deva* (die Götter der Vorfahren) und Dorfgründer, außerdem Gottheiten der Erde, des Feuers, des Wassers und der Berge. Schließlich kennen sie auch noch die Gottheiten, die der unterozeanischen Sphäre angehören. Die Balinesen glauben wie die Inder an das Karma und die Wiedergeburt. Allerdings schenken sie anderen indischen Bräuchen weniger Aufmerksamkeit: So gibt es etwa keine „Kaste der Unberührbaren", selten arrangierte Hochzeiten und keine Kinderhochzeiten.

Balis ungewöhnliche Spielart des Hinduismus bildete sich aus, nachdem das große hinduistische Königreich Majapahit – es herrschte einst über ganz Indonesien – im Zuge der Ausbreitung des Islam auf die Insel Bali verdrängt worden war. Während die Ureinwohner, die Bali Aga, sich in die Berge zurückzogen, etwa in das ostbalinesische Tenganan, um dem neuen Einfluss zu entgehen, integrierte die restliche Bevölkerung den Hinduismus in ihren vorhandenen Glauben: Sie verband ihre ursprünglichen animistischen Glaubensvorstellungen, die buddhistische Elemente enthielten, mit dem Majapahit-Glauben. In West-Lombok gibt es auch noch einen Bergstamm, der dem balinesischen Hinduismus anhängt, ein Erbe der balinesischen Herrschaft über Lombok im 19. Jh.

Der heiligste Ort der Insel ist der Vulkan Gunung Agung, an dessen Flanke der Tempel Pura Besakih liegt, in dem zahlreiche rituelle Feste stattfinden, an denen Hunderte, manchmal sogar Tausende von Gläubigen teilnehmen. Auf der gesamten Insel werden täglich kleinere Feste gefeiert, um die Gottheiten günstig zu stimmen, die Dämonen zu versöhnen und so für das Gleichgewicht zwischen dem Guten (*dharma*) und dem Bösen (*adharma*) zu sorgen.

Es ist daher überhaupt nichts Ungewöhnliches, wenn man gleich am ersten Tag auf Bali Zeuge eines dieser Ritualfeste wird.

Islam

Der Islam ist auf Bali eine Minderheitenreligion. Bei den meisten Moslems handelt es sich um Einwanderer aus Java, Angehörige der Sasak auf Lombok oder Nachfahren von Seefahrern der Insel Sulawesi.

Das alte hinduistische Hakenkreuz, die Swastika, die einem überall begegnet, gilt als Symbol der Harmonie mit dem Kosmos. Die Variante mit abgewinkelten Armen im Uhrzeigersinn haben dann später die deutschen Nazis für sich entdeckt – aus dem positiven Symbol wurde ein Schreckenszeichen.

Schwarze Magie hat auf Bali immer noch viele Anhänger, und bei Krankheiten konsultiert man gern die Geistheiler oder *balian.* Über die Macht dieser Magie sind allerlei Geschichten im Umlauf. Streitigkeiten unter Verwandten oder Nachbarn führt man ebenso wie plötzliche Todesfälle auf magische Verwünschungen zurück.

Ähnlich wie anderswo in Indonesien praktizieren die meisten balinesischen Muslime eine recht gemäßigte Form des Islam. Das religiöse Fundament bilden die Fünf Säulen des Islam: Allah ist der alleinige Gott und Mohammed sein Prophet, der Gläubige hat fünfmal am Tag zu beten, Almosen an die Armen zu geben, im Ramadan zu fasten und sich wenigstens einmal im Leben auf Pilgerreise nach Mekka zu begeben. Im Gegensatz zu anderen islamischen Ländern jedoch kennt man keine Geschlechtertrennung, sind Kopfbedeckungen nicht Pflicht (wenn auch inzwischen weiter verbreitet als früher) und ist auch Polygamie selten anzutreffen.

Eine strengere Version des Islam beginnt sich derzeit im Osten der Insel Lombok zu etablieren, nicht zuletzt unter dem Einfluss ultra-konservativer Strömungen auf Sumbawa.

Bei der balinesischen Zeremonie des Zähneabschleifens bekommt man am Ende ein köstliches *jamu* (Kräuterelixier) aus frisch gepresser Kurkuma, Betelnussaft, Limettensaft und Honig.

Wetu Telu

Die vermutlich in Bayan, in Nord-Lombok, entstandene einheimische Religion Wetu Telu ist allein auf Lombok anzutreffen. Heute nur von einer Minderheit der Sasaks praktiziert, war sie noch bis 1965 die vorherrschende Glaubensrichtung der Bevölkerung im Norden Lomboks. Dann verfügte der neu gewählte Präsident Suharto, dass alle Indonesier Angehörige einer offiziellen Religionsgemeinschaft zu sein hätten. Einheimische Glaubensrichtungen wie Wetu Telu wurden nicht anerkannt. Die meisten ihrer heutigen Anhänger geben deshalb offiziell vor, Muslime zu sein, während sie in Wahrheit Wetu-Telu-Traditionen folgen und deren Rituale praktizieren. Bayan ist nach wie vor die Wektu-Telu-Hochburg. Dort kann man die Gläubigen an ihrem weißen Stirnband *(sapu puteq)* und ihrem weißen wallenden Gewand erkennen.

Wetu bedeutet „Ergebnis" in Sasak und telu heißt „drei" – möglicherweise ein Hinweis auf die komplexe Mischung von balinesischem Hinduismus, Islam und Animismus, die diese Religion ausmacht. Sie lehrt, dass eine Trinität alle wichtigen Aspekte des Lebens absichert. Wie die orthodoxen Moslems glauben die Wektu-Telu-Anhänger an Allah und an Mohammed als seinem Propheten. Jedoch beten sie nur dreimal täglich und halten auch nur drei Fastentage im Ramadan ein.

Die Gläubigen beerdigen ihre Toten mit dem Kopf Richtung Mekka, und auch alle offiziellen Gebäude haben eine nach Mekka ausgerichtete Betnische. Eine Pilgerfahrt dorthin ist jedoch nicht vorgeschrieben. Ähnlich den balinesischen Hinduisten glauben die Wektu-Telu-Anhänger, dass die spirituelle Welt eng mit der materiellen verzahnt ist. Gunung Rinjani gilt als der heiligste Ort für die Gläubigen.

Bei der Touristeninformation von Ubud (www.fabulousubud.com) kann man sich über Feuerbestattungen und andere Zeremonien informieren, die in unregelmäßigen Abständen stattfinden. Gut ist auch die Website www.ubudnowandthen.com.

Zeremonien & Rituale

Balinesen nehmen alljährlich an Dutzenden von Zeremonien in Familien-, Dorf- und Distrikttempeln teil – zusätzlich zu den täglich durchzuführenden Ritualen. Die meisten Arbeitgeber erlauben ihren Mitarbeitern, in ihre Dörfer zurückzukehren, um ihren dortigen Verpflichtungen nachzukommen. Diese Feste verschlingen einen beträchtlichen Teil des Verdienstes und viel Zeit. Obwohl viele Chefs dies beklagen, bleibt ihnen nichts anderes übrig, wenn sie keinen Personalstreik riskieren wollen. Für Touristen hingegen bedeutet dies einen Glücksfall, auf diese Weise haben sie doch reichlich Gelegenheit, diese traditionellen Zeremonien kennenzulernen.

Die Rituale bilden den einheitsstiftenden Mittelpunkt im Leben eines jeden Balinesen, sie sind äußerst unterhaltsam, fördern die Persönlichkeitsentwicklung und den Frohsinn. Jedes Kultfest findet an einem günstigen Datum statt, das ein Priester zuvor bestimmt hat, und wird oftmals begleitet von Banketten, Tanz-, Theater- und Musikdarbietungen. Diese sollen die Götter gnädig stimmen, damit sie auch weiterhin die bösen

BALI STELLT SICH TOT

Nyepi

Dies ist das größte Reinigungs-Kultfest auf Bali, durch das alle bösen Geister ausgetrieben werden sollen, wenn das Jahr neu beginnt. Es fällt in den März oder April nach dem hinduistischen *caka*-Kalender, welcher dem Mondzyklus folgt und dem westlichen Kalender entspricht, was die Länge des Jahres betrifft. Mit Beginn des Sonnenaufgangs erstirbt jedes Leben auf der Insel für 24 Stunden. Keine Flugzeuge dürfen landen oder starten, keine Autos jedweder Art verkehren und keine Energiequellen benutzt werden. Keiner, das gilt auch für die Touristen, darf sich auf der Straße blicken lassen. Der kulturelle Hintergrund ist, dass die bösen Geister durch Nyepi hinters Licht geführt werden und denken sollen, ganz Bali sei aufgegeben worden, sodass sie enttäuscht anderswo hinziehen.

Für die Balinesen ist Nyepi ein Tag der Meditation und Besinnung. Für Ausländer sind die Regeln nicht so streng, solange der „Tag des Schweigens" beachtet wird und niemand seine Unterkunft oder sein Hotel verlässt. Wer aber trotzdem nach draußen geht, wird alsbald von einem gestrengen *pecalang* (Dorfpolizisten) wieder dorthin zurückgebracht.

So abschreckend dies auch klingen mag, es ist tatsächlich wunderbar, an Nyepi auf Bali zu sein. Erstens ist da das geniale Konzept, einen Tag zum Nichtstun verdammt zu sein. Die Zeit kann verwendet werden, um Schlaf nachzuholen oder wieder einmal in Ruhe ein Buch zu lesen. Man kann den Tag für ein Sonnenbad nutzen, um Postkarten zu schreiben oder für Brettspiele … alles ist möglich, sofern man die bösen Geister nicht reizt! Zweitens: Am Vorabend von Nyepi finden farbenprächtige Feste statt.

Ogoh-Ogoh!

In den Wochen vor Nyepi werden überall auf der Insel riesige kunstvoll gestaltete Monsterfiguren, *ogoh-ogoh* genannt, angefertigt. Da jeder in der Gesellschaft in den Prozess einbezogen ist, herrscht rund um die Uhr ein fieberhaftes Treiben an den jeweiligen Arbeitsorten. Sieht man einen Platz, auf dem ein derartiges Monster zusammengebaut wird, findet sich vor ihm meist auch ein Schild mit der Bitte um finanzielle Unterstützung. Wenn man beispielsweise 50 000 Rp beisteuert, gilt man als ein richtiggehender Sponsor und erwirbt sich große Glaubwürdigkeit.

Am Abend vor Nyepi werden überall auf Bali die bösen Geister mit gigantischen Zeremonien hervorgelockt. Ihr Treffpunkt soll angeblich auf der Hauptstraßenkreuzung des jeweiligen Dorfes sein und daher vollführen die Priester auch eben dort ihre exorzistischen Rituale. Anschließend explodiert die gesamte Insel geradezu in Pseudo-„Anarchie": *Kulkuls* (Trommeln aus ausgehöhlten Baumstämmen) sowie andere Schlaginstrumente und Blechbüchsen werden geschlagen und Feuerwerkskörper gezündet. Dabei ruft die Menge: „*megedi megedi*!" („verschwindet!"), um die bösen Geister zu vertreiben. Das große Finale ist gekommen, wenn alle *ogoh-ogoh* in Flammen aufgehen. Sollte irgendeiner der Dämonen dennoch das wilde Treiben überlebt haben, wird er – so heißt es – durch das tödliche Schweigen am nächsten Morgen aus dem Dorf vertrieben.

Aus christlicher Sicht gibt es überraschende Parallelen zur Zeit vor Ostern, insbesondere zum Aschermittwoch und den vorausgehenden ausgelassenen Karnevalstagen.

In den nächsten Jahren sind die Daten für Nyepi: 17. März 2018 und 7. März 2019.

Kräfte abwehren. Die wichtigsten Kultfeste sind Nyepi, es ist verbunden mit einem der seltenen Tage völliger Ruhepause, und Galungan, ein zehntägiges Zusammensein mit den Ahnengeistern, bei dem der Sieg des Guten über das Böse gefeiert wird.

Wegen ihres Glaubens an das Karma ist nach Vorstellung der Balinesen jeder selbst für sein Unglück verantwortlich, da dies auf ein Zuviel an *adharma* (das Böse) zurückzuführen ist. Dieser Zustand verlangt nach dem Reinigungsritual *ngulapin*, um Vergebung und erneuten spirituellen Schutz von den Göttern zu erbitten. Bei diesem Ritual muss ein Tier

1

2
DUA RIBU

DE VISU / SHUTTERSTOCK ©

. *Ogoh-ogoh* (S. 387) bei einem Umzug **2.** Opfergaben (S. 392)
. Reisfelder (S. 393)

Top 5: Unvergessliches

Nicht Strände, Tauchgründe oder das Nachtleben machen Bali zu einem einzigartigen Reiseziel – nein, es ist die tief verwurzelte reiche Kultur, die jeden Aspekt des täglichen Lebens druchdringt. Sogar Vulkane sind heilige Stätten.

Feuerbestattung

Balinesische Feuerbestattungen (S. 391) sind hochkomplexe Rituale und für jeden Zuschauer ein Erlebnis. Oft werden Verstorbene zunächst in der Erde beigesetzt, bis die Verwandten genügend Geld für eine Einäscherung in den aufwendig dekorierten Türmen aufgetrieben haben.

Erfolg dank Subak

Einen Schlüssel zur Mentalität der Balinesen liefert das *subak*-System der Bewässerung von Reisfeldern (S. 393). Dank einer ausgeklügelten Anlage fließt das von den Bergen herabströmende Wasser von einem Feld zum nächsten – kein Stückchen Land bleibt trocken.

Opfergaben

Den ganzen Tag über bringen Frauen Opfergaben (S. 392) zu den mehr als 10 000 Tempeln auf Bali, die sich in ihrer Größe ebenso unterscheiden wie diese Gaben selbst. Opfer können winzig sein (Blüten auf einem Bananenblatt), aber auch riesige, kunstvolle Arrangements.

Ogoh-Ogoh!

In den Wochen vor Nyepi, dem Tag der Stille (S. 387), tauchen überall auf Bali große Dämonen auf. Die aus Pappmachée gefertigten Figuren sind bis zu zehn Meter hoch – für ihre Herstellung braucht man Wochen. An Nyepi werden diese „bösen Geister“ schließlich überall auf Bali angezündet und verbrannt.

Heiliger Berg

Die Balinesen haben ihre heiligen Vulkane und die Sasak auf Lombok den Gunung Rinjani (S. 328). Dieser Vulkan, Indonesiens zweithöchster Berg, nimmt in ihrer Religion einen wichtigen Platz ein.

geopfert werden, auch wird es häufig mit einem Hahnenkampf verbunden, um das Verlangen des bösen Geistes nach Blut zu stillen.

Kulthandlungen werden auch zur Überwindung von schwarzer Magie vollzogen sowie zur Reinigung von *sebel* (magische Unreinheit), die sich nach einer Geburt oder einem Todesfall einstellt sowie bei Menstruation und Krankheit.

Zusätzlich zu allen genannten Zeremonien gibt es im Leben eines jeden Einzelnen 13 wichtige Übergangsrituale. Das aufwendigste und teuerste ist das letzte Übergangsstadium – die Feuerbestattung.

Geburt & Kindheit

Die Balinesen glauben, dass ein Baby die Wiedergeburt eines Vorfahren ist, und ehren es entsprechend. Während der Geburt werden Opfergaben dargebracht, mit denen für das Wohlergehen der Mini-Gottheit gesorgt werden soll. Nach der Geburt werden die Nachgeburt, die Nabelschnur, das Nabelschnurblut und das Fruchtwasser – sie repräsentieren die vier beschützenden spirituellen Brüder des Säuglings – im Familienanwesen beerdigt.

Neugeborene werden während der ersten drei Monate buchstäblich überall hingetragen, da sie den „unreinen" Boden bis nach dem Reinigungsritual nicht berühren dürfen. Das Baby wird nach 210 Tagen (das erste Jahr nach balinesischer Zeitrechnung) im Ahnentempel gesegnet, und dann gibt es ein aufwendiges Fest. Später verlieren Geburtstage ihre Bedeutung, und viele Balinesen können daher auch nicht genau sagen, wie alt sie eigentlich sind.

GEHEIMNISVOLLER KALENDER

Welcher Wochentag ist heute? Unter Umständen ist für die Beantwortung dieser Frage ein Priester zu Rate zu ziehen. Der balinesische Kalender ist ein derart komplexes und schwer durchschaubares Dokument, dass er erst vor etwa 60 Jahren der Allgemeinheit zugänglich gemacht wurde. Selbst heute noch benötigen die meisten Balinesen einen Priester oder *adat*-Kundigen (der Kenntnisse des ungeschriebenen Gewohnheitsrechts hat) –, um den besten Tag für jegliche Art von Vorhaben zu ermitteln.

Der Kalender bestimmt das tägliche Leben. Ob Hausbau, Reispflanzung, Feilen der Zähne, Heirat oder Totenverbrennung – nichts wird gelingen, wenn es nicht zur richtigen Zeit stattfindet.

Drei Systeme sind im balinesischen Kalender scheinbar unvereinbar ineinander gefügt (aber da es sich um Bali handelt, ist das reine Spitzfindigkeit): der 365 Tage umfassende Gregorianische Kalender, der 210 Tage zählende Kalender *wuku* (auch Pawukon genannt) sowie der auf zwölf Monate ausgelegte Mondkalender *caka*, der jeden März oder April mit Nyepi beginnt. Darüber hinaus sind bestimmte Kalenderwochen auf die Menschen zugeschnitten, andere auf Tiere oder Bambus, außerdem wird in bestimmten Wochen von einigen Aktivitäten, z. B. Heiraten oder Holz- und Bambusfällen, abgeraten.

Außer dem Datum sind in jedem Kästchen einer Kalenderseite auch der Mondmonat und die Namen der zehn Wochentage verzeichnet sowie die Eigenschaften einer an diesem Tag geborenen Person, basierend auf der balinesischen Astrologie, und schließlich das Symbol für entweder Voll- oder Neumond. Unten auf der Seite werden Glück verheißende Tage für bestimmte Aktivitäten aufgelistet und die Daten der *odalan*-Feste („Tempelgeburtstagsfeste") – farbenprächtige Veranstaltungen, zu denen Gäste herzlich eingeladen sind.

Früher befragte ein Priester den *tika* – ein bemaltes Stoffstück oder ein geschnitztes Holzstück mit dem *wuku*-Zyklus –, auf dem durch kleine geometrische Symbole die Glück verheißenden Tage gekennzeichnet waren. Heute besitzen viele Balinesen ihren eigenen Kalender, aber es ist nicht erstaunlich, dass die Priester immer noch alle Hände voll zu tun haben!

Ein Übergangsritus beim Eintritt ins Erwachsenenalter – und Voraussetzung für eine Heirat – ist die Zahnfeil-Zeremonie, die etwa im Alter zwischen 16 und 18 Jahren stattfindet. Ein Priester feilt einen Teil der Oberkieferzähne, die beiden Eckzähne und die Schneidezähne, um diese abzuflachen. Spitze Eckzähne sind schließlich ein bezeichnendes Merkmal von Hunden und bösen Geistern. Die Balinesen behaupten, die Prozedur tue nicht weh, sie vergleichen sie mit dem Essen von sehr kaltem Eis: ein wenig unangenehm, aber nicht schmerzhaft. Diese Zeremonien finden vor allem im Juli und August statt.

Ein weiteres wichtiges Ereignis im Leben von Mädchen ist die erste Menstruation; aus diesem Anlass findet eine Reinigungszeremonie statt.

Heirat

Durch die Heirat wird der soziale Status einer Person auf Bali bestimmt. Sie macht den Mann automatisch zum Mitglied des *banjar*, einer Nachbarschaftsorganisation. Die Balinesen glauben, dass sie als Volljährige verpflichtet sind, zu heiraten und Kinder in die Welt zu setzen, darunter zumindest einen Sohn. Scheidung ist selten, da die geschiedene Frau dadurch den Kontakt zu ihren Kindern verliert.

Der ehrenwerte Weg zur Heirat, *mapadik*, vollzieht sich durch den Besuch der Familie des Mannes bei der Familie der Frau, um dieser den Heiratsantrag zu unterbreiten. Doch die Balinesen haben auch Sinn für Spaß, und einige bevorzugen daher die Heirat durch *ngrorod* (Entführung oder „Kidnapping"). Wenn dann das Paar ins Dorf zurückkehrt, wird die Heirat offiziell anerkannt, und jeder freut sich, ein tolles Hochzeitsfest feiern zu können.

Zur Hochzeitszeremonie gehören komplexe Symbole, die aus der Reisanbaukultur des Landes hergeleitet sind. So trägt der Bräutigam wie ein Bauer Nahrungsmittel auf den Schultern, während die Braut vorgibt, landwirtschaftliche Produkte anzubieten – beides Zeichen für die wirtschaftliche Unabhängigkeit des Paares. Andere Handlungen erklären sich von selbst: So gräbt der Mann ein Loch in die Erde, und die Frau legt einen fruchtbaren Samen hinein; zuvor hat der Mann seinen Dolch gezogen und eine unversehrte Matte aus Kokosfasern durchbohrt, die der Frau gehört.

Tod & Feuerbestattung

Der Körper ist nach balinesischem Glauben lediglich eine Hülle für die Seele und wird nach dem Tod in einer aufwendigen Zeremonie verbrannt, damit der Sorge um die Seele des Ahnen Genüge getan wird. An ihr nimmt die gesamte Gemeinschaft teil. War der Verstorbenen eine hochstehende Persönlichkeit, ein Angehöriger des Adels etwa, kann es sich um ein überaus spektakuläres Ereignis mit Tausenden von Teilnehmern handeln.

Wegen der finanziellen Belastung selbst einer bescheidenen Feuerbestattung (geschätzt etwa 7 Mio. Rp) und der Notwendigkeit, einen glücklichen Tag dafür abzuwarten, werden die Verstorbenen oft – manchmal für Jahre – zunächst beerdigt und später für eine Massenleichenverbrennung wieder exhumiert.

Der Leichnam wird in einem hohen, unglaublich kunstvoll gefertigten Verbrennungsturm aus mehreren Etagen auf den Schultern einer Gruppe von Männern zur Begräbnisstätte transportiert. Die Turmgröße hängt von der Bedeutung des Verstorbenen ab. Bei der Beerdigung eines Brahmanen oder *radja* werden unter Umständen Hunderte von Männern benötigt, um den aus elf Etagen bestehenden Turm bewegen zu können.

Unterwegs beginnen die Träger, den Leichnam in die Irre zu führen, damit er nicht mehr nach Hause zurückfindet: Er wird als unreine Ver-

Hahnenkämpfe sind wegen der damit verbundenen Wetten zwar illegal, gelten aber trotzdem als Lieblingssport der Balinesen. Wer einen Kampf sehen möchte, findet ihn leicht. Ein Indiz sind immer eine große Anzahl von Autos und Mopeds, die am Straßenrand parken, ohne dass die dazu gehörigen Leute zu sehen wären. In Pantai Masceti im Osten von Bali gibt es sogar eine große Arena nur für Hahnenkämpfe.

bindung zur materiellen Welt angesehen, und die Seele muss aus ihm befreit werden, damit sie in ein höheres Stadium eintreten kann. Die Männer beginnen, den Turm durchzuschütteln, laufen mit ihm im Kreis herum, simulieren kriegerische Handlungen, gießen Wasser auf ihn und gehen allgemein ziemlich grob mit ihm um – alles andere als eine nach westlichen Vorstellungen würdevolle Begräbnisprozession.

Am Verbrennungsplatz angekommen, wird der Leichnam zu einem Sarkophag getragen, dessen Aussehen erkennen lässt, welcher Kaste der Verstorbene angehört. Schließlich geht alles in Flammen auf, und die Asche wird dem Meer übergeben. Nun ist die Seele befreit und kann in den Himmel aufsteigen, um dort auf ihre Reinkarnation – normalerweise als Enkelkind – zu warten.

Üblicherweise dürfen rücksichtsvolle Fremde, die sich dem Ereignis angemessen verhalten, bei Kremationen zugegen sein. Es lohnt sich immer, herumzufragen oder sich im Hotel danach zu erkundigen, ob jemand etwas über ein solches Ereignis weiß. Auch die Touristeninformation Ubud ist eine wertvolle Informationshilfe.

Vor Häusern und in den Straßen werden zu Zeremonien wie Galungan große dekorierte Bambusrohre namens *penjor* aufgestellt. Die Künstler, die solche Rohre gestalten, verleihen ihnen einen persönlichen Stil; allen gemeinsam ist aber die Ähnlichkeit mit dem Schweif des Barong und der Gestalt von Gunung Agung. Besonders auffällig sind die dekorativen Endstücke, genannt *sampian.*

Opfergaben

Wo auch immer man sich gerade aufhält, überall lassen sich Frauen beobachten, die ihre alltäglichen Opfergaben darbringen – am Familien-Opferstock im eigenen Haus, in Hotels, Geschäften und an anderen öffentlichen Orten. Es gibt mit Sicherheit auch mit großem Pomp gefeierte Zeremonien zu sehen, bei denen die gesamte Dorfgemeinschaft im Festtagsgewand aufmarschiert und die Polizei die Straße wegen einer spektakulären, nicht selten mehrere Hundert Meter langen Prozession absperrt. Die Männer spielen Gamelan-Instrumente, und die Frauen balancieren kunstvoll aufgestapelte Opfergaben aus Früchten gekonnt auf ihrem Kopf.

Diese Zeremonien haben nichts Artifizielles. Tanz- und Musikdarbietungen in Hotels hingegen zählen zu den wenigen Events, die eigens für Touristen „aufgeführt" werden. Aber auch sie spiegeln die Art und Weise wider, wie Balinesen traditionell ihre Besucher willkommen heißen, die sie *tamu* (Gäste) nennen. Andererseits zeigen sie authentisch, wie die Balinesen ihr tägliches Leben ohne Zuschauer bewältigen würden.

Lombok

Auf Lombok bestimmt *adat* (Traditionen, Brauchtum und Verhaltensweisen) alle Aspekte des täglichen Lebens, besonders die Brautwerbung, die Heirat und die Beschneidung. Zur offiziellen Gebetszeit an Freitagabenden schließen die Büros und viele Geschäfte. Viele Frauen, jedoch nicht alle, tragen Kopftücher und nur sehr wenige Schleier. Ein Großteil der weiblichen Bevölkerung ist in der Tourismusbranche beschäftigt. Junge muslimische Frauen aus der Mittelschicht können oftmals ihren Partner selbst wählen. Die Beschneidung der Sasak-Jungen findet zwischen dem sechsten und elften Lebensjahr statt, und im Anschluss an den Festzug durchs Dorf gibt es ein rauschendes Fest.

Wegen des ziemlich großen balinesischen Bevölkerungsanteils auf Lombok kann man bei einem Aufenthalt dort oft auch eine hinduistische Zeremonie miterleben. Auch die Dörfer der islamischen Wetu-Telu-Minderheit, Chinesen und Bugis (Buginesen) sorgen für zusätzliche kulturelle Vielfalt.

Dörfliches Leben

Dorfleben spielt sich nicht nur in ländlichen Gemeinwesen ab. Eigentlich jeder Ort auf Bali ist auf seine Weise ein Dorf. Selbst Kuta mit seinen zahlreichen bunten Neon-Reklamen, seinem Trubel und Nachtleben ist ein Dorf: Die Einheimischen kommen zusammen, organisieren, feiern, planen und treffen Entscheidungen – und das findet überall auf der Insel statt. Im Mittelpunkt steht der *banjar*, der Dorfrat als kleinste formelle soziale Einheit der balinesischen Gesellschaft.

Ortsrecht auf Balinesisch

Die über 3500 *banjar* unterhalb der Provinzregierung Balis verfügen über eine ungeheure Macht. Der *banjar*, seine Mitglieder sind die verheirateten Männer einer bestimmten Region (ihre Zahl schwankt zwischen 50 und 500), kontrollieren die meisten dörflichen Aktivitäten, sei es die Planung eines Tempelfestes oder eine wichtige Entscheidung im Zusammenhang mit der Landnutzung. Entschieden wird durch Konsens und wehe dem, der sich vor seiner Verantwortung drückt. Dann wird ein Bußgeld oder Schlimmeres verhängt: Ausschluss aus dem *banjar*. In Balis höchst gemeinschaftlich strukturierter Gesellschaft, in der das eigene Dorf den Lebensmittelpunkt und damit die Identität eines Menschen darstellt – aus diesem Grund lautet eine Standardbegrüßung „Wo bist du her?" –, ist ein Ausschluss gleichbedeutend mit der Todesstrafe.

Obwohl auch Frauen und sogar Kinder dem *banjar* angehören können, nehmen nur Männer an den Versammlungen teil, bei denen wichtige Entscheidungen getroffen werden. Frauen, die nicht selten in Touristenregionen ein Gewerbe betreiben, müssen daher über ihre Männer ihren Einfluss geltend machen, wenn Sie möchten, dass eine Entscheidung in ihrem Sinne getroffen wird.

Außenstehende einer Dorfgemeinschaft lernen sehr schnell, dass man sich dem *banjar* nicht entgegenstellt: Ganze Straßenzüge mit zahlreichen Restaurants und Bars sind schon auf seine Weisung geschlossen worden. Die Versammlung hatte entschieden, dass die Sorgen der Dorfgemeinschaft hinsichtlich Lärmbelästigung nicht berücksichtigt worden waren.

Reisanbau

Der Reisanbau bildet das Rückgrat der ganz auf die Dorfgemeinschaft ausgerichteten Gesellschaft im ländlichen Bali. Jede Familie baut so viel Reis an, wie sie für ihren eigenen Bedarf und für die Opfergaben benötigt, eventuell noch einen kleinen Überschuss zum Verkauf auf dem Markt. Die populärste Gottheit der Insel ist Dewi Sri, die Göttin der Landwirtschaft, der Fruchtbarkeit und des Erfolgs.

Subak: Balinesische Bewässerung

Wegen des komplexen Arbeitsablaufs bei der Bestellung und Bewässerung der Terrassenfelder in gebirgigem Terrain ist es notwendig, dass alle Mitglieder der Dorfgemeinschaft zusammenarbeiten und Verantwortung übernehmen. Nach einem Jahrhunderte alten System werden die Felder mittels eines Netzwerks aus Kanälen, Dämmen, Bambusrohren und durch Felsen gebohrte Tunnel bewässert. Gespeist wird das System aus den vier Gebirgsseen und den das Land durchziehenden Flüssen. Über 1200 *subak* (Bewässerungsgemeinschaften) wachen demokratisch über die gerechte Wasserzuteilung. Jeder Bauer muss Mitglied seines örtlichen *subak* sein, der wiederum die Basis jedes mächtigen *banjar* darstellt.

Allerdings hat sich die Struktur der Zivilgesellschaft Balis durch den Tourismus gewandelt: Aus einer überwiegend homogenen Agrargesellschaft ist eine heterogene Bevölkerungsstruktur erwachsen mit unterschiedlichsten Aktivitäten und Lebensstilen. Doch immer noch bestimmt der Gemeinschaftssinn, der seinen Ursprung im Reisanbau hat, den Verhaltenskodex des täglichen Lebens, selbst in der Stadt. *Subak* ist ein wirklich faszinierendes demokratisches System; 2012 wurde es in die Weltkulturerbeliste aufgenommen.

Essen & Trinken

Bali ist ein tolles Reiseland, um lecker zu essen. Die einheimische Küche, ob sie nun original balinesisch ist oder sich vom übrigen Indonesien und Asien beeinflusst zeigt, profitiert von der Fülle an frischen einheimischen Produkten und ist reich an Gewürzen und Aromen. Diese Köstlichkeiten lassen sich einfach in Warungs (einfachen Cafés der Einheimischen) am Straßenrand genießen oder auch in Nobelrestaurants; für die kulinarischen Erlebnisse stehen einige der besten Restaurants zur Auswahl, die diese Region zu bieten hat.

Balinesische Küche

Essen, herrliches Essen! Oder sollte es doch besser mühevolles Essen heißen? Die balinesische Zubereitungsart ist ein zeitaufwendiges Unterfangen, aber es kostet keinerlei Anstrengung, das Ergebnis zu genießen. Dieser Part ist einfach und gehört zum Besten, was das Reisen auf Bali zu bieten hat: Allein schon die Vielseitigkeit und die Qualität der regionalen Küche verheißt den Geschmacksknospen ganz neue, ungeahnte Erfahrungen.

Die köstlichen Aromen der balinesischen Küche begegnen einem fast überall. Selbst in einer durchschnittlichen Dorfunterkunft wird jeden Morgen das Essen frisch zubereitet, nachdem sich die Frauen auf dem örtlichen Markt mit allem versorgt haben, was nachts von umliegenden Farmen angeliefert worden ist. Gekocht wird für den ganzen Tag, sorgfältig werden die Kokosnüsse geröstet, bis ihr Duft in die Nase steigt, dann werden Gewürze beigemischt, bis das Ganze eine perfekte *base* (Paste) ergibt. Eventuell wird das frisch duftende Kokosöl zum Braten verwendet. Die Gerichte werden abgedeckt auf einen Tisch gestellt oder in einer Glasvitrine für die Familienmitglieder bereitgestellt, die sich den Tag über davon bedienen.

Kochkurse werden immer beliebter und stellen eine tolle Möglichkeit dar, mehr über balinesisches Essen und die Märkte zu erfahren. Viele Kurse werden von Küchenchefs abgehalten, deren Ruf weit über Bali hinausreicht. Empfehlenswert sind die Bumbu Bali Cooking School in Tanjung Benoa und die Casa Luna Cooking School in Ubud.

Sechs Geschmacksrichtungen

Im Vergleich zur Kochkunst auf den anderen indonesischen Inseln ist die balinesische Küche schärfer und anregender und sie enthält mehr Gänge im Rahmen eines Menüs. Jeder davon ist geprägt von sechs Geschmacksrichtungen: süß, sauer, würzig, salzig, bitter und scharf. Und zwar, um den Appetit anzuregen und die Gesundheit zu fördern und die Sinne zu stimulieren.

Vorherrschend sind Ingwer, Chili und Kokos, aber auch die beliebte Lichtnuss oder Kemirinuss, die oft verwechselt wird mit der in Australien beheimateten Macadamia-Nuss. Die scharfe Mischung aus frischem Galgant und Kurkuma, ergänzt durch die Hitze der rohen Chilis, die komplexe Süße von Palmzucker, Tamarinden- und Shrimps-Paste und die klaren frischen Aromen von Zitronengras, Calamondin (Mini-Mandarine), Kaffir-Limettenblättern und Koriandersamen.

Die Küche Balis von Heinz von Holzen und Lothar Arsana macht es möglich, so ziemlich jedes Gericht zu zaubern – von *cram cam* (klare Hühnersuppe mit Schalotten) bis *bubuh injin* (schwarzer Reispudding).

Auch Einflüsse aus der südindischen, malaiischen und chinesischen Küche spielen dank der jahrhundertelangen Einwanderungen und dem Handel mit den Wegbereitern der Seefahrt eine Rolle. Viele Zutaten wurden eingeführt: der einfache Chili von furchtlosen Portugiesen, die allgegenwärtigen Schlangenbohnen und die Kohlart Bok Choy durch die Chinesen und der Reisersatz Cassava von den Holländern. Auf typisch balinesische Art haben die Dorfhäuptlinge die neuen Lebensmittel ausgewählt und die besten und haltbarsten in die balinesische Küche integriert, wo sie an die regionalen Vorlieben und die Kochgewohnheiten angepasst wurden.

Göttlicher Reis

Reis ist aus der Küche von Bali nicht wegzudenken, und er wird als ein göttliches Geschenk verehrt, dessen Wachtumsstadien von zahlreichen Ritualen begleitet werden. Reis wird in großzügigen Portionen zu jedem Gericht serviert – Gerichte ohne Reis gelten nur als *jaja* (Snack). Reis ist ein pefektes Trägermedium für all die wohlriechenden, würzigen Speisen, die meist wie Soßen mit kleingeschnittenen Zutaten in Schalen auf den Tisch kommen. Häufig werden sie mit der Hand gegessen. Im Dampf gegarter Reis mit verschiedenen dünngeschnittenen Leckerbissen nennt sich auf Bali *nasi campur* und wird zu allen Tageszeiten angeboten.

Es gibt so viele Varianten von *nasi campur*, wie es Warungs gibt. Ähnlich wie bei westlichen Sandwiches, die mit unterschiedlichen Belägen zubereitet werden können, bieten die jeweiligen Warung je nach Geldbeutel, Geschmack und Marktangebot ihre eigene Version. Es gibt vier oder fünf typische Gerichte, die als Standard angesehen werden – entweder mit ein bisschen Schweine- oder Hühnchenfleisch (denn Fleisch ist teuer), mit Fisch, Tofu oder *tempeh* (fermentiertem Sojakuchen), Ei, verschiedenem Gemüse und knusprigen *krupuk* (aromatische Reiscracker). Rindfleisch kommt selten vor, weil den Balinesen Kühe heilig sind. Alle Zutaten werden rund um den Reis in der Mitte gruppiert, ergänzt wird das Ganze durch das Warung-spezifische *sambal*, eine Paste, bestehend aus Chilis, Knoblauch oder Schalotten und Salz. Normalerweise werden die Gerichte nicht heiß serviert, weil sie schon im Laufe des Vormittags zubereitet werden.

Ganz egal welcher Größe, jede Ortschaft auf Bali und Lombok hat einen *pasar malam* (Nachtmarkt), auf dem man nach Einbruch der Dunkelheit in Warungs und an Ständen vielerlei frische Köstlichkeiten probieren kann. Der Nachtmarkt von Gianyar ist jedenfalls ausgezeichnet.

Eine Prise Asien

Wegen der multikulturellen balinesischen Bevölkerung bietet die balinesische Küche auch eine ganze Reihe von indonesischen und asiatischen Gerichten aus allen Ecken des Inselarchipels. Viele davon werden irrtümlich für balinesisch gehalten, obwohl sie aus anderen Regionen stammen, wie zum Beispiel *nasi goreng* (gebratener Reis) oder *mie goreng* (gebratene Nudeln); das allgegenwärtige *gado gado* stammt aus

MARKTTREIBEN

Es gibt keinen besseren Ort, um sich mit der balinesischen Küche vertraut zu machen, als die einheimischen Märkte. Für Langschläfer sind sie allerdings nichts. Die günstigste Zeit für einen Besuch ist nämlich so etwa von 6 bis 7 Uhr morgens. Nach 10 Uhr sind die besten Schnäppchen schon weg, und was übrig ist, vergammelt in der Tropenhitze.

Die Märkte ermöglichen einen Einblick in die Vielfalt der frischen balinesischen Produkte, die oft ein oder zwei Tage nach der Ernte von den Bergen herangeschafft werden, wenn nicht gar noch schneller. Es herrscht ein lebhaftes, buntes Treiben; in Körben türmen sich frisches Obst, Gemüse, Gewürze sowie roter, schwarzer und weißer Reis in zig Sorten. Und dann wären da noch Behälter mit lebendigen Hühnern, toten Hühnern, frisch geschlachteten Schweinen, Sardinen, Eiern, bunten Kuchen, vorgefertigten Opfergaben und *base* sowie Stände, an denen zum Frühstück *es cendol* (bunte, geeiste Kokosnussdrinks), *bubur* oder *nasi campur* (Reis mit Beilagen) verkauft werden. Kühlung gibt es hier keine, deshalb ist alles in kleinen Mengen verpackt; was man sieht, ist für den sofortigen Verkauf gedacht. Die Händler gehen davon aus, dass gefeilscht wird.

1

TRIOCEAN / SHUTTERSTOCK ©

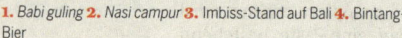

1. *Babi guling* 2. *Nasi campur* 3. Imbiss-Stand auf Bali 4. Bintang-Bier

3

2

ALPHONSINE SABINE / SHUTTERSTOCK ©

Top 5: Balinesische Köstlichkeiten

Farbenfroh, aromatisch und würzig – das Essen (und die Getränke) erwecken den Wunsch, die Insel wieder zu besuchen.

Babi Guling

Was früher ein Gericht für besondere Anlässe war, ist mittlerweile zu einer der Lieblingsspeisen der Balinesen avanciert: *babi guling* (S. 399) – mit Gewürzen gefülltes Spanferkel ist an jeder Ecke erhältlich.

Nasi Campur

Die beliebte Mittagsmahlzeit (S. 399) ist eine Art balinesisches Nationalgericht. In Hunderten Warungs auf der ganzen Insel schnappt man sich einen Teller und sucht sich den Reis aus (gelb? weiß? rot?) – doch dann fängt der Spaß an: Es verlockt eine Fülle von leckerem Fleisch, Meeresfrüchten und vegetarischen Speisen.

Sambal

Von diesem Gewürz (S. 398) existieren so viele Varianten wie von *nasi campur*, und das ist auch gut so, denn es ist in den meisten balinesischen Gerichten für die würzige Schärfe verantwortlich. Die Küchenchefs hüten ihre Sambal-Rezepte.

Nachtmärkte

Pasar malam (Nachtmärkte) sind beliebt, um nach Einbruch der Dunkelheit auf Bali und Lombok etwas zu essen. Auf den besten Märkten stehen Dutzende Stände, an denen die Mitarbeiter den Kochlöffel schwingen, um vielerlei Regionalgerichte zuzubereiten. Hier kann man herumflanieren, sich inspirieren lassen und dann so lange probieren, bis das Glück perfekt ist.

Bintang

Davon kann jeder Marketingboss bloß träumen: Auf Bali sagt man nicht „Bier", sondern einfach „Bintang". Das Bier, das dieser Marke, die auf allen Trikots prunkt, zum Durchbruch verholfen hat, ist ein frisches, anständiges Lager, das an heißen Tagen erfrischt. Ob es nun eine heiße Party kühlt oder den Sonnenuntergang grundiert – es passt auf jeden Fall immer.

4

DIE FREUDEN DES SAMBAL

Keine Frage, Balinesen lieben den besonderen Kick scharfer Gewürze zu ihren Mahlzeiten. Allerdings irrt sich, wer glaubt, balinesische Speisen seien schon an und für sich besonders würzig. Die Gerichte sind in Wirklichkeit sogar mild; die Einheimischen fügen nur gern eine ordentliche Portion Sambal hinzu. Wer Sambal probieren will, sollte sich vorher aber überzeugen, wie scharf es ist, und erst dann zuschlagen. Hat jemand kein Faible für scharfe Speisen, kann er sich an *tanpa*-Sambal (ohne Chilipaste) halten; die meisten finden allerdings *tamba* (mehr) Sambal aufregender.

Und noch ein Hinweis zu Sambal: Falls auf Anfrage ein Fläschchen mit einem süßen, schmierigen Fertigprodukt gereicht wird, sollte man um „balinesisches Sambal" bitten. Diese Bitte öffnet weiterem Essvergnügen dann Tür und Tor, denn jeder Koch auf Bali besitzt sein ganz besonderes Lieblingsrezept zur Zubereitung von Sambal. Wenn man dann auch noch die vielen Sambals hinzunimmt, die aus anderen Regionen Indonesiens übernommen wurden, vor allem aus dem benachbarten Lombok, stehen die Chancen auf eine der folgenden Varianten jedenfalls gut:

Sambal bajak Dieses Sambal aus Java besteht aus einer cremigen Soße auf der Grundlage von Tomaten, die vor zerstoßenen Chilis nur so strotzt, durch Palmzucker und Schalotten gemildert und dann gebraten wird. Weit verbreitet.

Sambal balado Chilis, Schalotten, Knoblauch und Tomaten werden für dieses wahrlich scharfe Sambal in Öl sautiert. Oft wird es an Ort und Stelle frisch aufgebraten.

Sambal matah Ein rohes balinesisches Sambal aus dünn in Scheiben geschnittenen Schalotten, winzigen Chilis, Garnelenpaste und Zitronengras. Himmlisch.

Sambal plecing Eine Sambalvariante aus Lombok, dieses Mal mit scharfen Chilis in Tomatenpaste, bei der sich die Schärfe langsam ausbreitet.

Sambal taliwang Ein Sambal aus Lombok aus besonderen Pfefferschoten, Knoblauch und Garnelenpaste. Eines der wenigen echten kulinarischen Highlights von der Nachbarinsel Balis – und auf Bali weit verbreitet, weil man dort würziges Hühnerfleisch à la Lombok zu schätzen weiß.

Java, *rendang sapi* (Rindfleisch-Curry) aus Sumatra. In vielen Restaurants auf Bali werden Padang-Gerichte angeboten, die von Sumatra stammen. Auch chinesische Gerichte sind weit verbreitet.

Frühstück

Viele Balinesen frühstücken morgens nicht – zumindest nicht im westlichen Sinn –, sondern heben sich ihren Appetit für das Mittagessen auf. Einstieg in den Tag ist meist eine Tasse gesüßter schwarzer Kaffee mit einigen süßen *jaja* vom Markt: farbenfrohe Tempelkuchen, klebrige Reiskuchen, in der Schale gekochte Bananen, gebratene Bananen und *kelopon* (Reisbällchen mit süßer Füllung). Beliebte frische Früchte einschließlich der Schlangen(haut)frucht, so benannt nach ihrer schuppigen Haut, und der Jackfrucht, die auch mit geschmortem Gemüse lecker schmeckt.

Mittag- & Abendessen

Ob zu Hause oder im Warung – zubereitet wird das Essen für den ganzen Tag stets am späten Vormittag, weshalb etwa um 11 Uhr die Mittagessenszeit beginnt, wenn das Essen noch ganz frisch ist. Es ist die Hauptmahlzeit des Tages. Die Reste werden dann zum Abendessen verzehrt oder von Touristen, die spät aufstehen und es nicht zur Mittagessenszeit schaffen, sondern erst, wenn das meiste schon weg ist. Desserts sind selten im Angebot und bestehen meist aus frischen Früchten oder Kokosmilch-Eiscreme.

Das Geheimnis eines leckeren *nasi campur* besteht oft in der individuellen *base* (Paste) des Kochs, die dem Schweinefleisch, dem Hühnchen oder dem Fisch die Würze verleiht, sowie im Sambal, das dem Gericht genau die richtige Schärfe gibt – oder einem auch fast den Mund verbrennt. Die Liste an Gerichten ist jedenfalls endlos. Zu den beliebtesten einheimischen Speisen gehören *babi kecap* (Schweinefleisch in süßer Sojasoße gedämpft), *ayam goreng* (gebratenes Hühnchen), *urap* (verschiedene gedämpfte Gemüsesorten mit Kokosnuss), *lawar* (Salat aus gehackter Kokosnuss, Knoblauch und Chili mit Schweinefleisch oder Hühnchen und Blut), gebratener Tofu oder Tempeh in süßer Soja- oder Chilisoße, gebratene Erdnüsse, salziger Fisch oder Eier, *perkedel* (frittierte Cornflakes) und verschiedenes Satays, die mit Ziegen-, Schweinefleisch- oder Hühnchenstücken zubereitet werden.

Wer in einer Privatunterkunft wohnt, wie es in Ubud viele gibt, kann in aller Ruhe beobachten, wie die Familienmitglieder den ganzen Tag über emsig kochen.

Ein Grund zum Feiern

Essen ist in Bali mehr als Nahrungsaufnahme und Genuss. Wie fast alles auf Bali ist es ein untrennbarer Teil der Alltagsrituale und der Hauptbestandteil der Zeremonien, um die Götter zu ehren. Die Speisekarte ist je nach Anlass unterschiedlich. Am beliebtesten ist *babi guling* (Spanferkel), das bei Überganszeremonien wie z. B. der Segnung eines Babys im Alter von drei Monaten, der Zahnbehandlung eines Erwachsenen oder bei einer Hochzeit serviert wird.

Babi guling gehört zu den elementaren Bali-Erlebnissen. Ein komplettes Spanferkel wird gefüllt mit Chili, Kurkuma, Ingwer, Galgant, Schalotten, Knoblauch, Koriandersamen und aromatischen Blättern, bepinselt mit Kurkuma und Kokosöl und dann an einem Holzspieß über offenem Feuer gebraten. Stundenlang wird das Spanferkel gedreht, das Fleisch nimmt den Duft der Gewürze und des offenen Feuers auf und das Fleisch erhält einen typischen rauchigen Geschmack in der knusprigen Kruste. Wer auf Bali nicht das Glück hat, zu einem Festessen eingeladen zu werden, kann sich *babi guling* auch an Essständen, in Warungs und Cafés auf der ganzen Insel schmecken lassen.

Bebek oder *ayam betutu* (geräucherte Ente oder Hühnchen) ist bei Zeremonien ebenfalls sehr beliebt. Die Vögel werden mit Gewürzen gefüllt, in Kokosrinde und Bananenblätter eingewickelt und schmoren dann den ganzen Tag über glimmenden Reis- und Kokosnussschalen. Am besten schmeckt das Ganze in Ubud im Bebek Bengil (S. 199), wo man allerdings vorbestellen muss, um einen Tisch zu ergattern.

Cradle of Flavor (2006) von James Oseland, dem Herausgeber der Zeitschrift *Saveur*, ist ein Titel zu indonesischer Küche und Kochkunst, bei dem einem nur so das Wasser im Mund zusammenläuft.

DIE KÜCHE DER SASAK AUF LOMBOK

Die Volksgruppe der Sasak auf Lombok sind überwiegend Muslime, und deshalb kommen die vielen Gerichte mit Schweinefleisch, wie sie auf Bali üblich sind, in ihrem Speiseplan natürlich nicht vor, sehr wohl aber Fisch, Hühnchen, Gemüse und Reis. Die Tatsache, dass *lombok* auf Indonesisch „Chili" bedeutet, macht Sinn, denn die Sasak schätzen scharfe Speisen; nur ein Beispiel ist *ayam taliwang* (ein in Stücke zerteiltes Hühnchen, das auf Kokosschalen gebraten und dann mit einem köstlichen Tomaten-Chili-Limetten-Dip serviert wird).

Ares ist ein Gericht, das mit Chili, Kokossaft und Bananenpalmmark gekocht wird; manchmal wird es mit Hühnchen oder Fleisch vermengt. *Sate pusut* ist eine köstliche Kombination aus Fisch-, Hühnchen- oder Rinderhack, das mit Kokosmilch, Knoblauch, Chili und anderen Gewürzen zubereitet wird; diese Mixtur wird dann um einen Zitronengrasstecken gewickelt und gegrillt.

Bei Hochzeitszeremonien wird häufig *jukut ares* zubereitet, eine wohlriechende Brühe aus Bananenstängeln, die meistens mit kleingeschnittenem Schweine- oder Hühnerfleisch gefüllt werden. *Sate lilit*, das zu besonderen Anlässen zubereitet wird, ist eine wohlriechende Kombination von hochwertigem, geschnittenem Fisch, Hühner- oder Schweinefleisch mit Zitronengras, Galangal (einer Ingwerart), Schalotten, Chili, Palmzucker, Kaffirlimetten und Kokosmilch. Das Ganze wird aufgespießt und gegrillt.

Warungs

Eine umfassende Zusammenstellung von Essmöglichkeiten auf Bali bietet die Website www.balieats.com. Die Liste an aufgeführten Lokalen ist endlos und immer topaktuell, und viele Restaurants bekommen begeisterte Kritiken.

Der beliebteste Ort zum Essengehen auf Bali ist ein Warung, ein traditionelles Straßenlokal. Man trifft in größeren Städten alle paar Meter auf einen Warung, und selbst in kleineren Orten sind sie zahlreich. Sie sind preiswert und schlicht, man sitzt in gemütlicher Atmosphäre mit fremden Menschen am Tisch, während das Leben an einem vorüberzieht. Das Essen ist frisch zubereitet und jedes Mal anders, oft wird es in Glasvitrinen am Eingang angeboten, wo man sich dann entweder sein eigenes *nasi campur* zusammenstellen oder die Hausspezialität bestellen kann.

In Seminyak und vor allem in Kerobokan findet man zahlreiche besucherfreundliche Warungs. Aber natürlich gibt es sie eigentlich überall auf Bali, und es gehört zum Urlaubsvergnügen dazu, den eigenen Lieblings-Warung herauszufinden.

Essen auf Balinesisch – oder anders

Beim Essen ist man auf Bali meistens allein, und die Konversation ist begrenzt. Selten isst die Familie gemeinsam. Jeder isst, wann er gerade Hunger hat.

Balinesen essen mit der rechten Hand, mit der man üblicherweise alle guten Dinge gibt und entgegennimmt. Die linke Hand ist den unangenehmen Dingen vorbehalten. Vor dem Essen wäscht man sich die Hände, selbst wenn man Löffel und Gabel benutzt. Dafür gibt es in Restaurants ein Waschbecken außerhalb der Toiletten. Wenn man ortsüblich essen möchte, empfiehlt es sich, nach dem Essen die Hände in der Schüssel mit Wasser zu waschen, die auf den Tisch gestellt wird. Sich nach dem Essen die Finger abzulecken wird nicht gern gesehen.

ELDORADO FÜR VEGETARIER

Für Vegetarier werden auf Bali Träume wahr. Tofu und Tempeh zählen zu den Grundnahrungsmitteln, und viele beliebte Gerichte der einheimischen Küche sind vegetarisch. Probieren sollte man *nasi saur* (Reis mit dem Aroma gerösteter Kokosnuss, zu dem Tofu, Tempeh, allerlei Gemüse und manchmal ein Ei gereicht werden), *urap* (eine köstliche Mischung aus mehreren gedünsteten Gemüsen mit geraspelter Kokosnuss und Gewürzen), *gado gado* (Tofu und Tempeh vermischt mit gedünsteten Gemüsen, gekochtem Ei und Erdnusssoße) sowie *sayur hijau* (grüne Blattgemüse, meist *kangkung* – Wasserspinat –, die mit einer Tomaten-Chili-Soße gewürzt sind).

Außerdem wird *nasi campur* auf eine Weise serviert, die es ermöglicht, ohne Probleme um eine Variante ohne Fleisch zu bitten und stattdessen kurz Angebratenes, Salate, Tofu und Tempeh zu genießen. Bei der Bestellung von Currys und Gerichten aus dem Wok wie *cap cay* können die Gäste in der Regel zwischen Fleisch, Meeresfrüchten und vegetarisch wählen.

In den meisten Restaurants stehen außerdem eine Fülle von vegetarischer Pasta im westlichen Stil und Salate auf der Speisekarte; viele rein vegetarische Lokale sind auch um das Wohl von Veganern bemüht. Seminya, Kerobokan und Cangguk bieten sich für fleischlose Speisen an, während Ubud sich dank seines Yoga- und Gesundheitsethos' kulinarisch besonders auszeichnet.

FASTFOOD AUF BALINESISCH

Am authentischsten ist balinesisches Essen auf dem Gehsteig (wenngleich es in Denpasar auch einige hervorragende Plätze zum Sitzen gibt). Dort wimmelt es von Einheimischen, die sich um einfache Essensstände auf Märkten oder an Dorfstraßen versammeln, aufgestellt von fliegenden Händler namens *pedagang*, die süße und herzhafte Snacks mit ihren Fahrrädern oder Motorrädern plus Verkaufskarren (*kaki-lima*) befördern. Die Kunden schätzen besonders *sate* oder *bakso* (chinesische Fleischbällchen in einer dünnen Brühe). Der Name *kaki-lima* bedeutet „fünfbeinig" – drei Beine für den Karren und zwei für den Fahrer, normalerweise ein Javaner.

Was die Gesundheit angeht: Frisch zubereitete Speisen von Karren und Ständen sind normalerweise in Ordnung, aber Snacks, die schon eine Weile liegen, sind im besten Fall zweifelhaft oder mit dubiosen Konservierungsstoffen durchsetzt.

Balinesen sind sehr pingelig in Sachen Benehmen und Kleidung, weshalb man in einem Restaurant nicht halbnackt sitzen sollte, egal wie durchtrainiert man ist und wie viele Piercings oder Tattoos man zu präsentieren hat.

Wenn man mit Balinesen am Esstisch sitzt, ist es eine Form der Höflichkeit, sie einzuladen, selbst wenn ein „Nein" zu erwarten ist oder es gar nichts mehr anzubieten gibt. Falls man in einer balinesischen Familie eingeladen ist, wird man ständig aufgefordert, noch mehr zu essen. Aber man kann einen Nachschlag oder ein Gericht, das man nicht mag, einfach höflich ablehnen.

Getränke

Kaum hat man irgendwo am Strand Platz genommen, lässt sich höchstwahrscheinlich auch schon ein Getränkeverkäufer blicken, sodass man rasch ein kühles Bier zur Hand hat, während einem der Sand durch die Zehen rinnt. Wer es ein wenig eleganter mag, findet überall zwischen Seminyak, Kerobokan und Canggu die beliebten Strandlokale. Und auch Cafés muss man nicht lange suchen; dort bekommt man frisch gepresste Säfte, hervorragenden Kaffee und diverse alkoholische Getränke.

Spät in der Nacht öffnen dann zwischen Seminyak und Canggu luxuriöse Clubs und angesagte Nachtlokale ihre Pforten. Wer die ganze Nacht hindurch Party machen möchte, ist in Kuta genau richtig.

Bier

Biertrinker haben es gut auf Bali, was dem frischen, reinen Lagerbier aus Indonesien geschuldet ist, dem Bintang. Das Bali-Hai-Bier hört sich zwar vielversprechend an, ist es aber nicht.

Wein

Weinliebhaber brauchen auf Bali einen dicken Geldbeutel. Es gibt zwar Top-Weine aus der ganzen Welt, aber sie sind mit hohen Steuersätzen belegt. Selbst mittelklassige australische Weine sind nicht für unter 50 US$ zu haben.

Von den beiden regionalen Herstellern ist Artisan Estate noch der akzeptabelste. Dort umgeht man die Importzölle, indem man zerstampfte Trauben aus Westaustralien bezieht. Hatten Wine aus Nordbali ist etwas für diejenigen, die einen sehr lieblichen Rosé bevorzugen. Auch Two Islands hat hier seine Anhänger.

Regionale Spirituosen

Beim geselligen Zusammensein frönen balinesische Männer hin und wieder dem Arrak (aus Palmsaft, Reismaische oder auch Zuckerrohr destillierter Schnaps), doch generell schauen sie nicht gern tief ins Glas. Hüten sollte man sich vor gepanschtem Arrak, der selten ist, dafür aber giftig sein kann (S. 457).

Frische Säfte

Nicht-alkoholische Erfrischungsgetränke sind auf Märkten, bei Straßenhändlern, in einigen Warungs und in vielen Cafés erhältlich. Sie schmecken lecker und haben – zumindest farblich – etwas Psychedelisches an sich, und das garantiert ohne Kater! Zu den beliebtesten Getränken auf Bali zählt *cendol,* eine interessante Mischung aus Palmzucker, frischer Kokosmilch, zerstoßenem Eis und verschiedenen beliebigen Aromen und Zutaten.

Kaffee & Tee

Viele westliche Speiselokale servieren neben einheimischen Marken, die zum Teil sehr gut schmecken, auch importierten Kaffee und Tee.

Am teuersten – und überschätztesten – ist der indonesische *kopi luwak* (S. 214). Diese Kaffeesorte, die pro Tasse an die 200 000 Rp kostet, ist nach der Zibetkatze *(luwak)* benannt, einer endemischen Art, die auf Sulawesi, Sumatra und Java beheimatet ist und sich von reifen Kaffeebohnen ernährt. Kaffeeproduzenten sammelten ursprünglich die intakten Bohnen ein, die sich in den Hinterlassenschaften der Zibetkatze fanden, um sie zu einem angeblich besonders aromatischen Gebräu zu verarbeiten. Seit das Interesse an dieser Art von Kaffee jedes vernünftige Maß übersteigt, gibt es immer mehr Ärger – von Betrugsvorwürfen bis hin zu nachweislicher Tierquälerei.

Kunst & Kultur

Dank seiner dynamischen Kunstszene ist Bali weit mehr als nur ein tropisches Reiseziel. In der Malerei, Bildhauerei, der Musik und im Tanz steckt jeweils die künstlerische Begabung, die jedem Balinesen zu Eigen ist, ein Erbe der Majapahit-Zeit. Die balinesischen Kunstformen werden jedem Balibesucher noch lange Zeit im Gedächtnis bleiben.

Eine Insel der Künstler

Bedeutsam und geradezu erstaunlich ist der Umstand, dass es trotzdem kein balinesisches Wort für „Kunst" oder „Künstler" gibt. Bis zu jenem Zeitpunkt, als der Touristenstrom auf die Insel einsetzte, dienten Kunstformen ausschließlich religiösen und rituellen Zwecken und waren den Männern vorbehalten.

Bilder und Skulpturen wurden nur geschaffen, um Tempel und Heiligtümer auszuschmücken. Mit Musik, Tanz und Theateraufführungen sollten die Götter unterhalten werden, wenn sie zu bestimmten Anlässen nach Bali zurückkehrten. Balinesischen Künstlern ging es nicht darum, sich voneinander zu unterscheiden oder ihre Persönlichkeit auszudrücken, ihnen war wichtig, der Tradition treu zu bleiben oder auf der Grundlage der Tradition neue Ideen zu entwickeln.

Das Kultbuch von Colin McPhee über Tanz und Kultur Balis, *A House in Bali* (1946), war Vorlage für die gleichnamige Oper. Die Musik stammt von Evan Ziporyn, einem Komponisten, der viel Zeit in Ubud verbracht hat.

Das änderte sich erst gegen Ende der 1920er-Jahre, als sich eine Reihe ausländischer Künstler in Ubud ansiedelte, um von den Balinesen zu lernen – und anschließend Kunst zu einem einträglichen Geschäft zu machen. Heute ist Kunst praktisch ein eigener Wirtschaftszweig. Und Ubud gilt unumstritten als *das* balinesische Künstlerzentrum schlechthin. Aus allen Ecken der Welt zieht es Künstler immer noch hierher – seien es japanische Glasbläser, javanische Maler oder europäische Fotografen.

Auf der gesamten Insel wimmelt es förmlich von Galerien und Kunsthandwerksläden; Steinmetzarbeiten, Holzschnitzereien und Bilder sind dort aufgestapelt und verlocken zum Kauf. Manches davon ist schnell wieder aus der Mode und so manches reichlich kitschig oder peinlich vulgär – wer hängt sich schon gern einen 3 m langen Godzilla-Penis ins heimische Wohnzimmer? Man findet aber mit etwas Gespür durchaus auch künstlerisch herausragende Werke.

Tanz

Bali

Es gibt auf Bali mehr als ein Dutzend verschiedener Tänze, alle mit strenger Choreografie und dem Zwang zu äußerster Disziplin. Die meisten der Tänzer haben sich ihre Kunst durch hartes Training mit einem Lehrmeister angeeignet. Eine Bali-Reise wäre mit Sicherheit unvollständig, wenn man nicht mindestens einmal einen dieser Tänze gesehen hätte. Es gibt dabei unterschiedliche Stilrichtungen, vom eher drolligen Barong bis zum anspruchsvollen Legong. Eines ist der balinesische Tanz gewiss nicht: statisch. Die besten Tanzgruppen, wie zum Beispiel Semara Ratih in Ubud, arbeiten ständig an ihrem Repertoire.

Bei jedem Fest gibt es gute Tanzvorstellungen, außergewöhnliche Aufführungen finden in Ubud statt. Sie finden in der Regel abends statt und dauern etwa 90 Minuten, und es stehen acht oder mehr Programme zur Auswahl.

Mit etwas Nachforschen und gutem Timing gelingt es, eine Vorstellung zu sehen, die Teil einer Tempelzeremonie ist. Dabei lässt sich die ganze Schönheit des balinesischen Tanz- und Musikerbes erleben, so wie es ursprünglich gedacht war. Die Aufführungen können mehrere Stunden dauern. Es tut gut, sich in die hypnotische Musik und die anmutigen Bewegungen der Tänzer zu vertiefen; interessant ist auch, wie die Zuschauer mitgehen. In Ubud gibt es auch verschiedene Kurse für Musik, Theater und Tanz.

In Anbetracht der geringen Aufmerksamkeitsspanne der Touristen bieten viele Hotels ein Potpourri an Tänzen – ein bisschen Kecak, etwas Barong und zur Abrundung noch eine Kleinigkeit Legong. Das sind Minidarbietungen mit wenigen Musikern und Tänzern.

Balinese Dance, Drama and Music: A Guide to the Performing Arts of Bali von I Wayan Dibia und Rucina Ballinger ist ein prächtig illustrierter, sehr empfehlenswerter Führer zu Balis Theater und Musik.

Kecak

Der wegen seiner atemberaubenden Atmosphäre wahrscheinlich bekannteste Tanz ist der Kecak, bei dem Männer und Jugendliche in konzentrischen Kreisen sitzen und allmählich in Trance geraten, während sie ihr „chak-a-chak-a-chak" singen, eine Nachahmung der Affenrufe. Das Ganze wird oft „Stimmen-Gamelan" genannt und dient als einzige Begleitung tänzerischer Darbietungen von Szenen aus dem *Ramayana,* der Liebesgeschichte zwischen dem Prinzenpaar Rama und Sita.

Die Kecak-Version für Touristen entstand in den 1960er-Jahren. Präsentiert wird die spektakuläre Demonstration in Ubud (beim Krama Desa Ubud Kaja singen bis zu 80 halbnackte Männer auf fast hypnotische Weise) und im Pura Luhur Ulu Watu.

Legong

Der durch leuchtende Augen und ruhelose Handbewegungen geprägte Tanz wird von jungen Mädchen aufgeführt. Ihr Talent wird so sehr geschätzt, dass sie noch in hohem Alter als „große Legong" gelten.

Peliatans berühmte Tanzgruppe Gunung Sari, die oft in Ubud auftritt, zeigt ihren Legong Keraton (Palast-Legong). Die Tänzer in dieser stark stilisierten, symbolbeladenen Geschichte sind sorgfältig hergerichtet und treten in Gewändern aus Goldbrokat auf. In ihrem Tanz geht es um die Geschichte eines Königs, der ein junges Mädchen entführt, was zu einem Krieg führt, der den König das Leben kostet.

Sanghyang & Kecak-Feuertanz

Diese Tänze sollen böse Geister vom Dorf fernhalten. Sanghyang ist ein göttlicher Geist, der zeitweise einem Trancetänzer innewohnt. Der Sanghyang wird von zwei jungen Mädchen mit geschlossenen Augen, aber in vollkommener Harmonie und in der Art eines Traums getanzt. Männliche und weibliche Chöre bilden einen Hintergrund dazu, bis die zwei Tänzerinnen erschöpft zu Boden sinken. Dann besprengt sie ein *pemagku* mit geweihtem Wasser und holt sie aus der Trance in die Wirklichkeit zurück.

Beim Sanghyang Jaran reitet ein junger Mann in Trance tanzend auf einer Art Steckenpferd um ein Feuer aus Kokosnussschalen. Eine Abwandlung davon ist der Kecak-Feuertanz, der in Ubud fast täglich aufgeführt wird.

Weitere Tänze

Baris ist die männliche Entsprechung zum Legong, nämlich eine Art Kriegstanz. Ein ausgebildeter Baris-Tänzer muss in der Lage sein, die Gedanken und Gefühle eines Kriegers auszudrücken, der sich auf den

Kampf vorbereitet und dann auf seinen Gegner trifft: Ritterlichkeit, Stolz, Zorn, Heldentum und schließlich Bedauern.

Beim Topeng-Tanz agieren die Tänzer entsprechend den Masken, die sie tragen. Das erfordert viel Kunstfertigkeit, weil die Tänzer nichts durch Mimik ausdrücken können, sondern nur durch den Tanz selbst.

Lombok

Auf Lombok gibt es eine Reihe einzigartiger Tänze, allerdings werden sie nicht so stark vermarktet wie auf Bali. Aufführungen kann man in einigen Spitzenhotels erleben, außerdem in dem für seine Tanztradition bekannten Ort Lenek . Im Juli gibt es in Senggigi Tanz und *gendang beleq* (große Trommel). Das ist ein dramatischer Kriegstanz, dargeboten von Männern und Jugendlichen im Osten und in der Mitte von Lombok, die eine Reihe ungewöhnlicher Musikinstrumente spielen.

Musik

Bali

Balinesische Musik basiert auf dem Gamelan-Orchester, kurz auch *gong* genannt. Traditionell heißt es *gong gede* und umfasst bis zu 40 Musiker. Ältere Gamelan-Musik namens *selunding* kann man gelegentlich noch in Aga-Dörfern wie Tenganan hören.

Die moderne und beliebte Form eines *gong gede* ist *gong kebyar* mit bis zu 25 unterschiedlichen Instrumenten. Die melodische Musik untermalt oft traditionelle Tänze.

Die vorherrschende Stimme in der balinesischen Musik liefert das xylophonartige *gangsa*. Tempo und Charakter der Musik sind bestimmt

AFFEN & UNGEHEUER

Die härteste Konkurrenz für den Kecak sind die Barong- und Rangda-Tanzdarbietungen für ausländische Besucher. Auch hier geht es wieder um den Kampf zwischen Gut (Barong) und Böse (Rangda).

Der Barong ist ein guter, aber spitzbübischer und liebenswerter Löwenhund mit riesigen Augen und einem riesigen Maul, das ständig auf und zu klappt, was für eine gewisse Dramatik sorgt. Er gilt als Schutzpatron der Dörfer, und die Schauspieler sind in Pelzkostüme gekleidet. Der Barong gilt als heilig, weshalb er auch oft bei Prozessionen und Ritualen erscheint.

Gar nicht heilig sind jedoch die Freunde Barongs. Oft sind es Affen, die ihm mit ihren Späßen die Schau stehlen – die Darsteller nutzen die Freiheiten, die ihnen eingeräumt werden, gern und reichlich aus.

Die Hexenkönigin Rangda hingegen ist durch und durch böse. Ihre Macht wurzelt in der Schwarzen Magie und wirkt zerstörerisch. Sie sieht furchterregend aus – mit langen Fingernägeln, einer heraushängenden Feuerzunge, einer wilden Haarmähne und riesigen Brüsten.

Immer geht es um den Kampf zwischen Rangda und Barong. Dessen Anhänger zücken ihre Dolche, um ihm zu helfen. Durch einen Zauber versetzt die Hexe allerdings Barongs Helfer in Trance, bis sie ihre Dolche gegen sich selbst richten. Doch Barong bricht schließlich diesen Zauber, sodass ihnen nichts geschieht. Das Ganze ist ein prächtiges Spektakel.

Zur Aufführung gehört auch der Auftritt eines Priesters *(pemangku)*, der die Tänzer aus ihrer Trance zurückholt und währenddessen ein Huhn opfert, um alle bösen Geister zu vertreiben.

In Ubud gibt es unterschiedliche Varianten des Tanzes, teils gruselig und teils eher komödiantisch.

Barong-Masken sind begehrte Mitbringsel; besonders schöne Exemplare gibt es im Dorf Mas südlich von Ubud.

von zwei *kendang*-Trommeln. Weitere Instrumente sind die *trompong*-Trommeln, die kleinen *kempli*-Gongs und *cengceng* sowie Zimbeln für schnellere Passagen. Nicht alle Instrumente erfordern große Fertigkeiten; das Musizieren selbst ist jedenfalls fest in den dörflichen Traditionen verankert.

Viele Läden in Südbali und rund um Ubud verkaufen Gongs, Flöten, Bambus-Xylophone und Bambus-Glocken. Man sollte auch nach Download-Möglichkeiten Ausschau halten.

Frauen bringen oft Gaben in einen Tempel und tanzen dort den Pendet; Augen, Kopf und Hände bewegen sich dabei in spektakulären kontrollierten und koordinierten Bewegungen. Jede kleinste Bewegung des Handgelenks, der Hand, der Finger hat eine bestimmte Bedeutung.

Lombok

Beim *genggong* auf Lombok wird nur ein Minimum an Instrumenten eingesetzt, darunter eine Bambusflöte, ein *rebab* (gebogene Laute mit zwei Saiten) und Klopfer. Sieben Musiker begleiten ihre Darbietung mit Tanzbewegungen und stilisierten Gesten.

Wayang Kulit

Diese Theaterform ist weit mehr als bloße Unterhaltung. Seit Jahrhunderten erinnert das Schattenspiel im kerzenbeleuchteten Raum eher an den Geist des antiken griechischen Dramas. (Der Begriff „Drama" ist abgeleitet vom Griechischen *dromenon*, einem religiösen Ritual.) Die Aufführungen sind recht lang und zudem überaus eindringlich – sie können mehr als sechs Stunden dauern, manchmal dauern sie sogar bis zum Sonnenaufgang.

Ursprünglich bestand der Zweck dieser Theaterform darin, die Ahnen zurück ins Leben zu holen, wobei den bemalten Lederpuppen große Zauberkraft zugeschrieben wurde. Eine fast mystische Figur ist der *dalang*, der Puppenspieler und Erzähler. Er agiert bemerkenswert geschickt und sehr ausdauernd, während er hinter seinem „Bildschirm" sitzt, die Puppen bewegt und seine Geschichten erzählt, oft in mehreren Mundarten.

Die Geschichten gehen hauptsächlich auf hinduistische Epen wie das *Ramayana* und das *Mahabharata* zurück.

Zu sehen bekommt man Aufführungen in Ubud (dort allerdings abgekürzt auf besuchergerechte zwei Stunden).

Malerei

Mekar Bhuana (www.balimusicanddance.com), eine in Denpasar beheimatete Gruppe, hat sich die Bewahrung und Präsentation seltener alter balinesischer Tänze und Gamelanmusik zur Aufgabe gemacht. Die Gruppe sponsert Aufführungen und bietet Unterricht an.

Die balinesische Malerei ist wohl am stärksten von westlichen Einflüssen und Bedürfnissen beeinflusst. Die traditionelle Malerei orientierte sich an religiösen und mythologischen Motiven und diente der Tempel- und Palastdekoration. Die Farben wurden aus Ruß, Lehm und Schweineknochen hergestellt. In den 1930er-Jahren führten westliche Künstler einen Malstil ein, mit dem man auch Geld verdienen konnte. Um Touristen als Kunden anzusprechen, traten mehr und mehr Motive aus dem Alltagsleben in den Vordergrund, wobei zunehmend moderne Farben und Maltechniken zum Einsatz kamen. Das Ganze verbreitete sich schnell auf der Insel, und erstmals widmeten sich auch Frauen der Malerei.

Folgende Stilrichtungen sind seither zu unterscheiden: der klassische Stil oder Kamasan, so benannt nach dem Ort nahe Semarapura; der Ubud-Stil, der sich seit 1930 unter dem Einfluss von Pita Maha entwickelte; der Batuan-Stil, der zeitgleich in einem nahe gelegenen Ort entstand; der Stil der Young Artists, die 1960 auf den Plan traten, beeinflusst vom holländischen Künstler Arie Smith. Trotz aller Einflüsse ist diese Malerei immer noch unverkennbar balinesisch geblieben.

Wo man Bilder sehen & kaufen kann

Die Zahl der wirklich kreativen balinesischen Maler ist relativ gering, wesentlich größer ist die Zahl der Imitatoren. Die Läden, vor allem in Südbali, sind voll von Gemälden in allen möglichen Stilrichtungen – einige sind ganz gut, einige wenige sogar hervorragend.

Spitzenmuseen in Ubud wie das Neka Art Museum (S. 169), das Agung Rai Museum (S. 173) und das Museum Puri Lukisan (S. 180) zeigen die besten Stücke balinesischer Malerei und dokumentieren die europäischen Einflüsse. Auf dem Weg Richtung Süden findet man in Mas (S. 210) weitere Galerien.

In Ubuds Neka Gallery (S. 168) und der Agung Rai Gallery (S. 175), zwei Verkaufsgalerien, sieht man hochwertige Ausstellungsstücke. Für diese und andere Galerien sollte man mindestens einen ganzen Nachmittag einplanen.

Ein *arja*-Drama ähnelt in vielem dem *wayang-kulit*-Puppentheater: in der melodramatischen Handlung, den Soundeffekten aus dem Hintergrund und dem Figurenpersonal aus eindeutig Guten (den kultivierten *alus*) und Schlechten (den unkultivierten *kras*). Die Aufführungen finden im Freien statt; manchmal wird auf der Bühne ein kleines Haus errichtet und am Höhepunkt der Show abgebrannt.

Klassische Malerei

Es gibt drei Grundtypen der klassischen Malerei: *langse, iders-iders* und Kalender. *Langse* sind große, dekorative Wandbilder für Paläste oder Tempel mit *wayang*-Figuren (die an die Schattenspiele erinnern), Blumen-, Flammen- und Bergmotiven. *Iders-iders* sind Rollbilder, wie man sie in Tempeln aufhängt. Kalenderbilder haben eine ähnliche Funktion wie im Christentum – sie illustrieren wichtige Daten und Festlichkeiten oder sollen in die Zukunft weisen.

Langse-Gemälde haben dazu beigetragen, dem einfachen Volk *adat* (traditionelle Bräuche) zu vermitteln, ähnlich wie dies auch der althergebrachte Tanz und das Puppenspiel taten. Die stilisierten Figuren zeigen Gut und Böse: So werden romantische Gestalten wie Ramayana und Arjuna stets mit kleinen, schmalen Augen und feinen Gesichtszügen dargestellt, während Teufel und Krieger oft große Augen, grobe Gesichtszüge und Bärte besitzen. Die Gemälde erzählen (comic-artig) ganze Geschichten, die oft ihren Ursprung im *Ramayana* oder *Mahabharata* haben. Andere Motive entstammen den Kakawins-Gedichten, oder es handelt sich um böse Geister aus der balinesischen Folklore – zu sehen etwa an der Decke der Kertha Gosa in Semarapura.

Ein guter Ort, klassische Malerei in einem modernen Kontext zu bewundern, ist das Nyoman-Gunarsa-Museum bei Semarapura, das den klassischen Maltechniken gewidmet ist.

EINFLUSSREICHE WESTLICHE KÜNSTLER

Neben Arie Smit (der 2016 im Alter von 99 Jahren auf Bali starb) haben noch mehrere westliche Künstler Anfang und Mitte des 20. Jhs. großen Einfluss auf die balinesische Kunst ausgeübt, und zwar zu einem Zeitpunkt, als diese bereits auszusterben schien.

Walter Spies (1895–1942) Ein deutscher Künstler, kam 1925 erstmals nach Bali und ließ sich 1927 in Ubud nieder. Von dort aus prägte er das bis heute gültige Bild der balinesischen Kunst im Westen.

Rudolf Bonnet (1895–1978) Bonnet, ein holländischer Künstler, der sich auf die menschliche Gestalt und das balinesische Alltagsleben konzentrierte. Viele klassische Bilder mit Marktszenen und Hahnenkämpfen gehen auf ihn zurück.

Miguel Covarrubias (1904–1957) Von dem mexikanischen Künstler stammt das Buch *Island of Bali*, noch immer ein Klassiker über die Insel und ihre Kultur.

Colin McPhee (1900–1965) Von diesem kanadischen Musiker stammt das Buch *A House in Bali*, eines der besten über die Insel. Die Berichte über balinesische Musik und Architektur darin sind amüsant geschrieben. Sein Einsatz für balinesische Musik und Tanz war von großer Bedeutung.

Adrien Jean Le Mayeur de Merpres (1880–1958) Der belgische Künstler kam 1932 nach Bali und hat viel dazu beigetragen, die sinnenfreudige balinesische Kunst zu fördern, oft mit Unterstützung seiner Frau, der Tänzerin Ni Polok. Beiden ist ein oft unterschätztes Museum in Sanur gewidmet.

Treasures of Bali von Richard Mann ist ein schön illustrierter Führer zu den Museen Balis, zu den großen und den kleinen. Er stellt die Kostbarkeiten vor, die von geführten Touren oft übersehen werden.

Pita Maha

In den 1930-Jahren starb, von einigen Tempel-Aufträgen abgesehen, die alte balinesische Malerei nahezu aus. Doch dann gründeten die europäischen Künstler Rudolf Bonnet und Walter Spies zusammen mit Cokorda Gede Agung Surapati die Pita Maha, wörtlich übersetzt „die große Lebenskraft", um der religiös fundierten balinesischen Malerei eine wirtschaftliche Perspektive zu vermitteln. Ihre „Genossenschaft" umfasste auf dem Höhepunkt des Schaffens mehr als 100 Mitglieder und führte zur Gründung des Museums Puri Lukisan in Ubud, des ersten der balinesischen Kunst gewidmeten Museums.

Die von Bonnet und Spies inspirierten Neuerungen wirkten revolutionär. Balinesische Künstler wie der verstorbene I Gusti Nyoman Lempad, I Wayan Ketig, I Ketut Regig und Gus Made entwickelten ihren eigenen Malstil. Die komplexen Erzählungen wurden durch Einzelszenen ersetzt und romantische Legenden durch Alltagsbilder: Ernte, Märkte, Hahnenkämpfe, Opfergaben in Tempeln oder bei Leichenverbrennungen. So entwickelte sich der Ubud-Stil.

Maler aus Batuan haben noch viele Elemente der klassischen Malerei beibehalten. Sie beschreiben das Alltagsleben in mehreren Szenen, doch alles integriert in einem einzigen Werk – dazu gehörten Marktszenen, Bilder von der Reisernte, vom Tanz und sogar ein Windsurfer.

Auch die Maltechniken haben sich geändert; jahrhundertealte stilisierte Posen sind realistischen Darstellungen gewichen. Das hat damit zu tun, dass die Malerei nicht mehr nur der Tempel- und Palastgestaltung dienen sollte.

In gewisser Hinsicht ist der ursprüngliche balinesische Stil dennoch erhalten geblieben, nur sind die Bilder jetzt vollgepackt mit Details. In einem gemalten balinesischen Wald z. B. wimmelt es von Ästen, Blättern und Tieren aller Art, um die Fläche auszufüllen.

Dieser neue künstlerische Enthusiasmus wurde leider durch den Zweiten Weltkrieg und den Kampf um die Unabhängigkeit Indonesiens unterbrochen und erst durch die sogenannten Jungen Künstler (Young Artists) wiederbelebt.

Die Jungen Künstler

1956 hielt sich Arie Smit in Penestanan nahe Ubud auf und beobachtete einen elfjährigen Jungen, der im Straßenstaub zeichnete. Smit fragte sich, was der Junge wohl mit einer richtigen Malausrüstung zustandebringen könnte. Der Überlieferung nach stimmte der Vater Smits Idee, den Jungen zu unterrichten, erst zu, nachdem dieser sich bereiterklärte, Geld für jemanden zu zahlen, der die Enten der Familien hüten würde.

Weitere „junge Künstler" schlossen sich dem ersten Schüler I Nyoman Cakra an, aber Smit unterrichtete sie nicht im eigentlichen Sinne. Er sorgte nur für Ausrüstung und Begeisterung und konzentrierte sich darauf, echte Talente zu entdecken. Heute ist daraus eine ganze Malschule geworden, das Ergebnis sind farbenfrohen Szenen aus dem ländlichen Alltagsleben, ein wichtiger Bestandteil der neueren balinesischen Malerei, die sich auch an Besucher wendet.

I Nyoman Cakra lebt noch immer in Penestanan und gesteht freimütig ein, dass er alles Smit zu verdanken hat. Weitere bekannte Namen sind I Ketut Tagen, I Nyoman Tjarka und I Nyoman Mujung.

Andere Stilrichtungen

Es gibt durchaus einige Abweichungen vom dominierenden Stil von Ubud und der „Young Artists". Die Darstellung von Wäldern, Blumen, Schmetterlingen, Vögeln und anderen naturalistischen Motiven, bekannt unter dem Begriff Pengosekan, wurde ab 1960 populär. Wahrscheinlich geht dieser Stil auf Henri Rousseau zurück, von dem Walter Spies stark beeinflusst war. Typisch für diese Stilrichtung ist die Darstellung von Unterwasserwelten mit farbenfrohen Fischen, Korallenbänken und Meeresgetier. Irgendwo zwischen dem Pengosekan- und dem Ubud-Stil liegen die Miniatur-Landschaften, die vorwiegend kommerziell orientiert sind.

Die neuen Techniken haben sogar zu neuen Varianten der balinesischen und Hindu-Mythologie geführt. So tauchen mittlerweile vorher kaum bekannte Nymphen aus Volksmärchen und Erzählungen auf, teilweise mit durchaus erotischen Anklängen.

Eine sorgfältig zusammengestellte Liste von Büchern über Kunst, Kultur, Schriftsteller, Tänzer und Musiker Balis findet sich unter www.ganeshabooksbali.com, der Website der ausgezeichneten Buchhandlung in Ubud (mit Filiale in Sanur).

Kunsthandwerk

Bali wirkt wie ein buntes Schaufenster für das Kunsthandwerk aus ganz Indonesien. In besseren Touristenshops werden Puppen und Batikartikel aus Java, Ikatarbeiten aus Sumba, Sumbawa und Flores, Textilien und Holzschnitzereien aus Bali, Lombok und Kalimantan angeboten. Der in balinesischen Haushalten so wichtige Kris (Dolch) wurde meistens aus Java importiert.

Im eher armen Lombok ist das traditionelle Kunsthandwerk meist praktisch orientiert, die Stücke sind aber trotzdem sorgfältig und schön gearbeitet. Bei Sammlern beliebt sind vor allem Webwaren, Korbwaren und Tonwaren aus Lombok.

Textilien & Webarbeiten

Bali

Textilien werden auf Bali und Lombok von Frauen für Festlichkeiten, aber auch als Geschenke hergestellt. Oft werden sie ein Teil der Mitgift oder dienen bei Leichenverbrennungen, um den Verstorbenen auf dem Weg ins Jenseits zu begleiten.

BALIS MALER DER GEGENWART

Zahlreiche balinesische Künstler erhalten international Anerkennung für ihre Werke, die oft durch die Themen soziale Gerechtigkeit und das Hinterfragen moderner Werte bestimmt sind. Doch typisch balinesisch besitzen die Werke meist einen schlauen Witz und ein Augenzwinkern. Einige interessante Künstler:

Nyoman Masriadi In Gianyar geboren, ist Masriadi der Superstar unter Balis gegenwärtigen Künstlern. Seine Arbeiten erzielen Preise von einer Million Dollar an aufwärts. Er ist berühmt für seine scharfe Beobachtung der heutigen indonesischen Gesellschaft und seine absolut modernen Techniken und Motive.

Made Djirna Djirna, der aus dem reichen Touristenort Ubud stammt, besitzt den perfekten Hintergrund für seine Arbeiten, die das Verhältnis zwischen dem zur Schau gestellten Geld und den modernen religiösen Zeremonien Balis kritisiert.

Agung Mangu Putra Dieser Maler aus den üppig grünen Hügeln westlich von Ubud findet seine Inspiration bei jenen Balinesen, an denen der ungleich verteilte Wirtschaftsboom vorbeigeht. Er prangert dessen Auswirkungen auf seine natürliche Welt an.

Wayan Sudarna Putra Er setzt in seinen Werken Satire und Parodie ein, um die Absurditäten des gegenwärtigen indonesischen Lebens und seiner Werte zu verdeutlichen. Er stammt aus Ubud.

Ketut Sana Der Mann aus Keliki, einem Dorf in der Nähe von Ubud, kannte in seiner Jugend berühmte Künstler wie Gusti Nyoman, Sudara Lempad und Wayan Gerudug. Seine frühen impressionistischen Arbeiten enthalten Zitate aus den Werken dieser Vorbilder.

Gede Suanda Sayur Seine Arbeiten sind oft dunkel, denn er hinterfragt die Ausbeutung der balinesischen Umwelt. Gemeinsam mit Putra schuf er eine Installation in einem Reisfeld bei Ubud, in deren Zentrum riesige weiße Pfähle standen mit der Aufschrift „Nicht zu verkaufen".

Top 5: Kunsterlebnisse

Für eine kleine Insel wie Bali gibt es viel Kunst und Kultur. Das Spektrum reicht vom Kunsthandwerk bis zu streng choreographierten Tanzdarbietungen.

Ikat

Wer eine Ikat-Fabrik besucht, wird vom Klappern der hölzernen Webstühle eingenommen – das Ergebnis der Arbeiten ist großartig. Auf traditionelle Weise gefärbte Fäden werden hier von Hand zu herrlichen Ornamenten verwoben (S. 412).

Legong-Tanz

Die Bewegungsabläufe der Legong-Tänzer (S. 404) wirken auf unglaubliche Weise roboterhaft und streng kontrolliert. Junge Mädchen und Frauen in dicht bestickter und goldverzierter Kleidung tanzen nach strikten Regeln: mit präzisen Bewegungen der Augen und fast aller Muskeln.

Kecak

Wer einem Kecak (S. 404) beiwohnt, den verlässt der Eindruck nicht mehr. Wenn Männer mehr als eine Stunde lang singen, wirkt das hypnotisch, und die Zuschauer können in die gleiche Trance geraten wie die Ausführenden. Die Klänge sind rhythmisch und wirken auf magische Weise.

Barong & Rangda

Mit ihren Masken in leuchtenden Farben kann man die Barongs (S. 405) in einer Aufführung kaum übersehen – sie tragen ja auch noch eine zottelige Kostümierung. Barongs repräsentieren das Gute, sie klappern mit ihren hölzernen Mündern und sind bemüht, ihrem bösen Gegenspieler Rangda die Schau zu stehlen.

Bildhauerei

Sollte Indiana Jones einen Künstler anheuern, wäre das bestimmt ein balinesischer Bildhauer. Diese Künstler arbeiten mit dem weichen Vulkangestein ihrer Insel und erschaffen damit Figuren, die schnell altern; so gleicht ein neuer Tempel schon bald einem altehrwürdigen Baudenkmal (S. 414).

1. Ornamentale Reliefs **2.** Kecak-Aufführung in Pura Luhur Ulu Watu (S. 125) **3.** Legong-Tänzer beim Bali Arts Festival (S. 148)

2

TROPICAL STUDIO / SHUTTERSTOCK ©

Am meisten verbreitet auf Bali ist der Sarong, der als Kleidungsstück, Handtuch, Bettlaken oder sonst etwas dient. Die billigen Baumwollstoffe, einfarbig oder bedruckt, werden überall im Alltag getragen, von Urlaubern auch gern am Strand.

Für besondere Anlässe wie Tempelzeremonien tragen Männer und Frauen ein *kamben*, ein um die Brust geschlungenes Tuch namens *songket*. Es ist mit Silber- oder Goldfäden durchwirkt und handgewebt. Eine Variante davon ist *endek*, ähnlich wie *songket*, aber mit vorgefärbten Webfäden.

Die Männer kombinieren das *kamben* mit einem Hemd, die Frauen mit einer *kebaya* (einer langärmeligen Spitzenbluse). Außerdem wird das Ganze komplettiert durch einen Stoffstreifen namens *kain* (auch bekannt als *prada*, sofern ein goldverziertes Blumenmuster hinzukommt). Getragen wird er rund um die Hüften über dem Sarong wie eine Art Gürtel.

Das Comic-Magazin *Bog Bog*, von balinesischen Cartoonzeichnern, bietet einen satirischen und humorvollen Einblick in die Kontraste zwischen der modernen und der traditionellen Welt auf Bali. Es ist in Warungs, Buchhandlungen, Supermärkten oder online unter www.facebook.com/bogbogcartoon erhältlich.

Gute Einkaufsplätze

Jeder Markt, vor allem der Markt in Denpasar, bietet eine gute Auswahl an Textilien. Oft drängen sich mehrere Textilgeschäfte in einer Straße wie etwa in der Jalan Sulawesi gegenüber dem Hauptmarkt in Denpasar und in der Jalan Arjuna in Legian. Threads of Life (S. 205) in Ubud ist eine Fair-Trade-Textilgalerie, die traditionelle balinesische und indonesische Techniken des Handwebens bewahrt. Die Fabriken um Gianyar in Ostbali und um Blahbatuh südöstlich von Ubud verfügen über große Verkaufsräume.

Ganz ausgezeichnete Arbeiten bietet Gusti Ayu Made Mardiani in seiner Werkstatt Jepun Bali (S. 158) im Süden Denpasars.

Batik

Die traditionellen Batik-Sarongs rangieren irgendwo zwischen Baumwoll-Sarong und *kamben* und werden in Zentraljava von Hand hergestellt. Die Prozedur des Färbens übernehmen Balinesen, die auf diese Weise farbenfrohe und gemusterte Gewebe herstellen. Beim Kauf sollte man sich vor unechtem, einfach bedrucktem Batik hüten: Dann waschen nämlich die Farben schnell aus und das Muster liegt oft nur auf einer Seite des Stoffes, im Gegensatz zu echtem, handbemaltem Batik (nach balinesischer Auffassung soll nämlich auch der Körper spüren, was das Auge sieht).

Ikat

Beim Ikat werden entweder die Kettfäden oder die Schussfäden eingefärbt, bevor der Webvorgang beginnt. Das so entstehende Muster ist geometrisch und leicht gewellt. Das Färben verläuft normalerweise nach dem gleichen Schema: Blau- und Grüntöne, Rot und Brauntöne oder Gelb-, Rot- und Orangetöne. In Gianyar in Ostbali gibt es einige Werkstätten, wo man zusehen kann, wie Ikat-Sarongs auf hand- und fußbetriebenen Webstühlen hergestellt werden. Der Vorgang dauert etwa sechs Stunden.

Lombok

Lombok ist bekannt für seine Webarbeiten an Schlaufenwebstühlen, wobei die Technik von den Müttern an die Töchter weitergegeben wird. Abstrakte Blumen- und Tiermotive wie Büffel, Drachen, Krokodile und Schlangen zieren häufig die Textilen. In Cakranegara und Mataram kann man Werkstätten besichtigen, die Web-Ikats an hand- und fußbetriebenen Webstühlen herstellen.

Sukarara und Pringgasela gelten als Zentren für traditionelle Ikats und *songket*-Arbeiten (silber- oder golddurchwirkte, handgewebte Stü-

OPFERGABEN

Ausländische Besucher sind auf Bali stets gern gesehene Gäste, aber noch immer sind die wahren Ehrengäste des Landes die Götter, die Ahnen, Geister und Dämonen. Jeden Tag werden ihnen Opfergaben dargebracht, um Achtung und Dankbarkeit zu bekunden oder um einen Dämon zu besänftigen.

Ein Geschenk an ein höheres Wesen muss natürlich attraktiv wirken, weshalb jede Opfergabe als kleines Kunstwerk gestaltet ist. Am häufigsten ist ein „Tablett" aus Palmblättern, nur wenig größer als eine Untertasse und angefüllt mit Blumen, Speisen (vor allem Reis, manchmal auch Ritz-Cracker oder eingewickelte Lollies), Kleingeld und einer *saiban* (Opfergabe für einen Schrein oder Tempel). Diverse rituelle Anlässe erfordern dagegen aufwendigere Opfergaben, etwa farbenprächtige Türme aus Obst und Kuchen namens *baten tegeh* oder komplett zubereitete Tiere wie *babi guling* (Spanferkel).

Einmal den Göttern geopfert, kann eine Opfergabe nicht noch ein zweites Mal dargebracht werden, weshalb jeden Tag immer wieder neue hergestellt werden, meist von Frauen. Kleine Gaben findet man auch auf Märkten, so wie man in einem westlichen Supermarkt einfache Fertiggerichte kaufen kann.

Opfergaben für die Götter werden an erhöhter Stelle abgelegt, jene für Dämonen unten am Boden. Sie sind allgegenwärtig und man tritt häufig hinein (das zu vermeiden ist praktisch unmöglich). Am Bemo Corner in Kuta werden die Gaben zum Beispiel mitten auf der Straße abgelegt und dann von Autos plattgefahren. Und überall auf der Insel gibt es Hunde, die förmlich auf die Opfergaben mit Crackern warten. Doch da die Götter und Dämonen nach allgemeiner Auffassung den Gehalt des Opfers sofort aufsaugen, verwerten die Tiere dann nur noch die leere „Hülle".

cke). Sarongs, Sasak-Gürtel und Textilien mit farbenfrohen Stickereien gibt es in kleinen Läden zu kaufen.

Schnitzerei

Die Schnitzerei in Bali hat sich aus den traditionellen Schnitzarbeiten für Türen und Säulen, religiösen Figuren und Theatermasken weiterentwickelt hin zu modernen Formen in den verschiedensten Stilen. Tegallalang und Jati an der Straße nördlich von Ubud sind bekannte Zentren der Schnitzerei, ebenso die Orte an der Straße von Mas bis Peliatan, doch es gibt durchaus in jedem Souvenirladen schöne Stücke. Wer jedoch außergewöhnliche Arbeiten sucht oder sogar sich selbst im Schnitzen versuchen möchte, sucht das Atelier von Ida Bagus Anom Suryawan (S. 211) in Mas auf.

Die typische längliche Form der Schnitzerein geht angeblich auf Walter Spies zurück, der einst einem Holzschnitzer ein langes Stück Holz mit dem Auftrag übergeben haben soll, daraus zwei Figuren zu fertigen. Doch der Handwerker mochte das Stück nicht halbieren und schnitzte stattdessen einen großen, schlanken Tänzer.

Andere typische Erzeugnisse sind klassische religiöse Figuren, Tierkarikaturen, menschliche Skelette, Bilderrahmen und „Totempfähle". In Kuta spekuliert man auf Biertrinker, zum Beispiel mit penisförmigen Flaschenöffnern, angeblich das beliebteste balinesische Souvenir.

Gearbeitet wird fast durchgehend mit einheimischen Hölzern, darunter *belalu,* und mit dem Holz von Obstbäumen. Auch Ebenholz aus Sulawesi wird verwendet. Sandelholz mit seinem betörenden Duft ist teuer. Allerdings sollte man sich vor dem Kauf von Fälschungen hüten.

Auf Lombok dient die Holzschnitzerei vorwiegend funktionalen Dingen wie Behältern für Tabak und Gewürze, Betelnussknackern und Messern. Als Material werden dabei Holz, Hirschhorn und Knochen verwendet. Man findet dieses Material auch beim neuesten Trend, der Herstellung von einfachen, lang gezogenen Masken. Zentren sind Cakranegara, Sindu, Labuapi und Senanti.

Holzschnitzereien verlieren schnell Feuchtigkeit, wenn sie in trockenere Regionen gebracht werden. Um ein Einschrumpfen (etwa des heiß geliebten Penis-Flaschenöffners ...) zu vermeiden, sollte man die Stücke in einer Plastiktüte aufbewahren und pro Monat eine Woche lang Luft hineinlassen, das Ganze etwa vier Monate lang.

Masken, die bei Theater- und Tanzaufführungen verwendet werden, erfordern eine besondere Technik. Der Maskenmeister muss genau wissen, welche Tanzschritte die Tänzer ausführen werden. Diesen Masken werden magische Fähigkeiten zugeschrieben. Andere Masken, wie die von Barong und Rangda, sind bunt bemalt und mit echtem Menschenhaar, übergroßen Zähnen und weit aufgerissenen Augen versehen.

Puaya bei Sukawati, südlich von Ubud, ist ein Zentrum der Maskenschnitzerei. Dort besteht die Möglichkeit, Werkstätten zu besuchen und dem Entstehen von vielerlei zeremonieller Kunst beizuwohnen. Das Negeri Propinsi Bali in Denpasar besitzt eine umfangreiche Maskensammlung, in der Interessenten sich vor einem Kauf mit den verschiedenen Stilen vertraut machen können.

Bildhauerei

Traditionellerweise wurden Steinskulpturen als Tempelschmuck angefertigt, heute sind sie beliebte Souvenirs. In Tempeln kann man an bestimmten Plätzen Steinmetzarbeiten bewundern, „Türsteher" wie z. B. Arjuna gehören einfach dazu. Über dem Eingang hängt oft ein Bildnis von Kala, der furchterregend blickt und seine Hände ausstreckt, um böse Geister zu fangen. Die Seitenwände von *pura dalem* (Tempel der Toten) schildern die Schrecken, die Sünder im Jenseits erwarten.

Zu Balis ältesten Steinmetzarbeiten zählen Darstellungen von Menschen, die in Goa Gajah, der sogenannten Elefantengrotte aus dem 11. Jh., vor einem riesigen Ungeheuer fliehen. Entlang der Straße durch Muncan in Ostbali erblickt man Straßenwerkstätten, wo im Freien große Tempeldekorstücke aus Stein hergestellt werden.

In Batubulan wird mit einem Vulkangestein namens *paras* gearbeitet. Es ist so weich, dass man es mit dem Fingernagel einritzen kann. (Der Legende nach soll der Riese Kebo Iwa auf diese Weise die Elefantengrotte geschaffen haben.)

KRIS: HEILIGE KLINGEN

Kris sind balinesische Zeremonialdolche mit gekrümmter Klinge und einem juwelengeschmückten Griff; es gibt sie schon seit der Majapahit-Zeit. Ein Kris wird als wichtigstes Familienerbstück von einer Generation zur nächsten weitergereicht und gilt als Zeichen von Ansehen und Ehre. Einem gut gefertigten Kris werden spirituelle Kräfte zugeschrieben; ein so mächtiges magisches Objekt erfordert natürlich auch eine äußerst rücksichtsvolle Behandlung. Viele Besitzer eines Kris waschen die Klingen nur mit Wasser aus dem Fluss Sungai Pakerisan in Ostbali.

Balinesische Männer beurteilen einander nach dem Prinzip „Zeige mir deinen Kris". Es geht dabei um die Klinge, aber auch um die Anzahl der Dolche, ihre Qualität, die Verarbeitung des Handgriffs und Ähnliches. Die Griffe beurteilt man unabhängig von den Klingen. So weit finanziell möglich, bemüht man sich, die eigene Sammlung von Griffen zu vergrößern. Die Kris selbst bleiben heilig; ihr Aufbewahrungsort ist oft umrahmt von Opfergaben. Die Bögen der Klinge, *lok* genannt, tragen unterschiedliche Bedeutungen, je nachdem, welche ungerade Anzahl vorliegt. Drei Bögen bedeuten beispielsweise Leidenschaft. Eine reichhaltige Kris-Sammlung findet sich im Museum Negeri Propinsi Bali (S. 145) in Denpasar.

Töpferei

In Pejaten in der Nähe von Tabanan gibt es eine Reihe von Werkstätten, die Keramik herstellen, Figuren etwa oder glasierte Dachziegel. Bei Jenggala Keramik in Jimbaran findet man moderne glasierte Keramikarbeiten.

Schmuck

Silber- und Goldschmiede gehören traditionell der *pande*-Kaste an, zu der auch Hufschmiede und andere Metallarbeiter zählen. Bali ist ein wichtiger Produzent von Modeschmuck; hier werden Variationen von gegenwärtig modischen Designs hergestellt.

Sehr feine Filigranarbeiten sind eine balinesische Spezialität, ebenso der Gebrauch kleiner Silberstückchen als Muster oder dekorative Struktur – Letzteres gilt als sehr schwierige Technik, den die Temperatur muss genau richtig sein, um den feinen Silberdraht oder die kleinen Silberstückchen mit dem silbernen Untergrund zu verbinden, ohne diesen zu beschädigen. Balinesische Arbeiten sind fast immer handgemacht, nur selten wird etwas gegossen.

Der Expat John Hardy schuf ein Imperium im Wert von Hunderten von Millionen Dollar, indem er die alten balinesischen Silberarbeiten mit seinen eigenen innovativen Kreationen kombinierte. Dann verkaufte er seine Firma und begann Bambushäuser zu bauen. In Ubud, vor allem in der oberen Jalan Hanoman gibt es zahlreiche Läden mit originellem Silberschmuck.

Architektur

Design ist ein Teil von Balis geistigem Erbe und bestimmt das Aussehen traditioneller Häuser, Tempel und sogar moderner Bauten wie etwa Resorts. Der Stil Balis ist zeitlos, egal ob jahrhundertealt oder in Form einer hippen neuen Villa. Und in Bali stehen weltberühmte Beispiele für Bauten aus erneuerbaren Materialien wie Bambus.

Architektur & Leben

Die Architektur in Bali bringt die Lebenden und die Toten zusammen, ist ein Ausdruck der Verehrung der Götter und soll vor bösen Geistern schützen, außerdem natürlich vor sintflutartigen Regenfällen: Die balinesische Baukunst verbindet das Spirituelle mit dem Funktionalen, das Mystische mit dem Schönen. In ihr steckt eine ganz eigene lebendige Kraft.

Die Menschen auf der Insel sind durch tief verwurzelte religiöse und kulturelle Rituale gebunden und deshalb ist das oberste Gebot für jede Konstruktion, dass die Ahnen und Dorfgötter immer positiv gestimmt werden müssen. Das bedeutet in der Konsequenz, dass für den Dorftempel der heiligste Ort (jeweils der Nordosten) einer Gemeinde gewählt werden muss und in jedem Gehöft der gleiche Platz für den Familientempel. Man muss immer eine ausgeglichene, angenehme Atmosphäre schaffen, um zu erreichen, dass die Götter zu den Festen nach Bali zurückkehren.

In den verschiedenen Open-Air-*bale* (Pavillons) in Familienanlagen werden Besucher empfangen. In der Regel gibt es zunächst eine Stunde oder länger Getränke, kleine Kuchen und freundliche Gespräche, bevor der eigentliche Zweck des Besuches besprochen wird.

Ein balinesisches Gehöft strahlt Schönheit, Harmonie, uralte Weisheit und Funktionalität aus, doch der Gedanke an Wertsteigerungen spielt dabei keine Rolle. Zwar verkauft eine wachsende Zahl von Reisbauern das Land ihrer Vorväter an Ausländer, die dort Villenviertel errichten, aber das Grundstück, auf dem ihr Wohnhaus steht, bleibt stets ihr Eigentum.

Die Bewahrung der kosmischen Ordnung

Ob es sich um ein Dorf handelt, einen Tempel, ein Familiengehöft, ein Einzelgebäude oder auch nur ein Gebäudeteil, alle müssen der balinesischen Vorstellung von der kosmischen Ordnung entsprechen.

Der Kosmos ist eingeteilt in drei Welten: *swah* (Welt der Götter), *bhwah* (Welt der Menschen) und *bhur* (Welt der Dämonen). Dieser Ordnungsvorstellung entspricht die Dreiteilung des Menschen: *utama* (der Kopf), *madia* (der Körper) und *nista* (die Beine).

Die Abmessungen in einem traditionellen Bauwerk werden von den Körpermaßen des Familienoberhaupts abgeleitet, um die Harmonie zwischen dem Gebäude und seinen Bewohnern zu gewährleisten.

Für die Planung ist üblicherweise ein *undagi* verantwortlich, ein Beruf mit einer Mischung aus Architekt und Priester.

Die Harmonie zwischen Gott, Mensch und Natur muss entsprechend der Grundidee des *Tri Hita Karana* bewahrt werden. Dabei gilt die Auffassung, dass wenn etwas nicht stimmt, die Harmonie des Universums gestört wird und über die Gemeinschaft werden Unglück und Krankheiten hereinbrechen.

EIN TYPISCHES FAMILIENGEHÖFT

Die folgenden Elemente gehören alle zu einem Familiengehöft. Es gibt zwar Varianten, aber die Anlagen sind einander erstaunlich ähnlich, vor allem wenn man bedenkt, dass Tausende davon überall auf Bali stehen.

Sanggah oder Merajan Der Familientempel, der immer in der bergwärts-östlichen *(kaja-kangin)* Ecke des Hofes steht. Dort befinden sich die Schreine für die hinduistische „Trinität" Brahma, Shiva und Vishnu und für *taksu*, den Mittler zwischen Menschen und Göttern.

Umah Meten Schlafpavillon des Familienoberhaupts.

Tugu Schrein für den Gott der bösen Geister am äußersten Ende der bergwärts-westlichen *(kaja-kuah)* Ecke. Wenn der mächtigste böse Geist das Haus bewacht, werden die anderen sich fernhalten.

Pengijeng Kleiner Schrein in der Mitte der Freifläche. Er ist dem Geist geweiht, der das Anwesen beschützt.

Bale Tiang Sanga Pavillon für die Gäste, auch *bale duah* genannt. Genau genommen ist dies der Raum für die Familie. Er dient als Ort, wo man zusammenkommt, oder wird als Arbeitsplatz genutzt; eventuell wohnen hier vorübergehend die jüngeren Söhne und ihre Familien, bevor sie einen eigenen Hausstand gründen.

Natah Innenhof mit schattigen Frangipani- oder Hibiskusbäumen. Hier picken normalerweise immer ein paar Hühner nach Körnern und ein oder zwei Kampfhähne sitzen in einem Korb.

Bale Sakenam oder Bale Dangin Pavillon zum Arbeiten oder Schlafen, der auch für wichtige Familienzeremonien genutzt wird.

Obstbäume & Kokospalmen Sie haben praktischen und dekorativen Nutzen. Obstbäume und blühende Bäume, z. B. Hibiskus, werden oft gemischt, und an den Ästen hängen Käfige mit Singvögeln.

Gemüsegarten Kleiner Garten, meist für ein paar Gewürze, z. B. Zitronengras, das nicht auf großen Beeten gezogen wird.

Bale Sakepat Schlafpavillon für die Kinder; eher die Ausnahme.

Paon Die Küche liegt immer im Süden, weil die Richtung mit Brahma, dem Gott des Feuers, assoziiert wird.

Lumbung Reisspeicher; auch die Wohnstätte von Dewi Sri, der Reisgöttin. Er steht erhöht, um Ungeziefer vom Reis fernzuhalten.

Dreschplatz für den Reis Wichtig für die Bauern, um den Reis zum Kochen oder zur Lagerung vorzubereiten.

Aling Aling Schutzmauer, die die Besucher zwingt, nach rechts oder links zu gehen. Sie schützt vor Blicken der Passanten und hält Dämonen fern. Die Balinesen glauben, dass diese nicht um Ecken gehen können.

Candi Kurung Tor mit einem Dach, das einem in zwei Hälften geteilten Berg oder Turm ähnelt.

Apit Lawang oder Pelinggah Schreine am Tor, wo regelmäßig Opfergaben abgelegt werden, damit das Tor ständig Schutz vor bösen Geistern bietet.

Schweinestall oder Abfallgrube Liegt immer in der *kangin-kelod*-Ecke (Sonnenaufgang, vom Berg abgewendet). Hier landet der gesamte Abfall.

Bale als Grundform eines Gebäudes

Der *bale* ist die Grundform eines Gebäudes in der balinesischen Architektur. Es ist ein rechteckiger, nach den Seiten hin offener Pavillon mit einem steilen Strohdach. Zu einem Familiengehöft ebenso wie zu einem

TYPISCHE ELEMENTE EINES TEMPELS

Jeder Tempel auf Bali ist sozusagen ein Unikat. Die Unterschiede in Stil, Größe, Bedeutung, Ausstattung, Zweck und vielen anderen Dingen führen zu einer schier endlosen Vielfalt. Dennoch gibt es übereinstimmende Themen und Elemente. Mit Hilfe dieser Hinweise kann man bei einem Tempelbesuch prüfen, welche Elemente tatsächlich vorhanden sind.

Candi Bentar Der üppig verzierte Tempeleingang wirkt wie ein in der Mitte gespaltenes und auseinander geschobenes Tor. Es steht symbolisch für den Eintritt in das Allerheiligste und kann sehr prächtig sein. Die zusätzlichen Eingänge werden vor allem im Alltag benutzt.

Kulkul-Turm Der Turm, von dem aus wichtige Ereignisse angekündigt werden oder vor Gefahren gewarnt wird. Dies geschieht mit einer Art Trommel aus gespaltenem Holz (*kulkul*).

Bale Ein meist an den Seiten offener Pavillon zur vorübergehenden Nutzung oder Lagerung. Dazu zählen möglicherweise ein *bale gong*, wo das Gamelan-Orchester bei Festen aufspielt, die *paon* oder improvisierte Küche, um Opfergaben vorzubereiten, oder die *wantilan* als Bühne für Tänze oder Hahnenkämpfe.

Kori Agung oder Paduraksa Das Tor zum Innenhof ist ein aufwendig verzierter Steinturm. Der Eingang führt über Stufen durch ein Tor in der Mitte des Turms, das während eines Festes offen steht.

Raksa oder Dwarapala Statuen dieser düsteren Wächterfiguren beschützen den Eingang und halten böse Geister fern. Über der Tür droht das mindestens ebenso schreckliche Antlitz von Bhoma mit einer ausgestreckten Hand zur Abwehr unerwünschter Geister.

Aling Aling Die niedrige Mauer hinter dem Eingang dient dazu, böse Geister zurückzuhalten, die nicht um Ecken gehen können. (Auch üblich in Familiengehöften.)

Seitentor (Betelan) Meist betritt man den Innenhof (außer während einer Zeremonie) durch dieses Tor, das immer offen steht.

Kleine Schreine (Gedong) Zu den Schreinen gehören diejenigen für Ngrurah Alit und Ngrurah Gede, die bei der Durchführung eines Festes und der Zusammenstellung der Opfergaben helfen.

Padmasana Der Lotosthron für den Sonnengott Surya, der meist an der günstigsten Stelle – im Osten Richtung Berge und Sonnenaufgang – steht. Er ruht auf *badawang* (der weltentragenden Schildkröte), um die sich zwei *naga* (schlangenartige Kreaturen) winden.

Meru Ein Schrein mit mehreren Dächern. Der höchsten balinesischen Gottheit, Sanghyang Widi, ist meist ein *meru* mit elf Dächern geweiht und ein *meru* mit drei Dächern dem heiligen Berg Gunung Agung. Allerdings kann ein *meru* jede dazwischen liegende Anzahl von Dächern aufweisen, abhängig vom Rang der jeweiligen Gottheit. Das schwarze Dach besteht aus den Wedeln der Zuckerpalme und ist sehr teuer.

Kleine Schreine (Gedong) Auf der *Kaja*-Seite des Tempelhofs gelegen. Dazu gehören ein Schrein für den heiligen Berg Gunung Batur, ein Maospahit-Schrein zu Ehren der ersten hinduistischen Siedler (Majapahit) und ein Schrein für *taksu*, der als Mittler zu den Göttern fungiert. (Ein Tänzer oder Medium in Trance kann die Wünsche der Götter weitergeben.)

Bale Piasan Offene Pavillons, wo die Opfer für den Tempel ausgelegt werden.

Gedong Pesimpangan Ein Steingebäude zu Ehren des Dorfgründers oder einer lokalen Gottheit.

Paruman oder Pepelik Offener Pavillon im Innenhof, von dem aus die Götter einem Tempelfest zuschauen können.

Tempel gehören mehrere einzelne *bale* für unterschiedliche Zwecke, die zusammen von einer hohen Mauer umgeben sind. Größe und Abmessungen der *bale*, die Zahl der Säulen und die Lage innerhalb des Gehöfts richten sich nach der Tradition und der Kastenzugehörigkeit des Besitzers.

Das Zentrum der Gemeinde ist ein großer Pavillon, der *bale banjar*, der für viele Aktivitäten genutzt wird, u. a. für Versammlungen, Beratungen und als Übungsraum des Gamelan-Orchesters. Große, moderne Gebäude, z. B. Restaurants oder Empfangsgebäude einer Ferienanlage, sind häufig einem solchen *bale* nachempfunden. Sie sind luftig, großzügig und sehr harmonisch in den Proportionen.

Das Tor zu einem traditionellen balinesischen Haus ist der Ort, wo die Familie Hinweise auf ihren Reichtum gibt. Das reicht von einem Reetdach auf einem einfachen Stein- oder Lehmtor bis hin zu ziemlich großen Bauwerken aus Backsteinen, die mit verzierten Steinen und einem Ziegeldach geschmückt sind.

Das Familiengehöft

Das balinesische Haus ist nach innen ausgerichtet, von außen ist nur eine hohe Mauer zu sehen. Im Innenhof befinden sich ein Garten und jeweils ein Pavillon oder *bale* für verschiedene Zwecke. Einer dient als Küche, einer als Waschraum und Toilette und andere als separate „Schlafzimmer".

Bei dem milden tropischen Klima leben die Menschen im Freien. Daher sind „Wohnzimmer" und „Esszimmer" eine Veranda, die auf den Garten hinausgeht. Der ganze Komplex ist entsprechend der *Kaja-kelod*-Achse (bergwärts-meerwärts) ausgerichtet.

Häuser von Kopf bis ...

In Analogie zum menschlichen Körper haben viele Gehöfte einen Kopf (der Familientempel mit dem Schrein der Ahnen), Arme (Wohn- und Schlafbereich), Beine und Füße (Küche und Reisspeicher) und sogar einen Anus (Müllgrube oder Schweinestall). Manchmal gehört noch ein Bereich außerhalb des Gehöfts dazu, wo Obstbäume stehen oder ein Schwein gehalten wird.

Es gibt mehrere typische Varianten eines Familiengehöfts. Zum Beispiel liegt der Eingang meist Richtung *kuah* (Sonnenuntergang) und seltener in Richtung *kelod* (meerwärts, vom Berg abgekehrt), allerdings nie in Richtung *kangin* (Sonnenaufgang) oder *kaja*.

Traditionelle Häuser stehen überall auf der Insel, aber Ubud ist besonders gut geeignet, um sie sich genauer anzuschauen. Es gibt hier viele solcher Anlagen in nicht allzu großer Entfernung voneinander und oft kann man dort auch wohnen. Außerdem hat man südlich von Ubud die Chance, an einem Rundgang durch das Gehöft Nyoman Suaka (S. 217) in Singapadu teilzunehmen.

Seit der Zeit der Holländer sind strapazierfähige Terrakotta-Ziegel das traditionelle Material zum Dachdecken. Reet oder Bambus wird nur noch für die traditionellsten oder zeremonielle Bauten verwendet.

Tempel

In jedem Dorf auf Bali stehen mehrere Tempel und zu jedem Gehöft gehört mindestens ein einfacher Haustempel. Das balinesische Wort für Tempel ist *pura;* es stammt aus dem Sanskrit. Übersetzt bedeutet es „ummauerter Raum". Ebenso wie ein balinesisches Gehöft ist auch ein Tempel von einer Mauer umgeben. Die Schreine auf den Reisfeldern oder an magischen Orten, z. B. unter alten Bäumen, sind daher keine richtigen Tempel. An Kreuzungen stehen oft einfache Schreine oder Throne, um die Vorbeigehenden zu schützen.

Alle Tempel sind an der Berg-Meer-Linie ausgerichtet, nicht von Norden nach Süden. In Bergrichtung, *kaja*, am Ende des Tempels befinden sich die heiligsten Schreine. Der Tempeleingang liegt zur Meerseite, *kelod*. Weil *kangin* heiliger ist als *kuah*, stehen weitere Schreine oft auf der *kangin*-Seite. Mit *kaja* kann die Seite zum Gebirge hin gemeint sein, das sich von Osten nach Westen über die Insel zieht, oder aber ein bestimmter Berg. Der Pura Besakih in Ostbali z. B. ist direkt zum Gunung Agung ausgerichtet.

Tempeltypen

In den meisten Dörfern findet man drei grundlegende Tempeltypen. Der wichtigste, der *pura puseh* (Tempel des Ursprungs), steht an dem zum Berg hin gelegenen Ende und ist dem Begründer des Dorfes geweiht. In der Dorfmitte befindet sich der *pura desa* für die vielen Geister, die die Gemeinde im Alltag schützen sollen. Zum Meer hin liegt der *pura dalem* (Tempel der Toten) und daneben ist der Friedhof platziert. In diesem Tempel gibt es viele Darstellungen von Durga, der furchteinflößenden Seite von Shivas Frau Parvati. Shiva und Parvati haben beide eine schöp-

BESONDERS SEHENSWERTE TEMPEL

Es gibt mehr als 10 000 Tempel überall auf Bali, auf Klippen, an Stränden oder auf Vulkanen. Oft ist die Lage besonders schön. Für ausländische Gäste lohnt sich besonders der Besuch der folgenden Tempel.

Nationaltempel

Einige Tempel sind so bedeutend, dass man sie als Eigentum der ganzen Insel betrachtet und nicht einer bestimmten Gemeinde zuordnet. Das sind die neun *kahyangan jagat* oder Nationaltempel, darunter auch diese:

Pura Luhur Batukau (S. 274) Einer der bedeutendsten Tempel in wunderschöner Lage auf den nebeligen Hängen des Gunung Batukau.

Pura Luhur Ulu Watu (S. 125) Ein wichtiger und häufig besuchter Tempel mit herrlichem Blick auf den Indischen Ozean. Hier leben viele Affen und bei Sonnenuntergang werden Tänze aufgeführt.

Pura Goa Lawah (S. 235) Der Tempel auf den Klippen ist Balis ganz spezielle Fledermaushöhle. Hier leben Scharen der geflügelten Kleinsäuger.

Meerestempel

Nirartha, der legendäre Priester des 16. Jhs., veranlasste den Bau einer Reihe von Tempeln zu Ehren der Meeresgötter. Jeder sollte in Sichtweite des nächsten stehen und manchmal ist deren Lage an der Südküste wahrlich spektakulär. Hierzu gehören auch diese beiden:

Pura Rambut Siwi (S. 308) In einem rauen Landstrich an der Westküste gelegen und nicht weit von der Stelle, wo Nirartha im 16. Jh. das Land betrat. In einem Schrein sollen sich einige Haarlocken von ihm befinden.

Pura Tanah Lot (S. 301) Bei Tagesanbruch ein heiliger und stiller Ort, bei Sonnenuntergang verwandelt er sich in einen Anziehungspunkt für Touristen.

Andere wichtige Tempel

Einige Tempel verdanken ihre besondere Bedeutung der Lage, ihrer religiösen Funktion oder der Architektur. Für Besucher sind diese Tempel sehr interessant:

Pura Maduwe Karang (S. 282) Der Tempel an der Nordküste ist der Landwirtschaft gewidmet. Er ist berühmt für seine lebendigen Flachreliefs, u. a. mit einer Darstellung des vermutlich ersten Fahrradfahrers auf Bali.

Pura Pusering Jagat (S. 210) Einer der berühmtesten Tempel in Pejeng bei Ubud aus dem 14. Jh., als hier ein blühendes Reich bestand. Dazu gehört eine riesige Trommel aus Bronze aus dieser Zeit.

Pura Taman Ayun (S. 301) Der riesige, imposante Tempel war ein Prunkstück des Mengwi-Reiches. Er wurde schon für die Unesco-Liste des Weltkulturerbes nominiert.

Pura Tirta Empul (S. 213) Bei dem schönen Tempel in Tampaksiring wurden schon im Jahr 962 n. Chr. heilige Quellen entdeckt. Hier gibt es Badebecken an der Quelle des Flusses Sungai Pakerisan.

DIE MACHT DES BAMBUS

In Bali gab es immer natürliche Kathedralen aus Bambus. In den dichten Tropenwäldern des Ostens und Westens neigen sich die hochaufragenden Stängel aufeinander zu, dass einem das Herz aufgeht. Heute verwendet man Bambus, eines der wichtigen erneuerbaren Materialien der Welt, um großartige, sehr inspirierte Bauten zu schaffen, deren sanft geschwungene Formen einfach hinreißend sind.

Großen Anteil an der gegenwärtigen Bambus-Revolution hat der berühmte Juwelier John Hardy, der 2007 beim revolutionären Bau der bedeutenden **Green School** (Karte S. 216; www.greenschool.org; Mambal) südwestlich von Ubud Bambus verwendete. Die Menschen warfen einen Blick auf die berühmte fantasievolle Brücke und fühlten sich inspiriert. Seither wird in ganz Bali wieder mehr Bambus verwendet und es gibt einige schöne Beispiele für Bambus-Architektur, die weit über die klischeehaften Hütten von *Gilligans Insel* hinausgehen. Dazu zählen:

Fivelements (S. 209) Ein neues Kurzentrum in der Nähe der Green School.

Power of Now Oasis (S. 136) Ein faszinierendes Yoga-Studio am Strand in Sanur.

Hai Bar & Grill (S. 158) Eine Strandbar auf Nusa Lembongan.

Sardine (S. 99) Das hoch gelobte Restaurant im eigenen Reisfeld in Kerobokan.

Finn's Beach Club (S. 109) Ein eleganter Strand-Salon und ein exzellentes Restaurant in der Nähe von Canggu.

Big Tree Farms (S. 213) Ein großer Tempel der Schokolade in der Nähe der Green School.

ferische und eine zerstörerische Seite, und der *pura dalem* ist ihrer destruktiven Macht geweiht.

Zu den anderen Tempeln gehören auch solche, die den Geistern des Bewässerungsfeldbaus gewidmet sind. Weil der Reisanbau so wichtig ist auf Bali und weil so viel Aufwand und Sorgfalt notwendig sind, um die Bewässerung zu organisieren, können die *pura subak* oder *pura ulun suwi* (Tempel der Reisbauerngenossenschaft) sehr bedeutsam sein. Manche Tempel sind dem Ackerbau und der Reisfeldwirtschaft insgesamt gewidmet.

Neben diesen örtlichen Tempeln gibt es noch einige wenige Tempel von herausragender Bedeutung. Ein Königreich besaß häufig drei solcher Tempel, die in der Rangordnung ganz oben stehen: einen Staatstempel im Zentrum des Reiches (z. B. Pura Taman Ayun in Mengwi, Westbali; S. 301), einen Bergtempel (z. B. Pura Besakih, Ostbali) und einen Meerestempel (z. B. Pura Luhur Ulu Watu, Südbali; S. 125).

Jedes Haus auf Bali besitzt seinen eigenen kleinen Tempel mit mindestens fünf Schreinen, der immer im Osten, zum Berg hin, steht.

Oft findet man einen holzgeschnitzten *garuda*, den Vogel, der den Gott Vishnu trägt, an den überraschendsten Stellen – hoch oben an Dachsparren, am Fuß von Säulen, nahezu überall.

Tempelschmuck

Der Zweck eines Tempels und seine Ausschmückung sind auf Bali eng miteinander verknüpft. Ein Tempeltor wird nicht einfach errichtet, sondern es ist bis ins Detail als Relief ausgearbeitet und zum Schutz mit einer nach oben abnehmenden Zahl von dämonischen Gesichtern versehen. Dazu kommen noch mehrere steinerne Wächterstatuen, ohne die ein Tor nicht vollständig wäre.

Im Innern ist die Ausschmückung recht unterschiedlich. Manchmal findet sich nur wenig Schmuck und man hofft, dass neue Skulpturen hinzugefügt werden können, sobald mehr Geld zur Verfügung steht. Die Skulpturen können aber auch schon nach wenigen Jahren wieder verwittert sein, weil der Stein oft weich ist und dem tropischen Klima nicht lange standhält. (Es ist durchaus möglich, dass man einen jahrhundertealten Tempel bestaunt, an dem kein Teil älter als zehn Jahre ist!) Die Skulpturen werden dann wieder restauriert oder komplett ersetzt, wenn es die finanziellen Mittel zulassen. Deshalb findet man Tempel mit alten, kaum noch erkennbaren Figuren und Reliefs neben ganz neuen Arbeiten.

Bei Singaraja in Nordbali stehen einige sehr aufwendig geschmückte Tempel. Weil der Sandstein an der Nordküste weich und leicht zu bearbeiten ist, sind die heimischen Bildhauer recht frei in der Umsetzung ihrer Fantasien. Darum wurden hier an manchen Tempeln wunderbar skurrile Szenen in Stein gemeißelt.

Die Skulpturen stehen in balinesischen Tempeln oft an traditionell festgelegten Plätzen. Die Türwächter, Darstellungen sagenhafter Gestalten, z. B. Arjuna oder andere mächtige Schutzgestalten, stehen zu beiden Seiten des Eingangs. Über dem Haupteingang blickt häufig Kalas monströse Fratze herab und oft greifen auch noch beide Hände neben das Gesicht, um böse Geister abzuwehren, die sich hereinschleichen wollen.

Auch an anderen Stellen tauchen immer wieder ganz bestimmte Skulpturen auf. An der Vorderseite eines *pura dalem* sieht man oft die Hexe Rangda, und andere Reliefs illustrieren die Schrecken, die einem Übeltäter nach dem Tode drohen.

Die Vorschrift, dass keine Gebäude höher als eine Kokospalme sein soll, geht auf die 1960er-Jahre zurück, als das zehnstöckige Bali Beach Hotel für große Aufregung sorgte. Doch die rasch steigenden Preise für Land und die nachlässige Kontrolle der Vorschrift führen dazu, dass diese „Regel" immer öfter missachtet wird.

Tempelbau

Im Allgemeinen ähneln sich die Tempelbauten in Nord- und Südbali, doch es gibt einige wichtige Unterschiede. Im Innenhof der Tempel im Süden stehen meist eine Reihe von *meru* (Schreine mit mehreren Ebenen) und einige andere Objekte, während im Norden alles auf einem einzigen Podest steht. Dort gibt es „Häuser", die die Götter bei ihrem Besuch benutzen können und wo auch religiöse Objekte aufgehoben werden.

Ursprünglich waren balinesische Skulpturen und Malereien ausschließlich zur Ausschmückung der Tempel gedacht. Mittlerweile ist daraus eine eigene Gestaltungsform geworden, die das Aussehen von Bauten auf der gesamten Insel beeinflusst. Gleichzeitig ist die Kunst, Tempel und Schreine zu errichten, so lebendig wie eh und je. Pro Monat kommen mehr als 500 neue in allen Größen dazu.

Die Tempelgestaltung ist durch traditionelle Regeln festgelegt. In einem Tempelhof stehen mehrere unterschiedlich große *gedong* (Schreine) aus massiven Ziegeln und Stein, die üppig mit gemeißelten Figuren und Reliefs verziert sind.

Die Entstehung des balinesischen Stils

Der Tourismus hat die balinesische Architektur auf unerwartete Weise populär gemacht. Es scheint, als ob jeder Besucher ein Stückchen von der Insel mit nach Hause nehmen möchte.

Die Geschäfte überall in Denpasar verkaufen jede Menge vorgefertigter, in Einzelteile zerlegter *bale*, die per Schiff in weit entfernte Länder geschickt werden. Die Möbelwerkstätten in Denpasar und die Kunsthandwerker in den Dörfern bei Ubud arbeiten mit Volldampf an kunsthandwerklichen Gegenständen sowohl für den heimischen als auch den ausländischen Markt.

Die Begeisterung begann in den frühen 1970er-Jahren, als der australische Künstler Donald Friend eine Partnerschaft mit Wija Waroruntu aus Manado einging, der ein Jahrzehnt zuvor den Tandjung Sari an der Küste von Sanur erbaut hatte. Die Vorgabe, Alternativen zu mehrstöckigen Hotels im traditionellen dörflichen Stil zu konstruieren, brachte zwei begabte Architekten zusammen, den Australier Peter Muller und den inzwischen verstorbenen Geoffrey Bawa aus Sri Lanka. Beide gingen von der traditionellen Baukunst aus und näherten sie westlichen Vorstellungen von Luxus an.

Schon nach kurzer Zeit war „Bali Style" ein Markenzeichen geworden. Es steht für Mullers und Bawas einfühlsamen, zurückhaltenden architektonischen Ansatz, der der Kultur höheren Wert beimisst als modischen Ideen. Traditionelle Grundsätze und heimische Handwerker, regionale, wiederverwertbare Materialien und uralte Techniken stehen im Mittelpunkt.

Die Entstehung eines Massenmarktes hat allerdings zwangsläufig dazu geführt, dass der Stil heute weniger streng und verbindlich aufgefasst wird.

Moderne Hotelarchitektur

Seit Jahrhunderten spielen fremde Eindringlinge, etwa der Priester Nirartha, immer wieder eine bedeutende Rolle in den Mythen und Legenden Balis. Heute sind es eher die ausländischen Gäste, die die heitere Gelassenheit der balinesischen Kosmologie und deren problemlose Umsetzung in traditionelle Architektur beeinflussen. Auch wenn die Besucher mit ihrem vielen Geld das Glaubenssystem nicht grundsätzlich verändern, das Erscheinungsbild des Landes wird ein anderes.

Die meisten Hotels auf Bali und Lombok sind rein funktionale Anlagen oder Imitationen traditioneller Konstruktionen. Einige der feinsten Hotels auf der Insel streben jedoch nach mehr. Hier ein paar Beispiele, grob geordnet nach dem Zeitpunkt der Fertigstellung:

Tandjung Sari (S. 138) In Sanur gelegen, ist es der klassische Prototyp für Wija Waworuntus balinesisches Boutique-Strandhotel.

Amandari (S. 194) Das Hauptwerk des Architekten Peter Muller, der auch die beiden Oberois entwarf. Es liegt bei Ubud. Durch die Einbindung traditioneller balinesischer Materialien, Handwerks- und Bautechniken ebenso wie durch balinesische Design-Prinzipien respektiert es die Kultur der Insel.

Oberoi (S. 88) Das allererste Luxushotel der Insel, in Seminyak gelegen, bleibt Mullers entspannte Vision eines balinesischen Dorfes. Die *bale agung* (Versammlungshalle des Dorfes) und die *bale banjar* bilden die Grundlage für die Gemeinschaftsbereiche.

Oberoi Lombok (S. 325) Sowohl das luxuriöseste als auch das am stärksten traditionell geprägte Hotel auf Lombok.

Amankila (S. 240) In Ostbali präsentiert sich das Amankila inmitten eines sorgfältig gestalteten Gartens mit Lotusteichen und schwimmenden Pavillons, der sich an einen steilen Hang schmiegt.

Hotel Tugu Bali (S. 107) In Canggu wird hier demonstriert, wie die typischen Materialien Balis rasch altern und einen „hübschen Verfall" darstellen.

Four Seasons Resort (S. 194) Ein überwältigendes Beispiel luftiger Architektur bei Ubud mit einem riesigen ellipsenförmigen Lotusteich, dessen Basis wie eine romantische Ruine in einem spektakulären Flusstal wirkt.

Alila Villas Uluwatu (S. 127) Im tiefen Süden Balis präsentiert das Alila einen kunstvollen zeitgenössischen Stil, der so leicht und luftig er ist, doch ein Gefühl von großem Luxus vermittelt. Inmitten hoteleigener Reisfelder hat man hier Prinzipien ökologischen Bauens sehr ernst genommen.

Katamana (S. 98) Der gleiche architektonische Stil wie im benachbarten Potato Head zeichnet auch dieses Hotel aus. Hier sind sogar die kleinen Details großzügig und kunstvoll gestaltet. Entworfen hat das alles der Indonesier Andra Martin – als eine Komposition mit Ziegeln aus Java, Steinen aus Bali und anderen heimischen Materialien.

> Wer ein Hotel bucht, das im Stil einer *lumbung* (Reisscheune) gebaut ist, muss beachten, dass in traditionellen Reisscheunen der oberste Stock trocken und heiß sein soll.

Architektur auf Lombok

Traditionelle Gesetze und Gewohnheiten bestimmen die Architektur von Lombok. Mit dem Bau muss an einem günstigen Tag begonnen werden, das heißt immer an einem ungeraden Tag, und das Gerüst muss am gleichen Tag fertiggestellt werden. Es brächte nämlich Unglück, einen Teil dieser Arbeit einen Tag später fortzusetzen.

Ein traditionelles Sasak-Dorf besitzt eine Ummauerung. Es gibt drei Gebäudetypen: *beruga* (offener Pavillon), *bale tani* (Haus der Familie) und *lumbung* (Reisspeicher). *Beruga* und *bale tani* sind immer rechteckig, mit niedrigen Wänden und einem steilen, strohgedeckten Dach, allerdings ist der *beruga* viel größer. Ein *bale tani* besteht aus Bambus und ruht auf einem Fundament aus festgetretenem Lehm. Fenster sind selten und die Anordnung der Zimmer ist weitgehend gleich. Auf der Vorderseite befindet sich eine *serambi* (offene Veranda), und im Innern liegen zwei Zimmer auf zwei verschiedenen Ebenen, eines, wo gekocht wird und Gäste bewirtet werden, und ein zweites als Schlafzimmer und Speicher. Es gibt einige sehr malerische Sasak-Dörfer in Rembitan und Sadebei Kuta.

Natur & Umwelt

Bali besitzt reiche und vielfältige Naturräume, ganz im Gegensatz zu seiner geringen Größe. Vulkane, Strände und Riffe sind nur die auffälligsten Charakteristika. In diesen Naturräumen gibt es eine Vielzahl von Lebewesen, von den Enten im Reisfeld bis hin zu einem der seltensten Vögel der Welt. Mit den Rekordtouristenzahlen kommen natürlich auch zahlreiche Bedrohungen für die einzigartige Umwelt, doch die Besucher können viel dazu tun, die negativen Auswirkungen zu verringern.

Geografie

Bali ist eine kleine Insel inmitten des indonesischen Archipels. Sie liegt unmittelbar östlich des extrem dicht besiedelten Java und westlich von Nusa Tenggara, einer Gruppe kleinerer Inseln, zu denen auch Lombok gehört.

Die Insel bietet eine Vielzahl beeindruckender Landschaften, denn eine Kette aktiver Vulkane – mehrere davon sind um die 2000 m hoch – durchzieht die Insel in Längsrichtung.

Die landwirtschaftlichen Nutzflächen liegen südlich und nördlich der zentralen Berge. Da im leicht hügeligen Süden mehr Platz ist, wird hier der größte Teil der üppigen Reisernte eingebracht.

Der schmale Küstenstreifen im Norden geht schnell in die Ausläufer der zentralen Bergkette über. Zwar fällt hier weniger Regen, das Land wird dennoch intensiv genutzt: zum Anbau von Kaffee, Kokosnüssen und Reis sowie zur Viehzucht.

Außerdem besitzt Bali Strände in allen Formen, Arten und Farben – vom versteckten kleinen Strand bis zu spektakulären großen Arealen, von einsamen Orten bis zur Party-Location, vom hellweißen Sandstrand bis zum glänzenden Schwarz.

Zu Bali gehören einige trockene, dünn besiedelte Gebiete, darunter die Bergregion im Westen und die östlichen und nordöstlichen Hänge des Gunung Agung. Die Insel Nusa Penida ist karg – ein intensiver Reisanbau ist hier nicht möglich. Ähnlich karg zeigt sich auch die Halbinsel Bukit, wegen des zunehmenden Tourismus leben hier inzwischen jedoch relativ viele Menschen.

Das Indonesian Ecotourism Centre (www.indecon.or.id) widmet sich dem verantwortungsvollen Tourismus; Bali Fokus (http://balifokus.asia) wirbt für nachhaltige Gemeindeprogramme auf Bali, für Recycling und Wiederverwendung.

Vulkane

Bali ist ein vulkanisch aktives Gebiet, seine vulkanischen Böden sind äußerst fruchtbar: Dank der hohen Berge fällt zudem verlässlich viel Niederschlag, der für eine ausreichende Bewässerung des komplexen und wunderschönen Flickenteppichs aus Reisfeldern sorgt. Unbestritten sind die Vulkane aber auch eine Gefahr: In Bali hat es in der Vergangenheit, z. B. im Jahr 1963, schwere Eruptionen gegeben, die sich sehr wohl jederzeit wiederholen können. Der 3142 m hohe Gunung Agung, der „Mutterberg", ist auf seiner Südseite dicht bewaldet und kann bestiegen werden. Das gilt auch für den mit 1717 m vergleichsweise kleinen Nachbarvulkan Gunung Batur, der einen spektakulären Anblick bietet: Der aktive, Dampf ausspuckende Vulkan ragt hoch über das Ufer eines Sees, der selbst in einem riesigen Krater liegt.

Der Gunung Rinjani auf Lombok ist mit 3726 m der zweithöchste Vulkan Indonesiens. In seinem riesigen Krater liegt der aquamarinblaue Danau Segara Anak, dessen Anblick jeden in Staunen versetzt.

Tiere & Pflanzen

Bali ist geologisch betrachtet jung. Viele Lebewesen haben hier spät Fuß gefasst, es gibt nur wenige echte heimische Wildtiere. Im dicht besiedelten und üppig grünen Süden von Bali liegt das auf der Hand: Die aufwendig angelegten Reisterrassen zum Beispiel wirken so ordentlich und planmäßig, dass sie eher wie ein Kunstwerk aussehen und nicht wie eine natürliche Landschaft.

Balinese Flora & Fauna, herausgegeben von Periplus, ist ein detaillierter und schön illustrierter Führer zu den Tieren und Pflanzen, die Reisende auf Bali zu Gesicht bekommen. Besonders gelungen ist der Beitrag über die Ökologie eines Reisfeldes.

Tatsächlich machen die Reisfelder aber nur 20 % der Gesamtfläche der Insel aus. Es gibt auch ganz andere Vegetationszonen: trockenes Buschland im Nordwesten, im äußersten Nordosten und auf der südlichen Halbinsel, hier und da dichten Dschungel in den Flusstälern, Bambuswälder und karge vulkanische Gebiete, die auf größeren Höhen aus unfruchtbarem Fels und vulkanischem Tuffstein bestehen.

Wildtiere

Auf Bali gibt es massenweise Eidechsen in jeder Art und Größe. Die kleinen Eidechsen (lautmalerisch *Cecak* genannt), die abends um die Lampen sitzen und auf unvorsichtige Insekten warten, sieht man sehr häuifg. Geckos sind Eidechsen, die mehr zu hören als zu sehen sind. Ihr lauter, regelmäßig wiederholter zweisilbiger Ruf „geck-oh" ist ein typisches Nachtgeräusch, das vielen Besuchern gefällt.

Auf Bali gibt es mehr als 300 Vogelarten, doch wirklich hier zu Hause ist der Balistar. Wesentlich häufiger sind farbenfrohe Vögel wie die Drosselart *Geokichla peronii*, dazu viele Arten von Reihern, Eisvögeln, Papageien, Eulen und viele andere.

UMWELTBEWUSST REISEN

Wer verantwortungsbewusst nach Indonesien reist, sollte so rücksichtsvoll vorgehen wie nur möglich und dem Land und seinen verschiedenen Kulturen Respekt erweisen.

Auf den Wasserverbrauch achten In Indonesien übersteigt der Wasserverbrauch teilweise die vorhanden Ressourcen – auch an vermeintlich so grünen Orten wie Bali. Es ist sinnvoll, das Angebot von Hotels anzunehmen, die viel Wasser sparen wollen, indem Wäsche und Handtücher nicht täglich gewaschen werden. Auch in einem Spitzenhotel kommt man gut ohne privates Planschbecken aus und vielleicht sogar ganz ohne Pool.

Nicht zur Flasche greifen Die Aqua-Flaschen (so heißt die auf Bali gängige Marke, die zu Danone gehört) sind praktisch, führen aber zu unglaublichen Müllmengen. Jährlich werden Unmengen dieser Flaschen weggeworfen, die zu einem ernsthaften Umweltproblem geworden sind. Trotzdem wäre es nicht klug, Leitungswasser zu trinken. Am besten bittet man im Hotel darum, die Flaschen aus den riesigen hauseigenen Containern mit Trinkwasser auffüllen zu dürfen. Einige bessere Hotels bieten diesen Service bereits.

Umweltbewusste Geschäfte und Hotels unterstützen. Die Zahl der umweltbewussten Betriebe in Bali und Lombok steigt derzeit recht schnell.

Energie sparen Licht und Klimaanlage ausschalten, wenn sie nicht benötigt werden!

Weg mit den Tüten Am besten auf Plastiktüten und -strohhalme verzichten.

Tiere in Ruhe lassen Boykottieren sollte man das Schwimmen mit Delfinen in Gefangenschaft, Ritte auf Elefanten und Attraktionen, bei denen Wildtiere wie Delfine oder Elefanten Vorführungen vor Publikum geben. Tierschutzgruppen prangern solche Veranstaltungen an. Auch sollte man wild lebende Tiere nicht füttern oder sich in ihre Lebensweise einmischen.

BALISTAR

Der Balistar, auch Bali-Mynah oder von den Einheimischen *jalak putih* genannt, ist wohl Balis einziger endemischer Vogel. (Die Meinungen gehen auseinander – andere Orte liegen so nah, wer weiß?) Er ist auffallend weiß, mit schwarzen Flügel- und Schwanzspitzen und einer typischen blauen Gesichtsfarbe. Wegen dieses guten Aussehens wurde der Vogel so häufig gewildert, dass er fast ausgestorben ist. Man rechnet, dass in freier Wildbahn nur noch weniger als 100 Exemplare leben. In Gefangenschaft gibt es jedoch Hunderte, wenn nicht Tausende.

Bei Ubud, im Bali Bird Park (S. 216) gibt es große Volieren, in denen Besucher Balistare sehen können. Der Park bot wichtige Unterstützung bei den Versuchen, die Vögel wieder auszuwildern. Zu diesen Versuchen zählt ein Programm der NGO Friends of the National Parks Foundation (S. 164) auf Nusa Penida.

Im einzigen Naturschutzgebiet der Insel, dem Nationalpark Bali Barat (Nationalpark Westbali), leben verschiedene Wildtiere, u. a. graue und schwarze Affen (die auch in den Bergen, bei Ubud und in Ostbali anzutreffen sind), Muntjaks (Zwerghirsche), Eichhörnchen, Fledermäuse und Leguane.

Meerestiere

In den Küstengewässern vor den Inseln leben vielfältige Korallen, Seetang, Fische und andere Meeresbewohner; das gesamte indonesische Seegebiet wurde zu einer Schutzzone für Mantarochen erklärt. Auch beim Schnorcheln bekommt man viel von der Unterwasserwelt zu sehen, die größeren Meerestiere sind aber meist nur beim Tauchen zu entdecken.

Delfine

Delfine sind rund um die Inseln zu finden. Vor Lovina werden sie als Attraktion gehandelt. Aber es ist ebenso wahrscheinlich, auf der Fahrt mit dem Schnellboot zwischen Bali und den Gilis Delfinschulen zu sehen.

Haie

Nur sehr selten wird in dieser Region von sehr großen Tieren wie dem Weißen Hai berichtet, sie werden hier aber nicht als große Bedrohung eingeschätzt.

Fische

Kleine Fische und Korallen finden sich an unzähligen Stellen rund um die Inseln. Der bevorzugte erste Anlaufpunkt aller Bali-Besucher ist Menjangan. Angeblich leben dort Fische von der Größe eines Walhais. Doch die alltägliche Faszination geht eher von der farbenfrohen Schönheit der Korallen, Schwämme, spitzenartigen Gorgonien und vielen anderen aus. Seesterne gibt es im Überfluss und Clownfische und andere vielfarbige Arten sind leicht zu entdecken.

Pflanzen

Bäume

Ein großer Teil der Insel wird landwirtschaftlich genutzt. Wie die meisten Dinge in Bali haben auch Bäume eine spirituelle und religiöse Bedeutung; häufig sind sie mit Schals und schwarz-weiß karierten Tüchern (*poleng*; das Tuch steht für spirituelle Energie) dekoriert, um den Grad ihrer Heiligkeit anzuzeigen. Der Banyanbaum ist der heiligste Baum Balis – kein wichtiger Tempel ist vollständig ohne ein stattliches Exemplar

Die schlimme Lage der Hunde auf Bali und die Ironie, dass sie im Inselleben eine wichtige Rolle spielen, fangen die Filmemacher Lawrence Blair und Dean Allan Tolhurst in ihrem Film *Bali: Island of the Dogs* ein.

MEERESSCHILDKRÖTEN

Die Grüne Meeresschildkröte (Suppenschildkröte) und die Karettschildkröte sind in den Gewässern um Bali verbreitet. Beide Arten sind eigentlich durch internationale Gesetze geschützt, die den Handel mit allen Produkten, die aus Meeresschildkröten hergestellt werden, verbieten.

In Bali ist Schildkrötenfleisch *(penyu)* allerdings eine traditionelle, sehr beliebte Delikatesse, vor allem bei balinesischen Festessen. Deshalb wird die Suppenschildkröte dort mehr bejagt als irgendwo sonst auf der Welt. Es gibt keine verlässlichen Zahlen, aber 1999 wurde die Zahl der getöteten Tiere auf über 30 000 pro Jahr geschätzt. In den Küstenorten, z. B. in Benoa, sind in den Seitenstraßen leicht Händler zu finden, die das Fleisch verkaufen.

Doch es gibt einen gewissen Fortschritt, vor allem durch Gruppen wie ProFauna (www.profauna.net), denen es gelungen ist das Bewusstsein auf Bali für Meeresschildkröten und andere Tiere Indonesiens deutlich zu schärfen.

Ein breites Bündnis von Tauchern und Journalisten unterstützt die SOS Sea Turtles Campaign (www.sos-seaturtles.ch), die das Abschlachten der Schildkröten anprangert. Die Initiative hat eine wichtige Rolle dabei gespielt, die illegale Jagd im Wakatobi-Nationalpark auf Sulawesi und den anschließenden Verkauf auf Bali aufzudecken. Der verbotene Handel ist weit verbreitet und, ähnlich wie der Drogenhandel, schwer zu verhindern. Der oberste Rat von Balis Hindu-Dharma-Religion hat inzwischen zudem entschieden, dass Schildkrötenfleisch nur noch für sehr wichtige Rituale notwendig ist.

Einige Zuchtstationen sind für Besucher geöffnet und informieren vor allem auch die Einheimischen über die Notwendigkeit, Schildkröten zu schützen (und sie als lebende Wesen und nicht bloß als Fleischmahlzeit zu sehen). Alles hat aber seine zwei Seiten, und manche Umweltschützer lehnen Zuchtstationen kategorisch ab, weil sie die Tiere in Gefangenschaft halten. Übrigens gibt es durchaus auch Stationen, die sich zwar nach außen hin dem Umweltschutz verschreiben, tatsächlich aber vor allem kommerziellen Interessen als Touristenmagnet dienen, wobei ihnen das Wohlergehen der Tiere ziemlich gleichgültig ist. Umweltaktivisten raten deshalb vom Besuch bestimmter Stationen in Tangung Benoa und rund um Sanur ab.

Preisgekrönte Einrichtungen sind hingegen die Bali Sea Turtle Society (S. 56) in Kuta und Proyek Penyu (S. 292) in Pemuteran.

Auf Nusa Penida können Freiwillige sich der Arbeit von Green Lion Bali (S. 164) anschließen).

Eine Echte Karettschildkröte, die Bali aufsuchte wurde im folgenden Jahr beobachtet. Ihre Ziele waren Java, Kalimantan, Australien (Perth und ein großer Teil von Queensland), dann kam sie wieder nach Bali zurück.

im Hof. Der Banyan ist ein breit wachsender, Schatten spendender Baum mit einem ungewöhnlichen Merkmal: Aus seinen Ästen wachsen Ausläufer, die nach unten hängen und dort Wurzeln bilden, sodass ein neuer Stamm neben dem Hauptstamm entsteht. Die *jepun* (Frangipani- oder Plumeria-Bäume) mit ihren schönen, süß duftenden weißen Blüten sieht man überall auf der Insel.

Etwa 127 000 ha der Insel Bali sind Waldfläche – unberührte Wälder ebenso wie Nutzwälder oder dichter Bergwald rund um die Dörfer. Die Wälder sind jedoch extrem gefährdet, weil immer mehr Holz gestohlen wird – zur Herstellung von Souvenirs, als Brennmaterial und um Platz für neue Siedlungsflächen zu schaffen.

Für Bali typisch ist nicht der tropische, sondern der Monsunregenwald. Daher fehlen die wertvollen Harthölzer, die das ganze Jahr über Regen brauchen. Fast das gesamte Hartholz für Möbel und Schnitzereien muss deshalb aus Sumatra und Kalimantan importiert werden.

Eine Reihe von Pflanzen besitzt große praktische und wirtschaftliche Bedeutung. *Tiing* (Bambus) wächst in verschiedenen Arten und wird für nahezu alles gebraucht, von Satay-Spießen bis zum hippen, schicken Resort.

Blumen & Gärten

Die balinesischen Gärten sind wunderschön, denn Boden und Klima sind günstig für eine große Vielfalt an Pflanzen. Die Begeisterung der Balinesen für Schönes und das große Angebot an billigen Arbeitskräften tragen dazu bei, dass jeder freie Fleck gärtnerisch gestaltet wird. Der Stil der Anlagen ist meist informell, mit geschwungenen Pfaden, vielen Pflanzenarten und meist auch einer Teichanlage. Wer kann sich schon dem Zauber eines Frangipanibaums entziehen, dessen herabgefallene Blüten einen duftenden bunten Teppich um den Baum herum bilden?

Fast jede Blumenart ist auf Bali vertreten, manche blühen nur zu bestimmten Zeiten, andere sind auf die kühleren Bergregionen beschränkt. Die Besucher kennen viele der Blumen, denn Hibiskus, Bougainvillea, Weihnachtsstern, Oleander, Jasmin, Seerosen und Astern wachsen überall in den Touristengebieten im Süden.

Zu den weniger bekannten Blumen zählen die javanische *ixora (soka, angsoka)* mit ihren runden Dolden orangefarbener Blüten, der *champak (cempaka)*, eine duftende Pflanze, die zu den Magnoliengewächsen zählt, der Flammenbaum (oder Royal Poinciana), der *manori* (Madar-Strauch), der für verschiedene traditionelle Zwecke genutzt wird, und der Wasserspinat *(kangkung)*, der als Gemüse in der Küche verwendet wird. Zudem gibt es Tausende von Orchideenarten.

Aufgrund des Klimas sehen neu angelegte Gärten in wenigen Jahren sehr eingewachsen aus, die Bäume erreichen schnell stattliche Höhen. Zu den Gärten, in denen die Pflanzenfülle besonders gut zu sehen ist, gehören der Bali Botanic Garden (S. 269), der Bali Orchid Garden (S. 135) und die Gartenbetriebe nördlich von Sanur und an der Straße nach Denpasar.

Trotz Bauprojekten und Verlust von Reisfeldern aus anderen Gründen erreichte Balis Reisproduktion 2013 einen Rekordwert von 822 115 Tonnen. Da auf der Insel nur etwa 455 000 Tonnen verbraucht werden, kann Bali noch Reis exportieren.

Umweltprobleme

Bali

Manche der Umweltprobleme Balis sind größer als die Insel selbst: Der Klimawandel verursacht einen Anstieg des Meeresspiegels, der die Küsten und Strände schädigt.

Gleichzeitig lässt die schnell wachsende Bevölkerung in Bali die begrenzten Ressourcen knapp werden. Die Tourismusindustrie zieht neue

DIE WALLACE-LINIE

Der englische Naturforscher Sir Alfred Wallace (1822–1913) beobachtete große Unterschiede in der Fauna zwischen Bali und Lombok, er verglich sie mit den faunistischen Unterschieden zwischen Afrika und Südamerika. Vor allem fiel ihm auf, dass es keine großen Säugetiere (Elefanten, Nashörner, Tiger usw.) östlich von Bali gab und nur sehr wenige Fleischfresser. Er stellte die These auf, dass während der Eiszeit, als der Meeresspiegel niedriger lag, die Tiere vom asiatischen Festland aus nach Bali eingewandert sein könnten, von dort aber wegen der tiefen Meerenge bei Lombok nicht weiterziehen konnten. Er zog deshalb eine Linie zwischen Bali und Lombok, die er als biologische Grenze zwischen Asien und Australien festlegte.

Bei den Pflanzen sind die Unterschiede nicht ganz so auffällig, hier vollzieht sich ein allmählicher Übergang von Arten, die typisch für die asiatischen Regenwälder sind, zu Pflanzen des australischen Kontinents, z. B. Eukalyptus und Akazien (die besser an lange Trockenperioden angepasst sind). Das lässt sich mit den abnehmenden Regenmengen begründen, die von Java aus nach Osten immer geringer werden. Unterschiedliche natürliche Bedingungen, beispielsweise in der Vegetation, bieten nach heutiger wissenschaftlicher Auffassung jedoch eine bessere Erklärung für die Verteilung der Tierarten als die Wallace-Theorie über frühe Wanderbewegungen.

REISANBAU

Der Reisanbau prägt bis heute das Zusammenleben auf Bali. Der komplizierte Arbeitsaufwand, der notwendig ist, um Reis zu kultivieren, spielt eine große Rolle für den Zusammenhalt der Gemeinschaft. Der Reisanbau hat aber auch die Landschaft verändert: Die terrassierten Reisfelder ziehen sich die Hügel entlang wie Stufen, die für Riesen angelegt wurden, und schimmern in den unterschiedlichsten Grüntönen. Einige sind bereits mehr als 1000 Jahre alt.

Subak nennt man die dörfliche Genossenschaft, in der die Wasserrechte und die Bewässerung geregelt werden. Sie sorgt dafür, dass das Oberflächenwasser umsichtig genutzt wird. Die Felder bilden ein eigenes Ökosystem, das Lebensraum für sehr viel mehr als Reis ist. Am frühen Morgen führen die Bauern oft ihre Enten auf die Felder. Während des Tages schwimmen und watscheln sie auf den Feldern herum, vernichten Schädlinge und düngen den Boden mit ihrem Mist.

Ein abgeerntetes Reisfeld mit Resten verbrannten Strohs wird unter Wasser gesetzt und mehrmals gepflügt, häufig von zwei Ochsen, die einen hölzernen Pflug ziehen. Ist das Feld schlammig genug, wird ein kleiner Teil abgetrennt und mit Setzlingen bepflanzt. Wenn die Pflanzen eine gewisse Größe erreicht haben, muss jede Pflanze einzeln in das größere Feld umgepflanzt werden. Während der Reis heranreift, finden die Menschen Zeit, um Gamelan zu üben, den Tänzern zuzuschauen oder Schnitzereien anzufertigen. Schließlich macht sich das ganze Dorf auf zur Ernte, eine Zeit intensiver harter Arbeit. Für das Pflanzen sind nur die Männer zuständig, an der Ernte beteiligen sich alle Dorfbewohner.

1969 wurden neue, ertragreichere Reissorten eingeführt. Sie können einen Monat früher geerntet werden als die alten Sorten und sind widerstandsfähiger gegenüber Krankheiten und Schädlinge, aber sie benötigen dafür auch mehr Dünger und Wasser, was wiederum die Wasserversorgung erschwert. Weil zudem mehr Pestizide eingesetzt werden müssen, sind die Bestände an Fröschen und Aalen gefährdet, die sich von Insekten ernähren.

Obwohl alle der Meinung sind, dass die neuen Reissorten nicht so gut schmecken wie die traditionellen, machen sie inzwischen mehr als 90 % der Reisernte auf Bali aus. Kleine Flächen werden immer noch mit den alten Sorten bepflanzt und auf traditionelle Art geerntet, sie werden der Reisgöttin Dewi Sri als Opfer dargebracht. Überall in den Reisfeldern sieht man entsprechende Tempel und Opfergaben.

Vor kurzem haben einige Bauern sogar mit dem Anbau von Bio-Reis begonnen; ihre Produkte finden sich auf den Speisekarten gehobener Restaurants und auf sehr guten Märkten.

Bewohner an und es findet ein schnelles Wachstum in städtischen Gebieten und eine Ausbreitung von Resort-Hotels und Villen bis in landwirtschaftlich genutzte Gegenden statt. Probleme sind:

Die **Wasserversorgung** ist ein zentrales Problem. Typische Spitzenklassehotels verbrauchen am Tag pro Zimmer über 1000 bis 1500 l. Die zunehmende Zahl an Golfplätzen, darunter die neuen auf der trockenen Halbinsel Bukit in der Anlage Pecatu Indah und bei Nusa Dua, verschlimmert die ohnehin schon schwierige Situation.

Die **Wasserverschmutzung** ist ein weiteres großes Problem. Ursache ist zum einen Abholzung – in den Bergen wird viel Holz als Brennmaterial gefällt –, zum anderen die fehlenden Lösungen für eine sinnvolle Abwasserreinigung. Noch immer fließen Bäche in Ferienorten, z. B. am Double Six Beach in Legian, ungeklärt ins Meer, oft verschmutzt durch die Abwässer der Hotels. Die großen Mangrovenwälder an der Südküste bei Benoa verlieren zunehmend ihre Fähigkeit, das Wasser zu filtern, das sich hier, von weiten Teilen der Insel kommend, ansammelt – zumal sie selbst in ihrem Bestand bedroht sind und in vielen Fällen Baumaßnahmen weichen müssen.

Luftverschmutzung Die Luft in Südbali ist oft versmogt, wie jeder, der schon einmal hinter einem qualmenden Lkw oder Bus auf einer der Hauptstraßen festsaß, bezeugen kann. Von einem Hügel aus ist über Südbali häufig eine braune Dunstglocke zu sehen, die an das Los Angeles der 1960er-Jahre erinnert.

Abfall Das Problem sind nicht nur all die Plastiktüten und -flaschen, sondern schon allein die Menge an Abfall, die von der wachsenden Bevölkerung produziert wird. Was soll man damit anfangen? Die Balinesen sehen mit Traurigkeit auf die enormen Mengen an Abfall – vor allem Plastik –, der sich in ihren einst unberührten Flüssen sammeln. Andererseits wird immer mehr versucht, Reis und andere Nahrungsmittel biologisch anzubauen. In einigen Gegenden im Süden funktioniert endlich auch die Abwasserentsorgung, doch Firmen weigern sich wegen der Kosten, den Anschluss daran zu suchen.

In Pemuteran haben die Programme zur künstlichen Förderung des Riffwachstums internationalen Beifall gefunden. Das ist sehr wichtig, denn eine Studie des World Wide Fund for Nature hat herausgefunden, dass weniger als fünf Prozent der Riffe vor Bali ganz gesund sind.

Lombok

Auf Lombok geht das Umweltdesaster in der Goldgräberstadt Sekotong weiter. Goldabbau über Tage mit Hilfe von Quecksilber richtet enorme Schäden in vorher unversehrten Gegenden wie Kuta an. Darüber hinaus nimmt die Erschließung des Südens, vor allem rund um die Strände von Kuta, immer schneller Fahrt auf; die Folgen für die Umwelt sind teilweise noch gar nicht abzusehen.

Küstenerosion ist hier ebenso wie auf Bali ein Problem. Und die Gili-Inseln sind natürlich auch bedroht. Immerhin haben sich die Riffe um die Gilis herum schnell erholt, nachdem die Bedürffnisse des Tourismus intensive Bemühungen zur Erhaltung erzwungen haben.

Eine Studie aus jüngster Zeit zeigt, dass im Durchschnitt ein belegtes Hotelzimmer in Südbali 1000 bis 1500 l Wasser für den Gebrauch seiner Bewohner und die Erfüllung ihrer Bedürfnisse verbraucht. Im Gegensatz dazu verwendet der durchschnittliche Einheimische alles in allem weniger als 120 l am Tag.

Praktische Informationen

Allgemeine Informationen

Botschaften & Konsulate

Die ausländischen Botschaften befinden sich in der Landeshauptstadt Jakarta auf der Insel Java. Die meisten Vertretungen anderer Länder in Bali sind untergeordnete Konsulate (oder Ehrenkonsuln), die nicht die gleichen Befugnisse haben wie ein echter Konsul oder Botschafter. Ein verlorener Pass kann deshalb unter Umständen eine Reise zur Botschaft nach Jakarta zur Folge haben.

Indonesische Botschaften und Konsulate im Ausland sind auf der Website des indonesischen **Außenministeriums** (www.kemlu.go.id) aufgeführt. Es gibt eine Handy-Suchfunktion auf der Menüseite unter dem Thema „Mission"; dort sind auch die Kontaktdaten ausländischer Botschaften und Konsulate in Indonesien zu finden.

Deutsches Konsulat in Denpasar (☎0361-28 85 35, sanur@hk-diplo.de; Jalan Pantai Karang 17, Batujimbar-Sanur/Bali)

Konsulat für die Schweiz und Österreich (☎0361-878 343, Jalan Ganetri 9D, 80235 Denpasar.

Etikette

Indonesien ist ein sehr entspanntes Land, aber ein paar Regeln im Umgang miteinander sollte man doch befolgen.

Körpersprache Immer beide Hände benutzen, wenn man einem Balinesen etwas überreicht. Keine Zärtlichkeiten in der Öffentlichkeit austauschen und nicht mit den Händen auf den Hüften sprechen: Das wird als Zeichen von Aggression aufgefasst.

Kleidung Auch wenn viele männliche Balinesen in Shorts herumlaufen, ist es besser, nicht zu viel Haut zu zeigen. Am Pool oder Strand nicht „oben ohne" herumlaufen.

Fotografieren Bevor man von Einheimischen Fotos macht, sollte man sie fragen, ob sie damit einverstanden sind (notfalls auch mit Gesten).

Religiöse Stätten An religiösen Orten ist respektvolles Verhalten angebracht; man sollte die Schuhe ausziehen und sich beim Besuch von Tempelanlagen und Moscheen angemessen kleiden.

Essen & Trinken

Ein Überblick bietet das Kapitel Essen & Trinken siehe S. 394.

Feiertage

Folgende Feiertage werden in ganz Indonesien begangen. Viele der Daten wechseln in Abhängigkeit von der Mondphase und dem religiösen Kalender, von daher sind die unten genannten Termine nur Richtwerte.

Tahun Baru Masehi (Neujahr) 1. Januar

Tahun Baru Imlek (Chinesisches Neujahrsfest) Ende Januar bis Anfang Februar

Wafat Yesus Kristus (Karfreitag) Termin zwischen Ende März und Anfang April

Hari Buruh (Tag der Arbeit) 1. Mai

Hari Waisak (Buddhas Geburtstag, Erleuchtung und Tod) Mai

Kenaikan Yesus Kristus (Christi Himmelfahrt) Mai

Hari Proklamasi Kemerdekaan (Unabhängigkeitstag) 17. August

Hari Natal (1. Weihnachtstag) 25. Dezember

Die folgenden islamischen Feiertage werden von der großen muslimischen Gemeinde auf Bali gefeiert. In diesen Tagen reisen auch

PREISKATEGORIEN: RESTAURANTS

Die folgenden Preiskategorien beinhalten die Durchschnittskosten für eine Hauptgericht.

**$** unter 60 000 Rp (unter 6 US$)

**$$** 60 000–250 000 Rp (6–25 US$)

**$$$** über 250 000 Rp (über 25 US$)

viele Indonesier von anderen Inseln nach Bali. Das Datum der Feiertage ändert sich jedes Jahr.

Isra Miraj Nabi Muhammad (Himmelfahrt des Propheten Mohammed) Um den Monat April herum.

Idul Fitri (Lebaran) Fastenbrechen: Die beiden nationalen Feiertage markieren das Ende des Ramadan, diese Tage sollte man wegen der großen Menschenmengen meiden. Termin um den Monat Juni.

Idul Adha (Islamisches Opferfest) Um den Monat September.

Muharram (Islamisches Neujahrsfest) Um den Monat September.

Maulud Nabi Muhammad (Geburt des Propheten Mohammed) Um den Monat Dezember.

Frauen unterwegs

Bali

Bali ist generell eine sichere Reisedestination für alleinreisende Frauen. Mit der nötigen Umsicht und gesundem Menschenverstand können sich Frauen auf Bali sicher fühlen.

Lombok

Traditionellerweise werden Frauen auf Lombok und den Gili-Inseln mit großem Respekt behandelt, doch gerade in den Touristengegenden kommt es gelegentlich zu Belästigungen einzelner Urlauberinnen. Möchtegern-Reiseleiter/Freunde/Gigolos sind oft reichlich hartnäckig bei ihren Annäherungsversuchen und können durchaus auch aggressiv werden, wenn sie ignoriert oder abgewiesen werden. Daher ist es empfehlenswert, dezente Kleidung zu tragen – Badekleidung gehört definitiv nur an den Strand. Zwei oder mehr Frauen, die gemeinsam reisen, werden höchstwahrscheinlich weniger Probleme bekommen, Frauen in Männerbegleitung werden normalerweise gar nicht belästigt.

Freiwilligendienst

Möglichkeiten zum Arbeiten in Bali gibt es in Hülle und Fülle. Informationen dazu sind im Bali Advertiser (www.baliadvertiser.biz) unter der Rubrik „Community Groups" zu finden und bei Bali Spirit (www.balispirit.com/ngos). In Ubud gibt es Organisationen, die den balinesischen Hunden helfen (S. 206).

Lokale Organisationen

Die folgenden Organisationen benötigen sowohl Geld- als auch Sachspenden und häufig auch freiwillige Helfer. Auf ihren Websites informieren sie über den aktuellen Stand.

Amicorp Community Centre (www.amicorpcommunitycentre.com) Diese Organisation baut ein Gemeinschaftszentrum in der Ortschaft Les in Nordostbali auf. Sie bieten Touren und Workshops an, u. a. Kochkurse, Permakultur-Training, Gamelanspielen und Tanzkurse.

Bali Children's Project (www.balichildrensproject.org) Hier werden Ausbildungen finanziert und Englisch- sowie Computerkurse angeboten.

East Bali Poverty Project (☎0361-410071; www.eastbalipovertyproject.org) Hilft Kindern in den verarmten Bergdörfern im Osten von Bali.

Friends of the National Parks Foundation (www.fnpf.org) Betreibt Freiwilligenprogramme in Nusa Penida mit dem Schwerpunkt Natur- und Tierschutz.

Gus Bali (www.gus-bali.org) Will das Umweltbewusstsein der Einheimischen erhöhen. Bei seinen Strandsäuberungsprojekte kann jeder mithelfen.

IDEP (Indonesian Development of Education & Permaculture; ☎0812 4658 5137; www.idepfoundation.org) Unterhält Projekte in ganz Indonesien; die Schwerpunkte liegen auf Umweltprojekten, die Förderung von Katastrophenschutz und die Verbesserung der Lebensbedingungen in den dörflichen Gemeinschaften.

JED (Village Ecotourism Network; ☎0361-366 9951; www.jed.or.id; Touren 75–150 US$) JED organisiert sehr gute Touren in kleine Dörfer, oft mit Übernachtung. Sie brauchen

DIE KUNST DES FEILSCHENS

Feilschen kann beim Shoppen auf Bali viel Spaß machen. Hier ein paar Einsteigertipps, wie man beim Feilschen vorgehen sollte:

- Zunächst ist es wichtig, eine Vorstellung davon zu haben, wie viel der gewünschte Artikel tatsächlich wert ist.
- Dann für sich selbst einen Ausgangspreis festlegen, aber den Verkäufer zunächst nach seiner Preisvorstellung fragen.
- Dem setzt man sein eigenes Angebot entgegen – es sollte ein bis zwei Drittel unter dem geforderten Preis liegen. Mit Angebot und Gegenangebot nähert man sich einem akzeptablen Preis.
- Wem der Preis nicht passt, der geht einfach weg – der Händler wird dann wahrscheinlich den Preis heruntersetzen.
- Wer selbst einen Preis nennt, muss den Artikel dann auch kaufen, vorausgesetzt, der Verkäufer akzeptiert den Preis.

UMSTELLUNG DER RUPIAH

Indonesien plant eine Neudenominierung der Rupiah vorzunehmen, indem drei Stellen aus der Währung herausgenommen werden; allerdings wird der genaue Zeitpunkt dieser Umstellung schon seit Jahren diskutiert. So würde beispielsweise aus dem 20 000-Rp-Schein ein 20-Rp-Schein. Der Wechselkurs dieser neuen Scheine bliebe derselbe wie zuvor. Die nationale Währung derart zu verändern, ist allerdings ein sehr komplexer Vorgang.

immer wieder Freiwillige, um ihr Angebot und die Arbeit mit den Dorfbewohnern zu verbessern.

ROLE Foundation (www.rolefoundation.org) Der Schwerpunkt ist die Verbesserung der Lebensbedingungen und der Selbstständigkeit benachteiligter balinesischer Dorfgemeinschaften, dazu kommen Umweltprojekte.

Smile Foundation of Bali (www.senyumbali.org) Vermittelt Operationen zur Korrektur von Gesichtsentstellungen und betreibt als Finanzierungshilfe den **Smile Shop** (Karte S#. 170; ☎0361-233758; www.senyumbali.org; Jl Sriwedari; 🕒Di–So 10–6 Uhr) in Ubud.

Yayasan Rama Sesana (www.yrsbali.org) Kümmert sich um die Verbesserung der medizinischen Versorgung von Frauen in ganz Bali.

Yayasan Bumi Sehat (www.bumisehatfoundation.org) Betreibt eine international anerkannte Klinik und kümmert sich um die gynäkologische Vor- und Nachsorge benachteiligter Frauen in Ubud. Diese Organisation nimmt gerne Hilfe von medizinischem Fachpersonal an. Die Arbeit der Gründerin Robin Lim – sie ist selbst Hebamme – ist international absolut anerkannt.

YKIP (www.ykip.org) Wurde nach den Bombenanschlägen von 2002 gegründet und organisiert und finanziert Gesundheits- und Ausbildungsprojekte für Kinder auf Bali.

Geld

Geldautomaten sind weit verbreitet und machen den Geldwechsel einfach. Kreditkarten werden in den teureren Einrichtungen ebenfalls akzeptiert.

Geldautomaten

Geldautomaten gibt es inzwischen überall auf Bali und auch in den eher städtischen Regionen von Lombok. Bemerkenswerte Ausnahme ist Nusa Lembongan. Die meisten akzeptieren auch nicht-einheimische Geldkarten und die wichtigsten Kreditkarten.

➡ Der Wechselkurs bei Abhebungen an Geldautomaten ist normalerweise recht gut, aber es lohnt sich trotzdem zu überprüfen, ob die eigene Hausbank nicht noch übermäßig hohe Gebühren draufschlägt.

➡ An den meisten Geldautomaten kann man nicht mehr als eine Millionen Rupiah abheben.

➡ Auf den Geldautomaten befinden sich Aufkleber, die darüber Auskunft geben, ob sie 50 000er oder 100 000er Rupiah-Scheine ausgeben (die Ersteren sind natürlich für kleinere Einkäufe günstiger).

➡ Die meisten Geldautomaten geben die Karte erst nach der Geldausgabe wieder heraus. Daher kann man sie leicht vergessen!

Kreditkarten

In den Mittelklassehotels und den teuren Hotels und Resorts werden Kreditkarten als Zahlungsmittel angenommen. Gleiches gilt auch für teure Restaurants und Läden, die aber oft eine Gebühr von 3 % aufschlagen.

Geldwechsler

US-Dollar lassen sich am einfachsten tauschen, unbedingt auf die Mitnahme von druckfrischen 100 US-Dollarscheinen achten.

Wer die folgenden Hinweise beachtet, ist beim Geldwechsel vor Betrug einigermaßen sicher:

➡ Zunächst online den aktuellen Umtauschkurs ermitteln. Wichtig zu wissen: Jeder Geldwechsler, der eine bessere als diese Rate anbietet oder keine Kommissions- und Bearbeitungsgebühr verlangt, muss seinen Gewinn auf irgendeine andere Art und Weise machen.

➡ Am besten das Geld in Banken, an den Geldwechselschaltern am Flughafen oder bei großen und anerkannten Instituten wie Central Kuta Money Exchange (www.centralkutabali.com) mit Filialen im ganzen Süden und Ubud tauschen.

➡ Man sollte einen großen Bogen um solche Wechselmöglichkeiten machen, die

Klima

Denpasar

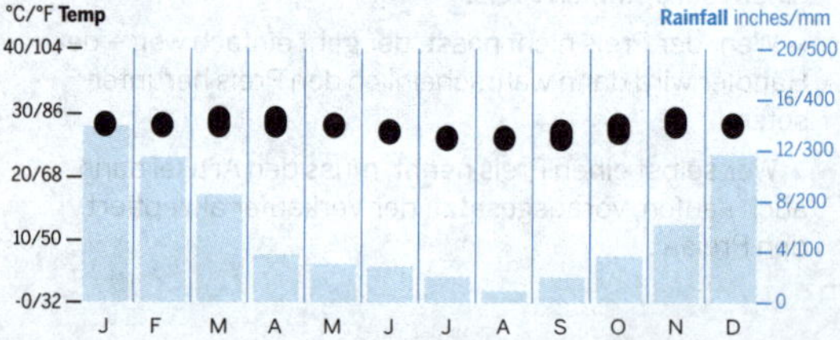

mit zu guten Wechselkursen ohne Gebühren oder Kommission werben.

➡ Zu den verbreiteten Betrugsmechanismen gehören manipulierte Taschenrechner, Taschenspielertricks, „Fehler" in den ausgewiesenen Kursen und die Aufforderung, das Geld abzugeben, bevor man das angebotene Geld gezählt hat.

➡ Am besten Geldautomaten nutzen, um an Rupiah zu kommen!

Trinkgeld

➡ Niemand erwartet auf Bali ein prozentual genau bemessenes Trinkgeld. Ist der Service gut, sollte man zumindest 5000 Rp oder 10 % der zu zahlenden Summe geben.

➡ Trinkgeld gibt man der entsprechenden Person (Taxifahrer, Träger, Masseure, Bierausträger am Strand etc.) als Anerkennung ihrer Leistung direkt. Beträge in Höhe von 5000 bis 10 000 Rp oder 10 bis 20 % der Gesamtsumme gelten als großzügig.

➡ Viele Mittelklasse- und alle Spitzenklassehotels und Restaurants schlagen von Haus aus 21 % auf die Rechnung auf für Steuern und Bedienung (bekannt als plus plus).

Internetzugang

➡ Kostenloses WLAN bieten Cafés, Restaurants, Hotels und Einkaufszentren. Internetcafés sind kaum noch auf der Insel zu finden.

➡ Die Übertragungsgeschwindigkeit ist ziemlich hoch, das gilt vor allem für Südbali und Ubud.

➡ Überall gibt es ein 3G-Datennetz, meist liegt die Geschwindigkeit noch höher.

Öffnungszeiten

Verbreitet gelten folgende Öffnungszeiten:

Banken Montag bis Donnerstag 8 bis 14 Uhr, Freitag 8 bis 12 Uhr, Samstag 8 bis 11 Uhr

Geschäfte und Einrichtungen für Touristen Täglich 9 bis 20 Uhr oder länger

Postämter Montag bis Freitag 8 bis 14 Uhr, in Touristenzentren länger

Restaurants und Cafés Täglich 8 bis 22 Uhr

Verwaltungsbüros Montag bis Donnerstag 8 bis 15 Uhr, Freitag 8 bis 12 Uhr (können aber von Ort zu Ort wechseln)

PRAKTISCH & KONKRET

➡ Auf Bali besteht eigentlich ein Rauchverbot, das die meisten touristischen Einrichtungen, Märkte, Läden, Restaurants, Hotels, Taxis usw. betrifft. Die praktische Umsetzung des Verbots geht allerdings nur schleppend voran.

➡ In Indonesien gilt das metrische System.

Post

Jeder größere Ort hat ein *kantor pos* (Postamt). In touristischen Zentren gibt es Postagenturen, die Postdienste anbieten und oft sogar lange Öffnungszeiten haben. Der Versand von Postkarten und Standardbriefen (bis 20 g) mit Luftpost ist günstig, allerdings nicht besonders schnell.

Von Bali braucht ein Brief nach Europa ungefähr drei Wochen.

Viele Postämter packen Päckchen über 20 g für einen kleinen Betrag fachgerecht für den Transport per Schiff ein. Wer Wichtiges oder Wertvolles verschicken möchte, sollte dies nie mit der Post tun. Internationale Kurierdienste wie DHL, FedEx und UPS sind zuverlässig, schnell, allerdings auch teuer.

Rechtsfragen

Die indonesische Regierung nimmt Drogenschmuggel, -handel und -konsum sehr ernst, und die Drogengesetze sind ganz unmissverständlich. Wer mit Drogen erwischt wird, muss unter Umständen bis zu sechs Monate bis zur Verhandlung einsitzen. Wie schon in juristischen Fällen von großem öffentlichen Interesse, in die Ausländer verwickelt waren, deutlich geworden ist, sind mehrjährige Haftstrafen für Leute, die mit Drogen, darunter auch Marihuana, erwischt wurden, durchaus normal. Wer des Drogenhandels überführt wird, muss sogar mit der Todesstrafe rechnen.

Glücksspiel und Pornografie sind illegal (dennoch sind insbesondere Hahnenkämpfe recht verbreitet).

Normalerweise kommt man nur selten mit der Polizei in Berührung, es sei denn, man fährt einen Leihwagen oder ein Leihmotorrad.

Auf Bali gibt es in allen Bezirkshauptstädten Polizeireviere. Wer dort ein Verbrechen anzeigen will oder sonst etwas zu regeln hat, muss mit einem langwierigen bürokratischen Prozedere rechnen. Es empfiehlt sich, anständig gekleidet zu sein, einen Dolmetscher mitzubringen, früh am Tag zu erscheinen und höflich aufzutreten. Alternativ kann man sich auch an die **Bali Tourist Police** (☎0361-224 111) wenden.

Einige Polizeibeamte erwarten ein Bestechungsgeld, ansonsten sehen sie großzügig über so manches Vergehen oder Verkehrsdelikt hinweg oder verweigern auch eine Dienstleistung, für die sie eigentlich zuständig sind. Am besten, man bezahlt sofort – denn je eher man das tut, desto weniger kostet es letztendlich. Reisenden wird oft erzählt, sie müssten sofort ein „Bußgeld" bezahlen, andere Urlauber bieten gleich ihrerseits ein „Bußgeld" an, damit sich die Polizei der Sache annimmt. Wie viel? Im Allgemeinen können 50 000 Rp Wunder wirken. Wenn der geforderte Betrag allerdings unverhältnismäßig hoch erscheint, sollte man sich den Namen des Beamten notieren.

Reisen mit Behinderung

Indonesiens Gesetzgebung unterstützt Behinderte nur wenig, es gibt auch kaum spezielle Programme für diese Personengruppe. Von daher ist das Land für Reisende mit eingeschränkter Mobilität eine schwierige Reisedestination.

Nur sehr wenige Gebäude haben behindertengerechte Zugänge, selbst die Hotels der internationalen Ketten lassen meist entsprechende Vorkehrungen vermissen.

Die Gehwege sind übersät mit Schlaglöchern und lockeren Kanaldeckeln, außerdem meist komplett zugeparkt mit Motorrädern und vollgestellt mit diversen Gegenständen und nur kurzfristig eben, bevor wieder die nächsten Stufen kommen. Von daher gehen auch alle Fußgänger meist auf der Straße statt sich durch das Labyrinth der Hindernisse auf den Gehwegen zu quälen.

Öffentliche Busse oder Minibusse sind für Behinderte kaum zugänglich, am besten mietet man sich daher ein (relativ) günstiges Auto mit Fahrer. Guides warten überall an den touristischen Punkten auf Kundschaft und können bei Bedarf gegebenenfalls als Unterstützung angeheuert werden.

Bali ist mit seiner großen Vielfalt an touristischen Dienstleistungen und Infrastruktur die beliebteste Destination behinderter Reisender in Indonesien, was aber nicht heißt, dass sie es während ihres Aufenthaltes auf der Insel immer leicht haben.

Schwule & Lesben

Bali ist ein beliebtes Reiseziel von Lesben und Schwulen, es gibt zudem eine große Expat-Gemeinde von Schwulen und Lesben. Viele haben hier ihr eigenes Unternehmen aufgemacht, das, wenn es sich nicht explizit an Schwule und Lesben richtet, ihnen gegenüber sehr aufgeschlossen ist. In Südbali und Ubud müssen sich Paare keine Sorgen machen, sollten aber immer daran denken, dass die Balinesen in der Öffentlichkeit mit dem Austausch von Gefühlen sehr zurückhaltend sind. Im Zentrum von Seminyak gibt es eine Reihe schwulenfreundlicher Nachtclubs.

Wie überall auf der Welt sollten sich homosexuelle Paare auch auf Bali (und in Indonesien) mit ihren Gefühlen in der Öffentlichkeit zurückhalten und auf den Austausch von Zärtlichkeiten verzichten. Da die Balinesen deutlich konservativer geworden sind, sollte man auch auf zu große Nähe verzichten. Auf Lombok, wo sich die Mehrheit der Bevölkerung zum islamischen Glauben bekennt, sollte auf jede Form von öffentlicher Zuneigung gänzlich verzichtet werden – das gilt auch für alle heterosexuellen Paare.

Schwule Männer werden in Indonesien als homo oder gay bezeichnet, Lesben als lesbi. Indonesiens Transvestiten und transsexuelle *waria* – die Bezeichnung leitet sich von *wanita* (Frau) und *pria* (Mann) ab – sind in der Öffentlichkeit präsent. Sie werden manchmal auch *banci* genannt, eine weniger freundliche Bezeichnung. Die islamische Bevölkerung verbietet Homosexualität, physische Übergriffe sind aber eher selten.

Infos im Internet

- GAYa Nusantara (www.gayanusantara.or.id) betreibt eine sehr hilfreiche Website zu verschiedensten Themen.
- Balis Schwulenorganisation ist Gaya Dewata (www.gayadewata.com).

Sicher reisen

Es ist wichtig, festzuhalten, dass Bali im Vergleich zu

GEGEN KINDERSEXTOURISMUS

In Indonesien gibt es strenge Gesetze zur Verurteilung von Personen, die Kinder sexuell missbrauchen. Viele Länder haben Gesetze erlassen, mit denen sie ihre Bürger im eigenen Land für solche im Ausland begangenen Straftaten zur Rechenschaft ziehen können.

Reisende können das Unterbinden von Kindersextourismus unterstützen, indem sie auffälliges Verhalten melden. Solche Vorfälle können z. B. der **Anti Human Trafficking Unit** (☎021-721 8098) der indonesischen Polizei gemeldet werden. Wer die Nationalität eines Verdächtigen kennt, kann auch direkt die jeweilige Botschaft kontaktieren.

Humantrafficking.org (www.humantrafficking.org) ist eine international vernetzte Organisation, die mit vielen Gruppierungen zusammenarbeitet, die sexuelle Ausbeutung in Indonesien verhindern wollen.

anderen Orten in der Welt ein recht sicheres Gebiet ist. Manchmal gibt es gewisse Unannehmlichkeiten durch habsüchtige Einheimische, aber vielen Besuchern drohen zu Hause erheblich mehr Gefahren als hier. Es hat einige juristische Fälle von großem öffentlichen Interesse gegeben, bei denen Besucher auf Bali verletzt oder gar getötet wurden, aber bei diesen Fällen wurden die tragischen Vorkommnisse von den Medien doch erheblich aufgebauscht.

Schiffs- oder Bootsreisen bergen so manches Risiko in sich; man sollte entsprechende Vorkehrungen treffen (s. S. 448).

Alkoholvergiftung

Außerhalb von bekannten Bars und Resorts sollte man auf das Trinken von *arak* verzichten. Einheimische brennen das Getränk aus Reismaische oder Palmwein. Immer wieder kommt es zu Todesfällen oder schweren Vergiftungen, besonders auf Bali und den Gili-Inseln, weil skrupellose Verkäufer ihre Bestände mit giftigen Chemikalien strecken.

Betrug

Die Grenze zwischen „akzeptiertem" Übervorteilen und Betrug ist auf Bali fließend. Man sollte aber wissen, dass es auf Bali Personen gibt (nicht immer sind das Balinesen), die versuchen, Touristen zu betrügen.

Die meisten Balinesen würden selbst nie einen Betrug verüben, aber nur die wenigsten sind bereit, im Falle eines offensichtlichen Betrugs das Opfer zu warnen. Vorsicht ist immer dann geboten, wenn auffällt, dass nur eine Person die Unterhaltung führt und die anderen Herumstehenden unruhig werden und sich nicht mehr am Gespräch beteiligen.

AUTOBETRUG

Einheimische (häufig zu zweit unterwegs) entdecken ein „schwerwiegendes Problem" am Mietwagen oder am -motorrad des Touristen – sei es eine starke Rauchentwicklung, tropfendes Öl oder Benzin, ein eiernder oder platter Reifen (alles Pannen, die einer verursacht, während ein zweiter den ahnungslosen Touristen ablenkt). Zufälligerweise kann immer ein Bruder/Cousin/Freund in der Nähe helfen. Am Ende wird immer eine horrende Geldsumme für die schnelle Hilfe verlangt.

GELDBETRUG

Viele Reisende werden von Geldwechslern übers Ohr gehauen, die meist gezinkte Taschenrechner oder Taschenspielertricks anwenden. Man sollte sein Geld daher immer wenigstens zweimal vor den Augen des Geldwechslers zählen und ihn danach das Geld nicht wieder anrühren lassen. Am sichersten sind immer noch Geldautomaten. Aber auch bei diesen sind Betrugsmöglichkeiten durch gefälschte Kartenlesegeräte möglich. Deshalb immer einen kritischen Blick auf das Eingabefeld werfen.

Diebstahl

Gewalttaten sind nicht verbreitet, aber es werden Handtaschen von vorbeifahrenden Mopedfahrern geklaut; Taschendiebe und Diebe, die in Hotelzimmer eindringen, treiben ihr Unwesen und Autos werden geknackt und ausgeräumt. Es empfiehlt sich daher, dieselben Vorsichtsmaßnahmen zu treffen wie in jeder anderen Stadt auch. Nach gesundem Menschenverstand gilt:

- An Geldautomaten das Geld immer sicher verstauen (und die Karte nicht dort vergessen!)
- Keine Wertsachen am Strand liegen lassen, wenn man ins Wasser geht!
- Wertsachen an der Rezeption oder im Zimmersafe ablegen

Drogen

Die zahlreichen, im Fokus der Öffentlichkeit stehenden Drogenfälle auf Bali und Lombok sollten eigentlich jeden vom Umgang mit illegalen Drogen abhalten. Nur zwei Ecstasy-Tabletten oder ein wenig Gras führen schon zu hohen Geldstrafen und mehrjährigen Gefängnisaufenthalten in Balis berühmt-berüchtigter Haftanstalt Kerobokan. Drogenhandel kann die Todesstrafe nach sich ziehen. Kuta ist voller Polizisten, die als Dealer verdeckt ermitteln.

Schwimmen

Am Kuta Beach und an den Stränden nördlich und südlich davon herrschen starke Brandung und starke Strömungen – also immer im mit Fahnen abgesteckten Areal schwimmen. Ausgebildete Rettungsschwimmer sind vor Ort, aber nur in Kuta, Legian, Seminyak, Nusa Dua, Sanur und (manchmal) in Senggigi. Auch an anderen Stränden können starke Strömungen herrschen, selbst wenn sie von Riffen geschützt werden.

Vorsicht ist bei Korallen geboten; diese sollte man niemals in irgendeiner Form berühren. Sie können sehr scharf sein; zudem heilen Ko-

REISEHINWEISE DES AUSWÄRTIGEN AMTES

Die Reisehinweise der Auswärtigen Ämter sind oft relativ allgemein gehalten, die folgenden Internetseiten geben dennoch ganz nützliche Tipps.

Deutschland (www.auswaertiges-amt.de)

Österreich (www.bmeia.gv.at)

Schweiz (www.eda.admin.ch)

rallenschnitte sehr schlecht, da sie sich schnell infizieren können. Außerdem werden dadurch empfindliche Strukturen der Natur zerstört.

Wasserverschmutzung ist ein Problem, insbesondere nach einem Regenguss. Man sollte sich immer weit von offenen Bächen und Flüssen fernhalten, die einfach so ins Meer fließen, besonders die oft modrig riechenden am Double Six und Seminyak Beach. Das Meerwasser bei Kuta ist in der Regel von den Abwässern der besiedelten Gebiete verseucht.

Straßen- & Schwarzhändler

Für viele Touristen gehören Straßenhändler und Drogendealer zu den Hauptärgernissen auf Bali (und in den Touristengegenden von Lombok). Reisende werden von Straßenhändlern oft regelrecht belagert. Am schlimmsten ist es auf der Jalan Legian in Kuta, am KutaBeach, in der Gegend am Gunung Batur und vor den Tempeln von Besakih und Tanah Lot. Der Ruf „Transport?!?" gellt einem von beinahe überall her in die Ohren.

Wer die folgenden Hinweise befolgt, sollte eigentlich von Schwarzhändlern und Betrügern unbehelligt bleiben:

- Bitte Schwarzhändler/Straßenhändler vollständig ignorieren.
- Keinen Augenkontakt aufnehmen.
- Ein höfliches *tidak* (nein) ermutigt diese Leute nur noch.
- Bitte niemals nach dem Preis fragen oder einen Kommentar zur Qualität der Waren abgeben, es sei denn, man ist wirklich am Kauf interessiert.

Man sollte trotz allem bedenken, dass es sich um Menschen handelt, die auf diese Weise ihren Lebensunterhalt verdienen und deren Zeit nur vergeudet wird, wenn man

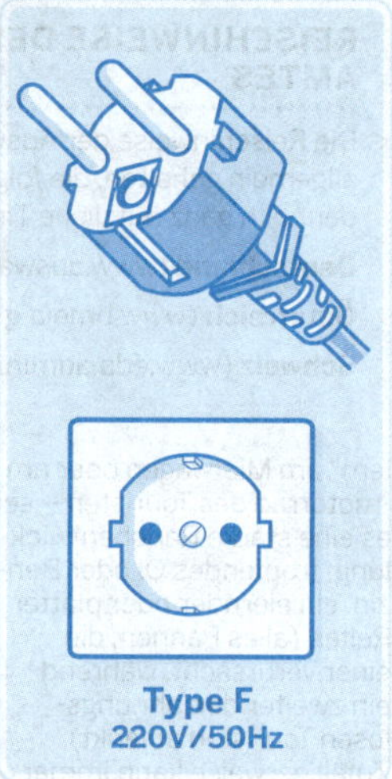

höflich bleibt und eigentlich überhaupt nichts kaufen will.

Verkehr & Fußwege

Mal abgesehen von den Gefahren des Autofahrens in Bali, ist der Verkehr in den meisten Touristengegenden sehr ärgerlich und sogar für Fußgänger gefährlich. Fußwege können holprig sein, manchmal sogar unbenutzbar; löchrige und rissige Beläge sind die Hauptursache für Verletzungen. Abends und nachts sollte man eine Taschenlampe dabei haben.

Waisenhäuser

In Bali gibt es einige „falsche" Waisenhäuser, die nur dazu da sind, hilfsbereite Touristen auszunehmen. Wer etwas an ein Waisenhaus spenden möchte, sollte dessen Ruf sorgfältig im Internet recherchieren. Waisenhäuser, die Taxifahrer als Schlepper einsetzen, sind besonders suspekt.

Sprachkurse

Viele Balibesucher wollen zumindest Grundkenntnisse in Bahasa Indonesia erwerben. In Südbali und Ubud findet man an den einschlägigen Pinnwänden meist auch Angebote von Privatlehrern. Die beste Adresse für eine richtige Sprachschule, die Kurse in Bahasa Indonesia anbietet, ist die **Indonesia Australia Language Foundation** (IALF; ☎0361-225243; www.ialf.edu; Jl Raya Sesetan 190, Denpasar).

Strom

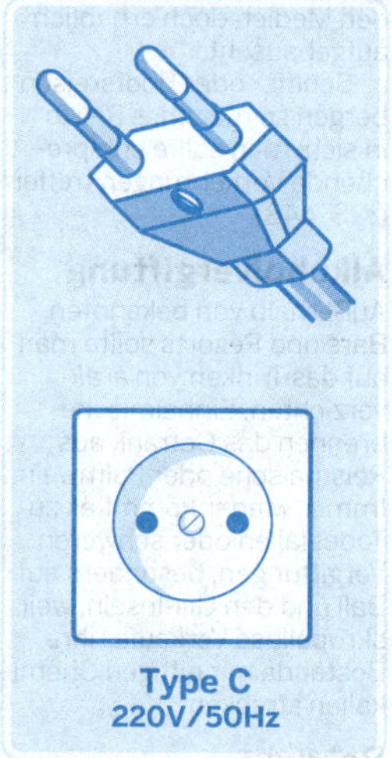

Telefon

Handys

- Datenübertragungsraten von 3G und mehr sind inzwischen in ganz Bali üblich. Auch alle neuesten Handymodelle sollten hier problemlos funktionieren.
- SIM-Karten für Auslandsgespräche sind günstig, die Tarife beginnen bei 0,20 US$ pro Minute.
- SIM-Karten sind überall erhältlich und können mit Kreditkarte aufgeladen werden.
- Vorsicht vor Händlern, die SIM-Karten für 50 000 Rp anpreisen. Wenn diese dann nicht ein Guthaben von mindestens 45 000 Rp aufweisen, ist das Betrug. In einem

solchen Fall empfiehlt es sich, doch besser woanders zu kaufen.

➡ Datentarife liegen bei durchschnittlich rund 200 000 Rp für einen Datenumfang von 3,5 GB.

➡ Telkomsel, ein wichtiger Betreiber, hat oft Außendienstmitarbeiter, die SIM-Karten in den Ankunftshallen der Flughäfen, direkt vor den Duty-Free-Shops anbieten. Sie kosten 50 000 Rp und haben ein Guthaben plus gute Datenübertragungsangebote. Das ist schon einmal ein ganz guter und einfacher Anfang. Man muss aber immer sichergehen, dass es sich nicht um einen falschen Verkäufer handelt, der haarsträubende Gebühren verlangt.

Vorwahlen

Es gibt drei verschiedene Vorwahlnummern, die man vor dem Landescode (49 für Deutschland, 43 für Österreich, 41 für die Schweiz) wählen muss, im Zweifelsfall alle drei ausprobieren.

Landesvorwahl Indonesien	☎+62
Polizei	☎110
Feuerwehr	☎113
Medizinischer Notfall	☎119

Toiletten

Toiletten im westlichen Stil gibt es fast überall in touristischen Gegenden. Tagsüber sollte man nach den Toiletten eines Cafés oder Hotels Ausschau halten, nett lächeln und hineingehen (öffentliche Toiletten gibt es nur an einigen größeren Sehenswürdigkeiten).

Touristeninformation

Die Touristeninformation in **Ubud** (Fabulous Ubud; Karte S. 170; ☎0361-973285; www.fabulousubud.com; Jl Raya Ubud; ⏲8–20 Uhr; 📶) ist eine sehr gute Quelle für Informationen zu kulturellen Veranstaltungen. Außerhalb von Ubud sind die Touristeninformationen auf Bali wenig hilfreich.

Meist finden sich die besten Infos in den unzähligen Publikationen und Websites, die sich an Reisende und Expats wenden. Gute Quellen sind auch die vielen Facebook-Gruppen.

Bali Advertiser (www.baliadvertiser.biz) Die Zeitung hat hervorragende Rubriken mit Infos für Balireisende, darunter auch die Rubrik „Greenspeak" der Journalistin Cat Wheeler und „Bali Explorer" des legendären Reiseschriftstellers Bill Dalton.

Bali Discovery (www.balidiscovery.com) Die wöchentlichen Online-Nachrichten von Jack Daniels sind eine Pflichtlektüre für alle, die Urlaub auf Bali machen, und bieten gute Veranstaltungshinweise.

The Beat Bali (http://thebeatbali.com) Hilfreiche Webseite und zweiwöchentlich erscheinendes Blatt mit ausführlichem Unterhaltungs- und Kulturprogramm.

The Yak (www.theyakmag.com) Glänzendes und freches Magazin, das die Expats von Seminyak und Ubud besonders anspricht.

Ubud Now and Then (http://ubudnowandthen.com) Die vom exzellenten Fotografen Rio Helmi und anderen Lichtgestalten betriebene Website informiert über alles rund um Ubud, aber veröffentlicht auch Informationen zu kulturellen Themen und über Termine auf der ganzen Insel.

DIE FALSCHE NUMMER?

Die Festnetznummern werden in Bali ständig geändert (einschließlich solcher mit der Vorwahlnummer ☎0361 im gesamten Süden und in Ubud). Um mehr Verbindungen einrichten zu können, wird zu den sechs oder gar sieben vorhandenen Stellen eine Stelle hinzugefügt. So wird aus ☎0361-761 xxxx unter Umständen ☎0361-4761 xxxx. Am Telefon wird erst in Indionesisch (Bahasa Indonesia) und dann auf Englisch durchgesagt, welche Stelle bei der geänderten Nummer hinzugefügt werden muss.

Unterkunft

Bali bietet für jeden Geldbeutel hervorragende Unterkünfte. Wer in der Hauptsaison im August und über die Weihnachtsferien nach Bali reisen möchte, sollte mindestens drei Monate vorher die Übernachtung buchen.

Resorts Auf Bali wurden einige der weltweit besten Resorts gebaut – hier kann man zu Preisen übernachten, von denen man anderswo träumt. Die Anlagen befinden sich am Strand oder versteckt in einem grünen Bergtal.

Villen Sie bieten allen nur denkbaren Komfort und einen privaten Pool.

Hotels Hunderte von Hotels liegen in der Nähe der touristischen Hotspots und sind für Schnäppchenpreise zu haben.

Homestays & Guesthouses Die von einheimischen Familien geleiteten Unterkünfte sind bequem und geben einen Einblick ins faszinierende balinesische Alltagsleben.

Reservierungssysteme

Onlinevermittler wie homeaway.com und airbnb.com bieten auf ihren Seiten hunderte von Häusern und Privatunterkünften auf der Insel an. Man sollte aber wissen, dass viele der genannten Unterkünfte nicht offiziell gemeldet sind. Hier bewegt man sich in einer Grauzone – mit allem Für und Wider. Folgende lokale Agenturen vermitteln Unterkünfte:

Bali Discovery (☎0361-286283; www.balidiscovery.com) Der größte lokale Anbieter von Hotelzimmern (es lohnt sich, seine Preise mit denen einschlägiger Websites zu vergleichen). Die Firma hat auch Villen im Portfolio.

Bali Private Villas (☎0361-844 4344; www.baliprivatevillas.com) Vermietet eine Vielzahl exklusiver Villen.

Bali Ultimate Villas (☎0851 0057 1658; www.baliultimatevillas.net) Der Vermieter von Villen organisiert auch Hochzeiten auf Bali.

Hotels

Die meisten Hotels können auch Ausflüge, Mietwagen und sonstige Dienstleistungen vermitteln. Ein Wäscheservice ist generell vorhanden, meist recht preiswert und oftmals sogar umsonst.

BUDGETHOTELS

Die preiswerten Unterkünfte auf Bali sind meist klein, aber sauber und gemütlich. Man erkennt sie in der Regel an Namensbestandteilen wie losmen, homestay, inn oder *pondo*. Viele sind im schönen Stil traditioneller balinesischer Wohnhäuser gebaut.

Budgethotels finden sich über ganz Bali verteilt und variieren hinsichtlich Ausstattung und Preis zum Teil erheblich. Meist bieten sie folgende Ausstattungsmerkmale:

- Eventuell eine Klimaanlage
- Eventuell auch heißes Wasser
- Eigenes Bad mit Dusche und WC im westlichen Stil
- Oft einen Pool
- Ein einfaches Frühstück
- Fröhliches und zuvorkommendes Personal

Internationale Budgethotel-Ketten breiten sich vor allem im Süden der Insel aus. Aber Achtung: Da werden aus den angepriesenen 9 US$ für das Zimmer schnell mal 40 US$, wenn anfallende Extrakosten wie Steuern und Gebühren für Leistungen (die anderswo schon im Preis enthalten sind, wie etwa Internetnutzung und Handtücher) auf den Grundpreis aufgeschlagen werden.

MITTELKLASSEHOTELS

Ältere Hotels dieser Preiskategorie sind oft im Stil balinesischer Bungalows oder als zweistöckige Wohnhäuser gebaut und stehen inmitten eines weitläufigen Grundstücks mit Pool. Viele Besitzer haben einen so fantastischen Sinn für das Schöne, dass die Abreise den meisten schwerfällt. Zusätzlich zur Ausstattung eines Budgethotels findet man hier oft:

- Balkon, Veranda oder Terrasse
- Satellitenfernsehen
- Einen kleinen Kühlschrank
- Oft auch WLAN

Inzwischen haben sich Dutzende von Mittelklassehotel-Ketten vor allem im Süden breit gemacht. Die Standards werden eingehalten, die Zimmer sind aber oft klein und die Anlage nicht so gepflegt. Nicht alle Anlagen befinden sich in der Nähe eines Strands oder von Orten mit attraktivem Nachtleben.

SPITZENKLASSEHOTELS

Alle Hotels dieser Kategorie haben auf Bali einen Weltklassestandard. Der Service ist großartig und die Einrichtung wie aus einem Hochglanzmagazin entsprungen. Sie bieten ihren Gästen:

- Aussicht auf den Ozean, grüne Täler, Reisfelder oder Privatgärten
- Ein Spa
- Unter Umständen sogar einen Privatpool
- Hier möchte man gerne länger bleiben als geplant.

Villen

Villen sind überall im Süden Balis und in der Gegend von Ubud zu finden, allmählich aber auch im Osten. Oft schießen sie mitten in einem Reisfeld quasi über Nacht aus dem Boden. Über diesen Bauboom streiten sich Umweltschützer, Ästheten und Wirtschaftsfachleute. Viele Villenbesitzer verzichten übrigens darauf, ihren Gästen die Steuern zu berechnen, was den Zorn der Luxushotelbesitzer erregte und sogar zu behördlichen Abrissdrohungen führte.

Richtig große Villen sind mitunter Treffpunkte für Saufgelage ganzer Gruppen und finden sich häufig in der Gegend um Canggu. Andere sind kleiner, heimeliger und gehören zu größeren Anlagen oder, wie in Seminyak und Kerobokan üblich, zu Luxushotels. Der Gast findet hier:

- Einen eigenen Garten
- Einen eigenen Pool
- Küche
- Schlafzimmer mit Klimaanlage
- Gelände unter freiem Himmel

Möglicherweise gibt es auch:

- Eigenes Personal (Koch, Fahrer, Putzfrau)

PREISKATEGORIEN: UNTERKUNFT

Die folgenden Preiskategorien beziehen sich auf ein Doppelzimmer mit Bad. Wenn nicht anders angegeben, sind Steuern im Preis enthalten.

**$** unter 450 000 Rp (unter 35 US$)

**$$** 450 000–1 400 000 Rp (35–100 US$)

**$$$** über 1 400 000 Rp (über 100 US$)

TIPPS ZUR HOTELSUCHE

Wer in Südbali ein Hotelzimmer buchen will, sollte aufpassen, wo er bucht. Mit der wachsenden Zahl an Reisenden ist auch die Zahl der Kettenhotels explodiert. Seit 2005 hat sich die Zahl an Hotelzimmern verdoppelt. Der Boom, riesige Hotelkomplexe in Kuta, Legian, Seminyak, Kerobokan und nun auch in Canggu zu bauen, hat das Gesicht der Region fundamental verändert: Viele der familiengeführten günstigen und stimmungsvollen kleinen Hotels wurden von den Ketten verdrängt.

Während einige dieser neuen großen Hotels in den traditionellerweise bevorzugten Gegenden von Südbali liegen, nicht weit von Stränden und Nachtleben entfernt, eröffnen auch ganz viele weit ab von solchen Gebieten, die auf Touristen anziehend wirken. Viele Ketten führen Hotels sowohl in guten als auch in unattraktiven Gegenden, und man kann oft nicht erkennen, besonders wenn man über Websites bucht, wo genau das gewünschte Hotel liegt. Wie auch bei Immobilienmaklern üblich, ist „Seminyak" mittlerweile die Adresse auch von weit abgelegenen Hotels bis nach Denpasar.

Deshalb sollte man bei Angeboten im Netz, die ein mittelklassiges Zimmer für 30 US$ anpreisen, die folgenden Punkte beachten:

- Alles westlich der Achse Jalan Legian–Jalan Seminyak–Jalan Kerobokan befindet sich in der Nähe von Stränden und Nachtleben.
- Östlich dieser Achse wird es schnell ganz unbequem. Zu Fuß kann man von hier nur wenig Interessantes erreichen, Strände sind oft weit entfernt und zufällig vorbeikommende Taxis sehr selten.
- Jalan Ngurah Rai Bypass und Jalan Sunset sind beide sehr laute Hauptstraßen ohne Charme und schwer zu überqueren. Viele neue Hotelketten befinden sich aber genau an diesen überfüllten Durchgangsstraßen.
- Östlich der Jalan Ngurah Rai Bypass und Jalan Sunset ist man direkt tief in der Vorstadt Denpasar, wo man weder Taxis noch andere interessante Dinge findet.
- In Sanur, wo mittlerweile auch immer mehr Hotelketten ansässig werden, sollte Jalan Ngurah Rai Bypass die bei der Hotelsuche absolut westlichste Grenze sein.
- Wer sorgfältig und genau nach Hotelzimmern sucht, kann in der Regel in den schönsten Gegenden Südbalis tolle Zimmer finden, vielleicht sogar in einem kleinen oder auch familiengeführten Guesthouse mit viel mehr Charme und Atmosphäre als in einem aus dem Boden gestampften billigen Hotel.

- Ein üppig bewachsenes Grundstück
- Privatstrand
- Einsame Lage (kann sowohl Vorteil als auch Nachteil sein)

Die Preise reichen von weniger als 200 US$ pro Nacht für eine bescheidene Villa bis zu 2000 US$ und mehr pro Woche für ein eigenes Stückchen Tropenparadies. Sonderkonditionen, besonders in der Nebensaison, sind gar nicht selten, und wenn man sich ein Haus mit anderen teilt, ist es doppelt lohnend.

Wer „Last Minute" bucht, kann oft viel sparen, allerdings sollte man in der Hochsaison die besten Häuser weit im Voraus reservieren.

EINE VILLA BUCHEN

Da draußen tobt der Wilde Westen! Es gibt Abertausende Vermittlungsagenturen, einige davon sind hervorragend, andere nicht. Wichtig ist, genaue Vorstellungen von dem zu haben, was man mieten möchte. Hier einige Fragen, die man unbedingt stellen sollte, bevor man sich für eine Villa entscheidet:

- Wie weit ist die Villa vom Strand und von Geschäften entfernt?
- Ist ein Fahrer oder Fahrservice mit im Preis enthalten?
- Wenn es einen Koch gibt, ist der Preis für die Lebensmittel inbegriffen?
- Muss der Strom extra bezahlt werden?
- Entstehen Extrakosten für die Reinigung des Hauses?
- Ist ein Wäscheservice inbegriffen?
- Wie viel bekommt man von der Standardkaution von 50 % wieder zurück?
- Gibt es WLAN?

Unterkünfte für Langzeitaufenthalte

Wer länger bleiben möchte, findet auch Wohnungen für eine Monatsmiete von 300 bis 1200 US$. Solche Wohnungen werden vermittelt über:

- Facebook-Gruppen. Ein großes Board ist Bali Rooms for Rent (www.facebook.com/baliroomsforrent). Eine Möglichkeit ist aber auch,

UNTERKÜNFTE ONLINE BUCHEN

Weitere Informationen und Kommentare zu Unterkünften von Lonely Planet Autoren finden sich unter http://lonelyplanet.com/hotels/. Hier gibt es Insider-Auskünfte und Empfehlungen für die besten Übernachtungsplätze. Und das Allerbeste: Es besteht die Möglichkeit, gleich online zu buchen.

nach Gruppen mit Namen wie „[Name der Stadt] Housing" zu suchen.

- Bali Advertiser (www.baliadvertiser.biz)
- Pinnwände in beliebten Cafés wie dem Bali Bhudda in Ubud, in Umalas, in den vielen Cafe Mokas sowie in den Bintang-Supermärkten in Seminyak und Ubud sind ebenfalls gute Quellen.
- Mundpropaganda: Neuen balinesischen Freunden von der Suche erzählen – mit Sicherheit kennt jeder jemanden, der gerade eine Wohnung vermietet.

Leben in einem Dorf

Wer gerne in einem Dorf leben will, kann beim **JED** (Village Ecotourism Network; ☎0361-366 9951; www.jed.or.id; Touren 75–150 US$) nachfragen. Eine gute Alternative ist das **Bali Homestay Program** (☎0817 067 1788; www.bali-homestay.com; Jegu; 2 Nächte all-inclusive EZ/DZ ab 185/330 US$) nördlich von Tabanan.

Versicherung

Unbedingt notwendig ist eine weltweit gültige Reiseversicherung, die Diebstahl, Verlust und medizinische Notfälle abdeckt. Das Angebot an Versicherungspolicen ist groß, sie lassen sich meist auch online abschließen. Unbedingt darauf achten, dass im Falle eines medizinischen Notfalls auch der Krankentransport von Indonesien ins Heimatland abgedeckt ist.

Diebstahl ist ein großes Problem auf Bali und im restlichen Indonesien, von daher darauf achten, dass die Police den Ersatz teurer Wertgegenstände einschließt. Viele Versicherungspolicen machen Einschränkungen beim Ersatz von Laptops oder teurer Kameraausrüstung und ersetzen oft nur den aktuellen Wert, nicht den Neuwert.

Eine weltweit gültige Reiseversicherung findet sich unter www.lonely planet.com/travel-insurance. Man kann sie jederzeit online abschließen, erweitern oder Schadensansprüche geltend machen – selbst, wenn man noch auf Reise ist.

Visa

Ein einmonatiges Touristenvisum ist leicht erhältlich, schwieriger wird es, wenn man länger als 30 Tage bleiben will. Da sich die Bestimmungen schnell ändern können, sollte man sich rechtzeitig vor Reiseantritt auf den Websites des Auswärtigen Amtes über die aktuellen Bedingungen informieren.

Sosical/Budaya-Visum

Wer zum Studium oder aus familiären Gründen länger im Land bleiben will, kann ein sogenanntes *sosial/budaya*-Visum (soziales/kulturelles Visum) beantragen. Dafür benötigt man das Antragsformular einer indonesischen Botschaft oder eines Konsulats und ein Empfehlungsschreiben oder eine finanzielle Absicherungserklärung durch eine Persönlichkeit in Indonesien bzw. eine Schule in Indonesien. Das Visum ist 3 Monate gültig, kann aber in einer Ausländerbehörde (Imigrasi) innerhalb Indonesiens für jeweils einen Monat (maximal bis zu 6 Monate) verlängert werden. Gebühren fallen an für die erstmalige Visumserteilung und für jede weitere Verlängerung.

Visatypen

Für Reisende gibt es drei Arten von Visa:

Visa vor der Einreise Reisende können ein Visum vor Reiseantritt beantragen, für einen Aufenthalt von 30 bis 60 Tagen. Da sich die Details ständig ändern, empfiehl es sich, in der nächstgelegenen indonesischen Botschaft oder Konsulat den aktuellen Stand hinsichtlich Bearbeitungsgebühren und Ausstellungszeit zu erfragen. Wichtig zu wissen: Dies ist die einzige Möglichkeit, ein 60-Tage-Besucher-Visum zu erhalten.

Visa bei der Ankunft (VOA) Reisende aus Deutschland, der Schweiz und Österreich erhalten bei der Ankunft in den großen Flughäfen und Häfen des Landes ein 30 Tage gültiges VOA-Visum (Visa on Arrival). Die Gebühr beträgt 35 US$ in bar. Diesen Betrag sollte man bei der Einreise in Dollar griffbereit haben. Das VOA-Visum kann für weitere 30 Tage erneut beantragt werden, dies muss allerdings sieben Arbeitstage vor Ablauf des ersten Visums geschehen.

Ohne Visum Reisende aus Deutschland, Österreich und der Schweiz bekommen bei der Ankunft ein kostenfreies Besuchervisum für 30 Tage. Dieses Visum kann nicht verlängert werden! Wer sich vorab ein 60-Tage-Visum besorgt hat, muss darauf achten, dass er von der Einreisebehörde bei der Ankunft am Flughafen eine 60 Tage gültige Touristenkarte erhält.

Weitere Informationen sind bei allen Botschaften des Landes erhältlich.

Zeit

Bali unterliegt der Waktu Indonesian Tengah oder

WIT (Zentralindonesische Standardzeit), die sieben Stunden vor der MEZ liegt. Java liegt eine Stunde hinter Bali zurück.

Wenn es also in Bali 12 Uhr mittags ist, ist es in New York noch 23 Uhr des vorherigen Tages, 4 Uhr morgens in London, 5 Uhr morgens in Berlin, Wien und Bern und 13 Uhr in Tokio (ohne Berücksichtigung der Sommerzeit).

Zoll

Auf der Liste der verbotenen Einfuhrgüter stehen unter anderem: Drogen, Waffen, frisches Obst und alles, was auch nur im entferntesten mit Pornografie zu tun hat.

Erlaubt sind unter anderem folgende Güter:

- 200 Zigaretten (oder 50 Zigarren oder 100 g Tabak)
- Eine „akzeptable Menge" Parfum
- 1 Liter Alkohol

Surfer mit mehr als zwei oder drei Brettern im Gepäck müssen unter Umständen eine Gebühr bezahlen. Das kann auch für andere Gegenstände gelten, von denen die Beamten mutmaßen, dass man sie in Indonesien verkaufen möchte.

Für fremde Währungen gibt es keinerlei Beschränkungen, aber die Einfuhr oder Ausfuhr von Rupiah ist auf 5 Mio. Rp begrenzt. Größere Summen müssen deklariert werden.

VISUMSVERLÄNGERUNG

Ein 30 Tage gültiges „Visa on Arrival" kann einmal verlängert werden (das gilt nicht für das kostenlose Visum). Das Prozedere ist wie folgt:

- Mindestens sieben Arbeitstage vor dem Auslaufen des Visums geht man in eine Ausländerbehörde, die in allen größeren Städten und Regionalhauptstädten zu finden ist. Im Süden von Bali ist das am besten das **immigrasi office** (☎0361-935 1038; Jl Raya Taman Jimbaran; ⏲Mo–Fr 8–16 Uhr) unweit von Jimbaran.
- Notwendige Unterlagen: Reisepass, Fotokopie des Reisepasses und eine Kopie des Flugtickets raus aus Indonesien (das Datum muss innerhalb der gewünschten 30 Tage liegen).
- Respektvolle Kleidung (d. h. für Männer das Tragen von langen Hosen)
- Bargeld in Höhe von 250 000 Rp für die Gebühren.
- Möglicherweise muss man in den nächsten drei bis fünf Tagen nochmals wiederkommen, um Fingerabdrücke, Fotos oder anderes abzuliefern.

Wer sich diese Behördengänge ersparen will, kann für Visumsverlängerung einen Agenten wie **ChannelOne** (Karte S. 84; ☎0878 6204 3224; www.channel1.biz; Jl Sunset 100X, Kerobokan) auf Bali beauftragen. Die Mitarbeiter übernehmen für eine Gebühr den größten Teil der bürokratischen Abwicklung.

Wer sein Visum überzieht, zahlt Strafen in Höhe von 300 000 Rp pro Tag und muss mit zusätzlichem Ärger rechnen.

Verkehrsmittel & -wege

AN- & WEITERREISE

Die meisten Besucher erreichen die Insel Bali mit dem Flugzeug. Insel-Hopper können aber auch eine der häufig verkehrenden Fähren zwischen dem Osten Javas und Bali, zwischen Bali und Lombok sowie zwischen Lombok und Sumbawa nehmen..

Flüge, Touren und Bahntickets können online über www.lonelyplanet.com/bookings gebucht werden.

Flugzeug

Die Hauptstadt Jakarta ist zwar der wichtigste Flughafen für Flüge nach Indonesien, doch gibt es auch viele internationale Direktflüge nach Bali.

Flughäfen & Fluglinien

BALI AIRPORT

Ngurah Rai International Airport (http://bali-airport.com) liegt südlich von Kuta und ist der einzige Flughafen der Insel. Ab und zu taucht er bei Online-Flugbuchungen unter dem Namen „Denpasar" oder „Bali" auf.

Balis derzeitiger Terminal wurde 2013 eröffnet. Leider

> **KLIMAWANDEL & REISEN**
>
> Der Klimawandel stellt eine ernste Bedrohung für unsere Ökosysteme dar. Zu diesem Problem tragen Flugreisen immer stärker bei. Lonely Planet sieht im Reisen grundsätzlich einen Gewinn, ist sich aber der Tatsache bewusst, dass jeder seinen Teil dazu beitragen muss, die globale Erwärmung zu verringern.
>
> **Fliegen & Klimawandel**
>
> Fast jede Art der motorisierten Fortbewegung erzeugt CO_2 (die Hauptursache für die globale Erwärmung), doch Flugzeuge sind mit Abstand die schlimmsten Klimakiller – nicht nur wegen der großen Entfernungen und der entsprechend großen CO_2-Mengen, sondern auch, weil sie diese Treibhausgase direkt in hohen Schichten der Atmosphäre freisetzen. Die Zahlen sind erschreckend: Zwei Personen, die von Europa in die USA und wieder zurück fliegen, erhöhen den Treibhauseffekt in demselben Maße wie ein durchschnittlicher Haushalt in einem ganzen Jahr.
>
> **Emissionsausgleich**
>
> Die englische Website www.climatecare.org und die deutsche Internetseite www.atmosfair.de bieten sogenannte CO_2-Rechner. Damit kann jeder ermitteln, wie viel Treibhausgase seine Reise produziert. Das Programm errechnet den zum Ausgleich erforderlichen Betrag, mit dem Reisende nachhaltige Projekte zur Reduzierung der globalen Erwärmung unterstützen können, beispielsweise Projekte in Indien, Honduras, Kasachstan und Uganda.
>
> Lonely Planet unterstützt gemeinsam mit Rough Guides und anderen Partnern aus der Reisebranche das CO_2-Ausgleichsprogramm von climatecare.org.
>
> Alle Reisen von Mitarbeitern und Autoren von Lonely Planet werden ausgeglichen. Auf www.lonelyplanet.com gibt es weitere Informationen zu diesem Thema.

AUSREISESTEUER

Die Ausreisesteuer ist im Fahrpreis enthalten.

kommt es hier immer noch zu einer ganzen Reihe von Problemen:

- Exorbitant teure Preise für Getränke und Essen – selbst für Flughafenstandards.
- Das lang gezogene, schlangenförmige Gebäude zwingt abreisende Fluggäste, zwischen Läden hindurch einen langen, schmalen Weg zum Gate zu gehen.
- Lange Warteschlangen bei der Ein- und Ausreise und beim Zoll. Die Beamten bieten den Ungeduldigen gegen eine (nicht erlaubte) Gebühr von 750 000 Rp das Abkürzen der Wartezeit an.
- Nicht funktionierende Aufzüge.
- Aufdringliche Typen bieten im Ankunftsbereich dubiose Unterkünfte und Transportmöglichkeiten an.

Alle Flüge internationaler Fluggesellschaften führen über australische oder asiatische Hauptstädte, da die derzeitige Startbahn für Flugzeuge, die nonstop von/nach Europa fliegen könnten, zu kurz ist.

Inlandsflüge nach Bali aus anderen Landesteilen Indonesiens ändern sich ständig.

Air Asia (www.airasia.com) Fliegt nach Jakarta, Bangkok, Kuala Lumpur, Singapur und in diverse australische Städte.

Cathay Pacific Airways (www.cathaypacific.com) Fliegt nach Hongkong.

China Airlines (www.china-airlines.com) Fliegt nach Taipeh.

Emirates (www.emirates.com) Bietet gute Verbindungen von Europa nach Bali, via Dubai.

Eva Air (www.evaair.com) Fliegt nach Taipeh.

Garuda Indonesia (www.garuda-indonesia.com) Bietet Direktflüge nach Australien, Japan, Korea, London und Singapur, außerdem Inlandsflüge in verschiedene Städte Indonesiens.

Jetstar (www.jetstar.com) Fliegt nach Australien.

KLM (www.klm.com) Fliegt über Singapur nach Amsterdam.

Korean Air (www.koreanair.com) Fliegt nach Seoul.

Lion Air (www.lionair.co.id) Fliegt verschiedene Städte in Indonesien an und nach Kuala Lumpur in Malaysia.

Malaysia Airlines (www.mas.com.my) Fliegt in die malaiische Hauptstadt Kuala Lumpur.

Qatar Airways (www.qatarairways.com) Fliegt nonstop nach Doha und bietet von dort gute Anschlüsse nach Europa.

Singapore Airlines (www.singaporeair.com) Fliegt mehrmals täglich nach Singapur.

Thai Airways International (www.thaiair.com) Fliegt nach Bangkok.

Virgin Australia (www.virginaustralia.com) Fliegt nach Australien.

LOMBOK AIRPORT

Lombok International Airport (LOP; www.lombok-airport.co.id) Der in der Nähe von Praya liegende Flughafen ist immer gut frequentiert. Es gibt gute Verbindungen nach Bali und nach Java und einige wenige Flüge nach Osten nach Nusa Tenggara. Von Lombok aus gibt es auch internationale Flüge nach Singapur und Kuala Lumpur. Reisebüros in Kuta, Mataram und Senggigi verkaufen entsprechende Flugtickets.

Auf dem Landweg

Wer nicht mit dem Flugzeug anreist, kann alternativ nur mit dem Schiff nach Bali reisen.

Bus

Viele Busgesellschaften haben in ihren Preisen schon die Fahrt mit der Fähre von Bali nach Java eingerechnet, viele fahren über Nacht auf die Nachbarinsel. Die Buskarten sollte man mindestens einen Tag vor der geplanten Reise bei einem Reisebüro oder direkt an den Terminals in Denpasar (Ubang) oder Mengwi kaufen. Gut zu wissen: Die Preise für ein Flugticket sind meist genauso teuer wie die Buskarten.

Die verlangten Preise variieren bei den Busgesellschaften. Es lohnt sich, etwas mehr für einen guten Platz zu zahlen. Alle Busse haben Klimaanlagen. Busse fahren von Bali nach Yogyakarta (350 000 Rp, 16 Std.) und Jakarta (500 000Rp, 24 Std.). Von Singaraja fahren Busse in den Norden von Bali.

Zug

In Bali fahren keine Züge, aber die **Staatliche Eisenbahngesellschaft** (Karte S. 146; ☎0361-227131; Jl Diponegoro 150/B4; ⏱Mo–Fr 8–15, Sa & So 9–14 Uhr) hat ein Büro in Denpasar. Von hier aus fahren Busse in den Osten Javas, wo sie in Banyuwangi Anschluss an Züge nach Surabaya, Yogyakarta und Jakarta haben, um nur einige

BUSBAHNHBOF MENGWI

Der Mengwi-Busbahnhof liegt 12 km nordwestlich von Denpasar, gleich bei der Hauptstraße in den Westen von Bali. Viele Langstreckenbusse von oder zu Denpasars Busbahnhof Ubung halten hier.

Wer in den Süden der Insel will oder von dort abreist, kann mit der Wahl des Mengwi-Busbahnhofs viel Zeit gegenüber der Abfahrt ab dem Busbahnhof Denpasar sparen. Taxis mit Taxameter halten hier ebenfalls, die verlangten Preise liegen bei 150 000 bis 200 000 Rp.

SICHER MIT DER FÄHRE REISEN

Die Zahl der schnellen Schiffe und Fähren zwischen Bali, Nusa Lembongan, Lombok und den Gili-Inseln hat stark zugenommen, vor allem, seit die Gilis so beliebte Reiseziele sind. Leider gibt es kaum Sicherheitsbestimmungen, sodass es immer wieder zu Unfällen kommt. 2016 wurden zwei Touristen getötet, als ihr Schnellbot zu den Gilis explodierte.

Die Mannschaften auf diesen Schiffen sind wenig oder gar nicht ausgebildet Bei einem der Unfälle gab ein Kapitän zu, dass er in Panik geraten war und nicht mehr wusste, was mit seinen Passagieren passierte. Eine Rettung ist meist nicht in Sicht: Eine freiwillige Rettungstruppe in Ostbali berichtete, dass es noch nicht einmal ein Funkgerät gab.

Die Gewässer vor Bali sind oft rau. Obwohl die Inseln nicht weit auseinander oder gar in Sichtweite voneinander liegen, kann das Meer dazwischen oft so turbulent werden, dass es für die kleinen Schnellboote nicht mehr sicher ist.

Mit diesen Informationen im Hinterkopf ist es wichtig, dass jeder an seine eigene Sicherheit denkt, denn sonst tut es niemand. Dazu sollten Reisende Folgendes bedenken:

Größer ist besser Auch wenn man unter dem Strich vielleicht eine halbe Stunde oder mehr länger unterwegs ist: Große Schiffe/Fähren sind auf dem offenen Meer besser als all die kleinen, übermotorisierten Schnellboote. Ganz abgesehen davon, dass die Fahrt in den kleinen Schnellbooten sehr unangenehm werden kann, wenn sie mit harten Schläge von einem Wellental ins nächste fallen. Dazu kommen noch der Benzingestank und der alles überlagernde Lärm des Außenbordmotors. Generell sollte man alle Fahrzeuge unter 30 Sitzen meiden, mit Ausnahme der Fähren zwischen Nusa Lembongan und Nusa Penida.

Sicherheitsausrüstung prüfen Hat das Boot Schwimmwesten an Bord? Hauptsache, man weiß dann auch, wo sie sind und wie man sie anlegt. In Notfall wird sie niemand aushändigen. Auch sollte man nach den Rettungsbooten schauen. In manchen Werbeunterlagen werden Boote gezeigt mit automatisch aufblasbaren Rettungsbooten, die später wieder entfernt wurden, damit mehr Platz für Passagiere zur Verfügung steht.

Nicht überladen Einige Boote verlassen den Hafen mit mehr Passagieren an Bord als Sitzplätze vorhanden sind, und die Gänge sind mit Gepäck zugestellt. Manche Passagiere sitzen dann unter unsicheren Bedingungen auf dem Dach der Kabine. Wenn das so ist, sollte man nicht in dieses Boot einsteigen.

Nach Notausgängen schauen Viele Kabinen haben nur einen engen Eingang, der im Fall eines Unglücks zur Todesfalle wird. Von daher ist es sicherer, auf dem offenen Deck zu bleiben. Allerdings kommt es regelmäßig bei Benzinexplosionen zu Verletzungen von Passagieren, die hinten auf dem Boot sitzen.

Seelenverkäufer meiden Ein Fischerboot, das mit zu vielen PS am Heck ausgerüstet wird, um auch etwas vom Touristenkuchen abzubekommen, ist eine vorprogrammierte Katastrophe.

Niemals auf dem Dach mitfahren Es sieht nach einem unbeschwerten Spaß aus, ist aber das genaue Gegenteil: Immer wieder fallen Passagiere ins Wasser, wenn die Boote in Wellentäler fallen. Viele Crewmitglieder sind nicht in der Lage, dann schnell und richtig zu reagieren. In der rauen See sind die in Not geratenen mitunter schwer zu sehen und das Gepäck unwiderruflich verloren.

Auch Fähren sind nicht sicher Eine der großen Autofähren zwischen Padangbai und Bangsal auf Lombok fing 2014 Feuer und sank. Eine Fähre zwischen Gilimanuk auf Bali und Java kenterte und sank 2016.

Mit gesundem Menschenverstand Es gibt natürlich auch Boote guter Reedereien in den Gewässern vor Bali, aber die Mannschaften wechseln ständig. Wem etwas beim Service unzulänglich vorkommt, bevor er an Bord geht, der sollte eine andere Reederei wählen. In dem Fall sollte man sich die Fahrkarte erstatten lassen: Niemals das Leben wegen einer schon gekauften Fahrkarte riskieren!

Ziele zu nennen. Fahrpreis und Fahrtzeiten sind den Bussen vergleichbar, aber die klimatisierten Züge bieten selbst in der preiswertesten Klasse mehr Komfort. Hinweis: Google Translate funktioniert auf der Website gut.

Übers Meer

Pelni (www.pelni.co.id), die staatliche Schiffslinie, lässt große Fähren über lange Distanzen durch die indonesische Inselwelt kreuzen. Die Pelni-Fähren legen auf Bali im Hafen von Benoa an. Fahrpläne und Preise finden sich auf der Homepage von Pelni. In Tuban kann man sich im **Pelni-Ticketbüro** (Karte S. 62; ☎0361-763963; www.pelni.co.id; Jl Raya Kuta 299; ⏲ Mo–Fr 8–12, 13–16, Sa 8–13 Uhr) nach den Routen erkundigen und die Fährtickets kaufen.

Java

Das westlich von Bali gelegene Java erreicht man über Fähren, die zwischen Gilimanuk im Westen von Bali und Ketapang auf Java pendeln. Von Ketapang aus fahren Busse nach Jakarta.

Sumbawa

Mehrere Fähren fahren täglich zwischen Labuhan Lombok auf Lombok und Poto Tano auf Sumbawa.

Lombok

Autofähren pendeln langsam zwischen Padangbai und Lembar auf Lombok. Zu den Gili-Inseln und nach Lombok fahren Schnellboote von verschiedenen Häfen auf Bali.

UNTERWEGS VOR ORT

Am besten bewegt man sich auf Bali mit einem eigenen Fahrzeug – entweder selbst hinter dem Steuer oder mit Fahrer – oder mit dem Fahrrad. So erreicht man auch Orte, die auf anderen Wegen nicht zugänglich sind.

Auto Für ein kleines Allradfahrzeug bezahlt man unter 30 US$ pro Tag, mit Fahrer etwa 60 US$ pro Tag.

Motorrad Die Tagesmiete liegt bei rund 5 US$ pro Tag.

Öffentliche Verkehrsmittel Bemos (kleine Vans) bieten eine günstige Fahrt auf festgelegten Strecken, inzwischen fahren aber die meisten Einheimischen mit ihren eigenen Motorrädern.

Shuttlebusse für Touristen Bieten Komfort und ein gutes Preis-Leistungs-Verhältnis.

Taxi Einigermaßen günstig, aber nur die Bluebird-Taxis sind zuverlässig.

Auto & Motorrad

Mit einem gemieteten Auto oder Motorrad bzw. Moped eröffnen sich einem ganz andere Möglichkeiten auf Bali; das führt allerdings auch dazu, dass man die Minuten bis zur Rückgabe zählt. Zu bestimmten Zeiten ist die Verkehrssituation auf den Inseln grauenvoll, besonders in Südbali. Dagegen gibt so ein Mietfahrzeug einem die Freiheit, Unmengen an Nebenstraßen zu erkunden und ganz nach eigenem Zeitplan zu reisen.

Die meisten Leute mieten sich ein Auto nicht für die gesamte Zeit ihres Aufenthalts, sondern lediglich für einen oder ein paar Tage.

Führerscheine

FÜHRERSCHEIN FÜRS AUTO

Für das Mieten eines Fahrzeugs wird ein internationaler Führerschein verlangt, den man im Heimatland unter Vorlage des nationalen Führerscheins bei der Zulassungsstelle erhält. Den nationalen Führerschein sollte man dennoch mit nach Bali nehmen. Wer diesen internationalen Führerschein nicht dabei hat, muss mit einem Bußgeld in Höhe von 50 000 Rp rechnen, wenn er von der Polizei angehalten wird (diese Summe wird jedes Mal verlangt, also auch wenn man mehrmals angehalten wird).

MOTORRAD-FÜHRERSCHEIN

Wer einen Motorradführerschein seines Heimatlandes hat, braucht ebenfalls das internationale Äquivalent – so vermeidet man jeglichen Ärger. Wer diesen Führerschein nicht besitzt, kann einen indonesischen erwerben – die Beschaffung eines solchen Papiers ist ein Abenteuer für sich.

Offiziell wird ein Bußgeld von 2 Mio. Rp gefordert, wenn man ohne Führerschein unterwegs ist, und das Motorrad kann sogar konfisziert werden. Inoffiziell wird vor Ort meist nur ein Bußgeld von etwa 50 000 Rp eingefordert, in der Regel darf man dann auch weiterfahren. Allerdings greift die abgeschlossene Versicherung nicht im Falle eines Unfalls, bei dem man nicht die notwendigen Papiere vorweisen kann.

Um einen balinesischen Motorradführerschein zu bekommen (ein Jahr gültig), geht man zu **Poltabes Denpasar** (Karte S. 216; ☎0361-142 7352; Jl Gunung Sanhyang; ⏲Mo–Sa 8–13 Uhr) nordwestlich von Kerobokan an der Straße nach Denpasar. Nötig sind der Ausweis, eine Kopie des Ausweises (die Seite mit dem Foto genügt) und ein Passfoto. Dann sollte man diese Hinweise beachten:

- Das Gedränge in der überfüllten Halle ignorieren.
- Hilflos erscheinen und einen uniformierten Beamten nach einer *motorcycle license* fragen.
- Sich zu einem freundlichen englischsprechenden Beamten geleiten lassen und 250 000 Rp bezahlen.
- Einen schriftlichen Test bestehen (auf Englisch mit den Antworten auf einer Mustertestseite).
- Den Führerschein mitnehmen.

BALIS MAUTSTRASSE

Die Bali-Madara-Toll-Road verhindert das schlimmste Verkehrschaos in und um Kuta herum. Mit ihren 12,7 km Länge verläuft sie von der Umgehungsstraße bei Denpasar über die Mangrovengebiete hinweg bis zu einer Stelle bei Nusa Dua mit einer Abzweigemöglichkeit zum Ngurah Rai International Airport. Unterwegs hat man eine gute Aussicht auf die bedrohten Mangroven und den Hafen von Benoa.

Die Maut beträgt 13 000 Rp. Die Strecke bringt wirklich eine Zeitersparnis, wenn man Richtung Süden, besonders nach Nusa Dua, möchte. Richtung Norden jedoch kommt man in die überfüllte Anschlussstelle mit der Umgehung Jalan Ngurah Rai.

Benzin

Bensin (Benzin) wird von der regierungseigenen Ölfirma Pertamina verkauft und kostet nur 6500 Rp pro Liter (es wird subventioniert). Bali hat eine ganze Menge Tankstellen. Auf Lombok befinden sie sich jedoch nur in größeren Städten. Benzin für Motorräder wird oft am Straßenrand aus Wodkaflaschen angeboten.

Mieten

Nur wenige Verleihfirmen in Bali erlauben es, die Mietfahrzeuge nach Lombok mitzunehmen.

AUTO

Beliebtester Mietwagen ist ein kleiner Geländewagen – er ist kompakt und gut für Fahrten auf Nebenstraßen geeignet. Automatikgetriebe ist hier unbekannt.

Verleihfirmen und Reisebüros in den Touristenzentren verleihen ihre Fahrzeuge recht preiswert. Ein kleiner Geländewagen kostet auf Verhandlungsbasis 50 000 Rp pro Tag. Inbegriffen sind unbegrenzte Kilometerzahl und eine sehr eingeschränkte Versicherung. Ein Zusatztag kostet oft viel weniger als der erste Tag.

Mietwagen im Voraus oder mit einem Reisepaket zu buchen ist sinnlos, da das mit Sicherheit teurer ist als die Fahrzeuge vor Ort zu mieten. Egal in welcher Unterkunft man bleibt, alle, auch die allgegenwärtigen Straßenhändler, können einen Mietwagen beschaffen.

MOTORRAD

Motorräder sind ein beliebtes Fortbewegungsmittel – Einheimische fahren fast schon von der Geburt an auf dem Sozius mit. Eine fünfköpfige Familie, die fröhlich auf nur einem Motorrad sitzt, nennt man einen Bali-Minvan.

Der Mietpreis beträgt um die 50 000 Rp pro Tag, bei einer Wochenmiete kommt man günstiger weg. Im Preis sollte eine Minimalversicherung für das Fahrzeug enthalten sein, die aber weder den Mitfahrer noch den Verlust einschließt. Viele Maschinen haben Halterungen für Surfboards.

Vor der Unterschrift sollte man sicher sein, die Maschine und die Straßen- bzw. Verkehrsverhältnisse zu beherrschen. Das Fahren ist nicht ungefährlich – jährlich verlassen viele Besucher die Insel mit schweren Verletzungen. Lombok ist kein Ort, um das Motorradfahren erst zu lernen! Der Gebrauch eines Helms ist übrigens Pflicht.

Versicherung

Verleihfirmen und Privatbesitzer von Autos bestehen meist auf einer Versicherung für das Fahrzeug selbst; eine Minimalversicherung sollte jeder Mietvertrag enthalten – oft mit einer Eigenbeteiligung von wenigstens 100 US$ für ein Motorrad und 500 US$ für ein Auto (d. h. der Kunde zahlt die ersten 100/500 US$ eines jeden Schadens selbst).

Sinnvoll ist es, den Deckungsumfang der eigenen Fahrzeug-, Kranken- und Reiseversicherung zu überprüfen, besonders beim Mieten eines Motorrads.

Straßenverhältnisse

Vor allem rund um Ubud kann der Verkehr ein echter Horror sein, auch im fernen Padangbai im Osten oder in Gilimanuk im Westen geht es auf den Straßen ziemlich wild zu. Selbst die Fahrt zu den touristischen Hauptsehenswürdigkeiten kann eine Herausforderung darstellen: Die Straßen sind oft nur unzureichend ausgeschildert, die vorhandenen Straßenkarten sind meistens unzuverlässig. Abseits der Hauptrouten sind die Straßen schwer zu befahren, fast alle haben aber zumindest einen Belag.

Unbedingt Fahrten in der Nacht oder in der Dämmerung vermeiden: Viele Räder, Kutschen und sonstige Fahrzeuge haben kein Licht, und nur wenige Straßen sind ausreichend beleuchtet.

Verkehrspolizisten

Einige Polizisten halten Autofahrer schon wegen geringster Kleinigkeiten an. Wenn man beispielsweise mit dem Vorderreifen die nur noch schwach erkennbare Linie eines Stoppschilds überfahren hat, wenn die Riemen des Motorradhelms nicht fest genug gezurrt sind oder wenn man eine der sich ständig ändernden und zudem schlecht erkennbaren Einbahnstraßenregelungen übersieht, wird man herausgewunken.

Der Beamte bittet dann zunächst um den Führerschein und die Fahrzeugpapiere und klärt einen dann über das schwere Vergehen gegen die Verkehrsordnung auf, das man gerade begangen hat. In solchen Situationen empfiehlt es sich, einen kühlen Kopf zu bewahren und nicht gleich mit Argumentieren anzufangen. Und auf keinen Fall ein Bestechungsgeld anbieten! Schließlich wird der Polizist vorschlagen, alles gegen eine Strafgebühr auf sich beruhen zu lassen. Wenn die Summe sehr hoch erscheint, erklärt man freundlich, nicht so viel Bargeld dabei zu haben. In der Regel werden zwischen 10 000 und 100 000 Rp verlangt. Streitet man, erhöhen sich letztendlich die Forderungen.

Verkehrsregeln

Viele Reisende berichten übereinstimmend von nahezu wahnsinnigen balinesischen Autofahrern, was jedoch meist daran liegt, dass sie als Ausländer die lokalen Konventionen nicht verstehen. So bedeutet ein penetrantes Dauerhupen nicht: „Mach endlich Platz", sondern ist die typisch balinesische Version von: „Hi, hier bin ich."

- Immer nach vorne schauen – für alles, was einem vorn vor die Räder läuft oder fährt, ist man als Fahrer selbst verantwortlich. Autos, Motorräder und alle anderen Verkehrteilnehmer vor einem haben Vorfahrt.
- Viele einheimische Fahrer schauen sich an einer Kreuzung überhaupt nicht um, wenn sie links abbiegen wollen – sie achten nur darauf, ob jemand hupt.
- Unbedingt jeden, der sich vor dem eigenen Fahrzeug befindet, durch Hupen auf sich aufmerksam machen – vor allem dann, wenn man überholen will.
- Immer links fahren.

Bemo

Bemos sind normalerweise Minibusse oder Kleintransporter mit je einer Reihe niedriger Sitze auf jeder Seite. Man kann mit etwa zwölf Personen eng gedrängt darin sitzen Früher gehörten die Bemos zu den Hauptverkehrsmitteln. Seit immer mehr Menschen ein eigenes Moped oder Motorrad besitzen (was preiswerter sein kann, als täglich Bemo zu

AUTO MIT CHAUFFEUR

Wer sich nicht mit öffentlichen Verkehrsmitteln herumschlagen will, aber auch nicht selbst fahren möchte, für den ist diese Form eine hervorragende Möglichkeit, Bali auf eigene Faust zu entdecken. Und wer zudem in einer Gruppe unterwegs ist, kommt auch noch vergleichsweise günstig weg. Auch auf Lombok lassen sich Autos mit Fahrer mieten, es gibt allerdings nicht sehr viele, die diesen Service anbieten.

Ein Fahrer ist schnell zu finden – man muss nur auf die immer wieder gestellte Frage „transport?" in den Straßen der Tourismushochburgen reagieren. Doch am besten spricht man einen Fahrer persönlich an oder bittet das Hotel um Vermittlung. Das ist generell am ratsamsten, denn so übernimmt auch das Hotel ein Stück Verantwortung. Weitere Punkte, die beachtet werden sollten:

- Auch wenn überall hervorragende Fahrer herumlaufen, empfiehlt es sich, mit mehreren zu verhandeln.
- Hilfreich sind immer Empfehlungen anderer Reisender.
- Es muss eine gewisse Sympathie zwischen Fahrer und Gast bestehen, auch sollte der Fahrer genügend Englisch beherrschen, um die Wünsche und Vorstellungen seiner Passagiere zu verstehen und mit ihnen darüber diskutieren zu können.
- Die Kosten pro Tag sollten sich zwischen 500 000 und 800 000 Rp bewegen.
- Das Fahrzeug – meist ist es ein älterer Toyota Kijang mit sieben Sitzen – sollte sauber sein.
- Die Fahrtroute sollte vorab besprochen werden.
- Dem Fahrer muss klar signalisiert werden, dass man weder zum Essen noch zum Shoppen in Touristenfallen gefahren werden will. (Gute Fahrer wissen, dass ihr Trinkgeld davon abhängt, ob sie sich an diese Vorgaben halten.)
- Die Fahrer bekommen ihr Mittagessen bezahlt; da viele gern anderswo essen, drückt man ihnen dafür 20 000 Rp in die Hand. Auch über Snacks und Getränke freut sich der Fahrer.

Viele Fahrer bemühen sich sehr darum, ihren Kunden auf ganz überraschende Weise einen schönen Tag zu bereiten. Das sollte man mit einem entsprechenden Trinkgeld honorieren.

TRANS-SARBAGITA-BUS

Trans-Sarbagita (Karte S. 59; Jl Imam Bonjol; Preis 3500 Rp; ⏲5–21 Uhr) betreibt große, klimatisierte Pendelbusse wie man sie auf der ganzen Welt findet. Sie sind mit ihren Fahrzeiten und Strecken in erster Linie auf die Bedürfnisse der Einheimischen zugeschnitten, es gibt lange Wartezeiten und unzuverlässige Abfahrtszeiten. Dennoch sind sie ganz praktisch, wenn man auf einer der folgenden vier Strecken unterwegs ist: Umfahrungsstraße von Sanur nach Nusa Dua, von Denpasar nach Jimbaran, von Tabanan nach Bandara oder von Mahendradata nach Lebih über Sanur.

fahren), haben die Bemos mehr und mehr an Bedeutung verloren. Die Fahrt ist auf jeden Fall recht langwierig und auch wenig bequem. Daher ist es schon fast ungewöhnlich, dass Touristen die Bemos in Bali nutzen.

Fahrpreise

Bemos befahren eine feste Route und die Preise sind ebenfalls festgesetzt (allerdings nicht schriftlich verankert). Das Minimum beträgt ungefähr 5000 Rp. Wer in ein noch unbesetztes Bemo einsteigt, sollte dem Fahrer klar machen, dass er ihn nicht nur für sich allein mieten möchte.

Terminals & Routen

Jede Stadt hat mindestens einen Terminal *(terminal bis)* für alle Arten öffentlicher Verkehrsmittel. Oft gibt es in größeren Städten mehrere Endstationen. Die Terminals können manchmal etwas verwirrend sein, aber die meisten Bemos und Busse haben Schilder, und die Einheimischen helfen in der Regel gerne.

Wer von einem Ende Balis zum anderen reisen will, muss oft über einen dieser zentralen Knotenpunkte fahren. Ein Beispiel: Wer von Sanur nach Ubud mit dem Bemo reist, muss zum Terminal Kereneng in Denpasar, dort in ein Bemo zum Terminal Batubulan umsteigen, um schließlich in Batubulan in ein drittes Bemo nach Ubud zu wechseln. Das ist nervtötend und zeitaufwendig – zwei der Gründe, warum so wenig Urlauber mit Bemos unterwegs sind.

Bus

Öffentliche Busse

BALI

Größere Minibusse und normale Busse versorgen die längeren Strecken, insbesondere zur Anbindung von Denpasar, Singaraja und Gilimanuk. Sie fahren von denselben Bus-Terminals ab wie die Bemos. Da jedoch viele Moped fahren, dauert es oft lange bis die Busse voll sind und abfahren können.

LOMBOK

Der Flughafen **Mandalika Terminal** (Jl Tuguh Faisal) liegt 3 km östlich des Zentrums von Mataram, weitere Flughäfen gibt es in Praya, Anyar und Pancor (unweit von Selong). Viele nützen die Regionalflughäfen, um von einem Teil Lomboks in den anderen zu fliegen, zum Teil zu Festpreisen. Der öffentliche Verkehr dünnt am späten Nachmittag aus und endet mit Einbruch der Dunkelheit.

Touristenbusse

BALI

Touristenbusse sind ein preiswertes und bequemes Fortbewegungsmittel. In größeren Touristengegenden sieht man Schilder, die einen solchen Service anpreisen. Der typische Touristenbus ist ein Fahrzeug für acht bis 20 Personen. Er fährt nicht so schnell wie ein Auto, ist aber besser als die öffentlichen Bemos und Busse.

Kura-Kura Bus (Karte S. 58; ☎0361-370 0244; www.kura2bus.com; Jl Ngurah Rai Bypass, Erdgeschoss, DFS Galleria; Fahrten 20 000–80 000 Rp, Tagesticket ab 150 000 Rp; 📶) Das innovative Unternehmen unter Leitung eines Japaners deckt mit seinen Fahrten alle touristisch wichtigen Regionen in Südbali und Ubud ab. Die Busse sind mit WLAN ausgestattet und fahren nur bei Tageslicht und am frühen Abend. Der Takt variiert zwischen 20 Minuten und über 2 Stunden. Die Fahrpläne der Busse finden sich auf der Internetseite oder können über eine App abgerufen werden. Es gibt insgesamt 8 Linien, das Drehkreuz ist die Duty-free-Mall DFS Galleria.

Perama (☎0361-751170; www.peramatour.com) Das bedeutendste Touristenbus-Unternehmen mit Büros/Agenten in Kuta, Sanur, Ubud, Lovina, Padangbai und Candidasa sowie auf Gili T und Senggigi auf Lombok.

Die Vorteile der Touristenbusse:

- Vernünftige Preise (z. B. Kuta – Lovina für 125.000 Rp).
- Alle Busse haben Klimaanlagen.
- In den Bussen trifft man andere Reisende.

Die Nachteile:

- Die Haltestellen liegen oft außerhalb der Zentren, sodass man ins Zentrum entweder ein Taxi oder einen anderen Shuttlebus braucht.
- Die Busse fahren oft nicht die schnellste, direkteste Route, sondern halten zwischendurch. Beispiel: Halt in Ubud auf dem Weg von Kuta nach Padangbai.
- Beliebte Punkte wie Bingin und Seminyak werden nicht angefahren.

➡ Wer zu dritt oder mehr unterwegs ist, mietet günstiger ein Auto mit Fahrer.

LOMBOK

Auf Lombok gibt es Touristen-Shuttlebusse zwischen den wichtigsten touristischen Zentren der Insel (Senggigi und Kuta) und den meisten touristischen Zentren in Südbali und auf den Gili-Inseln. Dabei handelt es sich in der Regel um eine Kombination aus Minibus und öffentlicher Fähre. Die Fahrkarten können direkt oder über einen Agenten gebucht werden. Die Karten sind sehr gefragt.

Fahrrad

Eine steigende Zahl von Urlaubern erobert sich die Insel mit dem *sepeda* (Rad), viele nutzen das Fahrrad außerdem als Fortbewegungsmittel in den Städten und für Tagesausflüge.

Leihräder gibt es in den touristischen Zentren wie Sand am Meer, aber viele sind in schlechtem Zustand. Am besten fragt man in der eigenen Unterkunft nach einem vertrauenswürdigen Radverleih. Die Preise beginnen bei 30 000 Rp pro Tag.

Trampen

Tramper wird man kaum in Bali antreffen, und da das Trampen nie sicher ist, wird es auch nicht von uns empfohlen. Wer es dennoch versucht, muss sich des kleinen, aber vorhandenen Risikos bewusst sein. Statt Trampen sollte man lieber ein *ojek* wählen, ein Motorrad, das Passagiere mitnimmt.

Nahverkehr

Dokar

Kleine *dokar* (Ponykutschen) sieht man immer noch in Teilen von Denpasar und Kuta, aber zunehmend seltener. Was gegen die Wahl der *dokar* spricht, ist die meist schlechte Haltung der Tiere. Außerdem sind die Fahrten recht teuer.

Ojek

In Städten und an Straßen kann man sich immer von einem *ojek* (Motorrad oder Mofa, das Passagiere gegen Bezahlung befördert) mitnehmen lassen. Offizielle *ojeks* sind heute selten geworden, da jede Privatperson mit einem Mofa diesen Service anbieten kann (man stellt sich einfach an den Straßenrand und schaut ratlos wie jemand, der nach einer Mitfahrgelegenheit sucht, und schon halten die Leute an). Auf ruhigen Landstraßen ist das ganz in Ordnung, aber in großen Städten ist es ein waghalsiges Unterfangen. *Ojeks* sind auf Lombok gebräuchlicher.

Über die Fahrpreise lässt sich verhandeln, aber rund 30 000 Rp sind für 5 km normal.

Taxi

BALI

Taxis mit Taxametern sind in Südbali und Denpasar (aber nicht in Ubud) verbreitet. Sie sind ein wichtiges Fortbewegungsmittel, und man kann sie normalerweise in belebten Gegenden einfach heranwinken. Mit ihnen hat man meist weniger Scherereien als mit Fahrern, die einfach nur „Transport" rufen und dann um den Preis feilschen.

➡ Das bei Weitem beste Taxiunternehmen ist **Blue Bird Taxi** (☎0361-701111; www.bluebirdgroup.com), das mit blauen Fahrzeugen und einem Licht auf dem Dach in Form eines stilisierten Hüttensängers (bluebird) auf Bali unterwegs ist. Die Fahrer sprechen in der Regel passabel Englisch und verwenden ein Taxameter während der Fahrt. Viele Expats nutzen ausschließlich dieses Unternehmen. Blue Bird hat eine nette App, über die man sich ein Taxi rufen kann. Achtung, es gibt natürlich viele Nachahmer. Zu erkennen sind die echten Taxis von Blue Bird an der Aufschrift „Blue Bird" auf der Windschutzscheibe und der Telefonnummer.

➡ Taxifahrten sind günstig: Von Kuta nach Seminyak zahlt man nur 80 000 Rp.

➡ Grundsätzlich sollte man Taxis meiden, bei denen der Fahrer sich weigert, das Taxameter einzuschalten - auch nach Dunkelheit, wenn viele Fahrer behaupten, dass nur noch Fixpreise gelten.

➡ Andere Taxifahrer versuchen mit dem Mangel an Alternativen, „kaputten" Taxametern oder preistreibenden Umwegen zu betrügen und bieten Ausflugsfahrten, Massagen oder Prostituierte an.

LOMBOK

Zuverlässige Taxis mit Taxameter bietet **Blue Bird Lombok Taksi** (☎0370-627000; www.bluebirdgroup.com) im Westen von Lombok.

Geführte Touren

Standardisierte Besichtigungsfahrten sind ein bequemer Weg, einige der Sehenswürdigkeiten der Insel zu besuchen. Es gibt unzählige Anbieter, die im Prinzip alle das gleiche Produkt und die gleiche Leistung verkaufen. Viel interessanter sind da die spezialisierten Tourveranstalter, die ihre Kunden abseits der Touristenpfade führen, ihnen unvergessliche Erlebnisse bescheren und eine andere Seite von Bali zeigen. Die dritte Möglichkeit ist, sich seine eigene, individuelle Tour zusammenstellen zu lassen.

Standard-Tagestouren

Die Touren beginnen meist mit der Abholung vom Hotel in weißen klimatisierten Minibussen. Die Preise reichen von 100 000 bis 500 000 Rp für im Wesentlichen gleiche Touren, sodass ein Preisvergleich lohnend ist. Dabei empfiehlt es sich, vor allem auf folgende Punkte zu achten:

➡ Gibt es das Mittagessen an einem riesigen Touristenbüfett oder an einem interessanteren Ort?

➡ Wie viel Zeit hat man in Touristenläden?

➡ Gibt es einen gut Englisch sprechenden Reiseleiter?

➡ Wird man morgens zwar abgeholt, nur um dann an einem zentralen Ort auf einen anderen Bus und weitere abgeholte Fahrgäste warten zu müssen?

Spezialtouren

Viele Bali-Tourveranstalter bieten aber auch Erlebnisse, die von denen der Standardtouren abweichen. Wer sich für das Land und seine Kultur interessiert, kann in diesem Rahmen an einer Beerdigungszeremonie teilnehmen oder entlegene Dörfer besuchen, in denen sich der Alltag seit Jahrzehnten kaum verändert hat. Oft wird dabei auf die Klischee-Touri-Busse verzichtet, man ist in gewöhnlichen Autos (oder wahlweise in Luxuskarossen) unterwegs.

Bali Discovery Tours (☎0361-286283; www.balidiscovery.com; Preise variieren) Auf die Kundschaft zugeschnittene Touren in alle Regionen der Insel.

Hanafi (Map p54; ☎0821 4538 9646; www.hanafi.net; Jl Pantai Kuta) Der legendäre Tourveranstalter aus Kuta bietet alle Arten von individuell zugeschnittenen Ausflügen – für Familien ebenso wie für Pärchen. Ein weiteres Plus: Sie sind sehr schwulenfreundlich.

JED (Village Ecotourism Network; ☎0361-366 9951; www.jed.or.id; Touren 75–150 US$) Gegründet wurde die Firma von Mitgliedern aus vier Dörfern der Insel. JED organisiert sehr angesehene Touren in kleine Dörfer, teilweise mit Übernachtung.

Suta Tours (☎0361-462666, 0361-466783; www.sutatour.com; Preise variieren) Organisiert Standardtouren, aber auch Fahrten zu Beerdigungszeremonien, speziellen Tempelfesten, Markttouren und Fahrten nach den Wünschen der Kunden.

Gesundheit

In Bali ist es für Urlauber kein Problem, leichtere Verletzungen oder einfachere Erkrankungen medizinisch behandeln zu lassen. Bei schwerwiegenden Krankheitsbildern sollte man die Insel aber besser verlassen.

Reisende fürchten sich oftmals vor ansteckenden Tropenkrankheiten, doch Infektionen sind seltener der Grund für ernste Krankheiten oder gar für Todesfälle. Lebensbedrohlicher sind eher Vorerkrankungen wie Herzprobleme, aber auch Unfallverletzungen (besonders im Straßenverkehr). Grundsätzlich sind leichtere Beeinträchtigungen der Gesundheit, besonders Magen-Darm-Störungen, Sonnenbrandverletzungen und andere typische Reisebeschwerden, auf Bali keine Seltenheit.

Wichtig ist es deshalb, einige Vorsichtsmaßnahmen zu beachten, besonders angesichts von Tollwut, Moskitostichen und tropischer Sonneneinstrahlung.

Die folgenden Hinweise sind nur allgemein gehalten und ersetzen in keinem Fall den fachkundigen ärztlichen Rat im Einzelfall.

VOR DER ABREISE

Alle Medikamente, die man unterwegs benötigt, sollten sich in ihrer klar beschrifteten Originalverpackung befinden. Ein beigefügter Arztbericht über vorhandene Erkrankungen und die übliche Medikation (inklusive lateinischen Namen) ist ebenfalls zu empfehlen. Wer allerdings Spritzen oder Nadeln mit sich führen muss, sollte auf jeden Fall eine ärztliche Bescheinigung dabei haben, die die medizinische Notwendigkeit bestätigt. Bei Herzproblemen ist ein kurz vor der Reise geschriebenes EKG im Krankheitsfall von Nutzen.

Wer regelmäßig Medikamente einnehmen muss, sollte für den Fall des Verlusts oder Diebstahls am besten das Doppelte der erforderlichen Menge auf die Reise mitbringen. Viele Medikamente kann man auf Bali rezeptfrei kaufen, aber mit neueren Medikamenten wie zum Beispiel Antidepressiva, Blutdruckmitteln oder mit der Pille könnte es schwierig werden.

Empfohlene Impfungen

Spezielle Reisemedizinzentren sind oft die beste Informationsquelle; dort gibt es alle nur erdenklichen Impfstoffe auf Lager; zudem

GESUNDHEITSRATGEBER

Es ist wie immer empfehlenswert, sich vor Reisebeginn, falls vorhanden, auf den Websites der zuständigen amtlichen Stellen im eigenen Land über Gesundheitsrisiken im Reiseland zu informieren.

Deutschland (www.bmg.bund.de; Bundesministerium für Gesundheit))

Österreich (www.bmg.gv.at; Bundesministerium für Gesundheit))

Schweiz (www.bag.admin.ch; Bundesminsiterium für Gesundheit**)**

USA (www.travel.state.gov) Im Internet gibt es eine Fülle an Ratschlägen zu Gesundheitsfragen auf Reisen.

World Health Organization (www.who.int/ith) Bringt ein tolles Buch mit dem Titel *International Travel & Health* heraus, das jährlich überarbeitet wird und kostenlos online erhältlich ist.

Centers for Disease Control & Prevention (www.cdc.gov) Gute allgemeine Informationen.

wird man dort individuell je nach Reiseziel beraten.

Ärzte empfehlen folgende Impfungen:

- Tetanusauffrischung
- Hepatitis A
- Typhus
- Tollwut

Erforderliche Impfungen

Die einzige international geforderte Impfung ist die gegen Gelbfieber. Der Nachweis darüber wird eingefordert, wenn man sich sechs Tage vor der Einreise nach Südostasien in einer Gelbfieber-Region aufgehalten hat (dazu zählen besonders einige Teile Afrikas und Südamerikas).

Reiseapotheke

Empfohlene Ausstattung für die persönliche Reiseapotheke (speziellere Artikel kann man bei Bedarf auch leicht auf Bali bekommen):

- antibakterielle Salbe (z. B. Muciprocin)
- Antihistamine – es gibt viele zur Auswahl (z. B. Cetirizin für tagsüber und Promethazin für die Nacht)
- Antiseptikum (z. B. Betadine)
- Verhütungsmittel
- auf DEET basierendes Insektenschutzmittel
- Erste-Hilfe-Artikel wie Schere, Bandagen, digitales Fieberthermometer (auf keinen Fall ein Thermometer mit Quecksilber) und Pinzette
- Ibuprofen oder andere entzündungshemmende Mittel
- Steroidsalbe gegen allergischen/juckenden Hautausschlag (z. B. 1 % bis 2 % Hydrocortison)
- Sonnenschutzmittel und -hut
- Lutschtabletten gegen Halsschmerzen
- Mittel gegen Soor (vaginale Pilzinfektion) – z. B. Clotrimazol- Zäpfchen oder Diflucan-Tabletten

Versicherung

Wer nicht absolut sicher ist, dass die eigene bestehende Krankenversicherung zu Hause auch für Bali gilt, sollte eine Auslandskrankenversicherung abschließen; am besten hat man die Police als Nachweis dabei. Empfehlenswert ist eine Versicherung, vor der Reise, die auch für einen nötigen Krankentransport (der bis zu 100 000 US$ kosten kann) aufkommt.

Einige Versicherungen schließen ausdrücklich gefährliche Aktivitäten aus. Darunter kann Tauchen, Motorradfahren und sogar Trekking gehören. Manchmal wird ein vor Ort erworbener Führerschein für Motorräder als nicht gültig eingestuft.

Weltweit geltende Reiseversicherungen gibt es unter www.lonelyplanet.com/bookings. Hier kann man Versicherungen jederzeit online abschließen, erweitern oder auch Ansprüche geltend machen – selbst wenn man schon unterwegs ist.

AUF BALI & LOMBOK

Medizinische Versorgung & Kosten

Im Süden Balis und in Ubud gibt es eigene Kliniken für Touristen, und fast jedes Hotel kann einen Englisch sprechenden Arzt vermitteln.

MOSKITOSTICHE VERMEIDEN

Reisende sollten folgende Maßnahmen ergreifen, um Moskitostiche zu vermeiden:

- Auf den unbedeckten Hautpartien ein DEET-haltiges Insektenschutzmittel auftragen. Nachts sollte man dieses abwaschen, wenn man unter einem Moskitonetz schläft. Natürliche Schutzmittel wie Zitronenöl können auch wirken, müssen aber öfter angewendet werden als DEET-haltige Produkte.
- Das Moskitonetz, unter dem man schläft, sollte mit Permethrin imprägniert werden.
- Man sollte Unterkünfte bevorzugen, die Fliegengitter und Ventilatoren (noch besser Klimaanlagen) haben.
- In sehr risikoreichen Gegenden sollte man die Kleidung mit Permethrin imprägnieren.
- Immer lange Ärmel und lange Hosen in hellen Farben tragen.
- Moskitospiralen benutzen.
- Im Zimmer Insektenspray versprühen, wenn man abends zum Essen ausgeht.

Wer in Malariagebiete reisen will, sollte sich vor der Reise in einer Klinik über die verschiedenen verschreibungspflichtigen Medikamente informieren, die das Risiko der Ansteckung reduzieren.

ALKOHOLVERGIFTUNG

Es gibt immer wieder Berichte über Erkrankungen und Todesfälle unter Touristen und Einheimischen. im Zusammenhang mit *arak* (dem einheimischen Schnaps, der aus Palm- oder Rohrzucker destilliert wird), wenn dieser mit Methanol, einer giftigen Form des Alkohols, verpanscht wurde. Obwohl *arak* ein sehr beliebtes Getränk ist, sollte man es außerhalb von richtigen Restaurants und Cafés niemals annehmen.

Internationale Kliniken

Im Fall einer ernsten Krankheit sind Reisende am besten in der teuren Privatklinik **BIMC** (Karte S. 58; ☎0361-300 0911, 0361-761263; www.bimcbali.com; Jl Ngurah Rai 100X; ⏲24 Std.) aufgehoben, die sich hauptsächlich um Touristen und in Bali ansässige Ausländer kümmert. Man sollte sichergehen, dass die eigene Kranken- bzw. Reiseversicherung die Kosten übernimmt. In ganz schweren Fällen wird der Patient nach Singapur oder noch weiter ausgeflogen; hier kommt es besonders auf guten Versicherungsschutz an, denn diese Flüge können mehr als 50 000 US$ kosten.

Die BIMC liegt an der Umgehungsstraße direkt östlich von Kuta unweit der Bali Galleria. Es handelt sich um eine moderne Klinik unter australischer Leitung. Hier können medizinische Tests, Hausbesuche (auch im Hotel) und Verlegungen in andere Kliniken durchgeführt werden. Hausbesuche können 100 US$ oder mehr kosten. Eine Zweigniederlassung der Klinik gibt es in Nusa Dua.

Krankenhäuser

Es gibt zwei Krankenhäuser in Denpasar die eine ordentliche medizinische Versorgung bieten. Beide sind preisgünstiger als die internationalen Kliniken.

BaliMed Hospital (☎0361-484748; www.balimedhospital.co.id; Jl Mahendradatta 57) Liegt auf der Seite Denpasars, die Kerobokan zugewandt ist. Das private Krankenhaus ermöglicht eine ganze Reihe ärztlicher Leistungen. Eine Grundberatung kostet 220 000 Rp.

RSUP Sanglah Hospital (Rumah Sakit Umum Propinsi Sanglah; Karte S. 146; ☎0361-227911; www.sanglahhospitalbali.com; Jl Diponegoro; ⏲24 Std.) Das städtische Krankenhaus mit Englisch sprechenden Angestellten hat auch eine Notfallambulanz. Es ist das beste Krankenhaus auf der Insel, hat aber damit noch nicht den gleichen Standard wie Häuser in der westlichen Welt. Es ist mit einer Spezialabteilung für gut versicherte Ausländer, den **Paviliun Amerta Wing International** (Karte S. 146; ☎0361-257477, 0361-740 5474) ausgestattet.

Apotheken

Viele Arzneimittel, für die man im Westen ein Rezept benötigt, sind in Indonesien frei verkäuflich, darunter sogar starke Antibiotika.

Die Kette **Kimia Farma** (www.kimiafarma.co.id) ist zu empfehlen. Sie hat viele Filialen, faire Preise und hilfsbereites Personal. Die Apothekenkette **Guardian** findet man ebenfalls in Touristengegenden, aber die Auswahl ist nur begrenzt und die Preise sind oft schockierend hoch, selbst für Besucher aus reicheren Ländern. Anderswo muss man vorsichtiger sein, da gefälschte und falsch gelagerte oder abgelaufene Medikamente durchaus häufig sind.

Infektionskrankheiten

AIDS/HIV

HIV ist ein großes Problem in vielen asiatischen Ländern, und Bali hat eine der höchsten Raten von HIV-Infektionen in ganz Indonesien. Das Hauptrisiko für die meisten Reisenden ist sexueller Kontakt mit Einheimischen, Prostituierten und anderen Urlaubern.

Das Ansteckungsrisiko durch Sexualkontakte kann durch die Benutzung eines Kondoms (*kondom*) erheblich gemindert werden. Man bekommt Kondome in Supermärkten, an Straßenständen und in Drogerien in Touristengegenden, aber auch in der *apotik* fast jeder Stadt (die teureren Marken sind besser).

Dengue-Fieber

Diese Erkrankung wird von Moskitos übertragen und gilt auf Bali als großes Problem; 2016 wurden 80 % mehr Fälle bekannt als 2015, einem Jahr, als die Zahlen ohnehin schon hoch waren. Da es keinen Impfstoff gegen Dengue-Fieber gibt, kann man sich nur davor schützen, indem man Moskitostiche meidet. Die Moskitos, die das Fieber übertragen, stechen bei Tag und Nacht; demnach sollte man eigentlich ständig Insektenschutz auftragen. Zu den Symptomen gehören hohes Fieber sowie heftige Kopf- und Gliederschmerzen (das Dengue-Fieber war früher unter dem Namen „Knochenbruchfieber" bekannt). Bei manchen Menschen entwickeln sich ein Hautausschlag und Durchfall. Es ist unbedingt notwendig, einen Arzt aufzusuchen, der die Diagnose stellt und den Verlauf überwacht.

Hepatitis A

Dieses Virus, das durch Nahrungsmittel und Wasser übertragen wird, kommt in der gesamten Region vor. Es befällt die Leber und verursacht eine Gelbsucht (gelbe Haut und Augen), begleitet von Übelkeit und Teilnahmslosigkeit. Bei Hepatitis A hilft keine spezielle Behandlung; es dauert einfach eine gewisse Zeit, bis die Leber sich wieder erholt hat. Alle Urlauber mit dem Ziel Südostasien sollten sich dagegen impfen lassen.

Hepatitis B

Hepatitis B ist die einzige durch sexuellen Kontakt übertragbare Krankheit, gegen die man sich impfen lassen kann.

Malaria

Das Risiko, sich Malaria zuzuziehen, ist in den ländlichen Gegenden Indonesiens am größten. Im Allgemeinen braucht man sich auf Bali oder in den touristischen Gegenden auf Lombok keine Sorgen wegen Malaria zu machen. Vorsichtsmaßnahmen sind aber angeraten, wenn man sich in abgelegenen Gegenden aufhält oder Ausflüge unternimmt, bei denen man Bali verlässt.

Am besten, man kombiniert zwei Maßnahmen gegen Malaria: eine Vermeidung von Moskitostichen (S. 456) und Medikamente gegen Malaria. Die meisten Menschen, die sich mit Malaria anstecken, haben falsche oder keine Malariamedikamente eingenommen.

Tollwut

Tollwut ist eine Krankheit, die von infizierten Tieren durch Bisse oder Ablecken übertragen wird, meistens durch Hunde oder Affen. Hat man sich angesteckt, verläuft die Krankheit immer tödlich, wenn man den Impfstoff nicht unverzüglich bekommt. In Bali gab es 2008 einen großen Tollwutausbruch, und immer noch sterben deswegen jedes Jahr Menschen.

Um das Risiko zu senken, sollte man sich vor der Reise impfen lassen (drei Injektionen). Eine Auffrischung nach einem Jahr bietet dann einen zehnjährigen Schutz. Die Impfung ist auf Bali selbst praktisch nicht möglich, sodass man sie unbedingt vor Reiseantritt durchführen lassen sollte.

Natürlich sollte man Tierbisse vermeiden. Dies gilt ganz besonders für Kinder!

Wurde man infiziert, ist die Behandlung im Falle einer vorherigen Impfung deutlich einfacher. Nach einem Biss oder Kratzer sollte man zunächst die Wunde leicht mit Wasser und Seife auswaschen und ein jodhaltiges Antiseptikum auftragen. Ein Arztbesuch ist trotzdem ratsam.

Wer nicht geimpft ist, sollte die Wunde reinigen und sofort medizinische Hilfe aufsuchen, um sich ein Gegenmittel gegen Tollwut verabreichen zu lassen. Achtung: Auf Bali sind diese Gegenmittel meist vergriffen, sodass man sich am besten sofort auf den Weg nach Singapur machen sollte.

Typhus

Diese ernste bakterielle Infektion wird durch Nahrungsmittel und Wasser verbreitet. Zu den Symptomen gehören ein schleichend steigendes, hohes Fieber, Kopfschmerzen und gegebenenfalls ein trockener Husten und Bauchschmerzen. Die Erkrankung wird beim Bluttest nachgewiesen und mit Antibiotika behandelt.

Vogelgrippe

Das H5N1-Virus, auch unter dem Namen Vogelgrippe bekannt, bleibt ein ernst zu nehmendes Risiko, wenn man in Südostasien unterwegs ist. In Indonesien sind ihm bisher mehr als 100 Menschen zum Opfer gefallen; die meisten Todesfälle gab es in Java.

TRINKWASSER

In ganz Indonesien sollte man niemals Leitungswasser trinken.

Wasser in Flaschen ist normalerweise unbedenklich und zudem überall erhältlich und günstig; man sollte beim Kauf dennoch darauf achten, dass der Dichtring noch intakt ist. Es ist sinnvoll, nach sicheren Auffüllstellen für Wasserflaschen Ausschau zu halten, um weniger Müll zu produzieren.

Eiswürfel in Restaurants sind meistens in Ordnung, wenn sie eine einheitliche Größe aufweisen und von einer zentralen Stelle hergestellt wurden (Standard in großen Städten und touristischen Gegenden). Eis, das von größeren Blöcken abgeschlagen wurde, sollte man meiden (häufiger in ländlichen Regionen).

Frische Säfte sollte man außerhalb von Restaurants und Touristencafés ebenfalls nicht zu sich nehmen.

Durchfallerkrankungen

Durchfallerkrankungen (der sogenannte „Bali belly") sind das bei Weitem häufigste Problem, mit dem Urlauber zu kämpfen haben – zwischen 30 % und 50 % der Ankömmlinge dürften innerhalb der ersten zwei Wochen daran erkranken. In über 80 % der Fälle wird dieser Durchfall von Bakterien verursacht, er lässt sich daher in der Regel mit Antibiotika bekämpfen.

Eine echte Reisediarrhoe liegt erst dann vor, wenn der Patient mehr als dreimal innerhalb von 24 Stunden wässrigen Stuhl hat und wenigstens an einem der anderen Symptome wie Fieber, Krämpfen, Übelkeit, Erbrechen oder allgemeinem Unwohlsein leidet.

Behandlung

Loperamid stoppt den Durchfall zwar, packt das Problem aber nicht an der Wurzel an. Der Wirkstoff kann jedoch helfen, wenn man zum Beispiel eine lange Busreise vor sich hat. Aber bitte kein Loperamid bei Fieber oder Blut im Stuhl einnehmen! Man sollte rasch ärztlichen Rat einholen, wenn sich der Durchfall nicht mit den üblichen Antibiotika stoppen lässt.

- Viel trinken; Elektrolytlösungen sind am besten.
- Antibiotika wie Norfloxacin, Ciprofloxacin oder Azithromycin töten die Bakterien schnell ab.

Giardiasis

Giardia lamblia ist ein Parasit, der unter Urlaubern recht verbreitet ist. Die Symptome sind Übelkeit, übermäßige Blähungen, Abgeschlagenheit und zeitweise Durchfall. Der Parasit verschwindet auch wieder, dies kann jedoch Monate dauern. Zur Behandlung stehen Tinidazol oder Metronidazol zur Verfügung.

Umweltrisiken

Bisse & Stiche

Während eines Aufenthaltes in Indonesien kann man schnell ein paar unliebsame Freunde finden.

Bettwanzen Sie verbreiten keine Krankheiten, aber ihre Bisse jucken. Sie leben in kleinen Spalten in Möbeln und Wänden und wandern nachts in die Betten, um sich vom Blut der Schlafenden zu ernähren. Man kann den Juckreiz mit einem Antihistamin behandeln.

Quallen Die meisten sind nicht gefährlich, sondern nur lästig. Quallenberührungen können extrem schmerzhaft sein, sind aber selten tödlich. Eine Erste-Hilfe-Maßnahme gegen Quallen besteht darin, die betroffene Stelle mit Essig einzureiben, um das Gift zu neutralisieren. Man sollte auf keinen Fall Sand oder Wasser auf die betroffene Stelle reiben. Schmerzmittel sind angebracht, und wer sich nach einer schmerzhaften Berührung in irgendeiner Form krank fühlt, sollte medizinischen Rat einholen.

Zecken Sind nach Wanderungen in ländlichen Gebieten häufig am Körper zu entdecken, besonders hinter den Ohren, auf dem Bauch und in den Achselhöhlen. Wenn sich nach einem Zeckenbiss ein Ausschlag rund um die Bissstelle bildet, und wenn sogar Muskelschmerzen oder Fieber hinzukommen, sollte man einen Arzt aufsuchen.

Hautprobleme

Pilzbefall Es gibt zwei verbreitete Pilze, von denen Reisende befallen werden können. Der erste breitet sich besonders auf feuchten Hautpartien wie Leiste, Achselhöhlen und zwischen den Zehen aus. Es beginnt mit einem roten Fleck, der sich langsam ausdehnt und normalerweise auch juckt. Als Gegenmaßnahme sollte man die Haut trocken halten, nicht kratzen und eine fungizide Salbe wie z. B. Clotrimazol oder Lamisil auftragen. *Tinea versicolor* ist ebenfalls verbreitet– dieser Pilz verursacht kleine helle Flecken, besonders auf Rücken, Brust und Schultern. Arztbesuch empfohlen.

Schnitt- & Schürfwunden Da sich Schnitt- und Schürfwunden im tropischen Klima schnell entzünden, sollte man sie sorgfältig versorgen. Alle Wunden sofort mit sauberem Wasser auswaschen und antiseptisch behandeln. Bei ersten Anzeichen einer Entzündung den Arzt konsultieren! Taucher und Surfer sollten sich vor Schnittwunden durch Korallen hüten, denn diese können sich besonders leicht entzünden.

Hitze

Auf Bali ist es das ganze Jahr über heiß und feucht. Die meisten Menschen brauchen wenigstens zwei Wochen, um sich an das heiße Klima zu gewöhnen. Angeschwollene Füße oder Fußgelenke sind ganz normal, aber auch Muskelkrämpfe nach heftigem Schwitzen. Das kann man verhindern, indem man viel trinkt und sich in der Hitze körperlich nicht zu viel betätigt. Meiden sollte man vor allem folgende Phänomene:

- **Hitzeerschöpfung** Zu den Symptomen gehören Schwächegefühl, Kopfschmerz, Reizbarkeit, Übelkeit oder Erbrechen, schweißnasse Haut, schneller, schwacher Puls und eine normale oder leicht erhöhte Körpertemperatur. In solchen Fällen unbedingt sofort aus der Hitze herausgehen, Luft zufächeln, kühle, feuchte Tücher auf die Haut legen, mit erhöhten Beinen flach hinlegen, Flüssigkeit mit einem Viertel Teelöffel Salz pro Liter zuführen. Die Erholung tritt meist rasch ein, aber man fühlt sich in der Regel noch einige Tage schwach.
- **Hitzschlag** Ein ernster medizinischer Notfall. Die Symptome treten ganz plötzlich auf. Zu ihnen zählen Schwäche, Übelkeit, ein heißer, trockener Körper mit einer Körpertemperatur von über 41 °C, Schwindel, Verwirrtheitszustände, Koordinationsverlust, Anfälle und schließlich Kollaps und Bewusstlosigkeit. Ganz dringend ärztlich Hilfe in Anspruch nehmen! Abkühlung verschaffen, die Person aus der Hitze holen, Kleidung ausziehen, Luft zufächeln, kühle, feuchte Tücher oder Eis auf den Körper legen, besonders auf heiße Stellen wie Leistenbeuge und Achselhöhlen.
- **Hitzepöckchen** Ein in den Tropen verbreiteter Hautausschlag, der durch Schweiß verursacht wird, welcher unter der Haut eingeschlossen ist. Daraus ergibt sich ein juckender Hautausschlag mit winzigen Pöckchen. Die Behandlung besteht darin, dass man sich

einige Stunden aus der Hitze in einen kühlen Raum begibt oder kalt duscht.

Sonnenbrand

Selbst an bedeckten Tagen kann man leicht einen Sonnenbrand bekommen, besonders in der Nähe des Äquators. Und man will ja nicht wie die verrückten Touristen am Strand von Kuta enden, die von einem gegrillten Kotelett nicht zu unterscheiden sind! Stattdessen sollte man:

➡ Ein Sonnenschutzmittel mit hohem Lichtschutzfaktor benutzen (mindestens mit Faktor 30).

➡ Sich grundsätzlich nach dem Schwimmen erneut eincremen.

➡ Einen Hut mit großer Krempe und eine Sonnenbrille tragen.

➡ Nicht zur heißesten Zeit des Tages in der Sonne braten (zwischen 10 und 14 Uhr).

Tauchen

Taucher und Surfer sollten vor ihrer Reise spezielle Ratschläge zur medizinischen Notfallausstattung bei Korallenschnittwunden und tropischen Ohrenentzündungen sowie bei den ganz normalen Risiken dieser Sportarten speziell auf Bali einholen.

Die Krankenversicherung von Tauchern sollte Überdruckkrankheiten einschließen – es gibt spezielle Krankenversicherungen für Taucher, über die auch das Internet informiert.

Es gibt eine **Dekompressionskammer** für Taucher in Sanur, das mit dem Schnellboot von Nusa Lembongan aus erreichbar ist. Von Nordbali braucht man allerdings drei bis vier Stunden dorthin.

Frauen & Gesundheit

In Touristengegenden und großen Städten sind Binden und Tampons leicht erhältlich. Dies wird desto schwieriger, je ländlicher die Gegend ist

Die vorhandenen Möglichkeiten der Empfängnisverhütung sind eventuell nur begrenzt, daher ist es ratsam, selbst genügend von dem bevorzugten Verhütungsmittel mitzubringen.

Sprache

Indonesisch oder Bahasa Indonesia, wie die Sprache vor Ort heißt, ist die Amtssprache Indonesiens. 220 Mio. Menschen sprechen sie, davon allerdings nur ca. 20 Mio. Muttersprachler. Die meisten Menschen auf Bali und Lombok sprechen neben Bahasa Indonesia noch einen Dialekt bzw. eine regionale Sprache, darunter vor allem Balinesisch und Sasak. Der Durchschnittsreisende braucht sich allerdings um Balinesisch und Sasak keine Gedanken zu machen, es kann aber trotzdem vergnüglich sein, einige Brocken davon zu lernen. Darum werden in diesem Kapitel einige Wörter der Regionalsprache mit aufgeführt. Aus praktischen Gründen sollte man sich aber zunächst aufs Erlernen von Bahasa Indonesia konzentrieren.

Die Aussprache des Indonesischen bereitet kaum Probleme. Jeder Buchstabe steht für einen Laut, und die meisten Buchstaben werden ähnlich wie im Deutschen ausgesprochen. Das *c* spricht sich allerdings „tsch" und das j klingt wie „dsch". Das *kh* ist ein Kehlkopflaut (wie das deutsche „ch" in „Bach"), und die Kombination *ng*, die im Deutschen im oder am Ende von Wörtern steht („singen", „Ring"), kann im Indonesischen auch am Anfang von Wörtern erscheinen.

Die Silben sind im Allgemeinen gleich stark betont – eine wesentliche Ausnahme bildet das unbetonte *e* in Wörtern wie besar (groß); als Faustregel gilt jedoch, dass die zweitletzte Silbe betont wird.

In der Schriftsprache gibt es einige inkonsequente Schreibweisen von Ortsnamen. Zusammengesetzte Namen werden entweder in einem oder zwei Wörtern geschrieben, z.B. Airsanih oder Air Sanih, Padangbai oder Padang Bai. Wörter, die mit „Ker" beginnen, verlieren manchmal das e, z.B. Kerobokan/Krobokan. Einige niederländische Varianten sind ebenfalls noch gebräuchlich, z.B. das tj statt des modernen c (z.B. Tjampuhan/Campuan) und oe statt u (z.B. Soekarno/Sukarno).

Unterschiedliche Anredepronomen, wie etwa das „Sie" oder „Du", werden sehr selten benutzt. Stattdessen wird das einheitliche *anda* verwendet.

NOCH MEHR INDONESISCH

Ausführliche Informationen zur Sprache und nützliche Wendungen finden sich im *Indonesian Phrasebook* von Lonely Planet. Man findet es unter **http://shop.lonelyplanet.com**.

KONVERSATION & NÜTZLICHES

Hallo.	*Salam.*
Auf Wiedersehen.	(Für den, der geht) *Selamat tinggal.*
Auf Wiedersehen.	(Für den, der bleibt) *Selamat jalan.*
Wie geht es Ihnen/Dir?	*Apa kabar?*
Gut, und Ihnen/Dir?	*Kabar baik, Anda bagaimana?*
Entschuldigen Sie.	*Permisi.*
Pardon/Verzeihung/ Entschuldigung.	*Maaf.*
Bitte.	*Silahkan.*
Danke.	*Terima kasih.*
Keine Ursache.	*Kembali.*
Ja/Nein.	*Ya/ Tidak.*
Herr/mein Herr	*Bapak*
Frl./Frau/meine Dame	*Ibu*
Fräulein	*Nona*
Wie heißen Sie?	*Siapa nama Anda?*
Ich heiße …	*Nama saya …*
Sprechen Sie Englisch?	*Bisa berbicara Bahasa Inggris?*
Ich verstehe nicht.	*Saya tidak mengerti.*

VERSTÄNDIGUNG

Wer sich im Indonesischen zurechtfinden will, kombiniert diese einfachen Wendungen mit eigenen Wörtern:

Wann fährt (der nächste Bus)?
Jam berapa (bis yang berikutnya)?

Wo ist (der Bahnhof)?
Di mana (stasiun)?

Wie viel kostet es (pro Nacht)?
Berapa (satu malam)?

Ich suche nach (einem Hotel).
Saya cari (hotel).

Haben Sie (eine Karte/einen Stadtplan)?
Ada (peta daerah)?

Gibt es hier (eine Toilette)?
Ada (kamar kecil)?

Darf ich (reinkommen)?
Boleh saya (masuk)?

Brauche ich (ein Visum)?
Saya harus pakai (visa)?

Ich habe (reserviert).
Saya (sudah punya booking).

Ich brauche (Hilfe).
Saya perlu (dibantu).

Ich hätte gern (die Speisekarte).
Saya minta (daftar makanan).

Ich möchte gern (ein Auto mieten).
Saya mau (sewa mobil).

Könnten Sie (mir helfen)?
Bisa Anda (bantu) saya?

UNTERKUNFT

Haben Sie ein Zimmer frei?	*Ada kamar kosong?*
Wie viel kostet es pro Nacht/Person?	*Berapa satu malam/ orang?*
Ist das mit Frühstück?	*Apakah harganya ter masuk makan pagi?*
Ich schlafe auch gern in einem Schlafsaal.	*Saya mau satu tempat tidur di asrama.*
Campingplatz	*tempat kemah*
Guesthouse	*losmen*
Hotel	*hotel*
Jugendherberge	*pemuda*
ein … Zimmer	*kamar …*
Einzel-	*untuk satu orang*
Doppel-	*untuk dua orang*
mit Klimaanlage	*dengan AC*
Bad	*kamar mandi*
Gitterbett (Kinder)	*velbet*
Fenster	*jendela*

WEGWEISER

Wo ist …?	*Di mana …?*
Welche Adresse hat…?	*Alamatnya di mana?*
Könnten Sie das bitte aufschreiben?	*Anda bisa tolong tuliskan?*
Könnten Sie mir das zeigen (auf der Karte)?	*Anda bisa tolong tunjukkan pada saya (di peta)?*
an der Ecke	*di sudut*
an der Ampel	*di lampu merah*
hinter	*di belakang*
vor	*di depan*
weit entfernt (von)	*jauh (dari)*
links	*kiri*
nahe (bei)	*dekat (dengan)*
neben	*di samping*
gegenüber	*di seberang*
rechts	*kanan*
geradeaus	*lurus*

ESSEN & TRINKEN

Was was können Sie empfehlen?	*Apa yang Anda rekomendasikan?*
Welche Zutaten sind in diesem Gericht?	*Hidangan ituisinya apa?*
Das war lecker.	*Ini enak sekali.*
Prost!	*Bersulang!*
Die Rechnung, bitte	*Tolong bawa kuitansi..*
Ich esse kein/e/en …	*Saya tidak mau makan …*
Milchprodukte	*susu dan keju*
Fisch	*ikan*
(rotes) Fleisch	*daging (merah)*
Erdnüsse	*kacang tanah*
Meeresfrüchte	*makanan laut*
Ein Tisch …	*meja …*

um (acht) Uhr	*pada jam (delapan)*
für (zwei) Personen	*untuk (dua) orang*

Essen allgemein

Abendessen	*makan malam*
Bar	*bar*
Café	*kafe*
Essen	*makanan*
Flasche	*botol*
Frühstück	*sarapan*
Gabel	*garpu*
Gericht	*piring*
Getränkekarte	*daftar minuman*
Glas	*gelas*
heiß	*panas*
Hochstuhl	*kursi tinggi*
Imbissstand	*warung*
kalt	*dingin*
Kinderspeisekarte	*menu untuk anak-anak*
Löffel	*sendok*
Markt	*pasar*
Messer	*pisau*
mit	*dengan*
Mittagessen	*makan siang*
ohne	*tanpa*
Restaurant	*rumah makan*
Salat	*selada*
Säuglingsnahrung (Muttermilchersatz)	*susu kaleng*
scharf/würzig	*pedas*
Schüssel	*mangkuk*
Serviette	*tisu*
Speisekarte	*daftar makanan*
Suppe	*sop*
Teller	*piring*
vegetarisches Essen	*makanan tanpa daging*

Fleisch & Fisch

Ente	*bebek*
Fisch	*ikan*
Fleisch	*daging*
Hühnchen	*ayam*
Karpfen	*ikan mas*
Krabbe/Garnele	*udang*
Lamm	*daging anak domba*
Makrele	*tenggiri*
Pute	*kalkun*
Rind	*daging sapi*
Schwein	*daging babi*
Thunfisch	*cakalang*

HINWEISSCHILDER

Buka	Geöffnet
Dilarang	Verboten
Kamar Kecil	Toiletten
Keluar	Ausgang
Masuk	Eingang
Pria	Männer/Herren
Tutup	Geschlossen
Wanitai	Frauen/Damen

Obst & Gemüse

Ananas	*nenas*
Apfel	*apel*
Aubergine	*terung*
Banane	*pisang*
Blumenkohl	*blumkol*
Bohnen	*kacang*
Datteln	*kurma*
Gemüse	*sayur-mayur*
Gurke	*timun*
Karotte/Möhre	*wortel*
Kartoffel	*kentang*
Kohl	*kol*
Obst	*buah*
Orange	*jeruk manis*
Rosinen	*kismis*
Spinat	*bayam*
Wassermelone	*semangka*
Weintrauben	*buah anggur*
Zitrone	*jeruk asam*

Sonstige Nahrungsmittel

Brot	*roti*
Butter	*mentega*
Chili	*cabai*
Chilipaste	*sambal*
Ei	*telur*
Essig	*cuka*
Honig	*madu*
Käse	*keju*
Marmelade	*selai*
Nudeln	*mie*
Öl	*minyak*
Pfeffer	*lada*
Reis	*nasi*
Salz	*garam*
Sojasoße	*kecap*
Zucker	*gula*

Getränke

Bier	*bir*
Joghurt	*susu masam kental*
Kaffee	*kopi*
Kokosmilch	*santan*
Milch	*susu*
Palmwein	*tuak*
Rotwein	*anggur merah*
Saft	*jus*
Softdrink	*minuman ringan*
Tee	*teh*
Wasser	*air*
Weißwein	*anggur putih*

FRAGEWÖRTER

Wann?	*Kapan?*
Warum?	*Kenapa?*
Was?	*Apa?*
Welches?	*Yang mana?*
Wer?	*Siapa?*
Wie?	*Bagaimana?*
Wo?	*Di mana?*

NOTFÄLLE

Hilfe!	*Tolong saya!*
Ich hab mich verirrt.	*Saya tersesat.*
Lassen Sie mich in Ruhe!	*Jangan ganggu saya!*
Es hat einen Unfall gegeben.	*Ada kecelakaan.*
Darf ich Ihr Telefon benutzen?	*Boleh saya pakai telpon genggamnya?*
Rufen Sie einen Arzt!	*Panggil dokter!*
Rufen Sie die Polizei!	*Panggil polisi!*
Ich bin krank.	*Saya sakit.*
Hier tut es weh.	*Sakitnya di sini.*
Ich bin allergisch gegen (Antibiotika).	*Saya alergi (antibiotik).*

SHOPPEN & SERVICE

Ich möchte gerne ... kaufen	*Saya mau beli ...*
Ich schau mich nur um.	*Saya lihat-lihat saja.*
Darf ich das mal sehen?	*Boleh saya lihat?*
Das gefällt mir nicht.	*Saya tidak suka.*
Wie viel kostet das?	*Berapa harganya?*
Das ist mir zu teuer.	*Itu terlalu mahal.*
Können Sie den Preis nicht etwas nachlassen?	*Boleh kurang?*
Hier ist ein Fehler in der Rechnung.	*Ada kesalaha dalam kuitansi ini.*
Handy	*hanpon*
Internetcafé	*warnet*
Kreditkarte	*kartu kredit*
Post	*kantor pos*
Touristeninformation	*kantor pariwisata*
Unterschrift	*tanda tangan*
Wechselstube	*kantor penukaran mata uang asing*

UHRZEIT & DATUM

Wie spät ist es?	*Jam berapa sekarang?*
Es ist (zehn) Uhr.	*Jam (sepuluh).*
Es ist halb (sieben).	*Setengah (tujuh).*
morgens	*pagi*
nachmittags	*siang*

abends	*malam*
heute	*hari ini*
morgen	*besok*
gestern	*kemarin*
Montag	*hari Senin*
Dienstag	*hari Selasa*
Mittwoch	*hari Rabu*
Donnerstag	*hari Kamis*
Freitag	*hari Jumat*
Samstag	*hari Sabtu*
Sonntag	*hari Minggu*
Januar	*Januari*
Februar	*Februari*
März	*Maret*
April	*April*
Mai	*Mei*
Juni	*Juni*
Juli	*Juli*
August	*Agustus*
September	*September*
Oktober	*Oktober*
November	*Nopember*
Dezember	*Desember*

VERKEHR

Öffentliche Verkehrsmittel

Boot (regional)	*perahu*
Bus	*bis*
Fahrradrikscha	*becak*
Flugzeug	*pesawat*
Minibus	*bemo*
Motorradrikscha	*bajaj*
Motorradtaxi	*ojek*
Schiff (allgemein)	*kapal*
Taxi	*taksi*

ZAHLEN

1	*satu*
2	*dua*
3	*tiga*
4	*empat*
5	*lima*
6	*enam*
7	*tujuh*
8	*delapan*
9	*sembilan*
10	*sepuluh*
20	*duapuluh*
30	*tigapuluh*
40	*empatpuluh*
50	*limapuluh*
60	*enampuluh*
70	*tujuhpuluh*
80	*delapanpuluh*
90	*sembilanpuluh*
100	*seratus*
1000	*seribu*

Zug	*kereta api*
Ich möchte nach ...	*Saya mau ke ...*
Wie viel kostet es nach...?	*Ongkos ke ... berapa?*
Wann geht der Zug/Bus ...?	*Jam berapa berangkat?*
Wann kommt er in ... an?	*Jam berapa sampai di ...?*
Hält er in ...?	*Di ... berhenti?*
Wie heißt die nächste Haltestelle?	*Apa nama halte berikutnya?*
Sagen Sie mir bitte, wann wir in ... ankommen	*Tolong, beritahu waktu kita sampai di ...*
Bitte halten Sie hier.	*Tolong, berhenti di sini.*
der erste	*pertama*
der letzte	*terakhir*
der nächste	*yang berikutnya*
ein ... Ticket/Fahrkarte	*tiket ...*
1. Klasse	*kelas satu*
2. Klasse	*kelas dua*
einfach	*sekali jalan*

hin & zurück *pulang pergi*

Bahnhof *stasiun kereta api*
Fahrplan *jadwal*
Fensterplatz *tempat duduk dekat jendela*
Gleis *peron*
Platz am Gang *tempat duduk dekat gang*
storniert *dibatalkan*
Fahrkartenschalter *loket tiket*
verspätet *terlambat*

Autofahren & Radfahren

Ich möchte bitte mieten ... *Saya mau sewa ...*

Allradwagen *gardan ganda*
Auto *mobil*
Fahrrad *sepeda*
Motorrad *sepeda motor*

Benzin *bensin*
Diesel *solar*
Helm *helem*
Kindersitz *kursi anak untuk di mobil*
Monteur *montir*
Pumpe (Fahrrad) *pompa sepeda*
Tankstelle *pompa bensin*

Ist dies die Straße nach ...? *Apakah jalan ini ke ...?*
(Wie lange) Kann ich hier parken? *(Berapa lama) Saya bolehparkir di sini?*
Das Auto/Motorrad ist kaputt. *Mobil/Motor mogok.*
Ich habe eine Reifenpanne. *Ban saya kempes.*
Ich habe kein Benzin mehr. *Saya kehabisan bensin.*

REGIONALSPRACHEN

Balinesisch

Wie geht es Ihnen? *Kenken kabare?*
Wie heißen Sie? *Sire wastene?*
Ich heiße ... *Adan tiange ...*
Ich verstehe nicht. *Tiang sing ngerti.*
Wie viel kostet das? *Ji kude niki?*
Danke. *Matur suksma.*
Wie heißt das auf Balinesisch? *Ne ape adane di Bali?*
Wo geht es nach ...? *Kije jalan lakar kel ...*

Sasak

Wie heißen Sie? *Saik aranm side?*
Ich heiße ... *Arankah aku ...*
Ich verstehe nicht. *Endek ngerti.*
Wie viel kostet das? *Pire ajin sak iyak?*
Danke. *Tampak asih.*
Wie heißt das auf Sasak? *Ape aran sak iyak elek bahase Sasek?*
Wo geht es nach ...? *Lamun lek ..., embe eak langantah?*

adat – Tradition, Bräuche und Verhaltensregeln
adharma – Übel, Unglück
aling aling – Tor in einer kleinen Mauer
alus – die Guten in einem *arja*-Drama
anak-anak – Kinder
angker – böse Macht
angklung – kleinere Form des *gamelan*
anjing – Hunde
apotik – Apotheke
arja – feine, opernähnliche Form des balinesischen Theaters; auch ein Bühnenstück mit Tanzeinlagen, vergleichbar bestimmten Formen der westlichen Oper
Arjuna – ein Held im Epos *Mahabharata* und ein häufig dargestellter Tempelwächter

bahasa – Sprache; Bahasa Indonesia ist die Staatssprache Indonesiens
bale – ein Pavillon mit offenen Seiten und steilem Strohdach
bale banjar – Versammlungsplatz eines Dorfes; ein Haus für Versammlungen und für Gamelan-Proben
bale tani – Wohnhaus einer Familie auf Lombok; siehe auch *serambi*
balian – Geistheiler und Kräuterdoktor
banjar – sämtliche verheiratete erwachsene Männer einer Dorfgemeinschaft
banyan – Banyan- oder Bengalische Feige, eine Art Ficusbaum, der oft als heilig angesehen wird; siehe auch *waringin*
bapak – Vater; ebenso eine höfliche Form, alte Männer anzureden; auch *pak*
Barong – mythische Löwen-Hund-Kreatur
Barong Tengkok – tragbare Gamelan-Instrumente für Hochzeiten und Beschneidungszeremonien auf Lombok
baten tegeh – verzierte Obst-, Reiswaffel- und Blumenpyramiden
batik – Batiktechnik beim Einfärben von Textilien: ein Teil des Stoffes wird mit Wachs bedeckt, dann wird gefärbt und anschließend das Wachs herausgeschmolzen. Die gewachsten Stellen bleiben ungefärbt. Dieser Vorgang wird wiederholt, sodass ein schönes Muster entsteht.
batu bolong – Stein mit Loch
belalu – schnell wachsender lichter Wald
bemo – beliebtes Verkehrsmittel auf Bali und Lombok; für gewöhnlich ein kleiner Minibus oder in ländlichen Gegenden auch ein kleiner Pick-up
bensin – Benzin
beruga – kommunales Versammlungshaus auf Bali; seitlich offener Pavillon auf Lombok
bhur – Welt der Dämonen
bhwah – Welt der Menschen
bioskop – Kino
Brahma – der Schöpfer; einer der drei Hindu-Götter
Brahmana – die Priesterkaste, die höchste Kaste der Balinesen; alle Priester sind Brahmanen, aber nicht alle Brahmanen sind Priester
bu – Mutter; Kurzform von *ibu*
bukit – Hügel; so heißt auch die südliche Halbinsel Balis
bulau – Monat

candi – Schrein, ursprünglich im Stil Javas verziert; auch bekannt als *prasada*
candi bentar – Eingangstor zu einem Tempel
cendrawasih – Paradiesvögel
cengceng – Zimbeln
cidomo – Ponykarren mit Autoreifen (Lombo)
cili – Darstellungen von Dewi Sri, der Reisgöttin

dalang – Puppenspieler und Geschichtenerzähler in einer *wayang-kulit*-Aufführung
Dalem Bedaulu – legendärer letzter Herrscher der Peng-Dynastie
danau – See
dangdut – Popmusik
desa – Dorf
dewa – Gottheit oder Geist
dewi – Göttin
Dewi Sri – Reisgöttin
dharma – gut
dokar – Ponykarren; auf Lombok bekannt als *cidomo*
Durga – Göttin des Todes und der Zerstörung und Gemahlin von *Shiva*
dusun – kleines Dorf

endek – eleganter Stoff, wie *songket*, mit vorgefärbten Durchschussfäden

Gajah Mada – berühmter *Majapahit*-Premierminister, der den letzten großen König Balis besiegte und die Macht der *Majapahit* über die ganze Insel ausdehnte
Galungan – großes balinesisches Fest; ein jährlich stattfindendes Ereignis im 210 Tage währenden balinesischen Kalender *wuku*
gamelan – traditionelles balinesisches Orchester, vorwiegend mit Schlaginstrumenten wie großen Xylophonen und Gongs; kann aus einem bis zu mehr als zwei Dutzend Musikern bestehen; bezeichnet auch einzelne Instrumente wie Trommeln; auch *gong* genannt
Ganesha – Shivas elefantenköpfiger Sohn
gang – Gasse oder Fußweg
Garuda – mythisches Mensch-Vogel-Wesen, Transportmittel des *Vishnu*; modernes Symbol für Indonesien und die staatliche Fluglinie
gedong – Schrein
genggong – Musikaufführung auf Lombok
gili – kleine Insel (Lombok)
goa – Höhle; auch *gua* geschrieben
gong – siehe *gamelan*
gong gede – großes Orches-

ter; traditionelle Form des *gamelan* mit 35 bis 40 Musikern

gong kebyar – moderne, volkstümliche Form eines *gong gede* mit bis zu 25 Instrumenten

gua – Höhle; auch *goa* geschrieben

gunung – Berg

gunung api – Vulkan

gusti – höflicher Titel für Mitglieder der *Wesia*-Kaste

Hanuman – Affengott, der eine wesentliche Rolle im *Ramayana* spielt

harga biasa – Standardpreis

harga turis – überhöhter Preis (für Touristen)

homestay – kleine, familiengeführte Unterkunft; siehe auch *losmen*

ibu –Mutter; auch höfliche Anrede für ältere Frauen

Ida Bagus –Ehrentitel für einen männlichen *Brahmana*

ikat – Stoff, bei dem ein Muster entsteht, indem die einzelnen Fäden vor dem Weben eingefärbt werden

Indra – Oberste Gottheit

jalak putih – Name der Einheimischen für den Balistar (Vogel)

jalan – Straße; abgekürzt zu Jl.

jepun –Wachsblumenbäume

jidur – große, zylinderförmige Trommeln, die in ganz Lombok gespielt werden

Jl. – *jalan;* Straße

kahyangan jagat – speziell ausgerichtete Tempel

kain – eine Stoffbahn, die über einem Sarong um die Hüfte gewickelt wird

kain poleng – schwarz-weiß karierter Stoff

kaja – Richtung Berge; siehe auch *kelod*

kaja-kangin – Ecke eines Innenhofes

kaki lima – Essenskarren

kala – Dämonengesicht, das man oft über den Eingangstoren von Tempeln sieht

Kalendar Cetakan – balinesischer Kalender, nach dem zahlreiche Aktivitäten geplant werden

kamben – eine Stoffbahn von *songket*, die bei offiziellen Anlässen um die Brust gewickelt wird

kampung – Dorf oder Nachbarschaft

kangin – Sonnenaufgang

kantor – Büro

kantor imigrasi – Einwanderungsbüro

kantor pos – Post (Gebäude)

Kawi – die klassische Sprache Javas; die Sprache der Dichtung

kebyar – eine Tanzart

Kecak – traditioneller balinesischer Tanz; der Tanz erzählt eine Geschichte aus dem *Ramayana* über Prinz Rama und Prinzessin Sita

kedais – Kaffeehaus

kelod –Richtungsangabe: von den Bergen zum Meer hin; siehe auch *kaja*

kelurahan – Gebiet im Zuständigkeitsbereich einer Gemeindeverwaltung

kemben – Oberbekleidung (für die Brust) für Frauen

kempli – Gong

kendang – Trommeln

kepala desa – Oberhaupt eines Dorfes

kori agung – Tor zum zweiten Innenhof eines Tempels

kota – Stadt

kras – die offensichtlich Bösen in einem *arja*-Drama

kris – traditioneller Dolch

Ksatriyasa – zweite balinesische Kaste

kuah – Himmelsrichtung des Sonnenuntergangs

kulkul – hohle Baumstammtrommel, die zum Künden von Gefahr oder zur Einberufung einer Versammlung benutzt wird

labuhan – Hafen; auch *pelabuhan* genannt

laki-laki – Junge

lamak – lange, gewebte Palmblattstreifen, die als Dekorationsmaterial bei Festivitäten und Feierlichkeiten benutzt werden

lambung – lange schwarze Saronge, die von Sasak -Frauen getragen werden; siehe auch *sabuk*

langse – rechteckige Schmuckgehänge in Palästen oder Tempeln

Legong – klassischer balinesischer Tanz

legong – junge Mädchen, die den *Legong* aufführen

leyak – böser Geist, der durch die Anwendung schwarzer Magie die unglaublichsten Formen annehmen kann

lontar – speziell bearbeitete Palmblätter (als Schreibmaterial)

losmen – kleines balinesisches Hotel, oft in Familienbesitz

lukisan antic –antike Gemälde

lulur –Körpermaske

lumbung – Reisscheune mit rundem Dach; ein Architekturmerkmal auf Lombok

Mahabharata – eines der wichtigsten Heiligen Bücher der Hindus; das Epos erzählt vom Kampf zwischen den Pandavas und Korawas

Majapahit – die letzte große Hindu-Dynastie auf Java

mata air panas – natürliche heiße Quellen

meditasi – Schwimmen und Sonnenbaden

mekepung – traditionelle Wasserbüffel-Wettkämpfe

meru – Tempelschreine mit mehreren Dächern; der Name rührt vom hinduistischen Heiligen Berg Mahameru her

mobil – Auto

moksa – Freisein von irdischem Verlangen

muncak – Hirschferkel

naga – mythische Schlange

nusa – Insel; auch *pulau* genannt

Nusa Tenggara Barat (NTB) – West Nusa Tenggara; indonesische Provinz, die die Inseln Lombok und Sumbawa umfasst

nyale – aalartiger Fisch, der vor Kuta auf Lombok gefangen wird

Nyepi – jährliches Hauptfest im Hindu-Kalender *saka*; ein Tag der völligen Stille nach einer Nacht, in der böse Geister vertrieben wurden

ogoh-ogoh – riesige, monsterhafte Puppen beim *Nyepi*-Fest

ojek – Motorrad, mit dem zahlende Passagiere transportiert werden

open – großes rotes Backsteingebäude

padi – die wachsende Reispflanze

padmasana –Tempelschrein, der einem leeren Stuhl ähnelt

pak –Vater; Kurzform von *bapak*

palinggihs – Tempelschreine, die aus einem einfachen kleinen Thron bestehen

panca dewata – Mittelpunkt und vier Himmelsrichtungen in einem Tempel

pantai – Strand

paras –ein weicher grauer Stein, der in der Bildhauerkunst verwendet wird

pasar – Markt

pasar malam – Nachtmarkt

pecalang – fliegende Händler

pedagang – fliegende Händler

pedanda – Hoher Priester

pelabuhan – Hafen; auch *labuhan* genannt

pemangku – Tempelwächter und Priester für Tempelrituale

perempuan – Mädchen

plus plus – eine Mischung aus Steuer und Bedienungsgeld in Höhe von 21 % in Unterkünften und Restaurants der Mittel- und Spitzenklasse

pondok – einfache Unterkunft oder Hütte

prada – Stoff, verschönert mit Blattgold, goldener oder silberner Farbe oder Goldbzw. Silberfaden

prahu – traditionelles indonesisches Boot mit Auslegern

prasada – Schrein; siehe auch *candi*

prasasti – gravierte Kupferplatten

pria – Mann; männlich

propinsi – Provinz; Indonesien hat 27 *propinsi* – Bali ist eine *propinsi*, Lombok und die Nachbarinsel Sumbawa bilden die *propinsi Nusa Tenggara Barat* (NTB)

puasa – Fasten oder Fastenzeit

pulau – Insel; auch *nusa* genannt

puputan – Kampf des Kriegers bis zum Tode; eine ehrenvolle, aber selbstmörderische Todesart, wenn man auf einen unbesiegbaren Feind stößt

pura – Tempel

pura dalem – Tempel der Toten

pura desa – Dorftempel für alltägliche Zwecke

pura puseh –Tempel der Dorfgründer oder Dorfväter, der an die Gründung eines Dorfes erinnern soll

pura subak – Tempel der Gesellschaft der Reisbauernn

puri – Palast

pusit kota – auf Straßenschildern, um das Stadtzentrum anzuzeigen

rajah – Herr oder Prinz

Ramadan – Fastenmonat der Moslems

Ramayana – eines der großen Heiligen Bücher der Hindus; die Geschichten bilden die Grundlage vieler balinesischer Tänze und Erzählungen

Rangda – verwitwete Hexe, die im balinesischen Theater und Tanz das Böse verkörpert

raya – Hauptstraße; z.B. bezeichnet Jalan Raya Ubud die Hauptstraße von Ubud'

RRI – Radio Republik Indonesia; Indonesiens staatlicher Rundfunksender

rumah makan – Restaurant; wörtlich „Ort fürs Essen"

sabuk – 4 m langer Schal, der den *lambung* fixiert

sadkahyangan – „Weltheiligtümer"; die allerheiligsten Tempel

saiban –Opfergabe für einen Tempel oder Schrein

saka – balinesischer Kalender, der auf dem Mondzyklus basiert; siehe auch *wuku*

Sasak – Einheimischer von Lombok; auch dessen Sprache

sate – Satay (Grillgericht)

sawah – Reisfeld; siehe auch *subak*

selat – Meerenge

sepeda – Fahrrad

sepeda motor – Motorrad

Shiva – der Schöpfer und Zerstörer; eine der drei großen Hindu-Gottheiten

songket – Stoff mit Silber- oder Goldfäden, mit einer speziellen Durchschuss-Technik handgewebt

stupas – Kuppelbauten für Buddha-Reliquien

subak – Dorfgenossenschaften, die Reisterrassen anlegen und unterhalten sowie gemeinsam das Wasser zur Bewässerung organisieren

Sudra – weit verbreitete Kaste, zu der die Mehrheit der Balinesen gehört

sungai – Fluss

swah – Welt der Götter

tahun – Jahr

taksu – gottgeweihter Übermittler des göttlichen Willens

tambulilingan – Hummeln

tanjung – Kap oder Landzunge

teluk – Golf oder Bucht

tika – ein Stück bedruckter Stoff oder geschnitztes Holz mit dem Bild des Pawukon-Zyklus

tirta – Wasser

toya – Wasser

trimurti – die Dreiheit der Hindu-Gottheiten

triwangsa – dreiteilige Kaste *(Brahmana, Ksatriyasa* und *Wesia)*; *triwangsa* bedeutet „drei Leute"

TU – Telepon Umum; ein öffentliches Telefon

undagi – im Allgemeinen Priester-Architekten, die Gebäude entwerfen

Vishnu – der Erhalter; eine der drei großen Hindu-Gottheiten

wanita – Frau; weiblich

wantilan – großer *bale*-Pavillon für Versammlungen, Aufführungen und Hahnenkämpfe; oft in der Stadt- oder Dorfhalle

waria – weibliche Transvestitendarstellerin; Kombination der Wörter *wanita* und *pria*

waringin – Birkenfeige, eine Art Ficusbaum; siehe *banyan*

warnet – *warung* mit Internet-Zugang

wartel – öffentliches Telefonzentrum; Abkürzung aus *warung telekomunika*

warung – Imbissstand

wayang kulit – Lederpuppe, die als Schattenspielfigur verwendet wird; siehe auch *dalang*

Wetu Telu – typische Religion auf Lombok; ursprünglich aus Bayan, verbindet viele Ziele des Islam mit Aspekten anderer Glaubensrichtungen

Wesia – Militärkaste, hat die meisten Mitglieder unter den balinesischen Hochkasten

wuku – balinesischer Kalender, bestehend aus zehn verschiedenen Wochen, die ein bis zehn Tage lang sind; siehe auch *saka*

yeh – Wasser; auch Fluss

yoni – weibliches Symbol für den Hindu-Gott Shiva

Hinter den Kulissen

WIR FREUEN UNS ÜBER EIN FEEDBACK

Post von Reisenden zu bekommen ist für uns ungemein hilfreich – Kritik und Anregungen halten uns auf dem Laufenden und helfen, unsere Bücher zu verbessern. Unser reiseerfahrenes Team liest alle Zuschriften genau durch, um zu erfahren, was an unseren Reiseführern gut und was schlecht ist. Wir können solche Post zwar nicht individuell beantworten, aber jedes Feedback wird garantiert schnurstracks an die jeweiligen Autoren weitergeleitet, rechtzeitig vor der nächsten Nachauflage.

Wer Ideen, Erfahrungen und Korrekturhinweise zum Reiseführer mitteilen möchte, hat die Möglichkeit dazu auf **www.lonelyplanet.com/contact/guidebook_feedback/new**. Unter **www.lonelyplanet.de/kontakt** erreichen uns Anmerkungen speziell zur deutschen Ausgabe.

Hinweis: Da wir Beiträge möglicherweise in Lonely-Planet-Produkten (Reiseführern, Websites, digitale Medien) veröffentlichen, ggf. auch in gekürzter Form, bitten wir um Mitteilung, falls ein Kommentar nicht veröffentlicht oder ein Name nicht genannt werden soll. Wer Näheres über unsere Datenschutzpolitik wissen will, erfährt das unter www.lonelyplanet.com/privacy

DANK VON LONELY PLANET

Wir danken den Reisenden, die mit der letzten Ausgabe unterwegs waren und uns nützliche Hinweise, gute Ratschläge und interessante Begebenheiten übermittelt haben:

Ana Tiganescu, Ed Cox, George Nelis, Germma Marjaya, Johannes Feddersen, Kate Larson, Kirsty Spence, Krissi Hall, Kristian Folkman, Marek Porzycki, Marina Abate, Maxime Smits, Meaghan Philpott, Mim Nelson-Gillett, Peter Neundorfer, Rudi Peeters, Sarah Westelinck, Todd Robins, Valeria Parrini, Vincent Janssen

DANK DER AUTOREN

Ryan Ver Berkmoes

Ein herzlicher Dank geht an Freunde wie Patticakes, Ibu Cat, Hanafi, Stuart, Suzanne, Rucina, Neal, Jenny und Phillip, Ani, Nicoline, Eliot Cohen, Pascal und Pika und viele andere, darunter Samuel L Bronkowitz. Ein großes Dankeschön natürlich auch an Amy, den Rest der Familie und an Charlie, der meine Schuhe nicht ein einziges Mal angekaut hat. Alles Liebe an Alexis Ver Berkmoes – wir haben Bali immer bei uns.

QUELLENNACHWEIS

Die Daten in den Klimatabellen stammen von Peel MC, Finlayson BL & McMahon TA (2007), Aktualisierte Weltkarte der Köppen-Geiger-Klimaklassifikation, *Hydrology and Earth System Sciences*, 11, 163344.

Abbildung auf dem Umschlag: Eine Frau trägt Blumen durch ein Reisfeld, Martin Puddy/Getty ©

ÜBER DIESES BUCH

Dies ist die 4. deutsche Auflage von *Bali & Lombok*, basierend auf der mittlerweile 16. englischen Auflage. Der Band wurde von Ryan Ver Berkmoes verfasst, der schon für die vorhergehende Auflage verantwortlich zeichnete. Die redaktionelle Bearbeitung hat Kate Morgan vorgenommen. Darüber hinaus wurde der Band betreut von:

Redaktionelle Leitung Sarah Reid, Dora Whitaker

Projektredaktion Kate Kiely

Leitung der Kartografie Julie Sheridan

Satz & Layout Katherine Marsh

Redaktionsassistenz Janet Austin, Judith Bamber, Melanie Dankel, Kate James, Gabrielle Innes, Kellie Langdon, Kate Mathews, Anne Mulvaney, Fionnuala Twomey, Simon Williamson, Gabrielle Stefanos

Kartografie Julie Dodkins

Bildredaktion für den Umschlag Naomi Parker

Dank an Andi Jones, Lauren Keith, Claire Naylor, Karyn Noble, Lauren O'Connell, Maureen Wheeler

Register

Karten **000**
Abbildungen **000**

Karten **000**
Abbildungen **000**

T

Karten **000**
Abbildungen **000**

Kartenlegende

Sehenswertes

- Strand
- Vogelschutzgebiet
- Buddhistisch
- Burg/Schloss/Palast
- Christlich
- Konfuzianisch
- Hinduistisch
- Islamisch
- Jainistisch
- Jüdisch
- Denkmal
- Museum/Galerie/Hist. Gebäude
- Ruine
- Sento-Bad/Onsen
- Shintoistisch
- Sikh-Religion
- Taoistisch
- Weingut/Weinberg
- Zoo/Naturschutzgebiet
- andere Sehenswürdigkeit

Aktivitäten, Kurse & Touren

- Bodysurfing
- Tauchen/Schnorcheln
- Kanu/Kajak
- Kurse/Touren
- Ski fahren
- Schnorcheln
- Surfen
- Schwimbad/Pool
- Wandern
- Windsurfen
- andere Aktivität

Schlafen

- Schlafen
- Camping

Essen

- Essen

Ausgehen & Nachtleben

- Ausgehen & Nachtleben
- Café

Unterhaltung

- Unterhaltung

Shoppen

- Shoppen

Praktische Information

- Bank
- Botschaft/Konsulat
- Krankenhaus/Arzt
- Internet
- Polizei
- Post
- Telefon
- Toilette
- Touristeninformation
- andere Information

Landschaft

- Strand
- Hütte
- Leuchtturm
- Aussichtsturm
- Berg/Vulkan
- Oase
- Park
- Pass
- Picknickmöglichkeit
- Wasserfall

Bevölkerung

- Hauptstadt (National)
- Hauptstadt (Staat/Provinz)
- Stadt/Großstadt
- Ort/Dorf

Verkehrsmittel

- Flughafen
- Grenzübergang
- Bus
- Seilbahn
- Radfahren
- Fähre
- Metrohaltestelle
- Monorail
- Parkplatz
- Tankstelle
- S-Bahn-Haltestelle
- Taxi
- Bahnhof/Zugstrecke
- Tram
- U-Bahn-Station
- anderes Verkehrsmittel

Hinweis: Nicht alle hier aufgeführten Symbole sind in den Karten zu finden

Verkehrswege

- Mautstraße
- Autobahn
- Hauptstraße
- Landstraße
- Verbindungsstraße
- Piste
- unbefestigte Straße
- Straße in Bau
- Platz/Fußgängerzone
- Treppen
- Tunnel
- Fußgängerbrücke
- Wanderung
- Wanderung mit Abstecher
- Wanderpfad

Grenzen

- internationale Grenze
- Bundesstaat/Provinz
- umstrittene Grenze
- Regional/Vorort
- Gewässergrenze
- Klippen
- Mauer

Gewässer

- Fluss, Bach
- periodischer Fluss
- Kanal
- Wasser
- Trocken-/Salz-/periodischer See
- Riff

Fläche

- Flughafen/Landebahn
- Strand/Wüste
- Friedhof (christlich)
- Friedhof (anderer)
- Gletscher
- Watt
- Park/Wald
- Sehenswertes (Gebäude)
- Sportanlage
- Sumpf/Mangroven

DIE LONELY PLANET STORY

Ein uraltes Auto, ein paar Dollar in den Hosentaschen und Abenteuerlust, mehr brauchten Tony und Maureen Wheeler nicht, als sie 1972 zu der Reise ihres Lebens aufbrachen. Diese führte sie quer durch Europa und Asien bis nach Australien. Nach mehreren Monaten kehrten sie zurück – pleite, aber glücklich –, setzten sich an ihren Küchentisch und verfassten ihren ersten Reiseführer *Across Asia on the Cheap*. Binnen einer Woche verkauften sie 1500 Bücher und Lonely Planet war geboren. Heute unterhält der Verlag Büros in Melbourne (Australien), London und Oakland (USA) mit über 600 Mitarbeitern und Autoren. Sie alle teilen Tonys Überzeugung, dass ein guter Reiseführer drei Dinge tun sollte: informieren, bilden und unterhalten.

DIE AUTOREN

Kate Morgan

Kate arbeitet schon seit mehr als zehn Jahre für Lonely Planet; als Autorin hat sie u.a. Shanghai, Japan, Indien, Simbabwe, die Philippinen und Phuket kennengelernt. Sie hat in London, Paris und Osaka gelebt, wohnt aber mittlerweile in ihrer Lieblingsregion – im australischen Victoria. Zwischen diversen Reisejobs arbeitet sie immer wieder gern daheim als freiberufliche Redakteurin.

Ryan Ver Berkmoes

Ryan hat schon an mehr als 110 Lonely Planets mitgearbeitet. Er stammt aus Santa Cruz in Kalifornien und wechselte mit 17 Jahren an ein College im Mittleren Westen der USA, wo er erstmals Schnee erlebte. Seither reist er kreuz und quer durch die Welt, für den Job und zum Vergnügen – das lässt sich ja oft kaum voneinander trennen. Er hat praktisch alles gesehen, Kriege ebenso wie Kneipen (wobei er letztere eindeutig bevorzugt). Ryan lebt jetzt in New York. Mehr über ihn unter ryanverberkmoes.com und @ryanvb.

Lonely Planet Global Limited
Unit E, Digital Court,
The Digital Hub,
Rainsford Street,
Dublin 8,
Ireland

Verlag der deutschen Ausgabe:
MAIRDUMONT, Marco-Polo-Str. 1, 73760 Ostfildern,
www.lonelyplanet.de, www.mairdumont.com,
lonelyplanet-online@mairdumont.com

Chefredakteurin deutsche Ausgabe: Birgit Borowski

Übersetzung: Dr. Birgit Beile-Meister, Beatrix Gehlhoff, Raphaela Moczynski, Dr. Annegret Pago, Dr. Thomas Pago, Christiane Radünz, Jutta Ressel M.A., Beatrix Thunich, Renate Weinberger, Linde Wiesner

An früheren Auflagen haben außerdem mitgewirkt:
Dr. Dagmar Ahrens, Brigitte Beier, Petra Frese, Marion Gieseke, Ingrid Reuter, Dr. Heinz Vestner, Sigrid Weber-Krafft

Redaktion und technischer Support: CLP Carlo Lauer & Partner, Riemerling

Bali & Lombok
4. deutsche Auflage Oktober 2017, übersetzt von *Bali & Lombok 16th edition*, Juli 2017, Lonely Planet Global Limited

Printed in Poland